D1752225

Tourismus-Management

Tourismus-Management

Tourismus-Marketing
und Fremdenverkehrsplanung

2., völlig neu bearbeitete und wesentlich erweiterte Auflage

herausgegeben von
Günther Haedrich · Claude Kaspar
Kristiane Klemm · Edgar Kreilkamp
unter Mitarbeit zahlreicher Fachleute

Walter de Gruyter · Berlin · New York 1993

Dr. Günther Haedrich, Ordinarius für allgemeine Betriebswirtschaftslehre, insbesondere Marketing; Institut für Konsumgüter- und Dienstleistungsmarketing der Freien Universität Berlin

Dr. Claude Kaspar, Ordinarius für Fremdenverkehrs- und Verkehrswirtschaftslehre; Institut für Fremdenverkehr und Verkehrswirtschaft an der Hochschule St. Gallen

Dr. Kristiane Klemm, Dozentin für regionale Fremdenverkehrsplanung; Institut für Tourismus der Freien Universität Berlin

Dr. Edgar Kreilkamp, Universitätsprofessor für Betriebswirtschaftslehre, insbesondere Tourismus; Universität Lüneburg

Das Buch enthält 110 Abbildungen und 68 Tabellen

∞ Gedruckt auf säurefreiem Papier, das die US-Ansi-Norm über Haltbarkeit erfüllt

Die Deutsche Bibliothek — CIP-Einheitsaufnahme

> **Tourismus-Management** : Tourismus-Marketing und Fremdenverkehrsplanung / hrsg. von Günther Haedrich ... Unter Mitarb. zahlr. Fachleute. — 2., völlig neu bearb. und wesentlich erw. Aufl. — Berlin ; New York : de Gruyter, 1993
> ISBN 3-11-012846-2
> NE: Haedrich, Günther [Hrsg.]

© Copyright 1993 by Walter de Gruyter & Co., 1000 Berlin 30.
Dieses Werk einschließlich aller seiner Teile ist urheberrechtlich geschützt. Jede Verwertung außerhalb der engen Grenzen des Urheberrechtsgesetzes ist ohne Zustimmung des Verlages unzulässig und strafbar. Das gilt insbesondere für Vervielfältigungen, Übersetzungen, Mikroverfilmungen und die Einspeicherung und Verarbeitung in elektronischen Systemen.
Printed in Germany.
Druck: WB-Druck GmbH, Rieden am Forggensee — Bindearbeiten: Verlagsbuchbinderei Dieter Mikolai, Berlin 10 — Umschlaggestaltung: Johannes Rother, Berlin 21.

Vorwort

Die 1983 erschienene 1. Auflage war eines der ersten Sammelwerke, in denen aus einzelnen Bereichen des Tourismus-Managements und der regionalen Fremdenverkehrsplanung berichtet worden ist. Sowohl Wissenschaft als auch Praxis haben das Erscheinen des Buches damals sehr begrüßt, und inzwischen ist die 1. Auflage so etwas wie ein Standardwerk geworden. Aufgrund der erfreulich positiven Aufnahme haben wir uns nun zu einer 2. Auflage entschlossen.

Unser Bestreben, den Inhalt sämtlicher Beiträge aus der 1. Auflage zu aktualisieren, gleichzeitig das Spektrum der behandelten Themenkreise wesentlich zu erweitern und wiederum Spezialisten aus Wissenschaft und Praxis zu Wort kommen zu lassen, hat einen überdurchschnittlich langen Entstehungszeitraum dieser 2. Auflage bedingt. Zeitliche Engpässe gibt es bei Wissenschaftlern ebenso wie bei Praktikern, und daher haben sich auf der einen Seite die Abgabetermine mancher Beiträge erheblich verzögert, während andererseits einige der angesprochenen Autoren trotz gutem Willen eine Mitarbeit gänzlich ablehnen mußten.

Nach einem einleitenden Überblick in Teil 1, in dem *Grundlagen und Rahmenbedingungen* des Tourismus-Managements und der Fremdenverkehrsplanung behandelt werden, werden im 2. Teil *Instrumente der Tourismus- und Fremdenverkehrsforschung* angesprochen, wobei überwiegend empirisch begründete Entscheidungshilfsmittel vorgestellt werden. Ein Abschnitt über das *Planungsinstrumentarium* im Tourismus-Marketing und der Fremdenverkehrsplanung schließt sich an, und ein besonderer Abschnitt wird in diesem Zusammenhang der wissenschaftlichen Reiseleitung und -planung gewidmet, da Studienreisen ein wichtiges und wachsendes Segment im sog. Zielgruppentourismus darstellen. *Ziele und Aufgaben touristischer Leistungsträger* bilden den Gegenstand einer umfangreichen anschließenden Betrachtung, wobei hier ausschließlich Experten aus ihrer Praxis berichten.

Im 3. Teil folgen zahlreiche *Fallbeispiele aus dem Tourismus-Management und der Fremdenverkehrsplanung*, und auch hier haben wir uns darum bemüht, dem Leser ein möglichst vielseitiges Bild der realen Erscheinungsformen des Tourismus zu vermitteln. Ein Anhang über Aus- und Weiterbildungsmöglichkeiten im Tourismus an Fachhochschulen und Universitäten rundet das Angebot ab.

Die Herausgabe des vorliegenden Bandes ist in engem Zusammenhang mit dem Ergänzungsstudiengang "Tourismus mit den Schwerpunkten Management und regionale Fremdenverkehrsplanung" zu sehen, ein Post graduate-Ausbildungsmodell, das 1983 im Institut für Tourismus der Freien Universität Berlin eingerichtet worden ist. Die Verbindung zu diesem Studiengang ergibt sich u.a. durch eine Vielzahl von Forschungsarbeiten, die in den letzten Jahren entstanden sind; viele Autoren dieser 2. Auflage sind außerdem ständig oder sporadisch als Dozenten in dem Ergänzungsstudium tätig.

Wir hoffen, daß es uns auch dieses Mal gelungen ist, wissenschaftlichen Ansprüchen im Bereich der Aus- und Weiterbildung zu genügen, für die Praxis Anregungen zu geben und die Vorstellungen von einem geschlossenen System des Tourismus-Marketing und der Fremdenverkehrsplanung zu vermitteln. Frau Angelika Opitz möchten wir an dieser Stelle für die mühevolle Schreibarbeit danken, Herrn Marco Olavarria-Berger für seine tatkräftige Unterstützung bei der Anfertigung der Abbildungen.

Berlin und St. Gallen, im Juli 1992

Günther Haedrich
Claude Kaspar
Kristiane Klemm
Edgar Kreilkamp

Inhalt

Seite

Teil 1: Grundlagen des Tourismus-Managements und der Fremdenverkehrsplanung

I. Grundlagen und Rahmenbedingungen des Tourismus-Managements und der Fremdenverkehrsplanung

1. Das System Tourismus im Überblick 13
Claude Kaspar

2. Tourismus-Management und Tourismus-Marketing 31
Günther Haedrich

II. Rahmenbedingungen des Tourismus-Managements und der Fremdenverkehrsplanung

1. Auswirkungen des EG-Binnenmarktes 43
Henning Hillmann

2. Der veränderte osteuropäische Reisemarkt 51
Margita Großmann

3. Umwelt- und sozialverträglicher Tourismus – Rahmenbedingungen von Raumordnung, Regional- und Bauleitplanung 65
Kristiane Klemm

4. Verbraucherinformationspolitik 77
Jürgen Armbrecht und Carl-Heinz Moritz

5. Mitarbeiterführung 87
Claude Kaspar

6. Anforderungen an Führungskräfte und Führungsnachwuchskräfte im Tourismus-Management 93
Frank Schirmer

7. Rechtliche Rahmenbedingungen 105
Rochus P. Strangfeld

Teil 2: Methodischer Rahmen des Tourismus-Marketing und der Fremdenverkehrsplanung

I. Instrumentarium der Tourismus- und Fremdenverkehrsforschung

1. Die deutsche Tourismusstatistik 135
Ulrich Spörel

8   Inhalt

                                                                      Seite

2. Die Reiseanalyse – ein Instrument der Grundlagenforschung zur Marktbeobachtung und Analyse des touristischen Geschehens............   155
Franz Dundler

3. Der Europäische Reise-Monitor........................   161
Conny Kuchlbauer

4. TouristScope...................................   169
Reinhold Weissbarth und Barbara Troger

5. Methoden der Gästebefragung.........................   177
Martin Lohmann

6. Image-Analysen.................................   189
Rainer Wohlmann

7. Kalkulation und Kostenkontrolle.......................   201
Joachim S. Tanski

8. Methoden zur Berechnung der Wertschöpfung im Tourismus   213
Paul Tschurtschenthaler

9. Kennziffern einer harmonisierten touristischen Entwicklung.........   243
Hansruedi Müller und Beat Seiler

II. Das Instrumentarium des Tourismus-Marketing und der Fremdenverkehrsplanung

A. Planung von Marketing-Strategien

1. Strategische Planung im Tourismus......................   251
Edgar Kreilkamp

2. Produkt- und Preispolitik............................   283
Edgar Kreilkamp

3. Kommunikationspolitik............................   307
Günther Haedrich

4. Vertriebspolitik.................................   329
Hans-Jürgen Geßner

5. Zur Planung von Marketingstrategien für touristische Angebote – Ergebnisse einer empirischen Studie im Reiseveranstaltermarkt der Bundesrepublik Deutschland..............................   367
Torsten Tomczak und Frank Gussek

B. Fremdenverkehrsplanung

1. Instrumente der Raumordnung und der regionalen Fremdenverkehrsplanung...................................   387
Christoph Becker

Seite

2. Das Förderungsinstrumentarium im Fremdenverkehr 399
Karlheinz Schnorbach

3. Die Umweltverträglichkeitsprüfung (UVP) für touristische Projekte 409
Hans-Joachim Schemel

4. Freizeit- und Tourismusarchitektur 423
Felizitas Romeiß-Stracke

5. Touristische Vernetzungsmatrix – Eine Methode für eine gesamtheitliche
Schaden-Nutzen-Analyse 433
Hansruedi Müller

C. Reiseleitung und Reiseplanung

1. Planung von wissenschaftlichen Studienreisen 445
Walter Eder

2. Ziele und Aufgaben der Gästeführung und -betreuung 469
Marie-Louise Schmeer-Sturm

III. Ziele und Aufgaben touristischer Leistungsträger

1. Reisevermittler 483
Werner Sülberg

2. Reiseveranstalter – Ziele, Aufgaben und rechtliche Stellung 517
Ernst-Otto Thiesing und Paul Degott

3. Positionierung, Aufgaben und Organisation von Incomingagenturen 539
Thomas Winkelmann

4. Tourismus-Marketing im Linienluftverkehr 553
Ursula Schörcher und Thomas Richters

5. Bahntourismus 569
Peter Schnell

6. Busunternehmen – Ursachen und Entstehen von ausgewählten Eigenarten
und Besonderheiten des deutschen Bustouristikmarktes 583
Dieter Gauf

7. Beherbergungs- und Gaststättengewerbe 593
Eberhard Gugg

8. Freizeitparks und Freizeitzentren – Ziele und Aufgaben als touristischer
Leistungsträger 601
Heinz Rico Scherrieb

9. Internationale Computer-Reservierungssysteme 619
Klaus Gärtner

Inhalt

Seite

Teil 3: Fallbeispiele aus dem Tourismus-Management und der Fremdenverkehrsplanung

1. Regionenmarketing Münsterland — Fallbeispiel zur Segmentierung und Positionierung 631
Heribert Meffert und Simone Frömbling

2. Fremdenverkehrskonzeption für den Spreewald 653
Robert Datzer

3. Städtetourismus am Beispiel der Hansestadt Lübeck 669
Hanns P. Nerger

4. Sozial- und umweltverträglicher Tourismus — ein Konzept für das Land Sachsen? 679
Armin Godau

5. Entwicklung eines Fremdenverkehrs- und Marketingkonzeptes am Beispiel der Insel Hiddensee in der Ostsee 697
Edgar Kreilkamp, Günther Haedrich und Kristiane Klemm

6. Die Deutsche Zentrale für Tourismus (DZT) 707
Peter Roth

7. Dritte-Welt-Tourismus 715
Peter Agel

8. Pressearbeit im Tourismus 729
Horst Schwartz und Sabine Neumann

9. "Intelligenter Tourismus" 743
Peter Haimayer

10. Messen, Ausstellungen und Kongresse — am Beispiel der AMK Ausstellungs-, Messe- und Kongreß-GmbH Berlin 753
Manfred Busche

Anhang

Die akademische Tourismusausbildung in der Bundesrepublik Deutschland . 761
Günther Haedrich, Kristiane Klemm und Edgar Kreilkamp

Die Autoren — Biographische Notizen 771

Stichwortverzeichnis 783

Teil 1
Grundlagen des Tourismus-Managements und der Fremdenverkehrsplanung

I. Grundlagen und Rahmenbedingungen des Tourismus-Managements und der Fremdenverkehrsplanung

1. Das System Tourismus im Überblick

Claude Kaspar

1.1 Einleitung

Wie Bernecker (1962) richtig vermerkt, haben "das Ferne und die Ferne eh und je die Vorstellungskraft des Menschen bewegt, sie waren Pole geheimer Sehnsucht, unbestimmt und unbestimmbar in ihrer Wirklichkeit und daher auch ewig unerreichbar. Dieser psychologische Tatbestand ist wichtig, weil er verhindert, daß jemals eine Sättigung dieses Zuges nach der Ferne eintreten könnte."

Verschiedene Umstände, denen später noch nachzugehen sein wird, haben dazu geführt, daß der Tourismus oder Fremdenverkehr zu einer maßgeblichen Erscheinung unserer Zeit geworden ist, die den Lebensrhythmus des Menschen wie auch die Wirtschaft einer Vielzahl von Ländern entscheidend prägt.

Diese Tatsache zwingt uns zu einer klaren Umschreibung des touristischen Phänomens, zumal die bald in die Legion gehenden touristischen Schriften oft Genauigkeit und Folgerichtigkeit vermissen lassen.

1.2 Der Fremdenverkehr oder Tourismus als Erkenntnisobjekt

1.2.1 Das System Tourismus

Der Fremdenverkehr oder Tourismus als Synonym darf nicht losgelöst von der Umwelt im weiten Sinne betrachtet werden. Bereits die Tatsache, daß der Mensch im Mittelpunkt des touristischen Geschehens steht, zwingt, von einer isolierten Betrachtung abzusehen. Wir müssen uns vom eindimensionalen Denken lösen und versuchen, möglichst mehrdimensional die Tourismusprobleme anzugehen. Verständlicherweise werden wir, der uns gestellten Aufgabe entsprechend, in erster Linie die ökonomische Umwelt betrachten. Wir werden uns indessen bemühen, die interdisziplinären Dimen-

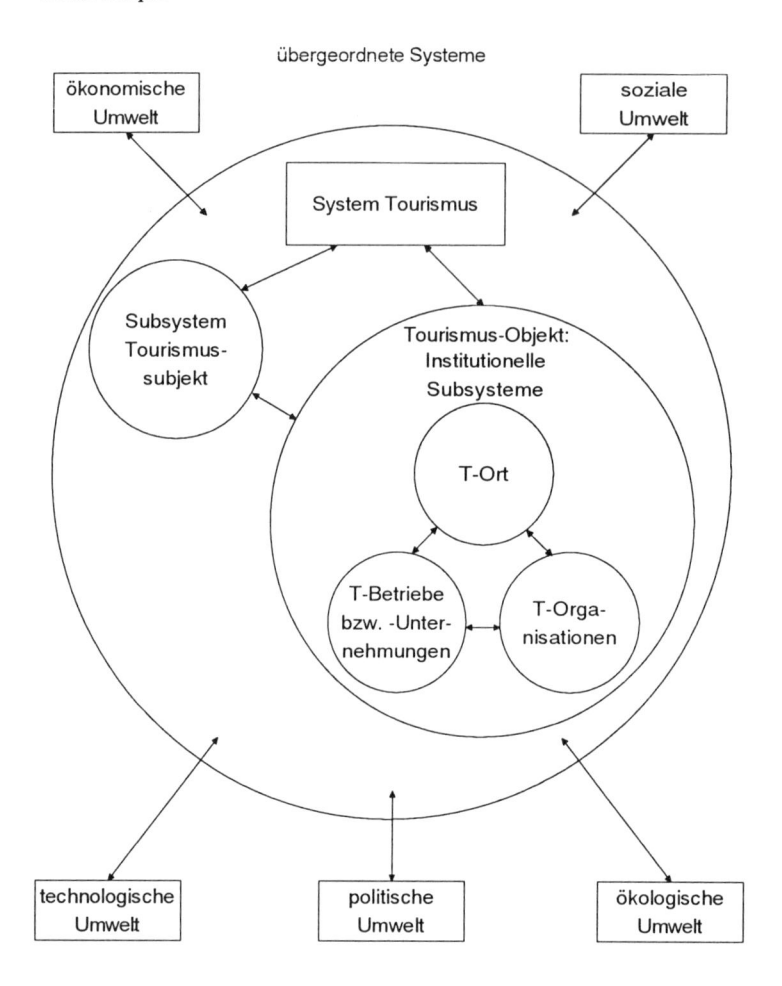

Abb. 1: Die Struktur des Systems Tourismus

sionen der sozialen, technologischen und ökologischen Welt so weit wie möglich in unsere Betrachtungen einzubeziehen. Wichtig ist dabei insbesondere das Aufzeigen der Problemzusammenhänge. Dazu bedienen wir uns der Systemtheorie. Diese kommt uns in der inhaltlichen Aussage in formaler, nicht aber in empirischer Hinsicht zu Hilfe (vgl. Ulrich, 1968, S. 105 ff.).

Ulrich bezeichnet die allgemeine Systemtheorie als die formale Wissenschaft von der Struktur, den Verknüpfungen und dem Verhalten irgendwelcher Systeme, wobei er unter einem System eine geordnete Gesamtheit von Elementen versteht, zwischen denen Beziehungen bestehen oder hergestellt werden können.

Wenn wir die formale Seite des Tourismus mit seinen vielfältigen Beziehungen zur Umwelt und seinen internen Beziehungen zu Subsystemen im nachfolgenden Schema darstellen, sagen wir noch nichts über die Art und den Umfang dieser Beziehungen aus. Wir stellen lediglich, allerdings in stark vereinfachter Form, die Gesamtheit der Beziehungen und Erscheinungen des Fremdenverkehrs als System "Tourismus" dar, mit seinen Elementen als Teile der Systeme. Zum Zwecke einer übersichtlichen und klaren Darstellung der Verbindungen zwischen dem System Tourismus und den übergeordneten Systemen sowie den Elementen (Subsysteme) haben wir die Zahl der Verbindungen stark eingeschränkt und lediglich die für unsere Betrachtungen wichtigsten Beziehungen zurückbehalten (vgl. Abb. 1).

Die *über- und nebengeordneten Systeme* deuten wir mit folgenden Dimensionen an:
– ökonomische Umwelt,
– soziale Umwelt,
– politische Umwelt,
– technologische Umwelt,
– ökologische Umwelt.

Als *Subsysteme* des Systems Tourismus wählen wir
– das Subsystem Tourismussubjekt,
– die institutionellen Subsysteme
  • Tourismusort,
  • Tourismusbetriebe bzw. -unternehmungen,
  • Tourismusorganisationen (öffentlich-rechtliche und privatrechtliche Organisationsstrukturen).

Das System Tourismus ist als Folge der Verbindungen zur Umwelt ein offenes System. Da das System Tourismus zudem nicht nur von der es umgebenden Umwelt stark beeinflußt wird, sondern diese Umwelt ebenfalls mitprägt, können wir von Inputs (Eingang bzw. Einfluß seitens neben- oder übergeordneter Systeme bzw. Dimensionen) und Outputs (Ausgang bzw. Einfluß auf die neben- oder übergeordneten Systeme bzw. Dimensionen) sprechen. Die Intensität der In- bzw. Outputs kann über die Einflußstärke der anderen gleich- oder übergelagerten Systeme auf den Tourismus bzw. über die Einflußkraft des Systems Tourismus auf andere Systeme aussagen.

1.2.2 Das Begriffssystem Tourismus

Unter Tourismus oder Fremdenverkehr möchten wird die *Gesamtheit der Beziehungen und Erscheinungen verstehen, die sich aus der Reise und dem Aufenthalt von Personen ergeben, für die der Aufenthaltsort weder hauptsächlicher und dauernder Wohn- noch Arbeitsort ist* (Kaspar, 1991, S. 18).

Mit dem Element "Gesamtheit der Beziehungen und Erscheinungen" wird der Vielfalt der touristischen Erscheinungen Rechnung getragen, die von der ökonomischen, sozialen, politischen, technologischen, ökologischen Umwelt – um die wichtigsten zu nennen – umgeben ist und als offenes System sowohl von dieser Umwelt beeinflußt wird als auch diese Umwelt in mehr oder weniger entscheidendem Maße mitprägt. Mit dem dargelegten Systemansatz wird die *Multidisziplinarität des Tourismus* unterstrichen.

Konstitutiv für die Erscheinung Tourismus ist der *Ortswechsel*, was bedeutet, daß neben dem eigentlichen Aufenthalt am "fremden" Ort die Reise als raumüberwindendes Element in den touristischen Prozeß zu treten hat. Nun muß die Reise in räumlicher und zeitlicher Hinsicht nicht besonders umschrieben werden. Ausgenommen bleibt die Definition, daß der *Aufenthaltsort weder hauptsächlicher Wohn- noch Arbeitsort* sein darf, womit die Berufspendler vom Tourismusbegriff ausgenommen werden. Dagegen gilt der Aufenthalt in einer Zweitwohnung als Tourismus, und ebenso ist der die Hotelleistungen des fremden Ortes beanspruchende Geschäftsreisende Tourismussubjekt, zumal sein Verhalten weitgehend dem eines eigentlichen Touristen entspricht. Die Ausklammerung des regionalen Einkaufsverkehrs erübrigt sich, zumal dieser regionale – im Gegensatz zum überregionalen bzw. internationalen Einkaufsverkehr – zu Recht nie als Tourismus bezeichnet wurde.

Der sich unter Umständen in kurzer Distanz zum Wohnort abspielende und auch zeitlich begrenzte Naherholungsverkehr ist ebenfalls zum Tourismus zu zählen. Die zeitliche Dauer der Reise und den Grenzübertritt als Merkmale einer Kategorisierung zu nehmen, wie dies seitens der internationalen Organisationen für statistische Belange geschieht, scheint heute für den allgemeinen Tourismusbegriff nicht mehr zweckmäßig zu sein. Die zu einer wichtigen Quelle des internationalen Reiseverkehrs gewordenen eintätigen Städteflüge zu Geschäfts- oder Einkaufszwecken würden beispielsweise dabei ausgeklammert werden.

Die umschriebene Definition umfaßt indessen lediglich den Gesamt-Tourismus und bedarf deshalb verschiedener Präzisierungen. Dies gilt insbesondere auch für die Anwendung des Begriffssystems in der praktischen Arbeit (Tourismusstatistik, -gesetzgebung und -Management). Bernecker (1962) versucht, durch das Begriffssystem *Tourismusarten und -formen* eine erste Gliederung vorzunehmen. Dabei werden die entscheidenden Einflußfaktoren Motivation und Umwelt als Gliederungskriterien verwendet.

Tourismusarten, Gliederung nach der Motivation, aus der Sicht des Nachfragers:
— Erholungsfremdenverkehr/-tourismus
  • Nah- und Urlaubserholung zur physischen und psychischen Regeneration
  • Kurerholung zur Herstellung psychischer und körperlicher Heilung durch natürliche Heilfaktoren (Wasser, Gase, Peloide, Klima)
— Kulturorientierter Fremdenverkehr/Tourismus
  • Bildungstourismus (Kennenlernen anderer Kulturen, Sitten und Gebräuche)
  • Alternativtourismus (Kennenlernen des Lebens anderer Menschen in ihren eigenen Verhältnissen)
  • Wallfahrtstourismus
— Gesellschaftsorientierter Fremdenverkehr/Tourismus
  • Verwandtentourismus
  • Klubtourismus mit bewußter Integration des Feriengastes (Urlaubers) in die Gruppe, ausgeprägtes Animationsprogramm

- Sportfremdenverkehr/-tourismus
  - Tourismus des aktiven und passiven Sports
- Wirtschaftsorientierter Fremdenverkehr/Tourismus
  - Geschäftstourismus
  - Kongreßtourismus
  - Ausstellungstourismus
  - Incentiv-Tourismus (Prämienreisen von Unternehmungen)
- Politikorientierter Fremdenverkehr/Tourismus
  - Diplomaten- und Konferenztourismus
  - Tourismus im Zusammenhang mit politischen Veranstaltungen

Tab. 1: *Tourismusformen*, Gliederung nach äußeren Ursachen und Einwirkungen

Bestimmungsmerkmal ausgehend vom Tourismussubjekt	Entsprechende Fremdenverkehrsform
Herkunft	– Inlands-(Binnen-)Tourismus – Auslandstourismus

Zahl der Tourismusteilnehmer	– Individualtourismus (individuelle Gestaltung von Reise und Aufenthalt)
	– Kollektivtourismus
	  • Gruppen- oder Gesellschaftstourismus (kollektive Abwicklung des Reisevorgangs und/oder des Aufenthalts
	  • Klubtourismus (Reise vorwiegend, Aufenthalt vollständig im Kollektiv, wobei die Integration des Urlaubsgastes in eine Urlaubergruppe bewußt gefördert wird)
	– Massentourismus (massiertes Auftreten von Touristen, wobei negative Begleiterscheinungen je nach Art und Umwelt bereits bei einer Kleinzahl oder erst bei einer Vielzahl von Touristen auftreten können)
	– Familientourismus

Alter der Tourismusteilnehmer	– Jugendtourismus (Fremdenverkehr der etwa 15- bis 24jährigen, die nicht mehr gemeinsam mit ihren Eltern und noch nicht mit ihrer eigenen, noch zu gründenden Familie in die Ferien fahren) – Seniorentourismus (Fremdenverkehr der nicht mehr im aktiven Erwerbsleben stehenden, über 60jährigen Personen [Rentner])

Dauer des Aufenthalts	– Kurzfristiger Tourismus (Kurzzeittourismus)
	  • Durchreise- oder Passantentourismus (ohne Rückkehr zum Aufenthaltsort)
	  • eigentlicher Kurzzeittourismus, insbesondere Geschäftstourismus während der Woche
	  • Tagesausflugstourismus (ohne Übernachtung)
	  • Wochenendtourismus (1–3 Übernachtungen)
	– Langfristiger Fremdenverkehr/Tourismus
	  • Urlaubstourismus mit mehr als 4 Übernachtungen
	  • Kurtourismus (nach ärztlicher Erfahrung in der Regel 3 Wochen)

Fortsetzung Tab. 1

Bestimmungsmerkmal ausgehend vom Tourismussubjekt	Entsprechende Fremdenverkehrsform
Jahreszeit	– Sommertourismus – Wintertourismus – Hochsaisontourismus – Zwischensaisontourismus

Beherbergungsform	– Hoteltourismus
	– Tourismus der Parahotellerie
	  • Chalet- und Appartementtourismus
	  • Zweitwohnungstourismus
	  • Camping- und Wohnwagentourismus

Verwendetes Verkehrsmittel	– Eisenbahntourismus – Autotourismus – Schiffstourismus – Flugtourismus
Auswirkungen auf die Zahlungsbilanz	– Aktiver Tourismus (Incoming-Tourismus, Ausländertourismus im Inland) – Passiver Tourismus (Outgoing-Tourismus, Tourismus der Inländer im Ausland)
Finanzierungsart	– Sozialtourismus (Beteiligung kaufkraftschwacher Bevölkerungsschichten am Tourismus, wobei dieser durch besondere Vorkehrungen ermöglicht oder erleichtert wird) – Tourismus durch Vor- und Nachfinanzierung
Soziologischer Inhalt	– Luxus- und Exklusivtourismus – Traditioneller Tourismus (entsprechend der touristischen Ausprägung von Individualreise und -aufenthalt im Hotel in den Anhangsjahren des modernen Tourismus) – Jugendtourismus – Seniorentourismus – Sozialtourismus – "Sanfter Tourismus"
Reiseform (Art der Reise-Organisation)	– Individualtourismus (mit und ohne Reisebüronutzung) – Pauschaltourismus (vom Reiseveranstalter angebotenes Paket von Reise- und Aufenthaltsleistungen zu einem Pauschalpreis: Voll- und Teil-Pauschalreisen bzw. -Veranstalterreisen)
Reiseverhalten	– Intelligenter Tourismus

Es versteht sich, daß die Aufzählung in Tab. 1 nicht abschließend ist. Zudem treten zahlreiche Mischformen auf, die nicht eindeutig einer Tourismusart oder Tourismusform zugeordnet werden können. Der starke Wandel in den touristischen Motivationen wie auch in den äußeren Einwirkungen auf die Erscheinung Tourismus lassen überdies immer neue Varianten auftreten, was zielgruppenspezifische Angebote anstelle von pauschaltouristischen fördert.

1.2.3 Die Entwicklung des Tourismus

Die Erklärung zur Entwicklung des heutigen Tourismus als ein Massenphänomen liefert uns weitgehend der historische Rückblick als Spiegelbild der jeweilig herrschenden politischen, kulturellen und wirtschaftlichen Verhältnisse. Dabei können wir feststellen, daß die heute bekannten Motivationen zum Tourismus zu einem guten Teil
- schon *im Altertum* als
  - Sporttourismus (Olympiade, 770 v. Chr.),
  - Bildungstourismus (Herodot, 480-421 v. Chr.),
  - Heiltourismus (Epidaurus, Bäderreisen der Römer),
  - Wallfahrtstourismus (Delphi, Jerusalem)
- bzw. *im Mittelalter* als
  - Wallfahrtstourismus (Rom, Santiago de Compostela, Jerusalem),
  - Bildungstourismus (Scholaren)
- oder *in der Neuzeit* als
  - Bildungstourismus (Entdeckungsreisen, Reisen junger Adeliger, Künstler)

vorhanden waren.

Einen entscheidenden Auftrieb erhielt der Tourismus indessen mit der Verbesserung des Verkehrssystems und durch die sich positiv auf den wirtschaftlichen Wohlstand auswirkende Industrialisierung seit Beginn des 19. Jahrhunderts. Die wichtigsten *Entstehungsgründe und Impulse zum modernen Tourismus* sind zurückzuführen auf:
- Industrialisierung (Arbeitsteilung mit Massenarbeitsangebot),
- Bevölkerungsentwicklung und Verstädterung,
- Verkehrsentwicklung (Aufkommen neuer Verkehrsträger Eisenbahn, Automobil, Flugzeug),
- Zunahme des Realeinkommens,
- Verbesserung der sozial- und arbeitsrechtlichen Verhältnisse,
- Änderung der Bedürfnisstruktur.

Der moderne Tourismus wird durch eine fortgesetzte *"Demokratisierung"* gekennzeichnet, zumal immer breitere Bevölkerungsschichten in den Urlaub zu fahren in der Lage sind. Die touristische Leistung hat sich von einem Gut des Luxusbedarfs (bis zum 1. Weltkrieg) über ein Gut des gehobenen Bedarfs (bis in die 60er Jahre) zu einem Gut des Existenzbedarfs entwickelt. Nebst den finanziellen Bedingungen ist dieser Trend der zunehmenden Freizeit, dem wachsenden Streß der Arbeitswelt der Menschen sowie den sich verschlechternden Umweltbedingungen in den bevölkerungs- und wirtschaftsintensiven Ballungsgebieten zuzuschreiben.

1.2.4 Der Tourismus und seine Umwelt

Die Darstellung des Tourismus als offenes System unterstreicht die Bedeutung der Umwelt für die Struktur und die Entwicklung des Tourismus. Entsprechend der Wichtigkeit ökonomischer Sachverhalte für den Tourismus beschreiben wir zunächst die ökonomische Umwelt als übergeordnetes System, zumal ökonomische Gegebenheiten den Ortswechsel zum Zwecke eines Aufenthalts außerhalb des Wohn- und Arbeitsortes ermöglichen und aus einem Bedürfnis nach Reisen, Erholung usw. eine effektive marktwirksame Nachfrage entstehen lassen.

1.2.4.1 Die ökonomische Umwelt

Bis zu der vorerst in England einsetzenden Industrialisierung beschränkte sich der Tourismus auf einen sehr engen Kreis der gesellschaftlichen und finanziellen Oberschicht. Die durch technische Erfindungen wesentlich geförderte Industrie führte zu einer wachsenden Konzentration der Einkommen und Vermögen auf Unternehmerebene. Nach den 60er Jahren des 19. Jahrhunderts waren die begüterten Adeligen und Großgrundbesitzer zusammen mit Unternehmern die Gäste der sich stark entwickelnden Hotellerie. Eine Änderung wurde erst langsam nach dem 1. Weltkrieg sichtbar. Die bürgerliche Mittelschicht, bestehend aus Beamten und Industriekadern, löste die durch den Krieg verarmten Adeligen und Grundbesitzer ab. Durch die verbesserte Sozialgesetzgebung (insbesondere durch Einführung bezahlter Ferien) wurden nach und nach weitere Bevölkerungsteile wie das große Heer der Arbeiter tourismusrelevant. Nicht mehr das Vermögen der sogenannten Leisure Class, sondern das Einkommen der Selbständigen und Unselbständigen bestimmt im wesentlichen das Reiseverhalten der Menschen. Damit wird die ökonomische Umwelt weitgehend zum Bestimmungsfaktor der touristischen Entwicklung.

Ökonomische Faktoren, die eine *positive* Entwicklung des Tourismus zur Folge haben:
– Zunahme des verfügbaren Realeinkommens,
– gleichmäßigere Einkommensverteilung,
– stabile Währungslage,
– günstige Konjunktursituation.

Ökonomische Faktoren, die eine *negative* Entwicklung des Tourismus zur Folge haben:
– wirtschaftliche Krisenerscheinungen,
– Rückgang der industriellen Produktion (wachsende Arbeitslosigkeit, Personal- und Lohnstop, Kurzarbeit, Wegfall von Überzeitarbeit),
– unstabile Währungslage,
– ungünstige Konjunktursituation.

Die Verflechtung zwischen der Wirtschaftslage und der touristischen Entwicklung wird klar, wenn die Entwicklung des Bruttosozialprodukts – als Ausdruck für die wirtschaftliche Leistung einer Volkswirtschaft – mit derjenigen der touristischen Ausgaben als Maßzahl des Fremdenverkehrs verglichen wird. Generell kann festgestellt werden, daß die touristischen Ausgaben in den letzten 20 Jahren stärker gewachsen sind als das Bruttosozialprodukt. Auffallend sind die wesentlich stärkeren Ausschläge der touristischen Ausgaben für Auslandstourismus, die darauf schließen lassen, daß diese einen relativ hohen Elastizitätsgrad aufweisen. Dieser Elastizitätsgrad spiegelt gleichzeitig die zahlreichen im Bruttosozialprodukt nicht enthaltenen wirtschaftlichen sowie die nicht wirtschaftlichen (z.B. politische Lage, Wetterbedingungen, Motivation usw.) Einflußfaktoren wider. Trendmäßig ist eine ähnliche Entwicklung der touristischen Ausgaben insgesamt, einschließlich des Binnentourismus, anzunehmen, obgleich die Nachfrageelastizität des Binnentourismus wesentlich geringer ist.

Umgekehrt dürfen auch die Auswirkungen des Tourismus auf die übrige Wirtschaft eines Landes nicht außer acht gelassen werden:
– Zahlungsbilanzfunktion (Anteil der Fremdenverkehrsbilanz),
– Ausgleichsfunktion (wirtschaftlicher Ausgleich zwischen Industrie- und Tourismusgebieten bzw. zwischen Tal- und Bergregionen),
– Beschäftigungsfunktion (Tourismus als Arbeitgeber),
– Einkommensfunktion (Multiplikatoreffekt),
– Produktionsfunktion (Wertschöpfungseffekt),
– Tourismus als zunehmend eigenständiger Wirtschaftsfaktor (z.B. Österreich, Spanien, Länder der Dritten Welt).

1.2.4.2 Die soziale Umwelt

Aus den obigen Erläuterungen könnte der Eindruck entstehen, daß die Entwicklung des Tourismus ausschließlich von ökonomischen Faktoren abhängig ist. Dies ist jedoch keineswegs der Fall. Auch die Teilnahme am Tourismus – als ein Bereich wirtschaftlichen Handelns – geschieht nicht losgelöst vom übrigen Bereich menschlicher Tätigkeit, wo immer eine Berücksichtigung nicht-wirtschaftlicher Bedürfnisse und Werte erfolgt.

Von wesentlicher Bedeutung für die Entwicklung des Fremdenverkehrs ist in dieser Hinsicht diejenige der gesellschaftlichen Ordnungen. So war die durch Geistlichkeit, Adel und Volk gegliederte Ständegesellschaft des Mittelalters vollkommen statisch. Erst eine im 18. und 19. Jahrhundert in jeder Hinsicht sich abzeichnende Liberalisierung führte zu einer Auflösung dieser starren gesellschaftlichen Ordnung. Der dritte Stand – das Volk – gewann auf Kosten der bisher herrschenden Schichten und des Staates an Einfluß. Es bildete sich eine Klassengesellschaft, deren Schichtung nicht auf Vorrechten der Geburt, sondern immer mehr auf der wirtschaftlichen Leistung beruht. Bis heute hat sich die damalige Klassengesellschaft in vielfacher Weise verändert. So kann unsere heutige Gesellschaftsordnung mit den Hauptmerkmalen der Demokratie als Staatsform und der sozialen Marktwirtschaft als Wirtschaftsordnung als besonders tourismusfreundlich bezeichnet werden.

Es darf aber nicht übersehen werden, daß auch der Fremdenverkehr einen starken Einfluß auf die soziale Umwelt ausübt. In den klassischen Fremdenverkehrsländern ist dieser Einfluß insbesondere im 19. Jahrhundert bedeutungsvoll. Ein neueres Beispiel ist Spanien, wo der Einbruch des Massentourismus in den 50er Jahren auch die über

Jahrhunderte gleich gebliebene Gesellschaftsstruktur verändert hat.

Die Gefahren einer Akkulturation (kulturelle Verflachung und Anpassung) sowie die Nachteile einer Überfremdung des Eigentums an Land und Infrastruktur haben in letzter Zeit die Behörden alarmiert und sie zu Gegenmaßnahmen gezwungen (Förderung der kulturellen Eigenart, Erschwerung des Verkaufs von Grundstücken an Ausländer).

1.2.4.3 Die politische Umwelt

Der Femdenverkehr ist eine der Ausdrucksformen menschlichen Zusammenlebens, welche entscheidend durch obrigkeitliche, also politische Willensbildung und Gestaltung bestimmt wird. Der Tourismus wird somit in starkem Maße von politischen Faktoren beeinflußt.

Es kann grundsätzlich festgestellt werden, daß
- der Tourismus direkt oder indirekt politische Funktionen erfüllt,
- der Tourismus seinerseits der Politik Impulse gibt.

In Deutschland wie in der Schweiz und insbesondere in Österreich ist der Tourismus heute unbestrittenermaßen ein bedeutender wirtschaftlicher Faktor. Zur Hebung des materiellen Wohlstandes trägt der Tourismus sowohl in den Bereichen der Außenwirtschaft (Ertragsbilanz) als auch der Binnenwirtschaft (Ausgleichsfunktion in den wirtschaftlich schwachen Regionen) bei. Dadurch wird auch die Tatsache verständlich, daß der Staat im Rahmen der Wirtschaftspolitik mehr und mehr zum vorherrschenden Träger der Tourismuspolitik wird.

1.2.4.4 Die technologische Umwelt

Die Verkehrs- und Beherbergungstechnik können als eigentliche technologische Umwelt des Tourismus bezeichnet werden. Als solche übt die erstere einen bedeutenden Einfluß auf die Entwicklung des Tourismus aus.

Die vor mehr als 100 Jahren einsetzende beachtliche Entwicklung hinsichtlich Schnelligkeit, Sicherheit, Leistungsfähigkeit und Wirtschaftlichkeit auf allen Gebieten des Verkehrs (Schienenverkehr, Luftverkehr, Seeverkehr, Straßenverkehr) hat die uns aus der Schilderung des geschichtlichen Ablaufs bekannte Förderung des Tourismus bewirkt. Neben der qualitativ und quantitativ positiven Auswirkung auf den Tourismus infolge einer wesentlichen Verbilligung des Verkehrsvorgangs sind vor allem Einwirkungen gesellschaftlicher und kultureller Art erwähnenswert. Die Entwicklung der Verkehrstechnik hat insbesondere zu einer größeren räumlichen und persönlichen Freizügigkeit der Touristen geführt. Sozusagen jeder Tourismusstandort ist für jedermann erreichbar, wenn wir an die Vorteile des individuellen Verkehrsmittels Auto oder an das Verkehrsmittel Flugzeug denken.

Die wesentlichen Verbesserungen der erwähnten qualitativen Elemente der Verkehrsmittel mußte allerdings durch die entsprechende Verteuerung der Reise erkauft

werden, eine wichtige Ausnahme ist im Luftverkehr festzustellen. Die Entwicklung der Verkehrstechnik hat, von den wirtschaftlichen Auswirkungen abgesehen, auch andere, als nachteilig empfundene Folgeerscheinungen gezeigt:
- Die dem Touristen zustehende Mobilität kann der Erholung zuwiderlaufen.
- Bei großer Reisegeschwindigkeit sind die Erlebnisse und Eindrücke, die während einer Reise aufgenommen werden können, geringer und oberflächlicher als bei beschränkter Reisegeschwindigkeit (Europareise in acht Tagen).
- Der Reisende findet sich sehr häufig in einer Massenkonsumsphäre (Verkehrsstokkungen auf der Straße, Beförderung durch Jumbojets, Kollektivreisen).
- Lärm und Luftverschmutzung durch Verkehrsmittel beeinträchtigen die Erholung.

Ebenfalls großen Einfluß auf die Entwicklung des Tourismus hat, wie bereits angedeutet, die Entwicklung der Beherbergungstechnik. Wir denken hier vor allem an neue Formen des gewerblichen Beherbergungswesens (Großhotels) sowie an die beachtlichen technischen Neuerungen, die den Arbeitsablauf in der Hotellerie stark verändern und vereinfachen, die aber auch dem Tourismusbetrieb die persönliche Note und das gesellschaftliche Erlebnis genommen haben.

Andererseits haben sich die Entwicklung des Tourismus als Massenphänomen und die sich hieraus ergebenden Engpässe entscheidend auf die technologische Umwelt ausgewirkt und die Technik herausgefordert (Ausbau der Verkehrswege unter schwierigsten Bedingungen).

1.2.4.5 Die ökologische Umwelt

Mit der Veröffentlichung der Studie des Massachusetts Institute of Technology (MIT) über die "Grenzen des Wachstums" durch den Club of Rome ist der Menschheit die prekäre Lage bewußt geworden, in der sie sich aufgrund des festzustellenden exponentiellen Wachstums befindet. Die an Frevel grenzende Verschmutzung von Luft und Wasser, die sorglose Überbauung von Kulturland und der Raubbau an den verfügbaren Bodenschätzen bewirken eine ernsthafte Störung des natürlichen Gleichgewichts mit apokalyptischen Folgen für die Menschheit: Die Ökologie, als Lehre der Beziehungen zwischen den Lebewesen und ihrer Umwelt, ist zu einem entscheidenden Element des menschlichen Überlebens geworden. Der Tourismus ist naturgemäß von einer in ihrer natürlichen Gestaltung attraktiven Umwelt abhängig. Dieses Abhängigkeitsverhältnis des Tourismus gegenüber der ökologischen Umwelt ist viel größer als in den meisten anderen Wirtschaftszweigen. Die Zerstörung der Landschaft, deren Elemente der Boden, die Gewässer, die Luft, die Pflanzen, die Tiere sowie die Menschenwerke verschiedener Art sind, muß über kurz oder lang zur Zerstörung des Tourismus führen.

Die allgemeine Zielsetzung des Umweltschutzes muß somit – auch aus der Sicht des Tourismus – folgende sein: Es sind einerseits die zulässige Belastung des entwickelbaren Naturpotentials und andererseits die Entwicklung von Technik und Wirtschaft, von Wohlstand und Freizeit aufeinander abzustimmen. Dazu müssen diejenigen Maßnahmen ergriffen werden, die die Biosphäre mit ihren Elementen Boden, Wasser, Luft,

Klima, Pflanzendecke und Tierwelt im Sinn einer langfristigen Daseinsversorgung optimal erhalten und entwickeln.

Dabei ist zu beachten, daß die zulässige Belastung nicht eine konstante Größe darstellt. Es muß versucht werden, die Auswirkungen menschlicher Aktivitäten dergestalt auf ein entwickelbares Naturpotential abzustimmen, daß die ganze Biosphäre – zu der auch der Mensch gehört – langfristig nicht nur erhalten, sondern auch entwickelt wird.

In den letzten Jahren wird immer mehr die Entwicklung eines sogenannten "sanften Tourismus" gefordert, eines Fremdenverkehrs, der ein Gleichgewicht zwischen Landschaft, Erholung und wirtschaftlicher Wertschöpfung mit sich bringt.

1.2.5 Motive touristischer Tätigkeit

Grundsätzlich können wir festhalten, daß der das touristische Leistungsbündel Reise und Aufenthalt in Anspruch nehmende Mensch alles andere als ein rational denkendes und handelndes Wesen ist. Dieser Charakterzug des Touristen erklärt auch den starken Wandel und die sprichwörtliche "Modeabhängigkeit" seines Verhaltens bei der Wahl seiner Reisedestination wie auch seines Benehmens während seines Aufenthalts am Ort seiner Reisewahl.

Die neuere Erforschung des Tourismussubjekts geht immer mehr von den Motiven und von der Motivation aus, um das Verhalten und die Aktivität des Touristen zu erklären. Es wird weniger nach dem Bedürfnis selbst als nach dem Beweggrund als der das Verhalten auslösenden Zielvorstellung, dem Motiv, gefragt. Die Motivation umschreibt, nach Brockhaus' Enzyklopädie, die in einer Handlung wirksamen Motive, die das individuelle Verhalten aktivieren oder regulieren. Es fällt schwer, klar abgegrenzte Motivgruppen oder Motivationen als Beweggründe des Touristen festzulegen (vgl. Tab. 2).

Die schwierige Abgrenzung der einzelnen Motivationen wird dadurch erklärt, daß der Tourist oft gleichzeitig verschiedene Beweggründe für das Verlassen seines Wohn- und Arbeitsortes hat. Zudem können diese Motivationen bewußten und unbewußten Ursprungs sein und unterliegen in starkem Maße äußeren Einflüssen. Das Verhalten, Denken und Handeln des heutigen Menschen wird entscheidend von seiner sozialen Umwelt geprägt. Die wachsende Arbeitsteilung weist jedem Menschen eine bestimmte Aufgabe zu, die er im Rahmen der Gesellschaft zu erfüllen hat, will er sich behaupten und überleben. Dabei steht die eigentliche Arbeit, wofür der Mensch ein sein physisches Überleben ermöglichendes Entgelt erhält, im Vordergrund. Die Bedingungen am Arbeitsplatz bestimmen auch weitgehend sein Verhalten gegenüber dem Tourismus.

Bis zum 1. Weltkrieg war dieses Verhalten gegenüber dem Tourismus für Arbeitnehmer und unselbständig Erwerbende aus wirtschaftlichen und sozialen Gründen irrelevant. Nicht nur fehlten dieser Bevölkerungskategorie die wirtschaftlichen bzw. finanziellen Voraussetzungen, auch die Tatsache, daß dem Arbeitnehmer keine entsprechende Freizeit in Form von Urlaub zustand, ließen keinerlei Reisemotivationen wirk-

Tab. 2: Reisemotive und daraus resultierende Tourismusgruppen/-arten

Motivationsgruppen bzw. Motivationen	Entsprechende Tourismusartengruppen bzw. Tourismusarten
Physische Motivationen	
– Erholung (physische Regeneration der Kräfte)	Erholungstourismus
– Heilung (Herstellung der körperlichen Gesundheit)	Kurtourismus
– Sport (körperliche Betätigung)	Sporttourismus (auch im passiven Sinne verstanden)
Psychische Motivationen	
– Ausbruch aus der alltäglichen Insolierung	eigentlicher Erlebnistourismus, wie er im Bildungs-, Erholungs- und Klubtourismus vorkommt
– Zerstreuung	
– Erlebnisdrang	
Interpersonelle Motivationen	
– Besuch von Freunden und Bekannten	Verwandtentourismus
– Geselligkeit, soziale Kontakte	Klubtourismus, vgl. auch Erlebnistourismus
– Eskapismus (weg vom allzu zivilisierten Alltag und Rückkehr zur Natur)	z.B. Campingtourismus
Kulturelle Motivationen	
– Kennenlernen anderer Länder, ihrer Sitten, Gebräuche und sprachen	
– Kunstinteresse	Bildungstourismus
– Reisen aus religiösen Gründen	
Status- und Prestigemotivationen	
– Persönliche Entfaltung (Aus- und Weiterbildung)	Geschäfts- und Kongreßtourismus
– Wunsch nach Anerkennung und Wertschätzung (Renommierreisen)	z.B. Erlebnistourismus, aber auch Kongreßtourismus

sam werden. Diese blieben auf gesellschaftlich klar abgegrenzte Bevölkerungskreise des Adels, der Großgrundbesitzer und der Industriellen begrenzt, bei denen die pekuniären und zeitlichen Voraussetzungen für den Tourismus erfüllt waren. Der amerikanische Soziologe Th. Veblen hat diesbezüglich festgestellt, daß der damalige Fremdenverkehr der sogenannten Leisure Class, d.h. der über genügend Muße verfügenden Gesellschaftsschicht, vorbehalten war (vgl. Veblen, 1899).

Die umwälzenden Ereignisse der beiden Weltkriege veränderten indessen diese Bedingungen entscheidend. Die Voraussetzungen zur Teilnahme am Fremdenverkehr wurden durch den zunehmenden Wohlstand aller Bevölkerungsklassen sowie durch eine fortschrittliche Sozialgesetzgebung mit Recht auf Urlaub und Urlaubsgeld nach und nach hergestellt. Eine wesentliche Verstärkung erfährt die Reisemotivation aus sozialen Gründen durch die Verhältnisse der Industrie- und Leistungsgesellschaft in der Gegenwart. Die häufigen Frustrationssituationen, verbunden mit wachsender Monotonie und Vermassung der Arbeitswelt, sowie die sich verschlechternden Lebensbedingungen in den Ballungen der Arbeits- und Wohnzentren lassen die physische und psychische Motivation immer mehr in den Vordergrund treten. Die dem heutigen Menschen von der Verkehrstechnik verliehene Mobilität kommt diesen verstärkten Reisemotivationen entgegen und ermöglicht die Trennung von Arbeitswelt (Alltag) und Urlaubswelt als Teil der Freizeitwelt. Scheuch (1972, S. 305) stellt fest, daß Distanz zur gewohnten Umgebung zu gewinnen, das zentrale Motiv des modernen Urlaubs zu sein scheint: "So wie die Existenzen verschieden sind, ist dann auch unterschiedlich, was Distanz konstituiert." Die in früheren Zeiten vorherrschenden kulturellen, interpersonellen sowie Status- und Prestigemotivationen scheinen dagegen vorübergehend von geringerer Relevanz zu sein. Ihre Bedeutung hängt mehr als die der physischen und psychischen Motivationen von den jeweils herrschenden wirtschaftlichen Verhältnissen ab. Die Erholung und das Urlaubserlebnis werden zum notwendigen Ausgleich der beruflichen Tätigkeit und der Urlaub wird wird zur verdienten Kompensation des Alltags.

1.2.6 Das touristische Angebot

Das touristische Angebot bietet sich im Hinblick auf die reiche Motivationsskala des Touristen in vielfältigster Form an. Je nach Motivation erhalten das ursprüngliche sowie das abgeleitete Angebot eine unterschiedliche Bedeutung und die einzelnen Elemente dieser beiden Hauptgruppen eine verschiedene Gewichtung. Die physische Motivation wird beispielsweise dem ursprünglichen Angebot mehr Bedeutung beimessen, die Status- und Prestigemotivation mehr Wert auf das abgeleitete Angebot legen. Der unter der physischen Motivation aufgeführte Sport ist im wesentlichen von einer bestimmten Topographie der Landschaft (Wintersport/Bergsport), der Heilung suchende Mensch vom Vorhandensein natürlicher Heilfaktoren (Thermal- und Mineralwasser, Klima) abhängig.

Zum *ursprünglichen Angebot* sind zu zählen (weitere Untergliederung vorbehalten):
- die natürlichen Gegebenheiten, wie geographische Lage, Klima, Topographie (Relief), Landschaftsbild, Vegetation, Tierwelt,
- die sozio-kulturellen Verhältnisse, wie Kultur, Tradition, religiöse und profane Bauten, Sprache, Mentalität, Gastfreundschaft, Brauchtum,
- die allgemeine Infrastruktur als Grundausrüstung an gemeinschaftlich benutzbaren Einrichtungen, welche die Entfaltung umfassender wirtschaftlicher und gesellschaftlicher Aktivitäten ermöglicht. Im engeren, uns interessierenden Sinne zählen wir zur Infrastruktur die Einrichtungen zur Versorgung (Transport, Energie- und Wasserversorgung) und Entsorgung (Abwasserreinigungs- und Abfallbeseitigungsanlagen), die sogenannte Basisinfrastruktur.

Das ursprüngliche Angebot umfaßt alle jene Faktoren, die keinen direkten Bezug zum Fremdenverkehr haben, aber durch ihre Anziehungskraft dem Tourismus Richtung und Gestalt geben. Demgegenüber umfaßt das *abgeleitete Angebot:*
- Einrichtungen zur Ortsveränderung,
- Einrichtungen des Aufenthalts, d.h.
  • der Beherbergung, Verpflegung und Unterhaltung,
  • der erholungsmäßigen sportlichen Betätigung,
  • der wirtschaftlichen Betätigung (Kongreß- und Kursmöglichkeiten, Einkaufsmöglichkeiten),
- Einrichtungen der Vermittlung (Reiseagenturen, Verkehrsverein).

Im Gegensatz zur allgemeinen Infrastruktur, die nicht spezifisch zur touristischen Verwendung bereitgestellt werden muß und somit zum ursprünglichen Angebot gezählt wird, fallen die touristische Infrastruktur und Suprastruktur unter das abgeleitete Angebot. Als touristische Infrastruktur bezeichnen wir alle gemeinschaftlich, d.h. öffentlich benutzbaren Einrichtungen, welche touristische Aktivitäten ermöglichen und nicht zur touristischen Suprastruktur gezählt werden. Zur *touristischen Infrastruktur* gehören
- die touristisch bedingte engere Infrastruktur, d.h. die wegen des Fremdenverkehrs benötigte zusätzliche, über das Richtmaß für Einheimische hinausgehende Infrastruktur der Ver- und Entsorgung,
- die eigentliche touristische Infrastruktur, bestehend aus
  • touristischen Transportanlagen, wie Skilifte, Luftseilbahnen, Standseilbahnen, Zahnradbahnen;
  • fremdenverkehrsörtlichen Einrichtungen, d.h. Anlagen, die den Gästen zur Erholung und sportlichen Betätigung dienen, wie Spazier- und Wanderwege, Schwimmbäder (Frei-, Strand- und Hallenbäder), Parkanlagen, Skipisten, Eisbahnen (Natur- und Kunsteisbahnen), Spiel- und Liegewiesen, Tennisanlagen und Golfplätze, Wassersporteinrichtungen, Reitanlagen, Fitneßanlagen und Einrichtungen für sonstige Sportarten (Angeln, Radfahren, Gymnastik, Schießen usw.), Kinderspielplätze, Kleinsportanlagen (Kegelbahn, Boccia usw.);
  • kurörtlichen Einrichtungen, d.h. Einrichtungen, die der Anwendung natürlicher Heilfaktoren als Kurmittel dienen. Bei Badekurorten können, je nach Art und Heilanzeigen, zu den kurörtlichen Einrichtungen gezählt werden: Trink- und Wandelhallen mit Kurpark; Kurmittelhaus zur Abgabe von Heilwasserbädern, Gas- und Moorbädern und zusätzlichen Behandlungen; ein Inhalatorium zur Abgabe von Inhalationen; Einrichtungen der Bewegungstherapie (Bewegungsbad, Krankengymnastik, Gymnastik und Sport); Wege für Terrainkuren; bei Klimakurorten: Gebäude und Einrichtungen mit zweckentsprechenden therapeutischen Möglichkeiten zur Durchführung einer Klimakur, z.B. Kurmittelhaus, landschaftlich bevorzugt gelegene Liegehallen mit Sonnen- und Schattenlage, ausgedehnte Park- und Waldanlagen mit gekennzeichneten Kurübungen für Terrainkuren; Sport-, Spiel- und Liegewiesen; Einrichtungen der Bewegungstherapie (Krankengymnastik, Gymnastik und Sport);

- Unterhaltungslokalen: Kursaal, Spielcasino, Dancing, Kongreß- und öffentliche Lese- und Aufenthaltsräume;
- Kongreß- und Tagungszentren;
- Betreuungs- und Informationsdienst.

Demgegenüber gehören zur *touristischen Suprastruktur* die Einrichtungen für die
- Beherbergung: Hotels, Gasthöfe, Pensionen, Aparthotels, Einrichtungen der Parahotellerie wie Appartements, Ferienhäuser, Camping- und Caravaningplätze, Massenunterkünfte,
- Verpflegung: Restaurants, Snack- und Selbstbedienungsverpflegungsstätten.

Die besondere Hervorhebung des Beherbergungs- und Verpflegungsangebots geht von der Tatsache aus, daß neben dem ursprünglichen Angebot die Unterkunfts- und Verpflegungsmöglichkeiten für den Touristen von ausschlaggebender Bedeutung sind. Im Naherholungsverkehr sind andere Prioritäten (eigentliche touristische Infrastruktur) festzustellen.

Die Vielfalt des touristischen Angebots besagt, daß der Tourist bei seiner Bedürfnisbefriedigung nicht eine einzelne, isolierte Leistung, sondern ein *Leistungsbündel* in Anspruch nimmt. Die Leistungen des ursprünglichen und des abgeleiteten Angebots stehen somit in einem engen Komplementärverhältnis zueinander. Auch innerhalb dieser beiden Angebotskategorien bestehen enge Abhängigkeitsbeziehungen, wie beispielsweise zwischen Klima und Topographie (Wintersport) oder zwischen Beherbergung und Verpflegung.

1.2.7 Die Institutionen des Tourismus

Damit das als Fremdenverkehrsobjekt bezeichnete Fremdenverkehrsangebot den Anforderungen des ein Bündel von Leistungen nachfragenden Fremdenverkehrssubjekts genügen kann, müssen die einzelnen Beziehungen zwischen den Angebotselementen besonders ausgebaut und organisiert werden. Die Teilfunktionen etwa des einzelnen Fremdenverkehrsbetriebes oder des einzelnen Tourismusortes müssen durch besondere Organisationsstrukturen koordiniert werden.

Dementsprechend unterscheiden wir
- Tourismusorte im engeren Sinn (Erholungsorte und Orte mit touristischen Attraktionen) und im weiteren Sinn (Verkehrszentren, Bildungszentren, Verkaufszentren und Wirtschaftszentren),
- Tourismusunternehmungen
  - des primären, unmittelbaren Leistungsbereichs, deren Leistungen ausschließlich oder überwiegend dem Tourismus dienen und die daraus ihre Existenzgrundlage ziehen (Beherbergung, Verpflegung, Transport, Vermittlung),
  - des sekundären, mittelbaren Leistungsbereichs (Gastronomie, Produktions- und Handelsbetriebe),

- Tourismusorganisationen
  - Verkehrsamt,
  - regionale und Länder-Tourismusorganisationen,
  - bundesweite (nationale) Tourismusorganisationen,
  - internationale Tourismusorganisationen.

Literatur

Bernecker, P. (1962): Grundlagenlehre des Fremdenverkehrs. Wien.
Kaspar, C. (1991): Die Tourismuslehre im Grundriß. 4. Aufl., Bern/Stuttgart (St. Galler Beiträge zum Fremdenverkehr und zur Verkehrswirtschaft, Bd. 1).
Scheuch, E.K. (1972): Ferien und Tourismus als neue Formen der Freizeit. In: E.K. Scheuch, R. Meyersohn (Hrsg.): Soziologie der Freizeit. Köln.
Ulrich, H. (1968): Die Unternehmung als produktives soziales System. Bern/Stuttgart.
Veblen, Th. (1899): The Theory of the Leisure Class. An Economic Study in the Evolution of Institutions. New York.

Weitere Literatur

Kaspar, C. (1990): Einführung in das touristische Management. Bern/Stuttgart (St. Galler Beiträge zum Fremdenverkehr und zur Verkehrswirtschaft, Bd. 21).
Romeiß-Stracke, F. (1989): Neues Denken im Tourismus. München.

2. Tourismus-Management und Tourismus-Marketing

Günther Haedrich

2.1 Tourismus-Management

2.1.1 Der Tourismus als zweckorientiertes Sozialsystem

Management wird von Ulrich definiert als *Gestaltung und Lenkung zweckorientierter sozialer Systeme* (vgl. Ulrich, 1987, S. 13).

Der Tourismus kann als zweckorientiertes soziales System gekennzeichnet werden, das mit der gesellschaftlichen Umwelt in engen wechselseitigen Austauschbeziehungen steht (vgl. hierzu auch den einleitenden Aufsatz von Kaspar). Einerseits gehen von der gesellschaftlichen Umwelt Einflüsse auf das touristische System aus – beispielsweise in Form von veränderten Werthaltungen und Verhaltensweisen der Bevölkerung, aber auch durch Aktivitäten etwa von Umweltschutzorganisationen, die sich bilden, um bestimmte Forderungen in bezug auf die Wahrung natürlicher Ressourcen und kultureller Gegebenheiten der Bevölkerung durchzusetzen. Auf der anderen Seite prägt das touristische System u.a. durch die Art und Weise, wie touristische Produkte vermarktet werden, normative Vorstellungen der Bevölkerung im weiteren Sinne und der Reisenden im engeren Bezugsrahmen.

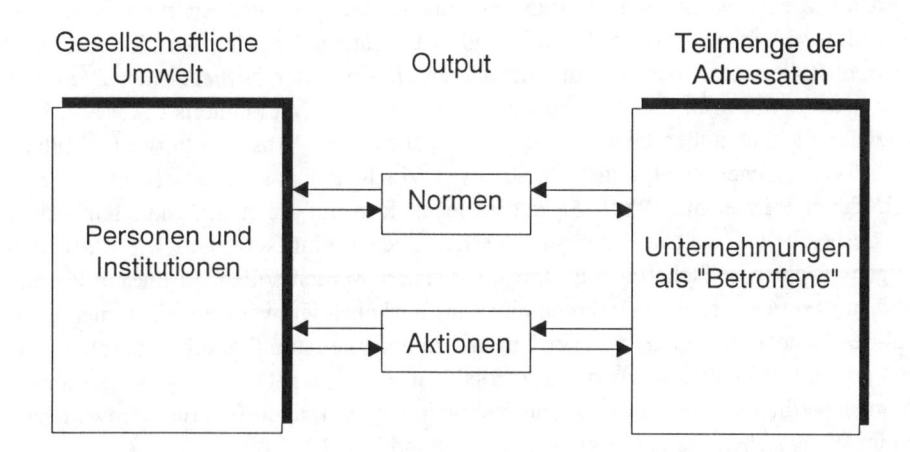

Abb. 1: Wechselseitige Einflüsse zwischen gesellschaftlicher Umwelt und Unternehmungen
Quelle: Raffée, 1979, S. 7

Die *Gestaltung und Lenkung* des sozialen Systems stellt darauf ab, daß das System sein Verhalten an einem übergeordneten Leitbild (Unternehmensphilosophie) ausrichtet und Leitsätzen folgt, die als zentrale Orientierungspunkte zur Bestimmung des Unternehmenszwecks (Defining the Business) und als handlungsleitende Geschäftsprinzipien gegenüber den verschiedenen Umwelten bzw. den Interaktionspartnern des Systems angesehen werden können (vgl. Hinterhuber, 1990, S. 156–158; Jugel/Wiedmann/Kreutzer, 1987, S. 293). In diesem Zusammenhang wird festgelegt, welche Märkte bedient werden oder zukünftig bedient werden sollen und wie die Austauschbeziehungen zu einzelnen Umwelten (u.a. Kunden, Lieferanten, Kapitalgeber, Arbeitnehmer, Medien, gesellschaftliche Gruppierungen der unterschiedlichsten Art) zu gestalten sind. Damit wird die angestrebte Position im Wettbewerbsumfeld abgesteckt. Insofern beinhaltet Management eine *dauerhafte, aktive und dynamische Gestaltungsaufgabe;* es handelt sich darum, die Institution als handlungsfähige Einheit zu konzipieren, durch entsprechende Lenkungsmechanismen zu bewirken, daß die Institution nach bestimmten Verhaltensregeln zweck- und zielgerichtet geführt wird, und die Institution entsprechend den sich dynamisch verändernden Umwelten ständig weiterzuentwickeln (vgl. Kaspar, 1990, S. 29).

Management als Gestaltung und Lenkung von zweckorientierten sozialen Systemen kann in einen *strategischen* und einen *operativen* Bereich untergliedert werden.

2.1.2 Strategisches Management

Die Aufgabe des strategischen Managements besteht in der Planung, Organisation, Führung und Kontrolle von Institutionen aller Art.

Nachdem der Zweck der Institution und das Verhalten gegenüber internen und externen Interaktionspartnern im Leitbild und in Leitsätzen festgelegt worden sind, sind konkrete Ziele und Strategien zu formulieren *(Bereich der strategischen Planung).* *Ziele* betreffen sowohl den ökonomischen Bereich (z.B. Marktanteils-, Absatz-, Umsatzziele) als auch außerökonomische Zielvorgaben (z.B. "Ansehen in der Öffentlichkeit", "Verbraucherversorgung", "qualitatives Wachstum", "soziale Verantwortung") (vgl. hierzu Fritz et al., 1988). *Strategien* legen fest, mit welchen Produkten welche Märkte bearbeitet, welche Mittel und Verfahren dazu eingesetzt und wie die Beziehungen zu der gesellschaftlichen Umwelt gestaltet werden sollen. In diesem Zusammenhang geht es darum, im Rahmen einer ausführlichen Umwelt- und Unternehmensanalyse Chancen und Risiken in der Umwelt zu erkennen und Stärken und Schwächen im Vergleich zu Wettbewerbern zu lokalisieren, mit denen Umweltchancen wahrgenommen werden können bzw. die der Wahrnehmung von identifizierten Umweltchancen im Wege stehen (vgl. Hinterhuber, 1989, Band I, S. 73–76).

Strategien beziehen sich nicht nur auf die Ebene der Institution als Ganzes, sondern auch auf einzelne Funktionalbereiche, deren Aufgabe darin besteht, die Gesamtstrategie in entsprechende funktionale Planungen zu übersetzen – u.a. in Form von Personal-, Produktions-, Finanz- und Marketingplänen –, um die gesetzten Ziele integrativ zu realisieren. Umweltorientiertes Management impliziert dabei, daß der *Marketingstrategie eine Schlüsselrolle als Leitstrategie* zukommt; aus der Gesamtstrategie werden Zielvorstellungen für die strategische Marketingplanung abgeleitet, und mit Hilfe von darauf aufbauenden Marketingstrategien und -maßnahmen sollen *strategische Erfolgsfaktoren in Markt und Gesellschaft* möglichst optimal gemanagt werden (vgl. auch Abschnitt 2.2 dieses Aufsatzes und den Beitrag im zweiten Teil des Buches, Abschnitt II.A.3). Alle übrigen Funktionalplanungen werden nur dann als strategisch bezeichnet, wenn sie Beiträge zum Management der strategischen Erfolgsfaktoren leisten – das kann z.B. im Bereich der Beschaffung strategisch wichtiger Einsatzgüter der Fall sein, im Personalbereich sowie in Schlüsselbereichen wie der Budgetierung/Finanzplanung oder den Public Relations (zum Ablauf und Inhalt der strategischen Planung vgl. Haedrich/Tomczak, 1990, S. 23–25). Strategische Planung ist ihrem Wesen nach immer eine *Langfristplanung*, mit der eine Marschroute für sämtliche Handlungsweisen der Institution vorgegeben wird.

Weitere Aufgaben des strategischen Managements beziehen sich auf die *strategiegerechte organisatorische Strukturierung* und die *Führung* von Institutionen (vgl. hierzu auch Hinterhuber, 1989, Band II, S. 105–178). Ebenso wie die strategische Planung entsprechend den sich abzeichnenden Chancen und Risiken in der Umwelt und den Stärken bzw. Schwächen der Institution situativ orientiert ist, müssen auch die sogenannte *Aufbauorganisation* (die hierarchische Anordnung einzelner Abteilungen, der personelle Aufbau einzelner Funktionsbereiche, die Aufgabenzuweisung an einzelne Stelleninhaber und die Kompetenzverteilung) sowie die *Ablauforganisation* (die Entscheidungs- und Handlungsabläufe) so strukturiert sein, daß sie das Management der strategischen Erfolgsfaktoren wirksam unterstützen (zur Organisation touristischer Institutionen vgl. Kaspar, 1990, S. 108–119; zum Thema Strategie und Organisation vgl. Hinterhuber, 1989, Band II, S. 105–109). So gesehen können in einer situativ angemessenen Aufbau- und Ablauforganisation strategische Erfolgspotentiale gegenüber Mitbewerbern liegen, die allerdings sekundären Charakter aufweisen, indem sie die primär markt- und umweltbezogenen strategischen Erfolgsfaktoren der Institution flankieren.

Führung als dritter Teilbereich des strategischen Managements umfaßt die Auswahl und Entwicklung der leitenden Mitarbeiter (vgl. Hinterhuber, 1989, Band II, S. 241). Einstellungen und Verhaltensweisen von Einzelpersonen sowie die Interaktionen zwischen Gruppen sollen in einer Weise beeinflußt werden, daß bestimmte Ziele der Institution erreicht werden (vgl. Staehle, 1983, S. 99). Mit der Auswahl leitender Mitarbeiter sowie – damit zusammenhängend – der Initiierung und Aufrechterhaltung der Handlungsfähigkeit der Institution sind zahlreiche Managementtätigkeiten verbunden; diese betreffen in erster Linie den Einsatz von Führungskräften in den einzelnen Funktionsbereichen, die über eine ihrem Aufgabenbereich angemessene Führungskompetenz verfügen, mit anderen Worten ein situativ angepaßtes Führungsverhalten offenbaren, und die dazu in der Lage sind, ihre Mitarbeiter zu motivieren und auf diese Weise deren Einsatzbereitschaft zu erhöhen. Damit in Verbindung steht als weitere wichtige Aufgabe der strategischen Führung die ständige und systematische Weiterbildung der leitenden Mitarbeiter in persönlicher und fachlicher Hinsicht ("Management Development") (vgl. im einzelnen Hinterhuber, Band II, S. 138–178; Kaspar, 1990, S. 124–127). Ein hoher Grad an Führungseffektivität schlägt sich letzten Endes wiederum darin nieder, daß es gelingt, die primären strategischen Erfolgsfaktoren der Institution optimal zu managen.

Schließlich dient die *Kontrolle* dazu, die Planungen zu festgelegten Zeitpunkten zu überprüfen, um zu ermitteln, ob die festgelegten Planziele realisiert worden sind (sog. Ex-post-Kontrolle). Eventuelle Planabweichungen sind auf ihre Ursachen hin zu untersuchen; in diesem Zusammenhang kann es sich als notwendig erweisen, Revisionsentscheidungen im Hinblick auf Ziele und strategische Maßnahmen folgender Planperioden vorzunehmen.

2.1.3 Operatives Management

Auch im operativen Bereich sind von dem sog. operativen Management zahlreiche Planungs- und Koordinationsaufgaben zu erfüllen. Während jedoch im strategischen Management die Schnittstellen zwischen der touristischen Institution und ihren Umwelten eine zentrale Rolle spielen – beispielsweise wenn es sich um die Ermittlung und das Management strategischer Erfolgsfaktoren handelt –, zielt das operative Management in erster Linie darauf ab, die als Ergebnis der strategischen Planungen entwickelten Zielvorgaben und Grundsatzstrategien für den Funktionalbereich Marketing und für andere strategisch relevante Funktionen durch ergänzende Planungen in den übrigen Funktionsbereichen zu vervollständigen und das gesamte Planungssystem mit Hilfe konkreter Maßnahmen in die Realität umzusetzen (ähnlich auch Staehle, 1983, S. 48).

Einerseits müssen längerfristige Planungen auch in denjenigen funktionalen Teilbereichen der Institution erstellt werden, die mit den lokalisierten strategischen Erfolgsfaktoren der Institution nicht unmittelbar in Beziehung stehen (z.B. was die Beschaffung von nicht-strategischen Einsatzgütern betrifft, mehr oder weniger routinemäßige Führungsentscheidungen, Entscheidungen hinsichtlich der Struktur- bzw. Ablauforganisation ohne strategische Auswirkungen). Es handelt sich darum, in den operativen Bereichen ein mittel- bis langfristiges Planungsgerüst zu erstellen, das auf den langfristigen strategischen Plänen aufbaut und das die Institution in die Lage versetzt, ihre Ziele so gut wie möglich zu realisieren.

Auf der anderen Seite sind aus den längerfristigen Grundsatzplanungen konkrete Maßnahmenpläne abzuleiten, die kurzfristig – d.h. allgemein im Laufe des auf die Planung folgenden Jahres – in die Tat umgesetzt werden. Im Marketingbereich als zentralem strategischem Planungsbereich betrifft das die Ableitung von instrumentellen Planungen im Produkt-, Preis-, Vertriebs- und Kommunikationsbereich, die in das sogenannte Marketing-Mix einmünden (vgl. hierzu auch den zweiten Teil dieses Buches, Abschnitt II A). Sogenannte Parallel-Kontrollen, die in die einzelnen Planungsperioden integriert sind, dienen dazu, eventuelle Planabweichungen frühzeitig zu lokalisieren, um mit entsprechenden Maßnahmen gegensteuern zu können.

2.2 Tourismus-Marketing als markt-, wettbewerbs- und gesellschaftsorientierte Führungskonzeption

Bei der Diskussion der Aufgaben des strategischen Managements ist deutlich geworden, daß es in erster Linie darum geht, strategische Erfolgsfaktoren zu erkennen und zu managen. Im Mittelpunkt der Betrachtung stehen die *derzeitigen und potentiellen Kunden* der touristischen Institution, und es kommt darauf an, ihre Bedürfnisse optimal zufriedenzustellen. Der *Kundennutzen*, den das eigene Angebot vermittelt, soll möglichst so beschaffen sein, daß eine positiv vom Wettbewerb abgrenzende Alleinstellung, eine Unique Selling Proposition, realisiert werden kann. Das ist schwerpunktmäßig die Aufgabe der strategischen Marketingplanung, und daher kommt den Marketingaktivitäten einer Institution eine Schlüsselstellung im Rahmen des strategischen Managements zu. *Marketing kann ganz allgemein als marktorientiertes Management sowohl kommerzieller als auch nicht-kommerzieller Institutionen definiert werden.*

Hinter dieser heute weithin akzeptierten Auffassung steht eine *Führungsphilosophie*, ein *ganzheitlicher Denkansatz*, der besagt, daß jede Planung, nicht nur im Marketingbereich, sondern auch im Vertrieb, in der Beschaffung, aber auch in jedem anderen Funktionsbereich, kritisch daraufhin zu überprüfen ist, ob sie dabei hilft, einen zentralen Kundennutzen aufzubauen und zu erhalten. Pümpin und Mitarbeiter sprechen von einer "Marketing-Kultur als betrieblichem Wert von strategischer Bedeutung"; sie führen an, daß eine "... ausgeprägt kundenorientierte Mentalität niemals das Ergebnis direkter Vorschriften, Führungsrichtlinien und Organisationsregeln sein (kann). Offensichtlich haben sich ... über Jahre Normen und Werte zu einem Verhaltenskodex entwickelt, der von allen Mitarbeitern akzeptiert und bewußt gelebt wird" (Pümpin/Kobi/Wüthrich, 1985, S. 22). Voraussetzung dafür ist, daß die *Kundenorientierung im Leitbild der Institution fest verankert ist,* damit sich eine "Marketing-Kultur" von der Führungsspitze bis hinunter auf die operative Ebene der Institution entwickeln kann. In dem Leitbild sind festgelegt:
– die allgemeinen politischen Grundsätze, die die Institution verfolgt ("Unternehmenspolitik"),
– die Verhaltensweisen der Institution gegenüber den Zielgruppen im Markt und gegenüber allen wichtigen Gruppierungen in dem gesellschaftlichen Umfeld.

Ein Beispiel für das Leitbild eines Schweizer Kurortes ist in Übersicht 1 wiedergegeben.

Übersicht 1: Leitbild für einen Kurort
Quelle: in enger Anlehnung an Kaspar/Fehrlin, 1984, S. 98 f.

(1) Kurort erhalten – Zukunft gestalten: langfristige Konsolidierung des Individualkurtourismus und schrittweiser Ausbau der Anlagen als wirtschaftlich wichtigster Faktor

(2) Förderung des Erholungs- und Sporttourismus insbesondere in frequenzschwächeren Monaten und im Winter unter Berücksichtigung der Bedürfnisse des Badekurtourismus und der Sicherung des Erholungsraumes

(3) Förderung des Kurortes als Passanten- und Tagungsort außerhalb der Hochsaison, unter Berücksichtigung der angebotsseitigen Möglichkeiten

(4) Optimale Gestaltung des Angebots durch eine koordinierte Kurortpolitik

(5) Halten der Marktstellung im Schweizer Bädertourismus als einer der führenden Schweizer Badekurorte und bedingter Ausbau der Stellung als Erholungs- und Sportort

(6) Halten der heutigen Struktur der touristischen Betriebe und bestmögliche Auslastung des Angebots, so vor allem durch Offenhaltung der Betriebe während des ganzen Jahres

(7) Vermehrte Berücksichtigung der Bedürfnisse des Kur- und Erholungsgastes jüngeren bis mittleren Alters

(8) Sicherstellung einer kontinuierlichen Nachfrage durch Ausrichtung des Angebots auf breite Schichten aus allen Teilen der Schweiz. Im Ausland die Stellung als ideale Kombination eines Bade- und Erholungsortes mit erstklassigem Angebot im medizinischen wie touristischen Bereich halten und wenn möglich auf weitere Länder ausbauen

(9) Veränderung des tourismusgerechten Verhaltens und Verständnisses in der einheimischen Bevölkerung sowohl in bezug auf deren private Entscheidungen und ihr tägliches Handeln als auch auf die Ortspolitik (Ortsplanung, Investitionen der Gemeinde etc.)

Eine wichtige Akzentuierung erfährt diese konsequent kundenorientierte Denkhaltung des Marketing durch die Herausarbeitung der wichtigen Rolle, die eine gründliche und umfassende *Wettbewerbsanalyse* im Hinblick auf die Formulierung der eigenen Maßnahmen spielt. Es handelt sich darum, die Wettbewerbsstruktur und das derzeitige und zukünftig zu erwartende Verhalten der Wettbewerber zu erkennen und auf der Basis eigener Stärken und Schwächen im Verhältnis zum Wettbewerb *strategische Erfolgsfaktoren aufzubauen und zu erhalten,* die eine langfristige Absicherung der eigenen Wettbewerbsposition ermöglichen. Gefährlich ist es allerdings, den strategischen Schwerpunkt auf eigene Stärken zu legen, die in keiner unmittelbaren Beziehung zu einem Kundennutzen stehen. *Dauerhafte Wettbewerbsvorteile ergeben sich nur dann, wenn*

(1) *Ansatzpunkte für Wettbewerbsvorteile in der Institution vorhanden sind.* Diese können in besonderen Fähigkeiten des Managements begründet sein, beispielsweise indem bestimmte Funktionen besser als bei der Konkurrenz ausgeführt werden, bzw. in überlegenen Ressourcen (z.B. stärkere Finanzkraft, besseres technisches Potential);

(2) herausragende Fähigkeiten bzw. Ressourcen dazu verwendet werden, *Positionierungsvorteile* zu erlangen, entweder durch *Aufbau einer höheren Wertigkeit* des

Angebots in den Augen der Kunden oder durch eine *Strategie der Kostenführerschaft*, die sich in besonders günstigen Preisen niederschlägt.

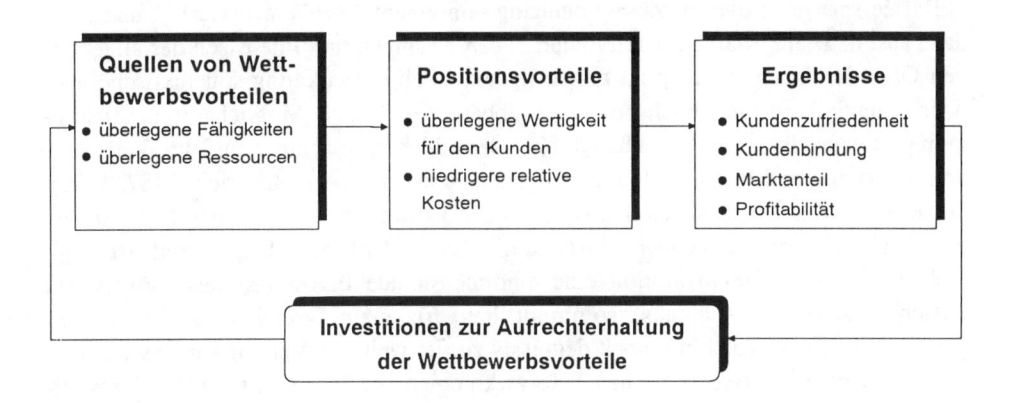

```
┌─────────────────────┐    ┌─────────────────────┐    ┌─────────────────────┐
│ Quellen von Wett-   │    │  Positionsvorteile  │    │     Ergebnisse      │
│ bewerbsvorteilen    │    │                     │    │                     │
│ • überlegene        │───▶│ • überlegene        │───▶│ • Kundenzufriedenheit│
│   Fähigkeiten       │    │   Wertigkeit        │    │ • Kundenbindung     │
│ • überlegene        │    │   für den Kunden    │    │ • Marktanteil       │
│   Ressourcen        │    │ • niedrigere        │    │ • Profitabilität    │
│                     │    │   relative Kosten   │    │                     │
└─────────────────────┘    └─────────────────────┘    └─────────────────────┘
           │                                                      │
           │          ┌──────────────────────────────┐             │
           └─────────▶│ Investitionen zur Aufrecht-  │◀────────────┘
                      │ erhaltung der Wettbewerbs-   │
                      │ vorteile                     │
                      └──────────────────────────────┘
```

Abb. 2: Die Elemente von Wettbewerbsvorteilen
Quelle: Haedrich/Tomczak, 1990, S. 14

Veranstalter von Pauschalreisen, beispielsweise auf die Balearen oder auf die kanarischen Inseln, versuchen im allgemeinen, diese Reisen *so preisgünstig wie möglich* in ihren Katalogen anzubieten. Fraglich ist allerdings, ob es dadurch gelingt, dauerhafte Wettbewerbsvorteile aufzubauen, einmal abgesehen von Rentabilitätsproblemen. Im Gegensatz dazu rücken Spezialanbieter von Reisen für bestimmte Zielgruppen – z.B. im Bereich der Studien- und Bildungsreisen – die *hohe Wertigkeit ihres Angebots im Verhältnis zu Konkurrenzangeboten* in den Mittelpunkt ihrer Strategie mit dem Ziel, Preiskämpfen aus dem Wege zu gehen.

Schließlich ist an dieser Stelle nicht zu verkennen, daß Marketing heute generell und besonders im Tourismus eine stark *gesellschaftsorientierte Denkhaltung* erfordert, d.h. die Öffnung für gesellschaftliche Anliegen von hohem Rang ist wichtiges Merkmal einer verantwortungsbewußten strategischen Führung von touristischen Institutionen. Gesellschaftliche Anliegen betreffen die Schonung natürlicher Ressourcen, die Eindämmung einer ungezügelten Entwicklung touristischer Zielgebiete, m.a.W. die Orientierung an Belastungsgrenzwerten, eine verstärkte Rücksichtnahme auf Kultur, Sitten und Gebräuche der einheimischen Bevölkerung und vieles andere mehr. Dabei ist zu berücksichtigen, daß Kundennutzen und gesellschaftlicher Nutzen häufig insofern Hand in Hand gehen, als die potentiellen Kunden touristischer Institutionen inzwischen ein starkes gesellschaftliches Bewußtsein entwickelt haben und zunehmend dazu tendieren, sich gesellschaftsbewußt zu verhalten. Auch in dem gesellschaftlichen Umfeld lassen sich daher strategische Erfolgsfaktoren ausfindig machen, und eine touristische Institution, die dazu bereit und in der Lage ist, ihr Leitbild und die marktgerichteten Strategien durch ein gesellschaftsbezogenes Umwelt-Management zu ergänzen und auf diese Weise gesellschaftlichen Nutzen zu stiften, kann u.U. langfristig einen tragfähigen und dauerhaften Wettbewerbsvorteil für sich verbuchen. Deutliche Anzeichen dafür sind gerade in der letzten Zeit erkennbar.

Raffée spricht in diesem Zusammenhang von einem *"Public Marketing"* und führt dazu aus, daß "alle Marketingaktivitäten ... den Belangen und Interessen der allgemeinen Öffentlichkeit Rechnung zu tragen (haben). Public Marketing soll faktische und/oder potentielle Widerspruchspotentiale abbauen und nach Möglichkeit in Zustimmung umwandeln" (Raffée, 1982, S. 82). Ohne hier im einzelnen auf das Verhältnis von Marketing und Public Relations eingehen zu können (vgl. Haedrich, 1987, 1992), dürfte einsichtig sein, daß für den langfristigen Erfolg von touristischen Institutionen ein *Ausbalancieren zwischen Markt und Gesellschaft* ausschlaggebend ist (vgl. Abb. 3). Verfolgt die Institution eine eindimensionale Effizienzstrategie (über den Gleichgewichtspunkt A hinaus), so nimmt ihre Effizienz aufgrund von zunehmendem gesellschaftlichem Druck nur noch degressiv zu. Im weiteren Verlauf kann es sogar zu einer Abnahme des ökonomischen Erfolgs kommen – z.B. durch staatliche Umweltschutzregelungen, die übernommen werden müssen (Kurve A – B – C – D). Gleichzeitig verliert die Institution schrittweise ihre gesellschaftliche Legitimation. Auf der anderen Seite würde eine reine Legitimationsstrategie (Kurve A – E – F – G) ökonomisch wenig erfolgreich sein und schließlich ebenfalls zu einer Legimiationseinbuße führen.

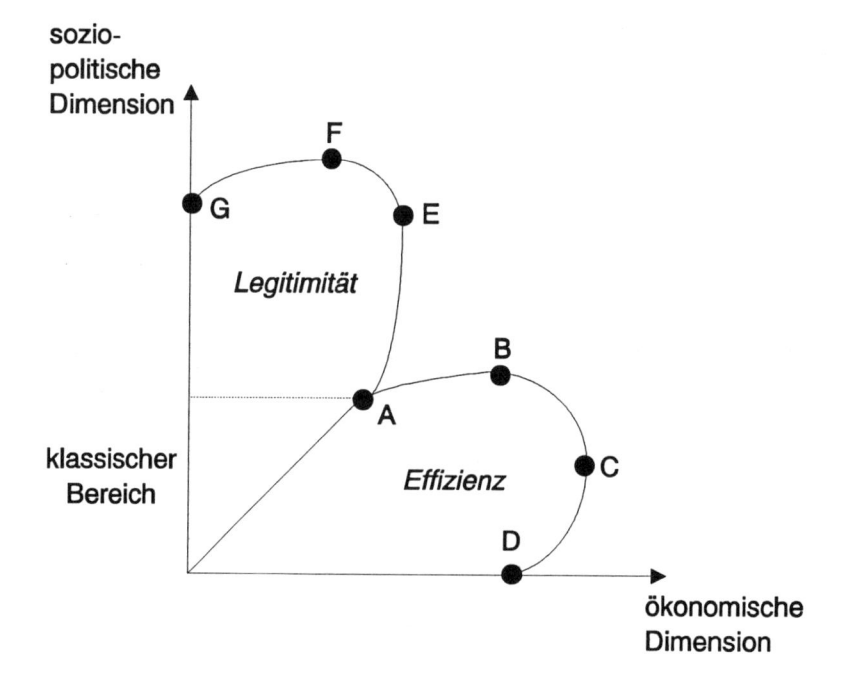

Abb. 3: Gesellschaftliche Anforderungen und Effektivität der Unternehmung
Quelle: Achleitner, 1985, S. 64

Marketing kann daher verstanden werden als *markt-, wettbewerbs- und gesellschaftsorientierte Führungskonzeption von Institutionen aller Art,* und der darauf aufbauende Prozeß der strategischen Marketingplanung kann als dreiphasiger Prozeß dargestellt werden (vgl. Abb. 4). Es handelt sich um

(1) die konsequente Orientierung der Institution an den Bedürfnissen und Anforderungen von Markt und Gesellschaft sowie die Analyse der Wettbewerbsstruktur und des Wettbewerbsverhaltens, um eigene Stärken und Schwächen zu erkennen und *strategische Erfolgsfaktoren im Hinblick auf die Anforderungen von Markt und Gesellschaft herausarbeiten zu können;*
(2) *die Entwicklung eines Zielsystems,* das sowohl ökonomische als auch gesellschaftliche Anliegen berücksichtigt;
(3) die Ableitung einer Strategie zur *aktiven Gestaltung der Beziehungen zu allen relevanten Interaktionspartnern in Markt und Gesellschaft.*

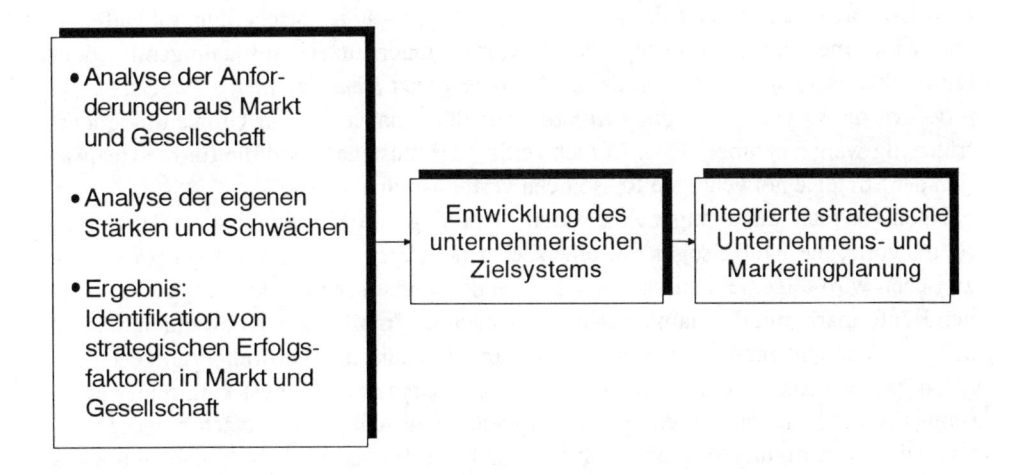

Abb. 4: Marketing als markt-, wettbewerbs- und gesellschaftsorientierte Führungskonzeption

2.3 Tourismus-Management und Tourismus-Marketing – ein Ausblick

Der Begriff *Marketing-Management* umfaßt nach Kotler "die Analyse, die Planung, die Durchführung und Kontrolle von Programmen, die darauf gerichtet sind, zum Erreichen der Organisationsziele einen beidseitig nützlichen Austausch und Beziehungen mit Zielmärkten einzuleiten, aufzubauen und zu unterhalten" (Kotler, 1982, S. 23).

Dabei steht der Grundgedanke des Marketing im Vordergrund: Eine Institution verfolgt die Absicht, sich gegenüber bestimmten Interaktionspartnern zum Zwecke des reibungslosen Ablaufs der erwünschten Austauschprozesse attraktiv zu machen. Dazu stützt sie sich auf die systematische Analyse der Bedürfnisse und Anforderungen von Markt und Gesellschaft und setzt bestimmte Instrumente (aus den Bereichen der Produkt-, Preis-, Vertriebs- und Kommunikationspolitik) in einer bestimmten Intensität und qualitativen Ausgestaltung ein.

Auf diese Weise verschmelzen die Begriffspaare "Marketing" und "Management" zu einer geschlossenen, an den Vorstellungen bestimmter Interaktionspartner orientierten konzeptionellen Grundausrichtung jeder Institution, gleichgültig ob sie kommerzieller Natur – mit dem Oberziel der geplanten Gewinnerwirtschaftung – oder nicht-kommerzieller Art und vordergründig auf gesellschaftliche Nutzensteigerung ausgerichtet ist.

Stets kommt es darauf an, daß das strategische Planungssystem wirksam von anderen Systemen flankiert wird – von einer der Strategie angemessenen Strukturierung der einzelnen organisatorischen Einheiten und der Arbeits- und Entscheidungsabläufe, einem wirksamen Führungskonzept und wirksamen unterstützenden Planungen in anderen Funktionsbereichen der Institution. *Im Mittelpunkt steht das Ziel, strategische Erfolgsfaktoren so gut wie möglich zu managen,* d.h. Chancen in der Umwelt möglichst frühzeitig wahrzunehmen, Risiken rechtzeitig gegenzusteuern und die für die Realisation der Strategie notwendigen Ressourcen verfügbar zu machen.

Noch vor nicht allzu langer Zeit waren Marketing und Management im Tourismus Fremdworte, die häufig sogar mit einem eher negativen Akzent versehen waren. Inzwischen wird allgemein anerkannt, daß sich der touristische Markt weitgehend in einen Käufermarkt mit den damit zusammenhängenden Implikationen gewandelt hat und daß die Tourismusbranche von komplexen und dynamischen Umwelten umgeben ist. Noch gravierender ist die Tatsache, daß der Tourismusmarkt längst kein reiner Massenmarkt mehr ist, sondern ein Markt mit vielen unterschiedlichen Nachfragesegmenten. Die Befriedigung des physischen Grundbedürfnisses zu reisen und auf diese Weise Abstand vom Alltag zu gewinnen, ist heute für breite Bevölkerungskreise zur Selbstverständlichkeit geworden. Differenzierte Ansprüche einzelner Nachfragesegmente erfordern zunehmend eine differenzierte Marktbearbeitung. In diesem Zusammenhang wird der *psychische Zusatznutzen* der touristischen Angebote, das *Urlaubserlebnis*, immer stärker in den Mittelpunkt der Kundenerwartungen rücken, und die Anforderungen an die Anbieter touristischer Leistungen steigen sprunghaft an, wenn es darum geht, einen dementsprechenden Kundennutzen durch Einsatz von Fähigkeiten und Ressourcen erfolgversprechend zu managen. Wachstumschancen werden in Zukunft vor allem solche Angebote haben, die dem Touristen ein echtes Urlaubserlebnis vermitteln.

Das bringt ein weiteres Phänomen zum Vorschein. Aufgrund veränderter Markt- und Wettbewerbsbedingungen ist zu erwarten, daß in naher Zukunft mindestens in Teilbereichen des Tourismusmarktes sog. *Low Involvement-Bedingungen* herrschen werden, wie wir es in weiten Bereichen des Konsumgütermarktes bereits seit langem kennen. Der Tourist wird immer erfahrener und geht, wenn er beispielsweise einen Kurzurlaub oder eine Reise nach Mallorca plant, ein relativ gut kalkulierbares ökonomisches, psychisches und soziales Risiko ein. Einzelne Angebote werden immer stärker austauschbar, und damit ändern sich bisher zugrunde gelegte Strukturen des Kaufentscheidungsprozesses. Als Folge davon wird auf der Anbieterseite in manchen Bereichen ein Umdenken erforderlich werden, was bislang bewährte Strategien und Konzepte betrifft.

Nicht zu unterschätzen ist auch die bereits angesprochene Sensibilisierung weiter Bevölkerungskreise gegenüber den negativen Auswirkungen des Tourismus auf natürliche Umweltressourcen. Die Forderung nach einem *verantwortungsbewußteren Verhalten seitens der Tourismusindustrie* rückt gleichzeitig immer stärker in das öffentliche Bewußtsein, nicht zuletzt in das der potentiellen Abnehmer touristischer Leistungen.

Die Tatsache schließlich, daß touristische Angebote im allgemeinen aus einer Vielzahl von Einzelelementen bestehen, die zu einem Ganzen koordiniert werden müssen, erfordert ein besonders hohes strategisches Planungsniveau und entsprechende flankierende strategische Management-Erfahrungen. Ein positiv vom Wettbewerb abgrenzender Produktnutzen ist langfristig und dauerhaft nur dann vermittelbar, wenn alle Elemente des touristischen Angebots eine Einheit bilden, und der häufig etwas überstrapazierte Begriff der *Corporate Identity*, der Forderung nach Einheitlichkeit des Auftretens nach innen und außen, hat im Tourismus einen hohen Stellenwert.

Literatur

Achleitner, P.M. (1985): Soziopolitische Strategien multinationaler Unternehmungen. Bern/Stuttgart.
Fritz, E., F. Förster, K.-P. Wiedmann, H. Raffée (1988): Unternehmensziele und strategische Unternehmensführung. In: Die Betriebswirtschaft, Nr. 48 (5), S. 567–586.
Haedrich, G. (1987): Zum Verhältnis von Marketing und Public Relations. In: Marketing – ZFP, Heft 1, S. 25–31.
Haedrich, G. (1992): Public Relations im System des Strategischen Managements. In: H. Avenarius, W. Armbrecht (Hrsg.): Ist Public Relations eine Wissenschaft? Opladen, S. 257–278.
Haedrich, G., T. Tomczak (1990): Strategische Markenführung. Bern/Stuttgart.
Hinterhuber, H.H. (1989): Strategische Unternehmungsführung, Bd. I und II. Berlin/New York.
Hinterhuber, H.H. (1990): Wettbewerbsstrategie. 2. Aufl., Berlin/New York.
Jugel, S., K.-P. Wiedmann, R. Kreutzer (1987): Die Formulierung der Unternehmensphilosophie im Rahmen einer Corporate Identity-Strategie. In: Marketing – ZFP, Heft 4, S. 293–303.
Kaspar, C., P. Fehrlin (1984): Marketing-Konzeption für Heilbäderkurorte. St. Galler Beiträge zum Fremdenverkehr und zur Verkehrswirtschaft, Reihe Fremdenverkehr, Bd. 16. Bern/Stuttgart.
Kaspar, C. (1990): Einführung in das touristische Management. St. Galler Beiträge zum Fremdenverkehr und zur Verkehrswirtschaft, Reihe Fremdenverkehr, Bd. 21. Bern/Stuttgart.
Kotler, P.H. (1982): Marketing-Management. 4. Aufl., Stuttgart.
Pümpin, C., J.M. Kobi, H.A. Wüthrich (1985): Die Marketing-Kultur als betrieblicher Wert von strategischer Bedeutung. In: Thexis, Nr. 4, S. 22–25.

Raffée, H. (1979): Marketing und Umwelt. Stuttgart.
Raffée, H. (1982): Marketingperspektiven der 80er Jahre. In: Marketing – ZFP, Heft 2, S. 81–90.
Staehle, W.H. (1983): Funktionen des Managements. Bern/Stuttgart.
Ulrich, H. (1987): Unternehmungspolitik. 2. Aufl., Bern.

II. Rahmenbedingungen des Tourismus-Managements und der Fremdenverkehrsplanung

1. Auswirkungen des EG-Binnenmarktes

Henning Hillmann

1.1 Das Binnenmarktziel 1992

1.1.1 Die vertragliche Verpflichtung

Mit dem Inkrafttreten der Einheitlichen Europäischen Akte am 1.7.1987 haben sich die Mitgliedstaaten der Europäischen Gemeinschaft verpflichtet, den einheitlichen Binnenmarkt bis Ende 1992 schrittweise zu verwirklichen. Nach § 8a EWG-Vertrag umfaßt der Binnenmarkt "einen Raum ohne Binnengrenzen, in dem der freie Verkehr von Waren, Personen, Dienstleistungen und Kapital gemäß den Bestimmungen dieses Vertrages gewährleistet ist." Der EG-Wirtschaftsraum, der in den letzten 30 Jahren – am 1.1.1958 trat der in Rom unterzeichnete Vertrag zur Gründung der Europäischen Wirtschaftsgemeinschaft in Kraft – entstanden ist, hat sich bewährt (vgl. hierzu und zu den folgenden Punkten BMWi, 1991).

Hauptanstoß für die Schaffung eines Europäischen Binnenmarktes war die internationale Wettbewerbssituation. Mitte der 80er Jahre setzte sich allgemein die Erkenntnis durch, daß sich die einzelstaatlichen Volkswirtschaften in Europa auf längere Zeit nur schwer in der Konkurrenz mit den USA, Japan und den neuen industriellen Zentren in Ostasien behaupten können. Der engere Zusammenschluß der zwölf Mitgliedstaaten zu einem einheitlichen Binnenmarkt war die Antwort auf die internationalen Herausforderungen.

1.1.2 Beseitigung der Grenzen

Zwar steht die europäische Einigung auf solidem Fundament, die vier EG-Freiheiten konnten jedoch bisher noch nicht in allen Bereichen verwirklicht werden.

Das Fehlen eines vollständigen EG-Binnenmarktes verursacht beträchtliche Kosten: Kosten für die Finanzierung von Grenzkontrollen und -formalitäten, Kosten durch den damit verbundenen Zeitverlust, Kosten durch die Zerstückelung des EG-Absatzraumes in nationale Teilmärkte mit unterschiedlichen Regelungen und Normen und schließlich Kosten durch den fehlenden oder zu geringen Wettbewerb im öffentlichen Beschaffungswesen. Alle diese Kosten hat eine von der EG-Kommission vorgelegte Studie auf 200–250 Mrd. ECU geschätzt, das entspricht 5–6% des EG-Bruttosozialprodukts. Für Politik und Wirtschaft in den Mitgliedstaaten der EG stellt sich bereits heute neben dem EG-Binnenmarkt als Herausforderung die Schaffung eines einheitlichen europäischen Wirtschaftsraums, der soweit wie möglich auch die übrigen europäischen Länder, vor allem die EFTA-Staaten, mit einschließt.

Der Weg zum Binnenmarkt führt über die schrittweise Beseitigung von Schranken und Hemmnissen, die in und zwischen den Mitgliedstaaten bestehen und die bis heute die vollständige Verwirklichung des freien Verkehrs von Waren, Personen, Dienstleistungen und Kapital noch verhindern.

1.1.3 Vorteile des Binnenmarktes

Mit der Vollendung des Europäischen Binnenmarktes wird ein Etappenziel auf dem Weg zu den "Vereinigten Staaten von Europa" erreicht. Wenn am 1.1.1993 die innereuropäischen Grenzen fallen, wird es volle Freizügigkeit geben. Als nächstes Ziel auf dem Weg zur politischen Union haben die Mitgliedstaaten der EG eine Wirtschafts- und Währungsunion beschlossen. Mit rd. 340 Mio. Menschen und einem Sozialprodukt von heute schon fast 9 Billionen DM wird die Wirtschaftskraft des vereinten Europas derzeit nur von den USA übertroffen.

Die Vereinigten Staaten von Amerika haben in vieler Hinsicht für die Vision eines künftigen Europas Modell gestanden. Das vereinte Europa wird die kulturellen Eigenständigkeiten seiner Völker bewahren, seine Bürger werden frei sein in der Wahl des Wohnortes und Arbeitsplatzes. Die Vollendung des Europäischen Binnenmarktes bringt jedem einzelnen Bürger große Fortschritte: Untersuchungen zufolge wird das Erreichen dieses Etappenziels zu kräftigen Wachstumsimpulsen, zum Abbau der Arbeitslosigkeit, besserer Produktqualität sowie sinkenden Preisen führen. Experten erwarten Preisnachlässe von bis zu 6% sowie die Schaffung von rd. 1,8 Mio. neuen Arbeitsplätzen innerhalb der EG insgesamt.

In der bis zum 1.1.1993 verbleibenden Zeit müssen von den zwölf EG-Mitgliedstaaten aber noch zahlreiche Hindernisse aus dem Weg geräumt und der Ordnungsrahmen des Binnenmarktes vollständig gestaltet werden, damit einheitliche Wettbewerbsbedingungen entstehen. Die Wettbewerbschancen müssen überall gleich sein, Liberalisierung muß Vorrang vor Harmonisierung um jeden Preis haben.

Die Vollendung des Europäischen Binnenmarktes ist ein wichtiges Ziel auf dem Weg zur politischen Union Europas, die auch für jene offen sein muß, die sich einer freiheitlichen und marktwirtschaftlichen Ordnung anpassen wollen.

1.2 Binnenmarkt und Tourismusentwicklung

1.2.1 Wachstumsimpulse im Tourismus

Der Tourismus wird wegen der grenzüberschreitenden Aktivitäten stärker als andere Wirtschaftszweige von der Vollendung des EG-Binnenmarktes profitieren. Schon heute wird die Bedeutung des Wirtschaftsfaktors Tourismus weltweit als drittgrößter Exportbereich mit einem Viertel des weltweiten Handels mit Dienstleistungen nach Angaben der Welttourismusorganisation eingeschätzt. Auch in der EG zählt der Tourismus zu den wichtigsten Wirtschaftszweigen mit über 5% des Bruttoinlandsproduktes der Gemeinschaft. Im Tourismus arbeiten insgesamt 8 Mio. Menschen, und es entstehen ständig neue Arbeitsplätze. Für die alte Bundesrepublik wurde der Gesamtumsatz im Tourismus mit 140 Mrd. DM errechnet, fast 2 Mio. Arbeitsplätze hängen direkt oder indirekt vom Tourismus ab. Diese Zahlen werden aufgrund der deutschen Einheit und nach dem Ausbau der touristischen Infrastruktur in den neuen Bundesländern noch erhöht (vgl. hierzu und zu den folgenden Punkten Dehoga, 1991 und DIHT, 1990).

Die Verwirklichung des Binnenmarktes führt im wesentlichen zum Wegfall folgender Schranken:
- *materielle Schranken*
 (Abschaffung der Kontrollen und Formalitäten im grenzüberschreitenden Personen- und Warenverkehr),
- *technische Schranken*
 (Beseitigung unterschiedlicher Normen, Liberalisierung des öffentlichen Auftragswesens sowie im Kapitalverkehr und im Transportbereich, Freizügigkeit der Arbeitnehmer und Niederlassungsfreiheit),
- *Steuerschranken*
 (Angleichung der unterschiedlichen Steuersätze bei Mehrwert- und Verbrauchssteuern).

Hierdurch ergeben sich Kostensenkungen und verstärkter Wettbewerb, die wiederum Preissenkungen und Kaufkraftausweitung zur Folge haben. Tendenzen zur Ausdehnung der Freizeit dürften verbunden mit diesen Effekten in überdurchschnittlichem Maß zur Nachfrage nach touristischen Leistungen führen.

1.2.2 Auswirkungen auf Fremdenverkehrswirtschaft, Reiseveranstalter und -büros sowie Verkehrsbereich

Aufgrund dieser Wachstumsimpulse im Tourismus ergeben sich positive Auswirkungen des Binnenmarktes für die Entwicklung der Fremdenverkehrswirtschaft, Reiseveranstalter und Reisebüros sowie des Verkehrsbereichs vor allem durch liberalisierte Reisebedingungen.

Entscheidend ist dabei die Abschaffung der Personenkontrollen an den innergemeinschaftlichen Grenzen. Es besteht Einvernehmen, daß die Grenzkontrollen nur beseitigt werden können, wenn die Kontrollen an den Außengrenzen der EG verstärkt und die relevanten Regelungen harmonisiert werden. Vorreiterrolle spielt hier das Übereinkommen von Schengen zwischen den Benelux-Staaten, Deutschland und Frankreich, dem jetzt auch Italien, Spanien und Portugal beigetreten sind. Diese Schengen-Staaten haben sich geeinigt, schon bald auf Grenzkontrollen völlig zu verzichten. Die bereits praktizierte bevorzugte Behandlung der Inhaber von EG-Pässen sowie die Aufhebung der Kontrollen der KFZ-Versicherungskarten zur Erleichterung des Grenzübertritts tragen ebenfalls zu den Reiseerleichterungen bei. Zum Ausbau des versicherungsrechtlichen Schutzes von Touristen sind neben Vereinheitlichungen im Bereich der Kranken-, Unfall- und Haftpflichtversicherung auch Vereinfachungen bei der medizinischen Betreuung in Notfällen vorgesehen.

Im Rahmen der Gesamt-EG werden parallele Verhandlungen geführt: Zur Visa-Politik hat sich die EG schon weitgehend auf eine gemeinsame Linie geeinigt, was zur Aufhebung des Visum-Zwangs für Reisende aus Ungarn und der Tschechoslowakei geführt hat.

Wachstumsimpulse dürften sich auch aus der Liberalisierung im Verkehrsbereich ergeben, der bislang zu den am stärksten reglementierten Wirtschaftssektoren der Gemeinschaft zählt. Im Bereich des Luftverkehrs hat der EG-Rat wichtige Liberalisierungsschritte beschlossen. Sie betreffen die Aufteilung der Luftverkehrskapazitäten (insbesondere Aufteilung der Routen und Aufstockung der zulässigen Saisonkapazitäten), die Einzelheiten der Tarifgestaltung, den Marktzugang, die Flughafengebühren und die Flugsicherung. Allerdings sind durch zeitweise Überlastungen des Luftverkehrs auch bereits die Grenzen der gewünschten Liberalisierungseffekte wie Preissenkungen und verstärktes Angebot zu erkennen.

Zu erwähnen ist noch die Initiative der Gemeinschaft zur Schaffung eines europäischen Eisenbahn-Hochgeschwindigkeitsnetzes, das ganz Europa umfassen soll und die derzeitigen Reisezeiten verkürzen könnte. Auch die für den Bereich der Bustouristik von der Kommission betriebene Einführung des Kabotage-Rechts, d.h. die Möglichkeit für Busunternehmen aus der EG, auf Binnenverkehrsmärkten anderer Mitgliedsländer Fahrten anzubieten, wird wahrscheinlich auch in Deutschland zur weiteren Verbesserung des Leistungsangebotes führen.

Die Bedeutung einer intakten Umwelt für die Tourismusentwicklung hat auch zu zahlreichen Aktivitäten der EG-Kommission geführt. Neben der Bereitstellung von Mitteln für Umweltschutzinvestitionen im Rahmen der Strukturfonds ist die im Gemeinschaftsrecht verankerte Umweltverträglichkeitsprüfung von Maßnahmen und ihre Ausweitung auf Planungen und Programme zu erwähnen, ebenso wie die Richtlinien über die Badewasserqualität, die Abfallwirtschaft, den Immissionsschutz usw.

Auswirkungen des Binnenmarktes auf die Tourismuswirtschaft ergeben sich auch aus den Maßnahmen zum Verbraucherschutz und zur Verbraucherinformation. So ist bis 1.1.1993 die verabschiedete Richtlinie über Pauschalreisen auch im deutschen Reiserecht zu verankern. Danach haftet der Veranstalter/Vermittler gegenüber dem Kunden für die Erfüllung der vertraglich zugesicherten Leistungen, gleich, ob diese vom Veranstalter oder von Dritten erbracht werden. Ferner bestimmt die Richtlinie, daß die festgelegten Preise bis 20 Tage vor der Abreise und nur unter bestimmten Bedingungen erhöht werden dürfen. Die Veranstalter werden zu angemessenen Garantien verpflichtet, um den Kunden bei Zahlungsunfähigkeit bereits entrichtete Beträge erstatten zu können. Reiseprospekte müssen verständliche, genaue und lesbare Preisangaben und sonstige grundlegende Informationen enthalten.

Schließlich sind Bemühungen der EG-Kommission zu erwähnen, die Verbraucherinformation z.B. über Hotels zu verbessern.

Aktuell ist in diesem Zusammenhang auch ein Richtlinienvorschlag der Kommission, mit dem die Haftung für Schäden durch fehlerhafte Dienstleistungen verbessert werden soll. Hier geht es um eine verschuldensunabhängige Haftung hinsichtlich der Dienstleistungssicherheit. Die Diskussion hierüber ist allerdings noch nicht abgeschlossen.

Insgesamt können diese Verbraucherschutzmaßnahmen dazu beitragen, daß die Wettbewerbsbedingungen in der EG angeglichen und eventuelle Nachteile durch schärferes deutsches Recht beseitigt werden.

Aufgrund der genannten Auswirkungen des EG-Binnenmarktes dürften sich für die deutsche Fremdenverkehrswirtschaft generell sehr positive Impulse ergeben. Durch die wirtschaftlichen Binnenmarktaktivitäten wird hiervon besonders der Geschäftsreise- und Kongreßtourismus profitieren. Auch der Sprachtourismus nach Deutschland dürfte an Stellenwert gewinnen, ebenso wie ein Anstieg des Kurzurlaubs und des Tagesausflugsverkehrs über die dann entfallenden Binnengrenzen zu verzeichnen sein wird. Auch werden durch die Reisefreiheiten in Osteuropa und den wachsenden Lebensstandard in Südeuropa die bereits feststellbaren Tendenzen zu einem verstärkten Gästeaufkommen aus diesen Ländern führen (Süd-Nord- und Ost-West-Tourismus).

Im Bereich der Reiseveranstalter und Reisebüros kann sich der Wettbewerb verstärken, so daß hier größere Anstrengungen zur Professionalisierung und Leistungssteigerung erforderlich erscheinen.

Im Verkehrsbereich wird der Binnenmarkt auch eine erhebliche Wettbewerbsintensivierung nach sich ziehen. Hier können durch europaweite Zusammenschlüsse neue Strukturen entstehen. Im mittelständischen Bereich können vor allem bei der Bustouristik positive Entwicklungen eintreten.

1.3 Gemeinschaftliche EG-Tourismuspolitik

Mit der Schaffung des EG-Binnenmarktes werden auch die Bemühungen der Kommission um eine gemeinschaftliche Tourismuspolitik verstärkt. So hat die Kommission im April 1991 einen "Aktionsplan der Gemeinschaft zur Förderung des Fremdenverkehrs" vorgelegt, dessen Maßnahmen die Anpassung der Fremdenverkehrswirtschaft an den

Binnenmarkt und an die geplante Wirtschafts- und Währungsunion erleichtern sollen (vgl. hierzu und zu den folgenden Punkten Kommission der Europäischen Gemeinschaften, 1991). Dieser Aktionsplan der Gemeinschaft zur Förderung des Fremdenverkehrs hat zwei Schwerpunkte:
- Stärkung des horizontalen Konzepts von Fremdenverkehrsmaßnahmen der Mitgliedstaaten und der Gemeinschaft,
- Unterstützung gezielter Maßnahmen zur Förderung des Fremdenverkehrs in der Gemeinschaft durch mittelfristige Aktionen zur Diversifizierung des Fremdenverkehrsangebots, zur Durchführung transnationaler Vorhaben und zur Verbesserung der Werbung für den europäischen Fremdenverkehr auf internationalen Märkten.

Zur Stärkung des horizontalen Konzepts des Fremdenverkehrs gehört in erster Linie der Aufbau einer gemeinschaftlichen Fremdenverkehrsstatistik, der durch die im Dezember 1990 erfolgte Verabschiedung eines mehrjährigen Statistik-Programms eingeleitet wurde.

Maßnahmen zu einer besseren zeitlichen und räumlichen Verteilung der Ferien und der Reiseströme werden von der Kommission nicht zuletzt vor dem Hintergrund eines verbesserten Schutzes der Umwelt vorangetrieben. Auch der verbesserte Schutz der Touristen ist ein wichtiges Anliegen der Kommission.

Der zweite Bereich zur Unterstützung gezielter Aktionen für den Fremdenverkehr in der Gemeinschaft umfaßt mittelfristige Maßnahmen für eine Diversifizierung des Fremdenverkehrs. Hierzu gehören Anreize zur Förderung des Tourismus im ländlichen Raum ebenso wie Gemeinschaftsaktionen zugunsten des Kulturtourismus.

Schließlich will die Kommission mit Maßnahmen für einen umweltfreundlichen Fremdenverkehr (Aktion Blaue Flagge) und zu verbesserter Qualität des Tourismusangebots durch Berufsbildungsmaßnahmen beitragen.

Den zurückgehenden Anteil Europas am Welttourismusmarkt möchte die Kommission durch den Ausbau der Drittlandswerbung verbessern helfen. Zusammen mit der weltweit beachteten Vollendung des EG-Binnenmarktes 1992 soll hier eine entsprechende Kampagne in den USA, in Japan und Ostasien stattfinden.

Die mit der Schaffung des EG-Binnenmarktes verbundene Anpassung der Lebensbedingungen in der Gemeinschaft sollte allerdings nicht zu einer Angleichung der vielfältigen kulturellen Besonderheiten führen, die ein wichtiges touristisches Motiv sind. Die parallel mit dem Binnenmarkt stattfindende Annäherung an die EFTA-Staaten in Form eines europäischen Wirtschaftsraums und die osteuropäischen Staaten verbunden mit Reiseerleichterungen wird die Attraktivität des Reisens in Europa in den nächsten Jahrzehnten in jedem Falle weiter erhöhen.

Literatur

BMWi (1991): Die Vollendung des Europäischen Binnenmarktes 1992. Bonn (Broschüre des Bundeswirtschaftsministeriums).

Dehoga (1991): Die Vollendung des EG-Binnenmarktes – ihre Auswirkungen auf das deutsche Gastgewerbe. Bonn (Veröffentlichung des Deutschen Hotel- und Gaststättenverbandes).

DIHT (1990): Wegweiser zum EG-Binnenmarkt. Bonn (Veröffentlichung des Deutschen Industrie- und Handelstages).

Kommission der Europäischen Gemeinschaften (1991): Aktionsplan der Gemeinschaft zur Förderung des Fremdenverkehrs. Brüssel (EG-Kommission Dokument KOM [91] 97 endg.).

2. Der veränderte osteuropäische Reisemarkt

Margita Großmann

2.1 Abgrenzung des Marktes "Osteuropa"

Die Öffnungstendenzen in Osteuropa lassen seit einigen Jahren die touristischen Märkte dieses Raumes zunehmend zum Gegenstand des Interesses von Politikern, Reiseveranstaltern/Reisemittlern, Investoren und nicht zuletzt von Touristen/Reisewilligen werden.

Osteuropa grenzt sich natürlich-geographisch anders ab als politisch-geographisch. Bis zur deutschen Wiedervereinigung wurde unter dem letztgenannten Aspekt Osteuropa vor allem gefaßt als der Raum der europäischen RGW-Länder: Polen, die Tschechoslowakei, Ungarn, Rumänien, Bulgarien, die DDR und die Sowjetunion. Wirtschafts- und währungspolitische Parallelen, räumliche Nachbarschaft sowie vertraglicher Verbund auch im nichtwirtschaftlichen Bereich (z.B. Warschauer Pakt) waren Fundamente der Blockbildung. Dementsprechend wurde Osteuropa synonym behandelt mit den Ostblockstaaten. Diese Abgrenzung ist zwar eine allgemein gebräuchliche, aber dennoch nicht generell einheitliche: Manche Untersuchungen eliminierten die Sowjetunion (oder zumindest deren europäischen Teil), andere wiederum bezogen Jugoslawien in die osteuropäische Fassung ein (z.B. European Travel Monitor).

Die deutsche Wiedervereinigung hat die Abgrenzung dieses Marktes stark in Bewegung gebracht, indem sie die Westgrenze des "politischen" Osteuropas in Richtung Osten verschob. Dieses markante Ereignis ist ein Teil des bereits seit mehreren Jahren (vor allem von Polen und Ungarn) eingeleiteten wirtschaftlichen und politischen Umbruchprozesses im gesamten Ostblock. Mit den in allen genannten Ländern maßgeblichen gesellschaftlichen Veränderungen setzt sich der natürlich-geographische Gruppierungsaspekt Europas speziell für den Ostteil wieder mehr an die Spitze. Er wird als Untersuchungsaspekt auch deshalb präferiert, weil er eine vergleichsweise hohe Beständigkeit aufweist bei der Charakterisierung des unter den gravierenden politischen und wirtschaftlichen Wandlungen in Bewegung geratenen und unter dem Einfluß der europäischen Neugestaltung auch noch über längere Zeit in Bewegung bleibenden Marktes. Zum osteuropäischen "geographischen" Reisemarkt werden Polen, die Tschechoslowakei, Ungarn, Rumänien, Bulgarien, Jugoslawien und der europäische Teil der ehemaligen Sowjetunion[1] gerechnet. Für Rückblicke wird die Ex-DDR mit herangezogen.

---

[1] Touristisch relevante Erholungsgebiete im asiatischen Teil der ehemaligen Sowjetunion, wie z.B. die kaukasische Schwarzmeerküste, Mittelasien, Westsibirien, die ostsibirische Küste, sind damit i.d.R. nicht in die Beurteilung einbezogen. Ebenso sind Zielgebiete des Geschäftstourismus im asiatischen Teil ausgeklammert. Die Herauslösung der Daten aus den sowjetischen Statistiken, die den Tourismus des europäischen Teils betreffen, ist nicht immer möglich, wird aber angestrebt. Unterstützend wird sich hier zukünftig die weitere Entwicklung der ehemaligen Sowjetrepubliken auswirken.

2.2 Allgemeine Charakteristika Osteuropas aus touristischer Sicht

Osteuropa hat sowohl als Zielgebiet als auch als Quellgebiet Bedeutung.

Tab. 1: Größe und Bevölkerung 1989
Quelle: Statistisches Jahrbuch der DDR, 1990

Land	Fläche (1000 qkm)	Einwohner (Mio.)
Polen	312,7	37,8
Tschechoslowakei	127,9	15,6
Ungarn	93,0	10,6
Rumänien	237,5	23,0
Bulgarien	110,9	9,0
Sowjetuntion (europäischer Teil)	5 600,0	204,0
(Ex-DDR)	(108,3)	(16,7)
Osteuropa	6 482,0	300,0

62% der Fläche Europas fallen auf den Ostteil. In ihm ist eine morphologische, klimatische, balneologische, kulturelle und wirtschaftliche Vielfalt ebenso vorhanden wie die in langer Tradition gewachsene Historie. Das natürliche bzw. wirtschaftliche Attraktionspotential eignet sich für viele Tourismusarten. Zwischen Eignung, Nutzbarmachung und Nutzung existieren jedoch erhebliche Unterschiede. Betrachtet man Osteuropa als Gesamtheit, muß man zu der Einschätzung neigen, daß die flächendeckende, bedarfsgerechte, ganzheitliche Erschließung für die touristische Konsumtion noch nicht voll ausgeprägt und teilweise nicht nachfragefördernd ist. Gleichfalls müssen für Osteuropa Abstriche von der Laveryschen Einschätzung des europäischen Marktes gemacht werden (vgl. Witt/Moutinho, 1989, S. 145). Sein Blick ist sicher mehr auf Westeuropa gerichtet, wenn er schreibt: "The strength of the European tourist product is the sheer variety and diversity of opportunities in a relatively compact area, the ease of travel within the Continent and the wide range of accomodation. The weaknesses are the high cost of travel for the longhaul tourist, the failure to market Europe as a single tourist 'package' and the emphasis on national promotion rather than Community promotion, the limited number of inclusive tour charters from North America or Asia, and the varied exchange rates between the US or Canadian dollar and major European currencies." Trotz gewisser Abweichungen davon in Osteuropa trifft diese Einschätzung in ihrem Grundgedanken auch für diesen europäischen Teilmarkt zu.

Die Bedeutung Osteuropas als Quellgebiet ist in erster Linie von der Reiseintensität der dort ansässigen Bevölkerung abhängig. Zur Zeit leben 43% der europäischen Bevölkerung in Osteuropa. Die Reiseintensität ist zwar zwischen der Bevölkerung in den einzelnen osteuropäischen Ländern und auch zwischen dem erholungsbedingten und dem berufsbedingten Tourismus sehr differenziert, stellt aber für die Zukunft ein entwicklungsfähiges Potential dar.

Gleichermaßen entwicklungsfähig ist die Beschäftigungsrate in der Tourismuswirtschaft im Zuge des Ausbaus der touristischen Produktionsräume und des strukturellen Angleichs der Berufstätigkeit an die nord- und westeuropäischen Verhältnisse.

2.3 Räumliche Teilmärkte

Die Probleme, die in jüngerer Vergangenheit auf dem Gebiet des Tourismus entstanden sind und im Zuge der weiteren Entwicklung einer Lösung harren, wurden sehr detailliert, facettenreich und mit hoher Sachkenntnis von den Marktbeobachtern und Marktakteuren der einzelnen räumlichen Teilmärkte auf dem Kongreß "Tourismus in einem neuen Europa – Zusammenarbeit von Ost und West" beleuchtet (vgl. Stadtfeld, 1990). Darauf aufbauend werden hier der gebotenen Kürze wegen nur einige markante Seiten des Tourismus aufgegriffen, sofern notwendig (und möglich) um aktuelle Veränderungen ergänzt und im osteuropäischen Verbund dargestellt. Die Daten sind – falls nicht anders vermerkt wird – den nationalen Statistiken bzw. der WTO-Statistik entnommen.

Der Tourismus *Polens* erreicht zwar noch nicht wieder sein Niveau der 70er Jahre, aber er steigt beständig beim Incoming, Outgoing, in geringerem Maße im Inlandstourismus. Die Reiseintensität der polnischen Bevölkerung liegt mit 22% deutlich unter dem europäischen Durchschnitt (vgl. European Travel Monitor, 1991). Besonders groß sind die Zuwächse der Einreisen nach Polen aus Westeuropa. Den Hauptanteil stellen aber nach wie vor die Tschechoslowakei, die Staaten der ehemaligen Sowjetunion und (Ost-)Deutschland (vgl. Tab. 2).

Tab. 2: Polnischer Auslandstourismus

Jahr	Einreisen (Mio. Reisen)	Einnahmen (Mio. $)	Ausreisen (Mio. Reisen)
1970	1,9		0,9
1974	7,9	219	8,3
1987	5,0	83	
1988	6,2	118	7,0

Die *Tschechoslowakei* ist unter den osteuropäischen Ländern sowohl hinsichtlich des touristischen Aufkommens als auch hinsichtlich der touristischen Aufnahme in einer der führenden Positionen. Die Zahl der Ausreisen von Tschechoslowaken ist beständig gestiegen. Sie belief sich 1989 auf 8,6 Mio. (1986: 6,8 Mio.) Reisen, was bedeutet, daß auf jeden zweiten Einwohner eine Auslandsreise kommt. 72% der Ausreisen führten in die Ostblockstaaten. Die Währungsunion in Vorbereitung und Realisierung der deutschen Einheit ließ die Reisezahlen nach Deutschland sinken (Devisenbestimmungen), obwohl das Reiseziel Deutschland sogar einen Attraktivitätsgewinn zu verzeichnen hatte. Den Ausreisen steht eine Zahl von 29,6 Mio. (1987: 21,9 Mio.) einreisenden Ausländern gegenüber. Die Mehrzahl der Reisenden (92%) kam 1989 aus den benachbarten Ostblockstaaten. Auf jeden Einwohner entfielen zwei Einreisen von Ausländern. Die Tourismuswirtschaft der Tschechoslowakei wurde in starkem Maße auch durch den Inlandstourismus genutzt. Es wird mit einem inländischen Reiseaufkommen (ohne Tagesreisen) von ca. 8,7 Mio. Gästen in Beherbergungseinrichtungen und einer durchschnittlichen Aufenthaltsdauer von 3,2 Tagen gerechnet. In der Tschechoslowakei wurde ein Leistungsvolumen von etwa 41,9 Mio. touristischen Übernachtungen realisiert, d.h. ohne Tagestourismus 2,7 Übernachtungen pro Einwohner.

Die Einnahmen aus dem Auslandstourismus sind im Jahre 1990 besonders stark gewachsen. Während von 1970 bis 1989 etwa eine Verdoppelung der Einnahmen erfolgte, wurde allein von 1989 zu 1990 eine Einnahmenerhöhung um 5,7 Mrd. Kcs auf 9,5 Mrd. Kcs (316 Mio. US$) verzeichnet.

In *Ungarn* hat die Tourismuswirtschaft nicht nur einen hohen Anteil an der Wirtschaft des Landes, sondern sie zählte in der Vergangenheit auch zu einem der einträglichsten Wirtschaftszweige. Ungarn hat sich frühzeitig auf die Verwertung der touristischen Möglichkeiten orientiert und sich mit Konsequenz für den Tourismus aus allen Richtungen, aber auch nach allen Richtungen geöffnet.

Mit der Einführung des unbegrenzten Reiserechts für die Ungarn (1989) zeigt sich, daß die bisherigen Devisen-Vorteile aus dem Tourismus durch einen Negativsaldo ersetzt worden sind (vgl. Tab. 3).

Die Intensität des Auslandstourismus ist in Ungarn hoch: 2,5 ausländische Touristen kommen auf einen Einwohner; auf jeden Einwohner entfielen 1989 im Durchschnitt 1,5 Auslandsreisen. Die zunehmende Tendenz der Ausreisen nach Westeuropa geht einher mit einem Rückgang nach allen osteuropäischen Ländern. Österreich ist mit einem Anteil an den Ausreisen von mehr als 40% in der Spitzenposition der Zielländer.

Tab. 3: Ungarischer Auslandstourismus

Jahr	Einreisen (Mio. Reisen)	Einnahmen (Mio. $)	Ausreisen (Mio. Reisen)	Ausgaben (Mio. $)
1970	6,3	8,3	1,3	2,7
1980	9,4		5,2	
1987	18,9	37,0	7,2	11,8
1988	18,0	39,0	11,5	33,4
1989	24,9	49,4	14,8	59,6

Ungarn ist bestrebt, die beiden Tourismuszentren Budapester Raum und Raum Balaton durch die Entwicklung der touristischen Infrastruktur in noch geringer frequentierten Gebieten zu fördern, indem u.a. über Veranstaltungen und aktives Tourismuserleben die Attraktivität anderer Gebiete bekannt gemacht (z.B. Donauknie, Velencei-to, Matrabükk) oder die geringere natürliche und kulturelle Attraktivität von Gebieten ausgeglichen wird. Der grenznahe Raum zu Österreich und zur Tschechoslowakei partizipiert stabil am Tagestourismus.

Die durchschnittliche Aufenthaltsdauer der Ausländer ist sinkend, gewiß auch verursacht durch die österreichischen Ausflügler. 1989 betrug sie 5,9 Tage. Nur ein Viertel der ausländischen Touristen bleiben mehr als 7 Tage in Ungarn, 57% sind Tagestouristen.

Im Vergleich zu den Nachbarstaaten Ungarn und Bulgarien war der Tourismus in *Rumänien* – abgesehen von Konzentrationspunkten an der Schwarzmeerküste, im Donaudelta und in den Karpaten – weniger stark ausgeprägt.

Tab. 4: Rumänischer Auslandstourismus

Jahr	Einreisen (Mio. Reisen)	Ausreisen (Mio. Reisen)
1970	2,3	
1980	4,3	
1986	5,1	2,0
1989		9,2
1990	> 5	11,5

Die gegenüber politischen und wirtschaftlichen Problemen sehr sensible touristische Nachfrage entwickelte sich in der zweiten Hälfte der 80er Jahre rückläufig.

Gegenwärtig werden von Rumänien große Anstrengungen unternommen, den Incoming-Tourismus wieder zu beleben. Touristische Entwicklungsprogramme, Privatisierung, Aufbau von Gemeinschaftsunternehmen mit ausländischen Partnern und Suche ausländischer Investoren sowie Kreditvergabe für Tourismusprojekte charakterisieren momentan die rumänische Tourismuswirtschaftspolitik. Erfolgsansätze zeichnen sich ab, so daß die Entwicklung in Rumänien einen Umschwung zum touristischen Wachstum signalisiert.

Die Tourismusentwicklung *Bulgariens* hat ein beachtliches Niveau erreicht. Steigende Transitreisen durch Bulgarien, vor allem aus der Türkei, kompensierten in der Einreisestatistik den Rückgang an Freizeitreisen und führten sogar insgesamt zu einem Anstieg (vgl. Tab. 5). Trotz der politischen und wirtschaftlichen Neugestaltung oder gerade durch sie initiiert wird ein weiterer Zuwachs im Incoming-Bereich erwartet. Eine entsprechend differenzierte und innovative Programm- und Preispolitik für Tourismusprodukte soll diese Tendenz fördern. Der Incoming-Bereich, auf den gegenwärtig etwa 70% des Leistungsvolumens im Tourismus (ohne Tagestourismus) entfallen, wird damit möglicherweise seinen Anteil noch vergrößern.

Tab. 5: Bulgarischer Auslandstourismus

Jahr	Einreisen (Mio. Reisen)	Ausreisen (Mio. Reisen)
1970	2,5	0,3
1980	5,5	
1988	11,9	0,6
1990	ca. 10,0	

Die ehemalige *Sowjetunion* verfügt unter den betrachteten Ländern aufgrund ihrer geographischen Ausdehnung über die vielgestaltigsten natürlichen Voraussetzungen und Kulturen. Obwohl der Tourismus als Wirtschaftsfaktor erkannt worden ist, muß seine Erschließung im Vergleich zum vorhandenen Potential und zu anderen Ländern als gering bezeichnet werden, wenn man vom punktuellen Ausbau einzelner Touristenzentren im europäischen Teil wie z.B. in Moskau, St. Petersburg, Kiew, dem Baltikum und der Krim absieht. Die Bemühungen zum Ausbau sind seit Jahren und besonders in letzter Zeit unverkennbar, was sich in Gebietsplanungen und langfristigen Konzeptionen für traditionelle und für neue Gebiete, aber auch in neuen Organisations- und Finanzierungsformen des Tourismus zeigt. Die Bemühungen, u.a. um die Einreise ausländischer Touristen, brachten Erfolge: 1988 verzeichnete die Sowjetunion 5,8 Mio. ausländische Einreisen (vgl. FAZ, 26.01.1989); 1989 soll die 6-Millionen-Grenze überschritten worden sein (vgl. Tab. 6).

Tab. 6: Touristische Einreisen in die gesamte Sowjetunion

Jahr	Mio. Reisen
1970	2,1
1975	3,7
1980	4,8
1986	5,1
1988	5,8

Den Einreisen standen in der Vergangenheit auf der Grundlage der sowjetischen Wirtschafts- und Tourismuspolitik (bzw. in zunehmendem Maße derjenigen der Teilstaaten) etwa gleiche oder geringere Ausreisezahlen gegenüber. Wie die Entwicklung des Tourismus im Falle der Korrektur zur allseitigen Freizügigkeit im Reisen am Beispiel von Ungarn, der Ex-DDR und von Rumänien gezeigt hat, ziehen die dadurch zu erwartenden Änderungen trotz unterschiedlicher Motivationen zum Reisen sogartig die Reiseintensität der Bevölkerung in die Höhe (falls keine administrativen, finanziellen, verkehrsmäßigen Engpässe/Barrieren vorhanden sind). Das Angebot für den Inlandstourismus der ehemaligen Sowjetunion war im Freizeitbereich vor allem von staatlichen oder gesellschaftlichen Organisationen geprägt. Die jahrzehntelange Verteilung der Reisen nach sozialpolitischen Entscheidungskriterien unter den Bedingungen des Nachfrageüberhanges wirkt auch zur Zeit noch nach, obgleich der freie Verkauf von Reisen und privatwirtschaftliches Engagement Fuß zu fassen beginnen.

In der *Ex-DDR* hatte der Tourismus einen hohen politischen, sozialen und wirtschaftlichen Stellenwert. Vor der Einführung der ungehinderten Ausreisemöglichkeit in alle Teile der Welt unternahmen 85% der Bevölkerung lang- bzw. kurzdauernde Urlaubsreisen. Von den 16,2 Mio. Ausreisen führten 58% in die europäischen RGW-Staaten; etwa ebenso viele Reisen wurden zu inländischen Reisezielen unternommen. Der Großteil der Reisen war subventioniert (Sozialtourismus).

Nach der Grenzöffnung beabsichtigten die Ostdeutschen 1990 zu 71%, in Deutschland Urlaub zu machen (davon 38% in Ostdeutschland und 33% in Westdeutschland), zu 18% die osteuropäischen und zu 11% die westeuropäischen Länder zu besuchen (vgl. Autorenkollektiv, 1990). Wie die Reiseanalyse des Studienkreises für Tourismus, Starnberg, belegte, wurden diese Absichten nur geringfügig zugunsten der Deutschlandreisen korrigiert (75%, darin 41% Ostdeutschland und 34% Westdeutschland) sowie zugunsten Österreichs, Italiens und Spaniens, und zwar zu Lasten der Länder Sowjetunion, Bulgarien, Rumänien und Polen (vgl. Studienkreis für Tourismus, 1991).

Ein zusammenfassender Überblick zeigt, daß das Bild des Auslandstourismus im osteuropäischen Raum bis in die nahe Vergangenheit wesentlich vom Tourismus zwischen den europäischen RGW-Staaten geprägt wurde (vgl. Tab. 7).

Tab. 7: Touristenströme (einschließlich Transit) im Jahr 1986 zwischen den europäischen RGW-Staaten (in 1000 Reisen)

	DDR	P	SU	CS	H	RO	BG	Outgoing
DDR	–	782	562	8 636	1 431	44	260	11 715
P	2 298	–	244	4 280	3 086	17	528	10 453
SU	365	993	–	421	501	x	303	(2 583)
CS	2 188	717	357	–	4 892	111	384	8 649
H	553	431	158	3 100	–	1 193	405	5 840
RO	43	18	x	178	386	–	182	(807)
BG	126	39	116	378	544	58	–	1 261
Incoming	5 573	2 980	(1 437)	16 993	10 840	(1 423)	2 062	(41 308)

Anmerkung: Für die Folgejahre ermöglichen die statistischen Angaben keine geschlossene Darstellung dieses Marktes. Für die mit "x" gekennzeichneten Positionen waren keine statistischen Daten zugänglich.

58   Margita Großmann

Der Tourismus zwischen den Ostblockstaaten verkörperte ungeachtet einiger Differenzierungen etwa drei Viertel der Gesamtein- und -ausreisen in diesen Ländern. Dieser überhöhte Stellenwert pendelt sich zur Zeit auf ein Niveau ein, wie es normalen touristischen Raumbeziehungen entspricht. Unverkennbar ist in diesem Prozeß, daß die Herkunfts- und die Zieldestinationen trotz der gesellschaftlichen Wandlungen und der zunehmenden Reiseerleichterungen eine gewisse Stabilität aufweisen, obgleich in den letzten Jahren teilweise starke Motivationsänderungen bei den Touristen nachweisbar sind.

Die Abbildung 1 faßt die Dimensionen des osteuropäischen Auslandstourismus nochmals zusammen.

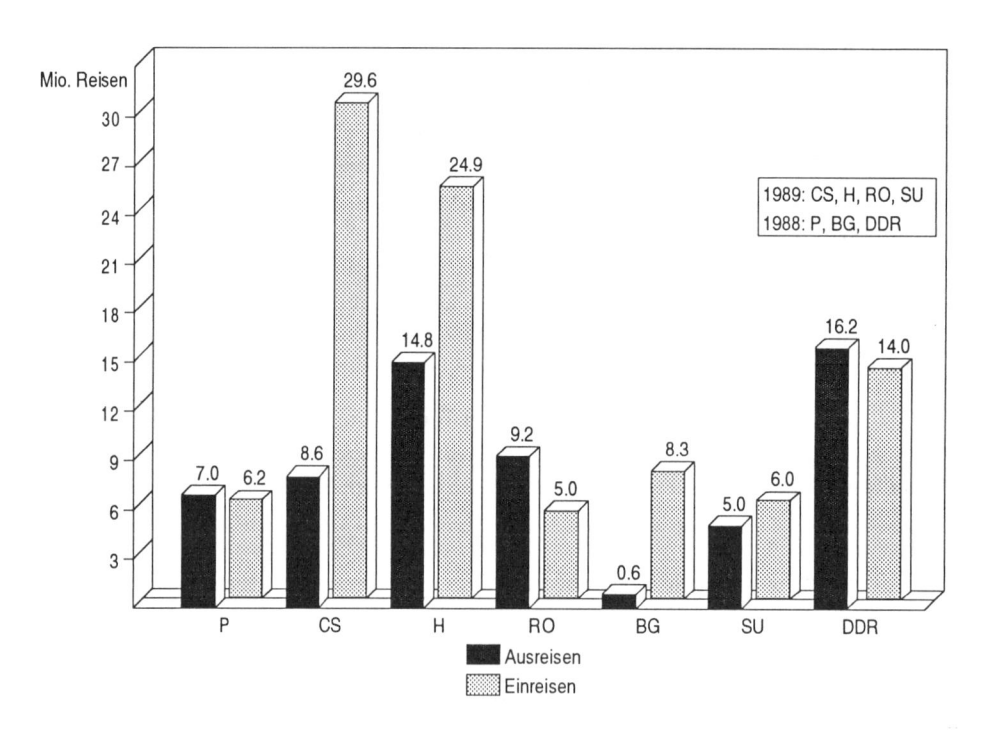

Abb. 1: Ein- und Ausreisen in osteuropäischen Ländern

Momentan schwer einschätzbar ist die Situation des Inlandstourismus in den verschiedenen osteuropäischen Ländern. Die politischen und ökonomischen Veränderungen führen bei vielen Menschen zu grundlegenden Veränderungen in den Lebensbedingungen und persönlichen Lebenswelten und Lebensstilen, die auch Veränderungen im Freizeit- und Reiseverhalten implizieren. Der größte Teil der Bevölkerung muß sich auf erheblich veränderte Lebenslagen umstellen sowie neue familiäre und individuelle Tätigkeits- und Finanzstrategien entwickeln. Erst neu zu gewinnende Lebenserfahrungen werden die Bürger zu Lebenskonzepten und individuellen Mobilitätsszenarien veranlassen, die mit ihrer realen, aktuellen Lebenslage verbunden sind. "Reaktionen auf aktuelle und perspektivische Unsicherheiten im Leben können vielseitig und kontrovers sein. Flucht vor unübersichtlichen und schwer beherrschbaren Lebenssituationen sowie streßbelastetem Alltag können das Hinwenden zum Tourismus mobilisieren (wenn ein Mindestlebensstandard vorhanden ist). Das bloße Fortbewegen, hektische Mobilität um ihrer selbst willen bewirken ... kurzfristig eine Verdrängung aktueller Daseinsprobleme" (vgl. Rochlitz/Großmann, 1991, S. 8).

Der inländische Berufstourismus bleibt davon unberührt. Er boomt mit dem wirtschaftlichen Aufschwung.

2.4 Motivationsbestimmte Teilmärkte im Zielgebiet Osteuropa

Im Rahmen des Freizeittourismus nimmt der *Erholungstourismus* die bedeutendste Position ein. Er ist in allen Formen (Tages-, Kurz- und Langzeittourismus) in ganz Osteuropa verbreitet. *Sportaktivurlaub* ist in vielfältiger Weise möglich, jedoch mit kapazitativen Begrenzungen. Aufbauend auf dem vorhandenen guten Grundstock an Kurreisen werden ergänzend andere Formen und Elemente des *Gesundheitsurlaubs* entwickelt.

Der *berufsbedingte touristische Aufenthalt* von Ausländern in den osteuropäischen Ländern ist im Reisenanteil zwar gering, aber aus der Sicht der ökonomischen Effizienz von größerer Bedeutung. Seine Anteile reichen von 17% im Falle Polens über 11% in Ungarn bis zu Anteilen von 6% in Bulgarien, 5% in der Tschechoslowakei und 4% in der Sowjetunion (1988). Wie der European Travel Monitor ermittelte, reisten bereits 1989 von den nach Osteuropa reisenden Westeuropäern 11% aus geschäftlichen Gründen (vgl. European Travel Monitor Osteuropareisen, 1990). Damit werden Wachstumsraten in einer touristischen Produktlinie angedeutet, denen das Angebot erst schleppend folgt, obwohl gerade auf diesem Gebiet unter dem Druck der Wirtschaft in den nächsten Jahren Innovativfelder in Größenordnungen zu erwarten sind, mit denen Osteuropa überdurchschnittlich herausragt.

Die osteuropäischen Länder sind – die ehemalige Sowjetunion ausgenommen – typische Transitländer zu Lande und zu Wasser. Die Ost-West-Ströme laufen im osteuropäischen Teil insbesondere über Ostdeutschland, Polen, die Tschechoslowakei und Ungarn, während die Nord-Süd-Achsen durch Ostdeutschland/Österreich, Polen, die Tschechoslowakei, Ungarn, Rumänien und Bulgarien verlaufen. Diese Transitströme betreffen die touristische Mobilität ebenso wie den Gütertransport.

Die Tschechoslowakei, Ungarn und Bulgarien klassifizieren mehr als 50% ihrer touristischen Einreisen als Transit. Alle osteuropäischen Länder sind bestrebt, die Transitreisenden zum Verweilen und damit zum Leistungskonsum zu animieren. Die Kritikansätze und Konfliktpotentiale, die zwangsläufig mit dem Transitverkehr verbunden sind, werden von der Bevölkerung der osteuropäischen Länder in den öffentlichen Handlungsbedarf überführt werden in dem Maße und Tempo, wie sich das Wertebewußtsein aus elementaren wirtschaftlichen Zwängen lösen kann. Die Veränderungen auf diesem Teilmarkt sind weniger in ihrer quantitativen oder räumlichen Entwicklung zu sehen als vielmehr in der Veränderung der den Transit begleitenden Leistungen.

2.5 Leistungsarten – Teilmärkte

Die osteuropäischen Teilmärkte – gruppiert nach den touristischen Leistungen, welche die Ortsveränderung und den Aufenthalt außerhalb der Wohnorte der Touristen ermöglichen – unterliegen gegenwärtig äußerst starken Veränderungen. Diese Veränderungen sind vor allem auf folgende globale Ursachen zurückzuführen, die in ganz Osteuropa wirken:
– ein völlig verändertes Demokratieverständnis,
– die vom Grundsatz her veränderte Wirtschaftspolitik,
– die totale Veränderung der Eigentumsverhältnisse und
– der europäische Annäherungsprozeß.

Währungspolitische Neuorientierung, marktgerechte Preispolitik, Hinwendung zum internationalen Kapitalfluß, Herausbildung mittelständischer Unternehmen in Ergänzung zu den Großunternehmen und freiheitlich-demokratische Entscheidungsbefugnisse sind nur einige Stichworte, die in den historisch herausgebildeten Strukturen völlig neue Entfaltungsmöglichkeiten bieten. Alle Leistungen im Tourismus, ob Kommunikationsleistungen, Beförderungsleistungen, Beherbergungsleistungen, Verpflegungsleistungen, kulturelle, sportliche und medizinische Betreuungsleistungen oder sonstige Dienste während der Reise der Touristen, erleben einen Profilwandel ebenso wie die Produzenten dieser Leistungen.

Von ganz besonderem Beobachtungsinteresse im Hinblick auf ihre Veränderungen sind der touristische Verkehrsmarkt und der Beherbergungsmarkt, aber auch der Reiseveranstalter-/Reisemittlermarkt. Die beiden erstgenannten sind eng an die touristische Infrastruktur gebunden und in dieser Verkettung eine der Voraussetzungen für die Touristenströme.

Der (touristische) *Verkehrsmarkt* hat die in Tab. 8 dargestellte "Start"struktur.
Welche Rolle die Eignung der einzelnen Verkehrsmittel aufgrund der geographischen Bedingungen spielt, zeigt deutlich das Beispiel Sowjetunion. Dagegen verdeutlichen die Strukturen der anderen Länder die unterschiedliche Verkehrspolitik: z.B. Schwerpunktsetzung auf den Schienenverkehr in der Ex-DDR oder auf den Straßenverkehr in Ungarn. Die Verkehrsunternehmen (Luft-, Schienen- und Wasserverkehr) waren (und sind teilweise noch heute) große staatliche Betriebe, die auf ihrem Gebiet überwiegend

konkurrenzlos arbeiteten. Der konsumenten- und produzentenseitige Mobilitätsdruck bewirkt insbesondere ein erhöhtes Verkehrsaufkommen im Straßenverkehr zu Lasten der Bahn sowie die Zunahme des Luftverkehrs. Die Verkehrsstruktur der einzelnen Länder verändert sich rasch.

Tab. 8: Anteile der von ausländischen Touristen zur An-/Abreise benutzten Verkehrsmittel in Osteuropa (1988)

Land	Flugzeug (%)	Eisenbahn (%)	PKW (%)	Schiff (%)
Polen	3	15	81	1
Tschechoslowakei	3	20	76	1
Ungarn	3	21	76	0,5
Bulgarien	12	8	79	1
Sowjetunion	77	19	2	2

Der *Beherbergungsmarkt* Osteuropas weist einige Besonderheiten auf, die ihre Wurzeln in der sozialistischen Wirtschafts- und Sozialpolitik haben. Mehr oder weniger stark entwickelt, aber in ganz Osteuropa vorhanden, ist ein quasi nicht-öffentliches Beherbergungsnetz, das gegenwärtig öffentlich zugänglich gemacht wird (insbesondere über die Privatisierung). Rechtsträger der nicht-öffentlichen Beherbergungsbetriebe waren/sind die Gewerkschaften und gesellschaftliche Einrichtungen (Verbände, Gesundheitswesen/Sozialversicherung, Kirchen, Vereine, Parteien) sowie Industrie-, Handwerks- und Landwirtschaftsbetriebe und -genossenschaften. Sie betrieben ihre Einrichtungen vorwiegend für den Inlandstourismus, weniger für den Auslandstourismus, aber fast ausschließlich für ihre Mitglieder/Mitarbeiter zur Nutzung für Erholungszwecke (Familien-, Kinder-, Jugend-, Senioren-, Behindertenreisen) und (in den Saisontälern) für den (Weiter-)Bildungstourismus. Diese Einrichtungen tragen vor allem den Charakter von Ferienhotels, Pensionen, Gasthöfen und Bungalowsiedlungen. Eine weitere Besonderheit ist der Bereich der Parahotellerie: die Vermietung von Privatzimmern. Er war/ist (außer in der ehemaligen Sowjetunion und in Rumänien) sehr stark ausgeprägt als Neben- oder Haupterwerb der Wohnungs-/Hausbesitzer. Das Ausmaß dieser Besonderheit zeigt folgendes Beispiel: In der Ex-DDR betrug der Anteil des öffentlichen Hotelwesens an der Bettenkapazität nur 6%. Von den 1,1 Mio. im Angebot befindlichen Übernachtungsplätzen wurden 11% über den Feriendienst der Gewerkschaften, ein Drittel über das Betriebserholungswesen und 37% über das Campingwesen angeboten (vgl. Tab. 9).

Der Beherbergungsmarkt Osteuropas öffnet und internationalisiert sich (vom Eigentum bis zum Management) momentan stark, wobei auch den international üblichen qualitativen Standards in den Häusern und in ihrer Umgebung mehr Aufmerksamkeit gewidmet wird.

Tab. 9: Bettenanteile in verschiedenen Unterkunftsformen in Osteuropa (1988)

Land	Hotels (%)	Heime (%)	Privatzimmer (%)	Herbergen (%)	Campingplätze (%)
Polen	7	64	9	5	15
Ungarn	16	–	46	11	27
Bulgarien	20	20	33	14	13
Sowjetunion	11	89	–	–	–

War der osteuropäische *Reiseveranstalter-/Reisemittlermarkt* in der Vergangenheit relativ einheitlich (und einförmig) sowie im Pauschalreiseanteil relativ konstant, so ist er momentan in seiner Vielfalt kaum überschaubar. Jedes osteuropäische Land verfügte über wenige große als Reisebüros bezeichnete öffentliche Reiseveranstalter, die im ganzen Land (und teilweise im Ausland) eigene Filialen mit Reisemittlerdiensten beauftragten. Die langjährig bestehenden Reisebüros (wie Cedok, Orbis, Ibusz, Balkantourist, Intourist) spezialisierten sich in starkem Maße auf den Auslandstourismus. In der zweiten Hälfte der 70er Jahre bildeten sich insbesondere Jugendreisebüros heraus, die in den 80er Jahren um weitere Spezialbüros ergänzt wurden (Busreiseveranstalter, Veranstalter für Aktivurlaube, für Reisen der Landbevölkerung). Neben diesen öffentlichen Reisebüros betätigten sich vor allem die Gewerkschaften mit ihren Spezialabteilungen (Feriendienst) und Spezialgremien (Feriendienstkommissionen) als Reiseveranstalter/Reisemittler.

In zunehmendem Maße wurden insbesondere in Ungarn, seit der Wendezeit auch in den anderen osteuropäischen Ländern, mittelständische Reisebüros gegründet, die Reisen großer Veranstalter vertreiben, eigene Reiseprogramme anbieten bzw. zusammenstellen und Teilleistungen an Erholungs- und Geschäftsreisende vermitteln. Langjährig existierende Reiseveranstalter ändern zur Zeit die Eigentums- und Betriebsform (häufig mit oder ohne Beteiligung der öffentlichen Hand in Aktiengesellschaften oder Gesellschaften mit beschränkter Haftung) und geben dem Produktprofil sowie den Kommunikationsformen einen Innovationsschub. Markantes Merkmal auf dem Reiseveranstalter-/Reisemittlermarkt ist der Verdrängungswettbewerb. Die Internationalisierung schreitet auch auf diesem Teilmarkt rasch voran.

2.6 Zukünftige Entwicklung

Mit der wirtschaftlichen Entwicklung wird es (über einen längeren Zeitraum hinweg) Angleichungstendenzen in Richtung der Tourismusintensität der hochentwickelten Tourismusländer Europas geben. Das Wachstumspotential Osteuropas dürfte in allen Tourismusarten größer sein als in anderen Teilen Europas, insbesondere aber, wenn Westeuropa als Vergleichsbasis dient.

Lang- und kurzfristige Urlaubsreisen, vor allem solche, die Elemente der Naturverbundenheit und des Gesundheitstourismus enthalten, werden sich durch den Wertewandel im Gesundheitsbewußtsein und durch den Fitneßdruck stark entwickeln. Nicht nur ausländische Reisende, sondern ebenso inländische Reisende werden in verstärktem Maße das Reisebild in den einzelnen osteuropäischen Ländern prägen.

Die Motivationen im Tagestourismus werden sich möglicherweise stark ändern, wenngleich der Zeitverlauf noch völlig ungewiß ist. Ausnutzung des Preisgefälles bzw. andersartige Konsumtionsangebote als im Herkunftsland der Touristen, die gegenwärtig wesentliche Faktoren der Richtungs- und Stärkeparameter der Fremdenverkehrsströme sind, verlieren an Einfluß. Wachsende Qualität der Wohnumwelt zur Freizeitnutzung könnte sogar zur Rückbesinnung und zum Abbau von Mobilität veranlassen, die auf wohnfernere Gebiete gerichtet ist. Das setzt voraus, daß wichtige Lebensfunktionen im wohnnahen Bereich qualitativ ähnlich, aber bequemer, weil räumlich näher erfüllbar sind. Die sogenannte Naherholung erfährt dadurch eine Aufwertung.

Der Geschäftstourismus (berufsbedingter Tourismus) in allen Spielarten wird in den nächsten Jahren in Verbindung mit der wirtschaftlichen Neuorientierung die größte Wachstumsbranche des osteuropäischen Reisemarktes darstellen, sowohl beim Outgoing als auch besonders beim Incoming und nicht zuletzt im inländischen Tourismus der einzelnen Länder.

Die zukünftigen Tendenzen sind zahlenmäßig schwer abschätzbar, weil die tourismusrelevante wirtschaftliche und gesellschaftliche Neuprofilierung in den osteuropäischen Ländern zwar eingeleitet, aber in ihrem Entwicklungs- und Erfolgstempo noch nicht konturiert ist. Außerdem fördert oder hemmt das wechselhafte politische Klima die Entscheidung der Touristen für ein Zielland in einem Umfang, der sich einer quantitativen Wertung entzieht. Intensive Marktbeobachtungen, Beobachtungen des Investitionsgeschehens und der Entwicklung der Wirtschaftslage in Osteuropa können zur Früherkennung der Tourismusentwicklung führen und eröffnen Möglichkeiten des Agierens oder Reagierens, auch im Hinblick auf den EG-Binnenmarkt und die gesamteuropäische Entwicklung.

Literatur

Autorenkollektiv (1990): Reiseabsichten der DDR-Bürger 1990. Freie Universität Berlin/Hochschule für Verkehrswesen Dresden. Berlin.
European Travel Monitor (1990): Osteuropareisen.
European Travel Monitor (1991): World Travel Review 1990. Update March 1991, Internationale Tourismus-Börse, Berlin.
Frankfurter Allgemeine Zeitung (FAZ) vom 26.01.1991.
Rochlitz, M., M. Großmann (1991): Lebenswelten und Reiseverhalten von Bürgern der neuen deutschen Bundesländer. Hochschule für Verkehrswesen Dresden, Dresden.
Stadtfeld, F. (1990): Tourismus in einem neuen Europa – Zusammenarbeit von Ost und West. Schriftenreihe zur Touristik, Band 3, Fachhochschule Rheinland-Pfalz, Worms.

Statistisches Jahrbuch der DDR, 1990.
Studienkreis für Tourismus, Starnberg (1991): Reiseanalyse 1990. Starnberg.
Witt, St.F., L. Moutinho (1989): Tourism Marketing and Management Handbook. London.

Weitere Literatur

Autorenkollektiv (1975): Die Anforderungen an die Verkehrsträger aus der perspektivischen Einschätzung des Reisebedarfs der DDR-Bevölkerung 1976–1980 unter besonderer Berücksichtigung des entsendenden Auslandstourismus in die europäischen RGW-Länder. Hochschule für Verkehrswesen Dresden, Dresden.
Autorenkollektiv (1980): Zur Entwicklung des Auslandstourismus der DDR. Hochschule für Verkehrswesen Dresden, Dresden.
GET – Travel Business Confidential on European Travel Trends 1990. Mailand.
Großmann, M., S. Scharf (1988): Tourismus als gesellschaftliche Erscheinung. Hochschule für Verkehrswesen Dresden, Dresden.
Little, A.D. (Hrsg.) (1991): Future Trends in the Eastern European Tourism Market. Internationale Tourismus-Börse, Berlin.
Statistische Jahrbücher der Länder Bundesrepublik Deutschland, Polen, Tschechoslowakei, Ungarn, Bulgarien, Sowjetunion, 1989–1991.

3. Umwelt- und sozialverträglicher Tourismus – Rahmenbedingungen von Raumordnung, Regional- und Bauleitplanung

Kristiane Klemm

3.1 Sanfter Tourismus in der ersten und zweiten Generation

Das magische Zauberwort von Tourismusmanagern, Planern, von Bürgermeistern und Politikern, von Kurdirektoren, Hoteliers, Naturschützern und Ökofreaks heißt "umwelt- und sozialverträglicher Tourismus" und ist mit dem abgenutzten Schlagwort "sanfter Tourismus" seit nunmehr über zehn Jahren bekannt. Neue Begriffe wie harmonischer, einsichtiger oder angepaßter Tourismus sind lediglich andere Begriffe, das Ziel ist jedoch immer das gleiche: Tourismusangebot und -nachfrage müssen sich gleichermaßen verändern, damit die Natur, das wichtigste Grundkapital der touristischen Entwicklung, nicht zerstört wird, die Kultur einer Zielregion erhalten bleibt, die soziale und ökonomische Lebensqualität der Bereisten verbessert, gleichzeitig aber auch den Bedürfnissen der Touristen entsprochen wird.

So fehlt es denn nicht an Empfehlungen und Forderungen, Maßnahmen und Beispielen, die, wenn man sie hier alle aufzählte, ganze Seiten füllen würden. Doch was ist an allen diesen Forderungen, die in ihrer Rigorosität, in der sie häufig vorgetragen werden, an einen "calvinistischen Verhaltenskodex" (vgl. Romeiß-Stracke, 1990, S. 8) erinnern?

Grundsätzlich kann es einen "umweltverträglichen" Tourismus nicht geben, sondern eine Tourismusform ist lediglich umweltverträglicher bzw. -schonender als eine andere.

Das gleiche gilt für den Begriff "sozialverträglich". Bis heute weiß man noch nicht, was eigentlich unter diesem Begriff zu verstehen ist. Meint man damit die Schaffung von humaneren Arbeitsbedingungen im Tourismus, die größere Vielfalt der Arbeitsplätze und die damit verbundenen beruflichen Aufstiegsmöglichkeiten? Oder ist darunter das Mitbestimmungsrecht der Bürger an allen tourismusrelevanten Entscheidungen der Kommune zu verstehen, die Einrichtung eines "runden Tisches", an dem alle Betroffenen beteiligt werden? Bislang mangelt es an erfolgreichen Demonstrativ-Vorhaben, die sowohl einen umwelt- wie sozialverträglichen Tourismus veranschaulichen. Vor allem für die "erste Generation des sanften Tourismus", wie er Anfang der 80er Jahre verstanden wurde, gibt es genügend Beispiele: Kommunen und Regionen, die bislang vom Massentourismus verschont geblieben waren, deren touristisches Angebot sich aus kleinen, einfachen, regionaltypischen Betrieben zusammensetzte und bei denen vor allem die naturnahen Erholungsangebote eine vorrangige Rolle spielten, waren überzeugt, einen umweltverträglichen Tourismus in Reinkultur anzubieten und damit den Markterfordernissen zu entsprechen. Die 1985 formulierten Forderungen der Alpenschutzkommission CIPRA wären damit erfüllt: "Erholungsuchende im Sinne des sanften Tourismus benutzen vor allem die in einem Raum vorhandenen Einrichtungen der Bevölkerung mit und verzichten auf wesentliche zusätzliche landschaftsbelastende Tourismuseinrichtungen" (CIPRA, 1985, S. 284).

Heute – man kann schon von der "zweiten Generation des sanften Tourismus" sprechen – gilt vieles als "sanft", so etwa, wenn das Hotelfrühstück nicht in Aluminium- oder Plastikverpackung serviert wird, die Handtücher im Hotel, die ungenutzt sind, nicht mehr täglich gewechselt werden oder wenn die Innenstadt eines Kurortes verkehrsberuhigt ist. Aber auch die touristische Erschließung mit Großprojekten wie Ferienzentren, Centerparcs, Bade- und Traumlandschaften, Erlebnis- und Vergnügungsparks wie Disneyland werden unter einem "sanften Konzept" subsumiert (vgl. Schleswig-Holsteinischer Landtag, 1989).

Schon diese vielfältigen Interpretationsmöglichkeiten zeigen, wie problematisch der Begriff "sanfter Tourismus" ist.

Nachdem mehr als zehn Jahre seit Veröffentlichung der Thesen zum sanften und harten Reisen von Robert Jungk (1980) vergangen sind, freut sich selbst der "Vater des sanften Tourismus" längst nicht mehr über diese Auszeichnung, denn so Jungk: "... mein Notschrei ist inzwischen zu einem Schlachtruf umstilisiert worden ..., die Gebiete werden für einen angeblich vernünftigen Reiseverkehr erschlossen und sind am Ende genauso überlaufen wie die traditionellen Urlaubslandschaften" (Jungk, 1990, S. 54).

Inzwischen gibt es schon keine Region und fast kein Bundesland mehr, das sich nicht dem sanften Tourismus verschrieben hat. Sanfter Tourismus gilt als *die Entwicklungsstrategie der Zukunft*, dies vor allem in den neuen Bundesländern. Verständlich ist diese Forderung, wenn man an die vielen negativen Auswirkungen der Tourismusentwicklung der letzten 20 bis 30 Jahre denkt, die letztendlich zu dieser Gegenreaktion geführt haben. Auch ist das Wort "sanft" keine tourismusspezifische Erscheinungsform, sondern gilt für viele Wirtschaftsbereiche und bringt ein modernes, marktorientiertes Handeln zum Ausdruck.

Sanfter Tourismus in seiner ursprünglich definierten Form (erste Generation), der von "seiner Qualität her ein allenfalls mäßig ausgebildeter Fremdenverkehr ist und wirtschaftliche Vorteile für die Einheimischen bringt" (Rochlitz, 1985, S. 268), bei dem "die Erholungsuchenden vor allem die im Raum vorhandenen Einrichtungen der Bevölkerung mitnutzen und auf zusätzlich landschaftsbelastende Tourismuseinrichtungen verzichten" (CIPRA, 1985, S. 284), kann aber langfristig keine erfolgversprechende raumordnerische und marktorientierte Entwicklungsstrategie sein (vgl. Klemm, 1987; Klemm/Menke, 1989). Zum einen ist die Forderung auf Verzicht heute illusorisch, der Urlauber ist nicht nur ruhe-, sondern vor allem auch erlebnisbedürftig; zum andern ist der regionalwirtschaftliche Nutzen bei einem mäßig ausgebauten Tourismus so gering, daß die einheimische Bevölkerung davon nur einen sehr geringen Nutzen haben kann. Offen bleibt auch die Frage nach der Sozialverträglichkeit. Letztendlich birgt diese Art des sanften Tourismus die Gefahr in sich, daß alle Orte einer Fremdenverkehrsregion touristisch genutzt werden und bei diesem generellen Flächenverbrauch erneut die Frage nach seiner Umweltverträglichkeit auftritt.

Alle bisher bekannten Beispiele – einen guten Überblick gibt die ADAC-Broschüre "Mehr Wissen – Mehr Handeln" (1991) – leben von ihren innovativen Ideen, zielen jedoch eher auf eine Nischenpolitik im Tourismus ab; die gewünschten positiven regionalwirtschaftlichen Effekte (Schaffung von Arbeitsplätzen und Einkommen) bleiben dabei häufig auf der Strecke. Darüber hinaus kann die forcierte Vermarktung der Natur sehr leicht zu ihrer eigenen Zerstörung führen.

Der schonende Umgang mit der Natur und der Kultur, das Mitbestimmungsrecht der Bereisten sind unumstritten, fraglich ist nur die Strategie, die dort hinführt.

Analysiert man die vielen bisher aufgestellten Forderungen und Konzepte, so zeigt sich, daß es häufig an Fachkenntnis mangelt, vor allem, was den Einsatz des raumordnerischen und regionalplanerischen Instrumentariums angeht, das bisher kaum in seiner Wirkungsweise in Zusammenhang mit dem sanften Tourismus analysiert und diskutiert wurde. Erst die Frage, warum dieses Instrumentarium vielleicht bisher nicht richtig greifen konnte, kann Aufschluß über zukünftig einzuschlagende Strategien geben.

3.2 Raumordnerische und regionalplanerische Konzepte für einen umweltschonenden und sozialverträglichen Tourismus

Aus raumordnerischer Sicht bieten sich vor allem drei Konzepte an:
– das Konzept der *dezentralen Konzentration*,
– das Konzept der *räumlichen Aufgabenteilung* zur Sicherung von Freiräumen ("Vorrangfunktionen"),
– das Konzept der *ausgeglichenen Funktionsräume*.

Die Ziele dieser Konzepte werden im folgenden dargestellt und im Hinblick auf ihre räumlichen Auswirkungen überprüft.

3.2.1 Das Konzept der "dezentralen Konzentration"

Grundsätzlich wird mit diesem Konzept das raumordnerische Ziel verfolgt, im Rahmen eines flächendeckenden Netzes von sogenannten "zentralen Orten" mit unterschiedlichen Entwicklungsstufen Schwerpunkte für Versorgung, Beschäftigung und Wirtschaftsentwicklung zu bilden, die in angemessener Entfernung zu den Wohnplätzen der Bevölkerung liegen (vgl. Storbeck, 1982, S. 228). Ausschlaggebend ist dabei der Gedanke, daß ohne eine gewisse Konzentration von Einrichtungen und Infrastruktur die Bevölkerung nicht angemessen versorgt werden kann. Überträgt man nun diese

Konzeption auf die Fremdenverkehrsentwicklung und -struktur, so muß man einerseits hier davon ausgehen, daß eine angemessene Versorgung mit Fremdenverkehrseinrichtungen nur dann gewährleistet ist, wenn eine gewisse Nachfragemenge (Anzahl von Urlaubern) vorhanden ist. Dies gilt im wesentlichen natürlich für die öffentliche Fremdenverkehrs-Infrastruktur, aber auch für private Betriebe wie die des Gastgewerbes und solche Betriebe, die indirekt vom Fremdenverkehr abhängig sind. Andererseits muß auch daran gedacht werden, daß sich in Fremdenverkehrsorten, die in ländlichen und strukturschwachen Gebieten liegen, eine gewisse Eigendynamik bei der Bildung von zentralen Funktionen vor allem im Einzelhandel entwickelt, die über der von der Landesplanung zugewiesenen Zentralitätsstufe liegt (vgl. Newig, 1987, S. 211 f.). Dabei ist zu berücksichtigen, daß eine überbordende Zentralität zu deutlichen Anzeichen der Überlastung von Fremdenverkehrsorten führt, wie zum Beispiel in Westerland, Grömitz und Timmendorfer Strand. Dies wird bei Newig allerdings nicht weiter thematisiert.

Geht man also von einer der Kernforderungen des sanften Tourismus aus, so wie sie seriös bisher nur von der CIPRA (1985, S. 284) formuliert wurden, daß sich "das touristische Angebot in den Zielgebieten überwiegend auf die im Raum vorhandenen Ressourcen stützen soll", so gerät man sofort in Schwierigkeiten, denn dies setzt einen anspruchslosen Touristen voraus, den es in dieser Form schon lange nicht mehr gibt. Neue Lebens-, Freizeit- und Urlaubsstile prägen auch die räumlichen Verhaltensmuster, die zum Beispiel in einer normalen ländlichen Wohn- und Arbeitswelt allein nicht befriedigt werden können. Eine adäquate Versorgung mit moderner touristischer Infrastruktur und entsprechenden Leistungsträgern erfordert eine Bündelung und kommt damit einer dezentralen Konzentration, zum Teil auch einer Zonierung innerhalb von Siedlungsgebieten gleich.

Das Konzept der dezentralen Konzentration gilt grundsätzlich auch für Maßnahmen der regionalen Wirtschaftsförderung, allerdings noch nicht in allen Bundesländern auch für die Fremdenverkehrsförderung. Diese Förderung ist grundsätzlich flächig angelegt: So sind etwa zwei Drittel der Gebiete der "Gemeinschaftsaufgabe zur Verbesserung der regionalen Wirtschaftsstruktur" Fremdenverkehrsgebiete, von denen Teilbereiche – nicht zu vergleichen mit einer räumlichen Schwerpunktbildung – jeweils in den entsprechenden Rahmenplänen als förderungswürdig angesehen werden.

Für den Bereich der öffentlichen *touristischen Infrastrukturförderung* (z.B. Hallenbäder, Kurhäuser und -parks u.ä.) hat dies zu einer ganzen Reihe von unkoordinierten Maßnahmen ("Hallenbadsyndrom") zwischen den einzelnen Fremdenverkehrsgemeinden eines Urlaubsgebietes geführt, und zwar als Reaktion auf die Tatsache, daß
– entweder die infrastrukturelle Kapazität bisher aktuell vorhandene Bedarfe nicht abdeckte oder
– die infrastrukturelle Ausstattung in ihrem qualitativen Standard hinter den benachbarten bzw. Konkurrenzgemeinden zurückblieb (vgl. Eggers, 1982, S. 510).

"Die Beobachtung allerdings, wonach erst das Vorhandensein einer gewissen infrastrukturellen Grundausstattung einen Attraktionseffekt der Infrastruktur bewirkt, weiterhin die Erkenntnis, daß die Erfüllung einiger spezieller fremdenverkehrlicher Funktionen (z.B. die eines Heilbades oder die eines Wintersportplatzes) die Komplettierung eines breit gefächerten Angebots an öffentlichen Einrichtungen erforderlich macht, sowie schließlich die Vermutung, daß die Effektivität fremdenverkehrlicher Einrichtungen positiv mit der Vielfältigkeit der sonstigen an einem Ort bereits vorhandenen Anlagen korreliert zu sein scheint, alles dies spricht für eine räumliche Konzentration der fremdenverkehrlichen Infrastruktur-Förderung" (Eggers, 1982, S. 511).

Diese Tatsache hat allerdings dazu geführt, daß es sich häufig nur um die Beseitigung von Defiziten handelte, nicht um Maßnahmen, hinter denen ein kreatives Konzept stand bzw. die auf zielgerichteten Entwicklungskonzepten basierten (vgl. Becker, 1990, S. 376). Hinzu kommt das ausgeprägte Konkurrenzdenken der Fremdenverkehrsgemeinden untereinander, das eine Koordination bzw. zielgruppenspezifische Abgrenzung schon im Ansatz verhinderte. Hier könnten stringentere raumordnerische und regionalplanerische Zielvorgaben im Zusammenhang mit Marketingkonzepten nützliche Hilfe leisten. Auch wenn der Verfahrensweg der Regionalplanung viel zu langwierig ist (vgl. Becker, 1990, S. 375 f.), so könnte die Wirtschaftsförderung solche abgestimmten Marketingkonzepte zur Grundlage von Förderungsmaßnahmen deklarieren. Das Prinzip der dezentralen Konzentration bleibt dabei erhalten, und die Effektivität öffentlicher Förderungsmaßnahmen erhöht sich erheblich.

Im Unterschied zur öffentlichen Infrastrukturförderung erhebt Eggers diese Forderung nach räumlicher Konzentration für die *private gewerbliche Fremdenverkehrsförderung* nicht, da nach seiner Meinung der Fremdenverkehr eine räumlich disperse Erscheinungsform besitzt, die einer räumlichen Lenkung auf wenige Standorte durch das Subventionsprogramm nicht bedarf und bei der auch keine wesentlichen gewerblichen Agglomerationseffekte zu erwarten sind (vgl. Eggers, 1982, S. 510).

Dies mag zwar aus förderungspolitischer Sicht richtig sein – zum Beispiel auch in wenig erschlossene Erholungslandschaften wirtschaftliche Impulse zu lenken, wie zum Beispiel durch Förderung der Urlaubsform "Urlaub auf dem Lande"; jedoch muß man dabei gleichzeitig berücksichtigen, daß es nur noch sehr wenige nicht erschlossene Erholungslandschaften gibt. Niedersachsen fördert die Privatwirtschaft daher vorrangig in Schwerpunktgemeinden der Gemeinschaftsaufgabe "Verbesserung der Regionalen Wirtschaftsstruktur" (Niedersächsisches Ministerium für Wirtschaft, Technologie und Verkehr, o.J., S. 9). Darüber hinaus dürfen auch die Synergieeffekte, die von Fremdenverkehrsbetrieben ausgehen, nicht unterschätzt werden, die in vielen Fällen nur dann erfolgreich und damit raumwirksam werden, wenn mehrere Betriebe vor Ort angesiedelt werden bzw. vorhanden sind. Auch scheint der angebotspolitische Aspekt bei einer dispersen Förderung zu stark im Vordergrund zu stehen, die Nachfrage (Struktur und Bedürfnisse der Urlauber) bleibt dabei unberücksichtigt. Die unterschiedlichen Lebensstil-Typologien verlangen in den meisten Fällen heute nach einer abwechslungsreichen Grundausstattung des gesamten Fremdenverkehrsangebotes, es sei denn, es handelt sich um einen gewerblichen Betrieb, der in seinem eigenen Angebot all diese Vorteile bereits bietet, oder um ein Spezialangebot wie "Urlaub auf dem Lande".

Das Konzept der dezentralen Konzentration gilt ebenso für Naherholungsräume wie für Natur- und Nationalparks und ist die Voraussetzung für eine umweltschonende Landschaftszonierung, wobei die meisten Erholungs-, Sport- und Erlebnisbedürfnisse bereits in den Erholungszentren (Kernzonen) befriedigt werden und somit empfindliche Landschaftsräume von großen Urlauberströmen verschont bleiben.

Die kritische Frage, die sich bei dem Konzept der dezentralen Konzentration stellt, ist die nach den Belastungsgrenzen und der Gestaltung der Kernzonen (vgl. dazu die Ausführungen von HR. Müller, H.J. Schemel und F. Romeiß-Stracke). Auch scheint es an der Zeit, sich über Sanierungskonzepte in überlasteten Gebieten Gedanken zu machen.

3.2.2 Das Konzept der räumlichen Aufgabenteilung

Ein weiteres raumordnerisches Konzept ist die sogenannte räumliche Aufgabenteilung, das heißt die Zuweisung geeigneter Regionen bzw. Freiräume für bestimmte Vorrangfunktionen, wie zum Beispiel für Land- und Forstwirtschaft, für Freizeit und Erholung, Wasserversorgung oder ökologische Ausgleichsflächen. Dies betrifft vor allem die ländlichen Regionen, die von ihrer Lage, natürlichen Ausstattung und Siedlungsstruktur her zur Aufnahme von Ergänzungsfunktionen für die Industriegesellschaft geeignet sind (vgl. Storbeck, 1982, S. 230).

Dieses Konzept dient in den meisten Fällen nicht der regionalwirtschaftlichen Stärkung einer Region, sondern ist im Grundsatz vielmehr von der Alimentation durch Verdichtungsgebiete abhängig. Dies gilt vor allem für Vorranggebiete, die der Freizeit und Erholung sowie dem ökologischen Ausgleich dienen. Die in der Bundesrepublik Deutschland ausgewiesenen Naturparks sind *typische großräumige Vorranggebiete* für die Naherholung. Die Fördermaßnahmen im Rahmen des Naturparkprogramms zielen in erster Linie darauf ab, den vorhandenen Naturraum als Erholungsraum auszustatten und zu schützen (Schaffung eines Wanderwegenetzes, Aufbau von Schutzhütten, Erstellung von Besucherinformationen), wirtschaftliche Vorteile – im Sinne einer Alimentation – für die dort ansässige Bevölkerung ergeben sich daraus nicht.

Weiterhin liegt das Problem bei diesem Konzept darin, daß großräumige Flächen keiner eindeutigen Zweckbestimmung zugeordnet werden können und es dabei zu konfliktträchtigen Überlagerungen von Funktionen wie zum Beispiel Erholung und ökologische Ausgleichsflächen kommen kann.

Neben der großräumigen Abgrenzung von Vorranggebieten müssen eindeutige, kleinräumige Flächenzuweisungen erfolgen, damit auch hier hochsensible ökologische Räume geschützt werden können. Propagiert man nämlich – wie es bei sanften Tourismuskonzepten häufig geschieht – die naturnahe Erholung, so müssen auch von Seiten der Regional- und Landschaftsplanung klare Aussagen zu solchen Räumen gemacht werden, die ausschließlich zu schützen und vor weiteren Nutzungen zu bewahren sind (Tabuzonen/Naturschutzgebiete), und solchen Räumen, die der ruhigen Erholung dienen (Kulissenräume/Landschaftsschutzgebiete) sowie Kerngebieten für aktive bzw. landschaftsbelastende Erholungsformen, für die geringwertigere Flächen ausgewiesen werden müssen. Bei einer solchen immer wieder geforderten Zonierung geht es auch im kleinräumigen Maßstab darum, die genannten raumordnerischen Konzepte (die dezentralisierte Konzentration, die räumliche Aufgabenteilung und das Konzept der ausgeglichenen Funktionsräume) durchzusetzen.

Die entstandenen Fehlentwicklungen innerhalb der touristischen Regionen liegen in der Schwerfälligkeit der regionalplanerischen Arbeit, deren vorrangige Aufgabe zwar in der räumlichen Funktionszuweisung liegt, die jedoch auf kurzfristige Veränderungen nicht genügend schnell reagieren kann. Auch die Durchsetzung des rechtlichen Vollzugs scheitert am Personalmangel. Hierfür dürfen nicht nur ehrenamtliche Naturschützer eingesetzt werden, sondern es sollten dafür auch fachkompetente sogenannte Ranger ausgebildet und – wie bereits in den Nationalparks geschehen – mit angemessener Dotierung beschäftigt werden.

Planerische Aspekte werden auch hier wiederum nur aus der räumlichen Perspektive bzw. von der Angebotsseite aus betrachtet, die Nachfrage bleibt unberücksichtigt. Becker (1990, S. 377) fordert eine stärkere Einbindung der Regionalplaner in die Fremdenverkehrsentwicklungsplanung. Dabei stellt sich jedoch die Frage, woher der Planer als sogenannter Generalist sein touristisches Know-how bezieht, wenn er sich um viele Ressorts gleichzeitig kümmern muß. Hier könnten die regionalen Fremdenverkehrsverbände gute Arbeit leisten, die über die reine Vermarktung ihrer Region hinausgeht. Die Schaffung eines offenen Forums Tourismus sollte die Interessenkonflikte zwischen den einzelnen Räumen und Fremdenverkehrsgemeinden auszugleichen versuchen und dabei gleichzeitig kompromißfähige Beschlüsse zum Konfliktfeld Tourismus – Naturschutz herbeiführen.

Ein drittes raumordnerisches Konzept, das der ausgeglichenen Funktionsräume, ist vor allem für die Frage der Sozialverträglichkeit des Tourismus von Bedeutung. Dieses Konzept wird im folgenden Kapitel beschrieben.

3.2.3 Das Konzept der ausgeglichenen Funktionsräume

Ziel dieses Konzeptes ist es, in Anlehnung an das Konzept der "Dezentralisierung durch regionale Konzentration" (vgl. 3.2.1) in den ländlichen Gebieten solche Lebens- und Arbeitsbedingungen zu schaffen, die als befriedigend oder als ausreichend empfundene Mindestniveaus betrachtet werden können, entsprechend dem raumordnerischen Grundsatz der Schaffung von sogenannten "gleichwertigen Lebensbedingungen" in allen Räumen der Bundesrepublik Deutschland.

Zu dieser Konzeption werden die folgenden vier Unterziele formuliert (vgl. Becker, 1982, S. 234):

- Herstellung eines ausreichenden Angebotes an Einkommenserzielungsmöglichkeiten (gute Arbeitsbedingungen, befriedigendes Lohnniveau und Sicherheit der Arbeitsplätze);
- Gewährleistung einer ausreichenden Versorgung mit nicht transportierbaren Dienstleistungen;
- Herstellung von ausreichenden Wohnverhältnissen (familiengerechter Wohnraum zu angemessenen Kosten; sinnvolle Zuordnung der Wohnstandorte zu den Arbeitsplätzen, zu privaten und öffentlichen Infrastruktureinrichtungen sowie angemessene Verkehrserschließung mit öffentlichen Verkehrsmitteln);
- Herstellung eines ausreichenden Freizeit- und Erholungswertes, der durch die Verfügbarkeit von Möglichkeiten zum Beispiel zur Fortbildung sowie zur Naherholung mitbestimmt wird.

Ausgeglichene Funktionsräume bestehen aus einer Verbindung von funktionsfähigen regionalen Arbeitsmärkten und einkommensschwachen Teilräumen zum Beispiel für die Funktion Freizeit und Erholung. Diese Arbeitsmarkträume liegen in erreichbarer Entfernung zu schwach strukturierten ländlichen Gebieten (Erholungsräume) und sollten mit diesen gleichzeitig durch ein leistungsfähiges Nahverkehrsnetz verbunden sein, damit ein ausreichendes Arbeitseinkommen in zumutbarer Entfernung zum Wohnstandort gegeben ist. Letztendlich wird hiermit die Erwartung verbunden, daß
- die Bevölkerung von einer Abwanderung abgehalten werden kann,
- via Hebung der Steuerkraft eine Voraussetzung für die Verbesserung der infrastrukturellen Versorgung geschaffen wird,
- dadurch die Wirtschaftskraft erhöht wird,
- schließlich die Möglichkeit geschaffen wird, Teilräume zu alimentieren, denen im Sinne räumlich funktionaler Arbeitsteilung zum Beispiel Aufgaben der Erholung oder der Ressourcensicherung zufallen (vgl. Becker, 1982, S. 235).

Wie sieht nun aber tatsächlich die Situation für den ländlichen, häufig strukturschwachen Teilraum aus, der überwiegend der Erholung der städtischen Bevölkerung dienen soll? Zum einen fehlt es häufig an einer ausreichenden Verkehrsanbindung des ländlichen Raumes an die umliegenden Zentren, in denen das geforderte vielfältige Arbeitsplatzangebot vorhanden ist, andererseits werden öffentliche Verkehrsmittel wegen ihrer geringen Attraktivität und ihres mangelnden Komforts wenig genutzt. In den ländlichen Räumen müssen also neben der Landwirtschaft weitere Arbeitsplätze geschaffen werden, damit zum Beispiel eine weitere Abwanderung der Bevölkerung verhindert wird. Daher ist es das erklärte Ziel der Fremdenverkehrsförderungspolitik, solche Maßnahmen zu fördern, bei denen Einkommen und Arbeitsplätze in strukturschwachen Räumen gesichert bzw. geschaffen werden. Im Gegensatz zu den in den Zentren vorhandenen vielfältigen Arbeits- und Qualifikationsmöglichkeiten sehen die Arbeitsbedingungen, die durch die Ansiedlung von Fremdenverkehr geschaffen werden, wie folgt aus:
- hohe Saisonabhängigkeit,
- geringe Arbeitsplatzsicherheit,

- hoher Anteil von schlecht bezahlten Dienstleistungstätigkeiten,
- extrem lange Arbeitszeiten, unregelmäßige Dienst-, Nacht-, Sonn- und Feiertagsarbeit sowie Arbeit unter Zeitdruck,
- geringe Aufstiegschancen,
- geringe soziale Absicherung in den Betrieben selbst.

Betrachtet man diese Kriterien unter dem Aspekt ihrer Sozialverträglichkeit, so muß man grundsätzlich zu der Erkenntnis kommen, daß Arbeitsplätze im Fremdenverkehr generell nicht besonders attraktiv und wenig sozialverträglich sind. Positiv ist allein die Tatsache zu bewerten, daß in den schwach strukturierten Teilräumen überhaupt Arbeitsplätze durch die Erholungsfunktion geschaffen werden. Auch hier wird erst durch eine größere Konzentration von unterschiedlichen Betriebsformen ein vielfältigeres Arbeitsplatzangebot geschaffen, verbunden mit besseren Qualifizierungs- und Aufstiegschancen (vgl. 3.2.1 und 3.2.2).

Neben den genannten raumordnerischen Grundprinzipien muß natürlich generell bedacht werden, inwieweit der Fremdenverkehr von der Bevölkerung akzeptiert wird und ob Bereitschaft und Interesse vorhanden sind, um den Fremdenverkehr mitzugestalten. Hierzu gehört auch die wichtige Frage der Sozialplanung und -verträglichkeit, wie sie im Rahmen des Bundesbaugesetzes verankert ist.

3.3 Bürgerbeteiligung, Sozialplanung und Sozialverträglichkeit im Rahmen der Bauleitplanung

Nach bundesdeutschem Planungsrecht sind die Gemeinden/Städte dazu verpflichtet, Flächennutzungs- und Bebauungspläne (die Bauleitplanung) in eigener Verantwortung aufzustellen. Diese Bauleitplanung ist den Zielen der Raumordnung und Landesplanung/Regionalplanung anzupassen. Ob ein Flächennutzungs- oder Bebauungsplan aufgestellt bzw. geändert werden soll, liegt im Ermessen der Gemeinde, der Bürger hat hierauf keinen Einfluß. Wenn es sich aber – wie dies bei touristischen Großprojekten oder bei größeren Anlagen von Freizeit- und Sportinfrastruktur der Fall ist – um Flächenumwidmungen oder unbebaute Flächen zum Teil sogar im Außenbereich handelt, muß ein Landschafts-, Flächennutzungs- und ein Bebauungsplan erstellt werden. Für ein solches Verfahren ist eine zweistufige Bürgerbeteiligung laut Baugesetzbuch vorgeschrieben, nämlich die frühzeitige und die förmliche Beteiligung. Im Rahmen der Bauleitplanung (Flächennutzungs- und Bebauungspläne) wird den Bürgern Gelegenheit gegeben, über Ziel und Zweck der Planung zu diskutieren, Bedenken mitzuteilen und Anregungen zu geben, wobei die Gemeinde verpflichtet ist, alle Stellungnahmen zu prüfen und sich inhaltlich dazu zu äußern. Die von den Bürgern abgegebenen Eingaben/Stellungnahmen können letztendlich auch zu einer Ergänzung oder Änderung des Planentwurfs führen. Laut Baugesetzbuch § 1 Abs. 5 Nr. 3 (Bundesgesetzblatt 1986, S. 2253) ist ein Höchstmaß an Sozialverträglichkeit zu erreichen. Im Rahmen der sogenannten Abwägung muß versucht werden, den sozialen Belangen der Bürger soweit wie möglich bei der Ausgestaltung des Plans gerecht zu werden (vgl. Bundesminister für Raumordnung, 1988, S. 71).

Ohne weiter auf die einzelnen rechtlichen Details einzugehen, stellt sich hier die grundsätzliche Frage, warum es, obwohl ein ausgefeiltes rechtliches Instrumentarium der Bürgerbeteiligung an planerischen Entscheidungsmechanismen existiert, immer wieder zu Fehlentwicklungen im Bereich der örtlichen Fremdenverkehrsplanung kommt bzw. gekommen ist.

Dies hat mehrere Ursachen:
- Die Beteiligungsbereitschaft der Bürger ist zwar erheblich gestiegen, dennoch stehen bei den Eingaben und Stellungnahmen häufig Einzelinteressen im Vordergrund.
- Die Bürger haben oft Schwierigkeiten, die Pläne zu lesen und richtig zu interpretieren. Darüber hinaus sind die Gemeinden häufig nicht in der Lage, für notwendige Erläuterungen zum Fachplan entsprechendes Personal und Hilfestellungen zur Verfügung zu stellen.
- Das Bewußtsein über negative Wirkungen des Tourismus ist in den häufig strukturschwachen Orten und Regionen nur sehr gering; hier geht es vorrangig um die Schaffung von Arbeitsplätzen und Einkommen.
- Den Ortsansässigen fehlen die Kenntnisse über das Instrumentarium und die Wirkungsweisen, die langfristig zu einer sinnvollen touristischen Fremdenverkehrsentwicklung führen.

Die gleichen Probleme treten auch dann auf, wenn das Mitspracherecht nicht unmittelbar in den Planungsprozeß miteinbezogen wird, sondern wenn im Rahmen von Ausschüssen, runden Tischen bzw. touristischen Foren eine Beteiligung am gesamten touristischen Geschehen in der Gemeinde gefordert wird. Einseitig ausgerichtete Interessenvertreter können solche Ausschüsse sehr schnell sprengen.

3.4 Zusammenfassung

Bei den zahlreichen Forderungen zum umwelt- und sozialverträglichen Tourismus sind bisher die von der Raumordnung, Regional- und Bauleitplanung bereits vorgegebenen Rahmenbedingungen viel zu wenig beachtet bzw. diskutiert worden. Raumordnung, Regional- und Bauleitplanung haben eine ganze Reihe von Konzepten, Prinzipien und rechtlichen Rahmenbedingungen für die Fremdenverkehrsentwicklung geschaffen, die – wenn sie überall richtig eingesetzt und konsequent genutzt würden – in hohem Maße zu einem schonenden Umgang mit der Umwelt und den Bereisten führen könnten. Vor- und Nachteile werden hier noch einmal kurz zusammengefaßt.

Überträgt man das Konzept der *dezentralen Konzentration* auf die Fremdenverkehrsplanung und -entwicklung, so führt dies in jedem Falle zu einer gewissen Bündelung/Konzentration von Leistungsträgern (öffentlicher und privater touristischer Infrastruktur), ohne die die vielfältigen Bedürfnisse der Erholungsuchenden nicht angemessen befriedigt werden können. Während dieses Prinzip in vielen Bundesländern, vor allem was die öffentliche Infrastrukturförderung angeht, bereits angewendet wird, ist man bei Förderungsmaßnahmen der privaten Fremdenverkehrswirtschaft eher der Meinung, daß es einer räumlichen Lenkung nicht bedarf. Dabei werden die Synergieeffekte, die von solchen Betrieben ausgehen, häufig unterschätzt.

Das ausgeprägte Konkurrenzdenken der Fremdenverkehrsgemeinden untereinander verhindert ein gemeinsames, kreatives und zielgruppenorientiertes Marketingkonzept. Darüber hinaus fehlen Sanierungskonzepte für überlastete Fremdenverkehrsorte und -gebiete.

Im Rahmen der *räumlichen Aufgabenteilung* erhalten geeignete Regionen und Freiräume Vorrangfunktionen zum Beispiel für Freizeit und Erholung. Neben dieser zum Teil sehr großräumigen Aufgabenteilung muß eine konkrete kleinräumige Flächenzuweisung erfolgen, damit hochsensible ökologische Biotope im Rahmen von Tabuzonen (Naturschutzgebieten) bewahrt bleiben. Ein Problem dabei liegt in der Durchsetzung des rechtlichen Vollzugs, wofür häufig nur ehrenamtliche Naturschützer zur Verfügung stehen. Fachkompetentes Personal (sogenannte Ranger) mit angemessener Dotierung könnten hier wichtige Dienste leisten.

Bei der Ausweisung von Vorranggebieten müssen Regionalplanung, Naturschutz und regionale Fremdenverkehrsverbände eng und vor allem kompromißfähig zusammenarbeiten.

Unter dem Konzept der *ausgeglichenen Funktionsräume* versteht man die Verbindung aus funktionsfähigen, regionalen Arbeitsmärkten und einkommensschwachen Teilräumen zum Beispiel für die Funktion Erholung. Durch unzureichende Verkehrsanbindung an regionale Arbeitsmärkte müssen in einkommensschwachen Räumen neben den vorhandenen landwirtschaftlichen auch andere Arbeitsplätze zum Beispiel durch die Ansiedlung von Fremdenverkehrsbetrieben geschaffen werden. Diese zeichnen sich jedoch durch eine hohe Saisonalität, durch geringe Arbeitsplatzsicherheit, geringe Aufstiegschancen u.ä. aus, so daß die Sozialverträglichkeit infrage gestellt ist. Erst durch eine größere Konzentration auch unterschiedlicher touristischer Betriebsformen wird eine höhere Arbeitsplatzvielfalt gesichert, verbunden mit besseren Qualifikations- und Aufstiegschancen.

Insgesamt zeigt sich, daß erst die Verbindung aller drei genannten Raumordnungskonzepte die Grundlage für eine erfolgreiche Fremdenverkehrsplanung ergibt.

Betrachtet man die Frage der *Sozialverträglichkeit* unter dem Gesichtspunkt des Mitspracherechts der betroffenen Bevölkerung, so ist dieses im Baugesetz durch die sogenannte Bürgerbeteiligung fest verankert. Fehlendes Know-how jedoch betreffend die Auswirkungen des Fremdenverkehrs, viele Partikularinteressen und die Vorrangigkeit von Wohlstandszielen (Ökonomie vor Ökologie) führen jedoch immer noch dazu, daß trotz einer rechtlich verankerten Bürgerbeteiligung touristische Fehleinschätzungen und -entwicklungen entstehen.

Alle beschriebenen Rahmenbedingungen und rechtlichen Grundlagen geben genügend Spielraum für innovative und kreative Tourismusstrategien, ohne daß dabei die Natur und die vor Ort lebenden Menschen übermäßig strapaziert werden müssen. Es fehlt vor allem an einem strengeren Vollzug und an "mehr Biß für die Raumordnung in Sachen Fremdenverkehr" (Becker, 1990, S. 375).

Die Forderungen des "sanften Tourismus" sind viel zu eng auf Verhaltensmaßregelungen, auf Gebote und Verbote für Touristen ausgerichtet, wobei übersehen wird, daß Freizeit und Erholung überwiegend Entspannung, Erlebnis und Abwechselung bedeuten und zugleich die schönsten Tage des Jahres darstellen sollen. Die Verbindung aus Tourismusplanung und -management kann hier wertvolle Arbeit leisten.

Literatur

ADAC (Hrsg.) (1991): Mehr Wissen – Mehr Handeln. Bausteine für eine umweltverträgliche Tourismusentwicklung. München.

Becker, C. (1990): Mehr Biß für die Raumordnung in Sachen Fremdenverkehr. In: Der Landkreis, Nr. 8–9, S. 375–377.

Becker, K. (1982): Das Konzept der ausgeglichenen Funktionsräume. In: Akademie für Raumforschung und Landesplanung (Hrsg.): Grundriß der Raumordnung. Hannover, S. 232–240.

Bundesgesetzblatt I vom 8. Dez. 1986. Bonn.

Bundesminister für Raumordnung, Bauwesen und Städtebau (Hrsg.) (1988): Planen – Bauen – Erneuern. Bonn-Bad Godesberg.

CIPRA, Commission Internationale pour la Protection des Regions Alpine (Hrsg.) (1985): Sanfter Tourismus – Schlagwort oder Chance für den Alpenraum? Vaduz.

Eggers, G. (1982): Beziehungen zwischen Fremdenverkehr und Raumordnung. In: Akademie für Raumforschung und Landesplanung (Hrsg.): Grundriß der Raumordnung. Hannover, S. 504–513.

Jungk, R. (1980): Wieviel Touristen pro Hektar Strand? In: Geo, Nr. 10, S. 154–156.

Jungk, R. (1990): Wenn einer eine Reise tut ... In: Natur, Nr. 2, S. 54.

Klemm, K. (1987): Sanfter Tourismus – ein regionalpolitisches Konzept? In: Institut für Tourismus, Berichte und Materialien Nr. 2. Berlin, S. 65–86.

Klemm, K., A. Menke (1989): Sanfter Tourismus zwischen Theorie und Praxis. In: Akademie für Raumforschung und Landesplanung (Forschungs- und Sitzungsberichte 172), Fremdenverkehr und Regionalpolitik. Hannover.

Newig, J. (1987): Der Einfluß der touristischen Sekundärbevölkerung auf den Einzelhandel in den großen Fremdenverkehrsorten Schleswig-Holsteins. In: Institut für Tourismus, Berichte und Materialien Nr. 2. Berlin, S. 201–217.

Niedersächsisches Ministerium für Wirtschaft, Technologie und Verkehr (o.J.): Niedersächsisches Fremdenverkehrsprogramm 1987–1991. Hannover.

Rochlitz, K.-H. (1985): Sanfter Tourismus – mehr als eine Utopie? In: CIPRA (Hrsg.) Sanfter Tourismus – Schlagwort oder Chance für den Alpenraum? Vaduz, S. 165–180.

Romeiß-Stracke, F. (1990): Tourismus im Umbruch. Alte Probleme und neue Herausforderung auf der Schwelle 2000. Unveröffentl. Vortrag zur Jahresversammlung 1990 des Deutschen Fremdenverkehrsverbandes.

Schleswig-Holsteinischer Landtag (1989) (Hrsg.): Drucksache 12/289.

Storbeck, D. (1982): Konzepte der Raumordnung in der Bundesrepublik Deutschland. In: Akademie für Raumforschung und Landesplanung (Hrsg.): Grundriß der Raumordnung. Hannover, S. 227–231.

4. Verbraucherinformationspolitik

Jürgen Armbrecht und Carl-Heinz Moritz

4.1 Der Defizit-Ansatz bei der Ermittlung des Informationsbedarfs

4.1.1 Verbraucher benötigen für ihre Konsumentscheidungen Informationen

Die wichtigen Konsumhandlungen betreffen häufig komplexe Güter und Leistungen und sollen besonders gründlich vorbereitet werden, daher müssen die dazugehörigen Informationen überdurchschnittlich zuverlässig sein.

Der Urlaub gehört für die meisten Verbraucher zu den wichtigen Dingen in ihrem Konsumalltag. Die Anforderungen an die entscheidungsrelevanten Informationen sind daher hoch. Dies gilt um so mehr, als die Leistungen ja nicht physisch geprüft oder ausprobiert werden können. Die Tourismus-Kommunikation steht im Mittelpunkt der Anbieter-Nachfrager-Beziehungen, und zwar in gleichem Maße für Individual- wie Pauschalreisende. Informationen zur Urlaubsvorbereitung können gegeben werden von den Anbietern der Leistungen, den Angebotsmittlern (Reisebüros, Fremdenverkehrsämtern), von anderen Verbrauchern, den Medien, staatlichen Stellen und von den Verbraucher-Organisationen bzw. -Institutionen.

Verbraucherinformationen durch Verbraucher-Organisationen sollen insbesondere dort zur Verfügung stehen, wo die Informationsangebote der Reiseveranstalter, der Urlaubsregionen, der Hotels und der Reisebüros unzureichend sind. Ohne Anspruch auf Vollständigkeit fallen folgende Defizite der Anbieter-Kommunikation auf:
- Die Eignung der Angebote für bestimmte Zielgruppen wird selten beschrieben.
- Detaillierte Angaben zur den Orten und Regionen (Klima, Umgebung) fehlen häufig.
- Die Reisebüros scheinen selten Hintergrund-Material zu Hotels/Regionen zu erhalten; sie haben die Informationen jedenfalls nicht präsent.
- Die Sprachwahl der Prospekte ist - obwohl verbessert - überdurchschnittlich irreführend; Katalogfloskeln müssen vom Verbraucher decodiert werden.
- Angaben zu Umweltaspekten (Lärm, Sauberkeit der Gewässer, Naturbelassenheit der Gegend etc.) werden höchst unvollständig erteilt.
- Hinweise zur Anreise mit öffentlichen Verkehrsmitteln fehlen oft; die Prospektwelt für Individualreisen ist der überholten Auto-Ideologie zuzuordnen.
- Ein Preisvergleich der Anbieter (z.B. gleiches Hotel in der gleichen Zeit bei gleichem Service, Anreise variabel) wird fast unmöglich gemacht – wohl auch für die Reisebüros – durch eine ausgeklügelte Preispolitik der Pauschalreise-Veranstalter.

– Auskünfte über seine rechtliche Situation bzw. Hinweise auf entsprechende Ansprechpartner im Unternehmen für den Fall der Unzufriedenheit findet der Verbraucher in der Regel nicht.

Verbraucher wollen zunehmend *Sicherheit*. Ob es die Sicherheit ist, gutes bzw. zweckmäßiges Wetter am Urlaubsort zu haben, ob es die Qualität der Unterbringung oder die der Umgebung ist, ob das Freizeitangebot den Erwartungen bzw. Hoffnungen entspricht, Verbraucher wollen auf Nummer sicher gehen, und auf diesem Wunsch basieren die Informationserwartungen, dieser Wunsch soll auch rechtlich "abgesichert" sein.

Und die Verbraucher wollen sich auch bei ihren Urlaubsentscheidungen gesundheits- und umweltbewußt verhalten; Gesundheits-, Natur- und Umweltargumente sind wichtig, von der Anreise über die Unterbringung und Verpflegung bis hin zum Freizeitangebot.

Verbraucher sind intelligente und mündige Partner, die meisten wissen sehr wohl einzuschätzen, was sie wollen; und sie haben auch grobe Vorstellungen über das Marktniveau. Wer für rund 200 DM eine dreitägige Busreise von Berlin nach Paris mit Unterkunft und vollem Programm bucht, der rechnet nicht mit einem Komfort-Hotel und ist auch bereit, neben einer Basis-Unterkunft eine laute und "schlechte" Stadtumgebung hinzunehmen. Dies darf dann auch im Prospekt stehen. Wer aber für 5000 DM eine 14tägige Kreuzfahrt zum Nordkap buchen will, kann mit vollem Recht mehr und detailliertere Informationen erwarten. Und er sollte sie erhalten.

Ein Kegelclub, der seine Kasse bei einem feuchtfröhlichen Wochenende an der Mosel plündert, erwartet wahrlich andere Informationen als das Ehepaar mit Kleinkindern, welches Interesse an einem Kurzreise-Herbsturlaub in einer schönen deutschen Flußlandschaft mit Burgen hat. Warum erhalten beide Urlaubssuchende vom Hotel identische Urlaubsinformationen? Und warum wissen auch die Mitarbeiter der Reisebüros häufig nicht mehr über Hotel und Ort, als in dem Prospekt für Endverbraucher steht?

Den (uniformen) Verbraucher gibt es ebensowenig wie *den* Reisenden/Urlauber; auch *den* Pauschal-Reisenden gibt es nicht. Die Veranstalter wissen dies natürlich, warum aber sieht man es vielen Prospekten etc. nicht an? Uniformes Informationsmaterial für differenzierte Zielgruppen – dies ist kein überzeugender Marketing-Ansatz.

Die Kommunikationspolitik hinkt manchmal hinter der Produktpolitik her – dies ist kaum begründbar. Informations-Marketing ist auch in den letzten Jahren dieses Jahrtausends eher Herausforderung als Realität.

4.1.2 Inhalte anbieterunabhängiger Verbraucherinformationspolitik

Neutrale oder besser anbieterunabhängige Verbraucherinformation sollte sich im Kontext des Defizit-Ansatzes vor allem auf solche Inhaltsbereiche konzentrieren, die von den Anbietern und deren Mittlern nicht, nicht genügend oder überwiegend verzerrt

kommuniziert werden. Auch solche Bereiche, in denen durch eigenständige Informationsmärkte (z.B. Reise- und Städteführer) zufriedenstellende Zustände aus Verbrauchersicht herrschen, brauchen bei den bekannt knappen Ressourcen der Verbraucherorganisationen nicht bearbeitet zu werden. Und selbstredend sollten die Verbraucherinformationsanbieter die Verwendung ihrer Mittel nach drei Kriterien prüfen, damit triviale oder überholte Information erst gar nicht erarbeitet wird:
(1) Handelt es sich um ein komplexeres Problem als der Durchschnittsverbraucher auf den ersten Blick beurteilen kann (z.B. Hotelqualität)?
(2) Sind die Gegenstände/Themen rein subjektiv zu beurteilen (Küste oder Alpen?), oder gibt es objektivierbare Merkmale für eine "Unterrichtung der Öffentlichkeit" (z.B. Service der Reiseveranstalter)?
(3) Sind die Leistungen/Bedingungen zeitlich konstant (z.B. Wasserqualität)?

Bunte Bilderkataloge, Übersichten von Hotels in bestimmten Orten/Regionen, Städteführer etc. sind daher in Deutschland kein vorrangiges Thema für Verbraucherinstitutionen – einige ausländische Verbraucherorganisationen finden dagegen mit ähnlichen Publikationen durchaus Zuspruch bei ihren Mitgliedern.

Wichtig sind alle diejenigen Bereiche, die zur Entscheidungssicherheit des Verbrauchers beitragen; ohne Anspruch auf Vollständigkeit seien genannt:
− Qualität der Unterkunft (zielgruppenbezogen),
− Qualität der Umgebung (zielgruppenbezogen),
− Freizeitangebote/Besonderheiten (zielgruppenbezogen),
− Angebote von Ferienzentren und -dörfern,
− Service bei Fluggesellschaften,
− reiserechtlicher Rahmen und Chancen der Rechtsdurchsetzung,
− Angebote bestimmter Urlaubsarten (z.B. Sport-, Hobbyurlaub).

Daneben sind Informationen wichtig, die Tip-Charakter haben, auch hier einige Beispiele:
− Sind Pauschalreisen wirklich preiswerter?
− Welche Chancen und Risiken tragen Last-minute-Reisen?
− Lohnt sich ein Wechsel des Veranstalters/Flughafens?
− Welcher Reiseführer ist der beste für meine Erwartungen?

4.2 Verbraucherpolitik und Verbraucherinstitutionen

Eine bewährte Klassifikation der Verbraucherpolitik ist die Dreiteilung in
− Verbraucherinformation,
− Verbraucherbildung und
− Verbraucherschutz.

Konsequenterweise arbeiten auf Bundesebene drei speziellen Politikbereichen zugeordnete Institutionen:

- Stiftung Warentest – Verbraucherinformation,
- Stiftung Verbraucherinstitut – Verbraucherbildung,
- Verbraucherschutzverein e.V. – Verbraucherschutz.

Die verbraucher*politische* Vertretung auf Bundesebene wird von der Arbeitsgemeinschaft der Verbraucherverbände (AgV) wahrgenommen; auf Landesebene gibt es daneben jeweils eine Verbraucherzentrale. AgV und Verbraucherzentralen arbeiten in allen drei genannten verbraucherpolitischen Feldern, soweit neben der Arbeit der Spezialinstitutionen in wichtigen Bereichen Handlungsbedarf besteht.

Die überblicksartige Darstellung der wichtigsten staatlich geförderten Insitutionen beschränkt sich auf Gründungszeitpunkt, Mitglieder und Skizzierung der wesentlichen Aufgaben (vgl. Kuhlmann, 1990, S. 421 ff.; Maier, 1984, S. 71 ff.).

4.2.1 Die Arbeitsgemeinschaft der Verbraucherverbände e.V. (AgV)

Als Dachverband von verbraucherpolitisch orientierten Mitgliedsverbänden setzt sich die 1953 gegründete AgV in Bonn auf Bundesebene umfassend für die Interessen der Verbraucher ein.

Dies geschieht durch Mitwirkung an Gesetzen und Verordnungen (z.B. Reisevertragsgesetz) und durch Vertretung der Verbraucherinteressen in vielen Gremien der Politik und Wirtschaft. Zunehmend wirkt die AgV auf europäischer Ebene, um einen gleichbleibend hohen oder sogar besseren Verbraucherschutz zu erreichen.

Die AgV sieht ihre Aufgabe in der Stärkung der Konsumenten gegenüber den Anbietern, um so die wirtschaftliche und soziale Benachteiligung der Verbraucher zu verringern.

4.2.2 Die Verbraucherzentralen (VZ)

In jedem Bundesland existiert in der Form eingetragener Vereine eine Verbraucherzentrale; die Gründung erfolgte in den alten Bundesländern zu Beginn der 60er Jahre, in den neuen Bundesländern im Jahre 1990. In ca. 250 Orten existieren Verbraucherberatungsstellen, in denen die Verbraucher über ein sehr breites Spektrum an Konsum- und Lebensproblemen informiert werden.

Finanziert werden die Verbraucherzentralen überwiegend aus öffentlichen Zuwendungen, die Erlöse aus Beratungsgebühren und aus dem Verkauf von Broschüren spielen daneben eine geringere Rolle.

Die Nachfrage der Verbraucher nach persönlichen Beratungsleistungen der Verbraucherzentralen nimmt unaufhörlich zu, die Entwicklung in den neuen Bundesländern verlief geradezu dramatisch. Das Rechtsberatungsgesetz gewährt den Verbraucherzentralen die Erlaubnis zur Rechtsberatung, beschränkt auf verbraucherrechtliche Angelegenheiten. Das schließt das Reisevertragsrecht ein.

4.2.3 Der Verbraucherschutzverein e.V. (VSV)

Der VSV in Berlin, zu dessen Mitgliedern die AgV, die Verbraucherzentralen und die Stiftung Warentest gehören, nimmt seit seiner Gründung im Jahre 1966 die Klagebefugnis der Verbraucherverbände nach dem Gesetz gegen den unlauteren Wettbewerb wahr; seit 1977 wurde ein zweiter Schwerpunkt im Bereich des Gesetzes zur Regelung der Allgemeinen Geschäftsbedingungen (AGBG) aufgebaut.

Unterlassungsansprüche gegen unlauteren Wettbewerb und die Bekämpfung von Verstößen bei Allgemeinen Geschäftsbedingungen werden auch im Reisesektor durchgeführt.

4.2.4 Die Stiftung Verbraucherinstitut (VI)

Das Verbraucherinstitut wurde 1978 von der AgV und der Stiftung Warentest in Berlin gegründet, um die Arbeit aller Verbraucherinstitutionen zu unterstützen, die im Bereich der Verbrauchererziehung, -beratung und -information tätig sind.

Das Institut führt zahlreiche Veranstaltungen zur Aus- und Fortbildung der Verbraucherberatungskräfte und anderer Multiplikatoren durch und erstellt Studien zu Einzelproblemen der Verbraucherarbeit.

4.2.5 Die Stiftung Warentest (StiWa)

1964 von der Bundesrepublik Deutschland gegründet, stellt die Stiftung Warentest heute mit ihrem Aufgabenschwerpunkt Verbraucherinformation die bekannteste Verbraucherinstitution dar.

Auf der Grundlage vergleichender Warentests und Dienstleistungsuntersuchungen veröffentlicht die Stiftung zwei Zeitschriften, "test" und "FINANZtest" sowie Broschüren, Bücher und andere Publikationen (vgl. Stiftung Warentest, 1987).

Reisethemen gehörten bereits in den 60er Jahren zu den redaktionellen Standbeinen der Zeitschrift "test". Bis 1983 arbeitete auch ein besonderer "Reiseservice", der detaillierte Beschreibungen über Reisezielgebiete und Hotels offerierte. Neben der ständigen Berichterstattung der Reise- und Freizeit-Redaktion werden touristische Dienstleistungsuntersuchungen seit 1975 durchgeführt. Im folgenden Teil soll insbesondere am Beispiel der Stiftung Warentest aufgezeigt werden, wie Defizite bei touristischen Informationsangeboten durch gezielte Verbraucherinformation aufgefangen werden.

4.3 Defizite touristischer Informationsangebote

4.3.1 Informationsdefizite bei der Reiseentscheidung

Der Erfolg einer Reise hängt wesentlich davon ab, welche Qualität und Quantität die Informationen aufweisen, die dem potentiellen Urlauber bei seiner Reiseplanung und -entscheidung zur Verfügung stehen. Informationsdefizite können in dieser Phase dazu führen, daß falsche Reiseentscheidungen getroffen oder Reiseleistungen zu teuer eingekauft werden.

Im Entscheidungsprozeß für eine Urlaubsreise nehmen einerseits die Reisebüros als Informationsstellen und andererseits die Reisekataloge als Informationsquellen eine bedeutende Stellung ein (vgl. Studienkreis für Tourismus e.V., 1990, S. 35 ff.). Zur Vorbereitung der Urlaubsreise haben 1989 mehr als 12 Mio. Urlauber ein Reisebüro oder eine reisebüroähnliche Stelle zum Zwecke der Informationsbeschaffung bzw. zu einem Beratungsgespräch aufgesucht. Da die Auskünfte der Reisebüromitarbeiter das Urlaubsglück ganz entscheidend beeinflussen, liegt die Frage nach der Qualität der Beratung in den Reisebüros nahe.

Dieser Fragestellung ist die Stiftung Warentest bereits in drei Untersuchungen nachgegangen (vgl. Stiftung Warentest, 1977, 1984, 1991d). Die Untersuchungsergebnisse von 1977 und 1984 waren dabei alles andere als zufriedenstellend und machten deutlich, daß es mit der Beratungsqualität in bundesdeutschen Reisebüros nicht zum besten bestellt ist. Die "test"-Veröffentlichungen lösten sowohl in der Touristikpresse als auch in Fach- und Gewerkschaftsgruppen eine selbstkritische Diskussion über die Ursachen dieser Misere aus. In allen Beiträgen kristallisierten sich Zeitmangel des Counterpersonals und eine unzureichende Aus- und Weiterbildung der Reisebüromitarbeiter als Hauptursachen heraus.

Die dokumentierte Beratungsmisere hatte die Reisebürobranche tief getroffen und zwang zum Handeln. So wurden die Aus- und Fortbildungsveranstaltungen der Reisebüro-Verbände und der Reiseveranstalter verstärkt. Aber auch einzelne Reisebüroketten gingen mit neuen Schulungsprogrammen in die Offensive; als positives Beispiel sei hier die Firma Karstadt erwähnt (vgl. touristik report, 1986; Fremdenverkehrswirtschaft, 1986).

Die Ergebnisse der dritten Reisebüro-Untersuchung bescheinigten den deutschen Reisebüros eine zumindest teilweise verbesserte Beratungsqualität. Die Anstrengungen der Reisebürobranche, verstärkt in Schulungsmaßnahmen zu investieren, haben sich offensichtlich ausgezahlt.

An diesem Beispiel werden die Wechselwirkungen zwischen der Verbraucherinformationspolitik und dem Tourismus besonders deutlich: Zum einen wurden die potentiellen Urlauber über die Stärken und Schwächen bei den Beratungsleistungen im Reisebüro informiert und erhielten Ratschläge für einen Reisebürobesuch (unmittelbare Wirkung). Zum anderen wurden die Reisebüros als Beratungs- und Vermittlungsinstanzen von Reiseleistungen in die Lage versetzt, aus den festgestellten Fehlern zu lernen und durch gezielte Schulungskonzepte die Beratungsleistungen zu verbessern (mittelbare Wirkung).

Reisebüromitarbeiter neigen häufig dazu, dem Kunden eine oft zeitaufwendige Beratung zu versagen und drücken ihm stattdessen gern einen Reisekatalog mit der Bemerkung in die Hand, man möge sich doch bitte erst anhand des Katalogs informieren und dann zur Reisebuchung wieder erscheinen (vgl. Stiftung Warentest, 1991d). So oder anders sind immerhin fast 6 Mio. Urlauber an den Katalog eines Reiseveranstalters herangekommen, um sich für ein Reiseziel zu entscheiden (vgl. Studienkreis für Tourismus e.V., 1990, S. 36).

Untersuchungen der Stiftung Warentest über den Informations- und Wahrheitsgehalt von Pauschalreisekatalogen zeigen allerdings, daß diese allzu häufig mehr Werbung als Information enthalten. Das im Oktober 1979 in Kraft getretene Reisevertragsgesetz hat zwar bewirkt, daß regreßträchtige Falschangaben in den Katalogen kaum noch anzutreffen sind. Ärger bereiten aus Verbrauchersicht aber dennoch die Übertreibungen, Umschreibungen und Auslassungen in den Gebiets-, Orts- und insbesondere Unterkunftsbeschreibungen der Kataloge (vgl. Stiftung Warentest, 1988). In diesem Zusammenhang sind vor allem die sogenannten Katalogfloskeln zu erwähnen, die negative Sachverhalte und Gegebenheiten positiv umschreiben (Beispiel: Der "Naturstrand" ist meistens ein ungepflegter Strand mit Seetang und Abfällen, er ist "naturbelassen"). Da solchen, den wahren Inhalt verschleiernden Formulierungen juristisch nur schwer beizukommen ist, obliegt es den Verbraucherorganisationen, für Aufklärung zu sorgen und dafür die entsprechenden "Übersetzungen" zu liefern.

Nicht viel anders ist es mit Inhalt und Gestaltung der Preisinformationen in den Katalogen für Flugpauschalreisen: Die unübersichtliche Darstellung der Preise mit den unterschiedlichen Zu- und Abschlägen sowie komplizierten Kinderermäßigungen erschwert die eigene Preisberechnung in hohem Maße und macht Preisvergleiche fast unmöglich (vgl. Stiftung Warentest, 1987b, 1991c). Andererseits führen Preisvergleiche bei Pauschalreisen immer wieder vor Augen, daß nahezu die gleiche Leistung bei verschiedenen Reiseveranstaltern mit unterschiedlichen Preisen ausgeschrieben ist und sogar um einige hundert Mark differieren kann. Pauschalreisepreisvergleiche stehen daher bei Urlaubern hoch im Kurs. Dieses Informationsbedürfnis ist sowohl von Verbraucherorganisationen als auch von kommerziellen Anbietern erkannt worden, die solche Preisvergleiche in Form von Broschüren, Zeitschriften und Computer-Diensten anbieten und dem Verbraucher und potentiellen Urlauber die komplizierten Preisberechnungen für alternative Veranstalterangebote abzunehmen (vgl. Institut für angewandte Verbraucherforschung e.V., 1990; MarktControl, 1991; Stiftung Warentest, 1991a).

4.3.2 Informationsdefizite bei der Reisedurchführung

Die meisten touristischen Teilmärkte sind gekennzeichnet durch eine eher mangelnde Markttransparenz. Angebotsübersichten und neutrale Berichte über spezielle Formen der Pauschalreise oder über einzelne Leistungsträger (z.B. Verkehrsmittel, Unterkunftsbetriebe etc.) sind noch am ehesten in den touristischen Fachzeitschriften zu finden, zum Teil auch in Reisemagazinen, aber relativ selten in Publikumszeitschriften und -zeitungen.

Informationen über die Merkmale und Besonderheiten solcher Reiseangebote sowie Hinweise zur Reisedurchführung helfen jedoch, die eigenen Urlaubsvorstellungen zu hinterfragen und die persönliche Reiseentscheidung abzusichern. Gerade Unsicherheit und Unkenntnis sind es, die bei den potentiellen Urlaubern während der Reisevorbereitung einen erhöhten Informationsbedarf zur Folge haben.

Im Rahmen ihrer touristischen Dienstleistungsuntersuchungen hat sich die Stiftung Warentest bereits mehrere Male mit touristischen Teilmärkten befaßt und die Qualität von speziellen Pauschalreisearten und von einzelnen Leistungsträgern analysiert. Ein Beispiel aus dem Markt für Pauschalreisen sind die Flußkreuzfahrten auf europäischen Flüssen und Kanälen. Diese relativ unbekannte Urlaubsart, bei der man auf einem Hotelschiff gemächlich durch interessante Flußlandschaften gleitet, ist besonders für einen Kurzurlaub oder Wochenendtrip geeignet (vgl. Stiftung Warentest, 1991b). Vorurteilen und falschen Vorstellungen z.B. über die Gepflogenheiten an Bord sowie über den Komfort und die Ausstattung der Schiffe wurde mit gezielten Informationen begegnet. Ähnliche Untersuchungen wurden von der Stiftung Warentest in der Vergangenheit über Schülersprachreisen, den Cluburlaub oder Tennisreisen durchgeführt. Im Bereich der touristischen Leistungsträger befaßten sich Testprojekte mit dem Service bei Fluggesellschaften, der Urlauberbetreuung durch Reiseleiter oder mit dem Leistungsangebot und der Umweltverträglichkeit deutscher Ferienzentren.

Aufgrund zum Teil gesättigter Urlaubsbedürfnisse werden die Reisekunden zukünftig in stärkerem Maße neue Urlaubsformen und Reisearten ausprobieren. Dieser Trend wird entsprechende Informationsangebote der Verbraucherinstitutionen zur Folge haben.

4.3.3 Informationsdefizite bei Reisereklamationen

In der Tourismusbranche wird manchmal der Eindruck erweckt, viele Urlauber würden das Reklamieren von Reisemängeln geradezu als eine Art Sport betreiben und sie hätten während "der schönsten Wochen des Jahres" nichts anderes im Sinn, als über Reisepreisminderungen nachzudenken. Es mag ja sein, daß unter den touristischen Beschwerdeführern auch ein paar professionelle Nörgler sind, die durch Schadensersatzforderungen an Reiseveranstalter die Urlaubskasse nachträglich aufbessern wollen. Wie die Praxis der Verbraucherarbeit jedoch zeigt, gibt es keinen Grund, an der Ernsthaftigkeit der meisten Reisereklamationen zu zweifeln, auch wenn Urlauberbeschwerden teilweise der Lächerlichkeit preisgegeben werden (vgl. Scholz, 1991).

Das Reisevertragsgesetz von 1979 hat zwar juristisch Klarheit geschaffen sowie Rechte und Pflichten der Reiseveranstalter und ihrer Kunden genau festgelegt. Dennoch scheitern berechtigte Regreßansprüche sehr häufig an Verfahrensfragen, die auf mangelnde Aufgeklärtheit und Unkenntnis der Urlauber zurückzuführen sind. Während die Reiseveranstalter immer auf das "Kleingedruckte" verweisen können, haben Verbraucher häufig das Problem, die Reisebedingungen im Katalog zu finden oder die Formulierungen zu verstehen. Auch ist das Verfahren des Rücktritts oder der Mitwirkungspflicht des Reisenden bei Reklamationen am Urlaubsort wenig transparent. Es sind in diesem Punkt wiederum die Verbraucherorganisationen, die mit ihren Veröffentlichungen für mehr Klarheit sorgen und mit Tips und Ratschlägen zur Seite stehen, wenn der Traumurlaub zum Alptraum geworden ist (vgl. Stiftung Warentest, 1986; Verbraucher-Zentrale Nordrhein-Westfalen e.V., 1990).

Als nicht besonders verbraucherfreundlich muß man wohl auch die Schemabriefe aus den Schreibautomaten der Reiseveranstalter kennzeichnen, die reklamierende Kunden vom "Kundenbetreuer" erhalten. Man kann sich des Eindrucks nicht erwehren, daß diese Antwortbriefe häufig – teilweise ohne auf den konkreten Reklamationsfall einzugehen – darauf angelegt sind, den Kunden abzuwimmeln oder hinzuhalten. Irgendwann wird mancher Urlauber resignieren und seine möglicherweise berechtigten Ansprüche nicht weiter verfolgen. In dieser Situation kann eine Rechtsberatung in den Verbraucherzentralen der Bundesländer sehr sinnvoll sein. In einem solchen Beratungsgespräch kann frühzeitig geklärt werden, ob Ansprüche gegenüber einem Reiseveranstalter erfolgreich durchgesetzt werden können.

Literatur

Fremdenverkehrswirtschaft international (1986): Beratungsqualität in Karstadt-Reisebüros – Beratungsdauer stieg von 16 auf 28 Minuten. In: Fremdenverkehrwirtschaft international, Heft 1 (7.1.1986), S. 28 ff.
Institut für angewandte Verbraucherforschung e.V. (IFAV) (1990): Mittelmeerferien 1990: Gut informiert – besser gereist (Broschüre in Zusammenarbeit mit den Verbraucherzentralen Hamburg e.V. und Niedersachsen e.V.). Köln.
Kuhlmann, E. (1990): Verbraucherpolitik. München.
Maier, L. (1984): Verbraucherpolitik in der Bundesrepublik Deutschland. Bonn.
MarktControl (1991): Wer hat für Sie das beste Angebot? In: fliegen & sparen, Heft 1, S. 37 ff.
Scholz, H. E. (1991): ... und fordere mein Geld zurück. So beschweren sich Touristen. München.
Stiftung Warentest (1977): Immer freundlich – nicht immer verläßlich. In: test, Heft 4, S. 59 ff.
Stiftung Warentest (1984): Selten gut beraten. In: test, Heft 4, S. 77 ff.
Stiftung Warentest (1986): Profi-Ratgeber "Reisen". Berlin, S. 18 ff.
Stiftung Warentest (1987a): Der starke Partner kritischer Verbraucher. Berlin.
Stiftung Warentest (1987b): Preisvergleiche sind fast unmöglich. In: test, Heft 4, S. 66 ff.
Stiftung Warentest (1988): Mehr Werbung als Information. In: test, Heft 3, S. 84 ff.
Stiftung Warentest (1991a): Pauschalreisen – Rat für Rechner. In: FINANZtest, Heft 1, S. 86 ff.
Stiftung Warentest (1991b): Flußkreuzfahrt-Schiffe: test-Sterne für Komfort und Service. In: test, Heft 2, S. 69 ff.
Stiftung Warentest (1991c): Wer gibt die meisten Prozente? In: test, Heft 4, S. 74 ff.

Stiftung Warentest (1991d): Beraten und verkauft? In: test, Heft 7, S. 90 ff.
Studienkreis für Tourismus e.V. (1990): Urlaubsreisen 1989. Eine Kurzfassung der Reiseanalyse 1989. Starnberg, S. 32 ff.
touristik report (1986): Karstadt-Agenturen – Eigenschulung. In: touristik report, Heft 2 (24.01.1986), S. 35.
Verbraucher-Zentrale Nordrhein-Westfalen e.V. (1990): Aus der Traum vom Traumurlaub – Pauschalreise-Reklamationen. Düsseldorf.

5. Mitarbeiterführung

Claude Kaspar

5.1 Das Wesen der Mitarbeiterführung und die Zielsetzung der Personalpolitik

Die Aktivitäten eines Unternehmers können in zwei Hauptbereiche aufgeteilt werden. Einmal setzt der Unternehmer Ziele fest, er entwirft Maßnahmen, kontrolliert die Ergebnisse. Er widmet sich mit anderen Worten allen sachlogischen Aufgaben, indem er das Unternehmungsgeschehen zu gestalten und zu lenken trachtet.

Zum zweiten bedeutet aber Unternehmungsführung immer auch Menschenführung; der Mensch steht im Mittelpunkt eines jeden auf das Erbringen einer bestimmten Leistung zweckgerichteten Systems, das wir Unternehmung nennen. Die Befriedigung der Bedürfnisse der in der Unternehmung tätigen Mitarbeiter ist somit ein wesentlicher Zweck der Unternehmung.

Dieser zentralen Stellung des Menschen in der Unternehmung steht aber immer der Zwang zur Erarbeitung bestimmter Leistungen mit begrenzten Mitteln gegenüber. Nur ein Erfolg auf dieser Ebene kann die Existenz der Unternehmung und damit die Lebensgrundlage ihrer Mitarbeiter sichern.

Dem Unternehmer ist nicht nur die schwierige Aufgabe übertragen, richtige sachlogische Entscheidungen zu treffen; er muß auch die Aktivitäten seiner Mitarbeiter auf die gesetzten Ziele ausrichten, d.h. sie veranlassen so zu handeln, daß die Unternehmungsziele erreicht werden. Unternehmungsführung bedeutet also auch Menschenführung im Sinne der Verhaltensbeeinflussung der Mitarbeiter in Richtung gesetzter Ziele.

Auch und gerade in touristischen Unternehmungen kommt dem Mitarbeiter eine große Bedeutung zu, weil in den meisten Fällen die Dienstleistung im persönlichen Kontakt mit dem Gast erbracht wird. Dem Anliegen der Führung und Förderung des Mitarbeiters wird heute vor allem in der Hotellerie (und dem Gastwirtschaftsgewerbe) vielerorts noch zu wenig Beachtung geschenkt. Die Folgen solcher Versäumnisse sind bekannt: Das Personalproblem ist drückend, und seine Lösung ist in nächster Zukunft nicht abzusehen. Ziel der Personalpolitik muß es deshalb sein, die Arbeitswelt zu "humanisieren" (vgl. Reith, 1987, S. 308), und zwar durch
– die Schaffung einer echten Betriebsgemeinschaft,
– die bestmögliche Gestaltung der Arbeit im Betrieb.
Das Ergebnis ist die Steigerung der Arbeitsleistung bzw. des Arbeitserfolges.
Das Ziel wird erreicht durch
– die richtige Mitarbeiterauswahl (fachliche, geistige und körperliche Eignung),
– die Bemühungen um die Erhaltung eines motivierten Mitarbeiterstammes (geringe Fluktuation),

− entsprechende Entlohnungsmethoden und die vorbereitenden Maßnahmen,
− soziale Betreuung.

Die Arbeitsleistung eines jeden Menschen ist abhängig von der Leistungsfähigkeit (= Begabung + Ausbildung + Erfahrung), kurz Können genannt, und vom Leistungswillen.

Der Leistungswille wird besonders durch materielle Voraussetzungen (Lohn, Gewinnbeteiligung etc.) und durch immaterielle Voraussetzungen (Führungsstil, Betriebsklima, Aufstiegsmöglichkeiten etc.) geprägt (vgl. Abb. 1).

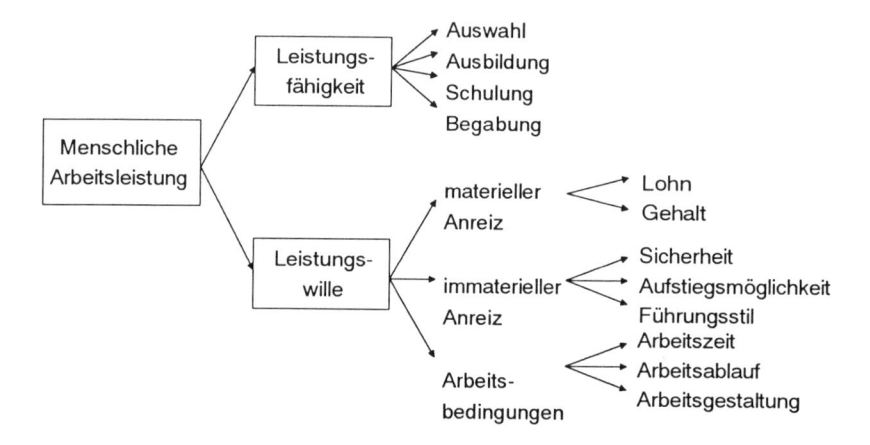

Abb. 1: Menschliche Arbeitsleistung

Das Führungsverhalten des Vorgesetzten ist darauf gerichtet, den Mitarbeiter zu einem Handeln zu veranlassen, das den zu erreichenden Unternehmungszielen förderlich ist. "Der Führungsvorgang besteht somit in einer Beeinflussung des Geführten durch den Führer" (Lattmann, 1975, S. 45). Diese Beeinflussung des Geführten durch den Führenden kann nach Lattmann aus zwei Quellen hervorgehen:
(1) der Macht des Führenden; diese kann in eine physische, psychische, wirtschaftliche oder soziale Macht unterteilt werden. Soziale Macht hat ihren Ursprung in der gesellschaftlich bevorzugten Stellung des Führenden, psychische Macht entspringt charakterlicher oder intellektueller Überlegenheit;
(2) der Überzeugungskraft des Führenden; persönliche Überzeugungskraft entspringt der Suggestivkraft oder persönlichen Zuneigung (Liebe, Achtung), sachliche geht vom Führungsziel an sich aus (vgl. Abb. 2).

Diese beiden Quellen der Beeinflussung unterscheiden sich dadurch, daß im ersten Fall der Geführte einem Zwang unterliegt, welcher aus der Abhängigkeit des Geführten vom Führenden resultiert, während im zweiten Fall die Willensfreiheit des Ge-

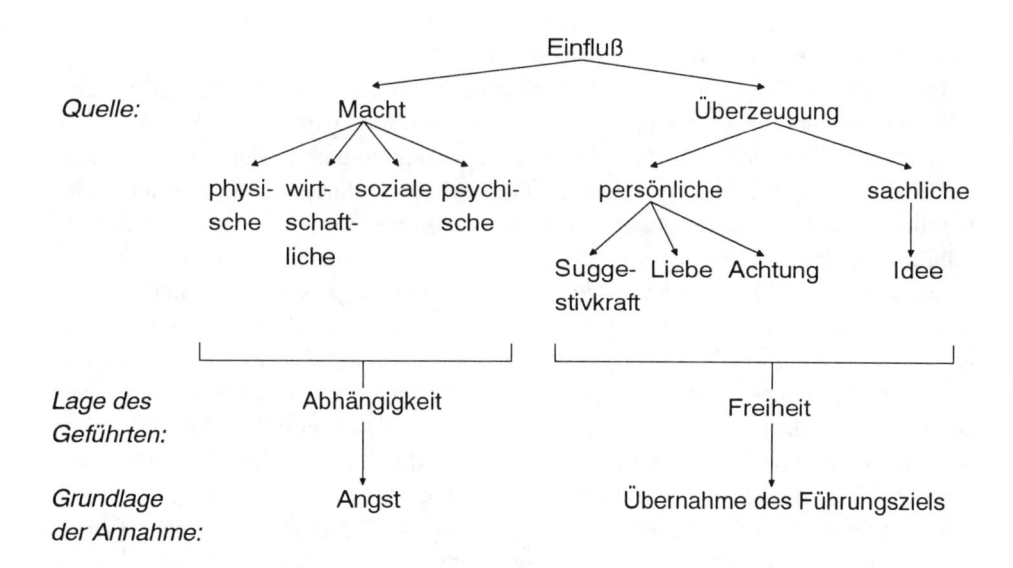

```
                                    Einfluß
Quelle:              Macht                    Überzeugung
                 ╱  ╱  ╲  ╲              ╱              ╲
            physi- wirt- soziale psychi-     persönliche      sachliche
            sche  schaft-        sche      ╱   ╱    ╲            │
                  liche                 Sugge- Liebe Achtung    Idee
                                        stivkraft
            └─────────────────────┘      └────────────────────────┘
Lage des              Abhängigkeit                Freiheit
Geführten:                │                          │
Grundlage             Angst              Übernahme des Führungsziels
der Annahme:
```

Abb. 2: Einflußformen der Führung

führten gewährleistet bleibt, weil dessen Verhalten Resultat der Überzeugung, nicht der Machtausübung ist.

Welches Führungsverhalten eines Vorgesetzten, welcher Führungsstil also ist als richtig zu bezeichnen? Nehmen wird die Antwort vorweg: Es gibt keinen "idealen" Führungsstil; dieser hängt vielmehr von der jeweiligen Situation ab, wie Führer-Mitarbeiter-Verhältnis, Grad der Strukturiertheit und Positionsmacht des Chefs (positionsspezifische Autorität).

5.2 Führungsstile

Wie Reith (1987, S. 316 f.) richtig bemerkt, ist der passende Führungsstil das letzte Glied in der Kette der Managementbemühungen. Er ist wesentlich für die Leistungsmotivation in einem günstigen Betriebsklima. Das besondere Kennzeichen eines Führungsstils ist die Art und Weise, wie ein Vorgesetzter seine Mitarbeiter anspricht, wie er sie überzeugt und motiviert. Das kooperative (partizipative) Führungssystem löst immer mehr das autoritäre ab.

Beim *autoritären Führungsstil* werden die Entscheidungen ausschließlich vom Vorgesetzten getroffen und mitgeteilt. Nachteil: Die Eigeninitiative der Mitarbeiter kommt wenig zum Tragen.

Der *kooperative Führungsstil* bedingt das Treffen von Entscheidungen durch ein Team. Der Vorgesetzte wirkt mehr als Anreger und Koordinator. Vorteil: Eigeninitative wird entfaltet. Vorgesetzte werden entlastet.

In der Praxis wird es immer zu Mischformen kommen, denn gleichgültig, welcher Führungsstil vorherrscht, ob autoritär oder kooperativ, es wird immer Menschen geben, die anordnen und befehlen, und solche, die ausführen und Anordnungen befolgen.

Voraussetzung für die Menschenführung und -behandlung ist die charakterliche, moralische und fachliche Qualifikation. Im Zusammenhang mit dem kooperativen Führungsstil spielt die Zielsetzung für die Mitarbeiterführung eine wichtige Rolle.

Das Kernmerkmal der *Führung durch Zielvereinbarung* besteht darin, daß der Einsatz des Mitarbeiters – insbesondere der Führungskraft – auf die Erreichung von Zielen gerichtet wird, welche von jenen der Unternehmung abgeleitet sind. Die Anstrengungen der Unternehmungsleitung waren von jeher durch solche Ziele bestimmt, und sie hat die Tätigkeit ihrer Mitarbeiter schon immer in den Dienst ihrer Erreichung gesetzt. Insofern wird durch den Ausdruck "Führung durch Zielvereinbarung" (Management by Objectives) kein völlig neues Anliegen bezeichnet. Neu ist hingegen die zum System erhobene Vorgehensweise der Umsetzung von Unternehmungszielen in Leistungsziele des Mitarbeiters, die zum Schwerpunkt seiner Aufgabenerfüllung werden. Von der "Führung durch Delegation", bei welcher dem Mitarbeiter die Verantwortung und die Befugnisse für einen Aufgabenzusammenhang übertragen werden, unterscheidet sich die Führung durch Zielvereinbarung dadurch, daß innerhalb dieses Aufgabenzusammenhanges Ergebnisse festgelegt werden, deren Verwirklichung dem Mitarbeiter obliegt.

5.3 Entwicklung einer wirkungsvollen Mitarbeiterführung in Tourismusunternehmungen

Das konkrete Führungsverhalten sieht in vielen Tourismusunternehmungen erheblich anders aus, als es den wissenschaftlichen Erkenntnissen entspricht. Vielfach wird überwiegend aufgrund der positionsspezifischen Autorität geführt. Der Dienstleistungscharakter der touristischen Leistungen, die entscheidende Bedeutung eines gesunden Organisationsklimas sowie das Erfordernis einer weitgehenden Dezentralisierung von Entscheidungen in Fremdenverkehrsunternehmungen sprechen jedoch in vielen Fällen für einen relativ hohen Partizipationsgrad. Eine stärkere Anerkennung des Mitarbeiters bei eher partizipativem, kopperativem Verhalten ist auch für den Erfolg der Unternehmung von Vorteil, indem die schöpferische Kraft und das Leistungsvermögen des Mitarbeiters am besten zum Tragen kommen, wenn er sich mit der Unternehmung und ihren Zielen identifizieren kann.

Lattmann gibt einige wesentliche Anhaltspunkte für die Ableitung eines *persönlichen, leistungswirksamen Führungsstils* (vgl. Lattmann, 1975, S. 42 f.):

- Die Berücksichtigung der Bedürfnisse, der Erwartungen und des Leistungsvermögens der Geführten bei der Bestimmung des Führungsverhaltens ist insofern geeignet, die Führungseffektivität zu erhöhen, als sie die Einsatzbereitschaft der Beteiligten fördert.
- Gegenwärtig kommt den Bedürfnissen nach Sicherheit im Sinne von Geborgenheit und Zugehörigkeit sowie vor allem nach Selbstbestätigung und Selbstentfaltung eine erhöhte Bedeutung zu. Je mehr diese präsent sind, um so wirksamer erweist sich ein partizipativer Führungsstil.
- Entscheidender als die Anwendung bestimmter Vorgehensweisen ist für die Führungseffektivität das Vertrauen, welches die Mitarbeiter dem Führenden entgegenbringen. Dieses ist primär von dessen ganzer Persönlichkeit, nicht so sehr von einzelnen Verhaltensausprägungen abhängig. Folgende Charakteristika treten erfahrungsgemäß als Grundlagen eines solchen Vertrauens hervor:
  - die Hingebung an die Aufgabe,
  - die Beispielhaftigkeit des Vorgesetztenverhaltens,
  - die Achtung vor der Persönlichkeit des anderen Menschen, welche sich weniger aus äußeren Formen als aus der Gesinnung des Vorgesetzten ergibt,
  - die Echtheit des Führungsverhaltens, welche die Grundlage der Glaubwürdigkeit des Vorgesetzten ist.
- Der Führungserfolg kann nur dann gesichert werden, wenn die Schaffung guter Beziehungen zu den Mitarbeitern durch eine aufgabengerechte Gestaltung des Führungsstils ergänzt wird.

Die Berücksichtigung der Bedürfnisse und vor allem des Leistungsvermögens der Mitarbeiter im Führungsverhalten bedeutet vor allem, daß Mitarbeiter mit bescheidenen fachlichen und vielleicht auch charakterlichen Qualifikationen (z.B. Hilfskräfte in einer Hotelküche oder -wäscherei) eher mit präzisen Anweisungen, also mit aufgabenspezifischer Autorität zu führen sind, während daneben qualifizierte Fachkräfte und Kadermitarbeiter partizipativ aufgrund von Zielvereinbarungen geführt werden.

Neben einem zweckentsprechenden Führungsverhalten ist einer motivationsfördernden Entlohnung Beachtung zu schenken. Zur partizipativen Führung gehört weiter die Rücksichtnahme auf den Wunsch vieler Mitarbeiter, sich weiterzubilden und eine berufliche Besserstellung zu erreichen. Die Möglichkeit, "Karriere zu machen", gilt allgemein als wesentlicher Leistungsanreiz. Leider sind die Aufstiegsmöglichkeiten in touristischen Unternehmungen nicht in diesem Maße vorhanden. Fähige Mitarbeiter müssen aber die Möglichkeit zu beruflicher Besserstellung bekommen.

Zu einer erfolgreichen Personalpolitik gehört auch die Förderung des beruflichen Nachwuchses. Das Image touristischer Berufe in den Augen der Jugend könnte allerdings besser sein, als es vielerorts tatsächlich ist. Dies betrifft vor allem die Hotellerie, für die das Personalproblem drückend ist. Die Lösung dieses Problems ist nur langfristig durch Anwendung moderner Motivationsformen wie Job-rotation, Job-enlargement, Job-enrichment und Job-sharing sowie durch massive Öffentlichkeitsarbeit möglich.

Literatur

Lattmann, Ch. (1975): Führungsstil und Führungsrichtlinien. Bern/Stuttgart.
Reith, W. (1987): Betriebswirtschaftslehre und gastgewerbliche Betriebslehre. Bd. 2, Wien.

Weitere Literatur

Kaspar, C. (1990): Einführung in das touristische Management. Bern/Stuttgart (St. Galler Beiträge zum Fremdenverkehr und zur Verkehrswirtschaft, Bd. 21).
Kaspar, C., B. Kunz (1982): Unternehmungsführung im Fremdenverkehr. Bern/Stuttgart (St. Galler Beiträge zum Fremdenverkehr und zur Verkehrswirtschaft, Bd. 13).

6. Anforderungen an Führungskräfte und Führungsnachwuchskräfte im Tourismus-Management

Frank Schirmer

6.1 Problemstellung

Seit Ende der 80er Jahre werden immer häufiger von Praktikern und Wissenschaftlern die steigenden und/oder sich wandelnden Anforderungen an Führungskräfte zum Thema gemacht. Das Topmanagement ist davon ebenso betroffen wie untere und mittlere Managementebenen (vgl. für viele Brockhoff, 1987; Bleicher, 1990; Dopson/Stewart, 1990; Schirmer/Staehle, 1990; Bronner et al., 1991). Globalisierung und Verschärfung des Wettbewerbs, Differenzierung der Märkte und gestiegenes ökologisches Bewußtsein werden als einige der unternehmungsextern wirkenden Faktoren genannt, die, vermittelt über neue oder zu verändernde Unternehmensstrategien, -strukturen und Personalpolitiken, die Anforderungen an Führungskräfte erhöhen oder verändern. Dabei zeigen sich, wie eine international vergleichende Studie jüngst verdeutlicht hat (vgl. Thurley/Peccei, 1991), branchen- und länderübergreifend beachtliche Gemeinsamkeiten in den unternehmungsextern und -intern sich vollziehenden Veränderungen. Die folgenden Überlegungen tragen dazu bei, Strukturen und Tendenzen des Anforderungswandels an Führungs- und Führungsnachwuchskräfte der Tourismusbranche – insbesondere mit Blick auf untere und mittlere Managementebenen – zu verdeutlichen. Der Erläuterung grundlegender Begriffe und einschlägiger Befunde der Managementforschung schließt sich die Auswertung einer Evaluationsstudie über den Studiengang "Tourismus" an, die im Jahre 1991 am Institut für Tourismus der Freien Universität Berlin abgeschlossen wurde und deren Daten für die vorliegende Fragestellung in Teilen fruchtbar gemacht werden können.

6.2 Zu den Konzepten Manager, Management und Führungskraft

6.2.1 Begriffsklärung

Während im angloamerikanischen Sprachraum der Begriff "Manager" für alle Personen mit Personalführungsverantwortung gebräuchlich ist, wird dieser Begriff im deutschen Sprachraum üblicherweise zur Bezeichnung der obersten Führungskräfteebene einer Unternehmung (Topmanagement und die Ebene darunter) verwendet. Für alle anderen Personen mit Führungsverantwortung ist der Begriff "Führungskraft" gebräuchlich. Die Begriffe Manager und Führungskraft werden im folgenden allerdings synonym verwendet.

Aus *funktionaler Sicht* beschreibt der Begriff Management ein Bündel von Strukturierungs-, Koordinations- und Integrationsaufgaben, die für den Bestand und die Entwicklung arbeitsteilig organisierter Unternehmungen zwingend notwendig sind (vgl. Staehle, 1989; Steinmann/Schreyögg, 1991). Ihr primärer Beitrag für die materielle Ebene des Unternehmensgeschehens besteht darin, die zielorientierte Beschaffung, Kombination und Verwertung von Ressourcen zu sichern, damit die Unternehmung langfristig wettbewerbsfähig bleibt (vgl. ähnlich die Beschreibung des dispositiven Faktors bei Gutenberg, 1962). Eine Analyse einzelner Managementfunktionen kann auch ohne Bezug auf die Personen vorgenommen werden, die Managementfunktionen ausüben.

Werden die *Träger von Managementfunktionen* und deren erforderliche Qualifikationen, Denk- und Verhaltensmuster näher beschrieben, handelt es sich um eine *personenbezogene, institutionale* Sicht von Management. Für die Analyse der Anforderungen an Führungskräfte sind beide Sichtweisen, die funktionale und institutionale, von Bedeutung.

Mit der Differenzierung zwischen funktionaler und institutionaler Sicht des Managements in und von Unternehmungen wird implizit bereits die Unterscheidung zwischen einer *situationsbezogenen* und einer *personenbezogenen Analyse von Anforderungen* an Führungskräfte nahegelegt. Eine situationsbezogene Analyse lenkt die Aufmerksamkeit auf Art und Entwicklung *personenunabhängiger Aufgabenbündel* für Manager, deren Inhalte neben unternehmungsinternen Einflußgrößen (z.B. hierarchische Ebene oder Funktionsbereich) auch von unternehmungsexternen Einflüssen wie etwa Dynamik der Umwelt oder Wettbewerbsintensität beeinflußt werden können. Bei einer *personenbezogenen Analyse* läßt sich differenzieren zwischen Anforderungen an das beobachtbare Verhalten von Führungskräften (etwa Art des Führungsstils) und den (nicht beobachtbaren) kognitiven und motivationalen Dimensionen adäquaten bzw. erwünschten Verhaltens, wie z.B. bestimmten Kenntnissen, Werten oder Einstellungen der Manager.

Anforderungen an Führungskräfte werden häufig auch mit Hilfe einer Aufzählung notwendiger persönlicher Eigenschaften (potentieller) Führungskräfte zu erfassen versucht, wozu dann solche Verhaltensmerkmale wie Flexibilität, Kreativität, Leistungsbereitschaft, Kooperationsfähigkeit oder Lernfähigkeit gerechnet werden. Die Verwendung des Begriffes "Eigenschaft" täuscht jedoch darüber hinweg, daß viele der in diesem Zusammenhang genannten Verhaltensmerkmale *erlernbar* sind und ihre Aktivierung und Nutzung in Unternehmungen z.B. auch von strukturellen Randbedingungen (etwa der Ausgestaltung hierarchischer Koordinationsformen) nicht unbeeinflußt bleiben.

6.2.2 Funktions- und Aktivitätsprofile von Managern

In der Managementforschung hat vor allem die Analyse der *Funktionen* von Managern eine lange Tradition, die auf die Arbeiten von Fayol (1916/1929) zurückgehen. Managementfunktionen werden aus dieser Sicht von betrieblichen Sachfunktionen (wie Einkauf, Marktforschung, Finanzierung) unterschieden. Managementfunktionen sind Querschnittfunktionen, die zur Strukturierung und Koordination der betrieblichen Leistungsprozesse (Sachfunktionen) beitragen (vgl. Steinmann/Schreyögg, 1991, S. 7). Managementfunktionen sind in arbeitsteiligen Unternehmungen auf jeder Hierarchieebene und in jedem Funktions- oder Geschäftsbereich auszuüben, wenn auch mit unterschiedlicher Schwerpunktsetzung.

Eine an *Managementfunktionen* orientierte Klassifikation der Anforderungen an Manager stellt eine personenunabhängige, zweck- oder zielbezogene Beschreibung von Aufgabenbündeln dar – im Gegensatz zu einer personenbezogenen, prozessualen, stärker *verhaltensorientierten* Darstellung. Managementfunktionskataloge sind nicht als empirisch exakte Beschreibung der Aktivitäten oder Verhaltensmuster von Managern zu deuten. Sie sind zwar in der Managementpraxis verwurzelt, enthalten aber normative Anteile, geben also vor, was Manager tun *sollten*, um den Bestand der Unternehmung zu sichern. Die Zahl der Klassifikationen ist heute kaum mehr überschaubar (vgl. die Übersichten bei Miner, 1978, 1982; Ramme, 1990; Schirmer, 1991b). Es kristallisieren sich aber fünf Funktionen heraus, mit denen sich die wichtigsten Aufgaben von Managern beschreiben lassen (vgl. Koontz/Weihrich, 1988; Steinmann/ Schreyögg, 1991).

(1) Planung
    Planung dient der Bestimmung der Ziele und Konkretisierung von Wegen zu ihrer Erreichung. Im wesentlichen ist hier zu unterscheiden zwischen langfristiger, unternehmungsumfassender, strategischer Planung und bereichsbezogener, kurzfristiger, sehr handlungsnaher (operativer) Planung.

(2) Organisation
    Organisation als Managementfunktion soll die Umsetzung von Plänen in tatsächliches Handeln gewährleisten (instrumenteller Organisationsbegriff). Sporadisch anfallende Strukturierungsmaßnahmen, wie Stellenbildung oder die Regelung von Weisungsbeziehungen, sind hier genauso zu nennen wie laufend erforderliche Koordinationsleistungen, z.B. die Formulierung von Richtlinien oder Handlungsprogrammen.

(3) Personaleinsatz
    Hierunter fallen etwa Maßnahmen der Personalbeurteilung und -entwicklung und die Gestaltung von Entlohnungssystemen. Der hiermit angesprochene Bereich des Human Resource-Management wird nicht allein für Stabsstellen, sondern besonders für Führungskräfte der Linie zunehmend bedeutsamer (vgl. zusammenfassend Conrad, 1991).

(4) Führung
Hierunter fällt zunächst die laufende Feinabstimmung der Verhaltensweisen von Untergebenen. Darüber hinaus gehört es aber auch zum (oft vernachlässigten) Aufgabenbereich einer Führungskraft, zukunftsweisende Anstöße zu geben und Mitarbeiter zu Engagement und Einfallsreichtum zu ermuntern.

(5) Kontrolle
Kontrolle bedeutet, das Ausmaß der Zielerreichung als auch die Umsetzungsschritte zu beobachten. Gegebenenfalls sind Abweichungsanalysen vorzunehmen sowie Plan- und Aktionskorrekturen einzuleiten.

Es ist nahezu unbestritten, daß der Nutzen dieser Kategorisierung darin liegt, über einen hochkomplexen Sachverhalt – den des Managementprozesses – in wenigen Begriffen eine Orientierung zu verschaffen. Die abstrakte, personenunabhängige, an Aufgabenbündeln anknüpfende Beschreibung geht jedoch zu Lasten einer präziseren Erfassung von *Verhaltensprozessen* und den damit verknüpften Anforderungen an Führungskräfte.

Hier helfen die Befunde der Aktivitätsforschung weiter. Sie liefern eine empirisch fundierte, vergleichsweise präzise Beschreibung des Arbeitsalltags von Managern, vorwiegend auf der Basis beobachtbarer Verhaltensmuster. Ein umfassender Überblick über die dort gewonnenen Befunde würde den Rahmen der vorliegenden Ausführungen sprengen (vgl. zusammenfassend z.B. Stewart, 1983; Hales, 1986; Schirmer, 1991a). Zu den wichtigsten Befunden gehört, daß die Anforderungen an die *Kommunikationsfähigkeiten* von Führungskräften wesentlich höher sind, als dies funktionale Aufgabenbeschreibungen vermuten lassen. Regelmäßig sind 50%, zum Teil bis zu 80% der Arbeitszeit von Führungskräften mit Kommunikationsaktivitäten ausgefüllt. Daneben wird deutlich, daß die Fähigkeiten zum Umgang mit *Konflikten* und *divergierenden Wert- und Überzeugungsstrukturen* ein zentrales Element des Anforderungsprofils nahezu aller Führungskräfte darstellen. Einen zusammenfassenden Überblick über wichtige Befunde der Aktivitätsforschung liefert Tabelle 1.

Die Gegenüberstellung ist nicht als Dichotomie zu verstehen, sondern macht auf die unterschiedlichen Akzentsetzungen der beiden genannten Ansätze der Managementforschung aufmerksam. Diese Übersicht verdeutlicht, daß sich Prozesse des Managens *im Spannungsfeld* von geplanten und spontanen Verhaltensmustern, vertikaler und horizontaler Kommunikation sowie gemeinsamen und divergierenden Interessen bewegt.

In Anbetracht der hohen Fragmentiertheit des Arbeitstages von Managern (viele Unterbrechungen, sehr häufiger Aktivitätswechsel) und auch mit Blick auf die häufig schlecht strukturierten Aufgabenstellungen kommt den *Selbstmanagement- bzw. Selbststeuerungsfähigkeiten* große Bedeutung zu (vgl. z.B. Manz, 1986; Manz/Sims, 1989; Manz/Neck, 1991). Eine wichtige Orientierungsfunktion im Manageralltag erfüllen hierbei die *Alltagstheorien von Managern* über erfolgreiches Management (vgl. exemplarisch Staehle/Sydow, 1992). Sie helfen, die umgebende Wirklichkeit zu deuten und beinhalten erfahrungsbegründete Beschreibungen und Erklärungen des Mana-

Tab. 1: Zwei Bilder des Arbeitsverhaltens von Managern
Quelle: In Anlehnung an Stewart, 1983, S. 96

Von funktionalen Studien beeinflußtes Bild des Arbeitsverhaltens von Managern	Von aktivitätsnahen Studien beeinflußtes Bild des Arbeitsverhaltens von Managern
geordnet	fragmentiert, abwechslungsreich und kurz
geplant	tendenziell reaktiv, ad hoc, unüberschaubar
Zusammenarbeit mit Vorgesetzten und Untergebenen	Bedeutung lateraler und externer Kontakte
feste Kontakte, formelle Informationswege	Entwicklung und Pflege reziproker Beziehungen, informelle Wege
Gebrauch offzieller Informationen	Gebrauch informeller, spekulativer Informationen
nicht-politisch	politisch
tendenziell konfliktfrei	konfliktbeladen

gens. *Flexibilität* im alltäglichen Handeln setzt aus dieser Sicht ein adäquates Maß an kognitiver und mentaler Flexibilität voraus. Je dynamischer und komplexer die relevante Umwelt einer Unternehmung bzw. einzelner Abteilungen ist, desto höher dürften diese kognitiven Anforderungen an Manager sein. Verschiedene Untersuchungen deuten darauf hin, daß effiziente Manager über ausdifferenziertere Alltagstheorien und ein höheres Maß an kognitiver Flexibilität verfügen als wenig effiziente Manager: Kognitive Erstarrung fördert langfristig auch eine Erstarrung der unabdingbaren Unternehmensdynamik (vgl. z.B. Hall, 1984; Nystrom/Starbuck, 1984; Manz/Neck, 1991; Schirmer, 1991b).

Auch wenn die bislang angeführten funktions- und verhaltensbezogenen Anforderungen *in ihrer Art* für alle Manager verschiedener Positionen gelten, muß von positionsbezogenen Unterschieden *im Ausmaß* der jeweiligen Anforderungen ausgegangen werden. Die Befundlage der Managementforschung spricht jedoch dafür, daß es generalisierbare, positionsbezogene Anforderungsprofile für Manager verschiedener Funktionsbereiche, Geschäftsbereiche oder Hierarchieebenen nicht gibt. Dafür läßt der Arbeitsalltag von Managern, vor allem auf oberen Ebenen und/oder in Positionen mit nicht eindeutig definierbarem Output (Marketing oder Personalwesen, auch Leiter von Geschäftsbereichen z.B.) zu große inhaltliche und prozessuale Spielräume im Arbeitsvollzug (vgl. vor allem Stewart, 1982). Einige Tendenzaussagen sind jedoch möglich.

Sehr häufig zitiert wird in diesem Zusammenhang die Arbeit von Katz (1974), der eine Differenzierung erforderlicher sozialer, technischer und analytischer Fähigkeiten für erfolgreiches Managen nach drei Hierarchieebenen (oberes, mittleres und unteres Management) vornimmt. Soziale Fähigkeiten, wie Führung, Konflikthandhabung, Motivation, sind demzufolge auf allen Ebenen gleich bedeutsam. Analytische Fähigkeiten, wie abstraktes Denken, ressortübergreifendes Denken, Denken in strategischen Dimensionen, sind auf oberen Ebenen von größter, auf unteren Ebenen von geringster Bedeutung. Umgekehrt verhält es sich mit den technischen Fähigkeiten, die auf unteren Ebenen am bedeutsamsten, auf oberen Ebenen am wenigsten bedeutsam sind. Zu den "technischen Fähigkeiten" wird die Beherrschung von Methoden zur Lösung von Fach- und Sachaufgaben gerechnet, wie z.b. Techniken des Rechnungswesens, EDV-Techniken, Techniken des Projektmanagements.

Hinter dieser Anforderungsdifferenzierung verbirgt sich die auch empirisch zu stützende Annahme, daß mit steigender hierarchischer Ebene der Trend zum Generalistentum zunimmt (vgl. z.B. Mahoney et al., 1965; Penfield, 1974; Stewart, 1982; Lorsch, 1987). In der Literatur wird allgemein davon ausgegangen, daß das Topmanagement die unternehmungspolitischen Ziele und Grundsätze formuliert (vgl. Gutenberg, 1962), die vom mittleren Management in konkrete Vorgaben, Regeln und Programme zu transformieren sind. Das untere Management (Gruppenleiter z.B.) hat in der Regel den vergleichsweise höchsten Anteil an Fachaufgaben (vgl. zusammenfassend Staehle, 1990, S. 82 ff.). Diese Aufgabendifferenzierung schlägt sich in der geschilderten Weise in der Verteilung der Anforderungen an soziale, technische und analytische Fähigkeiten nieder. Ungeachtet dessen setzt die Ausübung einzelner Managementfunktionen Mindestfähigkeiten in allen drei Dimensionen voraus (siehe dazu Abb. 1).

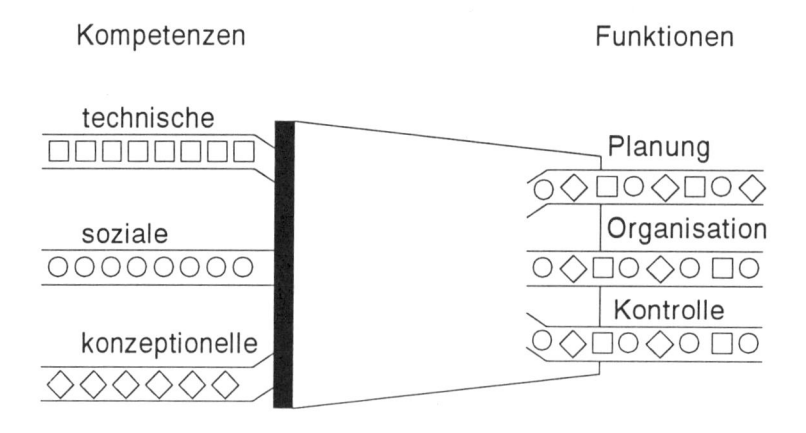

Abb. 1: Managementkompetenzen als Grundlage der Ausübung von Managmenentfunktionen
Quelle: Steinmann/Schreyögg, 1991, S. 20

Vor allem Stewart (1976, 1982) macht darauf aufmerksam, daß es auf *gleicher* hierarchischer Ebene in und zwischen Firmen sehr *verschiedene Positionstypen* geben kann. Entsprechend unterschiedlich können dann die Anforderungsbündel an Manager gleicher Ebenen sein. Anforderungsrelevante Differenzierungen in den Positionstypen sind z.B. die Art und Vielzahl der Kontakte (intern, extern, vertikal, lateral), die Voraussehbarkeit des Arbeitsablaufes und der Arbeitsergebnisse (hoch, niedrig) oder das Ausmaß der aufgabeninhaltlichen und prozessualen Handlungsspielräume. Beispielsweise schätzt Stewart die Anforderungen an *analytische* und *soziale* Fähigkeiten mittlerer Manager einer Marketingabteilung – in der Tourismusbranche im übrigen ein bevorzugtes Tätigkeitsfeld für Mitarbeiter mit akademischem Abschluß – im Vergleich zu gleichrangigen Managern des Rechnungswesens höher ein. Die größeren Unbestimmtheiten im Arbeitsablauf und -ergebnis und die in der Regel höhere Zahl der Kontakte sind hierbei maßgebliche Einflußgrößen (vgl. exemplarisch Stewart, 1976, S. 43 ff., S. 97 ff.). Wiederum mit Blick auf die analytischen Fähigkeiten kommt Stewart (1982, S. 79 ff.) nach vergleichender Auswertung von 98 Managementpositionen zu dem Schluß, daß die einschlägigen Anforderungen mit zunehmenden inhaltlichen *Handlungsspielräumen* an Bedeutung gewinnen. *Strategisch ausgerichtetes, ressortübergreifendes Denken und Handeln* werden dann zu entscheidenden Anforderungsdimensionen.

6.3 Anforderungen an Führungskräfte im Tourismus-Management

Die bislang gezielt allgemein gehaltenen Überlegungen zu den Anforderungen an Führungskräfte haben den begrifflichen Rahmen bereitet, um im folgenden auf spezielle Anforderungen an Führungskräfte der Tourismusbranche einzugehen. Als empirische Basis dient eine 1991 abgeschlossene Evaluationsstudie über den Studiengang "Tourismus" des Instituts für Tourismus der Freien Universität Berlin (zitiert als Studie Tourismus-Management). Diese Studie wurde u.a. mit dem Ziel erstellt, "... ein möglichst genaues Anforderungsprofil der Tourismusbranche an Mitarbeiter für qualifizierte Tätigkeiten zu erarbeiten" (Studie Tourismus-Management, S. 23). Hierzu wurden standardisierte Fragebögen an Unternehmen und Institutionen der Tourismusbranche verschickt. Die Datenbasis bilden 116 auswertbare Fragebögen, davon 37 von Reiseveranstaltern, 48 von Kurverwaltungen, Verkehrsämtern und nationalen Verkehrsbüros sowie 31 von Fremdenverkehrsverbänden. Die Fragebögen wurden fast ausschließlich von den jeweiligen Geschäftsführern der befragten Unternehmungen beantwortet.

Von besonderem Interesse war das Anforderungsprofil für Mitarbeiter mit universitärem Abschluß. Knapp zwei Drittel der bereits beschäftigten Mitarbeiter mit akademischem Abschluß arbeiten in unteren und mittleren Managementpositionen, bei Reiseveranstaltern etwa ein Viertel auch in qualifizierten Sachbearbeiterpositionen (typische Einstiegsposition), bei Kurverwaltungen/Verkehrsämtern und Fremdenverkehrsverbänden etwa ein Viertel in Geschäftsleiterpositionen (vgl. Studie Tourismus-Management, S. 26). Insofern sind die Aussagen der Befragten primär als deren Einschätzung über Anforderungen an Führungs- und Führungsnachwuchskräfte im unteren und mittleren Managementbereich der jeweiligen Unternehmung zu deuten.

Im einzelnen lassen sich aus den Befragungsergebnissen Anforderungen an die fachlichen, konzeptionellen und sozialen Fähigkeiten von Führungskräften herauskristallisieren, wobei wiederum zwischen Reiseveranstaltern, Kurverwaltungen/Verkehrsämtern und Fremdenverkehrsverbänden zu differenzieren ist. Die weiteren Ausführungen werden in erster Linie den nicht-fachlichen managementbezogenen Anforderungen gewidmet. Dabei gilt es allerdings zu bedenken, daß sich die Aufgabenbündel unterer und mittlerer Managementebenen im Vergleich zu Aufgaben des oberen Managements in der Regel durch einen stärkeren fachlichen Bezug auszeichnen. Dies äußert sich auch darin, daß durchschnittlich 45,7% der befragten Unternehmen fachliche und nicht-fachliche Qualifikationen als gleich bedeutsam für die Ausübung der in Frage stehenden Positionen einschätzen. Bei Reiseveranstaltern sind dies mit 56,8% überdurchschnittlich viel, während bei Fremdenverkehrsverbänden nur 32,3% eine Gleichverteilung sehen. Hier werden die nicht-fachlichen Qualifikationen von 51,6% der Befragten als höhergewichtig eingestuft (vgl. Studie Tourismus-Management, S. 44).

Soziale Kompetenzen

Mit Blick auf die *sozialen Kompetenzen* kommt der interpersonellen, kommunikativen Kompetenz eine herausgehobene Bedeutung zu. Von der Mehrzahl der befragten Tourismusunternehmen (insgesamt 60,2%) wird die Bereitschaft und Fähigkeit zur Teamarbeit und Kooperation als die zentrale verhaltensbezogene Anforderungsdimension erkannt.

Daneben rechnen 38,1% der Unternehmen *Personalführungsqualifikationen* zu den wichtigsten fünf Anforderungsdimensionen. Fähigkeiten zu *effektiver Kommunikation* mit den Mitarbeitern sind wiederum ein herausgehobener Aspekt von Führungsqualifikationen (vgl. den Überblick bei Staehle, 1990, S. 771 ff.). Die Bedeutung von Führungsfähigkeiten wird allerdings von kleinen und großen Unternehmen der Branche sehr verschieden eingeschätzt: Während nur etwa 30% der Kleinunternehmen diese Fähigkeiten für wichtig erachten, liegt der Anteil bei Großunternehmen mit über 80% deutlich höher (vgl. Studie Tourismus-Management, S. 40 ff.).

Insgesamt noch 21,2% rechnen *Verhandlungsgeschick* zu den wichtigsten Anforderungen, die mit einer qualifizierten Tätigkeit in der Tourismusbranche verbunden sind.

Auch ein Blick auf die Tätigkeitsfelder, in denen Führungskräfte mit universitärem Abschluß beschäftigt werden, macht deutlich, daß kommunikative Kompetenzen zu den herausgehobenen Anforderungsdimensionen zu rechnen sind. In Kurverwaltungen, Verkehrsämtern und Fremdenverkehrsverbänden finden wir Akademiker mit Tourismusausbildung vorwiegend in kommunikationsintensiven Positionen der Öffentlichkeitsarbeit, des Marketing und der Geschäftsführung, bei Reiseveranstaltern ist diese Gruppe zu 60% im Vertrieb beschäftigt.

Konzeptionelle Kompetenzen

Konzeptionelle Kompetenz verlangt Denken in Zusammenhängen, Fähigkeiten zum Perspektivenwechsel und nicht zuletzt Organisationsgeschick, d.h. die Fähigkeit, Arbeitsprozesse (auch positions- und abteilungsübergreifend) aufeinander abstimmen zu können. Letzteres wird von den befragten Tourismusunternehmen als zweitwichtigste personbezogene Anforderung (nach Kooperationsfähigkeit) genannt. Daneben werden kognitive Fähigkeiten, wie Kreativität (Rang vier von 19 Tätigkeitsfeldern insgesamt), analytisch-logisches Denken (Rang sechs), ganzheitliches Denken (Rang zehn) und strategisches Denkvermögen (Rang zwölf) zu wichtigen Anforderungsbereichen gerechnet (vgl. Studie Tourismus-Management, S. 40 ff.).

Die hohe Bedeutung, die Kompetenzen wie Teamfähigkeit und Organisationsgeschick beigemessen wird, kann zusammenfassend auch so interpretiert werden, daß den *Selbstmanagementfähigkeiten* unterer und mittlerer Manager in der Tourismusbranche ein hoher Stellenwert beigemessen wird. Selbstmanagement bezeichnet die Fähigkeit von Personen, Arbeitsbedingungen und -verhalten weitgehend unabhängig von externen Vorgaben – unter Einhaltung bestimmter Randbedingungen – zu steuern (vgl. Manz/Sims, 1980; Manz, 1986; Manz/Sims, 1989). Solche Fähigkeiten können vor allem bei komplexen, schlecht strukturierten Aufgaben von Nutzen sein. Zur Entfaltung dieses Potentials bedarf es jedoch auch unterstützender Verhaltensweisen der jeweiligen Vorgesetzten, wozu insbesondere partizipatives, feedback-gebendes Verhalten sowie die Klärung von Aufgaben gehören. Der Einfluß des Vorgesetzten wird also nicht gänzlich überflüssig (vgl. Manz/Sims, 1989, S. 57 ff.). Darüber hinaus muß die Förderung dieser Fähigkeiten in das gesamte Human Resource-Management-System der Unternehmung eingebettet sein (vgl. Conrad, 1991). Dazu gehören beispielsweise darauf abgestimmte Personalentwicklungs- und Trainingsprogramme.

Technische Kompetenzen

Auf die Anforderungen an technische (fachliche) Kompetenzen soll hier nicht detailliert eingegangen werden. Bemerkenswert ist aber, daß in allen Bereichen der Tourismusbranche Kenntnisse der strategischen Unternehmungsführung und ökologische Fachkenntnisse zu den Bereichen gerechnet werden, deren Bedeutung künftig am stärksten zunehmen wird. EDV-Kenntnisse, Englischkenntnisse, Marktkenntnisse sowie allgemeine Kenntnisse in Betriebswirtschaftslehre gehörten heute schon zu den unabdingbaren fachlichen Voraussetzungen, um eine qualifizierte Tätigkeit im Tourismusbereich ausüben zu können.

Auch wenn in der "Studie Tourismus-Management" nicht direkt nach der *relativen Bedeutung einzelner Managementfunktionen* auf unteren und mittleren Ebenen der Führungshierarchie gefragt wurde, legen die geschilderten Befunde bestimmte Interpretationen nahe. In der Managementliteratur wird z.B. häufig davon ausgegangen, daß mit steigender hierarchischer Ebene der Anteil an planerischen Aufgaben zu- und der Anteil an Personalführungsaufgaben abnimmt (vgl. z.B. Mahoney et al., 1965; Katz, 1974; Penfield, 1974; Kraut et al., 1989). Mit Blick auf die verlangten Kompetenzen der Führungs- und Führungsnachwuchskräfte in der Tourismusbranche ist zu vermuten, daß bei Reiseveranstaltern operative Planungs- und Kontrollfunktionen, Organisations- und Führungsfunktionen eine herausgehobene Rolle auf diesen Ebenen spielen, während den Personaleinsatzfunktionen – im weitesten Sinne Human Resource-Management – und der strategischen Anbindung der ausgeübten Managementfunktionen (noch) eine untergeordnete Bedeutung zukommt. Bei Kurverwaltungen, Verkehrsämtern und Fremdenverkehrsverbänden dürfte der Aufgabenzuschnitt auf unteren und mittleren Ebenen des Managements aufgrund der kleineren Unternehmensgrößen ganzheitlicher sein. Es steht daher zu vermuten, daß alle eingangs genannten Managementfunktionen in ihrer operativen als auch strategischen Dimension in diesen Tourismusinstitutionen für Führungskräfte auf mittleren Ebenen von annähernd gleicher Bedeutung für den Aufgabenvollzug sind.

Besonders in großen, bürokratisierten Unternehmungen lag das Potential unterer und mittlerer Manager lange Zeit brach oder wurde als überflüssig eingeschätzt, weil es technisch substituierbar schien. Erst in jüngster Zeit, bei zunehmendem Konkurrenzdruck, Ausdifferenzierung der Märkte und steigenden gesellschaftlichen, z.B. ökologischen Ansprüchen an die Unternehmungen wird dieses Potential von vielen Unternehmungen als wichtige menschliche Ressource für notwendig gewordene Anpassungsprozesse in Unternehmungen (wieder)entdeckt (vgl. Dopson/Stewart, 1990; Schirmer/Staehle, 1990). Die Daten aus der "Studie Tourismus-Management" stützen den Eindruck, daß Führungskräfte auf unteren und mittleren Ebenen in Unternehmungen der Tourismusbranche (auch künftig) als wichtiges Humanpotential für die Bewältigung anstehender Aufgaben angesehen werden. Dafür spricht z.B. auch, daß von den befragten Reiseveranstaltern Kenntnisse über strategische Unternehmungsführung, den EG-Binnenmarkt und ökologisches Fachwissen unter den fachlichen (technischen) Kompetenzen als die Bereiche mit dem höchsten Bedeutungszuwachs eingestuft werden. Sehr ähnlich ist die Einschätzung von Kurverwaltungen, Verkehrsämtern und Fremdenverkehrsbüros. Bei ihnen werden allerdings schon jetzt Kenntnisse in strategischer Unternehmungsführung zu den zehn wichtigsten Fachkenntnissen gezählt.

Wie in anderen Wirtschaftszweigen werden auch an die Führungskräfte im Tourismus-Management in den kommenden Jahren vor allem die Anforderungen an flexibles, teamorientiertes und ressortübergreifendes Handeln wachsen, damit die Unternehmungen insgesamt ein angemessenes Maß an Lernfähigkeit entwickeln können, um den sich abzeichnenden ökonomischen, gesellschaftlichen und ökologischen Herausforderungen gewachsen zu sein (vgl. z.B. Senge, 1990).

Literatur

Bleicher, K. (1990): Zukunftsperspektiven organisatorischer Entwicklung: Von strukturellen zu humanzentrierten Ansätzen. In: Zeitschrift Führung und Organisation, Nr. 3, S. 152–162.
Brockhoff, K. (1987): Anforderungen an das Management der Zukunft. In: Zeitschrift für Betriebswirtschaft, 57. Jg., S. 239–250.
Bronner, R., W. Matiaske, F.A. Stein (1991): Anforderungen an Spitzen-Führungskräfte. In: Zeitschrift für Betriebswirtschaft, 61. Jg., S. 1227–1242.
Conrad, P. (1991): Human Resource Management – eine "lohnende" Entwicklungsperspektive? In: Zeitschrift für Personalforschung, 5. Jg., S. 411–445.
Dopson, S., R. Stewart (1990): What is happening to middle management? In: British Journal of Management, Nr. 1, S. 3–16.
Fayol, H. (1929): Allgemeine und industrielle Verwaltung. München/Berlin (Original: Administration industrielle et générale. Paris 1916).
Gutenberg, E. (1962): Unternehmensführung: Organisation und Entscheidungen. Wiesbaden.
Hales, C.P. (1986): What do managers do? A critical review of the evidence. In: Journal of Management Studies, Nr. 23 (1), S. 89–113.
Hall, R.I. (1984): The natural logic of management policy: It's implications for the survival of an organization. In: Management Science, Nr. 30, S. 905–927.
Katz, R. (1974): Skills of the effective administrator. In: Harvard Business Review, Nr. 52, S. 90–101.
Koontz, H., H. Weihrich (1988): Management. 9. Aufl., New York usw.
Kraut, A., R. Pedigo, D. McKenna, M.D. Dunnette (1989): The role of the manager: what's really important in different management jobs. In: Academy of Management Executive, Nr. 3, S. 286–293.
Lorsch, J.W. (Hrsg.) (1987): Handbook of organizational behavior. Englewood Cliffs.
Mahoney, T.A., T.H. Jerdee, St. Carroll (1965): The job(s) of management. In: Industrial Relations, Nr. 4, S. 97–110.
Manz, Ch. (1986): Self-leadership: Toward an expanded theory of self-influence processes in organizations. In: Academy of Management Review, 11. Jg., S. 585–600.
Manz, Ch., Ch. Neck (1991): Inner leadership: creating productive thought pattern. In: Academy of Management Executive, 5. Jg., S. 87–95.
Manz, Ch., H.P. Sims (1980): Self-management as a substitute for leadership: A social learning theory perspective. In: Academy of Management Review, 5. Jg., S. 361–367.
Manz, Ch., H.P. Sims (1989): Superleadership. New York usw.
Miner, J.B. (1978): The management process: Theory, research and practice. 2. Aufl., New Ypork/London.
Miner, J.B. (1982): Theories of organizational structure and process. Chicago usw.
Nystrom, P.C., W.H. Starbuck (1984): To avoid organizational crisis, unlearn. In: Organizational Dynamics, S. 53–65.
o.V. (1991): Evaluierung des Ergänzungsstudiums "Tourismus mit den Schwerpunkten Management und regionale Fremdenverkehrsplanung" (zitiert als "Studie Tourismus-Management"). Institut für Tourismus, Freie Universität Berlin.
Penfield, R.V. (1974): Time allocation patterns and effectiveness of managers. In: Personnel Psychology, Nr. 27, S. 245–255.
Ramme, I. (1990): Die Arbeit von Führungskräften. Köln.
Schirmer, F. (1991a): Aktivitäten von Managern: Ein kritischer Review über 40 Jahre "Work Activity"-Forschung. In: W.H. Staehle, J. Sydow (Hrsg.): Managementforschung 1. Berlin/New York, S. 205–253.
Schirmer, F. (1991b): Arbeitsverhalten von Managern. Diss., Freie Universität Berlin.
Schirmer, F., W.H. Staehle (1990): Untere und mittlere Manager als Adressaten und Akteure des Human Resource Management (HRM). In: Die Betriebswirtschaft, Nr. 50, S. 707–720.
Senge, P. (1990): The fifth discipline: The art and practice of the learning organization. New York.
Staehle, W.H. (1989): Funktionen des Managements. 2. Aufl., Bern/Stuttgart.

Staehle, W.H. (1990): Management. 5. Aufl., München.
Staehle, W.H., J. Sydow (1992): Managementphilosophie. In: E. Frese (Hrsg.): Handwörterbuch der Organisation. 3. Aufl., Stuttgart.
Starbuck, W.H. (1982): Congealing oil: Inventing ideologies to justify acting ideologies out. In: Journal of Mangement Studies, Nr. 19, S. 3–27.
Steinmann, H., G. Schreyögg (1991): Management – Grundlagen der Unternehmensführung. 2. Aufl., Wiesbaden.
Stewart, R. (1976): Contrasts in management. London.
Stewart, R. (1982): Choices for the manager – A guide to managerial work and behavior. London usw.
Stewart, R. (1983): Managerial behavior: How research has changed the traditional picture. In: M. Earl (Hrsg.): Perspectives on management – A multidisciplinary analysis. Oxford.
Thurley, K., R. Peccei (1991): Study on the changing functions of lower and middle management. Research report. European foundation for the improvement of living and working conditions. Dublin.

7. Rechtliche Rahmenbedingungen

Rochus P. Strangfeld

7.1 Einführung

Der vom Gesetzgeber nicht verwendete Begriff "Reiserecht" wird mit unterschiedlicher Bedeutung benutzt.

Zum einen versteht man unter "Reiserecht" den Oberbegriff für alle Rechtsverhältnisse, die "Reisen" im weitesten Sinne betreffen. Es sind drei große Rechtsbereiche, die das Reiserecht als Oberbegriff umfaßt, nämlich
- das Recht des Reisenden, und zwar sowohl des Individualreisenden als auch des Pauschalreisenden,
- das Recht des Reisevermittlers (Reisebüro) und des Reiseveranstalters sowie
- das Recht der Leistungsträger (Hotel, Bus, Eisenbahn, Schiffahrt, Luftfahrt).

Zum anderen wird der Begriff "Reiserecht" für denjenigen touristischen Bereich verwendet, den der Gesetzgeber mit dem Reisevertragsgesetz vom 4.5.1979 geregelt hat, nämlich das Recht der Pauschalreise.

In den nachfolgenden Ausführungen wird im wesentlichen nur der privatrechtliche Bereich des Reiserechts dargestellt, während der öffentlich-rechtliche und der versicherungsrechtliche Bereich ausgeklammert bleiben (vgl. dazu Führich, 1990; van Bühren/Spielbrink, 1982; Nies, 1985).

7.2 Das Recht der Pauschalreise

7.2.1 Entwicklung des Pauschalreise-Rechts

Das Wachsen des Pauschaltourismus insbesondere nach dem 2. Weltkrieg brachte rechtliche Probleme. Blumige Ausschreibungen in den Katalogen der Veranstalter weckten bei dem ungeübten, unerfahrenen Reisenden oft Vorstellungen, die sich an Ort und Stelle nicht verwirklichten. Die Erfüllung mancher vertraglicher Zusagen scheiterte auch daran, daß es die ausländischen Vertragspartner der deutschen Reiseveranstalter mit der Einhaltung der Verträge nicht sonderlich genau nahmen. Es kam zu Reklamationen.

Die Reiseveranstalter lehnten zunächst ihre Haftung ab. Sie beriefen sich auf die sog. "Vermittler-Klausel", die in den "Allgemeinen Reisebedingungen" des Deutschen Reisebüroverbandes wie folgt formuliert war:

"Das Reisebüro ist, auch wenn es als Reiseveranstalter auftritt, nur Vermittler der bei der Durchführung der Reise in Anspruch genommenen Personen (Beförderungsunternehmen ... usw.)."

Diese Vermittlereigenschaft hätte bedeutet, daß der Reisevertrag nicht zwischen dem Reisenden und dem Reiseveranstalter zustandekommen, sondern daß der Reisende – vermittelt durch den Reiseveranstalter – Verträge mit den jeweiligen Leistungsträgern (Beförderungsunternehmen, Hotel) unmittelbar abgeschlossen hätte, mit der Folge, daß der Reisende sich wegen etwaiger Beanstandungen und Gewährleistungsansprüche an den ausländischen Vertragspartner hätte wenden müssen. Die Klage wäre im Ausland unter Anwendung des ausländischen Rechts zu erheben gewesen.

Die Rechtsprechung folgte dieser Auffassung über die bloße Vermittlerrolle des Reiseveranstalters nicht. Sie sah die Pauschalreise vielmehr als eine Einheit der vom Reiseveranstalter aufeinander abgestimmten und gebündelten Einzelleistungen an. Danach war alleiniger Vertragspartner des Reisenden der Reiseveranstalter, der die vereinbarte Pauschalreise vertragsgerecht und mängelfrei zu erbringen hatte. Der Bundesgerichtshof erklärte – nach vorausgegangenen Entscheidungen untergeordneter Gerichte – durch sein Urteil vom 18.10.1973 die Vermittlerklausel bei Pauschalreiseverträgen für unwirksam (BGH NJW 1974/37).

Die Rechtsprechung entwickelte in der Folgezeit auf der Grundlage des Werkvertragsrechts des BGB die wesentlichen Elemente des Pauschalreiserechts, die auch heute noch gelten, wobei als rechtlich weitestgehende Entscheidung das Urteil des Bundesgerichtshofs vom 10.10.1974 (BGH NJW 1975/40) anzusehen ist, mit dem der Bundesgerichtshof dem Reisenden Schadensersatz wegen vertaner Urlaubszeit zusprach. Mit der Zuerkennung des Urlaubs als Vermögenswert wurde die Urlaubszeit als solche kommerzialisiert.

Die Reiseveranstalter paßten ihr Verhalten und die Reisebedingungen schnell der Rechtsprechung an. Auch die Prospekte wurden wirklichkeitsnäher.

Der Deutsche Reisebüro-Verband e.V. (DRV) erarbeitete erstmalig im Jahre 1976 Rahmenbedingungen für Pauschalreisen, die in Verhandlungen mit dem Verbraucherschutzverein formuliert und als Konditionenempfehlung gemäß § 38 Abs. 2 Nr. 3 des Gesetzes gegen Wettbewerbsbeschränkungen (GWB) bei dem Bundeskartellamt angemeldet wurden – nachstehend ARB-DRV genannt. Diese Empfehlungen sind unverbindlich. Sie wurden in der Folgezeit in Anpassung an Gesetzgebung und Rechtsprechung wiederholt geändert. Die jeweils aktuelle Fassung dieser Konditionenempfehlung ist bei dem DRV erhältlich.

Rechtsprechung und die Bemühungen der Reiseveranstalter führten so in kurzer Zeit zu einer weitgehend geklärten und gesicherten Rechtslage, die in relativ ausgewogener Weise die Interessen des Pauschalreisenden und des Reiseveranstalters berücksichtigte.

Bereits im Jahre 1972 begannen gesetzgeberische Bemühungen zur Schaffung eines normierten Reisevertragsrechts. Die ursprüngliche Vorstellung, ein neues Reisevertragsgesetz außerhalb des BGB zu schaffen, ließ sich nicht verwirklichen. Nach mehreren erfolglosen Anläufen – erst der vierte Gesetzesentwurf kam in den Gesetzgebungsgang – wurde das Reisevertragsrecht unter starker Einflußnahme von Bundesrat und Bundestag als Teil des BGB (§§ 651 a bis k BGB) am 4.5.1979 verabschiedet, das am 1.10.1979 in Kraft trat.

Es enthielt im wesentlichen keine Neuerungen, sondern stellte vielmehr im großen und ganzen die Kodifizierung der bis dahin von der Rechtsprechung entwickelten Grundsätze zum Pauschalreiserecht dar.

In der Rechtslehre ist es umstritten, ob der Gesetzgeber mit dem Reisevertragsrecht eine neue, besondere Vertragsart habe schaffen wollen, oder ob das Reisevertragsgesetz nicht vielmehr nur die Ausgestaltung des Werkvertragsrechts für die Besonderheiten der Pauschalreise sei.

Nach überwiegender Meinung wird der vom Gesetzgeber normierte Reisevertrag (richtiger wäre: Pauschalreisevertrag) als Vertragstyp eigener Art angesehen, der sich an das Werkvertragsrecht anlehnt, dessen Bestimmungen ergänzend heranzuziehen sind, soweit die Vorschriften des Reisevertragsgesetzes keine besondere Regelung enthalten.

7.2.2 Abschluß des Reisevertrags

7.2.2.1 Begriff des Reisevertrags im Sinne von § 651 a BGB

a) Definition

§ 651 a BGB definiert den Pauschalreisevertrag dahingehend, daß durch ihn der Reiseveranstalter verpflichtet wird, dem Reisenden eine Gesamtheit von Reiseleistungen (Reise) zu erbringen. Diese gesetzliche Definition ist nach einhelliger Meinung in der Weise zu ergänzen, daß die zusammengefaßten Reiseleistungen zu einem Gesamtpreis (Pauschalpreis) angeboten werden müssen.

b) Gesamtheit von Reiseleistungen

Unter *Gesamtheit von Reiseleistungen* ist zu verstehen, daß mindestens zwei nicht nur unwesentliche touristische Leistungen, die einander gleichgeordnet sind, zusammengefaßt und aufeinander abgestimmt sein müssen, also beispielsweise Beförderung und Übernachtung, Beförderung und Mietwagen, Beförderung und sachverständige Reiseleitung (Studienreise).

Touristische Leistungen mit untergeordneter Bedeutung, die lediglich funktionelle Teile der Hauptleistung sind, führen nicht zur Annahme einer "Gesamtheit von mehreren Reiseleistungen". So stellen beispielsweise Flug mit Bordverpflegung, Flug mit

Transfer, Fähre mit Unterkunft, Beförderung im Schlafwagen keine Gesamtheit von Reiseleistungen im Sinne von § 651 a BGB dar.

c) Gesamtpreis

Der Begriff des *Gesamtpreises (Pauschalpreis)* ist nicht zu verwechseln mit der Summe der Preise für einzelne touristische Leistungen, die gesondert berechnet werden; vielmehr ist es Merkmal des Gesamtpreises, daß dabei der Preis für die jeweiligen Einzelleistungen (Beförderung, Unterkunft) nicht erkennbar, sondern in dem vom Reiseveranstalter kalkulierten Pauschalpreis enthalten ist.

Dem steht nicht entgegen, daß auf der Basis eines Pauschalangebots baukastenmäßig zusammengesetzte Leistungen vereinbart werden, für die Einzelpreise ausgewiesen sind (z.B. Einzelzimmerzuschlag, Unterbringung in einem Zimmer mit Meerblick statt Unterbringung in einem Zimmer auf Landseite, Vollpension statt Halbpension u.ä.).

d) Analoge Anwendung des Reisevertragsrechts auf Einzel-Reiseleistungen ("Ferienwohnung")

Eine Ausnahme zum Erfordernis der Zusammenfassung von wenigstens zwei touristischen Einzelleistungen bilden die vom BGH in seinem Urteil vom 17.1.1985 ("Ferienhaus" BGH NJW 1985/906) entwickelten Grundsätze: Danach ist auch dann, wenn nur *eine* touristische Leistung Gegenstand des Vertrags ist (Vermietung der Ferienhauswohnung an einen Reisenden, der mit eigenem PKW anreist, Reisevertragsrecht nach §§ 651 a ff. BGB analog anzuwenden, wenn das Angebot in Form eines Katalogs oder sonst in der Ausschreibung so gestaltet ist, daß der Eindruck erweckt wird, der Anbieter erbringe die Einzelleistung in eigenem Namen und als eigenverantwortliche Leistung "wie ein Reiseveranstalter".

Mit dieser Entscheidung des BGH wurde die bis dahin überwiegende Rechtsprechung gegenstandslos, die für die Vermietung von Ferienwohnungen als allein geschuldete Leistung nicht Reisevertragsrecht, sondern Mietrecht anwendete (mietrechtliche Vorschriften gelten selbstverständlich auch heute noch, wenn nicht die Kriterien des Veranstalter-Anscheins vorliegen, wie beispielsweise bei Vermietung der eigenen Ferienwohnung).

e) Schein-Leistungsvereinbarung

Eine zunehmend große Anzahl von Reisenden nimmt das Angebot eines Reiseveranstalters nur für einen Flug in Anspruch. Die preisgünstige Pauschalreise wird gebucht, um an den Ferienort zu gelangen, wo der Reisende entweder eine eigene Ferienwohnung besitzt oder sonst anderweitig unterkommt. Diese "Nur-Flieger" nehmen also nur *eine* Leistung des Reiseveranstalters, nämlich den Flug, in Anspruch. Aus tarifrechtlichen Gründen ist es jedoch unzulässig, einen Charterflug ohne eine weitere touristische Leistung zu verkaufen. Es werden deshalb neben dem Flugschein vom Reiseveranstalter "Schein-Vouchers" für eine Unterbringung (Mehrbettzimmer ohne fließend Wasser außerhalb des Ortes, Campingplatz o.ä.) ausgestellt, wobei sich Veranstalter und Reisender darüber einig sind, daß der Reisende die Unterbringung durch den Veranstalter nicht wünscht und der Veranstalter diese Unterbringungsleistung dem Reisenden auch nicht schuldet.

Die Rechtsprechung beurteilt diese "Nur-Flieger-Verträge" unterschiedlich: Das Landgericht München (NJW-RR 1990/316) geht von der formellen Ausgestaltung der Vertragsbeziehungen aus (zwei touristische Leistungen) und nimmt einen Reisevertrag im Sinne von § 651 a BGB an, während das Landgericht Köln (NJW 1979/1415) lediglich einen Beförderungsvertrag nach §§ 631 ff. BGB annimmt und die Qualifizierung als Reisevertrag ablehnt, weil Gegenstand des Vertrags nur *eine* Leistung ist (so auch Isermann, 1991, A.I.1.c und Führich, 1990, Rz. 94).

7.2.2.2 Begriff des Reiseveranstalters

Reiseveranstalter ist, wer einen Reisevertrag im Sinne von § 651 a BGB anbietet und die sich daraus ergebenden Leistungen erbringt.

Das sind nicht nur solche Reiseunternehmen, deren Geschäftszweck die Veranstaltung von Reisen ist. Auch ein Reisebüro kann im Einzelfall als Reiseveranstalter tätig werden. Das geschieht nach der bisherigen Rechtsprechung stets beim Verkauf einer sogenannten IT-Reise. Bei derartigen IT-Reisen gewährt die Fluggesellschaft einen besonders niedrigen Flugpreis, der jedoch tariflich daran gebunden ist, daß zumindest eine weitere touristische Leistung Gegenstand des Vertrages wird und – das ist entscheidend – beide touristische Leistungen zu einem Gesamtpreis zusammengefaßt sind.

Um Reiseveranstalter zu sein, ist hingegen nicht Voraussetzung, daß es sich um eine gewerbliche Tätigkeit handelt und daß ein Gewinnstreben verfolgt wird. So sind also z.B. auch Leser-Reisen eines Zeitungsverlages, Volkshochschulreisen, Reisen eines Kegelvereins u.ä. Pauschalreisen im Sinne von § 651 a BGB, und ihr Veranstalter ist Reiseveranstalter. Oft ist derartigen Organisatoren einer Reise gar nicht bewußt, eine Reiseveranstalter-Tätigkeit auszuüben; sie unterlassen es deshalb meist, Haftungsbeschränkungen zu vereinbaren, so daß sie einem erhöhten Risiko ausgesetzt sind.

7.2.2.3 Zustandekommen des Reisevertrages

Für das Zustandekommen eines Reisevertrages gelten die allgemeinen Bestimmungen des BGB, d.h., ein Vertrag kommt durch Angebot und Annahme zustande.

Als Angebot gilt nicht die Reiseausschreibung im Katalog, Prospekt oder der Zeitungsanzeige. Derartige Ausschreibungen werden rechtlich lediglich als Aufforderung zur Abgabe von Angeboten qualifiziert.

Angebot zum Abschluß des Reisevertrages ist die Reiseanmeldung (Buchung), die dann vom Reiseveranstalter entweder ausdrücklich oder stillschweigend angenommen werden kann. Die ausdrückliche Annahmeerklärung erfolgt durch die Reise- oder Buchungsbestätigung, die stillschweigende durch Aushändigung der Reiseunterlagen, wie es gelegentlich bei sehr kurzfristigen Buchungen geschieht.

Bedient sich der Reisende bei Abschluß eines Reisevertrages der Vermittlung durch ein selbständiges Reisebüro, dann kommt der Reisevertrag mit Zugang der Reisebestätigung bei dem Reisebüro zustande (AG Schöneberg NJW-RR 1992/116).

Das Gesetz schreibt für den Reisevertrag keine Form vor; der Reisevertrag bedarf insbesondere also nicht der Schriftform, sondern ist formlos gültig, kann mithin auch mündlich oder telefonisch vereinbart werden. Gleichwohl ist die Schriftform aus Beweisgründen zu empfehlen.

Die gesetzliche Formfreiheit darf nicht durch allgemeine Reisebedingungen eingeschränkt werden. Es darf in den Reisebedingungen nicht verlangt werden, daß der Reisevertrag nur schriftlich wirksam abgeschlossen werden kann.

Eine derartige Formvorschrift für den Abschluß des Vertrages war in den meisten Reisebedingungen nicht vereinbart, jedoch war vorgesehen, daß Abweichungen von den in der Reiseausschreibung angebotenen Leistungen der schriftlichen Bestätigung durch den Reiseveranstalter bedürfen. Diese Einführung der Schriftform für einen Teilbereich des Reisevertrages ist von der Rechtsprechung als unzulässig angesehen worden, weil ein Verstoß gegen § 651 k BGB vorliege. Diese Vorschrift besagt, daß von den Bestimmungen der §§ 651 a bis 651 j BGB nicht zum Nachteil des Reisenden abgewichen werden darf. Das Erfordernis der Schriftform ist von der Rechtsprechung als eine zum Nachteil des Reisenden wirkende Abweichung von der gesetzlichen Regelung angesehen worden.

Stimmt die Reisebestätigung mit dem Inhalt der Reiseanmeldung nicht überein, so ist darin die Ablehnung der Reiseanmeldung verbunden mit dem Angebot auf Abschluß des geänderten Vertrages zu sehen (§ 150 Abs. 2 BGB), das wiederum der Annahme durch den Reisenden bedarf. Diese Annahme kann durch konkludentes Handeln erklärt werden, z.B. durch Entgegennahme der Reiseunterlagen oder Zahlung des Reisepreises.

7.2.2.4 Vertragsparteien

Der Reisevertrag kommt zwischen dem Reiseveranstalter und dem buchenden Reisenden als Vertragspartner zustande.

Erfolgt die Buchung zugleich für mehrere Reisende, sind die Vertragsbeziehungen nach den im Einzelfall gegebenen Umständen zu beurteilen. Erklärt der Buchende, in Vertretung der Dritten zu handeln, dann werden die Verträge zwischen den dritten Reisenden unmittelbar mit dem Reiseveranstalter abgeschlossen. Handelt der Buchende nur im eigenen Namen, so sind die mitangemeldeten Reisenden lediglich Mitreisende; es liegt dann ein Vertrag zugunsten Dritter vor.

Erklärt sich der Buchende bei der Reiseanmeldung nicht ausdrücklich, ist auf die Umstände des Einzelfalls abzustellen. Bei einer Buchung für Familienangehörige ist im Zweifel anzunehmen, daß nur der Buchende Vertragspartner des Reiseveranstalters sein will, seine Angehörigen hingegen Mitreisende sein sollen. Andererseits ist im Zweifel ein Handeln als Vertreter der Dritten anzunehmen, wenn es sich bei den mitangemeldeten Reiseteilnehmern nicht um Familienangehörige handelt (vgl. Isermann, 1991, A.I.2.a).

Die Stellung der mitangemeldeten Dritten ist in der Praxis von rechtlicher Bedeutung: Ist der Buchende alleiniger Vertragspartner, so kann er in eigenem Namen alle Ansprüche aus dem Vertrag auch für die Mitreisenden geltend machen, insbesondere also auch Gewährleistungsansprüche. Seine Reklamation am Urlaubsort, seine Anspruchsanmeldung bei dem Reiseveranstalter nach Beendigung der Reise und seine Klageerhebung wirken auch für den Dritten rechtsgestaltend und fristwahrend. Anderenfalls, also dann, wenn jeder der gebuchten Teilnehmer unmittelbar Vertragspartner des Reiseveranstalters geworden ist, muß jeder Reiseteilnehmer selbst die Ansprüche auf Gewährleistung geltend machen, soweit er sie nicht ausdrücklich einem der Reiseteilnehmer zur Geltendmachung abtritt oder Vollmacht erteilt.

7.2.2.5 Inhalt des Reisevertrages

Der Inhalt des Pauschal-Reisevertrages kann – wie bei jedem Vertrag – individuell ausgehandelt werden. Das geschieht im Bereich der Reiseverträge jedoch verhältnismäßig selten, so beispielsweise nur bei IT-Reisen oder ähnlichen auf den Einzelfall abgestellten Pauschalreisen.

Bei dem Massengeschäft des Pauschaltourismus verbietet sich eine derartige individuelle Vereinbarung des Inhaltes eines jeden Reisevertrages. Das wäre in der Abwicklung praktisch nicht zu bewältigen. Der Reiseveranstalter kann die Reisen nur nach einem festgelegten Schema durchführen und muß wissen, welche Leistungsverpflichtung er aus einem Reisevertrag zu erfüllen hat, ohne dafür im Einzelfall jeden Reisevertrag zu Rate ziehen zu müssen.

Der Inhalt des Reisevertrages bei Pauschalreisen wird daher in der Regel durch die Angaben des Reiseveranstalters in der Reiseausschreibung (Katalog, Prospekt, Zeitungsanzeige) bestimmt, ferner durch die allgemeinen Reisebedingungen des Reiseveranstalters, soweit diese Inhalt des Reisevertrages geworden sind.

Von der Reiseausschreibung abweichende Vereinbarungen sind im Einzelfall zulässig und formlos wirksam, jedoch ist die Schriftform derartiger Sondervereinbarungen zu Beweiszwecken ratsam, darf aber im Hinblick auf § 651 k BGB nicht in den Reisebedingungen vorgeschrieben werden.

Sonderwünsche des Reisenden, die er bei der Buchung äußert, die aber nicht Bedingung für den Abschluß des Reisevertrages sind (z.B. Lage des Zimmers in einem bestimmten Stockwerk des Hotels), werden nicht Inhalt des Reisevertrages, wenn der Reiseveranstalter sie nicht ausdrücklich bestätigt. Das ist jedenfalls dann nicht der Fall, wenn der Reiseveranstalter in der Bestätigung erklärt, die Sonderwünsche an den Leistungsträger weiterzuleiten, jedoch keine Leistungsverpflichtung übernehmen zu wollen.

Die angebotenen Leistungen verstehen sich nach Landesüblichkeit. Die Landesüblichkeit darf jedoch in den Reisebedingungen nicht als Entschuldigung für Schlamperei und mangelhafte Vertragserfüllung vereinbart werden.

Dem Reisenden ist im übrigen ein sorgfältiges Studium der Reiseausschreibung vor Abschluß des Reisevertrages zu empfehlen, um auch den "zwischen den Zeilen" enthaltenen Sinn zu ermitteln. So wird man die Angaben in der Ausdrucksweise der Kataloge in ihrer vollen Bedeutung wie folgt zu verstehen haben:

- "Kurze Transfer-Zeit vom Flughafen zum Hotel", d.h.
  Flughafen ist in der Nähe des Urlaubsziels, so daß mit entsprechendem Fluglärm zu rechnen ist.
- "Aufstrebender Ort" oder "Ort mit zunehmender touristischer Bedeutung", d.h.
  Es ist mit starker Bautätigkeit und noch nicht ausgebildeter Infrastruktur zu rechnen.
- "Zentrum des Tourismus" oder "Ein Ort für junge Menschen voller Lebensfreude", d.h.
  Es handelt sich um einen sehr lebhaften Ort mit viel "Rummel" bis in die späten Nachtstunden.
- "Verkehrsgünstige Lage" oder "zentral gelegen", d.h.
  Das Hotel ist dem vollen Straßen- und Verkehrslärm ausgesetzt.
- "Zimmer zur Meerseite", d.h.
  Damit ist nicht Meerblick gemeint, sondern nur der Gegensatz zur Landseite. Zwischen dem Hotel und dem Meer können also andere Bauten den Blick zum Meer versperren.
- "Naturstrand", d.h.
  Kein gepfleger Strand; die dadurch bedingten üblichen Verschmutzungen, (Abfälle, Anschwemmungen, Ölrückstände) müssen erwartet werden.
- "Zimmer im Landesstil" oder "Zimmer sauber und zweckmäßig", d.h.
  Die Zimmer sind nicht komfortabel, sondern nur mit dem Nötigsten einfach und funktional ausgestattet.
- "Familiäre Atmosphäre" oder "Kinderfreundliches Hotel", d.h.
  Ein lebhaftes Hotel, das nicht für Reisende geeignet ist, die einen ruhigen Aufenthalt suchen.
- "Neu eröffnetes Hotel", d.h.
  Der Reisende kann nicht mit einem bereits funktionierenden Service rechnen; vielfach werden auch noch nicht alle Anlagen des Hotels fertiggestellt sein.

Maßstab für die Grenze der Zulässigkeit von Angaben, die der Auslegung bedürfen, ist der Grundsatz der Prospektwahrheit. Sind die Angaben so verharmlosend oder beschönigend, daß sie mißverständlich sein können, wird die Grenze der zulässigen Formulierung überschritten und der Grundsatz der Prospektwahrheit verletzt.

7.2.2.6 Leistungsbestimmung durch den Reiseveranstalter

Reiseveranstalter vertreiben freie Kapazitäten zum Teil in der Weise, daß Reisen besonders preisgünstig angeboten werden, bei denen nur der Reisetermin, der Zielort oder das Zielgebiet und manchmal auch die Unterkunftsart (Hotel oder Pension, Kategorie) festgelegt sind, im übrigen vereinbart wird, daß der Reiseveranstalter am Urlaubsort die Unterbringung je nach Kapazitätslage bestimmt (sog. "Joker-", "Fortuna-", "Glückstreffer-Reisen" o.ä.).

Damit ist das Leistungsbestimmungsrecht im Sinne von § 315 BGB dem Reiseveranstalter übertragen, das nach billigem Ermessen auszuüben ist.

Die Leistungsverpflichtung des Reiseveranstalters richtet sich dann nur nach den im Vertrag vereinbarten Kriterien, in deren Rahmen der Reiseveranstalter in seiner Auswahl frei ist. Mit der am Zielort getroffenen Wahl konkretisiert der Reiseveranstalter seine Leistungspflicht, die damit als von Anfang an geschuldet gilt. Die Gewährleistungspflicht des Reiseveranstalters beschränkt sich hinsichtlich der Unterbringung in einem derartigen Falle nur auf die Leistung der im Vertrag vereinbarten Art und Kategorie, während alle sonstigen Mängel in bezug auf die Bestimmung der Leistung nicht gerügt werden können.

7.2.2.7 Allgemeine Reisebedingungen

Jeder Reiseveranstalter verwendet allgemeine Reisebedingungen, die sich in der Regel an der Konditionenempfehlung des DRV orientieren. Damit diese Reisebedingungen Inhalt des zwischen dem Reiseveranstalter und dem Reisenden abzuschließenden Reisevertrages werden, müssen sie in wirksamer Weise bei Vertragsabschluß vereinbart werden. Nach § 2 des Gesetzes zur Regelung des Rechts der Allgemeinen Geschäftsbedingungen (AGBG) werden allgemeine Geschäftsbedingungen nur dann Bestandteil eines Vertrages, wenn bei Vertragsabschluß die andere Vertragspartei ausdrücklich oder durch deutlich sichtbaren Aushang am Ort des Vertragsabschlusses auf sie hingewiesen wird und der anderen Vertragspartei die Möglichkeit geboten wird, in zumutbarer Weise von ihrem Inhalt Kenntnis zu nehmen. Die andere Vertragspartei muß mit der Geltung der Geschäftsbedingungen einverstanden sein.

In der Praxis werden die Reisebedingungen bereits dadurch einbezogen, daß sie Teil der Reiseausschreibung sind (Abdruck im Reisekatalog). Darüber hinaus ist in den gängigen Reiseanmeldungsformularen ausdrücklich die Klausel enthalten, daß mit der Buchung die Reisebedingungen des Reiseveranstalters anerkannt werden.

Die Reisbindungen unterliegen der Inhaltskontrolle nach dem AGBG. Unklare Bestimmungen der Reisebedingungen gehen zu Lasten des Reiseveranstalters (§ 5 AGBG). Bei der Prüfung der Wirksamkeit der Klauseln ist die "kundenfeindlichste" Auslegung zugrunde zu legen.

7.2.3 Nachträgliche Änderung des Reisevertrages

7.2.3.1 Änderung durch den Reisenden

a) Umbuchung

Eine Änderung des Reisevertrages nach seinem Abschluß kann nicht einseitig vorgenommen werden. Es bedarf also einer Vereinbarung mit dem Reiseveranstalter, wenn der Reisende nach Vertragsabschluß eine Umbuchung vornehmen will, z.B. Änderung des Reisetermins, Änderung der Unterbringung, Umwandlung von Halbpension in Vollpension o.ä. Der Reisende hat keinen Anspruch auf Durchsetzung solcher nachträglichen Änderungen, jedoch treten in der Praxis keine Schwierigkeiten auf, da der Reiseveranstalter ein eigenes Interesse hat, den Vertrag aufrecht zu erhalten und einen Rücktritt des Reisenden vom Vertrag zu vermeiden.

Der Reiseveranstalter wird in der Regel die Umbuchung von der Erstattung der dadurch verursachten Kosten abhängig machen, die meist in den allgemeinen Reisebedingungen festgelegt sind. Bei einer längerfristigen Umbuchung wird nur eine geringe Bearbeitungsgebühr erhoben.

Eine Umbuchung wurde früher als Rücktritt vom Vertrag mit gleichzeitigem Abschluß eines neuen Vertrages angesehen, mit der Folge, daß entsprechende Stornokosten entstanden sind. Die Rechtsprechung hat diese Handhabung abgelehnt, weil dabei in unzulässiger Weise eine fiktive Erklärung des Kunden unterstellt werde.

b) Ersetzungsbefugnis

§ 651 b Abs. 1 BGB gibt dem Reisenden das Recht, bis zum Reisebeginn zu verlangen, daß an seiner Stelle ein Dritter an der Reise teilnimmt. Der Reiseveranstalter kann der Teilnahme des Dritten widersprechen, wenn dieser den besonderen Reiseerfordernissen nicht genügt oder seiner Teilnahme gesetzliche Vorschriften oder behördliche Anordnungen entgegenstehen.

Der Reiseveranstalter kann gemäß § 651 b Abs. 2 BGB vom Reisenden die Erstattung der durch die Teilnahme des Dritten entstehenden Mehrkosten verlangen. Eine Pauschalierung dieser Kosten ist zwar gesetzlich nicht vorgesehen, wird aber in angemessenen Grenzen als zulässig zu erachten sein ("Bearbeitungsgebühr").

7.2.3.2 Änderungen durch den Reiseveranstalter

a) Leistungsänderungen

Die langfristige Planung des Programms des Reiseveranstalters und der häufig langfristige Abschluß der Reiseverträge bedingen, daß unter Umständen in der Zwischenzeit zwischen Vertragsabschluß und Reisebeginn Veränderungen in den tatsächlichen Um-

ständen auftreten, die eine Änderung (Anpassung) des Reisevertrages erforderlich machen, z.B.
- Änderung von Flugterminen (Abflugzeiten, Änderung der Verkehrstage);
- Änderung der Unterbringung, sei es wegen Ausfalls des Vertragspartners, sei es wegen veränderter Umstände wie z.B. Auftreten von Bauarbeiten;
- Änderung der Reiseroute, insbesondere bei Besichtigungs- und Studienreisen.

Derartige Änderungen vom vereinbarten Inhalt des Reisevertrages kann der Reiseveranstalter einseitig ohne Zustimmung des Reisenden vornehmen, wenn er in den Reisebedingungen einen entsprechenden Vorbehalt vereinbart hat. Auf diese Vorbehaltsklausel für Leistungsänderungen kann sich der Reiseveranstalter jedoch nur dann berufen, wenn die Abweichungen vom vereinbarten Reisevertrag nicht erheblich sind und den Gesamtzuschnitt der gebuchten Reise nicht beeinträchtigen.

Handelt es sich um weitergehende Änderungen, sind diese nur mit Zustimmung der Reisenden möglich. Sind die Abweichungen erheblich und stimmt der Reisende nicht zu, kommt nur ein Rücktritt vom Vertrag in Betracht.

b) Preisänderungen

Durch Änderung der Preise bei den Leistungsträgern, durch Änderung der Währungsparitäten oder durch ähnliche Umstände kann sich der Reiseveranstalter gezwungen sehen, nach Abschluß des Reisevertrages den vereinbarten Reisepreis zu ändern. Das ist grundsätzlich nur dann zulässig, wenn der Reisebeginn später als vier Monate nach Vertragsabschluß liegt und in den Reisebedingungen ein derartiger Preisänderungsvorbehalt vereinbart ist (§ 11 Nr. 1 AGBG). Diese vorbehaltenen Preisänderungen kann der Reiseveranstalter bei Einhaltung der genannten Frist dann einseitig vornehmen, wenn die Umstände, auf denen die Preiserhöhung beruht, erst nach Vertragsabschluß eingetreten sind, nicht vorhersehbar waren und von ihm nicht wider Treu und Glauben herbeigeführt worden sind. Keinesfalls kann die Preisänderungsklausel dazu dienen, wirtschaftliche Fehlkalkulationen des Reiseveranstalters zu Lasten des Reisenden aufzufangen.

Diese Viermonatsfrist gilt für Reiseveranstaltungsverträge absolut. Ausnahmen sind selbst bei staatlich verordneten Währungsab- und -aufwertungen, bei Steuererhöhungen (Mehrwertsteuer: BGH NJW 1980/2133) oder bei krisenbedingten Treibstoffkostenerhöhungen nicht zulässig.

Erhöht sich der Reisepreis in unzumutbarer Weise, so ist der Reisende berechtigt, ohne Zahlung eines Entgelts vom Vertrag zurückzutreten. Nach der Rechtsprechung wird eine Preiserhöhung bis zu 5% des ursprünglich vereinbarten Reisepreises als zumutbar angesehen. Dementsprechend sind die Vereinbarungen in den meisten Reisebedingungen formuliert.

7.2.4 Rücktritt vom Vertrag

7.2.4.1 Rücktritt durch den Reisenden

a) Allgemeine Rücktrittsbestimmungen

Nach § 651 e Abs. 1 BGB ist der Reisende berechtigt, jederzeit vor Reisebeginn vom Vertrag zurückzutreten. Es bedarf hierfür keiner Begründung.

Bei Rücktritt vom Vertrag durch den Reisenden verliert der Reiseveranstalter den Anspruch auf den vereinbarten Reisepreis. Der Reiseveranstalter kann jedoch eine angemessene Entschädigung verlangen, die sogenannten Stornokosten (§ 651 Abs. 2 BGB).

Die Höhe dieser angemessenen Entschädigung bestimmt sich nach dem Reisepreis, unter Abzug des Wertes der vom Reiseveranstalter ersparten Aufwendungen sowie dessen, was er durch anderweitige Verwendung der Reiseleistung erwerben kann.

Die Entschädigung kann nach § 651 i Abs. 3 BGB pauschaliert werden. Eine solche Pauschalierung der Stornokosten ist in den Reisebedingungen aller Reiseveranstalter vereinbart. Die Höhe der pauschalierten Stornokosten richtet sich nach Art der Reise und dem Zeitpunkt der Stornierung. Die Pauschalsätze müssen allgemeinen durchschnittlichen Erfahrungswerten des Reiseveranstalters entsprechen.

Dem Reisenden darf in den Reisebedingungen nicht der Einwand abgeschnitten werden, daß entweder überhaupt keine Aufwendungen entstanden sind (weil z.B. die Reise anderweitig verkauft wurde) oder jedenfalls nicht in der geltend gemachten Höhe.

b) Nichtinanspruchnahme von Leistungen

Tritt der Reisende ohne vorherige Erklärung des Rücktritts vom Vertrag die vertraglich vereinbarte Reise nicht an ("No-show"), so liegt darin an sich eine Nichtinanspruchnahme der vom Reiseveranstalter angebotenen Leistung mit der Folge, daß der Reiseveranstalter den Anspruch auf den Reisepreis behält und sich lediglich ersparte Aufwendungen anrechnen zu lassen braucht. Die herrschende Rechtsprechung sieht jedoch im Nichtantritt der Reise eine Rücktrittserklärung mit der Folge, daß der Reiseveranstalter gemäß § 651 i Abs. 2 BGB seinen Anspruch auf den Reisepreis verliert und stattdessen eine angemessene Entschädigung (Stornokosten) vom Reisenden beanspruchen kann (vgl. hierzu Führich, 1990, Rz. 430).

Nimmt der Reisende nur einzelne Reiseleistungen nicht in Anspruch, kann er von dem Reiseveranstalter grundsätzlich keine Erstattung des Gegenwertes verlangen. Der Reiseveranstalter ist jedoch verpflichtet, eigene ersparte Aufwendungen zu erstatten und sich bei den Leistungsträgern um Erstattung dort ersparter Aufwendungen zu bemühen. Eine entsprechende Regelung ist in der Konditionen-Empfehlung des DRV ausdrücklich aufgenommen (ARB-DRV Nr. 6).

Gegen das Risiko der Zahlung derartiger Stornokosten kann sich der Reisende durch Abschluß einer Reiserücktrittskosten-Versicherung absichern. Auch wenn bei einzelnen Veranstaltern der Abschluß einer solchen Reiserücktrittskosten-Versicherung obligatorisch ist und die Prämie in den Reisepreis einkalkuliert wird, kommt der Versicherungsvertrag des Reisenden nicht mit dem Reiseveranstalter, sondern nur zwischen dem Reisenden und der Versicherung zustande.

Die Reiserücktrittskosten-Versicherung tritt nicht für jeden kostenverursachenden Rücktritt von einem Reisevertrag ein, sondern nur unter bestimmten Voraussetzungen, die im einzelnen in den Allgemeinen Versicherungsbedingungen festgelegt sind.

7.2.4.2 Rücktritt durch den Reiseveranstalter

Der Reiseveranstalter kann ebenso wie der Reisende vor Beginn der Reise jederzeit vom Reisevertrag zurücktreten; er löst jedoch dadurch Schadensersatzansprüche des Reisenden aus. Ein ihn entlastender Vorbehalt in den Reisebedingungen ist nur im eingeschränkten Umfang wirksam zu vereinbaren.

Hat er die Durchführung der Reise von einer Mindestteilnehmerzahl abhängig gemacht – das muß bei der Ausschreibung der betreffenden Reise angegeben sein, die Bestimmung der Mindestteilnehmerzahl in den Reisebedingungen ist nicht wirksam –, so kann er von diesem Recht bei Vorliegen der Voraussetzungen Gebrauch machen. Das darf nicht zur Unzeit geschehen. Man wird die Einhaltung einer Frist von zwei Wochen vor Reisebeginn als angemessenen Mindestzeitraum für die Mitteilung der Rücktrittserklärung anzusehen haben.

In der Konditionen-Empfehlung des DRV ist ein weiterer Vorbehalt für den Rücktritt des Reiseveranstalters als wirksame Vereinbarung in den Reisebedingungen genannt, wenn nämlich die Durchführung der Reise nach Ausschöpfung aller Möglichkeiten für den Reiseveranstalter deshalb nicht zumutbar ist, weil das Buchungsaufkommen für diese Reise so gering ist, daß die dem Reiseveranstalter im Falle der Durchführung der Reise entstehenden Kosten eine Überschreitung der wirtschaftlichen Opfergrenze, bezogen auf diese Reise, bedeuten würde. Ein solches Rücktrittsrecht kann der Reiseveranstalter jedoch nur ausüben, wenn er die dazu führenden Umstände nicht zu vertreten hat (ARB-DRV Nr. 7 c). Kalkulationsfehler reichen für dieses Rücktrittsrecht nicht aus. Die Beweislast für das Vorliegen der Rücktrittsvoraussetzungen trifft den Reiseveranstalter. Die Frist für die Erklärung des Rücktritts ist mit vier Wochen vor Reiseantritt als angemessen anzusehen.

Schließlich kann der Reiseveranstalter ein Rücktrittsrecht ohne Einhaltung einer Frist für den Fall in den Reisebedingungen vereinbaren, daß der Reisende die Durchführung der Reise ungeachtet einer Abmahnung seitens des Reiseveranstalters nachhaltig stört oder wenn er sich in einem solchen Maße vertragswidrig verhält, daß die sofortige Aufhebung des Vertrages gerechtfertigt ist (vgl. ARB-DRV Nr. 7 a).

7.2.5 Rechte und Pflichten der Vertragsparteien aus dem Reisevertrag

Den Rechten der einen Vertragspartei stehen jeweils die Pflichten der anderen Partei gegenüber. Wegen dieses korrespondierenden Verhältnisses von Rechten und Pflichten werden im folgenden nur die jeweiligen Pflichten aus dem Vertrag dargestellt.

7.2.5.1 Pflichten des Reisenden

Der Reisende ist verpflichtet, den vereinbarten Reisepreis zu zahlen.

Nach werkvertragsrechtlichen Grundsätzen wäre die Zahlung erst nach Abnahme des Werkes, also nach Beendigung der Reise, zu leisten. Seit jeher besteht jedoch bei derartigen touristischen Dienstleistungen eine Zahlungs-Vorleistungspflicht des Reisenden, das gilt für einzelne Beförderungsleistungen (Bahnfahrt, Flug) ebenso wie für die Leistungen des Reiseveranstalters.

Die Rechtsgrundlage für die Vorleistungspflicht des Reisenden ist für den Reiseveranstaltungsvertrag in den Reisebedingungen zu finden. Diese Vorleistungspflicht ist in der Rechtsprechung stets anerkannt worden (vgl. BGH NJW 1986/1613), jedoch hat die Rechtsprechung diese Vorleistungspflicht begrenzt und an bestimmte Kriterien gebunden.

Eine Anzahlung auf den Reisepreis darf frühestens bei Abschluß des Reisevertrages, nicht bereits bei der Buchung verlangt werden. Diese Unterscheidung hat allerdings heute keine nennenswerte praktische Bedeutung mehr, weil mit den elektronischen Buchungssystemen die Buchungsbestätigung in der Regel bei der Reiseanmeldung erteilt werden kann.

Die Restzahlung darf erst bei Aushändigung der Reisepapiere verlangt werden, nicht jedoch früher "als kurz vor der Reise", wobei etwa acht bis zehn Tage als "kurz" anzusehen sind (BGH NJW 1987/1931).

Der Reisende ist ensprechend dem allgemeinen Grundsatz des § 254 BGB verpflichtet, den Eintritt eines Schadens möglichst zu verhindern oder Schäden gering zu halten (Schadensminderungspflicht).

Diese Schadensminderungspflicht tritt bereits bei Entgegennahme der Buchungsbestätigung ein: Der Reisende ist verpflichtet zu prüfen, ob die Buchungsbestätigung mit seiner Reiseanmeldung übereinstimmt. Er ist ferner verpflichtet, die ihm ausgehändigten Reisepapiere auf Richtigkeit und Vollständigkeit zu überprüfen. Schließlich trifft ihn die Schadensminderungspflicht, wenn während der Reise Mängel auftreten. Er ist beispielsweise aus dem Gesichtspunkt der Schadensminderungspflicht grundsätzlich verpflichtet, einem Umzug innerhalb des Hotels oder in ein anderes gleichwertiges Hotel zuzustimmen, wenn ein Mangel auf andere Weise nicht beseitigt werden kann.

7.2.5.2 Pflichten des Reiseveranstalters

a) Vorbereitungs- und Organisationspflicht

Der Reiseveranstalter ist zur gewissenhaften Vorbereitung der Reise im Rahmen der Sorgfaltspflicht eines ordentlichen Kaufmanns verpflichtet (vgl. ARB-DRV Nr. 9, 1). Er hat für die ausgeschriebene Reise termingerechte vertragliche Vereinbarungen mit den jeweiligen Leistungsträgern (Busunternehmen, Fluggesellschaft, Transfer- und Reiseleitungsagentur, Hotel usw.) zu treffen und diese Leistungen aufeinander abzustimmen.

b) Auswahl und Überwachung der Leistungsträger

Der Reiseveranstalter hat die Leistungsträger, die er mit der Erbringung der einzelnen Leistungen beauftragt, sorgfältig auszusuchen und dabei Geeignetheit und Zuverlässigkeit zu prüfen. Er hat kontinuierlich die Leistungsträger auf ihre Zuverlässigkeit und ihr zur Vertragserfüllung erforderliches Leistungsvermögen zu überwachen.

Die Auswahl- und Überwachungspflicht bezieht sich insbesondere auch auf die Verkehrssicherungspflicht. Beförderungsmittel, Unterkünfte sowie die Einrichtungen der Unterkünfte (z.B. Treppen, Schwimmbad, Sportplatz, Kinderspielplatz) müssen verkehrssicher sein (vgl. BGH NJW 1988/1380 "Balkon-Rüttel-Urteil"). Die Rechtsprechung des BGH zur Frage der Überprüfung der Verkehrssicherheit ist jedoch restriktiv auszulegen, denn man kann den Reiseveranstalter ernstlich nicht für verpflichtet halten, alle Verkehrsmittel und Hotels laufend auf ihre Verkehrssicherheit zu überprüfen, möglicherweise sogar unter Zugrundelegung der deutschen TÜV-Bestimmungen. Es wird vielmehr genügen müssen, daß die betreffenden Einrichtungen den Sicherheitsnormen des jeweiligen Landes entsprechen und offenkundig keine Mängel aufweisen, die ihre Verkehrssicherheit in Frage stellen.

c) Informationspflicht

Der Reiseveranstalter ist verpflichtet, dem Reisenden die für die Reise wesentlichen Informationen zu geben. Dazu gehört in erster Linie die sorgfältige und wahrheitsgetreue Beschreibung der Leistung ("Prospektwahrheit"). Der Umfang der Leistungsbeschreibung ist weder vom Gesetz noch von der Rechtsprechung vorgeschrieben. Theoretisch würde die bloße Angabe des Hotels und des Preises ohne weitere Beschreibung genügen. Bis auf die Fälle der sog. "Fortuna-Reisen" mit den von der Sache her eingeschränkten Angebotsangaben sorgt jedoch die Konkurrenzsituation dafür, daß in der Leistungsbeschreibung alle für die Entscheidungsfindung des Reisenden erheblichen Merkmale berücksichtigt werden.

Der Reiseveranstalter ist jedoch nicht der "Nachhilfelehrer der Nation", der in seiner Leistungsbeschreibung Völkerkunde- und Geographieunterricht zu erteilen hätte.

Grundkenntnisse über das Reisezielland und die dort anzutreffenden Lebensbedingungen darf der Veranstalter bei dem Reisenden voraussetzen. Der Reiseveranstalter braucht beispielsweise keine Informationen über das Klima oder die sonstigen Lebensbedingungen des Ziellandes zu geben (bringt er sie jedoch aus dem Gesichtspunkt des Kundendienstes, müssen die Angaben zutreffen). Kein Kaufmann, also auch nicht der Reiseveranstalter, ist verpflichtet, seine eigene Leistung "schlecht zu machen". Er ist also nicht verpflichtet, schonungslos alle negativen Aspekte darzustellen, wie man es sonst etwa bei einem Testbericht eines unabhängigen Testinstituts erwarten kann. Der Reiseveranstalter darf ungünstige Gegebenheiten verklausuliert darstellen, soweit diese verklausulierten Formulierungen keine Mißverständnisse erwecken und nicht gegen das Prinzip der Prospektwahrheit verstoßen.

Der Reiseveranstalter ist verpflichtet, den Kunden auch ungefragt Informationen über Einreisebestimmungen (Paß-, Visa-, Devisen- und Gesundheitsbestimmungen) zu geben. Da der deutsche Reiseveranstalter seine Reisen in Deutschland anbietet, genügt er seiner allgemeinen Informationspflicht durch entsprechende Angaben im Katalog über die jeweiligen Einreisebestimmungen für deutsche Staatsangehörige, denn es hieße den Reiseveranstalter zu überfordern, wollte man ihn verpflichten, dem Reisenden in jedem Falle die einschlägigen Vorschriften mitzuteilen. Bei der Vielfalt und Unübersichtlichkeit der Fallgestaltung für Ausländer und Staatenlose ist es für einen Reiseveranstalter nahezu ausgeschlossen, alle in Betracht kommenden Bestimmungen in ihrem aktuellen Stand zu kennen. In solchen Fällen genügt daher der Hinweis auf die Problematik und der Rat an den Kunden, sich bei dem zuständigen Konsulat selbst zu erkundigen (LG Bln. – 55 S 237/89 –, Urteil vom 29.6.1990).

Der Reiseveranstalter darf sich von dieser Informationspflicht und von seiner Haftung für die Richtigkeit der erteilten Auskunft in seinen Reisebedingungen nicht freizeichnen; das wäre ein Verstoß gegen § 9 Abs. 2 Nr. 2 AGBG (BGH NJW 1985/1165). Davon zu unterscheiden ist jedoch die Verantwortung für die Einhaltung dieser Einreisebedingungen, die allein bei dem Reisenden bleibt.

Der Reiseveranstalter ist ferner verpflichtet, Informationen über Besonderheiten einer Reise zu geben, die für den Reisenden und die Durchführung der Reise bedeutsam sind. So hat er z.B. auf besondere gesundheitliche Belastungen bei Wander- oder Abenteuerreisen, auf die Voraussetzung von Schwindelfreiheit bei entsprechend schwierig gestalteten Bergtouren oder auf sonstige Risiken am Urlaubsort, die das allgemeine Lebensrisiko übersteigen, hinzuweisen. Aber auch dabei wird die Grenze zu ziehen sein bei solchen Umständen, von denen der durchschnittliche Reisende Kenntnis über die Medien erlangen kann (z.B. erhöhte Aids-Gefahr in Schwarzafrika, hohe Kriminalität in manchen südamerikanischen Ländern).

Abzulehnen ist hingegen eine Informationspflicht des Reiseveranstalters über zweckmäßige Kleidung oder empfehlenswerte Reiseversicherungen und ähnliche auf die Reise bezogene Umstände. Das gehört zu den Reisevorbereitungen, die in dem alleinigen Verantwortungsbereich des Reisenden liegen.

Der Reiseveranstalter ist verpflichtet, den Reisenden über nach Vertragsabschluß und vor Reisebeginn auftretende besondere Umstände am Urlaubsort zu unterrichten, die für den vertragsgemäßen Ablauf der Reise Bedeutung haben (unerwarteter Beginn von Baumaßnahmen im gebuchten Hotel oder in seiner Nähe, Auftreten einer Ölpest mit anhaltenden Auswirkungen auf die Strandqualität, Naturkatastrophen, nachhaltige Schwierigkeiten bei der Wasserversorgung infolge ungewöhnlicher Trockenheit, innere Unruhen im Urlaubsgebiet und ähnliche Geschehnisse).

d) Pflicht zur vertragsgerechten Leistungserbringung

Der Reiseveranstalter ist verpflichtet, die im Reisevertrag übernommenen Leistungen vertragsgerecht zu erfüllen. Die angebotenen Leistungen sind nach Landesüblichkeit zu erbringen. So ist es in Mittelmeerländern üblich, daß sich der Lebensrhythmus bis in die Nachtstunden verlagert, daß mancherorts die Speisen mit Öl in für Deutsche ungewohnter Weise zubereitet werden u.ä. Derartige landstypische Gegebenheiten muß der Reisende als vereinbarten Leistungsinhalt hinnehmen.

Den Reiseveranstalter trifft darüber hinaus auch eine gewisse Fürsorgepflicht. Er hat dem Reisenden während der Reise die gebotene Unterstützung zu gewähren, sei es in der Erteilung von Auskünften über Gegebenheiten am Ort und im Urlaubsgebiet, sei es durch Hinweise auf Einkaufsmöglichkeiten oder empfehlenswerte Restaurants, sei es im Bedarfsfall durch Hilfe mit Rat und Tat gegenüber Behörden und Polizei oder bei der Beschaffung ärztlicher Versorgung.

7.2.6 Leistungsstörungen

§ 651 c Abs. 1 BGB verpflichtet den Reiseveranstalter, die Reise so zu erbringen, daß sie die zugesicherten Eigenschaften hat und nicht mit Fehlern behaftet ist, die den Wert oder die Tauglichkeit zu dem gewöhnlichen oder nach dem Vertrag vorausgesetzten Nutzen aufheben oder mindern.

Aus dieser Definition ergibt sich, daß nicht jede Abweichung vom Reisevertrag einen Mangel im Sinne von § 651 c Abs. 1 BGB darstellt. Bloße Unannehmlichkeiten, die sich insbesondere auch bei der Massenware "Pauschalreise" nicht vermeiden lassen, sind keine für den Reisevertrag relevanten Abweichungen. Derartige bloße Unannehmlichkeiten sind von der Rechtsprechung beispielsweise in folgenden Fällen gesehen worden:
– Verspätung bis zu vier Stunden bei Flugreisen;
– unprogrammäßige Zwischenlandung mit entsprechender Verlängerung der Reisezeit;
– unfreundlicher Service;
– Dauer der Mahlzeiten bis zu zwei Stunden in einem größeren Hotel;
– geringfügiger Ungezieferbefall des Zimmers in südlichen Ländern;

- Hellhörigkeit des Hotelzimmers;
- mangelhafte Kenntnis des Hotelpersonals der deutschen Sprache, jedenfalls in Hotels, die nicht zur gehobenen Kategorie gehören;
- lauwarm servierte Speisen in südlichen Ländern.

Rechtlich irrelevant sind auch lediglich subjektive und ästhetische Beeinträchtigungen des Reisenden. Landestypische Gegebenheiten sind ebenfalls nicht als Mangel des Reisevertrages im Sinne von § 651 c Abs. 1 BGB zu werten. Rechtlich unerheblich für den Reisevertrag sind auch die Geschehnisse, die dem allgemeinen Lebensrisiko zuzuordnen sind. Dazu zählen beispielsweise die Gefahr des Überfalls oder des Diebstahls, das allgemeine Unfallrisiko im Straßenverkehr, das allgemeine Gesundheitsrisiko und das Wetterrisiko (vgl. Führich, 1990, Rz 214).

Mängel im Sinne von § 651 c Abs. 1 sind hingegen alle erheblichen Abweichungen von den vereinbarten Reiseleistungen, die auf die Qualität des Urlaubs einzuwirken vermögen. Typische Mängel im Sinne von § 651 c BGB des Reisevertrages sind:
- erhebliche, über vier Stunden dauernde Flugverspätungen;
- nicht vertragsgerechte Unterbringung (Hotel/Pension entspricht nicht der gebuchten Kategorie; die Unterbringung muß wegen Überbuchung in einem anderen als dem vereinbarten Hotel erfolgen);
- Lärmbelästigung durch Baumaßnahmen, Verkehr, Discotheken u.ä.;
- Schwierigkeiten bei der Strom- und Wasserversorgung;
- Mängel des Hotels und seiner Einrichtungen (mangelhafte Ausstattung der Zimmereinrichtung, Schmutz und fehlende Reinigung, erheblicher Ungezieferbefall, nicht ausreichende oder eintönige Verpflegung, Ausfall des Aufzugs, verschmutzter Swimmingpool, nicht bespielbarer Tennisplatz, Kinderspielplatz mit nicht verkehrssicherem Spielgerät);
- verschmutzter Hotelstrand, fehlende zugesicherte Sonnenschirme und Liegen;
- bei Studien- und Besichtigungsreisen: Nichteinhaltung des Reiseprogramms und Ausfall von Besichtigungspunkten, unzulängliche Qualifikation des Reiseleiters;
- bei Abenteuer- und Expeditionsreisen erhebliche Änderung der Reiseroute, fehlende Ausrüstungsgegenstände, Fehlen der zugesagten Jagd- oder Besichtigungsmöglichkeiten.

Keinen Mangel des Reisevertrages stellt höhere Gewalt dar. Höhere Gewalt ist ein von außen kommendes, keinen betrieblichen Zusammenhang aufweisendes, unvorhersehbares und auch durch äußerste vernünftigerweise anzuwendende Sorgfalt nicht abwendbares Ereignis (BGHZ 100/185).

Beispiele höherer Gewalt sind Krieg, innere Unruhen (bei deren Voraussehbarkeit wie im Falle Sri Lanka keine höhere Gewalt: OLG Düsseldorf NJW-RR 1990/573), Naturkatastrophen (BGH NJW 1983/33), Reaktorunfälle (BGH NJW 1990/572). Zu differenzieren ist im Falle des Streiks: Höhere Gewalt liegt nicht vor, wenn der Streik außerhalb des Risiko- und Verantwortungsbereichs des Reiseveranstalters stattfindet (z.B. Streik der Fluglotsen oder der Zollbeamten). Bei einem Streik der eigenen Angestellten des Reiseveranstalters oder des Personals seiner Leistungsträger (Fluggesellschaft, Hotel) ist höhere Gewalt zu verneinen (vgl. Führich, 1990, Rz. 457; Isermann, 1991, A.II.3.h).

Die Frage, was im einzelnen als Mangel des Reisevertrages anzusehen ist und seine Abgrenzung zu bloßen Unannehmlichkeiten einerseits und der höheren Gewalt andererseits hat die Rechtsprechung in umfangreicher Kasuistik entschieden, die im einzelnen hier nicht darzustellen ist (vgl. Klatt, o.J.; Eisner, 1987; Führich, 1990, Rz. 273 ff.; Isermann 1991, A.II.3).

7.2.7 Gewährleistungsansprüche

Bei Vorliegen von Mängeln im Sinne von § 651 c Abs. 1 BGB stehen dem Reisenden Gewährleistungsansprüche zu.

7.2.7.1 Abhilfe

Der Reisende kann bei Auftreten von Mängeln vom Reiseveranstalter Abhilfe (Mängelbeseitigung) verlangen. Die Abhilfe darf vom Reiseveranstalter verweigert werden, wenn sie einen unverhältnismäßigen Aufwand erfordert. Das bedeutet jedoch nicht, daß mit der Weigerung die sonstigen Gewährleistungsansprüche des Reisenden berührt würden.

Das Abhilfeverlangen ist an den Reiseveranstalter (Reiseleitung) zu richten, nicht jedoch an den Leistungsträger unmittelbar.

Wenn möglich, wird der Reiseveranstalter den gerügten Mangel unmittelbar beseitigen (z.B. Reparatur der defekten Dusche, Reinigung des Swimmingpools usw.).

Die Abhilfe kann auch dadurch erfolgen, daß der Reiseveranstalter dem Reisenden eine Ersatzunterkunft anbietet, die jedoch zumindest gleichwertig sein muß. Diese Art der Mängelbeseitigung wird stets dann erforderlich und für den Reisenden zumutbar sein, wenn der Mangel selbst nicht beseitigt werden kann, wie es z.B. bei Baumaßnahmen der Fall ist.

Wenn der Reiseveranstalter nicht innerhalb einer vom Reisenden bestimmten angemessenen Frist den Mangel beseitigt, so kann der Reisende selbst Abhilfe schaffen und Ersatz der erforderlichen Aufwendungen verlangen. Einer Fristbestimmung bedarf es nicht, wenn die geforderte Abhilfe von dem Reiseveranstalter verweigert wird oder eine Abhilfe objektiv nicht möglich ist oder wenn die sofortige Abhilfe durch ein besonderes Interesse des Reisenden geboten ist (§ 651 c Abs. 3 BGB). Der Reisende darf aber nicht zu Lasten des Reiseveranstalters unangemessene Aufwendungen tätigen, sondern die Aufwendungen müssen sich in dem erforderlichen Rahmen einer gleichwertigen Ersatzleistung bewegen. Beispiele aus der Rechtsprechung für derartige Selbsthilfe sind:

— Der vertraglich vereinbarte Tennisplatz ist nicht vorhanden oder nicht bespielbar: Der Reisende kann die Kosten für die Miete eines anderen Platzes und etwaige Taxi-Kosten dorthin erstattet verlangen.
— Der Transfer-Bus verpaßt den Abflugtermin; der nächste Charterflug geht erst nach drei Tagen ab: Der Reisende kann einen Linienflug benutzen.

In der Praxis ist derartige Selbsthilfe relativ selten; das hat u.a. seinen Grund darin; daß der Reisende das volle Risiko der Gleichwertigkeit der Leistung und damit der Erstattungsfähigkeit von Aufwendungen trägt. Meist sieht deshalb der Reisende von einer Selbsthilfe ab und beschränkt sich auf Minderungs- und Schadensersatzansprüche.

7.2.7.2 Minderung

Die mit einem objektiven Mangel im Sinne von § 651 c Abs. 1 BGB behaftete Reiseleistung kann zu einer Minderung des Reisepreises führen.

Die Höhe der Minderung bemißt sich aus der Differenz zwischen dem Wert der mangelfreien Leistung und der mangelhaften Leistung. Grundsätzlich ist die Minderung nach dem Wert der mangelhaften Teilleistung zu bemessen, es sei denn, daß der Mangel so erheblich ist, daß er auf die Reiseleistung ingesamt ausstrahlt. Dabei sind ein objektiver Maßstab anzulegen und die zeitliche Dauer der Einwirkung des Mangels zu berücksichtigen. Auch spielt die Art der Leistung eine Rolle: Mängel der Hotel-Unterbringung sind bei einem Ferienaufenthalt in diesem Hotel schwerwiegender als Mängel bei einer Hotel-Unterkunft während einer Studienreise mit häufig wechselnden Übernachtungsorten. Auch ist zu berücksichtigen, ob es sich um eine "Billigreise" oder um eine Luxusreise handelt.

Entscheidend sind immer die Umstände und Gegebenheiten des Einzelfalles. Gegen dieses Gebot verstoßen Versuche, die Höhe der Minderung zu schematisieren, wie es in der sog. "Frankfurter Tabelle zur Reisepreisminderung" (NJW 1985/113) geschehen ist. Außer vom Landgericht Frankfurt wird deshalb in der Rechtsprechung diese Tabelle nicht zur Grundlage der Entscheidungen gemacht, wenngleich sie z.T. Anhaltspunkte für die Einzelfallentscheidung bilden mag (vgl. hierzu Führich, 1990, Rz. 269, 270; Isermann, 1991, A.II.3.b; Müller-Langguth, 1985).

Der Minderungsanspruch ist unabhängig davon, ob der Reiseveranstalter den Mangel schuldhaft herbeigeführt oder sonst in von ihm zu vertretender Weise verursacht hat. Der Minderungsanspruch ist verschuldensunabhängig.

7.2.7.3 Schadensersatz

a) Allgemeine Bestimmungen

Der Reisende kann neben dem Anspruch auf Minderung (nicht etwa nur alternativ) einen Anspruch auf Schadensersatz gegenüber dem Reiseveranstalter wegen eines Mangel des Reisevertrages geltend machen (§ 651 f Abs. 1 BGB).

Anders als der verschuldensunabhängige Minderungsanspruch setzt der Anspruch auf Schadensersatz jedoch voraus, daß der Mangel vom Reiseveranstalter zu vertreten ist, also fahrlässig oder vorsätzlich herbeigeführt worden ist. Vereinzelt ist versucht worden, die verschuldensunabhängige Gefährdungshaftung eines Vermieters (§§ 537, 538 BGB) oder eines Gastwirts (§ 701 BGB) auf den Reiseveranstalter auszudehnen, soweit die einschlägigen Voraussetzungen vorliegen. Das wird zutreffend von der herrschenden Meinung abgelehnt (vgl. Führich, 1990, Rz. 332). Ohnehin ist in der Praxis die Haftung des Reiseveranstalters dadurch ausgeweitet worden, daß der Bundesgerichtshof unter bestimmten Umständen von einer Umkehr der Beweislast zugunsten des Reisenden ausgeht.

Der Reiseveranstalter hat nicht nur für eigenes Verschulden und das seiner Mitarbeiter (§ 278 BGB) einzustehen, sondern muß auch für das Verschulden seiner Leistungsträger (Erfüllungsgehilfen) eintreten, soweit diese in Erfüllung einer vertraglichen Verpflichtung gegenüber dem Reisenden für den Reiseveranstalter tätig werden. Von der Schadensersatzpflicht des § 651 f Abs. 1 BGB sind alle durch die Nichterfüllung des Vertrages entstandenen Schäden einschließlich aller Mangelfolgen und Begleitschäden umfaßt, die in einem ursächlichen Zusammenhang mit dem Reisemangel stehen und die begrifflich über den Minderungsanspruch hinausgehen.

Die sich aus § 651 f Abs. 1 BGB ergebende Schadensersatzpflicht des Reiseveranstalters gilt sowohl für Vermögensschäden (nutzlose Aufwendungen und Mehrkosten infolge des Mangels), Sachschäden (z.B. Verlust von Reisegepäck) und Körperschäden (z.B. Unfall durch Benutzung von Hoteleinrichtungen, die nicht verkehrssicher sind, Gesundheitsschaden wegen verdorbener Speisen).

b) Entschädigung wegen nutzlos aufgewendeter Urlaubszeit

Schon vor Inkrafttreten des Reisevertragsgesetzes hatte der Bundesgerichtshof der Urlaubszeit einen eigenen vermögensrelevanten Wert zuerkannt (BGH NJW 1975/40). Der Wert der Urlaubszeit wurde nach den Aufwendungen bemessen, die für einen zusätzlichen Urlaub als Ersatz für die vertane Urlaubszeit erforderlich waren. Das war in der Regel der Verdienst, den der Reisende in der entsprechenden Zeit erzielte. Diese Auffassung hatte zur Folge, daß die nicht berufstätige Hausfrau, der Student und der Rentner keinen Anspruch auf Entschädigung für nutzlos verbrachte Urlaubszeit hatten.

Der Entschädigungsanspruch nach § 651 f Abs. 2 BGB wird jetzt in Abweichung von der früheren Rechtsprechung nicht als Vermögensschadensanspruch, sondern als ein immaterieller Schadensersatzanspruch beurteilt (BGH NJW 1983/35). Das führt zu Ansprüchen auch für denjenigen Reisenden, der kein eigenes von der Berufstätigkeit abhängiges Einkommen hat.

Nach § 651 f Abs. 2 BGB kann der Reisende neben dem Anspruch auf Minderung oder Schadensersatz zusätzlich auch eine angemessene Entschädigung in Geld wegen nutzlos aufgewendeter Urlaubszeit verlangen, wenn die Reise vereitelt oder erheblich beeinträchtigt war. Es handelt sich um einen verschuldensabhängigen Anspruch, d.h.

der Reiseveranstalter muß die Umstände, durch die eine Reise vereitelt oder erheblich beeinträchtigt worden ist, zu vertreten haben.

Der Begriff der "Vereitelung" der Reise ist eindeutig: Die Reise hat nicht stattgefunden.

Hingegen war es streitig, wann von einer "erheblichen" Beeinträchtigung der Reise auszugehen sei. Aus der Gleichstellung von Vereitelung und erheblicher Beeinträchtigung in § 651 f Abs. 2 BGB ist zu schließen, daß die Beeinträchtigung so schwerwiegend gewesen sein muß, daß der Zweck der Reise nicht erreicht wurde. Nach herrschender Meinung ist das dann der Fall, wenn der aufgetretene Mangel eine Minderung des Reisepreises um mehr als 50% rechtfertigt. Die Beeinträchtigung muß sich auf die gesamte Urlaubszeit beziehen; eine Beeinträchtigung einzelner Tage, auch wenn diese erheblich gewesen sein mag, führt nicht zu einem Anspruch nach § 651 f Abs. 2 BGB.

Ist der Urlaub ganz oder teilweise vereitelt worden und verbringt der Reisende seine davon betroffene Urlaubszeit zu Hause ("Balkon-Urlaub"), so ist dem ein vergleichbarer Erholungsurlaub zuzumessen mit der Folge, daß sich der Entschädigungsanspruch des Reisenden entsprechend mindert (BGH NJW 1983/35; NJW 1983/218; Führich, 1990, Rz. 351).

Die Höhe des Entschädigungsanspruchs richtet sich nach der Höhe des Nettoeinkommens und der Höhe des Reisepreises, denn mit der Preiswahl des gebuchten Urlaubs läßt der Reisende erkennen, welchen Wert sein Urlaub für ihn hat. Ergänzend sind die Schwere der Beeinträchtigung und der Grad des Verschuldens des Reiseveranstalters an dem Mangel zu berücksichtigen (zur Höhe des Anspruchs vgl. Führich, 1990, Rz. 358–361; allerdings hat sich die von Führich vorgeschlagene Berechnungsformel in der Rechtsprechung nicht durchgesetzt).

Trifft den Reisenden an der Verursachung des Schadens ein Mitverschulden, so ist ihm dies gemäß § 254 BGB anzurechnen; es führt zu einer Reduzierung der Höhe seiner Ansprüche gegenüber dem Reiseveranstalter.

c) Mängelrüge am Urlaubsort

In § 651 d Abs. 2 BGB ist für den Minderungsanspruch ausdrücklich bestimmt, daß die Minderung nicht eintritt, wenn es der Reisende schuldhaft unterläßt, den Mangel anzuzeigen. Die Mängelrüge ist auch dann erforderlich, wenn der Reiseveranstalter den Mangel kennt, da er anderenfalls davon ausgehen kann, daß der Reisende den Mangel hinnehmen und wegen dieses Mangels keine Minderungs- oder Schadensersatzansprüche geltend machen wolle.

Nach herrschender Rechtsprechung ist diese Mängelanzeige bei dem Reiseveranstalter auch Voraussetzung für das Entstehen eines Schadensersatzanspruches nach § 651 a Abs. 1 BGB (BGH NJW 1985/132; Führich, 1990, Rz. 327; Isermann, 1991, A.IV.1.b) und eines Entschädigungsanspruches nach § 651 f Abs. 2 BGB (Führich, 1990, Rz. 353).

Die Mängelrüge ist gegenüber dem Reiseveranstalter zu erheben, der am Urlaubsort regelmäßig durch die Reiseleitung vertreten wird; die Mängelrüge gegenüber dem Leistungsträger (z.B. Hotelrezeption) genügt nicht.

Wer im Streitfall das Vorliegen der Mängelrüge am Urlaubsort zu beweisen hat, ist in der Rechtsprechung umstritten. Nach zutreffender Auffassung wird man die Beweislast dem Reisenden auferlegen müssen, da es sich bei der Mängelrüge als Voraussetzung für Minderungs- oder Schadensersatzansprüche um eine Anspruchsvoraussetzung handelt.

Das Unterlassen einer Mängelrüge ist dann vom Reisenden nicht verschuldet, wenn beispielsweise der Reiseleiter und die mit der Reiseleitung betraute Agentur nicht erreichbar waren.

7.2.8 Kündigung des Reisevertrages

7.2.8.1 Kündigung wegen eines Mangel der Reise (§ 651 e BGB)

Ist die Reise infolge eines Mangels im Sinne von § 651 c BGB erheblich beeinträchtigt, so kann der Reisende den Vertrag kündigen. Dasselbe Kündigungrecht gilt, wenn dem Reisenden die Reise infolge eines erheblichen Mangels aus wichtigem, dem Reiseveranstalter erkennbaren Grund nicht zumutbar ist.

Die Kündigungsmöglichkeit ist dem Reisenden, wie der Gesetzestext besagt, nur wegen solcher Mängel eingeräumt, die eine "erhebliche" Beeinträchtigung der Reise bewirken. In Übereinstimmung mit der Rechtsprechung zur Erheblichkeit des Mangels wegen nutzlos aufgewendeter Urlaubszeit ist ein Mangel für die Kündigung auch nur dann relevant, wenn er eine Minderung des Reisepreises von mehr als 50% rechtfertigen würde.

Ferner besteht ein Kündigungsrecht nach § 651 e BGB bei Unzumutbarkeit der Reise für den Reisenden. Es kommt dabei nicht auf eine objektiv erhebliche Beeinträchtigung an, sondern darauf, daß gerade dem betreffenden Reisenden der Antritt oder die Fortsetzung der Reise unzumutbar ist, sofern dieser in der Person des Reisenden liegende Umstand für den Reiseveranstalter erkennbar ist.

Als Beispiel ist der Fall eines Körperbehinderten anzusehen, dessen Gehbehinderung dem Reiseveranstalter bekannt ist und der bei einer Badereise ein Hotel gebucht hat, von dem aus der Strand nur über eine Vielzahl von Stufen zu erreichen ist.

Voraussetzung für die zulässige Kündigung ist, daß der Reisende dem Reiseveranstalter eine angemessene Frist zur Abhilfe gesetzt und dieser die Frist nicht genutzt hat. Einer solchen Fristbestimmung bedarf es dann nicht, wenn die Abhilfe unmöglich ist, wenn sie vom Reiseveranstalter verweigert wird oder wenn die sofortige Kündigung des Vertrages durch ein besonderes Interesse des Reisenden gerechtfertigt wird (§ 651 e Abs. 2 BGB).

Bei Kündigung des Vertrages wegen eines Mangels der Reiseleistung verliert der Reiseveranstalter den Anspruch auf den vereinbarten Reisepreis, kann jedoch für die bereits erbrachten oder zur Beendigung der Reise noch zu erbringenden Reiseleistungen eine angemessene Entschädigung verlangen, jedoch nur insoweit, als diese Leistungen noch im Interesse des Reisenden liegen (§ 651 e Abs. 3 BGB). Der Reiseveranstalter ist ferner verpflichtet, alle notwendigen Maßnahmen zu treffen, um den Reisenden zurückzubefördern, sofern die Rückbeförderung Gegenstand des Vertrages war. Etwaige Mehrkosten fallen dem Reiseveranstalter zur Last (§ 651 e Abs. 4 BGB).

Die in § 651 e Abs. 3 BGB erörterte Begrenzung des Entschädigungsanspruchs des Reiseveranstalters auf solche Aufwendungen, die nach Aufhebung des Vertrages für den Reisenden noch von Interesse sind, bedeutet in der Praxis für den Reiseveranstalter einen weitgehenden Ausschluß dieser Ansprüche, denn in der Mehrzahl der Fälle wird der Reisende an den Leistungen des Reiseveranstalters kein Interesse mehr haben. Dieses Interesse ist allerdings nicht subjektiv, sondern objektiv zu beurteilen.

7.2.8.2 Kündigungrecht wegen höherer Gewalt (§ 651 j BGB)

Die Vorschrift des § 651 j BGB gibt sowohl dem Reiseveranstalter als auch dem Reisenden ein Recht zur Kündigung des Vertrages, wenn die Reise infolge bei Vertragsabschluß nicht vorhersehbarer höherer Gewalt erheblich erschwert, gefährdet oder beeinträchtigt wird.

Die Voraussetzungen des Vorliegens höherer Gewalt ist bereits oben dargelegt worden.

Wird ein Reisevertrag aus Gründen höherer Gewalt gemäß § 651 j BGB gekündigt, so verweist diese Vorschrift für die Abwicklung des Vertrages auf § 651 e Abs. 3 BGB, jedoch ausgenommen die Regelung, daß nur solche Leistungen vom Reisenden zu bezahlen sind, die nach Kündigung des Vertrages für ihn noch von Interesse sind. Bei einem nach § 651 j BGB gekündigten Vertrag verliert der Reiseveranstalter wie in anderen Fällen der Kündigung oder des Rücktritts zwar seinen Anspruch auf den Reisepreis, jedoch kann er anstelle des Reisepreises Entschädigung für die bereits erbrachten Leistungen und die noch zur Abwicklung des Vertrages (Rückbeförderung) entstehenden Aufwendungen beanspruchen.

Soweit die Rückbeförderung Gegenstand des Reisevertrages war, bleibt der Reiseveranstalter auch nach Kündigung des Vertrages zur Rückbeförderung des Reisenden verpflichtet. Anders als im Fall einer Kündigung nach § 651 e BGB wegen eines Mangels des Reisevertrages sind bei einer Kündigung wegen höherer Gewalt die durch die Rückbeförderung entstehenden Kosten je zur Hälfte vom Reiseveranstalter und vom Reisenden zu tragen. Soweit sonstige Mehrkosten (notwendigerweise verlängerter Aufenthalt in einem teuren Hotel) entstehen, muß der Reisende diese übrigen Mehrkosten tragen. Diese Rechtsfolgen treten unabhängig davon ein, wer die Kündigung erklärt.

7.2.8.3 Verhältnis der Kündigungsrechte nach § 651 e BGB zu § 651 j BGB

Das Verhältnis des Kündigungsrechts nach § 651 e BGB zu dem Kündigungsrecht des § 651 j BGB ist in Rechtsprechung und Literatur umstritten.

Der BGH geht davon aus, daß auch in Fällen höherer Gewalt zugleich ein Mangel im Sinne von § 651 e BGB vorliege, der dem Reisenden ein Kündigungsrecht gäbe. Auf dieses Kündigungsrecht nach § 651 e BGB könne sich der Reisende nach Auffassung des BGH auch dann berufen, wenn der Reiseveranstalter zeitlich sogar vorhergehend eine Kündigung wegen höherer Gewalt nach § 651 j BGB erklärt habe (BGH NJW 1983/33 und BGH NJW-RR 1990/1334).

Diese Rechtsprechung des BGH wird in Rechtsprechung und Literatur stark angegriffen. Sie würde bedeuten, daß praktisch die Vorschrift des § 651 j BGB ausgehöhlt wäre, weil sich der Reisende in jedem Fall auf die Kündigungsmöglichkeit des § 651 e BGB berufen könnte und dies wegen der für ihn günstigeren Abwicklungsregelung auch tun würde. Das Landgericht Frankfurt/Main hat in seinem Urteil vom 4.3.1991 (NJW-RR 1991/691) die Rechtsprechung des Bundesgerichtshofs zum Verhältnis von § 651 e BGB zu § 651 j BGB mit überzeugenden Gründen unter Darlegung des Standes der Rechtsprechung und Literatur widerlegt. Der Auffassung des BGH ist aus den von den Kritikern genannten Gesichtspunkten nicht zu folgen.

7.2.9 Geltendmachung von Ansprüchen des Reisenden aus dem Reisevertrag

7.2.9.1 Anspruchsanmeldung

Ansprüche aus dem Reisevertrag (§§ 651 c bis 651 f BGB) sind vom Reisenden innerhalb eines Monats nach der vertraglich vereinbarten Beendigung der Reise bei dem Reiseveranstalter geltend zu machen. Nach Ablauf der Frist kann der Reisende Ansprüche nur noch erheben, wenn er ohne Verschulden an der Einhaltung der Frist verhindert worden ist (§ 651 g Abs. 1 BGB).

Es handelt sich um eine Ausschlußfrist mit der Folge, daß die Rechte des Reisenden mit dem Fristablauf ausgeschlossen werden. Die Ausschlußfrist ist von Amts wegen zu beachten und stellt keine Einrede des Reiseveranstalters dar.

Die Ausschlußfrist umfaßt sämtliche Ansprüche des Reisenden, nicht nur die auf Minderung oder Schadensersatz und Entschädigung wegen vertaner Urlaubsfreude, sondern auch auf Erstattung von Mehrkosten und Rückzahlung des bereits geleisteten Reisepreises bei Kündigung des Vertrages nach §§ 651 e oder 651 j BGB, da es sich hier nicht um Ansprüche aus dem Bereicherungsrecht handelt, sondern um Ansprüche aus der Rückabwicklung des Reisevertrages.

Die Geltendmachung der Ansprüche aus dem Reisevertrag ist eine empfangsbedürftige Willenserklärung, die nach dem Wortlaut der Vorschrift des § 651 g Abs. 1 BGB gegenüber dem Reiseveranstalter abzugeben ist, wobei der Zugang bei einer Niederlassung des Reiseveranstalters genügt.

Streitig ist, ob das die Buchung vermittelnde Reisebüro fristwahrend die Anspruchsanmeldung entgegennehmen kann. Nach wohl überwiegender Meinung wird das für die Reisebüros bejaht, die eine Agentur des Reiseveranstalters sind, während bei "freien" Reisebüros die Empfangsbefugnis verneint wird.

Nach zutreffender Ansicht ist jedoch von dem Wortlaut der Bestimmung auszugehen und zu verlangen, daß die Ansprüche nur bei dem Reiseveranstalter, nicht jedoch bei dem Reisebüro fristwahrend geltend zu machen sind. Für diese Ansicht spricht neben dem Wortlaut der Vorschrift auch ein praktisches Argument: Der Reisende kann nicht erkennen, ob das vermittelnde Reisebüro im Einzelfall Agentur des Reiseveranstalters ist oder ohne Agenturvertrag die Vermittlung vorgenommen hat.

Das Landgericht Frankfurt/Main (NJW 1983/1127) hat es für ausreichend angesehen, wenn der Reisende bei der örtlichen Reiseleitung die Reklamation erhebt und Ansprüche geltend macht. Diese Auffassung wird zutreffend von der überwiegenden Rechtsprechung und Literatur abgelehnt, denn die Mängelrüge am Urlaubsort bei der dortigen Reiseleitung hat den Sinn, dem Reiseveranstalter Möglichkeit zur Abhilfe zu geben und bedeutet nicht zugleich, bereits Minderungs- oder Schadensersatzansprüche erheben zu wollen. Ein solcher Erklärungsinhalt kann bei einer Reklamation gegenüber der örtlichen Reiseleitung nicht unterstellt werden – abgesehen davon, daß in den Reisebedingungen wohl ausnahmslos die Vollmacht des Reiseleiters auf die Entgegennahme von Mängelrügen beschränkt ist und ihm keine weitergehende Befugnis gibt.

Die Geltendmachung der Ansprüche ist formfrei; mündliche Anmeldung der Ansprüche bei dem Reiseveranstalter ist daher wirksam, entgegenstehende Schriftformerfordernisse in den Reisebedingungen des Reiseveranstalters sind wegen § 651 k BGB unwirksam. Gleichwohl ist es dem Reisenden dringend zu empfehlen, aus Beweisgründen die Ansprüche schriftlich geltend zu machen und diese Anmeldung mit Einschreiben-Rückschein zu versenden.

Der Reisende braucht zur wirksamen Geltendmachung seiner Ansprüche nach § 651 g Abs. 1 BGB diese nicht zu beziffern. Sie brauchen auch nicht als Minderung oder Schadensersatz rechtlich qualifiziert zu werden. Es genügt, daß der Reisende zum Ausdruck bringt, daß er von dem Reiseveranstalter Geld zurückerstattet haben möchte. Er muß jedoch in jedem Falle sämtliche Mängel aufführen, derentwegen er seine Ansprüche geltend macht. Der Reiseveranstalter muß aufgrund des Anspruchsschreibens in die Lage versetzt werden, die behaupteten Mängel bei seiner Reiseleitung am Urlaubsort überprüfen zu lassen.

Die Anmeldung muß von dem Vertragspartner des Reiseveranstalters vorgenommen werden. Dritte können fristwahrend Ansprüche nur erheben, wenn ihnen die Ansprüche abgetreten worden sind oder der Reisende Vollmacht erteilt hat.

Eine unverschuldete Fristversäumnis wird nur in den seltensten Fällen vorliegen. Als denkbarer Entschuldigungsgrund kann beispielsweise ein unvorhersehbar langer

Postbeförderungsweg gelten. Falsche Vorstellungen über die Bedeutung der Ausschlußfrist, und seien diese auch durch unrichtigen anwaltlichen Rat hervorgerufen worden, stellen keinen Entschuldigungsgrund dar.

7.2.9.2 Verjährung

Gemäß § 651 g Abs. 2 BGB verjähren Ansprüche des Reisenden aus dem Reisevertrag in sechs Monaten seit dem Zeitpunkt der vertraglich vereinbarten Beendigung der Reise.

Der Ablauf der Verjährungsfrist ist jedoch für den Zeitraum gehemmt, der von dem Anspruchsschreiben bis zur schriftlichen Zurückweisung der Ansprüche durch den Reiseveranstalter währt.

Im übrigen gelten für die Berechnung der Frist und ihren Ablauf die allgemeinen Vorschriften des BGB über Verjährung. Die Verjährung kann demgemäß nur durch gerichtliche Geltendmachung der Ansprüche oder durch Anerkenntnis seitens des Reiseveranstalters unterbrochen werden.

Literatur

van Bühren, H.W., Th. Spielbrink (1982): Reisegepäckversicherung. München.
Eisner, H. (1987): Reiserecht Entscheidungen. 2. Auflage, München.
Führich, E. (1990): Reiserecht. Heidelberg.
Isermann, E. (1991): Reisevertragsrecht. 2. Auflage, München.
Klatt, H. (o.J.): Fremdenverkehrsrechtliche Entscheidungen. Köln/Berlin/Bonn/München.
Müller-Langguth, H. (1985): Stellungnahme zur "Frankfurter Tabelle zur Reisepreisminderung". In: NJW 1985/900.
Nies, I. (1985): Die Reise-Rücktrittskosten-Versicherung. Karlsruhe.

Weitere Literatur

Arndt, G. (1972): Der Reiseveranstaltungsvertrag. Berlin.
Bartl, H. (1981): Reiserecht. 2. Auflage, Bonn.
Bartl, H. (1991): Reise- und Freizeitrecht. 2. Auflage, München.
Eder, G. (1990): Haftung des Busreiseveranstalters. Wiesbaden.
Finger, H.-J. (1990): Eisenbahnverkehrsordnung. Loseblattausgabe, 5. Auflage, München.
Fischer, P. (1990): Haftung des Reiseveranstalters bei Flugbeförderung. Wiesbaden.
Geigel, R. (1990): Der Haftpflichtprozeß. 20. Auflage, München.
Schwenk, W. (1981): Handbuch des Luftverkehrsrechts. Köln/Berlin/Bonn/München.
Tonner, K. (1986): Der Reisevertrag. 2. Auflage, Neuwied/Darmstadt.

Ferner ist auf die Kommentierung zu §§ 651 a ff. BGB in sämtlichen Kommentaren zum BGB zu verweisen.

Teil 2
Methodischer Rahmen des Tourismus-Marketing und der Fremdenverkehrsplanung

I. Instrumentarium der Tourismus- und Fremdenverkehrsforschung

1. Die deutsche Tourismusstatistik

Ulrich Spörel

1.1 Vorbemerkungen

Der Tourismus ist heute zu einem wichtigen gesellschaftlichen und wirtschaftlichen Faktor geworden. Die jährliche Urlaubsreise ist für die überwiegende Zahl der Deutschen schon fast eine Selbstverständlichkeit. Zugenommen hat darüber hinaus auch die Zahl der Zweit- und Drittreisen pro Jahr. Im Rahmen des häufig konstatierten gesellschaftlichen Wertewandels in Richtung auf eine stärkere Freizeitorientierung bekommen Freizeit und Urlaub auch subjektiv für die Bürger eine immer größere Bedeutung.

Mehr und mehr wird in den letzten Jahren vor allem das ökonomische Gewicht des "Wirtschaftsfaktors Tourismus" zur Kenntnis genommen. Zwar ist eine genaue Quantifizierung zur Zeit aufgrund noch ungeklärter methodischer wie auch definitorischer Probleme schwierig, doch weisen die vorliegenden Berechnungen sowohl auf nationaler wie auch auf internationaler Ebene dem Tourismus eine Bedeutung zu, die ihn auf eine Ebene mit den wichtigsten Branchen der Volkswirtschaft stellt.

Mit dem unstrittigen Bedeutungsgewinn des Tourismus hat die statistische Erfassung dieses gesellschaftlichen Bereichs jedoch offensichtlich nicht Schritt gehalten. Dies gilt zum einen auf der internationalen Ebene, wo dieser Mißstand aber erkannt zu sein scheint und bei der Europäischen Gemeinschaft, der OECD und der WTO zu verstärkten Anstrengungen auf diesem Gebiet geführt hat. Dies gilt zum anderen im besonderen Maße für die Bundesrepublik Deutschland, wo die Notwendigkeit zur Weiterentwicklung der Tourismusstatistik in den letzten Jahren zwar immer wieder betont worden ist, von seiten des Gesetzgebers aber stattdessen sogar mit einer Reduzierung des tourismusstatistischen Programms reagiert wurde. Die Bundesrepublik Deutschland droht in der Tat als "Weltmeister im Reisen" zum "statistischen Provinzialismus" herabzusinken (vgl. Beckmann, 1991, S. 106).

Die augenblickliche Situation der Tourismusstatistik läßt sich charakterisieren als eine Phase des Umbruchs. Dies gilt für die momentane Lage in der Bundesrepublik, in der der wachsende Bedarf an tourismusstatistischen Daten zu vielfältigen Diskussionen und Aktivitäten im Hinblick auf eine Erweiterung und Verbesserung der Statistik geführt hat. Dies trifft in noch stärkerem Maße für die internationale Ebene zu, wo bei verschiedenen inter- und supranationalen Organisationen ebenfalls umfangreiche Aktivitäten zur Weiterentwicklung der Tourismusstatistik im Gange sind.

Aus diesem Grund soll in dem folgenden Artikel über die amtliche deutsche Tourismusstatistik nicht nur eine Beschreibung der augenblicklichen Situation quasi als Momentaufnahme gegeben werden. Zumindest soll neben der Beschreibung der noch bestehenden Statistik auch kurz eingegangen werden auf die Zusatzerhebung über Urlaubs- und Erholungsreisen im Rahmen des Mikrozensus, wie sie bis 1990 bestanden hat. Denn zusammen mit der Beherbergungsstatistik, deren Darstellung der Schwerpunkt dieses Artikels ist, zählt sie zu den beiden ursprünglichen Pfeilern im Gebäude der amtlichen Tourismusstatistik. Der Beitrag wird abgerundet mit Hinweisen über die Aktivitäten zur Weiterentwicklung der Tourismusstatistik sowohl bei uns in der Bundesrepublik als auch auf der Ebene internationaler Organisationen. An den Anfang seien aber einige kurze Bemerkungen zum Bedeutungsinhalt des Begriffs "Tourismus" gestellt, um den erst kürzlich wieder eine Diskussion entbrannt ist.

1.2 Zur Definition von Tourismus und Fremdenverkehr

Anlaß für die Diskussion über den Begriff Tourismus war der Vorschlag, den gerade zum Vollausschuß aufgewerteten ehemaligen Unterausschuß des Bundestages für Fremdenverkehr umzubenennen in "Ausschuß für Fremdenverkehr und Tourismus" (vgl. FVW international v. 11.3.1991, S. 4). Wenn dieser Vorschlag einen Sinn machen soll, so setzt er voraus, daß beide Begriffe etwas Unterschiedliches bezeichnen. Dies ist im Sprachgebrauch vieler Praktiker in der deutschen Tourismusbranche auch offensichtlich der Fall. Dennoch ist der Vorschlag – wie ich meine – zu Recht kritisiert worden (vgl. Burchard, 1991, S. 5 f.; Freyer, 1991, S. 6 ff.). Denn mit der hier vorgeschlagenen Unterscheidung würde sich die Bundesrepublik Deutschland von den auf internationaler Ebene gebrauchten Begriffen abkoppeln, und das zu einem Zeitpunkt, wo genau das Gegenteil vonnöten ist. Freyer (1991, S. 7) hat darauf hingewiesen, daß der Begriff "Fremdenverkehr" eine Besonderheit des deutschen Sprachraums ist, der in anderen Sprachen keine direkte Entsprechung hat. Insoweit könnte man argumentieren, daß ein Gebrauch dieses Begriffs noch kein Abgehen von dem international gebräuchlichen Betriffssystem darstellen muß. Problematisch wird es erst dann, wenn die Begriffe "Fremdenverkehr" und "Tourismus" unterschiedlich definiert werden. "Tourismus" scheint, wie Freyer und Burchard übereinstimmend feststellen, von den Befürwortern einer Unterscheidung dieser beiden Begriffe im Sinne von "ausgehendem Tourismus" (Outgoing) gebraucht zu werden. Wenn der Tourismus-Begriff jedoch auf das Outgoing beschränkt wird, so liegt hier eine eklatante Abweichung von dem international – übrigens auch im deutschsprachigen Ausland – zugrundegelegten Inhalt des Begriffs vor. International werden unter dem Begriff "Tourismus" sowohl die Aspekte des Inlandstourismus (Inländer und Ausländer im Inland) wie auch des "ausgehenden Tourismus" (Outgoing, also Inländer im Ausland) zusammengefaßt.

Das Statistische Bundesamt hat sich diesem Sprachgebrauch angeschlossen. Die Begriffe Fremdenverkehr und Tourismus werden synonym gebraucht. Dabei kann man Fremdenverkehr oder Tourismus definieren als "die Gesamtheit der Beziehungen und Erscheinungen, die sich aus der Reise und dem Aufenthalt von Personen ergeben, für die der Aufenthaltsort weder hauptsächlicher und dauernder Wohn- und Arbeitsort ist" (Kaspar, 1986, S. 18).

Die WTO hat ihre Tourismus-Definition auf ihrer jüngst in Ottawa abgehaltenen Konferenz über Tourismusstatistik noch einmal konkretisiert: "... tourism refers to the activities of a person travelling to a place outside his or her usual environment for less than a specified period of time with a main purpose other than the exercise of an activity remunerated from within the place visited ..." (WTO, 1992, S. 4). Das zentrale Kriterium dieser Definition ist also das Verlassen des gewöhnlichen (Wohn-)Umfeldes einer Person. Spezifizierungen bezüglich der zeitlichen Dauer der Reise wurden vorgenommen, um den Tourismus gegenüber langfristigen Wanderungen abzugrenzen. Eine weitere Ergänzung hinsichtlich einer möglichen Entlohnung am Zielort soll Pendler oder Wanderarbeiter aus der Tourismus-Definition ausschließen.

Diese Definition ist im wesentlichen auch die Grundlage der tourismusstatistischen Arbeiten des Statistischen Bundesamtes. Eine – in der Praxis allerdings nicht wesentliche – Abweichung liegt z.Zt. noch in der angesprochenen zeitlichen Begrenzung. Während die WTO-Definition Reisen – oder genauer: ein Verlassen des gewöhnlichen (Wohn-)Umfeldes – von bis zu einem Jahr Dauer als touristische Aktivität betrachtet, legt die Beherbergungsstatistik des Statistischen Bundesamts als die zentrale amtliche Tourismusstatistik in Abstimmung mit den melderechtlichen Vorschriften in der Bundesrepublik zur Zeit eine Begrenzung von zwei Monaten zugrunde.

1.3 Die zwei Pfeiler der amtlichen Tourismusstatistik

Die zentrale Tourismusstatistik im Datenangebot des Statistischen Bundesamts ist heute die Statistik der Beherbergung im Reiseverkehr. Daneben bestand bis 1990 die Statistik der Urlaubs- und Erholungsreisen, durchgeführt als Zusatzerhebung im Rahmen des Mikrozensus. Beide ergänzten sich sinnvoll und waren sozusagen die zwei Pfeiler im Gebäude der amtlichen Tourismusstatistik.

Die Beherbergungsstatistik setzt bei den Beherbergungsbetrieben selbst an, sie ist also angebotsseitig ausgerichtet. Sie erfaßt die Betriebe im Inland. Methodisch liegt ihr also das Inlandskonzept zugrunde. Sie gibt Auskunft über den Tourismus im Inland, und zwar sowohl über den Inländertourismus als auch über das Incoming (Ausländertourismus im Inland).

Im Gegensatz dazu setzte die Statistik der Urlaubs- und Erholungsreisen bei den reisenden Personen bzw. den Haushalten selbst an. Eingepaßt in das Angebots-/Nachfrageschema kann man diese Statistik also als nachfrageseitig charakterisieren. Sie erfaßte die Reisen der Inländer, und zwar sowohl die im Inland durchgeführten Reisen als auch die Auslandsreisen. Ihr lag also im Unterschied zur Beherbergungsstatistik das Inländerkonzept zugrunde.

Beide Stadtistiken bildeten ein kohärentes System der Tourismusstatistik, Inlands- und Inländerkonzept, angebots- und nachfrageseitige Statistik ergänzten sich sinnvoll. Ein wenig salopp könnte man sagen, daß seit dem Wegfall der Zusatzerhebung über Urlaubs- und Erholungsreisen die amtliche deutsche Tourismusstatistik auf einem Bein hinkt.

1.3.1 Die Statistik der Beherbergung im Reiseverkehr

Seit dem Wegfall der Zusatzerhebung über Urlaubs- und Erholungsreisen stellt die Beherbergungsstatistik allein die zentrale amtliche Tourismusstatistik in der Bundesrepublik dar. Ihre gesetzliche Grundlage ist das Gesetz über die Statistik der Beherbergung im Reiseverkehr (Beherbergungsstatistikgesetz – BeherbStatG) vom 14. Juli 1980 (BGBl. I Nr. 38, S. 953 f.). Mit diesem Gesetz wurde die Beherbergungsstatistik in Teilen neu konzipiert, die vor 1981 geregelt war durch das Gesetz über die Statistik des Fremdenverkehrs in Beherbergungsstätten (FremdVerkStatG) vom 12. Januar 1960 (BGBl. I Nr. 2, S. 6) in der durch § 11 Abs. 1 Handelsstatistikgesetz vom 10. November 1978 (BGBl. I, S. 1733) geänderten Fassung. Die wichtigste Modifikation im neuen Beherbergungsstatistikgesetz (vgl. dazu auch Reeb, 1980, S. 834 ff.) lag in einer Neuabgrenzung des Berichtskreises. Während das alte Fremdenverkehrsstatistikgesetz die Durchführung der Beherbergungsstatistik nur in bestimmten Berichtsgemeinden vorsah, für die der Fremdenverkehr von besonderer wirtschaftlicher Bedeutung war, wurde der Erfassungsbereich durch das Beherbergungsstatistikgesetz nun auf alle Gemeinden ausgedehnt. Anstelle des gemeindebezogenen Auswahlkriteriums wurde eine betriebsgrößenbezogene Abschneidegrenze eingeführt. Danach sind zur Beherbergungsstatistik berichtspflichtig alle Betriebe, "die nach Einrichtung und Zweckbestimmung dazu dienen, mehr als acht Gäste gleichzeitig vorübergehend zu beherbergen" (§ 5 BeherbStatG). Auskunftspflichtig sind die Inhaber oder Leiter der Beherbergungsstätten. Der Erhebungsweg verläuft von den berichtspflichtigen Betrieben zu den Statistischen Landesämtern, die für die eigentliche Erhebungsarbeit zuständig sind. Die Ergebnisse werden dort für die einzelnen Länder aufbereitet und veröffentlicht. Die von den Landesämtern übermittelten Ergebnisse werden dann im Statistischen Bundesamt zusammengefaßt und als Bundesergebnis in der Fachserie 6, Reihe 7, veröffentlicht. Die Beherbergungsstatistik wird also als dezentrale Statistik durchgeführt.

Seit ihrer Neukonzipierung im Jahr 1980 besteht die Beherbergungsstatistik aus zwei Teilen, und zwar aus
- der laufenden monatlichen Erhebung sowie
- der sechsjährlichen Kapazitätserhebung.

1.3.1.1 Die monatliche Beherbergungsstatistik

In der laufenden monatlichen Berichterstattung der Beherbergungsstatistik werden als Erhebungsmerkmale die Ankünfte und Übernachtungen von Gästen in den berichtspflichtigen Betrieben erfaßt, bei Auslandsgästen auch deren Herkunftsland. Aus der Zahl der Übernachtungen und Ankünfte wird durch Division ein rechnerischer Wert für die durchschnittliche Aufenthaltsdauer der Gäste ermittelt. Erhoben wird darüber hinaus die Zahl der Gästebetten und Wohneinheiten sowie bei Campingplätzen die Zahl der Stellplätze. Als rechnerischer Wert zur Beschreibung der Kapazitätsauslastung wird die durchschnittliche Auslastung aller Gästebetten wie auch die durchschnittliche Auslastung der im jeweilgen Monat angebotenen Betten ermittelt.

Die berichtspflichtigen Betriebe sind nach verschiedenen Merkmalen gegliedert, was eine sehr detaillierte Darstellung der nur relativ wenigen Erhebungsmerkmale ermöglicht.

In der räumlichen Gliederung bietet die Beherbergungsstatistik Ergebnisse auf allen administrativen Ebenen an – vom Bund bis zu den Gemeinden und sogar Gemeindeteilen. Sie stellt insofern ein flexibles Informationsinstrument dar für die verschiedenen tourismuspolitischen Akteure wie auch für das Marketing. Ein Datenangebot wird also bereitgestellt sowohl für die Zuständigkeitsbereiche von Bundes- oder Landesministerien als auch beispielsweise für die der kommunalen Fremdenverkehrsämter. Von besonderem Interesse ist das Datenangebot in einer zusätzlichen nichtadministrativen räumlichen Gliederung, nämlich den sogenannten Reisegebieten. Deren Abgrenzungen sind abgestimmt auf die Zuständigkeitsbereiche der regionalen Fremdenverkehrsverbände, die gerade auf dem Gebiet der Tourismuswerbung eine bedeutsame Rolle spielen. Eine Übersicht über die Zahl der Reisegebiete in den alten Bundesländern sowie deren quantitative Bedeutung – gemessen an der Bettenkapazität sowie der Zahl der Übernachtungen im Jahr 1991 – gibt Tab. 1.

Ein weiteres Gliederungsmerkmal sind die Betriebsarten. Die Gruppierung der Beherbergungsstätten erfolgt dabei auf der Grundlage der durch die Systematik der Wirtschaftszweige (Ausgabe 1979) vorgegebenen Kriterien. Tab. 2 gibt einen Überblick über relevante Betriebsarten und zeigt gleichzeitig deren relatives Gewicht an der Gesamtzahl der Übernachtungen. Deutlich wird dabei beispielsweise der relativ starke Anteilsgewinn der Hotels einerseits sowie der Ferienhäuser und -wohnungen andererseits.

Tab. 1: Reisegebiete in der Bundesrepublik Deutschland (alte Bundesländer) – Bettenkapazität und Zahl der Übernachtungen 1991

Reisegebiet	Anzahl Betten	Anzahl Übernachtungen (in Tsd.)
Schleswig-Holstein	157 851	20 730
– Nordsee	55 429	7 449
– Ostsee	73 638	9 064
– Holsteinische Schweiz	7 000	973
– Übriges Schleswig-Holstein	21 784	3 244
Hamburg	23 100	4 072
Niedersachsen	230 621	32 415
– Ostfriesische Inseln	43 158	5 641
– Ostfriesische Küste	25 805	3 000
– Ems – Hümmling	6 440	765
– Emsland – Grafschaft Bentheim	3 805	573
– Oldenburger Land	7 646	1 105
– Osnabrücker Bäderland – Dümmer	9 984	1 541
– Cuxhavener Küste – Unterelbe	15 895	1 867
– Bremer Umland	5 410	702
– Steinhuder Meer	1 924	218
– Weserbergland – Solling	17 272	2 828
– Nördliche Lüneburger Heide	18 394	2 858
– Südliche Lüneburger Heide	8 849	1 189
– Hannover – Hildesheim – Braunschweig	15 869	2 500
– Harzvorland – Elm – Lappwald	7 050	1 086
– Harz	35 523	5 528
– Südniedersachsen	3 958	587
– Elbufer – Drawehn	3 639	427
Bremen	6 614	1 042
Nordrhein-Westfalen	241 019	35 543
– Niederrhein – Ruhrland	52 666	7 316
– Bergisches Land	18 687	2 507
– Siebengebirge	16 064	2 247
– Eifel	18 896	2 557
– Sauerland	45 945	6 315
– Siegerland	3 455	417
– Wittgensteiner Land	3 741	808
– Westfälisches Industriegebiet	15 307	2 124
– Münsterland	15 907	2 272
– Teutoburger Wald	50 351	8 980
Hessen	179 445	28 265
– Weser – Diemel – Fulda	9 304	1 217
– Waldeck	24 695	4 211
– Werra – Meißner – Kaufunger Wald – Ederbergland	6 565	1 103
– Kurhessisches Bergland	6 563	940
– Waldhessen (Hersfeld – Rotenburg)	7 453	1 309
– Marburg – Biedenkopf	4 527	659
– Lahn – Dill, Westerwald und Taunus	4 326	619
– Westerwald – Lahn – Taunus	4 481	516
– Vogelsberg und Wetterau	13 914	2 419
– Rhön	10 129	1 392
– Kinzigtal – Spessart – Südlicher Vogelsberg	12 738	2 167
– Main und Taunus	37 590	6 424
– Rheingau – Taunus	15 234	2 357
– Odenwald – Bergstraße – Neckartal – Ried	21 926	2 934
Rheinland-Pfalz	149 387	18 542
– Rheintal	19 487	2 080
– Rheinhessen	7 745	1 076
– Eifel – Ahr	30 440	4 073

Fortsetzung Tab. 1

Reisegebiet	Anzahl Betten	Anzahl Übernachtungen (in Tsd.)
– Mosel – Saar	31 045	3 549
– Hunsrück – Nahe – Glan	18 819	2 577
– Westerwald – Lahn – Taunus	15 832	2 042
– Pfalz	26 019	3 145
Baden-Württemberg	**277 272**	**40 270**
– Nördlicher Schwarzwald	48 484	6 820
– Mittlerer Schwarzwald	41 283	5 715
– Südlicher Schwarzwald	57 612	8 739
– Weinland zwischen Rhein und Neckar	18 295	2 771
– Neckartal – Odenwald – Madonnenländchen	8 397	1 129
– Taubertal	6 281	1 170
– Neckar – Hohenlohe – Schwäbischer Wald	11 586	1 444
– Östliche Schwäbische Alb	12 724	1 500
– Westliche Schwäbische Alb	15 953	2 048
– Mittlerer Neckar	22 540	3 116
– Württembergisches Allgäu – Oberschwaben	12 295	2 604
– Bodensee	19 820	2 850
– Hegau	2 002	364
Bayern	**519 926**	**77 157**
– Rhön	15 144	3 106
– Frankenwald	5 117	824
– Spessart	5 601	646
– Würzburg mit Umgebung	4 643	715
– Steigerwald	1 747	183
– Fichtelgebirge mit Steinwald	8 538	1 088
– Nürnberg mit Umgebung	15 158	2 354
– Oberpfälzer Wald	7 675	857
– Oberes Altmühltal	2 498	331
– Unteres Altmühltal	3 679	477
– Bayerischer Wald	56 717	7 561
– Augsburg mit Umgebung	4 723	666
– München mit Umgebung	43 400	7 607
– Ammersee- und Würmsee-Gebiet	4 937	809
– Bodensee-Gebiet	4 442	575
– Westallgäu	5 467	840
– Allgäuer Alpenvorland	5 017	618
– Staffelsee mit Ammer-Hügelland	5 764	874
– Inn- und Mangfall-Gebiet	6 654	1 210
– Chiemsee mit Umgebung	9 515	1 299
– Salzach-Hügelland	3 381	426
– Oberallgäu	39 208	6 014
– Ostallgäu	13 819	2 178
– Werdenfelser Land mit Ammergau	18 631	2 883
– Kochel- und Walchensee mit Umgebung	3 179	412
– Isarwinkel	6 350	1 041
– Tegernsee-Gebiet	11 742	1 970
– Schliersee-Gebiet	6 890	844
– Ober-Inntal	2 960	350
– Chiemgauer Alpen	21 217	3 212
– Berchtesgadener Alpen mit Reichenhaller Land	21 878	3 454
– Übriges Bayern	148 897	21 145
Saarland	**12 994**	**1 768**
– Nord-Saarland	4 928	590
– Bliesgau	660	219
– Übriges Saarland	7 406	959
Berlin (West)	**30 767**	**6 405**
Früheres Bundesgebiet	**1 828 996**	**266 209**

Tab. 2: Gästeübernachtungen in Beherbergungsstätten nach Betriebsarten

Betriebsart	1984 Anzahl in Tsd.	1984 Anteil in %	1991 Anzahl in Tsd.	1991 Anteil in %
Hotels	59 528	28,6	85 854	32,3
Gasthöfe	21 005	10,1	23 852	9,0
Pensionen	18 297	8,8	17 421	6,5
Hotels garnis	28 069	13,5	33 330	12,5
Erholungs-, Ferien- und Schulungsheime	18 990	9,1	23 388	8,8
Ferienzentren	3 854	1,9	4 310	1,6
Ferienhäuser und -wohnungen	15 172	7,3	25 462	9,6
Hütten, Jugendherbergen	10 000	5,3	11 179	4,2
Sanatorien, Kurkrankenhäuser	32 038	15,4	41 413	15,6
Betriebe insgesamt	207 953	100	266 209	100

Die Fremdenverkehrsgemeinden der Bundesrepublik werden aufgrund von landesrechtlichen Vorschriften durch verschiedene Prädikate charakterisiert. Die Beherbergungsstatistik folgt dieser Einteilung, indem sie ihre Ergebnisse auch in der Gliederung nach Gemeindegruppen (zusammengefaßt nach den jeweiligen Prädikaten) präsentiert. Diese Ergebnisdarstellung ermöglicht Rückschlüsse auf unterschiedliche Arten des Tourismus. Von besonderem Interesse sind diese Angaben für den Bereich des Kur- und Bäderwesens. Tab. 3 gibt einen Überblick über die zugrundegelegten Gemeindegruppen sowie deren Übernachtungsaufkommen in den Jahren 1984 und 1991.

Tab. 3: Gästeübernachtungen in Beherbergungsstätten nach Gemeindegruppen

Gemeindegruppe	1984 Anzahl in Tsd.	1984 Anteil in %	1991 Anzahl in Tsd.	1991 Anteil in %
Mineral- und Moorbäder	38 069	18,3	47 691	17,9
Heilklimatische Kurorte	14 728	7,1	18 541	7,0
Kneippkurorte	9 217	4,4	12 854	4,8
Heilbäder insgesamt	62 015	29,8	79 085	29,7
Seebäder	16 783	8,1	22 438	8,4
Luftkurorte	26 445	12,7	27 795	10,4
Erholungsorte	19 146	9,2	25 234	9,5
Sonstige Gemeinden	83 564	40,2	111 657	41,9
Gemeindegruppen insgesamt	207 953	100	266 209	100

Ein weiteres Gliederungskriterium ist die Größe der Beherbergungsstätten. Dabei werden die Betriebe gruppiert nach der Anzahl der zur Verfügung stehenden Betten. Die Ergebnisdarstellung nach Betriebsgrößenklassen dürfte insbesondere für Strukturanalysen innerhalb des Beherbergungsgewerbes von Interesse sein. Tab. 4 zeigt das Übernachtungsaufkommen nach – hier stark zusammengefaßten – Betriebsgrößenklassen. Die Ergebnisse zeigen einen deutlichen Trend hin zu den großen Beherbergungseinheiten auf Kosten sowohl der kleinen wie auch der mittleren Beherbergungsstätten.

Tab. 4: Gästeübernachtungen in Beherbergungsstätten nach zusammengefaßten Betriebsgrößenklassen

Betriebe mit ... bis ... Gästebetten	1984 Anzahl in Tsd.	Anteil in %	1991 Anzahl in Tsd.	Anteil in %
9 – 19	24 291	11,7	28 124	10,6
20 – 99	96 538	46,4	117 506	44,1
100 und mehr	87 125	41,9	120 578	45,3

Dies sind nur die wichtigsten Gliederungsmerkmale der Beherbergungsstatistik. Auf weitere Kriterien wie die Ausstattungsklasse, die Durchschnittspreisklasse der Betriebe oder die Einwohnergrößenklasse, die Bettendichte (Betten je 1000 Einwohner) oder die Übernachtungsdichte (Übernachtungen je Einwohner) der Gemeinden etc. soll hier nicht weiter eingegangen werden. Es sei nur darauf hingewiesen, daß die verschiedenen Erhebungs- und Gliederungsmerkmale in zahlreichen unterschiedlichen Kombinationen verfügbar sind.

Ein bedeutsames Erhebungsmerkmal sei zum Schluß noch gesondert erwähnt. Es war bereits darauf hingewiesen worden, daß bei Auslandsgästen auch das Herkunftsland erfaßt wird. Maßgeblich ist dabei übrigens nicht die Nationalität, sondern das Land, in dem der Gast seinen ständigen Wohnsitz hat. Die Beherbergungsstatistik bietet damit auch ein wichtiges Informationsinstrument für das Auslandsmarketing des deutschen Fremdenverkehrs. Tab. 5 zeigt die Ankünfte und Übernachtungen von Auslandsgästen nach ausgewählten Herkunftsländern 1991. Die Zahl der Ankünfte wird gemeinhin als Indikator für die Zahl der Gäste angesehen. Beide Größen sind allerdings nicht identisch, da es bei Quartierwechseln während einer Reise (z.B. bei Rundreisen) zu Mehrfachzählungen derselben Gäste kommt.

Wie aus der Tabelle ersichtlich ist, sind die Niederlande das wichtigste Herkunftsland für das deutsche Beherbergungsgewerbe. An zweiter Stelle folgen die Vereinigten Staaten, für deren Gästeaufkommen 1991 allerdings ein besonders ungünstiges Jahr war mit einem Rückgang der Gästeankünfte um genau ein Drittel und bei den Übernachtungen um 28%. In den Jahren zuvor lagen die USA zumindest bei der Zahl der Ankünfte vor den Niederlanden.

Tab. 5: Ankünfte und Übernachtungen von Auslandsgästen nach ausgewählten Herkunftsländern 1991

Herkunftsland	Ankünfte		Übernachtungen	
	Anzahl in Tsd.	Anteil in %	Anzahl in Tsd.	Anteil in %
Belgien	527,5	3,7	1 373,5	4,1
Dänemark	656,5	4,6	1 410,6	4,2
Frankreich	813,3	5,7	1 671,6	5,0
Großbritannien und Nordirland	1 303,1	9,1	2 982,2	9,0
Italien	933,0	6,5	1 833,6	5,5
Niederlande	1 927,9	13,5	6 025,4	18,1
Österreich	570,4	4,0	1 187,3	3,6
Schweden	1 018,9	7,1	1 674,3	5,0
Schweiz	743,0	5,2	1 595,3	4,8
Japan	665,6	4,7	1 158,0	3,5
USA	1 617,2	11,3	3 380,2	10,2
Ausland insgesamt	14 294,6	100	33 246,1	100

1.3.1.2 Die Kapazitätserhebung im Beherbergungsgewerbe

Ergänzend zu der laufenden monatlichen Beherbergungsstatistik wird im Abstand von jeweils sechs Jahren eine Kapazitätserhebung im Beherbergungsgewerbe durchgeführt (vgl. Krockow/Wedel, 1984, S. 245 ff.). Rechtsgrundlage ist wie bei der monatlichen Erhebung das Beherbergungsstatistikgesetz. Dementsprechend gleich sind auch die Vorschriften zum Berichtsfirmenkreis (Betriebe mit neun und mehr Betten) sowie zur Auskunftspflicht. Auch die Gliederungsmerkmale für die Ergebnisdarstellung entsprechen weitgehend denen in der monatlichen Beherbergungsstatistik, weshalb sie an dieser Stelle nicht noch einmal wiederholt werden sollen. Die Zielsetzung dieser Erhebung liegt darin, Informationen zu gewinnen über Umfang, Struktur und Qualität des Beherbergungsangebots.

Erhebungsmerkmal ist zum einen die Art der Beherbergungsstätten. Dabei ordnen sich die Betriebe aufgrund vorgegebener Definitionsmerkmale bestimmten Betriebsarten zu. Diese Zuordnung wird für die einzelnen Betriebe dann auch in der monatlichen Statistik übernommen. Erfaßt wird weiterhin die Ausstattung der Beherbergungsstätten, z.B. mit Speise- und Restaurationsräumen, sonstigen Aufenthaltsräumen, Sport- und Freizeiteinrichtungen, medizinischen Kureinrichtungen, Konferenz- und Tagungsräumen. In einem dritten Fragenblock wird nach der Anzahl, Ausstattung und dem Preis der Gästezimmer und Wohneinheiten in den Beherbergungsstätten gefragt.

Mit einem gesonderten Erhebungsvordruck werden die Kapazitäten im Campingbereich erfaßt. Hier wird u.a. gefragt nach der Art des Campingplatzes (Reiseverkehrscamping oder Dauercamping), der Zahl der vorhandenen Stellplätze, der Ausstattung mit Sport- und Freizeiteinrichtungen sowie mit Ver- und Entsorgungseinrichtungen.

Kapazitätserhebungen nach dem derzeitigen Beherbergungsstatistikgesetz haben bisher in den Jahren 1981 und 1987 stattgefunden. Die nächste Erhebung wird zum Stichtag 1. Januar 1993 erfolgen. Auf eine weitergehende Darstellung der Ergebnisse soll hier wegen des relativ großen Abstands zum letzten Erhebungszeitpunkt verzichtet werden.

1.3.1.3 Aufbau der Beherbergungsstatistik in den neuen Bundesländern

Als Folge des Einigungsvertrages vom 31. August 1991 wurden ab dem 3. Oktober 1990 die bundesstatistischen Rechtsvorschriften auch in den neuen Bundesländern gültig. Übergangsweise wurde neben anderen Statistiken auch die Beherbergungsstatistik bis zum April 1991 ausgesetzt. Die Notwendigkeit dazu ergab sich aus dem für die Umstellung der Statistiken erforderlichen Zeitbedarf.

Im Bereich der Tourismusstatistiken bestanden große Unterschiede zwischen der ehemaligen DDR und der Bundesrepublik Deutschland. Das Berichtssystem in der ehemaligen DDR wurde vor allem über die sogenannten Träger des Erholungswesens abgewickelt. Das waren in erster Linie die Betriebe und der Feriendienst der Gewerkschaften. Direkte Kontakte zwischen den die statistischen Angaben erhebenden Stellen und den Beherbergungsstätten bestanden in der Regel nicht.

Bei der Übernahme der bundesdeutschen Beherbergungsstatistik in den neuen Bundesländern stellte sich damit zuerst die Aufgabe des Aufbaus eines Berichtskreises der meldepflichtigen Beherbergungsstätten. Angesichts der Übergangssituation mit zahlreichen Eigentumswechseln, Betriebsschließungen und -neueröffnungen war hier eine große Zahl von Problemen zu lösen. Die Zusammenarbeit mit Gemeindeverwaltungen, Fremdenverkehrsämtern und -verbänden, die in den alten Bundesländern eine wichtige Unterstüzung für die Arbeit der Beherbergungsstatistik darstellt, mußte in den neuen Bundesländern erst noch organisiert und entwickelt werden.

Seit Mai 1991 gilt die Berichtspflicht nach dem Beherbergungsstatistikgesetz auch in den neuen Bundesländern. Der Rücklauf der Erhebungsformulare erfolgte in den ersten Monaten noch relativ unvollständig und mit Verzögerungen. Auch bei der Aufbereitung und Veröffentlichung der Daten sind von den im Aufbau befindlichen Statistischen Landesämtern der neuen Bundesändern noch vielfältige Anfangsschwierigkeiten zu überwinden. Erste Ergebnisse für die neuen Bundesländer wurden im Rahmen der Pressekonferenz des Statistischen Bundesamtes auf der Internationalen Tourismus-Börse (ITB) im März 1992 in Berlin vorgestellt.

1.3.2 Die Statistik der Urlaubs- und Erholungsreisen

Wie bereits erwähnt, stellte die Statistik der Urlaubs- und Erholungsreisen bis 1990 den zweiten Pfeiler der amtlichen Tourismusstatistik in der Bundesrepublik dar. Während die nach dem Inlandskonzept erstellte laufende Beherbergungsstatistik ein wichtiger Indikator ist für die Entwicklung des Tourismus im Inland, bot die Statistik der Urlaubs- und Erholungsreisen Informationen über das Reiseverhalten der inländischen Wohnbevölkerung (Inländer). Die Statistik wurde erhoben als 0,1%-Unterstichprobe im Rahmen des jährlich durchgeführten Mikrozensus. Zum Erfassungsbereich gehörten alle Reisen von fünf und mehr Tagen Dauer, soweit sie zum Zweck der Entspannung, Erholung oder Rekonvaleszenz unternommen wurden (vgl. Dresch, 1987, S. 634). Nicht erfaßt wurden Kurzreisen (Reisen mit weniger als fünf Tagen Dauer) sowie Dienst- und Geschäftsreisen.

Erhebungsmerkmale der Statistik waren zuletzt das Reiseziel, der Zeitpunkt des Reiseantritts, das benutzte Verkehrsmittel, die Dauer der Reise, die Art der Reise sowie die Unterkunftsart. Diese Merkmale konnten kombiniert werden mit den im allgemeinen Mikrozensusprogramm erhobenen sozio-ökonomischen Daten. Damit bot diese Statistik ein umfangreiches Datenmaterial für vielfältige Analysen über die Struktur und Entwicklung des Reiseverhaltens der in der Bundesrepublik lebenden Bevölkerung.

Die Statistik der Urlaubs- und Erholungsreisen war bis 1982 mit Auskunftspflicht versehen. Nachdem der Mikrozensus in den Jahren 1983 und 1984 insgesamt ausgesetzt war, wurde sie ab 1985 nur noch auf freiwilliger Basis durchgeführt. Als Folge davon traten in nicht unerheblichem Maß Antwortausfälle auf, was zu erheblichen Problemen bei der Anwendung des beim Mikrozensus üblichen Hochrechnungsverfahrens führte. Aus diesem Grund wurde ab 1985 auf den Ergebnisnachweis von absoluten Zahlen verzichtet. Stattdessen wurden Angaben nur noch in Form von Anteilswerten (Relativzahlen) für die Untergliederungen an den jeweiligen Insgesamt-Summen der ausgewählten demographischen und sozio-ökonomischen Merkmale ausgewiesen (vgl. Dresch, 1987, S. 634 ff.). Der Informationswert der Statistik wurde dadurch allerdings nicht unwesentlich verringert. Das Statistische Bundesamt wie auch die wichtigsten Nutzer der Statistik haben sich deshalb auch wiederholt für die Wiedereinführung der Auskunftspflicht bei der Statistik der Urlaubs- und Erholungsreisen eingesetzt. Stattdessen wurde vom Gesetzgeber jedoch im Rahmen des "Gesetzes zur Änderung des Gesetzes zur Durchführung einer Repräsentativstatistik über die Bevölkerung und den Arbeitsmarkt (Mikrozensusgesetz – MZG) und des Gesetztes über die Statistik für Bundeszwecke (Bundesstatistikgesetz – BStatG)" vom 17. Dezember 1990 mit einer gänzlichen Abschaffung dieser Statistik reagiert. Die Bundesrepublik Deutschland, die in der Presse häufig als "Weltmeister im Reisen" bezeichnet wird, verfügt seitdem über keine amtliche – und das heißt auch allgemein zugängliche – Statistik über das Reiseverhalten ihrer Bürger.

1.4 Weitere tourismusrelevante Erhebungen und Veröffentlichungen des Statistischen Bundesamtes

Aus der Sicht der Statistik handelt es beim Tourismus um einen typischen Querschnittsbereich. Touristische Leistungen sind nicht nur einem bestimmten Wirtschaftsbereich zuzuordnen, sondern sie werden von einer Vielzahl von Wirtschaftszweigen erbracht. Dementsprechend sind auch in einer größeren Anzahl von Fachstatistiken des Statistischen Bundesamtes tourismusrelevante Informationen enthalten. Ein Problem, das bei der Auswertung dieser Angaben für touristische Fragestellungen häufig auftaucht, liegt darin, daß es zumeist nur schwer oder gar nicht möglich ist, abzuschätzen, wie groß der touristische Anteil an der Leistungserstellung eines Wirtschaftsbereiches ist. Denn seien es nun das Gaststättengewerbe oder die Verkehrsträger – um nur zwei für den Tourismus bedeutsame Bereiche zu nennen –, in der Regel werden die Leistungen sowohl an Touristen als auch Nichttouristen abgegeben (Ortsansässige oder Reisende, die nicht unter die WTO-Definition des Touristen fallen). Die wichtigsten in Frage kommenden Statistiken seien hier dennoch kurz aufgeführt.

1.4.1 Verkehrsstatistiken

Definitionsgemäß ist die touristische Aktivität immer mit einem Ortswechsel verbunden. Die Nachfrage nach Verkehrsleistungen ist insofern ein wichtiger Teilbereich der touristischen Nachfrage insgesamt. Tourismusrelevante Daten zum Verkehrsbereich bieten die folgenden Statistiken an:
– Luftfahrtstatistik,
– Statistiken des Straßenverkehrs,
– Eisenbahnstatistik,
– Binnenschiffahrtsstatistik.

Unter touristischem Aspekt dürften die Angaben der Luftfahrtstatistik von besonderem Interesse sein. Hier wird u.a. die Zahl der Reisenden im Flugverkehr mit einer gesonderten Erfassung des Pauschalflugverkehrs nachgewiesen. Die Daten werden in der Untergliederung sowohl nach Herkunftsflugplätzen als auch nach Endziellländern angeboten.

Im Rahmen der Statistiken des Straßenverkehrs sind vor allem die Angaben aus der Statistik der Personenbeförderung von Interesse. Dort wird sowohl die Zahl der beförderten Personen als auch der Personenkilometer nachgewiesen und dies nach den Verkehrszweigen "Linienverkehr" und "Gelegenheitsverkehr". Seit 1984 werden in dieser Statistik allerdings nur noch Unternehmen mit sechs oder mehr Kraftomnibussen erfaßt.

Tourismusrelevant im Rahmen der Eisenbahnstatistik sind vor allem die auch hier erfaßten Merkmale "beförderte Personen" und "Personenkilometer".

Die Binnenschiffahrtsstatistik informiert u.a. über die Zahl der Beschäftigten und den Umsatz in diesem Verkehrszweig.

Es sei hier noch darauf hingewiesen, daß amtliche Statistiken zum Verkehrsbereich nicht nur vom Statistischen Bundesamt veröffentlicht werden. Wichtige Quellen für tourismusrelevante Verkehrsdaten sind daneben das Bundesministerium für Verkehr sowie das Kraftfahrt-Bundesamt.

1.4.2 Gastgewerbestatistiken

Der größte Anbieter touristischer Leistungen im jeweiligen Fremdenverkehrsort oder -gebiet ist das Gastgewerbe. Es besteht aus den beiden Teilbereichen Beherbergungsgewerbe und Gaststättengewerbe. Doch anders als bei den zuvor behandelten Statistiken der Beherbergung und der Urlaubs- und Erholungsreisen stellt sich für die Statistiken des Gastgewerbes das Problem, daß nicht alle hier erfaßten Merkmale eindeutig dem Tourismus zuzuordnen sind. Das gilt in bestonderem Maße für den Bereich des Gaststättengewerbes, das seine Leistungen außer an Touristen immer auch an die am Ort ansässige Bevölkerung abgibt. Von Ort zu Ort zwar unterschiedlich, dürfte der nichttouristische Anteil der Nachfrage hier aber sicherlich sehr hoch sein. Dieser Anteil dürfte beim Beherbergungswerbe zwar geringer sein, doch wenn man bedenkt, daß dieser Wirtschaftszweig Umsätze in nicht unerheblichem Maß mit Gaststättendienstleistungen erzielt, so wird deutlich, daß sich das Problem der Identifikation des touristischen Anteils an der Leistungserstellung hier durchaus stellt.

Eine wichtige Datenquelle für das Gastgewerbe ist die in unregelmäßigen Abständen (zuletzt 1985) durchgeführte Handels- und Gaststättenzählung (HGZ). Zum Berichtskreis zählen Unternehmen mit einem Jahresumsatz von mehr als 20 000 DM. Erfaßt werden u.a. die Zahl der Unternehmen und Arbeitsstätten, die dort tätigen Personen, der Umsatz gegliedert nach ausgeübten wirtschaftlichen Tätigkeiten sowie im Gastgewerbe die Zahl der Fremdenzimmer, Fremdenbetten, Ferienhäuser und -wohnungen. Die Ergebnisdarstellung erfolgt in tiefer regionaler Gliederung nach einer großen Anzahl von Gliederungsmerkmalen.

Die Ergebnisse der HGZ bilden auch die Grundlage für die Auswahl der Unternehmen zu den im Stichprobenverfahren erhobenen Gastgewerbestatistiken. Dabei werden monatlich Meßzahlen über die Entwicklung von Umsatz und Beschäftigung erhoben. In zweijährlichem Abstand werden darüber hinaus Daten über Beschäftigung, Umsatz, Waren- und Materialeingang bzw. -bestand, Investitionen usw. erfaßt.

1.4.3 Die Einkommens- und Verbrauchsstichprobe

Zunehmende Bedeutung als tourismusstatistische Datenquelle könnte in Zukunft die Einkommens- und Verbrauchsstichprobe (EVS) erlangen. Sie wird im Abstand von fünf Jahren (zuletzt 1988) bei rund 0,35% aller Haushalte (etwa 57 000) auf freiwilliger Grundlage durchgeführt. Ziel ist es vor allem, Informationen zu gewinnen über die Ausgaben der Haushalten nach Art und Verwendungszweck sowie über ihre Einnahmen und deren Quellen. Erfaßt werden darüber hinaus die Ausstattung der Haushalte mit langlebigen Gebrauchsgütern sowie deren Vermögenssituation. Für die Tourismusstatistik bietet die EVS einerseits Daten über Reiseausgaben, gegliedert nach verschiedenen Ausgabearten. Andererseits werden aber auch Angaben über die Reisetätigkeit selbst erhoben, und zwar zu den Merkmalen Reisedauer, Reiseziel, Reiseart, Verkehrsmittel sowie Unterkunftsart. Der Wert dieser tourismusrelevanten Daten aus der EVS wurde bisher entscheidend gemindert durch die lange Aufbereitungszeit der Ergebnisse, die aus der komplizierten Auswertung der von den Haushalten geführten Haushaltsbücher resultierte.

1.4.4 Die Querschnittsveröffentlichung "Tourismus in Zahlen"

Die hier neben der Beherbergungsstatistik und der Statistik der Urlaubs- und Erholungsreisen aufgeführten weiteren tourismusrelevanten Statistiken stellen nur eine Auswahl aus dem in Frage kommenden Publikationsprogramm des Statistischen Bundesamts dar. Auch erfolgte ihre Beschreibung an dieser Stelle bewußt kursorisch. Für weitergehende Informationen sei auf die seit 1988 erscheinende Veröffentlichung des Statistischen Bundesamtes "Tourismus in Zahlen" verwiesen. In dieser Publikation ist eine große Zahl von tourismusrelevanten Daten aus den verschiedenen Fachstatistiken sowohl des Statistischen Bundesamtes als auch anderer nationaler und internationaler Organisationen zusammengestellt. Es findet sich darin auch eine eingehende Beschreibung der unteschiedlichen Fachstatistiken des Statistischen Bundesamtes. Die Veröffentlichung erscheint jährlich und wendet sich an Interessenten in Politik, Wirtschaft, Verbänden, Wissenschaft und Hochschule.

1.5 Aktivitäten zur Weiterentwicklung der Tourismusstatistik

Die derzeitige Situation der Tourismusstatistik wurde als eine Phase des Umbruchs beschrieben. Mit der gewachsenen gesellschaftlichen und ökonomischen Bedeutung des Tourismus ist auch der Bedarf an statistischen Daten gewachsen, mit dem das Angebot jedoch nicht hat Schritt halten können. Dies hat zu mannigfachen Aktivitäten zur Weiterentwicklung der Tourismusstatistik geführt, und zwar sowohl im internationalen als auch im nationalen Rahmen.

1.5.1 Aktivitäten im internationalen Rahmen

Aktivitäten zur Weiterentwicklung der Tourismusstatistik laufen im internationalen Rahmen vor allem bei drei Organisationen, die ihre Arbeiten bei unterschiedlicher Schwerpunktsetzung relativ gut aufeinander abstimmen.

Die WTO hat im Juni 1991 in Ottawa/Kanada eine internationale Konferenz über Tourismusstatistik abgehalten, auf der Teilnehmer aus 90 Ländern anwesend waren. Dies war die erste Konferenz dieser Art seit 1963. Der Schwerpunkt der Arbeiten lag bei der Überarbeitung und Erweiterung der bestehenden Definitionen und Klassifikationen auf dem Gebiet der Tourismusstatistik. So war ein Anliegen der Konferenz, zu einer besseren Abstimmung mit den Konzepten der Volkswirtschaftlichen Gesamtrechnungen zu gelangen. Dies schlug sich nieder in Konkretisierungen zu den Kategorien "domestic tourism", "national tourism" und "international tourism". Die explizite Berücksichtigung des Inlandstourismus war ein zweites wichtiges Ergebnis der Konferenz. Breiten Raum nahm auch die Definition und statistische Erfassung des Tagestourismus ein. Weitere Themen waren die Klassifikation touristischer Aktivitäten sowie ein Entwurf für ein Tourismus-Satelliten-System.

Die wichtigsten Ergebnisse der Konferenz wurden in einer Resolution zusammengefaßt, die anschließend in Zusammenarbeit mit anderen internationalen Organisationen sowie auf Regionalseminaren der WTO weiter diskutiert wird, bevor sie im Februar 1993 der Statistischen Kommission der Vereinten Nationen zur Annahme vorgelegt werden wird. Es ist davon auszugehen, daß die Beschlüsse dieser Konferenz die tourismusstatistischen Arbeiten über viele Jahre prägen werden.

Der Schwerpunkt der tourismusstatistischen Aktivitäten bei der OECD lag in den letzten Jahren bei Arbeiten zur besseren Integration des Tourismus in das System der Volkswirtschaftlichen Gesamtrechnungen. Dazu wurde im Jahr 1991 ein Handbuch vorgelegt (vgl. OECD, 1991), das in den nächsten Jahren in der praktischen statistischen Arbeit erprobt werden soll.

Der Rat der Europäischen Gemeinschaften hat im Dezember 1990 eine Entscheidung getroffen über ein Zweijahresprogramm 1991-1992 zur Entwicklung einer gemeinschaftlichen Fremdenverkehrsstatistik (vgl. Europäische Gemeinschaften, 1990). Darin stellt der Rat fest, daß mit der Vollendung des Binnenmarktes der Bedarf an zuverlässigen, rasch verfügbaren und vergleichbaren statistischen Informationen zunehmen werde. Deshalb sollte ein gemeinschaftlicher Bezugsrahmen geschaffen werden für den Aufbau einer EG-Fremdenverkehrsstatistik. Ein wichtiger Aspekt dabei ist, eine bessere Vergleichbarkeit der in den Mitgliedsländern bereits verfügbaren statistischen Informationen über den Fremdenverkehr zu erreichen.

Das Programm, das z.Zt. unter Beteiligung der EG- wie auch der EFTA-Länder beim Statistischen Amt der Europäischen Gemeinschaften (SAEG) durchgeführt wird, umfaßt folgende vier Arbeitsschritte:
- Analyse und Bewertung der Nachfrage der Benutzer von Fremdenverkehrsstatistiken,

- Sammlung und Verbreitung der bereits verfügbaren Fremdenverkehrsdaten,
- Untersuchung der in den Mitgliedsstaaten bestehenden und der von den internationalen Organisationen verwendeten Systeme,
- Erarbeitung einer gemeinschaftlichen Methodik für die Erstellung gemeinschaftlicher Fremdenverkehrsdaten.

Beide Organisationen – OECD und SAEG – haben die Beschlüsse der WTO-Konferenz von Ottawa zur Grundlage ihrer eigenen Arbeiten gemacht, so wie auch beide Organisationen sich schon im Vorfeld der Konferenz aktiv an den Diskussionen beteiligt haben und auch an deren Umsetzung mitwirken.

1.5.2 Aktivitäten im nationalen Rahmen

Daß die amtliche deutsche Tourismusstatistik den gestiegenen Anforderungen der Benutzer nicht mehr in vollem Umfang gerecht wird, ist in den vergangenen Jahren vielfach betont worden. Dies hat dazu geführt, daß der Beirat für Fragen des Tourismus beim Bundesminister für Wirtschaft diesen im Dezember 1986 in einer Entschließung gebeten hat, beim Statistischen Bundesamt einen Arbeitskreis mit Vertretern aller wichtigen Fremdenverkehrsinstitutionen zu bilden mit dem Auftrag, "eine systematische Verbesserung der Tourismusstatistiken vorzuschlagen" (Statistisches Bundesamt, 1989, Anlage 1). Dieser Arbeitskreis ist dann im November 1987 zum ersten Mal zusammengetreten. Im März 1989 hat er seine Vorschläge zu einer Neukonzeption der Tourismusstatistiken vorgelegt.

Im März 1990 veranstaltete das Statistische Bundesamt im Rahmen seiner Wiesbadener Gespräche eine Tagung zum Thema "Tourismus in der Gesamtwirtschaft – Statistische Zahlen für Politik, Wirtschaft und Gesellschaft". Auch hier stand im Vordergrund der Diskussion der erweiterte Informationsbedarf auf dem Gebiet der Tourismusstatistik, wie er von verschiedenen Benutzergruppen aus Verbänden, Politik, Verwaltung, Wirtschaft und Wissenschaft artikuliert wurde. Die Ergebnisse der Tagung wurden vom Statistischen Bundesamt veröffentlicht (vgl. Statistisches Bundesamt, 1991).

Der Bericht des Arbeitskreises Tourismusstatistiken und der Verlauf des Wiesbadener Gesprächs stimmen in bezug auf die Feststellung der wichtigsten Defizite der derzeitigen Statistik weitgehend überein. Einhellig kritisiert wird im Bereich der Beherbergungsstatistik die bestehende Neun-Betten-Abschneidegrenze. Es kann davon ausgegangen werden, daß dadurch ein erheblicher Teil des Übernachtungsvolumens unerfaßt bleibt. Besonders nachteilig wirkt sich aus, daß dieser unerfaßte Anteil von Region zu Region sehr unterschiedlich sein kann, was bei interregionalen Vergleichen zu erheblichen Verzerrungen führt.

Die Kapazitätsauslastung wird in der derzeitigen Beherbergungsstatistik mit Hilfe der Bettenauslastung erfaßt. Hier besteht von seiten der Nutzer das Interesse, in Zukunft auch die Zimmerauslastung mit einzubeziehen, die für das Beherbergungsgewerbe die betriebswirtschaftlich interessantere Größe sei. Angeregt wurde auch die Erfassung der Herkunftsbundesländer bei den Inlandsgästen, um auf diese Weise die innerdeutschen Reiseverkehrsströme besser abbilden zu können.

Ein Schwerpunkt der Empfehlungen des Arbeitskreises Tourismusstatistiken bestand in dem Vorschlag zu einer eigenständigen Haushaltsbefragung über das Reiseverhalten. Dieser Vorschlag beruhte auf der Unzufriedenheit mit der damals noch bestehenden Erhebung über Urlaubs- und Erholungsreisen. Nach deren zwischenzeitlich erfolgtem Wegfall hat er noch zusätzlich an Gewicht gewonnen.

Der Arbeitskreis spricht sich für eine eigenständige, im Erhebungsumfang deutlich vergrößerte Statistik mit Auskunftspflicht aus. Mit einzubeziehen seien auch Kurzreisen (Reisen mit ein bis drei Übernachtungen), die bisher in der amtlichen Statistik nicht erfaßt wurden. Dazu wird vorgeschlagen, die Befragung der Haushalte in vierteljährlichen Wellen vorzunehmen. Angeregt wird außerdem eine Einbeziehung der Geschäftsreisen sowie eine Ergänzung der Liste der Erhebungsmerkmale.

Die Vorschläge des Arbeitskreises wie auch der anderen Nutzer der Statistik haben bisher zu keinen Initiativen in Richtung auf eine notwendige Gesetzesnovellierung geführt. In einer Entschließung hat der Arbeitskreis im November 1990 seine Unzufriedenheit darüber zum Ausdruck gebracht und seine wichtigsten Forderungen noch einmal bekräftigt (vgl. Statistisches Bundesamt, 1990). Zur Klärung wissenschaftlichmethodischer Probleme im Zusammenhang mit einer möglichen eigenständigen Haushaltsbefragung über das Reiseverhalten wird z.Zt. vom Statistischen Bundesamt in Zusammenarbeit mit Infratest eine Testerhebung nach § 7 Abs. 2 BStatG vorbereitet.

Literatur

Beckmann, K. (1991): Perspektiven des Fremdenverkehrs in den 90er Jahren. In: E.v. Böventer/H.-D. Haas (Hrsg.): Jahrbuch für Fremdenverkehr. Deutsches Wirtschaftswissenschaftliches Institut für Fremdenverkehr an der Universität München. München, S. 97–109.
Beherbergungsstatistikgesetz – BeherbStatG (1980): Bundesgesetzblatt (BGBl.) I, Nr. 38, S. 953 f.
Burchard, R. (1991): Urlauber sollen Gäste und nicht länger Fremde sein. In: FVW international, Heft 14, S. 5–6.
Dresch, A. (1987): Urlaubs- und Erholungsreiseverkehr 1984/85 – Ergebnisse des Mikrozensus 1985. In: Wirtschaft und Statistik, Heft 8, S. 634–638.
Europäische Gemeinschaften (1990): Entscheidung des Rates vom 17. Dezember 1990 über ein Zweijahresprogramm 1991–1992 zur Entwicklung der gemeinschaftlichen Fremdenverkehrsstatistik (90/665/EWG). In: Amtsblatt der Europäischen Gemeinschaften vom 21.12.1990, Nr. L358/89–L358/91.
Fremdenverkehrsstatistikgesetz – FremdVerkStatG (1960): Bundesgesetzblatt (BGBl.) I, Nr. 2, S. 6.
Freyer, W. (1991): "Tourismus", "Touristik" oder "Fremdenverkehr"? In: FVW international, Heft 16, S. 6–9.
FVW international (1991): Nachholbedarf, Heft 7, S. 4.
Kaspar, C. (1986): Die Fremdenverkehrslehre im Grundriß (St. Galler Beiträge zum Fremdenverkehr und zur Verkehrswirtschaft). 3. Auflage, Bern/Stuttgart.

Krockow, A., E. Wedel (1984): Beherbergungskapazität 1981. In: Wirtschaft und Statistik, Heft 3, S. 245–252.
OECD, Tourism Committee (1991): Manual on Tourism Economic Accounts. Paris.
Reeb, A. (1980): Inhalt und Aufbau der neuen Statistik der Beherbergung im Reiseverkehr. In: Wirtschaft und Statistik, Heft 12, S. 834–842.
Statistisches Bundesamt (Hrsg.) (1989): Bericht des Arbeitskreises "Tourismusstatistiken" zur Neukonzeption der Tourismusstatistiken. Wiesbaden.
Statistisches Bundesamt (1990): Entschließung des Arbeitskreises "Tourismusstatistiken" vom 27. November 1990. Wiesbaden.
Statistisches Bundesamt (Hrsg.) (1991): Tourismus in der Gesamtwirtschaft (Schriftenreihe Forum der Bundesstatistik, Band 17). Stuttgart.
WTO – World Tourism Organization (1992): Resolutions of the International Conference on Travel and Tourism Statistics (Ottawa, Canada, 24–28 June 1991). Madrid.

Weitere Literatur

Statistisches Bundesamt: Beschäftigte und Umsatz im Gastgewerbe (Meßzahlen). Fachserie 6, Reihe 4.1 (monatlich).
Statistisches Bundesamt: Beschäftigung, Umsatz, Wareneingang, Lagerbestand und Investitionen im Gastgewerbe. Fachserie 6, Reihe 4.2 (zweijährlich, zuletzt 1987).
Statistisches Bundesamt (1988): Handels- und Gaststättenzählung 1985. Gastgewerbe. Fachserie 6, Heft 1 "Unternehmen des Gastgewerbes", Heft 2 "Mehrbetriebsunternehmen und Arbeitsstätten des Gastgewerbes".
Statistisches Bundesamt: Beherbergung im Reiseverkehr. Fachserie 6, Reihe 7.1 (monatlich).
Statistisches Bundesamt: Beherbergungskapazität. Fachserie 6, Reihe 7.2 (sechsjährlich, zuletzt 1987).
Statistisches Bundesamt: Urlaubs- und Erholungsreisen. Fachserie 6, Reihe 7.3 (jährlich).
Statistisches Bundesamt: Eisenbahnverkehr. Fachserie 8, Reihe 2 (monatlich und jährlich).
Statistisches Bundesamt: Straßenpersonenverkehr. Fachserie 8, Reihe 3 (vierteljährlich und jährlich).
Statistisches Bundesamt: Binnenschiffahrt. Fachserie 8, Reihe 4 (monatlich und jährlich).
Statistisches Bundesamt: Luftverkehr. Fachserie 8, Reihe 6 (monatlich und jährlich).
Statistisches Bundesamt (1989): Wirtschaftsrechnungen. Einkommens- und Verbrauchsstichprobe 1983. Fachserie 15, Sonderheft "Reisen privater Haushalte".
Statistisches Bundesamt: Tourismus in Zahlen. Thematische Querschnittsveröffentlichung (jährlich).

2. Die Reiseanalyse – ein Instrument der Grundlagenforschung zur Marktbeobachtung und Analyse des touristischen Geschehens

Franz Dundler

2.1 Das Instrument Reiseanalyse

Mit der Reiseanalyse nimmt der Studienkreis für Tourismus, Starnberg, seit 1970 das Urlaubs- und Reiseverhalten der Bundesbürger regelmäßig jedes Jahr unter die Lupe. Die Untersuchung wird nach strengen wissenschaftlichen Kriterien auf breiter Basis repräsentativ angelegt und durchgeführt. Die Ergebnisse werden in Auszügen in den verschiedensten Medien ausführlich dargestellt und praxisnah analysiert. Bei der Entwicklung der Reiseanalyse wurde besonderer Wert darauf gelegt, über die Jahre hinweg methodische Kontinuität zu bewahren, dabei aber auch das aktuelle Geschehen im Tourismus sowie bezüglich gesellschaftlicher und wirtschaftlicher Rahmenbedingungen einzubeziehen. Damit können kurzfristige Entwicklungen ebenso wie langfristige Trends aufgezeigt und analysiert werden.

Die Reiseanalyse wurde im Laufe der Jahre zu einem wichtigen Instrument der Marktforschung und der Analyse des Tourismusgeschehens. Sie ist aktuell, vielfältig sowie umfassend und bietet praxisbezogene Daten für alle Bereiche des Tourismus. Das Forschungsprojekt ist als Gemeinschaftsuntersuchung angelegt und wird von etwa 50 Partnern aus den verschiedensten Bereichen des Tourismus getragen und gefördert (vgl. Abb. 1).

Vertreter aus den jeweiligen Teilbereichen des Tourismus arbeiten konzeptionell beim Entwurf der Befragung mit dem Studienkreis für Tourismus und dem jeweilig beauftragten Marktforschungsinstitut zusammen. Dadurch ist die Berücksichtigung der verschiedenen Interessen der einzelnen Partnergruppen und aktueller Entwicklungen gewährleistet.

- Ministerien
- Automobilclubs
- Wissenschaftliche Institutionen
- Verlage
- Reiseveranstalter
- Reisebüros
- Fremdenverkehrsverbände
- Unterkunfts- und Verkehrsorganisationen
- Freizeitindustrie
- Werbe- und Beratungsagenturen

Abb. 1: Die Reiseanalyse und ihre Partner

2.2 Die Untersuchungsmethode

Die Methode der Reiseanalyse ist wissenschaftlich abgesichert. Die Daten beruhen auf einer bevölkerungsrepräsentativen mündlichen Umfrage bei ca. 6500 Bundesdeutschen, die älter als 14 Jahre sind und in Privathaushalten leben. Die Auswahl der Befragungspersonen (Personenstichprobe) erfolgt nach einem mehrstufigen, geschichteten Zufallsverfahren im gesamten Bundesgebiet. Die Ergebnisse der Untersuchung beruhen auf Aussagen von Reisenden und Nichtreisenden, nicht auf denen touristischer Anbieter. Berücksichtigung finden vor allem längere Urlaubsreisen (fünf Tage und länger).

Erstmals mit der Reiseanalyse 1990 wurden die neuen Bundesländer in die Untersuchung einbezogen. Dieser Ausweitung der Reiseanalyse und der Angleichung an die neuen politischen Gegebenheiten gingen zahlreiche Vorstudien voraus, die sich mit sprachlichen ebenso wie mit befragungstechnischen und methodischen Einzelheiten beschäftigten. Um die Vergleichbarkeit der Ergebnisse zurück bis zum Jahr 1970 zu gewährleisten, werden die Ergebnisse für einige Jahre differenziert nach alten und neuen Bundesländern und insgesamt ausgewiesen werden.

2.3 Themen und Ergebnisse der Reiseanalyse

Themen der Reiseanalyse sind Verhaltensweisen, Meinungen und Motive, Interessen und Absichten in bezug auf Urlaub und Reisen. Mit insgesamt ca. 70 Reisefragen und 20 Fragen zur Statistik werden objektive Tatbestände und subjektive Beurteilungen und Meinungen der Reisenden und Nichtreisenden eines jeden Jahres ermittelt.

Mit dem ausführlichen Fragenkatalog werden alle relevanten Bereiche des touristischen Verhaltens beleuchtet (Reiseintensität und -volumen, Reisevorbereitung, Motive, Organisation, Ziele, Unterkunft, Verkehrsmittel, Aktivitäten, Ausgaben und vieles andere mehr). Darüber hinaus werden jeweils Interessen und Einstellungen ermittelt, die in Zukunft verhaltensbestimmend sein könnten. Diese Themen werden in einem jährlich gleichbleibenden Grundfragenprogramm erhoben, das durch wechselnde Schwerpunktprogramme ergänzt wird. Die Schwerpunktprogramme beziehen sich auf jeweils aktuelle Fragestellungen im touristischen Bereich. Ihnen werden ca. 6 bis 10 Fragen gewidmet. Darüber hinaus sind Exklusivfragen für einzelne Partner möglich, die spezielle Informationsbedürfnisse im Rahmen einer Grundlagenuntersuchung abdecken möchten.

Die Ergebnisse der Reiseanalyse werden in einem unfangreichen Untersuchungsbericht analytisch dargestellt. Der Bericht steht ebenso wie die Tabellenbände und der Zugang zu EDV-Analysen nur den Partnern der Reiseanalyse zur Verfügung. Der interessierten Allgemeinheit wird der Zugang zu den Informationen mit einer zeitlichen Verzögerung von zwei Jahren ermöglicht. Besondere Fragestellungen lassen sich im Rahmen von Sonderstudien auf der Datengrundlage der Reiseanalyse bearbeiten.

Im Mittelpunkt der Reiseanalyse steht nicht nur die Feststellung des Volumens der Reiseströme, sondern der Reisende als Individuum. Die Wünsche, Vorstellungen und Meinungen der Reisenden bieten, kombiniert mit dem tatsächlichen Reiseverhalten von Personengruppen, eine ideale Grundlage für Marketingbetrachtungen und die Entwicklung von nachfrageorientierten Konzepten. Außerdem bietet die Reiseanalyse hervorragende Voraussetzungen zur Marktsegmentierung nach fast allen denkbaren Kriterien, gerade auch durch Fragen nach Einstellungen und Interessen der Reisenden. Sie erlaubt nicht nur die Identifizierung und Beschreibung von soziodemographischen, touristischen oder psychologischen Zielgruppen, sondern gestattet auch deren intensive Analyse durch die Verknüpfung mit dem gesamten Fragenprogramm.

Die Partner der Reiseanalyse nutzen die Ergebnisse und Analysen zur Beobachtung des touristischen Geschehens, zur Ableitung politischer Maßnahmen, zur Entwicklung neuer touristischer Angebote und zur Kontrolle der Wirkung dieser Maßnahmen. Zusätzlich zu den schriftlich oder auf Speichermedien vorliegenden Ergebnissen der Reiseanalyse führt der Studienkreis für Tourismus für alle Partner des Untersuchungsprojekts Beratungen durch, bei denen spezielle Einzelthemen berücksichtigt werden können.

2.4 Eckdaten der Reiseanalyse

Die Reiseintensität mißt, wieviele Bundesbürger in einem Jahr mindestens eine (oder mehrere) Urlaubsreisen gemacht haben, die fünf Tage oder länger dauerten (vgl. Tab. 1).

Tab. 1: Die Reiseintensität 1970–1990

		Bevölkerung insgesamt (in Mio.)	Reiseintensität	
			(in %)	(in Mio.)
1990	Gesamt	62,4	69,2	43,2
1990	*Neue Bundesländer*	*13,4*	*73,2*	*9,8*
1990	*Alte Bundesländer*	*49,0*	*68,2*	*33,4*
1989		48,8	66,8	32,6
1980		47,0	57,7	27,1
1970		44,5	41,6	18,5

Im Jahr 1990 verreisten 69,2% der über 14jährigen Bundesbürger, d.h. 43,2 Mio. Personen haben eine oder mehrere Urlaubsreisen gemacht. In den alten Bundesländern ist die Reiseintensität im Vergleich zum Vorjahr nochmals angestiegen und betrug 1990 bereits 68,2%. Noch vor zehn Jahren (1980) verreisten nur 57,7% der westdeutschen Bevölkerung, 1970 waren es erst 41,6%. In den neuen Bundesländern verreiste im Jahr 1990 ein weit größerer Anteil der Bevölkerung als im gleichen Zeitraum in den alten Ländern: 73,2% packten in der ehemaligen DDR ihre Urlaubskoffer.

Die Reisenden haben teilweise mehrere Urlaubsreisen unternommen. Die Reisehäufigkeit in den neuen Bundesländern war im Jahr 1990 weit höher als die der Westbürger. In den neuen Bundesländern wurden von 9,8 Mio. Reisenden 13,4 Mio. Urlaubsreisen gemacht, im Schnitt 1,37 Reisen pro Urlauber. Die Westdeutschen (33,4 Mio. Reisende) unternahmen 48,7 Mio. Reisen, was einem Durchschnitt von 1,23 Reisen entspricht (vgl. Abb. 2).

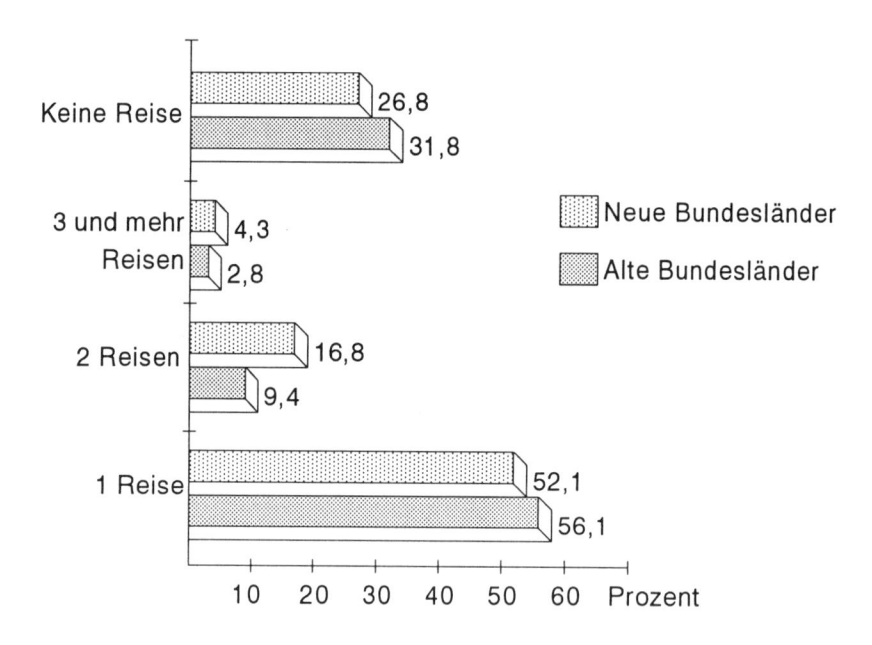

Abb. 2: Reisehäufigkeit 1990 (in %)

Eine deutliche Verlagerung ergab sich durch die neuen Bundesländer bei den Reisezielen. Die Reisenden aus den neuen Ländern steuerten zu drei Vierteln Reiseziele im Inland an. Urlauber aus den alten Ländern blieben nur zu einem knappen Drittel innerhalb der bundesdeutschen Grenzen (vgl. Abb. 3). Dadurch hat sich für innerdeutsche Reiseziele ein Marktzuwachs von knapp 10 Mio. Reisen über 5 Tage ergeben.

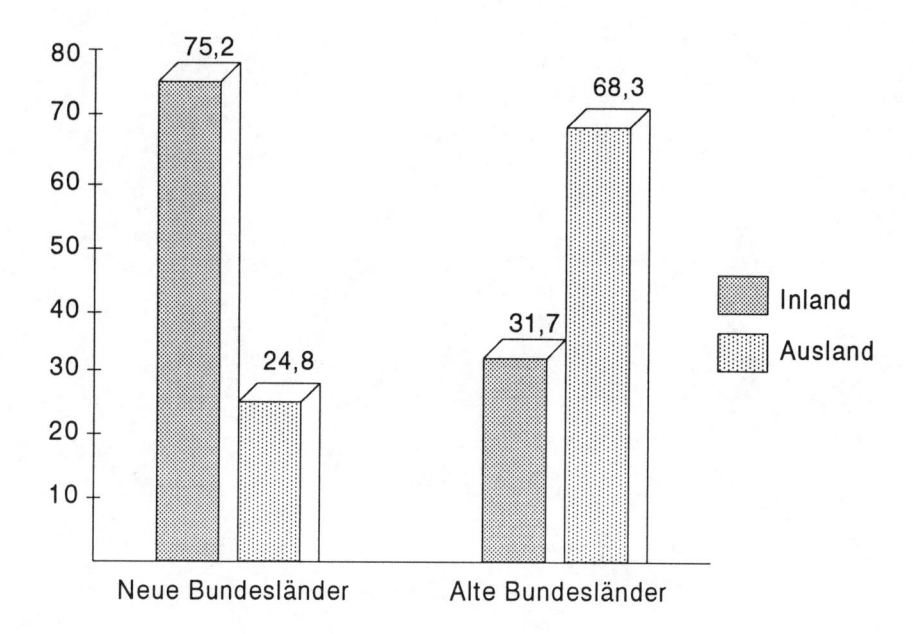

Abb. 3: Reiseziele 1990 (in %)

Nicht so gravierende Unterschiede zwischen West- und Ostdeutschland gab es 1990 bei der Organisationsform der Reise. 37% aller Urlaubsreisen von Westdeutschen waren ganz oder teilweise organisiert (Pauschalreise), knapp zwei Drittel (63%) bevorzugten eine Individualreise. Die Reiseveranstalter konnten in den neuen Bundesländern bisher noch nicht so hohe Marktanteile gewinnen wie im Westen: Nur 32,1% aller Urlaubsreisen der neuen Bundesbürger wurden mit Hilfe eines Reiseveranstalters organisiert, 67,6% waren Individualreisen. Das bedeutet, daß die Pauschalreisen 1990 einen Anteil an allen Reisen von 35,9% erreicht hat.

3. Der Europäische Reise-Monitor

Conny Kuchlbauer

3.1 Entstehung

Noch vor einigen Jahren war es nahezu unmöglich, verläßliche und aussagekräftige Daten über die Reisetätigkeit der Europäer zu erhalten. Zwar wurden verschiedene Umfragen durchgeführt – mehr oder weniger detailliert –, doch Methode und Befragung in den einzelnen Ländern waren so unterschiedlich, daß man ihre Ergebnisse – wenn überhaupt – nur sehr schwer miteinander vergleichbar machen konnte.

Es fehlte der Überblick über den gesamten europäischen Reisemarkt. Weder sein Volumen insgesamt oder gar seine Struktur noch die Zielrichtung touristischer Ströme im einzelnen waren ausreichend untersucht. Der Tourismusindustrie fehlte eine Datenbasis, auf deren Grundlage sie Volumen und Struktur von Island bis Griechenland und Portugal *direkt vergleichen* konnte.

Um diesen Mißstand zu beheben, wurde im Jahr 1988 der EUROPEAN TRAVEL MONITOR ins Leben gerufen. Der EUROPEAN TRAVEL MONITOR ist ein touristisches Informationssystem und stellt die bisher einzige kontinuierliche Analyse des internationalen Tourismus in Europa dar. Er wird als Multiclient-Studie durchgeführt. Hauptauftraggeber sind nationale Verkehrsbüros, Nationalbanken, Verkehrsträger, Reiseveranstalter, Ministerien und das internationale Hotelgewerbe. Träger des EUROPEAN TRAVEL MONITOR ist die European Travel Data Center S.A. mit Sitz in Luxemburg.

3.2 Methode

3.2.1 Erhebungsziel

Der EUROPEAN TRAVEL MONITOR hat die laufende Erfassung der quantitativen Grundstruktur des europäischen Reisemarktes zum Ziel (Mengengerüst). Kontinuierlich wird daher in Form von sukzessiven Befragungswellen, die jeweils in der ersten und zweiten Woche nach der entsprechenden Bezugsperiode geschaltet werden, die Reisetätigkeit der Europäer in den zurückliegenden Monaten erfaßt.[1] Marktverände-

---

[1] Beispiel: Tab. 2 im Anhang zeigt, wieviele Interview-Wellen in jedem Land jährlich durchgeführt werden. In Belgien werden sechs Wellen durchgeführt, d.h. die Interviews erfolgen alle zwei Monate und beziehen sich auf die beiden jeweils vorhergehenden Reisemonate; usw.

rungen und Reisetrends werden somit zeitnah erkannt, wobei die periodische Schaltung von Befragungswellen Erinnerungsverluste minimiert und maßgeblich zu einer realistischen Erfassung der tatsächlichen Volumina des europäischen Reisemarktes beiträgt.

Um Trends ermitteln zu können, wurde die Grundkonzeption des EUROPEAN TRAVEL MONITOR in den drei Jahren seiner Existenz beibehalten.

3.2.2 Erhebungsobjekt

Gegenstand des EUROPEAN TRAVEL MONITOR ist die zeitnahe Erfassung aller Reisen der Europäer: Unabhängig vom Reiseanlaß werden alle Reisen *mit mindestens einer Übernachtung* außerhalb des ständigen Wohnortes abgefragt. Es werden daher neben Urlaubsreisen auch alle Arten von Geschäftsreisen sowie Verwandten- und Bekanntenbesuche und sonstige Privatreisen erfaßt. Entfernung oder Reiseanlaß spielen dabei also keine Rolle. Nicht erfaßt werden Reisen von Pendlern oder Studienaufenthalte etc., die die Dauer von drei Monaten überschreiten.

Thematischer Schwerpunkt des EUROPEAN TRAVEL MONITOR sind Auslandsreisen.

3.2.3 Untersuchungsprogramm

Charakteristisches Merkmal des EUROPEAN TRAVEL MONITOR ist seine Konzentration auf Grundfragen, die bei der touristischen Marktforschung und Marketingplanung im Vordergrund stehen. Im einzelnen werden Daten zu folgenden Themen erhoben:
- *Marktvolumen*
  - Zahl der Reisen
  - Zahl der Übernachtungen
  - Reiseausgaben
  - Reiseintensität (= Anteil der Bevölkerung, der mindestens eine Reise gemacht hat)
  - Reisefrequenz (= Reisehäufigkeit, also die durchschnittliche Zahl der Reisen pro Reisendem)
- *Absatzvolumen*
  - Zahl der Reisen und Übernachtungen pro Herkunftsmarkt und Herkunftsregion
  - Zahl der Reisen und Übernachtungen pro Zielland
  - Marktanteile bezüglich Reisen, Übernachtungen, Ausgaben pro Herkunftsmarkt/-region und Zielland

- *Reiseanlaß*
  - Urlaub (z.B. Sun & Beach-Urlaub, Rundreise, Ski-, Gesundheits-, Sporturlaub)
  - Geschäftsreise (z.B. zu Konferenz/Kongreß/Tagung, zu Messe/Ausstellung)
  - sonstige Anlässe privater Reisen (z.B. Reisen mit dem Ziel, Verwandte und Bekannte zu besuchen)
- *Verkehrsmittel*
  - PKW (eigener, gemieteter)
  - Flugzeug (Charter, Linie)
  - Bahn
  - Bus
  - Schiff (Fähre, Kreuzfahrtschiff)
  - Kombinationen
- *Unterkunft*
  - Hotel (gehobene, mittlere, einfache Kategorie)
  - Ferienwohnung (eigene, gemietete)
  - Privatzimmer
  - Camping
  - Schiff
  - Jugendherberge
  - privat bei Bekannten/Verwandten
- *Organisation der Reise*
  - Pauschalreise
  - Buchung von Teilleistungen wie Flug, Unterkunft etc. vor Reiseantritt in einem Reisebüro
  - Buchung von Teilleistungen wie Flug, Unterkunft etc. direkt bei der Fluglinie, beim Hotel oder bei der Pension etc. (*nicht* im Reisebüro)
  - keine Buchungen vor Reiseantritt getätigt
- *Saison*
  - Reisemonate
  - Hauptsaison, Nebensaison
- *Dauer der Reise*
  - Kurzreisen (1–3 Nächte)
  - längere Reisen (4 Nächte und mehr)
  - durchschnittliche Dauer der Reisen
- *Zielgruppenmerkmale*
  - Alter
  - Geschlecht
  - Wohnortgröße
  - Haushaltsgröße
  - Kinder unter 15 Jahren im Haushalt
  - soziale Schicht
  - Lebenszyklus

Nachdem der EUROPEAN TRAVEL MONITOR bereits für die Kalenderjahre 1988, 1989 und 1990 durchgeführt wurde und sich nun im vierten Erhebungsjahr befindet, sind bezüglich der oben dargestellten Themen auch Aussagen über den Trend möglich: Dynamik der einzelnen Markt- und Absatzvolumina, Trends in einzelnen Teilmärkten, Veränderungen bei der Wahl der Unterkunft oder des Verkehrsmittels sowie Zielgruppenveränderungen.

3.2.4 Erhebungsgebiet

- *Westeuropa:* Belgien, Dänemark, Ost-Deutschland, West-Deutschland, Finnland, Frankreich, Großbritannien, Griechenland, Irland, Island, Italien, Luxemburg, Niederlande, Norwegen, Österreich, Portugal, Schweden, Schweiz, Spanien.
- *Osteuropa:* Bulgarien, Jugoslawien, Polen, Rumänien, Tschechoslowakei, Ungarn.

Insgesamt umfaßt die Grundgesamtheit für den EUROPEAN TRAVEL MONITOR rund 295 Mio. Frauen und Männer in Westeuropa sowie rund 90 Mio. in Osteuropa im Alter von 15 Jahren und älter.

3.2.5 Erhebungsmethode

a) Institute

Der EUROPEAN TRAVEL MONITOR wird durch Marktforschungsinstitute in den jeweiligen Ländern durchgeführt. Jedes Institut hat langjährige Erfahrungen in der Durchführung von bevölkerungsrepräsentativen Umfragen. Das landesspezifische Know-how der Institute in den einzelnen Ländern garantiert die Anpassung des Fragebogens des EUROPEAN TRAVEL MONITOR an die jeweiligen Eigenarten des entsprechenden Landes.

b) Fragebogen

Der europaweit gültige Standardfragebogen des EUROPEAN TRAVEL MONITOR ist bindend bezüglich Reihenfolge und Wortlaut der einzelnen Fragen. Den Interviewern ist es also nicht gestattet, Fragen abzuändern oder neu zu formulieren. Sie erhalten spezielle Instruktionen über das Erhebungsziel des EUROPEAN TRAVEL MONITOR und werden hinsichtlich Qualität und Zuverlässigkeit ihrer Arbeit kontinuierlich überprüft.

Der einheitliche Fragebogen garantiert die Vergleichbarkeit der Daten, die in den einzelnen Ländern erhoben werden. Es ist somit gewährleistet, daß unterschiedliche Ergebnisse auch tatsächlich auf unterschiedliches Reiseverhalten in den Ländern Europas zurückzuführen sind.

Außerdem haben Kunden die Möglichkeit, der Erhebung individuelle Fragen zuzuschalten. Die Ergebnisse solcher Zusatzfragen werden dem Kunden exklusiv zur Verfügung gestellt.

c) Auswahl der Befragten und Art der Befragung

Aus der Grundgesamtheit aller Personen im Alter von 15 und mehr Jahren werden nach einem Zufallsauswahlverfahren pro Land und Befragungswelle repräsentative Stichproben gezogen. Diese werden für jede Befragungswelle neu zusammengestellt, so daß immer wieder neue Personen befragt werden (bezüglich des Stichprobenumfangs vgl. Tab. 2 im Anhang). Alle Ergebnisse sind also auf Personen- und nicht auf Haushaltsbasis zu interpretieren.

In allen Ländern mit einer Telefondichte von mehr als 90% werden die Interviews telefonisch, in den übrigen Ländern persönlich durchgeführt (siehe Tab. 2 im Anhang). Bei telefonischen Befragungen wird der Interviewablauf durch den Computer gesteuert (C.A.T.I.-System). Das ermöglicht gezielte Kontrollfragen und vereinfacht die korrekte Anwendung der "Filter".

Grundpostulat der Datenermittlung ist die Minimierung von Erinnerungsverlusten durch die periodische Schaltung von Befragungswellen. Daher wird jede Befragungswelle des EUROPEAN TRAVEL MONITOR in der ersten und zweiten Woche nach der entprechenden Bezugsperiode durchgeführt.

3.3 Ergebnisse

3.3.1 Daten- und Ergebnis-Analyse

Die Computer-Auswertung der Ergebnisse des EUROPEAN TRAVEL MONITOR erfolgt in Großbritannien durch Numbers Data Processing Ltd., London. Numbers arbeitet gemäß detaillierten Anweisungen und Spezifikationen, die vom European Travel Data Center, Luxemburg, speziell für den EUROPEAN TRAVEL MONITOR entwickelt wurden.

Die Analyse der EUROPEAN-TRAVEL-MONITOR-Ergebnisse erfolgt in Deutschland durch das Institut für Planungskybernetik, IPK-München GmbH – ein im internationalen Tourismus erfahrenes Marktforschungsinstitut – in Zusammenarbeit mit einem internationalen Marktforschungsteam.

Grundsätzlich werden alle Daten sowohl als Prozentwerte ausgewiesen als auch auf die Gesamtbevölkerung hochgerechnet. Der sogenannte Hochrechnungsfaktor ergibt sich pro Land durch Division der Wohnbevölkerung im Alter von 15 und mehr Jahren durch den jeweiligen Stichprobenumfang.

Beispiel: In Großbritannien werden 2000 Personen in jeder Welle interviewt. Insgesamt gibt es rund 40 Mio. Briten im Alter von 15 und mehr Jahren. Somit steht die Antwort jeder befragten Person stellvertretend für ca. 20 000 erwachsene Einwohner Großbritanniens. Demzufolge wird jede Reise mit einem Faktor von 20 000 multipliziert:
- Falls ein befragter Brite eine Reise in den vergangenen zwei Monaten unternommen hat, entspricht diese hochgerechnet rund 20 000 Reisen.
- Falls ein befragter Brite drei Reisen in den vergangenen drei Monaten unternommen hat, werden diese zu insgesamt rund 60 000 Reisen hochgerechnet.
- Das Jahresvolumen der Reisen wird dann durch die Addition der Hochrechnungsergebnisse pro Welle errechnet.

3.3.2 Verfügbarkeit der Ergebnisse

Die Ergebnisse des EUROPEAN TRAVEL MONITOR stehen schon nach kürzester Zeit zur Verfügung: Für das laufende Reisejahr liegen die Daten in weniger als zwei Monaten nach Ablauf des Kalenderjahres in Tabellenform vor. Kunden des EUROPEAN TRAVEL MONITOR erhalten außerdem sogenannte "Topline Telegrams", die in viermonatigen Abständen eine aktuelle Übersicht über Trends und Entwicklung der jeweiligen Reiseperiode geben.

In der Regel besteht die Jahres-Ergebnislieferung aus einem Tabellenband und einem separaten Berichtsband; auf besonderen Wunsch erhalten Nutzer aber auch Datenbänder. Im einzelnen werden folgende Berichtsformen ausgeliefert:
- "Outgoing-Report": erfaßt alle Reisen aus einem oder mehreren Ländern zu allen Zielen weltweit;
- "Incoming-Report": erfaßt alle Reisen in ein bestimmtes Zielland, ausgehend von einem, mehreren oder allen im EUROPEAN TRAVEL MONITOR erfaßten Ländern;
- "Segment Reports": Outgoing- oder Incoming-Reports in bezug auf ein bestimmtes Marktsegment, z.B. alle Pauschalreisen, alle Reisen per Flugzeug;
- "Special Publications": Land für Land werden Trends und Entwicklungen bestimmter Segmente in einer Sonderpublikation zusammengefaßt, z.B. European International Business Travel, European Travel Buying Power, European Accommodation Market, European Travel Intensity, European Short Break Market.

3.3.3 Kostenbeispiele

Die Mindestbeteiligung am EUROPEAN TRAVEL MONITOR beträgt 5000,- ECU (ca. 10 000,- DM). Ein kompletter Outgoing-Report für ein bestimmtes Land kostet 9250,- ECU (ca. 18 500,- DM), ein kompletter Incoming-Report für ein bestimmtes

Land 98 000,- ECU (ca. 195 000,- DM). Beim Bezug von mehreren Ländern oder beim Bezug von Teilsegmenten (z.B. nur Urlaubsreisen oder nur Geschäftsreisen oder nur Flugreisen) werden Preisnachlässe gewährt.

3.4 Beispiel

Der folgende Tabellenausschnitt (Tab. 1) zeigt, welche Verkehrsmittel Europäer auf ihren Auslandreisen benutzt haben.

Tab. 1: Übersicht der für Auslandsreisen benutzten Verkehrsmittel der Europäer im Jahr 1990

B. Outgoing Report: all Europe, Period Jan.–Dec. 1990

Transport Used	Total All Trips Abroad	Short Holiday (1–3 N)	Purpose of trip Long Holiday (4+ N)	VFR* (1+ N)	Business (1+ N)
	238299 100%	33756 100%	131697 100%	15816 100%	36227 100%
Private car	105255 45%	16977 51%	58251 44%	9478 60%	13727 38%
Rental car	5904 2%	328 1%	3701 3%	269 2%	1399 4%
Plane – charter	32317 14%	949 3%	26948 21%	834 5%	2313 6%
Plane – scheduled	46099 19%	1945 6%	24906 19%	2433 15%	14493 40%
Train	24960 11%	3377 10%	12375 9%	3215 20%	3363 9%
Coach / bus	46006 19%	9298 28%	25041 19%	1528 10%	3820 11%
Ship – ferry	17968 8%	4090 12%	8780 7%	561 4%	2536 7%
Ship – cruise	5621 2%	1155 3%	3292 3%	241 2%	534 1%

Note: 000's are grossed up estimates of adult trips (15 years and older).
Percentages based on number of answers. A maximum of two answers is possible.

* VFR = Visiting Friends and Relatives

Insgesamt haben die West- und Osteuropäer in 1990 238,3 Mio. Auslandsreisen in alle Welt durchgeführt.
- Bei 45% dieser Reisen wurde zum Beispiel der private PKW und bei 33% das Flugzeug genutzt (14% Charterflüge und 19% Linienflüge).
- Die Tabelle zeigt auch, daß der Anteil der Linienflüge bei Geschäftsreisen deutlich höher liegt, nämlich bei 40%.

3.5 Anhang

Tab. 2: EUROPEAN TRAVEL MONITOR 1991 – Überblick

Land	Zahl der Interview-Wellen	Stichprobe pro Welle	Interview-Methode	Bevölkerung 15 Jahre u. älter (in Tsd.)	Quelle, Jahr
Belgien	6	1000	persönlich	8,054	CIM, 1988/1989
Bulgarien	1	2000	persönlich	7,361	Statist. Bundesamt, 1990
CSFR	1	2000	persönlich	11,600	Stat. Handb. der CSFR, 1986
Dänemark	6	1000	telefonisch	4,232	Statistical Yearbook, 1989
Ost-Deutschland	4	1000	persönlich	13,232	Statist. Jahrbuch, 1989
West-Deutschland	12	2000	telefonisch	49,007	Statist. Jahrbuch, 1987
Finnland	6	1000	telefonisch	3,975	Statistical Yearbook, 1990
Frankreich	6	2000	telefonisch	43,140	INSEE, 1982
Griechenland	1	1200	telefonisch	8,114	NSSG, 1989
Großbritannien	6	2000	persönlich	45,122	Off. of Pop. Census, 1988/1989
Irland	1	3000	persönlich	2,545	Central Stat. Office, 1990
Island	1	675	telefonisch	0,185	Bullet. of Stat. Bur., 1989
Italien	6	2100	telefonisch	47,570	ISPI, 1989
Jugoslawien	1	2100	persönlich	16,913	Statistical Yearbook, 1990
Luxemburg	1	1000	persönlich	0,307	STATEC, 1987
Niederlande	6	4000	persönlich	11,457	Minicensus, 1988
Norwegen	6	1000	telefonisch	3,356	Central Bur. of Stat., 1987
Österreich	6	2000	persönlich	6,277	Statist. Zentralamt, 1987
Polen	1	2000	persönlich	28,101	Statist. Jahrbuch, 1990
Portugal	1	2000	telef./schriftl.	6,442	INE, 1981
Rumänien	1	2000	persönlich	17,463	Statist. Handb. RO, 1987
Schweden	6	1000	telefonisch	7,005	SCB, 1989
Schweiz	6	1000	telefonisch	5,057	Bundesamt f. Stat., 1990
Spanien	6	1000	persönlich	30,029	Padron Municipal, 1986
Ungarn	1	2000	persönlich	8,172	Statist. Jahrbuch, 1990

4. TouristScope

Reinhold Weissbarth und Barbara Troger

4.1 Zielsetzung

TouristScope wurde 1986 von dem Münchener Institut Infratest Sozialforschung in Zusammenarbeit mit den Marktführern der Reisebranche konzipiert als schnelles, flexibles Monitoring-System, das vierteljährlich Planungsdaten zum deutschen Urlaubsreisemarkt liefert. TouristScope ist eine Repräsentativuntersuchung zum Reiseverhalten der deutschen Bevölkerung, die sich auf "harte" Marktdaten konzentriert, d.h. objektive Tatbestände wie Reiseziel, Reiseverkehrsmittel und Organisationsform ermittelt. Die vergleichsweise dichte "Meßkette" und die hohen Fallzahlen lassen Marktveränderungen und Trends rasch erkennen.

Das Untersuchungsprogramm ist orientiert am Informationsbedarf von Reiseveranstaltern, Verkehrsträgern und Reisevermittlern, Fremdenverkehrsverbänden, Ministerien und anderen am Reisemarkt interessierten Unternehmen und Institutionen.

Der folgende Beitrag befaßt sich mit Einsatzmöglichkeiten, Methode und Fragenprogramm des TouristScope. Darüber hinaus werden einige wichtige Ergebnisse aus der Untersuchung dargestellt.

4.2 Einsatzmöglichkeiten des Instruments

Ein flexibles Management muß die Möglichkeit haben, seine Planung ständig zu kontrollieren, um auch kurzfristig am Markt agieren zu können. Es braucht deshalb Instrumente, die die Entwicklung am Markt sowohl retrospektiv (durchgeführte Reisen) als auch prospektiv (geplante Reisen) kontinuierlich beobachten. Eine jährliche Berichterstattung reicht zu diesem Zweck nicht aus, da der Entscheidungszeitpunkt für eine Reise bzw. eine durchgeführte Reise schon relativ weit zurückliegen kann. Ein vierteljährliches Berichtssystem hingegen stellt aktuelle Informationen über den Markt bereit, so daß Veränderungen in der Nachfragestruktur oder Verschiebungen der Marktanteile frühzeitig erkannt werden. Schnell verfügbare Daten sind wiederum Voraussetzung für rechtzeitige Anpassung an veränderte Nachfragestrukturen.

TouristScope wird von seinen Beziehern auf vielfache Weise genutzt:
- *Standardmonitoring*
  Die wichtigsten den Reisemarkt beschreibenden aktuellen Kennwerte werden in entsprechende Zeitreihen eingearbeitet. Die wichtigsten Kennwerte sind Reiseintensität, Reisehäufigkeit, Reisevolumen, Anteile von Zielgebieten, Verkehrsmittel und Organisationsform. Auf diese Weise können sich anbahnende Trends früh er-

kannt werden ("Frühwarnsystem"). So zeichnete sich etwa in den vergangenen Jahren ein Rückgang der Reisen nach Spanien und Italien ab, während Griechenland und die Türkei immer beliebter wurden.

− *Monitoring spezieller Zielgruppen*
Natürlich interessiert nicht alle Bezieher das gleiche am TouristScope. Besonders genau analysiert werden Flugreisen, insbesondere Charterflugreisen, Reisen in die Mittelmeerländer, Bahnreisen und Fernreisen. Durch die großen Stichproben und die große Zahl von ermittelten Reisen sind die Fallzahlen in den wichtigen Zielgruppen mehr als ausreichend. So können pro Welle etwa 1300 Reisen nach Spanien ausgewertet werden. Damit lassen sich auch Strukturveränderungen innerhalb der Zielgruppen "dingfest machen".

− *Planungskorrekturen*
Die laufende Ermittlung und Auswertung der Reiseabsichten der Deutschen kann zur kurzfristigen Angebotsplanung und deren Korrektur herangezogen werden. So läßt sich zum einen erkennen, welche Zielgebiete an Attraktivität gewinnen und wie die Menschen planen, dorthin zu kommen. Entsprechend können das Bettenkontingent in diesem Gebiet und die Zahl der Flüge dorthin erhöht werden.

Zum anderen lassen sich die Einflüsse aktueller Ereignisse auf das Reiseverhalten nicht erst im nachhinein feststellen, sondern bereits a priori abschätzen. So erlebten die in die ehemalige DDR geplanten Reisen im Frühjahr 1990 eine stürmische Aufwärtsentwicklung, die auf Kosten anderer Länder Mitteleuropas ging (z.B. von Österreich).

Der Krieg am Golf im Winter 1991 verunsicherte die Reisebranche stark. Sie erlebte drastische Buchungsrückgänge im Vergleich zu den entsprechenden Monaten des Vorjahres. Natürlich waren in dieser Situation die im Februar 1991 ermittelten Reisepläne von besonderer Bedeutung. Zusatzfragen zum Einfluß des Golfkriegs auf die Reiseabsichten wurden eingeschaltet und eine Zwischenauswertung nach der Hälfte der Feldzeit angefordert. Es zeigte sich, daß das Volumen der geplanten Reisen nur leicht rückläufig war, allerdings zeichneten sich deutlich die befürchteten dramatischen Einbrüche bei den Ländern des östlichen Mittelmeers und Nordafrikas ab. Einige der Befragten planten offenbar, nach Spanien auszuweichen − die Reiseabsichten nach Spanien lagen zum ersten Mal seit Jahren wieder deutlich über den Werten des Vorjahres. Zu diesem Zeitpunkt (also Mitte Februar) hätte sich die Angebotsplanung der Reiseveranstalter eventuell noch korrigieren lassen. Allerdings machten die Zahlen auch deutlich, daß ein beträchtlicher Teil der Befragten mit ihrer Entscheidung einfach noch zurückhielt − die Zahl der "weiß noch nicht"-Antworten war ca. 20% höher als sonst. Dies veranlaßte die Reiseveranstalter dazu, erst einmal abzuwarten und auf bessere Zeiten zu hoffen. Das erwies sich in der Folge als richtig.

− *Sonderuntersuchungen*
Reichen die von TouristScope gelieferten Standarddaten für bestimmte Anforderungen der Bezieher nicht aus, so lassen sich Sonderuntersuchungen auf das Fra-

genprogramm "aufsatteln". Meist betreffen diese Sonderuntersuchungen bestimmte Zielgruppen – Gegenstand von Sonderuntersuchungen waren bereits Spanien-Reisende und USA-Reisende. Handelt es sich nur um einige wenige über das Standardfragenprogramm hinausgehende Fragen, so werden diese direkt im Anschluß an das TouristScope-Interview gestellt. Ist allerdings ein längeres oder gar persönlich-mündliches Interview vorgesehen, so besteht die Möglichkeit, die Adressen der zur gewünschten Zielgruppe gehörigen Befragten aufzunehmen, sofern diese sich damit einverstanden erklären. Diese Befragten werden dann später noch einmal kontaktiert (evtl. sogar mit einer schriftlichen Vorankündigung) und ausführlicher zu dem Sonderthema befragt.

Die hier dargestellten Einsatzmöglichkeiten erheben keineswegs den Anspruch auf Vollständigkeit – Erkenntnisinteresse und Auswertungswünsche der Bezieher sind ja stets geleitet von dem speziellen Nutzen, den sie von einer Untersuchung erwarten. Die Nutzung von TouristScope ist zweckorientiert. So erklärt sich auch, warum viele Auswertungsmöglichkeiten, die das Datenmaterial bieten würde, bisher nicht genutzt wurden – z.B. wurde noch nie eine Analyse der Nichtreisenden vorgenommen.

4.3 Forschungsanspruch und Programm

TouristScope erfaßt auf Stichprobenbasis *lückenlos alle Urlaubsreisen mit Übernachtung der in der Bundesrepublik Deutschland wohnenden Bevölkerung* (Wohnbevölkerungs-Konzept – auch deutschsprechende Ausländer werden mitberücksichtigt). Das heißt, sowohl "lange" Urlaubsreisen (5 Tage und länger) als auch Kurzreisen (Dauer 2–4 Tage) werden ermittelt, ebenso auch die dritte, vierte und fünfte Urlaubsreise besonders mobiler Bevölkerungsgruppen und die Reisen von mitreisenden Kindern. Nur durch die vollständige Erhebung *aller* Reisen sind korrekte Volumenabschätzungen und unverzerrte Strukturwiedergaben möglich.

Darüber hinaus liefert der TouristScope auch zu den *Reiseplänen* der Bundesbürger Daten, und zwar zu den wichtigen Merkmalen jeder einzelnen beabsichtigten Reise (s.u.). Auf die Ermittlung von Einstellungen, Motiven und Erwartungen, die das Reiseverhalten entscheidend beeinflussen können, wird im TouristScope bewußt verzichtet, um das Fragenprogramm nicht zu überfrachten – diese Daten stellt darüber hinaus seit 20 Jahren die REISEANALYSE (RA), Starnberg, bereit.

Das Fragenprogramm für TouristScope setzt sich zusammen aus einem seit Jahren unveränderten Standardfragenprogramm und wechselnden Sonderfragen. Zunächst zum *Standardfragenprogramm*.

Erfaßt werden zu allen *bereits durchgeführten Reisen*:
– Zielland
– Zielregion (bei den 10 beliebtesten Zielländern)
– Reisedauer
– Reiseantrittsmonat

- Verkehrsmittel
- bei Flugreisen: Linien- oder Charterflug, Fluggesellschaft und Abflughafen
- Unterkunft
- Organisationsform der Reise
- Umfang der Organisation
- Zahl der mitgereisten Personen
- Zahl der mitgereisten Kinder

Zu den *geplanten Urlaubsreisen* (nur Reisen von 5 Tagen und länger) wird gefragt nach:
- Zielland
- Zielregion (für die 10 beliebtesten Urlaubsländer)
- geplantem Reiseantrittsmonat
- geplantem Verkehrsmittel
- bei Flugreisen: Linien- oder Charterflug
- geplanter Unterkunft
- geplanter Organisationsform der Reise
- bei organisierten Reisen: Buchungstermin bzw. geplantem Buchungsmonat

Sonderfragen, die nur auf Anforderung einzelner oder mehrerer Bezieher eingeschaltet werden, sind beispielsweise die Frage nach dem Zweck der Reise, die Frage nach dem Reiseveranstalter und die nach dem Verkehrsmittel, das Flugreisende zum Abflughafen gebracht hat.

Natürlich lassen sich Reiseintensitäten und -häufigkeiten aus den Einstiegsfragen berechnen.

4.4 Untersuchungsanlage

4.4.1 Methode

Das soeben beschriebene Fragenprogramm läßt erkennen, daß der Fragebogen für den TouristScope umfangreich und sehr komplex ist. Als der TouristScope entwickelt wurde, bestand die Bundesrepublik noch aus 11 Bundesländern, in denen mindestens 95% der Haushalte einen Telefonanschluß besaßen. Darüber hinaus verfügt das durchführende Institut Infratest über ein leistungsfähiges Telefonstudio und eine hochentwickelte CATI-Technik.[1] Computergestützte Telefoninterviews sind die schnellste Methode der Datenerfassung. Darüber hinaus lassen sich telefonisch große Stichpro-

---

[1] Computer Aided Telephone Interviews sind computergestützte Telefoninterviews (= CATI). Dabei läuft das Fragenprogramm unter Berücksichtigung der korrekten Filterführung am Bildschirm ab, die Antworten werden vom Interviewer direkt eingegeben. Der Computer führt bereits während des Interviews Plausibilitätsprüfungen durch. Bei Infratest steuert der Computer nicht nur den Fragebogenablauf, er überprüft auch laufend die Repräsentativität der Stichprobe und steuert bei Bedarf nach (vgl. Abschnitt 4.4.2).

ben kostengünstiger realisieren als persönlich-mündlich. Deshalb entschied man sich dafür, TouristScope telefonisch durchzuführen.

1990 mußte TouristScope auf die fünf neuen Bundesländer im Osten erweitert werden. Wegen der geringen Telefondichte 1990 (ca. 20%) kommen in diesem Gebiet Telefoninterviews bis auf weiteres nicht in Frage. Die Daten für den TouristScope-Ost werden deshalb mit Hilfe persönlich-mündlicher Interviews gewonnen, wobei der Leistungsumfang für den TouristScope-Ost reduziert werden mußte – die Fallzahlen sind geringer, die Meßkette ist weniger dicht.

4.4.2 Stichprobe und Fallzahlen

Grundgesamtheit der Untersuchung sind alle in Privathaushalten im Gebiet der Bundesrepublik lebenden Personen ab 14 Jahren.

Für TouristScope und andere Telefonstudien wurde ein spezielles Haushalts-Master-Sample aufgebaut. Für die Ziehung wurde die Grundgesamtheit sehr differenziert geschichtet. Gezogen wird mit Hilfe zufällig generierter Buchstaben-Kombinationen für den Namensanfang aus den jeweils neuesten örtlichen Telefonbüchern. Dadurch entfallen die bei persönlich-mündlichen Befragungen entstehenden lokalen Klumpungen (bei persönlich-mündlichen Befragungen werden aus forschungsökonomischen Gründen stets ca. fünf Haushalte in einem Wohnblock oder einer Straße befragt).

Die so ermittelten Telefonnummern werden per EDV erfaßt. Das bei Infratest installierte CATI-System steuert nicht nur den Fragebogen, sondern auch die Stichprobe. Während telefoniert wird, überprüft das System laufend die geographische Repräsentativität der Stichprobe und steuert bei Bedarf nach. Ein Beispiel soll das verdeutlichen: Aus zufälligen oder systematischen Gründen kann es vorkommen, daß die Haushalte bestimmter Gegenden zu bestimmten Zeiten schlecht erreicht werden – so sind etwa Münchener Haushalte zur Zeit des Oktoberfestes deutlich schwerer erreichbar als sonst. Das System stellt dann also fest, daß in München an einem "Wies'n"-Abend zuwenig Interviews realisiert werden und bringt, um das auszugleichen, verstärkt Münchener Telefonnummern auf die Bildschirme der Interviewer.

Für TouristScope, der ja eine Mobilitätsuntersuchung ist, ist es von eminenter Bedeutung, auch mobile und damit schwer erreichbare Haushalte in die Stichprobe zu bekommen. Dies ist möglich durch besonders häufige Kontaktversuche. Das CATI-System "legt nicht erreichte Haushalte zurück" und bringt sie in größeren zeitlichen Abständen zu anderen Tageszeiten zur "Wiedervorlage" auf den Bildschirm. Die an einem bestimmten Tag nicht erreichten Haushalte werden durch solche ersetzt, die an anderen Tagen nicht erreicht wurden. Somit werden an jedem Befragungstag leicht und schwierig erreichbare Haushalte angerufen. Es liegt auf der Hand, daß die Zahl der möglichen Kontaktversuche bei telefonischen Umfragen wesentlich höher sein kann als bei persönlich-mündlichen Interviews.

Hat man den Haushalt einmal erreicht, erfolgt die Auswahl der Zielperson im Haushalt mit Hilfe eines speziellen Schlüssels, der jeder im Haushalt vorhandenen Person die gleiche Wahrscheinlichkeit zuweist, ausgewählt zu werden. Ist die ausgewählte Zielperson nicht zu Hause, wird ein Termin für ein Telefon-Interview vereinbart. Für den TouristScope-Ost in den fünf neuen Bundesländern erfolgt die Auswahl nach dem für persönlich-mündliche Befragungen üblichen ADM-Verfahren.

Im Westen werden in jeder Welle 4000 Personen befragt, das sind jährlich 16 000 Interviews. Im Osten, also in den neuen Bundesländern, werden sechsmal jährlich jeweils 1000 Personen befragt.

4.4.3 Feldzeiten und Berichtszeiträume

Feldzeiten und Berichtsszeiträume für TouristScope sind abgestimmt auf das Touristikjahr, das am 1. November beginnt und am 31. Oktober endet. Darüber hinaus wird der Tatsache Rechnung getragen, daß man sich an längere Urlaubsreisen auch länger erinnert als an Kurzreisen.

Die Feldarbeit für TouristScope findet jährlich in den Monaten Februar, Mai, August und November statt. Erhoben werden in jedem dieser Monate die "langen" Reisen der letzten zwölf, die "kurzen" Reisen der letzten drei und die geplanten Reisen der kommenden zwölf Monate. Durch die Überlappung der Berichtszeiträume bei langen Reisen ist es möglich, für jede Auswertung Daten aus mehreren Wellen zu kumulieren. Mit Hilfe dieses Verfahrens wird jeder Monat durch 4 × 4000 = 16 000 Interviews abgedeckt. Daraus resultiert eine relativ hohe Zahl an berichteten Reisen, die sich als ausreichend für kundenspezifische Auswertungen erwiesen hat. Abb. 1 zeigt die Lage von Feldzeiten und Berichtszeiträumen.

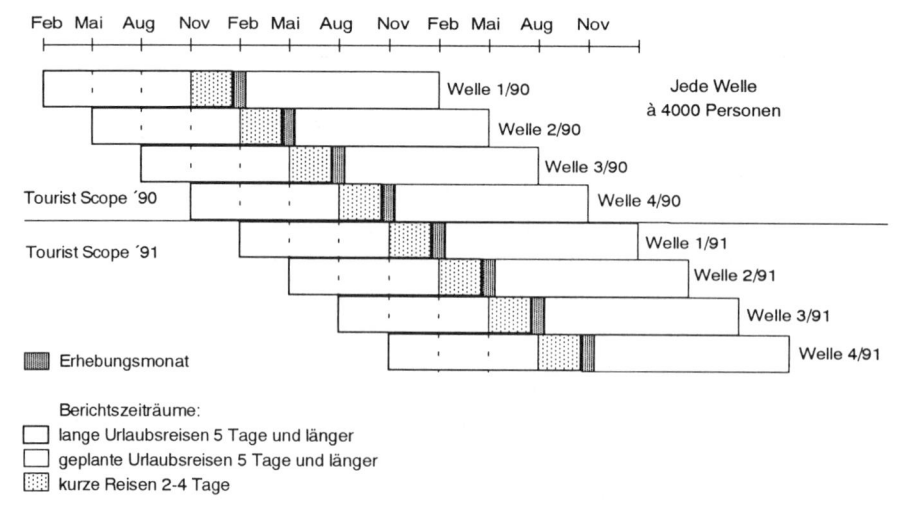

Abb. 1: Lage der Feldzeiten und Berichtszeiträume (1990/91)

4.5 Ergebnisse

Zur Abrundung dieses Beitrags sollen einige Kennwerte des Touristikjahres 1989/90 dargestellt werden. Aufgrund der Tatsache, daß es sich beim TouristScope um eine kommerzielle Untersuchung handelt, ist eine unbeschränkte Veröffentlichung der Daten nicht möglich.

- *Reiseintensität:*
  60 % der Befragten gaben im November 1990 an, in den vergangenen 12 Monaten eine oder mehrere lange Reisen gemacht zu haben, 62 % planten eine solche Reise für die kommenden 12 Monate. Die Reiseintensität betreffend Kurzreisen wird quartalsweise ermittelt und schwankte in diesem Geschäftsjahr zwischen 18 % und 22 %.
- *Reisehäufigkeit:*
  Lange Reisen (November 1989 bis Oktober 1990)
  - keine Reise   40 %
  - eine Reise   34 %
  - zwei Reisen   17 %
  - drei Reisen   6 %
  - vier und mehr Reisen   3 %

  Geplante Reisen (November 1990 bis November 1991)
  - keine Reise   30 %
  - eine Reise   39 %
  - zwei Reisen   18 %
  - drei Reisen   4 %
  - vier und mehr Reisen   2 %
  - weiß noch nicht   7 %
- *Reisevolumen:*
  Für das Reisejahr 1989/90 wurden 59,3 Mio. lange und 56,7 Mio. kurze Reisen ermittelt.
- Die *Top-Ten-Lieblingsziele der Deutschen (alte Bundesrepublik)*:

Zielland	lange Reisen	kurze Reisen	Gesamtvolumen
BRD (West)	34 %	68 %	58,7 Mio.
Österreich	10 %	5 %	9,2 Mio.
BRD (Ost)	4 %	9 %	7,2 Mio.
Italien	9 %	2 %	6,8 Mio.
Spanien	9 %	0 %	5,2 Mio.
Frankreich	5 %	2 %	4,4 Mio.
Niederlande	3 %	2 %	4,0 Mio.
Jugoslawien	3 %	0 %	2,0 Mio.
Griechenland	3 %	0 %	1,7 Mio.
Türkei	2 %	0 %	1,2 Mio.

— *Verkehrsmittelwahl*
Ca. 70% aller Reisen mit Übernachtung wurden mit dem PKW durchgeführt, bei 9% der Reisen kam man mit der Bahn an das Ziel, bei 10% mit dem Flugzeug, 7% waren Busreisen. Für 4% der Reisen wurden andere Verkehrsmittel benutzt (Kreuzfahrten, Segeltörns, Fahrrad- oder Motorradtouren).

5. Methoden der Gästebefragung

Martin Lohmann

5.1 Einleitung

Gästebefragungen sind mündliche oder schriftliche Befragungen von Personen, die ein bestimmtes touristisches Produkt nutzen. Sie finden meistens "vor Ort" statt. In der Regel bezieht sich die Befragung inhaltlich einerseits auf das Produkt: So könnten z.B. die Besucher eines Tierparks gefragt werden, welche Tiergehege sie betrachtet haben oder ob sie mit der Wegweisung im Park zurecht gekommen sind (Verhaltensfragen). Man könnte weiterhin erheben, wie das gastronomische Angebot im Park beurteilt wird (Beurteilungsfragen). Andererseits interessieren auch Daten zur Person: Angaben über Alter, Bildung, Herkunft etc. ergeben die Grundlage für eine Beschreibung der Gäste (der sogenannten Nachfrager oder Verbraucher).

Die Gästebefragung ist ein bewährtes Instrument der touristischen Marktforschung. Ihre Vorteile liegen auf der Hand:
- Man kommt ziemlich problemlos an seine Befragungspersonen, sie sind ja am Ort, im Hotel, im Flugzeug usw.
- Es gibt keinen Zweifel, daß die Befragten zu den Fragen etwas zu sagen haben (d.h., die Antworten der Befragten sind für das zu untersuchende Problem wirklich relevant, was bei anderen Befragungen nicht so selbstverständlich ist).
- Gästebefragungen sind relativ preiswert.
- Man kommt ziemlich weit mit seinen "Bordmitteln" (d.h., Fremdenverkehrsorte oder Reiseveranstalter brauchen keine teuren Berater oder Forschungsinstitute).
- Gästebefragungen sind leicht kontinuierlich einzusetzen.

Entsprechend hoch ist die Beliebtheit dieser Form der "Markt"-Beobachtung. Dennoch werden Gästebefragungen wahrscheinlich zu selten durchgeführt, seltener jedenfalls, als sie sinnvoll eingesetzt werden könnten. Das mag auch daran liegen, daß häufig bei der Planung, Durchführung und Auswertung durchaus vermeidbare Fehler gemacht werden, die das jeweilige Projekt zu einem Fehlschlag werden lassen. Nach solchen schlechten Erfahrungen läßt der "gebrannte Praktiker" dann in Zukunft die Finger von diesem heißen Eisen.

Die häufigsten Fehler sind:
- falsche Erwartungen an die Leistungsfähigkeit einer Gästebefragung,
- zu starke "Rücksichtnahme", z.B. auf einzelne Orte oder Betriebe, für die ein "negatives" Ergebnis befürchtet wird,
- falsche Anlage der Stichprobe,
- unglückliche Frageformulierungen,
- nicht problemgemäße Auswertung und Darstellung.

Dieser Beitrag will dem Leser helfen, die Möglichkeiten und Grenzen von Gästebefragungen besser einschätzen zu können und Fehler bei ihrer Anlage und Durchführung zu vermeiden. Der knappe zur Verfügung stehende Raum im Rahmen dieses Sammelwerks erlaubt in der Regel allerdings nur eine stark verkürzte Darstellung. Der Artikel ist deswegen als eine Art formlose Checkliste von Aspekten zu verstehen, an die man bei einer Gästebefragung denken sollte. Die am Ende genannte Literatur bietet wertvolle Hilfe bei der Lösung von Detailproblemen. Hilfreich ist es oft auch, sich Beispiele schon durchgeführter Gästebefragungen zu besorgen, die eine vergleichbare Zielsetzung hatten. Das hilft häufig, Fehler zu vermeiden.

5.2 Der Stellenwert der Gästebefragungen

Dieses Kapitel des vorliegenden Buches zeigt es deutlich: Gästebefragungen sind ein Instrument unter vielen, das zur Tourismus(markt)forschung eingesetzt werden kann. Wie jedes Instrument hat es spezifische Stärken und Schwächen, die es zur Beantwortung bestimmter Fragestellungen als sehr geeignet, für andere Probleme aber als wenig zweckmäßig erscheinen lassen. Es ist wichtig, diesen "Indikationsbereich" zu kennen, um Gästebefragungen sinnvoll zu konzipieren und einzusetzen. Die Kenntnis der Stärken und Schwächen soll auch dazu führen, die Erwartungen an die Resultate und die daraus möglichen Schlußfolgerungen nicht zu hoch anzusetzen. Zu häufig noch wird von Gästebefragungen die Lösung aller möglichen Probleme erwartet, die Enttäuschung folgt dann mit schöner Regelmäßigkeit.

Gästebefragungen können auch im besten Fall nur Auskunft darüber geben, wer die jeweiligen Gäste, Nutzer, Kunden sind und was sie tun und meinen. Sie liefern keine Tourismuskonzeption für einen Ort, sie liefern keine Richtlinien für die Neugestaltung von Prospekten, sie ersetzen nicht die Kenntnis über den Gesamtmarkt.

Wie bei vielen Befragungen bleiben auch die Resultate von Gästebefragungen mehr oder weniger an der psychologischen Oberfläche (vgl. Braun/Lohmann, 1989). In den wenigsten Fällen ist dies wirklich ein Problem, aber man sollte es sich immer wieder bewußt machen. Natürlich kann man die Gäste nach ihren Wünschen und Meinungen oder ihrem Verhalten fragen. Aber Vorsicht ist geboten: Nicht jedes *Verhalten* wird vom Befragten korrekt wiedergegeben (z.B. mag ein Urlauber, befragt nach seinen Aktivitäten, den einzigen Museumsbesuch erwähnen, die häufigere Betrachtung der Schaufenster der Geschäfte im Ort aber nicht). Die *Wünsche* der Gäste sind eine wertvolle Information, aber sie können nicht alleinige Grundlage für das spätere Handeln sein. Einerseits müssen im Tourismus Bedürfnisse erfüllt werden, die von den Urlaubern nur mit Mühe oder gar nicht formuliert werden (können). Hier fehlt noch viel Grundlagenforschung (vgl. Mundt/Lohmann, 1988). Andererseits läßt sich durch Werbung ja ein Bedarf wecken, der als Wunsch vorher noch gar nicht vorhanden war. Die *Beurteilung* schließlich findet immer in einem gewissen Kontext statt (vgl. Schönpflug, 1983). Außerdem sorgt die Konstruktion der menschlichen Psyche dafür, daß wir uns mit dem Vorgefundenen arrangieren. So erbringen Zufriedenheitsuntersuchungen (vgl. Fischer, 1989) in allen möglichen Gebieten immer recht positive Ergebnisse. Solche Resultate dürfen dann nicht dahingehend interpretiert werden, daß für Angebotsverbesserungen keine Notwendigkeit bestünde.

Gästebefragungen sind sinnvoll, wenn man wissen will,
- wer die Gäste sind, woher sie kommen (Gästestruktur),
- wie die Gäste das jeweilige Angebot nutzen,
- wie die Gäste das jeweilige Angebot beurteilen,
- für welche Konkurrenzprodukte sich die Gäste interessieren.

Manchmal lassen sich Gästebefragungen auch sinnvoll einsetzen, um die Akzeptanz möglicher Änderungen des Angebots zu erfassen. Solche Forschungsthemen sind aber ziemlich heikel, weil sich die Befragten ja zu einer noch nicht vorhandenen Realität äußern müssen.

Ein großer Vorteil für die Vorbereitung und Interpretation von Gästebefragungen ist es, wenn gleichzeitig auch noch andere Informationsquellen zur Verfügung stehen: allgemeine Marktuntersuchungen, Konkurrenzbeobachtungen, Landesstatistiken. Die kontinuierliche Durchführung von Gästebefragungen kann für touristische Anbieter ein einfach zu handhabendes Informationsmittel sein, das auch als eine Art Frühwarnsystem fungieren kann.

Bevor man sich zur Durchführung einer Gästebefragung entschließt, sollte man aber auch mögliche Alternativen bedenken, die ebenfalls zu sehr wertvollen Informationen verhelfen können. Informationen über die Gäste und von den Gästen können z.B. auch in *Gruppendiskussionen* (durch Fachleute geleitet und ausgewertet) oder durch *informelle Gespräche mit Gästen* (Gästestammtisch) gewonnen werden. Man kann auch die Gäste eines Ortes mit zwei Photoapparaten ausrüsten, mit der Bitte, im Bild festzuhalten, was ihnen besonders gefällt und was ihnen besonders mißfällt (eine Idee von R. Schober). Auch *nonreaktive Verfahren* zur Erfassung des Gästeverhaltens sollten bedacht werden (z.B. Zählung von Gästen an möglichen touristischen Brennpunkten, Passantenzählungen, Registrierung von Autokennzeichen). Überhaupt bringt eine Beobachtung oft andere Hinweise als eine Befragung. Will man z.B. etwas über die Qualität der Beschilderung in einem Flughafen wissen, kann es zweckmäßig sein, ankommende Passagiere quasi zu "verfolgen", um zu sehen, ob und wie sie sich zurechtfinden. Die Kombination mit einer Befragung bietet sich hier an.

5.3 Konzeption und Durchführung

Worauf ist bei der Durchführung einer Gästebefragung zu achten? Wichtig sind neben den konkreten Aspekten der eigentlichen Befragung auch die Rahmenbedingungen und die möglichen Nebeneffekte einer Gästebefragung.

5.3.1 Allgemeine Vorarbeiten

5.3.1.1 Der Kontakt mit dem Auftraggeber

Auftraggeber von Gästebefragungen zeichnen sich mitunter durch ein nur diffuses Problembewußtsein aus. Entweder ist unklar, was mit der Gästebefragung eigentlich erreicht werden soll. Oder es sollen mit der Gästebefragung "soviele Fliegen auf einmal getroffen werden", daß jeder Umsetzungsversuch von vornherein zum Scheitern verurteilt ist. Hier ist zu allererst Klarheit zu schaffen (vgl. Punkt 5.3.1.2). Man sollte sich strikt vornehmen, das Handwerkszeug "Gästebefragung" nur dort einzusetzen, wo es sinnvoll ist.

Oft ist auch der finanzielle Rahmen wichtiger als methodische Notwendigkeiten. In der Regel steht ein mehr oder minder fester Betrag zur Verfügung, der meist geringer ist, als für die Erfüllung der Informationswünsche nötig wäre. Finanzierungsfragen betreffen aber nicht nur die zur Verfügung stehende Summe. Wichtig ist auch, *wer* (mit-)finanziert. Viele Finanziers mit unterschiedlichen Erwartungen können einem einerseits das Forscherleben schwer machen. Andererseits ist eine breite Beteiligung an der Gästebefragung (auch finanziell) zweckmäßig, um die spätere Akzeptanz der Ergebnisse sicherzustellen. Unabhängig von Finanzfragen sollten alle Betroffenen (z.B. Anbieter, Verwaltung, Verkehrsbetriebe, Naturschützer, Landwirte) schon bei den Vorbereitungsarbeiten mit einbezogen werden. Das erleichtert die Durchführung genauso wie die spätere sachliche Diskussion der Resultate.

Außerdem haben Gästebefragungen z.B. in einem Fremdenverkehrsort auch lokalpolitische Effekte, die besser schon im Vorfeld der Untersuchung bedacht werden. Und schließlich kann mit der Tatsache, daß eine Gästebefragung gemacht wird, und natürlich auch mit deren Ergebnissen gewollt oder ungewollt Öffentlichkeitsarbeit betrieben werden. Und auch darüber sollte man vorher nachdenken.

5.3.1.2 Problemformulierung

Das wichtigste ist aber eine genaue Formulierung des Problems. Auf welche generelle Frage soll die Gästebefragung eine Antwort geben? Gibt es ein aktuelles Problem in der Nutzung des Angebots? Soll "nur" ein kontinuierliches Nachfrage-Beobachtungs-Instrument installiert werden? Plant man neue Infrastrukturmaßnahmen? Sollen die Möglichkeiten zur Erreichung eines bestimmten Ziels (z.B. Erhöhung der Gästezahlen in der Nebensaison oder eine umweltverträglichere Gestaltung des Tourismus) ausgelotet werden?

Nur wenn das Grundproblem klar ist, lassen sich detaillierte und konkrete Ziele formulieren, ohne die ein Forschungsprojekt immer unbefriedigend bleibt. Nur unter dieser Voraussetzung läßt sich auch entscheiden, ob eine Gästebefragung überhaupt hilfreich ist.

5.3.1.3 Zielformulierung

Auf der Grundlage der Problemformulierung muß überlegt werden, welche konkreten Ziele mit der Gästebefragung erreicht werden sollen. Um welchen Personenkreis geht es den eigentlich: Gäste im Hotel/im Ort/in der Region/eines Veranstalters, Nutzer eines Verkehrsmittels, Besucher einer Attraktion (z.B. Naturpark)/einer Veranstaltung (z.B. Konzert)?

Und um welche Inhalte: Benötigt man Informationen zur Struktur der Gäste, zu ihrem Verhalten, zur Nutzung des Angebots? Braucht man Daten zu Meinungen und Einstellungen? Will man etwas über das eigene Image oder etwas über die Konkurrenz erfahren (zwei Themenbereiche, bei denen Gästebefragungen nur beschränkt tauglich sind)? Soll die Erreichung eines Ziels (z.B. die Bemühungen, das Veranstaltungsangebot attraktiver zu machen) überprüft werden?

Reicht eine einmalige Befragung aus, oder benötigt man mehrere? Soll die Gästebefragung kontinuierlich wiederholt werden?

Am Ende der Zielformulierung muß klar sein, was man nach der Befragung besser oder genauer zu wissen glaubt als zum jetzigen Zeitpunkt, und wie dieses Wissen zur Problemlösung beitragen kann.

Die Ziele sollten noch einmal mit dem Auftraggeber und allen Beteiligten abgeglichen werden. Problem und abgeleitete Ziele sollten am besten schriftlich fixiert werden. Dann kann man mit der konkreten Planung beginnen.

5.3.2 Vorbereitung der Befragung

5.3.2.1 Methode der Befragung

An dieser Stelle können die methodischen Aspekte, über die man sich im Zusammenhang mit der Gästebefragung Gedanken machen muß, nur kurz genannt werden. Die jeweilige Ausgestaltung muß im Einzelfall immer neu entschieden werden.

Unter das Stichwort "Methode" fallen zunächst Bemühungen, damit die Untersuchungsergebnisse möglichst *repräsentativ* sind. Repräsentativität meint, daß ein (meist stark verkleinertes) Abbild der Realität erreicht worden ist.

Repräsentativität wird bekanntlich nicht dadurch erreicht, daß sehr viele Personen befragt werden. Zuerst muß man sich Gedanken machen, über welchen Ausschnitt der Realität denn überhaupt Aussagen gemacht werden sollen. Im Hinblick auf die Befragten spricht man von der Grundgesamtheit, aus der eine Stichprobe gezogen werden soll. Die Grundgesamtheit könnten z.B. alle Urlaubsübernachtungsgäste in einem Ort sein. Methodisch müßte dann z.B. sichergestellt werden, daß Geschäftsreisende oder Kurpatienten nicht in die Befragung kommen. Da in der Regel die Struktur der Gäste zu unterschiedlichen Jahreszeiten verschieden ist, müßten die Erhebungen über ein ganzes Jahr verteilt werden. Eine Befragung, die nur im Sommer gemacht wird, ist deswegen nicht falsch; sie bildet allerdings eine andere Grundgesamtheit ab (Sommergäste). Deswegen ist die genaue Problemidentifizierung und Zielformulierung so wichtig, sonst kann man gar nicht entscheiden, wovon die Untersuchung denn ein Abbild liefern soll.

Die sicherste Methode zur Erzielung von Repräsentativität ist die echte Zufallsauswahl, bei der jede Person die gleiche Chance hat, befragt zu werden. Eine große Zahl von Befragten ergibt in erster Linie eine größere Genauigkeit der Resultate, nicht bessere oder andere Ergebnisse. Sie erlaubt darüber hinaus detailliertere Auswertungen. Da sie Geld und Zeit kostet, sollte man sich vorher gut überlegen, ob man diese Genauigkeit braucht und die Auswertungsmöglichkeiten überhaupt nutzen will.

Zu oft wird vernachlässigt, daß Repräsentativität mehrere Dimensionen (zeitlich, regional, subjektbezogen) hat, und daß es außer der Repräsentativität noch andere, ebenso wesentliche Beurteilungskriterien für Untersuchungen gibt (Validität = Gültigkeit, Reliabilität = Zuverlässigkeit, Objektivität = Unabhängigkeit vom Untersucher).

Im einzelnen sind folgende Fragen zu klären:

— *Art der Befragung*
 Hier muß entschieden werden, wie die zu erhebenden Daten gesammelt werden sollen. Denkbar sind mündliche Interviews (entweder persönlich oder, bei Gästebefragungen wohl selten, telefonisch) oder schriftliche Befragungen mit einem Fragebogen. Auch den mündlichen Befragungen liegt meist ein Fragebogen zugrunde. Will man möglichst viele Fehlerquellen ausscheiden, dann empfiehlt sich eine weitgehende Standardisierung, d.h. die Reihenfolge der Fragen ist exakt festgelegt, und die Beantwortung erfolgt in vorgegebenen Kategorien. Offene Fragen, bei denen der Befragte seine Antwort frei formulieren muß, werden in schriftlichen Befragungen häufig nicht beantwortet, bieten aber die Chance, Antworten zu erhalten, an die man vorher nicht gedacht hat.

— *Häufigkeit der Befragung eines Gastes*
 In der Regel wird man eine Person nur einmal befragen. In manchen Situationen kann aber eine mehrfache Befragung sinnvoll sein, z.B. wenn man Effekte ermitteln will, die sich während eines Aufenthalts ergeben haben (z.B. erster Eindruck versus Urteil des "erfahrenen" Gastes). Gute Erfahrungen sind auch mit "Urlaubstagebüchern" gemacht worden, in der die Urlauber in regelmäßigen Abständen Eintragungen machen (vgl. Wellhoener, 1990).

— *Befragungszeitpunkte*
 Die Grundgesamtheit ist mit dem Begriff "Nutzer eines touristischen Produkts" nur unzureichend definiert; ergänzend muß eine zeitliche Dimension eingeführt werden, also Nutzer zu einem bestimmten Zeitpunkt oder in einem bestimmten Zeitraum. In einem Urlaubsort unterscheiden sich die Gäste zu verschiedenen Zeiten im Jahr; die Winterurlauber in Österreich sind nicht identisch mit den Bergsommergästen. Will man Aussagen über die Gesamtheit der Gäste machen, müssen die

Befragungen über das Jahr verteilt werden. Dabei ist wieder darauf zu achten, daß jeder Urlauber die gleiche Chance erhält, in die Stichprobe zu gelangen. Befragungszeitpunkt meint aber auch die Frage, wann man dem Gast im Laufe seines Aufenthalts befragt. In der Regel wird dies dann sein, wenn der Gast schon eine gewisse Erfahrung mit dem Produkt gesammelt hat. Man sollte darauf achten, daß alle Befragten etwa zu der gleichen Zeit gefragt werden, um Abweichungen in den Daten zu vermeiden.

– *Befragungsort*
Von großer Bedeutung ist auch die Frage, wo die Erhebungen stattfinden sollen. Macht man eine Gästebefragung in einer Region, dann muß auch die geographische Repräsentativität sichergestellt werden; in kleinerem Maßstab gilt dies auch für Orte. Wer seine schriftlich zu beantwortenden Fragebögen nur in Hotels und Pensionen, nicht aber in Ferienwohnungen auslegt, erhält eben auch nur Daten von Hotel- und Pensionsgästen. Theoretisch ist alles ganz einfach: Auch hier gilt, daß jedes Mitglied der Grundgesamtheit die gleiche Chance haben sollte, in die Befragung zu kommen. Die praktische Realisierung dieses Ziels ist aber oft nervenaufreibend.

– *Zahl der Befragten*
Schon weiter oben wurde ausgeführt, daß die Zahl der Befragten allein nicht die Güte einer Befragung bestimmt. In der Praxis ergibt sich die Zahl der Befragten in der Regel aus einem Kompromiß zwischen dem Anspruch der Forscher und dem Geldbeutel des Auftraggebers. Eine allgemeine Regel läßt sich nicht formulieren, zuviel hängt vom jeweiligen Problem ab. Wem es hauptsächlich auf Anregungen allgemeiner Art ankommt, dem reichen kleine Stichprobem u.U. vollkommen aus. Wer Aussagen über eine Region machen will, braucht vermutlich mehr Befragte als jemand, der nur die Gäste eines kleinen Hotels untersuchen möchte. Am besten macht man sich, sobald der Fragebogen steht, Probetabellen für die zu erwartenden Ergebnisse. Einzelne Zellen in diesen Tabellen, deren Ergebnisse man später interpretieren möchte, sollten mit mindestens 30 Befragten besetzt sein. Die Gesamtzahl der Befragten sollte möglichst nicht unter 300 liegen.

– *Wer aus einer Reisegruppe soll antworten?*
Nicht immer herrscht Einigkeit, z.B. in einer Familie, vor allem bei Beurteilungsfragen. In allen Fällen, in denen eine Reisegruppe zusammen ist (z.B. in Ferienwohnungen), muß eine genaue Anweisung gegeben werden, wer den Fragebogen ausfüllt. Das sollte auf keinen Fall immer die gleiche Person (z.B. Haushaltsvorstand) sein, sonst ergibt sich eine Stichprobe aus der Grundgesamtheit der Haushaltsvorstände und nicht der Gäste.

– *Länge des Fragebogens*
Hier gilt, daß in der Kürze die Würze liegt. Je länger der Fragebogen ist, um so mehr steigt das Riskio, daß er nicht ausgefüllt wird. Dem entgegen steht der Wunsch, mit der Befragung möglichst viele Informationen auf einmal zu erhalten.

Der Fragebogen kann ruhig etwas länger sein, wenn man es mit Gästen zu tun hat, die lange an einem Ort sind (z.B. Kurpatienten).
- *Auswahl der Interviewer*
Hat man sich für mündliche Interviews entschieden, dann spielen die Auswahl und Schulung der Interviewer eine wichtige Rolle. Sonst könnte der ausgefuchste Untersuchungsplan gefährdet werden.
- *Belohnung*
Manchmal erscheint eine Belohnung für die Mühe der Befragten zweckmäßig. Sinnvoll ist hier weniger die Verlosung wertvoller Preise, die der einzelne mit großer Wahrscheinlichkeit nicht gewinnen wird. Besser sind viele kleine Anerkennungen, in deren Genuß dann jeder kommt.

5.3.2.2 Fragethemen

In diesem kurzen Abriß kann nicht auf alle möglichen Fragethemen eingegangen werden; sie richten sich wieder stark nach der Problemstellung. Einige Beispiele müssen genügen.

a) Die Gäste
Im wesentlichen geht es hier um sog. soziodemographische Merkmale (z.B. Alter, Geschlecht, Bildung, Einkommen, Heimatort). Je nach Problem können aber auch andere Fragen zur Person interessant sein: Besitz von Freizeit- und Sportgeräten (z.B. für einen Campingplatz, der für seine Gäste das Freizeitangebot erweitern will) oder Kommunikation über Urlaub am Heimatort (mit wem und wie oft).

Soziodemographische Merkmale sollten am besten mit viel Kreativität ausgewertet werden. Es ist nicht nur interessant zu wissen, daß soundso viel Gäste zwischen 30 und 50 Jahre alt sind. Spannend wird es erst, wenn man die anderen Daten nach Zielgruppen auswertet, die man aus den soziodemographischen Merkmalen oder einer Kombination daraus bildet.

b) Die Urlaubsreise
Hier kann man nun alles fragen, was mit der konkreten Reise im Zusammenhang steht. Für einen Urlaubsort können z.B. Fragen zur Information und betreffend das Buchungsverhalten der Gäste interessant sein:
- Wie sind die Gäste gerade auf dieses Ziel/diese Unterkunft gekommen?
- Was haben die Gäste gemacht: wo sich informiert, wie gebucht? Haben sie vorher woanders Absagen bekommen?
- Beurteilung der Informationsmaterialien, des Buchungsweges, der Bemühungen der Auskunftsstellen (Reisebüro, Reiseveranstalter, Fremdenverkehrsamt), Behandlung durch den Vermieter.

Als nächstes käme vielleicht die Anreise in Betracht, z.B.:
- Wie wurde die Anreise gestaltet (Zeitdauer, Entfernung, Verkehrsmittel)?
- Wie hat man sich bei der Ankunft im Ort/in der Region zurechtgefunden?

Für die Planung lohnt es sich, möglichst viele interessierende Fragethemen zusammenzutragen. Anschließend wird die Zahl der Themen vor dem Hintergrund der grundlegenden Problemstellung und unter Berücksichtigung des Zumutbaren wieder reduziert.

5.3.2.3 Gestaltung des Fragebogens

Bei einer mündlichen Befragung reicht es aus, den Fragebogen so zu gestalten, daß die Interviewer gut damit zurecht kommen. Bei schriftlichen Befragungen hat eine gute Gestaltung eine hohe Bedeutung auch für die Motivation unserer Versuchspersonen. Übersichtlichkeit und eindeutige Anweisungen sind hier gefordert.

Thematisch sollten die Fragen in einem sinnvollen Zusammenhang stehen, nicht kunterbunt durcheinander.

Zu Anfang sollten eher leicht zu beantwortende Fragen stehen, die gleichzeitig interessant für den Befragten sind. Kompliziertere Fragen gehören eher in den Mittelteil des Fragebogens, bevor der Interviewte ermüdet ist, sozidemographische Daten können gut am Ende abgefragt werden.

In jedem Fall sollten die Befragten zu Beginn über den Zweck der Untersuchung und den Auftraggeber bzw. die Forschungsinstitution informiert werden. Bei schriftlichen Befragungen sollte dazu auch die Angabe einer Telefonnummer für Rückfragen gehören. Am Ende des Fragebogens schadet ein kleines "Dankeschön" für die Mühe nie.

5.3.2.4 Frageformulierungen

Die Formulierung von Fragen ist fast zu einer eigenen Wissenschaft geworden. Wir müssen auch hier auf die Fachliteratur verweisen (vgl. z.B. Bortz, 1984). Ganz generell sollten die Fragen vor allem eindeutig formuliert sein, sonst sind die Antworten von vornherein unbrauchbar.

Vorgegebene Antwortmöglichkeiten sollten tatsächlich alle wesentlichen Aspekte abdecken. Und schließlich sollten die Antwortbatterien nicht zu lang sein, sonst läuft man Gefahr, daß der Befragte bei der 25. Antwortmöglichkeit den Fragetext schon wieder vergessen hat.

5.3.2.5 Pretest

Wenn man alle diese Arbeitsschritte hinter sich hat, das Problem also definiert ist, die Ziele klar sind, Forschungsthemen formuliert wurden und ein Fragebogenvorschlag vorliegt sowie die methodischen Details geplant sind, dann probiert man die Gästebefragung zum ersten Mal aus: am besten an sich selber. Man versucht dabei, sich selbst in die Rolle des Befragten zu versetzen. Wichtig ist es auch, die Zeit abzustoppen, die für die Beantwortung der Fragen benötigt wird.

Danach muß sich ein Pretest mit der eigentlichen Zielgruppe (also mit den Gästen) der Befragung anschließen, auf dessen Grundlage der Fragebogen noch einmal überarbeitet wird.

5.3.3 Durchführung der Befragung

Nach so sorgfältiger Vorbereitung sollte die Durchführung der Befragung eigentlich keine Probleme machen. Dennoch ist eine ständige Kontrolle nötig.

In der Regel ist man auf die Mithilfe vieler angewiesen (z.B. Fremdenverkehrsämter, Vermieter etc.). Zu Beginn der Befragung sind diese verständlicherweise oft wesentlich motivierter als gegen Ende.

Auch die Ergebnisse sollten Zwischenkontrollen unterzogen werden; so lassen sich auftretende Probleme möglicherweise noch rechtzeitig entdecken.

5.4 Auswertung, Darstellung und Interpretation

Stark vereinfachend kommt es bei diesem Arbeitsschritt darauf an herauszuholen, was nur möglich ist. Manche gut geplanten und sauber durchgeführten Befragungsprojekte werden nur unzureichend ausgewertet, oft bleibt man bei der puren Deskription der aufsummierten Antworten stehen.

Dennoch sollte diese Beschreibung immer der erste Schritt sein: die Darstellung der einfachen Resultate. Danach nimmt man sich kompliziertere Auswertungsverfahren und Analyseschritte vor, die in ihrer Art einerseits von dem jeweiligen Forschungsproblem, andererseits von der Qualität der Daten abhängen (z.B. Skalenniveau).

Die graphische Darstellung von Resultaten bringt auch die eigene Erkenntnis of ein gutes Stück weiter voran. Die gesamte Auswertung sollte so exakt wie möglich gemacht werden, Großzügigkeiten sind nicht gestattet.

Bei der Darstellung der Ergebnisse nach außen darf man schon eher großzügig sein. Jetzt kommt es darauf an, die exakten Ergebnisse möglichst anschaulich zu präsentieren. Auftraggeber oder Öffentlichkeit dürfen mit Recht erwarten, daß sie über die wesentlichen Ergebnisse und nur über diese informiert werden. Die Weitergabe aller möglichen Informationen ist meistens eher verwirrend und für viele Leser oder Zuhörer ein Beleg dafür, daß Wissenschaft und Praxis ein breiter Graben trennt. Hier ist weniger also oft mehr.

Streng trennen sollte man zwischen tatsächlichen Ergebnissen und eigenen Schlußfolgerungen. Praktische Schlußfolgerungen können meist aus einer Befragung allein nicht abgeleitet werden, andere Informationen müssen hinzugezogen, politische oder wirtschaftliche Zielsetzungen und die Konkurrenzsituation müssen beachtet werden.

Bei der Umsetzung der Ergebnisse, dem Entwurf eines Handlungskonzepts, ist oft viel Kreativität gefragt. Die Ergebnisse zeigen z.B. an, daß die Altersstruktur der Gäste in den letzten Jahren "nach oben gerutscht" ist, sie sagen aber nichts darüber aus, ob jüngere Gäste gewonnen werden sollten und wie das möglich wäre. Oder aus den Resultaten wird deutlich, daß das relativ kühle und regnerische Wetter einer Urlaubsregion von den Ferienmenschen als gravierender Nachteil gesehen wird; die Idee, deswegen eine überdachte Erholungslandschaft nach Art der "Center Parcs" zu konstruieren, ist eine mögliche Konsequenz, die erst gründlich geprüft werden muß.

An diesem Punkt wird wieder deutlich, daß die Möglichkeiten einer Gästebefragung nicht überschätzt werden sollten. Aber ohne sie, ohne die Kenntnis der Struktur der Gäste, ihrer Verhaltensweisen, Wünsche und Beurteilungen droht ständig die Gefahr, an den Kunden, d.h. den erholungsuchenden Menschen, vorbeizuplanen. Das ist nicht nur wirtschaftlich riskant, es bedeutet auch, daß die Urlaubsgäste später nicht die Urlaubsqualität finden, auf die sie ein gewisses Anrecht haben.

Literatur

Bortz, J. (1984): Lehrbuch der empirischen Forschung für Sozialwissenschaftler. Berlin.
Braun, O.L., M. Lohmann (1989): Die Reiseentscheidung. Studienkreis für Tourismus. Starnberg.
Fischer, L. (1989): Strukturen der Arbeitszufriedenheit. Göttingen.
Mundt, J.W., M. Lohmann (1988): Erholung und Urlaub – Zum Stand der Erholungsforschung im Hinblick auf Urlaubsreisen. Studienkreis für Tourismus. Starnberg.
Schönpflug, W., U. Schönpflug (1983): Psychologie. München.
Wellhoener, B. (1990): Urlaub in Österreich. Studienkreis für Tourismus. Starnberg.

Weitere Literatur

Bosold, J. (1988): Gästebefragungen – Ein Leitfaden für Praktiker. Studienkreis für Tourismus. Starnberg.

6. Image-Analysen

Rainer Wohlmann

6.1 Überlegungen zum Image-Begriff

Das Image einer Urlaubsregion, einer Urlaubsform oder eines Reiseveranstalters ist für den Urlauber nicht nur eine Orientierungsgröße bei seinen Reiseüberlegungen, sondern spielt auch im Entscheidungsprozeß über das Ziel, die Art und die Gestaltung seiner Urlaubsreise eine ganz entscheidende Rolle.

Dabei kommt es gar nicht darauf an, ob das Image den objektiven Gegebenheiten und Tatsachen entspricht, sondern vielmehr darauf, welche Vorstellungen, Meinungen und Erwartungen der einzelne mit dieser Region oder diesem Reiseveranstalter verbindet. Insofern ist das Image Ausdruck der subjektiv empfundenen Realität, an der der einzelne seine Entscheidungen orientiert. "Das Individuum richtet seine Entscheidungen gegenüber einem Meinungsgegenstand nicht danach, wie dieser ist, sondern danach, wie er glaubt, daß er wäre" (Spiegel, 1961, S. 29).

Am Beispiel des Images einer Urlaubsregion lassen sich Inhalt und Bedeutung dieses Begriffs recht anschaulich erläutern. In seiner einfachsten Form ist Image das Vorstellungsbild bzw. die Vorstellung, die jemand von dieser Region hat. Es entsteht "aus der Kombination von objektiven und subjektiven Faktoren" (Salcher, 1978, S. 136), die sich für den Urlauber oder Interessenten zu einem Gesamtbild zusammenfügen. Ganz konkret ist es einerseits das Wissen über diese Region, über seine Landschaft, seine Städte und Attraktionen, die als objektive Faktoren die Imagebildung beeinflussen. Ergänzt wird dieses Vorstellungsbild andererseits durch die subjektiven Vorstellungen, Meinungen und Erwartungen, die sich teilweise aufgrund objektiven Wissens, teilweise aufgrund subjektiver Empfindungen und Gefühle entwickelt haben.

Das Image einer Urlaubsregion ergibt sich aus der Vielzahl der individuellen Vorstellungsbilder, die in wesentlichen Punkten gleich oder sehr ähnlich sein werden, in anderen Punkten aber stark voneinander abweichen können. Je stärker dabei die individuellen Sichtweisen durch rationale und objektive Faktoren bestimmt werden, um so einheitlicher und gefestigter wird auch das Gesamtbild, das Image dieser Region sein.

Im Prinzip ist das Image das Ergebnis eines Meinungsbildungsprozesses, der nie endgültig abgeschlossen wird, sondern durch neue Informationen immer wieder in Gang gebracht und in eine bestimmte Richtung gelenkt werden kann.

6.2 Zweck und Aufgaben der Image-Analysen

Im Mittelpunkt der Tourismusforschung steht der Urlauber als potentieller Gast oder Kunde. Was er denkt, was er meint und wie er sich verhält, interessiert nicht nur seine potentiellen Gastgeber, sondern praktisch alle, die touristische Dienstleistungen anbieten. Dabei interessieren nicht nur die allgemeinen Denk- und Verhaltensweisen zum Thema Urlaub, sondern ganz speziell das, was er über die Anbieterseite und ihre konkreten Angebote denkt, was er davon hält, d.h. also im weitesten Sinne, welches Image die Anbieter touristischer Leistungen besitzen.

Aus diesem Grunde spielen Image-Analysen für die Tourismusforschung eine wichtige Rolle. Mit ihnen sollen insbesondere folgende Fragen beantwortet werden:
- Welche urlaubsrelevanten Faktoren und Dimensionen bestimmen das Image?
- Mit welchem Gewicht beeinflussen und prägen die Faktoren und Dimensionen das Image?
- Worin liegen die touristischen Stärken und Schwächen der unterschiedlichen Institutionen?
- Welche Position hat die untersuchte Institution im konkurrierenden Umfeld?
- Steht das Angebot im richtigen Verhältnis zu den Kosten und Preisen (Preis-Leistungs-Verhältnis)?

Die Aufgabe der Image-Analyse liegt also nicht nur in der Analyse der Denk- und Verhaltensweisen der tatsächlichen und potentiellen Urlauber, sondern auch in einer Standortbestimmung der eigenen Position.

Mit einer Image-Analyse wird eine größere Markttransparenz erreicht. Dies hat für sich schon einen großen Erkenntniswert. Im Bemühen um den Urlauber müssen solche Erkenntnisse aber auch umgesetzt werden: auf der einen Seite in die Entwicklung urlaubsgerechter Angebote, bei denen die Wünsche, Vorstellungen und Erwartungen der zukünftigen Urlauber mitberücksichtigt werden; auf der anderen Seite wird die Image-Analyse eine ganze Reihe von Ansatzpunkten aufzeigen, wie das Image im positiven Sinne, nämlich im Sinne der untersuchten Institution, stabilisiert oder verändert werden kann. Aufgrund dieser Erkenntnisse kann eine intelligente und effiziente Marketingstrategie entwickelt werden, die den Urlauber für sich als Gast oder Kunden gewinnen soll. Insofern ist die Image-Analyse ein wichtiges Forschungsinstrument des strategischen Marketing im Tourismus.

6.3 Methoden der Image-Analyse

Die Aussagekraft und der Erfolg einer Image-Analyse hängen wie bei fast allen empirischen Untersuchungen ganz wesentlich ab von
- einer klaren Untersuchungskonzeption,
- der methodisch korrekten Anlage und Durchführung,

- einer professionellen Auswertung und Analyse und
- einer praxisbezogenen Umsetzung.

Zu diesen Punkten werden im ersten Schritt einige generelle Anmerkungen gemacht, die praktisch für alle Image-Analysen im touristischen Bereich gelten. Im zweiten Schritt werden Anlage und Durchführung von Image-Analysen an vier konkreten Beispielen erläutert, die in den letzten Jahren von M + E, Deutsche Gesellschaft für Markt- und Engpaßforschung, Frankfurt, überwiegend in Zusammenarbeit mit dem Studienkreis für Tourismus, Starnberg, durchgeführt wurden. Dabei geht es einmal um das Image eines Urlaubslandes und einer Urlaubsregion, zum anderen um das Image einer Urlaubsform und eines Reiseveranstalters.

In der Untersuchungskonzeption sollte als erstes der Untersuchungsgegenstand genau definiert werden. So hat z.B. eine Region nicht nur eines, sondern eine ganze Reihe von Images, je nachdem, unter welchem Aspekt die Region betrachtet wird. Ob die Qualitäten einer Region als Urlaubs- und Erholungsgebiet, als Wohngebiet oder als Industriestandort untersucht werden sollen, muß von vornherein klar definiert werden. Im touristischen Bereich interessiert in der Regel das Erscheinungsbild der Region als Urlaubs- und Erholungsgebiet, d.h. inwieweit die Region für längere oder kürzere Urlaubs- und Erholungsreisen als geeignet oder sogar als besonders attraktiv angesehen wird.

Von der Definition des zu untersuchenden Gegenstandes hängt es ganz wesentlich ab, an welche Personengruppen sich die Untersuchung richten muß. In die Untersuchung einbezogen werden sollten in jedem Fall alle tatsächlichen und potentiellen Interessenten, die als Urlauber und Gäste in Frage kommen können. Im weitesten Sinne ist dies die gesamte deutsche Bevölkerung, die Urlaubs- und Erholungsreisen unternimmt.

Aus finanziellen, aber auch aus forschungsökonomischen Gründen empfiehlt sich allerdings eine Konzentration auf die Personengruppen, die für die zu untersuchende Region als besonders interessant angesehen werden. So wird man in der Regel in die Untersuchung Gäste und Urlauber einbeziehen, die das Gebiet schon aus eigener Erfahrung kennen und aufgrund dieser Kenntnisse von dieser Region ein relativ objektives Vorstellungsbild haben.

Interessant werden aber auch solche Personengruppen sein, die die Region bisher nur dem Namen nach kennen und möglicherweise an einem zukünftigen Besuch interessiert sind oder die Region als völlig uninteressant ablehnen. Für beide Einstellungen wird es bestimmte Gründe geben, die im Rahmen der Image-Analyse untersucht und analysiert werden müssen.

Die Bestimmung der Zielgruppen, die in die Image-Analyse einbezogen werden sollen, hängt ganz wesentlich vom touristischen Angebot der Region und den möglicherweise geplanten Veränderungen ab. Trotz einer anzustrebenden Konzentration sollten die Zielgruppen nicht zu eng gefaßt werden, um auch neue Potentiale für die Region erschließen zu können.

Entsprechendes gilt selbstverständlich auch für die Image-Analysen von Urlaubsformen, Reiseveranstaltern usw. Neben einer klaren Definition, die in den meisten Fällen schon gegeben ist, kommt es auf die Zielgruppen an, die für die Urlaubsform oder für den Reiseveranstalter interessant sind. Im Prinzip wird man dabei immer aktuelle Urlauber oder Kunden sowie Interessenten in die Untersuchung einbeziehen.

Image-Analysen können mit verschiedenen empirischen Methoden – sowohl auf quantitativer als auch qualitativer Basis – durchgeführt werden. Dabei hängt die Wahl der Methoden ganz wesentlich vom Untersuchungsgegenstand und der Größe und Homogenität des anzusprechenden Potentials ab. In der Regel wird ein Methoden-Mix aus qualitativen und quantitativen Methoden zur Anwendung kommen, wobei je nach Aufgabenstellung der Schwerpunkt einmal mehr bei den qualitativen, zum anderen mehr bei den quantitativen Methoden liegen kann.

Sehr häufig erfolgt der Untersuchungsaufbau mehrstufig, indem zur Vorbereitung der Hauptuntersuchung eine qualitative Studie vorgeschaltet wird. Mit Gruppendiskussionen, Explorationen oder Expertengesprächen werden Einzelheiten der Untersuchungsaufgabe im freien Gespräch diskutiert und erfaßt. Auf diese Weise lassen sich erste Hypothesen überprüfen und wichtige Faktoren, die im Hinblick auf die Untersuchungsaufgabe eine Rolle spielen können, erkennen. Darüber hinaus dienen solche qualitativen Vorstudien aber auch ganz wesentlich der Entwicklung von sachadäquaten Erhebungsinstrumenten wie Skalen, Statementbatterien oder Frageformulierungen, mit denen in der nachfolgenden Hauptstudie die wichtigsten Aspekte der Untersuchungsaufgabe ganz gezielt angegangen werden können.

Während die Vorstudien mehr der Materialsammlung und der Entwicklung von aussagekräftigen Erhebungsinstrumenten dienen, soll die Hauptuntersuchung zuverlässige Ergebnisse zur Beantwortung der Untersuchungsaufgabe liefern. Aus diesem Grunde werden auf dieser Stufe in der Regel größere Gruppen der verschiedenen Interessentenpotentiale mit Hilfe von qualitativen Frageansätzen (d.h. viele offene Fragen) und mit voll durchstrukturierten quantitativen Interviews (einschließlich Skalierungen und Statementbatterien) befragt.

Die Wahl der geeigneten Untersuchungsmethode ist dabei wiederum abhängig vom Untersuchungsgegenstand und der Untersuchungsaufgabe. Handelt es sich um einen sehr speziellen Untersuchungsgegenstand, der nur für kleinere, speziell interessierte Bevölkerungsgruppen interessant ist, wird man eher die Methode der qualitativen Interviews wählen und diese – soweit noch Probleme offen bleiben – durch kleinere flankierende Untersuchungen auf repräsentativer Basis ergänzen. Fragen über den Bekanntheitsgrad der untersuchten Institution und die Größe der verschiedenen Interessentenpotentiale können in diesem Rahmen geklärt werden.

Solche ergänzenden Repräsentativuntersuchungen sind allerdings nicht immer notwendig, da sehr oft aus vorliegendem Material, wie z.B. der Reiseanalyse des Studienkreises für Tourismus, schon Erkenntnisse der gewünschten Art herangezogen werden können.

Handelt es sich bei dem Untersuchungsgegenstand um eine Institution, die für breite Bevölkerungskreise oder für die gesamte Bevölkerung interessant ist, so kann eine repräsentative, mehr quantitativ ausgerichtete Untersuchung mit durchstrukturierten Interviews unter Berücksichtigung der finanziellen und forschungsökonomischen Gesichtspunkte die bessere Lösung sein. In diesen Fällen wird man im allgemeinen durch eine intensive qualitative Vorstudie die nachfolgende repräsentative Hauptstudie entsprechend vorbereiten.

In der Phase der Auswertung und Analyse können sowohl univariate als auch multivariate Analyseverfahren zur Anwendung kommen. Besonderen Erkenntniswert vermitteln im allgemeinen die multivariaten Analysetechniken, wie z.B. Faktorenanalyse, Segmentationsanalyse oder Clusteranalyse. Mit Hilfe der Faktorenanalyse können die wichtigsten Imagekomponenten definiert und beschrieben werden. Auf der Basis dieser ermittelten Einstellungsdimensionen lassen sich mit einer Clusteranalyse Personengruppen definieren, die in bezug auf Urlaub und Urlaubsreise unterschiedliche Wünsche und Erwartungen haben.

Aufgabe der abschließenden Analyse, die normalerweise in einem schriftlichen Bericht zusammengefaßt wird, ist die Herausarbeitung der Gemeinsamkeiten und der Unterschiede der verschiedenen angesprochenen Zielgruppen im Hinblick auf den Untersuchungsgegenstand. Dabei sollten nach Möglichkeit auch die Ursachen für diese unterschiedlichen oder gleichartigen Verhaltensweisen und Einstellungen aufgezeigt werden. Diese können beispielsweise sowohl im sozialen Umfeld und in der sozio-ökonomischen Situation der Betroffenen liegen als auch in ihrer Einstellung zu lebensrelevanten Themen oder zur Gestaltung ihrer Freizeit zu Hause und im Urlaub.

Die Erkenntnisse der Image-Analyse sollten von Marketingexperten weiter verarbeitet werden, indem diese in Zusammenarbeit mit dem Marktforscher markt- und kundenorientierte Marketingstrategien entwickeln.

6.4 Beispiele von Image-Analysen

6.4.1 Deutschland als Urlaubsland

Im Jahr 1986 beauftragte der Deutsche Fremdenverkehrsverband, Bonn, den Studienkreis für Tourismus, Starnberg, eine grundlegende Untersuchung zum Urlaub in Deutschland zu konzipieren. Anlaß war die Sorge der Deutschen Fremdenverkehrswirtschaft, "daß der Bundesbürger zwar immer reisefreudiger wird, sich das Haupturlaubsgeschehen aber zunehmend ins Ausland verlagert" (Deutscher Fremdenverkehrsverband, 1987, S. 9).

Kernstück dieses Forschungsprojektes war eine empirische Grundlagenuntersuchung zum Image Deutschlands als Urlaubsland. Ausgangspunkt der konzeptionellen Überlegungen war die Tatsache, daß immer mehr Deutsche ihren Urlaub im Ausland verbringen, obwohl Deutschland mit seinen vielfältigen Landschaftsformen und seinem großen Kulturangebot teilweise mehr, zumindest aber genauso viel wie manches andere Urlaubsland im Ausland bieten kann.

Unter Berücksichtigung dieser Rahmenbedingungen wurde zur Lösung dieser Aufgabe eine dreistufige Untersuchung konzipiert, die mit verschiedenen Methoden verschiedene Zielgruppen ansprechen sollte.

Auf der ersten Untersuchungsstufe diskutierten Urlauber der verschiedenen Altersgruppen (20–40 Jahre, 40–60 Jahre) im Rahmen von Gruppendiskussionen über ihre Einstellungen zum Deutschlandurlaub. Hinzu kamen noch Gruppendiskussionen mit Vätern und Müttern von Kleinkindern, die in der Regel mit der ganzen Familie verreisen. In jeder der Gruppen diskutierten acht bis zehn Personen – jeweils die Hälfte Deutschland- bzw. Auslandsurlauber – unter der Leitung eines psychologisch ausgebildeten Diskussionsleiters über ihre Einstellung zu einem Urlaub in Deutschland.

Auf der zweiten Stufe wurden Deutschland-, Auslands- und Wechselurlauber im Rahmen von explorativen Einzelgesprächen zum Thema Urlaub in Deutschland befragt.

Beide qualitativen Vorstudien erbrachten erste Erkenntnisse darüber, worin jüngere und ältere Alleinstehende und Familienreisende, regelmäßige Deutschland- und Auslandsurlauber die wesentlichen Vorteile und Nachteile eines Urlaubs in Deutschland sehen. Aufgrund dieses Materials konnten zielorientiere Skalen, Statementbatterien und spezielle Fragen entwickelt werden.

Für die Hauptstufe, die mit teilstrukturierten Fragebögen durchgeführt wurde, wurden die Befragten entsprechend ihrer Präferenz für bestimmte Landschaftsformen als Urlaubsgebiet ausgewählt. Ausgehend von der Tatsache, daß Deutschland als Urlaubsland seinen Urlaubern die nahezu gleichen Landschaften bieten kann wie Regionen im Ausland, wurden sechs Gruppen von Urlaubern ausgewählt, die in gleichen oder ähnlichen Landschaftsformen im In- und Ausland Urlaub machten: Den Urlaubern an den südeuropäischen Küsten des Mittelmeers wurden die Urlauber an den deutschen Nord- und Ostseeküsten, den Hochgebirgsurlaubern in den ausländischen Alpenregionen die Urlauber in den deutschen Alpen sowie den deutschen Mittelgebirgsurlaubern die Urlauber in den nord- und westeuropäischen Staaten, die dort vom Klima und vom Wetter her sehr ähnliche Verhältnisse vorfinden wie in Deutschland, gegenübergestellt (vgl. Lohmann/Wohlmann, 1987, S. 149 ff.).

Das Kriterium Landschaftsform, das auf die Art und die Gestaltung des Urlaubs einen sehr großen Einfluß hat, war also für Deutschland- und Auslandsurlauber gleich. Darüber hinaus sollten sie jetzt Stellung nehmen, warum sie sich für oder gegen einen Deutschlandurlaub entschieden hatten.

Die Ergebnisse der Hauptstudie wurden mit multivariaten und anspruchsvollen mathematischen Verfahren analysiert. Neben einer Bestimmung der Faktoren, die für die Wahl eines Urlaubsortes entscheidend sind, konnte so auch ihr Einflußgewicht berechnet werden. So ergab sich z.B., daß über die Hälfte der Entscheidungsprozesse für die Wahl des Urlaubsortes allein durch drei Faktoren – Erholung/Gesundheit, Angebot an

Aktivitäten, komfortable Unterkünfte – bestimmt wird (vgl. Lohmann/Wohlmann, 1987, S. 76 ff.).

Die anschließende Clusteranalyse ergab fünf Urlaubertypen, die sich wie folgt charakterisieren lassen:

Typ 1: Der Fernreisende, der möglichst weit weg will
Typ 2: Der Billigurlauber – Hauptsache der Urlaub ist billig
Typ 3: Der Heimatverbundene – im Urlaub nicht so weit wegfahren
Typ 4: Der Sonnenanbeter – Hauptsache im Urlaub sonnen und baden
Typ 5: Der Familienurlauber – im Urlaub auf Kinder Rücksicht nehmen

Aus dieser Typologie wird deutlich, welche Urlaubertypen am ehesten für einen Deutschlandurlaub gewonnen werden können (Typ 2, 3 und 5) und für wen ein Urlaub in Deutschland in nächster Zeit kaum in Frage kommen wird (Typ 1 und 4) (vgl. Lohmann/Wohlmann, 1987, S. 90 ff.).

Als Ergänzung zu der qualitativen Untersuchung wurden Ergebnisse der Reiseanalyse herangezogen, die auf repräsentativer Basis eine Berechnung der Potentiale in den verschiedenen Bevölkerungs- und Urlaubergruppen ermöglichten.

Aufgrund der Ergebnisse dieser Image-Analyse entwickelte der Deutsche Fremdenverkehrsverband in mehreren Tagungen und Seminaren eine Broschüre mit "Marketingempfehlungen für den Deutschen Fremdenverkehr", in der die "sofortige Einleitung von Maßnahmen der Angebotsgestaltung, Werbung, Öffentlichkeitsarbeit und Verkaufsförderung auf allen Organisationsebenen als dringend geboten" herausgestellt wurde (Deutscher Fremdenverkehrsverband, 1987, S. 2).

6.4.2 Image der Lüneburger Heide

Im Rahmen einer Untersuchung über den Fremdenverkehr in der Region Lüneburger Heide wurde eine psychologische Imageuntersuchung durchgeführt. Untersuchungsgegenstand war die Lüneburger Heide als Urlaubs- und Erholungsgebiet.

Bei dieser überschaubaren und genau abgrenzbaren Region konnte von vornherein in der Image-Analyse wesentlich stärker auf mögliche beeinflussende Faktoren, wie z.B. die Bevölkerung als Gastgeber, die Städte und ihr kulturelles Leben, die Natur und ihre Schönheiten, eingegangen werden. Wie diese Region in ihrer Gesamtheit von ihren tatsächlichen und potentiellen Gästen gesehen wird, war das eigentliche Ziel der Image-Analyse. Darüber hinaus interessierte aber auch die Position dieser Region im konkurrierenden Umfeld der anderen deutschen Urlaubs- und Erholungsgebiete.

Zur Beantwortung dieser zentralen Fragen wurde eine dreistufige Untersuchungskonzeption entwickelt, die sich ausschließlich auf die tatsächlichen Gäste und das weiteste Interessentenpotential konzentrierte. So wurden im ersten Schritt Gruppendiskussionen mit Vertretern interessanter Zielgruppen wie z.B. den Älteren, den Naturverbundenen, den Gesundheitsbewußten, den Familien mit Kindern oder den Wochenendausflüglern aus den benachbarten Großstadtregionen durchgeführt. In diesen Gruppen diskutierten Kenner und Interessenten die touristischen Stärken und Schwächen dieser Region, aber auch die Bedingungen, unter denen diese Region noch mehr an Attraktivität gewinnen könnte.

Im zweiten Teil der Untersuchung wurden explorative Interviews mit Urlaubern, die diese Region schon aus eigener Erfahrung kennen oder an einem Besuch interessiert sind, durchgeführt. Einbezogen wurde auch eine Gruppe von Nichtinteressierten, um herauszufinden, auf welche Faktoren deren Nichtinteresse zurückzuführen ist.

Die Ergebnisse der beiden qualitativen Vorstudien vermittelten einen ersten Eindruck von den Meinungen und Einstellungen der tatsächlichen und potentiellen Gäste. Sie zeigten vor allem, welche Bereiche in der Hauptuntersuchung besonders angegangen werden sollten, um die Ursachen für diese Ansichten und Verhaltensweisen herauszufinden. Darüber hinaus wurden im Rahmen der explorativen Interviews schon Skalen und Statementbatterien im Hinblick auf ihren Erkenntniswert überprüft.

In der Hauptuntersuchung wurden im Rahmen psychologischer Interviews jeweils 200 Lüneburger-Heide-Urlauber, Heide-Interessenten und Heide-Nichtinteressenten sehr intensiv befragt. Dabei ging es nicht nur um die Landschaft, sondern auch um das touristische Angebot, das man dort erwartet und um die Art des Urlaubs, den man in diesem Gebiet verbringen möchte.

Eine ganz wesentliche Erkenntnis dieser Image-Analyse war, daß namentlich den Interessenten, die die Lüneburger Heide noch nicht aus eigener Erfahrung kennen, die vielfältige Landschaft dieser Region nicht bewußt ist. Sie verbinden mit der Lüneburger Heide in erster Linie Heidelandschaften und Heidschnucken, die aber nur einen geringen Teil des ganzen Gebietes ausmachen.

Die Ergebnisse der psychologischen Imageuntersuchung waren zusammen mit parallel laufenden Gästebefragungen und Expertengesprächen die Grundlage für die Entwicklung eines neuen Marketingkonzepts, das den Anbietern vor Ort ganz konkrete Maßnahmen vorschlägt, wie sie ihre touristischen Angebote entsprechend den Wünschen und Erwartungen ihrer tatsächlichen und potentiellen Gäste gestalten sollen. Darüber hinaus werden aber auch ganz konkrete Maßnahmen empfohlen, wie die Interessenten angesprochen werden sollten, um sie als Gäste für die Lüneburger Heide gewinnen zu können.

Für den Fremdenverkehrsverband Lüneburger Heide waren die Ergebnisse Anlaß dafür, einen neuen übergreifenden Gebietsprospekt zu entwickeln, in dem sowohl die typische Heidelandschaft als auch die Vielfalt der übrigen Landschaftsteile, die den normalen Heide-Interessenten gar nicht so bewußt sind, dargestellt werden (vgl. Studienkreis für Tourismus, 1991).

6.4.3 Urlaub auf dem Bauernhof

Urlaub auf dem Bauernhof ist eine spezielle Form des Urlaubs in ländlicher Umgebung. Der Bauernhof als Urlaubsquartier ist dabei nicht nur Unterkunft und Verpflegungsstätte, sondern mit seinem natürlichen Umfeld ein ganz wesentlicher Faktor für die Art und die Gestaltung des Urlaubs.

Das Bundesministerium für Landwirtschaft und Forsten gab 1986 zusammen mit anderen interessierten Institutionen eine Untersuchung in Auftrag, die die Attraktivität und die Chancen des Urlaubs auf dem Bauernhof analysieren sollte. Dafür konzipierten der Studienkreis für Tourismus und M + E, Deutsche Gesellschaft für Markt- und Engpaßforschung, eine mehrteilige Untersuchung, die ein möglichst klares Bild vom Image des Urlaubs auf dem Bauernhof und der Nachfragesituation nach dieser Art von Urlaub geben sollte.

Kernstück dieses Forschungsprojekts war eine qualitative Untersuchung bei aktuellen und potentiellen Bauernhofurlaubern. Da es sich hier um eine ganz spezielle Form von Urlaub handelt, wurde die Untersuchung auf die Bevölkerungsgruppen konzentriert, die an einem Urlaub auf dem Lande interessiert sind, weil sie in erster Linie als Potential für einen Urlaub auf dem Bauernhof in Frage kommen. Um die Vor- und möglichen Nachteile dieser Urlaubsform möglichst vollständig zu erfassen, wurden verschiedene Gruppen mit unterschiedlichem Interesse an einem Urlaub auf dem Bauernhof zu diesem Thema befragt. So wurden sowohl regelmäßige Bauernhofurlauber als auch solche, die nicht mehr in diesem Rahmen Urlaub machen wollen, als auch Interessenten und Nichtinteressenten in die Untersuchung einbezogen.

In einer qualitativen Vorstudie wurde im Rahmen von explorativen Interviews der Untersuchungsansatz überprüft. Die Hauptuntersuchung fand in zwei Schritten statt: Zum einen wurden die Urlauber an ihrem Urlaubsort auf dem Bauernhof bzw. in den Gasthöfen und Pensionen aufgesucht. Dieser Teil der Untersuchung diente vor allem dazu herauszufinden, inwieweit sich Erwartungen und Wirklichkeit im Urlaub entsprechen. Im zweiten Teil der Hauptuntersuchung wurden ehemalige, aktuelle und potentielle Urlauber auf dem Bauernhof über ihre Meinungen und Einstellungen an ihrem Heimatort im Rahmen von qualitativen Interviews befragt.

Parallel dazu wurden im Rahmen der Reiseanalyse auf repräsentativer Basis Meinungen zum Urlaub auf dem Bauernhof erfaßt. Dieser Teil diente im wesentlichen zur Berechnung der Interessentenpotentiale für den Urlaub auf dem Lande und ganz speziell den Bauernhofurlaub.

Die Gegenüberstellung der Meinungen und Einstellungen der verschiedenen Zielgruppen ergab "ein umfassendes und aktuelles Bild der Situation der Nachfrageseite nach Urlaub auf dem Bauernhof" (Wohlmann/Lohmann, 1986, S. V).

Die Ergebnisse dieser Image-Analyse des Urlaubs auf dem Bauernhof wurden in einer Broschüre einem größeren Interessentenkreis zugänglich gemacht. Sie können "den Anbietern von Urlaub auf dem Bauernhof bei der Gestaltung ihres touristischen Angebots ebenso hilfreich sein wie den Entscheidungsträgern in Politik und Verwaltung" (Wohlmann/Lohmann, 1986, S. V).

6.4.4 Image eines Reiseveranstalters

Gegenstand dieser Imageuntersuchung war ein Reiseveranstalter mittlerer Größe, dessen Bekanntheitsgrad in der Bevölkerung bei 25% lag, in seinem engeren Kundenpotential – den Veranstalterreisenden – aber bei fast 70%. Dieser Reiseveranstalter war Marktführer in einem sehr speziellen, aber kleinen Segment. Darüber hinaus konnte man bei ihm fast alles buchen, was auch von den großen deutschen Reiseveranstaltern angeboten wird.

Aufgabe dieser Image-Analyse war es herauszufinden, was die tatsächlichen und potentiellen Kunden von ihm und seinen Angeboten halten, worin sie die Stärken und Schwächen dieses Reiseveranstalters sehen und unter welchen Bedingungen sie möglicherweise einmal ein Angebot dieses Reiseveranstalters in Anspruch nehmen würden. Durch die Aufgabenstellung waren auch schon die Zielgruppen, die in die Untersuchung einbezogen werden sollten, definiert: zum einen tatsächliche Kunden, die sich schon eine Urlaubsreise von diesem Reiseveranstalter organisierten ließen, zum anderen potentielle Kunden – nämlich Veranstalterreisende –, die zwar noch nicht mit diesem, aber mit anderen Reiseveranstaltern gereist waren.

Da dieser Reiseveranstalter regelmäßig im Abstand von mehreren Jahren sein Image im weitesten Kundenkreis überprüfen ließ, konnte das Projekt auf zwei Untersuchungsschritte konzentriert werden. Zum einen wurden im Rahmen einer repräsentativen Bevölkerungsumfrage der Bekanntheitsgrad und die Größe des weiteren und engeren Potentials ermittelt. Zum anderen wurden in einer mehr qualitativen Untersuchung Interviews mit Kunden sowie mit Veranstalterreisenden durchgeführt. Diese zweite, ganz spezielle Untersuchung sollte Auskunft darüber geben, wie die Kunden diesen Reiseveranstalter beurteilen, wie sie mit seinen Leistungen zufrieden sind und in welchen Bereichen möglicherweise noch Verbesserungen im Sinne der Optimierung des Angebots möglich sind.

Beim weiteren Potential, den Veranstalterreisenden, stand das Image dieses Reiseveranstalters im Mittelpunkt. Sie mußten ihr Urteil mehr auf das gründen, was sie bisher von diesem Reiseveranstalter gehört hatten. Darüber hinaus sollte gerade von diesen potentiellen Kunden in Erfahrung gebracht werden, warum sie bisher noch nicht die Leistungen dieses Reiseveranstalters in Anspruch genommen haben, was dem bisher entgegenstand und unter welchen Bedingungen und Umständen sie möglicherweise Kunden dieses Reiseveranstalters werden könnten.

Ein wesentliches Ergebnis dieser Image-Analyse war, daß dem Reiseveranstalter aufgrund seiner Marktführerschaft in einem ganz speziellen Segment die Kompetenz für die anderen Bereiche nicht in dem Maße zugetraut wurde, wie dies den Konkurrenten zugebilligt wird. Da aber in diesem speziellen Segment kaum noch Wachstumschancen gegeben sind, konnte eine Verbesserung der eigenen Marktposition nur über die anderen Bereiche erreicht werden. Deshalb hat der Reiseveranstalter aus den Ergebnissen dieser Image-Analyse die Konsequenzen gezogen und in einem wesentlichen Punkt seine Marketingstrategie geändert.

Die angeführten Beispiele zeigen, daß Image-Analysen im Tourismus sehr konkrete Ergebnisse liefern können, die nicht nur den Zustand beschreiben, sondern auch ganz konkrete Anregungen geben, wie die touristischen Angebote und Leistungen noch besser auf die Wünsche und Erwartungen der Urlauber ausgerichtet werden können. Die Entwicklung von Marketingstrategien, die diese Erkenntnisse berücksichtigen, ist ein wichtiger Schritt zur Verbesserung der Marktposition der jeweiligen Institution.

Literatur

Deutscher Fremdenverkehrsverband (Hrsg.) (1987): Marketing-Empfehlungen für den deutschen Fremdenverkehr.
Lohmann, M., R. Wohlmann (1987): Urlaub in Deutschland. Starnberg.
Salcher, E. (1978): Psychologische Marktforschung. Berlin/New York.
Spiegel, B. (1961): Die Struktur der Meinungsverteilung im sozialen Feld. Bern/Stuttgart.
Studienkreis für Tourismus (Hrsg.) (1991): Der Fremdenverkehr in der Lüneburger Heide – Marketingkonzept. Starnberg.
Wohlmann, R., M. Lohmann (1986): Urlaub auf dem Bauernhof, Urlaub auf dem Lande. Starnberg.

7. Kalkulation und Kostenkontrolle

Joachim S. Tanski

7.1 Kostenrechnung im Tourismus

7.1.1 Tourismusunternehmen und Kostenrechnung

Die Frage, ob eine Kostenrechnung für alle Unternehmensformen notwendig sei, ist zumindest in der betriebswirtschaftlichen Literatur durchgängig bejaht worden. In der Praxis ergibt sich auf diese Frage häufig eine andere Antwort; insbesondere kleinere und kleinste Betriebe verzichten oft auf eine kostenrechnerische Kontrolle ihres Betriebes. Dieses Phänomen kann grundsätzlich in allen Branchen beobachtet werden und ist wesentlich darauf zurückzuführen, daß in kleineren Betrieben aus mangelnder Einsicht in die Notwendigkeit die Aufwendungen für eine aussagefähige Kostenrechnung gescheut werden.

In kleineren Tourismusunternehmen ist das Fehlen einer Kostenrechnung besonders häufig zu beobachten; so gibt es kaum ein Reisebüro oder kleineres Hotel, welches ausreichende Informationen über seine Kostenstruktur besitzt. Insbesondere beim Reisebüro ist dies auf die fehlende Notwendigkeit einer eigenen Produktkalkulation zurückzuführen; eine "Kostenkontrolle" findet dann häufig nur durch Interpretation des Gewinnes aus dem handels- und steuerrechtlichen Jahresabschluß statt. Auch bei kleineren Reiseveranstaltern finden sich Systeme der Kostenrechnung häufig nur in dem Mindestumfang, wie er zur Kalkulation der Reiseleistungen notwendig ist, wobei insbesondere die Unternehmensfixkosten nach sehr globalen Schlüsseln verteilt werden.

Aber auch bei einer Betrachtung von Reiseveranstaltern aller Größenklassen fällt auf, daß die Entwicklung der Kostenrechnung in dieser Branche – sieht man von den größten mit umfassendem, EDV-gestützten Rechnungswesen ab – noch viele Entwicklungsmöglichkeiten offenläßt. In einer empirischen Erhebung am Institut für Tourismus der Freien Universität Berlin wurde im Jahr 1980[1] festgestellt, daß z.B. folgende Verfahren der Kostenanalyse bei Reiseveranstaltern angewandt werden:
- Ist-Kosten-Analyse   50,8%,
- Normal-Kosten-Analyse   15,9%,
- Plan-Kosten-Analyse   31,9%,
- andere Verfahren   1,4%.

Die Ist-Kostenrechnung ist damit noch das vorherrschende Instrument der Kostenrechnung; Verfahren der Plankostenrechnung, welche allerdings Unternehmens- und Umsatzpläne voraussetzen, sind dagegen nur bei knapp einem Drittel der Reiseveran-

---

[1] In den letzten Jahren konnte keine durchgreifende Änderung beobachtet werden, so daß diese Daten noch weitgehend als gültig betrachtet werden können.

stalter zu finden. Auch bei der Frage nach dem Einsatz der Deckungsbeitragsrechnung zeigt sich, daß dieses Instrument keinesfalls eine durchgängige Verbreitung gefunden hat. Folgende Antworten (einschließlich Mehrfachnennungen) wurden gegeben:
Deckungsbeitragsrechnung wird
- durchgängig verwandt 37,8%,
- bei der Preisfindung verwandt 32,4%,
- für die Absatzstrategie verwandt 10,8%,
- nicht verwandt 27,0%.

Auch diese Antworten zeigen, daß entscheidungsorientierte Formen der Kostenrechnung nicht zum Standardrepertoire des Reiseveranstalters zählen. Andererseits sind es rund zwei Drittel (unter Berücksichtigung der Mehrfachnennungen), die die Deckungsbeitragsrechnung ganz oder teilweise einsetzen. Fraglich bleibt trotzdem, ob jene Unternehmen, welche die Deckungsbeitragsrechnung einsetzen, eine verursachungsgerechte Kostenzuordnung zu Produkten oder Produktgruppen besitzen, denn bei einer anderen Frage konnten nur 27,2% aller antwortenden Unternehmen angeben, daß sie eine Teilkostenrechnung orts-, zielgebiets- oder paxbezogen durchführen.

7.1.2 Kostenstrukturen in Tourismusunternehmen

Tourismusunternehmen gehörten zur Gruppe der Dienstleistungsunternehmen. Wie bei allen Dienstleistungsunternehmen stellen deshalb die fehlenden Lagermöglichkeiten der erstellten Leistungen und der überdurchschnittlich hohe Fixkostenanteil besondere Merkmale auch der Tourismusunternehmen dar (vgl. Decker, 1974, Sp. 1171 f.). Da auch die Personalkosten innerhalb bestimmter (Kapazitäts-)Grenzen als fix anzusehen sind, müssen viele Tourismusunternehmen bei gegebener Auslastung mit einem Fixkostenanteil von 90% an den Gesamtkosten kalkulieren.

Innerhalb der Tourismusunternehmen weisen insbesondere Reisebüros einen Fixkostenblock von nahezu 100% der Gesamtkosten (selbst bei Vollbeschäftigung) auf, sofern diese ausschließlich die Vermittlung von Reisen betreiben. Dabei ist zu beachten, daß die verkauften Reisen im Reisebüro keinen Kostencharakter haben, sondern in Höhe des Netto-Reisepreises (Reisepreis nach Abzug der Reisebüroprovision) als durchlaufende Posten zu betrachten sind. Variable Kosten treten im Reisebüro fast nur in Form von zusätzlichen Kommunikationskosten bei tatsächlichem Abschluß eines Reisevermittlungsvertrages auf.

Ähnlich sieht die Kostenstruktur im Beherbergungsgewerbe aus. Auch die Hotellerie sieht sich einem sehr hohen Fiskostenblock gegenüber. Die durch eine verkaufte Übernachtung entstehenden variablen Einzelkosten erschöpfen sich weitgehend in den Kosten für die im Badezimmer bereitgestellten Kosmetika und für zusätzlichen Energieverbrauch, wenn – wie zunehmend üblich – das Frühstück im Gastronomiebereich gesondert kalkuliert wird. Die Grenzkosten, die im Gemeinkostenbereich für zusätzliche Waschleistungen, Wäscheverschleiß etc. anfallen, sind eher geringfügig.

Insgesamt liegen die variablen Kosten in der reinen Beherbergung regelmäßig deutlich unter 10% der Gesamtkosten bei Vollauslastung (vgl. Kunz, 1986, S. 83). Ein etwas anderes Bild zeichnet sich im "Food & Beverage"-Bereich, wo der Wareneinsatz immerhin durchschnittlich mit einem Drittel der Gesamtkosten angesetzt werden kann. Zuzüglich einiger anderer variabler Gemeinkosten ergibt sich ein Anteil der variablen Kosten von rund 40% an den gesamten Kosten.

Etwas günstiger stellt sich die Situation bei Transportunternehmen und Reiseveranstaltern dar. In beiden Fällen ist ein deutlicher Anteil an variablen Kosten gegeben, ohne daß jedoch der Fixkostenanteil auf eine Größe schrumpft, wie sie im verarbeitenden Gewerbe noch anzutreffen ist. Bei diesen Unternehmen stellt sich insbesondere das Problem der Bezugsgrößenwahl. So sind bei einem Luftfahrtunternehmen die Kerosinkosten in bezug auf die geflogenen Meilen als variabel anzusehen, während sie in bezug auf die Paxe fixen Charakter haben; die Erlöse sind jedoch immer paxorientiert, so daß eine Gegenüberstellung einige – überwindbare – rechentechnische Probleme aufwirft.

Schaut man sich die Kostenstrukturen bei Reiseveranstaltern an, so ist zwischen jenen Veranstaltern, welche feste Hotelkontingente und Flugplätze im Blockcharter einkaufen, und solchen Veranstaltern, die je nach Buchungseingang feste Reservierungen vornehmen (IT-Reisen), zu unterscheiden. Die erste Gruppe muß mit einem großen Fixkostenblock leben, während die zweite Gruppe einen wesentlich größeren Teil an variablen Kosten aufweist.

Insgesamt ist die Kostenstruktur in Tourismusunternehmen durch einen hohen Anteil an Fixkosten und einem sehr niedrigen Anteil an variablen Kosten gekennzeichnet (vgl. Abb. 1). Diese Struktur ist insoweit ungünstiger als in vielen anderen Branchen (wenngleich ein Anwachsen des Fixkostenanteils generell zu beobachten ist), aber typisch für Dienstleistungsunternehmen.

Bedingt durch diese Kostenstruktur zeichnen sich zwei Wagnisse ab. Zum einen befinden sich Tourismusunternehmen in der ständigen Gefahr, bei einem Umsatzrückgang Fixkosten nicht oder nicht schnell genug abbauen zu können, mit der Folge eines hohen Anteils an Leerkosten. Mit Leerkosten wird der "nicht ausgenutzte" Teil der Fixkosten bezeichnet, also jener Teil, welcher bei einer gedanklichen Proportionalisierung der Fixkosten bei einem Rückgang des Beschäftigungsgrades entfallen würde.

Zum anderen ergeben sich bei einer Produktkalkulation rechentechnisch sehr hohe Deckungsbeiträge, welche bei alleiniger Betrachtung dieser Größe eine höhere Gewinnchance vermuten lassen als sie aufgrund des hohen Fixkostenblocks tatsächlich gegeben ist. Wegen des sehr niedrigen Anteils der variablen Kosten an den Gesamtkosten muß die einfache Deckungsbeitragsrechnung um eine stufenweise Fixkostendeckungsrechnung ergänzt werden. Mit dem besonders großen Fixkostenblock und den typischen Produktlinien weisen Tourismusunternehmen gleichzeitig auch eine durch einen sehr hohen Gemeinkostenanteil geprägte Kostenstruktur auf. Für diese Situation

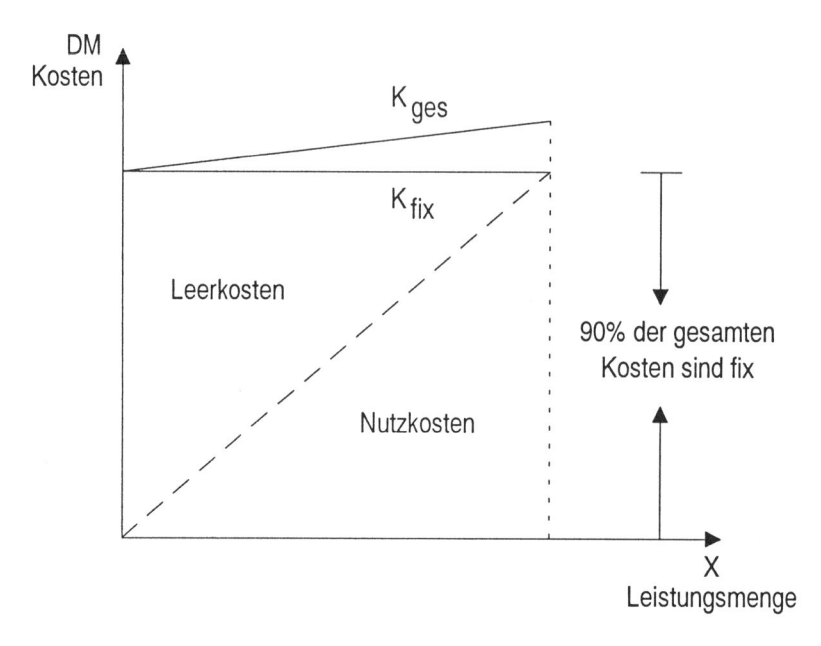

Abb. 1: Kostenstruktur im Tourismus

bietet sich der Einsatz der in den USA entwickelten Methode des "activity-based-accounting" an, für die sich in Deutschland der Begriff "Prozeßkostenrechnung" durchgesetzt hat (vgl. Coenenberg/Fischer, 1990). Die Prozeßkostenrechnung ist eine Weiterentwicklung der Vollkostenrechnung und richtet sich auf die Kalkulation und Kontrolle der durch die Leistungserstellung verursachten einzelnen betrieblichen Prozesse.

Für viele kostenrechnerische Überlegungen bietet sich bei dieser Kostenstruktur jedoch auch der Einsatz der Break-even-Analyse an, die die Struktur der fixen und variablen Kosten in jeder Rechnung berücksichtigt und deshalb Vorteile der Vollkostenrechnung als auch der Teilkostenrechnung vereint.

7.2 Break-even-Analyse

7.2.1 Darstellung der Break-even-Analyse

Bei der Break-even-Analyse handelt es sich um eine rechentechnische Analysemethode zur Ermittlung jenes Punktes bzw. jener Leistungsmenge, bei der Erlöse in gleicher Höhe wie Kosten anfallen. Vor und nach diesem Punkt gibt es Zonen, in denen ein Verlust bzw. ein Gewinn erwirtschaftet wird. Aufgrund der Tatsache, daß im Break-even-Punkt der Übergang von der Verlustzone in die Gewinnzone liegt, wird dieser Punkt häufig auch als Gewinnschwelle und die entsprechende Analyse als Gewinnschwellenanalyse bezeichnet. Auch der Begriff "toter Punkt" fand eine gewisse Verbreitung, da in diesem Punkt der Gewinn weder positiv noch negativ ist.

Die Break-even-Analyse setzt eine möglichst genaue und umfassende Kenntnis der betrieblichen Kostenverläufe und der Ertragskurven voraus. Dazu ist entweder eine buchtechnische Kostenauflösung oder eine analytisch-mathematische Kostenauflösung durchzuführen; bei der buchtechnischen Kostenauflösung geht man von einzelnen Kostenarten (z.B. Löhne, Charterkosten des Verkehrsmittels) aus und untersucht sie hinsichtlich ihrer Variabilität, während bei der anderen Auflösungsmethode auf vorhandene Daten vergangener Perioden zurückgegriffen wird, um die Kostenfunktion mathematisch zu ermitteln. Wegen des ausgeprägten Vergangenheitsbezugs und wegen ihrer systemimmanenten Ungenauigkeit eignet sich diese mathematische Kostenauflösung jedoch nicht für die Analyse neuer Situationen wie beispielsweise die Kalkulation einer neu einzurichtenden Charterkette.

Die Break-even-Analyse läßt sich sowohl rein rechnerisch als auch – überwiegend – graphisch durchführen. Bei der rechnerischen Ermittlung des Break-even-Punktes ($XBEP$) ist Ausgangspunkt der Rechnung die Gleichung

$$\text{Erlöse (E)} = \text{Kosten (K)}.$$

Da sich die Erlöse (= Umsätze) aus der Multiplikation der Einzelpreise (p) mit der Menge (x) ergeben, gilt

$$E = p \cdot x,$$

während die Kosten aus der Addition der fixen Kosten (K_{fix}) mit den variablen Kosten (K_{var}) zu ermitteln sind, wobei die variablen Kosten, die hier im folgenden nur als proportionale Kosten (K_{prop}) dargestellt werden, die Multiplikation der Kosten pro Stück (K_{prop}) mit der Menge sind, so daß sich ergibt:

$$K = K_{fix} + K_{prop} \cdot x.$$

Werden nun die Erlösfunktion und die Kostenfunktion in die Break-even-Bedingung eingesetzt

$$p \cdot x = K_{fix} + K_{prop} \cdot x$$

und die so entstandene Gleichung nach x aufgelöst, errechnet sich der Break-even-Punkt aus

$$XBEP = \frac{K_{fix}}{p - K_{prop}},$$

wobei die sich das gleiche Ergebnis auch aus Abb. 2 ablesen läßt.

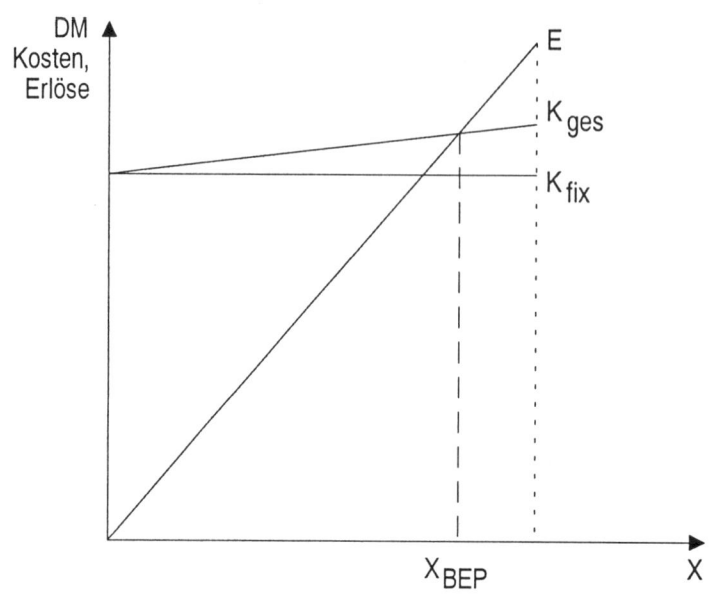

Abb. 2: Graphische Break-Even-Analyse

7.2.2 Einsatzmöglichkeiten der Break-even-Analyse

Die Break-even-Analyse ist ein flexibles und vielseitig einsetzbares Instrument zur Aufbereitung der unternehmerischen Kosten- und Erlössituation. Ihre Vorteile liegen in folgenden Punkten:
1. einfache Anwendung im Grundmodell,
2. schrittweise Anpassungsmöglichkeit an komplexere Sachverhalte,
3. schnelles Aufzeigen von Entscheidungswirkungen und
4. leicht verständliche Graphikdarstellung.

Zu 1.: Das Grundmodell der Break-even-Analyse zeichnet sich durch eine einfache Anwendbarkeit aus, da einerseits nur wenige Informationen benötigt werden, diese Informationen andererseits jedoch die zentralen Elemente der Kostenrechnung beinhalten. So ist es beispielsweise nicht möglich, eine Break-even-Analyse durchzuführen und dabei auf die Trennung von fixen und variablen Kosten zu verzichten. Diese zwangsweise Berücksichtigung unterschiedlichen Kostenverhaltens erleichtert auch dem ungeübten Anwender den Einsatz der Break-even-Analyse und sichert die Korrektheit der Analyseergebnisse.

Neben der Ermittlung der Break-even-Menge kann durch einfache Umformung der Gleichung auch der Break-even-Preis, also jener Preis, der bei einer gegebenen Menge zur Herstellung einer Erlös-Kosten-Gleichheit notwendig ist, errechnet werden. Dadurch ist dieselbe Rechenmethode ebenfalls für Kalkulationsaufgaben geeignet, wobei

Preisfindung und Gewinnplanung (d.h. Kosten- und Erlösplanung) bei dieser Vorgehensweise eng verknüpft sind.

Zu 2.: Auch in komplexeren Anwendungsfällen kann die Break-even-Analyse durch entsprechende Erweiterungen leicht eingesetzt werden. So ist beispielsweise die Berücksichtigung mehrerer Produkte (z.B. unterschiedliche Destinationen beim Reiseveranstalter) bzw. Produktvarianten (z.B. unterschiedliche Zimmerkategorien im Hotelgewerbe) möglich. Auch eine Break-even-Analyse unter Wahrscheinlichkeitsannahmen (z.B. über das Kaufverhalten von Kunden) läßt sich durchführen (Beispiele für unterschiedliche Anwendungen der Break-even-Analyse finden sich bei Schweitzer/ Troßmann, 1986).

Zu 3.: Aufgrund der einfachen Struktur der Break-even-Analyse lassen sich Rechenvarianten problemlos bewältigen. Dies bedingt, daß Veränderungen der Kostensituation aufgrund veränderter Umweltsituationen genauso wie aufgrund neuer innerbetrieblicher Entscheidungen einfach durchzurechnen sind, um die Auswirkungen auf die Kosten- und Erlössituation des Unternehmens aufzuzeigen. Auch zur Entscheidungsvorbereitung und -unterstützung läßt sich die Break-even-Analyse einsetzen; mit EDV-Unterstützung sind auch Break-even-Simulationen durchführbar. So lassen sich beispielsweise mit der Break-even-Analyse die Veränderungen in der Gewinnstruktur bei Einführung von Saison-Sonderkonditionen oder "Last-minute"-Angeboten schnell aufzeigen.

Zu 4.: Die Break-even-Analyse läßt sich einfach und übersichtlich in graphischer Form darstellen. Dadurch können auch in Fragen der Kostenrechnung weniger geübten Personen die Unternehmenssituation oder die Auswirkungen bestimmter Entscheidungen transparent gemacht werden. Die graphische Auswertung der Break-even-Analyse ist deshalb auch ein ideales Instrument für Präsentationen.

7.2.3 Break-even-Analyse im Tourismus

Trotz vieler Vorteile, die die Break-even-Analyse aufweist, konnte sie sich bisher nicht durchsetzen. Um so interessanter ist die Antwort auf die an Reiseveranstalter gerichtete Frage, ob im Unternehmen die Break-even-Analyse eingesetzt wird. Diese Frage hat ein Drittel aller antwortenden Unternehmen bejaht, während immerhin ein weiteres Drittel angab, die Break-even-Analyse zumindest teilweise zu nutzen. Damit ist im Vergleich zu anderen Techniken der Kostenrechnung eine gute Akzeptanz der Break-even-Analyse bei Reiseveranstaltern festzustellen.

Dies mag vor allem zwei Gründe haben: Wegen des sehr hohen Fixkostenanteils ergeben sich mit einer normalen Deckungsbeitragsrechnung sehr hohe, d.h. Gewinnmöglichkeiten versprechende Deckungsbeiträge, was bei einer nicht ausreichenden Berücksichtigung der Fixkosten zu einer Täuschung über die tatsächliche Erfolgssituation führen kann. Die Break-even-Analyse, die die Fixkosten zwangsweise in die Rechnung einbezieht, zeichnet hier ein realistischeres Bild der Unternehmenssituation.

Weiterhin ist die Kostensituation in Tourismusunternehmen durch eine Vielzahl sprungfixer Kosten gekennzeichnet. Sprungfixe Kosten sind Kosten, die in einer definierten Beschäftigungsspanne fix, also beschäftigungsunabhängig sind, bei Verlassen dieser Spanne jedoch auf ein höheres oder tieferes Niveau springen. So sind die Kosten für einen Bus und einen Fahrer bei einem Busreiseveranstalter stets fix in bezug auf die Zahl der verkauften Reisen. Steigt die Zahl der verkauften Reisen jedoch so stark, daß ein weiterer Bus eingesetzt werden muß, so springen die Fixkosten allein aufgrund der Kapazitätsausweitung auf ein höheres Niveau. Auch die Auswirkungen dieses Sachverhaltes lassen sich durch eine Break-even-Analyse leicht verdeutlichen (vgl. Abb. 3).

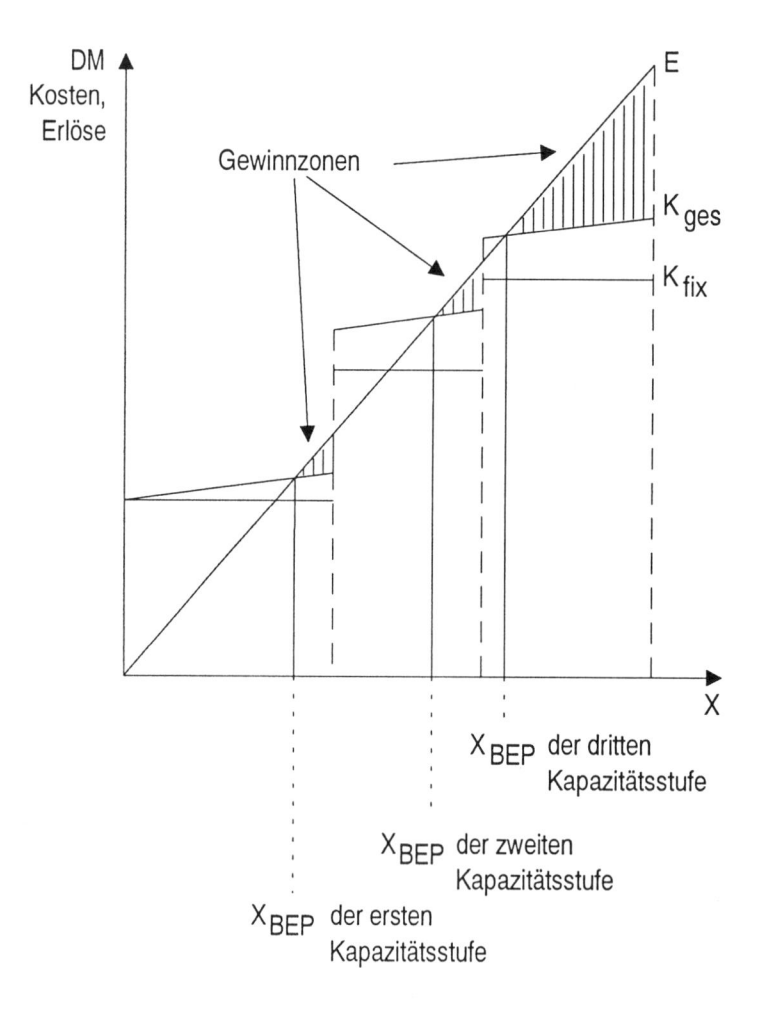

Abb. 3: Break-Even-Analyse mit sprungfixen Kosten

7.3 Beispiel einer Break-even-Analyse

7.3.1 Darstellung der Ausgangslage

Im folgenden soll ein kleines, eher einfach ausgestattetes Reisebüro mit Hilfe der Break-even-Analyse untersucht werden. Dazu werden sowohl Daten für die anfallenden Kosten als auch für die zu erwartenden Umsätze (Erträge) zusammengestellt.

Unter Berücksichtigung des Einzugsgebietes und der damit verbundenen Kundenstruktur wird ein Umsatz (Wert der verkauften Reiseleistung) von 950 DM pro Reisendem (Pax) angenommen. Da häufig mehrere Personen zusammen reisen, werden mit einer Buchung auch mehrere Reisende bei Reiseveranstaltern oder Transportunternehmen eingebucht. Pro Buchungsvorgang wird im folgenden von 2,5 Reisenden ausgegangen. Die Provision soll durchschnittlich 9% betragen.

Hinsichtlich der *Fixkosten* (jeweils als Monatswert) werden als Kostenarten angenommen:
Für ein 35 qm großes Ladengeschäft fallen 2600 DM an. Stromkosten für die Beleuchtung des Geschäfts und Kosten für Werbemaßnahmen sind unabhängig von der Beschäftigung und betragen 300 DM. Auch die Postkosten (Telefon, Briefmarken etc.) sind weitgehend unabhängig von erfolgten Umsätzen und mit 700 DM anzusetzen. Zur Teilnahme an START-Btx ist ein PC einschließlich Btx-Anschluß für 340 DM zu mieten. Weiterhin werden Gehälter von 3500 DM für eine Reisebüro-Vollkraft und von 800 DM für einen Auszubildenden gezahlt. Bei einem Volumen von 24 000 DM für das Anlagevermögen (Erstausstattung mit Tischen, Stühlen, Lampen etc.) und einer durchschnittlichen Nutzungsdauer von acht Jahren errechnet sich ein Abschreibungsbetrag von 250 DM. An kalkulatorischen Kosten sind für das eingesetzte Eigenkapital von 75 000 DM (zur Finanzierung der Erstausstattung und der Anlaufkosten – nicht durch Einnahmen gedeckte, liquiditätswirksame Fixkosten über die ersten Monate als geschätztem Anlaufzeitraum) bei einem Zinssatz von 8% insgesamt 500 DM und für den Unternehmerlohn des mitarbeitenden Eigentümers 5000 DM anzusetzen.

Variable Kosten fallen in einem Reisebüro nur in extrem geringem Umfang an. Lediglich Papier- und Kommunikationskosten, die mit einer tatsächlich erfolgten Reisebuchung entstehen, sind als variable Kosten anzusehen. Hierbei ist zu berücksichtigen, daß weite Teile dieser Kostenarten regelmäßig auch ohne tatsächlich Buchung anfallen, insbesondere bei Kundenberatungen ohne direkten Zusammenhang mit einer Buchung. Pro Buchungsvorgang kann von durchschnittlich 5 DM an variablen Kosten ausgegangen werden. Da auch im Reisebüro sämtliche Rechnungen paxorientiert durchgeführt werden, ist eine entsprechende Umrechnung vorzunehmen. Wenn pro Buchungsvorgang durchschnittlich 2,5 Personen (Paxe) reisen und dabei ein Umsatz von 950 DM/Pax erzielt wird, erbringt ein Buchungsvorgang einen Umsatz von 2375 DM. Bei variablen Kosten von 5 DM ergeben sich 0,21% vom Umsatz.

7.3.2 Durchführung der Break-even-Analyse

Die Summe der Fixkosten beträgt:

Raummiete	2 600 DM
Strom	300 DM
Post	700 DM
START-Btx	340 DM
Gehalt (Vollkraft)	3 500 DM
Gehalt (Auszubildender)	800 DM
Abschreibungen	250 DM
kalk. Zinsen	500 DM
kalk. Unternehmerlohn	5 000 DM
	13 990 DM

Die variablen Kosten sind mit 0,25% vom paxbezogenen Umsatz anzusetzen. Damit ergibt sich folgende Gleichung:

		E	=	K
(1)		950x · 9%	=	13 990 + (950x · 0,21%)
(2)		85,5x	=	13 990 + 1,995x
(3)		83,505x	=	13 990
(4)		X_{BEP}	=	167,5

Der Break-even-Punkt liegt somit bei 167,5 Reisenden bzw. 67,0 Buchungsvorgängen pro Monat. Wird der Monat mit 20 Arbeitstagen angesetzt, so müssen pro Tag 3,4 Buchungen durchgeführt werden, um das Unternehmen aus der Verlustzone und an den Rand der Gewinnzone zu bringen.

Wird weiterhin ein monatlicher Gewinn von 3000 DM (Jahresgewinn: 36 000 DM) gewünscht, so kann die dafür benötigte Break-even-Menge durch Erweiterung der Rechnung um diesen Gewinn ermittelt werden:

(1)	950x · 9%	=	13 990 + (950x · 0,21%) + 3000
(2)	85,5x	=	13 990 + 1,995x + 3000
(3)	83,505x	=	16 990
(4)	X_{Gewinn}	=	203,5

203,5 Paxe lassen sich wiederum mit durchschnittlich 81,4 Buchungsvorgängen im Monat bzw. 4,1 Vorgängen pro Tag erreichen.

7.3.3 Ermittlung des liquiditätsorientierten Break-even-Punktes

Gerade in Anlaufphasen, aber auch in umsatzschwachen Zeiten kann die Zahl der Buchungen so weit zurückgehen, daß das Unternehmen in die Verlustzone, also unterhalb des Break-even-Punktes, gerät. Nicht alle der genannten Kosten sind liquiditätswirksam. Da die Erhaltung der Liquidität (der Zahlungsfähigkeit) für das Überleben eines Unternehmens wichtiger ist als das – kurzfristige – Erwirtschaften eines Gewinns, stellt sich die Frage, wie weit der Umsatz zurückgehen kann, ohne daß die Liquidität gefährdet ist.

Dazu sind alle positiven und negativen Zahlungsströme gegenüberzustellen. In diesem Beispielfall sind die Erträge sowie die variablen Kosten in vollem Umfang liquiditätswirksam. Bei den fixen Kosten fallen jedoch folgende Kosten als nicht liquiditätswirksam heraus, da mit ihnen keine laufenden Zahlungen verbunden sind:

Abschreibungen	250 DM
kalk. Zinsen	500 DM
kalk. Unternehmerlohn	<u>5 000 DM</u>
Summe	5 750 DM

Die Break-even-Rechnung verändert sich nun zu:

(1) $950x \cdot 9\% = 8\,240 + (950x \cdot 0,21\%)$
(2) $85,5x = 8\,240 + 1,995x$
(3) $83,505x = 8\,240$
(4) $X_{liqui} = 98,7$

Die Rechnung zeigt, daß mindestens 98,7 Einzelreisen mit durchschnittlich 39,5 Buchungsvorgängen (d.h. 2,5 Buchungen pro Tag) zu verkaufen sind, um durch die zufließenden Erlöse (Provisionen) jene Kosten zu decken, die zu laufenden Zahlungen führen. Obwohl alle liquiditätswirksamen Verpflichtungen erfüllt werden können, ergibt sich folgender Verlust:

Erlöse:	$950 \cdot 98,7 \cdot 9\%$	= 8 438,85 DM
Kosten:	$13\,990 + (950 \cdot 98,7\%) \cdot 0,21$	= <u>– 14 186,91 DM</u>
Verlust:		5 748,06 DM

Arbeitet das Reisebüro gerade im Break-even-Punkt (d.h. 167,5 Einzelbuchungen pro Monat), so stellt sich die Frage, wie groß die Sicherheitsspanne (s) bis zum Erreichen des liquiditätserhaltenden Umsatzes ist.

$$s = \frac{X_{BEP} - X_{liqui}}{X_{BEP}}$$

$$s = \frac{167,5 - 98,7}{167,5} = \frac{68,8}{167,5} = 0,411$$

Somit darf die Beschäftigung des Reisebüros um 68,8 Einzelbuchungen (entsprechend 27,5 Buchungsvorgänge) zurückgehen, ohne daß die Liquidität gefährdet ist. Dies entspricht einer Sicherheitsspanne von 41,1%.

Bedeutend schlechter wäre die Rechnung, wenn statt des Eigenkapitals ganz oder teilweise Fremdkapital eingesetzt worden wäre. In die Berechnung des liquiditätsorientierten Break-even-Punktes müßten dann auch die Tilgungen und Zinsen für die Fremdkapitaldarlehen aufgenommen werden, mit der Folge eines deutlich höher gelegenen liquiditätsorientierten Break-even-Punktes.

Literatur

Coenenberg, A. G., Th. M.Fischer (Prozeßkostenrechnung. In: J.S. Tanski (Hrsg.): Handbuch Finanz- und Rechnungswesen (HFR). Landsberg a.L.

Decker, F. (1974): Dienstleistungsbetriebe. In: E. Grochla/W. Wittmann (Hrsg.): Handwörterbuch der Betriebswirtschaft. 4. Auflage, Stuttgart.

Kunz, B. (1986): Die Kosten des Hotels. 3. Auflage, Bern/Stuttgart.

Schweitzer, M., E. Troßmann (1986): Break-even-Analysen. Stuttgart.

8. Methoden zur Berechnung der Wertschöpfung im Tourismus

Paul Tschurtschenthaler

8.1 Problemstellung und Notwendigkeit der Berechnung der touristischen Wertschöpfung

Die ökonomisch relevante Tourismusforschung umfaßt ein ausgesprochen breites Spektrum. In einer Grobstrukturierung lassen sich zunächst eine einzelwirtschaftliche Betrachtung des Tourismus auf der einen Seite sowie gesamtwirtschaftliche und gesamtgesellschaftliche Aspekte des Reiseverkehrs auf der anderen Seite auseinanderhalten. Im ersten Fall sind die wichtigsten Forschungsgegenstände
- die *touristische Unternehmung* mit all ihren betrieblichen Funktionen (Unternehmensführung und Unternehmensorganisation, Marketing, Rechnungswesen, Finanzierung, Personalmanagement etc.), weiter als touristische Besonderheit
- der *Tourismusort bzw. die Tourismusregion* mit seinen/ihren Kooperations- und Koordinierungsproblemen und den zu lösenden Aufgaben und schließlich der
- *Tourist* selbst, vor allem hinsichtlich seiner endogenen Motive, Erwartungen und Verhaltensweisen sowie seiner exogenen, die Urlaubsreise beeinflussenden Faktoren (z.B. Einkommen, Freizeit, Wohnumfeld etc.).

Mit den damit zusammenhängenden Fragen setzen sich vor allem die Betriebswirtschaftslehre, die Volkswirtschaftslehre (insbesondere die Mikroökonomik), die Psychologie und die Soziologie auseinander. Für die weiteren Überlegungen zur Wertschöpfung des Tourismus ist diese einzelwirtschaftliche Sicht des Tourismus aber nachrangig; es dominiert hier sicherlich die andere Betrachtungsweise des Tourismus. Diese ist umfassender und konzentriert sich im allgemeinen auf größere Aggregate. Die Tatsache, daß es sich beim Tourismus um ein ausgesprochen vielschichtiges Phänomen handelt, hat aber auch hier ihren Niederschlag gefunden. Zunehmend hat es sich in der "globalen" Tourismusforschung eingebürgert,
- *gesamtwirtschaftliche Fragen* des Tourismus,
- *gesellschaftliche Wirkungen* des Reiseverkehrs und
- für den Tourismus relevante *Umweltaspekte* zu behandeln.

Bei dieser breiten Betrachtung des Tourismus verwundert es nicht, daß sich Ökonomen und Soziologen, Geographen, Ökologen, Juristen, Raumplaner und Techniker, aber auch Mediziner und Theologen auf dem so abgesteckten "Forschungsfeld Tourismus" tummeln. Da es sich jedoch bei den Zusammenhängen zwischen Tourismus und Gesellschaft, Tourismus und Umwelt sowie Tourismus und Wirtschaft nicht um jeweils einseitige Beziehungen handelt, sondern vielmehr wechselseitige Einflüsse zwischen allen drei Bereichen auftreten, ergeben sich vor allem bei dieser breiten Behandlung des Tourismus auch sehr viele interdisziplinäre Fragen.

Tourismusforschung ist aber immer noch überwiegend monodisziplinär. Zwar hat sich die Zahl der Wissenschaftsdisziplinen, die sich mit dem Tourismus auseinandersetzen, erhöht, die Kommunikation zwischen den Forschungsbereichen ist aber immer noch eher selten. Dies überrascht, ist es doch selbstverständlich und logisch, daß eine Gesamtbetrachtung und Gesamtbeurteilung des Tourismus alle gesellschaftlichen, ökonomischen und umweltwirksamen Aspekte mit einbeziehen muß. Gerade aber im Zusammenhang mit dieser umfassenden Beurteilung des Tourismus stellen sich einige prinzipielle Probleme in den Weg:

– Zunächst fehlt es grundsätzlich an der bereits erwähnten Zusammenarbeit zwischen den einzelnen Fachdisziplinen. Die Vernetztheit des touristischen Phänomens findet bislang keinen entsprechenden Niederschlag im wissenschaftlichen Forschungsprogramm.

– Die konkret interessierende Fragestellung und damit die Beurteilung des touristischen Phänomens hängt aber auch vom jeweiligen Standpunkt ab. Zieldestinationen, die für sich eine touristische Entwicklung beurteilen wollen, werden zum einen grundsätzlich andere Fragen zu beantworten suchen und zum anderen bestimmte Aspekte anders bewerten und gewichten als Regionen, die überwiegend als Quellgebiete der touristischen Nachfrage gelten. Konsequenterweise sind dann aber andere Ergebnisse zu erwarten. Daher ist vorweg immer abzuklären, aus welcher Sicht das Phänomen Tourismus behandelt wird.

– Schließlich entziehen sich viele Auswirkungen des Tourismus einer vergleichenden Quantifizierung. Damit ist gemeint, daß sich z.B. die (negativen) Auswirkungen des Tourismus auf Luft und Wasser messen und damit quantifizieren lassen ebenso wie die (positiven) ökonomischen Wirkungen auf Einkommen und Beschäftigung. Wenn es nun aber darum geht, die *Nettowirkung des Tourismus* zu evaluieren, ergeben sich bereits hier große, zum Teil unüberwindliche Schwierigkeiten, die sich nochmals vervielfachen, wenn auch noch qualitative Aspekte – wie z.B. die gesellschaftlichen Veränderungen durch den Tourismus – in ein Entscheidungskalkül über die Wünschbarkeit bzw. Ablehnung einer bestimmten touristischen Entwicklung mit einbezogen werden sollen.

Im folgenden geht es nun vor allem darum, die Notwendigkeit und Methoden der Quantifizierung der Wertschöpfung aus dem Tourismus zu diskutieren. Diese Frage ist in erster Linie aus der *Sicht der Zieldestinationen des Reiseverkehrs* von Bedeutung, so daß Überlegungen dazu aus der Perspektive der jeweiligen Tourismusregion anzustellen sind. Die regionale Abgrenzung kann dabei räumlich eng erfolgen (z.B. für eine touristische Kleinregion), aber ebenso sehr weit – z.B. für eine ganze Volkswirtschaft – interpretiert werden. Wenn im folgenden von Tourismusregion gesprochen wird, sind damit immer alle möglichen Abgrenzungen – von Kleinregionen bis zu einer gesamten Volkswirtschaft – inbegriffen.

Darüber hinaus steht bei dieser Messung der touristischen Wertschöpfung offensichtlich eine *sehr enge ökonomische Betrachtungsweise* des Fremdenverkehrs im Vordergrund. In diesem Sinne geht die nachfolgende Abhandlung also ebenfalls nicht über die eindimensionale Betrachtung des Tourismus hinaus. Nichtsdestotrotz macht auch die alleinige Messung der touristischen Wertschöpfung Sinn, erlaubt sie doch wenigstens konkrete Aussagen zur ökonomischen Relevanz des Tourismus in einer Zielregion. Nochmals aber ist an dieser Stelle hervorzuheben: In einen allumfassenden Kosten-Nutzen-Ansatz des Fremdenverkehrs in einer Zielregion sind alle jene gesellschaftlichen, umweltmäßigen und ökonomischen Wirkungen einzubeziehen, die aus der Sicht der Tourismusregion von Bedeutung sind. Wenngleich sich bei weitem nicht alle Wirkungen des Tourismus einheitlich messen lassen, so hilft es schon beträchtlich weiter, wenn wenigstens jene Teile exakt ausgewiesen werden, die quantifizierbar sind. Die touristische Wertschöpfung gehört nun eindeutig zu jenen Bereichen, die einer zahlenmäßigen Erfassung – zumindest was die Methode und den empirischen Arbeitsaufwand anbelangt – relativ leicht zugänglich sind. Ein umfassendes Abwägen von Vor- und Nachteilen des Reiseverkehrs wird prinzipiell um so eher zu einem korrekten Ergebnis führen, je umfangreicher und genauer all jene Auswirkungen erfaßt werden, die gemessen werden können. Das Entscheidungsverfahren pro und kontra bestimmter Tourismusentwicklungen wird dann zwar weiter widersprüchlich diskutiert werden, insgesamt aber an Objektivität gewinnen.

Es ist evident, daß eine touristische Entwicklung für eine Zieldestination niemals Selbstzweck ist, sondern *instrumentalen Charakter* zur Erreichung bestimmter Ziele hat. Dabei umfaßt der Zielkatalog sowohl gesellschaftliche als auch ökonomische Ziele (vgl. dazu Socher/Prünster, 1977). Im Vordergrund der Diskussion aber stehen nach wie vor die erhofften wirtschaftlichen Vorteile aus dem Tourismus. In vielen touristischen Programmen und Konzepten findet sich denn auch an erster Stelle immer wieder die Feststellung, durch den Tourismus zur "Schaffung von Einkommen und Beschäftigung" in der Region beitragen zu wollen. Gerade im Zusammenhang mit diesem prioritären Ziel ermöglicht die Ermittlung der touristischen Wertschöpfung einige zentrale Rückschlüsse auf die Effizienz des Instruments Tourismus. Von daher kommt auch die immer wieder vorgebrachte Forderung, den Beitrag des Tourismus zur regionalen Wertschöpfung zu quantifizieren. Aus gesamtwirtschaftlicher Sicht sind jedoch immer auch ökonomische Alternativen ins Auge zu fassen. Allgemein betrachtet, ist der Tourismus ja nur einer von mehreren Wirtschaftszweigen, die prinzipiell alle in der Lage wären, solche erwähnten ökonomischen Ziele wie die "Schaffung von Einkommen" zu erreichen.

Bei näherer Betrachtung aber stellt sich oft heraus, daß der Tourismus häufig die einzige realistische Wirtschaftsbasis darstellt. Für den Alpenraum wurde dies in einer empirischen Studie im Rahmen des Nationalen Forschungsprogramms für die Schweiz belegt. "Alternativen – im eigentlichen Sinne des Wortes – zur touristischen Entwicklung im Berggebiet gibt es nicht" (Elsasser et al., 1982, S. 259). Es geht in einer solchen Situation daher nicht mehr um die Frage "Entweder Tourismus oder kein Tourismus", sondern nur um die Abklärung "Wieviel und welcher Tourismus?".

Aber auch für den Fall fehlender Alternativen zum Tourismus ist es notwendig, die Wertschöpfung des Tourismus zu ermitteln. Sie bildet den Ausgangspunkt für die Beurteilung des konkreten Beitrags des Tourismus zur Zielerreichung "Schaffung von regionalem Einkommen und regionaler Beschäftigung".

8.2 Der Begriff der touristischen Wertschöpfung

8.2.1 Eine erste Abgrenzung: Brutto- und Nettowertschöpfung

Bei der Interpretation der Wertschöpfung ist vorweg zu klären, was darunter zu verstehen ist. Eine Verwirrung ergibt sich insbesondere durch die Vermischung von Brutto- und Nettowertschöpfung. Beide Begriffe stammen aus der Volkseinkommensrechnung. Sie lassen sich am besten anhand eines (im folgenden etwas vereinfacht dargestellten) Produktionskontos einer touristischen Unternehmung – z.B. eines Beherbergungsbetriebs – ableiten und demonstrieren (Abb. 1).

Käufe von Vorleistungen – aus der Region – aus dem Ausland Abschreibungen Indirekte Steuern minus Subventionen Löhne und Gehälter an Haushalte Gewinne (Saldogröße)	Verkäufe an Touristen
Bruttoproduktionswert	Bruttoproduktionswert

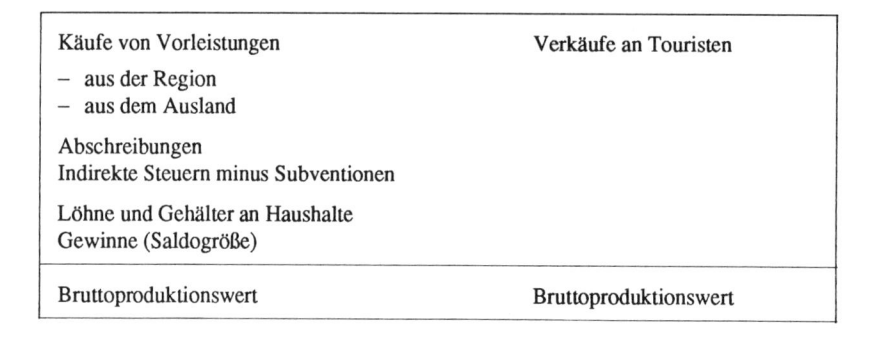

Abb. 1: Produktionskonto eines touristischen Unternehmens

Auf der rechten Seite stehen im wesentlichen die Umsätze des Tourismusunternehmens, die aus den Verkäufen von Gütern und Dienstleistungen resultieren. Auf nähere Details wie "Lagerveränderungen" und "selbsterstellte Anlagen", die auch auf der rechten Seite der Produktionskonten verbucht werden, wird hier nicht eingegangen. Sie sind für das prinzipielle Verständnis nicht notwendig. Interessierte seien auf Lehrbücher zur Volkseinkommensrechnung verwiesen (z.B. Brümmerhoff, 1975; Haslinger, 1978). Diese Umsätze sind dann wertgleich dem Bruttoproduktionswert. Auf der linken Seite des Produktionskontos finden sich die Aufwendungen, die notwendig sind, um diese touristische Dienstleistung erstellen zu können. Sie beinhalten die

Käufe von Vorleistungen von anderen inner- und außerregionalen Unternehmen. Weiter enthält diese Seite des Kontos die Abschreibungen als Posten der durch die Produktion verursachten Abnutzung des Produktionsfaktors Kapital, die von den Unternehmen an den Staat abgeführten indirekten Steuern saldiert mit den Subventionen, die an Haushalte bezahlten Löhne und Gehälter sowie die von den Unternehmen realisierten – an Haushalte verteilten und einbehaltenen – Gewinne. Mit Hilfe dieser Größen läßt sich nun der Begriff der Wertschöpfung definieren (vgl. dazu Abb. 2).

Bruttowertschöpfung
Bruttoproduktionswert minus Vorleistungen (= Nettoproduktionswert)

(entspricht gesamtwirtschaftlich dem Bruttoinlandsprodukt)

Nettowertschöpfung
Bruttowertschöpfung minus Abschreibungen minus indirekte Steuern
plus Subventionen

oder

Löhne und Gehälter an Haushalte plus Gewinne

(entspricht gesamtwirtschaftlich dem Volkseinkommen)

Abb. 2: Definition der Brutto- und Nettowertschöpfung

Im weiteren wird nicht mehr zwischen Brutto- und Nettowertschöpfung unterschieden, sondern wieder der allgemeine Ausdruck Wertschöpfung verwendet. Es ist aber nachdrücklich darauf zu verweisen, daß bei empirischen Studien vorweg immer zu klären ist, ob mit Wertschöpfung die Brutto- oder die Nettowertschöpfung gemeint ist. Gesamtwirtschaftlich geht es dann konkret darum, entweder
– den Beitrag des Tourismus zum Bruttoinlandsprodukt (touristische Bruttowertschöpfung) oder
– seinen Anteil am Volkseinkommen (touristische Nettowertschöpfung)
zu erfassen.

8.2.2 Eine weitere notwendige Abgrenzung: direkte, indirekte und induzierte Wertschöpfung

Die touristische Nachfrage entspricht in keinem Fall der Nachfrage nach einem Gut, sondern ist vielmehr dadurch gekennzeichnet, daß die Gäste ein breites Bündel verschiedener Güter und Dienstleistungen nachfragen. Sie nächtigen in Hotels und Gasthöfen, verpflegen sich in Restaurants, Imbißstuben oder essen selbstgekaufte Lebensmittel, sie erwerben Souvenirs, benutzen Verkehrs- und Unterhaltungseinrichtungen und tätigen darüber hinaus auch noch zahlreiche andere Ausgaben während ihres Aufenthalts in einer Urlaubsregion. Bei all diesen Transaktionen tritt der Tourist in direkten Kontakt mit Unternehmen, die diese Güter und Dienstleistungen bereitstellen müssen. Sie erzielen touristische Umsätze, aus denen dann in eben diesen Unternehmen unmittelbar eine Wertschöpfung resultiert, die in der touristischen Feldforschung als *direkte Wertschöpfung des Tourismus* bezeichnet wird.

Die obigen Überlegungen des Beitrags des Tourismus zur Wertschöpfung stellten allein auf die *direkten Wirkungen* ab. Gerade aber in der Tourismusforschung wird der Einfluß des Reiseverkehrs auf die Wertschöpfung oft sehr viel breiter interpretiert.

Diese umfassendere Interpretation der Wertschöpfungswirkungen des Tourismus basiert auf der Überlegung, daß durch die Ausgaben der Touristen nicht nur jene Unternehmen in ihrer Produktion und damit ihrem Beitrag zur regionalen Wertschöpfung betroffen sind, bei denen die Ausgaben getätigt werden, sondern darüber hinaus auch all jene Unternehmen, von denen die touristischen Anbieter ihre Vorleistungen beziehen. Da die Vorlieferanten ihrerseits aber wiederum Güter und Dienstleistungen von anderen innerregionalen und auswärtigen Unternehmen beziehen müssen, ergibt sich eine *lange Kette von innerregionalen Verflechtungen,* die für die Tourismusregion wertschöpfungsrelevant sind. Diese Wertschöpfung, die über die durch die Tourismusnachfrage ausgelösten Vorlieferverflechtungen entsteht, läßt sich als *indirekte Wertschöpfung des Tourismus* in dieser Region interpretieren. Darüber hinaus aber stellen sich auch *zwischenregionale Beziehungen* ein, die für die Tourismusregion keine oder – für den Fall von Reimporten – nur sehr geringe Auswirkungen auf deren Wertschöpfung haben. Vorleistungen, die von den regionalen Unternehmen von außerhalb der Region bezogen werden müssen, stellen sog. *Importverluste* dar, die die gesamte (direkte und indirekte) Wertschöpfung aus dem Tourismus in der Region schmälern.

Abb. 3 vollzieht den Weg touristischer Ausgaben zu regionaler (Brutto-)Wertschöpfung in einer Region skizzenhaft nach. Vor allem aber sollen damit die breite Ausstrahlung und damit die Vielfältigkeit der ökonomischen Wirkungen von touristischen Ausgaben demonstriert werden.

Betrachtet wird hier eine Region mit vier Sektoren (A, B, C und D), in der von auswärtigen Touristen Ausgaben getätigt werden. Selbstverständlich fallen die Ausgaben zunächst nur bei einem Teil der Wirtschaftssektoren an und erhöhten dort – wie bei jedem Export (Fremdenverkehr als "invisible export") – unmittelbar die Umsätze. Und ein bestimmter Prozentsatz davon wird bei diesen unmittelbar mit dem Touristen in Verbindung stehenden Unternehmen – wie oben anhand des Produktionskontos beschrieben – zur regionalen Wertschöpfung; wir haben sie oben als *direkte Wertschöpfung des Tourismus* bezeichnet.

In komplexen, arbeitsteiligen Wirtschaften sind die meisten Unternehmen auf Zulieferungen von anderen Produzenten angewiesen. Im Produktionskonto findet sich diese Position auf der linken Seite. Diese notwendigen Vorleistungen sind ihrerseits wieder Umsätze bei anderen Produzenten und haben dort bestimmte Wertschöpfungseffekte; es handelt sich dabei um die *indirekte (Brutto- bzw. Netto-)Wertschöpfung des Tou-

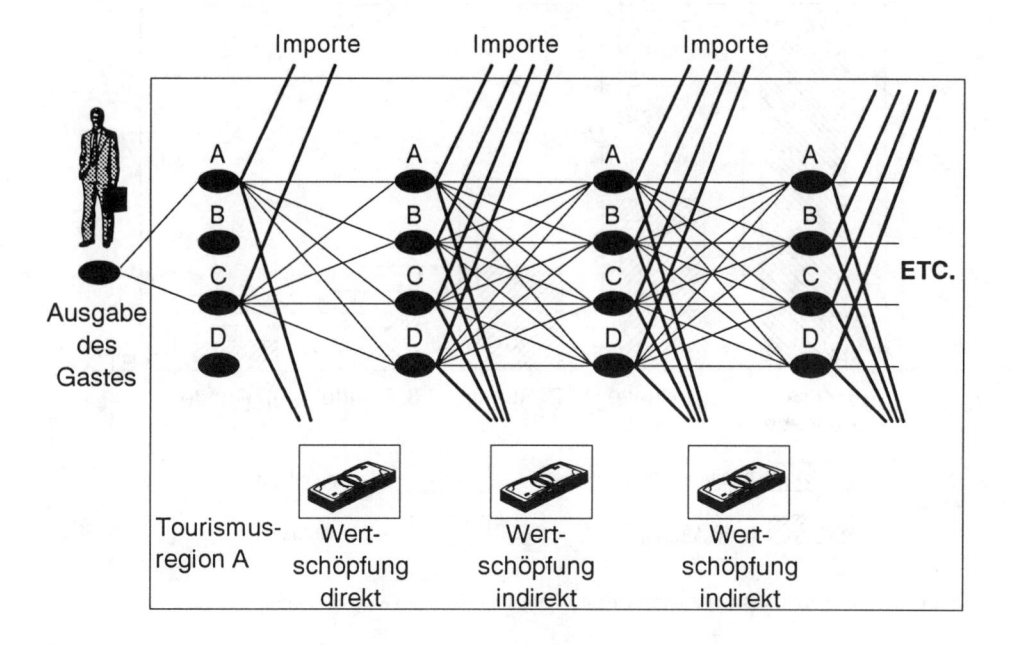

Abb. 3: Direkte und indirekte (Brutto-)Wertschöpfung aus dem Tourismus

rismus. Logischerweise aber beschränkt sich diese Vorlieferverflechtung nicht auf eine einfache Beziehung zwischen Tourismusunternehmen (dort, wo die Gäste ihre Ausgaben tätigen) und deren Vorlieferanten, sondern in weiterer Folge auch zwischen den Vorlieferanten der Vorlieferanten etc. Die Vorlieferanten müssen ja ihrerseits wiederum Güter und Dienstleistungen von anderen Unternehmen beziehen, um ihre Leistung erbringen zu können. Auf diesem Weg fällt weitere Wertschöpfung indirekter Art an, die jedoch immer kleiner wird. In der Abbildung 3 kommen diese innerregionalen Vorlieferbeziehungen durch die vielfältigen (dünnen) Verbindungslinien der 1., 2., 3. ... Runde zum Ausdruck.

Aber nur ein Teil der Vorleistungen wird von regionsansässigen Unternehmen bezogen. Ein anderer Teil muß von außerregionalen Lieferanten bezogen werden. Diese "Importverluste" schmälern den Umfang der insgesamt möglichen Wertschöpfung; diese fällt – sieht man von wechselseitigen Importverflechtungen ab – in jener Region an, in der das Unternehmen seinen Standort hat.

In der Abbildung 4 wird versucht, den Zusammenhang zwischen direkter und indirekter Wertschöpfung auf eine etwas andere Art darzustellen. Sie zeigt die touristische Ausgabe, die in der 1. Runde aufgeteilt wird zwischen direkter (Brutto-)Wertschöpfung, Importen und regionalen Vorleistungen. Aus letzteren resultiert dann die "erste indirekte Wertschöpfung" (2. Runde). Bei den regionalen Vorlieferanten der Vorlie-

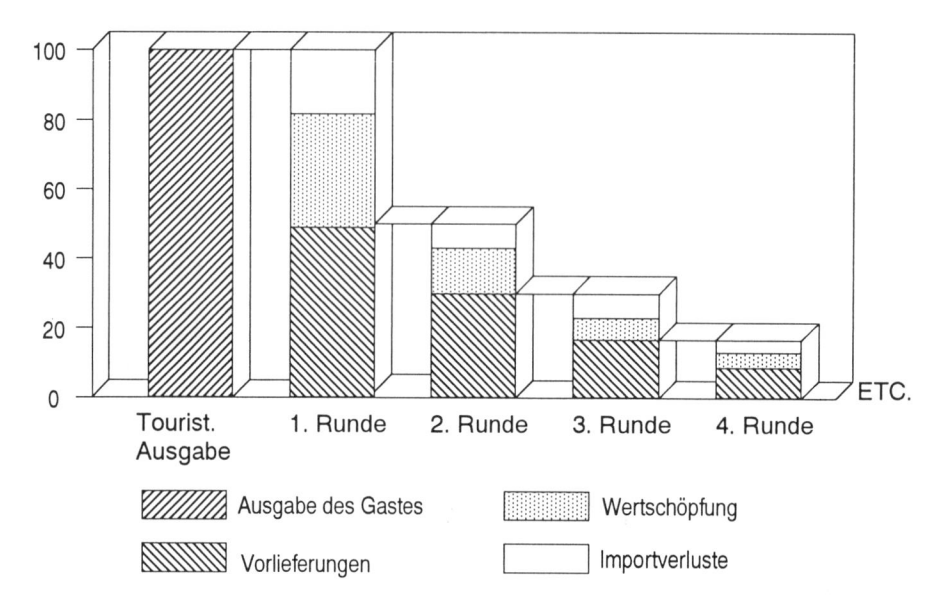

Abb. 4: Der Weg touristischer Ausgaben zur regionalen (Brutto-)Wertschöpfung

feranten fällt dann die "zweite indirekte Wertschöpfung" an (3. Runde) usw. Eines geht aus Abb. 4 deutlich hervor und ist besonders hervorzuheben: Die Gesamtsumme der direkten und indirekten (Brutto-)Wertschöpfung in der Tourismusregion ist bei notwendigen Importen zur Produktion der touristischen Leistung immer kleiner als die die Wertschöpfung auslösende Ausgabe des Gastes.

Schließlich findet sich häufig eine weitere Wertschöpfungskategorie, nämlich jene der *induzierten touristischen Wertschöpfung*. Darunter werden jene Wirkungen auf die regionale Wertschöpfung verstanden, die dadurch entstehen, daß durch den Tourismus in der Region Einkommen entstehen, die die Kaufkraft der regionansässigen Bevölkerung erhöhen. Diese gesteigerte Kaufkraft ermöglicht nun den Einheimischen ihrerseits, eine höhere Nachfrage zu entfalten und dadurch weiter zur regionalen Wertschöpfung beizutragen. Ausschließlich diese induzierten Einkommen stehen hinter der Idee des KEYNESschen Einkommensmultiplikators. Er drückt aus, daß die durch eine Nachfrageerhöhung bewirkten direkten und indirekten Einkommen in weiterer Folge eine zusätzliche Nachfrage hervorrufen, folglich nochmals die Produktion steigern und dadurch einen zusätzlichen Schub auf die Höhe der Wertschöpfung auslösen. Bereits an dieser Stelle ist aber darauf hinzuweisen, daß in der Tourismusforschung der Multiplikatorbegriff sehr oft in völlig anderer Weise gebraucht wird. Darauf wird weiter unten im Detail noch einzugehen sein (siehe Abschnitt 8.4.3).

Abb. 5 zeigt nochmals zusammengefaßt die durch die Tourismusnachfrage geschaffene (Brutto- bzw. Netto-)Wertschöpfung.

> **Direkte Wertschöpfung**
>
> (Brutto- oder Netto-)Wertschöpfung, die unmittelbar dort entsteht, wo der Gast seine Ausgabe tätigt (z.B. als Nettowertschöpfung die Einkommen im Hotel: Löhne und Gehälter der Hotelbediensteten, Gewinne des Unternehmers).
>
> **Indirekte Wertschöpfung**
>
> (Brutto- oder Netto-)Wertschöpfung, die bei den Vorlieferanten, deren Zulieferern etc. der Unternehmen entsteht, bei denen der Gast seine Ausgabe tätigt (z.B. als Nettowertschöpfung die Einkommen beim Bäcker und Metzger und in weiterer Folge die Einkommen beim Müller und Bauern etc.).
>
> **Induzierte Wertschöpfung**
>
> (Brutto- oder Netto-)Wertschöpfung, die in der Region entsteht, weil aufgrund der höheren Kaufkraft durch direkte und indirekte Einkommen aus dem Fremdenverkehr die Nachfrage in der Wirtschaft weiter steigt und aus diesen zusätzlichen Produktionsaktivitäten wiederum Einkommen entsteht.

Abb. 5: Arten der touristischen Wertschöpfung

8.2.3 Einschränkung der touristischen Wertschöpfung auf die direkte und indirekte Wertschöpfung

Nachdem nunmehr die Begriffe und Inhalte der touristischen Wertschöpfung abgesteckt sind, stellt sich die Frage, auf welche Abgrenzung sich die Tourismusforschung sinnvollerweise konzentrieren sollte. Alle drei Kategorien – direkte, indirekte und induzierte (Brutto- bzw. Netto-)Wertschöpfung – sind es sicherlich wert, berücksichtigt zu werden. Dennoch aber lassen sich einige Gründe dafür angeben, daß es genügt, die Feldforschung auf die beiden ersten Kategorien – direkte und indirekte Wertschöpfung – zu konzentrieren.

Die Erstellung touristischer Einrichtungen durch die Anbieter in Fremdenverkehrsregionen ist aus deren Sicht niemals Selbstzweck. Hinter dieser Aktivität steht der Wunsch nach Erzielung von Einkommen aus dem Fremdenverkehr. Grundsätzlich eröffnet der Fremdenverkehr, ebenso wie alle anderen Wirtschaftszweige, die Möglichkeit, die Beschäftigung von Erwerbstätigen einer Region zu sichern und Einkommen zu erzielen. Eine Forcierung des Tourismus läßt sich nur dann rechtfertigen, wenn er besser als andere Wirtschaftszweige in der Lage ist, die Zielerreichung zu fördern.

Die Erfassung der touristischen Wertschöpfung hat nun eindeutig die Aufgabe, die Effizienz des Instruments Tourismus hinsichtlich der ökonomischen Zielsetzung "Schaffung von Einkommen" im Vergleich zur Endnachfrage anderer Wirtschaftssektoren zu messen. Die Erfassung der direkten Wertschöpfung ist dann aber zu wenig aussagekräftig. Über die Vorlieferverflechtungen resultieren nämlich weitere regionale Einkommenseffekte, die zwar im Prinzip bei der Nachfrage nach Gütern und Dienstleistungen anderer Wirtschaftszweige – z.B. bei der warenexportierenden Industrie – ebenfalls auftreten, jedoch aufgrund von unterschiedlich hohen Vorlieferimporten in ihrer Größenordnung sehr stark differieren können. Daher ist zur Erfassung der *gesamten Einkommenswirkungen* zunächst sowohl auf direkte als auch auf indirekte Wertschöpfung abzustellen.

Es ist nun jedoch weiter zu prüfen, ob es notwendig ist, auch die induzierten Effekte zu berücksichtigen, um die Bedeutung des Tourismus für die regionale Einkommenssituation richtig zu erfassen. Bei genauerer Betrachtung stellt sich heraus, daß diese Kategorie in diesem Zusammenhang vernachlässigt werden kann. Aus jeder zusätzlichen, der einheimischen Bevölkerung direkt oder indirekt zufließenden Einkommenseinheit erhöht sich die regionale Kaufkraft, und zwar unabhängig davon, aus welchem Wirtschaftszweig diese resultiert. Direkte und indirekte Einkommen stehen immer in einer gewissen konstanten Relation zu den induzierten Einkommen. Die Höhe der induzierten Einkommen wird dann aber ausschließlich von der Höhe der direkten und indirekten Einkommen bestimmt. Daher genügt es, sich auf die direkten und indirekten Einkommenseffekte des Tourismus bzw. auf jene anderer Wirtschaftsaktivitäten zu beschränken. Eine gesonderte Behandlung induzierter Einkommen würde nur dann notwendig sein, wenn alle direkt und indirekt betroffenen Einkommensbezieher des Tourismus im Vergleich zu Einkommensbeziehern anderer, ebenfalls direkte und indirekte Einkommen bewirkender Wirtschaftsaktivitäten unterschiedliche Konsumgewohnheiten hätten. Dafür dürften jedoch empirische Belege nur sehr schwer beigebracht werden können.

Bevor nun im Detail auf die Methoden der Messung der direkten und indirekten touristischen Wertschöpfung eingegangen wird, ist es angebracht, kurz jene Faktoren zu erörtern, die die Höhe der touristischen Wertschöpfung mitbestimmen.

8.3 Einflußfaktoren auf die Höhe der touristischen Wertschöpfung

Die Höhe und Intensität des Einflusses der Tourismusnachfrage auf die Wirtschaft der Zieldestination hängt grundsätzlich von mehreren Faktoren ab:
- Zunächst spielen der *Umfang des Touristenstroms*, die *Ausgabenhöhe* und die *Ausgabenstruktur* der Gäste eine herausragende Rolle. Daraus ergibt sich, daß für die wirtschaftliche Bedeutung des Tourismus immer sowohl eine Mengenkomponente (Zahl der Touristen) als auch eine monetäre Dimension (Ausgaben) von Relevanz sind. Die aus dem Tourismus erzielten Umsätze ergeben sich aus Menge mal Preis, die daraus direkt zu erzielende Wertschöpfung aus den Umsätzen abzüglich der notwendigen importierten Vorleistungen aller von der Tourismusnachfrage direkt oder indirekt betroffenen Unternehmen.
- Die Struktur der touristischen Ausgaben beeinflußt das wirtschaftliche Ergebnis für die Tourismusregion insofern, als die Wertschöpfungseffekte um so größer sind, je

mehr die Gäste Güter und Dienstleistungen nachfragen, die einschließlich der zur Produktion notwendigen Vorleistungen überwiegend in der Region selbst bereitgestellt werden können. Damit aber gilt allgemein, daß der *ökonomische Entwicklungsstand der Region* entscheidend für das wirtschaftliche Ergebnis aus dem Tourismus ist. Davon hängen ja im wesentlichen die Vorlieferverflechtungen zwischen Tourismuswirtschaft einerseits und übriger Wirtschaft andererseits ab. Je entwickelter eine Tourismusregion ist, desto mehr an Vorleistungen kann von regionsansässigen Unternehmen selbst bezogen werden und desto weniger fallen "Importverluste" in Form von Kaufkraftabflüssen an. Im allgemeinen spielt in diesem Zusammenhang auch die *Größe der Region* eine Rolle; je kleiner eine Tourismusregion abgesteckt wird, für die die Auswirkungen des Reiseverkehrs auf die Wertschöpfung ermittelt werden sollen, desto umfangreicher werden die notwendigen Vorleistungsimporte ausfallen. Damit aber werden die regionsinternen Wertschöpfungseffekte geringer.
- Schließlich darf nicht übersehen werden, daß für die ökonomische Relevanz des Tourismus – und zwar gemessen an den Einkommen, der Nettowertschöpfung – auch die *zeitliche Verteilung der Nachfrage* wesentlich ist. Durch bessere Ausnutzung aller Infra- und Suprastrukturen erhöht sich der relative Anteil der Einkommen in Form von Löhnen und Gehältern bzw. von Gewinnen.

8.4 Methoden der Ermittlung der direkten und indirekten Wertschöpfung

8.4.1 Berechnung der direkten Wertschöpfung mit Hilfe des "Quotenansatzes"

Die Basis für die Ermittlung der direkten touristischen Wertschöpfung bilden die Produktionskonten all jener Unternehmen, die ihre Güter und Dienstleistungen den Touristen anbieten. Durch Konsolidierung dieser Produktionskonten erhält man das konsolidierte touristische Produktionskonto, aus dem sich die touristische (Brutto- und Netto-) Wertschöpfung ablesen läßt.

Es ist evident, daß es nicht genügt, die Produktionskonten all jener Unternehmen zu aggregieren, die Güter und Dienstleistungen an Touristen verkaufen. Die meisten dieser Unternehmen haben auch Absatzbeziehungen zu nicht-touristischen Abnehmern, die sich ebenfalls auf der rechten Seite des Produktionskontos, der Erlösseite, niederschlagen. Ausgehend von diesen Überlegungen läßt sich aber bereits eine erste Voraussetzung für die Ermittlung der touristischen Wertschöpfung ableiten: Es geht darum zu ermitteln, wie hoch die nach Sektoren disaggregierten touristischen Umsätze sind. Dies kann im Prinzip bei den Unternehmen selbst erhoben werden; diese Vorgehensweise erfordert jedoch einen sehr hohen empirischen Aufwand. Einfacher ist es, die *Ausgaben der Touristen, untergliedert nach verschiedenen Ausgabekategorien,* zu erfassen. Die auf der Nachfrageseite erhobenen Informationen über die Ausgaben stellen ja spiegelbildlich Umsätze bei den Tourismusunternehmen dar (zu den Vor- und Nachteilen von Erhebungen über − angebotsseitige − touristische Umsätze bzw. − nachfrageseitige − touristische Ausgaben vgl. Archer, 1973, S. 19 ff.).

In der empirischen Forschung haben sich Ausgabeerhebungen eindeutig durchgesetzt. Die Informationen über das Ausgabeverhalten der Touristen, die allerdings nach Sektoren untergliedert sein müssen, verbunden mit der *Kenntnis der Struktur des Produktionskontos des jeweiligen Sektors* ermöglicht bereits eine erste Evaluierung der direkten tourismusbezogenen Wertschöpfung. Der Tourismusforschung kommt dabei zugute, daß nahezu alle statistischen Ämter in regelmäßigen Zeitabständen Erhebungen durchführen, die solche Informationen über die Struktur der sektoralen Produktionskonten bieten (in Deutschland: Kostenstrukturuntersuchungen des Statistischen Bundesamtes für verschiedene Branchen, vierjährig, veröffentlicht in der Fachserie 2, Reihe 1; in Österreich: Nicht-landwirtschaftliche Bereichszählungen des Statistischen Zentralamtes, fünfjährig, veröffentlicht in den Beiträgen zur Österreichischen Statistik).

Aufbauend auf den erwähnten empirischen Grundlagen
− Ausgaben der Touristen, disaggregiert nach Sektoren und den
− sektorspezifischen Produktionskonten
lassen sich dann erste relativ exakte Berechnungen der touristischen (Brutto- bzw. Netto-)Wertschöpfung vornehmen. Dabei muß aber − nicht unrealistisch − unterstellt werden, daß der Anteil der Bruttowertschöpfung am Bruttoproduktionswert (Nettoquote I) bzw. der Anteil der Nettowertschöpfung am Bruttoproduktionswert (Nettoquote II) bei der Produktion der Güter und Dienstleistungen für den Gast identisch ist mit dem des Gesamtsektors. Es gilt daher:

Nettoquote I des Sektors X

$$\frac{\text{Bruttowertschöpfung}}{\text{Bruttoproduktionswert}}$$

Nettoquote II des Sektors X

$$\frac{\text{Nettowertschöpfung}}{\text{Bruttoproduktionswert}}$$

Aufgrund der Anwendung der Nettoquoten läßt sich diese Methode zur Berechnung der Wertschöpfung als *Quotenansatz* bezeichnen. Diese Methode wurde im Prinzip von Koch (1989, S. 12 ff.) angewendet, um den ökonomischen Stellenwert des Tourismus in Deutschland (alte Bundesländer) zu berechnen. Eine umfangreiche Untersuchung über die Wertschöpfungswirkungen des Tourismus in der Schweiz basiert in wesentlichen Teilen ebenfalls auf dem Quotensansatz (vgl. Rütter-Fischbacher, 1991). Das nachfolgende hypothetische Beispiel soll die Vorgehensweise demonstrieren. Unterstellt werden dabei touristische Ausgaben in Höhe von 1000 Mio. DM, die in der Tourismusregion getätigt wurden und sich auf vier Sektoren verteilen (vgl. Tab. 1).

Tab. 1: Beispiel zur Berechnung der direkten Brutto- und Nettowertschöpfung des Tourismus mit Hilfe des "Quotenansatzes"

Informationsvoraussetzung:	Touristische Ausgaben nach Sektoren Nettoquoten I und II nach Sektoren
Annahmen:	Touristische Ausgaben in Höhe von 1 Mrd. DM Regionales Bruttoinlandsprodukt in Höhe von 10 Mrd. DM Regionales Volkseinkommen in Höhe von 8 Mrd. DM

Sektor	Ausgaben (Mio. DM)	Nettoquote I	II	Touristische Bruttowertschöpfung	Touristische Nettowertschöpfung
Beherbergung + Verpflegung	650	0,6	0,4	390	260
Unterhaltung	100	0,7	0,6	70	60
Verkehr	100	0,4	0,3	40	30
Sonstige Dienstleistungen	150	0,6	0,5	90	75
Summe	1 000			590	425

Anteil des Tourismus am Bruttoinlandsprodukt (Bruttowertschöpfung):	5,9%
Anteil des Tourismus am Volkseinkommen (Nettowertschöpfung):	5,3%

8.4.2 Berechnung der direkten und indirekten Wertschöpfung mit Hilfe des "Input-Output-Ansatzes"

Bereits weiter oben wurde dargelegt, daß die Messung des direkten Beitrags des Tourismus zur Wertschöpfung vielfach nicht ausreichend ist, um die gesamte ökonomische Bedeutung des Tourismus für eine Region bestimmen zu können. Verschiedene Wirtschaftszweige haben für ihre Produktion jeweils andere Inputstrukturen, die Einfluß auf das ökonomische Gesamtergebnis nehmen. Im besonderen fallen dabei notwendige Importe ins Gewicht. Hat z.B. ein Wirtschaftssektor einen hohen Importbedarf, fließt viel von der monetären Nachfrage der Touristen wieder aus der Region ab und schmälert dadurch die Wertschöpfung aus dem Fremdenverkehr. Diese Erkenntnis traf sehr oft den Tourismus in die Entwicklungsländer, nachdem lange Zeit eben dieser Tourismus als wertvolles Instrument zur besseren regionalen Verteilung der Einkommen zwischen reichen und armen Ländern angesehen wurde (vgl. Bryden, 1973; Archer, 1977a; Lea, 1988).

Um die direkten und indirekten Wirkungen des Tourismus auf die Wertschöpfung überhaupt berechnen zu können, sind Informationen über die gesamten Wirtschaftsverflechtungen in der Region erforderlich. Solche Informationen können im Prinzip nur durch Input-Output-Tabellen geliefert werden. Input-Output-Tabellen beinhalten die statistische Darstellung der mannigfaltigen Liefer- und Bezugsvorgänge zwischen den verschiedenen Sektoren einer Volkswirtschaft. Durch die analytische Auswertung dieser Input-Output-Tabellen lassen sich dann die direkten und indirekten Wirkungen der Endnachfrage – und somit auch die der touristischen Nachfrage – quantifizieren.

8.4.2.1 Der formale Aufbau einer Input-Output-Tabelle

In Abb. 6 ist eine Input-Output-Tabelle in ihrem Grundschema abgebildet. Der Einfachheit wegen wird die Disaggregierung der Volkswirtschaft auf drei Sektoren beschränkt (eine ausführliche Darstellung über Input-Output-Tabellen findet sich bei Holub/Schnabl, 1982).

Die Input-Output-Tabelle besteht im allgemeinen aus drei Quadranten. Im ersten Quadranten sind die Vorlieferverflechtungen zwischen den einzelnen Sektoren zu finden, der zweite Quadrant beinhaltet die Lieferungen der einzelnen Sektoren an die Endnachfrage, und im dritten Quadranten finden sich Informationen über den Einsatz der Produktionsfaktoren sowie über notwendige Vorleistungen aus dem Ausland. Liest man die Input-Output-Tabelle entlang der *Zeile* im ersten und zweiten Quadranten, werden daraus die *Lieferbeziehungen der einzelnen Sektoren* sichtbar (z.B. Zeile 1: Sektor 1 liefert an Unternehmen der Sektoren 1–3 Dienstleistungen und Güter als Vorleistungen – ersichtlich aus der ersten Zeile des ersten Quadranten – weiter aber auch an die verschiedenen Komponenten der Endnachfrage – Privater Konsum, Öffentlicher Konsum, Investitionen und Exporte, abzulesen im zweiten Quadranten). Die Summe aller Lieferungen eines Sektors ergeben dessen Bruttoproduktionswert. Demgegenüber sind die *Spalten* der Input-Output-Tabelle im ersten und dritten Quadranten als *Input- oder Kostenstruktur der Sektoren* zu interpretieren (z.B. Spalte 1: Zur Produktion benötigt der Sektor 1 Vorleistungen von Unternehmen der Sektoren 1–3 – abzulesen im ersten Quadranten –, darüber hinaus aber ist auch der Einsatz von Importen und Produktionsfaktoren notwendig – Information aus dem dritten Quadranten).

Im wesentlichen handelt es sich bei der Input-Output-Tabelle um jeweils sehr detaillierte Produktionskonten der einzelnen Sektoren (zum Produktionskonto siehe Abb. 1). Die Zeile zeigt die rechte Seite des Produktionskontos, allerdings viel genauer, da die Empfänger der Lieferungen von Gütern und Dienstleistungen ausgewiesen werden. Dagegen spiegelt die Spalte die linke Seite des Kontos wider, wobei insbesondere die sektorale Herkunft der Vorleistungen aufgezeigt wird.

Mit Hilfe der Input-Output-Tabelle lassen sich aber auch die Nettoquoten I und II (Bruttowertschöpfung/Bruttoproduktionswert bzw. Nettowertschöpfung/Bruttoproduk-

	Output- bzw. Lieferstruktur → ↓ Input- bzw. Kostenstruktur		Vorliefer-verflechtung			Gesamtwirtschaftl. Endnachfrage				Summe d. Spalten 1-7
			Sektor 1	Sektor 2	Sektor 3	Privater Konsum	Öffentl. Konsum	Investition	Exporte	Bruttoproduk-tionswerte
			(1)	(2)	(3)	(4)	(5)	(6)	(7)	(8)
Sektor 1		(1)								
Sektor 2		(2)		I. QUADRANT			II. QUADRANT			
Sektor 3		(3)								
Importe		(4)								
Abschreibungen		(5)								
Indirekte Steuern minus Subventionen		(6)		III. QUADRANT						
Löhne und Gehälter		(7)								
Gewinne		(8)								
Summe der Zeilen 1 - 8 = Bruttoproduktionswerte		(9)								

Spalte (7)
+ Spalte (8)
―――――――――
= NETTOWERTSCHÖPFUNG

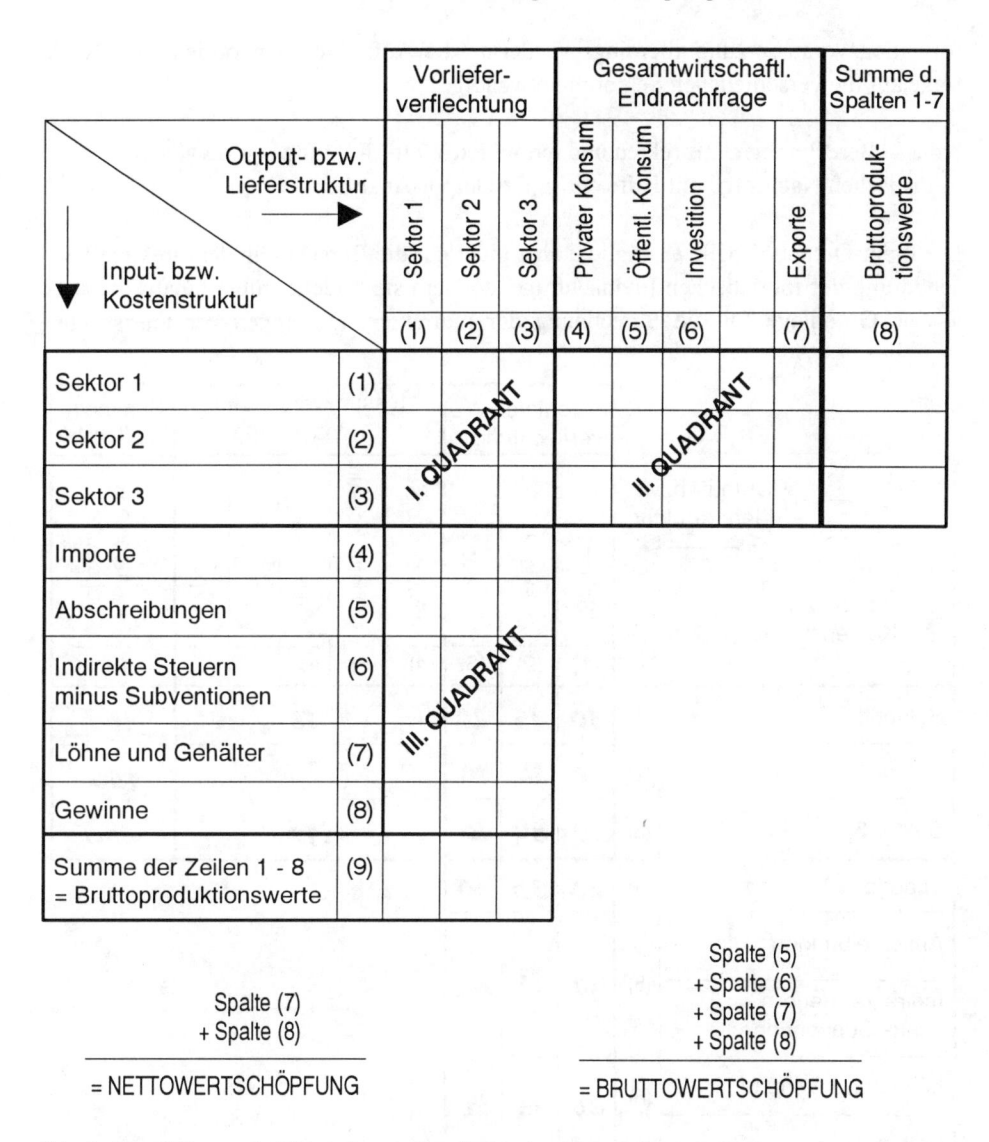

Spalte (5)
+ Spalte (6)
+ Spalte (7)
+ Spalte (8)
―――――――――
= BRUTTOWERTSCHÖPFUNG

Abb. 6: Grundschema einer Input-Output-Tabelle für eine Wirtschaft mit drei Sektoren

tionswert) berechnen. Der Bruttoproduktionswert eines jeden Sektors findet sich logischerweise sowohl als Spalten- als auch als Zeilensumme der Input-Output-Tabelle. Die Bruttowertschöpfung umfaßt die Größen Abschreibungen plus indirekte Steuern minus Subventionen plus Löhne und Gehälter plus Gewinne, die letzten beiden Größen bilden die Nettowertschöpfung. Ohne Schwierigkeiten können daher auch mittels der Input-Output-Tabelle die direkten Wertschöpfungswirkungen der touristischen Nachfrage berechnet werden. Neben der Input-Output-Tabelle ist dazu als weitere Informationsvoraussetzung allerdings wiederum die Aufteilung der touristischen Nachfrage auf die verschiedenen Sektoren notwendig.

8.4.2.2 Berechnung der direkten und indirekten Wertschöpfungswirkungen der touristischen Nachfrage mit Hilfe der Input-Output-Analyse

Die Input-Output-Tabelle ermöglicht aber nicht nur die Berechnung der direkten Wertschöpfung der touristischen Endnachfrage, sondern sie bildet darüber hinaus die statistische Grundlage für die Berechnung der indirekten Wirkungen der touristischen

Input- bzw. Kostenstruktur \ Output- bzw. Lieferstruktur		Vorlieferverflechtung			Gesamtwirtschaftl. Endnachfrage				Summe d. Spalten 1-7
		Sektor 1	Sektor 2	Sektor 3	Privater Konsum	Öffentl. Konsum	Investition	Exporte	Bruttoproduktionswerte
		(1)	(2)	(3)	(4)	(5)	(6)	(7)	(8)
Sektor 1	(1)	10	15	20	55				100
Sektor 2	(2)	20	15	40	75				150
Sektor 3	(3)	10	30	20	140				200
Importe	(4)	20	30	60					
Abschreibungen / Indirekte Steuern minus Subventionen	(5)	10	15	20					
Löhne und Gehälter / Gewinne	(6)	30	45	40					
Summe der Zeilen 1 - 6 = Bruttoproduktionswerte	(7)	100	150	200					

Spalte (6)
= NETTOWERTSCHÖPFUNG

Spalte (5) + Spalte (6)
= BRUTTOWERTSCHÖPFUNG

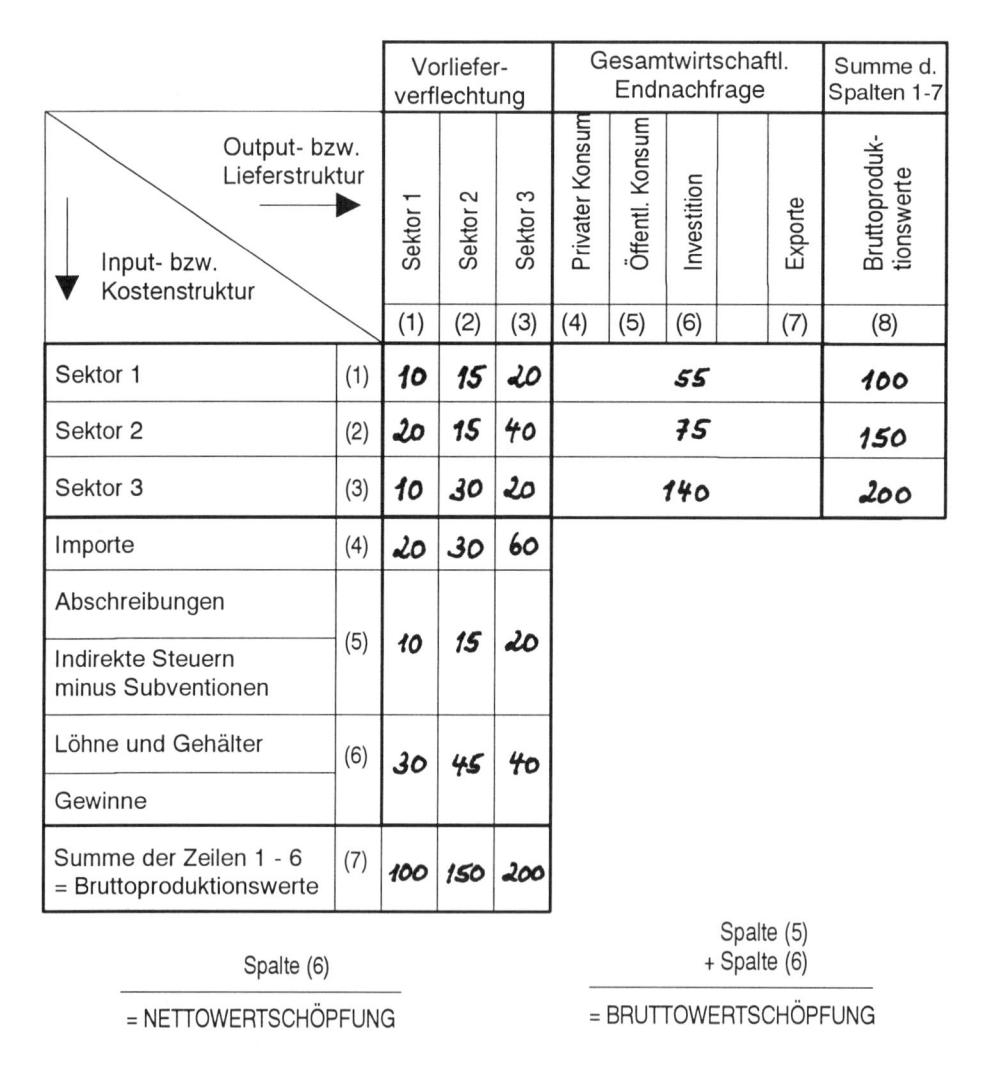

Abb. 7: Hypothetische Input-Output-Tabelle zur Berechnung der direkten und indirekten Produktions- und Wertschöpfungswirkungen

Nachfrage auf die Produktion und damit auf die Wertschöpfung. Dies wird durch eine analytische Auswertung der Input-Output-Tabelle möglich. Grundlage dafür bildet das sogenannte Produktionsmengenmodell, das zunächst die direkten und indirekten Auswirkungen auf die Produktionsmengen aufzeigt. Daraus lassen sich dann durch einfache Anwendung der Nettoquoten I bzw. II die direkten und indirekten Auswirkungen sowohl auf die Brutto- als auch auf die Nettowertschöpfung quantifizieren. (In der Input-Output-Analyse kommt hierbei das sogenannte Modell zur Bestimmung der primären Inputs zur Anwendung; das Ergebnis ist dasselbe, nur die formale Darstellung eine etwas andere. Der Einfachheit wegen werden im folgenden die Nettoquoten verwendet.)

Eine detaillierte Abhandlung des Produktionsmengenmodells würde den Rahmen dieses Beitrags bei weitem sprengen. Deshalb soll im folgenden nur auf das zentrale Ergebnis des Produktionsmengenmodells eingegangen werden.

Um das Verständnis zu erleichtern und um bei Interesse das Modell auch nachvollziehen zu können, wird das Modell anhand eines hypothetischen Zahlenbeispiels demonstriert. Eine regionale Volkswirtschaft wird dabei anhand von drei Sektoren vereinfacht dargestellt, die primären Inputs werden auf Importe und zwei primäre Inputs reduziert, und auch die einzelnen Komponenten der Endnachfrage werden aggregiert und global ausgewiesen (vgl. Abb. 7).

Das *Produktionsmengenmodell* zeigt die Folgen einer Nachfrageerhöhung in den einzelnen Sektoren auf die dadurch direkt und indirekt bewirkte Produktion. Formal stellt sich die Lösung wie folgt dar:

$$x = (I - A)^{-1} \cdot y$$

Dabei bedeuten:
x   Vektor der Bruttoproduktion
y   Vektor der Endnachfrage
I   Einheitsmatrix
A   Matrix der Inputkoeffizienten (die Matrix der Inputkoeffizienten erhält man durch Division aller Elemente des ersten Quadranten durch die jeweilige Spaltensumme; sie hat also die Elemente $a_{ij} = x_{ij}/x_j$; dabei symbolisiert i die Zeilennummer, j die Spaltennummer).

Die obige Gleichung zeigt den Zusammenhang zwischen der Endnachfrage (y) und der dazu notwendigen Produktion (x). Die Matrix $(I - A)^{-1}$ läßt sich einfach aus der Input-Output-Tabelle berechnen. Damit ist es aber dann auch möglich, die Produktionswirkungen der Endnachfrage – und somit auch der touristischen Nachfrage – zu berechnen.

Kernstück des Produktionsmengenmodells bildet die Matrix $(I - A)^{-1}$. Sie wird als *Leontief-Inverse* bezeichnet. Ihre Elemente sind die sogenannten kumulierten Produktionskoeffizienten c_{ij}. Diese geben an, um wieviel sich die direkte und indirekte Produktion des Sektors i erhöht, wenn die Endnachfrage im Sektor j um ein Einheit steigt.

Anhand der in Abbildung 7 dargestellten Input-Output-Tabelle soll nun das Modell in aller Kürze und in der gebotenen Einfachheit demonstriert werden. Aus der Tabelle ergeben sich die folgenden Matrizen:

$$A = \begin{pmatrix} 0,1 & 0,1 & 0,1 \\ 0,2 & 0,1 & 0,2 \\ 0,1 & 0,2 & 0,1 \end{pmatrix} \quad (I-A) = \begin{pmatrix} 0,9 & -0,1 & -0,1 \\ -0,2 & 0,9 & -0,2 \\ -0,1 & -0,2 & 0,9 \end{pmatrix}$$

$$(I-A)^{-1} = \begin{pmatrix} 1,17 & 0,17 & 0,17 \\ 0,30 & 1,21 & 0,30 \\ 0,20 & 0,29 & 1,20 \end{pmatrix}$$

Um die Wirkungen der touristischen Nachfrage auf die Produktion in den drei Sektoren aufzeigen zu können, ist noch eine Information über die nach Sektoren untergliederte touristische Nachfrage notwendig. Wir unterstellen im folgenden, daß die Gäste Ausgaben in der Höhe von 100 tätigen. Davon sollen 70 in Sektor 1 ausgegeben werden, 30 in Sektor 3. Im Sektor 2 fallen demnach überhaupt keine direkten touristischen Ausgaben an.

Setzt man diesen Nachfragevektor der touristischen Nachfrage in die obige Gleichung des Produktionsmengenmodells ein, erhält man:

$(I-A)^{-1} \cdot y = x$ mit den konkreten Werten $\begin{pmatrix} 1,17 & 0,17 & 0,17 \\ 0,30 & 1,21 & 0,30 \\ 0,20 & 0,29 & 1,20 \end{pmatrix} \cdot \begin{pmatrix} 70 \\ 0 \\ 30 \end{pmatrix} = \begin{pmatrix} 87 \\ 30 \\ 50 \end{pmatrix}$

Das Ergebnis: Steigt die touristische Nachfrage im Sektor 1 um 70 und im Sektor 3 um 30 Einheiten, also insgesamt um 100, so müssen
− der Sektor 1 seine Produktion um 87 erhöhen,
− der Sektor 2 seine Produktion um 30 steigern und
− der Sektor 3 seine Produktion um 50 ausweiten.

Diese Effekte beinhalten sowohl die direkten als auch die indirekten Produktionseffekte. Eine Nachfragesteigerung um 100 führt also letztlich zu Produktionseffekten in einer Gesamthöhe von 167. Die Aufteilung zwischen direkten und indirekten Produktionseffekten auf die Sektoren stellt sich dabei wie folgt dar (Tab. 2):

Tab. 2: Aufteilung zwischen direkten und indirekten Produktionseffekten auf die Sektoren

	Produktionseffekte		
	direkt	indirekt	gesamt
Sektor 1	70	17	87
Sektor 2	0	30	30
Sektor 3	30	20	50
Summe	100	67	167

Diese Produktion bedingt nun den Einsatz von Produktionsfaktoren, aus dem dann letztlich die exakte Wertschöpfung aus dieser touristischen Nachfrage resultiert. Aus der Input-Output-Tabelle lassen sich – wie erwähnt – die Nettoquoten berechnen. Tab. 3 zeigt die Vorgehensweise für die Ermittlung der Bruttowertschöpfung durch Verwendung der Nettoquote I (ein analoges Vorgehen ist für die Berechnung der Nettowertschöpfung unter Beiziehung der Nettoquote II möglich).

Tab. 3: Direkte und indirekte (Brutto-)Wertschöpfungswirkungen der touristischen Nachfrage

	Produktionseffekte			Nettoquoten I	Bruttowertschöpfung		
	direkt	indirekt	gesamt		direkt	indirekt	gesamt
Sektor 1	70	17	87	0,4	28	6,8	34,8
Sektor 2	0	30	30	0,4	0	12	12
Sektor 3	30	20	50	0,3	9	6	15
Summe	100	67	167		37	24,8	61,8
	berechnet mit Hilfe des Produktionsmengenmodells			ermittelt aus der Input-Output-Tabelle			

Von der touristischen Endnachfrage in der Höhe von 100 werden also nur 61,8 zu regionaler (Brutto-)Wertschöpfung. Die Differenz auf 100 stellt den Importverlust dar. Könnten alle Vorleistungen jeweils aus der Region selbst bezogen werden, würde die gesamte Nachfrage von 100 letztlich in der Region selbst zur Wertschöpfung werden.

Die Ergebnisse der so ermittelten direkten und indirekten Produktion bzw. der direkten und indirekten Wertschöpfung bilden den Ausgangspunkt für die Berechnung der sogenannten *touristischen Multiplikatoren*. Aufgrund der terminologischen Unbestimmtheit dieses Multiplikatorbegriffs ist es notwendig, in einem kurzen Abschnitt einerseits das allgemeine Multiplikatorkonzept der ökonomischen Theorie zu diskutieren und andererseits auf die touristischen Multiplikatoren einzugehen.

8.4.3 Zur Diskussion von "touristischen Multiplikatoren"

Selten wird der Begriff des Multiplikators so vieldeutig verwendet wie in der empirischen Tourismusforschung. In der ökonomischen Theorie wird der Multiplikator als jener Faktor interpretiert, um den bei einer dauerhaften autonomen Nachfrageerhöhung das Gesamteinkommen steigt (Unter "Einkommen" wird in diesem Abschnitt immer die Nettowertschöpfung verstanden). Um dieses Konzept auch dem nicht ausgebildeten Ökonomen zu demonstrieren und um den Unterschied zu den vielfach berechneten touristischen Multiplikatoren aufzuzeigen, soll im folgenden eine hypothetische

Volkswirtschaft angenommen werden, in der keine Staatstätigkeit vorkommt und die in keiner Beziehung zum Ausland steht. Die Darlegung der Gedanken von KEYNES zum Multiplikator erfolgt also in ihren Grundsätzen anhand einer "geschlossenen Wirtschaft ohne staatliche Aktivität" (siehe dazu in Lehrbüchern zur Makroökonomik z.B. Dornbusch/Fischer, 1985, S. 73 ff.).

Wenn nun in dieser geschlossenen Volkswirtschaft eine Endnachfragekomponente – so z.B. auch die touristische Nachfrage – dauerhaft um 100 steigt, so resultieren daraus letztlich wiederum Einkommen für die Bevölkerung in der Höhe von 100. Die Einkommenszunahme exakt in der Höhe der Nachfragesteigerung ergibt sich wegen der Annahme der geschlossenen Wirtschaft. Alle Vorleistungen stammen also aus dem Inland, Importverluste treten somit nicht auf. Daher wird die gesamte Endnachfrage im Inland – direkt oder indirekt, wie oben gezeigt – zu Einkommen.

Erst mit dieser Summe von direkten und indirekten Einkommen beginnen die Überlegungen von KEYNES zum Multiplikator. Die Multiplikatoridee geht von der Verwendung dieses Einkommenszuwachses durch die Haushalte aus. Einen Teil davon werden sie konsumieren, einen anderen Teil sparen. Durch die nunmehr gesteigerte Konsumnachfrage der Haushalte nehmen aber die (direkten und indirekten) Einkommen wiederum zu, und zwar – eben wegen der Annahme einer geschlossenen Wirtschaft – genau im Ausmaß der neuerlichen Nachfragesteigerung. Wir haben weiter oben diesen Teil der Einkommenssteigerung als induziertes Einkommen bezeichnet. Diese induzierten Einkommen erhöhen wieder die Konsummöglichkeiten, führen daher zu einer Zunahme der Nachfrage und münden in weiteren induzierten Einkommen. Auf diesen, über viele Perioden ablaufenden Prozeß induzierter Einkommen und deren konsumtiver Verwendung stellt das Multiplikatorkonzept von KEYNES ab. Die Größenordnung dieses Prozesses ist offensichtlich abhängig vom Anteil der jeweiligen direkten und indirekten Einkommen, der wiederum in den Konsum fließt. Die folgende Abb. 8 stellt den Gedankengang in den einzelnen Schritten dar.

Ausgangspunkt: dauerhafter Nachfragezuwachs der touristischen Nachfrage in allen Perioden in der Höhe von 100

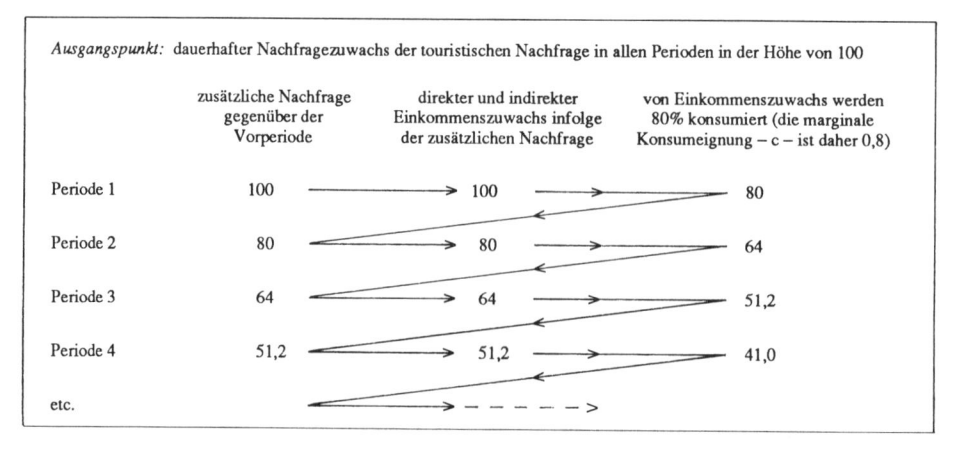

	zusätzliche Nachfrage gegenüber der Vorperiode	direkter und indirekter Einkommenszuwachs infolge der zusätzlichen Nachfrage	von Einkommenszuwachs werden 80% konsumiert (die marginale Konsumeignung – c – ist daher 0,8)
Periode 1	100	100	80
Periode 2	80	80	64
Periode 3	64	64	51,2
Periode 4	51,2	51,2	41,0
etc.			

Abb. 8: Einkommensmultiplikator nach KEYNES

Formal läßt sich dieser Prozeß wie folgt ausdrücken:

Periode	1	2	3	4	
Gesamteinkommenszuwachs =	100	+ 100 · 0,8 +	(100 · 0,8) · 0,8	+ (100 · 0,8 · 0,8) · 0,8	+ ... bzw.
Gesamteinkommenszuwachs =	100	+ 100 · 0,8 +	$100 \cdot 0{,}8^2$	+ $100 \cdot 0{,}8^3$	+ ...

Diese Entwicklung entspricht einer unendlichen geometrischen Reihe, deren Summenformel lautet:

$$\lim_{n \to \infty} s_n = 100/(1-0{,}8) = 100 \cdot 1/(1-0{,}8) = 500$$

Der Einkommenszuwachs beläuft sich folglich nicht bloß auf jene direkten und indirekten Zunahmen der Einkommen im Umfang von 100, die aus der ursprünglichen Nachfragesteigerung resultieren, sondern auf ein Vielfaches davon. Dieses Vielfache wird als Multiplikator bezeichnet. Offensichtlich wird seine Höhe durch die marginale Konsumneigung bestimmt. Konkret nimmt er den Wert $1/(1-c)$ an. Je größer diese marginale Konsumneigung (c), desto größer ist der Multiplikator. Dieses einfache Modell eines Multiplikators für die geschlossene Wirtschaft läßt sich erweitern: Auslandsbeziehungen und staatliche Aktivitäten können integriert werden. Die Multiplikatorformel wird zwar komplexer, für die hier interessierende Fragestellung – Multiplikatorkonzept der ökonomischen Theorie versus "touristische Multiplikatoren" – kommt aber kein nennenswerter Informationsgewinn hinzu.

Im Abschnitt 8.2.3 wurde bereits ausgeführt, daß grundsätzlich keine Notwendigkeit besteht, für die ökonomische Beurteilung eines Wirtschaftszweiges – also z.B. des Tourismus – dieses klassische Multiplikatorkonzept zu verfolgen. In diesem Zusammenhang sind nur die direkten und indirekten Einkommen der zusätzlichen Nachfrage ausschlaggebend; die Höhe der induzierten Einkommen ist dann nur noch durch diese direkten und indirekten Einkommen bestimmt. Wenn also der Tourismus einen höheren Beitrag zu den direkten und indirekten Einkommen als andere Wirtschaftszweige leisten kann, ist auch der Gesamteffekt einschließlich der induzierten Einkommen größer. Folglich genügt es vollends, sich auf die aus der touristischen Nachfrage resultierenden direkten und indirekten Einkommen zu konzentrieren. Dies geschieht auch vielfach in der empirischen Tourismusforschung, wiewohl nicht übersehen werden darf, daß ab und zu auch auf das KEYNESsche Multiplikatorkonzept abgestellt wird. Allerdings: Die Größenordnung der Multiplikatoren divergiert selbstverständlich je nach verwendetem Konzept. Daher ist bei der Interpretation von touristischen Multiplikatoren vorweg immer zu klären, wie der Multiplikator definiert ist. Man findet u.a. die in Abb. 9 zusammengestellten Definitionen.

> **Produktionsmultiplikator**
>
> $$\frac{\text{direkte + indirekte Produktion}}{\text{touristische Ausgabe}}$$
>
> oder
>
> $$\frac{\text{direkte + indirekte + induzierte Produktion}}{\text{touristische Ausgabe}}$$
>
> **Wertschöpfungsmultiplikator**
>
> $$\frac{\text{direkte + indirekte (Brutto- oder Netto-)Wertschöpfung}}{\text{touristische Ausgabe}}$$
>
> oder
>
> $$\frac{\text{direkte + indirekte + induzierte (Brutto- oder Netto-)Wertschöpfung}}{\text{touristische Ausgabe}}$$

Abb. 9: Beispiele verwendeter Multiplikatorbegriffe der empirischen Tourismusforschung

Wie zu Beginn dieses Abschnitts erwähnt, wird aber der Begriff des Multiplikators von den Tourismusforschern in sehr vielen Fällen nicht in seinem ursprünglichen Sinn verwendet. Der *touristische Wertschöpfungsmultiplikator*, der sich aus einer Erhöhung der Tourismusnachfrage ergibt und dem KEYNESschen Gedankengut entspricht, wäre nach folgender Formel zu berechnen:

$$\frac{\text{direkte + indirekte + induzierte Wertschöpfung}}{\text{direkte + indirekte Wertschöpfung}}$$

Der Multiplikatorprozeß kommt also erst dann zustande, wenn man berücksichtigt, daß die Wertschöpfung eben aufgrund der tourischen Nachfrage noch weiter steigt. Diese Wirkungen, die aber an sich kein Spezifikum des Fremdenverkehrs sind, werden bei den meisten der ausgewiesenen touristischen Multiplikatoren ausgeklammert. Zudem zeigt sich, daß viele der verwendeten Formeln für touristische Multiplikatoren als Bezugsgröße die touristische Ausgabe wählen und nicht – wie korrekt – die dadurch bewirkte direkte und indirekte Wertschöpfung.

Aufgrund des im vorhergehenden Abschnitt dargestellten Verfahrens zur Bestimmung der Wertschöpfungswirkungen des Tourismus können nun all jene touristischen Multiplikatoren berechnet werden, die im Zähler der Multiplikator-Formel "direkte + indirekte Produktion" bzw. "direkte + indirekte (Brutto- oder Netto-)Wertschöpfung" enthalten. Diese Relationen sind auch die gebräuchlichsten und – bezogen auf die Wertschöpfung – die sinnvollsten. Den besten Überblick zur Diskussion touristischer Multiplikatoren gibt nach wie vor Archer (1977), eine kritische Studie zu den verschiedenartigen Interpretationen touristischer Multiplikatoren lieferten Brownrigg/ Greig (1975).

8.5 Erhebungsprogramm zur Ermittlung der touristischen Wertschöpfung – Schaffung der empirischen Voraussetzungen

Um halbwegs gesichert Aussagen über die Wirkungen der touristischen Nachfrage auf die regionale Wertschöpfung machen zu können, sind – wie aus den vorhergehenden Ausführungen klar geworden sein sollte – einige Informationsvoraussetzungen erforderlich. Insbesondere sind in diesem Zusammenhang folgende Fragen zu klären:
(1) Was geben die Touristen wofür aus?
(2) Wie steht es um die innerregionalen Wirtschaftsverflechtungen?

Mit diesen beiden Fragen beschäftigen sich – in der gebotenen Kürze – die folgenden Überlegungen.

8.5.1 Die Ausgaben der Gäste

Diese Größe ist in jedem Fall der Ausgangspunkt für die Beurteilung der ökonomischen Relevanz des Tourismus in einem Land/einer Region. Von daher wird auch verständlich, daß zur Beurteilung der Wertschöpfungswirkungen des Tourismus detaillierte Ausgabenstatistiken auf der Basis der Fremdenverkehrsnachfrage von zentraler Bedeutung sind. Folgende Möglichkeiten bieten sich an, um Informationen über die Höhe und/oder die Struktur der Tourismusausgaben zu erhalten:

(a) *direkte Erhebungen der Ausgaben über unmittelbare Befragung der Touristen*
Solche Erhebungen können im Prinzip entweder am Urlaubsort oder am Wohnort oder aber auch – wie z.B. im internationalen Tourismus – beim Grenzübertritt durchgeführt werden. Häufig Anwendung findet auch die

(b) *indirekte Erhebung der Ausgaben* im internationalen Tourismus *durch die Bank-Berichts-Methode.*

Der Informationsgehalt der angeführten Methoden der Ausgabenerfassung von Touristen variiert allerdings. So kann z.B. die *Erfassung der Struktur der touristischen Ausgaben prinzipiell nur durch direkte Befragung* erhoben werden. Die aktuellsten, keineswegs aber genauesten Angaben sind dabei durch Interviews mit Gästen direkt am Urlaubsort zu erzielen. Bei einer solchen Vorgehensweise ist gewährleistet, daß von seiten der Touristen die entsprechende Erinnerungsfähigkeit gegeben ist, nach Kategorien strukturierte Antworten über das Ausgabeverhalten zu machen. Dies geschieht z.B. in Österreich im Rahmen der Gästebefragung Österreich (GBÖ – vgl. dazu die Publikationen der Österreichischen Gesellschaft für Angewandte Fremdenverkehrswissenschaft in Wien), wobei allerdings – berechtigterweise – nur eine sehr grobe Struktur der Ausgaben abgefragt wird. Für Deutschland hat das Wirtschaftswissenschaftliche Forschungsinstitut für Fremdenverkehr an der Universität München ähnliche Untersuchungen über das Ausgabeverhalten in deutschen Tourismusorten durchgeführt (Eine ausführliche Methodenbeschreibung dieser Untersuchung gibt

Koch, 1980; die Ergebnisse sind publiziert in Koch, 1980, und fortgeschriebene Daten in Koch, 1985).

Ein realistischer Einblick in grobe Ausgabenstrukturen der Gäste läßt sich wahrscheinlich auch noch aus der Befragung der Reisenden beim Grenzübertritt gewinnen. Die Ausgaben liegen noch nicht allzuweit zurück, so daß auch bei diesem Verfahren die Erinnerungsfähigkeit gegeben sein dürfte. Diese Methode findet im übrigen in Großbritannien und in den USA Anwendung.

Hingegen sind die Chancen, realistische Informationen über die Ausgabenstruktur zu erhalten, bei Befragungen am Wohnort eher gering. Zum einen liegt die Urlaubsreise oft schon sehr weit zurück, so daß die Memorierfähigkeit der Befragten über detaillierte Ausgaben während ihrer Reise wohl überstrapaziert wird. Selbst Angaben über die totale Ausgabensumme sind in gewisser Weise problembehaftet, können aber in Verbindung mit anderen Informationen über die Ausgaben durchaus auch eine Basis für die Berechnung der touristischen Wertschöpfung liefern. Solche Informationen über die totale Ausgabensumme während Urlaubsreisen – ermittelt durch Befragungen am Wohnort – finden sich u.a. in der Deutschen Reiseanalyse des Studienkreises für Tourismus (jährlich), in den nationalen Mikrozensen (mehrjährig) und im European Travel Monitor (jährlich).

Methodisch am besten wäre es, wenn Urlauber veranlaßt werden könnten, während ihrer Urlaubsreise sogenannte *Urlaubsbücher* zu führen und jede Ausgabe darin aufzuzeichnen. Solche Versuche sind aber bisher eher gescheitert. In Deutschland wurden für die Berechnung der Reisegeldparitäten rund 100 Wirtschaftsbücher von Haushalten ausgewertet, die im Jahr 1967 einen mehrwöchigen Urlaub im Ausland verbracht hatten (zur Methode und zu den detaillierten Ergebnissen vgl. Guckes, 1969, S. 204 ff.). Als Resultat dieser Erhebungen ergab sich ein sogenannter "touristischer Warenkorb" (vgl. Abb. 10).

Die Erhebung der touristischen Ausgaben über Auswertungen von Haushalts- bzw. Urlaubsbüchern liegt nunmehr nahezu ein Vierteljahrhundert zurück. Dennoch aber bildet sie auch heute noch in vielen Untersuchungen die Grundlage für die Schätzung von Ausgabenstrukturen im Tourismus sowie für die Berechnung der Reisegeldparitäten, die die Preisverhältnisse im internationalen Tourismus widerspiegeln sollen. Neben der Tatsache, daß nur rund 100 Haushaltsbücher ausgewertet wurden und dadurch ein repräsentativer Warenkorb grundsätzlich nicht ermittelbar war, ändern sich im Zeitablauf auch die Konsumgewohnheiten. In Anbetracht der während der letzten 25 Jahre enorm gestiegenen Bedeutung des Tourismus für viele Volkswirtschaften ist es ein Gebot der Stunde, Mittel in neuere und repräsentative Strukturerhebungen über das touristische Ausgabeverhalten zu investieren. Immerhin sind solche Angaben letztlich die zentrale Basis für die Berechnung der tourismusbedingten Wertschöpfung. Daß dabei auf das methodisch beste Verfahren – die Führung von Urlaubsbüchern – zurückgegriffen werden sollte, ist evident. Diese Forderung kann nicht dadurch entkräftet werden, daß auch – wie oben erwähnt – durch Befragungen am Urlaubsort und bei Grenzübertritt Angaben über Ausgabenstrukturen zu erhalten sind. Der Informati-

Elektrizität, Gas, Brennstoffe

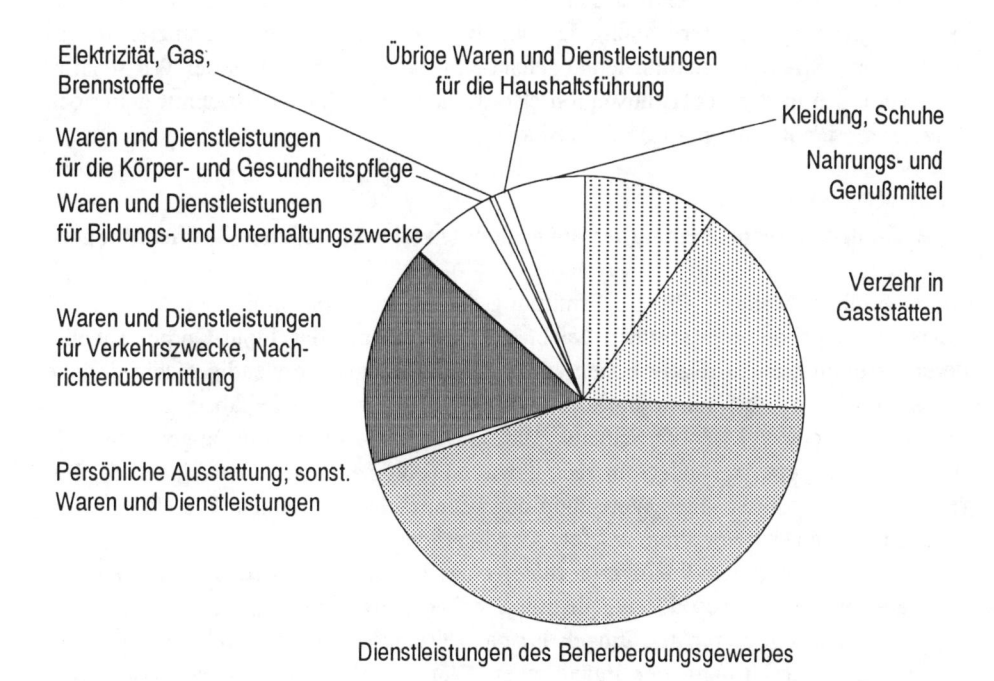

Übrige Waren und Dienstleistungen für die Haushaltsführung

Waren und Dienstleistungen für die Körper- und Gesundheitspflege

Waren und Dienstleistungen für Bildungs- und Unterhaltungszwecke

Waren und Dienstleistungen für Verkehrszwecke, Nachrichtenübermittlung

Persönliche Ausstattung; sonst. Waren und Dienstleistungen

Kleidung, Schuhe

Nahrungs- und Genußmittel

Verzehr in Gaststätten

Dienstleistungen des Beherbergungsgewerbes

Abb. 10: Der touristische Warenkorb (Grundlage für die Ermittlung der Reisegeldparitäten)
Quelle: Guckes, 1969, S. 205

onsgehalt solcher Erhebungen ist weit geringer als für den Fall von exakten Aufzeichnungen in Urlaubsbüchern. Gästebefragungen können niemals so detailliert sein wie gezielte Erhebungen eines touristischen Warenkorbs.

Die Forderung nach einer möglichst exakten Erhebung eines "touristischen Leistungsbündels" gewinnt an Gewicht, wenn man bedenkt, daß es relativ einfach ist, globale Summen über Urlaubsausgaben zu ermitteln. Ist nun eine detaillierte Ausgabenstruktur bekannt, kann diese durchaus über einen gewissen Zeitraum als relativ konstant angenommen werden. Durch Anwendung dieser Aufteilung der Tourismusausgaben auf die insgesamt von Touristen verausgabten Mittel läßt sich dann die tourismusbedingte Wertschöpfung berechnen. In diesem Zusammenhang ist auch die – oben als indirekte Methode der Ausgabenerfassung erwähnte – Bank-Berichts-Methode anzuführen, die sehr zuverlässige und aktuelle Schätzungen der Globalsumme der Ausgaben bzw. Einnahmen im internationalen Tourismus ermöglicht (zur Bank-Berichts-Methode siehe Schulmeister, 1981). Da es sich dabei um die Auswertung von tourismusbedingten Devisen- und Valutenbewegungen handelt, ist es klar, daß nur Globalsummen ermittelbar sind. Durch die Anwendung einer zuverlässigen Struktur touristischer Ausgaben aber läßt sich diese Globalsumme aufgliedern und dann als aktuelle Grundlage zur Berechnung der touristischen Wertschöpfung heranziehen. Dafür aber ist – wie oben ausführlich abgehandelt – noch die Kenntnis der Wirtschaftsverflechtungen in der Tourismusregion erforderlich. Der nächste Abschnitt geht noch kurz auf diese notwendige Informationsbasis ein.

8.5.2 Zu den Informationen über die regionalen wirtschaftlichen Verflechtungen

Die angeführte Methode für die Ermittlung der direkten und indirekten Wertschöpfungswirkungen der touristischen Nachfrage basieren auf der Input-Output-Tabelle, deren Erstellung einen relativ hohen empirischen Aufwand notwendig macht. Solche Tabellen werden daher selten jährlich, sondern nur in gewissen Zeitabständen erarbeitet (zur Methode vgl. Holub/Schnabl, 1982). Durch die oft relativ langen Abstände ihrer Erstellung ergeben sich dann auch gewisse Probleme, die die Genauigkeit der Berechnungen der touristischen Wertschöpfung beeinträchtigen können. Die Hauptkritikpunkte beziehen sich vor allem auf folgende Bereiche:
— *unterstellte konstante Vorlieferbeziehungen* zwischen den Wirtschaftssektoren.

Damit werden insbesondere Substitutionen von ausländischen Lieferanten durch inländische Zulieferer und umgekehrt nicht erfaßt. Gerade dadurch aber wird bekanntlich der Umfang der inländischen Wertschöpfung stark beeinflußt. Allerdings: Lieferbeziehungen ändern sich nicht abrupt, sondern nur in größeren Zeitabständen. Je aktueller daher die verfügbare Input-Output-Tabelle, desto unbedeutender wird dieser Kritikpunkt. Das trifft im übrigen auch für den zweiten, mit der zeitlichen Verfügbarkeit von Input-Output-Tabellen zusammenhängenden Mangel des Berechnungsverfahrens zu, nämlich der
— *unterstellten konstanten Produktionsstruktur* in der Wirtschaft.

Hier geht es darum, daß sich im Zeitablauf selbstverständlich neue Produktionstechnologien und -verfahren entwickeln, die dann ihrerseits die Inputstruktur bei der Produktion bestimmter Güter und Dienstleistungen verändern. Die sich ergebenden Wertschöpfungswirkungen der touristischen Nachfrage können dann aber bei Verwendung alter Input-Output-Tabellen falsch ausgewiesen werden. Dieser Kritikpunkt ist aber wohl auch nur dann berechtigt, wenn auf sehr alte Tabellen Bezug genommen wird. Produktionstechnologien und -verfahren ändern sich nämlich ebenfalls nicht plötzlich; zudem erfordert vor allem deren Einführung immer eine gewisse Zeit.

Ein weiterer Kritikpunkt kann jedoch auch bei relativ neuen Input-Output-Tabellen wirksam werden und die Berechnung der Wertschöpfungswirkungen beeinflussen. Es geht dabei um die Tatsache, daß sich die Erhebung der Input-Output-Tabelle auf einen bestimmten Zeitraum stützt, dadurch aber eine
— *bestimmte Auslastung der Produktionskapazitäten* in die Tabelle eingeht, die dann als konstant unterstellt wird. Bei unterausgelasteten Kapazitäten aber kann z.B. die

Nachfrage steigen, ohne daß sich die Wertschöpfung im selben Maß wie die Nachfragesteigerung erhöhen muß. Ein Teil des Nachfragezuwachses kann z.B. einfach durch bessere Auslastung der Produktionsfaktoren Arbeit und Kapital abgedeckt werden. Die Berechnungen der Wertschöpfungswirkungen mit Hilfe des Input-Output-Ansatzes berücksichtigen diese Unterauslastung jedoch nicht; jede Nachfrageausdehnung erhöht hier im selben Ausmaß die Wertschöpfung.

Diese wesentlichen Kritikpunkte sind beim vorgestellten Verfahren der Ermittlung der direkten und indirekten Wertschöpfungswirkungen des Tourismus immer zu berücksichtigen. Trotz dieser Mängel aber bleibt dieses Verfahren das einzige, das in der Lage ist, die indirekte Wertschöpfung umfassend in den Griff zu bekommen. Allgemein aber gilt wie bei den Untersuchungen zur Ausgabenstruktur: Je aktueller die Input-Output-Tabelle, desto zuverlässiger sind die Ergebnisse.

Eine weitere Anmerkung ist im Zusammenhang mit Input-Output-Tabellen notwendig: Für kleinregionale Untersuchungen ist dieses Verfahren sehr oft undurchführbar. Input-Output-Tabellen beziehen sich in den meisten Fällen auf nationale Volkswirtschaften. Dies hängt mit den notwendigen Informationen über außerregionale Vorlieferbezüge zusammen. Für Volkswirtschaften sind solche Informationen über die Außenhandelsstatistiken verfügbar, innerhalb einer Volkswirtschaft fehlen jedoch entsprechende Informationen über die regionale Herkunft der Vorleistungen. Entsprechende Untersuchungen bedingen einen so hohen empirischen Arbeitsaufwand, daß von konkreten Erstellungen (klein-)regionaler Input-Output-Tabellen sehr oft Abstand genommen wird.

8.6 Empirische Ergebnisse für Österreich

Zum Abschluß soll hier noch eine konkrete Anwendung der vorgestellten Methode zur Erhebung der touristisch bedingten Wertschöpfung in Österreich präsentiert werden. Wie erwähnt, sind die empirischen Voraussetzungen für die Berechnung der direkten und indirekten Wertschöpfungseffekte des Tourismus beträchtlich. Daher verwundert es nicht, daß das Datenmaterial zum Teil relativ alt ist. Für Österreich liegt eine Input-Output-Tabelle für das Jahr 1976 vor, die 32 Sektoren umfaßt und die im Quadranten der Endnachfrage die Nachfrage ausländischer Touristen in einer hohen sektoralen Disaggregierung ausweist (vgl. dazu im Detail bei Richter, 1981 – eine neuere Version der österreichischen Input-Output-Tabelle für das Jahr 1983 soll 1992 publiziert werden). In der folgenden Abb. 11 ist die touristische Nachfrage der Ausländer in Österreich etwas aggregierter dargestellt. Sie zeigt, daß 54% der monetären touristischen Nachfrage ausländischer Gäste in Österreich auf den Sektor "Hotel- und Gaststättenwesen" entfallen, 9% auf den "Handel/Verleih", 8% auf den Sektor "Nahrungsmittel" und 7% auf den Wirtschaftsbereich "Verkehr und Nachrichten". Diese vier Sektoren der österreichischen Volkswirtschaft vereinigen somit rund vier Fünftel der touristischen Nachfrage auf sich.

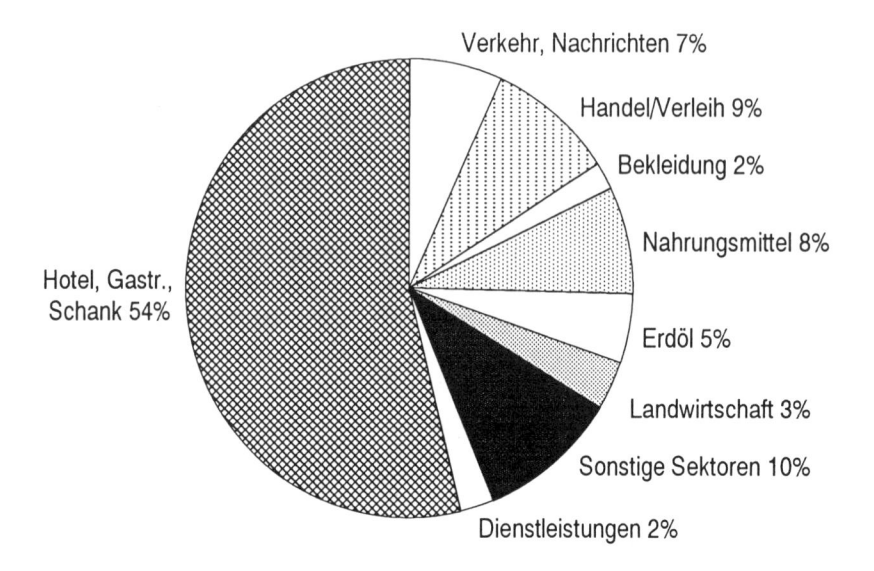

Abb. 11: Struktur der touristischen Nachfrage der Ausländer in Österreich
Quelle: eigene Zusammenstellung nach Richter, 1981, S. 43

Mit Hilfe der – oben einfach beschriebenen – Input-Output-Analyse wurden nun die (Brutto-)Wertschöpfungswirkungen der Nachfrage von Ausländern in Österreich berechnet. Das zentrale Ergebnis:

Verausgaben ausländische Touristen in Österreich öS 1000,–, so werden öS 810,– in Österreich auf direktem und indirektem Weg – also in jenen Sektoren, in denen die Gäste ihre Ausgaben tätigen, z.B. im Hotel- und Gaststättenwesen, aber auch bei den jeweiligen Vorlieferanten, den Vorlieferanten der Vorlieferanten etc. – zu Bruttowertschöpfung. Interessant dabei ist aber nicht dieser absolute Wert, sondern vor allem der Vergleich mit anderen Endnachfragekomponenten. Die folgende Abb. 12 zeigt diesen Vergleich.

Eine Endnachfrage in Höhe von 1000,– öS österreichischer Endnachfragekomponenten	führt zu ... öS (Brutto-)Wertschöpfung
• Private Konsumausgaben	710,– öS
• Ausgaben ausländischer Touristen in Österreich	810,– öS
• Staatsausgaben (öffentlicher Konsum)	910,– öS
• Investitionen	690,– öS
• Exporte von Gütern und Dienstleistungen (ohne Tourismus)	760,– öS

Abb. 12: (Brutto-)Wertschöpfungseffekte der Endnachfrage in Österreich
Quelle: Richter, 1981, S. 86

Offensichtlich schneidet der Ausländer-Fremdenverkehr hinsichtlich seiner gesamten Wertschöpfung also relativ gut ab. Konkret bedeutet dies, daß der Importgehalt der Nachfrage im Fremdenverkehr – mit der zu erwartenden Ausnahme öffentlicher Konsumausgaben – geringer ist als bei den erwähnten Nachfragekomponenten; die Einkommenswirksamkeit im Inland ist dementsprechend höher. Damit aber ist der Tourismus in Österreich ein relativ effizientes Instrument zur Sicherung von Einkommen und Beschäftigung.

Literatur

Archer, B. (1973): The Impact of Domestic Tourism. University of Wales Press, Bangor.
Archer, B. (1977): Tourism Multipliers: The State of the Art. University of Wales Press, Bangor.
Archer, B. (1977a): Tourism in the Bahamas and Bermuda: Two Case Studies. University of Wales Press, Bangor.
Brownrigg, M., M.A. Greig (1975): Differential Multipliers for Tourism. In: Scottish Journal of Political Economy, Vol. XXII, Nr. 3, S. 261–275.
Brümmerhoff, D. (1975): Gesamtwirtschaftliches Rechnungswesen. Köln.
Bryden, J.M. (1973): Tourism and Development – A Case Study of the Commonwealth Caribbean. Cambridge University Press, London.
Dornbusch, R., St. Fischer (1985): Makroökonomik. München/Wien.
Elsasser, H., H. Leibundgut, M. Lendi, H. Schwarz (1982): Nicht-touristische Entwicklungsmöglichkeiten im Berggebiet. In: Schriftenreihe zur Orts-, Regional- und Landesplanung, Nr. 29 (Institut für Orts-, Regional- und Landesplanung an der ETH Zürich). Zürich.
Guckes, S. (1969): Internationaler Vergleich von Verbraucherpreisen – Zur erstmaligen Berechnung von Reisegeldparitäten. In: Wirtschaft und Statistik, Nr. 4, S. 204–207.
Haslinger, F. (1978): Volkswirtschaftliche Gesamtrechnung. München/Wien.
Holub, H.-W., H. Schnabl (1982): Input-Output-Rechnung: Input-Output-Tabellen. München/Wien.
Koch, A. (1980): Die Ausgaben im Fremdenverkehr in der Bundesrepublik Deutschland. Deutsches Wirtschaftswissenschaftliches Institut für Fremdenverkehr, München.
Koch, A. (1985): Die Ausgaben im Fremdenverkehr in der Bundesrepublik Deutschland. In: Schriftenreihe des Deutschen Wirtschaftswissenschaftlichen Instituts für Fremdenverkehr an der Universität München, Heft 37. München.
Koch, A. (1989): Wirtschaftsfaktor Tourismus – Eine Grundlagenstudie der Reisebranche. Frankfurt a.M.
Lea, J. (1988): Tourism and Development in the Third World. New York.
Richter, J. (1981): Strukturen und Interdependenzen der österreichischen Wirtschaft – Ergebnisse der provisorischen Input-Output-Tabelle 1976. In: Schriftenreihe der Bundeswirtschaftskammer, Nr. 41, Wien.
Rütter-Fischbacher, H. (1991): Wertschöpfung des Tourismus in der Schweiz. Bundesamt für Industrie, Gewerbe und Arbeit, Bern.
Schulmeister, St. (1981): Die Stellung des Reiseverkehrs in der Gesamtwirtschaft. Österreichisches Institut für Wirtschaftsforschung, Wien.
Socher, K., J. Prünster (1977): Gesamtwirtschaftliche Ziele und Fremdenverkehrspolitik. In: Schriftenreihe der Bundeswirtschaftskammer, Nr. 34, Wien.

9. Kennziffern einer harmonisierten touristischen Entwicklung

Hansruedi Müller und Beat Seiler

9.1 Ziele der Kennziffern

Mit den von Beat Seiler (1989) erarbeiteten "Kennziffern einer harmonisierten touristischen Entwicklung" soll ein Beitrag zur Umsetzung des Gedankenguts eines sowohl wirtschaftlich ergiebigen als auch sozial- und umweltverträglichen Tourismus geleistet werden, und zwar insbesondere durch die Ausweitung der zu verwendenden Meßgrößen. Das praxisorientierte Ziel der Kennziffern besteht darin, den tourismuspolitischen Entscheidungsträgern ein Instrumentarium in die Hand zu geben, das ihnen erlaubt, mittels einfacher Zahlenverhältnisse und ohne allzu großen Zeitaufwand
- zu überprüfen, wie sanft, resp. wie hart die touristischen Entwicklungen in ihrer Gemeinde verlaufen (Analyse),
- festzustellen, wo Fehlentwicklungen entstehen könnten (Prognose),
- Anhaltspunkte zur zeitgerechten und eigenständigen Lenkung der Entwicklung zu finden (Steuerung).

Die Kennziffern richten sich an alle Kreise, die an einer Harmonisierung der touristischen Entwicklung interessiert sind, an Politiker(innen), Planer(innen), an Personen der Gemeinde- und Kreisverwaltungen, an Verkehrsdirektor(inn)en, an Manager(innen) von Tourismusbetrieben, an Investor(inn)en und an interessierte Bürger(innen) insbesondere auf der lokalen und regionalen Ebene.

9.2 Auswahl der Kennziffern

Der Suche nach geeigneten Kennziffern (auch Indikatoren genannt) lag das Zielsystem des Schweizerischen Tourismuskonzepts (1979) zugrunde. In zwei Schritten wurden in einem aufwendigen Auswahlverfahren die rund 200 möglichen Zielgrößen vorerst auf 32 und anschließend auf sieben Schlüsselgrößen reduziert. Den Schlüsselgrößen kommt die Funktion zu, qualitative Ziele aus den drei Bereichen Umwelt, Wirtschaft und Gesellschaft quantitativ zu erfassen. Dieser Indikatorenkatalog zeigt an, *was zu messen ist* (Abb. 1).

Um mit den bezüglich einzelner Schlüsselgrößen errechneten Meßergebnissen die touristische Entwicklung einschätzen zu können, werden pro Indikator Richtwerte aufgestellt. Sie sollen zeigen, *wie das Gemessene zu beurteilen ist*. Mit den Farbbezeichnungen grün – gelb – rot erfolgt eine bewußte Anlehnung an die Verkehrssignale, die

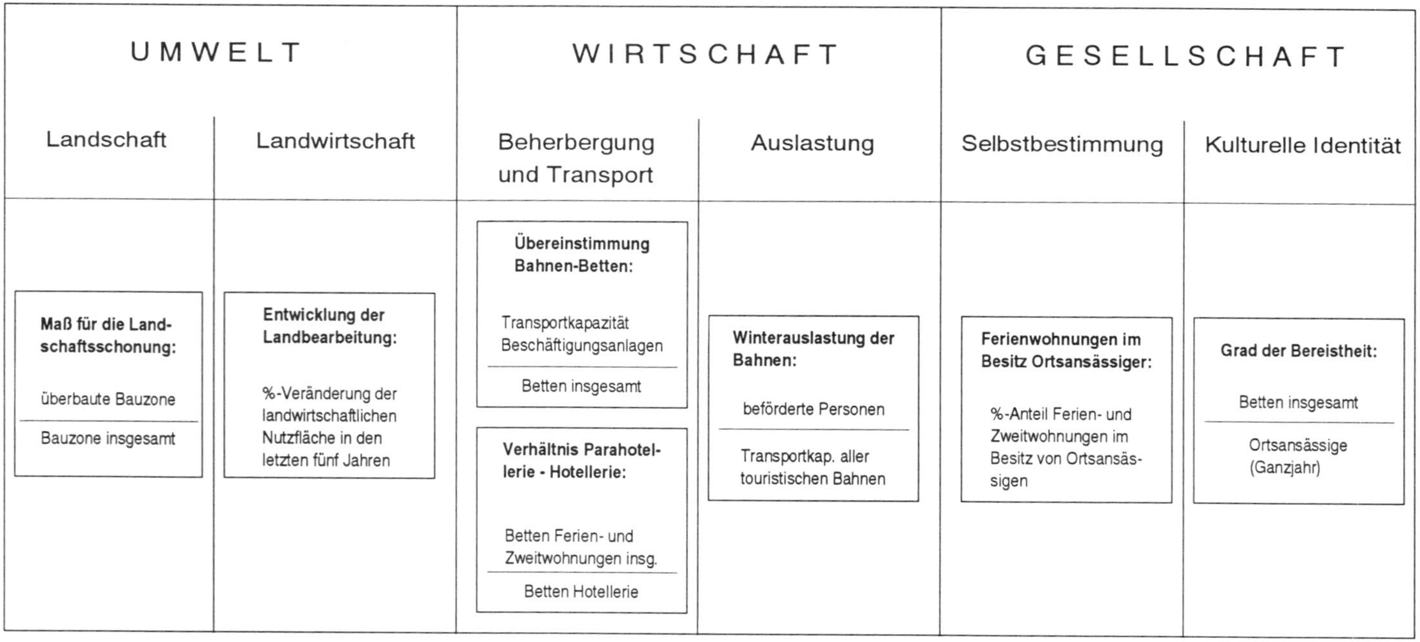

UMWELT		WIRTSCHAFT		GESELLSCHAFT	
Landschaft	Landwirtschaft	Beherbergung und Transport	Auslastung	Selbstbestimmung	Kulturelle Identität
Maß für die Landschaftsschonung: überbaute Bauzone / Bauzone insgesamt	**Entwicklung der Landbearbeitung:** %-Veränderung der landwirtschaftlichen Nutzfläche in den letzten fünf Jahren	**Übereinstimmung Bahnen-Betten:** Transportkapazität Beschäftigungsanlagen / Betten insgesamt **Verhältnis Parahotellerie - Hotellerie:** Betten Ferien- und Zweitwohnungen insg. / Betten Hotellerie	**Winterauslastung der Bahnen:** beförderte Personen / Transportkap. aller touristischen Bahnen	**Ferienwohnungen im Besitz Ortsansässiger:** %-Anteil Ferien- und Zweitwohnungen im Besitz von Ortsansässigen	**Grad der Bereitheit:** Betten insgesamt / Ortsansässige (Ganzjahr)

Abb. 1: Die Schlüsselgrößen im Überblick

im modernen städtischen Leben auffallendste und alltäglichste Warnanzeige. Grün steht dabei für "freie Fahrt" resp. "problemlos", gelb für "Vorsicht" und rot für "Warnung/Stop", also für "sofort steuernd eingreifen".

9.3 Die sieben Schlüsselgrößen im Skitourismusgebiet und ihre Richtwerte

9.3.1 Landschaftsschonung

Die Kennziffer 1 ist ein Maß dafür, wie schonend mit der noch unbebauten Landschaft umgegangen werden soll. Ziel jeder touristischen Erschließung müßte es sein, die Landschaft schonend und umweltgerecht zu nutzen.
Berechnung:

$$\frac{\text{überbaute Bauzone} \times 100}{\text{Bauzone insgesamt}}$$

Bedeutung: Baulandeinzonungen gelten allgemein als wichtige Triebfedern des touristischen Wachstums. Sie vermögen deshalb ein gutes Bild zu vermitteln, ob der schonende Umgang mit der Landschaft in die Planung Eingang gefunden hat oder nicht. Je kleiner der Wert dieses Indikators ist, desto mehr Boden steht im Prinzip für eine baldige Überbauung (in der Schweiz innerhalb von 15 Jahren) zur Verfügung.

Richtwerte: grün: mehr als 91%
 gelb: 83% bis 91%
 rot: weniger als 83%

Diese Richtwerte gelten in dieser Höhe nur für den Zeitpunkt der Inkraftsetzung des Zonenplanes. Während der Laufzeit des Planes sind sie entsprechend heraufzusetzen.

9.3.2 Landnutzung

Diese 2. Kennziffer will anzeigen, sie sich die landwirtschaftliche Nutzfläche innerhalb von fünf Jahren verändert hat. Allgemein erklärtes Ziel ist es, intakte und geeignete Landschaften für die verschiedenartigen Flächenansprüche langfristig zu erhalten.
Berechnung:

$$\frac{(\text{landw. Nutzfläche}_{\text{heute}} - \text{landw. Nutzfläche}_{\text{vor 5 Jahren}}) \times 100}{\text{landwirtschaftliche Nutzfläche}_{\text{vor 5 Jahren}}}$$

Bedeutung: Landwirtschaft und Tourismus ergänzen sich im Berggebiet in hohem Maße: Die Berglandwirtschaft ist auf Nebenerwerbseinkommen aus dem Tourismus angewiesen. Umgekehrt braucht der Tourismus die Bergbauern, weil sie durch ihre tägliche Arbeit die Landschaft pflegen und das typische Brauchtum aufrechterhalten.

Richtwerte: grün: mehr als 0%
  gelb: −2% bis 0%
  rot: weniger als −2%

9.3.3 Abstimmung der Kapazitäten

Um zu überprüfen, wie gut Transport- und Bettenkapazitäten aufeinander abgestimmt sind, sollen in einer 3. Kennziffer die möglichen Höhenmeter je potentiellem Übernachtungsgast errechnet werden. Ziel ist es, den vieldiskutierten "Engpaßüberwindungsautomatismus" (vgl. Krippendorf/Müller, 1986) zu stoppen.

Berechnung:
$$\frac{\text{Transportkapazität der Beschäftigungsanlagen (Personen-Höhenmeter/h)}}{\text{Betten insgesamt}}$$

Bedeutung: Für eine harmonische Entwicklung einer Gemeinde ist es von großer Bedeutung, daß die beiden wichtigsten Angebotselemente des Bergtourismus – die Transportanlagen und die Unterkünfte – aufeinander abgestimmt werden. Sonst besteht dauernd die Gefahr der unkontrollierten Wachstumsspirale im Sinne von "mehr Bahnen → mehr Betten → mehr Bahnen → ...".

Richtwerte: grün: 280–340 Höhenmeter pro Stunde
  gelb: 250–280 resp. 340–370 Höhenmeter pro Stunde
  rot: weniger als 250, resp. mehr als 370 Höhenmeter pro Stunde

9.3.4 Bettenverhältnis

Mit Hilfe der 4. Kennziffer werden die Anzahl Betten der Ferien- und Zweitwohnungen (wichtige Problematik vor allem in der Schweiz) mit derjenigen der Hotellerie verglichen. Ziel ist es, eine geordnete touristische Entwicklung sicherzustellen und ein Übergewicht einer aus ökologischen, gesellschaftlichen, aber auch wirtschaftlichen Gründen problematischen Parahotellerie gegenüber der Hotellerie zu vermeiden.

Berechnung:
$$\frac{\text{Betten Ferien- und Zweitwohnungen insgesamt}}{\text{(vorhandene) Betten Hotellerie}}$$

Bedeutung: Aus der Sicht eines Ferienortes ist eine starke Dominanz von Ferien- und Zweitwohnungen zu vermeiden, vor allem, weil die Hotellerie deutlich weniger Raum und Energie verbraucht, die Infrastruktur gleichmäßiger belastet und eine viel höhere Wertschöpfung garantiert.

Richtwerte: grün: weniger als 2,5
gelb: 2,5 bis 3,0
rot: mehr als 3,0

9.3.5 Winterauslastung der Bahnen

Mit Hilfe der 5. Kennziffer soll angezeigt werden, wie stark der Skitourismus die touristischen Transportanlagen während der rund vier Wintermonate auszulasten vermag. Ziel jedes Ferienortes sollte es sein, eine Optimierung der Struktur und der Nutzung des touristischen Produktionsapparates zu erreichen, denn oft sind unbefriedigende Rechnungsergebnisse von Transportanlagen auf strukturelle Schwächen und damit schlechte Auslastungen zurückzuführen.

Berechnung:

$$\frac{\text{Beförderte Personen Winter} \times 100}{\text{Transp.-Kap. aller tour. Bahnen} \times 840 \text{ Betriebs-Std. (120 Tage à 7 Std.)}}$$

Bedeutung: Eine schlechte Auslastung von Bahnen und Betten bedeutet nichts anderes, als mit der entsprechenden touristischen Suprastruktur das Landschaftsbild zu beeinträchtigen, ohne jedoch einen befriedigenden Nutzen zu erwirtschaften.

Richtwerte: grün: mehr als 35%
gelb: 30% bis 35%
rot: weniger als 30%

9.3.6 Selbstbestimmung

Die 6. Kennziffer ist ein Maß dafür, wie hoch der Selbstbestimmungsgrad (resp. wie gravierend die Fremdbestimmung) ist. Der Einfachheit halber wird der Anteil derjenigen Ferien- und Zweitwohnungen berechnet, der im Besitz von Ortsansässigen ist. Primäres Ziel jeder touristischen Entwicklung müßte die Erhöhung der Lebensqualität der Ortsansässigen und nicht die der Auswärtigen sein. Vielfach bleibt beim Bau von Ferien- und Zweitwohnungen nämlich unberücksichtigt, daß mit dieser Art Entwicklung längerfristig eine große Gefahr der Fremdbestimmung verbunden ist, speziell durch langjährige Zweitwohnungsbesitzer in ihrem 3. Lebensabschnitt.

Berechnung:

%-Anteil Ferien- und Zweitwohnungen im Besitz von Ortsansässigen

Bedeutung: Jedes touristische Wachstum trägt den Keim der Fremdbestimmung in sich, insbesondere, indem die einheimische Bevölkerung die Kontrolle über den Grund und Boden verliert oder aber, indem die touristischen Bedürfnisse der Erholungsuchenden ständig vor die Interessen der Ortsansässigen gestellt werden. Besonders weit kann der Verlust an Selbstbstimmung gehen, wenn der Besitz wichtiger touristischer Angebotsbestandteile wie Luftseilbahnen, Hotels, Feriensiedlungen usw. in die Hände Auswärtiger übergeht, so daß nicht nur die Einflußnahmemöglichkeit Ortsansässiger schwindet, sondern auch der wirtschaftliche Nutzen abfließt.

Richtwerte: grün: mehr als 55%
gelb: 45% bis 55%
rot: weniger als 45%

9.3.7 Kulturelle Identität

Ziel der 7. Kennziffer ist es, einen Indikator für die kulturelle Identität zu finden. Behelfsmäßig wird sie über den Grad der Bereitsheit der einheimischen Bevölkerung bestimmt, also über das Verhältnis zwischen Feriengästen (während Spitzenzeiten) und Ortsansässigen. Ziel jeder sanften touristischen Entwicklung müßte es sein, nicht nur ein optimales Reise- und Aufenthaltserlebnis zu ermöglichen, sondern auch zum besseren Verständnis zwischen Touristen und Einheimischen beizutragen. Durch die Einfachheit dieser Kennziffer wird der Ausflugtourismus nur ungenügend berücksichtigt.

Berechnung:

$$\frac{\text{Betten insgesamt}}{\text{Ortsansässige (Ganzjahr)}}$$

Bedeutung: Kultur ist etwas Lebendiges, welches sich dauernd verändert und deshalb nicht von der Außenwelt abgeschirmt werden sollte, um den eigenen Charakter zu wahren. Wenn jedoch die Zahl der Touristen diejenige der Ortsansässigen um ein Mehrfaches übersteigt, wenn der Lebensrhythmus allzu stark beeinträchtigt wird und wenn deshalb die Kontakte unter den Einheimischen in die Zwischensaisons verlegt werden müssen, dann droht das Selbstwertgefühl verloren zu gehen. Die eigenen Werte werden zugunsten einer versuchten, aber zum Scheitern verurteilten Anpassung aufgegeben.

Richtwerte: grün: weniger als 2,7
gelb: 2,7 bis 3,2
rot: mehr als 3,2

Mittels dieser sieben Schlüsselgrößen kann eine Gemeinde ein Warn- und Chancenprofil erstellen (Abb. 2).

Zum Schluß seien die sieben Schlüsselgrößen mit ihren Warngrenzen nochmals kurz zusammengefaßt (vgl. Abb. 3).

Das in Abb. 3 dargestellte Kennziffern-System läßt sich ohne große Probleme auf andere, nicht auf den Skisport ausgerichtete Tourismusorte übertragen. Insbesondere die Schlüsselgrößen 3 und 5 müßten durch analoge Indikatoren des entsprechenden Bereichs ersetzt werden.

Kennziffern einer harmonisierten touristischen Entwicklung 249

	Chance (grüner Bereich)	Vorsicht (gelber Bereich)	Warnung (roter Bereich)
Landschaft			●
Landwirtschaft	●		
Beherbergung - Transport			●
Beherbergung			●
Auslastung		●	
Selbstbestimmung			●
Kulturelle Identität		●	

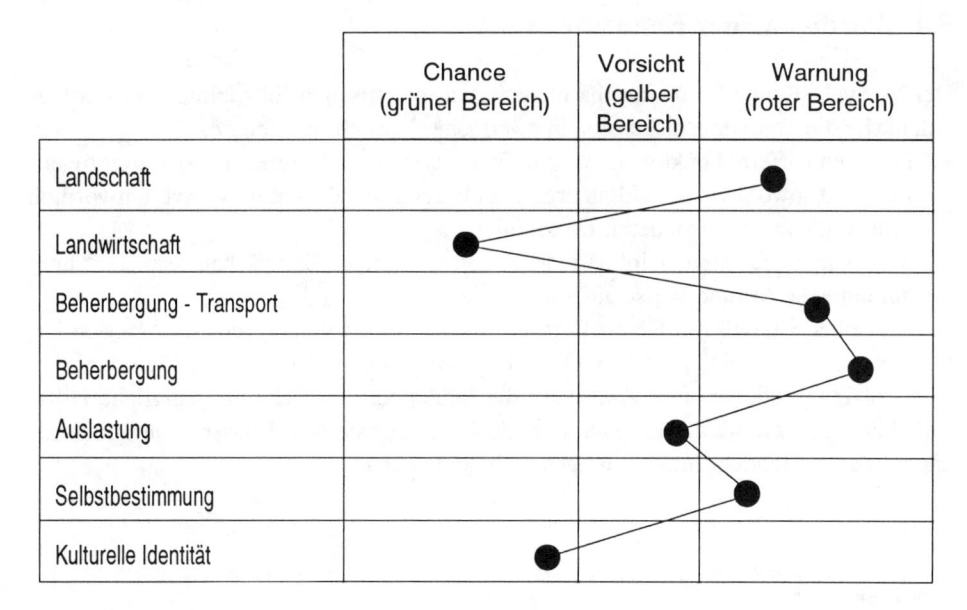

Abb. 2: Warn- und Chancenprofil

Zielbereiche	Warngrenzen
1 Landschaftsschonung	Eine aufgrund der Planung mögliche Verdoppelung der Dorfgröße innerhalb weniger als 50 Jahren
2 Landnutzung	Ein Rückgang der landwirtschaftlichen Nutzfläche von mehr als 2% in fünf Jahren
3 Abstimmung der Kapazitäten	Eine Stundenkapazität der Bahnen und Lifte von über 400 Höhenmetern pro Übernachtungsgast
4 Bettenverhältnis	Ein Verhältnis von Ferien- und Zweitwohnungsbetten zu Hotelbetten von mehr als 3 : 1
5 Winterauslastung der Bahnen	Eine Auslastung der Bahnen und Lifte im Winter von weniger als 30%
6 Selbstbestimmung	Ein Besitzanteil der Ortsansässigen bei den Ferien- und Zweitwohnungen von unter 50%
7 Kulturelle Identität	Ein Verhältnis von Betten zu Ortsansässigen von mehr als 3 : 1

Abb. 3: Überblick über die sieben Schlüsselgrößen

9.4 Würdigung der Kennziffern

Der Versuch, Kennziffern einer harmonisierten touristischen Entwicklung zu erarbeiten, dürfte die Tourismusdiskussion in zweifacher Hinsicht bereichern:
- Die Kennziffern konkretisieren die Forderungen nach einer Tourismusentwicklung, die sowohl wirtschaftlich ergiebig als auch sozial- und umweltverantwortlich sein soll, und tragen zu deren Umsetzung bei.
- Sie zwingen zu interdisziplinärem Denken und zeigen Schwächen resp. Gefahren auf einfache Art und Weise auf.

Zu betonen ist, daß mit Kennziffern ermittelte Ergebnisse nie rein schematisch betrachtet werden dürfen, sondern daß die Ergebnisse mit viel gesundem Menschenverstand zu interpretieren sind. Zwar sind die Indikatoren einfache und nützliche Hilfsmittel zur Beurteilung der Entwicklung, doch können sie den Tourismusverantwortlichen die zu treffenden Entscheidungen nicht abnehmen.

Literatur

Beratende Kommission für Fremdenverkehr des Bundesrates (1979): Das Schweizerische Tourismuskonzept – Grundlagen für die Tourismuspolitik. Bern.
Krippendorf, J., HR. Müller (1986): Alpsegen Alptraum – Für eine Tourismus-Entwicklung im Einklang mit Mensch und Natur. Bern.
Seiler, B. (1989): Kennziffern einer harmonisierten touristischen Entwicklung – Sanfter Tourismus in Zahlen. In: Berner Studien zu Freizeit und Tourismus, Nr. 24. Bern.

Weitere Literatur

Krippendorf, J. (1984): Die Ferienmenschen – Für ein neues Verständnis von Freizeit und Reisen. Zürich.
Krippendorf, J., B. Kramer, HR. Müller (1989): Freizeit und Tourismus – Eine Einführung in Theorie und Politik. In: Berner Studien zu Freizeit und Tourismus, Nr. 22. Bern.
Mäder, U. (1985): Sanfter Tourismus: Alibi oder Chance? Die Schweiz – ein Vorbild für Entwicklungsländer? Zürich.
Müller, HR., M. Egger (1991): Achtung Steinschlag! Wechselwirkungen zwischen Wald und Tourismus – Strategien zu einer waldverträglichen Tourismuspolitik. Bern.
Peters, M., P. Zeugin (1979): Sozialindikatorenforschung – Eine Einführung. Stuttgart.
Schweizer Tourismus-Verband (Hrsg.) (1985): Zweitwohnungen – ein touristisches Dilemma? Leitfaden zur Steuerung der Entwicklung. Bern.

II. Das Instrumentarium des Tourismus-Marketing und der Fremdenverkehrsplanung

A. Planung von Marketing-Strategien

1. Strategische Planung im Tourismus

Edgar Kreilkamp

1.1 Strategisches Management und strategische Planung

Die wachsende Dynamik der Umwelt ist ein vielzitiertes Phänomen mit umfangreichen Auswirkungen auf die Unternehmen. Umfang und Geschwindigkeit der Veränderungen in Technik, Markt und Gesellschaft sorgen für eine zunehmende Unsicherheit im Planungsprozeß von Unternehmen. Knapper werdende Ressourcen und stagnierende Märkte kennzeichnen heute viele Branchen. Daher wird es für alle Unternehmen immer dringender, langfristig zu denken und zu handeln.

Lange Zeit lebte die Tourismusindustrie in der Bundesrepublik Deutschland von hohen Wachstumsraten. Entsprechend wenig ausgeprägt ist die Marketing-Orientierung in der Tourismusbranche im Vergleich zu anderen Branchen. Haedrich (1991, S. 35) stellt fest, daß Teile der Tourismusindustrie die Bedeutung des Marketing bzw. der Marktingkonzeption noch nicht richtig erkannt haben und daß anderen die notwendigen Voraussetzungen zu einer professionellen Umsetzung fehlen. Von Roth (1992a, S. 113) wird dies in seinem "Plädoyer für das Marketing in der Touristik" bestätigt.

Um die Bedeutung der strategischen Planung im Rahmen eines strategischen Managements zu erläutern, scheint es zunächst erforderlich, auf die heutige Sichtweise des Marketing einzugehen. Vor dem Hintergrund einer deutlichen Wettbewerbsverschärfung, wie sie sich in vielen Märkten zu einem ausgeprägten Verdrängungswettbewerb gesteigert hat, wurde es erforderlich, sich stärker an den Bedürfnissen der Kunden zu orientieren, um langfristig den Erfolg des Unternehmens zu sichern. Entsprechend entwickelte sich Marketing als Führungskonzeption, gekennzeichnet durch eine unternehmerische Denkhaltung, deren Kernpunkt die konsequente Orientierung am Markt – gemeint sind die verschiedenen Absatzstufen bis hin zum Endverbraucher – ist. Freyer (1991a, S. 234) definiert seinen Marketing-Ansatz entsprechend wie folgt: "Zentrales Anliegen ist also die Ausrichtung der gesamten Betriebsaktivitäten auf den Markt. Ausgangspunkt sind die (durch die Marktforschung ermittelten) Nachfragewünsche, die unter Berücksichtigung der eigenen Betriebsziele und Produktionsmöglichkeiten in Produkte und Dienstleistungen umgesetzt werden." Diese Marketing-Sichtweise hat jedoch aufgrund der gesellschaftlichen und wirtschaftlichen Bedingungen in verschiedenen Branchen in den letzten Jahren eine mehrfache Erweiterung erfahren. So plädiert auch Freyer an anderer Stelle für eine Vertiefung und Erweiterung des Marketingverständnisses (vgl. Freyer, 1991b). Durch die starke Fixierung auf einzelne Produkte und die jeweiligen Konsumenten gelang zwar eine bessere Befriedigung der Verbraucherbedürfnisse, es gab aber auch Nebenwirkungen, die nur wenige Unternehmen klar erkannten: Die Kosten stiegen in der Produktion, im Marketing und im Gemeinkostenbereich. Als Antwort auf steigende Kosten der großen Unternehmen konzentrierten sich kleinere Unternehmen auf wenige Produkte. Da ihre Preise häufig unter denen der traditionellen Branchenführer lagen, verkauften sie auch ohne umfangreiche Werbeanstrengungen und auf der Basis geringerer Gemeinkosten und erreichten eine entsprechend günstige Rentabilitätssituation; eine Beobachtung, die man gerade im Reiseveranstaltermarkt der Bundesrepublik Deutschland zur Zeit feststellen kann.

Diese Aspekte führten zu einer intensiven Diskussion, verbunden mit verschiedenen neuen Ansätzen. Eine neue und wichtige Akzentuierung erfährt diese marktorientierte Denkungsweise durch die Herausarbeitung der zentralen Rolle, die eine gründliche Analyse der Wettbewerbsunternehmen in einem Markt hinsichtlich der Formulierung der eigenen Strategie spielt (vgl. Porter, 1980; Porter, 1987). Während bisher explizit versucht wurde, Abnehmerbedürfnisse zu erforschen und lediglich implizit zu ermitteln, wie eigene Maßnahmen im Vergleich zu denen wichtiger Mitbewerber wirken, erhält nun die Analyse der Wettbewerbsstruktur auf den Märkten, der Strategien der Wettbewerber und der Gefahr des Eindringens neuer Wettbewerber einen großen Stellenwert (vgl. hierzu Kreilkamp, 1987, S. 167–219; Haedrich/Tomczak, 1990, S. 13). Der von Porter geprägte Begriff "Wettbewerbsstrategie" macht diese Akzentverlagerung deutlich. Es handelt sich darum, die derzeitige und zukünftige Wettbewerbsstruktur zu erkennen und auf der Basis eigener Stärken und Schwächen gegenüber dem Wettbewerb strategische Erfolgsfaktoren für die angebotenen Leistungen aufzubauen und zu erhalten. Ob ein Unternehmen Erfolg hat oder nicht, entscheidet sich im Markt. Erfolgreiche Produkte sind solche, die Konsumentenbedürfnisse besser befriedigen als Wettbewerbsprodukte (Vorteile im Bewußtsein der Konsumenten). Insofern heißt Marketing nicht nur die optimale Befriedigung der Konsumentenbedürfnisse, sondern diese Betrachtung muß ergänzt werden: Marketing hat die Aufgabe, Konsumentenbedürfnisse besser zu befriedigen als dies Wettbewerbsprodukte können. Daher bedarf die Markt- bzw. Konsumentenorientierung einer Erweiterung durch die Wettbewerbsorientierung. Zusätzlich begann bereits Anfang der 70er Jahre eine Öffnung des Marketing zu einem gesellschaftsorientierten Marketing (vgl. hierzu Haedrich/Tomczak, 1990, S. 15–23 und die dort angegebene Literatur).

Nicht zu unterschätzen ist die zunehmende Sensibilisierung weiter Bevölkerungskreise gegenüber den negativen Auswirkungen des Tourismus auf Umwelt und Gesellschaft. Umwelt- und Sozialverträglichkeit werden meist in einem Atemzug genannt. Dabei ist das, was mit sozialverträglichem Tourismus umschrieben wird, ein Tourismus, der weitgehend frei ist von sozialen und gesellschaftlichen Implikationen für die einheimische Bevölkerung, noch schwieriger zu realisieren als die Umweltverträglichkeit; schließlich würde dies ein in höchstem Maße uneigennütziges Verhalten des Urlaubers erfordern. Andererseits ist ein Bewußtmachen der Umweltproblematik in den Zielgebieten, eine langfristige Tourismusplanung in bereits entwickelten oder eine Planung für noch nicht erschlossene Gebiete heute ohne Einbeziehung der Bevölkerung immer weniger denkbar. Ist die Bevölkerung aber einbezogen, so sind Fragen wie Überfremdung und gesunde Wirtschaftsstruktur ganz selbstverständlich Gegenstand der Diskussion (vgl. Roth, 1992b, S. 52).

Sehr lange ist die überwiegende Mehrheit der Reiseveranstalter davon ausgegangen, Probleme der Umwelt seien eine Sache der Zielländer und Zielorte. Diese Einstellung ist heute nicht mehr zu rechtfertigen. Der Reiseveranstalter hat mehrfache Verantwortung: gegenüber dem Reisenden, den er informieren muß über Vorhandensein/Nichtvorhandensein von Umweltproblemen am Zielort; gegenüber dem Zielgebiet/Zielort, indem er den Reisenden zum schonenden Umgang mit der Natur anhält; im Rahmen einer generellen gesellschaftsorientierten Verantwortung als Unternehmer, der gemeinsam mit den Partnern (im Zielgebiet) darauf einwirken muß, daß die natürlichen Ressourcen, die Grundlage jeglicher Tourismustätigkeit sind, geschont werden. Darauf leitet sich auch die Verpflichtung ab, auf die Tourismusverantwortlichen in den Zielgebieten Einfluß zu nehmen (vgl. Roth, 1992b, S. 57).

Die Aufgabe des Marketing als Führungskonzeption wird damit heute nicht nur als Orientierung der Organisation an den Bedürfnissen des Marktes, sondern auch an den Anforderungen der Gesellschaft verstanden. Marketing, verstanden als markt-, wettbewerbs- und gesellschaftsorientierte Unternehmensführung, erhält damit erweiterte Begriffsinhalte: "Marketing ist eine Führungskonzeption, mit der eine Organisation das Ziel verfolgt, Bedürfnisse und Anforderungen aus Markt und Gesellschaft möglichst frühzeitig zu erkennen und auf der Basis einer Analyse der eigenen Stärken und Schwächen im Verhältnis zum Wettbewerb Strategien zur aktiven Gestaltung der Beziehungen zwischen Organisation und Umwelt zu entwickeln und zu implementieren" (Haedrich/Tomczak, 1990, S. 20). Diese Implikationen haben Einfluß auf die Gestaltung des Planungsprozesses von Unternehmen.

Allgemein könnte man sagen, daß Planung als ein systematisches zukunftsbezogenes Durchdenken und Festlegen von Zielen, Maßnahmen, Mitteln und Wegen zur künftigen Zielerreichung aufzufassen ist (vgl. Kreilkamp, 1987, S. 3). Die strategische Planung beschäftigt sich in diesem Rahmen mit der globalen Analyse der Erfolgsquellen und der Entwicklung langfristig angelegter Konzepte zur Zukunftssicherung. Im einzelnen sind die folgenden Teilprobleme zu lösen (vgl. Meffert, 1988, S. 4; Haedrich/Tomczak, 1990, S. 23–25):

- Bestimmung der Produkte und Märkte, in denen das Unternehmen tätig ist oder in der Zukunft tätig sein will (Defining the business);

- Festlegung der Aufgabe, die jedes Geschäft bzw. Geschäftsfeld im Rahmen der gesamtunternehmerischen Zielsetzung zu übernehmen hat (Defining the mission of the business);
- Formulierung funktionaler Strategien, wobei marktorientierte Unternehmensführung impliziert, daß die Marketing-Planung die Rolle einer funktionalen Leitplanung übernimmt (Marketing als Führungskonzeption von Unternehmen);
- Budgetierung (Festlegung und Allokation der Ressourcen).

Somit kann vereinfacht strategische Planung auch als ein Prozeß bezeichnet werden, der alle Entscheidungen und Aktivitäten zur Erreichung einer effektiven Strategie beinhaltet. Strategisches Management in der heutigen Sichtweise ist dabei mehr als nur strategische Planung. Strategische Planung und Management werden in einem Prozeß vereint. Die Philosophie des Unternehmens ist geprägt von der Überzeugung, daß die Zukunft aktiv geschaffen und gestaltet werden kann. Dementsprechend wird die gesamte Organisation darauf ausgerichtet, im Wettbewerb die Initiative zu ergreifen. Eine konsequente Anwendung und Durchsetzung strategischen Denkens auf allen Ebenen der Organisation sind wesentliches Kriterium des strategischen Managements (vgl. Kreilkamp, 1987, S. 17–28).

1.2 Überblick über die einzelnen Phasen der strategischen Planung

Der Prozeß der strategischen Planung wird von einer Reihe von Autoren (vgl. z.B. Kreilkamp, 1987, S. 60–67 und die dort angegebene Literatur; Meffert, 1988, S. 6–8; Haedrich/Tomczak, 1990, S. 32) diskutiert.

Den folgenden Ausführungen liegt der in Abb. 1 skizzierte Prozeß der strategischen Planung zugrunde.

Es wird davon ausgegangen, daß vorgegebene Ziele zur Sicherung der Überlebensfähigkeit als "natürliche Oberziele" nur begrenzt zur Disposition stehen. Diese Ziele bestimmen den Rahmen, gewissermaßen die grobe Zielstrukturierung, als Ausgangspunkt des strategischen Planungsprozesses. Dabei gibt die strategische Planung Anstöße zur Konkretisierung und ggf. Modifikation der Ziele. Wesentlicher Teil der strategischen Planung ist die Situationsanalyse. Aufgabe dieser Analyse ist die systematische Suche und Diagnose von aktuellen und möglichen strategischen Problemen im Unternehmen selbst sowie in seiner vorhandenen und zukünftigen Umwelt. Durch die Erfassung der Unternehmensumwelt wird es möglich, die zentralen strategischen Erfolgsfaktoren der Märkte und Branchen zu bestimmen, in denen das Unternehmen tätig ist. Durch die Gegenüberstellung mit den Leistungspotentialen des Unternehmens können die unternehmensspezifischen Stärken und Schwächen ermittelt werden.

Während die Situationsanalyse der Bestimmung der strategischen Ausgangssituation dient, besteht die Aufgabe der Prognosephase vor allem darin, alternative Umweltent-

```
                    ┌──────────────────┐
         ┌─────────▶│    Zielsetzung   │◀─────────┐
         │          └──────────────────┘          │
         │                   │                    │
         │        ┌──────────┴──────────┐         │
         │        ▼                     ▼         │
   ┌───────────────────┐      ┌───────────────────────┐
   │ Situationsanalyse │      │ Prognose und strategische │
   │                   │      │    Frühaufklärung     │
   └───────────────────┘      └───────────────────────┘
         │        │                     │        │
         │        └──────────┬──────────┘        │
         │                   ▼                   │
         │          ┌──────────────────┐         │
         │          │  Ableitung der   │         │
         │          │    Strategie     │         │
         │          └──────────────────┘         │
         │                   │                   │
         │       nein      ◇   ◇       nein      │
    ◀────┴──────────── Zieladäquate ─────────────┴────▶
                       Strategie ?
                            │
                           ja
                            ▼
                  ┌──────────────────┐
                  │ Detail- und Maßnahmen-│
                  │     planung      │
                  └──────────────────┘
                            │
                            ▼
                  ┌──────────────────┐
                  │   Realisation    │
                  └──────────────────┘
                            │
                            ▼
                  ┌──────────────────┐
    ◀─────────────│ Kontrolle / Abweichungs-│─────────────▶
                  │     analyse      │
                  └──────────────────┘
```

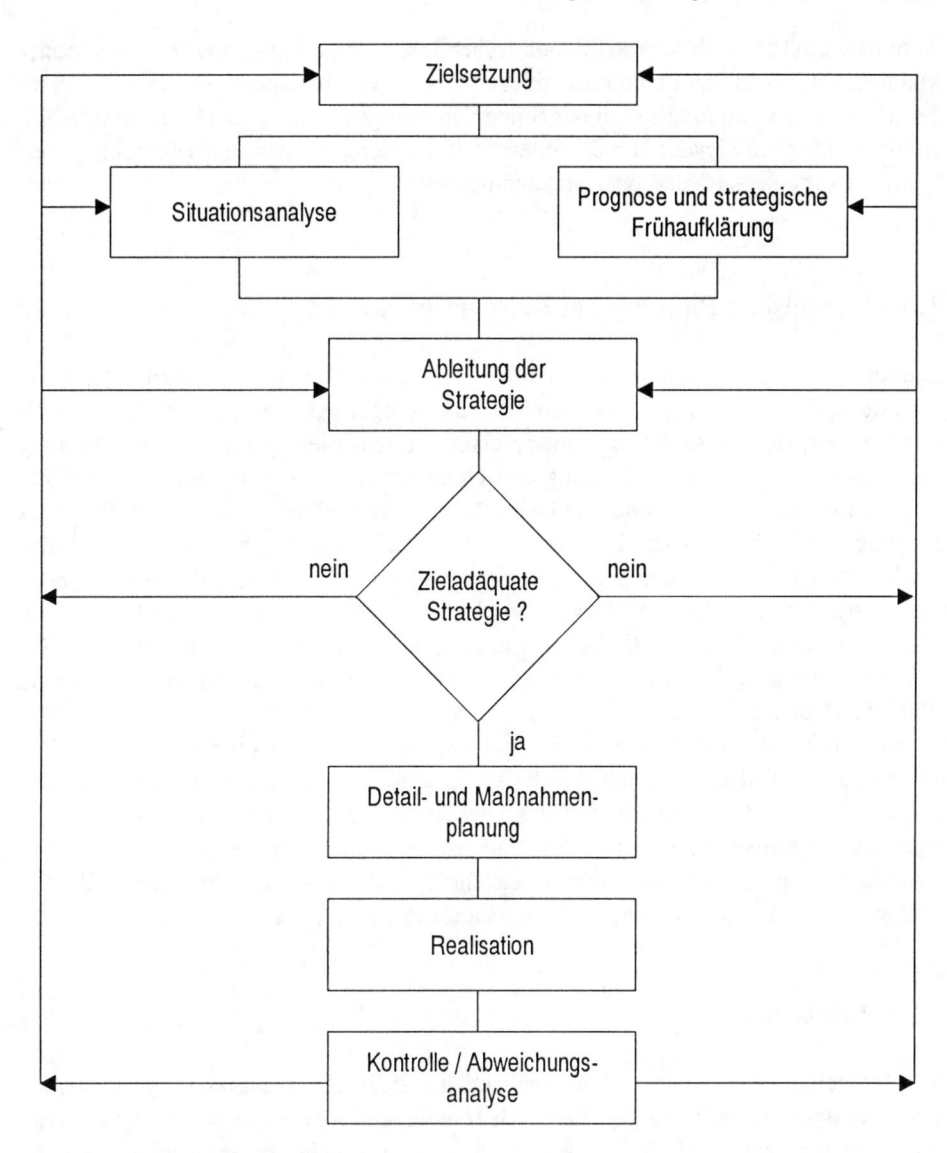

Abb. 1: Prozeß der strategischen Planung

wicklungen zu definieren. Entsprechend große Bedeutung hat hier die strategische Frühaufklärung.

Die hieran anschließende Ableitung und Entwicklung von Strategien baut auf dieser Analyse auf. Es ist zu beurteilen, inwieweit die Strategien realisierbar sind und wie sie zur Zielerreichung beitragen. Auf der Basis der verabschiedeten Strategie erfolgt die Detail- und Maßnahmenplanung, d.h., hier erfolgt eine detaillierte Ausarbeitung aller

Aktivitäten mit Hilfe des marketingpolitischen Instrumentariums sowie entsprechender Maßnahmen in anderen Funktionsbereichen des Unternehmens. Nach der Umsetzung der Maßnahmen und Realisation der Strategien erfolgt eine permanente Kontrolle, um zu überprüfen, inwieweit die Ziele erreicht wurden. Abweichungsanalysen geben Hinweise für eine Ziel- und/oder Maßnahmenrevision.

1.3 Strategische Planung bei Reiseveranstaltern

Die Reiseveranstalter nehmen innerhalb des Tourismus-Sektors eine zentrale Funktion ein: Sie kombinieren eigene und fremde Teilleistungen zu einem neuen, eigenständigen Produkt, der Pauschalreise. Entsprechend besteht die eigentliche Dienstleistung der Reiseveranstalter in der Planung und Organisation der Pauschalreise, ihrer Kommunikation, dem Verkauf und der Durchführung. Hinzu kommt die Übernahme des Haftungs- und Absatzrisikos, d.h., der Reiseveranstalter tritt gegenüber dem Reisenden als Vertragspartner auf, der gegenüber dem Kunden auch für fehlerhafte Leistungen der Leistungsträger Hotel, Transport usw. haftet. Ebenso übernehmen die Reiseveranstalter das Absatzrisiko für die Leistungsträger, indem sie deren Leistungen in der Regel ganz oder teilweise im voraus kaufen und bezahlen (vgl. hierzu auch Hebestreit, 1992, S. 16 und S. 29 ff.).

Insgesamt weist die strategische Planung von Organisationen viele Gemeinsamkeiten auf. Im 3. Teil des Buches sind Beispiele der strategischen Fremdenverkehrsplanung von Orten, Regionen, Ländern etc. wiedergegeben. Es wird dabei deutlich, daß es viele Gemeinsamkeiten innerhalb des strategischen Planungsprozesses gibt; der Ablauf in seiner Gesamtstruktur ist dabei vergleichbar, und ebenso können viele Gedanken und Methoden auf andere touristische Leistungsträger übertragen werden.

1.3.1 Zielplanung

In allgemeiner Form können Ziele verstanden werden als Aussagen oder Vorstellungen über angestrebte Zustände, die durch Handlungen hergestellt werden sollen (vgl. Haedrich/Tomczak, 1990, S. 75). Aufgrund der angesprochenen Entwicklungen in der sogenannten gesellschaftlichen Umwelt spielen heutzutage im Zielsystem von Reiseveranstaltern neben ökonomischen Zielen, wie z.B. Gewinn, Rentabilität, Wachstum, Stabilität, Liquidität oder Wirtschaftlichkeit, Aussagen eine zunehmend bedeutendere Rolle, die die Beziehungen zwischen Reiseveranstalter sowie Natur und Gesellschaft zum Inhalt haben (vgl. Abb. 2).

Besonders im Tourismus steht die Umwelt schon seit langem im Mittelpunkt der Diskussion. Natürliche Ressourcen sind eine wesentliche Grundlage des Tourismus. Lärmbelästigung durch Flugzeuge, Landschaftszerstörung durch Autobahnen und

```
           Unternehmens-
           philosophie,
             - kultur

ökonomische                    ökologische
   Ziele                          Ziele

              Zielsetzung

 Mitarbeiter-                 gesellschaftliche
 interessen                     Erfordernisse

           politische und
        wirtschaftliche Rahmen-
             bedingungen
```

Abb. 2: Zielplanung

Bahntrassen, zubetonierte Strände durch unkontrollierte Hotelbauten, Skitourismus in den Alpen usw. haben die natürlichen Grundlagen des Tourismus zunehmend belastet. Hinzu kommen Lärm-, Luft- und im weitesten Sinne Umweltverschmutzungen (vgl. Freyer, 1991b, S. 152). Entsprechend sind diese ökologischen Aspekte in die unternehmerische Zielsetzung zu integrieren, damit es gelingt, ökologische Strategien und Konzepte zu entwickeln, die die Grundlagen des Tourismus weitaus besser schützen als dies in der Vergangenheit erfolgte. Inzwischen sind in dieser Beziehung verschiedene Maßnahmen eingeleitet worden: beispielsweise die Ernennung von Umweltbeauftragten mit dem Ziel, nach innen (also bei Mitarbeitern) und nach außen (bei Partnern und der Öffentlichkeit) für den Umweltgedanken zu werben, oder auch die vom Deutschen Reisebüro-Verband (DRV) formulierten Umweltforderungen für Reiseveranstalter (vgl. Roth, 1992b, S. 57).

Die gesellschaftlichen Auswirkungen touristischer Aktivitäten sind offensichtlicher als in vielen anderen Wirtschaftsbereichen. Der heutige Reiseveranstalter hat sich diesen Problemen zu stellen, die gesellschaftliche Verantwortung der Tourismus-Manager ist verstärkt gefragt. Neuere Untersuchungen zeigen, daß in weiten Kreisen der Bevölkerung ein Minimalkonsens dahingehend besteht, die Unternehmen stärker zur Verantwortung gegenüber gesellschaftlichen Belangen zu verpflichten. Haedrich/Tomczak (1990, S. 16 f.) führen eine Untersuchung von Raffée/Wiedmann an, die belegt, daß die Bevölkerung in der Bundesrepublik Deutschland von Unternehmen nicht nur ein verstärktes Verantwortungsbewußtsein gegenüber der Umwelt fordert, sondern ebenso ein verstärktes Verantwortungsbewußtsein gegenüber Arbeitnehmern und Verbrauchern. Zimmer (1991) bezieht sich auf eine Studie des Münchener Organisations-Psychologen Lutz von Rosenstiel, der herausfand, daß für einen Teil des Führungskräfte-Nachwuchses materialistische Ziele (Wachstum, Gewinn, technischer Fortschritt, Karriere) gegenüber post-materialistischen (Umweltschutz, "Dritte Welt", Persönlichkeitsentwicklung) an Attraktivität verlieren (vgl. Zimmer, 1991, S. 251). Die Managerinnen und Manager geraten mehr und mehr in einen Zielkonflikt. Immer häufiger werden sie auch persönlich mit gesellschaftlich unerwünschten Zielen ihrer Organisation identifiziert, die sie häufig nur mit erheblichen inneren Konflikten vertreten können. Hinzu kommt ein Wandel der Arbeitsmoral. Arbeit wird zunehmend als hemmend, sinn-neutral und damit frustrierend empfunden. Um so wichtiger wird es auch für Reiseveranstalter, die Interessen ihrer Mitarbeiter sowie ihre Einstellungen und Wertvorstellungen bei der Ableitung des Zielsystems zu berücksichtigen. Hinzu treten häufig politische und wirtschaftliche Rahmenbedingungen (z.B. ökonomische Aspekte im Dritte-Welt-Tourismus).

Entsprechend wesentlich ist es für Unternehmen, die Beziehung zwischen Unternehmen und Markt einerseits (ökonomische Ziele, Mitarbeiterziele und Orientierung an den Nachfragewünschen) sowie Unternehmen und Gesellschaft andererseits (Ökologie, politische und wirtschaftliche Rahmenbedingungen und gesellschaftliche Erfordernisse) in Balance zu halten. All dies drückt sich aus in der Unternehmensphilosphie oder Unternehmenskultur (die Begriffe "Unternehmensphilosophie" und "Unternehmenskultur" werden häufig, wie auch hier, synonym verwendet; zu einer möglichen Abgrenzung vgl. Meffert, 1988, S. 338).

Unternehmenskultur beschreibt in diesem Zusammenhang "ein System von Wertvorstellungen, Verhaltensnormen sowie Denk- und Handlungsweisen, die das Verhalten von Mitarbeitern aller Stufen und damit das Erscheinungsbild eines Unternehmens prägen" (vgl. Pümpin/Kobi/Wüthrich, 1985; Meffert, 1988, S. 336 f.). Ausgelöst wurde die Diskussion um die Unternehmensphilosophie oder Unternehmenskultur durch die Studien von Peters/Waterman (1984). Faktoren, die lange als nicht beeinflußbare, irrationale, intuitive oder informelle Elemente der Organisation behandelt wurden, haben demnach genauso viel oder noch mehr mit dem Erfolg (oder Mißerfolg) von Unternehmen zu tun als die formalen Strukturen und Strategien (vgl. hierzu Kreilkamp, 1987, S. 20 f.; Meffert, 1988, S. 336 f.; Roth, 1992a, S. 136). Eine schlüssige Unternehmensphilosophie definiert die Grundlagen und die übergeordneten Ziele für die unternehmerische Tätigkeit. Sie ist die Basis aller Aktivitäten der Mitarbeiter eines Unternehmens. Deshalb sollte sie auch schriftlich festgelegt sein, um Basis für die Kommunikation nach innen und außen sein zu können. Entsprechende Unternehmensgrundsätze, wie sie immer häufiger von großen Unternehmen formuliert und auch veröffentlicht werden, vermitteln einen Eindruck, welche Philosophie das Handeln dieser Unternehmen bestimmen soll, ohne jedoch über Tätigkeitsfelder, Differenzierungsmerkmale und Zukunftsvisionen schon letzten Aufschluß zu geben. Beispiele solcher

Unternehmensphilosophien von Tourismusunternehmen finden sich bei Roth (1982a, S. 137 f.) sowie Zimmer (1991, S. 258–261).

Die Zielformulierung hat sich an dieser Unternehmensphilosophie und -kultur zu orientieren. Sie erfährt letztlich eine Konkretisierung durch die Formulierung des unternehmerischen Leitbildes. Ausgehend von der generellen Zielsetzung sind innerhalb des Leitbildes entsprechende Konkretisierungen für die Umsetzung der Strategie festzuschreiben (vgl. Punkt 1.3.4).

1.3.2 Analyse der strategischen Ausgangssituation

Die primäre Aufgabe der Situationsanalyse besteht in der systematischen Suche und Diagnose von aktuellen und möglichen strategischen Problemen im Unternehmen selbst sowie in seiner vorhandenen und zukünftigen Umwelt. Strategische Probleme können sowohl in der Umwelt in Form von Gefahren und Gelegenheiten bzw. Chancen und Risiken auftreten als auch im Unternehmen selbst, wo sie sich als Stärken und Schwächen manifestieren. Hieraus ergibt sich die traditionelle Unterteilung der strategischen Situationsanalyse nach Umwelt- und Unternehmensanalyse.

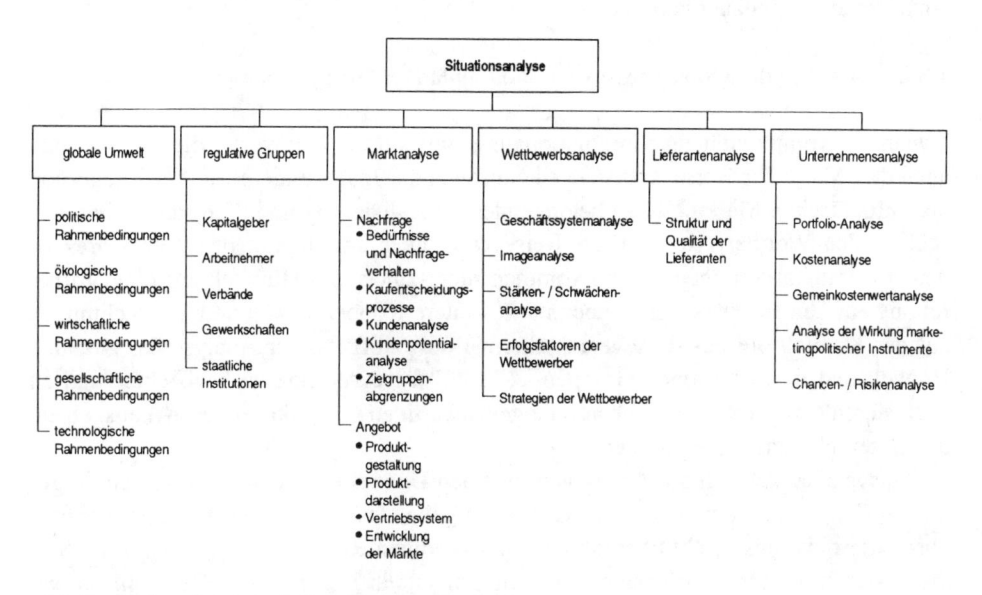

Abb. 3: Analyse der strategischen Ausgangssituation

In Abb. 3 wurde diese Struktur jedoch weiter aufgegliedert. In Anlehnung an die häufig anzutreffende Aufteilung in *Aufgabenumwelt* (Branche bzw. Kunden, Handel, Wettbewerber) und *allgemeine Umwelt* (vgl. Meffert, 1988, S. 7) erfolgt zunächst eine Analyse der globalen Umwelt und regulativer Gruppen. Anschließend erfolgt eine Betrachtung der Interessengruppen, die durch ihr Handeln direkte Auswirkungen auf ein Unternehmen haben. Die *Marktanalyse* bezieht sich üblicherweise auf eine Betrachtung der Strukturentwicklung der Bedürfnisse, hier ist also der Kunde bzw. Abnehmer zentrales Objekt der Analyse sowie das von den Unternehmen auf dem Markt wirksame Angebot. Die Aufgabe der *Wettbewerbsanalyse* ist es, die Struktur und Dynamik des Wettbewerbs zu bestimmen sowie die eigenen Stärken und Schwächen im Vergleich zum Wettbewerb herauszuarbeiten. Schließlich erfolgt eine *Analyse der Lieferanten bzw. Leistungsträger*, die sowohl auf die Qualität als auch auf die Kosten der angebotenen Produkte Einfluß nehmen. Aufgabe der *Unternehmensanalyse* ist es, das Leistungspotential des Unternehmens zu erfassen und die strategischen Möglichkeiten aufzuzeigen.

Insgesamt nimmt die strategische Situationsanalyse im Rahmen der Planung von Strategien einen breiten Raum ein, da die Entwicklung einer erfolgreichen Strategie nur auf der Grundlage einer zukunftsorientierten strategischen Analyse erfolgen kann. Im folgenden sollen die einzelnen Analyseschritte kurz dargestellt werden, wobei es jedoch nicht möglich ist, differenziert auf alle Einzelaspekte einzugehen. Beispielhaft werden verschiedene Verfahren der strategischen Analyse (Geschäftssystemanalyse, Stärken- und Schwächenanalyse auf der Basis einer Imageuntersuchung, Portfolio-Analyse) etwas genauer betrachtet.

1.3.2.1 Analyse der globalen Umwelt und regulativer Gruppen

Dynamik, Komplexität und Internationalisierung sind Schlagworte, die nicht zuletzt auch den Markt für Reiseveranstalter kennzeichnen. Insbesondere mit der Integration der europäischen Märkte, deren beginnender Liberalisierung und dem sich weiter verschärfenden Wettbewerb steht der Reiseveranstalter am Beginn der 90er Jahre vor neuen Herausforderungen. Hinzu kommen nicht zuletzt im Hinblick auf eine Vorbereitung auf den europäischen Binnenmarkt weitere Kooperationen und Verflechtungen auf der Kapitalseite des Reiseveranstaltermarktes. Aufgabe der Analyse der globalen Umwelt und der regulativen Gruppen ist es, all diese Aspekte zu beobachten und zu analysieren sowie deren Einfluß auf die gegenwärtigen und zukünftigen Arbeitsgebiete des Unternehmens zu bestimmen.

Die systematische Beobachtung von globalen Umweltentwicklungen und von regulativen Gruppen ist eine so umfangreiche Aufgabe, daß sie die meisten Unternehmen überfordert, da diese nicht über die dazu notwendigen Ressourcen verfügen. Eine Studie des Instituts für Tourismus der Freien Universität Berlin, die in Zusammenarbeit mit der Kienbaum Unternehmensberatung erstellt wurde (vgl. Institut für Tourismus/ Kienbaum, 1991), ergab, daß hier bei den deutschen Reiseveranstaltern noch ein großes Defizit besteht (vgl. Abb. 4). So existieren lediglich bei 10–20% der Reiseveranstalter Planungen oder Maßnahmen im Hinblick auf eine neue europäische Pauschalreise-Richtlinie, das Vordringen europäischer Konkurrenten oder eine mögliche Aufhebung der Vertriebsbindung.

Umwelt-entwicklung	Einfluß auf den Unternehmenserfolg		Anteil der Reiseveranstalter mit konkreten Planungen
	positiv	negativ	
Weltweite CRS		●	48 %
Aufhebung der Vertriebsbindung		●	17 %
Direktinkasso		●	36 %
Europäischer Binnenmarkt		●	39 %
● Liberalisierung im Flugverkehr	●		41 %
● Pauschalreiserichtlinie		●	10 %
● Vordringen europäischer Reiseveranstalter in die Bundesrepublik		●	15 %
● Möglichkeit der Expansion in andere europäische Länder		●	40 %
Veranstaltungsangebote von Fluggesellschaften		●	19 %
Steigendes Umweltbewußt-sein der Kunden	●		68 %
Steigendes Qualitätsbewußt-sein der Kunden	●		88 %

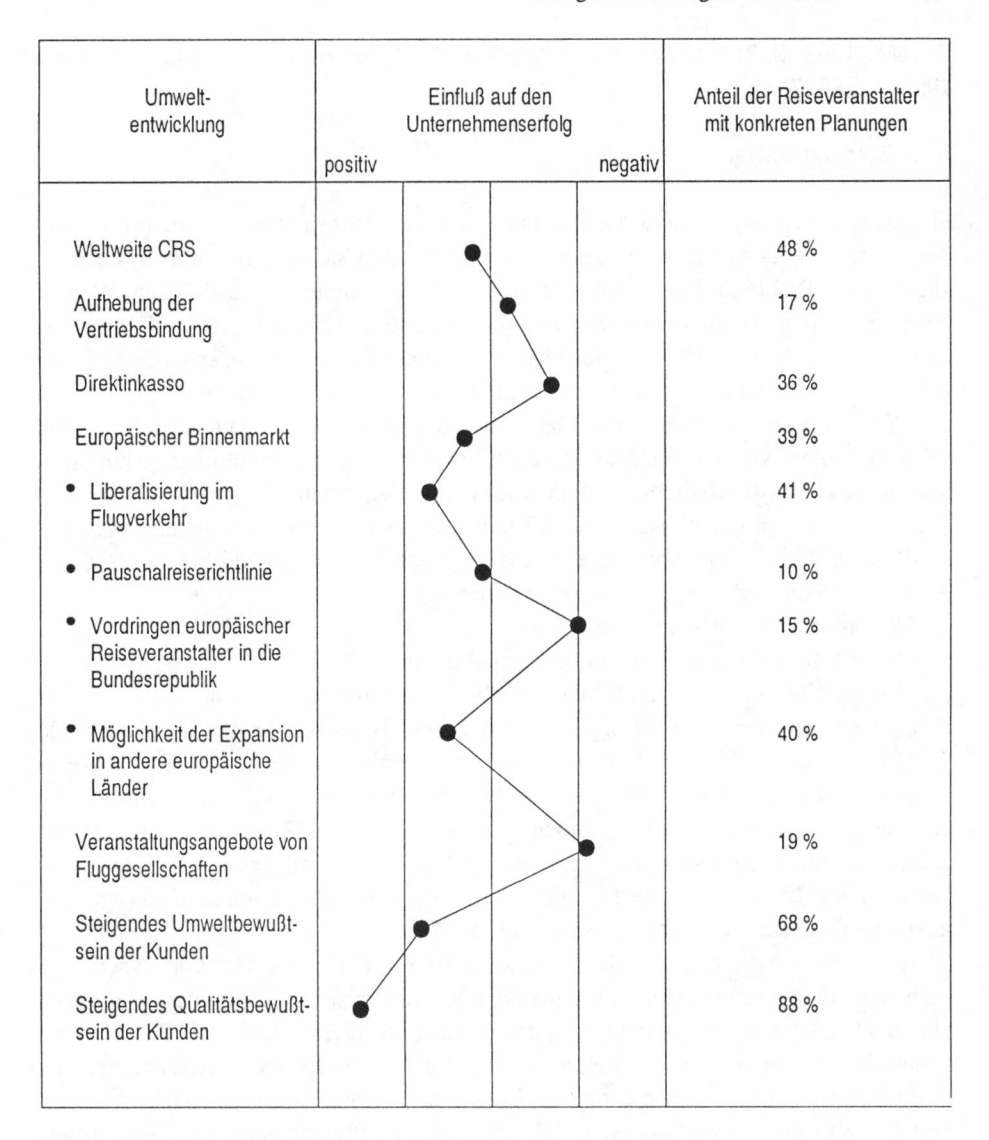

Abb. 4: Globale Umweltentwicklungen im Reiseveranstaltermarkt

Durch sich ständig ändernde Entwicklungen in der Umwelt wurden und werden die Unternehmen immer wieder veranlaßt bzw. gezwungen, ihr strategisches Verhalten entsprechend zu modifizieren. Potentiell sind sicher viele Aspekte relevant, wesentlich ist jedoch, daß aus der Menge der verschiedenen Umweltentwicklungen jene herausgegriffen werden, von denen wahrscheinlich eine signifikante Wirkung auf das Unternehmensgeschehen ausgehen wird (Beispiele relevanter Umweltentwicklungen für den Reiseveranstaltermarkt finden sich bei Hebestreit, 1992, S. 25–52, S. 76–91; Romeiß-

Stracke, 1992, S. 21–28; Schrand, 1992, S. 1–20; Zimmer, 1991, S. 243–264; Merz, 1992, S. 245–265).

1.3.2.2 Marktanalyse

Für jedes Unternehmen muß der Leistungsaustausch mit dem Markt im Mittelpunkt der Überlegungen stehen. Strategische Vorteile können sich letztlich nur in Vorteilen angebotener Problemlösungen im Blickwinkel der Konsumenten ausdrücken. Wesentliche Bedeutung kommt daher der Analyse der Bedürfnisstruktur und des Kaufverhaltens der Abnehmer/Kunden zu. Der Markt stellt nicht irgendein abstraktes Gebilde dar, in seinem Kern sind es die Kaufentscheidungen der Abnehmer, die über die Größe und das Wachstum des Marktes sowie über den Erfolg einer Strategie entscheiden. Daher sollte sich eine Analyse des Marktes auch nicht nur auf die Sammlung quantitativer Marktdaten wie Marktvolumen, Marktwachstum usw. beschränken, wesentlich ist die Erfassung der qualitativen Aspekte. Zu beantworten sind hier etwa folgende Fragen:
– Welche Bedürfnisstruktur weisen die derzeitigen Kunden des Marktes auf?
– Wie werden diese Bedürfnisse heute befriedigt?
– Wie informieren sich die Kunden?
– Wie erfolgt die Kaufentscheidung durch die Kunden?
– Welche Untergruppen von Kunden (Zielgruppen) sind zu unterscheiden?

Viele der angesprochenen Fragen können auf der Basis der für den Tourismus relevanten empirischen Untersuchungen beantwortet werden. Zu nennen ist hier die Reiseanalyse des Studienkreises für Tourismus (vgl. z.B. Studienkreis für Tourismus, 1992), die eine große Zahl von Informationen zu den Motiven der Reisenden, zur Reiseentscheidung, zur Information usw. erhebt. Darüber hinaus gibt es eine Vielzahl von Quellen, die Hinweise zu einzelnen Fragen der Marktanalyse liefern können (vgl. hierzu die umfassende Übersicht bei Hanrieder, 1992, S. 95–104).

Aber nicht nur die Kaufentscheidungsprozesse, die Bedürfnisse und das Nachfrageverhalten sind zu erforschen, im Rahmen der Marktanalyse ist es außerdem notwendig, eine Vielzahl einzelner Aspekte zu untersuchen (vgl. hierzu auch Abb. 3). Die *Kundenanalyse* liefert Hinweise zur Struktur der Kunden des Reiseveranstalters, zu ihren Bedürfnissen, Wünschen und Problemen sowie im Hinblick auf die Produktzufriedenheit. Die *Kundenpotentialanalyse* soll darüber hinaus Möglichkeiten aufzeigen, welche zusätzlichen Käuferschichten erschlossen werden können. Hierzu ist es erforderlich, daß auf der Basis einer differenzierten Marktsegmentierung entsprechende Zielgruppenabgrenzungen erfolgen. Die Marktanalyse beinhaltet aber auch die Analyse des derzeitigen Angebotes. So ist die Produktdarstellung und -vermarktung des eigenen Angebotes ständig an den sich wandelnden Bedürfnissen und Entscheidungsprozessen der Abnehmer zu orientieren. Darüber hinaus sind Fragen der optimalen Gestaltung des Vertriebssystems von Bedeutung. Ein weiterer Aspekt, der gerade in Zeiten sich wandelnder Märkte eine immer stärkere Bedeutung erhält, ist die Analyse der Entwicklung der Märkte, d.h., hier sind die einzelnen Zielgebiete des Pauschaltourismus ständig zu beobachten und zu analysieren, um zum einen eine Einschätzung der weiteren Entwicklung abgeben zu können und zum anderen Risiken im Hinblick auf ökologische oder politische Einflüsse zu erfassen.

An dieser Stelle kann nicht auf all diese Einzelaspekte eingegangen werden. Einige für Reiseveranstalter wichtige Aspekte sollen im folgenden jedoch kurz aufgelistet werden (vgl. hierzu insbesondere Köllgen, 1991; Haedrich, 1991; Hebestreit, 1992, S. 123–203):

- Die Befriedigung des psychischen Grundbedürfnisses zu reisen und auf diese Weise Abstand vom Alltag zu gewinnen, ist heute für breite Bevölkerungskreise zur Selbstverständlichkeit geworden. Differenzierte Ansprüche einzelner Nachfragesegmente erfordern eine zunehmend differenziertere Marktbearbeitung. In diesem Zusammenhang wird der psychische Zusatznutzen des touristischen Angebots, das Urlaubserlebnis, immer stärker in den Mittelpunkt der Kundenerwartungen rücken.
- Aufgrund veränderter Markt- und Wettbewerbsbedingungen ist zu erwarten, daß in naher Zukunft mindestens in Teilbereichen des Tourismusmarktes "Low-Involvement-Bedingungen" herrschen werden. Der Tourist wird immer erfahrener und geht, wenn er beispielsweise einen Kurzurlaub oder eine Reise nach Mallorca plant, ein relativ gut kalkulierbares ökonomisches, psychisches und soziales Risiko ein. Einzelne Angebote werden daher immer stärker austauschbar, und damit ändern sich bisher zugrunde gelegte Strukturen des Kaufentscheidungsprozesses.
- Zu beobachten ist ein Trend zur Neubewertung der Auswahlkriterien betreffend Urlaubsform und Zielgebiet. Neue Entscheidungskriterien wie etwa Ausmaß der Urbanisierung, Zustand der Umwelt im Zielgebiet bzw. die zunehmende Sensibilisierung weiter Bevölkerungskreise gegenüber den negativen Auswirkungen des Tourismus auf natürliche Umweltressourcen treten hinzu.
- Konsumenten vereinigen in sich zwei oder mehr verschiedene Verhaltensweisen. Der *hybride Konsument* sucht z.B. die fachkundige Beratung bei einer Nordamerika-Reise, während er in anderen Fällen Reisen mit ausgeprägtem SB-Käuferverhalten bucht.
- Wie in anderen Branchen steigt das Qualitätsbewußtsein der Kunden bei gleichzeitig erhöhtem Preis-/Leistungsbewußtsein.
- Es entstehen neue, auf Differenzierung und Individualität ausgerichtete Konsumententypen, die sich nicht primär durch sozio-demographische Merkmale, sondern vielmehr durch ihre Lebenseinstellung und Lebensweise beschreiben lassen (Lifestyle-Typen).
- Die gestiegene Flexibilität und Offenheit weiter Teile der Bevölkerung führen zu kurzfristigeren Entscheidungen über Reiseart und Zielgebiet.

Wenn auch insgesamt eine Vielzahl von Informationen zu den Bedürfnissen der Reisenden vorliegt, so ist jedoch offensichtlich, daß insbesondere die genaue Erforschung des Kaufentscheidungsprozesses noch wenig ausgeprägt ist. Einen Überblick über den derzeitigen Stand der Forschung zur Reiseentscheidung geben Braun/

Lohmann (1989). Wie Abb. 5 zeigt, beeinflußt eine Vielzahl einzelner Aspekte die Reiseentscheidung.

Gesellschaftliche Rahmenbedingungen
- Einkommens- und Besitzmerkmale
- konjunkturelle Situation
- kulturelle Normen und Werte

Bezugsgruppen
- Freundeskreis
- Bekannte/Verwandte
- Familie

Umwelt und Angebot
- Attraktivität der Reiseziele und Reiseform
- touristische Infrastruktur
- Freizeitmöglichkeiten
- Image
- Preis-/Leistungsverhältnis
- Verfügbarkeit

Person
- Persönlichkeit
- Lebensstil
- Reiseerfahrung
- Reisemotive
- Bedürfnisse
- Erwartungen
- Interessen
- physisch-psychische Einflüsse

→ Reiseentscheidung

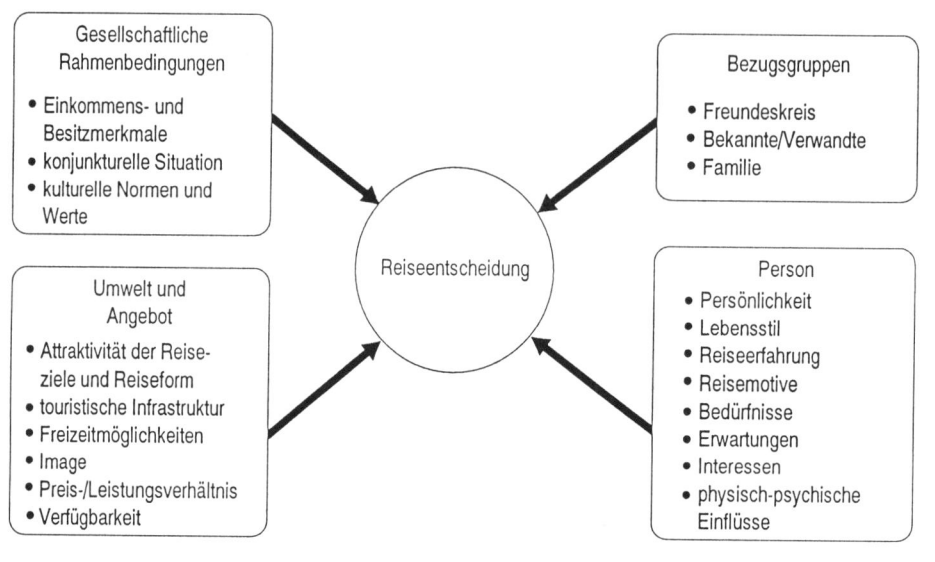

Abb. 5: Einflußfaktoren der Reiseentscheidung

Aus Veranstaltersicht ist vor allem interessant, was der Käufer von dem Produkt "Pauschalreise" erwartet. Die Art des vom Käufer erwarteten Nutzens, basierend auf seinen Bedürfnissen, bildet daher den zentralen Punkt der Marktanalyse. Der Nutzen bzw. der Wert eines Produktes setzt sich dabei für einen potentiellen Abnehmer aus der (subjektiv wahrgenommenen) Leistung und dem entsprechenden (auch subjektiv eingeschätzten) Preis zusammen. Will ein Reiseveranstalter dem Preiswettbewerb entgehen, so muß er diesen weitgehend durch einen Qualitätswettbewerb durch den Aufbau eines positiven Markenimages ersetzen. Untersuchungen zeigen, daß dies bis heute noch nicht in dem Maße gelungen ist wie in anderen Branchen. Mit Hilfe des Verfahrens IDM (Information-Display-Matrix) wurden am Institut für Tourismus der Freien Universität Berlin die für die Entscheidung zu einer Pauschalreise relevanten Informationen erfaßt (vgl. Captuller, 1989). Dabei zeigte sich, daß neben dem Urlaubsziel insbesondere Preis und Hotel für die Reiseentscheidung ausschlaggebend sind. Von allen aufgenommenen Informationen stand die Information, welcher Reiseveranstalter die Reise durchführt, an letzter Stelle, das heißt andererseits, daß Aspekte wie Bademöglichkeiten, Verpflegung, Freizeitmöglichkeiten, Flugverbindungen, Zusatzleistungen und Transferzeit für viele Kunden wichtiger sind als die Information, welcher Reiseveranstalter die Reise durchführt. Zu ähnlichen Ergebnissen kommt eine Untersuchung von Rammel (1991). Ebenso zeigen die Ergebnisse einer im Auftrag der TUI 1988 vom PSYNA-Institut und vom MARPLAN-Institut durchgeführten Imageanalyse, daß das Profil der einzelnen Reiseveranstalter nur schwach ausgeprägt ist. Lediglich einige Spezialisten wie z.B. Club Med können sich stärker differenzieren (vgl. Schmieder, 1991, S. 511).

Betrachtet man die Entwicklung auf der Nachfrage- und Angebotsseite, so ist mit einer nachhaltigen Intensivierung des Wettbewerbs zwischen den Reiseveranstaltern zu rechnen. Nicht nur die Öffnung des europäischen Marktes wird zu mehr Wettbewerb führen, auch ist davon auszugehen, daß weder die Reiseintensität noch der Anteil der Pauschalreisen in Zukunft noch sehr stark wachsen werden (vgl. Studienkreis für Tourismus, 1991). Gewinner der veränderten Wettbewerbssituation waren in der Vergangenheit die kleineren und mittleren Veranstalter, deren Teilnehmeraufkommen tendenziell stärker stieg als das der Großveranstalter. Lediglich kleinen Zielgruppenanbietern scheint es zu gelingen, sich positiv vom Wettbewerb abzugrenzen. Im Rahmen der Marktanalyse wird es daher in Zukunft immer wichtiger sein, auf der Basis differenzierter Imageanalysen die Position des eigenen Produktes im Markt zu bestimmen. Wie die vom Institut für Tourismus in Zusammenarbeit mit der Kienbaum Unternehmensberatung erstellte Studie Studie ergab (vgl. Institut für Tourismus/Kienbaum, 1991), geht die Masse der Reiseveranstalter immer noch davon aus, daß die für die Kaufentscheidung relevanten Faktoren Zuverlässigkeit, Kataloggestaltung, Beratung durch das Reisebüro, Qualität der Hotels und Appartements sowie positive Erfahrungen mit dem Reiseveranstalter sind. Im Sinne eines erlebnisorientierten Marketing scheint ein stärkerer Qualitätswettbewerb in der derzeitigen Marktsituation jedoch gefordert. So fragt auch Bleile: "Eine Verschärfung der Preiskämpfe oder gezielter Qualitätswettbewerb als Alternativen?" (Bleile, 1992, S. 40). Die Alternative für deutsche Veranstalter besteht in einer strategischen Neuorientierung hin zu einem forcierten Qualitätswettbewerb. Dies ist schwierig, erfordert Zeit und ein verändertes Bewußtsein im deutschen Reiseveranstaltermarkt.

1.3.2.3 Wettbewerbsanalyse

Ziel der Strategie ist die Schaffung von dauerhaften Wettbewerbsvorteilen in bezug auf die stärksten Konkurrenten, d.h., ein Unternehmen hat sich so mit seinen Produkten im Markt zu positionieren, daß es den Wert der Fähigkeiten maximiert, die es den Konkurrenten voraus hat (vgl. Kreilkamp, 1987, S. 167). Daraus folgt, daß ein zentraler Aspekt der Strategieformulierung die erkenntnisorientierte Wettbewerbsanalyse ist. Um im Wettbewerb bestehen zu können, müssen die Stellung der einzelnen Unternehmen in diesem Wettbewerb sowie die jeweiligen Stärken und Schwächen, Strategien und Fähigkeiten bekannt sein. Bereits im Rahmen der Marktanalyse wurden einige Aspekte angesprochen, die die Struktur des Wettbewerbs beeinflussen. So ist eine Imageanalyse gleichzeitig eine Analyse zur Beurteilung der Wettbewerbssituation, da nicht nur das eigene Image des Unternehmens oder der Produkte des Unternehmens bestimmt wird, sondern dies erfolgt jeweils im Vergleich zu den wichtigsten Wettbewerbern. Entsprechend ergeben sich hieraus auch wesentliche Ansatzpunkte für eine Stärken- und Schwächenanalyse, in der die Ergebnisse zusammenfassend dargestellt werden können. Mithin geht es in erster Linie darum, die eigene Position im Wettbewerbsumfeld kritisch zu beleuchten und eigene Stärken sichtbar zu machen, aber auch Schwachpunkte zu verdeutlichen, von denen unter Umständen Risiken ausgehen können. In Abb. 6 ist ein solches Stärken-/Schwächen-Profil wiedergegeben.

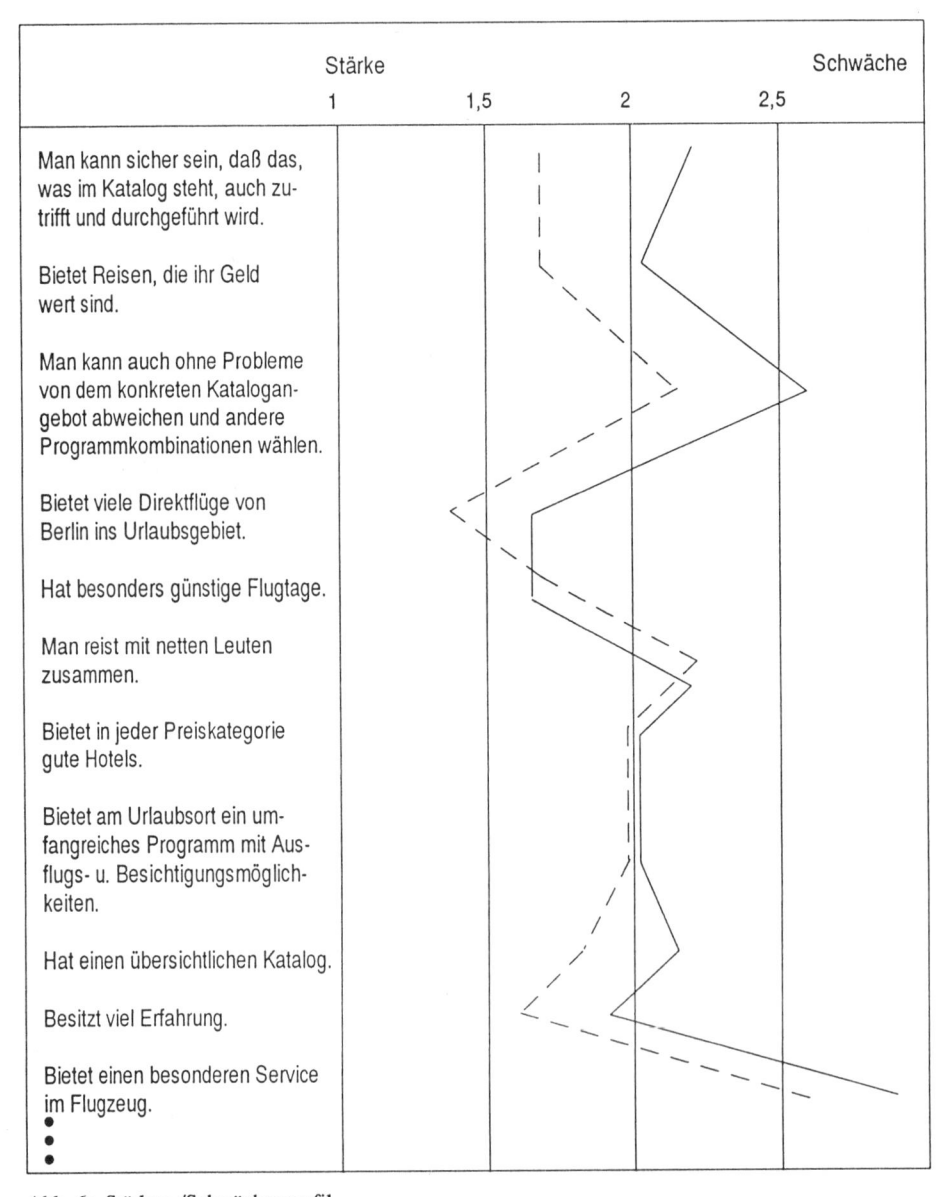

	Stärke			Schwäche
	1	1,5	2	2,5
Man kann sicher sein, daß das, was im Katalog steht, auch zutrifft und durchgeführt wird.				
Bietet Reisen, die ihr Geld wert sind.				
Man kann auch ohne Probleme von dem konkreten Katalogangebot abweichen und andere Programmkombinationen wählen.				
Bietet viele Direktflüge von Berlin ins Urlaubsgebiet.				
Hat besonders günstige Flugtage.				
Man reist mit netten Leuten zusammen.				
Bietet in jeder Preiskategorie gute Hotels.				
Bietet am Urlaubsort ein umfangreiches Programm mit Ausflugs- u. Besichtigungsmöglichkeiten.				
Hat einen übersichtlichen Katalog.				
Besitzt viel Erfahrung.				
Bietet einen besonderen Service im Flugzeug.				
• • •				

Abb. 6: Stärken-/Schwächenprofil

Dieses Profil, basierend auf einer Imageanalyse, d.h. auf der Basis der Einschätzung potentieller und tatsächlicher Kunden, zeigt die im Markt wirksamen Vor- und Nachteile des eigenen Unternehmens im Vergleich zum Wettbewerb. Diese Betrachtung muß jedoch ergänzt werden durch eine Beurteilung der Ressourcen und Fähigkeiten der Wettbewerber, da nur diese eine Aussage darüber erlauben, inwieweit Leistungsreserven bei den einzelnen Unternehmen bestehen, die sich zukünftig in Stärken und Schwächen niederschlagen können (zu den einzelnen Kriterien und zur Vorgehensweise vgl. Kreilkamp, 1987, S. 187–190).

Eine weitaus differenziertere Methode zur Beurteilung der Wettbewerbssituation ist die Geschäftssystemanalyse. Das Geschäftssystem umfaßt die Abfolge der Schritte, mit denen ein Unternehmen in einem gegebenen Geschäft seine Güter oder Dienstleistungen produziert und an den Kunden bringt. Andere Autoren sprechen in diesem Zusammenhang auch von der Wertkettenanalyse (vgl. Porter, 1987; Kreilkamp, 1987, S. 191–199 und die dort angegebene Literatur). Diese Analyse ist zunächst für das eigene Unternehmen und anschließend für jeden wichtigen Wettbewerber zu erstellen. In Abb. 7 ist das Geschäftssystem am Beispiel einer Flugpauschalreise wiedergegeben.

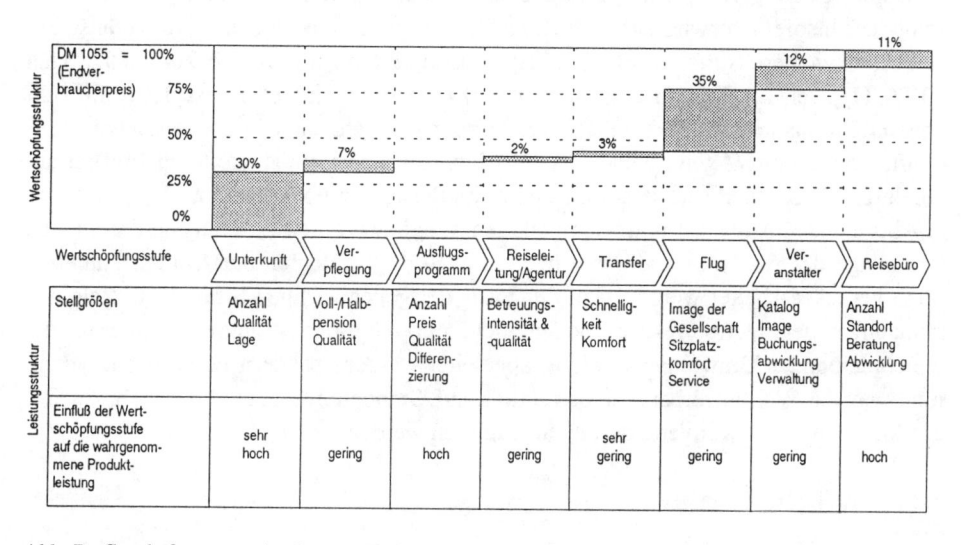

Wertschöpfungsstufe	Unterkunft	Ver-pflegung	Ausflugs-programm	Reiseleitung/Agentur	Transfer	Flug	Ver-anstalter	Reisebüro
Anteil Wertschöpfung	30%	7%	2%	3%	35%	12%	11%	
Stellgrößen	Anzahl Qualität Lage	Voll-/Halbpension Qualität	Anzahl Preis Qualität Differenzierung	Betreuungsintensität & -qualität	Schnelligkeit Komfort	Image der Gesellschaft Sitzplatzkomfort Service	Katalog Image Buchungsabwicklung Verwaltung	Anzahl Standort Beratung Abwicklung
Einfluß der Wertschöpfungsstufe auf die wahrgenommene Produktleistung	sehr hoch	gering	hoch	gering	sehr gering	gering	gering	hoch

Abb. 7: Geschäftssystem-Analyse am Beispiel einer Flugpauschalreise

Ausgehend vom Endverbraucherpreis wird zunächst für jede einzelne Stufe des Geschäftssystems ihr Anteil an der Gesamtwertschöpfung ermittelt. Hierdurch wird die Bedeutung einer jeden Stufe des Geschäftssystems im Hinblick auf die Preis-/Kostenstruktur deutlich. Durch den Vergleich mit der Wertschöpfungsstruktur der Wettbewerber können Unterschiede aufgedeckt und Ansätze für mögliche Kostenreduzierungen gefunden werden.

Auf der Leistungsseite ist für jede Wertschöpfungsstufe herauszuarbeiten, wie hoch der Einfluß bzw. die Bedeutung jeder einzelnen Stufe für die wahrgenommene Produktleistung ist. Eine genaue Kenntnis der Bedürfnisstruktur der Abnehmer und der Imagedimensionen der Produkte ist Voraussetzung einer solchen Analyse, denn besondere Leistungen eines Wettbewerbers sind nur dann von Bedeutung, wenn sie für den Abnehmer relevant sind. Insbesondere ist herauszuarbeiten, welche Aspekte bei den jeweiligen Wettbewerbern besser gelöst sind bzw. welche Wertschöpfungsstufen bei den einzelnen Wettbewerbern letztlich zur Profilierung des Produktes im Markt beitragen. Eine Gegenüberstellung der jeweiligen Leistungen der Wertschöpfungsstufen mit den entsprechenden Kosten verdeutlicht weitere Aspekte der Wettbewerbsstruktur. Häufig wird es erforderlich sein, in bestimmten Stufen des Geschäftssystems hohe Kosten in Kauf zu nehmen, um eine entsprechende Leistung sichern zu können. Betrachtet man das Geschäftssystem der Flugpauschalreise etwas genauer, so zeigt sich, daß der Reiseveranstalter nur einen relativ geringen Einfluß auf den Endverbraucherpreis hat (im Durchschnitt sind lediglich 12% des Endverbraucherpreises durch den Reiseveranstalter direkt verursacht) und daß der Reiseveranstalter andererseits auch nur relativ geringe Einflußmöglichkeiten auf die wahrgenommene Produktleistung hat. Insofern verwundert es auch nicht, daß heute insbesondere Großveranstalter versuchen, weitere Stufen des Geschäftssystems in ihren Einfluß zu bekommen. So hat LTT/LTU auch Einfluß auf den Flugbereich, eine Stufe im Geschäftssystem mit sehr hohem Kostenanteil; bzw. die TUI investiert zur Zeit sehr stark in die Bereiche Unterkunft, Reiseleitung/Agentur und den Vertrieb, um damit einen größeren Einfluß auf die durch die Kunden wahrgenommene Produktleistung zu bekommen.

Aber nicht nur die Struktur des heutigen Wettbewerbs ist zu analysieren, auf der Grundlage der Analyse-Ergebnisse müssen auch die Strategien der Konkurrenten explizit herausgearbeitet werden. Auf der Basis der gegenwärtigen Strategien, Ziele und Annahmen der Wettbewerber können nicht nur mögliche strategische Schritte bei gleichbleibender Umweltentwicklung abgeleitet werden, sondern es wird auch deutlich, wie die Wettbewerber voraussichtlich auf Strategien anderer Unternehmen und auf Markt- und Umweltveränderungen reagieren werden.

1.3.2.4 Lieferantenanalyse

Durch Preiserhöhungen oder Änderungen in der Qualität der angebotenen Dienste üben Lieferanten bzw. Leistungsträger im Tourismus einen großen Einfluß sowohl auf die Rentabilität der Reiseveranstalter als auch auf die wahrgenommene Produktleistung durch die Kunden aus. Dies zeigte sich bereits im Rahmen der Darstellung der Geschäftssystemanalyse (vgl. Abb. 7). Damit stellt sich für viele Reiseveranstalter die Frage der vertikalen Integration, d.h. die Frage, welche Stufen des Geschäftssystems durch das eigene Unternehmen wahrgenommen werden. Buzzel, der bereits 1984 verschiedene Untersuchungen zur vertikalen Integration in unterschiedlichen Branchen durchführte, kommt zu dem Ergebnis, daß sich insbesondere bei sehr hohem und sehr niedrigem Integrationsniveau hohe Ertragsraten einstellen, während sie in der Mitte am niedrigsten sind. Dies würde für Reiseveranstalter bedeuten, daß ein Unternehmen entweder den größten Teil des Geschäftssystems kontrolliert und wahrnimmt und relativ erfolgreich sein kann. Andererseits kann der Veranstalter selbst nur wenig Wertschöpfung betreiben (z.B. lediglich die reine Veranstaltertätigkeit ausüben) und dennoch erfolgreich sein. Der Mittelweg ist allem Anschein nach eine fragwürdige Strategie (vgl. Buzzel, 1984).

1.3.2.5 Unternehmensanalyse

Die Analyse der Leistungspotentiale des Unternehmens erfolgt mit Hilfe der Unternehmensanalyse: Ihr Zweck besteht darin, aus der bisherigen Entwicklung des Unternehmens und den Charakteristiken des derzeitigen Verhaltens zu einer Beurteilung des Unternehmens als Gesamtheit und seiner einzelnen Potentiale zu kommen.

Die Schaffung von dauerhaften Wettbewerbsvorteilen setzt voraus, daß sich ein Unternehmen mit seinen Produkten im Markt so positioniert, daß es den Wert seiner Fähigkeiten maximiert, die es den Wettbewerbern voraus hat. Hierzu ist es zunächst erforderlich, daß ein Unternehmen seine jeweilige Position im Markt und gegenüber den Wettbewerbern bestimmt. Alle angeführten Aspekte der Markt- und Wettbewerbsanalyse sind entsprechend für das eigene Unternehmen zu erfassen und zu analysieren. Darüber hinaus beinhaltet die Unternehmensanalyse jedoch sehr deutlich Aspekte eines prospektiven Vorgehens, d.h., nicht nur die gegenwärtige Situation ist zu erfassen, sondern es sind auch Möglichkeiten zur Verbesserung der jeweiligen Aspekte herauszuarbeiten, um Unternehmensschwächen zu überwinden und Stärken weiter auszubauen.

Aber nicht nur die Ressourcen und Fähigkeiten sind im Rahmen der Unternehmensanalyse zu erfassen, auch die Kosten des Unternehmens sind einer differenzierten Analyse zu unterziehen. Eine solche Analyse bezieht sämtliche Kostenpositionen ein und darf sich nicht nur auf eine reine Produkt- oder Zielgebietsbetrachtung beschränken. Vor allem im Gemeinkostenbereich von Reiseveranstaltern befinden sich häufig Kostenreserven, die mit Hilfe der Gemeinkosten-Wertanalyse aufgedeckt werden können. Im Marketingbereich beschäftigt man sich primär mit der Analyse der Wirkung marketingpolitischer Instrumente, um hier eine weitere Optimierung voranzutreiben.

Die einzelnen Märkte eines Unternehmens bieten unterschiedliche Chancen und unterschiedliche Risiken. Daher ist es erforderlich, die einzelnen Geschäftsbereiche des Unternehmens mit ihren Ertragsaussichten sowie mit ihren Chancen und Risiken aus dem Gesamtzusammenhang des Unternehmens heraus zu beurteilen, um über die Verteilung der knappen Ressourcen entscheiden zu können. Hier hat sich in den letzten Jahren die *Portfolio-Analyse* als Planungsverfahren durchgesetzt, die davon ausgeht, daß ein Unternehmen dann langfristig existenzfähig sein wird, wenn sein Portfolio von Geschäften sowohl in finanz- als auch in ertragswirtschaftlicher Hinsicht ausgeglichen ist, d.h., Mittelbedarf und Mittelerzeugung müssen sich entsprechen. Weiterhin muß eine Balance zwischen risikoreichen Geschäften mit sehr guten Zukunftsaussichten und risikoarmen Geschäften mit vielleicht nur begrenzten Zukunftsaussichten gegeben sein.

Basis der Portfolio-Analyse ist die Definition strategischer Geschäftsfelder, d.h., die Zusammenfassung von Produkt-Markt-Kombinationen, die gemeinsam eine Funktion erfüllen, die sich klar von der anderer Produkt-Markt-Kombinationen abhebt. Wesentliche Kriterien bei der Bildung strategischer Geschäftsfelder sind eine klare Definition der Marktaufgabe, die Möglichkeit der Realisierung von Wettbewerbsvorteilen und die selbständige Managebarkeit (zu einzelnen Aspekten der Geschäftsfelddefinition vgl. Kreilkamp, 1987, S. 316–334 und die dort angegebene Literatur).

Im Hinblick auf die zentrale strategische Zielsetzung, zukünftig tragfähige Renditebringer für das Unternehmen aufzubauen und heutige Renditebringer so lange wie möglich zu halten, bietet eine gesamtunternehmensbezogene Vorgehensweise eindeutige Vorteile: Die Allokation knapper Ressourcen erfolgt anhand sogenannter Normstrategien, und zwar in der Weise, daß Geschäftsfelder mit den langfristig größten Chancen in bezug auf Marktanteile und Renditen am stärksten unterstützt werden. Insbesondere *Question Marks* bzw. *Stars* bieten solche Chancen (vgl. Abb. 8), da sie sich in wachsenden Märkten befinden. Entsprechend lautet hier die Normstrategie: Investieren bzw. Wachsen. Hierbei ist zu beachten, daß es nicht sinnvoll sein kann, die Unternehmensressourcen auf viele Bereiche aufzusplitten, d.h., hier muß eine Konzentration der Mittel erfolgen, in dem Sinne, daß die erfolgversprechendsten Question Marks und Stars ausgewählt werden, um sie entsprechend zu forcieren. Geschäftsfelder in stagnierenden bzw. schrumpfenden Märkten dagegen haben generell kaum noch Wachstumsmöglichkeiten; ist ihre Rendite hoch, wie bei den *Cash Cows*, dann ist es zweckmäßig, sie durch entsprechende Mittelzuweisung solange wie möglich zu halten, gleichzeitig aber auch durch freigesetzte Mittel Nachwuchsprodukte (Question Marks) zu fördern. Entsprechend lautet die Normstrategie für Cash Cows: Zur Erhaltung der Position nicht benötigte Mittel abschöpfen. Wenn Produkte oder Geschäftsfelder keine ausreichende Rendite mehr erwirtschaften, ist im allgemeinen eine Eliminierungsstrategie angebracht, da solche Geschäftsfelder die gesamtunternehmerischen Ressourcen belasten. Auf alle Einzelheiten in Zusammenhang mit der Portfolio-Planung soll an dieser Stelle nicht näher eingegangen werden (vgl. hinsichtlich der Grundlagen der Portfolio-Modelle, der verschiedenen Arten von Portfolio-Modellen und der Diskussion von Vor- und Nachteilen Kreilkamp, 1987, S. 316–562; Haedrich/Tomczak, 1990, S. 63–67).

Anhand des folgenden Beispiels aus dem Reiseveranstaltermarkt sollen einige strategische Erkenntnisse, die aus der Portfolio-Analyse abgeleitet werden können, kurz diskutiert werden (vgl. Abb. 8).

Wenngleich immer wieder vom Marktanteils-Marktwachstums-Portfolio die Rede ist, beschreibt die Abzisse der Matrix nicht den absoluten, sondern den relativen Marktanteil, der als Quotient aus dem Marktanteil des eigenen Unternehmens und dem Marktanteil des stärksten Konkurrenten errechnet wird. Auf der Ordinate wird das er-

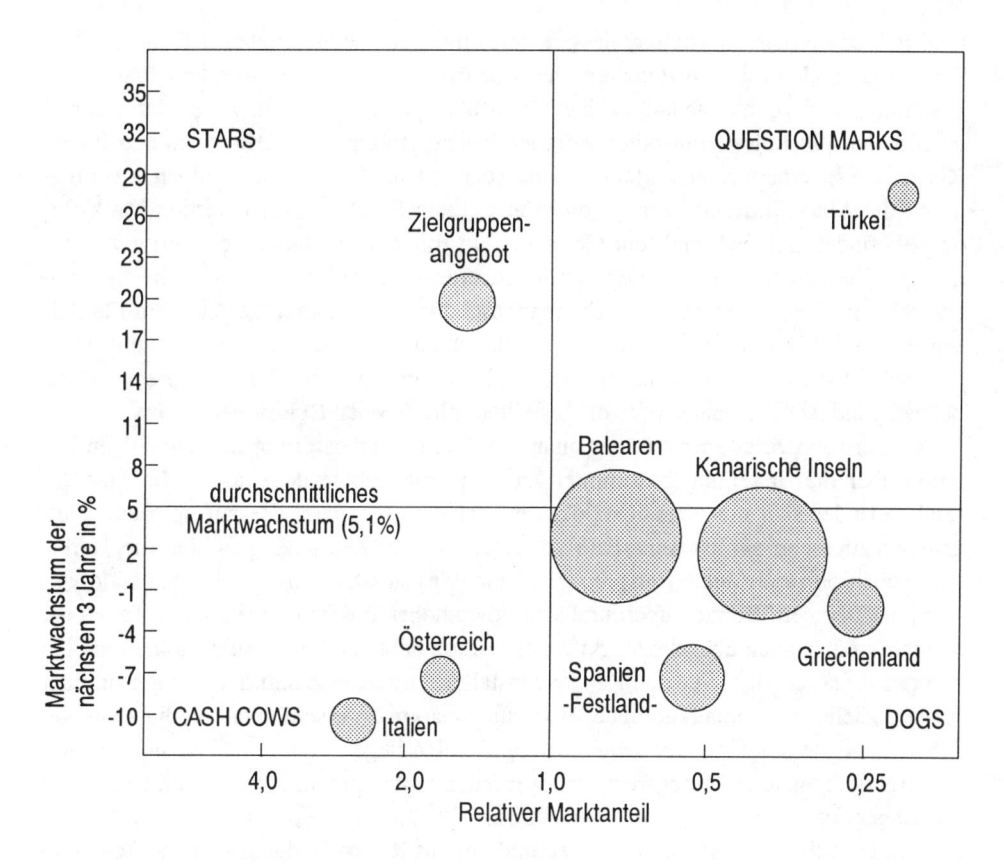

Abb. 8: Portfolio-Modell der Boston Consulting Group

wartete Marktwachstum der nächsten drei Jahre abgetragen. Die einzelnen strategischen Geschäftsfelder eines Unternehmens werden durch Kreise dargestellt, die entsprechend dem erwarteten Marktwachstum und dem relativen Marktanteil in der Matrix positioniert werden. Die Größe der Kreise entspricht dem in den Geschäftsbereichen gebundenen Kapital (bzw. hilfsweise dem Umsatzanteil am Gesamtunternehmen). Um Geschäftseinheiten mit ähnlichen Cash-flow-Charakteristiken und -Erfordernissen zusammenzufassen, wird das Portfolio mit zwei Hilfslinien in vier Quadranten eingeteilt. Zum einen erfolgt eine Unterteilung beim relativen Marktanteil beim Faktor 1,0, d.h., es erfolgt hier eine Trennung zwischen Geschäftsfeldern, die eine führende Marktposition erreicht haben (Marktführer) und Geschäftsfeldern, die lediglich die zweite, dritte usw. Position innehaben. Auf der Marktwachstumsachse erfolgt eine Trennung beim durchschnittlichen Marktwachstum der Branche. Zugrunde gelegt wurden in dem vorliegenden Beispiel die Teilnehmerzahlen sowohl im Hinblick auf die Bestimmung des relativen Marktanteils als auch im Hinblick auf die Einschätzung des Marktwachstums der nächsten drei Jahre. Aus der Darstellung wird ersichtlich, daß der Reiseveranstalter, dessen Portfolio hier wiedergegeben ist, die größten Teilnehmerzahlen mit den Balearen, den Kanarischen Inseln und mit dem spanischen Festland realisiert, hier jedoch keine Marktführerposition besitzt. Eine Marktführerposition hat der Reiseveranstalter lediglich bei Flugreisen nach Österreich und Italien (Cash Cows), einem relativ kleinen Marktsegment im Flugbereich, jedoch – bedingt durch die Marktführerposition – mit relativ guten Renditen. Im Question-Mark-Bereich befindet sich lediglich ein Geschäftsfeld mit hohen Marktwachstumserwartungen, das Zielgebiet Türkei, in dem der Reiseveranstalter jedoch nur eine schwache Position innehat. Bei allen angesprochenen Geschäftsfeldern handelt es sich um Flugreisen, die sich in ihrer Qualität, ihrer Produktdarstellung und ihrer Vermarktung nicht unterscheiden von dem Angebot der großen Massenreiseveranstalter. Entsprechend unbefriedigend ist die Situation des dargestellten mittelgroßen Reiseveranstalters.

Das Portfolio zeigt aber darüber hinaus, daß eine Verbesserung der derzeitigen Position über die Erstellung bestimmter Zielgruppenangebote denkbar ist. Im Star-Bereich befindet sich ein neues Produkt des Reiseveranstalters, das auf spezielle Zielgruppen zugeschnitten ist. Innerhalb von relativ kurzer Zeit gelang es hier, die Marktführerposition zu erringen. Entsprechend handelt es sich hier um ein Geschäftsfeld, das nicht nur in einem Bereich überdurchschnittlich hoher Wachstumsraten angesiedelt ist, sondern in dem auch über die Marktführerposition heute und in Zukunft hohe Renditen zu erwirtschaften sind. Für den Reiseveranstalter wird es in Zukunft wichtig sein, über weitere Zielgruppenangebote neue Wachstumsmärkte zu erschließen, da die Hauptgeschäftsbereiche des Unternehmens im Dog-Bereich liegen und somit nur noch relativ kurzfristig finanzielle Mittel freisetzen werden. Darüber hinaus zeigt das Portfolio, daß es dringend geboten scheint, in Wachstumsmärkte zu investieren, um auch in Zukunft Umsatzzuwächse realisieren zu können und um das Risiko stärker zu streuen (zu einer Darstellung des Marktattraktivitäts-Geschäftsfeldstärken-Portfolios im Tourismus vgl. Haedrich/Kreilkamp, 1984).

Ein Synergieeffekt aus Umweltanalyse einerseits und Unternehmensanalyse andererseits läßt sich durch eine Zusammenführung der Ergebnisse in einer Chancen-/Gefahrenanalyse erreichen (vgl. Kreilkamp, 1987, S. 240 f.; Pümpin, 1980, S. 25–29). Basierend auf der Analyse der globalen Umwelt, der regulativen Gruppen, des Marktes, des Wettbewerbs und der Lieferanten werden alternative Umweltentwicklungen aufgezeigt und den Stärken und Schwächen des Unternehmens gegenübergestellt. Umweltentwicklungen können sowohl Chancen als auch Gefahren für das Unternehmen mit sich bringen. Trifft eine aufgezeigte Umweltentwicklung auf eine Stärke, so ist dies ganz bestimmt eine Chance, denn das Unternehmen ist aufgrund seiner Voraussetzungen besser als die Wettbewerber in der Lage, die neue Entwicklung zu nutzen. Die Gegenüberstellung von Stärken/Schwächen mit Gelegenheiten/Gefahren dient somit der Ermittlung von Chancen und Risiken und impliziert zwangsläufig Prognoseprobleme. Auf diese Aspekte soll innerhalb des nächsten Gliederungspunktes kurz eingegangen werden.

1.3.3 Prognose und strategische Frühaufklärung

Das besondere Kennzeichen der strategischen Planung ist ihre Zukunftsorientierung, d.h., sie muß mit Blick auf die Zukunft betrieben werden. Dazu bedarf die Analyse der Ist-Situation einer Ergänzung um die Prognose. Erst durch die Erfassung von gegenwarts- und zukunftsbezogenen Informationen werden die strategischen Erfordernisse sichtbar.

Insbesondere im Tourismusmarkt trat in den letzten Jahren eine Vielzahl von Ereignissen und Entwicklungen ein, die erheblichen Einfluß auf die Situation von Reiseveranstaltern hatten. Als Beispiele können genannt werden:
- die Wiedervereinigung Deutschlands,
- die schrittweise Einführung der Marktwirtschaft in den ehemals sozialistischen Staaten,
- der Golfkrieg mit einem deutlichen Rückgang des Tourismus in den Nahen Osten, nach Nordafrika und in die Türkei,
- der serbisch-kroatische Bürgerkrieg,
- Umweltkatastrophen wie Ozonloch, Robbensterben, Algenpest, Waldsterben usw.

Prognosen können nur Vermutungen über Eintrittswahrscheinlichkeiten globaler, nationaler und touristischer Ereignisse beinhalten. Zielsetzung sowohl quantitativer als

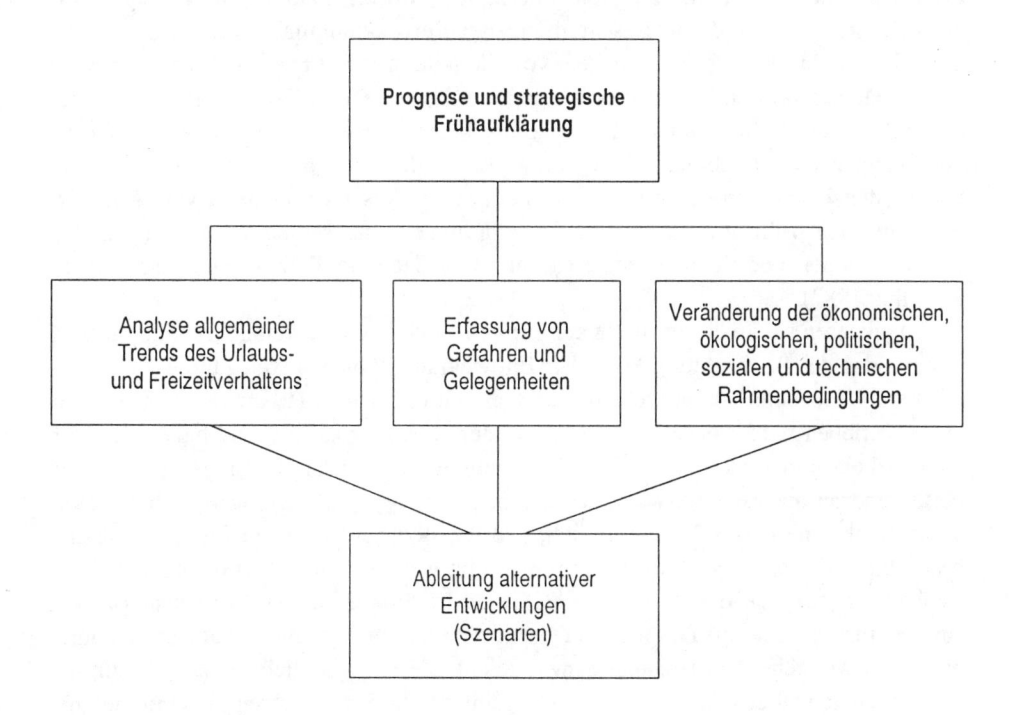

Abb. 9: Prognose und strategische Frühaufklärung

auch qualitativer Prognoseverfahren (Darstellung der einzelnen Verfahren bei Kreilkamp, 1987, S. 247–254) ist es, die wahrscheinlichsten Trends in der Zukunftsentwicklung vorherzusagen, auf die man sich dann durch gezielte Strategien einstellt. Solche Verfahren sind jedoch weniger dazu geeignet, Trendbrüche und alternative Entwicklungsmöglichkeiten herauszuarbeiten. Daher bieten sich hier als Ergänzung strategische Frühaufklärungssysteme an.

Strategische Frühaufklärungssysteme sollen Veränderungen der Umwelt, die Bedrohungen oder Chancen für das Unternehmen bedeuten, frühzeitig ankündigen, so daß noch Maßnahmen zum Abwenden bzw. zum Ausnützen des Ereignisses möglich sind. An dieser Stelle kann nicht auf die einzelnen Verfahren der strategischen Frühaufklärung eingegangen werden (vgl. hierzu insbesondere Kreilkamp, 1987, S. 254–313 und die dort angegebene Literatur). Von der Vielzahl der einzelnen Verfahren, die im Rahmen der Prognose und strategischen Frühaufklärung eingesetzt werden, nutzt die Tourismusbranche vor allem die Delphi-Methode und die Szenario-Technik (vgl. hierzu Schrand, 1992, S. 3–20).

Die *Delphi-Methode* ist eine qualitative und nicht repräsentative schriftliche und mehrstufige Expertenbefragung zu zukünftigen Branchenentwicklungen. Die zweite Methode, die *Szenario-Technik*, dient der Abbildung alternativer Umwelten als einer hypothetischen Folge von Ereignissen. Entsprechend besteht die Aufgabe der Szenario-Technik nicht nur darin, mögliche alternative Umweltsituationen aufzuzeigen, wesentlich ist auch die exakte Beschreibung der Entwicklungpfade, die zu diesen Zukunftsbildern hinführen. Ihr Wert liegt vor allem darin, den Entscheidern zu verdeutlichen, welche Faktoren in Wechselwirkungen mit anderen Größen stehen und in welchem Ausmaß sie ihre weitere Entwicklung beeinflussen. Darüber hinaus sollen sie den Planer von der eindimensionalen Prognose wegführen und für die Entwicklung der wichtigsten Unternehmensumfelder sensibilisieren. Das Durchdenken von Alternativen hilft, sich frühzeitig auf eventuelle Änderungen einzustellen, damit man im Bedarfsfall schnell und flexibel reagieren kann (zur Szenario-Technik vgl. insbesondere Reibnitz, 1987).

Hingewiesen sei an dieser Stelle auf ein von Battelle entwickeltes Frühaufklärungssystem, das der Beobachtung kritischer Entwicklungen dienen soll. Zu diesem Zweck wird ein Beobachternetz aufgebaut, das von den eigenen Mitarbeitern des Unternehmens betrieben wird. Diese Mitarbeiter werden intensiv geschult und haben die Aufgabe, neben ihrer funktionalen Tätigkeit kontinuierlich Frühaufklärungssignale zu erfassen und an die Zentrale weiterzumelden. Durch den Aufbau eines solchen dezentralen Beobachternetzes ist es möglich, daß die Beobachter gezielt für die Erfassung bestimmter Themen oder Indikatoren eingesetzt werden, d.h., es ist denkbar, daß ein Beobachter lediglich die Aufgabe erhält, eine bestimmte Schlüsselorganisation oder ein bestimmtes Land im Hinblick auf bestimmte Indikatoren zu beobachten. Dadurch wird eine weitgehende Spezialisierung erreicht, die es ermöglicht, gezielt bestimmte Entwicklungen zu erfassen. Frühaufklärungsinformationen versetzen die Unternehmen in die Lage, Zeit zur Vorbereitung geeigneter Anpassungsmaßnahmen zu haben, denn nur das Unternehmen, das sich frühzeitig auf bestimmte Entwicklungen einstellt, wird hieraus Wettbewerbsvorteile gewinnen können.

Für Reiseveranstalter, die in der Regel international tätig sind, spielen darüber hinaus spezielle Risikoanalysen eine wesentliche Rolle. Für die Beurteilung und Auswahl von Zielgebieten genügt im allgemeinen nicht eine generelle Analyse der allgemeinen Absatzvoraussetzungen, sondern es sind vor allem auch die politischen Risiken der einzelnen Länder zu berücksichtigen. Hierfür werden inzwischen von verschiedenen Institutionen regelmäßig länderspezifische Risikoindizes ermittelt. Einer der bekanntesten Services für die Quantifizierung länderspezifischer Risiken ist der BERI-Informationsdienst, dessen Daten über ein Experten-Panel für 48 Länder erhoben werden (zu BERI vgl. insbesondere Backhaus/Meyer, 1987, S. 103 ff.). Ein weiterer spezifischer Ansatz, der neben dem politischen Risiko auch die Attraktivität der jeweiligen Länder berücksichtigt, ist die Länder-Portfolio-Analyse. Grundgedanke ist dabei, daß es nicht so sehr darauf ankommt, eine einzelne Länderentscheidung zu optimieren, sondern diese Optimierung ist erst durch den Verbund einer großen Zahl von Auslandsentscheidungen zu erzielen (vgl. hierzu Becker, 1990, S. 432 f. und die dort angegebene Literatur).

1.3.4 Ableitung der Strategie

Auf der Basis einer umfassenden Situationsanalyse, die sich sowohl auf die Unternehmensumwelt als auch auf das Unternehmen selbst bezieht, und der Diskussion alternativer Umweltentwicklungen mit Hilfe von Prognosen und strategischer Frühaufklärung können Strategien abgeleitet und entsprechend den Unternehmenserfordernissen entwickelt werden, d.h., erst eine differenzierte strategische Analyse eröffnet das Verständnis für Erfolg oder Nichterfolg von Strategien und somit letztlich für den Erfolg oder Nichterfolg von Unternehmen. Dabei ist die Entwicklung zukunftsorientierter Strategien in hohem Maße ein kreativer, oft von Spontaneingebungen getragener Prozeß, der aber – durch bestimmte Untersuchungsraster bzw. Denkverfahren geordnet – unterstützt und in einen strategischen Planungsablauf eingegliedert werden kann.

Generell gilt, daß es Aufgabe einer Grundsatzstrategie ist, die zukünftige Stellung des Unternehmens und seiner Produkte im Markt und im Wettbewerb festzulegen, um dadurch Wege zu einem effizienten Einsatz des Marketing-Mix zu weisen. Im Rahmen der Ableitung der Strategie ist auf Basis der Zielsetzung und der hierin konkretisierten Unternehmensphilosophie das Leitbild zu bestimmen. Damit soll die spezifische Rolle des Unternehmens, die im Rahmen der Unternehmensphilosophie eher global formuliert ist, für den Markt konkretisiert werden. Becker (1990, S. 52) geht dabei von einem marketingorientierten Leitbild aus, in dem die Überlebens- bzw. Konkurrenzfähigkeit des eigenen Unternehmens und seine spezifische Rolle im Markt konkretisiert wird. Diese Trennung in Unternehmensphilosophie und Unternehmensleitbild, wie Becker sie vorschlägt, wird in der Literatur jedoch nicht einheitlich gesehen. Haedrich/

Tomczak (1990, S. 23 und 26) oder auch Hebestreit (1992, S. 64) verwenden beide Begriffe synonym. Andere Autoren, wie beispielsweise Hinterhuber (1989, S. 60), sehen im Leitbild eher die aus der Unternehmensphilosophie abgeleiteten Leitsätze oder Unternehmensgrundsätze, die schriftlich niedergelegt werden.

Im Sinne einer strategischen Planung, die die Aufgabe hat, die Zielsetzung des Unternehmens zu konkretisieren, soll an dieser Stelle der Auffassung von Becker gefolgt werden, derzufolge die Unternehmensphilosophie als ein Ausdruck der Unternehmenskultur eher Wertvorstellungen und Überzeugungen sowie Normen und Verhaltensregeln festlegt, an der sich konkretes Verhalten im Unternehmen zu orientieren hat. Das Leitbild, das stärker marketingorientiert ist, ist demgegenüber eine Konkretisierung der strategischen Verhaltensweisen unter Beachtung der Unternehmensphilosophie. Soll das Leitbild diesem Anspruch gerecht werden, so muß es folgende Aspekte beinhalten:
– Konkretisierung der Zielsetzung im Sinne einer markt-, wettbewerbs- und gesellschaftsorientierten Denkweise;
– Bestimmung der anzusprechenden Zielgruppen;
– Bestimmung der Position des Unternehmens und der Positionierung der einzelnen Produkte in Abgrenzung vom Wettbewerb;

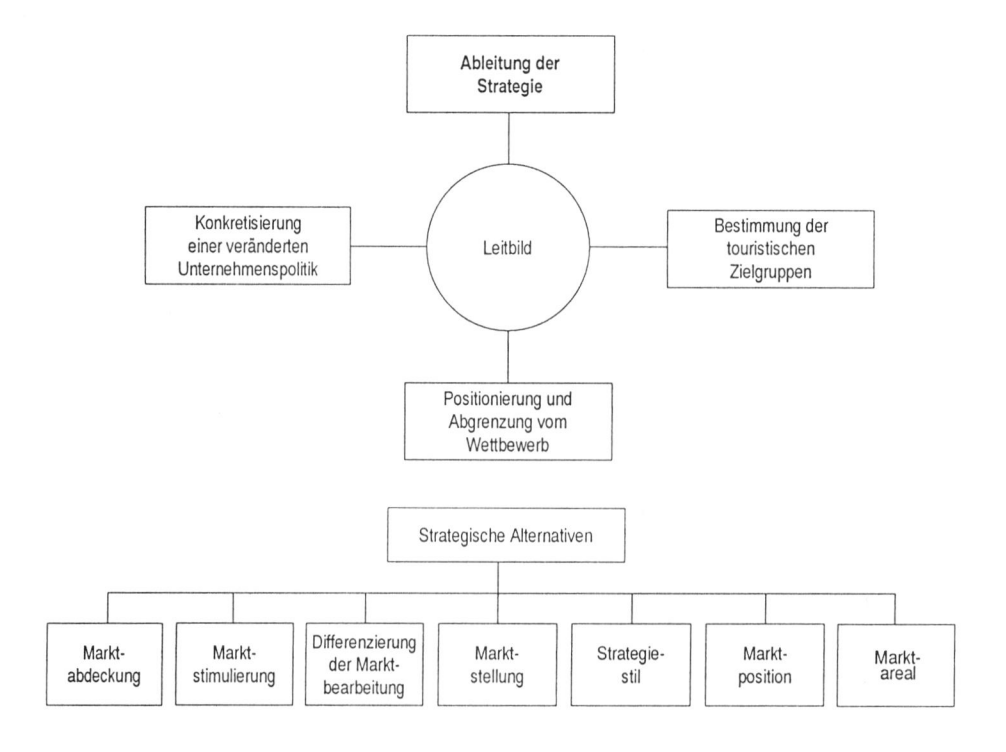

Abb. 10: Ableitung der Strategie

- genaue Definition der strategischen Grundausrichtung des Unternehmens und der einzelnen Produkte/Dienstleistungen;
- Präzisierung der marketingpolitischen Zielsetzung (angestrebter Marktanteil, Bekanntheitsgrad und Image in bezug auf die relevanten Zielgruppen);
- Zeitrahmen, innerhalb dessen die angestrebten Ziele realisiert werden sollen.

Im Sinne eines solchermaßen definierten Leitbildes ist es daher erforderlich, daß im Rahmen der Ableitung der Strategie die touristischen Zielgruppen bestimmt und eine Positionierung unter Abgrenzung zum Wettbewerb erfolgt (vgl. Abb. 10).

In der einschlägigen Literatur wird diesem Problemkreis breiter Raum gewidmet (vgl. z.B. Haedrich/Tomczak, 1990, S. 99 ff.; Roth, 1992a, S. 146–158; Hebestreit, 1992, S. 460–498; Becker, 1990, S. 121–326; Wöhler, 1991a, 1991b und die jeweils angegebene Literatur). Die einzelnen vorgestellten Konzepte werden allerdings von unterschiedlichen Erkenntnisinteressen geleitet, was zur Folge hat, daß die empfohlenen Strategiealternativen jeweils andere Ausrichtungen des marketingstrategischen Verhaltens zum Inhalt haben. An dieser Stelle soll eine Systematisierung der einzelnen Ansätze erfolgen, wobei zu betonen ist, daß diese Systematik ausgehend von dem Ansatz von Becker (1990) und von Haedrich/Tomczak (1990) entwickelt wurde. Im einzelnen lassen sich sechs Ansätze unterscheiden, die im folgenden lediglich in ihren Ausprägungen wiedergegeben werden sollen (zur Darstellung der einzelnen Ansätze vgl. Kap. II.A.2 im 2. Teil dieses Buches).

Betrachtet man die zur Verfügung stehenden strategischen Alternativen (vgl. Abb. 11), so wird deutlich, daß jede Strategie die Kombination einer Strategiealternative je Strategieebene ist. Becker spricht hier von Strategieprofilen (vgl. Becker, 1990, S. 290). Bei der Zusammenfügung der jeweiligen Strategiealternativen gibt es große Wahlfreiheiten, aber auch bestimmte Wahlzwänge. Wahlzwänge bestehen immer dann, wenn es quasi natürliche Strategiebündelungen zu beachten gilt, deren Durchbrechung zwar nicht unmöglich ist, die jedoch nicht selten zu erheblichen Komplikationen führen kann. So ist eine Präferenzstrategie sowohl mit einer Massenmarkt- als auch einer Marktsegmentierungsstrategie verknüpfbar, während die Preis-Mengen-Strategie im Prinzip nur eine massenmarktstrategische Bearbeitung zuläßt. Ebenso ist eine undifferenzierte Marktbearbeitung nicht mit einer Marktsegmentierungsstrategie kombinierbar. Insgesamt zeigen sich jedoch sehr viele Kombinationsmöglichkeiten.

Betrachtet man den touristischen Markt, so wird man feststellen, daß das zur Verfügung stehende Strategiespektrum z.Zt. im deutschen Markt nicht ausgenutzt wird. Die folgenden Beispiele zeigen die typischen Strategiekombinationen im Tourismusmarkt:
- *Massenmarktstrategien* mit folgender Ausprägung:
  - eher Preis-Mengen-Strategie,
  - undifferenzierte Marktbearbeitung,
  - Marktführer oder Marktherausforderer,
  - defensives Wettbewerbsverhalten,
  - Wettbewerb nach alten Regeln,
  - Anpassungsstrategie,

- Beibehaltung der Position,
- regionale oder nationale Strategie, teilweise international;
— *Marktsegmentierungsstrategien* mit der Ausprägung:
  - Präferenzstrategie,
  - konzentrierte Marktbearbeitung (Spezialisierung),
  - Marktnischenbearbeitung,
  - defensives Wettbewerbsverhalten,
  - Wettbewerb nach alten Regeln,
  - Umgehungsstrategie,
  - Beibehaltung der Position, teilweise Neupositionierung,
  - regionale oder nationale Strategie.

Strategieebene	Strategiealternativen				
Marktabdeckung	Massenmarktstrategie			Marktsegmentierungsstrategie	
Marktstimulierung	Präferenzstrategie			Preis-Mengen-Strategie	
Differenzierung der Marktbearbeitung	Undifferenzierte Marktbearbeitung		Konzentrierte Marktbearbeitung (Spezialisierung)	Differenzierte Marktbearbeitung (verschiedene Spezialisierungen mit totaler Marktabdeckung)	
Marktstellung	Marktführer	Marktherausforderer	Marktmitläufer	Marktnischenbearbeiter	
Strategiestil	Defensives Wettbewerbsverhalten			Offensives Wettbewerbsverhalten	
	Wettbewerb nach alten Regeln (Anpassung)			Wettbewerb nach neuen Regeln (Abhebung)	
Marktposition	Beibehaltung der Position		Umpositionierung	Neupositionierung	
Marktareal	lokal	regional	national	international	global (Weltmarkt)

Abb. 11: Strategische Alternativen

Sicherlich ließen sich auch andere Beispiele finden. Deutlich wird jedoch, daß insbesondere offensives Wettbewerbsverhalten nach neuen Regeln nur selten anzutreffen ist. Zu gleichen Ergebnissen kommt auch die vom Institut für Tourismus der Freien Universität Berlin in Zusammenarbeit mit der Kienbaum Unternehmensberatung erarbeitete Untersuchung zur strategischen Situation bundesdeutscher Reiseveranstalter (vgl. Institut für Tourismus/Kienbaum, 1991). Von den Massenmarktanbietern wird in der Mehrzahl der Fälle angegeben, daß sie Generalisten mit Qualitätsführerschaft sind. Gleichzeitig geben diese Unternehmen jedoch an, daß der Me-too-Anteil ihrer Produkte zwischen 75% und 85% liegt, d.h., die Mehrzahl der Produkte hat keine positive Alleinstellung und ist austauschbar. Wenn auch dieser Anteil bei den Anbietern, die Marktsegmentierungsstrategien verfolgen, indem sie sich auf bestimmte Zielgruppen konzentrieren, niedriger liegt, so beträgt aber auch hier der Me-too-Anteil zwischen 60% und 65%. Diese Veranstalter geben an, daß sie Spezialisten im Hochpreissegment mit Qualitätsführerschaft sind. Insofern ist zu fragen, weshalb im deutschen Reiseveranstaltermarkt aus dem zur Verfügung stehenden Strategiespektrum lediglich zwei Strategien realisiert werden.

1.3.5 Detail- und Maßnahmenplanung

Orientiert an der Grundsatzstrategie sind die Entscheidungen über die Maßnahmen zu treffen, mit denen das Marketingzielsystem realisiert werden soll, wobei die Bemühungen darauf gerichtet sind, die optimale Kombination (Marketing-Mix) der marketingpolitischen Instrumente zu finden. Im Rahmen des Marketing-Mix geht es um die Frage, welche Instrumente in welcher Intensität und Ausgestaltung einzusetzen sind, um die vorgegebene Strategie bestmöglich umzusetzen (vgl. Abb. 12).

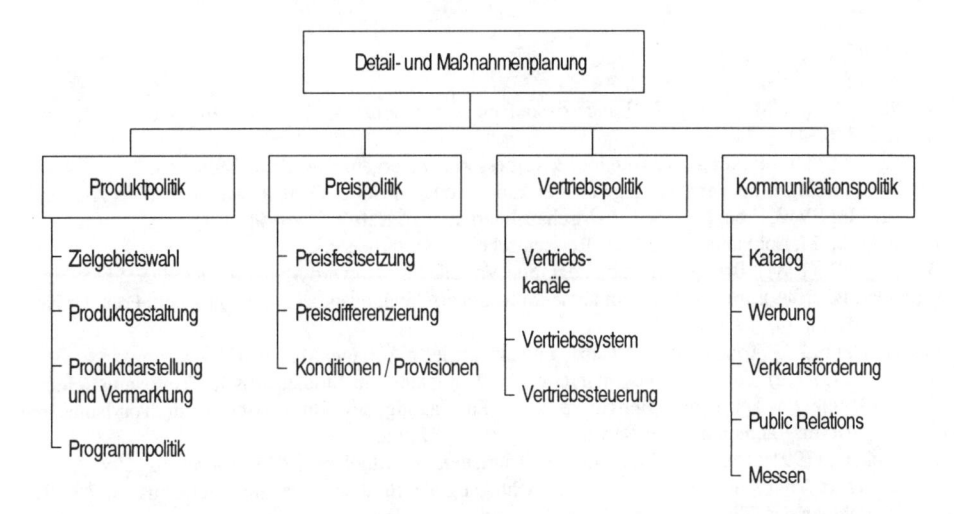

Abb. 12: Detail- und Maßnahmenplanung

Im Rahmen der Produktpolitik sind entsprechende Maßnahmen in bezug auf die Zielgebietswahl, die Produktgestaltung (Leistungsbestandteile des Produktes), die Produktdarstellung und -vermarktung sowie die Programmpolitik zu treffen. Eine differenzierte Preispolitik im Sinne der Strategie beinhaltet Fragen der Preisfestsetzung, der Preisdifferenzierung und der Konditionen/Provision. Durch die Vertriebspolitik muß gewährleistet werden, daß das Angebot problemlos gebucht werden kann. Hier sind insbesondere die Vertriebskanäle festzulegen, entsprechende Vertriebssysteme zur Verfügung zu stellen und die vertrieblichen Aktivitäten zu steuern. Aufgabe der Kommunikationspolitik ist die Steigerung des Bekanntheitsgrades und der Aufbau eines eigenständigen Images auf der Basis der abgeleiteten Strategie. Entsprechende Maßnahmen betreffen die Kataloggestaltung, die Werbung, Verkaufsförderung, Public Relations und Messeaktivitäten. Auf die einzelnen Maßnahmen der Gestaltung des Marketing-Mix wird im Rahmen dieses Buches in den folgenden Kapiteln näher eingegangen.

1.3.6 Realisation der Maßnahmen und Kontrolle der Aktivitäten

Zentraler Bestandteil jeder strategischen Planung ist die Sicherstellung der Umsetzung auf allen Ebenen. Alle Aktivitäten müssen im Sinne der Strategie koordiniert und umgesetzt werden. Laufend muß überprüft werden, ob die Maßnahmen im Sinne der Strategie "greifen". Eine Erfassung der Abweichungen und eine differenzierte Analyse der Abweichungsursachen bietet die Basis für eine Anpassung der Strategie und/oder eine Korrektur der Maßnahmen.

Literatur

Backhaus, K., M. Meyer (1987): Länderrisiken im internationalen Marketing. In: Harvard Manager, Heft 3, S. 103–112.
Becker, J. (1990): Marketing-Konzeption. 3. verbesserte und ergänzte Auflage. München.
Bleile, G. (1992): Eine Verschärfung der Preiskämpfe oder gezielter Qualitätswettbewerb als Alternativen? In: FVW, Fremdenverkehrswirtschaft International, Heft 2, S. 40–44.
Braun, O. L., M. Lohmann (1989): Die Reiseentscheidung. Starnberg.
Buzzel, R. D. (1984): Bringt vertikale Integration Vorteile? In: Harvard Manager, Heft 1, S. 51–59.
Captuller, B. (1989): Informationsaufnahme im Reiseentscheidungsprozeß. Diplomarbeit, Freie Universität Berlin.
Freyer, W. (1991a): Tourismus. 3. ergänzte und aktualisierte Auflage. München/Wien.
Freyer, W. (1991b): Ganzheitliches Marketing im Tourismus. In: Studienkreis für Tourismus (Hrsg.): Marketing im Tourismus. Bericht über die Fachtagung des Studienkreises für Tourismus am 7.3.1990 im Rahmen der ITB Berlin. Starnberg, S. 137–162.
Haedrich, G. (1991): Modernes Marketing im Tourismus. In: Studienkreis für Tourismus (Hrsg.): Marketing im Tourismus. Bericht über die Fachtagung des Studienkreises für Tourismus am 7.3.1990 im Rahmen der ITB Berlin. Starnberg, S. 21–38.

Haedrich, G., E. Kreilkamp (1984): Einsatz des Portfolio-Managements in der Tourismus- und Fremdenverkehrsplanung. In: Revue de tourisme, No. 1, S. 4–12.
Haedrich, G., T. Tomczak (1990): Strategische Markenführung. Bern/Stuttgart.
Hanrieder, M. (1992): Marketing-Forschung und Informations-Analyse als Grundlage der Marketing-Planung. In: P. Roth, A. Schrand (Hrsg.): Touristik-Marketing. München, S. 81–109.
Hebestreit, D. (1992): Touristik Marketing. 3. erweiterte und überarbeitete Auflage, Berlin.
Hinterhuber, H. H. (1989): Strategische Unternehmungsführung, Band I: Strategisches Denken. 4., völlig neu bearbeitete Auflage, Berlin/New York.
Institut für Tourismus der Freien Universität Berlin und Kienbaum Unternehmensberatung (1991): Strategische Situation bundesdeutscher Reiseveranstalter. Düsseldorf/Berlin.
Köllgen, R. (1991): Strategisches Marketing – Ansatzpunkte für Reiseveranstalter. In: Studienkreis für Tourismus (Hrsg.): Marketing im Tourismus. Bericht über die Fachtagung des Studienkreises für Tourismus am 7.3.1990 im Rahmen der ITB Berlin. Starnberg, S. 39–55.
Kreilkamp, E. (1987): Strategisches Management und Marketing. Berlin/New York.
Meffert, H. (1988): Strategische Unternehmensführung und Marketing. Wiesbaden.
Merz, A. (1992): Wyk auf Föhr: Oase für gesundheitsorientierte Aktiv-Urlauber. In: P. Roth, A. Schrand (Hrsg.): Touristik-Marketing. München, S. 245–265.
Peters, Th. J., R. H. Waterman jun. (1984): Auf der Suche nach Spitzenleistungen. 5. Auflage, Landsberg/Lech.
Porter, M. E. (1980): Competitive Strategy. New York.
Porter, M. E. (1987): Wettbewerbsstrategie. 4. Auflage, Frankfurt a.M.
Pümpin, C. (1980): Strategische Führung in der Unternehmungspraxis. Bern.
Pümpin, C., J.-M. Kobi, H. H. Wüthrich (1985): Unternehmenskultur. In: Die Orientierung, Nr. 85 (Hrsg.: Schweizerische Volksbank). Bern.
Rammel, R. (1991): Läßt sich der Charterflugreisende durch Preisdifferenzierung beeinflussen? In: Jahrbuch für Fremdenverkehr 1990 (Hrsg.: Böventer/Haas). München.
Reibnitz, U. (1987): Szenarien – Optionen für die Zukunft. Hamburg u.a.
Romeiß-Stracke, F. (1992): Die Veränderungen der gesellschaftlichen Rahmenbedingungen für die Touristik. In: P. Roth, A. Schrand (Hrsg.): Touristik-Marketing. München, S. 21–28.
Roth, P. (1992a): Grundlagen des Touristik-Marketing. In: P. Roth, A. Schrand (Hrsg.): Touristik-Marketing. München, S. 111–192.
Roth, P. (1992b): Umweltverträglicher Tourismus: Von der Forderung zur Realisierung. In: P. Roth, A. Schrand (Hrsg.): Touristik-Marketing. München, S. 45–80.
Roth, P., A. Schrand (Hrsg.) (1992): Touristik-Marketing. München.
Schmieder, F. (1991): Vom Einzelmarken- zum Dachmarken-Konzept: Markenpolitik am Beispiel der TUI. In: E. Seitz, J. Wolf (Hrsg.): Tourismusmanagement und -marketing. Landsberg/Lech, S. 507–516.
Schrand, A. (1992): Tourismus 2000: Der Strukturwandel auf den Touristik-Märkten. In: P. Roth, A. Schrand (Hrsg.): Touristik-Marketing. München, S. 1–20.
Seitz, E., J. Wolf (Hrsg.) (1991): Tourismusmanagement und -marketing. Landsberg/Lech.
Studienkreis für Tourismus (Hrsg.) (1991): Marketing im Tourismus. Bericht über die Fachtagung des Studienkreises für Tourismus am 7.3.1990 im Rahmen der ITB Berlin. Starnberg.
Studienkreis für Tourismus (Hrsg.) (1992): Reiseanalyse 1991. Starnberg.
Wöhler, K. (1991a): Bestimmung von Marketingstrukturen. In: Studienkreis für Tourismus (Hrsg.): Marketing im Tourismus. Bericht über die Fachtagung des Studienkreises für Tourismus am 7.3.1990 im Rahmen der ITB Berlin. Starnberg, S. 57–70.
Wöhler, K. (1991b): Zielgruppenorientiertes Marketing. In: Studienkreis für Tourismus (Hrsg.): Marketing im Tourismus. Bericht über die Fachtagung des Studienkreises für Tourismus am 7.3.1990 im Rahmen der ITB Berlin. Starnberg, S. 71–86.
Zimmer, P. (1991): Ganzheitliches Management im Tourismus. In: E. Seitz, J. Wolf (Hrsg.): Tourismusmanagement und -marketing. Landsberg/Lech, S. 243–264.

2. Produkt- und Preispolitik

Edgar Kreilkamp

2.1. Tourismus-Marketing als Dienstleistungsmarketing

Das touristische Produkt ist ein Produkt von hoher Komplexität, das in sehr vielfältigen Formen nachgefragt wird: Es reicht vom Angebot an Pauschalreisen der Reiseveranstalter über die Vermittlungsleistungen der Reisebüros, über die Leistungen der Reiseleiter oder Sportlehrer bis zur Produktion von Souvenirs der Souvenir-Industrie oder Dienstleistungen des Hotelfriseurs (vgl. Freyer, 1991, S. 120). Einerseits erstellt jeder Betrieb bzw. jeder touristische Teilbereich sein eigenes touristisches Produkt:
- Die Transportbetriebe erstellen die Beförderungsleistung,
- die Hotels die Beherbergungsleistung,
- die Reiseführer die Reiseleitung,
- die Souvenir-Industrie die Souvenirs,
- Verlage die Reisezeitschrift und Landkarten usw.

Andererseits fragt der Tourist im allgemeinen ein Leistungsbündel (touristisches Produkt) nach, mit anderen Worten, die einzelnen touristischen Teilbereiche stehen in einem engen Abhängigkeitsverhältnis zueinander und tragen in ihrer Gesamtheit zur Erstellung eines touristischen Gesamtproduktes bei. Unter dem Produkt ist dabei die Gesamtleistung (Qualität, Service, Zusatzleistungen usw.) zu verstehen, die den Endabnehmer dazu veranlaßt, es zu kaufen. Der Wert (bzw. die Nutzenerwartung), den ein Abnehmer einem bestimmten Produkt beimißt, steht dabei in direktem Verhältnis zu der von ihm angenommenen Fähigkeit des Produktes, seine Probleme zu lösen bzw. seinen Bedarf zu decken. Entsprechend ist für den Abnehmer ein Produkt eine komplexe Ansammlung zu befriedigender Wertvorstellungen (vgl. Kreilkamp, 1987, S. 115). Der Bedarf des Urlaubers reduziert sich dabei nicht nur auf Teilleistungen wie Transport, Beherbergung oder Verpflegung, der Urlauber versucht vielmehr, eine Vielzahl komplexer Bedürfnisse zu befriedigen. Er sucht Erholung, Kontakte, Bildung, Erlebnisse, Geselligkeit, kreative Entfaltung usw., den Urlaub als Gegenalltag oder als Ergänzung des beruflichen Alltags (vgl. Steinecke, 1983, S. 46 f.; Freyer, 1991, S. 129). In ihrem Kern ist die touristische Leistung, das touristische Produkt eine Dienstleistung. Daher sollen im folgenden einige Aspekte des Dienstleistungsmarketing näher betrachtet werden (vgl. hierzu insbesondere Olavarria-Berger, 1991).

Dienstleistungen weisen gegenüber Sachgütern einige Besonderheiten auf. So haben Zeithaml et al. (1985) mittels einer Auswertung der nordamerikanischen Dienstleistungsmarketing-Literatur vier zentrale Eigenschaften bestimmt, die Dienstleistungen von Sachgütern unterscheiden. Dies sind (vgl. Zeithaml et al., 1985, S. 33 f.):
- Intangibilität (Nichtgreifbarkeit),

- Untrennbarkeit von Produktion und Konsumtion,
- Heterogenität und
- Vergänglichkeit.

Dienstleistungen sind "Verrichtungen" (vgl. Scheuch, 1982, S. 16), die nicht in der gleichen Weise wie Sachgüter sinnlich wahrnehmbar sind. Die Tatsache, daß Dienstleistungen intangibel sind, hat nicht unerhebliche Auswirkungen auf das Marketing für Dienstleistungen. So kann man davon ausgehen, daß Konsumenten im allgemeinen bei Dienstleistungen ein höheres wahrgenommenes Risiko auf sich nehmen als bei Produkten (vgl. u.a. Gusemann, 1981; Murray, 1991).

Ebenso wie der Faktor "Intangibilität" ist auch die für die meisten Dienstleistungen gegebene Untrennbarkeit von Produktion und Verbrauch von Bedeutung im Hinblick auf das Marketing für Dienstleistungen. Im Gegensatz zu Sachgütern, die zuerst produziert, dann verkauft und schließlich konsumiert werden, werden Dienstleistungen zunächst verkauft und in der Folge simultan produziert und konsumiert. Hieraus ergibt sich die Notwendigkeit des direkten Kontaktes des Abnehmers der Dienstleistung mit dem Dienstleister. Meyer (1986, S. 22) spricht hier von der "Integration eines externen Faktors in den Herstellungsprozeß". Die Mitarbeiter eines Dienstleistungsunternehmens, die in direktem Kontakt mit den Kunden stehen, nehmen dadurch sowohl Marketing- als auch operative Funktionen wahr.

Gleichsam als Folge der Intangibilität und der Untrennbarkeit von Produktion und Konsumtion sind einzelne Dienstleistungen häufig heterogen. Unter Heterogenität verstehen Zeithaml et al. (1985, S. 34) die bei Dienstleistungen potentielle hohe Variabilität der Qualität. Im Vergleich zu Sachgütern können Dienstleistungen nicht im gleichen Ausmaß während und nach dem Produktionsprozeß einer Qualitätskontrolle unterworfen werden. Darüber hinaus variiert die Qualität der Verrichtungen aufgrund der persönlichen Interaktion zwischen Mitarbeiter und Kunde sowie zwischen Kunden untereinander. Eine konsistente Qualität ist in Fällen großer persönlicher Interaktion bei der Dienstleistung kaum zu erreichen. Hieraus ergibt sich die Notwendigkeit für ein Dienstleistungsunternehmen, geeignete Maßnahmen zur Aufrechterhaltung bzw. Wiederherstellung der Zufriedenheit derjenigen Kunden zu entwickeln, die einen Dienst unter den angestrebten bzw. von dem jeweiligen Kunden erwarteten Qualitätsstandard erhalten haben.

Da es sich bei Dienstleistungen um Verrichtungen handelt, können sie nicht gespeichert und gelagert werden, sie sind vergänglich. Das Zustandekommen einer Dienstleistung erfordert daher die Bereitstellung des Dienstepotentials (vgl. Scheuch, 1982, S. 5). Hieraus ergibt sich das Problem der zeitgenauen Angleichung von Angebot = Produktion und Nachfrage.

Aufgrund der Besonderheiten von Dienstleistungen sind die für Sachgüter entwickelten Konzeptionen in bezug auf die Qualität eines Produktes hier nicht anwendbar. Außerdem ist eine Definition der Qualität von Dienstleistungen nur schwer zu leisten, da "es bei Dienstleistungen keine ... objektivierbare, mit der Produktqualität direkt vergleichbare Dienstleistungsqualität geben kann" (Meyer/Mattmüller, 1987, S. 189).

Man muß daher davon ausgehen, daß die Qualität einer Dienstleistung nur aus der individuellen Sicht der einzelnen Konsumenten beurteilt werden kann. Nicht die objektive Qualität eines Produktes/einer Dienstleistung, sondern vielmehr die subjektiv wahrgenommene Qualität ist als ausschlaggebend für das Konsumentenverhalten anzusehen. Daher ist die Betrachtung der objektiven Qualität bei der Planung von Marktstrategien nur bedingt aussagekräftig; eine Konzentration auf die subjektiv empfundene Qualität der Konsumenten ist zwingend erforderlich (vgl. Kreilkamp, 1987, S. 115 und S. 121 ff.).

Mit dem Problem der Charakterisierung der Qualität von Dienstleistungen befassen sich z.B. Grönroos (1983, S. 20 ff.) und Parasumaran et al. (1985). Die Qualität einer Dienstleistung wird aufgefaßt als ein vom Konsumenten aufgestellter Vergleich der erwarteten Dienstleistung mit der wahrgenommenen Dienstleistung. Die Beurteilung der Qualität erfolgt durch den Kunden hierbei nicht nur anhand des Resultats ("Was" hat der Nachfrager erhalten?), sondern auch anhand des Prozesses der Diensterbringung ("Wie" hat er die Dienstleistung erhalten?). Grönroos (1983, S. 25 f.) bezeichnet diese beiden Dimensionen der Dienstleistungsqualität als technische bzw. funktionale Qualität.

Daher besitzt die persönliche Kommunikation zwischen Kunden und Mitarbeiter des Dienstleistungsanbieters eine dominierende Bedeutung. In der Literatur zum Dienstleistungsmarketing spricht man in diesem Zusammenhang vom "Service Encounter" (vgl. Bitner et al., 1990, S. 72). Bitner (1990, S. 69) vertritt gar die Auffassung, daß die Zufriedenheit der Kunden mit einer Dienstleistung direkt und in erster Linie vom Management der Service Encounter abhängt: In vielen Fällen wird die Leistung des Anbieters durch den Kontakt des Kunden mit dem Personal des Dienstleistungsunternehmens definiert. Wie bereits anfangs ausgeführt, ist das wahrgenommene Risiko von Konsumenten bei Dienstleistungen im allgemeinen höher als bei Sachgütern. Ein wahrgenommenes Risiko ist Anlaß für den Konsumenten, Informationen zu suchen, mit anderen Worten, die Informationssuche wird als Strategie der Risikoreduktion angewandt. Man könnte hieraus schlußfolgern, daß Konsumenten bei einer Dienstleistungs-Kaufentscheidung mehr Informationen aufnehmen, als dies bei Sachgütern der Fall ist. Hierzu ist jedoch einschränkend anzumerken, daß die Informationssuche nur eine von mehreren möglichen Strategien (z.B. preisorientierte Qualitätsbeurteilung, Marken- und Geschäftstreue, Orientierung an bekannten Marken) der Risikoreduktion darstellt.

Da Käufer einer Dienstleistung vor dem Kauf nur wenige Eigenschaften der Dienstleistung kontrollieren und überprüfen können, wählen Konsumenten, die ihr Risikoempfinden reduzieren wollen, Informationen von Personen, die bereits Erfahrung mit der in Frage stehenden Dienstleistung gemacht haben. Hierbei sind unabhängige persönliche Quellen besonders effektiv, da Konsumenten größeres Vertrauen in persönliche Informationsquellen setzen. Dies zeigt sich auch im Tourismus. Freunde, Bekannte, Arbeitskollegen sind die wichtigsten Informationsquellen in bezug auf Reiseentscheidungen (vgl. Studienkreis für Tourismus, 1991, S. 2). Auch dem Beratungs-/

Verkaufspersonal kommt eine wichtige Rolle als persönliche Informationsquelle zu. Zeithaml (1981) unterscheidet hier zwischen Eigenschaften der Dienstleistung, die der Konsument vor dem Kauf kontrollieren und überprüfen kann (sog. Search Qualities), und Eigenschaften, die erst während der Konsumtion ausgemacht werden können (sog. Experience Qualities). Während Informationen über Experience Quality primär über unabhängige Personen wie Freunde, Bekannte, Arbeitskollegen vermittelt werden können, hat das Dienstleistungsunternehmen insbesondere Möglichkeiten, sog. Search Qualities zu vermitteln. Der persönliche Kontakt der Mitarbeiter der letzten Station des Absatzweges mit dem potentiellen Kunden ist daher bei einer Kaufentscheidung für Dienstleistungen von sehr großer Bedeutung. Darüber hinaus erleichtert die Bereitstellung adäquater Hinweise dem Konsumenten die Beurteilung der Qualität der angebotenen Dienstleistungen.

Aber nicht nur Informationen vor der Kaufentscheidung sind innerhalb des Dienstleistungsmarketing von entscheidender Bedeutung, genauso entscheiden natürlich der persönliche Kontakt bei der Erbringung der Dienstleistung über die wahrgenommene Qualität und auch der Service eines Dienstleistungsunternehmens nach erbrachter Leistung. Insbesondere die Frage des Umgangs mit unzufriedenen Kunden wird in der Literatur ausführlich diskutiert. Untersuchungen haben erwiesen, daß auch unbefriedigende Diensterbringungen durch entsprechende Handhabung (z.B. Kompensation) zu positiv erinnerten Erlebnissen werden können (vgl. Bitner et al., 1990). Eine entsprechende Beschwerdepolitik kann dazu beitragen, daß

— Informationen über die von den Konsumenten erwartete Dienstleistung zur Verfügung gestellt werden,
— durch die Herstellung von Beschwerdezufriedenheit Grundlagen für Einstellungsverbesserungen und somit Kundenbindungen und Markentreue geschaffen werden,
— negative Mund-zu-Mund-Kommunikation vermieden, positive Mund-zu-Mund-Kommunikation hingegen gefördert wird,
— ein positives Unternehmensimage entwickelt bzw. aufgebaut werden kann (vgl. Stauss, 1989, S. 46 f.).

Diese Ziele des Beschwerdemanagements sind jedoch nur erreichbar, wenn unzufriedene Kunden motiviert werden, sich zu beschweren, diese Beschwerden systematisch bezüglich ihres Informationsgehalts überprüft und schließlich adäquat behandelt werden.

2.2 Produkt- und Preispolitik als Teil des marketingpolitischen Instrumentariums

Die Produkt- und Preispolitik ist das Kernstück der Marketingplanung, da vertriebs- und kommunikationspolitische Entscheidungen nur in enger Abstimmung mit ihr getroffen werden können. Die Produkt- und Preispolitik dient der Planung des Leistungsprogramms touristischer Unternehmen und Institutionen. In Anlehnung an Haedrich (1981, S. 1–5), der die Produkt- und Preispolitik unter dem Begriff Angebotspolitik zusammenfaßt, ist in Abb. 1 die Wirkungsweise der Marketing-Instrumentalbereiche wiedergegeben.

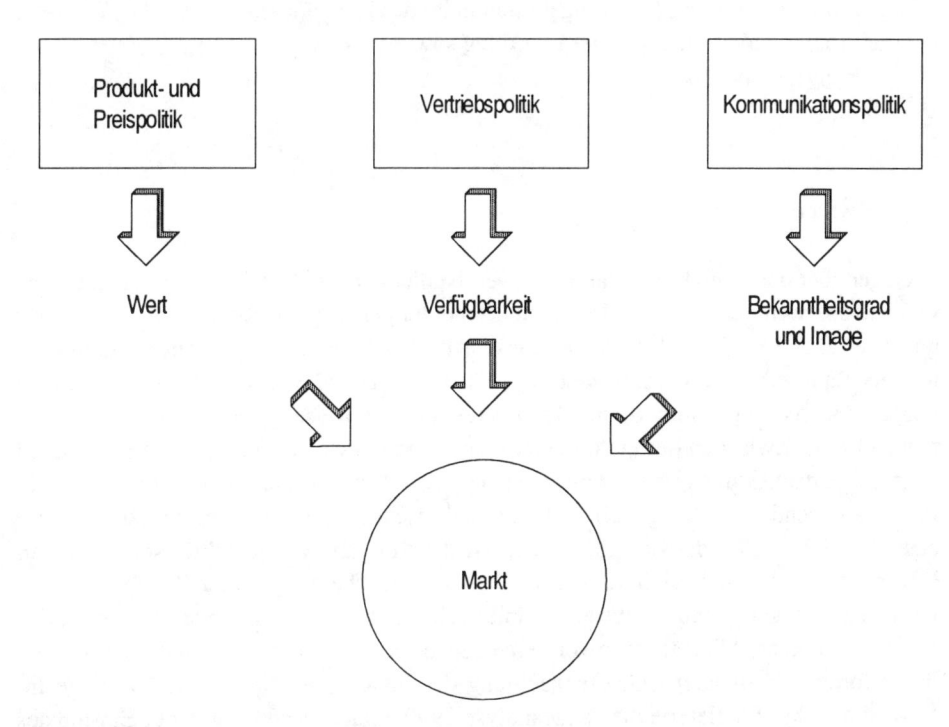

Abb. 1: Wirkungsweise der marketingpolitischen Instrumentalbereiche
Quelle: nach Haedrich, 1982, S. 2

Die Produkt- und Preispolitik bestimmt den Wert (Nutzenerwartung der Abnehmer) eines Angebots, während durch die Vertriebspolitik (häufig Distributionspolitik genannt) die Verfügbarkeit und durch Kommunikation Bekanntheitsgrad und Image eines Angebots festgelegt werden. Alle drei Instrumentalbereiche wirken simultan im Sinne einer zielgerichteten Maßnahme zur Differenzierung vom Wettbewerb (Positionierung) auf den Markt ein.

Orientiert an der Grundsatzstrategie ist im Rahmen der Produktpolitik das touristische Produkt mit seinen einzelnen Leistungsbestandteilen zu gestalten. Dabei unterscheidet sich das zur Verfügung stehende Spektrum von Instrumenten in Abhängigkeit davon, ob es sich um einen Reiseveranstalter, einen Transportbetrieb, ein Hotel oder ein Fremdenverkehrsgebiet handelt. An dieser Stelle wird beispielhaft auf das Produktinstrumentarium von Reiseveranstaltern eingegangen.

2.3 Produktpolitisches Instrumentarium von Reiseveranstaltern

Reiseveranstalter haben im Rahmen der Produktpolitik Maßnahmen in bezug auf
- die Zielgebietswahl,
- die Produktgestaltung (Leistungsbestandteile des Produktes),
- die Produktdarstellung und -vermarktung sowie
- die Programmpolitik

zu treffen.

2.3.1 Zielgebietswahl

Gegenüber den primären Urlaubsmotiven ist die Veranstalter-Entscheidung nur eine von vielen, weniger bedeutenden Teilentscheidungen (vgl. Hebestreit, 1992, S. 185 und Kap. II.A.1 im 2. Teil dieses Buches). Alle Untersuchungen zeigen deutlich, daß in einer Rangreihe der Teilentscheidungen das Reiseziel allen anderen Entscheidungen vorgeordnet ist (vgl. zum Stand der Forschung zur Reiseentscheidung Braun/Lohmann, 1989). Zwischen der ersten Überlegung und der Entscheidung für ein Reiseziel liegt ein Entscheidungsprozeß von zwei bis drei Monaten. Da die Reisezieltreue der Pauschalreisenden im Vergleich zu Individualreisenden deutlich geringer ist (vgl. Hebestreit 1992, S. 173, der sich auf Ergebnisse der Reiseanalyse bezieht), ist es für einen Reiseveranstalter wesentlich, daß er die Reisezielentscheidung seiner Kunden und potentiellen Kunden genau analysiert, damit er die entsprechenden Angebote zur Verfügung stellen kann. Hierfür ist sowohl eine genaue Kenntnis der Motivation der Reisenden erforderlich als auch eine Beobachtung des Images der Zielgebiete (wichtige Informationen hierfür lieferte die Reiseanalyse 1990, in der insbesondere der Einfluß des Images verschiedener Zielgebiete auf die Reiseentscheidung erfaßt wurde; vgl. Studienkreis für Tourismus, 1991a).

Ganz offensichtlich nimmt mit zunehmender Zielgebietserfahrung die Pauschalreiseintensität nicht ab. Angeregt vom vielfältigen Veranstalterangebot – die großen Reiseveranstalter in der Bundesrepublik Deutschland bieten im Sommer im Durchschnitt über 30 verschiedene Zielgebiete an – entscheidet sich der Pauschalreisende lediglich für ein anderes Hotel, einen anderen Ort, ja sogar ein anderes Land. "Entgegen manchen Vorstellungen sind es nicht die Pauschalreisenden, die in festgefahrenen Urlaubsgewohnheiten von Jahr zu Jahr an denselben Ort fahren, vielmehr erschließt sich ein großer Teil der Pauschalreisenden jedes Jahr ein neues Urlaubsgebiet im Ausland. Dadurch gibt es erhebliche Wanderungsbewegungen innerhalb der Urlaubsländer" (Zukker-Stenger, 1986, S. 9).

Ausgehend von diesen Erkenntnissen führte die TUI ihr neues Markenkonzept ein. Es war belegt, daß mehr als zwei Drittel aller Kunden bereits beim ersten Reisebürokontakt klare Vorstellungen über das Reiseland der geplanten Urlaubsreise haben. Mit der Segmentierung nach TUI-Länderkatalogen wurde somit dem wichtigsten Auswahlkriterium der Kunden Rechnung getragen. Dadurch wurde es möglich, die volle Angebotsbreite der TUI in den einzelnen Zielgebieten und damit die Auswahl- und Produktkompetenz überzeugender und wettbewerbswirksamer darzustellen (vgl. Schmieder 1991, S. 514).

2.3.2 Produktgestaltung

Neben der Zielgebietsentscheidung, die im Rahmen der Produktpolitik von Reiseveranstaltern eine herausragende Rolle einnimmt, ergeben sich wichtige Maßnahmen im Bereich der Produktgestaltung zur Umsetzung der Strategie. Das Produkt des Reiseveranstalters, in der Regel die Pauschalreise, enthält verschiedenartige Leistungselemente, wie Transport, Unterkunft, Verpflegung, Transfer, Reiseleitung, Unterhaltung, Betreuung, Informations-, Buchungs- und Abwicklungskomfort, die untereinander verknüpft und vom Veranstalter als Gesamtpaket angeboten werden. In der Auswahl, im Einkauf und in der Zusammenfassung der Leistungen im Sinne der Strategie liegt die Gestaltungsaufgabe des Reiseveranstalters. Hebestreit (1992, S. 220–222) zeigt deutlich die kombinatorische Gestaltungsvielfalt der Pauschalreise (vgl. Tab. 1).

Wenn auch die Zusammenstellung der Leistungsbestandteile zu einem Produkt "Pauschalreise" abhängig von den gewählten strategischen Alternativen (vgl. hierzu Punkt 2.5 dieses Aufsatzes) ist, so wird andererseits die Produktgestaltung durch beschaffungstechnische Restriktionen und die Marktgegebenheiten der Beschaffungsmärkte beeinflußt und begrenzt. Aus diesem Grunde ist ein an der Absatzpolitik orientiertes Beschaffungsmarketing unerläßlich (vgl. hierzu und zu den nachfolgenden Gesichtspunkten zum Beschaffungsmarketing Haedrich, 1983, S. 244). Beschaffungsmarketing heißt, Unternehmen, Institutionen oder Personen, die wichtige Bestandteile für das eigene Produkt erbringen, daran zu interessieren, ihre Dienste termingerecht, in bestimmter Qualität und Quantität und zu festgelegten Preisen zur Verfügung zu stellen. Das kann z.B. erreicht werden durch
– Akquisition von oder Kooperation mit verschiedenen Leistungsträgern (z.B. Agenturen, Hotels) in den Zielgebieten,
– vertragliche Bindungen von Leistungsträgern und durch
– Schulung und Motivation der Leistungsträger.

Dabei wird in der Regel derjenige Nachfrager von Beschaffungsleistungen im Vorteil sein, der über eine relativ große Macht und entsprechende finanzielle Mittel verfügt.

An dieser Stelle sei an den "Service Encounter" erinnert (vgl. Punkt 2.1 dieses Aufsatzes). Die Beurteilung der Qualität der Dienstleistung "Pauschalreise" erfolgt durch den Kunden nicht nur dadurch, welche Einzelbestandteile ihm geboten werden, sondern auch über die Erbringung der Dienstleistung durch das Personal des Reiseveranstalters. Bei Dienstleistungen erlebt der Verbraucher die Erstellung des Produktes mit. Dabei bewegt sich der Reisende (insbesondere der Pauschalreisende) häufig in Mas-

Tab. 1: Beeinflußbarkeit von Pauschalreisebestandteilen
Quelle: Hebestreit, 1992, S. 221–222

Pauschalreise-bestandteil bzw. Instrumentalvariable	bestimmbar	vom Veranstalter mit Einschränkungen beeinflußbar	nicht beeinflußbar
Zielgebiet, Zielort	Art (Lage, Charakteristik, Attraktionen, Möglichkeiten)	langfristige, strukturelle Maßnahmen	ungeplante Entwicklungen (Wetter, Politik, Seuchen u.ä.)
Verkehrsträger	Art, Fahrt- und Flugroute, Zwischenaufenthalte	Zeit und Ort des Reiseantritts, Reisedauer, Komfort, Eigenschaften Mitreisender	Pünktlichkeit der Beförderung, technische Zuverlässigkeit
Transfer	Art, Strecke, Dauer	Qualität, Pünktlichkeit	kurzfristige Qualitätsschwankungen
Unterkunft	Art, Lage, Ausstattung, Service, Qualitätsstandard	Größe des eigenen Kontingents, Kontingente anderer Veranstalter, Aufenthaltsdauer, Gästestruktur	kurzfristige Qualitätsschwankungen, individuelle Servicefaktoren
Verpflegung	Art, Umfang	Qualitätsstandard	kurzfristige Qualitätsschwankungen, Befriedigung individueller Wünsche
Zusatzleistungen	Art, Umfang, Preise, wenn katalogmäßig erfaßt	Qualitätsstandard, Preise, wenn nicht katalogmäßig angeboten	kurzfristige Qualitätsschwankungen
Betreuung	Umfang während Reireise, Aufenthalt und Transfer, Qualitätsstandard	kurzfristige Qualitätsschwankungen	
Atmosphäre, Geselligkeit, Unterhaltung	Anregungen, Angebote	äußerer Rahmen, Charakteristik der eigenen Gäste	Charakteristik anderer Gäste, individuelle Einflußfaktoren
Buchungsabwicklung	Komfort, Schnelligkeit, Verläßlichkeit, Umbuchungswahrscheinlichkeit	Qualität des externen Buchungspersonals (Reisebüro etc.)	
Preise	bei fix kontrahierten Leistungen	bei mit Gleitklauseln kontrahierten Leistungen	bei nicht kontrahierten Leistungen während Reise und Aufenthalt

sensituationen: Schlange stehen auf überfüllten Flughäfen, der Kampf um das Reisegepäck nach der Ankunft, Besichtigungen in Großgruppen. Selbst wenn die Dienstleistung korrekt erbracht wurde, wird der Prozeß ihrer Erstellung als wenig urlaubsadäquat erlebt, mitunter sogar als menschenunwürdig empfunden, eben als Massenabfertigung. Die Handhabung einer solchen Situation durch die Mitarbeiter oder Vertreter des Reiseveranstalters prägt entscheidend die Qualität des Produkts "Pauschalreise". Da die Pauschalreise in ihrer Qualität (der objektiven und subjektiv vom Kunden empfundenen) so stark vom Sachwissen, von den Fähigkeiten und der Service-Qualität der Mitarbeiter abhängt, ist die gesamte Organisation des Reiseveranstalters unter Service-Orientierung auf die Kunden auszurichten. Entsprechende Maßnahmen im Sinne einer solchen Service-Orientierung können sein (vgl. Institut für Tourismus/Kienbaum 1991, S. 54–55):
– regelmäßige persönliche Überwachung der Dienstleistungsqualität vor Ort,
– die Entwicklung von Service-Programmen für Mitarbeiter,
– gezielte Auswertung der Kundenzuschriften, um den (positiv bzw. negativ) Betroffenen in Kenntnis zu setzen,
– Auswahl der Leistungsträger unter Service-Aspekten.

Pompl erweitert die Service-Orientierung des Qualitätsmanagements um eine Umwelt- und Sozialorientierung. "Qualitäts-Management als strategische Stoßrichtung ist das Konzept eines ganzheitlichen Managements, das die Verantwortung für die natürliche und soziale Umwelt, die Ansprüche des Kunden und die wirtschaftlichen Interessen des Unternehmens gleichermaßen berücksichtigt. Es hebt ... den vermeintlichen Widerspruch von Ökonomie und Ökologie auf, indem es durch Reduzierung der Umweltbelastung zu qualitativ höheren Produkten führt und durch eine Verbesserung der Service-Komponente eine Produkterweiterung erzielt, aber nicht durch exzessiveren Konsum, sondern durch intensiveres Bemühen um den Kunden als Gast" (Pompl, 1991, S. 199). Eine Qualitätsstrategie im Tourismus erfordert, Qualitäts-Management als aktiven Wettbewerbsparameter statt als bloß passive Reaktion auf Marktveränderungen infolge unternehmensexterner Prozesse zu sehen:
– Umwelt-, Sozial- und Service-Orientierung nicht als kurzfristige Taktik der Katastrophen- oder Mängelbeseitigung zu interpretieren, sondern als langfristige Option im Hinblick auf Qualität;
– systematisch in Marktforschung, Produktentwicklung, Marketing, Personal- und Organisationsentwicklung zu investieren;
– eine feste Verankerung der Qualitäts-Denkweise in der Unternehmensphilosophie und im Unternehmens-Leitbild.

Um ein solchermaßen definiertes Qualitätsmanagement auch auf die Leistungsträger zu erweitern, müssen innerhalb des Beschaffungsmarketing folgende Aspekte berücksichtigt werden:
– eine eindeutige Festlegung der Leistungsqualität mit Hilfe von Qualitätsnormen,
– die Information der Leistungsträger über diese Normen,

– die Auswahl der Leistungsträger nach dem Kriterium der zuverlässigen Erfüllung dieser Normen (vgl. Pompl, 1991, S. 204).

Ziel eines solchen Beschaffungsmarketing ist es, die Märkte nicht nur unter Kosten-, sondern auch unter Qualitätsgesichtspunkten zu verändern. Langfristiges Ziel dieser auf eine qualitative Verbesserung zielenden Strategie sind Leistungsträger, deren Produkte nicht zufällig mehr oder weniger gut zu Reisetypen und Zielgruppen passen, sondern die auf die Bedürfnisse der Nachfrager ebenso maßgeschneidert sind wie auf die Vermeidung sozialer und ökologischer Folgeschäden des Tourismus.

2.3.3 Produktdarstellung und -vermarktung

Nicht nur die Leistungsbestandteile des Produktes müssen im Sinne der verschiedenen Strategien gestaltet werden, wesentlich ist auch eine entsprechende Produktdarstellung und -vermarktung. Im Reiseveranstalterbereich kommt hier neben einer entsprechenden Marke (Name bzw. Logo im Sinne einer einheitlichen Produktkennzeichnung) der Darstellung des Angebotes im Veranstalterkatalog die größte Bedeutung zu. Die Produktkennzeichnung (Marke) stellt eine wichtige Voraussetzung für die Identifizierung des eigenen Angebotes dar. Dabei können unterschiedliche Formen (Typen) von Marken unterschieden werden (vgl. Becker, 1990, S. 177; Haedrich/Tomczak, 1990, S. 27–29):

– Produkt-Marken (Mono-Marken); Beispiel: Robinson-Club. Produkt und Marke sind hier identisch.
– Programm-Marken (Range-Marken); Beispiel: Airtours. Nach bedarfsorientierten Gesichtspunkten zusammengestellte Produktprogramme werden mit einer übergreifenden Markenbezeichnung zusammengefaßt.
– Dach-Marken (Company-Marken); Beispiel: TUI. Die Herstellermarke dient als Klammer um die Produkte eines Anbieters.

An den Beispielen wird deutlich, daß die Touristik Union International (TUI) gleichzeitig alle Markenformen verwendet. Die Produktmarke hat den großen Vorteil, daß hier eine Marke nur von einem Produkt getragen wird; sie kann damit sehr klar und spezifisch profiliert werden. Der Nachteil dieses Markentyps besteht allerdings darin, daß ein einziges Produkt auch alle Markenaufwendungen tragen muß. Bei der Dach-Marke als dem anderen Extremtyp besteht der Vorteil umgekehrt darin, daß alle Produkte eines Unternehmens einen einheitlichen Markennamen tragen und den für ihn notwendigen Profilierungsaufwand gemeinsam finanzieren. Demgegenüber besteht der grundsätzliche Nachteil einer solchen Dach-Marke darin, daß sie nicht so spezifisch profiliert werden kann. Insofern stellt die Programm-Markenstrategie häufig einen Kompromiß dar oder, wie am Beispiel der TUI zu sehen, sind verschiedene Markenstrategien kombinierbar.

Die Kataloge eines Reiseveranstalters beinhalten das gesamte Angebot oder das Angebot einer Produktgruppe des Veranstalters pro Saison. Sie sind die Grundlage für

Verkauf bzw. Kauf eines Produktes, das − im Grunde ein Urlaubserlebnis − nur unvollkommen darstellbar ist, dessen Bestandteile vorher nicht in Augenschein genommen werden können und das der Käufer im voraus bezahlen muß (vgl. Hebestreit, 1992, S. 432). Der Veranstalterkatalog ist damit häufig der einzige direkte Kontakt des Abnehmers der Dienstleistung mit dem Dienstleister, denn häufig erfolgt die Auswahl der entsprechenden Reise und damit die Reiseentscheidung nicht im Reisebüro, sondern bei dem Kunden "zu Hause". Für Pauschalreisen ist darüber hinaus natürlich das Reisebüro eine wichtige Informationsstelle. Insgesamt nutzen zwar nur ca. 35% der Reisenden Reise- und Veranstalterbüros, bei Pauschalreisenden liegt der Anteil der Reisebüronutzung jedoch bei ca. 57% (vgl. Studienkreis für Tourismus, 1992, S. 119). Wenn sich auch nicht alle Pauschalreisenden im Hinblick auf die Reiseentscheidung beraten lassen − viele möchten sich auch nur über freie Plätze bei bereits getroffenen Reiseentscheidungen informieren −, so besitzen doch die Reisebüroexpedienten eine wichtige Funktion hinsichtlich der Beratung von potentiellen Kunden und können damit die Reiseentscheidung beeinflussen. Aber auch dieses Beratungsgespräch erfolgt häufig unter Zuhilfenahme der Kataloge. Beachtet man diese Aspekte, so wird die entscheidende Bedeutung des Reiseveranstalterkataloges deutlich: Der Veranstalterkatalog ist nicht nur ein Teil der Produktpolitik, da er die von den Veranstaltern ausgearbeiteten Produkte darstellt, er ist gleichzeitig ein Mittel der Vertriebspolitik, d.h., er ermöglicht die Verfügbarkeit über das Angebot, und letztlich auch ein Instrument der Kommunikationspolitik, da er eine wichtige Werbefunktion erfüllt. Die Gestaltung der Veranstalterkataloge muß daher zwei teilweise gegensätzlichen Aufgaben gerecht werden (vgl. Hebestreit, 1992, S. 433):
− umfassend und sorgfältig über das Angebot informieren,
− Präferenzbildung für die Leistungen des Veranstalters und für einzelne Angebote sicherstellen.

2.3.4 Programmpolitik

Ein weiteres Instrument der Produktpolitik ist die Programm- oder Sortimentspolitik. Unter dem Begriff Produktprogramm versteht der Reiseveranstalter entweder das Gesamtprogramm an Reisen, das er anbietet, oder ein Programm für einzelne Produktgruppen. Als Produktgruppe (oder Produktbereich), die einen Bedarfskomplex abdecken soll, versteht Hebestreit (1992, S. 289) jedoch nicht die üblichen verkehrsträgerbezogenen (Flug-, Bahn-, Schiffs-, IT-Reisen) oder zielgebietsmäßig definierten Produktgruppen (Spanien, Griechenland, Tunesien), sondern er führt an, daß ein breites Sortiment immer dann vorliegt, wenn die Produktbereiche eines Veranstalters viele Urlaubsformen als Bedarfskomplex umfassen (z.B. Strandurlaub, Erlebnisreisen, Familienurlaub, Cluburlaub, Studienreisen, Hobbyurlaub, individuelle Reisen usw.). Von Sortimentstiefe spricht Hebestreit (1992, S. 290) immer dann, wenn pro Produktgruppe eine große Auswahl an Reisen gegeben ist, und zwar an Zielgebieten, Zielorten, Hotels, Verkehrsträgern, Abreiseterminen und Saisonzeiten. Diese eher an den Verbraucherinteressen orientierte Gliederung ermöglicht einer Zielgruppe nach erfolgter Grundsatzentscheidung über die Art ihres Urlaubs die Auswahl aus einem Sortiment vieler Alternativen.

Betrachtet man den deutschen Reiseveranstaltermarkt, so zeigt sich, daß in der Vergangenheit insbesondere eine Sortimentsvertiefung erfolgte, d.h., die Zahl der Direktflüge wurde vergrößert, neue Abflugsorte wurden ins Angebot genommen, Hotelkontingente erweitert usw. Strategisch gesehen ist jedoch eine Verbreiterung des Sortiments und eine Orientierung an den spezifischen Bedürfnissen einzelner Zielgruppen häufig interessanter, da hierdurch neue Kundenschichten erschlossen werden können. Ebenso wäre unter programmpolitischen Gesichtspunkten eine Trennung des Sortiments in Low-Involvement- und High-Involvement-Produkte denkbar, da sich hier sowohl die Bedürfnisse als auch die Strukturen des Kaufentscheidungsprozesses unterscheiden (zu Low-Involvement-Bedingungen vgl. Haedrich, 1991, S. 34; Haedrich/Tomczak, 1990, S. 41–46).

2.4 Preispolitik von Reiseveranstaltern

Voraussetzung für eine möglichst breite Verbraucherakzeptanz ist nicht nur ein positives Image bzw. eine überzeugende, den Nutzenvorstellungen der Abnehmer entsprechende Produktleistung, sondern ein positives Preis-Leistungs-Verhältnis. Ähnlich wie bei der Erfassung der qualitativen Produktleistung ist auch bei der Erfassung des Preisniveaus des Produktes zu differenzieren zwischen dem tatsächlichen Preis, den der Abnehmer zahlen muß, und dem subjektiv wahrgenommenen Preis. Besondere Relevanz kommt daher den Prozessen der Preiswahrnehmung und Preisbeurteilung einerseits sowie der Rolle des Preises als Qualitätsindikator andererseits zu. Der Abnehmer besitzt hier verschiedene Möglichkeiten der Preisbeurteilung; entweder wird der Preis in Relation zur erwarteten Leistung des Produktes gesetzt, oder der Abnehmer orientiert sich an den Preisen vergleichbarer Produkte. Angesichts der Vielfalt und Komplexität der Angebote an Pauschalreisen sind Käufer häufig nicht in der Lage, sich ein zutreffendes Urteil über die Qualität aller Produktalternativen zu verschaffen. Praktisch bleibt dem Käufer kaum etwas anderes übrig, als seine Kaufentscheidung auf der Basis unvollkommener Qualitätsinformationen, d.h. unter Risiko zu treffen. Dieses wahrgenommene Qualitätsrisiko versucht der Käufer zu reduzieren, indem er die Qualität anhand von Kriterien oder Indikatoren beurteilt, die ihm leichter zugänglich sind und bei denen er eine enge Beziehung zur "objektiven Qualität" vermutet. Bedeutsame Indikatoren dieser Art können der Markenname, der Reiseveranstalter, das anbietende Reisebüro, aber auch der Preis sein. Entsprechend kann der Preis nicht losgelöst innerhalb der Planung von Produkten beurteilt werden, er steht immer in enger Beziehung zu der angebotenen Leistung und ist damit ein wichtiger strategischer Faktor.

Eine genaue Preisbeurteilung von Veranstalterangeboten ist häufig sehr schwierig, da in der Regel nur wenige Überschneidungsangebote (gleiches Hotel mit den gleichen Leistungen) angeboten werden. Hinzu kommt, daß die Preise je nach Abflugwoche, Abflughafen und Dauer der Reise variieren. Tab. 2 zeigt ein Beispiel.

Tab. 2: Preisvergleich eines Veranstalterangebots

Zielgebiet: Teneriffa, Winter 1989/90
    Veranstalter A (mittelgroßer Reiseveranstalter)
    Veranstalter B (großer Reiseveranstalter)

Überschneidungen insgesamt: 25,2%
Veranstalter A billiger:
    eine Woche: 66,8% der Angebote
    zwei Wochen: 47,7% der Angebote
    drei Wochen: 34,1% der Angebote

Einzelvergleich eines Überschneidungshotels – Puerto de la Cruz, Hotel Atalaya (eine Woche) – nach Abflugwoche:

	Preis Veranstalter A (DM)	Preis Veranstalter B (DM)	Preisdifferenz von B gegenüber A (DM)	(%)
44. Woche	1 498	1 578	+ 80	+ 5,1
45. Woche	1 498	1 578	+ 80	+ 5,1
46. Woche	1 442	1 478	+ 36	+ 2,4
47. Woche	1 442	1 338	– 104	– 7,8

Der direkte Preisvergleich, der insgesamt nur bei 25,2% der Angebote in diesem Beispiel möglich ist, zeigt nicht nur die Schwierigkeit für einen Kunden, eine Preisübersicht zu bekommen, sondern auch, daß je nach Dauer der Reise und Abflugwoche entweder Veranstalter A oder Veranstalter B günstiger ist.

Insofern ist zu fragen, wie von Reiseveranstaltern Preise festgesetzt werden. Ein sehr umfassendes Beispiel zur Preiskalkulation, dargestellt am Preiskalkulations-System der TUI, zeigt Hebestreit (1992, S. 271–281) in Anlehnung an Ungefug (1986). Grundsätzlich spielen bei der Preisbildung drei Prinzipien zusammen:
– die Orientierung der Preise an der Ausgabebereitschaft der Zielgruppen (nachfrageorientierte Preisfestsetzung),
– die Orientierung an den Wettbewerbern (konkurrenzorientierte Preisfestsetzung),
– die Orientierung der Preise an den Kosten (kostenorientierte Preisfestsetzung).

Die Orientierung an der Nachfrage bedeutet, daß der Anbieter versucht, eine "Nachfrage-Reaktionsfunktion" zu ermitteln. Die Möglichkeiten dafür sind jedoch begrenzt, da in der Regel die erforderlichen Informationen nicht zur Verfügung stehen. Daher er-

	Hotel	Zielgebiet	Unternehmen
Bruttoerlöse - Provision Reisebüro			
= Nettoerlöse			
- Flugkosten - Hotelkosten - Transferkosten - Provision Zielgebietsagentur			
= Rohertrag			
- festangestellte Reiseleitung im Zielgebiet - Servicecenter im Zielgebiet	////		
= Deckungsbeitrag 1	////		
- Katalogkosten (Zielgebiet) - Zielgebietswerbung - sonstige Zielgebietkosten	////		
= Deckungsbeitrag 2	////		
- Marketingkosten (Werbung, VKF, restl. Katalogkosten)	////	////	
= Deckungsbeitrag 3	////	////	
- Vertriebskosten - Abschreibungen - Verwaltung etc.	////	////	
= Ergebnis I (Ergebnis vor Steuern)	////	////	

Abb. 2: Deckungsbeitragsrechnung Reiseveranstalter

folgt die Preisentscheidung in der Praxis meist nach Erfahrungswerten. Allgemein geht man davon aus, daß die Nachfrage nach touristischen Produkten preiselastisch ist, wobei diese Aussage jedoch zielgruppenspezifisch zu relativieren ist. Hebestreit (1992,

S. 260) sieht die Ursachen der relativ großen Preiselastizität der Nachfrage darin, daß die Urlaubsreise – in erster Linie die Pauschalreise – in den letzten Jahren als Produkt in immer tiefere Einkommensschichten vordrang, wo das Preisargument besonders wichtig ist. Mit zunehmendem Wohlstand schwächt sich zwar generell die Preisempfindlichkeit der Käufer ab, wenngleich angenommen werden muß, daß bei höherem Bildungsgrad auch die Markttransparenz des Käufers steigt. Generell muß jedoch gesagt werden, daß die Preiselastizität auch in starkem Maße von der Austauschbarkeit der Angebote abhängt: Ist der Käufer der Meinung, daß sich die Angebote in weiten Teilen gleichen, so wird er seiner Entscheidung eher den Preis zugrunde legen, als wenn es sich um ein hoch spezialisiertes Angebot handelt, das für ihn eine deutlich höhere Wertigkeit besitzt.

Da davon ausgegangen werden muß, daß viele Käufer die Preisgünstigkeit des Angebotes durch Vergleiche mit Wettbewerbsprodukten beurteilen, spielt die wettbewerbs- oder konkurrenzorientierte Preisfestsetzung im Veranstalterbereich eine große Rolle. Auf der Basis der Preispolitik in der Vergangenheit und einer Beurteilung der Strategie der Wettbewerber erfolgt eine Preisprognose, an der man sich bei der Preisfestsetzung orientiert. Kleinere oder mittelgroße Veranstalter, die aufgrund ihres Massenangebotes und ihrer relativ kleinen Renditen in ihrem Erfolg sehr stark von der Preispolitik abhängig sind, warten häufig, bis die großen Reiseveranstalter ihre Kataloge veröffentlicht haben, um dann anschließend die eigenen Preise festzusetzen. Eine solche Verhaltensweise führt zwar dazu, daß das Segment der Frühbucher nicht vollständig abgeschöpft werden kann, andererseits stützt sich die Festsetzung der Preise jedoch nicht auf Vermutungen über Wettbewerbspreise, sondern eine genaue Orientierung ist möglich.

Letztlich ist noch die kostenorientierte Preisfestsetzung zu erläutern. Grundsätzlich muß gesagt werden, daß der Preis, der im Markt realisiert werden kann, nur dadurch bestimmt werden kann, daß die Produktleistung im Vergleich zum Wettbewerb aus Nachfragersicht beurteilt wird. Letztlich entscheiden die Kunden, zu welchem Preis sie bereit sind, die Reise zu buchen. Die Kosten sind so gesehen kein Anhaltspunkt zur Preisfestsetzung, sondern sie dienen lediglich der Ermittlung der wirtschaftlichen Konsequenzen einer marktorientierten Preisbildung. Um hier zu einer genauen Beurteilung zu kommen, ist eine differenzierte Deckungsbeitragsrechnung unerläßlich. In Abb. 2 wird die Struktur einer Deckungsbeitragsrechnung nach dem Prinzip der direkt zurechenbaren Einzelkosten wiedergegeben. Sie soll lediglich das Prinzip einer stufenweisen Deckungsbeitragsrechnung verdeutlichen.

Die Nettoerlöse werden durch Abzug der Provision von den Bruttoerlösen ermittelt. Anschließend erfolgt eine Zurechnung der Kosten, die lediglich dann entstehen, wenn ein bestimmtes Hotel im Angebot ist. Hierzu zählen in der Regel die entsprechenden Flugkosten (da bei weniger Hotelkapazität auch weniger Flugkapazität eingekauft werden kann), die direkten Hotelkosten, die Transferkosten (die im Regelfall nur dann anfallen, wenn das bestimmte Hotel im Angebot ist) und die Provision für die Zielgebietsagentur. Hieraus errechnet sich der Rohertrag. Alle in der Deckungsbeitragsrechnung folgenden Kosten können nicht dem Hotel zugerechnet werden, da sie unabhängig davon anfallen, ob ein konkretes Hotel im Angebot ist oder nicht. Entsprechend werden weitere Kosten wie beispielsweise die Kosten der fest angestellten Reiseleitung im Zielgebiet, die Kosten des Service-Centers im Zielgebiet oder auch die Katalogkosten, die ein direktes Zielgebiet betreffen, lediglich dem Zielgebiet zugerechnet, da diese Kosten erst dann wegfallen würden, wenn das bestimmte Zielgebiet aus dem Programm genommen werden würde. Alle folgenden Kosten, die weder einem speziellen Hotel noch einem Zielgebiet zugerechnet werden können, werden lediglich dem Unternehmen als Ganzem zugerechnet. Beispiele hierfür sind generelle Vertriebs- oder Verwaltungskosten, Abschreibungen usw. Entsprechend sind in Abb. 2 alle Felder schraffiert, die nicht mit direkt zurechenbaren Einzelkosten belastet werden können.

Solange der Rohertrag noch positiv ist, ist es für den Reiseveranstalter aus dem Blickwinkel der Kostenrechnung von Vorteil, das Hotelangebot im Programm zu behalten. Da alle nach dem Rohertrag stehenden Kosten von "fest angestellte Reiseleitung im Zielgebiet" bis "Abschreibungen, Verwaltung etc." auch bei einem Wegfall des Hotelangebotes weiterhin anfielen, trägt jeder auch noch so kleine Rohertrag zur Deckung der weiteren Kosten bei. Ähnlich verhält es sich mit dem Zielgebiet: Solange in unserem Beispiel der Deckungsbeitrag 2 positiv ist, trägt das Zielgebiet zur Deckung der weiteren Gemeinkosten bei.

Um die stark ungleichmäßige Kapazitätsauslastung günstig zu beeinflussen, setzen die Reiseveranstalter eine Vielzahl von Methoden der Preisdifferenzierung ein. Gleichzeitig ist die Preisdifferenzierung wegen ihrer zumindest teilweise schnellen Veränderbarkeit und der hohen Preiselastizität der Nachfrage ein außerordentlich variationsfähiges Marketing-Instrument.

An preisdifferenzierenden Maßnahmen, die einzeln oder kombiniert eingesetzt werden, stehen dem Veranstalter zur Verfügung (vgl. Hebestreit, 1992, S. 265):
- Preisdifferenzierung nach Saisonzeiten,
- Preisdifferenzierung nach Abreisetermin,
- Preisdifferenzierung nach der Reisedauer,
- Preisdifferenzierung nach dem Buchungszeitpunkt,
- Preisdifferenzierung nach Zielgruppen (z.B. Kinderermäßigung),
- regionale Preisdifferenzierung (z.B. unterschiedliche Abflughäfen),
- Preisdifferenzierung nach der Teilnehmerzahl pro Buchung,
- Preisdifferenzierung nach dem Grad der Nachfragekonkretisierung (z.B. Fortuna Reisen von NUR),
- Preisdifferenzierung über Sonderangebote.

Bei verstärktem Wettbewerb und zunehmender Konzentration auf Reiseveranstalter- wie auf Reisemittlerseite wird die Bedeutung langfristig konzipierter Strategien wachsen. Wie in anderen Märkten wird sich wahrscheinlich eine Schichtung des Marktes vollziehen in der Art, daß hochpreisige Markenartikel entstehen, Konsummarken das mittlere Preissegment abdecken und Billigmarken im Low-Involvement-Bereich angeboten werden (zur Marktschichtung vgl. Becker, 1990, S. 188 und S. 402–413).

2.5 Strategische Alternativen

Generell steht dem Reiseveranstalter eine Vielzahl unterschiedlicher strategischer Alternativen zur Verfügung (vgl. hierzu die Ausführungen und Abb. 11 in Kap. II.A.1 im 2. Teil dieses Buches). Sie umfassen das gesamte marketingpolitische Instrumentarium und haben darüber hinaus häufig Einfluß auf die Planungen anderer Funktionsbereiche des Unternehmens. Da die Produkt- und Preispolitik als Kern des Marketinginstrumentariums dabei häufig eine Schlüsselrolle einnimmt, sollen an dieser Stelle einige strategische Alternativen kurz dargestellt werden (zu den folgenden und weitergehenden Ausführungen vgl. z.B. Haedrich/Tomczak, 1990, S. 99–124.; Roth, 1992, S. 146–158; Hebestreit, 1992, S. 460–498; Becker, 1990, S. 121–326; Wöhler, 1991a und 1991b sowie die jeweils angegebene Literatur).

2.5.1 Marktstimulierungsstrategien

Nach Becker lassen sich zwei grundeliegende Basisstrategien zur Beeinflussung des Marktes unterscheiden (vgl. Becker, 1990, S. 153–214; Roth, 1992, S. 150–153):
- die Präferenzstrategie (Qualitätswettbewerb über Leistungsvorteile),
- die Preis-Mengen-Strategie (Preiswettbewerb über Preisvorteile).

Viele Reiseveranstalter verfolgen eine Preis-Mengen-Strategie, d.h., sie agieren hauptsächlich über den Preis. Dies liegt zum einen an dem Erfolg, den man mit dem standardisierten, weitgehend austauschbaren Produkt "Pauschalreise" bei wachsender Nachfrage über viele Jahre hatte, andererseits fehlen aber auch Einsicht und Knowhow, um präferenzbildende Qualitäten und Produkte zu entwickeln. Die Preis-Mengen-Strategie ist leichter zu verwirklichen und greift schneller. Die Präferenzstrategie hingegen erfordert den systematischen Aufbau von zusätzlichen Nutzen und ist nur langfristig erfolgreich durchzuführen (vgl. Roth, 1992, S. 150). Die Merkmale von Präferenz- und Preis-Mengen-Strategie sind in Tab. 3 wiedergegeben.

Ziel einer Präferenzstrategie ist es, durch den Aufbau eines Markenimages den Preiswettbewerb weitgehend durch einen Qualitätswettbewerb zu ersetzen. Hierzu müssen ausreichende finanzielle Mittel für den Aufbau der Präferenzen (u.a. Investitionen in die Kommunikationspolitik) und entsprechendes Management- und Marketing-Know-how zur Verfügung stehen. Beispiele hierfür sind Studiosus und Airtours. Die Preis-Mengen-Strategie verlangt vorrangig bestimmte kostenmäßige Voraussetzungen in allen Bereichen des Unternehmens. Ertragschancen bestehen nur durch einen kostenoptimalen Einkauf bei den einzelnen Leistungsträgern und geringe Kosten in Marketing und Verwaltung. Da auch häufig mittelständische Reiseveranstalter eine Preis-Mengen-Strategie verfolgen, besteht hier die Gefahr, nicht mehr kostendeckend anbieten zu können. Zwar hat der mittelständische Reiseveranstalter im Vergleich zu großen Reiseveranstaltern häufig geringere Kosten im Marketing und in der Verwal-

Tab. 3: Merkmale von Präferenz- und Preis-Mengen-Strategie
Quelle: Roth, 1992, S. 152 in Anlehnung an Becker, 1988, S. 204 f.

Merkmale	Präferenz-Strategie	Preis-Mengen-Strategie
Prinzip	Qualitätswettbewerb	Preiswettbewerb
Charakteristik	Hochpreis-Konzept durch – Aufbau von Präferenzen – Entwicklung eines Marken-Images – Eigenständige Positionierung	Niedrigpreis-Konzept durch – Verzicht auf Aufbau von Präferenzen – Verzicht auf Marke – Verzicht auf eigenständige Positionierung
Zielgruppe	Qualitätskäufer, Markenkäufer	Preiskäufer
Wirkungsweise	Langfristiger Aufbau von Präferenzen, Marken-Image	Schnelle Wirkung, jedoch kein Aufbau von Präferenzen/Image
Dominanter Bereich im Unternehmen	Marketing-Bereich	Einkauf, Beschaffung
Typischer Marketing-Mix	Dominanz von Leistungspolitik (insbesondere Service-Politik) und Kommunikationspolitik (eigenständige Positionierung, Marken-Image)	Durchschnittliches Leistungsangebot, schwach ausgeprägte Werbung, Aktivitäten in Verkaufsförderung, aggressive Preispolitik
Vorteile	Aufbau einer eigenständigen Marktposition, gute Ertragschancen	Geringe Investitionen in Leistungs- und Kommunikationspolitik; Ertragschancen bei kostengünstigem Einkauf und günstiger Gesamtkostenstruktur
Nachteile	– Investitionen in Leistungs- und Kommunikationspolitik – Langfrist-Konzept – Marktrisiko bei fehlenden Marketing-Voraussetzungen	durch Preiswettbewerb – kein Aufbau von Präferenzen – daher austauschbar – Existenzgefährdung bei ruinösem Wettbewerb

tung, die Beschaffungskosten liegen jedoch häufig über denen der großen Reiseveranstalter.

2.5.2 Strategien der Marktabdeckung und Marktbearbeitung

Eine wesentliche strategische Entscheidung betrifft die Art und Weise der Differenzierung bzw. der Abdeckung des Marktes, in dem ein Unternehmen tätig werden will. Grundsätzlich sind zwei strategische Alternativen der Marktabdeckung zu unterscheiden:

- Massenmarketing (undifferenziertes Marketing) und
- Marktsegmentierung (differenziertes Marketing).

Massenmarketing bedeutet, daß Standardprodukte angeboten werden, die die durchschnittlichen Bedürfnisse von jedermann zu befriedigen vermögen (= allgemeine Bedürfnisbefriedigung). Nicht die Unterschiede zwischen den Kunden interessieren, sondern die Gemeinsamkeiten. Ziel ist es, ein Produkt bzw. Programm anzubieten, das eine möglichst große Anzahl von Käufern anzusprechen vermag. Verfolgt man die Strategie der Marktsegmentierung oder eine Spezialisierungsstrategie, so versucht man, spezielle Käufer (Segmente) zu identifizieren, die mit jeweils besonders auf sie zugeschnittenen Produkten bedient werden (= spezielle Bedürfnisbefriedigung). Ziel dieser Strategie ist es, sich mit Produkten oder Programmen auf ein oder mehrere Segment(e) des Marktes zu konzentrieren, um so in einem Teil des Marktes Vorteile vor den Wettbewerbern realisieren zu können. Roth (1992, S. 153) weist darauf hin, daß Massenmarktstrategien nicht zwangsweise Preis-Mengen-Strategien sein müssen. Einige Konsumgüter-Märkte zeigen das Gegenteil. Hier sind große deutsche Markenartikel (Nivea, Persil) durch Präferenzstrategien erfolgreich. Im Veranstalterbereich versucht die TUI im Rahmen des Massenmarketing ebenfalls, eine Präferenzstrategie zu realisieren.

Wurden für die Segmentierung der Märkte lange Zeit vorwiegend demographische Kriterien herangezogen, so haben in den letzten Jahre vor allem Urlaubertypologien an Bedeutung gewonnen. Haedrich (1983, S. 252) führt für den Tourismusbereich folgende Kriterien der Marktsegmentierung an:
- sozio-demographische Faktoren (z.B. Alter, Geschlecht, soziale Schicht, Haushaltsgröße und -struktur, regionale Merkmale),
- Reisemotive (z. B. Wunsch nach Erholung, kulturellen Erlebnissen, Abenteuer),
- Urlaubstypen (Bevölkerungsgruppen, die bestimmte Einstellungen und Verhaltensweisen gegenüber dem Urlaub haben),
- Reiseziele,
- Verkehrsmittel,
- Stellenwert der Urlaubsreise (Hauptreise, Zweit- bzw. Drittreise),
- Spontaneität der Reisebuchung,
- Reisedauer (Urlaubsreisen, Kurzreisen).

Generell ergeben sich Marktsegmente in der Regel erst durch die Kombination verschiedener Bestimmungsmerkmale (Beispiel: Abenteuerurlaub für 20–39jährige Zweiturlauber mit relativ kurzfristigen Reiseplänen, die individuell behandelt werden wollen, Land und Leute kennenlernen möchten und in bestimmte, noch nicht erschlossene Zielgebiete reisen wollen). Betrachtet man die Vielzahl der denkbaren Kombinationsmöglichkeiten, so ist die Anzahl der denkbaren Marktsegmente fast unerschöpflich. Wichtig ist jedoch, daß bei der Definition von Marktsegmenten lediglich Abnehmer bzw. potentielle Kunden zusammengefaßt werden, deren Bedürfnisstruktur möglichst homogen ist. Das Hauptziel der Segmentierungspolitik besteht immer darin, ein möglichst hohes Maß an Identität (Identifizierungsmöglichkeit) zwischen einer bestimmten Art und Zahl von Käufern bzw. Abnehmern einerseits und dem angebotenen Produkt einschließlich seines Vermarktungskonzeptes andererseits zu realisieren. Nur dadurch, daß eine bestimmte Bevölkerungsgruppe sozio-demographisch definiert werden kann, ist noch kein Marktsegment gebildet.

Erst vergleichbare Bedürfnisse in bezug auf speziell gestaltete Reiseveranstalterprodukte definieren ein Marktsegment. Dies zeigt sich deutlich, wenn man "Alleinreisende" als ein Marktsegment definiert. Innerhalb dieser Gruppe der Alleinreisenden finden sich sowohl Jugendliche als auch ältere Menschen. Ebenso finden sich bei Alleinreisenden Personen, die alleine leben, aber auch Personen, die nicht alleine leben. Insofern muß man sich fragen, ob der im Haushalt seiner Eltern lebende Jugendliche die gleichen Bedürfnisse in bezug auf eine Urlaubsreise hat wie die allein lebende Rentnerin. Wenn auch diese beiden Kriterien (Alter, Haushaltsstruktur) sicherlich alleine nicht ausreichen, um Reiseverhalten zu erklären, so konnte jedoch gezeigt werden, daß hier weitere Differenzierungen notwendig sind, um von einem Marktsegment "Alleinreisende" sprechen zu können.

2.5.3 Marktstellung

Die Stärke eines Unternehmens im Markt bestimmt sich aus der Höhe des Marktanteils im Verhältnis zu den Wettbewerbern. In fast jedem Markt gibt es ein Unternehmen, das als anerkannter Marktführer gilt. Dieses Unternehmen hat den größten Marktanteil auf dem Markt, bestimmt weitgehend die Regeln des Wettbewerbs und ist damit ein Orientierungspunkt für die übrigen Konkurrenten. Unternehmen, die in einem Markt an zweiter, dritter oder vierter Stelle stehen, sind oft von beträchtlicher Größe, haben jedoch einen kleineren Marktanteil als der Marktführer. Sie können eine von zwei Grundhaltungen einnehmen: Sie versuchen, ihre Marktanteile zu erhöhen und greifen den Marktführer an, entsprechend werden sie als Marktherausforderer bezeichnet; versuchen sie lediglich ihre Position zu halten und akzeptieren sie die Regeln des Wettbewerbs, so werden sie Markt-Mitläufer genannt. Ist ein Unternehmen nicht in der Lage, einen deutlichen Wettbewerbsvorteil aufzubauen, so bleibt ihm unter Umständen nur die Position des Markt-Mitläufers.

In fast jedem Markt gibt es eine Anzahl von Unternehmen mit kleinem Marktanteil, die lediglich in einem Teilbereich des Marktes aktiv sind und die so versuchen, eine Konfrontation mit den Wettbewerbern zu vermeiden, die den Gesamtmarkt bedienen. Sie versuchen, Marktsegmente zu finden, die sie durch entsprechende Spezialisierung besser bedienen können als die Anbieter des Gesamtmarktes. Der Schlüssel zum Erfolg beim Marktnischenbearbeiter ist demnach die Spezialisierung, eine Strategie, in die viele Unternehmen, die auf dem Gesamtmarkt nicht mit dem Marktführer konkurrieren können, abwandern, da diese Strategie langfristig mehr Erfolg verspricht als eine Markt-Mitläuferstrategie.

2.5.4 Strategiestil

Speziell im Tourismusmarkt verhalten sich viele Unternehmen eher defensiv und passen sich den Regeln des Wettbewerbs an. Wer jedoch nach neuen Regeln sucht, wer versucht, sich von der Konkurrenz durch ein anderes Verhalten gegenüber den Kunden abzugrenzen, wer neue Produkte kreiert und neue Ideen in den Markt bringt, verhält sich dabei tendenziell eher offensiv. Eine solche Strategie bedingt ein sehr hohes Innovationspotential, verspricht aber auch die die Realisierung anspruchsvoller Ziele.

2.5.5 Marktposition

In Fällen, in denen auf der Basis der bisherigen Marketingstrategie keine Marktchancen mehr bestehen, beispielsweise weil sich die Einstellungen der Kernzielgruppe zu der Marke in den negativen Bereich hinein verschoben haben, ist eine Neupositionierung mit Hilfe einer Strategie notwendig, die von einer stark veränderten Zielgruppe ausgeht. Versucht ein Anbieter lediglich, sich den veränderten Verbraucherbedürfnissen anzupassen, so spricht man eher von einer Umpositionierung im Sinne einer Relaunch-Strategie. Bei einer Umpositionierung versucht man in der Regel, den bisherigen Zielgruppenkern zu erhalten und seine Bedürfnisse durch eine Veränderung bestimmter Eigenschaften des Angebots noch besser als bisher zu treffen. Damit können in der strategischen Planung gleichzeitig bestimmte Zielgruppen-Verlagerungen bzw. -Erweiterungen beabsichtigt sein, ohne daß die Produktposition jedoch grundsätzlich aufgegeben wird. Nur in den Fällen, in denen auf der Basis der bisherigen Strategie keine Wachstumsmöglichkeiten für Umsatz und Ertrag mehr bestehen, ist eine Neupositionierung notwendig, die von einer stark veränderten Zielgruppe ausgeht. Jede Um- bzw. Neupositionierung führt zu einer Aktualisierung des Angebotes und damit zu neuen Kaufimpulsen.

2.5.6 Marktarealstrategien

Speziell im Tourismusmarkt gibt es eine große Zahl von Reiseveranstaltern, die ihre Produkte lediglich lokal oder regional anbieten. Die Strategie einer Marktausdehnung sollte immer vom Kerngebiet aus differenzierend-selektiv erfolgen, d.h., es werden im Zeitablauf zusätzliche Vertriebsgebiete geschaffen, in denen ohne große Marktwiderstände zusätzliche Absatzpotentiale erschlossen werden können, ohne daß die hierdurch verursachten zusätzlichen Kosten die Finanzkraft des Unternehmens übersteigen.

Die Diskussion der einzelnen zur Verfügung stehenden strategischen Alternativen hat gezeigt, daß jede Strategie eine Kombination verschiedener Elemente der einzelnen Ansätze beinhaltet (vgl. hierzu Kap. II.A.1 im 2. Teil dieses Buches).

Die Produkt- und Preispolitik als Kern des Marketinginstrumentariums nimmt bei jeder Strategie eine Schlüsselrolle ein, denn letztlich sind es die Produkte eines Unternehmens, die die Basis für Erfolg oder Nichterfolg legen. Der Abnehmer wird sich immer für das Produkt entscheiden, das ihm den größten Nutzen bietet und seine Bedürfnisse am besten befriedigt.

Literatur

Becker, J. (1990): Marketing-Konzeption. 3., verbesserte und ergänzte Auflage, München.
Bitner, M. J. (1990): Evaluating Service Encounters: The Effects of Physical Surroundings and Employee Responses. In: Journal of Marketing, Vol. 54, No. 2, S. 69–82.
Bitner, M. J., B. H. Booms, M. S. Tetreault (1990): The Service Encounter: Diagnosing Favorable and Unfavorable Incidents. In: Journal of Marketing, Vol. 54, No. 1, S. 71–84.
Braun, O. L., M. Lohmann (1989): Die Reiseentscheidung. Starnberg.
Donnelly, J. H., W. R. George (Hrsg.) (1981): Marketing of Services. Chicago.
Freyer, W. (1991): Tourismus. Einführung in die Fremdenverkehrsökonomie. 3. Auflage, München/Wien.
Grönroos, C. (1983): Strategic Management and Marketing in the Service Sector. Cambridge.
Gusemann, D. S. (1981): Risk Perception and Risk Reduction in consumer Services. In: J. H., W. R. George (Hrsg.): Marketing of Services. Chicago, S. 200–204.
Haedrich, G. (1982): Angebotspolitik. Berlin/New York.
Haedrich, G. (1983): Angebotspolitik. In: G. Haedrich, C. Kaspar, H. Kleinert, K. Klemm (Hrsg.): Tourismus-Management. Berlin/New York, S. 241–261.
Haedrich G., C. Kaspar, H. Kleinert, K. Klemm (Hrsg.) (1983): Tourismus-Management. Berlin/New York.
Haedrich, G., T. Tomczak (1990): Strategische Markenführung. Bern/Stuttgart.
Haedrich, G. (1991): Modernes Marketing im Tourismus. In: Studienkreis für Tourismus (Hrsg.): Marketing im Tourismus. Bericht über die Fachtagung des Studienkreises für Tourismus am 7.3.1990 im Rahmen der ITB Berlin. Starnberg, S. 21–38.
Hebestreit, D. (1992): Touristik Marketing. 3. erweiterte und überarbeitete Auflage, Berlin.
Institut für Tourismus der FU Berlin/Kienbaum Unternehmensberatung (Hrsg.) (1991): Strategische Situation bundesdeutscher Reiseveranstalter. Düsseldorf/Berlin.
Kreilkamp, E. (1987): Strategisches Management und Marketing. Berlin/New York.
Meyer, A. (1986): Dienstleistungsmarketing. 2. Auflage, Augsburg.
Meyer, A., R. Mattmüller (1987): Qualität von Dienstleistungen. In: Marketing ZFP, Heft 3, S. 187–195.
Murray, K. B. (1991): A Test of Services Marketing Theory: Consumer Information Acquisition Acitivities. In: Journal of Marketing, Vol. 66, No. 1, S. 10–25.
Olavarria-Berger, M. (1991): Bedeutung und Umfang der Absatzwege einer Luftverkehrsgesellschaft. Diplomarbeit am Fachbereich Wirtschaftswissenschaft der FU Berlin. Berlin.
Parasumaran, A., V. A. Zeithaml, L. L. Berry (1985): A Conceptual Model of Service Quality and its Implications for Future Research. In: Journal of Marketing, Vol. 49, No. 4, S. 41–50.
Pompl, W. (1991): Qualitätsmanagement als strategische Option für Reiseveranstalter. In: Qualitätstourismus – Konzeption einer gleichermaßen wirtschafts-, sozial- und umweltverträglichen Entwicklung. Publikation der AIEST, Nr. 33, St. Gallen, S. 197–208.
Roth, P. (1992): Grundlagen des Touristik-Marketing. In: P. Roth, A. Schrand (Hrsg.): Touristik-Marketing. München, S. 111–192.
Roth, P., A. Schrand (Hrsg.) (1992): Touristik-Marketing. München.

Scheuch, F. (1982): Dienstleistungsmarketing. München.
Schmieder, F. (1991): Vom Einzelmarken- zum Dachmarken-Konzept: Markenpolitik am Beispiel der TUI. In: E. Seitz, J. Wolf (Hrsg.): Tourismusmanagement und -marketing. Landsberg/Lech, S. 507–516.
Seitz, E., J. Wolf (Hrsg.) (1991): Tourismusmanagement und -marketing. Landsberg/Lech.
Stauss, B. (1989): Beschwerdepolitik als Instrument des Dienstleistungsmarketing. In: Jahrbuch der Absatz- und Verbrauchsforschung, Heft 1, S. 41–62.
Steinecke, A. (1983): Gesellschaftliche Grundlagen der Fremdenverkehrsentwicklung. In: G. Haedrich, C. Kaspar, H. Kleinert, K. Klemm (Hrsg.): Tourismus-Management. Berlin/New York, S. 37–55.
Studienkreis für Tourismus (Hrsg.) (1991a): Marketing im Tourismus. Bericht über die Fachtagung des Studienkreises für Tourismus am 7.3.1990 im Rahmen der ITB Berlin. Starnberg.
Studienkreis für Tourismus (Hrsg.) (1991b): Reiseanalyse 1990. Starnberg.
Studienkreis für Tourismus (Hrsg.) (1992): Reiseanalyse 1991. Starnberg.
Ungefug, H.-G. (1986): Hinter der Kulisse der Veranstalterreise (Teil 5 – Kalkulation) "Wie eine dreidimensional gekrümmte Ebene". In: FVW, Fremdenverkehrswirtschaft international, Heft 7, S. 30–41.
Wöhler, K. (1991a): Bestimmung von Marketingstrukturen. In: Studienkreis für Tourismus (Hrsg.): Marketing im Tourismus. Bericht über die Fachtagung des Studienkreises für Tourismus am 7.3.1990 im Rahmen der ITB Berlin. Starnberg, S. 57–70.
Wöhler, K. (1991b): Zielgruppenorientiertes Marketing. In: Studienkreis für Tourismus (Hrsg.): Marketing im Tourismus. Bericht über die Fachtagung des Studienkreises für Tourismus am 7.3.1990 im Rahmen der ITB Berlin. Starnberg, S. 71–86.
Zeithaml, V. A. (1981): How Consumer Evaluation Processes Differ Between Goods and Services. In: J. H. Donnelly, W. R. George (Hrsg.): Marketing of Services. Chicago, S. 186–190.
Zeithaml, V. A., A. Parasumaran, L. L. Berry (1985): Problems and Strategies in Service Management. In: Journal of Marketing, Vol. 49, No. 2, S. 33–46.
Zucker-Stenger, W.-H. (1986): Pauschalreisende sind kein besonderes Völkchen (II), Sicherheit, Preisgarantie und -transparenz überzeugen. In: FVW, Fremdenverkehrswirtschaft international, Heft 20, S. 8–12.

3. Kommunikationspolitik

Günther Haedrich

3.1 Abgrenzung der Kommunikationsinstrumente

Das Kommunikationsinstrumentarium umschließt drei Instrumente mit unterschiedlichen Eigenschaften und Aufgaben. Während eine trennscharfe Abgrenzung dieser Instrumente anhand von strengen wissenschaftlichen Maßstäben auf Schwierigkeiten stößt, kann aus der Sicht der touristischen Praxis der Versuch einer solchen Abgrenzung anhand der Kriterien
- Rolle des Instruments im Kommunikationsinstrumentarium,
- Kommunikationsobjekt,
- Zielgruppe der Kommunikation,
- Planungshorizont,
- Transportkanal der Kommunikation/Ort der Wirkung und
- Hauptziel des Kommunikationsinstruments

unternommen werden (vgl. Abb. 1).

Instrumente Kriterien	Werbung (inkl. Katalogwerbung)	Verkaufsförderung (incl. Produkt-PR)	Public Relations (PR)
Rolle im Kommunikations-instrumentarium	Basisinstrument, produktbezogen	oft Zusatz-instrument	Basisinstrument, bezogen auf die gesamte Organisation
Kommunikations-objekt	Produkte/ Programme	Produkte/ Programme	Tour. Organisation
Zielgruppe(n)	potentielle Kunden (Reisende)	pot. Kunden/Absatz-mittler/Verkaufs-organisation	relevante externe bzw. interne Teil-öffentlichkeiten ("Anspruchsgruppen")
Planungs-horizont	langfristig	eher kurzfristig	langfristig
Transportkanal/ Ort der Wirkung	überwiegend Medien	überwiegend Ort des Verkaufs	Medien, Multiplikatoren
Hauptziel	Produkt-Image/ Produkt-Aktualität	Produkt-Aktualität	Image der Organisation

Abb. 1: Abgrenzungsmöglichkeiten der Kommunikationsinstrumente Werbung, Verkaufsförderung, Public Relations

Werbung ist normalerweise Basisinstrument der produktbezogenen Kommunikation. Sie wendet sich schwerpunktmäßig an potentielle (bereits gewonnene bzw. prospektive) Kunden, und zwar i.d.R. an Endabnehmer des Produkts (potentielle Reisende), auf dem Wege über unterschiedliche Medien bzw. – im Falle der Katalogwerbung – über Reisemittler. Aufgrund der zentralen Zielsetzung, für die umworbenen Produkte positive und wettbewerbsabgrenzende Images aufzubauen und den damit verbundenen psychischen Prozessen ist der Planungshorizont der Werbung gewöhnlich langfristig, d.h. er reicht über eine Planungsperiode hinaus.

Im Gegensatz dazu werden *Verkaufsförderung* und *Produkt-PR* häufig flankierend zu Werbekampagnen eingesetzt, um die Aktualität einzelner Produkte bzw. Programme des Anbieters bei potentiellen Kunden, bei Absatzmittlern bzw. bei der eigenen Verkauforganisation zu erhöhen. Beispiele für Verkaufsförderungsmaßnahmen sind Display-Materialien, Schaufensterdekorationen oder besondere Leistungsanreize für den Außendienst (vgl. im einzelnen Abschnitt 3.3 dieses Aufsatzes). Überwiegend kommt Verkaufsförderung am Verkaufsort (z.B. im Reisebüro) zum Einsatz; anders als im Falle der Werbung werden Verkaufsförderungsmaßnahmen eher kurzfristig geplant und wirken auch nur über einen begrenzten Zeitraum.

Auch Produkt-PR sind in der Regel ein kurzfristig wirkendes Kommunikationsinstrument. Als Beispiel kann die Vorstellung des Angebotsprogramms eines Reiseveranstalters in der Presse angeführt werden, parallel zur Neuerscheinung des Katalogs für die kommende Saison.

Public Relations unterscheiden sich insofern deutlich von den beiden zuerst aufgeführten Instrumenten, als es sich hier um ein auf die touristische Organisation als Ganzes bezogenes Kommunikationsinstrument handelt (Kommunikationsobjekte können z.B. ein Reiseveranstalter oder ein touristisches Zielgebiet sein). Hier geht es darum, den Instrumenten der Marktkommunikation ein auf einen größeren und wesentlich heterogeneren Adressatenkreis zugeschnittenes Instrument zur Seite zu stellen: Angesprochen werden sollen externe bzw. interne Teilöffentlichkeiten, die ein Interesse an der touristischen Organisation haben bzw. die Ansprüche in unterschiedlicher Form stellen bzw. stellen könnten (z.B. Medien, kommunale Einrichtungen, politische Parteien, Umweltschutzorganisationen, Mitarbeiter, Gewerkschaften). Public Relations in dem so verstandenen Sinne sind abzugrenzen von Maßnahmen der sogenannten Produkt-PR. Über Medien bzw. sogenannte Multiplikatoren (z.B. Journalisten) soll bei einzelnen relevanten Teilöffentlichkeiten ein positives Image der touristischen Organisationen aufgebaut und erhalten werden; ähnlich wie bei der Werbung erfordert das im allgemeinen einen langfristigen Planungshorizont.

Wegen ihres relativ eigenständigen Charakters ergänzen sich diese drei Instrumente im Idealfall zu einer kommunikativen Gesamtwirkung: Vor dem positiven Image-Hintergrund einer touristischen Organisation ist es leichter, positive Produktimages aufzubauen und diese durch flankierende Verkaufsförderungsmaßnahmen zu aktualisieren. Geht man davon aus, daß Werbung und Public Relations produkt- bzw. organisationsbezogene Basisinstrumente der Kommunikation darstellen, dann könnte man vermuten, daß sich der gesamte Kommunikationsaufwand der Branche zum größeren Teil auf diese beiden Instrumente verteilt. Diese Vermutung wird allerdings durch die Realität nicht bestätigt: Obwohl die Verkaufsförderungsanstrengungen der Tourismusbranche nicht annähernd exakt ermittelbar sind, gehen Experten davon aus, daß die Aufwendungen für Verkaufsförderung diejenigen für "klassische" Werbung (Werbung in Tageszeitungen, Zeitschriften, im Funk und Fernsehen) erreichen, wenn nicht sogar übersteigen. 1988 betrugen die "klassischen" Werbeaufwendungen im Tourismus 183 Mio. DM (vgl. Tab. 1 und 2); sie sind von 1986 bis 1988 um 5,1% angewachsen (demgegenüber erhöhten sich die sogenannten klassischen Werbeaufwendungen insgesamt von 1986 bis 1988 um 8,3% (vgl. ZAW 1990).

Welche Rolle die Aufwendungen für Public-Relations-Maßnahmen im Tourismus spielen, ist aus den veröffentlichten Unterlagen nicht zu entnehmen; Aufwendungen für Public-Relations-Mediakampagnen sind ohnehin von den "klassischen" Werbeaufwendungen nicht zu trennen. Insgesamt gesehen dürften Public-Relations-Aktivitäten im Tourismus bisher noch eine relativ geringe Bedeutung haben, gemessen an der Intensität der Werbe- und Verkaufsförderungsanstrengungen. Allerdings ist zu erwarten, daß dieses Kommunkationsinstrument in Zukunft erhöhte Aufmerksamkeit erlangen wird, u.a. wegen der steigenden Bedeutung gesellschaftlicher Teilöffentlichkeiten für den langfristigen Erfolg touristischer Organisationen.

Tab. 1: Brutto-Werbeinvestitionen im Tourismus – zeitliche Verteilung, Veränderung zum Vorjahr (1986–1988)
Quelle: ZAW, 1990

Monat	1986		1987		1988		88/86[1]	88/87[1]
	TDM	%[2]	TDM	%[2]	TDM	%[2]	%	%
Januar	18 142	10,4	17 721	10,6	19 246	10,5	+ 6,1	+ 8,6
Februar	22 065	12,7	19 300	11,5	20 386	11,1	− 7,6	+ 5,6
März	24 161	16,4	21 467	12,8	23 031	12,6	− 4,7	+ 7,3
April	23 377	13,4	18 765	11,2	21 618	11,8	− 7,5	+ 15,2
Mai	19 020	10,9	17 801	10,6	16 870	9,2	− 11,3	− 5,2
Juni	10 845	6,2	10 355	6,2	11 707	6,4	+ 7,5	+ 13,1
Juli	6 630	3,8	7 193	4,3	9 790	5,3	+ 47,7	+ 36,1
August	7 875	4,5	7 120	4,2	8 214	4,5	+ 4,3	+ 15,4
September	8 247	4,7	9 187	5,5	10 388	5,7	+ 26,0	+ 13,1
Oktober	10 139	5,8	11 923	7,1	13 821	7,6	+ 36,3	+ 15,9
November	12 815	7,4	12 906	7,7	15 610	8,5	+ 21,8	+ 21,0
Dezember	10 805	6,2	13 797	8,2	12 305	6,7	+ 13,9	− 10,8
Insgesamt[3]	174 126	100,0	167 541	100,0	182 992	100,0	+ 5,1	+ 9,2

1 Veränderung der Brutto-Werbeinvestitionen gegenüber Vorjahreszeiträumen
2 Anteil der Monate an den gesamten Brutto-Werbeinvestitionen
3 Rundungsdifferenzen

Tab. 2: Brutto-Werbeinvestitionen im Tourismus – nach Medien, Veränderung zum Vorjahr (1986–1988)
Quelle: ZAW, 1990

Monat	1986 TDM	%[2]	1987 TDM	%[2]	1988 TDM	%[2]	88/86[1] %	88/87[1] %
Tageszeitungen	86 466	49,7	82 146	49,0	96 344	52,6	+ 11,4	+ 17,3
Publikumszeitschriften	73 452	42,2	70 521	42,1	71 143	38,9	– 3,1	+ 0,9
Fachzeitschriften	4 361	2,5	4.580	2,7	5 477	3,0	+ 25,6	+ 19,6
Werbefernsehen	3 515	2,0	2 427	1,4	5 282	2,9	+ 50,3	+ 117,6
Werbefunk	6 330	3,6	7 864	4,7	4 745	2,6	+ 25,0	– 39,7
Insgesamt[3]	174 126	100,0	167 541	100,0	182 992	100,0	+ 5,1	+ 9,2

[1] Veränderung der Brutto-Werbeinvestitionen gegenüber Vorjahreszeiträumen
[2] Anteil der Monate an den gesamten Brutto-Werbeinvestitionen
[3] Rundungsdifferenzen

3.2 Werbung

3.2.1 Kernprobleme der Werbeplanung

Die Werbeplanung durchläuft – wie aus Abb. 2 ersichtlich ist – verschiedene Stufen (vgl. Haedrich, 1976, S. 51–85): Aus den produktbezogenen ökonomischen Marketingzielen (Marktanteils-, Absatz-, Umsatz-, Deckungsbeitragsziele) und den außerökonomischen Positionierungszielen werden operationale Werbeziele abgeleitet; gleichzeitig wird die Zielgruppe für die werblichen Maßnahmen festgelegt. Im Zentrum der Maßnahmenplanung stehen die konzeptionelle Gestaltung der Werbung und die Bestimmung der Medien, über die die werbliche Botschaft an die Zielgruppe herangeführt werden soll. Sofern die konzeptionelle Planung ziel- und zielgruppenbezogen erfolgt, ist die Höhe des Werbeetats eine abhängige Variable; allerdings ist in der Praxis davon auszugehen, daß bereits am Anfang der Werbeplanung Überlegungen über eine realistische Höhe des Werbeetats stehen, da der gesamte verfügbare Kommunikationsetat mindestens kurzfristig eine feste Richtgröße darstellt. Ist der aus der Ziel- und Maßnahmenplanung abgeleitete notwendige Werbeetat größer als die verfügbare Etatsumme, müssen u.U. Zielrevisionen durchgeführt werden; unrealistische Zielvorgaben wirken demotivierend und destabilisieren u.U. das gesamte Planungssystem der Organisation.

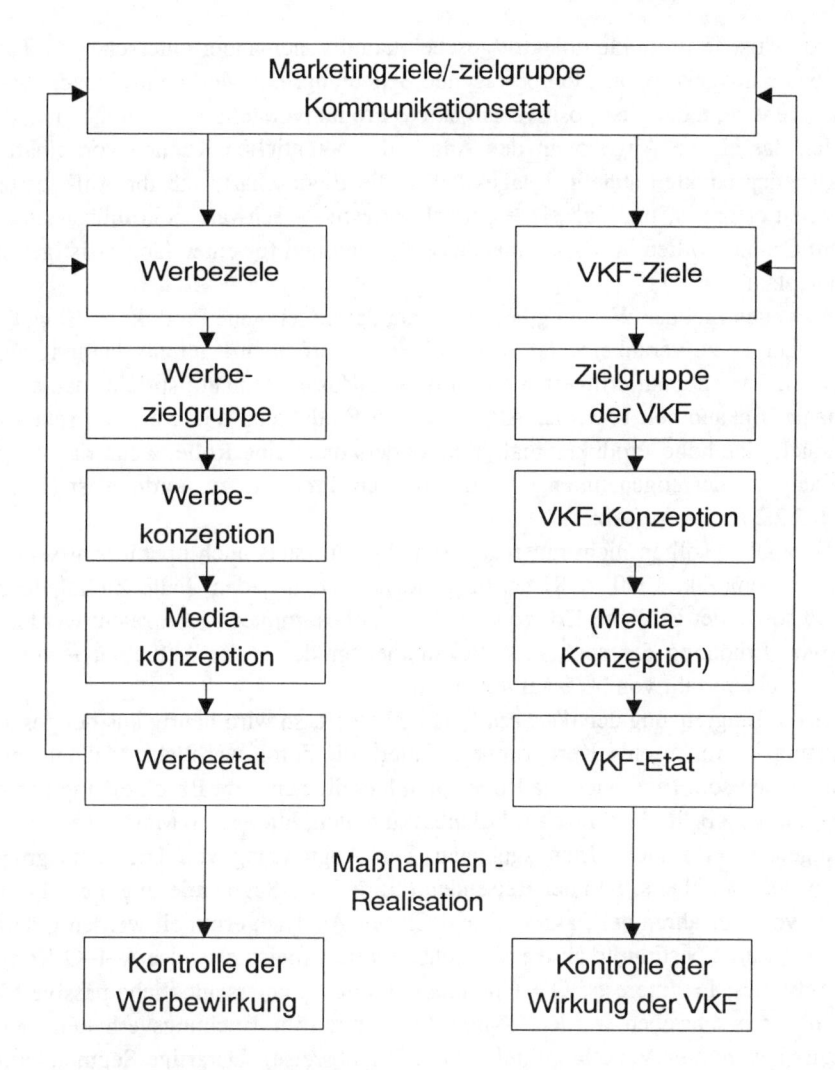

```
                    ┌─────────────────────────────────────┐
                    │   Marketingziele/-zielgruppe        │
                    │   Kommunikationsetat                │
                    └─────────────────────────────────────┘
                            │                   │
                            ▼                   ▼
                      Werbeziele           VKF-Ziele
                            │                   │
                            ▼                   ▼
                      Werbe-              Zielgruppe
                      zielgruppe          der VKF
                            │                   │
                            ▼                   ▼
                      Werbe-              VKF-Konzeption
                      konzeption
                            │                   │
                            ▼                   ▼
                      Media-              (Media-
                      konzeption)         Konzeption)
                            │                   │
                            ▼                   ▼
                      Werbeetat           VKF-Etat
```

Abb. 2: Ablauf der Kommunikationsplanung

Bei der *Bestimmung der Werbeziele* geht es darum festzulegen, welche Aufgaben die Werbung im Hinblick auf die angestrebte Position eines Produkts im Wettbewerbsumfeld übernehmen kann und sollte, damit bestimmte ökonomische Marketingziele realisiert werden. Wichtigstes Ziel der Werbung ist es, positive und wettbewerbsabgrenzende Produktimages aufzubauen und zu festigen. Images sind psychische Konstrukte, die in der Sozialpsychologie der Kategorie der sogenannten Grundhaltungen ("attitudes") zugeordnet werden; sie sind durch eine kognitive Komponente (Produktkenntnis) und eine affektive Komponente (Emotionen, Motive) geprägt. Da sich viele touristische Produkte objektiv gesehen kaum voneinander unterscheiden, hat die emotionale Imagekomponente überragende Bedeutung: Die werbungtreibende Organisation strebt an, möglichst positive subjektive Produktvorstellungen aufzubauen, durch die sich das eigene Angebot in den Augen der potentiellen Kunden vorteilhaft von Konkurrenzprodukten abhebt. Images haben die Eigenschaft, daß ihr Aufbau relativ lange Zeit erfordert, und daß sie – einmal verfestigt – schwer beeinflußbar sind; aus diesem Grunde sollten Werbekampagnen gründlich und für einen längerfristigen Zeitraum geplant werden.

Ein zweites Ziel der Werbung besteht darin, das angebotene Produkt im Bewußtsein der Kunden so zu verankern, daß es bei einer zu treffenden Kaufentscheidung gegenwärtig ist, d.h. spontan erinnert wird; in diesem Zusammenhang spricht man von der spontanen Bekanntheit bzw. der Aktualität von Produkten. Wie wir noch sehen werden, spielt eine hohe Produktaktualität besonders dann eine Rolle, wenn das Angebot der Kategorie der sogenannten Low-Involvement-Produkte zuzuordnen ist (vgl. Abschnitt 3.2.2 dieses Aufsatzes).

Zielvorgaben sollten nicht nur realistisch, sondern stets auch operational sein (vgl. Haedrich/Tomczak, 1990, S. 81 f.): Festzulegen sind in jedem Falle Zielinhalt, Zielausmaß sowie der zeitliche Horizont, in dem ein bestimmtes Ziel erreicht werden soll (Beispiel: Erhöhung des spontanen Bekanntheitsgrades – der Aktualität – von Produkt A in einem Jahr von 30% auf 40%).

Was die Eingrenzung der *Werbezielgruppe* betrifft, so wird häufig aus der gesamten Marketingzielgruppe eine Kerngruppe definiert, die durch werbliche Maßnahmen erreicht werden soll. Eine wichtige Rolle spielt hier die genauere Beschreibung der Werbezielgruppe, z.B. im Hinblick auf Urlaubsaktivitäten, Interessen, Meinungen und Einstellungen zu einzelnen Urlaubsgebieten. Die Abgrenzung von Urlaubersegmenten nach einzelnen Lebensstilen der Reisenden ("Life-Style-Segmentierung") erfolgt unter Einsatz von Verfahren der Faktoren- und Cluster-Analyse; ermittelt werden Urlaubertypen, die durch bestimmte aktive Variablen gebildet (beispielsweise A–I–O-Konzept: A = Activities; I = Interests; O = Opinions) und durch unterschiedliche passive Merkmale näher beschrieben werden können (z.B. durch ihr Buchungsverhalten und die Nutzung bestimmter Verkehrsmittel für die Urlaubsreise). Derartige Segmentierungsansätze schlagen gleichzeitig die Brücke zu der konzeptionellen Gestaltung zielgruppenspezifischer Werbemaßnahmen. Neuerdings werden Lebensstilgruppen auch in der Reiseanalyse vom Studienkreis für Tourismus, Starnberg, erhoben; der Untersuchungsbericht enthält die Darstellung von sieben Urlaubertypen, die jeweils einen größeren Bevölkerungsanteil ausmachen und sich deutlich voneinander unterscheiden (vgl. Studienkreis für Tourismus, 1990, S. 741-818). Lebensstiltyp 1 ("die Genießer") kann beispielsweise dadurch charakterisiert werden, daß die Zielgruppenangehörigen eine überdurchschnittliche Reiseintensität und -häufigkeit aufweisen; sie sind überdurchschnittlich gut informiert und haben bezogen auf Urlaubsreisen eigenständige Motiv-, Erwartungs- und Aktivitätsprofile.

Die zentrale kreative Idee der werblichen Kommunikation, die sogenannte *Werbekonzeption*, leitet sich als kommunikatives Dach aus der Produktpositionierung ab (vgl. Abb. 3). Die im Wettbewerbsumfeld angestrebte Position des eigenen Produkts orientiert sich an dem Nutzen, den das Produkt für die Zielgruppenangehörigen darstellen soll; ein solcher Nutzen ("Consumer Benefit") erfüllt im Idealfall drei Forderungen (vgl. Rossiter/Percy, 1987, S. 175 f.); er soll
– für die Zielgruppe relevant sein,
– aus den Produkteigenschaften abzuleiten sein,
– die Basis bilden für eine vom Wettbewerb klar abgrenzende Alleinstellung des Produkts ("Unique Selling Proposition" bzw. "Unique Advertising Proposition").

```
                            ┌─────────────────────────────────┐
                            │  Basis: Produkt- und Leistungsidee│
                            │  ("Was das Produkt zu bieten hat")│
                            └─────────────────────────────────┘
   Positionierung                           ↑↓
   ──────────────────────▶    ┌─────────────────────────────────┐
                            │    Einzigartiger Produktnutzen    │
                            │("Was der potentielle Käufer haben möchte")│
                            └─────────────────────────────────┘
   Kommunikationsziele                      ↑↓
   ──────────────────────▶
   Kommunikations-Zielgruppe ┌─────────────────────────────────┐
   (Kernzielgruppe)          │   Zentrale Kommunikationsidee   │
                            │   (Kommunikations-Konzeption)   │
                            └─────────────────────────────────┘
                                             ↓
                            ┌─────────────────────────────────┐
                            │           Begründung            │
                            │ ("Warum der potentielle Käufer das│
                            │      Produkt kaufen sollte")    │
                            └─────────────────────────────────┘
```

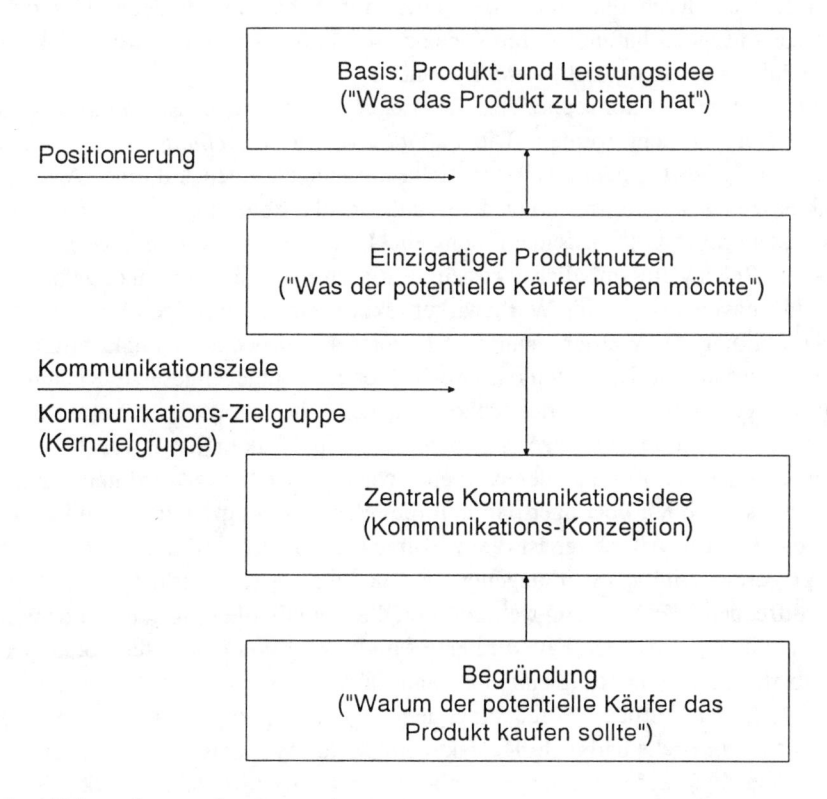

Abb. 3: Ableitung der zentralen Kommunikationsidee

Außerdem ist es natürlich wichtig, daß der Produktnutzen eng an Motive der Zielgruppenangehörigen gekoppelt ist, m.a.W. durch die Kommunikation begründet wird. Ein Beispiel soll diesen Zusammenhang erläutern: Das Reisemotiv "Sich verwöhnen lassen" könnte bei Angehörigen einer bestimmten Zielgruppe mit folgenden Nutzenerwartungen verbunden sein: in der Sonne am Strand liegen, gute Gastronomie genießen, sich in einem angenehmen Klima aufhalten. Entsprechend könnte die Positio-

nierung des Angebots erfolgen, und die zentrale kommunikative Idee für eine Werbekampagne könnte etwa unter dem Motto stehen: "Sich in einem Sonnenklima verwöhnen lassen". Wichtig ist allerdings, daß das Versprechen durch das Produkt auch gehalten werden kann, d.h. daß entsprechende Ressourcen zur Verfügung stehen, die Stärken des betreffenden Angebots darstellen und mit denen eine positive und möglichst lang andauernde Abgrenzung gegenüber Wettbewerbsangeboten erfolgen kann. Bei der kritischen Überprüfung der Kommunikationskonzeption auf ihre Wirkung müssen daher zwei Schlüsselfragen gestellt werden:
(1) Werden durch die Werbung tatsächlich verhaltenswirksame Motive angesprochen?
(2) Machen die durch Text und Bild ermittelten Informationen eindeutig klar, daß das Angebot Eigenschaften hat, mit denen diese Motive besser als durch Konkurrenzprodukte zufriedengestellt werden können?

Mit der eng mit den konzeptionellen Überlegungen verzahnten *Mediaplanung* sollen zwei Teilziele erreicht werden. Die *quantitative Zielvorstellung* lautet, einen bestimmten (möglichst großen) Teil der Zielgruppenangehörigen mit einer Anzahl von Kontakten zu versorgen, die notwendig sind, um die sogenannte Wirkschwelle der Werbung zu erreichen ("wirksame Reichweite"). Als Nebenziel wird angestrebt, diese "wirksame Reichweite" möglichst kostengünstig zu maximieren. Dabei geht die Planung i.d.R. davon aus, daß die Werbewirkungskurve einen s-förmigen Verlauf hat, d.h. daß die Wirkung der Werbung zunächst ansteigt, einen höchsten Punkt erreicht und danach wieder abfällt. Dabei wirken zwei Faktoren in entgegengesetzte Richtung: ein positiver sogenannter Habituationsfaktor, mit dem ein schrittweiser Lernerfolg verbunden ist, und ein gegenläufiger sogenannter Tedium-Faktor (Langweil-Faktor), der mit der Zahl der Expositionen der Werbebotschaft immer stärker wird und den positiven Faktor schließlich überlagert, so daß die Werbewirkung abnimmt und eventuell sogar negativ wird. Allerdings ist dieser Kurvenverlauf in der Praxis nicht allgemein bestätigt worden; vielfach wird angenommen, daß die positive Wirkung parallel zu der Einschaltfrequenz der Werbung weiter ansteigt, eventuell allerdings einen degressiven Verlauf annimmt. Auf jeden Fall wird eine Mindestzahl von Kontakten vorausgesetzt, damit überhaupt eine Wirkung eintreten kann. In Abb. 4 wird davon ausgegangen, daß eine Wirkung der Werbung lediglich bei denjenigen Zielgruppenangehörigen erwartet werden kann, die sechs und mehr Kontakte mit der Werbung haben; bei dem restlichen Teil der Zielgruppe (bei denjenigen also, die weniger Kontakte mit der Werbung erhalten) bleibt die Kampagne vermutlich wirkungslos. Die beispielhaften Berechnungen zeigen, daß Mediakombination B offenbar bei gleicher Etathöhe eine wesentlich höhere (wirksame) Reichweite bei den Zielpersonen hat als Kombination A (Reichweite sechs und mehr Kontakte: Kombination B = 10,6%, Kombination A = 4,3%).

Problematisch ist allerdings, daß in diesem quantifizierbaren Teilbereich der Mediaplanung lediglich *Media*-Kontakte geplant werden können, keine Kontakte mit der Botschaft selbst. Aufgrund der bekannten Tatsache, daß heute generell mit einer Reizüberflutung gerechnet werden muß, wird Werbung lediglich selektiv beachtet, m.a.W.

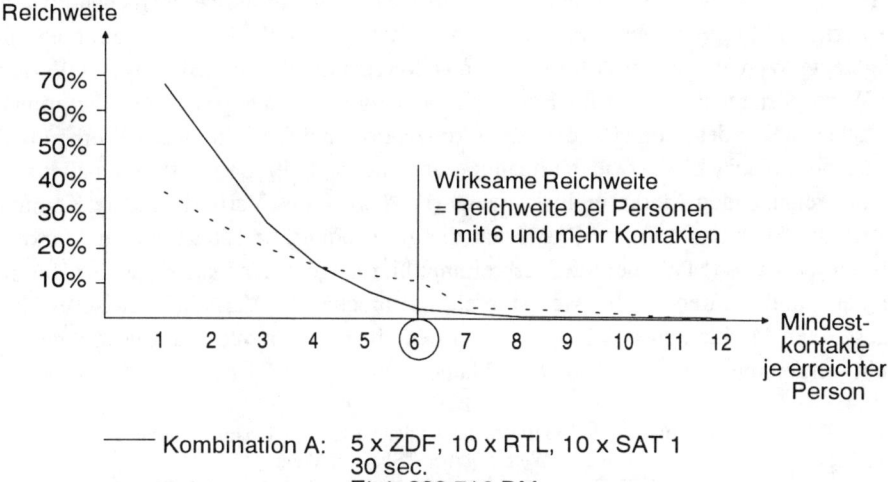

Reichweite

```
70%
60%
50%
40%                    Wirksame Reichweite
30%                    = Reichweite bei Personen
20%                    mit 6 und mehr Kontakten
10%
       1  2  3  4  5 (6) 7  8  9 10 11 12   Mindest-
                                             kontakte
                                             je erreichter
                                             Person
```

―――― Kombination A: 5 x ZDF, 10 x RTL, 10 x SAT 1
                      30 sec.
                      Etat: 839.710 DM

- - - Kombination B: 6 x STERN, 10 x SUPER TV
                      1/1 S., 4 c
                      Etat: 824.198 DM

Zielgruppe: Urlaubsreisende in den letzten 12 Monaten (5 Tage und länger)

Abb. 4: Darstellung der wirksamen Reichweite
Quelle: Berechnungen anhand Media-Dialog-System MDS, Programmpaket, Axel Springer Verlag AG, 1990

ob Medien- und Werbemittelkontakt übereinstimmen, ist an dieser Stelle eine offene Frage. In der *qualitativen Mediaplanung* wird daher der Versuch unternommen, Medien nach ihrer unterschiedlichen Qualifikation zur Übermittlung von Kontakten mit der werblichen Botschaft (sogenannte *Kontaktqualität*) auszuwählen, wobei einerseits auf bestimmte Eigenschaften der Medien (z.B. bei Printmedien auf die sogenannte Leser-Blatt-Bindung, auf das allgemeine Produktinteresse der Leser bzw. auf die Produktverwendung oder auf die Lesemenge und -intensität), andererseits auf das redaktionelle Umfeld der Medien Rücksicht genommen wird. Im Gegensatz zu Medien mit einer Breitenwirkung kann bei touristischen Zielgruppenmedien ("Special-Interest-Medien") von einer relativ hohen Kontaktqualität ausgegangen werden.

Unterlagen zur Mediaplanung können entweder Leseranalysen (z.B. MA – Media-Analyse, eine jährliche Untersuchung der AGMA – Arbeitsgemeinschaft Media-Analyse; AWA – Allensbacher Werbeträger-Analyse, jährlich durchgeführt vom Institut für Demoskopie Allensbach) oder speziellen Untersuchungen der großen Verlage bzw. der Rundfunk- und Fernsehanstalten entnommen werden.

Bei der *Etatplanung* geht es darum, die ziel- und zielgruppenbezogenen Werbemaßnahmen finanziell abzusichern. Probleme bereitet die Tatsache, daß der Verlauf der

Werbewirkungskurve im voraus schwer abzuschätzen ist; dementsprechend ist es schwierig, die Frage zu beantworten, wie hoch der finanzielle Aufwand sein muß, um festgelegte Werbeziele mit Hilfe bestimmter Maßnahmen zu realisieren. Der Verlauf der Werbewirkungskurve ist im Einzelfalle abhängig von der gewählten Zielgruppe, der Lebensphase des Produkts, der Werbekonzeption und Gestaltung der Werbemittel, ebenso dem Media-Mix sowie der quantitativen und qualitativen Ausstattung aller zum Einsatz gelangenden Marketinginstrumente (Produkt, Preis, Vertrieb, andere Kommunikationsmaßnahmen). In der Praxis hat die Anwendung der sogenannten Marktanteils-Werbe-Ratio (MWR) einige Verbreitung; hierbei geht der Planer von der Überlegung aus, daß ein dem Wettbewerbsumfeld entsprechendes Verhältnis zwischen dem angestrebten Marktanteil des Produkts und den eingesetzten Werbeaufwendungen erreicht werden muß. Die einfache Formel lautet:

$$\text{MWR} = \frac{\text{Anteil eigene Mediaaufwendung an den Gesamt-Mediaaufwendungen aller Wettbewerber ("Share of Voice")}}{\text{geplanter Marktanteil}}$$

Wenn der Wettbewerber A beispielsweise 30% der gesamten Mediaaufwendungen aller in Frage kommenden Wettbewerber tätigt und sein Marktanteil 17% beträgt, dann errechnet sich eine MWR von 30/17 = 1,76, d.h. um einen Marktanteilsprozentpunkt zu erreichen, mußte ein Anteil von 1,76% an den gesamten Branchen-Aufwendungen eingesetzt werden. Anhand von empirischen Untersuchungen ist festgestellt worden, daß es branchentypische Marktanteils-Werbe-Ratios gibt, die zur eigenen Planung (beispielsweise bei einem beabsichtigten Marktanteilsausbau) herangezogen werden können (entsprechende Daten über branchenspezifische Werbeaufwendungen können von der Fa. Schmidt und Pohlmann – Gesellschaft für Werbestatistik, Hamburg, bezogen werden, die mit dem Marktforschungsinstitut AC Nielsen, Frankfurt, eng zusammenarbeitet). Allerdings handelt es sich hierbei – das dürfte klargeworden sein – lediglich um ein recht grobes Planungshilfsmittel: Der Werbeplaner ist gut beraten, wenn er außerdem weitere Entscheidungskriterien heranzieht, u.a. Erfahrungen mit ähnlichen Produkten, Ergebnisse aus Werbewirkungsuntersuchungen, aus denen Aussagen über die relative Qualität der eigenen Werbekonzeption abzuleiten sind, und eine gründliche Analyse der sogenannten strategischen Erfolgsfaktoren des Produkts durchführt (zu diesem Begriff vgl. den Beitrag "Tourismus-Management und Tourismus-Marketing" im ersten Teil dieses Buches, Abschnitt I.2).

Die Werbeplanung wird mit einer *Wirkungskontrolle* abgeschlossen. Diese dient dazu, einerseits bereits vor der Einschaltung der werblichen Maßnahmen Anhaltspunkte für Stärken bzw. Schwächen der eigenen Konzeption im Vergleich zur Konkurrenzwerbung zu erhalten (sog. Pretest), auf der anderen Seite nach der Einschaltung der Werbung zu erfahren, ob die Werbung "gegriffen" hat und die gesetzten Ziele erreicht werden konnten (sog. Posttest). Derartige Erkenntnisse sind u.a. wichtig, um die Planung in den nächsten Perioden fortzuführen.

Man unterscheidet die *Kontrolle der außerökonomischen Werbewirkung* von der *ökonomischen Wirkungskontrolle*; letztere wirft die Frage auf, inwieweit die Werbung ökonomische (Marketing-)Ziele, wie etwa die Erhöhung des Marktanteils, die Stabilisierung des Umsatzes oder die Erreichung eines bestimmten Produktdeckungsbeitrags, unterstützt hat (sog. Werb*erfolgs*kontrolle). Da die Wirkung der Werbung bekanntlich von der anderer Marketinginstrumente nicht oder nur in aufwendigen experimentellen Testanlagen isoliert werden kann, beschränkt man sich in der Praxis in der Regel auf die Kontrolle der außerökonomischen Werbewirkung. Hier geht es darum zu untersuchen, ob festgelegte außerökonomische Werbeziele (z.B. die positive Beeinflussung von Produktkenntnis oder der Aufbau bzw. die Festigung von Produktimages) erreicht worden sind; dazu ist Voraussetzung, daß die Werbebotschaft überhaupt wahrgenommen und richtig verstanden worden ist, damit bei den Zielgruppenangehörigen bestimmte kognitive oder affektive Lernprozesse einsetzen konnten. In Abb. 5 ist die entsprechende Lernhierarchie mit schwarzen Pfeilen markiert worden (zu der in der Abbildung eingetragenen Low-Involvement-Hierarchie vgl. Abschnitt 3.2.2 in diesem Aufsatz). Inwieweit sich tatsächlich an einen positiven produktbezogenen Lernprozeß eine Verhaltensänderung in dem beabsichtigten Sinne anschließt, konnte bisher nicht schlüssig geklärt werden; es muß davon ausgegangen werden, daß selbst positiv eingeübte Kenntnisse über das umworbene Produkt bzw. ein positives Produktimage nicht zwingend zu einer Kauf- bzw. Konsumentscheidung führen. In jedem Falle ist Voraussetzung zu einer Wirkungskontrolle der Werbung, daß die Werbeziele operational formuliert worden sind, da andernfalls keine Möglichkeit besteht, gemessene Zustandsveränderungen in der Zielgruppe zu interpretieren und daraus Schlußfolgerungen für die Planung der nächsten Periode(n) zu ziehen.

Auf einzelne Verfahren der Kontrolle der Werbewirkung kann hier nicht im einzelnen eingegangen werden. Grob unterschieden werden können *quantitative und qualitative Verfahren der Wirkungsmessung*. Während die erste Verfahrensgruppe im allgemeinen auf repräsentativer Basis und mit standardisierten Erhebungsinstrumenten arbeitet, werden bei qualitativen Verfahren der Befragung bzw. der Beobachtung häufig nicht-repräsentative kleinere Stichproben sowie strukturierte Erhebungsanweisungen zugrundegelegt (vgl. Büning et al., 1981, S. 79–86 und 95–129). Je nachdem, in welchem Stadium die Werbewirkungskontrolle erfolgt – vor bzw. nach der Einschaltung der Werbung in den Medien – und an welchen Kriterien die Werbewirkung festgemacht werden soll, haben beide Verfahrensgruppen ihre Berechtigung. Während beispielsweise Wahrnehmungsmessungen häufig auf qualitativem Wege vorgenommen werden (z.B. mit Hilfe apparativer Verfahren durch den Einsatz des Tachistoskops oder von Blickaufzeichnungsgeräten), werden zur Messung der Gedächtniswirkung von werblichen Botschaften häufig standardisierte Verfahren auf repräsentativer Basis eingesetzt (z.B. der Impact-Test von Gallup oder der Recognition-Test von Starch) (vgl. hierzu im einzelnen auch Schweiger/ Schrattenecker, 1989, S. 190–225).

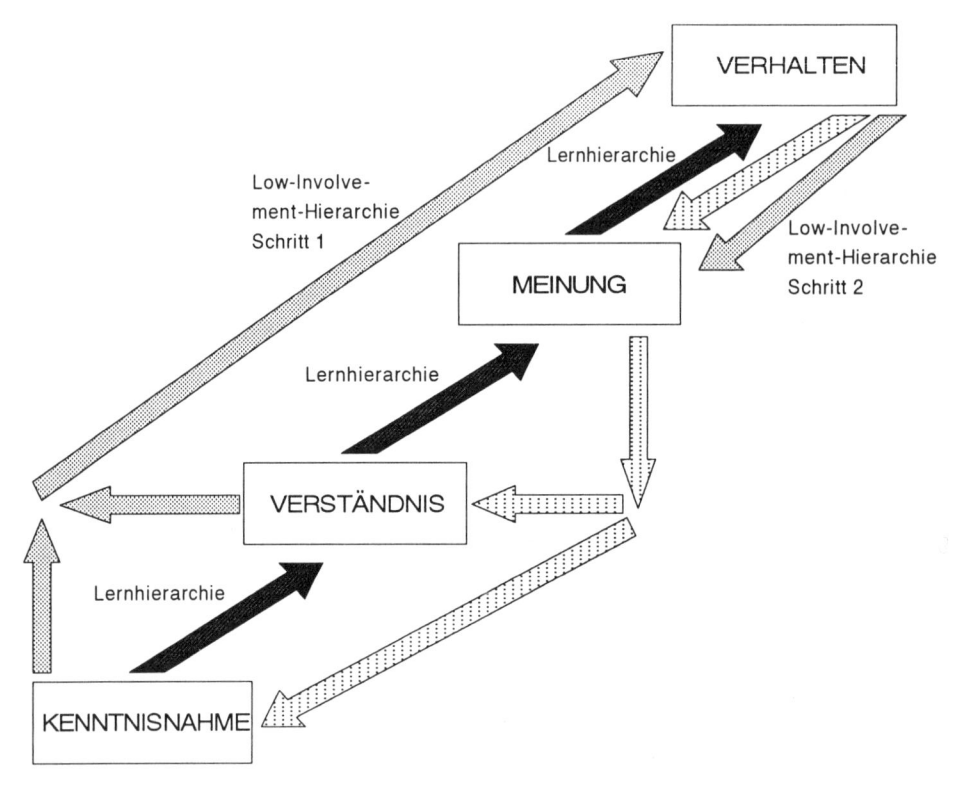

Abb. 5: Lern-Hierarchien
Quelle: Ray, 1974, S. 149

3.2.2 Das Low-Involvement-Phänomen

Nicht nur viele Konsumgütermärkte, sondern in zunehmendem Maße auch touristische Märkte sind heute durch eine stagnierende oder sogar rückläufige Nachfrage und einen intensiven Verdrängungswettbewerb gekennzeichnet. Aus der Sicht der Konsumenten sind die Produkte auf solchen Märkten in der Regel weitgehend austauschbar: Beispielsweise gilt das für die meisten Billigreisen und für Reiseangebote, die keinen eindeutig abgrenzbaren Produktnutzen für den Käufer versprechen. Hier ist das Phänomen zu beobachten, daß das Engagement, mit dem sich die potentiellen Käufer den angebotenen Produkten zuwenden, als relativ gering zu bezeichnen ist; die Produkte werden weder mit zentralen persönlichen Werten in Verbindung gebracht noch existiert ein hohes ökonomisches Risiko bei der Wahl zwischen mehreren Angeboten desselben Genres. Der potentielle Konsument geht vielmehr davon aus, daß es für ihn persönlich relativ belanglos ist, ob er Angebot A oder B auswählt und trifft seine Kaufentscheidung demzufolge unter sogenannten Low-Involvement-Bedingungen:

"A low involvement purchase is one where the consumer does not consider the product sufficiently important to his or her believe system and does not strongly identify with the product" (Assael, 1984, S. 80).

Besonders problematisch ist in diesem Zusammenhang, daß der Prozeß der Verarbeitung werblicher Botschaften eine veränderte Stufenfolge erkennen läßt (vgl. Abb. 5): Aus dem Verlauf der Low-Involvement-Hierarchie ist abzulesen, daß die wichtige Stufe der Ausbildung von (positiven) Meinungen über das Produkt (Produktkenntnis, Produktimage) übersprungen wird, d.h. der Kauf oder Nichtkauf von sogenannten Low-Involvement-Produkten ist ausschließlich von der Kenntnis und dem Verständnis der werblichen Botschaft abhängig. Der Aufbau eines Produktimages als wichtige Voraussetzung dafür, daß das betreffende Produkt in den Augen des potentiellen Kunden einen differenzierbaren und eigenständigen Nutzen für ihn bietet, kommt gegebenenfalls erst nach positiven Erfahrungen mit dem Produkt zustande; auch hier ist allerdings davon auszugehen, daß ständig ähnliche Produkte mit ihren Botschaften um die Gunst des Käufers konkurrieren, so daß keine feste Produktbindung entsteht. Daher kommt es darauf an, daß das eigene Angebot den potentiellen Käufern möglichst ständig präsent ist; die Werbung muß darauf abzielen, die Aktualität des Produkts auf hohem Niveau zu halten, was u.a. durch hohe Einschaltfrequenzen erreicht werden kann. Aktualisierende Medien wie Tageszeitung oder Fernsehen dürfte dabei eine wichtige Rolle zukommen; da textliche Informationen im allgemeinen eine untergeordnete Rolle spielen, ist der Einsatz von Bildmedien bzw. die Verwendung von einprägsamen Bildern in der Werbung angezeigt, über die die werbliche Botschaft vermittelt werden kann.

Kroeber-Riel spricht in diesem Zusammenhang von einer "emotionalen Produktpositionierung" und schlägt vor, "Produkte und Dienstleistungen als Medien emotionaler Erlebnisse" zu positionieren: "Die Werbung übernimmt im Rahmen des Erlebnismarketing die Aufgabe, das Angebot in der emotionalen Erfahrungs- und Erlebniswelt der Konsumenten zu verankern" (Kroeber-Riel, 1990, S. 69). Dazu gehört, daß die erlebnismäßige Positionierung des Angebots konsequent in dem gesamten Marketing-Mix umgesetzt wird, nicht nur in der Werbung. Erlebniswerte tragen zur Steigerung der individuellen Lebensqualität der Konsumenten bei; sie werden – wie Abb. 6 verdeutlicht – nicht nur durch die Marktkommunikation vermittelt, sondern sind bereits in der Produktpolitik (z.B. im Produkt selbst, in der Markierung), aber auch im Vertrieb (z.B. durch die Auswahl eines das Produkt- und Kommunikationserlebnis unterstützenden Vertriebskanals mit entsprechender Ausstrahlung) angelegt (vgl. Konert, 1986, S. 35–57 und S. 216–247; Haedrich/Tomczak, 1988; Haedrich/Tomczak, 1990, S. 41–46).

Dem Kommunikationsinstrument Werbung fällt die Aufgabe zu, "innere Erlebnisbilder" bei den potentiellen Empfängern aufzubauen; gemeint sind damit *strategische Schlüsselbilder*, d.h. visuelle (oder auch gegebenenfalls akustische) Grundmotive, "die den Erlebniskern bilden und die zahlreichen nicht-sprachlichen Auftritte der Marken und Unternehmen auf eine Linie bringen" (Kroeber-Riel, 1990, S. 75). Im Zusammenhang damit spielt die *Life-Style-Zielgruppensegmentierung* eine wichtige Rolle, weil

```
                    ┌─────────────────────┐
         ┌──────────│   LEBENSQUALITÄT    │──────────┐
         │          └─────────────────────┘          │
         ▼                                           ▼
Erlebniswerte der Konsu-                    Produkte, die einen
menten, z.B. Life-Styles,                   spezifischen Beitrag zur
Werte, Einstellungen                        Lebensqualität leisten


         │          Vermittlung produktspezifischer        │
         └───────▶  Erlebniswerte, z.B. durch die  ◀───────┘

                   • Marketingkommunikation
                   • Produktgestaltung usw.
```

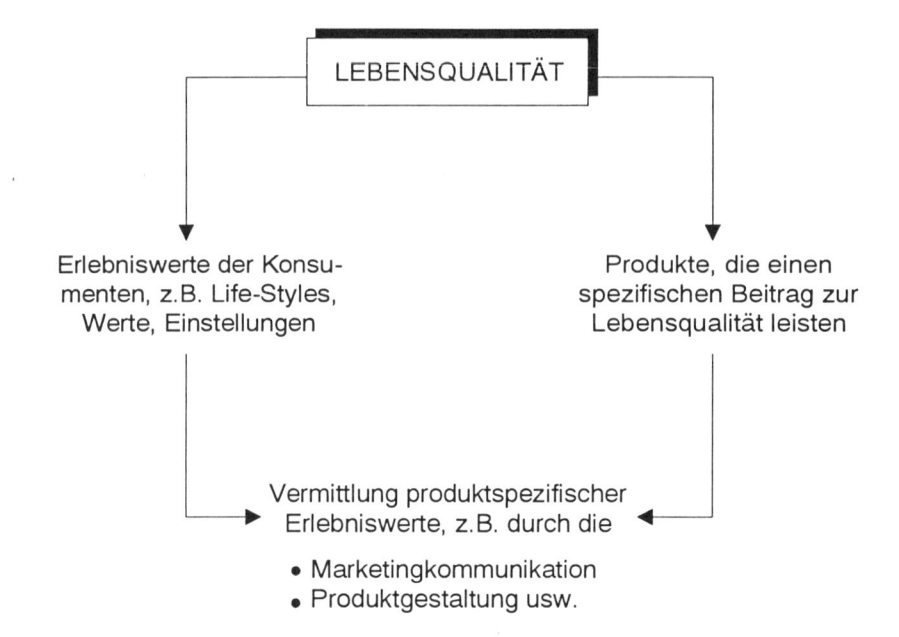

Abb. 6: Beziehungen zwischen Lebensqualität und Erlebniswerten
Quelle: Konert, 1986, S. 37

sie eine besonders gute Möglichkeit bietet, das Angebot entsprechend den Nutzenerwartungen der Zielgruppenangehörigen zu positionieren ("Life-Style-Positionierung") und anschließend die einzelnen Bausteine des Marketing-Mix auf die angesteuerte Position des Produkts im Wettbewerbsumfeld zuzuschneiden. Plastisches Beispiel für den Aufbau strategischer Schlüsselbilder vor dem Hintergrund von Lebensstil-Analysen ist die Zigarettenmarke Marlboro; hier ist es offensichtlich gelungen, für ein typisches Low-Involvement-Produkt eine lang andauernde Markenbindung aufzubauen, indem nicht in erster Linie ein relativ banales und austauschbares Produkt, sondern ein "Lebensstil" kommuniziert wird.

Nicht immer ist ein derartiges Vorgehen erfolgreich, d.h. es muß damit gerechnet werden, daß eine eindeutige Produktdifferenzierung auf dem Wege über Emotionalisierungstechniken aus konzeptionellen Gründen aussichtslos erscheint, sei es, daß keine entsprechenden emotionalisierenden Leitmotive gefunden werden oder daß es aufgrund des Charakters des Angebots ("was das Produkt zu bieten hat") nicht möglich erscheint, ein Erlebnisprofil aufzubauen. In diesem Falle könnte eine "Positionierung durch Aktualität" naheliegen. Das Ziel der Aktualitätspositionierung kann erreicht werden über eine aktivierende Werbung, die dazu dient, das Augenmerk des potentiellen Käufers auf dieses Angebot zu lenken: Marke im Mittelpunkt, häufiger Kontakt mit der Marke, Einsatz von Medien wie Außenwerbung, Inszenierung der Marke in Unterhaltungssendungen ("Product Placement"). Außerdem ist der verstärkte Einsatz von Produkt-PR und Verkaufsförderungsmaßnahmen angebracht, um das Produkt vordergründig im Bewußtsein der Zielgruppenangehörigen zu verankern (vgl. hierzu auch Kroeber-Riel, 1990, S. 82–90).

3.3 Verkaufsförderung (Sales Promotion)

Wie bereits erwähnt worden ist, spielen die Verkaufsförderungsaufwendungen in der Tourismusbranche eine ähnlich große, wenn nicht sogar bedeutendere Rolle als die Aufwendungen für Werbung. Als Gründe dafür können zwei Tatsachen angeführt werden:
– durch die enorme Werbekonkurrenz hat es der einzelne Anbieter immer schwerer, sich bei der Zielgruppe mit Hilfe werblicher Maßnahmen Gehör zu verschaffen.
– Im Zeichen stagnierender und schrumpfender Märkte wird es immer wichtiger, Maßnahmen einzusetzen, die die Distribution zusätzlich unterstützen und unmittelbar am Ort des Verkaufs wirksam werden, um auf diese Weise den gesamten Weg des Angebots möglichst lückenlos abzudecken.

Man unterscheidet landläufig Verkaufsförderungsmaßnahmen, die sich an den Endabnehmer wenden ("Consumer Promotions") von Aktivitäten, die an Reisemittler gerichtet sind ("Trade Promotions", "Dealer Promotions") und solchen, die auf den Außendienst des Anbieters oder das Verkaufspersonal der Reisemittler zielen (vgl. Cristofolini/Thieß, 1979, S. 50).

Mit *Verbraucher-Promotions* wird allgemein ausgedrückt das Ziel verfolgt, Kunden zu aktivieren, indem diesen in der Regel ein besonderer Anreiz geboten wird, sich mit dem jeweiligen Angebot näher zu beschäftigen. Konkrete Zielvorgaben können die Neukundengewinnung, Erhaltung von Stammkunden oder die Induzierung von Impulskäufen betreffen; häufig sind mit solchen Anreizen preisliche Aktivitäten verbunden. Eine wichtige Aufgabe von Verbraucher-Promotions besteht darin, im Zusammenwirken mit der Werbung eine *Sogwirkung* bei den Reisemittlern zu entwickeln und diese zu veranlassen, häufig nachgefragte Produkte auch dementsprechend selbst zu forcieren (*"Pull-Effekt"* der Kommunikation).

Mit *Händler-Promotions* sind Maßnahmen der Verkaufsförderung gemeint, die Reisemittler zu zusätzlichen Anstrengungen aktivieren sollen. Zum einen geht es dem Anbieter darum, den Distributionsgrad seiner Produkte zu verbessern, indem neue Reisemittler gewonnen werden; auf der anderen Seite verfolgen Händler-Promotions die Zielsetzung, die Reisemittler verstärkt zur Unterstützung der eigenen Angebote zu motivieren. Damit wird ein sogenannter *Push-Effekt* der Kommunikation angestrebt, der parallel zu dem oben beschriebenen Pull-Effekt einsetzt und diesen ergänzt und verstärkt.

Schließlich wenden sich Verkaufsförderungsmaßnahmen direkt an die *Außendienstmitarbeiter* des Anbieters von Reiseprodukten (Reisende, Handelsvertreter) oder an das *Verkaufspersonal* von Reisemittlern, um Leistungsvermögen und Leistungsbereitschaft der Verkaufsorgane zu erhöhen und zur Verbesserung der Marktposition des Anbieters beizutragen, indem eine zusätzliche Push-Wirkung initiiert wird.

Abb. 7 gibt einen Überblick über einzelne Verkaufsförderungsaktivitäten für unterschiedliche Zielgruppen. Die als "sonstige Verkaufsförderung" angeführten Maßnahmen, auch als "Opinion Leader Promotions" bezeichnet, reichen in das Gebiet der Produkt-PR hinein, sofern es sich um produktbezogene Aktivitäten handelt; u.U. geht es aber auch um Public Relations im klassischen Sinne, wenn mit den Maßnahmen *Organisationsziele* (z.B. Ziele von kommunalen Anbietern oder Reiseveranstaltern) realisiert werden sollen (vgl. hierzu Abschnitt 3.4 dieses Beitrags).

VERKAUFSFÖRDERUNG

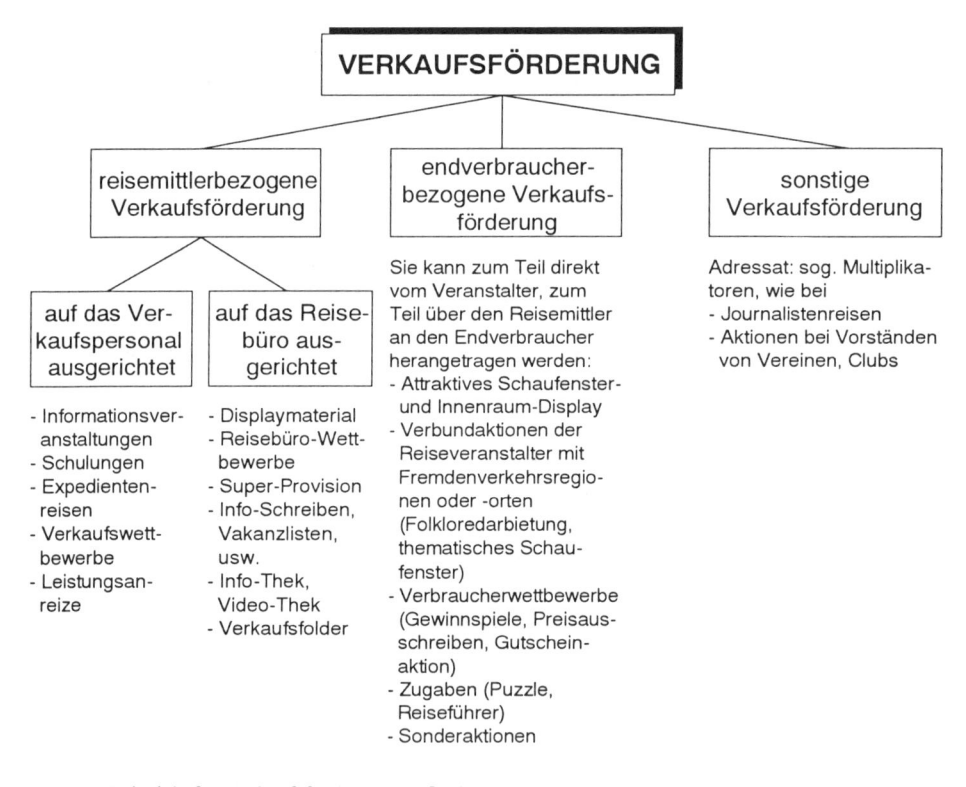

reisemittlerbezogene Verkaufsförderung		endverbraucherbezogene Verkaufsförderung	sonstige Verkaufsförderung
auf das Verkaufspersonal ausgerichtet	auf das Reisebüro ausgerichtet	Sie kann zum Teil direkt vom Veranstalter, zum Teil über den Reisemittler an den Endverbraucher herangetragen werden:	Adressat: sog. Multiplikatoren, wie bei
- Informationsveranstaltungen - Schulungen - Expeditenreisen - Verkaufswettbewerbe - Leistungsanreize	- Displaymaterial - Reisebüro-Wettbewerbe - Super-Provision - Info-Schreiben, Vakanzlisten, usw. - Info-Thek, Video-Thek - Verkaufsfolder	- Attraktives Schaufenster- und Innenraum-Display - Verbundaktionen der Reiseveranstalter mit Fremdenverkehrsregionen oder -orten (Folkloredarbietung, thematisches Schaufenster) - Verbraucherwettbewerbe (Gewinnspiele, Preisausschreiben, Gutscheinaktion) - Zugaben (Puzzle, Reiseführer) - Sonderaktionen	- Journalistenreisen - Aktionen bei Vorständen von Vereinen, Clubs

Abb. 7: Beispiele für Verkaufsförderungsmaßnahmen
Quelle: anbiet-technik, 1987

In der Regel kann davon ausgegangen werden, daß es sich bei Verkaufsförderung im Gegensatz zur Werbung um einmalige, d.h. nicht wiederkehrende Kommunikationsmaßnahmen handelt (vgl. Haedrich, 1976, S. 44), die auf eine bestimmte Zielsetzung und Zielgruppe im Absatzkanal ausgerichtet sind; daher spricht man häufig auch von "maßgeschneiderter" Verkaufsförderung. Dabei ist es zweckmäßig, verbraucher-, reisemittler- und außendienstgerichtete Aktionen eng zu verzahnen, um durch ein integratives Vorgehen (u.U. gekoppelt mit Werbung und Public Relations) eine optimale kommunikative Gesamtwirkung zu erzielen.

Obwohl Verkaufsförderung als eher kurzfristiges Kommunikationsinstrument eingestuft worden ist, ist eine sorgfältige Planung Voraussetzung, um die Wirkungsmöglichkeiten dieses Instruments voll auszuschöpfen. Entsprechend dem Stufenmodell der Kommunikationsplanung (vgl. Abb. 2) läuft die Planung von Verkaufsförderungsaktionen parallel zu und abgestimmt mit der Werbeplanung in einzelnen Schritten ab (vgl. Cristofolini/Thieß, 1979, S. 131–207). *Ziele für Verkaufsförderungsmaßnahmen* werden aus den ökonomischen und außerökonomischen Marketingzielen abgeleitet; Verkaufsförderung hat im Rahmen der Positionierung des angebotenen Produkts insbesondere die Aufgabe zu erfüllen, das Angebot zu aktualisieren bzw. im Bewußtsein der Abnehmerzielgruppen aktuell zu halten, als Mittel zur Realisierung ökonomischer Marketingziele. Die *Zielgruppen der Verkaufsförderung* sind – wie bereits dargestellt worden ist – mannigfaltig; insofern gilt es, die Marketingzielgruppe zu differenzieren und möglicherweise sogar zu erweitern.

Ziel- und Zielgruppenplanung liefern Vorgaben für die anschließende *Konzeptions- und Maßnahmenplanung*. Ähnlich wie bei der Werbeplanung wird eine zentrale kreative Idee entwickelt, die einen Nutzen für die Zielgruppe kommuniziert und die in einzelne konkrete Verkaufsförderungsaktivitäten "umgesetzt" wird. Dabei ist unbedingt darauf zu achten, daß die Werbe- und Verkaufsförderungskonzeptionen trotz unterschiedlicher Zielvorgaben kompatibel sind, d.h. sich in Stil und Aussage nicht widersprechen, sondern möglichst harmonisch ergänzen. Trotz der Unterschiedlichkeit von Werbe- und Verkaufsförderungszielen soll eine eindeutige Position für das Angebot im Wettbewerbsumfeld erreicht werden; beide Kommunikationsinstrumente haben im Rahmen dieser Aufgabenstellung wichtige Teilfunktionen zu übernehmen, beispielsweise auf der einen Seite den Aufbau bzw. die Festigung eines Produktimages, andererseits die Erhöhung der Produktaktualität bzw. die Stabilisierung des Aktualitätsgrades auf einem bestimmten Niveau.

Auf bestimmte Ziele ausgerichtete Verkaufsförderungsmaßnahmen benötigen einen *Verkaufsförderungsetat* in einer Höhe, die ausreicht, um die zielorientierte Maßnahmenplanung durchführen zu können. Ziel- und in der Folge Maßnahmen-Revisionen können notwendig werden, falls die verfügbaren Mittel geringer als veranschlagt sind.

In der abschließenden *Kontrollphase* können ähnlich wie bei der Kontrolle der Werbung bestimmte Pretest-Verfahren eingesetzt werden, um zu ermitteln, inwieweit geplante Maßnahmen voraussichtlich dazu in der Lage sein werden, die operational formulierten Zielvorgaben zu realisieren. Herangezogen werden beispielsweise Konzeptionstests in Form von Gruppendiskussionen mit potentiellen Käufern bestimmter Reiseangebote oder Gespräche mit wichtigen Reisemittlern (sog. Expertenumfragen). Einsetzbar sind auch Verfahren der Testmarktforschung (z.B. Store-Tests), um geplante bzw. realisierte Maßnahmen in einer begrenzten Auswahl von Testgeschäften auf ihre

Wirkung zu überprüfen, etwa durch eine Kombination von Kundenbeobachtung sowie Befragung von Kunden und Verkaufspersonal.

3.4 Public Relations

Im ersten Teil dieses Buches ist dargestellt worden, daß jede Organisation bestrebt sein muß, in ihren Austauschbeziehungen zu Markt und Gesellschaft die Balance zu halten (vgl. Teil 1, Abschnitt I.2). Die Abhängigkeit des wirtschaftlichen Erfolges von dem Eingehen auf gesellschaftsbezogene Ziele ist besonders groß in Branchen, die in eine komplexe, dynamische Umwelt eingebettet sind. Aus einer empirischen Untersuchung, die 1987 bei Mitgliedern der Geschäftsleitung bzw. bei leitenden Public-Relations-Mitarbeitern von Unternehmen in solchen turbulenten Umwelten durchgeführt worden ist (vgl. Haupt, 1987), geht hervor, daß gesellschaftliche Einflüsse auf die Durchführbarkeit von marktgerichteten Wettbewerbsstrategien in der Vergangenheit bereits deutlich spürbar waren und in Zukunft parallel zu einer Erhöhung der Umweltkomplexität und -dynamik noch stärker ins Gewicht fallen werden. Vor allem in großen Unternehmen, die der öffentlichen Meinungsbildung in einem höheren Grade als mittelständische Unternehmen ausgesetzt sind, ging die Einflußnahme so weit, daß sich Wettbewerbsstrategien teilweise als völlig undurchführbar erwiesen oder aber geändert werden mußten. Auch touristische Organisationen sind von Umwelten umgeben, die durch zunehmende Komplexität und Veränderungsgeschwindigkeit gekennzeichnet sind; abgesehen von verstärktem Konkurrenzdruck wachsen auch die Ansprüche gesellschaftlicher Gruppierungen an die Anbieter von touristischen Leistungen.

Hier sind Public Relations herausgefordert; es handelt sich darum, einen Dialog mit relevanten Teilöffentlichkeiten in Markt und Gesellschaft (eingeschlossen die Mitarbeiter der Organisation) aufzunehmen, um Chancen und Risiken in der Umwelt möglichst frühzeitig erkennen und Strategien einleiten zu können, die dazu geeignet sind, den *Handlungsspielraum der Organisation zu erhöhen* und damit *ihre Effektivität aufrechtzuerhalten*. Unter anderem geht es darum, Multiplikatoren (z.B. Journalisten) und meinungsbildenden Kreisen (beispielsweise Stammkunden) ein positives Image des touristischen Anbieters zu vermitteln, und zwar durch Maßnahmen wie Pressekonferenzen, redaktionelle Beiträge in der Presse, PR-Anzeigenkampagnen, Messen und Ausstellungen, Vorträge und Publikationen. Public Relations wenden sich aber auch an interne Teilöffentlichkeiten, z.B. bei einem kommunalen Anbieter an Hotels, Restaurants, Freizeitbetriebe, die ortsansässige Bevölkerung und andere infrastrukturelle Einrichtungen bzw. deren Träger. Dadurch soll ein Konsens über die Marketingstrategie, die die Organisation einschlagen möchte, erreicht und die Kooperationsbereitschaft zwischen einzelnen Beteiligten bzw. Betroffenen durch PR-Maßnahmen wie Informationsgespräche, Berichte in der Lokalpresse und Informationsbroschüren gefördert werden.

Den Hintergrund dafür, daß ein fruchtbarer Dialog zwischen der Organisation und wichtigen Umweltgruppen in Gang kommt, bildet eine *strategische, d.h. eng mit der strategischen Unternehmens- und Marketingplanung abgestimmte Public-Relations-Planung.* Public Relations als strategisches Instrument müssen ebenso wie Marketing in dem Leitbild und in konkreten Führungsleitlinien verankert sein, um die Organisation dazu in die Lage zu versetzen, ihr strategisches Erfolgspotential gegenüber Markt und Gesellschaft auszuschöpfen bzw. neue strategische Erfolgsfaktoren zu etablieren, mit denen langfristig Wettbewerbsvorteile realisiert werden können. Marketing hat seinen Schwerpunkt beim Management des marktlichen Umfeldes der Organisation, während bei Public Relations der Bezug zu relevanten gesellschaftlichen Teilöffentlichkeiten überwiegt. In Zukunft kann allerdings davon ausgegangen werden, daß die Bedeutung von Public Relations für Markttransaktionen stark zunehmen wird und daß die Trennlinie zwischen Markt und Gesellschaft einerseits, den Zielsetzungen von Marketing und Public Relations auf der anderen Seite mehr und mehr verschwimmen dürfte. Insofern liegt der Gedanke nahe, *Marketing und Public Relations zu einer einheitlichen Führungskonzeption von Organisationen zu verschmelzen* (vgl. Haedrich, 1987, S. 28–31). In einem solchen Falle würden Marketing und Public Relations zu einer konsistenten strategischen Grundhaltung der Organisation zusammengeführt werden, und ein wesentlicher Vorteil läge sicherlich in der Chance für die Organisation, ein klares Image bei allen relevanten Gruppen in Markt und Gesellschaft aufzubauen und fest zu verankern. Für die Public-Relations-Planung beinhaltet diese Vision, daß einzelne Planungsstufen eng mit der Marketingplanung zu verzahnen sind (vgl. Abb. 8).

Strategische Erfolgsfaktoren gegenüber Markt und Gesellschaft ergeben sich dadurch, daß entsprechende Ressourcen und Fähigkeiten zur Verfügung stehen, um Chancen rechtzeitig zu nutzen bzw. Gefahren gegenzusteuern. Die Ableitung von abgestimmten Marketing- und Public-Relations-Zielen und -Strategien basiert auf der klaren Positionsbestimmung der Organisation, aus der zu erkennen ist, ob die Organisation grundsätzlich zu einem Dialog mit ihrer Umwelt bereit ist oder ob sie sich eher passiv verhält, so daß Chancen u.U. verspielt und Risiken soweit wie möglich umgangen werden. Die Kooperation mit Markt und Gesellschaft kann insofern als empfehlenswerter Strategietyp bezeichnet werden, als mit einem aktiven Umwelt-Management im allgemeinen ein beiderseitiger Nutzen verbunden ist (vgl. auch Haedrich/Tomczak, 1990, S. 18 f.). Eine auf einer klaren strategischen Leitlinie fußende Vorgehensweise gegenüber allen relevanten marktlichen und gesellschaftlichen Interaktionspartnern führt am ehesten zu einer tragfähigen und akzeptierten Identität der Organisation nach außen und innen und ermöglicht eine Vergrößerung des Handlungsspielraumes gegenüber ihren verschiedenen Umwelten, und solche strategisch abgesteckten Freiräume sind der Hintergrund für langfristigen ökonomischen Erfolg: "Kooperation mit relevanten Umweltgruppen verhilft einer Organisation zu mehr Unabhängigkeit, führt allerdings nicht zu einer völligen Autonomie den Umwelten gegenüber" (Grunig, 1987, S. 31; Übersetzung durch den Verfasser).

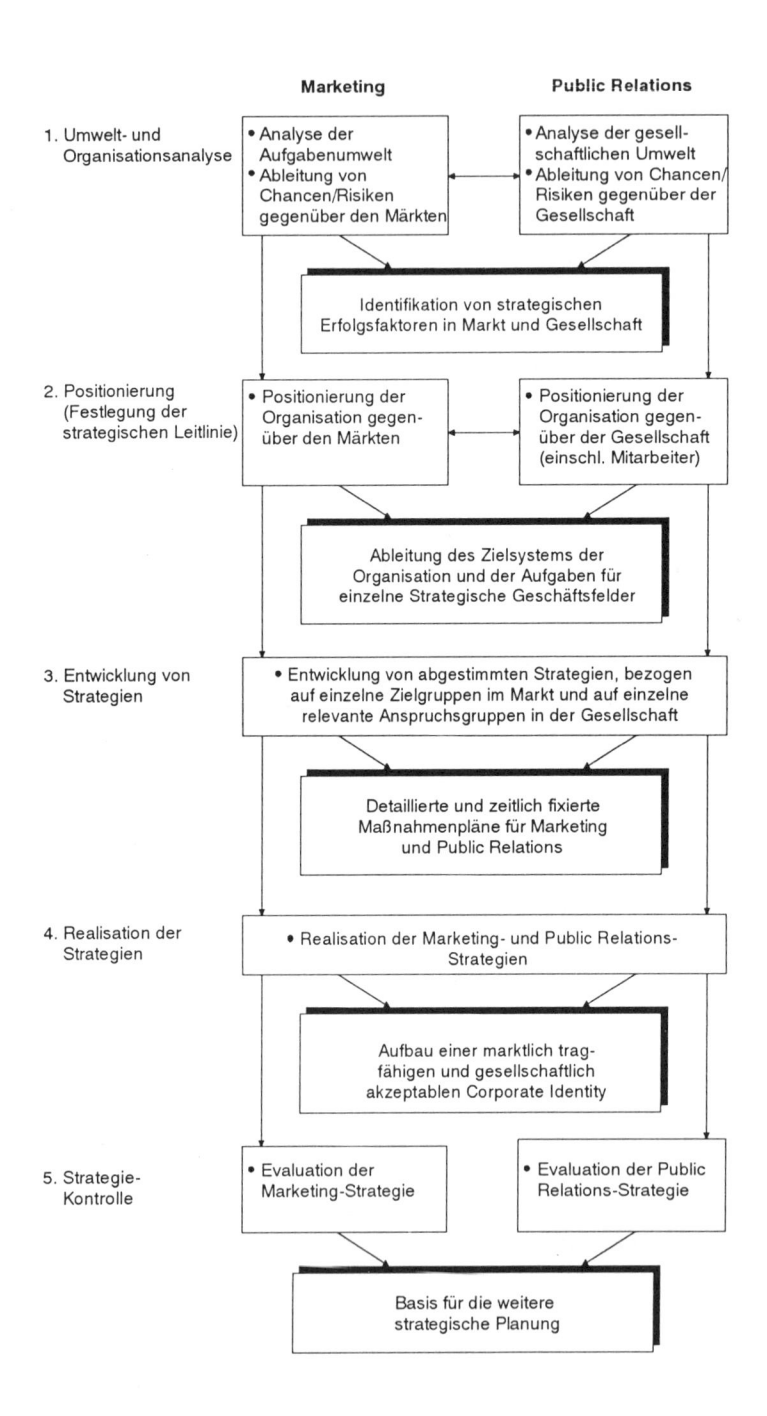

	Marketing	Public Relations
1. Umwelt- und Organisationsanalyse	• Analyse der Aufgabenumwelt • Ableitung von Chancen/Risiken gegenüber den Märkten	• Analyse der gesellschaftlichen Umwelt • Ableitung von Chancen/Risiken gegenüber der Gesellschaft
	Identifikation von strategischen Erfolgsfaktoren in Markt und Gesellschaft	
2. Positionierung (Festlegung der strategischen Leitlinie)	• Positionierung der Organisation gegenüber den Märkten	• Positionierung der Organisation gegenüber der Gesellschaft (einschl. Mitarbeiter)
	Ableitung des Zielsystems der Organisation und der Aufgaben für einzelne Strategische Geschäftsfelder	
3. Entwicklung von Strategien	• Entwicklung von abgestimmten Strategien, bezogen auf einzelne Zielgruppen im Markt und auf einzelne relevante Anspruchsgruppen in der Gesellschaft	
	Detaillierte und zeitlich fixierte Maßnahmenpläne für Marketing und Public Relations	
4. Realisation der Strategien	• Realisation der Marketing- und Public Relations-Strategien	
	Aufbau einer marktlich tragfähigen und gesellschaftlich akzeptablen Corporate Identity	
5. Strategie-Kontrolle	• Evaluation der Marketing-Strategie	• Evaluation der Public Relations-Strategie
	Basis für die weitere strategische Planung	

Abb. 8: Strategische Marketing- und Public-Relations-Planung

3.5 Corporate Communications als Klammer

Eine eindeutige Identität der Organisation nach außen (gegenüber marktlichen und gesellschaftlichen Umwelten) und nach innen (z.B. gegenüber den Mitarbeitern) bringt zahlreiche Vorteile mit sich:
- Die Organisation wird für alle Interaktionspartner in ihrem Verhalten berechenbarer.
- Kontinuität des Verhaltens zahlt sich häufig in der Weise aus, daß marktliche und gesellschaftliche Interaktionspartner zu einer dauerhaften Kooperation mit der Organisation bereit sind.
- Gleichzeitig erhöht sich der Handlungsspielraum der Organisation, indem ihre ökonomisch ausgerichteten Interessen gesellschaftlich legitimiert werden.

Mit Hilfe strategischer Maßnahmen ("Corporate-Identity-Strategie") wird angestrebt, das Selbstverständnis der Organisation nach außen und innen zu vermitteln und ein klares und eindeutiges Organisationsimage aufzubauen und zu festigen. In dem sogenannten Corporate-Identity-Mix sollen alle Instrumente der Kommunikation ("Corporate Communications": Werbung, Verkaufsförderung, Produkt-PR und Public Relations), das reale Verhalten der Organisation gegenüber allen Interaktionspartnern ("Corporate Behavior") und ihre gesamtes Erscheinungsbild ("Corporate Design") in die gleiche Richtung wirken (vgl. Hinterhuber, 1989, S. 231–239). Aufgabe von Corporate Communications ist es, als Klammer um das gesamte Kommunikationsinstrumentarium dafür zu sorgen, daß die Organisation nach außen und innen eine einheitliche Sprache spricht; hier liegt eine wichtige Koordinationsaufgabe, und es ist ohne weiteres einleuchtend, daß durch die unterschiedlichen Teilaufgaben der verschiedenen Kommunikationsinstrumente erhebliche Koordinationsprobleme entstehen können. Unter anderem muß für Marketing und Public Relations eine einheitliche Sprachregelung gefunden werden; insofern müssen Marketing- und Public-Relations-Abteilungen eng zusammenarbeiten, um die Balance zwischen einzelnen Kommunikationszielen und -maßnahmen herzustellen. Allerdings geht aus amerikanischen und deutschen empirischen Untersuchungen hervor, daß die Kooperation zwischen diesen beiden Bereichen in der Praxis bisher eher noch schwach ausgeprägt zu sein scheint (vgl. Haedrich/ Kreilkamp, 1983, S. 441 f.; Schneider Grunig, 1987, S. 22–26).

Corporate Communications sind Angelegenheit der obersten Leitung der Organisation, und ihre wichtige Aufgabe besteht darin, die Zuständigkeit und Verantwortung für ein einheitliches kommunikatives Auftreten der Organisation selbst zu übernehmen oder eine entsprechende Koordinationsstelle mit entsprechender Kompetenz und Verantwortung einzurichten.

Literatur

Assael, H. (1984): Consumer Behavior and Marketing Action. 2. Aufl., Boston.
Axel Springer Verlag AG (Hrsg.) (1990): Media-Dialog-System MDS. Hamburg.
Büning, H., G. Haedrich, H. Kleinert, A. Kuss, B. Streitberg (1981): Operationale Verfahren der Markt- und Sozialforschung. Berlin/New York.
Cristofolini, P., G. Thieß (1979): Verkaufsförderung. Berlin/New York.
Grunig, J.E. (1987): Research in the Strategic Management of Public Relations. In: International Public Relations Review, Herbst 1987, S. 28–32.
Haedrich, G. (1976): Werbung als Marketinginstrument. Berlin/New York.
Haedrich, G. (1987): Zum Verhältnis von Marketing und Public Relations. In: Marketing – ZFP, Heft 1, S. 25–31.
Haedrich, G., E. Kreilkamp (1983): Zur Situation der Öffentlichkeitsarbeit in deutschen Unternehmen. In: Die Betriebswirtschaft, 43 (3), S. 431–443.
Haedrich, G., T. Tomczak (1988): Erlebnis-Marketing: Angebots-Differenzierung durch Emotionalisierung. In: Thexis, 1, S. 35–41.
Haupt, T. (1987): Das gesellschaftspolitische Umfeld als potentieller strategischer Erfolgsfaktor. Dipl.-Arb., Freie Universität Berlin.
Hinterhuber, H.H. (1989): Strategische Unternehmungsführung, Band II. Berlin/New York.
Konert, F.-J. (1986): Vermittlung emotionaler Erlebniswerte. Eine Marketingstrategie für gesättigte Märkte. Heidelberg/Wien.
Kroeber-Riel, W. (1990): Strategie und Technik der Werbung. 2. Aufl., Stuttgart/Berlin/Köln.
.V. (1987): Verkaufsförderung im Tourismus. In: anbiet-technik information aus der Verkaufsförderung IV, September 1987, S. 6.
Ray, M. (1974): Marketing Communication and the Hierarchy-of-Effects. In: P. Clarke (Hrsg.): New Models for Mass Communication Research. Beverley Hills/London, S. 147–176.
Rossiter, J.R., L. Percy (1987): Advertising and Promotion Management. New York u.a.
Schneider Grunig, L. (1987): Horizontal Structure in Public Relations: An Exploratory Study of Departmental Differentiation. Paper presented to the Public Relations Division, Association for Education in Journalism and Mass Communication. San Antonio, Texas.
Schweiger, G., G. Schrattenecker (1989): Werbung. 2. Aufl., Stuttgart.
Studienkreis für Tourismus (1990): Reiseanalyse 1989 (RA 89). Starnberg.
ZAW – Zentralausschuß der Werbewirtschaft (Hrsg.) (1990): Werbung in Deutschland 1990. Bonn.

4. Vertriebspolitik

Hans-Jürgen Geßner

4.1 Zur Struktur des Vertriebsproblems im Tourismus-Marketing

Wer sich anhand des einschlägigen Schrifttums mit den Problemstrukturen des "Vertriebs" bzw. der "Distribution"[1] im Tourismus-Marketing vertraut machen will, wird schnell mit differierenden Aussagen konfrontiert sein:
- So schon einmal hinsichtlich der prinzipiellen Frage, wie es um den *Leistungsbeitrag des Vertriebs im Tourismus* bestellt ist: Aussagen, nach denen der Vertrieb "für touristische Produkte ... den 'Transport' des Nachfragers zur Stätte der Leistungserstellung hin zu gewährleisten, also gewissermaßen die 'Gästebeschaffung' sicherzustellen" hat (Krippendorf, 1971, S. 128), kontrastieren mit jenen, wonach dieser "Transport" nur als ein "Produktelement" (Flössner, 1979)[2] bzw. "Reisebestandteil" (Hebestreit, 1977, S. 88 f.)[3] unter mehreren zu betrachten sei, mithin "bereits in der Betriebsleistung des Veranstalters enthalten (ist), deren Verkauf durch die Absatzmethode[4] technisch-organisatorisch und zugleich marktbeeinflussend

---

[1] "Vertrieb" und "Distribution" werden im Rahmen dieser Untersuchung als synonym betrachtet.

[2] Flössner unterscheidet in diesem Zusammenhang zwischen technisch-organisatorischen Produktelementen (wie z.B. Transportmittel, Reiseziele, Zeitpunkt der Reise, Unterkunft, Verpflegung, Reisedauer und die Aktivitäten am Bestimmungsort), wirtschaftlichen Produktelementen (wie insbesondere Preis und Kosten des Reiseproduktes) sowie rechtlichen Aspekten (für die erläuternd die Anmeldungs- und Zahlungsmodalitäten, Reiserücktrittsbedingungen, Sonderleistungen und Haftungsbedingungen genannt werden). Danach ließe sich das touristische Reiseprodukt wie folgt definieren: "Unter Reiseprodukt versteht man die technisch-organisatorische und arbeitsmäßige Leistung sowie den wirtschaftlichen Wertträger eines Reiseveranstalters, die durch ein Netz von unternehmerischen Aktivitäten auf bestimmten Reisemärkten und auf einen bestimmten Zeitpunkt hin für bestimmte Reisekonsumenten Nutzen stiften sollen."

[3] Hebestreit unterscheidet in diesem Zusammenhang zwischen folgenden (Pauschal-)Reisebestandteilen: Zielgebiet/Zielort, Verkehrsträger, Transfer, Unterkunft, Verpflegung, Zusatzleistungen, Betreuung, Atmosphäre/Gesellligkeit, Buchungsabwicklung und Preise; sie als "nachfragerelevante Bestandteile zu einem Leistungspaket ... (zusammenzuführen, sei) ... die Aufgabe, die der Produktgestaltung im Rahmen des Marketing-Mix zukommt."

[4] Steindl und Krippendorf verwenden für den hier interessierenden Instrumentalbereich "Vertrieb" den Begriff "Absatzmethode". Sie stehen insofern – wenn auch mit Einschränkungen – in der Tradition des auf Gutenberg (1963, S. 123 ff.) zurückzuführenden Ansatzes zur Systematisierung vertriebspolitischer Entscheidungstatbestände. Danach subsumiert man unter die "Absatzmethode" (a) die Wahl des "Vertriebssystems" (Zentralisation oder Dezentralisation des Verkaufs bzw. eigener oder ausgegliederter Vertrieb), (b) die Wahl der "Absatzform" (Einsatz betriebseigener und/oder betriebsfremder Verkaufsorgane) sowie (c) die Wahl der "Absatzwege" (direkter und/oder indirekter Absatz). Mangelnde Überschneidungsfreiheit der genannten Entscheidungsfelder sowie ihre – namentlich unter Marketinggesichtspunkten – keineswegs hinreichende vertriebspolitische Evidenz haben zwischenzeitlich viele Fachvertreter dazu veranlaßt, bei der Thematisierung von Vertriebs-

bewerkstelligt werden soll" (Steindl, 1972, S. 34).
- So aber auch, was die *Struktur des Entscheidungsfeldes "Vertrieb"* betrifft, wenn beispielsweise unter Rückgriff auf entsprechende Systematisierungsvorschläge in der Marketingliteratur[5] zwar grundsätzlich "zwei Entscheidungskomplexe" genannt werden, nämlich "die Wahl der Distributionskanäle sowie der entsprechenden Distributionsorgane (ökonomische bzw. akquisitorische Distribution) und die Abwicklung von Transport- und Lagervorgängen (physische Distribution bzw. Marketing-Logistik)" (Wölm, 1979, S. 232), dies aber nur, um mit Hinweis auf die Eigenart des touristischen Angebots die logistische Komponente bei Vertriebsentscheidungen im Tourismus-Marketing für faktisch bedeutungslos zu erklären: "Die physische Distribution spielt ... praktisch keine Rolle" (Wölm, 1979, S. 233).[6] Demgegenüber lautet die diesbezügliche Einschätzung in einem anderen Beitrag: "Eine wesentliche Rolle in der Distribution von touristischen Leistungen spielen Buchungs- und Reservierungssysteme (Marketinglogistik), da die Verkaufsmöglichkeiten vom Wissen über den aktuellen Buchungsstand, d.h. Verfügbarkeit der freien Plätze abhängt" (Bergmann, 1975, S. 22).[7]
- Darüber hinaus erweist sich die *Funktionsträgerschaft im Vertrieb* bzw. die für die vertriebspolitische Entscheidungsfindung maßgebliche *Marktperspektive* als mehrdeutig: Stellt man einmal auf die "Anbieter touristischer Dienste" ab und gliedert sie in "Reiseausführungsbetriebe" (Reiseverkehrs- und Fremdenverkehrsbetriebe,

---

problemen eine alternative terminologische Basis zu wählen bzw. die o.g. Begriffe mit z.T. veränderten Bedeutungsinhalten zu versehen (so z.B. auch Ahlert, 1985, S. 15 ff.; Geßner, 1977 bzw. 1990, S. 128 ff.; Specht, 1988, S. 23 ff.).

5 Wölm bezieht sich dabei insbesondere auf Bidlingmaier (1973, S. 327 ff.), Meffert (1977, S. 389 ff.) und Nieschlag/Dichtl/Hörschgen (1976, S. 279 ff.).

6 Auf "interessante Entwicklungen ..., (die) sich im Distributionsbereich ... im Zusammenhang mit der zunehmenden Installation *elektronischer Reservierungssysteme* an(bahnen)", wird zwar hingewiesen, aber offenbar nicht mit dem vertriebspolitischen Entscheidungsfeld der *physischen Distribution* bzw. *Marketinglogistik* in Verbindung gebracht (vgl. Wölm, 1979, S. 233).

7 Die insoweit vorrangig am Dienstleistungscharakter des touristischen Angebots orientierte unterschiedliche Bewertung der "physischen Distribution" als potentielles vertriebspolitisches Entscheidungsfeld läßt sich exemplarisch auch folgenden Zitaten entnehmen:
"Man unterscheidet zwischen *Absatzmethode* und *Logistik* (physische Distribution). Letztere spielt im Fremdenverkehrsmarketing praktisch keine Rolle, weil ja die Dienstleistung weder gelagert noch dem Nutzer angeliefert werden kann, sondern der Nutzer selbst zum Ort der Inanspruchnahme der Dienstleistung kommen muß, also für die Lösung der eigentlichen logistischen Probleme selbst sorgen muß, meist mittels anderer Verkehrsleistungen. Im Fremdenverkehr versteht man deshalb unter Distribution nur die Absatzmethode, die das Vertriebssystem, die Absatzform und die Absatzwege umfaßt" (Paul, 1977, S. 81).
"Wir unterscheiden im Distributionsbereich als Entscheidungstatbestände:
- die Wahl und Ausgestaltung der direkten und indirekten Distributionskanäle bzw. Verkaufsorgane ... und
- die ablaufmäßige Regelung der Distribution ... Sie entspricht der 'physical distribution' im Sachgüter-Marketing. Hier, wo wir es mit einer Dienstleistung, einem Leistungsanspruch zu tun haben, umfaßt dieser Instrumentalbereich vor allem die Art der Übermittlung, Speicherung, überhaupt der Behandlung buchungsrelevanter Daten" (Hebestreit, 1977, S. 130).

im Sprachgebrauch der Tourismuswirtschaft häufig als "Leistungsträger" bezeichnet) und in "Reisegestaltungsbetriebe" (Reisevermittlungs- und Reiseveranstaltungsbetriebe) (Brauer, 1985/1991, S. 24 ff.), so dienen die "spezifischen touristischen Leistungen" ein andermal der Abgrenzung von "objektbezogenen Fremdenverkehrsunternehmungen" (Beherbergungs-, Transport-, Vergnügungsbetriebe usw.) gegenüber jenen mit "subjektbezogenem" Charakter (Verkehrsvereine, Finanzierungsinstitute usw.) oder mit "beziehungsbildendem" Leistungsprofil (Reisemittler, Reiseveranstalter) (Bernecker, 1976, Sp. 3912 f.; Kaspar/Kunz, 1982, S. 19 ff.). Werden alternativ hierzu die vertriebspolitisch relevanten Rollen der beteiligten Unternehmen im Sinne von "Produzenten" (Transportunternehmen, Unterkunfts-, Verpflegungs- und andere Fremdenverkehrsbetriebe), "Grossisten" (Reiseveranstalter) und "Detaillisten" (Reisevermittler) interpretiert (Krippendorf, 1971, S. 130; Wahab/Crampon/Rothfield, 1976, S. 101 f.; Freyer, 1991, S. 130 f.), hindert das wiederum nicht, in diesem Zusammenhang von – wie auch immer institutionalisierbaren – "Trägern des Tourismusmarketing" (Tietz, 1980a, S. 69) bzw. von "Betrieben des Fremdenverkehrs" (Freyer, 1991, S. 265) zu sprechen, denen es obliegt, in der für sie jeweils maßgeblichen, sprich: unternehmensspezifischen Perspektive, über den Einsatz eines angemessenen Marketinginstrumentariums – so auch in vertriebspolitischer Hinsicht – zu befinden.[8]

– Hinzu kommt, daß die *empirische Bedeutung des Marketinginstruments "Vertrieb"* unterschiedlich gesehen wird: So heißt es einmal, daß "die Distributionspolitik einen relativ wichtigen Platz im gesamten Marketing-Mix ein(nimmt), der von den Touristik-Unternehmen heute noch oft nicht in seiner vollen Bedeutung erkannt wird" (Hoffmann, 1980, S. 163), während anderswo von "einer mit zunehmender Marktentwicklung zurückgehenden Bedeutung dieser Wettbewerbsform" die Rede ist (Hochreiter/Arndt, 1978, S. 154)[9]. Beide Befunde sind zwischenzeitlich wiederum zu relativieren. Sei es nun mit dem Votum für eine "starke Zunahme der künftigen Bedeutung des Marketinginstruments Vertriebspolitik (Absatzwege)", das Reiseveranstalter – vornehmlich des Massenmarktangebots – im Rahmen einer Befragung angegeben haben (FU Berlin/Kienbaum, 1991, S. 32); sei es mit der zum Ausdruck gebrachten "sicheren Überzeugung", daß die sich abzeichnende

---

[8] Die Maßgeblichkeit der unternehmensspezifischen Marktperspektive bei der Diskussion vertriebspolitischer Problemstellungen mag allein mit folgenden Befunden belegt werden, wonach einerseits "im deutschen Fremdenverkehr bisher eindeutig der direkte Absatz (dominierte), ... die touristische Leistung also vom Gast ... (insoweit, Anm. d.V.) ... ohne zwischengeschaltete Reiseveranstalter und Reisebüros eingekauft (wird)" (Barg, 1988, S. 6), andererseits jedoch der "Direktabsatz" bzw. "Direktvertrieb" auch für "Reiseveranstalter" und "veranstaltende Reisebüros" als eine durchaus bedenkenswerte und praktizierte vertriebspolitische Gestaltungsalternative zu gelten hat (Steindl, 1972, S. 127 ff.; Freyer, 1991, S. 258; Dath, 1988, S. 42 ff.).

[9] Allenfalls im Zusammenhang mit der "technischen Reorganisation der Reservierungs- und Buchungsvorgänge" könne es "erneut zu einer Bedeutungszunahme des Parameters 'Vertrieb' kommen", was aber wiederum von der "organisatorischen und technischen Ausgestaltung" der vorgesehenen Systeme abhänge, wie insbesondere von ihrer "Offenheit" gegenüber den potentiellen Mitbewerbern in der Touristik-Branche (vgl. Hochreiter/Arndt, 1978, S. 154).

Marktentwicklung, wie insbesondere "die Vertriebsliberalisierung die gesamte Branche dazu zwingen wird, nach Effizienzverbesserungen zu streben und eine Differenzierung zum Wettbewerber sicherlich nur über neue Vertriebskonzepte möglich erscheint" (Dettmar, 1989).

— Schließlich erscheint auch die *Innovationsfähigkeit des "Vertriebs"* strittig zu sein, wenn z.B. Feststellungen, wie "der Kostenfaktor Vertrieb ... (erreiche) ... Größenordnungen, die Überlegungen über neue und eigene Vertriebswege auslösen könnten" (FVW-Thesen, 1980), oder wenn dem empirisch begründeten Hinweis, "auch im Vertrieb der Ware 'Pauschalurlaub' (vollziehe sich) — wie im übrigen Einzelhandel — der Einbruch neuer Vertriebsformen" (Hill, 1979), das Kurzstatement eines Praktikers der Tourismusbranche entgegensteht: "Neue Vertriebswege? — Ich sehe keine" (Pagnia, 1980). Die Notwendigkeit zur vertriebspolitischen Neuorientierung u.a. im Sinne einer "verstärkten Suche nach alternativen Vertriebswegen" wird indes zwischenzeitlich nur noch von wenigen bezweifelt. Zumindest ist das den Ergebnissen einer diesbezüglichen Befragung der größten deutschen Reiseveranstalter zu entnehmen (FVW-Thesen, 1988)[10]; ganz zu schweigen von der bereits fortgeschrittenen Entwicklung elektronischer Informations- und Reservierungssysteme, mit der nicht nur die prinzipiell verbesserte kommunikative Unterstützung traditioneller Vertriebssysteme — wie insbesondere die Verbindung mit dem Vertriebsweg Reisebüro — zu assoziieren ist, sondern in zunehmendem Maße auch die Etablierung konkurrierender Vertriebswege. Natürlich kann damit ebenso "die Nutzung der elektronischen Systeme als Vertriebsweg für Fremdenverkehrsangebote" (DSF, 1988, S. 13)[11] gemeint sein — mit allen je nach Betrachtungsebene angezeigten gestalterischen Konsequenzen. Der folgende Befund dürfte insofern gleichermaßen zutreffend und mehrdeutig sein: "In Zukunft werden Elektronik und

---

10 "Angesprochen wurden für den Vertrieb Verantwortlichen der 26 größten Veranstalter in der Bundesrepublik, mit 24 Antworten betrug der Rücklauf über 90 Prozent." These 16, der 83% der Befragten zugestimmt haben, lautete: "Die Entwicklung der Vertriebslandschaft in Deutschland hat gezeigt, daß nicht nur das klassische Reisebüro als Absatzweg für Veranstalterreisen in Frage kommt. Kaufhäuser und Verbrauchermärkte etablierten sich erfolgreich als Vertriebskanäle und schließlich kamen die Toto- und Lotto-Geschäfte dazu. Es ist zu erwarten, daß Veranstalter verstärkt nach alternativen Vertriebswegen suchen" (FVW-Thesen, 1988, S. 55 f.).

11 "Es gibt Informationssysteme, die auf *direktem Wege*, d.h. ohne Einschalten eines Informations-Distributionssystems mit dem Reisenden in Kontakt treten. Diesen Weg findet man besonders bei Informations- und Reservierungssystemen, die auf Ortsebene oder auf Gebietsebene arbeiten. Andere Informationssysteme treten nur indirekt unter Einschaltung eines *Informations-Distributionssystems* mit dem Reisenden in Kontakt. Solche Systeme verteilen (distribuieren) Informationen. Sie bieten verschiedenen Informations- und Reservierungssystemen den elektronischen Zugang zu bestimmten Informations-Bedarfsstellen. Informations-Distributionssysteme im Reiseverkehr sind beispielsweise:
 — START, das Informations- und Reservierungssysteme für Reisebüros bündelt — also für einen geschlossenen Benutzerkreis arbeitet,
 — Btx, das Informations- und Reservierungssysteme sowohl für geschlossene als auch für offene Benutzerkreise bündelt. Btx kann deshalb auch von anderen Informations-Distributionssystemen genutzt werden (z.B. von START)" Fried, 1989, S. 13).

Telekommunikation bestehende Vertriebsstrukturen wesentlich stärker verändern als in der Vergangenheit" (Frank, 1990, S. 7).

Die Widersprüchlichkeit bzw. Mehrdeutigkeit der Aussagen ist evident, wenn auch nur bedingter Natur. Vergewissert man sich nämlich des *jeweiligen Kontextes* der getroffenen Aussagen, dann wird offenbar, daß die Unterschiede im Aussagengehalt weniger auf Wahrnehmungsdifferenzen bezüglich der marketingpolitisch bedeutsamen *Erscheinungsformen der Vertriebspraxis* beruhen, sondern eher Ausdruck eines alternativen Verständnisses von der *Struktur des Vertriebsproblems* und damit von der Angemessenheit der als lösungsrelevant erachteten *Denkkategorien* sind. Um diese Alternativen einmal in Frageform anzusprechen:

– Ist es die *Gesamtheit der distributionspolitisch angezeigten Entscheidungsfelder*, die das Wesen des Vertriebs ausmacht, oder
– hat der *marketingpolitisch intendierte Beitrag des Vertriebs,* mithin die eigentliche Zwecksetzung, für diesen Instrumentalbereich von begriffskonstitutiver Bedeutung zu sein?

Im ersten Fall wird auf den *Weg* abgestellt, den das touristische Produkt (oder besser gesagt: das Recht auf die Inanspruchnahme touristischer Leistungen) in entwickelten Volkswirtschaften zurücklegen muß, um konsumwirksam werden zu können: "Die Frage, auf welche Weise die Produkte vom Produzenten zum Käufer gelangen sollen, ist Gegenstand des Distributions-Mix. In ihm sind alle die Instrumentalvariablen planmäßig aufeinander abzustimmen, die die institutionellen und verfahrensmäßigen Bedingungen für den Weg des Produktes vom Hersteller zum Verkäufer festlegen" (Hebestreit, 1977, S. 129).

Im zweiten Fall rückt die *Verfügbarkeit* des Angebots als Voraussetzung jeglichen Konsums (und damit auch als zentrales marketingpolitisches Anliegen) in den Mittelpunkt des Interesses, etwa im Sinne des folgenden Definitionsvorschlags:

"Die Distribution ist Inbegriff jenes partiellen Entscheidungssystems der Unternehmung, das mit allen seinen Elementen nach Maßgabe unternehmens- und umfeldbezogener Restriktionen bestmögliche Disponibilität über Angebotsprogramme für jene Wirtschaftssubjekte anstrebt, die an der Verwertung bzw. Inanspruchnahme dieser Leistungen unmittelbar interessiert sind oder interessiert sein könnten" (Geßner, 1977, S. 3 bzw. 1990, S. 129).

Gleichwohl handelt es sich in beiden Fällen natürlich *nicht* um einander ausschließende Denkansätze. Zu vielfältig (und ohne weiteres einsichtig) dürften hierzu die Wechselbeziehungen zwischen dem "Weg" und der "Verfügbarkeit" eines Produktes sein, als daß nicht durch entsprechende Interpretationen die (vermeintliche) Gegensätzlichkeit der Definitionsvorschläge aufgehoben werden könnte.

Wenn hier dennoch der Aspekt der "Verfügbarkeit" Vorrang genießen soll, dann vornehmlich aus zwei Gründen:

– Zum einen zeigt er an, was für den Vertrieb von *ursprünglicher* und was für ihn von *abgeleiteter Bedeutung* zu sein hat: Es bedarf geeigneter Wege, um Verfügbarkeit zu gewährleisten, nicht umgekehrt.

– Zum anderen erleichtert der "Verfügbarkeits-Aspekt" den Zugang zur kategorialen Vielfalt und Komplexität des Entscheidungsproblems "Vertrieb", indem – im Gegensatz zum eher "mechanistische" Assoziationen vermittelnden "Wege-Aspekt" (vgl. Abb. 1[12]) – von einer *unternehmerischen Marktleistung* die Rede ist, die es eingedenk des Interessenpluralismus im gesellschaftlichen Raum bzw. nach Maßgabe der unterschiedlichen Akzeptanzbedingungen im Umfeld der Unternehmung bestmöglich zu gestalten gilt.

Kurzum: Mit dem Schlüsselwort "Verfügbarkeit" läßt sich im Zusammenhang mit dem Kalkül der Vertriebspolitik theoretisch wie empirisch gehaltvoller argumentieren. Es bietet insofern auch bei der *Modellierung des Vertriebsproblems im Tourismus-Marketing* den vergleichsweise angemesseneren Orientierungsrahmen. Abb. 2 mag dies verdeutlichen: So wird die vertriebspolitisch intendierte "Marktleistung" (Stichwort: "Marktgerechte 'Verfügbarkeit' des touristischen Angebotsprogramms") in hohem Maße davon geprägt sein,

– ob die Ausübung der Vertriebsfunktion ausschließlich dem "Produzenten" (hier: dem "Reiseveranstalter") vorbehalten bleibt oder in definiertem Umfange rechtlich wie wirtschaftlich verselbständigten Einrichtungen übertragen wird (Stichwort: "Vertriebswege" bzw. "Eigen-" oder "Fremdvertrieb"),
– mit welchem distributionswirtschaftlich relevanten Leistungsprofil die möglicherweise oder üblicherweise eingeschalteten Funktionsträger am Markt agieren (Stichwort: "Vertriebsorgane" bzw. "Reisemittlertyp"),
– inwieweit die Identität des vertriebspolitischen Konzepts trotz der Beteiligung von prinzipiell autonomen Wirtschaftseinheiten an der Bewältigung von Vertriebsaufgaben gewahrt bleibt (Stichwort: "Vertriebsautorität" bzw. "Rollenverteilung und Konflikthandhabung im Absatzkanal"),
– wie die (alternativ kombinierbaren) Vertriebsstrategien zu einem "Distributions-Mix" koordiniert werden, das nicht nur in sich möglichst widerspruchsfrei angelegt ist, sondern darüber hinaus sowohl im Verhältnis zu anderen Instrumentalbereichen des Tourismus-Marketing (wie insbesondere zur "Angebots-" und "Kommunikationspolitik") als auch zum generellen Marketing- bzw. Unternehmenskonzept des Reiseveranstalters Integrationsfähigkeit beweist.

Als potentieller Interessent an der "Verfügbarkeit touristischer Angebotsprogramme" ist der *Konsument* der eigentliche Adressat der vertriebspolitischen Aktivitäten. Diese Feststellung ist ebenso selbstverständlich, wie sie bedenkenswerte Konsequenzen birgt: Läßt sich doch das entsprechende Nachfrageverhalten des Verbrauchers (Stichwort: "Artikulation und Durchsetzung der touristischen Nachfrage") auf Bestimmungsfaktoren zurückführen, die für die Erfolgswirksamkeit vertriebspolitischer Konzepte zumindest in dreifacher Hinsicht relativierende Bedeutung erlangen können:

– So äußert sich im jeweiligen Nachfrageverhalten zunächst einmal ein "touristischer Bedarf", was jedoch nicht ohne weiteres mit der bloßen Inanspruchnahme oder

---

12 Alle Abbildungen befinden sich am Schluß dieses Beitrags.

Ablehnung von Angeboten der Reiseveranstalter gleichzusetzen ist, sondern erst vor dem Hintergrund der konsumentenseitig gegebenen Bedürfnisse bzw. verinnerlichten Motivationen – wenn auch unter Einbeziehung der angebots- bzw. sortimentspolitischen Gestaltungsmöglichkeiten der "Distributionssphäre" – seine sinngebende Deutung erfährt (Stichwort: "Objektbezogenes Nachfrageverhalten").
- Darüber hinaus ist die Artikulation touristischer Nachfrage an die Erfahrung konsumbedeutsamer Umfeldbedingungen gebunden. Die entsprechenden Verhaltensmuster können damit ebenso Ausdruck eines orts- bzw. regionenspezifischen Anspruchsniveaus der Konsumenten sein, wie andererseits die Struktur und der Ablauf der Nachfrageaktivitäten unter dem Eindruck der örtlichen Bedarfsdeckungsmöglichkeiten stehen (Stichwort: "Regionalisierbares Nachfrageverhalten").
- Schließlich artikuliert sich die Nachfrage gegenüber "Einkaufsstätten" (Reisebüros, Buchungsstellen der Reiseveranstalter und sonstige Vertriebsstellen), die ihrerseits – nach Maßgabe der jeweils gegebenen Zielbildungs-, Entscheidungs- und Durchsetzungskompetenz – über Profilierungsmöglichkeiten am Markt verfügen und damit einen eigenständigen Beitrag zur nachfragestimulierenden Präferenzbildung leisten können (Stichwort: "Institutionell geprägtes Nachfrageverhalten").

Die angesprochenen Teilaspekte sind ebenso prägend für die *Struktur des Vertriebsproblems* im Tourismus-Marketing, wie sie andererseits dem Tourismus-Management die unterschiedlichsten Anknüpfungspunkte zur *Lösung der vertriebspolitischen Gestaltungsaufgabe* bieten. Sie verdienten es, zum Gegenstand differenzierender Erörterungen gemacht zu werden. Der diesem Beitrag gesetzte Rahmen läßt das jedoch nicht zu. Im folgenden kann daher der Vielschichtigkeit des Vertriebsproblems "nur" insoweit entsprochen werden, als die Einschätzung dessen, was vertriebspolitisch mit "marktgerechter Verfügbarkeit touristischer Angebotsprogramme" umschrieben wurde, einmal in der *Perspektive des Reiseveranstalters*, ein andermal in der des *Reisemittlers* erfolgt, um schließlich die sich hieraus ergebenden Konsequenzen für die *Bestimmung einer konzeptionsgebundenen Vertriebspolitik* aufzuzeigen. Daß damit die *Perspektive des Verbrauchers* weitgehend unterrepräsentiert bleibt bzw. allenfalls nach Maßgabe ihrer einzelwirtschaftlichen Verwertbarkeit interessiert, muß leider hingenommen werden. Darüber hinaus ist es naheliegend, die weiteren Ausführungen aufgrund der gebotenen Kürze mehr oder weniger thesenartig zu formulieren, um im übrigen zur Erläuterung des jeweiligen problemspezifischen Hintergrundes auf die Quellen im Anmerkungsapparat bzw. Literaturverzeichnis zu verweisen. Schließlich entspricht es der erwähnten Rahmensetzung, vergleichsweise häufig die distributionspolitisch relevanten Aspekte zu Übersichten bzw. tabellarischen Darstellungen zu "verdichten": Sie sollen Text ersetzen und dem Leser auch ohne ausführliche Diskussion den Zugang zur Vertriebsproblematik im Tourismus-Marketing erleichtern helfen, mithin Erkenntnisse per Implikation zulassen.

4.2 Zur Perspektive des Reiseveranstalters

In der Perspektive des "Reiseveranstalters" – hier verstanden als der unternehmensmäßig verselbständigte Produzent und Anbieter eigenständig organisierter Pauschalreisen (Hebestreit, 1977, S. 11 ff.)[13] – stellt sich die Vertriebspolitik zunächst einmal als eine betriebswirtschaftliche Gestaltungsaufgabe dar, die es im Sinne einer rationalen Entscheidungsfindung zu strukturieren gilt. Erkennt man in der sich dabei ergebenden Abfolge "logischer Schritte (vgl. Abb. 3) zugleich einen Prozeß der
– *Informationsgewinnung, Informationsverarbeitung und Informationsweitergabe*
wie auch einen solchen der
– *Willensbildung und Willensdurchsetzung*,
dann wird offenbar, daß die bestmögliche Lösung des Vertriebsproblems durch den Reiseveranstalter sowohl
– die hinreichende Kenntnis der distributionswirtschaftlich relevanten Einflußfaktoren zur Voraussetzung hat *(inhaltlicher Aspekt)* als auch
– die Transformation dieser insoweit "erklärenden Daten" in "entscheidungsabsichernde Daten" erforderlich macht *(methodischer Aspekt)*.

Dabei wird hinsichtlich des "inhaltlichen Aspekts" einmal an das Erkennen und/oder Setzen von *Rahmenbedingungen für die Distributionspolitik* gedacht:
– Worin sind beispielsweise die treibenden Kräfte des Branchenwettbewerbs im Tourismusmarkt zu erblicken, und welche vertriebspolitisch relevanten Marktchancen eröffnen sich damit dem Reiseveranstalter insbesondere im Verhältnis zu seinen Konkurrenten?
– Wie ist es um den Freiheitsgrad der vertriebspolitischen Entscheidungen selbst bestellt, etwa aufgrund der Kapitalbeteiligungsverhältnisse, der Gesellschafterstrukturen und/oder der Rechtskonstruktion des jeweiligen Touristikunternehmens?
– Wird dem Vertrieb im Rahmen der unternehmensspezifischen Marketingkonzeption möglicherweise nur subsidiäre Bedeutung beigemessen?
– Steht überhaupt die (institutionalisierte) Wahrnehmung von Vertriebsaufgaben durch unternehmensfremde Vertriebsorgane zur Disposition?
– Inwieweit haben sich die Vertriebsentscheidungen an der Empirie und damit an bereits entwickelten Lösungsmustern zu orientieren? (vgl. Abb. 4 und 5)

Darüber hinaus (wenn auch eingedenk der vorerwähnten Rahmenbedingungen) gilt es, sich der *Vielzahl möglicher Kriterien* bewußt zu sein, mit deren Hilfe Art und

---

13 "Wir verstehen unter einem Reiseveranstalter einen Fremdenverkehrsbetrieb, der im Rahmen eines eigens hierzu gegründeten Unternehmens überwiegend Leistungen Dritter zur Befriedigung des zeitweiligen Ortsveränderungsbedürfnisses und damit zusammenhängender anderweitiger Bedürfnisse zu einer neuen, eigenständigen Leistung verbindet und diese im Namen und auf Rechnung des Reiseveranstalter-Unternehmens anbietet" (Hebestreit, 1977, S. 11 f.).
"Der Reiseveranstalter ist Vertragspartner des Pauschalreisekunden, der Organisator/Unternehmer einer Pauschalreise, der die Reise aus den einzelnen Leistungen der Leistungsträger zusammenstellt, diese standardisiert und sie als einheitliches Paket oder Arrangement direkt oder über Reisemittler dem Reisekunden zum Gesamtpreis anbietet" (Schroeder, 1991, S. 161).

Ausmaß der Verfügbarkeit touristischer Angebotsprogramme im Markt beurteilt werden können und die sich *kategorial* drei verschiedenen (wenn auch nicht überschneidungsfreien) Beurteilungsebenen zuordnen lassen, nämlich
- der Beurteilungsebene *Kundenkontakt*, als Ausdruck der i.w.S. räumlichen Dimension des Vertriebsproblems (z.B. Dichte des Vertriebsnetzes, Einzugsgebiete der jeweiligen Vertriebsstellen bzw. Absatzmittler),
- der Beurteilungsebene *Konzeption*, womit das übrige profilprägende Umfeld, in dem das touristische Angebotsprogramm verfügbar gemacht wird, erfaßt werden soll (z.B. Steuerungsmöglichkeiten im Vertriebskanal, sortimentspolitisches Know-how der Absatzmittler) sowie
- der Beurteilungsebene *Kosten/Erträge*, als Inbegriff jener vertriebsbezogenen Erfolgskriterien, die sich in Kategorien des betrieblichen Rechnungswesens definieren lassen (z.B. Invesitionsaufwand für Vertriebsstellen, Vergütungsansprüche aus Vertriebstätigkeit).

Mit dem methodischen Aspekt soll demgegenüber die rationale Verpflichtung des Vertriebsmanagements angesprochen werden, bei der Auswahl der als distributionswirtschaftlich relevant erachteten Bestimmungsfaktoren sowie bei der Ermittlung ihres jeweiligen Stellenwertes für das zu lösende Vertriebsproblem klar definierten (und damit kontrollfähig formulierten) Prinzipien zu folgen: hier entweder
- die in Betracht kommenden Faktoren auf ihren Zielerreichungsgrad hin einzeln zu bewerten und zu einem für die jeweilige Entscheidungsalternative der Höhe nach charakteristischen, wenn auch maßstabsneutralen Index ("Projektwert") zu verarbeiten *(Punktbewertungsverfahren: Scoring-Modelle/Nutzwertanalyse)* oder
- primär auf die finanz- bzw. kapitalwirtschaftlich determinierbare Erfolgsträchtigkeit der zur Disposition stehenden Entscheidungen abzustellen *(Investitionsrechnungen)* oder aber
- von vornherein (und sinnvollerweise) die Bewertung bei einander nicht ohne weiteres kompatiblen Entscheidungskriterien entsprechend getrennt vorzunehmen und die (gleichwohl notwendige) Gesamtbeurteilung sozusagen zum "Verhandlungsgegenstand" auf der Ebene des (bereichsübergreifenden!) Marketingmanagements des Reiseveranstalters zu deklarieren *(gestufte Entscheidungsfindung* einschließlich *Portfolio-Analyse)*,

sind jene drei sich prinzipiell anbietenden, wenn auch einander ergänzenden Ansätze zur Absicherung von Entscheidungen im Vertriebsbereich (vgl. Abb. 6). Hierauf wird an anderer Stelle noch zurückzukommen sein.

4.3 Zur Perspektive des Reisemittlers[14]

Mit dem Reisemittler – hier verstanden im Sinne des traditionellen "Voll-Reisebüros" (Hebestreit, 1977, S. 134)[15] – wird sowohl die (auf Existenzsicherung bedachte) *Unternehmung* als auch das (Vertriebsfunktionen erfüllende) *Distributionsorgan* angesprochen, dessen Marktposition (als Einzelwirtschaft) und vertriebspolitischer Stellenwert (als Funktionsträger) vor dem Hintergrund der Strukturbesonderheiten des Tourismusmarktes zu begreifen sind:

- Da ist zunächst einmal das Faktum der *mittelständischen Struktur der Reisebüro-Branche* (vgl. Abb. 7), mit der Konsequenz, sich der Möglichkeiten und Grenzen einer weitgehend von sog. "Eigentümerunternehmern" getragenen Unternehmensführung zu besinnen (vgl. u.a. Robl, 1980, S. 26 ff.; DRV, 1982, S. 87 ff. und S. 157 ff.; DRV, 1990, S. 124 ff.).
- Da sind die *Konzentrationstendenzen bzw. horizontalen und vertikalen Beteiligungsaktivitäten in der Tourismusbranche* (vgl. Abb. 4 und 8), die sowohl hinsichtlich des Verflechtungsgrades als auch, was die Marktanteile bestimmter Reiseveranstalter betrifft, inzwischen Ergebnisse gezeigt haben, vor deren marktwirksamen "Sachzwängen" sich die Reisemittler nicht verschließen können (vgl. u.a. Arndt, 1981; Hill, 1979; Odrich, 1981; Veranstaltermarkt, 1990/91).
- Da ist der *Konkurrenzdruck alternativer Vertriebswege* (vgl. Abb. 4 und 5), sei es nun aufgrund des von Reiseveranstaltern u.a. auch praktizierten Direkt- bzw. Eigenvertriebs oder sei es im Zusammenhang mit den touristischen Aktivitäten branchenfremder bzw. ausländischer Anbieter – und dies alles noch bei steigender Rei-

---

[14] Vgl. hierzu auch den Beitrag im 2. Teil, Kapitel III 1.

[15] "Reisemittler (ist) ein Betrieb (oder ein Betriebsteil), der (in Abgrenzung vom Reiseveranstalter) Leistungen Dritter zur Befriedigung des zeitweiligen Ortsveränderungsbedürfnisses und damit zusammenhängender anderweitiger Bedürfnisse vermittelt" (Hebestreit, 1977, S. 12).
"Reisemittler ... übernehmen für den Veranstalter von Pauschalreisen bzw. Anbieter von Beförderungs- oder Unterbringungsleistungen außerhalb einer Pauschalreise Verkauf/Buchung des jeweiligen Produktes, soweit sie nicht selbst zugleich Reiseveranstalter sind. Reisemittler und Reiseveranstalter sind dementsprechend nur in den Fällen identisch, in denen große Reiseveranstalter über eigene Reisebüroketten verfügen bzw. einzelne Reisebüros selbst Reiseleistungen zur Pauschalreise zusammenstellen" (Schroeder, 1991, S. 159).
Der entsprechende empirische Nachweis stößt insofern auf Abgrenzungsschwierigkeiten bzw. bietet vom Aussagengehalt her mitunter erhebliche Interpretationsspielräume (vgl. Abb. 7):
- so schon einmal aufgrund des für die amtliche Statistik (Arbeitsstättenzählung) geltenden Schwerpunktprinzips (Stichwort: "Reisemittler" versus "Reiseveranstalter", DRV, 1989, S. 76);
- so auch hinsichtlich bestimmter Strukturmerkmale der Unternehmensverfassung (Stichwort: "mittelständische Reisebüros" versus "klassische Reisebüros", DRV, 1982, S. 74 ff.);
- so schließlich, was das generell geforderte bzw. unternehmensspezifisch realisierte Leistungsprofil der Reisemittler betrifft (Stichwort: gewerbliche Mindestanforderungen an "Reisebüros", DIHT, 1987, S. 38; Stichwort: "Voll-Reisebüros" oder "klassische Reisebüros" versus "markengebundene Reisebüros" versus "eigenständige Reisemittler" versus "Nebenerwerbsreisebüros", Freyer, 1991, S. 190 f.).

sebüro- bzw. Vertriebsstellendichte (vgl. u.a. Europas Großveranstalter, 1988; FVW-Thesen, 1988, S. 56; Niedecken, D., 1987a; Vertriebsstrukturen, 1991).
- Da ist das weite Spektrum der an sich denkbaren *betriebsindividuellen Leistungsangebote* (vgl. Abb. 9 und 10) und die – hiermit korrespondierend – jeweils unterschiedliche Interessenlage von Reisemittlern, Ausdruck findend in den diversen, ohnehin nicht nur das reine Vermittlungsgeschäft betreffenden Betätigungsfeldern der Reisebüros sowie in der erfahrungsgemäß vielfältig differenzierbaren – wenn auch immer weniger bindungsbereiten – Leistungsnachfrage durch den Reisebürokunden (vgl. u.a. Hartmann, 1975; Klatt, 1976; Ungefug, 1981; Reisebüroprofil, 1986; Reisebuchung, 1989; Zucker-Stenger, 1989).
- Das sind schließlich die für die Organisation der Arbeitsabläufe im Reisebüro typischen Zeitstrukturen mit ihren kostenmäßigen Konsequenzen, von denen erhebliche *Rationalisierungs- und Ökonomisierungszwänge* ausgehen; eine Konstellation, bei der die Einführung elektronischer Informations- und Reservierungssysteme die Effizienz und Marktwirksamkeit des Reisemittlergeschäfts zwar außerordentlich steigern hilft und damit grundsätzlich positiv bewertbar erscheint, jedoch eingedenk der dieser neuen Technologie immanenten konzentrationsfördernden Effekte eher ambivalenter Natur ist (vgl. u.a. Sturm, 1975; Hill, 1979; Fried, 1989; DSF, 1988; DRV, 1982, S. 125 ff.; TID, 1991, S. 631 ff.; BIX, 1990, S. 42 ff.).

Kurzum: Für die Perspektive des Reisemittlers von seiner Gestaltungsaufgabe im Rahmen des Tourismus-Marketing sind offenbar zwei Sachverhalte evident:
- zum einen seine Stellung als *"Mittler"* im Prozeß der "Konsumreifung" des touristischen Angebots, d.h. die *"Bipolarität" seiner Marktbeziehungen;*
- zum anderen seine Situation als *"Betroffener"* von Entwicklungen in der Tourismusbranche, die ihn zu einer ständigen Überprüfung seiner angemessenen (existenzsichernden, marktgerechten) Reaktionsfähigkeit zwingen, mit anderen Worten: die *Dynamik seiner Markbeziehungen.*

Seine künftigen Marktchancen dürften insofern weitgehend davon geprägt sein, wie es ihm gelingt, sich
- gegenüber definierten *Marktsegmenten bzw. Zielgruppen*
- unter den Bedingungen des *regionalen bzw. standortspezifischen Wettbewerbs*
- als ein im weitesten Sinne *"touristischer Problemlöser"*

zu profilieren.

Von der Umsetzung her hätte dies grundsätzlich zu bedeuten: den konzeptionell fundierten und empirisch abgesicherten Einsatz eines *reisemittlerspezifischen Marketing-Instrumentariums*, differenziert nach den Instrumentalbereichen
- *Standort* (betriebsexterner und innerbetrieblicher Standort),
- *Sortiment* (Veranstalterprogramm, Mittlerleistung),
- *Kommunikation* (Marktauftritt, Verkauf) und
- *Unternehmensform* (Rechts-, Kooperations- und Konzentrationsform).[16]

---

[16] Die Notwendigkeit einer umfassenden Instrumentalisierung marktorientierter Unternehmensführung im Reisebürogewerbe, namentlich was die Bestimmung eines reisemittlerspezifischen Mar-

Inhaltlich hieße das insbesondere:
- die Gestaltung eines nach innen und außen unverwechselbaren Erscheinungsbildes des Reisemittlers *(Unternehmensidentität)*,
- die Abstimmung der Angebotskonzeption der Unternehmung mit der Wettbewerbssituation im Einzugsgebiet bzw. mit der (Lage-)Qualität des jeweiligen Betriebsstandorts *(Standortverträglichkeit des Angebots)*,
- die Realisierung von Ökonomisierungs- bzw. Rationalisierungseffekten durch funktionelle Standortspaltung *(funktionsadäquate Geschäftsflächenverteilung)*,
- die Erzielung von Akquisitionswirkungen bei der innerbetrieblichen Geschäftsflächendimensionierung *(erlebnisorientierte Betriebsraumgestaltung)*,
- die Intensivierung der Beratungsfunktion *(Beratungskompetenz)*,
- die Pflege segmentspezifischer Leistungsangebote *(Spezialisierung)* sowie
- die Wahrnehmung der gesellschaftsrechtlichen und leistungssteigernden Möglichkeiten einer explizit marktorientierten über- und zwischenbetrieblichen Zusam-

---

ketinginstrumentariums betrifft, wird in der Fachliteratur vergleichsweise wenig thematisiert. Auf diesbezügliche Ausnahmen soll insofern ausdrücklich hingewiesen werden:
- so insbesondere auf das von Tietz (1980a, S. 566 ff. und 1980b, S. 779 ff.) gegenüber der o.g. Systematik etwas abweichend formulierte und je nach unterstelltem Bedeutungsumfang des "Marketingbegriffs" alternativ strukturierte "Marketinginstrumentarium eines Reisemittlers";
- so auch auf den Vorschlag, derartige – allerdings wiederum abweichend differenzierte – Instrumente als "Marketingmerkmale" zur "Beurteilung der Attraktivität des eigenen Reisebüros und der wichtigsten Wettbewerber" heranzuziehen (Dingeldey, 1989, S. 61 f.);
- so aber auch, was den Versuch angeht, die am Phänomen der Arbeitsteiligkeit in Volkswirtschaften orientierte und "in nicht geringem Maße der Rechtfertigung der Handelstätigkeit" dienende "Funktionslehre" als "Gedankenimpuls für die Beschäftigung mit der Tätigkeit des Reisemittlers" zu verwenden, um hieraus mehr oder weniger allgemeingehaltene "Schlußfolgerungen für die Unternehmenspolitik der Reisebüros und Empfehlungen" abzuleiten (Tupy, 1984, S. 141 ff., S. 188 f., S. 345 ff.).

Ganz überwiegend bleibt die Fachdiskussion jedoch nur bestimmten Teilaspekten der Marketingpolitik bzw. einzelnen Instrumentalbereichen verhaftet, so bedeutsam und unstrittig sie auch immer sein mögen:
- so z.B., wenn von vornherein als Träger des Marketing nur der Unternehmenstyp des "veranstaltenden Reisebüros" interessiert (Dath, 1988, S. 8);
- so auch, wenn eingedenk der für die Reisebüros typischen Bindung einer zunehmend interessenpluralistisch auszudeutenden "Vermittlungsleistung" an letztlich personalisierbare Funktionsträger die "steigenden Anforderungen an Reisebüromitarbeiter" und damit die "Mitarbeiter-Qualifizierung" im Mittelpunkt der Betrachtung stehen (Freyer, 1986 und 1991, S. 188 f.; Niedecken, D., 1987b);
- so aber auch, wenn mit der Charakterisierung des Reisebürogewerbes als "Dienstleistungshandel" bzw. vor dem Hintergrund der Liberalisierungstendenzen im Vertrieb dem Sachzwang einer eigenständigen "Sortimentspolitik im Reisebüro" vermehrt Aufmerksamkeit gewidmet wird (Brauer, 1990; Krane, 1990; Krane/Ungefug, 1990);
- so schließlich, wenn das in Analogie zum stationären Einzelhandel auch für Reisebüros maßgebliche "Residenzprinzip" in Verbindung mit der empirisch gleichfalls belegbaren Dynamik und Differenzierbarkeit des "Anspruchsniveaus der Reisebürokunden" dazu veranlaßt, auf die profilprägenden Möglichkeiten des "Marketinginstruments 'atmospherics'" hinzuweisen und die hierfür relevanten Gestaltungselemente zu verdeutlichen (Schönleitner, 1987).

menarbeit bzw. Unternehmenskooperation *(horizontale und vertikale Kooperation einschließlich "Rückintegration").*[17]

---

[17] Hinsichtlich der Erfolgsaussichten einer konsequent marktorientierten Unternehmensführung der Reisemittler und eingedenk der bereits skizzierten Umfeldbedingungen im Tourismusmarkt mit ihren existentiellen Risiken für das mittelständisch strukturierte Reisemittlergewerbe kommt der "Kooperationspolitik" die vergleichsweise größte Bedeutung zu.

Ausdruck einer derartigen Einschätzung dürfte auch der vergleichsweise breite Raum sein, den die Diskussion dieses Instrumentalbereichs in der einschlägigen Fachpresse zwischenzeitlich eingenommen hat (vgl. in diesem Zusammenhang u.a. die Artikelserie über "Kooperationsformen im Reisebüro-Gewerbe", in: Schafberg et al., 1990; darüber hinaus sei auf die vom Deutschen Reisebüro-Verband (DRV) mit Unterstützung des Bundesministeriums für Wirtschaft bei der Unternehmensberatung Dr. Helmut Fried & Partner in Auftrag gegebene "DRV-Kooperationsfibel" hingewiesen: DRV, 1990, S. 102 f.; DRV, 1991, auszugsweise wiedergegeben in Dingeldey/Schafberg/ Niedecken, 1990).

Die Art der Kooperationspartner, ihre Stellung im Distributionssystem des Tourismusmarktes sowie der Gegenstand bzw. der Zweck der Kooperationsvereinbarungen implizieren eine prinzipiell kaum begrenzbare Alternativenvielfalt der Kooperationsformen. Wie weit das Spektrum der an sich denkbaren Kooperationsformen gefächert sein kann, mögen die folgenden – hier nur stichwortartig angesprochenen, wenn auch in Klammern mit weiterführenden Literaturhinweisen versehenen – Beispiele verdeutlichen:

– die institutionalisierbare Wahrnehmung der beruflichen und gewerbepolitischen Interessen (z.B. ASR – Bundesverband mittelständischer Reiseunternehmen e.V. – gegründet 1976 als Arbeitskreis selbständiger Reisebüros - und Deutscher Reisebüro-Veband e.V. [DRV]; vgl. hierzu u.a. DRV, 1990, S. 11 ff.; ASR, 1991; ASR/DRV, 1991a, 1991b; Niedecken, D., 1990h, 1991);

– die verbandsmäßig geförderte Steigerung der betrieblichen Leistungsfähigkeit und Verbesserung der Unternehmerqualifikation (z.B. Betriebsberatungen und Betriebsvergleiche; vgl. hierzu u.a. DRV, 1990, S. 100 f.; Spielberger, 1991; Hoffmann, 1991);

– die Entfaltung marktbezogener Aktivitäten in Abstimmung mit potentiellen Wettbewerbern und anderen touristischen Funktionsträgern vor dem Hintergrund gleichgelagerter Interessen der Kooperationspartner im jeweiligen regionalen Teilmarkt (z.B. Verkaufsförderungsaktionen, Gemeinschaftswerbung; vgl. hierzu u.a. Essen, 1981; DRV, 1991, S. 45 ff.);

– die Zusammenarbeit mit Fremdenverkehrsverbänden bei der Aufbereitung und dem Vertrieb von marktreifen Pauschalangeboten (z.B. "Deutschland-Fachreisebüro"; vgl. hierzu u.a. Bernhauer, 1980; DRV, 1989, S. 134 und 1990, S. 168 ff.);

– die konzeptionelle Integrierung der Kooperationspartner in ein gruppenorientiertes Reisemittler-Marketing unter Einbeziehung kapitalwirtschaftlicher Elemente (z.B. First-Reisebüro GmbH & Co. KG, DER-Part-Reisevertrieb GmbH; vgl. u.a. Schafberg, 1990a und 1990b; Niedecken, I., 1991c; Spielberger, 1990b; TID, 1991, S. 437 ff.; DRV, 1991, S. 126 ff.);

– die Übertragung der konzeptionsprägenden und steuernden Unternehmerfunktionen auf die Initiatoren ("Systemköpfe") einer vertikalen Betriebskooperation (Reisebüro-Organisationen, Reiseveranstalter, Fluggesellschaften usw.) unter pflichtweiser Nutzung ihres wirtschaftlichen, in Sonderheit Vertriebs-Know-how in der Rolle eines quasi-filialisierten Anschlußbetriebes (z.B. Frachising; vgl. hierzu u.a. Knigge/Schafberg/Niedecken, 1990; Merkert-Saval, 1981; DRV, 1991, S. 51 ff.).

4.4 Zur Bestimmung einer konzeptionsgebundenen Vertriebspolitik

Fragt man nach den generellen Konsequenzen, die aus der Gegenüberstellung der reiseveranstalter- und reisemittlerspezifischen Perspektive hinsichtlich einer konzeptionsgebundenen Entscheidungsfindung im Vertrieb zu ziehen sind, dann erweisen sich insbesondere zwei Aspekte von maßgeblicher Bedeutung:
- Der betriebliche Funktionsbereich "Vertrieb" hat sich als ein ebenso zielgerichtetes wie lernfähiges Entscheidungssystem zu begreifen, das der ständigen Überprüfung des jeweiligen Zielerreichungsgrades nach Maßgabe geeigneter, d.h. dem jeweiligen Entscheidungsproblem angemessener Kriterien bedarf (Aspekt der vertriebspolitisch relevanten *Erfolgskategorien*).
- Das Entscheidungsfeld "Vertriebsweg" (Absatzkanal, Marktkanal, Channel of Distribution) stellt seinerseits ein ökonomisches und soziales System dar, dessen Elemente – namentlich die vertriebspolitisch involvierten Unternehmen in mehrstufig bzw. mehrgleisig strukturierten Vertriebswegen – an der Erstellung einer "Kollektivleistung" beteiligt sind. Die Leistungsfähigkeit der Vertriebspolitik wird insofern auch unter explizit verhaltensrelevanten Gesichtspunkten zu beruteilen sein (Aspekt der vertriebspolitisch relevanten *Verhaltenskategorien*).

Hinsichtlich der vertriebspolitisch relevanten *Erfolgskategorien* gilt es – wie folgt – zu differenzieren: Wenn eingangs die instrumentelle Zwecksetzung des Vertriebs auf die *Verfügbarkeit* touristischer Angebotsprogramme im Markt begrenzt wurde, so ist damit natürlich auch die Erwartung verbunden, in gleichem Umfange ihre *Verwertbarkeit* sicherzustellen, und zwar insbesondere bei Kunden oder in Regionen, die gegenwärtig wie unter perspektivischen Gesichtspunkten ein vergleichsweise hohes *Absatzpotential* repräsentieren. Zugleich werden damit jene drei Kategorien des Erfolgs angesprochen, die sich für die Beurteilung der distributionspolitischen Effizienz einer Unternehmeung prinzipiell anbieten.

So stellt das Kriterium der *"Verfügbarkeit"* auf den Sachverhalt ab, daß touristische Angebotsprogramme, sollen sie marktwirksam werden, dort "präsent" bzw. "zugänglich" sein müssen, wo sich die Nachfrage üblicherweise zu artikulieren pflegt. Ob damit nun im einzelnen die "objektbezogene", "regionale" oder die "institutionell" geprägte Komponente der konsumtiven Nachfrage gemeint ist (vgl. Abb. 2), stets wird es im Interesse des vertreibenden Unternehmens liegen, Informationen darüber zu gewinnen, inwieweit sein Angebot an jenen "Stätten" entsprechende Marktchancen wahrnehmen konnte und/oder umsatzwirksame Nachfrage gefunden hat.

Ausdruck hierfür könnten z.B. sog. *"Distributionsindizes"* sein, die – wie im Konsumgütermarketing praktiziert – von Marktforschungsinstituten im Rahmen ihrer Panelforschung ermittelt werden und den vertreibenden Unternehmen z.B. den Anteil von Reisevertriebsstellen eines definierten Typs angeben, die Programme bestimmter Veranstalter oder zielgruppenspezifische Angebote im Erhebungszeitraum geführt bzw. verkauft haben ("numerische Distribution"), und zwar unter gleichzeitiger Berücksichtigung ihrer Umsatzbedeutung bezogen auf den wertmäßigen Absatz der insgesamt interessierenden Angebotskategorien ("gewichtigte Distribution").

Was das Kriterium der *"Verwertbarkeit"* betrifft, so lassen die in diesem Zusammenhang sich anbietenden Kalküle der Vertriebserfolgskontrolle im Prinzip zwei Interpretationen zu:
- Zum einen wird der Vertriebserfolg mit dem Erfolg der absatzpolitischen Bemühungen einer Touristik-Unternehmung schlechthin gleichgesetzt. Der "Vertrieb" erscheint danach – neben "Beschaffung" und "Produktion" – als eine Realgüterphase im betrieblichen Umsatzprozeß, die sich die Verwertung betrieblicher Angebotsprogramme zum Ziel setzt und einen entsprechend monetarisierten Erfolgsausweis gestattet. Eingedenk der instrumentellen Möglichkeiten, die dem Unternehmen zur Gestaltung seiner Absatzsituation insgesamt zur Verfügung stehen, und von denen die Frage nach der Erfolgswirksamkeit der distributionspolitischen Aktivitäten nur einen Teilaspekt repräsentiert, sollte hier eher von "Absatzerfolg" bzw. "Marketingerfolg" gesprochen werden. Nach allem, was bisher zur Identität von "Vertrieb" und "Distribution" gesagt wurde, erscheint es wenig sinnvoll, dieser weiten Interpretation zu folgen, obwohl sie ganz überwiegend noch dem Sprachgebrauch der Wirtschaftspraxis entspricht.
- Zum anderen wird der Versuch unternommen, primär *distributionspolitisch geprägte Entscheidungen* erfolgswirksam werden zu lassen, d.h. den so ausgewiesenen Vertriebserfolg unmittelbar an distributionspolitische Entscheidungsalternativen zu binden, was allerdings die Zurechenbarkeit von Kosten- und Leistungskomponenten auf die jeweils zu definierenden vertriebspolitischen Entscheidungsobjekte zur Voraussetzung hat.

Ausdruck des zuletzt genannten Kalküls sind *Vertriebserfolgsrechnungen auf Teilkostenbasis*, die z.B. den genutzten Reisemittleralternativen, den realisierten Buchungsgrößen, den betriebsindividuellen Absatzgebieten bzw. den Vertriebsbezirken die distributionswirtschaftlich relevanten Erlöse und Kosten zurechnen, um über ermittelte *"Deckungsbeiträge"* zu Kontrollgrößen für mögliche Entscheidungsrevisionen zu gelangen. Abstrahiert man von dem zweifellos gravierenden Problem einer distributionswirtschaftlich "richtigen" Zuordnung der Erfolgsgrößen sowie von der Tatsache, daß mit einem wie auch immer qualifizierten Deckungsbeitrag noch keine Entscheidungsgrundlage per se gewonnen wurde, sondern allenfalls ein "Anstoß" zu weitergehenden Berechnungen, so wird doch ein so verstandener "Vertriebserfolg" dem distributionspolitischen Entscheidungsproblem schon eher gerecht; ganz abgesehen davon, daß eine derartige Vorgehensweise auch unter perspektivischen Gesichtspunkten in dem Maße an Bedeutung gewinnen dürfte, wie der traditionelle Handelsvertreter-Status von Reisemittlern dem eines Eigenhändlers weicht.

Was schließlich das Kriterium *"Absatzpotential"* angeht, so reflektiert dies die Bedeutung von dauerhaft ertragreichen Kundenbeziehungen für die Zukunftssicherung des vertreibenden Unternehmens. Vor diesem Hintergrund "Kunden" mit der ihnen eigenen Beziehungsqualität unter strategischen Gesichtspunkten zusammenzufassen und gegeneinander abzugrenzen, erweist sich insofern als ebenso konsequent, wie es gilt, sie hinsichtlich ihres Erfolgsbeitrages zum Unternehmensbestand zu überprüfen und auf entsprechende Ausgewogenheit hinzuwirken. Im Zusammenhang mit "Kunden" sollte daher eher von "vertriebspolitischen Adressaten" gesprochen werden, für die gleichermaßen Urlaubs- und Geschäftsreisende, Vertriebsstellentypen und Verbundgruppen des Reisemittlergewerbe, Vertriebsregionen des In- und Auslandes usw. stehen können, kurz: die Spezifik des jeweiligen Absatzkanals.

Ausdruck eines derartigen Bewertungskonzepts könnten z.B. sog. *"Distributor- bzw. Kunden-Portfolio-Matrizen"* sein (vgl. Abb. 6), in denen die so verstandenen "Kunden" als (vertriebs-)strategische Geschäftsfelder nach Maßgabe ihres Entwicklungspotentials an sich (Chancen/Risiken) sowie im Verhältnis zum vertreibenden Unternehmen (Stärken/Schwächen) positioniert werden, um hieran anknüpfend die jeweils angezeigten "kundenspezifischen", besser gesagt: geschäftsfeldspezifischen Vertriebsstrategien abzuleiten.

Auch der erwähnte zweite Aspekt konzeptionsgebundener Entscheidungsfindung im Vertrieb – die Frage nach den vertriebspolitisch relevanten *Verhaltenskategorien* – ist in mehrfacher Hinsicht bedenkenswert:

– Da sind zunächst einmal die *Gefährdungspotentiale* im Absatzkanal bzw. die für die Marktbeziehungen zwischen den beteiligten Unternehmungen unmittelbar bedeutsamen *Konfliktbereiche*, ob nun
  • aufgrund divergierender Marketingziele *(Zielkonflikte)* und eines hiermit korrespondierenden alternativen Rollenverständnisses am Markt *(Rollenkonflikte)*,
  • wegen bestehender Informationsdefizite einschließlich vorhandener Kommunikationsbarrieren und der hierdurch begünstigten Fehlwahrnehmungen des jeweiligen Marktpartners *(Kommunikationskonflikte)* und/oder
  • im Zusammenhang mit der "Erfahrung" von Marktmacht und dem damit verbundenen Wissen der Beteiligten um die Durchsetzbarkeit bzw. Realisierungschancen eigenständiger Marketingkonzeptionen *(Machtkonflikte)*.

– Hinzu kommen das Ausmaß und die Wirksamkeit der *Verhaltenskoordination* im Absatzkanal sowie die Zweckmäßigkeit der hierfür als maßgeblich erachteten Führungsprinzipien *(Marketingführerschaft)*:
  • Haben sich die Marktpartner ausschließlich den Intentionen des wirtschaftlich Stärksten im Absatzkanal zu beugen *(autoritäre Führerschaft)*?
  • Liegt demgegenüber ein Verhaltensmuster vor, das zwar auch vom Führungsanspruch geprägt ist, gleichwohl aber die Mitwirkung der unmittelbar beteiligten Marktpartner vorsieht und einen (zumindest partiellen) Interessenausgleich anstrebt *(partizipative Führerschaft)*?
  • Oder wird auf jegliche Führung im Absatzkanal verzichtet, mit der Konsequenz einer nur bedingt gegebenen, da rein dezentralen Koordination der Marketingaktivitäten *(Laissez-faire-Prinzip)*?

– Darüber hinaus wird die Frage nach der Tragfähigkeit der *Motivationsbedingungen* für die Beteiligten im Absatzkanal zu beantworten sein: Liegen den vertriebspoli-

tisch intendierten "Beiträgen" der Marktpartner (wie insbesondere der Reisemittler) angemessene (oder besser gesagt: als angemessen empfundene) "Anreize" zum Tätigwerden im Sinne eines plandeterminiert-koordinierten Marketing zugrunde?
- Schließlich gilt es, die Effizienz der gesellschaftsrechtlichen bzw. vertraglichen Möglichkeiten zur *Absicherung von Vertriebsinteressen* im Absatzkanal zu überprüfen. Die Bandbreite der sich mit dieser Forderung zwangsläufig ergebenden "Prüfobjekte" kann hier nur angedeutet werden; sie findet insbesondere ihren Ausdruck in folgenden, grundsätzlich zu unterscheidenden Vertriebsformen:
  - *generelle (intensive) Distribution* als traditionelle Form des indirekten Vertriebs, wonach auf jeder Ebene des Absatzkanals grundsätzlich alle relevanten Absatzmittler/Reisemittler berücksichtigt werden;
  - *selektive Distribution* als Ausdruck der vom Marketing geforderten differenzierenden Marktbearbeitung, wobei nach bestimmten Gesichtspunkten (wie Umsatzbedeutung, Funktionsausübung, Steuerungsmöglichkeiten usw.) eine Auswahl unter den (typenmäßig differenzierbaren) Absatzmittlern/Reisemittlern erfolgt (Agentur- bzw. Rahmenvertrag);
  - *exklusive Distribution* als konsequente Weiterführung des Selektionsprinzips, indem – über eine rein betriebstypenmäßige Einengung des Absatzkanals hinausgehend – nur jene Absatzmittler/Reisemittler mit der Wahrnehmung von Vertriebsaufgaben betraut werden, die aufgrund zusätzlicher (d.h. betriebsbzw. unternehmensindividueller) Merkmale zum Zwecke konzeptioneller Integrierung den Anforderungen des Reiseveranstalters entsprechen (Exklusivvertrag, Franchising);[18]
  - *Filialisierung* als Ausdruck der Wahrnehmung von Vertriebsfunktionen in ausschließlich eigener Regie und Verantwortlichkeit des Reiseveranstalters (Eigenvertrieb) bei zugleich räumlich dezentraler Kontaktanbahnung mit den po-

---

[18] "Selektive" und "exklusive Distribution" versuchen zwar nur (und dies in vertriebspolitisch legitimer Weise) dem "Differenzierungsgebot des Marketing" zu entsprechen; sie können dabei allerdings auch (da dies ordnungspolitische Risiken birgt) mit dem "Diskriminierungsverbot des Wettbewerbsrecht" in Konflikt geraten. Daß beide Gestaltungsprinzipien der Konsumgüterdistribution in ihrem Spannungsverhältnis u.a. je nach einzelwirtschaftlicher Betroffenheit außerordentlich kontrovers beurteilt werden, ist evident. Für die Tourismusbranche gilt das gleichermaßen, wie die Auseinandersetzung um die Untersagung der Ausschließlichkeitsbindung in den Agenturverträgen der beiden führenden deutschen Reiseveranstalter Touristik Union International (TUI) und NUR-Touristik exemplarisch belegt. Die entsprechenden Beschwerden der genannten Unternehmen wurden zwar vom Kartellsenat des Berliner Kammergerichts zurückgewiesen, hatten aber vor dem Bundesgerichtshof insofern Erfolg, als sie zur "Aufhebung des Beschlusses des Kammergerichts" und zur "Zurückweisung des Verfahrens ... an den Kartellsenat des Kammergerichts" führten – mit dem Ergebnis, daß die vom Bundeskartellamt einst ausgesprochene Untersagung der Vertriebsbindung endgültig aufgehoben wurde. Gleichwohl dürfte damit die Diskussion um das Für und Wider von Ausschließlichkeitsbindungen bei der Vermittlung touristischer Angebotsprogramme keineswegs beendet sein. Hintergrund und Stadien der Auseinandersetzung werden z.B. in Vertriebsbindung, 1988, 1989, 1990, 1991 und Krane, 1991, vermittelt. Über die "Einstellungen der Führungskräfte von deutschen Reisebüros" und den diesbezüglichen Befragungsergebnissen referieren Engelmann/Tanzer, 1987, und Tanzer, 1989a, 1989b.

tentiellen Kunden durch entsprechend weisungsgebundene Vertriebsorgane ("Buchungsstellen", "eigene Reisebüros", "Verkaufsstellen" usw.).

Kurzum: Die *Bestimmung einer konzeptionsgebundenen Vertriebspolitik* wird vor diesem Hintergrund sowie eingedenk der empirischen Gegebenheiten am Reiseveranstaltermarkt (vgl. z.B. den Marktanteil der vier größten Reiseveranstalter in der Bundesrepublik Deutschland gemäß Abb. 4) und am Reisemittlermarkt (vgl. z.B. den distributionswirtschaftlichen Stellenwert der Reisebüros gemäß Abb. 4, 5 und 9) auch als *Rollenverteilung und Konflikthandhabung im Absatzkanal* zu begreifen sein. Dabei stehen grundsätzlich drei – gleichwohl nur gedanklich abgrenzbare – Strategien zur Disposition:

(1) Die *Strategie der "Konfrontation"*: Sie entspricht zunächst einmal der durchaus realistischen Vorstellung, mit der Erlangung einer starken Marktposition und dem hierdurch möglichen Einsatz wirtschaftlicher Macht bei den Marktpartnern "Sachzwänge" zu schaffen bzw. "Umwertungen" nahezulegen, die aufgrund ihrer existentiellen Bedeutung nicht ignoriert werden können und insofern zu einem machtbedingt marktkonformen Verhalten zwingen. Dieser Strategie dürfte jedoch kaum das Wort geredet werden, da sie nicht nur zur (wettbewerbspolitisch negativ zu beurteilenden) Beschleunigung der Konzentrationsneigung beiträgt und/oder die (ebenso zu qualifizierende) Mobilisierung von Gegenmacht zur Folge hat, sondern auch im vertriebspolitischen Sinne bedenkliche, da demotivierende Wirkungen im Absatzkanal zeitigt – von der wettbewerbsrechtlichen Einschätzung einmal ganz abgesehen.

(2) Die *Strategie der "Umgehung"*: Sie ist mit dem Aufbau eines unternehmenseigenen Vertriebsnetzes und/oder mit dem Ausweichen auf "branchenfremde"/"neue" Vertriebswege verbunden. Hoher Kapitalbedarf gepaart mit distributionswirtschaftlichem Know-how sowie die realistische Einschätzung der möglichen Reaktionen im touristischen Marktumfeld sind äußerst restriktive Voraussetzungen, die dieser Strategie nur in begrenztem Umfange Realisierungschancen einräumen.

(3) Verbleibt die *Strategie der vertikalen Kooperation ("Bindungsstrategie")* als Ausdruck eines plandeterminiert-kooperativen Verhaltens mit dem Ziel, alle an der Verwertung touristischer Angebotsprogramme beteiligten Unternehmen im Absatzkanal konzeptionell zu integrieren. Anders ausgedrückt: Es geht um die Koordination der vertriebspolitischen Aktivitäten auf der Basis partizipativer Zielvereinbarungs- und Gestaltungsprozesse.[19]

---

[19] Die Formen, mit denen sich die kooperativen Beziehungen konkretisieren ließen, sind weit gefächert und eigentlich nur der Intention nach bestimmbar. Sie können den verstärkten Austausch distributionswirtschaftlich relevanter Marktinformationen ebenso beinhalten wie die gegenseitige Abstimmung bei der Entwicklung von Angebotskonzeptionen und/oder die Einbeziehung gesellschaftsrechtlicher bzw. kapitalwirtschaftlicher Elemente zwecks Verbesserung der Motivationsbedingungen im Absatzkanal.
Zur Erläuterung mag das Beispiel der *Touristik Union International (TUI)* dienen, jener größten deutschen Touristikunternehmung (vgl. Abb. 4), die aus einem Zusammenschluß mittelständischer Reiseveranstalter hervorgegangen ist, welche ihrerseits von großen Reisebüros bzw. Reisebüroket-

ten – den heutigen Gesellschaftern der TUI – gegründet worden waren (vgl. Abb. 8). Zu ihrem Vertriebskonzept gehört es, sich grundsätzlich einer unmittelbaren Buchungstätigkeit für die von ihr ausgeschriebenen Reisen zu enthalten bzw. auf den Aufbau eines Netzes TUI-eigener Reisebüros zu verzichten und statt dessen ihr Pauschalreiseangebot ausschließlich über selbständige Reisebüros auf der Basis des Handelsvertreterrechts zu vertreiben. Allerdings signalisieren die Entwicklungsgeschichte und die Struktur des Zusammenschlusses bereits sehr unterschiedliche Interessenlagen innerhalb des TUI-spezifischen Absatzkanals, so daß es durchaus gerechtfertigt erscheint, von einer "systemimmanenten Instabilität" sowie von einer "ständigen Gefährdung der partnerschaftlichen Kooperation" zu sprechen (Kirsch/Tigges, 1979). Auch ist immer wieder von "ungelösten Problemen seit der Gründung des Konzerns" die Rede (Niedecken, D., 1990a); nicht zu vergessen jene (vom ASR in einem offenen Brief an den TUI-Vorstand einst getroffene, inzwischen jedoch zweifellos zu relativierende) Feststellung, nach der die "Durchsetzung" bestimmter vertriebsorganisatorischer Neuerungen (u.a. die Reduzierung der Mindestumsätze als Zulassungsvoraussetzung für neue Agenturen "in der Fläche", die Einführung einer Stammkundenkarte, die Nutzung von Kundenadressen seitens der TUI, die Herausnahme der Reiserücktrittskosten-Versicherung aus dem provisionsbedürftigen Pauschalreisepreis) "die Position, Stärke und Bedeutung der mittelständischen Reisemittler schadet ... (so daß) ... trotz aller Beteuerungen von seiten der TUI ... die Basis für eine vertrauensvolle Zusammenarbeit .. immer mehr abbröckelt ... (bzw.) ... sich für viele Kollegen die Frage stellt, ob die TUI von heute noch der solide und berechenbare Partner von früher ist" (Felbel/Hess, 1989). Ähnliches beinhaltet die Aussage, daß "Verdrossenheit, Resignation, Verärgerung und Zorn, aber auch Sorge und Angst ... die Diskussion mit großen und kleinen Reisebüros in diesen Wochen und Monaten (prägen), wenn das Gespräch auf die Touristik Union International kommt. Nicht mehr das partnerschaftliche 'Wir' bestimmt das Verhältnis zwischen den Agenturen der TUI und dem größten deutschen Reiseveranstalter, sondern ein distanziertes 'die da oben' oder 'die in Hannover' dominiert" (Niedecken, D., 1990b).

Die aufgrund dieser Sachlage von der TUI entfalteten Aktivitäten zwecks Verwirklichung eines wirksam koordinierten Absatzkanals waren insofern nur konsequent. Sie lassen sich stichwortartig wie folgt umschreiben (als Quellen dienten die diesbezüglichen Angaben der – im folgenden nur beispielhaft zitierten – Fachpresse sowie Unterlagen, die dem Verfasser von den Bereichsleitungen "Verkauf" sowie "Presse und Public Relations" der Touristik Union International GmbH & Co. KG (TUI) überlassen bzw. gesprächsweise erläutert wurden):

- Schaffung eines vertriebstypischen Identifikationskerns für die Reisebüros gemäß dem neuen dreigleisigen Vertriebskonzept der TUI: "TUI-Agentur", "TUI-ProfiPartner" und "TUI-Urlaub-Center";
- Bindung der Reisemittler an den Absatzkanal durch Agenturverträge mit – je nach o.g. Vertriebstyp – qualifiziert abgestufter Bindungsintensität: "TUI-Agentur" (herkömmlicher Agenturvertrag), "TUI-ProfiPartner" ("Teilladenauftritt" der TUI, jedoch mit "Verkaufspriorität", zusätzliche Marketinghilfen, umsatzabhängige Mehrvergütungen), "TUI-Urlaub-Center" (Franchise-Konzept; vgl. hierzu auch Heine, 1990; Niedecken, D., 1990c; Niedecken, I., 1990, 1991a, 1991b;
- Neugliederung der TUI-Bereiche nach funktionalen Gesichtspunkten (z.B. Differenzierung der distributionspolitisch bedeutsamen Verantwortungsbereiche in "Vertriebssteuerung" (Disposition), "Verkauf" (Realisation, Agenturbetreuung), "Werbung" (Konzeption, Realisation); Anpassung der internen Organisation an die zielgruppen- und zielgebietsbezogene Neuorientierung in der Dachmarkenstrategie der TUI durch Installierung eines angebotsspezifischen Produkt-Managements; vgl. hierzu auch Niedecken, D., 1990d; Raithel, 1990;
- Modifizierung des finanziellen Anreizsystems: Honorierung elektronischer Buchungsübermittlung (START-/Btx-Umsätze): Staffelprovision; herkömmliche Buchungsübermittlung: Grundprovision; Partnerschaftsbonus, Werbekostenzuschuß, verkaufssteuernde Zusatzprovision; vgl. hierzu auch Niedecken, D., 1990d; Spielberger, 1990a;
- Verbesserung der Beratungsqualität: Seminarreisen, "Info-Tage" in ausgewählten Zielgebieten im Ausland, Programmvorstellungen, START-Schulung, Verkaufstraining bzw. spezielle Veran-

Nur dieser Strategie dürfte eine gleichermaßen realistische wie zu befürwortende Perspektive beizumessen sein; eine zu "befürwortende" Perspektive allerdings nur insoweit, als sie nicht allein die veränderten empirischen Konstellationen im Reiseveranstalter-Reisemittler-Verhältnis reflektiert oder – wie auch immer geartete – "Konsumtrends" bloß nachvollzieht, sondern ebenso gesellschaftlich legitimierte Interessen hinsichtlich des eigentlichen Gegenstandes des Vertriebs – nämlich des Touristikangebots – mit einbezieht.[20]

---

staltungen externer Verkaufstrainer für "TUI-ProfiPartner" und "TUI-Urlaub-Center";
- Unterstützung der Reisemittler bei marktgerichteten Aktivitäten: Gemeinschafts- (TV- und Print-) Werbung, Direct Mailing, Werbehilfen (Schaufensterdekoration, Betriebsraumgestaltung), regionale Agenturbetreuung ("TUI-ServiCenter"), spezielle Gruppen- und Kurzfrist-Angebote;
- Verbesserung der (wechselseitigen) Kommunikation (Hauszeitschrift "Die Reise" für TUI-Mitarbeiter und Expedienten und "Chef-Rundschreiben" für Reisebüroleiter);
- Institutionalisierung der Interessenvertretung: regionale Vertretergemeinschaften, Partnerausschuß.

Die Frage, ob diese Maßnahmen von allen Reisemittlern des TUI-spezifischen Absatzkanals als hinreichend motivierend empfunden werden, ist damit jedoch noch keineswegs beantwortet (vgl. u.a. die Diskussion über das neue Vertriebskonzept der TUI mit seinen Implikationen für die TUI-Agentenschaft im allgemeinen sowie hinsichtlich der Rolle der TUI-Vertretergemeinschaften bzw. des Partnerausschusses im besonderen bei Niedecken, D., 1990e, 1990f, 1990g). Auch dürfen in diesem Zusammenhang die Auseinandersetzungen um die Einführung einer "Stammkunden-(Kredit-)Karte" und des "Direkt-Inkassos" seitens der TUI nicht unerwähnt bleiben (vgl. u.a. Direktinkasso, 1990a, 1990b, 1991; Schafberg, 1991; Stammkundenkarte, 1989a, 1989b).

20 Man denke etwa an die zunehmende Berücksichtigung der Entwicklungsländer als Zielgebiete des Massentourismus, wohlwissend, welche negativen sozio-kulturellen Wirkungen im besuchten Land damit verbunden sein können. Oder um ein anderes Beispiel zu nennen: die Ausdehnung des touristischen Angebots auf Naturreservate (wie Hochregionen) bzw. die extensive touristische Nutzung empfindlicher Biotope (wie Seengebiete), wohlwissend, welche schweren ökologischen Schäden derartige Regionen bei zivilisatorischer "Übererschließung" erleiden.

Daß in der Tourismuswirtschaft der Umweltschutz als eine gesellschaftliche Herausforderung begriffen wird, auf die es auch in eigener Verantwortung, sprich: unternehmenspolitisch zu reagieren gilt, lehrt seit kurzem das Beispiel der TUI, insbesondere was die Institutionalisierung eines (dem Vorstandssprecher direkt berichtenden) "Umweltbeauftragten" und die von ihm entfalteten bzw. initiierten Aktivitäten betrifft (vgl. hierzu u.a. TUI, 1990, 1991a, 1991b, 1991c):
- Auswertung von "Umweltberichten" der "TUI-Chefreiseleiter" aus bislang knapp 100 Zielgebieten;
- Aufbau eines internen "Umwelt-Informations- und Dokumentations-Systems";
- Durchführung von "Umweltseminaren" in ökologisch gefährdeten Zielgebieten;
- Überprüfung der Umweltverträglichkeit unternehmenseigener Hotelprojekte;
- Verwendung von vergleichsweise umweltschonend gewonnenem Papier für alle TUI-kaqtaloge ab Wintersaison 1991/92;
- Darstellung der Unternehmensphilosophie zum Thema "Umwelt" bzw. Anleitung der Urlauber zum umweltverträglichen Verhalten auf einer Doppelseite in allen TUI-Katalogen ("Auch die Umwelt braucht Erholung").

Die für die unternehmenspolitische Neuorientierung der TUI maßgebliche Einsicht: "Wir können nicht länger Gäste in beliebiger Zahl in jedes Zielgebiet schicken, ohne uns konkret Gedanken über die Folgen zu machen" (Iwand, 1991a), läßt insofern ebenso aufhorchen, wie es die hieraus abgeleiteten vier Grundsätze: "Wirksam für die Umwelt, spürbar für den Gast, machbar für das Zielgebiet und – soweit möglich – meßbar für das Unternehmen" (Iwand, 1991b), auf ihre Weise tun. Von

Eine Strategie der vertikalen Kooperation im Tourismus-Marketing, die sich lediglich als deklamatorische Verbrämung eines effizient gehandhabten einzelwirtschaftlichen Gewinnverteilungssystems im Absatzkanal begreift, würde diesem Anspruch jedenfalls nicht gerecht.

---

welcher Qualität die dabei zweifellos einzugehenden "Kompromisse" sind, wenn es heißt: "Geringstmöglichste Umweltbelastung bei größtmöglichstem wirtschaftlichen Erfolg für das Unternehmen" (Iwand/Stromiebel, 1991), wird sich indes noch zu erweisen haben.

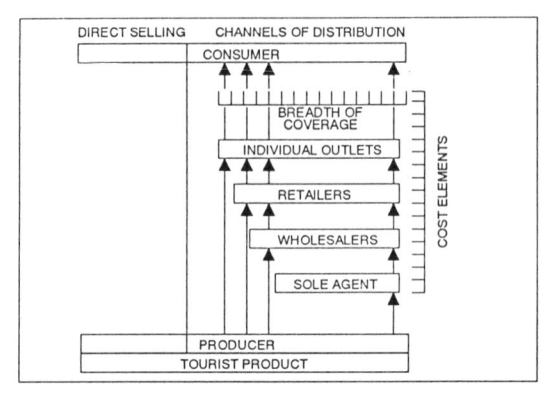

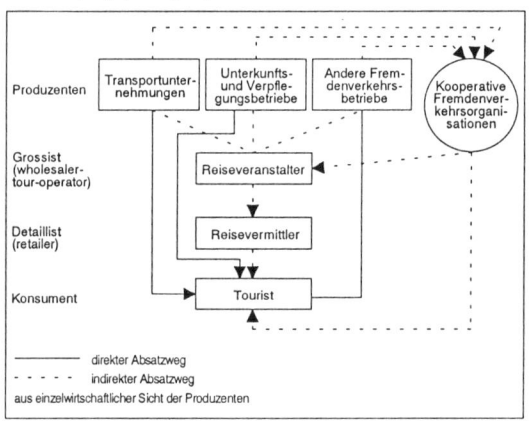

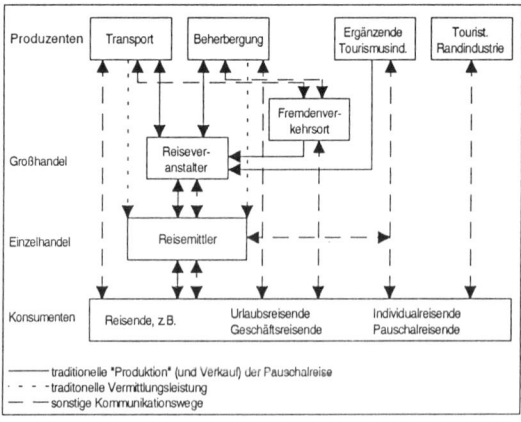

Abb. 1: Zur vertriebspolitischen Funktionsträgerschaft im Tourismus-Marketing

Vertriebspolitik

```
                    ┌──────────────────────┐
                    │   REISEVERANSTALTER  │
                    └──────────┬───────────┘
                               ▼
        ┌──────────────────────────────────────────────┐
        │        Funktionswahrnehmung am Markt         │
        │           (Tourismus-Marketing)              │
        └──────────────────────────────────────────────┘
```

| Angebot | ◄──► | Distribution | ◄──► | Kommunikation |

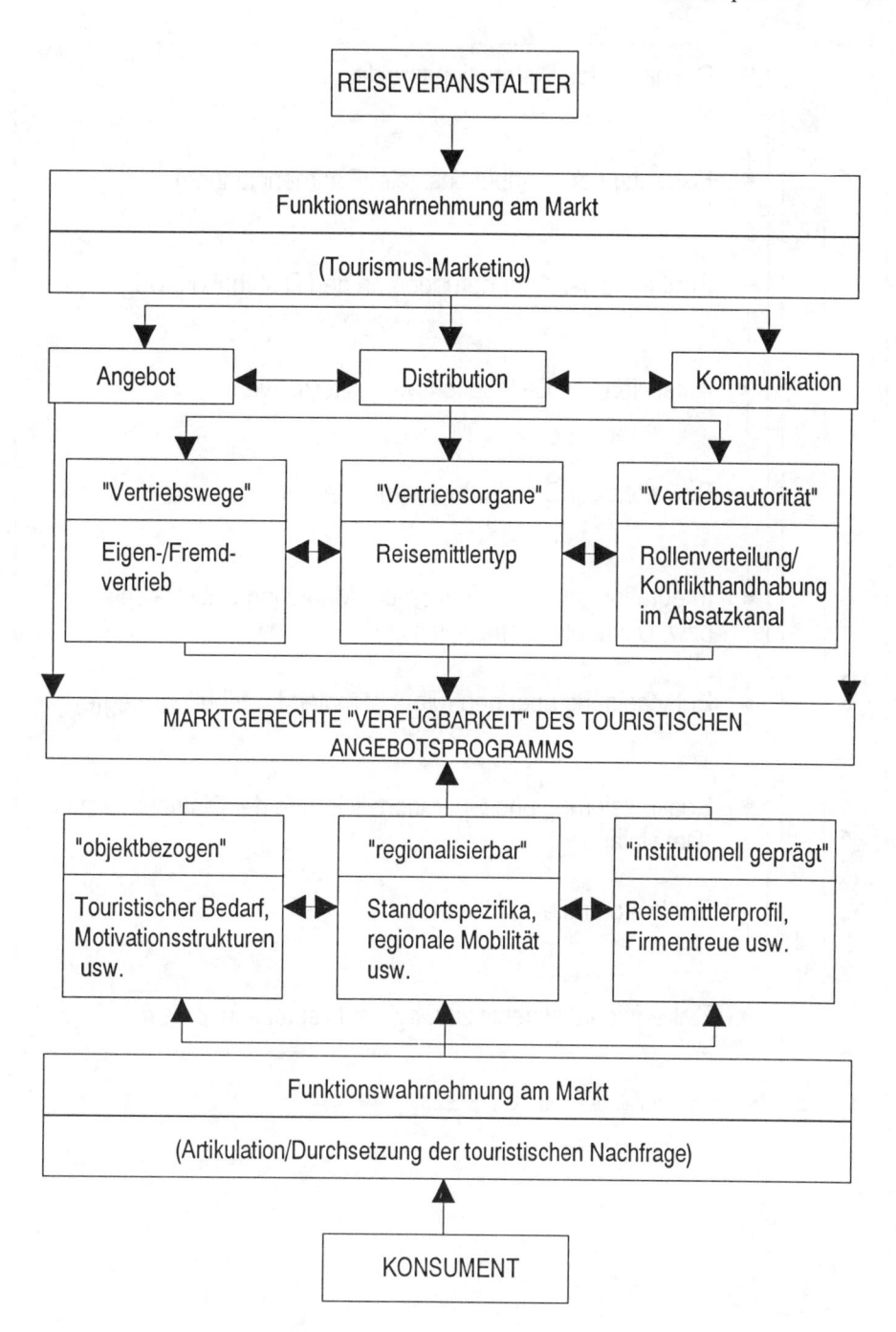

"Vertriebswege"	"Vertriebsorgane"	"Vertriebsautorität"
Eigen-/Fremd-vertrieb	Reisemittlertyp	Rollenverteilung/ Konflikthandhabung im Absatzkanal

MARKTGERECHTE "VERFÜGBARKEIT" DES TOURISTISCHEN ANGEBOTSPROGRAMMS

"objektbezogen"	"regionalisierbar"	"institutionell geprägt"
Touristischer Bedarf, Motivationsstrukturen usw.	Standortspezifika, regionale Mobilität usw.	Reisemittlerprofil, Firmentreue usw.

```
        ┌──────────────────────────────────────────────┐
        │        Funktionswahrnehmung am Markt         │
        │ (Artikulation/Durchsetzung der touristischen │
        │                  Nachfrage)                  │
        └──────────────────────┬───────────────────────┘
                               ▲
                    ┌──────────────────────┐
                    │      KONSUMENT       │
                    └──────────────────────┘
```

Abb. 2: Zur Struktur des Vertriebsproblems im Tourismus-Marketing

Marketing-Planungsprozess

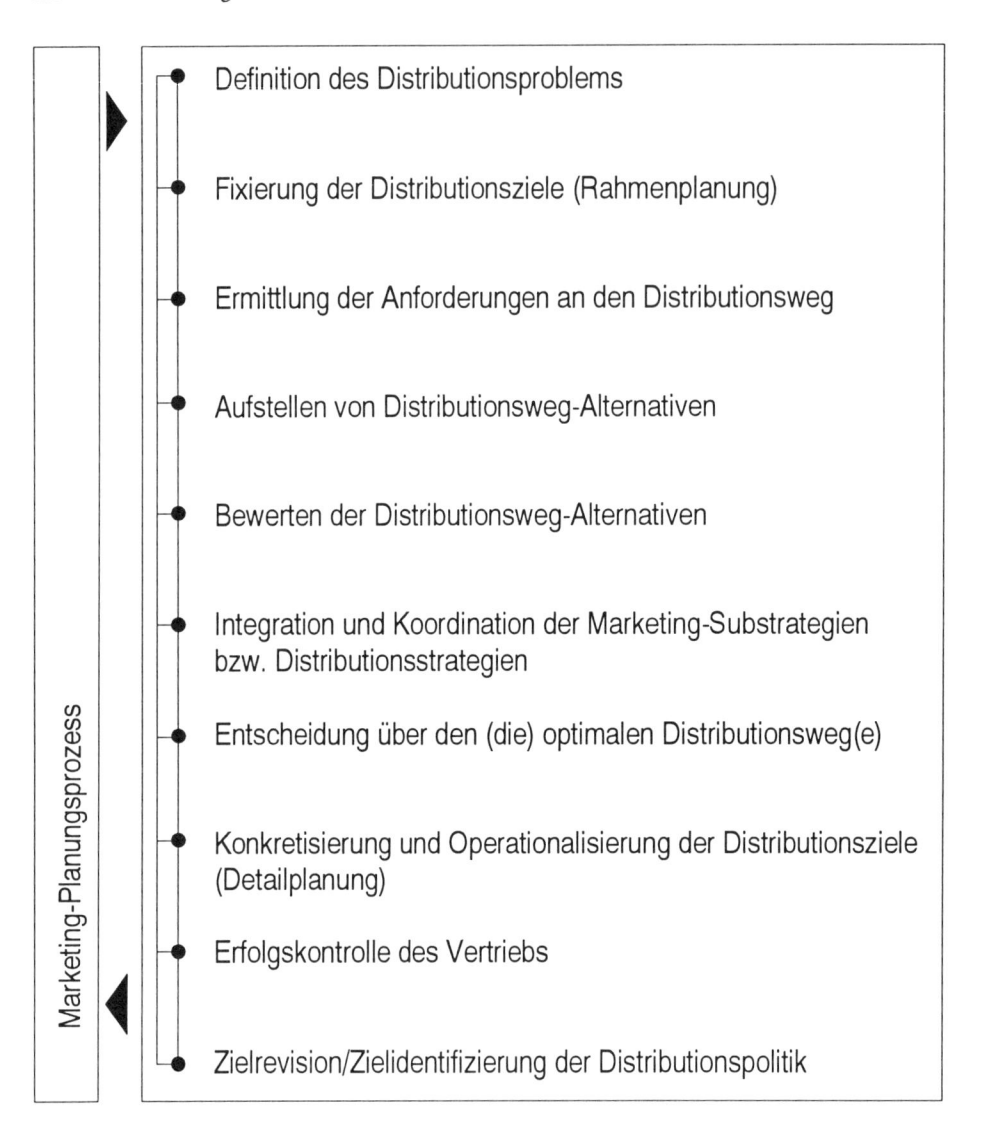

- Definition des Distributionsproblems
- Fixierung der Distributionsziele (Rahmenplanung)
- Ermittlung der Anforderungen an den Distributionsweg
- Aufstellen von Distributionsweg-Alternativen
- Bewerten der Distributionsweg-Alternativen
- Integration und Koordination der Marketing-Substrategien bzw. Distributionsstrategien
- Entscheidung über den (die) optimalen Distributionsweg(e)
- Konkretisierung und Operationalisierung der Distributionsziele (Detailplanung)
- Erfolgskontrolle des Vertriebs
- Zielrevision/Zielidentifizierung der Distributionspolitik

Abb. 3: Distributionspolitischer Entscheidungsprozeß

Vertriebsstruktur 1990/91 (1989/90)	TUI	NUR	DER	ITS	Ameropa	Jahn	THR	Fischer	Hetzel	Alltours	ADAC	Tjaereborg	Kreutzer	Inter Chalet	Wolters	Meier's	Air Marin	Jet	Vertriebsstruktur 1990/91 (1989/90)
Zahl der eigenen Büros	– (–)	116[1]) (121)	104[1]) (90)	198 (187)	– (–)	– (–)	– (–)	5 (5)	9 (7)	3 (3)	179 (168)	16 (14)	3 (3)	– (–)	– (–)	– (–)	– (–)	– (–)	Zahl der eigenen Büros
Anteil an den Teilnehmern in %	– (–)	10,8 (16,8)	11 (10)	47 (49)	– (–)	– (–)	– (–)	9 (10)	10,8 (10,9)	1,5 (2,0)	46 (47)	15 (13,3)	1,8 (1,6)	– (–)	– (–)	– (–)	– (–)	– (–)	Anteil an den Teilnehmern in %
Anteil am Umsatz in %	– (–)	15,2 (17,7)	9 (8)	51 (52)	– (–)	– (–)	– (–)	9 (10)	9,6 (10,0)	1,5 (2,0)	47 (48)	14 (12)	1,4 (1,25)	– (–)	– (–)	– (–)	– (–)	– (–)	Anteil am Umsatz in %
Zahl der buchenden fremden Reisebüros	4040[1]) (3648)	3742[2]) (3332)	3127[2]) (2785)	2500[1]) (1600)	3600[1]) (3000)	3500 (2900)	6443 (3464)	3600 (3500)	3977 (2934)	3500 (2800)	1800 (1520)	2200 (1800)	4300 (3200)	3302 (3012)	2500 (2500)	4469[1]) (3754)	7210 (653)	4400 (3000)	Zahl der buchenden fremden Reisebüros
Anteil an den Teilnehmern in %	100 (100)	89,2 (83,2)	89 (90)	35[2]) (30)	100 (100)	100 (100)	100 (100)	91 (90)	89,2 (89,1)	98,5 (98)	54 (53)	85 (86,7)	98,2 (98,4)	95[1]) (95)	98,4[1]) (100)	? (91,8)	100 (100)	100 (100)	Anteil an den Teilnehmern in %
Anteil am Umsatz in %	100 (100)	84,8 (82,3)	91 (92)	33[2]) (31)	100 (100)	100 (100)	100 (100)	91 (90)	90,4 (90,0)	98,5 (98)	53 (52)	86 (88)	98,6 (98,75)	95[1]) (95)	98,4[1]) (100)	? (92,3)	100 (100)	100 (100)	Anteil am Umsatz in %

Vertriebsstruktur 1990/91 (1989/90)	Dr. Wulf's	Öger	Transair	Air-conti	ATT	Unger	Club Med.	BFR	Hafermann	Studiosus	Wohlgemuth	Phoenix	Nova	Feria	INS	Hirsch	EVS	Medico	Vertriebsstruktur 1990/91 (1989/90)
Zahl der eigenen Büros	– (–)	7 (4)	– (–)	– (–)	2 (?)	– (–)	– (–)	– (–)	4 (4)	2 (2)	– (–)	– (–)	? (?)	– (–)	– (–)	1 (1)	– (?)	– (–)	Zahl der eigenen Büros
Anteil an den Teilnehmern in %	– (–)	3,6 (5,2)	– (–)	– (–)	2 (?)	– (–)	– (–)	– (–)	14 (14,6)	3,5 (3,0)	– (–)	– (–)	? (?)	– (–)	– (–)	99 (99)	– (?)	– (–)	Anteil an den Teilnehmern in %
Anteil am Umsatz in %	– (–)	3,8 (4,7)	– (–)	– (–)	? (?)	– (–)	– (–)	– (–)	14,5 (14,6)	4,5 (5,0)	– (–)	– (–)	? (?)	– (–)	– (–)	99 (99)	– (?)	– (–)	Anteil am Umsatz in %
Zahl der buchenden fremden Reisebüros	3000 (3200)	4395 (3920)	3518 (2618)	1750 (1600)	4900 (?)	684 (?)	2700 (2750)	800 (500)	2064 (2065)	4800 (4500)	2400 (2200)	5432 (4986)	? (?)	4100 (3600)	950 (900)	21[1]) (21)	1425 (?)	6500 (6100)	Zahl der buchenden fremden Reisebüros
Anteil an den Teilnehmern in %	100 (100)	96,4 (94,8)	100 (100)	100 (100)	98 (?)	100 (?)	100 (100)	100 (100)	86 (85,4)	94[1]) (94)	100 (100)	100 (100)	? (?)	100 (100)	100 (100)	1 (1)	100 (?)	100 (100)	Anteil an den Teilnehmern in %
Anteil am Umsatz in %	100 (100)	97,2 (95,3)	100 (100)	100 (100)	? (?)	100 (?)	100 (100)	100 (100)	85,5 (85,6)	91[1]) (91)	100 (100)	100 (100)	? (?)	100 (100)	100 (100)	1 (1)	100 (?)	100 (100)	Anteil am Umsatz in %

Vertriebsstruktur 1990/91 (1989/90)	Seetours	Take Off	Sonnen-reisen	Alpha	Trans-ocean	Wikinger	Ikarus	Klingen-stein	Marco Polo	Vertriebsstruktur 1990/91 (1989/90)
Zahl der eigenen Büros	– (–)	– (–)	– (–)	– (–)	– (–)	5 (–)	– (–)	5 (5)	– (–)	Zahl der eigenen Büros
Anteil an den Teilnehmern in %	– (–)	– (–)	– (–)	– (–)	– (–)	? (?)	– (–)	40 (40)	– (–)	Anteil an den Teilnehmern in %
Anteil am Umsatz in %	– (–)	– (–)	– (–)	– (–)	– (–)	12 (?)	– (–)	38 (38)	– (–)	Anteil am Umsatz in %
Zahl der buchenden fremden Reisebüros	3600 (3400)	2120 (1930)	3000 (3000)	3150 (175)	? (5200)	1000 (?)	1832 (1468)	1600 (ca.1500)	2000 (1760)	Zahl der buchenden fremden Reisebüros
Anteil an den Teilnehmern in %	100 (100)	100 (100)	100 (100)	100 (100)	98[1]) (97,5)	? (?)	97[1]) (96)	60 (60)	95[1]) (95)	Anteil an den Teilnehmern in %
Anteil am Umsatz in %	100 (100)	100 (100)	100 (100)	100 (100)	98[1]) (97,5)	42[1]) (?)	97[1]) (96)	62 (62)	95 (95)	Anteil am Umsatz in %

Hinweis: In dieser Tabelle bedeuten ein Strich (–) »trifft nicht zu« und ein Fragezeichen (?) »vom Veranstalter nicht beantwortet«. **TUI:** [1]) Enthalten sind 206 (169) Agenturen im benachbarten Ausland. **NUR:** [1]) Ausschließlich NUR-Reisebüros. [2]) Die Karstadt-Reisebüros – den sogenannten »Konzern-Vertrieb« – zum »Fremdvertrieb«. **DER:** [1]) Inländische Niederlassungen und Mehrheitsbeteiligungen im DER-Konzern (einschl. DER-Part-eigene Reisebüros). [2]) Davon 1513 (1388) DB/DER-bzw. DR/DER-Agenturen und 1614 (1397) DER-Touristik-Agenturen. **ITS:** [1]) Einschließlich SB-Ketten und Versandhandel. [2]) Differenz über ITS-Glücksreisen-Vertrieb: Teilnehmer 18 (21). Umsatz 16 (17) Prozent. **Ameropa:** [1]) Durch den Ausbau des Vertriebsnetzes in den neuen Bundesländern stieg die Anzahl der ostdeutschen Reisebüros auf 500 (Vorjahr 200). **Inter Chalet:** [1]) Auf Direktbuchungen entfallen je 5 (5) Prozent von Reisen und Umsatz. **Wolters:** [1]) Je 1,6 Prozent der Reisen und Umsätze werden durch Direktbuchungen oder auf dem Versandweg erzielt. **Meier's:** [1]) Dazu kommen über 2355 (2057) NUR-Agenturen ? (8,2) Prozent der Teilnehmer und ? (7,7) Prozent des Umsatzes. **Studiosus:** [1]) Das Direktbuchungsvolumen macht 2,5 (3,0) Prozent der Teilnehmer und 4,5 (4,0) Prozent vom Umsatz aus. **Hirsch:** [1]) Ab 1992 wird der Verkauf über fremde Reisebüros eingestellt. **Transocean:** [1]) 2 (2,5) Prozent der Teilnehmer und des Umsatzes kommen durch Direktbuchungen zustande. **Wikinger:** [1]) Direktbuchungen machen 46 Prozent vom Umsatz aus. **Ikarus:** [1]) Direkt-Mail-Buchungen machen 3 (4) Prozent der Buchungen und des Umsatzes aus. **Marco Polo:** [1]) Rund 5 Prozent des Umsatzes kommen durch Direktbuchungen zustande.

Abb. 4: Der deutsche Veranstaltermarkt 1990/91: Vertriebsstruktur für Veranstalterreisen

Marktanteile nach Veranstalter-Umsatz
(insgesamt) auf der Grundlage der 27 Veranstalter der Tabelle B und der 18 Veranstalter der Tabelle C. Basis: 12.307,8 Millionen DM 1990/91 bzw. 11.227,7 Millionen DM Umsatz 1989/90.*

Veranstalter	1989/90	1990/91	Veränd. in %-Pkt.
TUI (B)	28,39	28,33	− 0,06
NUR (B)	15,34	15,99	+ 0,65
Jahn (B)	4,91	4,90	− 0,01
DER (B)	4,69	4,85	+ 0,16
ITS (B)	4,62	4,69	+ 0,07
Meier's (B)	2,82	3,10	+ 0,28
Tjaereborg (B)	4,04	2,97	− 1,07
Hetzel (B)	3,17	2,68	− 0,49
Ameropa (B)	2,66	2,65	− 0,01
Kreutzer (B)	2,73	2,49	− 0,24
Fischer (B)	2,22	2,40	+ 0,18
Alltours (B)	1,63	2,26	+ 0,63
Air Marin (B)	1,65	2,02	+ 0,37
THR (B)	1,53	1,82	+ 0,29
Transair (B)	1,63	1,64	+ 0,01
ADAC (B)	1,54	1,54	± 0
Studiosus (B)	1,57	1,39	− 0,18
Oger (B)	0,77	1,16	+ 0,39
Arconti (B)	1,35	1,13	− 0,22
Jet (B)	1,46	1,09	− 0,37
Club Med. (B)	1,15	0,97	− 0,18
Seetours (C)	0,88	0,82	− 0,06
Phoenix (B)	0,73	0,78	+ 0,05
Feria (C)	0,79	0,77	− 0,02
BFR (B)	0,68	0,63	− 0,05
Unger (B)	0,64	0,63	− 0,01
ATT (B)	0,63	0,61	− 0,02
Wolters (B)	0,52	0,61	+ 0,09
Transocean (C)	0,83	0,51	− 0,32
Inter Chalet (B)	0,46	0,50	+ 0,04
Ikarus (C)	0,44	0,45	+ 0,01
Nova (C)	0,40	0,43	+ 0,03
Wulf's (C)	0,36	0,42	+ 0,06
Wohlgemuth (C)	0,48	0,42	− 0,06
Medico (C)	0,35	0,37	+ 0,02
Klingenstein (C)	0,41	0,36	− 0,05
Marco Polo (C)	0,38	0,34	− 0,04
Wikinger (C)	0,19	0,19	± 0
Hafermann (C)	0,19	0,19	± 0
Hirsch (C)	0,16	0,17	+ 0,01
Sonnenreisen (C)	0,16	0,17	+ 0,01
Take Off (C)	0,13	0,16	+ 0,03
Alpha (C)	0,13	0,15	+ 0,02
EVS (C)	0,09	0,15	+ 0,06
INS (C)	0,10	0,11	+ 0,01

Marktanteile nach Teilnehmern insgesamt
auf der Basis der 27 Veranstalter der Tabelle B und der 18 Veranstalter der Tabelle C. Basis 11.535.000 Teilnehmer 1990/91 bzw. 10.496.000 Teilnehmer 1989/90.*

Veranstalter	1989/90	1990/91	Veränd. in %-Pkt.
TUI (B)	26,24	26,07	− 0,17
NUR (B)	15,42	16,16	+ 0,74
DER (B)	6,74	6,63	− 0,11
ITS (B)	6,05	6,51	+ 0,46
Ameropa (B)	5,60	5,65	+ 0,05
Jahn (B)	3,32	3,19	− 0,13
THR (B)	2,64	2,73	+ 0,09
Fischer (B)	2,46	2,64	+ 0,18
Hetzel (B)	2,56	2,16	− 0,40
Alltours (B)	1,66	2,14	+ 0,48
ADAC (B)	2,14	2,12	− 0,02
Tjaereborg (B)	3,11	2,11	− 1,00
Kreutzer (B)	2,44	2,09	− 0,35
Inter Chalet (B)	1,90	1,99	+ 0,09
Wolters (B)	1,54	1,82	+ 0,28
Meier's (B)	1,63	1,78	+ 0,15
Air Marin (B)	1,32	1,61	+ 0,29
Jet (B)	1,72	1,21	− 0,51
Wulf's (C)	0,98	1,13	+ 0,15
Öger (B)	0,81	1,12	+ 0,31
Transair (B)	1,21	1,12	− 0,09
Arconti (B)	1,04	0,84	− 0,20
ATT (B)	0,59	0,73	+ 0,14
Unger (B)	0,77	0,68	− 0,09
Club Med. (B)	0,78	0,64	− 0,14
BFR (B)	0,62	0,60	− 0,02
Hafermann (C)	0,52	0,54	+ 0,02
Studiosus (B)	0,57	0,51	− 0,06
Wohlgemuth (C)	0,58	0,50	− 0,08
Phoenix (B)	0,40	0,34	− 0,06
Nova (C)	0,30	0,30	± 0
Feria (C)	0,31	0,30	− 0,01
INS (C)	0,25	0,27	+ 0,02
Hirsch (C)	0,25	0,24	− 0,01
EVS (C)	0,14	0,21	+ 0,07
Medico (C)	0,17	0,18	+ 0,01
Seetours (C)	0,22	0,18	− 0,04
Sonnenreisen (C)	0,15	0,17	+ 0,02
Alpha (C)	0,14	0,13	− 0,01
Transocean (C)	0,19	0,13	− 0,06
Wikinger (C)	0,19	0,12	− 0,07
Take Off (C)	0,10	0,10	± 0
Ikarus (C)	0,08	0,10	+ 0,02
Klingenstein (C)	0,10	0,10	± 0
Marco Polo (C)	0,09	0,08	− 0,01

Erzielter Umsatz pro Reise in DM
der 45 Veranstalter aus den Tabellen B und C*

Veranstalter	1989/90	1990/91	Veränd.
Seetours	4369	4750	+ 381
Marco Polo	4830	4743	− 87
Transocean	4679	4481	− 198
Ikarus	5964	4332	− 1632
Klingenstein	4134	4148	+ 14
Studiosus	2928	2891	− 37
Feria	2695	2742	+ 47
Phoenix	1962	2473	+ 511
Medico	2161	2107	− 54
Wikinger	2085	1923	− 162
Meier's	1857	1863	+ 6
Jahn	1578	1640	+ 62
Club Med.	1579	1626	+ 47
Nova	1623	1569	− 54
Transair	1432	1567	+ 135
Tjaereborg	1391	1501	+ 110
Arconti	1386	1436	+ 50
Air Marin	1325	1341	+ 16
Hetzel	1324	1326	+ 2
Kreutzer	1195	1270	+ 75
Alpha	1027	1183	+ 156
TUI	1157	1160	+ 3
Sonnenreisen	1181	1156	− 25
BFR	1176	1127	− 49
Alltours	1050	1126	+ 76
Öger	1025	1109	+ 84
Durchschnitt	1070	1067	− 3
NUR	1064	1056	− 8
Unger	892	987	+ 95
Take Off	896	980	+ 84
Fischer	966	971	+ 5
Jet	905	956	+ 51
ATT	1137	895	− 242
Wohlgemuth	884	890	+ 6
DER	745	780	+ 35
ADAC	768	779	+ 11
EVS	664	769	+ 105
ITS	817	768	− 49
Hirsch	680	718	+ 38
THR	622	710	+ 88
Ameropa	509	501	− 8
INS	424	433	+ 9
Wulf's	398	404	+ 6
Hafermann	385	384	− 1
Wolters	361	358	− 3
Inter Chalet	259	265	+ 6

* "In der Tabelle "B" sind Veranstalter mit mindestens 120.000 Teilnehmern oder 60 Mill. DM Veranstalter-Umsatz aufgenommen worden. In der Tabelle "C" sind Veranstalter erfaßt, die diese Werte nicht erreichen und /oder nicht detaillierter berichten wollten."

Quelle: Veranstaltermarkt, 1990/91

Fortsetzung Abb. 4: Marktanteile der Reiseveranstalter

1. Vertriebsmethoden im Bereiche des Direktabsatzes
    1.1 Betriebsformen-dominierte Erscheinungsformen
        1.11 Betriebseigene Buchungsstellen
        1.12 Filialen
        1.13 Reisezentren
        1.14 Reiseboutiquen
        1.15 Ambulante Reisebüros
    1.2 Erscheinungsformen personeller Dominanz
        1.21 Organe der innerbetrieblichen Absatzorganisation
        1.22 Reisende
        1.23 Reiseleiter
        1.24 Straßenverkäufer
        1.25 Nebenberufliche Vertreter und Sammelbesteller
        1.26 Gelegentliche Absatzhelfer
    1.3 Erscheinungsformen spezifisch verkaufsmethodischer Dominanz: Versandabsatz
2. Vertriebsmethoden im Bereiche des indirekten Absatzes
    2.1 Absatz über Mittler der Touristikbranche
        2.11 Absatz über Reisemittler durch Franchising-Verträge
        2.12 Absatz über Reiseveranstalter
        2.13 Absatz über sonstige Fremdenverkehrsbetriebe
    2.2 Absatz über Betriebe anderer Branchen
        2.21 Absatz über Handelsbetriebe
        2.22 Absatz über Banken
        2.23 Absatz über sonstige Betriebe
    2.3 Absatz über Vereine
    2.4 Absatz(anbahnung) auf Marktveranstaltungen: Messen und Ausstellungen
    2.5 Absatz über aktivierte Konsumenten: Reiseclubs

"Vertriebsmethoden von Reiseveranstaltern" (Steindl, 1972, S. 127 ff.)

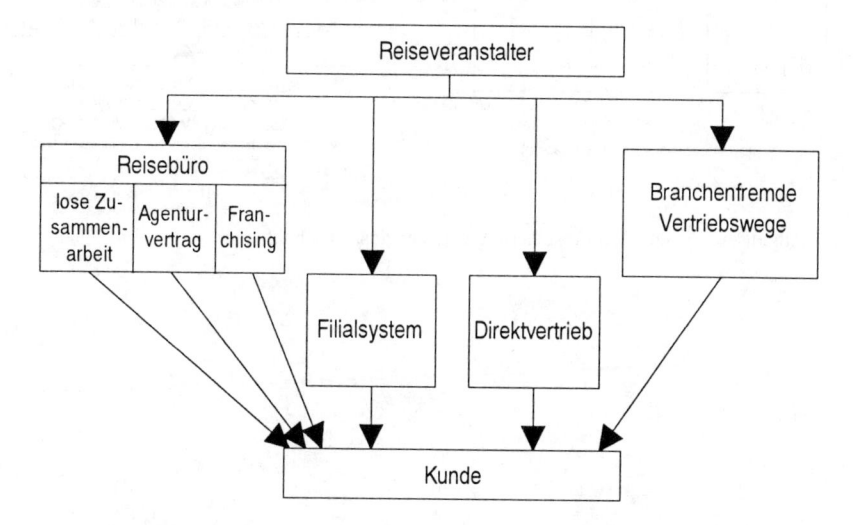

"Vertriebswege von Reiseveranstaltern" (FU Berlin/Kienbaum, 1991, S. 37)

Abb. 5: Vertriebsalternativen im Tourismus-Marketing

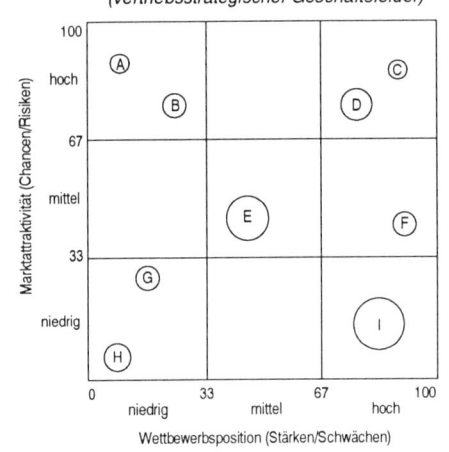

Abb. 6: Methodische Ansätze zur Absicherung von Vertriebsentscheidungen

Erhebungskriterien

Stichtag der Erhebung: 25. Mai 1987
Definitorische Grundlage des Statistischen Bundesamtes:
1. Reisevermittler
   Vermittlung von Verkehrs-, Unterkunfts- und Verpflegungsleistungen, darunter Vermittlung von Pauschalreisen und Ausflugsfahrten
2. Reiseveranstalter
   Veranstaltung von Urlaubs- und Erholungsreisen, hauptsächlich in Form von Gesellschaftsreisen, wobei den Reisenden meistens Verkehrs-, Unterkunfts- und Verpflegungsleistungen in eigenem Namen als Einheit angeboten werden.
   Entscheidend für die Zugehörigkeit zu einer der beiden Bereiche ist der Schwerpunkt der wirtschaftlichen Tätigkeit. So fallen z. B. Lotto-Toto Annahmestellen mit Reiseschalter in der Regel nicht unter o. g. Kategorien, wohl aber der Busbetrieb, der selbst Reisen in eigenem Namen veranstaltet und für den dies der Schwerpunkt seiner Geschäftstätigkeit darstellt.
   Die Erhebung bezieht sich auf die Arbeitsstätten, nicht auf die Betriebe. Ein Betrieb hat häufig mehrere Arbeitsstätten. (z. B. Filialen)

* Zur Struktur der teils überregional, teils mit regionalem Schwerpunkt tätigen "Reisebüro-Ketten" (Abgrenzungskriterium: mindestens 10 Reisebüros/ Reisevertriebsstellen) vgl. Reisebürokettten, 1991.

Betriebsgrößen

Betriebsgröße (Zahl der Beschäftigten)	Zahl der Betriebe	Gesamtzahl der beschäftigten Personen
a) 1	2 163	2 163
b) 2– 4	4 685	12 657
c) 5– 9	1 496	9 474
d) 10– 19	557	7 256
e) 20– 49	232	6 741
f) 50– 99	31	2 052
g) 100– 199	11	1 600
h) 200– 499	4	1 292
i) 500– 999	–	–
k) über 1000	1	1065
	9180	44 300

Arbeitsstätten

Gesamtzahl der Arbeitsstätten von Reisebüros und Reiseveranstaltern (1987)	9180
davon „klassische" Reiseveranstalter	ca. 800
davon Busbetriebe mit Schwerpunkt Reiseveranstaltung	ca. 1200
Gesamtzahl der Reisebüros	ca. 7200

Beschäftigte

		davon weibliche Beschäftigte
Gesamtsumme aller Beschäftigten	**44 300**	**61,6%**
davon Teilzeitbeschäftigte	6 303	78,2%
davon ausländische Arbeitnehmer	1 759	50,0%
Teilsummen		
a) Angestellte Arbeitnehmer	37 930	64,8%
b) Tätige Inhaber	5 209	39,0%
c) Unbezahlte Familienangehörige eines Inhabers	1 161	57,3%

Regionale Differenzierung

Bundesländer	Einwohner	Reisebüros und Veranstalter	Beschäftigte	Beschäftigte pro Arbeitsstätte	Reisebürodichte
Baden-Württemb.	9 350 200	1 260	5 547	4,4	7 421
Bayern	11 043 100	1 666	8 275	5,0	6 629
Berlin	1 884 400	605	2 706	4,5	3 115
Bremen	653 600	101	774	7,7	6 471
Hamburg	1 566 700	437	2 666	6,1	3 585
Hessen	5 552 100	1 095	5 940	5,4	5 070
Niedersachsen	7 188 700	786	4 292	5,5	9 146
NRW	16 672 300	2 423	10 885	4,5	6 881
Rheinland-Pfalz	3 606 100	416	1 609	3,9	8 669
Saarland	1 041 200	130	542	4,2	8 010
Schleswig-Holst.	2 612 100	261	1 064	4,1	10 008
Summe	61 170 500	9 180	44 300	4,8	6 663

Quelle: Statistisches Bundesamt, 1989

Abb. 7: Zur Struktur der Reisevermittler und Reiseveranstalter

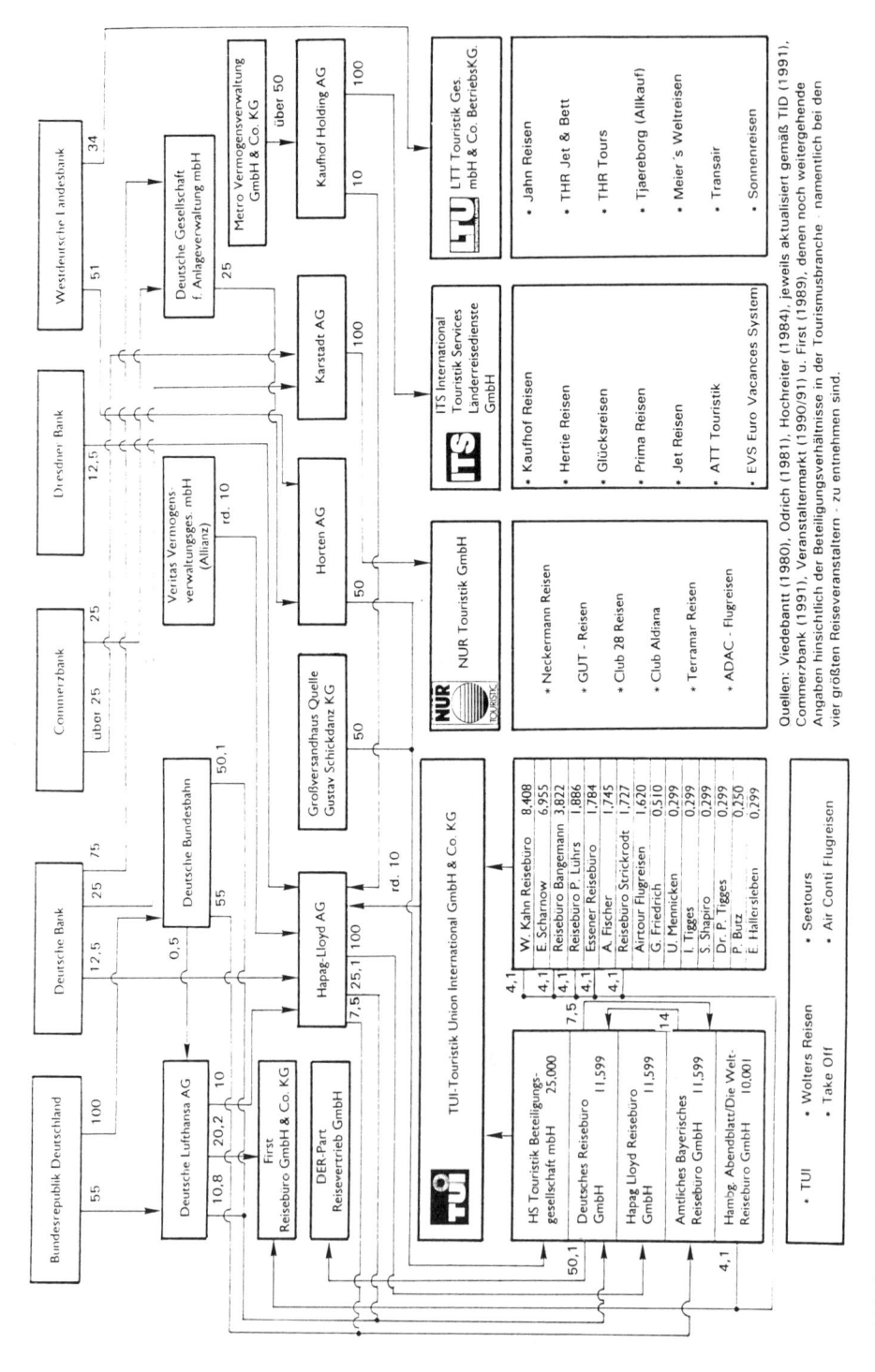

Abb. 8: Verflechtungen in der Tourismus-Branche (Ausschnitt, Beteiligungen in %)

Vertriebspolitik 359

"Leistungen des Reisebüros"* (Hartmann, 1975, S. 51)

- Buchung kompletter Reisen
- Unterkunftsreservierung
- Flug- und Schiffskarten
- Zusammenstellung individueller Reisen
- Auskunft über
  Urlaubsländer und -orte, Verkehrsverbindungen,
  Unterkünfte,
- Reiseversicherungen
- Verkauf von
  Bahnfahrten, Schlafwagenkarten, Platzkarten,
  Kartenvorverkauf für
  kulturelle und Unterhaltungsveranstaltungen,
  Ausflugsfahrten, Sportveranstaltungen,
- Buchungen für Autoreisezüge
- Reiseschecks
- Bestellung von Leihwagen

* In der Rangreihe wie weit sie von befragten Personen
für sich persönlich als wichtig empfunden werden.

"Buchungsstelle für Haupturlaubsreise 1988"* (Reisebuchung, 1989)

Buchungsstellen (Haupturlaubsreise) Auswahl	1988 %	1988 Mill.	1986 %
Reisebüro	22,8	7,2	21,3
Büro eines Reiseveranstalters	4,5	1,4	4,2
Kaufhaus-Reisebüro	2,9	0,9	1,8
Büro eines Omnibusunternehmens	3,0	0,9	2,3
Direkt beim Vermieter/Hotel/Campingplatz	18,3	5,8	17,2
Andere Stellen/k.A.	29,9	9,4	37,7
Erst am Urlaubsort reserviert Keine Buchung/Anmeldung (z.B. Fahrt ins Blaue)	11,7	3,7	8,5
	13,8	4,4	10,7
Alle Haupturlaubsreisen (in Mill.) = Basis = 100%		31,6	27,5

* Reiseanalyse 1988 des Studienkreises für Tourismus; Frage: Und wo haben Sie Ihre (Haupt-) Urlaubsreise 1988 bzw. bestimmte Teilleistungen gebucht bzw. reserviert/angemeldet? (Listenvorlage, Mehrfachnennungen)

"Bindungs- und Wechselbereitschaft gegenüber Reisebüros und Reiseveranstaltern"* (Zucker-Stenger, 1989)

Reisebüro:
Kunden mit Bindungsbereitschaft an ein
bestimmtes Büro   **42,2%**
Kunden mit Wechselbereitschaft   **56,5%**

Reiseveranstalter:
Kunden mit Bindungsbereitschaft an einen
best. Veranstalter   **21,2%**
Kunden mit Wechselbereitschaft   **75,3%**

* Reiseanalyse 1988 des Studienkreises für Tourismus;
Basis: Reisende, die in den Jahren 1986, 1987 und 1988
die Dienste eines Reisebüros in Anspruch genommen haben.

"Treue zu Reisebüros und Reiseveranstaltern"* (Zucker-Stenger, 1989)

	RA 1982 Reisebüro beansprucht n = 1050	RA 1988 Reisebüro beansprucht n = 1575	Veränderung %- Punkte
Buche meine Reisen im gleichen Reisebüro und meistens den gleichen Reiseveranstalter	33,6	19,0	- 14,6
Buche meistens im gleichen Reisebüro, die Wahl des Reiseveranstalters spielt keine Rolle	23,7	21,4	- 2,3
Die Wahl des Reisebüros spielt keine Rolle, buche meistens den gleichen Reiseveranstalter	5,0	1,7	- 3,3
Wahl des Reisebüros und Wahl des Reiseveranstalters spielen keine Rolle	37,7	54,8	+ 17,1
Keine Angaben	-	3,0	-
Basis	100,0	100,0	-

* Reiseanalyse 1982 und 1988 des Studienkreises für Tourismus; Basis: Reisende, die ein Reisebüro beansprucht haben.

Abb. 9: Zur Inanspruchnahme von Reisebüro-Leistungen

Umsatzentwicklung in % zum Vorjahr

	81	82	83	84	85	86	87	88	89	90
DB	8,6	2,1	-4,9	3,1	3,6	-1,5	3,1	2,3	7,0	4,9
FLUG	9,6	1,9	3,0	7,8	4,3	3,4	6,4	4,5	4,2	10,3
TOURISTIK	2,7	4,0	-0,4	8,0	7,8	3,6	10,5	6,9	2,3	3,4
GESAMT	6,1	2,7	0,8	6,8	5,3	2,8	7,3	5,0	3,6	6,3

Erlösstruktur: Durchschnittsprovision in %

	81	82	83	84	85	86	87	88	89	90
TOURISTIK	10,26	10,09	9,96	10,22	10,43	10,48	10,63	10,57	10,67	10,66
DB/DER	9,63	10,25	10,40	10,17	10,92	11,13	11,60	12,11	11,68	11,64
FLUG	9,09	9,14	9,08	9,07	8,98	8,94	8,95	8,96	8,93	9,25
SONST. UMSATZE	9,41	8,63	8,67	9,05	8,35	9,02	9,92	9,70	9,67	10,32
GESAMT	10,01	10,01	10,00	10,14	10,27	10,37	10,48	10,46	10,46	10,65

Kumulierte Umsatzentwicklung

	81	82	83	84	85	86	87	88	89	90
DB	108,6	110,8	105,3	108,5	112,4	110,7	114,1	116,7	124,8	130,9
FLUG	109,6	111,6	114,9	123,8	129,1	133,4	141,9	148,2	154,4	170,3
TOURISTIK	102,7	106,6	106,3	114,8	123,7	128,1	141,5	151,2	154,6	159,8
GESAMT	106,1	108,9	108,0	115,3	121,4	124,7	133,8	140,4	145,4	154,5

Kostenstruktur: Kostenanteile in %

	81	82	83	84	85	86	87	88	89	90
PERSONALKOSTEN	60,83	61,56	61,36	60,93	60,65	60,20	60,41	60,24	60,94	60,92
RAUMKOSTEN	7,31	7,46	7,75	7,53	7,47	7,37	7,43	7,23	7,28	7,35
WERBEKOSTEN	4,59	4,77	5,19	5,50	5,59	5,69	4,65	4,76	4,70	4,75
KOMMUNIKATIONS- U. EDV-AUFWAND	5,96	5,81	6,18	7,05	7,38	7,66	8,41	9,43	9,61	9,05
VERTRETUNGSKOSTEN U. PROVISIONEN	4,90	4,38	4,10	4,24	4,43	4,66	6,27	6,53	6,55	7,21
SONSTIGE KOSTEN	16,41	16,02	15,42	14,75	14,48	14,21	13,04	11,81	10,92	10,72
GESAMT	100	100	100	100	100	100	100	100	100	100

Umsatzstruktur: Spartenanteile in %

	81	82	83	84	85	86	87	88	89	90
TOURISTIK	38,17	38,55	38,59	38,90	38,96	39,59	41,36	41,60	41,36	40,41
DB/DER	18,96	18,44	17,74	17,05	16,07	15,48	14,12	13,22	13,44	12,90
FLUG	38,97	38,78	39,26	39,50	40,29	40,41	40,06	40,87	41,41	43,14
SONST. UMSATZE	3,90	4,23	4,41	4,55	4,68	4,52	4,46	4,31	3,79	3,55
GESAMT	100	100	100	100	100	100	100	100	100	100

Kosten/Betriebsergebnis in % vom Erlös

	81	82	83	84	85	86	87	88	89	90
PERSONALAUFWAND	53,82	55,98	57,21	55,28	54,51	54,65	54,00	55,31	56,43	54,20
ÜBRIGER AUFWAND	34,65	34,95	36,02	35,45	35,37	35,81	35,70	36,51	36,16	34,76
GESAMTAUFWAND	88,47	90,93	93,23	90,73	89,88	90,46	89,70	91,82	92,59	88,96
BETRIEBSERGEBNIS *	11,53	9,07	6,77	9,27	10,12	9,54	10,30	8,18	7,41	11,04

Erlösstruktur: Spartenanteile in %

	81	82	83	84	85	86	87	88	89	90
TOURISTIK	39,76	39,41	39,08	39,95	40,72	41,06	43,42	43,18	43,55	42,30
DB/DER	18,25	18,87	18,44	17,10	17,09	16,60	15,62	15,31	15,01	14,10
FLUG	35,41	35,39	35,65	35,34	35,23	34,83	34,22	35,03	35,38	37,49
SONST. UMSATZE	6,58	6,33	6,83	7,61	6,96	7,51	6,74	6,48	6,06	6,11
GESAMT	100	100	100	100	100	100	100	100	100	100

Nettorendite** und Wirtschaftlichkeitskennziffern***

	81	82	83	84	85	86	87	88	89	90
NETTORENDITE	1,15	0,90	0,67	0,94	1,04	0,99	1,08	0,85	0,77	1,17
WIRTSCHAFTLICHKEIT	1,13	1,10	1,07	1,10	1,11	1,11	1,11	1,09	1,08	1,12

* Gewinn/Erlös-Relation; ** Gewinn/Umsatz-Relation; ***Erlös/Aufwand-Relation

Quelle: DERDATA, 1991; zur Interpretaton der DERDATA-Betriebsvergleichsdaten vgl. aber auch Spielberger, 1991.

Abb. 10: Zur Umsatz-, Erlös- und Kostenstruktur der Reisebüros (Ergebnisse des DERDATA-Betriebsvergleichs 1990)

Literatur

Ahlert, D. (1985): Distributionspolitik. Stuttgart/New York.
Arndt, U. (1981): Veränderte wirtschafts- und wettbewerbspolitische Lage auf dem Tourismusmarkt – Der Zugang zum Markt muß erhalten bleiben. In: FVW, Nr. 5 (24.2.1981), S. 86 ff.
ASR – Bundesverband mittelständischer Reiseunternehmen e.V. (Hrsg.) (1991): Gemeinsam sind wir stark. Frankfurt a.M.
ASR/DRV (1991a): Gewerbepolitik ist für den Mittelstand besonders wichtig. ASR-Mitglieder antworten auf FVW-Umfrage: Deutliche Mehrheit für einen Zusammenschluß? In: FVW, Nr. 10 (23.4.1991), S. 17 f.
ASR/DRV (1991b): Möglichkeiten für eine künftige Verbandsstruktur. Vorstellungen der ASR/DRV-Arbeitsgruppe und des ASR-Vorstandes. In: FVW, Nr. 11 (7.5.1991), S. 18 f.
Barg, K.-D. (1988): Vertriebswege im deutschen Fremdenverkehr. In: DSF – Deutsches Seminar für Fremdenverkehr Berlin (Hrsg.): Reservierungssysteme für den deutschen Fremdenverkehr. Aktualisierte Neuauflage. Berlin.
Bergmann, W. (1975): Stimmen die Distributionskanäle im Tourismusmarkt? In: Studienkreis für Tourismus e.V. (Hrsg.): Verkaufsförderung im Tourismus. Bericht über eine Fachtagung der Ausstellungs-Messe-Kongreß-GmbH und des Studienkreises für Tourismus am 6. März 1975 in Berlin (Kongreß der 9. Internationalen Tourismus-Börse). Starnberg, S. 21 ff.
Bernecker, P. (1976): Tourismusbetriebe. In: E. Grochla/W. Wittmann (Hrsg.): Handwörterbuch der Betriebstwirtschaft. Stuttgart, Sp. 3910 ff.
Bernhauer, E. (1980): Deutschland-Fachreisebüro – Die Flinte nicht gleich ins Korn werfen. In: FVW, Nr. 24 (18.11.1980), S. 87 ff.
Bidlingmaier, J. (1973): Marketing. Band 2. Reinbek bei Hamburg.
BIX – Bildschirmtext Informations-Systeme GmbH (1990): BIX-Handbuch der Reisebranche. 16. Auflage, Ausgabe 2/90, Worms.
Brauer, K.M. (1985/1991): Betriebswirtschaftliche Touristik. Berlin.
Brauer, K.M. (1990): Das Reisebüro als Betrieb des Dienstleistungshandels. In: Zeitschrift für betriebswirtschaftliche Forschung, 42. Jg., Nr. 6, S. 467 ff.
Commerzbank (1991): Wer gehört zu wem. Handbuch über Beteiligungverhältnisse in Deutschland. 17. Auflage, Frankfurt a.M.
Dath, A. (1988): Reisebüro-Marketing. 2. Auflage, München.
DERDATA Informationsmanagement GmbH (1991): Branchenanalyse '91 – Chefdaten für Reisebüros. Frankfurt a.M.
Dettmar, H. (1989): Höhere Konzentration? In: FVW, Nr. 9 (11.4.1989), S. 1.
DIHT (1987): Was ist ein Reisebüro? Formulierung des firmenrechtlichen Arbeitskreises des Deutschen Industrie- und Handelstages. In: Der Fremdenverkehr, Nr. 2, S. 38.
Dingeldey, K. (1989): Informationen über den eigenen Markt durch das Reisebüro selbst erheben. In: FVW, Nr. 20 (12.9.1989), S. 60 ff.
Dingeldey, K., B. Schafberg, I. Niedecken (1990): Kooperationen sind nicht nur etwas für die Schwachen. In: FVW, Nr. 24 (30.10.1990), S. 60 ff.
Direktinkasso (1990a): Bedenken gegen TUI-Direktinkasso (ASR-Vorstand). In: FVW, Nr. 1 (2.1.1990), S. 10.
Direktinkasso (1990b): Die Kundenbindung ans Reisebüro wird gefährdet. Reisebüro-Stimmen zum geplanten Direktinkasso der TUI. In: FVW, Nr. 1 (2.1.1990), S. 11 f.
Direktinkasso (1991): Liquidität bleibt gesichert und Bürgschaften entfallen. TUI beginnt mit Direkt-Inkasso-Verfahren am 1. November dieses Jahres. In: FVW, Nr. 18 (13.8.1991), S. 17 f.
DRV – Deutscher Reisebüro-Verband e.V. (1982) (Hrsg.): Grundlagenuntersuchung über das Reisemittlergewerbe (erstellt von der Unternehmensberatung Tourproject Wegele KG im Auftrag des Bundesministeriums für Wirtschaft). Frankfurt a.M.
DRV (1989) (Hrsg.): Geschäftsbericht '89. Frankfurt a.M.
DRV (1990) (Hrsg.): Geschäftsbericht '90. Frankfurt a.M.

DRV (1991): Strategische Partnerschaften zur Sicherung erfolgreicher Unternehmensexistenz im beschleunigt wachsenden Wettbewerb. Frankfurt a.M.

DSF – Deutsches Seminar für Fremdenverkehr Berlin (1988): Reservierungssysteme für den deutschen Fremdenverkehr. Dokumentation zum Fachkursus 213/87 vom 19. bis 21. Oktober 1987 in Berlin. Aktualisierte Neuauflage, Berlin.

Engelmann, G., J. Tanzer (1987): Bindungsintensität bestimmt auch die Betrachtungsweise. Vertriebsbindungen aus der Sicht der Reisebüros. In: FVW, Nr. 5 (24.2.1987), S. 34 ff.

Essen – Vier Reisebüros und eine Ausstellung (1981). In: FVW, Nr. 2 (20.1.1981), S. 38.

Europas Großveranstalter (1988) – o.V. (MK): Briten und Deutsche besetzen die vorderen Plätze. In: FVW, Nr. 16 (19.7.1988), S. 12 ff.

Felbel, A., K.-H. Hess (1989): Offener Brief des ASR an TUI-Vorstandssprecher Paul Lepach: Die Vertrauens-Basis mit der TUI bröckelt immer mehr ab. In: FVW, Nr. 17 (1.8.1989), S. 27.

First (1989): Die neue Linie der First-Reisebüros. Wir sind eine einflußreiche und starke Reisebürokette. In: FVW, Nr. 6 (1.3.1989), S. 20 f.

Flössner, J. (1979): Urlaubsforschung kommt auf Touren. In: Absatzwirtschaft, Nr. 10, S. 64 ff.

Frank, K. (1990): Neue Netze, neue Leistungsmerkmale, niedrigere Preise: Elektronik wird die touristische Vertriebslandschaft verändern. In: BIX – Bildschirmtext Informations-Systeme GmbH (Hrsg.): BIX – Handbuch der Reisebranche. 16. Auflage, Ausgabe 2/190, Worms.

Freyer, W. (1986): Beratung: Der goldene Mittelweg. Anmerkungen zu den steigenden Anforderungen an Reisebüromitarbeiter. In: Touristik aktuell, Nr. 8 (25.2.1986), S. 22 f.

Freyer, W. (1991): Tourismus. 3. Auflage, München.

Fried, H. & Partner (1989): Informations- und Reservierungssysteme für den deutschen Fremdenverkehr (Studie im Auftrag des Deutschen Fremdenverkehrsverbandes e.V. und des Deutschen Hotel- und Gaststättenverbandes e.V. unter Beteiligung des Deutschen Reisebüro-Verbandes e.V.). München.

FU Berlin, Kienbaum (1991): Strategische Situation bundesdeutscher Reiseveranstalter. Eine gemeinsame Untersuchung des Instituts für Tourismus der Freien Universität Berlin und der Kienbaum Unternehmensberatung GmbH, Düsseldorf. Düsseldorf/Berlin.

FVW-Thesen (1980): Reisebüro – Veranstalter: Aspekte einer Partnerschaft. Drei FVW-Thesen für Reisebüros. In: FVW, Nr. 24 (18.11.1980), S. 30.

FVW-Thesen (1988): Die größten Reiseveranstalter in einer liberalisierten Marktordnung: Alle stellen sich auf zunehmenden Wettbewerb ein. In: FVW, Nr. 24 (1.11.1988), S. 55 ff.

Geßner, H.-J. (1977): Distribution. Arbeitspapier (Freie Universität Berlin). Berlin.

Geßner, H.-J. (1990): Marketing und Distributionspolitik. In: K.-H. Hoppe/H.-J. Geßner/G. Beibst: Marketing. Arbeitshandbuch. Göttingen/Jena, S. 128 ff.

Gutenberg, E. (1963): Grundlagen der Betriebswirtschaftslehre. Bd. II: Der Absatz. 6. Auflage (1984: 17. Auflage), Berlin/Göttingen/Heidelberg.

Hartmann, K. D. (1975): Auskunft – Beratung – Buchung. Einige Ergebnisse verkaufspsychologischer Untersuchungen zu dem Thema: Das Image des Reisebüros – Kunden im Reisebüro – Verkäufer-Verhaltens-Tests. In: Studienkreis für Tourismus e.V. (Hrsg.): Verkaufsförderung im Tourismus. Bericht über eine Fachtagung der Ausstellungs-Messe-Kongreß-GmbH und des Studienkreise für Tourismus e.V. am 6. März 1975 in Berlin. Starnberg, S. 37 ff.

Hebestreit, D. (1977): Touristik Marketing. Ziele, Strategien, Instrumentarium, Organisation und Planung des Marketing von Reiseveranstaltern. 2. Auflage, Berlin.

Heine, G. (1990): Stärkung der wirtschaftlichen Struktur der Reisebüros. TUI-Vorstand Dr. Gerhard Heine über das Franchise-Konzept. In: FVW, Nr. 17 (31.7.1990), S. 22 ff.

Hill, M. (1979): Touristik-Markt: Das Reisebüro – Partner oder Opfer der Konzentration? In: Handelsblatt, Nr. 107 (6.6.1979), S. 21.

Hochreiter, R. (1984): Tourismusindustrie. In: P. Oberender (Hrsg.): Marktstruktur und Wettbewerb in der Bundesrepublik Deutschland. Branchenstudien zur deutschen Volkswirtschaft. München. S. 629 ff.

Hochreiter, R., U. Arndt (1978): Die Tourismusindustrie. Eine Markt- und Wettbewerbsanalyse. Frankfurt a.M.

Hoffmann, H. (1980): Touristik-Marketing. In: B. Falk (Hrsg.): Dienstleistungsmarketing. Landsberg am Lech, S. 143 ff.
Hoffmann, C. (1991): Mehr Akzent auf Marketing/Vertrieb. DER-Data gewinnt an Profil. In: FVW, Nr. 9 (9.4.1991), S. 26.
Iwand, W. M. (1991a): "Die Zeit des Laissez-faire ist vorbei". In: Der Spiegel, Nr. 24 (10.6.1991), S. 220 f. (Spiegel-Interview).
Iwand, W. M. (1991b): TUI-Manager Michael Iwand über die Grenzen des Massentourismus und das Ende der totalen Urlaubsfreiheit. In: DM, Nr. 7, S. 12 f.
Iwand, W. M., M. Stromiedel (1991): "Wir müssen Kompromisse machen" (Gespräch mit dem Umweltbeauftragten der TUI, Wolf Michael Iwand). In: Süddeutsche Zeitung v. 18.6.1991.
Kaspar, C., B. R. Kunz (1982): Unternehmensführung im Fremdenverkehr. Bern/Stuttgart.
Kirsch, W., R. Tigges (1979): Die ständige Gefährdung partnerschaftlicher Kooperation. In: Blick durch die Wirtschaft, Nr. 60 (12.3.1979), S. 3.
Klatt, H. (1976): Reisebürodienstleistungen. In: H. Klatt (Hrsg.): Recht der Touristik. Gruppe 40. Neuwied.
Knigge, J., B. Schafberg, I. Niedecken (1990): Kooperationen sind meist nur halbherzige Kompromisse. In: FVW, Nr. 24 (30.10.1990), S. 65 ff.
Krane, M. (1990): Sortimentspolitik im Reisebüro – Nicht nur die Mittler, auch die Veranstalter sind gefordert. Vertriebsmacht entscheidet sich im Regal des Reisebüros. In: FVW, Nr. 24 (30.10.1990), S. 25 ff.
Krane, M. (1991): Rechtlich ist die Vertriebswelt wieder in Ordnung (Vertriebsbindung: Entscheidung zugunsten von TUI und NUR/Rechtsbeschwerde verweigert). In: FVW, Nr. 27 (10.12.1991), S. 25 f.
Krane, M., H.-G. Ungefug (1990): Umfrage unter Reisebüro-Chefs – Jeder zehnte weiß nicht, wie viele Veranstalter er führt. An der Sortimentsgestaltung scheiden sich die Geister. In: FVW, Nr. 24 (30.10.1990)., S. 30 f.
Krippendorf, J. (1971): Marketing im Fremdenverkehr. Bern/Frankfurt a.M.
Meffert, H. (1977): Marketing. 2. Auflage (1986/1989: 7. Auflage), Wiesbaden.
Merkert-Saval, I. (1981): Franchise – die ideale Symbiose der 80er Jahre im deutschen Reisebürogewerbe? In: FVW, Nr. 11 (19.5.1981), S. 56 ff.
Niedecken, D. (1987a): Atomisierung des Vertriebs bei sinkender Rendite. In: FVW, Nr. 3 (3.2.1987), S. 3.
Niedecken, D. (1987b): Stärken Sie Ihre Position am Markt doch bereits heute. Eine Betrachtung über die Mitarbeiter-Qualifizierung in den Reisebüros. In: FVW, Nr. 5 (24.2.1987), S. 46 ff.
Niedecken, D. (1990a): Ungelöste Probleme seit der Gründung des Konzerns. In: FVW, Nr. 9 (10.4.1990), S. 26.
Niedecken, D. (1990b): Läßt sich das Vertrauen der Agenturen zurückgewinnen? In: FVW, Nr. 9 (10.4.1990), S. 25.
Niedecken, D. (1990c): Auf dem Weg zu einem Reisebüro-Eigenvertrieb? Das Reisebüro-Franchise-Konzept der TUI: Noch bleiben für die Reisebüros viele Fragen offen. In: FVW, Nr. 11 (8.5.1990), S. 34 ff.
Niedecken, D. (1990d): Die Traditionsmarken verschwinden jetzt vom Markt. TUI-Aufsichtsrat beschließt weitgehende Veränderungen. In: FVW, Nr. 5 (20.2.1990), S. 9 f.
Niedecken, D. (1990e): Die Vertriebspolitik der TUI (4-teilige Serie). I. Nicht nur der Ertrag, auch Marktanteile sind wichtig; II: Der Vertrieb will TUI-Anteile; III: Provisionen waren schon immer ein wichtiges Thema; IV: Der Weg in die Fläche. In: FVW, Nr. 6 (1.3.1990), S. 23 ff. (I); Nr. 7 (12.3.1990), S. 23 (II); Nr. 8 (27.3.1990), S. 31 f. (III); Nr. 9 (10.4.1990), S. 29 f. (IV).
Niedecken, D. (1990f): Die Reisebüros sollen der TUI zum Erfolg verhelfen. Ansprüche der TUI an die Partnerschaft: Umsetzung der neuen Strategien. In: FVW, Nr. 9 (10.4.1990), S. 27 ff.
Niedecken, D. (1990g): Bald ein Kollege aus dem Kreis der ASR? Wahlen zum Partnerausschuß der TUI. In: FVW, Nr. 9 (10.4.1990), S. 31.

Niedecken, D. (1990h): Wirkt die politische Wiedervereinigung ansteckend? Gedanken- und Sandkastenspiele um eine Zusammenführung der beiden Reisebüro-Verbände. In: FVW, Nr. 20 (11.9.1990), S. 14 ff.

Niedecken, D. (1991): Die Vorstände tragen jetzt eine große Verantwortung. Ein Zusammenschluß ASR/DRV: Mehr Kraft und mehr Leistungsfähigkeit? In: FVW, Nr. 10 (23.4.1991), S. 16 ff.

Niedecken, I. (1990): Markttest mit den ersten Betrieben beginnt im Herbst (TUI-Franchise-Konzept). In: FVW, Nr. 14 (19.6.1990), S. 20 ff.

Niedecken, I. (1991a): Wir wollen das Ohr zum Reisebüro ganz weit aufmachen. TUI-Vorstand Dr. Gerhard Heine über das neue dreistufige Vertriebskonzept. In: FVW, Nr. 11 (7.5.1991), S. 30 ff.

Niedecken, I. (1991b): Eine Alternative zum Franchise? (TUI-Profi-Partner). In: FVW, Nr. 6 (1.3.1991), S. 15.

Niedecken, I. (1991c): Statt Franchise lieber eine tiefgreifende Kooperation. DER-Part Reisevertrieb GmbH in Zukunft mit Kettencharakter. In: FVW, Nr. 9 (9.4.1991), S. 24 ff.

Nieschlag, R., E. Dichtl, H. Hörschgen (1976): Marketing. 9. Auflage (1991: 16. Auflage), Berlin.

Odrich, P. (1981): Fast jeder ist mit jedem verwandt – Die ungewöhnliche Verflechtung der deutschen Touristik. In: Blick durch die Wirtschaft, Nr. 71 (10.4.1981), S. 3.

Pagnia, R. (1980): Straffung des Angebots erforderlich. In: FVW, Nr. 24 (18.11.1980), S. 42.

Paul, H. (1977): Marketing für Fremdenverkehr. Frankfurt a.M.

Raithel, H. (1990): Zurück aus dem Urlaub (Unternehmen + Profile: TUI). In: Manager Magazin, Nr. 6, S. 56 ff.

Reisebuchung (1989) – o.V.: Einstellungen zu Reisen ist unverändert deutlich positiv. Reiseabsichten 1989 und Reiseverhalten 1988 der Bundesbürger. In: FVW, Nr. 7 (13.3.1989), S. 13 ff.

Reisebüroketten (1991): Deutsche Reisebüroketten in Zahlen 1990. In: FVW, Nr. 14 (18.6.1991), Beilage.

Reisebüroprofil (1986): Agenturen auf der Spur. Das aktuelle Profil der deutschen Reisebüro-Landschaft. In: Touristik aktuell, Nr. 8 (25.2.1986), S. 4 ff.

Robl, K. (1980): Unternehmensstrategien mittelständischer Betriebe auf der Basis größenspezifischer Vorteile und Nachteile. In: Mitteilungen des Instituts für Handelsforschung an der Universität zu Köln. 32. Jg., Nr. 2, S. 25 ff.

Schafberg, B. (1990a): Die Leistungsträger konzentrieren sich auf die Starken. First Reisebüro GmbH & Co. KG: Mehr Input als bei Reisebüro-Ketten. In: FVW, Nr. 24 (30.10.1990).

Schafberg, B. (1990b): Die Mittelständler nicht zu Ja-Sagern abqualifizieren. DER-Part Reisevertrieb GmbH: Richtiges Kooperieren muß von den Reisebüros erlernt werden. In: FVW, Nr. 24 (30.10.1990).

Schafberg, B. (1991): Pro und Kontra Direkt-Inkasso (TUI-Agenturen). In: FVW, Nr. 18 (13.8.1991), S. 19.

Schafberg, B. et al. (1990): Kooperationsformen im Reisebüro-Gewerbe. In: FVW, Nr. 24 (30.10.1990), S. 54 ff.

Schönleitner, E. (1987): Zur strategischen Gestaltung einer erlebnisbetonten Buchungsatmosphäre von Reisebüros. In: Der Markt, 26. Jg., Nr. 2 (bzw. Nr. 102), S. 37 ff.

Schroeder, G. (1991): Schroeder Lexikon der Tourismuswirtschaft. Hamburg.

Specht, G. (1988): Distributionsmanagement. Stuttgart/Berlin/Köln/Mainz.

Spielberger, M. (1990a): Mehr gibt es nur bei Zuwachs und über START. Das neue Provisionsmodell. In: FVW, Nr. 11 (8.5.1990), S. 33 f.

Spielberger, M. (1990b): Der Touristik-Umsatz brachte Einbußen. Deutsche Reisebüro-Ketten in Zahlen 1989. In: FVW, Nr. 14 (19.6.1990), Beilage.

Spielberger, M. (1991): Rendite stieg nach mageren Jahren auf über ein Prozent. DER-Data Betriebsvergleich 1990: Aufschwung in den Reisebüros? In: FVW, Nr. 19 (27.8.1991), S. 16 f.

Stammkundenkarte (1989a): Ein Versuch zur Kundenbindung (TUI-Stammkundenkarte). In: FVW, Nr. 15 (4.7.1989), S. 25.

Stammkundenkarte (1989b): Reisebüro-Konditionen nachgebessert. Der TUI-Vorstand gibt nach. In: FVW, Nr. 18 (15.8.1989), S. 25.

Statistisches Bundesamt (1989): Fachserie 2: Arbeitsstättenzählung vom 25. Mai 1987, Heft 3: Arbeitsstätten und Beschäftigte nach Beschäftigtengrößenklassen; Heft 4: "Beschäftigte in Arbeitsstätten nach Stellung im Betrieb. Wiesbaden.

Steindl, A.-F. (1972): Zur Wahl der Absatzmethode von Reiseveranstaltern: Das vermittelnde Reisebüro und vertriebspolitische Alternativen. Wien (Diss.).

Sturm, H. (1975): Automation im Reisebüro. In: Studienkreis für Tourismus e.V. (Hrsg.): Verkaufsförderung im Tourismus. Bericht über eine Fachtagung der Ausstellungs-Messe-Kongreß-GmbH und des Studienkreises für Tourismus e.V. am 6. März 1975 in Berlin. Starnberg, S. 89 ff.

Tanzer, J. (1989a): Hoffnung und Furcht liegen sehr eng beieinander. Die Vertriebsbindung im Denken selbständiger Reisebüro-Unternehmen, Teil I. In: FVW, Nr. 11 (9.5.1989), S. 20 ff.

Tanzer, J. (1989b): Wenn es nach den Wünschen der Reisebüros geht. Die Vertriebsbindung im Denken selbständiger Reisebüro-Unternehmen, Teil II. In: FVW, Nr. 12 (23.5.1989), S. 12 f.

TID (1991): TourCon Hannelore Niedecken (Hrsg.): TID Touristik-Kontakt. 26. Auflage, Hamburg.

Tietz, B. (1980a): Handbuch der Tourismuswirtschaft. München.

Tietz, B. (1980b): Der Tourismus – Eine Analyse für die Bundesrepublik Deutschland von 1960 bis 1990. Band II: Reisebüros und Reiseveranstalter, Dienstleistungsberufe, Verkehrsträger, Beherbergungsgewerbe und Gastronomie, regionale und lokale Voraussetzungen, Marketing- und Managementpolitik. Gutachten im Auftrage von Gruner + Jahr AG & Co. Hamburg/Saarbrücken.

TUI (1990): Erstmals in der Reisebranche: TUI bestellt eigenen Umweltbeauftragten. In: TUI-Presse-Info v. 25.10.1990.

TUI (1991a): Doppelseite für die Umwelt (TUI-Winterkataloge). In: FVW, Nr. 18 (13.8.1991), S. 21 f.

TUI (1991b): Weiterer Schritt zu mehr Umweltverträglichkeit: Alle neuen TUI-Winterkataloge aus umweltfreundlichem Papier. In: TUI-Presse-Info v. 5.8.1991.

TUI (1991c): TUI ist bereits ein Stück umwelterfahrener geworden. In: TUI-Presse-Info v. März 1991.

Tupy, N. (1984): Der Beitrag der Reisebüros zur Konsumnäherung von Reiseprodukten. Wien.

Ungefug, H.-G. (1981): Beratungsgebühr für Reisebüros? Heute zahlt der problemlose Reisebüro-Kunde den komplizierten mit. In: FVW, Nr. 10 (5.5.1981), S. 21 ff.

Veranstaltermarkt (1990/91): Der deutsche Veranstaltermarkt in Zahlen 1990/91. In: FVW, Nr. 28 (23.12.1991), Beilage.

Vertriebsbindung (1988): Vertriebsbindung ist aufzuheben. Aus der Begründung der 5. Beschlußabteilung. In: FVW, Nr. 12 (24.5.1988), S. 26 ff.

Vertriebsbindung (1989): TUI und NUR auf dem Weg zum Bundesgerichtshof. Kammergericht bestätigt Kartellamt in der Aufhebung der Vertriebsbindungen. In: FVW, Nr. 4 (14.2.1989), S. 16 ff.

Vertriebsbindung (1990): Punktsieg für die TUI, Rügen für das Kammergericht. Bundesgerichtshof legt den schriftlichen Beschluß zur Vertriebsbindung vor. In: FVW, Nr. 27 (4.12.1990), S. 19.

Vertriebsbindung (1991): Steht jetzt der Marktzugang von ITS im Vordergrund? Vertriebsbindung wieder beim Kammergericht: Tendenz lustlos. In: FVW, Nr. 6 (1.3.1991), S. 21 f.

Vertriebsstrukturen (1991) – o.V. (AH/KCL): Reiseveranstalter gehen neue Wege. In: FVW, Nr. 3 (29.1.1991), S. 30 ff.

Viedebantt, K. (1980): Das Jahrtausendgeschäft. Trotz Regen und roten Zahlen im Sommer 1980: "Die Touristikbranche wird in zwanzig Jahren die größte Industrie der Welt sein". In: Die Zeit, 25. Jg., Nr. 31 (25.7.1980), S. 9 f.

Wahab, S., L. J. Crampon, L. M. Rothfield (1976): Tourism Marketing. London.

Wölm, D. (1979): Marketing im Tourismus. In: Marketing. Zeitschrift für Forschung und Praxis, 1. Jg., Nr. 4, S. 229 ff.

Zucker-Stenger, W. H. (1989): Über 40 Prozent nutzen die Dienste desselben Reisebüros. In: FVW, Nr. 22 (10.10.1989), S. 20 ff.

5. Zur Planung von Marketingstrategien für touristische Angebote – Ergebnisse einer empirischen Studie im Reiseveranstaltermarkt der Bundesrepublik Deutschland

Torsten Tomczak und Frank Gussek

5.1 Die strategische Marktplanung auf dem "Corporate Level" als Begrenzungsfaktor der strategischen Marketingplanung auf der Geschäftsfeldebene

In Unternehmungen, die über ein breites Angebot verfügen, wie es auch typisch für die Tourismusbranche ist, müssen zwei Arten von Marketingstrategien unterschieden werden: Strategien für die Gesamtunternehmung und Strategien für einzelne Angebote, oder präziser formuliert, für einzelne Geschäftsfelder der Unternehmung (vgl. zur Thematik der Geschäftsfelddefinition die Übersichten bei Kreilkamp, 1987, S. 317–323; Tomczak, 1989, S. 36–50).

Im Mittelpunkt dieser Abhandlung steht die *strategische Marketingplanung für spezifische touristische Angebote*. Die Ausführungen setzen sich nicht – dies sei ausdrücklich betont – mit der strategischen Marktplanung auf der Ebene der Gesamtunternehmung ("Corporate level") im Sinne von Abell/Hammond (1979, S. 9 f.) auseinander (vgl. auch Köhler, 1981; Hentze/Brose, 1985, S. 125 f.). Zu beachten ist, daß die strategische Marketingplanung auf der Geschäftsfeldebene lediglich derivativen Charakter besitzt (vgl. Haedrich/Tomczak, 1990, S. 76 f.; Cravens, 1981; 1982, S. 226 f.), d.h. Marketingstrategien auf der Geschäftsfeldebene sind orientiert an Entscheidungen zu formulieren, die in den beiden Entscheidungsfeldern
- *Defining the Business* (Abgrenzung und Festlegung der Geschäftsfelder einer Unternehmung) und
- *Determining the Mission of the Business* (Festlegung der Zielsysteme für die einzelnen Geschäftsfelder)

der strategischen Marktplanung auf der Gesamtunternehmungsebene gefallen sind (vgl. hierzu auch Tomczak, 1989, S. 34–36). Entscheidungen, die auf dieser Ebene getroffen werden, beeinflussen in hohem Maße das Erfolgspotential auf der nachgeordneten Geschäftsfeldebene. So lassen sich insbesondere Planungsfehler bei der Bestimmung von Produkt-Markt-Kombinationen ("Defining the Business") auf der Geschäftsfeldebene nur schwer, wenn überhaupt, kompensieren.

So warnte schon 1960 Theodore Levitt vor einer "Marketing Myopia", die vielfach Konzepte und Realisierung im Marketing präge. Den Ansatzpunkt für die Überwindung dieser "Kurzsichtigkeit" bietet die Erkenntnis, daß – wie Dichtl prägnant formuliert – "... vielen Menschen nicht so viel am Erwerbe eines bestimmten Produktes wie an der Erlangung einer Leistung liegt" (Dichtl, 1991, S. 149).

Betrachtet man die aktuellen Probleme zahlreicher Unternehmungen der Tourismusindustrie, so ist festzustellen, daß hier vielfach auch heute noch eine kurzsichtige Orientierung an vordergründigen Kundenwünschen das Marketing beherrscht und daß Geschäftsfelder nicht nach marktorientierten Kriterien definiert werden. Analysiert man beispielsweise die internen Organisationsstrukturen vieler Reiseveranstalter, so fällt eine nach Zielgebieten ausgerichtete Organisation auf; ebenso werden Kommunikationsmaßnahmen in der Regel an einzelnen Destinationen orientiert. Touristen kaufen aber vielfach nicht eine "Reise nach Griechenland", sondern wollen vielmehr eine multidimensionale Leistung erwerben, die vielschichtige Bedürfnisse anspricht, die von Erholungs-, Bildungs- über Erlebnis- bis hin zu Selbstverwirklichungsbedürfnissen reichen. Angebotsformen wie "Club Méditerranée", "Abenteuerurlaube", "Golf-Ferien" etc. dokumentieren auf der anderen Seite aber auch das gewachsene Marketing-Know-how in der Tourismus-Branche.

Die folgenden Ausführungen, die sich mit dem Erfolg bzw. Mißerfolg von Marketingstrategien für touristische Angebote beschäftigen, müssen vor dem Hintergrund möglicher Planungsfehler auf der Gesamtunternehmungsebene vorsichtig interpretiert werden. In einem ersten Schritt wird ein Ansatz zur Planung von Marketingstrategien für touristische Angebote dargestellt (siehe den Abschnitt 5.2), in einem zweiten Schritt werden Ergebnisse einer empirischen Untersuchung präsentiert, die im Reiseveranstaltermarkt der Bundesrepublik Deutschland in der Zeit von 1987 bis 1988 durchgeführt wurde (siehe die Abschnitte 5.3–5.5).

5.2 Theoretische Grundlegung – Marketingstrategien auf der Geschäftsfeldebene

5.2.1 Marketingplanungsprozeß

Den weiteren Ausführungen liegt folgende Definition des Begriffs "Marketingstrategie" zugrunde (vgl. Tomczak, 1989, S. 6; Haedrich/Tomczak, 1990, S. 96–98):

Eine Marketingstrategie ist eine Zusammenstellung mittel- bis langfristig gültiger Entscheidungen über Wege (grundsatzstrategische Komponente) und Mittel (instrumentelle Komponente) zur Erreichung des Marketing-Zielsystems.

Die strategische Führung eines touristischen Angebots ist ein dynamischer Prozeß und bedeutet (vgl. hierzu auch Haedrich/Tomczak, 1990, S. 30–32):
- die *zukünftige Aufgabe* für jedes Geschäftsfeld zu definieren (im einzelnen handelt es sich darum, eine gründliche Umwelt- und Unternehmungsanalyse durchzufüh-

ren und strategische Ziele zu fixieren, die das Geschäftsfeld im Rahmen der übergeordneten Unternehmungszielsetzung erreichen soll);
- die langfristig gültige *Marketing-Grundsatzstrategie* für das jeweilige Geschäftsfeld zu formulieren;
- aufbauend auf der Marketing-Grundsatzstrategie *instrumentelle Strategiemodelle* festzulegen;
- den *Einsatz der einzelnen Marketinginstrumente* im Produkt-, Preis-, Distributions- und Kommunikationsbereich orientiert an dem jeweiligen instrumentellen Strategiemodell zu planen.

Abb. 1 zeigt den Prozeß der strategischen Marketingplanung auf der Geschäftsfeldebene im Überblick. Zu betonen ist, auch wenn die durchgezogenen Pfeile in der Abbildung einen streng sequentiellen Planungsverlauf vorzugeben scheinen, daß es sich um einen *umfassenden, iterativen und dynamischen Prozeß* handelt, bei dem die angesprochenen interdependenten Teilprobleme zu lösen sind. Ergebnisse der Umwelt- und Unternehmungsanalyse fließen in sämtliche Planungsphasen ein. Ebenso bezieht sich die Kontrolle auf sämtliche Planungsphasen, d.h. sowohl während als auch nach der Planung (während der Realisation) finden Kontrolleinschnitte statt.

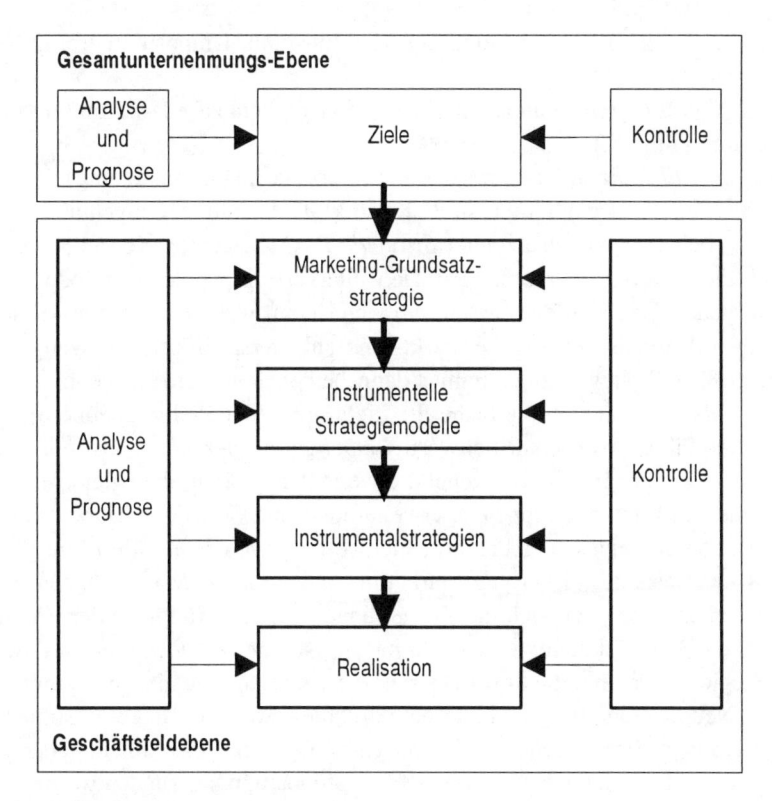

Abb. 1: Marketingplanungsprozeß

5.2.2 Marketing-Grundsatzstrategien

Marketing-Zielsysteme lassen sich generell durch eine Vielzahl von Kombinationen marketingpolitischer Instrumente realisieren, die darüber hinaus in ihrer Gestaltung völlig unterschiedlich sein können. Der hohen Komplexität der Aufgabenstellung, die darin besteht, das jeweils im Hinblick auf die Zielsetzung optimale Marketing-Mix auszuwählen und zu gestalten, wird in der neueren Marketing-Literatur (vgl. insbesondere Becker, 1990; Meffert, 1986) dadurch entsprochen, daß explizit in den Marketingplanungsprozeß eine grundsatzstrategische Komponente eingeführt wird. Die Funktion einer *Marketing-Grundsatzstrategie* besteht darin, grundsätzliche Verhaltensweisen gegenüber anderen Markt- und Branchenteilnehmern festzulegen und – damit einhergehend – das Suchfeld der zur Verfügung stehenden Wahlmöglichkeiten bei der Konzeption des Marketing-Mix einzugrenzen.

Das Entscheidungsproblem Marketing-Grundsatzstrategie besitzt mehrdimensionalen Charakter. Insgesamt lassen sich in der Tourismusindustrie die im folgenden mit ihren jeweiligen Ausprägungen aufgeführten strategischen Ansatzpunkte unterscheiden (vgl. grundlegend Tomczak, 1989, S. 111–146; Haedrich/Tomczak, 1990, S. 126–128; Berndt, 1991, S. 84–87; Tomczak, 1990):

(1) *Strategie-Position* (Beibehaltung der Marktposition, Umpositionierung, Neupositionierung);
(2) *Strategie-Stil* (defensiv anpassend bzw. offensiv herausfordernd im Gesamtmarkt bzw. im Teilmarkt);
(3) *Strategie-Substanz* (Preis- bzw. Kostenführerschaft, Differenzierung);
(4) *Strategie-Absicherung* (Anpassung, Konflikt, Kooperation, Umgehung).

Bei dem strategischen Ansatzpunkt *Strategie-Position* geht es vorrangig darum, zu prüfen, ob die bisherige Marketingstrategie weiterverfolgt werden kann oder ob Änderungen vorgenommen werden müssen und wenn ja, in welchem Ausmaß diese zu erfolgen haben. Dafür ist jeweils die markt- und anbieterspezifische Ausgangssituation maßgebend. Die Strategie sollte immer dann beibehalten werden, wenn sie sich als zielgruppenadäquat und sich die bisherige Zielgruppe (der Zielgruppenkern) als wirtschaftlich tragfähig erweisen (Stichwort: *Beibehaltung der Marktposition*). Geht es darum, den Zielgruppenkern weitgehend zu erhalten, diesen aber gleichzeitig durch Hinzunahme von Randzielgruppen zu erweitern, ist eine veränderte Marketingstrategie (eine Variationsstrategie) angebracht (Stichwort: *Umpositionierung*). In Fällen, in denen auf der Basis der bisherigen Marketingstrategie keine Marktchancen mehr bestehen, beispielsweise, weil sich die Einstellungen der Zielgruppe zu dem Angebot in den negativen Bereich hinein verschoben haben, ist eine *Neupositionierung* mit Hilfe einer Strategie notwendig, die von einer stark veränderten bzw. neuen Zielgruppe ausgeht. Eine Neupositionierung verlangt eine grundlegend neue Marketingstrategie, d.h. eine neue grundsatzstrategische Orientierung des Anbieters. Es muß ein neuer darstellbarer Produktnutzen (eine neue "unique selling proposition") gefunden werden.

Die zweite Ebene, der *Strategie-Stil*, zielt auf die Rolle ab, die ein bestimmtes Geschäftsfeld im Vergleich zu aktuellen und potentiellen Konkurrenten spielen soll. In diesem Zusammenhang sind zwei grundsatzstrategische Fragen zu beantworten (vgl. Timmermann, 1982, S. 8; Gussek, 1992, S. 127–133):
- *Wie* soll das Geschäftsfeld in den Wettbewerb eintreten: Soll den etablierten Regeln des Wettbewerbs *defensiv* gefolgt werden, oder soll versucht werden, die Wettbewerbsregeln *offensiv* zu gestalten?
- *Wo* soll das Geschäftsfeld in den Wettbewerb eintreten: Soll der *Gesamtmarkt* bearbeitet werden, oder sollen die Kräfte auf *Teilbereiche* konzentriert werden?

Die dritte Ebene, *Strategie-Substanz*, befaßt sich mit der Art des im Markt angestrebten strategischen Vorteils. Im Wettbewerb gibt es zwei grundlegende Arten, einen strategischen Vorteil zu erlangen: Entweder wird ein umfassender Kostenvorsprung, der an die Kunden via Preis weitergegeben wird, angestrebt, oder das Angebot wird derart differenziert, daß qualitativ bzw. leistungsmäßig etwas aus der Sicht des Marktes Einzigartiges geschaffen wird. Somit sind zu unterscheiden (vgl. insbesondere Porter, 1987, S. 62–77; Meffert, 1985; Haedrich/Tomczak, 1990, S. 116–119):
- *Preis- bzw. Kostenführerschaft* bzw. undifferenzierte Marktbearbeitung und
- *Differenzierung* bzw. differenzierte Marktbearbeitung.

Massentouristische Produkte sind häufig so konzipiert, daß dem Markt Standardprodukte angeboten werden, die auf die Erfüllung bestimmter Grundbedürfnisse ausgerichtet sind. Die Angebotszielgruppe umfaßt mehr oder weniger das Gesamtspektrum der in Frage kommenden Reisebevölkerung mit bestimmten Grundbedürfnissen (z.B. alle, die in einem bestimmten Zeitraum eine Haupturlaubsreise planen), kann aber auch einen meist grob abgegrenzten Teilausschnitt anzusprechen versuchen (beispielsweise alle, die einen Badeurlaub machen möchten). Das Marketing-Mix ist undifferenziert; normalerweise spielt der Angebotspreis als Marketinginstrument eine zentrale Rolle. Insofern liegen hier – was die Strategie-Substanz betrifft – im allgemeinen *Preisführerschaftsstrategien* vor.

Zielgruppen-Tourismus als Alternative dazu basiert auf einem differenzierten Angebot (u.a. mit einem differenziert ausgestalteten Produkt, häufig in Verbindung mit Zusatzleistungen der verschiedensten Art), das in der Regel auf gehobenere Ansprüche ausgerichtet ist. Dabei kann die Angebotszielgruppe wieder relativ umfassend definiert sein (d.h. das Spektrum aller in Frage kommenden Reisenden umfassen) oder auf einen Teil der Bevölkerung gezielt sein. In beiden Fällen erfolgt eine präzise Marktabgrenzung anhand sozio-demographischer sowie psychographischer Kriterien, von Nutzenerwartungen und Verhaltensmerkmalen. Der Marktbeeinflussung liegt eine Differenzierungsstrategie zugrunde, deren Ziel es ist, multidimensionale Bedürfnisbündel der Kunden durch den differenzierten Einsatz des Marketing-Mix zufriedenzustellen.

Preisführerschaftsstrategien mit weitgehend undifferenziertem Einsatz des Marketing-Mix sind eher auf *preissensible Käuferschichten* ausgerichtet, Differenzierungsstrategien dagegen auf Käufer, die sich an der *Ausstrahlung von Marken* orientieren. Beide Käuferkreise sind im Reiseveranstaltermarkt Realität, so daß sowohl Preisführerschafts- als auch Differenzierungsstrategien ihre Berechtigung haben und – zumindest mit Blick auf die Vergangenheit – erfolgversprechende Grundsatzstrategien im Pauschaltourismus darstellen.

Im Mittelpunkt der vierten Ebene, *Strategie-Absicherung*, geht es darum, Wege aufzuzeigen, die den touristischen Angeboten physische und kommunikative Präsenz im Absatzmarkt verschaffen. Das Spektrum möglicher Vorgehensweisen reicht von der Umgehung (direkter Vertrieb) bis hin zum Einbezug unternehmungsfremder Absatzmittler (indirekter Vertrieb). Die Zusammenarbeit von Anbieter und Absatzmittler kann durch ein anpassendes, ein kooperatives oder ein konfliktäres Verhalten geprägt sein.

5.2.3 Instrumentelle Strategiemodelle

Die im vorangegangenen Abschnitt dargestellten grundsatzstrategischen Ausrichtungen grenzen das marketingpolitische Entscheidungsfeld für Instrumentalstrategien ein. Orientiert an der Grundsatzstrategie sind Entscheidungen über die Mittel zu treffen, mit denen das Marketingzielsystem realisiert werden soll, wobei die Bemühungen darauf gerichtet sind, die optimale Kombination der Marketinginstrumente zu finden. Es geht um die Frage, welche Instrumente in welcher Intensität und Ausgestaltung einzusetzen sind, um ein vorgegebenes Zielsystem bestmöglich zu erreichen.

Allgemein kann davon ausgegangen werden, daß eine formulierte Marketing-Grundsatzstrategie noch eine Vielzahl von Optionen offen läßt, d.h. eine eindeutige Festlegung der einzusetzenden Marketinginstrumente mit dem Ziel eines optimalen Markterfolges ist in der Regel nicht gewährleistet.

Unabhängig davon ist sich aber jeder Planer der Tatsache bewußt, daß zwischen einzelnen Marketinginstrumenten *funktionale, zeitliche und hierarchische Interdependenzen* bestehen (vgl. u.a. Haedrich/Tomczak, 1990, S. 138–144). *Funktionale Abhängigkeiten* machen sich beispielsweise in der Form bemerkbar, daß der Einsatz eines Instruments ein anderes Instrument substituieren (z.B. ein durch Werbung aufgebautes Image erlaubt eine Reduzierung vertrieblicher Anstrengungen) oder auch ergänzen kann (das profilierte Angebot ermöglicht die Durchsetzung eines relativ hohen Preises). Auch konkurrierende Beziehungen zwischen einzelnen Instrumenten sind denkbar (z.B. unterläuft eine Häufung von Verkaufsförderungsaktionen die eigentlich verfolgte Hochpreispolitik). *Zeitliche Beziehungen* zwischen dem Einsatz einzelner Marketinginstrumente sind in der Praxis in der Form spürbar, als beispielsweise ein spezielles touristisches Angebot zunächst im Vertriebskanal, u.a. bei den Reisebüros, plaziert sein sollte, bevor die Werbung für dieses Angebot anläuft.

Zudem stehen Marketinginstrumente in einer bestimmten *Rangordnung* zueinander, d.h. es existieren Instrumente, die eine höhere Priorität als andere besitzen. In der einschlägigen Literatur lassen sich instrumental- und situativ-orientierte Ansätze der Hierarchisierung unterscheiden. Insbesondere Kühn (1985; 1986) entwickelte eine Typologie, die sogenannte dominierende, komplementäre, marginale und Standardinstrumente unterscheidet. Diese Kategorien lassen sich nicht definitiv bestimmten Marketin instrumenten zuordnen. Vielmehr wechselt ihre Bedeutung in Abhängigkeit von der jeweiligen Situation (Markt, Segment, Zeitablauf, Unternehmung etc.).

Die hier skizzierten Ausführungen zu Interdependenzen von Marketinginstrumenten deuten an, daß durch die Wahl bestimmter Marketinginstrumente und ihrer spezifischen Ausprägungen sowohl die Auswahl anderer Marketinginstrumente als auch deren Gestaltungsspielraum vielfach bereits eingeengt ist. Grundsätzliche Überlegungen über die Ausgestaltung des Marketing-Mix setzen daher bei der Frage an, welche Instrumente *schwerpunktmäßig* orientiert an den jeweiligen Marketingzielen und Grundsatzstrategien in einer bestimmten Situation einzusetzen sind. Bei der Planung des Marketing-Mix ist es offensichtlich zweckmäßig, von instrumentell orientierten Modellen als gedanklichem Rahmen auszugehen.

Solche *instrumentellen Strategiemodelle*, die die Aufgabe übernehmen, die Breite des durch die Marketing-Grundsatzstrategie vorgezeichneten Strategiekanals zu verringern, mithin die Kreativität des Planers in festere Bahnen zu lenken, sind ein wesentlicher Schritt im Hinblick auf die Reduktion der komplexen Realität und hinsichtlich der Abstützung der Entscheidungsfindung in der strategischen Marketingplanung (vgl. hierzu insbesondere Haedrich/Tomczak, 1990, S. 145-178; Gussek, 1992). Instrumentelle Strategiemodelle haben im wesentlichen zwei Aufgaben zu erfüllen:
- Durch die explizite Formulierung eines instrumentellen Strategiemodells sollen – vor dem Hintergrund einer bestimmten Marketing-Grundsatzstrategie – die *Schwerpunkte des Instrumenteneinsatzes* abgesteckt werden.
- Gleichzeitig sollen – aufgrund bestehender Interdependenzen zwischen einzelnen Marketinginstrumenten – *Richtlinien für den qualitativen und quantitativen Einsatz komplementärer Folgeinstrumente* gegeben werden.

Voraussetzung zur Erfüllung dieser Forderungen ist, daß instrumentelle Strategiemodelle im Reiseveranstaltermarkt gefunden werden, die sich in bestimmter Weise mit dem Markterfolg in Verbindung bringen lassen.

5.3 Zielsetzung und Anlage der empirischen Studie im Reiseveranstaltermarkt der Bundesrepublik Deutschland

In einer *explorativen Untersuchung* sollten vor allem Hinweise für die Beantwortung folgender Fragen gefunden werden:
- *Marketing-Grundsatzstrategien für touristische Angebote*
  Welche Rolle spielen bestimmte Ausprägungen der grundsatzstrategischen Ebene *Strategie-Substanz* im Pauschaltourismus? Sind die Angebote im Reiseveranstaltermarkt eher dem Massentourismus oder dem Zielgruppentourismus zuzuordnen? Lassen sich spezifische Marktbearbeitungsstrategien in einen bestimmten Zusammenhang zum Markterfolg stellen?

— *Instrumentelle Strategiemodelle im Reiseveranstaltermarkt*
Welche instrumentellen Strategiemodelle sind im Reiseveranstaltermarkt als Bindeglieder zwischen der Marketing-Grundsatzstrategie und der Planung des Marketing-Mix auffindbar? Welche Zusammenhänge bestehen zwischen bestimmten Typen von instrumentellen Strategiemodellen und dem Markterfolg der Planungseinheiten?

Aus der Grundgesamtheit von Reiseveranstaltern in der Bundesrepublik Deutschland wurde eine Stichprobe von 80 Unternehmungen gezogen. Dabei wurde auf die Abdeckung der gesamten Bundesrepublik geachtet. Aufgrund von Ausfällen – überwiegend wegen zeitlicher Engpässe – konnten in der Zeit von Anfang Mai 1987 bis Ende Januar 1988 insgesamt in 55 Reiseveranstalter-Unternehmungen computergestützte mündliche Interviews durchgeführt werden, und zwar über insgesamt 58 Veranstalterprogramme. Ein Veranstalterprogramm umfaßt die Kombination von einem Zielgebiet mit einem Beförderungsmittel und der jeweiligen Angebotssaison (Beispiel: Charter-Flugreise nach Griechenland im Sommer) und kann als selbständige Planungseinheit (Geschäftsfeld) betrachtet werden. Obwohl kein Anspruch auf Repräsentativität der hier referierten Untersuchung erhoben wird, wurde angestrebt, einen möglichst großen Teil des bundesdeutschen Reiseveranstaltermarktes abzudecken. Die neun in der Stichprobe vertretenen Großveranstalter sowie die weiteren 46 befragten Unternehmungen decken nach herangezogenen Kontrollunterlagen einen Marktanteil von 51,5% ab.

Basis für die Interviews war ein standardisierter Fragebogen und das Entscheidungsmodell "Analytic Hierarchy Process (AHP)". Der AHP ist eine Methode, die den Anwender bei der Lösung von komplexen und mehrdimensionalen Entscheidungsproblemen unterstützt. Einerseits kann die Planung einer Marketingstrategie (als Zusammenstellung von Entscheidungen über grundsatzstrategische Dimensionen und über Art sowie Einsatz des Marketing-Mix zur Erreichung des jeweiligen Marketing-Zielsystems) durch den Einsatz des AHP wirksam gefördert werden; auf der anderen Seite bietet der AHP dem empirischen Forscher die Möglichkeit, bereits realisierte Ziel- und Maßnahmensysteme im nachhinein zu analysieren.

- Strukturierung des Entscheidungssystems (Aufstellung der Hierarchie)
- Bewertung des Entscheidungssystems
- Berechnung der Gewichte für die Elemente einer Hierarchieebene
- Überprüfung der Konsistenz der Bewertungen
- Berechnung der Gewichte für die gesamte Hierarchie

Abb. 2: Komponenten des "Analytic Hierarchy Process (AHP)"

Bei dem Einsatz des AHP sind grundsätzlich fünf Schritte – wie in der Abb. 2 zusammengefaßt – zu durchlaufen; im einzelnen kann an dieser Stelle auf die Methode nicht näher eingegangen werden (vgl. insbesondere Saaty, 1980; Haedrich/Kuss/Kreilkamp, 1986; Gussek/Tomczak, 1989). Das in der vorliegenden empirischen Untersuchung eingesetzte Entscheidungsmodell, dessen Elemente auf den einzelnen Stufen inhaltlich in Zusammenarbeit mit Experten der Reiseveranstalterbranche abgestimmt worden sind, wird in Abb. 3 wiedergegeben.

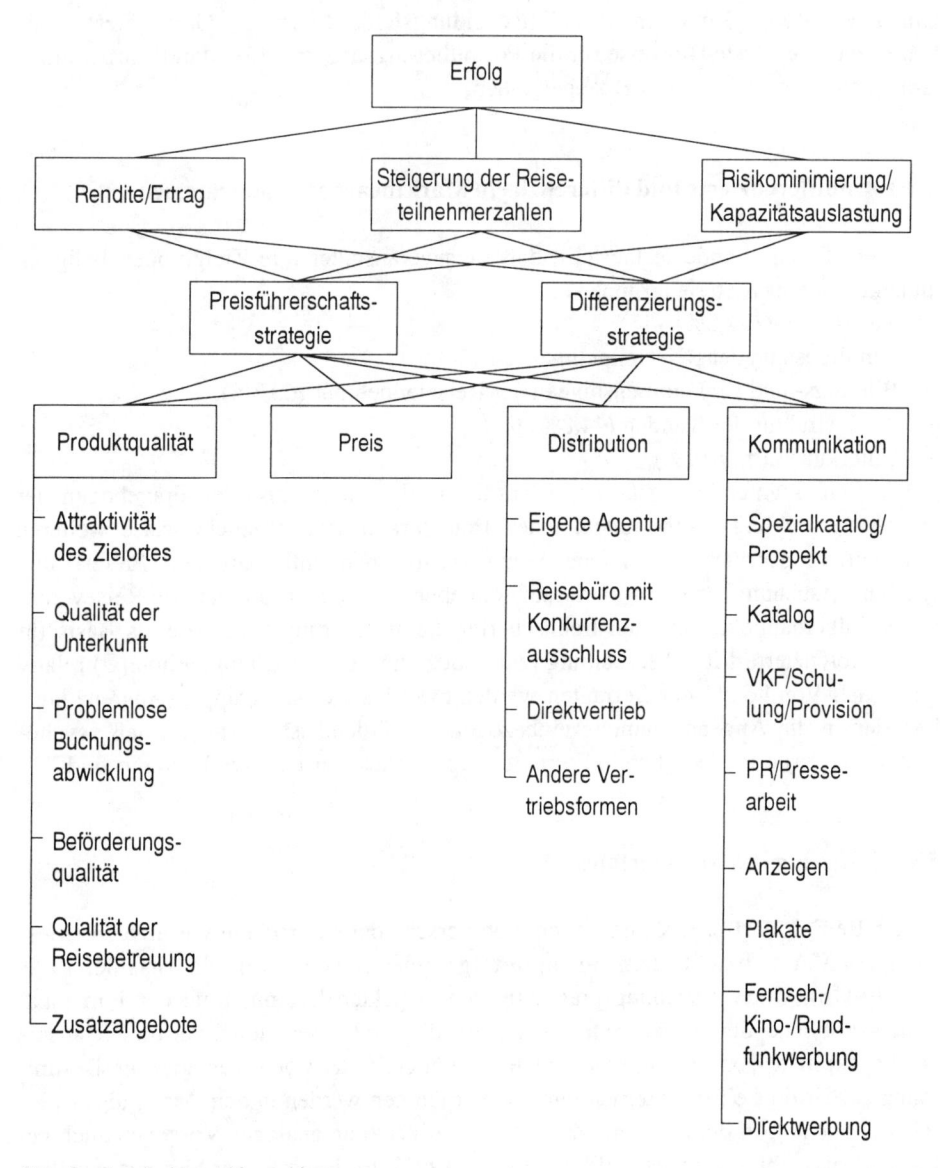

Abb. 3: Entscheidungshierarchie

5.4 Marktbearbeitungsstrategien und Markterfolg im Reiseveranstaltermarkt

Im Rahmen dieses Abschnitts werden empirische Ergebnisse vorgestellt, die sich mit grundsatzstrategischen Aspekten der Marketingplanung im Reiseveranstaltermarkt auseinandersetzen (vgl. hierzu auch die detaillierteren Darlegungen bei Haedrich/Gussek/ Tomczak, 1989). Nochmals zu betonen ist, daß die Untersuchung explorativischen Charakter aufwies. Im Rahmen des Entscheidungsfeldes Marketing-Grundsatzstrategie war es das Ziel, erste Hinweise für die Formulierung erfolgreicher Marktbearbeitungsstrategien (Strategie-Substanz) zu gewinnen.

5.4.1 Undifferenzierte und differenzierte Marktbearbeitungsstrategien

In einem Pretest wurde festgestellt, daß Reiseveranstalter ihre Zielgruppen lediglich anhand von fünf Kriteriengruppen erfassen:
- Reisemotive (82,8%),
- Familienstand der Reiseteilnehmer (24,1%),
- Bildungs- und Einkommensniveau der Reiseteilnehmer (60,3%),
- Altersstruktur der Kunden (44,8%) und
- Unterkunftsart (70,7%).

Die fünf Segmentierungskriterien wurden in den standardisierten Fragebogen der Hauptuntersuchung übernommen; eine offene Frage nach möglicherweise weiteren Segmentierungskriterien erbrachte keine zusätzlichen Informationen. Pretest und Hauptuntersuchung lassen somit darauf schließen, daß die Anzahl der von Reiseveranstaltern überhaupt diskutierten trennscharfen Segmentierungsmerkmale als Basis für eine differenzierte Marktbearbeitung (zumindest zum Untersuchungszeitpunkt) relativ gering ist. Von 86,2% der Befragten werden zwei bis vier Zielgruppen-Abgrenzungskriterien in die Angebotsplanung einbezogen. Auffallend ist vor allem, daß psychographische Kriterien lediglich in Form der allgemeinen Reisemotive vertreten sind.

5.4.2 Messung des Markterfolgs

In der Betriebswirtschaftslehre lassen sich verschiedene Forschungsansätze zur Messung des Markt- bzw. Unternehmungserfolgs unterscheiden (vgl. u.a. Staehle, 1990, S. 411–418). Unter forschungspragmatischen Aspekten kommt, trotz der ihm inhärenten Probleme, dem sogenannten *Zielansatz* die größte Bedeutung zu. Im Zielansatz ist die explizite Existenz operational formulierter Ziele Voraussetzung zur Bestimmung des Erfolgs einer Unternehmung. Unternehmen werden in dem Maße als erfolgreich betrachtet, in dem sie ihre Ziele erreichen (vgl. ein analoges Vorgehen auch bei Raffée/Fritz, 1991; Tomczak, 1989; Gussek, 1992). Im Rahmen der hier vorgestellten

Untersuchung konnten zur Erfolgsmessung der 58 Angebotsprogramme vor dem Hintergrund der bereits angesprochenen Pilotuntersuchung und des daraufhin mit Hilfe des AHP entwickelten Entscheidungssystems die folgenden drei Zielkriterien herangezogen werden:
- Grad der Erreichung des für die Planungsperiode gesetzten *Gewinnziels* (Rendite/Ertrag),
- Grad der Erreichung des für die Planungsperiode gesetzten *Wachstumsziels* (Steigerung der Reiseteilnehmerzahlen),
- Grad der Erreichung der angestrebten *Risikominimierung* (Kapazitätsauslastung).

In der Pilotuntersuchung war auch der Frage nachgegangen worden, ob sogenannte außerökonomische Zielkategorien eine Rolle im Tourismusmarkt spielen (z.B. ökologische Ziele). Die Interviews ergaben jedoch, daß solche Kategorien im Zielsystem von Reiseveranstaltern – im Gegensatz zu Unternehmungen anderer Branchen – zum Untersuchungszeitpunkt noch keine oder eine nur geringe Bedeutung besaßen.

Zur Erfassung des Zielerreichungsgrades wurde auf eine kontinuierliche verbale Skala zurückgegriffen, deren Ausprägungen Punkte von null (das betreffende Ziel ist bei weitem nicht erfüllt worden) bis +16 (das betreffende Ziel ist bei weitem übertroffen worden) zugeordnet wurden. Zur Messung des Gesamterfolgs wurden die mit dem AHP gemessenen Zielgewichte, die angeben, mit welcher Intensität das entsprechende Ziel in dem Zielbündel verfolgt wurde, mit den Zielerreichungspunktwerten nach folgender Vorschrift kombiniert:

$$E = \sum_{i=1}^{n} G_i \cdot (Z)_i$$

mit

E = Gesamterfolg der Planungseinheit
Z_i = Zielerreichungsgrad der einzelnen Teilziele eines Zielsystems
G_i = Gewichte der einzelnen Teilziele eines Zielsystems
n = Anzahl der Teilziele eines Zielsystems

5.4.3 Ergebnis: Markterfolg durch klare Ausrichtung der Marktbearbeitungsstrategie

Zu überprüfen war, ob Unterschiede im Erfolg einzelner Geschäftsfelder anzutreffen sind, je nachdem, *wieviele Merkmale* zur Segmentierung herangezogen worden sind. Zur Überprüfung dieser Fragestellung wurden zunächst die Geschäftsfelder nach der Zahl der verwendeten Segmentierungskriterien zu vier Gruppen zusammengefaßt (ein Kriterium, zwei Kriterien, drei Kriterien, mindestens vier Kriterien zur Segmentierung verwendet). Um zu untersuchen, ob sich die Erfolgs-Erwartungswerte der einzelnen Gruppen unterscheiden, wurde anschließend eine Varianzanalyse unter Zugrundelegung der üblichen Annahmen (Normalverteilung der Störterme, Homoskedastizität,

Unabhängigkeit der Störterme) durchgeführt. Die Hypothese, daß die Erfolgswerte in den einzelnen Gruppen unterschiedlich sind, konnte aufgrund des vorliegenden Datenmaterials als bestätigt angesehen werden (p = 0,007).

Über die Art des Zusammenhangs zwischen Marktbearbeitungsstrategie und Markterfolg lassen sich in Analogie zum marketingstrategischen Verhalten der Unternehmungen in der Konsumgüterindustrie die folgenden Vermutungen formulieren. Es liegt nahe, daß das Grundbedürfnis zu reisen auch heute noch weite Bevölkerungskreise zu aktivieren imstande ist, insbesondere dann, wenn es beispielsweise mit einem bestimmten Reisemotiv (beispielsweise mit der Wunschvorstellung nach Sonnen-, Bade-, Sporturlaub usw.) gekoppelt wird. *Undifferenzierte Marktbearbeitungsstrategien* stellen daher für Reiseveranstalter vermutlich eine erfolgversprechende Möglichkeit dar.

Auf der anderen Seite dürften *differenzierte Marktbearbeitungsstrategien*, die gleichzeitig zahlreiche kaufverhaltensrelevante Segmentierungsmerkmale bei der Planung einzelner Angebotsprogramme zugrunde legen, ebenfalls erfolgreich sein. Geringere Erfolgsaussichten sollten hingegen Strategien aufweisen, die einerseits potentielle Reisende mit einem Grundbedürfnis durch Hinzunahme eines weiteren Segmentierungsmerkmals möglicherweise ausklammern, andererseits aber auch für Konsumenten mit ganz speziellen Anliegen kein ausreichend differenziertes Angebot bereithalten. Die Hypothese lautet demnach, daß solche Planungseinheiten am erfolgreichsten sind, bei deren Planung lediglich *ein* Segmentierungsmerkmal zugrunde gelegt worden ist (Ansprache eines Grundbedürfnisses breiter potentieller Kundenkreise) bzw. solche, die *zahlreiche* Segmentierungskriterien verwenden. Diese theoretische Annahme legt einen *u-förmigen Verlauf für den Graph der Erfolgs-Erwartungswerte* über die einzelnen Segmentierungskategorien (ein Kriterium, zwei Kriterien, drei Kriterien, mindestens vier Kriterien zur Segmentierung verwendet) nahe (siehe Abb. 4).

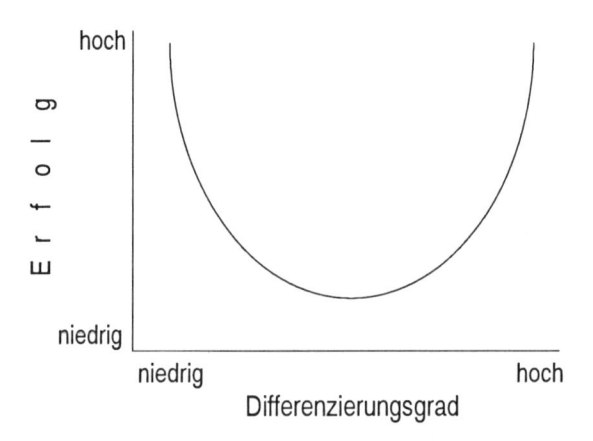

Abb. 4: U-förmiger Zusammenhang zwischen Differenzierungsgrad der Marktbearbeitung und Markterfolg

Zur Überprüfung der Hypothese wurde folgender Test durchgeführt:
Sei μ_i, i = 1 ... 4, der Erwartungswert in der i-ten Kategorie, so testen wir die Nullhypothese H_0:
$$\mu_1 - \mu_2 - \mu_3 + \mu_4 = 0,$$
also einen speziellen linearen Kontrast (vgl. Draper/Smith, 1981, S. 424–427). Der Test ergab einen p-Wert von 0,008; demnach kann davon ausgegangen werden, *daß zwischen den Erwartungswerten der angenommene u-förmige Verlauf besteht.*

Tab. 1: Strategische Vorteile bei Massenmarkt-/differenzierten Marktbearbeitungsstrategien

	Massenmarktstrategien (nur 1 Segmentierungsmerkmal verwendet) n = 4	Differenzierte Marktbearbeitungsstrategien (mindestens 4 Segmentierungsmerkmale verwendet) n = 19
Kostenvorteil vorhanden?		
ja	2	6
nein	2	12
keine Antwort	–	1
Preisvorteil vorhanden?		
ja	3	7
nein	1	11
keine Antwort	–	1
Qualitäts-/Servicevorteil vorhanden?		
ja	2	14
nein	1	4
keine Antwort	1	1
Imagevorteil vorhanden?		
ja	–	11
nein	3	7
keine Antwort	1	1
Vertriebsvorteil vorhanden?		
ja	1	8
nein	2	10
keine Antwort	1	1

Die zur Überprüfung der Verteilung der Erwartungswerte durchgeführte Varianzanalyse erbrachte als weiteres Ergebnis, daß durch unterschiedliche Segmentierungsgrade insgesamt nur 20% der Erfolgsvarianz der Planungseinheiten erklärt werden kann. Offensichtlich sind also andere Erfolgsfaktoren ebenfalls von Bedeutung. Aus der Analyse weiterer im Rahmen der Studie erhobener Daten läßt sich mit gebotener Vorsicht der Schluß ziehen, daß differenzierte Marktbearbeitungsstrategien auf Qualitäts- bzw. Imagevorteilen basieren, während Massenmarktstrategien eher auf Kosten- bzw. Preisvorteile zu setzen scheinen (vgl. Tab. 1). Unterschiede im Vertrieb sind in der Praxis offensichtlich nicht vorhanden. Der ermittelte u-förmige Zusammenhang zwischen Differenzierungsgrad der Marktbearbeitung und Markterfolg könnte folglich mit Kosten- und Differenzierungsvorteilen einhergehen (vgl. Porter, 1987, S. 71–74). Allerdings sind weitere Untersuchungen auf breiterer Basis notwendig, um diese Hypothese zu stützen.

Auf der Grundlage des vorliegenden Datenmaterials läßt sich die Aussage treffen, daß sich eine klare Ausrichtung der Marktbearbeitungsstrategie positiv auf den Markterfolg auswirkt. Zu betonen ist allerdings, daß diese Aussage nur für Geschäftsfelder Gültigkeit beanspruchen kann, die sich situativen Bedingungen gegenübersehen, die denen der Tourismusbranche zum Untersuchungszeitpunkt entsprechen. Im Rahmen weiterführender empirischer Studien sollte daher geklärt werden, inwieweit sich ein solcher Zusammenhang zwischen Differenzierungsgrad der Marktbearbeitung und Markterfolg in anders gearteten Situationen nachweisen läßt.

5.5 Instrumentelle Strategiemodelle und Markterfolg im Reiseveranstaltermarkt

Instrumentelle Strategiemodelle als Bindeglieder zwischen Marketing-Grundsatzstrategie und Marketing-Mix haben – wie ausgeführt – die Aufgabe, ausgehend von einer bestimmten Marketing-Grundsatzstrategie die Konzeption des Marketing-Mix für ein Geschäftsfeld in festere Bahnen zu lenken. Im Rahmen der im bundesdeutschen Reiseveranstaltermarkt durchgeführten Studie wurde untersucht, was für Typen von instrumentellen Strategiemodellen sich in dieser Branche identifizieren und ob sich diese Typen in einen bestimmten Zusammenhang zum Markterfolg setzen lassen (vgl. hierzu auch die ausführliche Darstellung bei Haedrich/Gussek/Tomczak, 1990).

5.5.1 Schwerpunktbildung bei einzelnen Marketing-Instrumenten

Für die Analyse, ob bundesdeutsche Reiseveranstalter bei der Planung von Differenzierungsstrategien (Preisführerschaftsstrategien wurden wegen ihrer geringen Anzahl in der Stichprobe nicht weiter verfolgt) unterschiedliche *Schwerpunkte im Marketing-Mix* (vgl. hierzu insbesondere Weinhold-Stünzi, 1991, S. 160) setzen, standen 47 Geschäftsfelder zur Verfügung. Mit Hilfe einer Cluster-Analyse (vgl. detailliert zur Datenanalyse Haedrich/Gussek/Tomczak, 1990, S. 214–219) konnten diese in sieben relativ homogene Gruppen unterteilt werden, was Schwerpunktsetzungen in den Instrumentalbereichen Produkt, Preis, Vertrieb und Kommunikation anbelangt (vgl. Tab. 2). Deutlich zu erkennen ist beispielsweise, daß bei der Planung der Geschäftsfelder in Cluster 2 produkt- und preispolitische Schwerpunkte gesetzt wurden, in Cluster 4 pro-

Tab. 2: Instrumentelle Schwerpunktbildung bei Differenzierungsstrategien

Instrumental- bereiche Cluster	Produkt- qualität (%)	Preis (%)	Vertrieb (%)	Kommu- nikation (%)	n
1	28,14	22,11	26,30	23,45	13
2	41,00	30,34	13,70	14,97	6
3	17,34	5,31	36,37	40,98	3
4	63,33	10,69	10,92	15,06	9
5	39,12	11,50	8,77	40,62	9
6	14,69	8,72	16,92	59,68	4
7	12,32	47,23	23,59	16,86	3

duktpolitische und in Cluster 5 sowohl produkt- als auch kommunikationspolitische Schwerpunkte. Bei der Planung der Programme in Cluster 6 standen dagegen ausschließlich kommunikationspolitische Maßnahmen im Mittelpunkt.

Interessant ist nun die Frage, inwieweit der Markterfolg der einzelnen Geschäftsfelder, mit denen im Grundsatz eine Differenzierungsstrategie verfolgt wird, von solchen Schwerpunktbildungen abhängt (zur Ermittlung des Markterfolgs vgl. Abschnitt 5.4.2). Aus Tab. 3 ist zu entnehmen, daß es im Pauschaltourismus offenbar in erster Linie darauf ankommt, *Markenimages durch Kommunikationsstrategien* aufzubauen: Strategien, wie sie von den Geschäftsfeldern in den Clustern 5 und 6 verfolgt werden, weisen deutliche kommunikationspolitische Schwerpunkte auf und sind erfolgreicher als andere strategische Varianten. Allerdings müssen die Ergebnisse wegen der geringen Fallzahl in den einzelnen Clustern mit Vorsicht interpretiert werden.

Tab. 3: Markterfolg bei Differenzierungsstrategien mit unterschiedlichen Schwerpunkten

Cluster	Erfolgsmittelwerte	Abweichung vom Durchschnitt aller Geschäftsfelder (Erfolgsmittelwert aller Geschäftsfelder: 104,85)	n
1	104,90	0,05	13
2	104,62	−0,23	6
3	94,86	−9,99	3
4	102,60	−2,25	9
5	109,98	5,13	9
6	126,13	21,28	4
7	79,75	−25,10	3

5.5.2 Ableitung instrumenteller Strategiemodelle

Auf der fünften Ebene der in der empirischen Erhebung verwendeten AHP-Hierarchie (vgl. Abb. 3) sind mit den vier Instrumentalbereichen Produktqualität, Preis, Vertrieb und Kommunikation jeweils verschiedene Subinstrumente gekoppelt worden, die im Rahmen der vorgeschalteten Expertengespräche als typische Instrumente im Pauschaltourismus genannt worden waren.

Die der weitergehenden Analyse zugrundeliegende Hypothese lautet, daß Erfolg im Reiseveranstaltermarkt nicht nur durch die Schwerpunktsetzung in bestimmten Marketing-Instrumentalbereichen erklärt werden kann, sondern daß darüber hinaus mehr oder weniger erfolgreiche *Bündelungen von Marketinginstrumenten* vorzufinden sind (im Rahmen einer Kommunikationsstrategie beispielsweise Anzeigen, Plakate und PR/Pressearbeit).

Bevor eine erneute Clusterbildung durchgeführt wurde, mußten zunächst drei Subinstrumente eliminiert werden, da sie keine eindeutige Bewertung zuließen:
– "andere Vertriebsformen" sind wegen der unklaren Begriffsabgrenzung im Vergleich zu anderen Vertriebsformen nicht bewertbar;
– "Problemlose Buchungsabwicklung" gehört in den Bereich der Logistik (Vertrieb), d.h. das Instrument ist falsch zugeordnet worden;
– "Zusatzangebote" werden nach dem Verständnis der befragten Reiseveranstalter erst am Zielort konzipiert und sind somit nicht im voraus planbar.

Außerdem wurde eine inhaltlich sinnvolle Gruppierung der verbleibenden Subinstrumente vorgenommen, um die Zahl der Variablen bei der Clusterbildung zu reduzieren:
– "eigene Agentur"/"Direktvertrieb"; neue Variable: *Direktvertrieb*;
– "Reisebüro mit bzw. ohne Konkurrenzausschluß"; neue Variable: *Reisebüro-Vertrieb*;
– "Spezialkatalog"/"Katalog"; neue Variable: *Katalog* (Spezialkataloge waren nicht in allen Fällen Bestandteil der Planung);
– "VKF/Schulung/Provision" und "PR/Pressearbeit"; neue Variable: *Verkaufsförderung* (PR/Pressearbeit wird im Reiseveranstaltermarkt weitgehend als spezielle Form der Verkaufsförderung angesehen);
– "Anzeigen", "Plakate" und "Fernseh-/Kino-/Rundfunkwerbung", neue Variable: *mediale Kommunikation*;
– "Qualität der Unterkunft"/"Beförderungsqualität"; neue Variable: *Reise- und Unterbringungskomfort* (beide Subinstrumente werden – wie sich zeigte – im allgemeinen parallel geplant und können somit nicht differenziert bewertet werden).

Die verbleibenden 10 Subinstrumente auf der fünften Ebene der AHP-Hierarchie, die zur erneuten Clusterbildung verwendet wurden, sind aus der linken Spalte von Tab. 4 abzulesen. Die neun in sich relativ homogenen Cluster kennzeichnen *unterschiedliche instrumentelle Verknüpfungen* bei der Planung von Differenzierungsstrategien im Reiseveranstaltermarkt. Tab. 5 zeigt, wie der Markterfolg dieser unterschiedlichen instrumentellen Planungstypen zu beurteilen ist; offensichtlich ergeben sich auch hier klare Unterschiede.

Tab. 4: Verteilung der T-Werte

Subinstrumente	Cluster								
	1	2	3	4	5	6	7	8	9
Zielortattraktivität	−0,35	0,01	−0,69	1,04	−0,92	−0,27	0,82	−1,18	1,36
Reise-/Unterbringungskomfort	−0,20	−0,45	−0,82	0,29	1,75	−0,14	−0,17	−1,00	1,45
Qualität der Reisebetreuung	−0,59	−0,21	−0,13	2,36	−0,53	−0,04	−0,27	−0,78	0,18
Preis	0,26	1,04	−0,83	−0,93	−0,73	−0,46	−0,85	2,49	−0,42
Reisebürovertrieb	1,59	−0,12	−0,03	−0,38	−0,28	−0,74	−0,88	1,59	0,70
Direktvertrieb	−0,17	0,11	1,82	−0,59	−0,96	−0,58	−0,53	−0,02	−0,34
Katalog	−0,23	0,38	0,35	−0,46	1,58	1,04	−0,36	−0,92	−0,46
Verkaufsförderung	−0,10	−0,43	0,17	−0,43	1,03	1,25	−0,25	−0,75	−0,60
Mediale Kommunikation	0,20	−0,47	0,13	−0,81	0,26	1,74	0,90	−1,01	−0,66
Direktwerbung	−0,55	−0,30	0,92	−0,35	0,33	−0,20	3,30	−0,67	−0,60

Tab. 5: Markterfolg instrumenteller Strategiemodelle im Pauschaltourismus

Cluster	Erfolgsmittelwerte	Abweichung vom Durchschnitt aller Geschäftsfelder (Erfolgsmittelwert aller Geschäftsfelder: 104,85)
1	80,49	−24,36
2	118,68	13,83
3	101,04	−3,81
4	74,15	−30,70
5	99,73	−5,12
6	120,00	15,15
7	140,31	35,46
8	56,58	−48,27
9	125,36	20,51

Besonders erfolgreich sind Geschäftsfelder im Cluster 7, gefolgt von denen in den Clustern 9, 6 und 2:
- In Cluster 7 befinden sich offenbar Angebote für *attraktive Zielorte*, die massiv durch *Direktwerbung* unterstützt werden.
- Geschäftsfelder in Cluster 9 operieren mit einer Kombination von produktpolitischen Instrumenten auf überdurchschnittlich hohem Niveau, betreffend die *Zielort-Attraktivität*, den *Reise- und Unterbringungskomfort* und auch die *Qualität der Reisebetreuung*.
- In Cluster 6 wird ein Schwerpunkt in der *medialen Kommunikation* gesetzt, gekoppelt mit überdurchschnittlich starken *Verkaufsförderungsaktionen* und mit *Katalogwerbung*.
- Schließlich stehen bei Geschäftsfeldern in Cluster 2 *aktive Preisstrategien* im Vordergrund, wobei Zielort-Attraktivität als auch Reise- und Unterbringungskomfort auf mittlerem Niveau ausgeprägt sind, so daß sich insgesamt ein günstiges Preis-Leistungs-Verhältnis ergeben dürfte.

Im Gegensatz dazu fallen drei Cluster auf, die durch einen deutlich unterdurchschnittlichen Erfolg gekennzeichnet sind: Geschäftsfelder in den Clustern 8, 4 und 1:
- In Cluster 8 setzen die Planer ausschließlich im Preisbereich strategische Schwerpunkte; vor allem das produkt- und kommunikationspolitische Instrumentarium ist nur unterdurchschnittlich ausgeprägt. Vermutlich ist in den Augen der potentiellen Käufer ein ungünstiges Preis-Leistungs-Verhältnis die Folge.
- Geschäftsfelder in Cluster 4 weisen einen Planungsschwerpunkt bei der Qualität der Reisebetreuung auf. Zwar ist auch hier eine überdurchschnittliche Zielort-Attraktivität vorhanden, die Anbieter tendieren aber zu einer Preispolitik auf eher hohem Niveau, so daß zwangsläufig ein ungünstiges Preis-Leistungs-Verhältnis resultieren dürfte.
- Auch ein schwerpunktmäßiger Vertrieb über Reisebüros verspricht wenig Erfolg, sofern nichts unternommen wird, um die Angebote durch Maßnahmen der Produkt- bzw. Kommunikationspolitik zu profilieren (Cluster 1).

Auch wenn man diese Ergebnisse mit der gebotenen Vorsicht interpretiert, zeichnen sich zwei Tendenzen ab:
- Im Reiseveranstaltermarkt existieren offensichtlich im Hinblick auf die Gestaltung und die Einsatzintensität des Marketing-Mix bei den Planern unterschiedliche Vorstellungen. Bündelungen von einzelnen Marketing-Mix-Instrumenten führen zu verschiedenen *Typen von instrumentellen Strategiemodellen*.
- Der *Markterfolg* von touristischen Angeboten variiert augenscheinlich in hohem Maße in Abhängigkeit vom Einsatz unterschiedlicher Typen von instrumentellen Strategiemodellen.

Besonders interessant wäre es nun, eine Verbindung zwischen dem Differenzierungsgrad der Marktbearbeitung, einzelnen Typen von instrumentellen Strategiemodellen und dem Markterfolg herzustellen; aufgrund der geringen Fallzahlen ist das an dieser Stelle nicht möglich. Für die empirische Forschung und insbesondere für die

Theoriebildung im Bereich der strategischen Marketingplanung geben die hier präsentierten Ergebnisse der explorativen Studie interessante und richtungweisende Anstöße.

Literatur

Abell, D. L., J. S. Hammond (1979): Strategic Market Planning. Englewood Cliffs/N.J.
Becker, J. (1990): Marketing-Konzeption – Grundlagen des strategischen Marketing-Managements. 3., verb. u. ergänzte Aufl., München.
Berndt, R. (1991): Marketing 3 – Marketing-Management. Berlin u.a.O.
Cravens, D. W. (1981): How to match marketing strategies with overall corporate planning. In: Management Review, Vol. 23, Dez.-Ausg., S. 12–19.
Cravens, D. W. (1982): Strategic Marketing. Homewood, Illinois.
Dichtl, E. (1991): Dimensionen der Produktqualität. In: Marketing-ZFP, Nr. 3, S. 149–155.
Draper, N. R., H. Smith (1981): Applied Regression Analysis. New York.
Gussek, F. (1992): Erfolg in der strategischen Markenführung. Wiesbaden.
Gussek, F., T. Tomczak (1989): Ressourcenallokation mit dem "Analytic Hierarchy Process" (AHP)". DBW-Depot-89-1-6.
Haedrich, G., F. Gussek, T. Tomczak (1989): Differenzierte Marktbearbeitung und Markterfolg im Reiseveranstaltermarkt der Bundesrepublik Deutschland. In: Marketing-ZFP, Nr. 1, S. 11–18.
Haedrich, G., F. Gussek, T. Tomczak (1990): Instrumentelle Strategiemodelle als Komponenten im Marketingplanungsprozeß. In: Die Betriebswirtschaft, 50 (2), S. 205–222.
Haedrich, G., A. Kuß, E. Kreilkamp (1986): Der Analytic Hierarchy Process. In: WiSt., Nr. 3, S. 120–126.
Haedrich, G., T. Tomczak (1990): Strategische Markenführung. Bern/Stuttgart.
Hentze, J., P. Brose (1985): Unternehmensplanung. Bern/Stuttgart.
Köhler, R. (1981): Grundprobleme der strategischen Marketingplanung. In: M.N. Geist, R. Köhler (Hrsg.): Die Führung des Betriebes, Festschrift für C. Sandig. Stuttgart, S. 261–291.
Kreilkamp, E. (1987): Strategisches Management und Marketing. Berlin/New York.
Kühn, R. (1985): Marketing-Instrumente zwischen Selbstverständlichkeit und Wettbewerbsvorteil – Das Dominanz-Standard-Modell. In: Thexis, Nr. 4, S. 16–21.
Kühn, R. (1986): Das Dominanz-Standard-Modell – Ein Ansatz zur wirkungsbezogenen Gewichtung der Instrumente des Marketing-Mix. In: IHA-News, Nr. 1, S. 4–9.
Levitt, Th. (1960): Marketing-Myopia. In: HBR, July–Aug. 1960, S. 45–56.
Meffert, H. (1985): Zur Bedeutung von Konkurrenzstrategien. In: Marketing-ZFP, Nr. 1, S. 13–19.
Meffert, H. (1986): Marckting. 7., überarb. u. erw. Aufl., Wiesbaden.
Porter, M. E. (1987): Wettbewerbsstrategie. 4. Aufl., Frankfurt a.M.
Raffée, H., W. Fritz (1991): Die Führungskonzeption erfolgreicher und weniger erfolgreicher Industrieunternehmen im Vergleich. In: ZFB, 61. Jg., H. 11, S. 1211–1226.
Saaty, Th. L. (1980): Analytic Hierarchy Process. New York.
Staehle, W. H. (1990): Management. 5., überarb. Aufl., München.
Timmermann, A. (1982): An Haupterfolgsfaktoren orientierte Geschäftsstrategien: Grundbausteine der Multi-Faktor-Portfolio-Methode. In: AGPLAN-Handbuch zur Unternehmensplanung, Kennz. 4835. 26. Erg. Lieferung, Berlin.
Tomczak, T. (1989): Situative Marketingstrategien. Berlin/New York.
Tomczak, T. (1990): Strategische Führung von "Cash Dogs". In: Thexis, Nr. 6, S. 31–36.
Weinhold-Stünzi, H. (1991): Marketing in 20 Lektionen. 18. Aufl., St. Gallen.

B. Fremdenverkehrsplanung

1. Instrumente der Raumordnung und der regionalen Fremdenverkehrsplanung

Christoph Becker

1.1 Die Position der Raumordnung gegenüber der Fachplanung

Für den Fremdenverkehr – wie auch für andere Bereiche der Daseinsvorsorge – besteht auf Bundes- und Länderebene eine Fachplanung, die für das Fachressort ermittelt, was und wie etwas zur Befriedigung der touristischen Bedürfnisse der Gesellschaft zu geschehen hat und die entsprechenden Zielvorstellungen mit Hilfe systematisch vorbereiteter Maßnahmen durchgeführt werden können. Die Zielvorstellungen des Fachressorts, das bei den Wirtschaftsministerien angesiedelt ist, werden in der Regel in einem Fremdenverkehrsprogramm niedergelegt. Mit Förderprogrammen und finanziellen Zuweisungen für bestimmte Vorhaben wird die Fremdenverkehrspolitik vom Fachressort realisiert.

Die geförderten (und nicht-geförderten) Maßnahmen zur Entwicklung des Fremdenverkehrs wie Neubau und Umbau von Fremdenverkehrsbetrieben und -einrichtungen beanspruchen – wie auch alle anderen Maßnahmen zur Verbesserung der Infrastruktur – nicht nur Grund und Boden, sondern sie beeinflussen sowohl die Umwelt als auch die Wirtschafts-, Sozial- und Siedlungsstruktur des jeweiligen Raumes. Damit die vielfältigen Planungen der einzelnen öffentlichen Planungsträger sich gegenseitig ergänzen und fördern sowie sich vor allem nicht beeinträchtigen, bedarf es der Abstimmung der verschiedenen Planungen mit dem Ziel, die optimale Gesamtentwicklung und Ordnung des Raumes sicherzustellen (vgl. v. Malchus, 1989, S. 1).

Hier liegt die Aufgabe der Raumordnung: Da viele Planungen und Maßnahmen der Fachplanungen andere Ressorts tangieren sowie häufig überörtlich und umfassend konzipiert sind, muß die Raumordnung die vielfältigen Fachplanungen untereinander abstimmen, aber dabei den Kommunen einen eigenen Gestaltungsraum belassen. Dazu sind überörtliche, die Fachplanungen umfassende Pläne und Programme in einem zusammenfassenden Konzept der Raumordnung zu entwickeln. Das Konzept der übergeordneten, überörtlichen und zusammenfassenden Planung muß dann die übergeordneten räumlichen Entwicklungsvorstellungen beinhalten und in die Erarbeitung dieser Konzepte die Fachplanungsträger und die kommunalen Planungsträger sachgerecht nach dem Gegenstromprinzip einbeziehen. Hierzu bringt die Fremdenverkehrsplanung als Fachressort ihre fachlichen Ziele und Vorgaben mit ein, so daß die Raumordnung in Abstimmung mit dem Fachressort Schwerpunkte in zeitlicher und räumlicher Hinsicht setzen kann. Grundlage für die Tätigkeit der Raumordnung sind die Raumordnungsgesetze des Bundes und der Länder.

Rechtswirksam aufgestellte Ziele der Raumordnung sind von allen Planungsbehörden zu beachten. Planungsentscheidungen der Fachplanungen, aber auch der Kommunen, die mit einem Ziel der Raumordnung nicht vereinbar sind, sind rechtswidrig. Da die Aufstellung der Raumordnungspläne auf den verschiedenen Ebenen jeweils eine Reihe von Jahren in Anspruch nimmt und sie für eine Dauer von ungefähr zehn Jahren bestimmt sind, werden sie gerne als nicht mehr zeitgemäß dargestellt, zumal sie von Gemeinden und privaten Investoren vielfach als Verhinderungspolitik bezeichnet werden. Zweifellos besitzt die Fachpolitik mit ihren Fördermitteln einen höheren politischen Stellenwert als die koordinierende Raumordnung.

1.2 Fachplanungen im Fremdenverkehrsbereich

1.2.1 Fachplanung des Bundes

Obwohl die Bundesregierung im Jahre 1975 ein tourismuspolitisches Programm (Deutscher Bundestag, 1975) vorgelegt hat, kann von einem einheitlichen, abgestimmten Handeln in Fragen des Tourismus keine Rede sein. Sechs verschiedene Ministerien und bei diesen noch verschiedene Abteilungen sind allein mit Förderprogrammen beschäftigt, die dem Tourismus zugute kommen (vgl. Becker/Klemm, 1978, S. 20). Obwohl es mit dem Wirtschaftsministerium ein federführendes Ministerium in Sachen Tourismus gibt, wird diese Ressortzersplitterung vielfach beklagt. Allerdings ist das Fremdenverkehrsreferat im Wirtschaftsministerium nur mit wenigen Personen besetzt, was den politischen Stellenwert des Fremdenverkehrs charakterisiert. Immerhin gibt es seit dieser (12.) Legislaturperiode einen Staatssekretär, der u.a. für den Fremdenverkehr zuständig ist, und einen Unterausschuß Fremdenverkehr des Deutschen Bundestages.

Im Tourismuspolitischen Programm der Bundesregierung werden fünf Zielbereiche benannt, die durch verschiedene Maßnahmenkomplexe konkretisiert werden:
— Sicherung der Rahmenbedingungen, u.a. durch Erarbeiten von Belastungswerten, Ausbau der Infrastruktur, Berücksichtigung des Fremdenverkehrs in der allgemeinen Gesetzgebung;
— Steigerung der Leistungsfähigkeit der deutschen Fremdenverkehrswirtschaft, u.a. durch Unterstützung der Marktbeobachtung, Investitionsbeihilfen für Fremdenverkehrsbetriebe, Förderung der Auslandswerbung;
— Öffnung des Tourismus für breite Bevölkerungsschichten, u.a. durch Beihilfen zu Einrichtungen für förderungsbedürftige Gruppen, Förderung des Informationswesens, Förderung des internationalen Jugendaustausches;

- Ausbau der internationalen Zusammenarbeit, u.a. durch Entwicklung einer Tourismuspolitik in der EG, Zusammenarbeit mit internationalen Organisationen;
- Verbesserungen für das Durchführen der Tourismuspolitik, u.a. durch Intensivierung der Zusammenarbeit mit den Ländern und der Fremdenverkehrswirtschaft, Verbesserung der Fremdenverkehrsstatistik.

Diese unvollständige Auflistung der verschiedenen Maßnahmenkomplexe dokumentiert die Vielfalt der auf allen Ebenen zu schaffenden Voraussetzungen, um dem Touristen ein zufriedenstellendes Angebot präsentieren zu können.

Die Ziele und Maßnahmen stellen sich zunächst als konfliktlos dar – jedermann kann ihnen zustimmen. Ähnlich verhält es sich mit den Positionspapieren der Parteien zum Tourismus, in denen – außer bei den Grünen – kaum eine parteispezifische Linie sichtbar wird. Erst bei der Realisierung einzelner Maßnahmen im engen Raum treten die Probleme der touristischen Entwicklung zutage.

Vom finanziellen Aufwand her haben der Ausbau der Fremdenverkehrsinfrastruktur und die Investitionsbeihilfen für Fremdenverkehrsbetriebe besonderes Gewicht. Sie werden freilich gemeinsam mit den Ländern im Rahmen der Gemeinschaftsaufgabe "Verbesserung der regionalen Wirtschaftsstruktur" (GRW) durchgeführt, da die Wirtschaftsförderung Ländersache ist.

Immer wieder wird eine Fortschreibung des Tourismuspolitischen Programms gefordert. Eine genauere Durchsicht des Programms zeigt aber, daß die aktuellen Probleme wie Umwelt, EG oder neue Trends durchaus angesprochen bzw. subsumierbar sind. Von daher ist weniger ein neues Programm wichtig als vielmehr Schritte zur Realisierung des vorhandenen Programms unter Berücksichtigung der neueren Entwicklung. Auf Bundesebene ist verstärkter Einsatz vor allem auf den folgenden Gebieten notwendig:
- Verbesserung der zusammengestutzten amtlichen Fremdenverkehrsstatistik (vgl. Statistisches Bundesamt, 1991),
- Unterstützung einer Image-Werbung für den Inlandstourismus,
- starke Ausweitung der Tourismusforschung,
- Förderung von Modellvorhaben für umweltschonenden Tourismus.

1.2.2 Fachplanung der Länder

In den meisten alten Ländern haben die Wirtschaftsministerien Fremdenverkehrsentwicklungsprogramme vorgelegt. Sie erschienen in der Regel zu Beginn der 70er Jahre und wurden teilweise nach mehr oder weniger langer Pause erneuert (vgl. Tab. 1). Die Programme enthalten in der Regel einen umfangreichen analytischen Teil, in dem problemorientiert auf die Fremdenverkehrssituation, die verschiedenen Fremdenverkehrsarten, das natürliche und infrastrukturelle Umfeld sowie auf die einzelnen Fremdenverkehrsgebiete des Landes eingegangen wird. Als Ziele der Fremdenverkehrsförderung werden die Strukturverbesserungen in wirtschaftsschwachen Räumen, die Schaf-

Tab. 1: Fremdenverkehrsprogramme der Landeswirtschaftsministerien
Quelle: Becker, 1989, S. 480 f.

Land	Erscheinungsjahr	Bezeichnung
Baden-Württemberg	1971	Fremdenverkehrs-Entwicklungsprogramm
	1977	Heilbäderprogramm für Baden-Württemberg
Bayern	1970	Fremdenverkehrsförderungsprogramm
	1974	Fremdenverkehrsförderungsprogramm
	1978	Fremdenverkehrsförderungsprogramm
Hessen	1970	Großer Hessenplan; Fremdenverkehrs-Entwicklungsplan
	1973	Landesentwicklungsplan, Fachplan Fremdenverkehr
Niedersachsen	1974	Fremdenverkehrsprogramm
	1980	Fremdenverkehrsprogramm Niedersachsen, Schwerpunktförderung für fremdenverkehrliche Infrastrukturprojekte 1981-1984
	1987	Niedersächsisches Fremdenverkehrsprogramm 1987-1991
Nordrhein-Westfalen	1979	Kurorteförderungsprogramm
Rheinland-Pfalz	1971	Entwicklungsprogramm für den Fremdenverkehr
	1972	Bäderbericht der Landesregierung Rheinland-Pfalz
Saarland	–	–
Schleswig-Holstein	1981	Entwicklungsperspektiven für den Fremdenverkehr Schleswig-Holsteins

fung ausreichender Erholungsmöglichkeiten und die Unterstützung des Mittelstandes genannt. Schließlich enthalten die Programme die konkreten Fördermaßnahmen mit den Vergabegrundsätzen.

Die Fachreferate für Fremdenverkehr haben in den Ländern ein vielfältiges Spektrum an Aufgaben zu betreuen, was von Fragen der Prädikatisierung von Fremdenverkehrsgemeinden, der Organisation von Wettbewerben und dem Abhalten von Tagungen über Weiterbildungsveranstaltungen bis hin zur Beantwortung parlamentarischer Anfragen reicht. Für die Tourismuswerbung des jeweiligen Landes werden bedeutende Zuschüsse an die einzelnen Fremdenverkehrsverbände überwiesen. Eine weitere wichtige Aufgabe ist die Organisation zur Vergabe der Fördermittel für Fremdenverkehrseinrichtungen und Fremdenverkehrsbetriebe. In den wirtschaftsschwachen Gebieten der Länder erfolgt diese Förderung in der Regel im Rahmen der GRW, in den übrigen Gebieten kommen Programme der Mittelstandsförderung zum Zuge. Diese Programme gleichen sich von Land zu Land. Nur Bayern hat 1985 ein neues Programm zu Modernisierung von Privatzimmern eingeführt.

Auch andere Landesministerien sind mit dem Tourismus befaßt, etwa bei "Urlaub auf dem Bauernhof" (Landwirtschaftsministerium), bei Familienferienstätten (Sozialministerium) oder bei den Staatsbädern (Finanzministerium, in Nordrhein-Westfalen Ministerium für Arbeit, Gesundheit und Soziales).

Die von den Wirtschaftsministerien der Länder finanzierte Tourismusforschung und auch die Beratung der übrigen Gebietskörperschaften wird zunehmend von Consulting-Firmen durchgeführt, die von den jeweiligen Ländern mitfinanziert werden (Europäisches Tourismus Institut GmbH an der Universität Trier, HLT Gesellschaft für Forschung Planung Entwicklung mbH, Wiesbaden, Institut für Tourismus- und Bäderforschung in Nordeuropa GmbH, Kiel) oder dort ansässig sind (DWIF, München, Kurorteberatung Reppel, Ettlingen).

1.3 Fremdenverkehrsplanung von Raumordnung und Regionalplanung und deren Instrumente

1.3.1 Fremdenverkehrsplanung der Bundesraumordnung

In Fragen der Raumordnung verfügt die Bundesregierung nur über eine Rahmenkompetenz, da die Raumordnung der Länderhoheit unterliegt. So wird der Fremdenverkehr im Bundesraumordnungsprogramm von 1975 und in den Raumordnungsberichten angesprochen, indem auf gewisse Trends und Probleme hingewiesen wird und globale Leitvorstellungen geäußert werden. Diese Leitlinien haben aber letztlich keine oder nur geringe Auswirkungen auf die Landesplanung.

Daneben veranlaßt das Bundesministerium für Raumordnung, Bauwesen und Städtebau anwendungsorientierte Fremdenverkehrsforschung: Es wurden insbesondere zum Gewinnen raumordnerischer Erkenntnisse Forschungsaufträge unter anderem zu den regionalpolitischen Effekten des Fremdenverkehrs (Becker/Klemm, 1978), zu neuen Trends in Freizeit und Fremdenverkehr (Nake-Mann, 1984), zur Entwicklung ländlicher Räume durch den Fremdenverkehr (BMBau, 1986) und zu umweltschonenden Konzepten der Raumordnung für Naherholungsgebiete (Becker/Job/Koch, 1991) vergeben.

1.3.2 Instrumente der Landesplanung für den Fremdenverkehrsbereich

Auch wenn die Landesplanung in einzelnen Ländern der Bundesrepublik mehr oder weniger eng mit der Regionalplanung verknüpft ist, erfolgt hier eine getrennte Darstellung, weil damit auch die Problematik deutlicher wird.

Grundlegende Bedeutung für die Fremdenverkehrsentwicklung haben die Aussagen und Ausweisungen der Landesraumordnungs- oder Landesentwicklungsprogramme. Insbesondere in den Flächenländern der Bundesrepublik nimmt der Fremdenverkehr im Rahmen der übrigen Funktionen eine durchaus bedeutende Position ein.

Wichtige und spezifische Aufgabe der Landesplanung ist die Ausweisung von Räumen für bestimmte Funktionen, so auch für den Fremdenverkehr. Aufgrund der natürlichen, kulturräumlichen und infrastrukturellen Eignung werden Fremdenverkehrsgebiete ausgewiesen, in denen diese Grundlagen des Fremdenverkehrs erhalten, verbessert und gesichert werden sollen. Weiterhin soll in diesen Fremdenverkehrsgebieten eine gewisse Bündelung der Fremdenverkehrsentwicklung stattfinden, um Synergie-Effekte zu nutzen.

So werden z.B. in Rheinland-Pfalz im Zusammenhang mit einer Karte der Gebiete mit besonderer Bedeutung für Fremdenverkehr und/oder Naherholung "Schwerpunktbereiche der weiteren Fremdenverkehrsentwicklung" benannt und grob ausgewiesen; die exakte Abgrenzung dieser Schwerpunktbereiche obliegt der Regionalplanung. In Schleswig-Holstein, wo ebenso wie im Saarland Landes- und Regionalplanung miteinander verknüpft sind, wird bei der Ausweisung der Fremdenverkehrsgebiete nach Ordnungs-, Gestaltungs- und Entwicklungsräumen differenziert – je nach Belastung oder Entwicklungsmöglichkeiten der einzelnen Teilräume. Im Saarland werden "Schwerpunkträume der Erholung" und "Erholungs-Vorranggebiete" ausgewiesen.

Die Ausweisungen der Landesplanung sind mit den zuständigen Fachressorts abgestimmt, damit sind die Fachressorts auch an die Grundsätze und Ziele der Landesplanung gebunden. Weiterhin setzen sie Rahmen für die konkretere Ausweisung durch die Regionalplanung (soweit diese nicht in einem Zuge erfolgt). Insbesondere wo sich mehrere Funktionsbereiche überlagern, soll die Regionalplanung auf kleinräumigerer Ebene eine differenzierte Ausweisung vornehmen. Schließlich haben sich die Gemeinden mit ihren Bauleitplänen den Zielen der Landesplanung, die in den Regionalen Raumordnungsplänen weiter konkretisiert werden, anzupassen.

Finanzielle Mittel zur Förderung des Fremdenverkehrs sollen vorrangig, aber nicht ausschließlich (was Willkür-Entscheidungen Tür und Tor öffnet) in den ausgewiesenen Fremdenverkehrsgebieten konzentriert werden. In den Fremdenverkehrsgebieten, die gleichzeitig als wirtschaftsschwach eingestuft sind, wird auch insbesondere die GRW mit ihren Fördermitteln wirksam.

Ergänzend zur Ausweisung von Fremdenverkehrsgebieten gibt die Landesplanung in der Regel auch einen Rahmen für die Funktionsbestimmung der Gemeinden vor. So können z.B. in Rheinland-Pfalz von der Regionalplanung auszubauende Erholungsgemeinden die Funktion $\underline{E}$ erhalten, während bereits entwickelte Erholungsgemeinden,

die keinen besonderen Ausbaubedarf haben, die Funktion E zugewiesen bekommen. Darüber hinaus enthalten die Landesentwicklungsprogramme – hier am Beispiel des Landesentwicklungsprogramms Rheinland-Pfalz von 1980 – vielfältige Aussagen zum Fremdenverkehrssektor, die hier in verkürzter Form aufgeführt werden:
- Die Heilbäder und Kurorte sollen weiterentwickelt werden, insbesondere durch Modernisierung der Anlagen, durch Senkung der Immissionsbelastungen der Kurzonen, durch Sicherung des Ortscharakters und Eingliederung in die Landschaft sowie durch Öffnung der Heilbäder für den allgemeinen Urlaubstourismus. Wo sich Kur- und Naherholung in starkem Maße überlagern, ist eine örtliche Entflechtung der Kur- und Naherholung anzustreben. Schließlich sollen die Modernisierungsvorhaben der mittelständischen Kurhotellerie Vorrang vor einer Kapazitätsausweitung von Kurkliniken und Sanatorien genießen.
- In den Fremdenverkehrsgemeinden soll vorrangig die Qualität des Angebots verbessert werden.
- In den zentralen Orten und besonders in den Oberzentren sollen die Voraussetzungen für den Geschäftsreiseverkehr verbessert werden.
- Das Angebot "Urlaub auf dem Bauernhof" soll ausgebaut und den wachsenden Ansprüchen der Gäste angepaßt werden.
- Für die Standortwahl von Feriendörfern, Campingplätzen und Wochenendhausgebieten wird schwerpunktartig eine größere Zahl von Planungsgrundsätzen aufgeführt, die bei neuen Vorhaben zu beachten sind.
- In den Naturparks soll die Hauptfunktion Erholung gegenüber konkurrierenden Nutzungsansprüchen gesichert werden.

Bei diesen Aussagen wird deutlich, daß sie teils von der jeweiligen Fachplanung übernommen worden sind, teils mit raumordnerischen Zielvorstellungen verknüpft wurden oder auch wie bei der Standortwahl von Feriendörfern usw. primär Ziele der Raumordnung verfolgen. Der Charakter der Aussagen ist allgemein gehalten, es werden Entwicklungsrichtungen angegeben. Diese leitbildhaften Formulierungen der Landesplanung, die freilich schon wesentlich konkreter sind als auf der Bundesebene, reichen aus, da die Aussagen und Ausweisungen von der Regionalplanung weiter zu konkretisieren sind.

Die Aufstellung von Landesentwicklungsprogrammen erstreckt sich über mehrere Jahre, und sie sollen mindestens für zehn Jahre gültig sein.

Um Einzelprojekte auf die raumordnerischen Erfordernisse einschließlich der Umweltverträglichkeit überprüfen zu können, wurde schon vor einer Reihe von Jahren das Raumordnungverfahren (in Rheinland-Pfalz das "Raumplanerische Verfahren") eingeführt. Es wird vor allem angewandt,
- wenn neue, im Regionalen Raumordnungsplan nicht verankerte Vorhaben ohne großen Verzug durchgeführt werden sollen,
- wenn größere Vorhaben starke Auswirkungen auf andere Bereiche erwarten lassen,
- oder wenn sich verschiedene, konkurrierende Funktionen in einem Raum überlagern und eine Lösung für die widerstreitenden Interessen gesucht wird.

Eine entsprechende rahmengesetzliche Vorgabe des Bundes in § 6a des 1989 novellierten Raumordnungsgesetzes und eine dazu erlassene Raumordnungsverordnung wird von den Ländern noch in ländergesetzliche Bestimmungen umgesetzt werden.

Im Fremdenverkehrsbereich kommen Raumordnungsverfahren vor allem für neue, größere Projekte wie Feriendörfer, Freizeitparks, Campingplätze, Liftanlagen mit Skipisten oder Freizeitseen in Frage, sei es, daß es sich um nicht im Regionalen Raumordnungsplan enthaltene Projekte handelt, oder sei es, daß insbesondere die Auswirkungen vorgesehener Großprojekte überprüft werden sollen.

Im Raumordnungsverfahren wird sowohl die Frage des "Ob überhaupt" gestellt als auch die Frage, welche Alternativstandorte es gibt, ob das Vorhaben dem gewählten Standort zuträglich ist und wie es auf andere Vorhaben, Maßnahmen und Gegebenheiten abgestimmt werden soll. Im Zuge eines Raumordnungsverfahrens wird von der fachlich nicht gebundenen Landesplanungsbehörde großer Wert auf eine ressourcenschützende Planung des Vorhabens gelegt. Dies wird dadurch gestärkt, daß nach dem novellierten Raumordnungsgesetz des Bundes von 1989 im Raumordnungsverfahren die Überprüfung der Umweltauswirkungen einen besonderen Stellenwert erhält (Umweltverträglichkeitsprüfung 1. Stufe). So wird das Ergebnis des Raumordnungsverfahrens und die darin eingeschlossene Bewertung der Auswirkungen eines Vorhabens auf die Umwelt bei den nachfolgenden Genehmigungen, Planfeststellungen oder Zulassungsverfahren grundsätzlich berücksichtigt. Die fachliche Umweltverträglichkeitsprüfung (UVP) nach dem UVP-Gesetz von 1990 (2. Stufe) erfolgt sodann im Rahmen letztgenannter Verfahren. Allerdings besteht nach Bundesrecht keine Verpflichtung, die Umweltverträglichkeit von Freizeitanlagen wie Golfplätzen, Yachthäfen und Skiliften zu überprüfen. Die Errichtung von Feriendörfern, Hotelkomplexen und sonstigen großen Einrichtungen für die Beherbergung unterliegt nur dann der UVP-Pflicht, sofern die Aufstellung von Bebauungsplänen erforderlich ist. Es bleibt abzuwarten, ob die Länder weitergehende Regelungen treffen.

Der am Ende des Raumordnungsverfahrens stehende Beschluß hat zwar nur empfehlenden Charakter, schlägt aber bei einem nachfolgenden Genehmigungsverfahren als Stellungnahme der Landesplanungsbehörde voll zu Buche.

Das Raumordnungsverfahren setzt selbst keine Ziele, es kann gesetzte Ziele auch nicht verändern, da es sich um ein Abstimmungsinstrument handelt. Auch wenn bei Fremdenverkehrsvorhaben Standortalternativen überprüft werden, so wird in der Regel der vorgeschlagene Standort bestätigt, zumal der Erwerb oder die Sicherung von Grundstücken nur selten die Realisierung des Vorhabens an einer anderen Stelle zuläßt. Kommt das Raumordnungsverfahren zu dem Ergebnis, daß die Abstimmung nicht möglich ist, kann das Projekt nicht realisiert werden, da keine Aussicht besteht, die landesplanerische Zustimmung zu erhalten. Der Projektträger tut in diesem Falle gut daran, das Genehmigungsverfahren für sein Vorhaben an dem bisher vorgesehenen Standort nicht zu beantragen. Die gleiche Wirkung geht vom Raumordnungsverfahren aus, wenn es zu dem Ergebnis kommt, daß das Projekt die rechtswirksamen Ziele der Raumordnung und Landesplanung nicht beachtet.

Um die förmlichen Raumordnungsverfahren noch flexibler zu gestalten, hat Bayern das Instrument der Teilraum-Gutachten und Rheinland-Pfalz die Raumnutzungskonzepte eingeführt. Mit diesen neuen Instrumenten können u.a. bei überörtlichen Fremdenverkehrsvorhaben vergleichsweise zügig mit allen Trägern öffentlicher Belange abgestimmte Konzeptionen erstellt werden, allerdings fehlt bei ihnen die formalrechtliche Bindungswirkung.

In gewisser Hinsicht stellen auch die jetzt im vierjährigen Turnus erstellten Raumordnungsberichte der Länder ein Instrument der Raumordnung dar. Sie enthalten nämlich nicht nur – mehr als Erfolgsbericht denn als Erfolgskontrolle – eine Bilanz der zur räumlichen Entwicklung durchgeführten Maßnahmen, sondern sie beinhalten auch eine Darstellung der auf die räumliche Entwicklung des Landes einwirkenden Tatsachen, und vor allem werden die sich abzeichnenden Entwicklungstrends dargestellt. Diese Entwicklungstrends finden bereits Berücksichtigung z.B. bei der Beurteilung im Rahmen eines Raumordnungsverfahrens.

1.3.3 Instrumente der Regionalplanung für den Fremdenverkehrsbereich

Die Regionalplanung nimmt eine wichtige Mittlerfunktion zwischen der kommunalen und den staatlichen Planungsebenen ein. Sie betreibt eine integrierte, also eine zusammenfassende, überörtliche und überfachliche Planung, die die übergeordneten und großräumigen Zielsetzungen des Bundes und der Länder für die Raum- und Siedlungsstruktur sowie für die gesellschaftliche und wirtschaftliche Entwicklung aufnimmt, konkretisiert, räumlich verfeinert und mit den regionsspezifischen Bedürfnissen, die u.a. von den Gemeinden eingebracht werden, zu einer regionalen Entwicklungskonzeption verbindet.

Wenn die Regionalpläne genehmigt sind, gelten die darin niedergelegten Zielsetzungen für die Behörden des Bundes und der Länder sowie für die Gemeinden und Gemeindeverbände als verbindlich und sind bei allen Aktivitäten zu beachten. Entgegenstehendes muß dann unterbleiben oder tolerierbar sein.

In bezug auf den Fremdenverkehr werden – wie auch in anderen Bereichen – die Ziele der Landesplanung in den Regionalen Raumordnungsplan übernommen und teilweise regionsspezifisch weiter ausdifferenziert.

So werden in der Regel die Fremdenverkehrsgebiete exakt abgegrenzt und ausgewiesen, teilweise in weiter differenzierter Form. Dabei kann sich die Regionalplanung nur schwer dem Drängen zahlreicher, nur begrenzt geeigneter Gemeinden entziehen, in die Fremdenverkehrsgebiete mit aufgenommen zu werden, so daß es meist zu einer eher uferlosen Ausweitung dieser Fremdenverkehrsgebiete kommt. Weiter wird ein Teil der Gemeinden als Fremdenverkehrsgemeinde ausgewiesen.

Für die Fremdenverkehrsgebiete werden dann jeweils die Schwerpunktorte für den Fremdenverkehr benannt, es wird dargestellt, wo ein Ausbau stattfinden soll und welche Entwicklungslinien in bezug auf die Fremdenverkehrsinfrastruktur und auf das Beherbergungsgewerbe verfolgt werden sollen.

Über die Erstellung der Regionalen Raumordnungspläne hinaus ist die Regionalplanung beim Vorgang der Anpassung der Einzelplanungen und Maßnahmen in der Regel eingeschaltet. Dabei dringt sie durch Überzeugungskraft auf eine möglichst umfassende Anpassung der jeweiligen Vorhaben an die regionalplanerischen Zielsetzungen. Schließlich bietet die Regionalplanung den Kommunen eine Beratung u.a. bei Fremdenverkehrsprojekten an, wobei dann planerisch optimale Lösungen erarbeitet werden können.

1.4 Fremdenverkehrsentwicklungskonzeption der Gemeinden und Gemeindeverbände

Häufiger lassen sich Gemeinden, Gruppen von Gemeinden, Kreise, Fremdenverkehrsgebiete oder Planungsgemeinschaften Fremdenverkehrsentwicklungskonzeptionen erstellen, oder sie vergeben Gutachten für touristische Detailprobleme. Die Erstellung solcher Konzeptionen ist für die Gebietskörperschaften nicht verpflichtend, und sie binden auch keine Gebietskörperschaft an die dort getroffenen Aussagen.

Es geht in der Regel um die Erarbeitung eines zukunftsorientierten Handlungsrahmens für den Bereich des Fremdenverkehrs. Dabei ist es wichtig, bei der Erstellung der Fremdenverkehrskonzeption die regionalplanerischen Vorgaben zu berücksichtigen. Bei längerfristig orientierten Projekten kann mit solchen Fremdenverkehrskonzeptionen eine Berücksichtigung dieser Planungen in den ca. alle zehn Jahre zu revidierenden Regionalen Raumordnungsprogrammen angestrebt werden.

Literatur

Becker, Chr., H. Job, M. Koch (1991): Umweltschonende Konzepte der Raumordnung für Naherholungsgebiete. Belastungen, Lösungs- und Planungsansätze, Verwaltungsstrukturen. Forschungsauftrag des Bundesministers für Raumordnung, Bauwesen und Städtebau. Trier (Materialien zur Fremdenverkehrsgeographie, Heft 22).

Becker, Chr., K. Klemm (1978): Raumwirksame Instrumente des Bundes im Bereich der Freizeit. Bonn (Schriftenreihe "Raumordnung" des Bundesministers für Raumordnung, Bauwesen und Städtebau, Bd. 06.028).

Bundesminister für Raumordnung, Bauwesen und Städtebau (Hrsg.) (1986): Entwicklung ländlicher Räume durch den Fremdenverkehr. Bonn (Schriftenreihe "Raumordnung" des Bundesministers für Raumordnung, Bauwesen und Städtebau, Bd. 06.058).

Deutscher Bundestag (Hrsg.) (1975): Tourismus in der Bundesrepublik Deutschland – Grundlagen und Ziele –. Bonn (Drucksache 7/3840).

Malchus, V., Frhr. v. (1989): Zum Verhältnis von Raumordnung und Fachplanung im Planungssystem der Bundesrepublik Deutschland. In: Akademie für Raumforschung und Landesplanung (Hrsg.): Daten zur Raumplanung, Teil C, Fachplanungen und Raumordnung. Hannover, S. 1–20.

Nake-Mann, Br. (1984): Neue Trends in Freizeit und Fremdenverkehr. Bonn (Schriftenreihe "Raumordnung" des Bundesministers für Raumordnung, Bauwesen und Städtebau, Bd. 06.051).

Statistisches Bundesamt (Hrsg.) (1991): Tourismus in der Gesamtwirtschaft. Ergebnisse des 4. Wiesbadener Gesprächs am 28./29. März 1990. Stuttgart (Schriftenreihe Forum der Bundesstatistik, Bd. 17).

Weitere Literatur

Becker, Chr. (1989): Fachplanungen für Erholung und Fremdenverkehr. In: Akademie für Raumforschung und Landesplanung (Hrsg.): Daten zur Raumplanung, Teil C, Fachplanungen und Raumordnung. Hannover, S. 477–501.

Ministerkonferenz für Raumordnung (MKRO) (1979): Grundlagen der Ausweisung und Gestaltung von Gebieten für Freizeit und Erholung. Entschließung vom 12. November 1979.

Niemeier, H.-G. (1982): Rechtliche und organisatorische Fragen. In: Akademie für Raumforschung und Landesplanung (Hrsg.): Grundriß der Raumordnung. Hannover, S. 290–310.

Schmitz, G. (1982): Regionalpläne. In: Akademie für Raumforschung und Landesplanung (Hrsg.): Grundriß der Raumordnung. Hannover, S. 363–381.

2. Das Förderungsinstrumentarium im Fremdenverkehr

Karlheinz Schnorbach

2.1 Drei Anmerkungen zur Enführung in die Thematik

2.1.1 Fremdenverkehrsförderung – eine Querschnittsaufgabe

Fremdenverkehr als Querschnittsaufgabe ist in hohem Maße mit zentralen Fragen der Gesundheitspolitik, der Sozial- und der Bildungspolitik, der Arbeitsmarktpolitik, der Verkehrspolitik sowie der Währungs- und der Raumordnungspolitik verflochten. Entsprechend fließen Fördermittel zum Aufbau des Fremdenverkehrs auch aus den genannten Politikbereichen. In letzter Zeit schieben sich immer mehr ökologische Fragen in den Vordergrund, da intakte Naturlandschaften und Erholungsgebiete das stärkste Kapital für eine weitere positive Entwicklung des Fremdenverkehrs sind.

2.1.2 Kompetenzzersplitterung – Kompetenzvielfalt

Im Bereich des Fremdenverkehrs haben wir – negativ gesehen – eine Kompetenzzersplitterung. Die drei staatlichen Ebenen – Bund, Länder und Gemeinden – lassen es sich mehr oder weniger angelegen sein, den Fremdenverkehr zu unterstützen. Nicht nur der Bund, sondern vor allem die 16 Länder und rund 3000 Fremdenverkehrsgemeinden betreiben Fremdenverkehrspolitik und formulieren fremdenverkehrspolitische Zielsetzungen. Hinzu kommt die europäische Ebene, die sich anschickt, immer mehr Kompetenzen im Bereich des Fremdenverkehrs an sich zu ziehen. Diese – positiv formuliert – Kompetenzvielfalt ist mitzuberücksichtigen, wenn von der wirtschaftlichen Förderung des Fremdenverkehrs die Rede ist.

2.1.3 Fremdenverkehrsförderung ist mehr als Investitionsförderung

Auch im Rahmen der Förderung des Fremdenverkehrs unter wirtschaftspolitischen Aspekten ist einem Mißverständnis vorzubeugen. Wenn von Fremdenverkehrsförderung die Rede ist, wird darunter oftmals verkürzt nur die Investitionsförderung verstanden, die Förderung von Baumaßnahmen und dergleichen. Fremdenverkehrsförderung – auch unter wirtschaftlichen Aspekten – umfaßt aber auch eine Reihe anderer Bereiche wie die Aus-, Fort- und Weiterbildung einschließlich des Beratungswesens.

Letztlich dürfte es für die Förderung des Fremdenverkehrs besonders wichtig sein, daß die fachliche Qualifikation, daß das berufliche Können mit den Neuinvestitionen Schritt hält. Schließlich sind die Fremdenverkehrswerbung und -vermarktung wichtige Förderungsinstrumente für eine erfolgreiche Fremdenverkehrspolitik.

2.2 Grundsätzliches zur Investitionsförderung

Bei der Investitionsförderung sind zwei Bereiche zu unterscheiden: die Förderung von gewerblichen Beherbergungsbetrieben und die Förderung von Infrastruktur in Trägerschaft einer Kommune oder eines kommunalen Zweckverbandes.

2.2.1 Kommunale Maßnahmen zur Verbesserung der touristischen Infrastruktur

Bei der Förderung von Gebietskörperschaften unter fremdenverkehrlichen Aspekten handelt es sich vor allem um die Unterstützung von kommunalen Maßnahmen zur Verbesserung der touristischen Infrastruktur. Hierbei geht es z.B. um die Errichtung von Häusern des Gastes, die Anlage von Kurparks und Wanderwegen, den Bau von Informationszentren, von Tagungs- und Veranstaltungsräumen sowie von kommunalen Einrichtungen der verschiedensten Art. Ein Katalog der förderfähigen Maßnahmen muß unvollständig bleiben, da die touristische Phantasie immer wieder neue Attraktionen für Gäste und Einheimische entwickelt.

Eine flexible, praxisnahe Förderung kommt mit der beispielhaften Nennung einiger weniger Fördertatbestände aus und verzichtet auf die förmliche Festlegung in Richtlinien. Zugleich wird damit vermieden, daß die Richtlinien im Abstand von wenigen Jahren novelliert werden müssen. Solange derartige Richtlinien lediglich den Charakter von erläuternden Kommentierungen haben, ist dagegen nichts einzuwenden. Wenn jedoch mit den Richtlinien für die Verwaltung verbindliches Recht gesetzt werden soll, behindern derartige Regelungen die Weiterentwicklung des Fremdenverkehrs mehr als sie ihn fördern.

Durch eine attraktive Fremdenverkehrsinfrastruktur versucht der jeweilige Fremdenverkehrsort bzw. das jeweilige Fremdenverkehrsgebiet, seine Standortgunst und seine Konkurrenzsituation gegenüber anderen Fremdenverkehrsorten und Fremdenverkehrsgebieten zu verbessern. Auch wenn hiervon neben den Beherbungsbetrieben und der Gastronomie viele andere ortsansässige Dienstleistungsbereiche profitieren, so handelt es sich hierbei doch im engeren Sinne um die Verbesserung der örtlichen Rahmenbedingungen für den Fremdenverkehr. Es sind flankierende, die Privatwirtschaft abstützende Einrichtungen, die die Qualität eines Fremdenverkehrsortes insgesamt anheben. Daß gleichzeitig das Freizeitangebot der jeweiligen Gemeinde verbessert wird und dies auch für die Ansiedlung von Industriebetrieben förderlich sein kann, sei nur am Rande vermerkt.

Auf Fördermodalitäten im einzelnen wird später unter Ziffer 2.4 näher eingegangen.

2.2.2 Hotel- und Gaststättengewerbe

Für eine erfolgversprechende Fremdenverkehrsentwicklung ist ein rentables und leistungsfähiges Hotel- und Gaststättengewerbe unerläßlich. Das Gastgewerbe ist schlechthin der Hauptleistungsträger des Fremdenverkehrs.

Bei der Förderung des Gastgewerbes ist grundsätzlich zwischen Betriebsstätten mit Beherbergung und Betriebsstätten ohne Beherbergung zu unterscheiden. Dabei werden Betriebsstätten gefördert, die nicht nur geringfügig der Beherbergung dienen, d.h. in denen spätestens im dritten Jahr nach Beendigung des Investitionsvorhabens im Jahresdurchschnitt mindestens 30% des Gesamtumsatzes mit eigenen Beherbergungsgästen erzielt werden.

Diese Regelung aus der Gemeinschaftsaufgabe "Verbesserung der regionalen Wirtschaftsstruktur" wird – soweit erkennbar – mit wenigen Ausnahmen in allen 16 Bundesländern praktiziert. Gaststättenbetriebe ohne oder nur mit geringfügiger Beherbergung sind also nicht förderfähig. Ausnahmen werden nur dann zugestanden, wenn die Gaststätte überwiegend der Versorgung von Übernachtungsgästen dient, was z.B. in Ferienorten mit einem hohen Anteil an Privatzimmern der Fall sein kann (hinsichtlich weiterer Ausnahmen durch mittelstandspolitische Hilfen vgl. Ziffer 2.5).

Bei der Förderung von Fremdenverkehrsbetrieben mit Beherbergung sind grundsätzlich drei Fördertatbestände zu unterscheiden: die Errichtung von Fremdenverkehrsbetrieben, die Erweiterung von Fremdenverkehrsbetrieben und die Modernisierung von Fremdenverkehrsbetrieben. Bei der Erweiterung von Fremdenverkehrsbetrieben ist u.a. erforderlich, daß die Zahl der Gästebetten um mindestens 20% erhöht oder die Zahl der vorhandenen Arbeitsplätze um mindestens 15% aufgestockt wird.

2.3 Gemeinschaftsaufgabe "Verbesserung der regionalen Wirtschaftsstruktur"

Zentrales und umfassendes Instrument der Fremdenverkehrsförderung in der Bundesrepublik ist das Gesetz über die Gemeinschaftsaufgabe "Verbesserung der regionalen Wirtschaftsstruktur" (GA). Rechtsgrundlage für die Gemeinschaftsaufgabe ist Artikel 91a Abs. 1 des Grundgesetzes und das dazu erlassene Gesetz über die Gemeinschaftsaufgabe "Verbesserung der regionalen Wirtschaftsstruktur" aus dem Jahr 1969. In Ausführung dieses Gesetzes wird vom Planungsausschuß für regionale Wirtschaftsstruktur, dem der Bundesminister für Wirtschaft, der Bundesminister für Finanzen und die Wirtschaftsminister bzw. -senatoren der Länder angehören, der Rahmenplan der Gemeinschaftsaufgabe "Verbesserung der regionalen Wirtschaftsstruktur" beschlossen, der die Grundsätze, die Regelungen über Voraussetzungen, Art und Intensität der Förderung sowie die einzelnen Aktionsprogramme enthält. Zur Zeit gilt der 20. Rahmenplan für den Zeitraum 1991 bis 1994 (1995).

Die förderungsbedürftigen Gebiete sind in dem Rahmenplan scharf nach gemeindlichen Grenzen aufgeführt. Entsprechend einer Vereinbarung mit der EG-Kommission wurde das Fördergebiet der Gemeinschaftsaufgabe "Verbesserung der regionalen Wirtschaftsstruktur" mit dem 20. Rahmenplan auf 27% der westdeutschen Bundesbevölkerung reduziert. Dagegen wurde mit dem Einigungsvertrag das Gesetz über die Gemeinschaftsaufgabe "Verbesserung der regionalen Wirtschaftsstruktur" (GA) auf die neuen Länder und Berlin (Ost) übergeleitet. Im Unterschied zum bisherigen Bundesgebiet gehören die neuen Bundesländer in Gänze dem Fördergebiet der Gemeinschaftsaufgabe "Verbesserung der regionalen Wirtschaftsstruktur" an.

2.4 Finanzierungshilfen zum Aufbau der Fremdenverkehrsinfrastruktur

Nach der Gemeinschaftsaufgabe "Verbesserung der regionalen Wirtschaftsstruktur" kann der Ausbau der Infrastruktur mit Investitionszuschüssen gefördert werden, soweit es für die Entwicklung der gewerblichen Wirtschaft erforderlich ist. Folgende Maßnahmen kommen dafür in Frage: die Geländeerschließung für den Fremdenverkehr sowie öffentliche Einrichtungen des Fremdenverkehrs (zum Katalog von förderungsfähigen Maßnahmen vgl. Ziffer 2.2.1).

Beim Ausbau der Infrastruktur sind vorzugsweise Gemeinden und Gemeindeverbände begünstigt. Maßnahmen von Bund und Ländern sowie natürlicher und juristischer Personen, die auf Gewinnerzielung ausgerichtet sind, werden nicht gefördert.

Die Empfänger der Finanzhilfen sollen eine angemessene Eigenbeteiligung aufbringen. In aller Regeln sind hierunter mindestens 10% der Investitionskosten zu verstehen. Viele der alten Bundesländer verlangen eine weitaus höhere Eigenbeteiligung, die bis zu 50% der Investitionskosten reichen kann.

Eine Förderung kann nur gewährt werden, wenn gegen das Vorhaben keine öffentlich-rechtlichen Bedenken, insbesondere in planungsrechtlicher, raumordnerischer, städtebaulicher, umweltschutz- und kommunalrechtlicher Hinsicht bestehen. Für größere Vorhaben ist in aller Regel eine sogenannte Umweltverträglichkeitsprüfung erforderlich.

Schließlich muß die Gesamtfinanzierung des Vorhabens als gesichert angesehen werden können, und die Folgekosten müssen für den Maßnahmeträger tragbar sein.

Entsprechend sind die Anträge auf Gewährung von Investitionszuschüssen zu begründen. Die Begründung sollte eine eingehende Darlegung der regionalwirtschaftlichen Auswirkungen und der fremdenverkehrspolitischen Bedeutung des Vorhabens enthalten. Hierzu gehören bei größeren Vorhaben Angaben über die derzeitige Fremdenverkehrssituation sowie eine Schilderung der zukünftigen Entwicklungsmöglichkeiten und Entwicklungsziele. Eine Wirtschaftlichkeitsberechnung bzw. Angaben zur Finanzierung der durch das Vorhaben ausgelösten Folgelasten sollte nicht fehlen. Die Anträge sind auf dem Dienstweg von den jeweiligen kommunalen Trägern den für den Fremdenverkehr zuständigen Landeswirtschaftsministerien vorzulegen, die im Rahmen der Durchführung der Gemeinschaftsaufgabe "Verbesserung der regionalen Wirtschaftsstruktur" gleichzeitig Bewilligungsbehörden sind.

Erfolgreiche Fremdenverkehrsentwicklung benötigt neben und als Ergänzung zur eigentlichen Fremdenverkehrsinfrastruktur gute allgemeine infrastrukturelle Voraussetzungen wie intakte Straßen, einwandfreie Wasserversorgung und funktionierende Abwassersysteme. Schließlich dienen auch Maßnahmen des Denkmalschutzes, der Städtebauförderung und der Dorfentwicklung sowie vor allem auch Umweltschutzmaßnahmen der Entwicklung von Fremdenverkehr.

Derartige Maßnahmen wurden in den alten Bundesländern im Rahmen der entsprechenden Haushaltsansätze schon immer gefördert.

Für die neuen Bundesländer hat der Bund für 1991 ein Kreditprogramm in Höhe von 15 Mrd. DM aufgelegt. Ein Schwerpunkt dieses Programms ist die Kreditfinanzierung von Maßnahmen zur Verbesserung der Verkehrsinfrastruktur und der Stadt- bzw. der Dorferneuerung. Daneben werden Umweltschutzmaßnahmen wie Wasserbau und Kanalisation gefördert.

Der Festzins beträgt z.Zt. für die ersten zehn Jahre 6,5% bei einer maximalen Laufzeit von 30 Jahren und nicht mehr als fünf tilgungsfreien Anfangsjahren. Nach Ablauf der ersten zehn Jahre gilt der marktübliche Zinssatz.

Im Rahmen des "Gemeinschaftswerks Aufschwung Ost" – Gesamtvolumen 1991 24 Mrd. DM – wird die touristische Entwicklung u.a. davon profitieren, daß für die Verbesserung der Verkehrsinfrastruktur in diesem Jahr 1,4 Mrd. DM und im kommenden Jahr 4,2 Mrd. DM zur Verfügung stehen. Die entsprechenden Mittel für den Denkmalschutz und die Städtebauförderung sind für 1991 und 1992 jeweils auf 200 Mio. DM veranschlagt. Das Umweltschutz-Sofortprogramm hat für die beiden Jahre einen Umfang von 800 Mio. DM. Je nach Projekt trägt der Bund zwischen 33% und 75% der anfallenden Kosten.

Schließlich ist noch auf Fördermöglichkeiten im Rahmen von Arbeitsbeschaffungs- (ABM) und Strukturhilfemaßnahmen hinzuweisen. Mit Arbeitsbeschaffungsmaßnahmen wurden und werden vielfältige Investitionen z.B. im Denkmalschutz durchgeführt, die auch dem Fremdenverkehr zugute kommen. Das 1989 in Kraft getretene Strukturhilfegesetz sieht ausdrücklich auch die Förderung von Fremdenverkehrsmaßnahmen vor. Entsprechend wurden in den alten Bundesländern, die Strukturhilfe erhielten, zahlreiche Infrastrukturprojekte des Fremdenverkehrs auf den Weg gebracht. Ab 1992 stehen die Mittel des Strukturhilfegesetzes (2,45 Mrd. DM pro Jahr) voraussichtlich nur noch den neuen Bundesländern zur Verfügung.

2.5 Finanzierungshilfen für die Errichtung, Erweiterung und Modernisierung von Hotels, Pensionen und Gaststätten

Ähnlich wie bei der Förderung der Fremdenverkehrsinfrastruktur ist bei der Förderung von Fremdenverkehrsbetrieben (nicht Gaststätten) die Gemeinschaftsaufgabe "Verbesserung der regionalen Wirtschaftsstruktur" das wichtigste Förderinstrument. Gefördert werden *in den alten Bundesländern* Beherbergungsbetriebe und Campingplätze, wobei die förderfähigen Investitionen um die nachstehenden Höchstsätze durch Investitionszuschüsse verbilligt werden können:
- Errichtungen bis zu 15%,
- Erweiterungen bis zu 15%,
- Umstellung und grundlegende Rationalisierung bis zu 15%.

Neben dem GA-Investitionszuschuß können für dasselbe Investitionsvorhaben zusätzliche Beihilfen aus anderen Förderprogrammen (z.B. Eigenkapitalhilfeprogramm, ERP-Programme, Zinszuschußprogramm des jeweiligen Landes) gewährt werden, sofern es sich dabei nicht um Förderprogramme mit regionalpolitischer Zielsetzung handelt. Dabei dürfen die Förderhöchstsätze der Gemeinschaftsaufgabe um bis zu 10%-Punkte überschritten werden.

Die mittelstandspolitischen Hilfen wie Existenzgründungsförderung, Bürgschaftshilfen, Kapitalbeteiligung, Zinszuschüsse und dergleichen mehr gelten in aller Regel auch für Nicht-Beherbergungsbetriebe, also Gaststätten, Cafés usw.

Dies trifft insbesondere für die Existenzförderung und für Bürgschaftshilfen zu. Auch die Eigenkapitalhilfe steht reinen Gaststättenbetrieben offen.

Auf dem Gebiet der *neuen Bundesländer* dürfen die Kosten förderfähiger Investitionen der Fremdenverkehrsbetriebe um die nachstehenden Höchstsätze durch Investitionszuschüsse verbilligt werden:
- Errichtungen bis zu 23%,
- Erweiterungen bis zu 20%,
- Umstellung und grundlegende Rationalisierung bis zu 15%.

Bei Vorliegen eines hohen Struktureffektes können die genannten Sätze bei Erweiterungen und grundlegender Modernisierung sogar auf 23% erhöht werden. Da die Gemeinschaftsaufgabe keine Definition des "hohen Struktureffektes" für Fremdenverkehrsbetriebe gibt, ist es den Wirtschaftsministerien der Länder als Bewilligungsbehörde freigestellt, den "hohen Struktureffekt" selbst zu bestimmen. Als Anhaltspunkte können dabei die Anzahl der Betten (mindestens 20), qualitative Merkmale der Zimmerausstattung (moderner Sanitärkomfort mit Dusche bzw. Bad und WC) und adäquate Gemeinschaftseinrichtungen gelten.

Der Erwerb einer stillgelegten oder von der Stillegung bedrohten Betriebsstätte kann einschließlich etwaiger zusätzlicher Investitionen bis zur Höhe der nach den für Errichtungsinvestitionen geltenden Höchstsätze gefördert werden (dies gilt weiterhin auch für die alten Bundesländer).

Waren die neuen Bundesländer bereits 1990 bei den Förderkonditionen für gewerbliche Beherbergungsbetriebe und bei der Geländeerschließung für Fremdenverkehrseinrichtungen gegenüber den alten Bundesländern bevorzugt, so können nunmehr die GA-Förderhöchstsätze durch Investitionsbeihilfen ohne regionale Zielsetzung im Gebiet der neuen Bundesländer um bis zu 12%-Punkte statt 10%-Punkte in den alten Bundesländern überschritten werden.

Die *alten Bundesländer* haben neben der GA-Förderung noch eigene Zinszuschuß- bzw. Bürgschaftsprogramme zur Förderung des Fremdenverkehrs entwickelt, da in keinem der alten Bundesländer das gesamte Landesgebiet GA-Gebiet war und auch noch ist.

Für die *neuen Bundesländer* erübrigen sich derartige Förderprogramme, da mit dem Einigungsvertrag das Gesetz über die Gemeinschaftsaufgabe "Verbesserung der regionalen Wirtschaftsstruktur" (GA) auf alle neuen Länder und Berlin (Ost) übergeleitet wurde. Für eine Zeit von fünf Jahren (mit Verlängerungsmöglichkeit) ist das gesamte Gebiet der neuen Bundesländer Fördergebiet der Gemeinschaftsaufgabe "Verbesserung der regionalen Wirtschaftsstruktur".

2.6 Hilfen für Betriebsberatungen, für Informations- und Schulungsveranstaltungen sowie für Projektteams zur Beratung ausgewählter Regionen beim Aufbau wirtschaftsnaher Infrastruktur

Zur Stärkung der Leistungs- und Wettbewerbsfähigkeit der mittelständischen Unternehmen des Hotel- und Gaststättengewerbes gibt es in den alten Bundesländern seit Jahren die Möglichkeit, Zuschüsse für kostenlose bzw. verbilligte betriebswirtschaftliche Beratungen zu übernehmen. Neben dem vom Bund geförderten Betriebsberatungen für Vollberatungen haben mehrere alte Bundesländer noch eigene Beratungsprogramme entwickelt. Hierbei handelt es sich um sogenannte Kurzberatungen, die kostenlos oder mit geringer Eigenbeteiligung angeboten werden. Dabei gilt es heute nicht mehr als strittig, daß Unternehmen, die an einer Betriebsberatung teilgenommen haben, deutlich weniger konkursgefährdet sind.

Für die neuen Bundesländer wurde das Bundes-Beratungsprogramm in der Weise verbessert, daß der Zuschuß 80% der in Rechnung gestellten Beratungskosten, höchstens jedoch 3000 DM je beratendes Unternehmen betragen kann.

In den neuen Bundesländern sind auch Informations- und Schulungsveranstaltungen förderfähig (z.B. Vorträge, Seminare, Kurse für gastgewerbliche Unternehmer, Führungs- und Fachkräfte sowie Existenzgründer im Hotel-, Gaststätten- und Reisebürogewerbe). Der Zuschuß beträgt je Veranstaltungstag von mindestens sechs Stunden einschließlich Pausen 1020 DM. Bei kürzeren Veranstaltungen verringert sich der Bundeszuschuß entsprechend. Für eine Veranstaltung kann höchstens ein Zuschuß von 3060 DM gewährt werden.

Aus Bundesmitteln werden in den neuen Bundesländern auch Projektteams zur Beratung ausgewählter Regionen beim Aufbau wirtschaftsnaher Infrastruktur gefördert. Hierfür stehen 1991 40 Mio. DM zur Verfügung. Ziel ist, einen über mehrere Landkreise sich erstreckenden Regionalplan zu erstellen. Auch wenn es nicht möglich ist, einen Entwicklungsplan zu fördern, der sich ausschließlich auf den Tourismus bezieht, so können doch im Wege dieses Regionalplans wichtige touristische Akzente gesetzt werden.

2.7 Fremdenverkehrsförderung durch die EG

In der Bundesrepublik Deutschland ist Tourismuspolitik und die Förderung des Fremdenverkehrs im geschilderten Umfang im wesentlichen Aufgabe der Länder. Diese dezentrale Struktur hat sich in der Vergangenheit stets als Vorteil erwiesen. Insofern werden von der Bundesregierung und dem Bundesrat Bemühungen der EG, sich eine eigenständige Kompetenz für eine gemeinschaftliche Tourismuspolitik zuzulegen, mit Skepsis beurteilt. Insbesondere von seiten des Bundesrates wird keine Notwendigkeit gesehen, daß die EG erweiterte tourismuspolitische Kompetenzen erhält. Der Bundesrat ist vielmehr der Auffassung, daß nach dem Subsidiaritätsprinzip sowie dem gewachsenen föderativen Strukturen in diesem Bereich es bei der Schwerpunktförderung des Fremdenverkehrs durch die Länder bleiben sollte.

Allerdings ist bereits seit Jahren zu beobachten, daß die EG durch eine "Politik des goldenen Zügels", d.h. durch den kompetenzrechtlich problematischen Einsatz von Haushaltsmitteln ihre Zuständigkeiten erweitert. Die indirekte Förderung des Fremdenverkehrs durch die Anwendung bestimmter Gemeinschaftspolitiken hat in den letzten Jahren stark zugenommen. Hierbei handelt es sich insbesondere um die Regionalpolitik, den Verbraucherschutz, die Maßnahmen zur Entwicklung des ländlichen Raumes und zur Förderung der kulturellen Entwicklung in der Gemeinschaft, die Umweltschutzpolitik und die berufliche Bildung.

Im Rahmen der meisten dieser Gemeinschaftspolitiken hat die Gemeinschaft bereits Initiativen zur Förderung des Fremdenverkehrs ergriffen.

So wurden im Rahmen der Regionalpolitik zwischen 1986 und 1988 rund 5% der Mittel des Europäischen Fonds für regionale Entwicklung (EFRE) für Projekte oder Programme zur touristischen Entwicklung vergeben. Seit der Reform der Strukturfonds ist die Förderung des Tourismus Teil der gemeinschaftlichen Förderkonzepte und zwar in Höhe von 5,5% bzw. 1,6 Mrd. ECU für Regionen mit Entwicklungsrückstand. Hinzu kommen Darlehen der Europäischen Investitionsbank zum Ausbau der touristischen Infrastruktur sowie Maßnahmen der Gemeinschaft zur Erschließung abgelegener Regionen, die indirekt dem Fremdenverkehr zugute kommen. Im Rahmen der Verbraucherschutzpolitik ist besonders die Richtlinie über Pauschalreisen zu erwähnen, die eine Reihe von Sicherheiten für die Verbraucher bei Schwierigkeiten während einer Urlaubsreise oder eines Urlaubsaufenthalts vorsieht.

Bei der Entwicklung des ländlichen Raumes kommen Beihilfen für Investitionen auf dem Bauernhof, die dem Fremdenverkehr oder dem Handwerk dienen, in Betracht. Die Umweltschutzpolitik fand auch insofern Eingang in eine Stellungnahme des Wirtschafts- und Sozialausschusses, als hier die Mitgliedstaaten veranlaßt werden, die Umweltverträglichkeit von Investitionsvorhaben genau zu prüfen, bevor sie Zuschüsse der Gemeinschaft beantragen können.

Auch wenn mit der Vollendung des europäischen Binnenmarktes aus Konkurrenzgründen eine möglichst einheitliche Handhabung des Förderungsinstrumentariums im Fremdenverkehr wünschenswert wäre, darf eine Vereinheitlichung jedoch nicht auf Kosten der Prinzipien Subsidiarität sowie gewachsene föderative Strukturen gehen. Insofern sind die Bemühungen der EG zur Förderung des Tourismus kritisch zu begleiten. Gerade weil von seiten der Kommission und des Europarates im Fremdenverkehr ein Wirtschaftsbereich gesehen wird, dem in den nächsten Jahren eine erhebliche Dynamik zugestanden wird, ist die Bundesrepublik Deutschland insgesamt gefordert, die Bemühungen der EG kritisch zu begleiten.

2.8 Fremdenverkehrswerbung und -vermarktung

Erst durch eine erfolgreiche Fremdenverkehrswerbung und -vermarktung werden die mit der Investitionsförderung angestrebten struktur- und arbeitsmarktpolitischen Ziele erreicht. Daher gewähren der Bund, die Länder und die Gemeinden den jeweiligen Werbeträgern jährliche Zuwendungen. Auf Bundesebene erhält die Deutsche Zentrale für Tourismus (DZT) aus dem Etat des Bundeswirtschaftsministers für ihre Auslandsaktivitäten jährliche Zuschüsse von derzeit 42 Mio. DM (Stand: 1991).

Die einzelnen Bundesländer unterstützen die jeweiligen regionalen Fremdenverkehrsverbände auf Landesebene. Die Zuschüsse, die in aller Regel als Komplementärfinanzierung gewährt werden, decken über 50% der Personal- und Sachkosten ab.

Auf Gemeindeebene existieren Fremdenverkehrsämter bzw. Fremdenverkehrsvereine oder eigene Vermarktungsgesellschaften, die mit jährlichen Zuschüssen aus dem Gemeindeetat unterstützt werden.

Schon diese Übersicht führt zu der Frage, ob das heutige Nebeneinander von Bundes-, Landes-, Regional- und Ortswerbung noch zeitgemäß ist. Angesichts moderner Kommunikationsmöglichkeiten einerseits und des zu erwartenden europäischen Wettbewerbs andererseits erscheint es dringend geboten, mehr professionelles Tourismus-Marketing in die Fremdenverkehrswerbung und -vermarktung einzubringen. Auch die sparsame Verwendung öffentlicher Mittel dürfte dazu zwingen, öffentliche Gelder nicht mehrmals für die gleichen Zwecke auszugeben. Es sollte ausreichend sein, wenn in Zukunft nur noch auf zwei statt auf vier Verwaltungsebenen Fremdenverkehrswerbung und -vermarktung betrieben wird.

Literaturhinweise

Braun-Moser, U. (Hrsg.) (1991): Europäische Tourismuspolitik. Sindelfingen.
Der Bundesminister der Finanzen (Hrsg.) (1991): Finanzierungshilfen der Bundesregierung 1991. Eine Information für die Städte, Gemeinden und Kreise in den Ländern Brandenburg, Mecklenburg-Vorpommern, Sachsen, Sachsen-Anhalt und Thüringen. Bonn.
Der Bundesminister für Wirtschaft (Hrsg.) (1991): Strukturkonzept für das Gastgewerbe in den neuen Bundesländern. München.
Einigungsvertrag vom 23. September 1990 (BGBl. II S. 885 und 1157).
Generaldirektion XXIII der EG-Kommission (Hrsg.) (1990): Orientierungen zu Gemeinschaftsaktionen für den Fremdenverkehr in Europa. Brüssel.
Generaldirektion XXIII der EG-Kommission (Hrsg.) (1990): Rahmenbedingungen für Unternehmen und Tourismus. Brüssel.
Gesetz über die Gemeinschaftsaufgabe "Verbesserung der regionalen Wirtschaftsstruktur" vom 6. Oktober 1969 (BGBl. I S. 1861) (zuletzt geändert durch Einigungsvertrag vom 23. September 1990).
20. Rahmenplan der Gemeinschaftsaufgabe "Verbesserung der regionalen Wirtschaftsstruktur" für den Zeitraum 1991 bis 1994 (1995), Bundestags-Drucksache 12/895 vom 3. Juli 1991. Bonn.
Investitionsgesetz: Gesetz über besondere Investitionen in dem in Artikel 3 des Einigungsvertrages genannten Gebiet (Investitionsgesetz – BInvG –) vom 23. September 1990 (BGBl. II S. 885 und 1157).
Investitionszulagenverordnung: Verordnung über die Beantragung und Gewährung von Investitionszulagen für Anlageinvestitionen (Investitionszulagenverordnung) vom 4. Juli 1990 (BGBl. I S. 621).
Strukturhilfegesetz: Gesetz über Finanzhilfen des Bundes nach Artikel 104a Abs. 4 des Grundgesetzes an die Länder Freistaat Bayern, Berlin, Freie Hansestadt Bremen, Freie und Hansestadt Hamburg, Niedersachsen, Nordrhein-Westfalen, Rheinland-Pfalz, Saarland und Schleswig-Holstein, verkündet als Artikel I des Gesetzes zum Ausgleich unterschiedlicher Wirtschaftskraft in den Ländern, vom 20. November 1988 (BGBl. I S. 2358).

3. Die Umweltverträglichkeitsprüfung (UVP) für touristische Projekte

Hans-Joachim Schemel

3.1 Einführung

Der Tourismus ist mehr noch als andere Wirtschaftszweige auf eine hohe Umweltqualität angewiesen. Denn – wie zahlreiche Untersuchungen der letzten Jahre belegen – für den immer umweltsensibler reagierenden Gast ist die erlebbare Umwelt (Ruhe, gute Luft, klares Wasser, unversiegelter Boden, ein naturnahes Orts- und Landschaftsbild) zu einem entscheidenden Kriterium bei der Wahl seines Urlaubsortes geworden. Wenn also touristische Projekte mit Hilfe einer UVP rechtzeitig und gründlich auf ihre Umweltauswirkungen geprüft werden mit dem Ziel, Umweltbelastungen so weit wie möglich zu vermeiden bzw. zu minimieren, dann handelt der Projektbetreiber nicht nur im Interesse der Allgmeinheit, sondern auch im wirtschaftlichen Interesse der Branche (sofern die Wirtschaftlichkeit langfristig gesehen wird).

Gerade für den Tourismus gilt daher der Anspruch, die UVP in erster Linie als ein Instrument der Selbstkontrolle zu begreifen und sich nicht darauf zu beschränken, dem UVP-Gesetz zu genügen, indem dessen Mindestanforderungen gerade eben erfüllt werden.

Das bundesdeutsche Gesetz über die Umweltverträglichkeitsprüfung (UVPG 1990) schreibt die Prüfung nur für Großprojekte vor: im touristischen Bereich für die "Errichtung von Feriendörfern, Hotelkomplexen und sonstigen großen Einrichtungen für die Ferien- und Fremdenbeherbergung, für die Bebauungspläne aufgestellt werden" (Anlage zu § 3 UVPG).

Diese Einengung des Anwendungsbereichs ist nicht sachlich, sondern nur politisch zu begründen. Sie läßt außer acht, daß auch "kleinere" Vorhaben gravierende Eingriffe in die Landschaft darstellen können. Schon in der Vergangenheit haben solche Projekte bei ökologisch falscher Standortwahl und Ausgestaltung beachtlich zum schleichenden bis galoppierenden Verlust hochwertiger landschaftlicher Qualitäten und Umweltressourcen beigetragen. Hier ist z.B. an Campingplätze, Skilifte, Golfanlagen, Modellflugplätze, Motorsport-, Wassersport- und andere Freizeitanlagen (einschließlich Verkehrsanbindung) zu denken (vgl. Schemel/Erbguth, 1992).

Da sich in Deutschland die Entscheidungsträger auf der kommunalen Ebene immer weniger nachsagen lassen wollen, sie hätten die Umweltfolgen ihrer Entscheidungen nicht ausreichend bedacht, hat sich als zweiter Strang neben der gesetzlich vorgeschriebenen UVP die sog. "kommunale UVP" durchgesetzt. Diese behandelt nicht nur raumbezogene "kleinere" Vorhaben, sondern bezieht sich auch auf zahlreiche andere kommunale Handlungsfelder mit Umweltrelevanz, z.B. auf Beschaffungsmaßnahmen.

Die kommunale UVP ist zwar freiwillig, sie folgt jedoch zwingend aus einer Verantwortung gegenüber Umwelt und Natur. Sofern die Belange der Umwelt erheblich berührt sind, gehört eine aus Umweltsicht vorgenommene sorgfältige Prüfung zur rationalen Entscheidungsfindung, unabhängig von einer behördlichen Anordnung.

3.2 Inhalt und Zweck der UVP/UVS

Die Umweltverträglichkeitsprüfung (UVP) ist ein Instrument für die angemessene Berücksichtigung der Umweltbelange bei der Vorbereitung von Entscheidungen, deren Ausführung voraussichtlich die Umwelt erheblich verändert. Sie eignet sich als Grundlage einer öffentlichen Erörterung des Vorhabens aus Sicht der Umwelt.

Zwischen der UVP als Verfahren und als Gutachten (UVS = Umweltverträglichkeitsstudie) ist zu unterscheiden. Das Verfahren der UVP erstreckt sich über folgende Schritte:
− Feststellung der Umwelterheblichkeit: Welche Belange werden durch das Vorhaben berührt, und sind diese komplex genug, um die Durchführung einer UVP sinnvoll erscheinen zu lassen? Oder genügt eine knappe Stellungnahme bzw. ein sektorales Gutachten?
− Bestimmung des Untersuchungsrahmens ("Scoping"): Welche Schutzgüter werden durch das Vorhaben voraussichtlich besonders betroffen, wo müssen die Schwerpunkte der Untersuchung liegen?
− Erstellung des UVP-Gutachtens (= UVS): Untersuchungsbericht über die voraussehbaren Umweltauswirkungen des Vorhabens (Ermittlung, Beschreibung, Bewertung) mit (vorläufiger) Schlußfolgerung zur Umwelt(un)verträglichkeit;
− Überprüfung und Diskussion des UVP-Gutachtens durch Dritte (Fachbehörden, Öffentlichkeit etc.);
− Abschließende Beurteilung der Umweltauswirkungen und ihrer Konsequenzen hinsichtlich Umwelt(un)verträglichkeit durch die zuständige Behörde;
− Einbeziehung der UVP-Ergebnisse in den Entscheidungsprozeß über das "Ob", "Wo" und "Wie" des Vorhabens;
− Nachkontrolle während und nach Realisierung des Vorhabens (Überprüfung der Einhaltung verbindlicher Auflagen).

Das Gutachten zur UVP (die UVS) ist das Kernstück der UVP. Es ist bestimmten inhaltlichen und methodischen Mindestanforderungen unterworfen, um sicherzustellen, daß die Umweltauswirkungen in angemessener Weise gewürdigt werden. Hier stellt sich die Frage, was als "angemessen" zu bezeichnen ist.

Umweltgesichtspunkte wurden und werden auch außerhalb einer UVP bei der Vorbereitung von Entscheidungen berücksichtigt. Das Besondere der UVP, dem die UVS Rechnung zu tragen hat, liegt darin, daß sie
− vollständig (alle Schutzgüter umfassend),

- gesamthaft (die Wechselwirkungen zwischen den Umweltmedien berücksichtigend),
- systematisch (in geordneten, nachvollziehbaren Arbeitsschritten; Sachaussagen und Werturteile sind unterscheidbar zu halten) und
- rechtzeitig (bevor umweltrelevante "Weichen" gestellt sind)

die Umweltfolgen eines räumlichen Vorhabens erfaßt, beschreibt und bewertet. Die verschiedenen Umweltaspekte werden als Ganzes (als "Paket") gewürdigt, bevor sie im weiteren Entscheidungsprozeß (z.B. im Rahmen eines Raumordnungsverfahrens) gegen andere (z.B. wirtschaftliche und soziale) Belange abgewogen werden.

Die UVS untersucht die Auswirkungen des zu prüfenden Vorhabens auf
- Menschen (Lärm, Gesundheitsgefährdung),
- Tiere und Pflanzen (Lebensräume, Lebensansprüche bestimmter Tierpopulationen und Pflanzengesellschaften),
- Boden (Lebensraumfunktion, Erosionsschutz, stoffliche Belastung),
- Wasser (Oberflächengewässer und Grundwasser hinsichtlich stofflicher Belastungen, Ufergestalt, Trinkwasserschutz),
- Luft, Klima (Emissionen, Immissionen, Luftaustausch),
- Landschaft (Landschaftsbild, Erlebniswirksamkeit)

einschließlich der jeweiligen Wechselwirkungen. Berücksichtigt werden auch Kultur- und sonstige Sachgüter, d.h. die Betroffenheit vor allem historischer Bausubstanz durch Flächenansprüche und Emissionen.

Die Aufzählung der Schutzgüter macht deutlich, daß es bei der UVP nur um Belange der Umwelt geht, nicht auch um soziale und/oder wirtschaftliche Interessen. So etwa werden bei der Prüfung eines Golfplatzes zwar z.B. die Auswirkungen auf Tier-/Pflanzenwelt und Landschaftsbild behandelt. Es wird jedoch z.B. nicht die Frage untersucht, in welcher Weise die Erholungsansprüche der Allgemeinheit oder die der Clubmitglieder durch das Projekt tangiert werden und welche Ansprüche vorrangig zu berücksichtigen sind.

Laut UVP-Gesetz (§ 6) ist die UVS vom Projektträger durchzuführen (d.h. in Auftrag zu geben). Er hat sich gründlich mit den Umweltkonsequenzen seiner Handlungsabsicht auseinanderzusetzen. "Der Projektträger muß konzipieren, disponieren, recherchieren, evaluieren und erforderlichenfalls kompensieren" (Gassner/Winkelbrandt, 1990). Die Analyse und Prognose der Umweltauswirkungen, deren Beschreibung und Bewertung liegen also in der originären Verantwortung des Projektträgers. Behördliche Aufgaben sind die Beteiligung der betroffenen Fachbehörden und der Öffentlichkeit sowie die abschließende Bewertung der Umweltauswirkungen (Schlußfolgerung, ob umweltverträglich oder nicht) einschließlich der zusammenfassenden Darstellung der Ergebnisse. Die Einbeziehung der UVP-Ergebnisse in die Entscheidung sowie die Nachkontrolle sind von der Genehmigungsbehörde bzw. von der Kommune sachlich und politisch zu verantworten.

Der Zweck einer Umweltverträglichkeitsstudie (UVS) ist ein dreifacher: *Erstens* dient sie der ökologischen Selbstkontrolle. Ohne die Umweltfolgen hinreichend zu be–

denken, könnte das Vorhaben nicht sachgerecht geplant und durchgeführt werden. Das gilt sowohl für vorbereitende Projektkonzepte (Strukturpläne) als auch für detaillierte Projektentwürfe. Schon das Ergebnis der UVS kann unter Umständen dazu führen, daß das geplante Vorhaben frühzeitig aufgegeben oder ein anderer Standort gewählt oder eine sonstige größere Veränderung der Planungsabsicht vorgenommen wird. Das kann dem Projektträger viel Ärger, Zeit und Kosten sparen. Im günstigen Fall läßt sich mit Hilfe einer UVS das Vorhaben von vornherein umweltverträglich konzipieren.

Zweitens dient die UVS als Diskussionsplattform. Sie konfrontiert die eventuell einander gegenüberstehenden Befürworter und Gegner des Projekts mit überprüfbaren Sachverhalten und nachvollziehbaren Bewertungsschritten, eignet sich also zur Entlarvung von bloßer Polemik und bietet die Möglichkeit zur fairen, sachbezogenen Auseinandersetzung mit den Pro- und Contra-Argumenten. Das setzt Offenheit (Zugänglichkeit des Gutachtens) und gegenseitige Respektierung der Kontrahenten (Anerkennung des Bemühens um eine gute Lösung) voraus.

Drittens ist die UVS als Entscheidungshilfe für Behörden und Gerichte geeignet. Sie ist Grundlage für die Zulassung des Vorhabens im Rahmen des planerischen Ermessens (z.B. einer Planfeststellung oder eines Raumordnungsverfahrens) oder im Rahmen einer Kontrollerlaubnis.

3.3 Zur Methodik

3.3.1 Arbeitsschritte

Grundsätzlich ist keine starre methodische Herangehensweise vorgegeben, sondern die Abfolge, die Differenziertheit und die Darstellung der Arbeitsschritte sind den jeweiligen Besonderheiten des Raums und des Projekts anzupassen. Bei aller Offenheit der Methodik sind bei einer UVS jedoch die folgenden Arbeitsschritte in jedem Fall zu vollziehen:

(a) *Analyse und Bewertung des Standorts (bzw. der Standortalternativen):* Der Bestand an landschaftsökologischen Qualitäten (Boden, Wasser, Luft, Tier- und Pflanzenwelt etc.) wird problembezogen erfaßt, beschrieben und bewertet.

(b) *Darstellung des Vorhabens (bzw. mehrerer Projektalternativen):* Nach umweltrelevanten Merkmalen (z.B. Flächenversiegelung, Emissionen) wird das Vorhaben in seiner Lage und Ausgestaltung beschrieben.

(c) *Wirkungsprognose:* Durch Überlagerung von a) und b) wird das Vorhaben auf den Standort (auf die Standortalternativen) projiziert und festgestellt, welche Umweltqualitäten sich voraussichtlich wie verändern. Es erfolgt ein Vergleich des Status quo mit dem ökologischen Zustand nach Realisierung des Vorhabens. Ein wichtiger methodischer Schritt ist dabei die ökologische Flächenbilanz: die

Gegenüberstellung von zu erwartenden ökologischen Abwertungen und Aufwertungen (Konfliktflächen/Aufwertungsflächen).
(d) *Maßstäbe der Umweltverträglichkeit:* Unter Bezug auf allgemeine und spezielle räumliche Umweltqualitätsziele (Verschlechterungsverbot, Vermeidungs- und Minimierungsgebot) werden die Maßstäbe genannt, an denen das Projekt gemessen wird, um die Frage nach der Umweltverträglichkeit beantworten zu können.
(e) *Vorläufige Schlußfolgerung zur Umwelt(un)verträglichkeit des geprüften Projekts:* Auf der Grundlage der Arbeitsschritte a) bis d) werden Aussagen zur relativen und zur absoluten Umweltverträglichkeit abgeleitet. Zunächst also wird die unter Umweltgesichtspunkten günstigste Lösung ermittelt (relative Umweltverträglichkeit einer der Alternativen). Sodann wird diese daraufhin geprüft, ob sie die genannten Maßstäbe der Umweltverträglichkeit erfüllt (absolute Umweltverträglichkeit).
(f) *Mögliche Projektverbesserungen:* Die im Zuge der Untersuchung erkennbaren Möglichkeiten der Vermeidung und Minderung von Umweltbelastungen sowie der ökologischen Kompensation werden (unter Rücksprache mit dem Projektträger und den Fachbehörden) auf ihre Realisierungschancen geprüften. Gegebenenfalls ist die Projektkonzeption entsprechend abzuwandeln.
(g) *Prüfung des abgewandelten Projekts:* modifizierte Wirkungsprognose wie c) unter Einbeziehung der Verbesserungen gemäß Schritt f).
(h) *Schlußfolgerung zur Umwelt(un)verträglichkeit des abgewandelten Projekts.*

3.3.2 Bewertungen und Transparenz

Die Auseinandersetzung mit den Umweltkonsequenzen eines Vorhabens im Rahmen einer UVP (und auch einer UVS) beinhaltet nicht nur die Ermittlung und Beschreibung, sondern auch die Bewertung der Umweltauswirkungen. Von den Sachaussagen, die allein naturwissenschaftlich-technisch nachprüfbare Kausalbeziehungen wiedergeben, sind die bewertenden Aussagen zu unterscheiden, die sich auf der Basis von Sachaussagen auf Werturteile (Ziele und Grundsätze im weitesten Sinne) beziehen.

Bereits im Begriff "Umweltbelastung" steckt eine Wertung. Denn als Umweltbelastung bezeichnen wird eine negativ eingestufte Veränderung: die (Schaffung einer) Diskrepanz zwischen gewollten und tatsächlichen bzw. prognostizierten Zuständen von Umwelt und Landschaft. Der Belastungsbegriff wird also auf den Menschen, auf seine Ziele im Hinblick auf Natur und Umwelt bezogen.

Dieses anthropozentrische (auf menschliche Ziele und Wertmaßstäbe hin orientierte) Verständnis von Umweltbelastungen mag vielleicht bei manchem den Eindruck der Beliebigkeit, der Willkür erwecken. Die Frage wäre dann: Lassen sich nicht Belastungen ganz einfach "hinwegdefinieren", indem die Ziele entsprechend anspruchslos gesetzt werden? Dazu muß betont werden: Es ist nicht die Orientierung an politischen Tageszielen gemeint. Im Rahmen der Bewertungsschritte muß der Umweltgutachter die mehr oder weniger konkret und verbindlich formulierten Umweltziele plausibel interpretieren, z.B. auf der Basis von Programmaussagen, Orientierungs-, Richt- und Grenzwerten, Aussagen zu Vorrang und Schutzwürdigkeit, wie sie in Gesetzen und Verordnungen, in landesplanerischen Programmen und Plänen niedergelegt sind.

Bewertungen der Umweltverträglichkeit können sich z.B. an folgenden Maßstäben orientieren (nur wenn die Maßstäbe eingehalten werden, ist das Vorhaben umweltverträglich):

– Status quo: Die Umweltqualität darf sich insgesamt nicht verschlechtern, d.h. jede ökologische Abwertung ist gleichartig oder gleichwertig zu kompensieren, sofern sie kompensierbar ist.
– Minimierungsgebot: Der Stand des Wissens bzw. der Technik ist voll anzuwenden, um Umweltschäden so gering wie möglich zu halten (dieser Maßstab ist vor allem bei der Beurteilung von Schadstoffemissionen anzuwenden, auch z.B. bei der Bewältigung von Verkehrsproblemen).
– Einhaltung von Grenzwerten (z.B. hinsichtlich Schadstoffen und Lärm): Exakt quantifizierte Mindestqualitäten bestimmter Umweltmedien oder exakt definierte Emissionsstandards dürfen nicht verletzt werden. Grenzwerte markieren bekanntlich nur den gerade noch unter gesundheitlichen oder anderen Aspekten erträglichen Grad der Umweltqualität und sind bereits Ausdruck politischer Kompromisse, in die neben den Umweltschäden auch sozio-ökonomische Gesichtspunkte eingeflossen sind. Nur ein kleiner Teil der insgesamt zu prüfenden Umweltqualitäten wird durch verbindliche Grenzwerte abgedeckt.
– Einhaltung von Schutzzwecken oder konkreten Qualitätszielen für bestimmte Gebiet: In Schutzgebieten bzw. Vorranggebieten mit hinreichend konkreten Zielaussagen dürfen keine Veränderungen vorgenommen werden, die diesen Normen widersprechen. Zusätzlich muß in Vorrangräumen des Naturschutzes das ökologische Entwicklungspotential berücksichtigt werden.

Die Frage nach der Umweltverträglichkeit verlangt eine Antwort, die nur positiv oder negativ (ja/nein) ausfallen kann, wobei die positive Stellunahme an konkrete Bedingungen geknüpft ist. Maßstab ist zumindest, ob sich die Umweltqualität insgesamt verbessert oder verschlechtert. Ein Projekt, das die Umweltqualität insgesamt verschlechtert, kann nicht als umweltverträglich bezeichnet werden. Das Wörtchen "insgesamt" macht deutlich, daß die Bilanzierung von Umwelt*be*lastungen und Umwelt*ent*lastungen (Aufwertungen) eine zentrale Rolle spielt, also die Frage der Kompensation von unvermeidbaren Umweltbelastungen. Der UVP-Gutachter muß fachlich plausibel aufzeigen und begründen, ob und inwiefern die Minderung bestimmter Umweltqualitäten durch Aufwertung oder Neuschaffung gleichartiger oder andersartiger Umweltqualitäten an anderer Stelle kompensiert werden kann. Dabei hat er zu berücksichtigen, daß der Verlust bestimmter Umweltqualitäten ökologisch nicht angemessen kompensierbar ist (z.B. bestimmte schützenswerte Biotoptypen).

Auf die verschiedenen Möglichkeiten, die in dem Vorgang des Bewertens liegen, wird hier besonders deshalb hingewiesen, weil die Bewertung ein methodisch schwie–

riges, jedoch unvermeidliches Handwerk ist. Gerade daraus ergibt sich die zwingende Forderung nach Transparenz, damit die im Rahmen der Bewertung (inter-)subjektiv getroffenen Werturteile (und das dahinterstehende Wollen, die mehr oder weniger konkreten Ziele bzw. Verzichte) überprüfbar und diskutierbar bleiben. Hier kann sich kein Experte, Behördenvertreter oder Entscheidungsträger hinter irgendeine "höhere Kompetenz" zurückziehen. Denn über das, was in einer konkreten Situation gewollt wird oder worauf verzichtet wird, kann nur die offene Auseinandersetzung mit dem Vorhaben, die konstruktive Erörterung des "Pro" und "Contra" Aufschluß geben.

Das UVP-Gutachten bietet somit eine sachliche Diskussionsplattform, auf der mit "offenen Karten" gespielt werden muß. Hier kann sich das sachlich fundierte Argument durchsetzen. Nur so ist der umweltbewußte Bürger davon zu überzeugen, daß sich hinter den Aussagen des UVP-Gutachtens keine unausgesprochenen Interessen verbergen oder sonstige Motive, die nichts mit dem Schutz der Umwelt zu tun haben.

Der UVP-Gutachter kann seine wertenden Aussagen nur vorläufig treffen, weil ihm die Legitimation zur endgültigen Bewertung oder Abwägung fehlt. Seine Aufgabe ist es, seine Bewertungen aus der Sache heraus zu begründen, wohlwissend, daß dabei ein entscheidender "Rest" bleibt, der nur intersubjektiv gefunden und letztlich nur politisch verantwortet werden kann. Bei der Anwendung von Bewertungsverfahren, die formal die Sachaussagen mit Wertaussagen verknüpfen, hat er strikt jeder Versuchung zu widerstehen, Wertungen hinter pseudoobjektiven Darstellungen zu verstecken. Im Rahmen des UVP-Gutachtens geht es nur um die Bewertung der Umweltaspekte untereinander (interne Abwägung). Dazu bemerkt der Sachverständigenrat für Umweltfragen (SRU): "Immerhin ist die Bewertung allein auf die Umweltauswirkungen des Vorhabens bezogen. Es ist nicht Aufgabe der Bewertung, unter Abwägung mit gegenläufigen (z.B. wirtschaftlichen, sozialen, regionalpolitischen) Belangen festzustellen, ob ein angenommenes Umweltrisiko sozial zumutbar ist oder aber vermieden oder wenigstens reduziert werden muß" (SRU, 1987, S. 13).

3.3.3 Ökologische Flächenbilanz

Da die Beurteilung der bestehenden und zukünftigen ökologischen Situation auf den vorgesehenen Standorten eine zentrale Rolle spielt, soll hier darauf näher eingegangen werden. Im Rahmen der ökologischen Flächenbilanz (wertender Vorher-Nachher-Vergleich) wird der gesamte Standort der Freizeitinfrastruktur (einschließlich des "Ausstrahlungsbereichs" mit den von der Anlage ausgehenden Erholungsaktivitäten) flächendeckend in Biotoptypen (Raumeinheiten mit bestimmtem einheitlichem Charakter) unterteilt. Nach Kriterien der ökologischen Schutzwürdigkeit, Belastbarkeit und Wiederherstellbarkeit (Ersetzbarkeit) werden diese Biotoptypen in ihrer Ausprägung vor und nach Projektrealisierung in folgende Wertkategorien gruppiert:
- Taburäume (Wertkategorie I: nicht ersetzbar, höchste Schutzwürdigkeit und Empfindlichkeit).

- Disponible Räume hoher und mittlerer ökologischer Wertigkeit (Wertkategorien II und III). Diese Räume sind mehr oder weniger stark anthropogen geprägt und bei Verlust oder Entwertung mittelfristig (in einem Zeitraum von 20 Jahren) an anderer Stelle ersetzbar durch Pflanzungen, durch "Sich-Selbst-Überlassen", durch extensive Pflegeeingriffe, Fernhalten von Stoffeinträgen und durch andere auf ihren Charakter abgestimmte Maßnahmen des Biotopmanagements.
- Ökologisch geringwertige Räume (Wertkategorie IV). Diese stark gestörten, denaturierten (naturfernen) Landschaftsbereiche (z.B. Ackerflächen) können unter Umständen zur Kompensation von Verlusten in den Wertkategorien II und III herangezogen werden, wenn sie entsprechend ökologisch aufgewertet werden.
- Sanierungsräume (Wertkategorie V): versiegelte bzw. kontaminierte Flächen, die saniert bzw. ökologisch aufgewertet werden müssen durch Entsiegelung bzw. Reinigung sowie durch gleichwertigen Ersatz an anderer Stelle.

Die Kriterien für die Zuordnung zu den Wertkategorien sowie Hinweise zu einer detaillierten Bewertung sind an anderer Stelle ausgeführt (Schemel, 1987, 1988a). In den Tabellen 1 und 2 sind die wichtigsten Biotoptypen den Wertkategorien I bis IV zugeordnet.

Tab. 1: Besonders schützenswerte Biotoptypen (Taburäume)

Biotoptypen der Gewässer, der Küste und des Hochgebirges (Alpen):

- Wattflächen, Quellfluren, Salzwiesen, naturnahe Dünen und Strandwälle, Fels- und Steilküste
- Stehende Gewässer (Tümpel, Teiche, Weiher, Seen) einschließlich ihrer Uferzonen und Verlandungsbereiche
- Naturnahe und unverbaute Bach- und Flußabschnitte, speziell ihre Mündungsbereiche und Altwässer
- Quellen, Quellmoore, Quellfluren, Kalktuffbänke mit ihrer jeweiligen Randvegetation
- Alpine Rasen, offene Felsbildungen, Schneetälchen und Krummholzgebüsche im alpinen Bereich

Biotoptypen in vorwiegend land- und forstwirtschaftlich geprägter Kulturlandschaft des Flachlandes und der Mittelgebirge (außer den genannten Gewässerbiotopen):

- Hoch-, Übergangs- und Niedermoore
- Klein- und Großseggensümpfe, Großröhrichte
- Feucht- und Naßwiesen sowie wechselfeuchte Wiesen und Weiden
- Natürliche Salzstellen im Binnenland und offene Binnendünen
- Magerwiesen und -weiden, Trockenrasen, Zwergstrauch- und Wacholderheiden
- Felsrasen, Felsheiden, Felsgebüsche, Hang- und Blockschuttgebüsche, Steinschutt- und Geröllhalden mit ihrer Vegetation
- Alte Knicks, Hecken und Feldgehölze
- Naturnahe Wälder, insbesondere Traubeneichen-, Trocken-, Eichen-Hainbuchen-, Elsbeeren-Eichen-, Orchideen-Buchen-, Steppenheide- und Schneeheide-Wälder
- Wechselfeuchte Auenwälder der Bäche und Flüsse, Sumpf- und Bruchwälder mit ihrer Mantel-, Saum- und Verlichtungsvegetation
- Alte Waldbestände, Heideflächen, Parks und Friedhöfe mit altem Baum- und Strauchbestand im besiedelten Bereich

Tab. 2: Disponible Räume

Biotoptypen der Kategorie II (ökologisch wertvolle, mittelfristig ersetzbare Landschaftsteile):
- Mischwald-Jungwuchs
- Waldränder, Saumgesellschaften (jünger als 20 Jahre)
- Hecken (ebenerdig, relativ jung)
- Baumgruppen, Baumreihen, Einzelbäume (relativ jung)
- Magerwiesen, Magerweiden
- Stehende Kleingewässer (künstlich)
- Gräben mit Gehölzbestand und Hochstaudenfluren, wasserführend
- Ufer stehender und fließender natürlicher Gewässer ohne Schutzstatus

Biotoptypen der Kategorie III (ersetzbare Landschaftsteile mittlerer ökologischer Wertigkeit):
- Intensivforstflächen (Monokultur)
- Böschungen, Feldraine, Wegeränder
- Gräben (künstlich gezogen) ohne Gehölzbestand (ständig oder periodisch wasserführend)
- Grünland- und Ackerbrache
- Schlagfluren, Ruderalfluren auf nährstoffreichen Standorten
- Steinbrüche, Kies- und Sandgruben, Schutthalden (aufgelassen)
- Kleinstrukturen (wie Mauern, Lesesteinwälle, Wurzelstöcke, Steinhaufen, Totholz)

Biotoptypen der Kategorie IV (ökologisch geringwertige Flächen):
- Intensiv genutzte Grünflächen (Fettwiesen, Fettweiden)
- Sportrasen, Parkrasen
- Ackerland einschließlich Sonderkulturen (Wein, Hopfen)
- Gärten und Grabeland
- Obstkulturen (intensiv genutzt)
- Absetzbecken, Rieselfelder
- Halden, Aufschüttungen
- Straßenbegleitgrün (bei stärkerem Verkehr)

Die hier dargestellte Kategorisierung der Flächen bezieht sich überwiegend auf vegetationsökologische Ausstattungsmerkmale. Diese sind in vielen Fällen zu ergänzen durch tierökologische Abgrenzungskriterien, und zwar dann, wenn sich die Lebensräume schützenswerter Tierarten nicht mit den abgegrenzten Biotoptypen decken. So etwa erstreckt sich der Lebensraum von Vögeln und Amphibien über mehrere Biotoptypen. Solche tierökologischen Aspekte ebenso wie andere den ökologischen Wert einer Fläche bestimmende Gesichtspunkte sind in der Bewertung zu berücksichtigen, indem die bisher nur grob (nach Kategorien) eingestuften Biotoptypen einer stärker differenzierten "Feinbewertung" unterzogen werden.

Neben der ökologischen Flächenbilanz sind auch solche potentiellen Umweltveränderungen zu erfassen, die sich nicht allein flächenmäßig quantifizieren lassen, z.B. die stoffliche Beeinträchtigung von Boden und Wasser, Luft- und Lärmbelastungen (etwa durch den Verkehr) sowie Biotopverbund (Zuordnung, Lage und Mindestgröße von Lebensräumen) und Landschaftsbild ("Schönheit, Vielfalt und Eigenart").

3.4 Beispiele für prüfwürdige Freizeitanlagen

Am Beispiel von Golfplätzen, Hotelanlagen, Segelhäfen und Skiliften sollen knapp die spezielle Problematik sowie die wichtigsten Bewertungsaspekte aufgezeigt werden.

Der *Golfplatz* repräsentiert eine relativ großflächige landschaftsbezogene Freizeitinfrastruktur. Der Anlagen-Standort ist weder an bestimmte Landschaftsformationen noch an eine bestimmte natürliche Ausstattung gebunden, was sehr große Handlungsspielräume eröffnet. Bei sensibler Standortwahl kann es sogar zu einer ökologischen Aufwertung des Platzareals kommen.

Golfplätze werden häufig sehr unkritisch gesehen, weil sie grün sind und auf Laien meist einen naturnahen Eindruck machen. Dabei wird jedoch leicht übersehen, daß es vor allem auf die Naturferne bzw. Naturnähe der Vornutzung ankommt. Die Vielschnittrasen auf den großflächigen Spielbahnen und mehr noch auf den kleinflächigen Grüns und Abschlägen haben ökologisch einen sehr geringen Wert, wie der Vergleich mit normalem Grünland (Wiese, Weide) zeigt: Die intensive Rasenpflege vernichtet die Lebensbedingungen zahlreicher Pflanzen- und Tierarten, die auf die vielfältigen Kleinstrukturen und Nahrungsquellen des Grünlandes angewiesen sind. Es bleibt nur eine geringe Zahl von "Allerweltsarten" in der eintönig strukturierten, niedrigen und dichten Rasennarbe. Hinzu kommt vielfach noch der belastende Einfluß von Entwässerungen und Stoffzufuhr (Dünger, Pestizide).

Golfanlagen können eine Belastung der Landschaft darstellen oder aber eine ökologische Bereicherung: je nach Lage (Standortwahl), Flächengröße, Gestaltung und Pflegeintensität. Die wichtigsten Merkmale der Umweltverträglichkeit:

Lage: Meidung ökologisch wertvoller Bereiche (Umwandlungsverbot) und hochwertiger Landschaftsbildensemble. Ackerflächen sind aus ökologischer Sicht die besten Golfstandorte.

Größe: Je größer der Platz, desto höher der Anteil der relativ naturnahen Rauheflächen (gute Möglichkeiten der ökologischen Kompensation oder gar der ökologischen Aufwertung des Standorts).

Gestaltung: Genügend große und zusammenhängende Rauheflächen (Biotopverbund auf dem Platz).

Pflege: Meidung von Düngern und Pestiziden, Zurückhaltung in der Schnitthäufigkeit.

Für das Erreichen des Prädikats "landschaftlicher Golfplatz" sind zwei Bedingungen zu erfüllen: Erstens muß die Naturnähe des Standorts insgesamt zunehmen, wobei ökologisch wertvolle und nicht ersetzbare Flächen unbeeinträchtigt bleiben. Zweitens ist die "Drei-Drittel-Regel" zu erfüllen. Diese besagt, daß nur höchstens ein Drittel der Gesamtfläche sportfunktional genutzt ist (Nettospielfläche). Ein weiteres Drittel der Fläche wird durch gestalterisches Funktionsgrün eingenommen (schmale Rauhezonen zwischen den Spielbahnen), und ein Drittel erreicht die Qualität einer ökologischen Ausgleichsfläche (größere zusammenhängende Rauhebereiche, die vom sportlichen Geschehen unbeeinflußt sind).

Ob eine *Hotelanlage* als umweltverträglich eingestuft wird, hängt vor allem davon ab,
- welcher Verkehr durch das Projekt wo hervorgerufen wird (Ruhestörung, Abgase, Straßenbau),
- welche Flächen und Lebensräume direkt und indirekt betroffen und verändert werden (ökologischer Wert und Empfindlichkeit des Standorts),
- ob die Abwasserentsorgung befriedigend ist,
- ob das Landschaftsbild durch einen Baukörper in seiner Eigenart gestört wird,
- ob eine hinreichende ökologische Kompensation unvermeidbarer Belastungen möglich ist.

Ein durch die Medien sehr bekanntes Beispiel ist die Prüfung eines 620-Betten-Hotelkomplexes mit Außenanlagen an der türkischen Mittelmeerküste im Mündungsbereich des Dalyan-Flusses (Kinzelbach/Schemel, 1987). Hier stand die tierökologische Frage im Mittelpunkt, ob durch das Projekt die vom Aussterben bedrohte Riesenschildkröte Caretta caretta durch Verlust oder Beeinträchtigung eines ihrer letzten Brutgebiete an dieser Küste betroffen sei. Eine weitere zentrale Frage war, welche Standortalternativen und sonstigen touristischen Alternativen denkbar und zu empfehlen seien, falls der vorgesehene Standort in ernsthaften Konflikt mit den Lebensraumansprüchen der Karettschildkrötenpopulation gerate. Um diese Fragen sachgerecht beantworten zu können, mußte das größere Umfeld (der Strandbereich mit ökologisch hochwertigem Flußmündungsbereich und Hinterland) in die Untersuchung einbezogen werden.

Die Lösung der tierökologischen Fragen muß auch im Zusammenhang mit Fragen zu den planerischen Konsequenzen gesehen werden. Hierbei ging es vor allem um den wirksamen Schutz sowohl der Caretta-caretta-Population als auch der anderen gefährdeten Arten und ihrer Lebensräume sowie des gesamten Landschaftsgefüges. Neben der Auseinandersetzung mit dem Hotelprojekt war das Interesse darauf gerichtet, im Rahmen eines Schutzgebietskonzepts eine geeignete Zonierung mit abgestuften Nutzungseinschränkungen zu skizzieren. Thema war außerdem, ob als Alternative zu Großprojekten eine Entwicklung nach dem Muster des "sanften Tourismus" erfolgversprechende Perspektiven eröffnet: eine Entwicklung, die mit dem Schutzgebietskonzept vereinbar wäre.

Mit Hilfe des UVP-Gutachtens wurde nicht nur ein schwerwiegender ökologischer Konflikt abgewendet. Auch ein bedenklicher Imageverlust für die Tourismusbranche konnte vermieden werden. Mehr noch: Ein deutliches Zeichen der Umweltverantwortlichkeit konnte von Vertretern des Tourismus gegenüber der Öffentlichkeit gesetzt werden, indem der Vorrang des Naturschutzes anerkannt wurde.

Segelsportanlagen sind ökologisch dadurch gekennzeichnet, daß sie in besonders empfindlichen Zonen liegen: in Seeuferbereichen, die in naturnaher Ausprägung äußerst selten geworden sind. Eine weitere potentielle Problematik liegt in den Wassersportaktivitäten, die von der Anlage (Segelboothafen oder Surf-Einlaßstelle) ausgehen. Je nach der speziellen Situation wird das Hauptaugenmerk des Gutachters mehr auf den direkten Folgen des Hafelbaus oder mehr auf den Sekundäreffekten liegen (Reichholf/Schemel, 1988).

Um die zu erwartenden Auswirkungen des Wassersports auf die ökologische Situation eines bestimmten Sees und seiner Flachuferbereiche erkunden zu können, müssen nicht nur die wertvollen Biotope kartiert werden, sondern auch Informationen über das aktuelle und potentielle Vorkommen an wassergebundenen Tierarten, über deren Lebensraumansprüche und Fluchtdistanzen vorliegen (Emittlung der Störanfälligkeit). Zur Bestimmung der Schutzwürdigkeit einzelner Populationen ist es zwar wichtig, den Grad der Seltenheit zu wissen, jedoch gehören zur Schutzwürdigkeit der Populationen und ihrer Lebensräume auch Qualitäten, die mit "Komplexheit", "Intaktheit" und "Natürlichkeit" des gesamten Ökosystems umschrieben werden können, z.B. einer großen Schilfzone oder eines nischenreichen Ufers.

Sehr wichtig sind auch Informationen über die Vorbelastungen des Gewässers, die einen ähnlichen Charakter haben wie die wassersportbedingten Störungen. Es geht dabei vor allem um Angler und Jäger, die bekanntlich in sensiblen Ruhezonen einen so gravierenden Störeinfluß ausüben können, daß es fraglich ist, ob hier zusätzliche wassersportliche Aktivitäten überhaupt noch störökologisch ins Gewicht fallen. Es wäre vom Standpunkt des Naturschutzes höchst uneffektiv, wenn ein großer Aufwand zur Fernhaltung von Freizeitaktivitäten betrieben wird, jedoch gleichzeitig der Schutzzweck des fraglichen Gewässers durch andere Nutzungen bereits ad absurdum geführt ist.

Skilifte mit den dazugehörigen Abfahrten sind nicht nur als Einzelprojekte zu sehen, sondern müssen in den Gesamtzusammenhang der hohen Beanspruchung des Alpenraums durch den Wintertourismus gesehen werden. Die weniger schneesicheren, ökologisch weit mehr belastbaren Mittelgebirge sind generell als Standorte für Skianlagen wesentlich unproblematischer einzustufen als die ökologisch hoch empfindlichen Alpen.

Kennzeichnend für den alpinen Pistensport ist
− die hohe Dichte der Sporttreibenden auf eingeschränktem Raum (Massenphänomen),
− die Beanspruchung empfindlicher Gebiete (speziell deren Erosionsanfälligkeit und Störanfälligkeit für Tier- und Pflanzenwelt, Belastung des Landschaftsbildes),
− der hohe technische Aufwand (Aufstiegshilfen, Pistenausbau, Geländeeingriffe),
− die Auslösung von Sekundäreffekten (vor allem durch den Individualverkehr, durch den Bau von Hotels, weiteren Freizeitanlagen etc.).

Ein besonders Problem stellt der Gletscherskilauf dar. Hier sind durch die Anlagen und Aktivitäten besonders sensible Räume betroffen, da die Eismassen in ihrer Funktion als Trinkwasserreserven für zukünftige Generationen gefährdet werden.

In den Geländekorrekturen ist (neben der Waldrodung) der schwerwiegendste Eingriff in den alpinen Naturhaushalt zu sehen (Erosion, erhöhter Oberflächenabfluß, Lebensraumzerstörung, Landschaftsbildverschandelung). Die Möglichkeiten der Sanierung bzw. Renaturierung bestehender Pisten sind begrenzt.

Die eingeebneten Pisten sind für die anspruchsvolleren Skiläufer reizlos geworden, weshalb verstärkt das "Abenteuer" abseits der Pisten gesucht wird. Der "Variantenskilauf" wiederum ist eine schwerwiegende Störquelle für scheue und ruhebedürftige Tierarten (vor allem für Birkhuhn, Auerhuhn, Haselhuhn und Schneehuhn).

Der alpine Skisport gehört nicht nur wegen seiner gravierenden unmittelbaren Umweltbelastungen, sondern ebenso auch wegen seiner Funktion als Motor einer ungebremsten touristischen Wachstumsdynamik in vielen Regionen der Alpen zu den problematischsten Sportarten.

Statt neue Skianlagen zu errichten, sollten "sanftere" Formen des Wintersports gefördert werden. Wenn die Loipen ökologisch empfindliche Teilräume meiden, ist der Langlauf aus Umweltsicht unproblematisch.

Es bleibt jedoch in jedem Fall das kaum noch erträgliche Problem der "Autoflut". Wenn es nicht gelingt, dem Individualverkehr Schranken zu setzen und den öffentlichen Verkehr als ernstzunehmende Alternative auszubauen, dann lassen sich die Sekundäreffekte des Skitourismus nicht "in den Griff" bekommen.

3.5 Schlußbemerkung

Die UVP ist nur ein (wenn auch ein wichtiges) Instrument der raumbezogenen Umweltvorsorge unter mehreren. Sie kann ihre Wirksamkeit nur im Zusammenspiel mit und in Ergänzung zu diesen anderen Instrumenten voll entfalten. So etwa ist die UVP auf anspruchsvolle Zielvorgaben angewiesen, die sich aus einer großräumigen Umweltperspektive ableiten lassen. Denn die Projekt-UVP untersucht nur das Vorhaben selbst und sein näheres Umfeld, sie setzt auch selbst keine Ziele. Sie muß sich z.B. auf Vorrangräume und Schutzgebietssysteme stützen können, die im Rahmen von Regional- und Landschaftsplänen festgesetzt wurden.

Ausdrücklich sei davor gewarnt, sich schon damit zufrieden zu geben, daß überhaupt eine UVS erstellt wurde. Ihr bloßer Einsatz garantiert noch nicht eine effektive Umweltvorsorge. Es kommt auf die Qualität ihrer Durchführung an, d.h. darauf, ob tatsächlich alle erheblich berührten Umweltaspekte angemessen gewürdigt wurden und ob unvermeidbare Belastungen ökologisch angemessen kompensiert werden können. Das Instrument läßt sich durchaus auch zur Verschleierung von Umweltzerstörung einsetzen. Damit das nicht geschieht, ist eine wachsame Öffentlichkeit und ein verantwortliches Engagement von Fachbehörden unerläßlich. Durch eine sorgfältige Erarbeitung von Sachaussagen sowie durch deren transparente Bewertung läßt sich im Rahmen der UVS fundiert herausfinden, ob bzw. unter welchen Bedingungen das jeweilige Vorhaben als umweltverträglich bezeichnet werden kann. Ein solches Gutachten wird sich einer öffentlichen Erörterung stellen können.

Selbst wenn die UVS sorgfältig erarbeitet und die gesamte UVP verantwortungsbewußt durchgeführt worden ist, bedeutet dies noch keinen sicheren Erfolg im Sinne der

Umweltvorsorge. Denn es wird sich im anschließenden Entscheidungsprozeß erst noch herausstellen, in welcher Weise die Ergebnisse der UVP eingeflossen sind: Welches Gewicht ihnen bei der Abwägung mit entgegenstehenden Interessen beigemessen wurde.

Literatur

Bunge, T. (1988): Zweck und Verfahren von Umweltverträglichkeitsprüfungen. In: Handbuch der Umweltverträglichkeitsprüfung (HdUVP). Berlin.
Gassner, E., A. Winkelbrandt (1990): Umweltverträglichkeitsprüfung in der Praxis. München.
Kinzelbach, R., H.-J. Schemel (1987): Umweltverträglichkeitsprüfung eines Hotelprojekts (Dalyan, Türkei). Gutachten im Auftrag der GTZ. Darmstadt/München (unveröffentlicht).
Otto-Zimmermann, K. et al. (1988): Kommunale Umweltverträglichkeitsprüfung (UVP). Schriftenreihe des Gemeindetages Baden-Württembergs, Bd. 3. Stuttgart.
Reichholf, J., H.-J. Schemel (1988): Segelsport und Naturschutz – gehört das Segeln aus ökologischer Sicht zur "ruhigen Erholung"? In: ZAU (Zeitschrift für angewandte Umweltforschung), Jg. 1, H. 4, S. 343–354.
Scharpf, H. (1980): Die Belastungsproblematik im Rahmen der Freizeitplanung. In: Buchwald/Engelhardt (Hrsg.): Handbuch für Planung, Gestaltung und Schutz der Umwelt, Bd. 3, S. 345–360.
Schemel, H.-J. (1987): Umweltverträgliche Freizeitanlagen – Eine Anleitung zur Prüfung von Projekten des Ski-, Wasser- und Golfsports aus der Sicht der Umwelt. Bd. I (Analyse und Bewertung). UBA-Berichte 5/87. Berlin.
Schemel, H.-J. (1988a): Sport- und Freizeitanlagen. In: Storm/Bunge (Hrsg.): Handbuch der Umweltverträglichkeitsprüfung (HdUVP). Berlin.
Schemel, H.-J. (1988b): Tourismus und Landschaftserhaltung – eine Planungshilfe für Ferienorte mit praktischen Beispielen. ADAC (Hrsg.). München.
Schemel, H.-J. (1990a): Die Umweltverträglichkeitsprüfung von Golfplätzen im Rahmen von Raumordnungsverfahren. In: Arbeitsmaterial der Akademie für Raumforschung und Landesplanung (12. Seminar für Landesplaner in Bayern). Hannover, S. 42–61.
Schemel, H.-J. (1990b): Tierökologische Informationen im Rahmen der Umweltverträglichkeitsprüfung von Freizeiteinrichtungen am Beispiel Hotelprojekt, Golfanlage und Wassersport. In Schriftenreihe für Landschaftspflege und Naturschutz, H. 32. Bonn-Bad Godesberg, S. 55–65.
Schemel, H.-J., W. Erbguth (1992): Handbuch Sport und Umwelt. Bundesumweltministerium/Deutscher Sportbund/Deutscher Naturschutzring (Hrsg.). Köln.
SRU (Rat von Sachverständigen für Umweltfragen) (1987): Stellungnahme zur Umsetzung der EG-Richtlinie über die Umweltverträglichkeitsprüfung in das nationale Recht. Hrsg. v. Bundesumweltministerium. Bonn.

4. Freizeit- und Tourismusarchitektur

Felizitas Romeiß-Stracke

4.1 Ohne Architektur findet Tourismus nicht statt

Was hat Architektur mit Tourismus-Management zu tun? Architekten planen und bauen, Touristiker versuchen, die Übernachtungszahlen zu steigern ... Das sind doch zwei ganz verschiedene Jobs!

Leider stimmt das tatsächlich: Für die wenigsten Architekten sind Freizeit und Tourismus ein Arbeitsgebiet, für das sie sich ebenso engagieren würden, wie für Wohnungs- oder für Industriebauten. Der Architekt eines Fitneß-Zentrums schämt sich, "für so etwas" gebaut zu haben, Studenten der Architektur weigern sich, einen Entwurf für ein Feriendorf als Studienaufgabe zu übernehmen, weil sie sich "die Hände nicht schmutzig machen sollen" (so geschehen in München 1990). Beim Museumsbau – den Boom haben wir gerade hinter uns – helfen Architekten zwar eindeutig, die touristische Attraktivität einer Stadt zu steigern, aber diesen Aspekt verbergen sie schamhaft hinter der "ernsthaften" kulturellen Gestaltungsaufgabe. Unter den bekannten und guten Architekten haftet den Betätigungsfeldern Freizeit und Tourismus immer noch etwas unseriöses an (Flagge/Romeiß-Stracke, 1988, S. 26 ff.).

Selbst vielen Touristikern ist nicht bewußt, daß der größte Teil dessen, was sie managen oder als "Attraktivität" vermarkten, aus Architektur, aus Gebautem in irgendeiner Form besteht, seien es Einzelbauwerke oder ganze Ensembles. Schließlich ist jedes Hotel, jede Gaststätte, ja jedes Kassiererhäuschen oder jeder Kiosk Architektur. Das allerdings ist nicht allgemeines Verständnis, und so ist denn eine Politik für Freizeit- und Tourismusorte, die Architektur bewußt und kreativ mit einbezieht, noch äußerst selten.

Zwar setzt man sich im Tourismus selbstverständlich für die Erhaltung historischer Baustrukturen ("Sehenswürdigkeiten") ein, aber viel weiter geht das Engagement für Architektur meistens nicht. Das neue Kurzentrum ist zwar Bestandteil des Tourismus-Angebots, aber bei seinem Bau entscheidet der Kurdirektor meist nur über das Raum- und Funktionsprogramm mit. Freizeitarchitektur entsteht in der Kommune, die Architektur bleibt jedoch Sache der "Fachleute": des Architekten, des Bauamtes, der Bauaufsichtsbehörde etc. Fremdenverkehrsamt und Bau- oder Planungsamt arbeiten nur in Ausnahmefällen regelmäßig eng zusammen (vgl. BSF, 1988).

Es gibt kein allgemeines Verständnis darüber, was Freizeit- und Tourismusarchitektur eigentlich ist bzw. wie sie sein sollte. Deswegen ist auch keine Definition zur Hand. Weit gefaßt könnte man sagen, daß alle Gebäude und Räume, in denen sich Menschen in ihrer Freizeit aufhalten könnten, auch unter den hier erforderlichen Gesichtspunkten geplant und gebaut werden sollten, also nicht nur spezielle Freizeitanlagen (vgl. Tab. 1). Im engeren Sinne versteht man allerdings unter Freizeit- und Ferienarchitektur hauptsächlich die Architektur von Ferienzentren, Clubdörfern, großen Spaß- und Erlebnisbädern bzw. Thermen etc.

Für gute Freizeit- und Ferienarchitektur gibt es keine Lobby und kaum allgemeingültige Standards, etwa ähnlich wie für den Wohnungsbau oder denkmalgeschützte Bausubstanz. Hier besteht bei Architekten wie bei Touristikern gleichermaßen ein Defizit. Und solange nicht eindeutig nachgewiesen ist, daß z.B. eine schlechte Architektur oder ein häßliches Ortsbild die *kausale Ursache* etwa für wirtschaftliche Einbrüche waren, wird es auch kaum Anlaß geben, eine Lobby aufzubauen oder Standards zu entwickeln.

Tab. 1: Planungsfelder und Freizeiträume

Planungsfeld	Freizeiträume
Wohnungsbau	Wohnungen/Häuser
	Wohnumfeld/Gärten
	öffentliche Räume
Stadtteilplanung	Straßen, Wege, Plätze, Grünanlagen, Spielplätze
	Läden, Cafés, Restaurants
	Begegnungszentrum/Bürgerhaus
	Schwimmbad, Volkshochschule, Sportanlagen
Zentrenplanung	Einkaufszentren, Galerien, Passagen, Parkhäuser
	Plätze, Parks
	Theater, Museen Kinos
	Großsportanlagen
	Hotels, Restaurants
Gewerbe- und Büroflächenplanung	Pausenflächen, Grünflächen, Wege
Dorferneuerung	Straßen und Wege, Freizeitwohnungen, Gärten
Verkehrsplanung	Straßen und Wege, Fußgängerzonen, verkehrsberuhigte Zonen, Parkhäuser und -plätze, Bahnhöfe
Landschaftsplanung	Campingplätze, Ferienzentren, Badegelegenheiten, Sportanlagen, Naturparks, Naturschutzgebiete

Dieser Nachweis läßt sich wiederum nur schwer erbringen, weil die Entscheidung für oder gegen einen Urlaubsort von vielen Komponenten bestimmt wird (vgl. Braun/Lohmann, 1989, S. 73 f.). Die Architektur eines Hotels oder der bauliche Gesamteindruck eines Ortes bestimmen die Wahl eines Urlaubsortes jedenfalls nicht direkt, aber man kann auch nicht sagen, daß sie gar keine Rolle spielen. Bei gleichem Komfort und gleichem Preis gibt das Erscheinungsbild sicher Impulse, sich für oder gegen ein Hotel, eine Ferienwohnungsanlage oder sogar einen ganzen Ort zu entscheiden.

Auch ergeben sich wieder Umfrageergebnisse, daß sich Urlauber in dem einen oder anderen Land an "verbauter Landschaft" o.ä. gestört haben. In den letzten Jahren wurden solche Ergebnisse dann eher unter ökologischen Gesichtspunkten interpretiert, weniger unter ästhetischen. Ohne Zweifel führt die ökologische Debatte ("Sanfter Tourismus") auch zu neuen Standards in der Architektur.

Untersuchungen, die sich gezielt mit der Architektur-Wahrnehmung von Urlaubern oder von Menschen in ihrer Freizeit beschäftigen, sind sehr selten (z.B. Scharpf et al., 1989; Romeiß-Stracke/Stracke, 1986). Die Reiseanalyse des Studienkreises für Tourismus z.B. spricht in keiner ihrer Fragen diesen Themenkomplex an. Es ist auch methodisch kompliziert und nicht mit simpler Meinungsumfrage zu bewältigen, die ja in der Tourismusforschung noch vorherrscht.

Das von Architekten häufig vorgebrachte elitäre Argument, die Leute hätten sowieso keinen Geschmack oder nur Klischees im Kopf, bestätigt sich in den wenigen vorliegenden Ergebnissen leider zum Teil: Es werden gerade die Architekturkomponenten und Accessoirs geliebt, von denen sich der "geschmacklich Vorgebildete" mit Verachtung abwendet und die in der Kategorie "röhrende Hirsche der Architektur" (vgl. Klotz, 1984) einzureihen sind. Genau sie vermögen, so scheint es, – mangels Alternativen – die in Freizeit und Urlaub investierten Gefühle noch am besten aufzunehmen. Denn das, was uns als moderne Architektur in den letzten Jahrzehnten präsentiert wurde, war "in seinem sinnlichen Anteil so verdünnt und ätherisiert ..., daß es schon einer Hochschulausbildung mit einer ganzen Reihe von qualifizierten Scheinen bedarf, um das Kulturelle daran noch zu erkennen" (von Gerkan, 1982, S. 91). Die "menschenleere Moderne" (Zimmerli, 1987, S. 11) paßt eben nicht zur gefühlsbetonten, bunten Freizeit- und Urlaubswelt.

Der Schweizer Justus Dahinden, einer der wenigen deutschsprachigen Architekten, die sich frühzeitig mit Freizeit- und Ferienarchitektur beschäftigt haben, schrieb:

"Achitektur ist eines der wichtigsten Medien, die täglich auf uns einwirken. Es ist vor allen Dingen ein Medium, dem wir nicht ausweichen können, das wir also konsumieren, ob wir wollen oder nicht.

Architektur kann unsere Seele gesund erhalten, sie kann sie aber auch krank machen. Der Gestaltpsychologe vertritt die Meinung, daß Architektur die Empfindungswelt des Menschen in hohem Maße beeinflußt. Er spricht dabei von der Gefühlsansteckung, die sich als intensive Form der Kommunikation zwischen Mensch und Bauwerk einstellt. Architekten sind also Regisseure, die Formen, Farben, Materialien, Licht und Schatten, Zeichen und Symbole so einsetzen, daß sie eine geplante Einstimmung des Menschen ergibt. Diese Einstimmung betrifft das Gemüt. Das Freizeit-Gemüt müßte durch Dinge getroffen werden, die eine Erfahrung ohne Scheinhaftigkeit ermöglichen. Für die Architektur bedeutet dies ein sinnliches Milieu zum Anfassen" (Dahinden, 1986, S. 2).

Das "sinnliche Milieu zum Anfassen" läßt sich aber offensichtlich sehr unterschiedlich interpretieren: Die Jodel-Architektur der angeklebten Holzschnitzbalkone und schmiedeeiserne Gitter in fast allen ländlichen Fremdenverkehrsorten Deutschlands,

Südseeparadiese aus Plastik-Palmen und Papp-Felsen unter dem Folien-Himmel der Spaßbäder, Hotelbauten, die rosa-goldenen Bonbonnieren gleichen – all das gilt heute als "Freizeitarchitektur". Weil hier die "Erfahrung ohne Scheinhaftigkeit" offensichtlich doch mit gebauter Freizeitillusion gleichgesetzt wird, lehnen viele Architekten – und mit ihnen sämtliche Kulturkritiker – diese Entwicklung als "Verdisneylandisierung" ab.

Aber vielleicht sind diese Scheinwelten gegenwärtig noch nötig: ästhetische Nischen in einer ansonsten in weiten Bereichen keineswegs für Freizeit und Urlaub präparierten Umwelt. An der immer weiter zunehmenden Freizeitmobilität ließe sich ja auch eine massive Abstimmung mit den Füßen *gegen* eine gebaute Alltagsumwelt ablesen, in der wichtige Teile der eigenen Persönlichkeit keine Entsprechung finden. Man sucht Orte auf, die einem ein Gefühl davon geben, wie es sein könnte. Daß diese Suche dann häufig hilflos endet, muß nicht unbedingt den Suchenden angelastet werden.

4.2 Architektur für Lebensstil-Räume

Daß Freizeit- und Ferienarchitektur auch kein Thema in der touristischen Fachwelt ist (die Tourismus-Fachzeitschriften behandeln es allenfalls am Rande, Tagungen und Kongresse beschäftigen sich alle Jahrzehnte einmal damit, in den Curricula der Tourismus-Studiengänge taucht das Thema gar nicht auf), kann jedoch sicher nicht so bleiben.

Die "Ästhetisierung der Lebenswelt" schreitet in Westeuropa unaufhörlich voran, d.h., daß – auf einem gewissen Wohlstandsniveau, versteht sich – alle Lebensbereiche zunehmend auch unter *ästhetischen Kriterien* beurteilt und gestaltet werden. *Stil* wird immer wichtiger. Und Architektur gehört zu den ästhetischen Bestandteilen unseres Lebens.

Es ist in der Soziologie, in der Psychologie und auch in der touristischen Marktforschung anerkannt, daß sich in modernen Gesellschaften *Lebensstile* als soziale Unterscheidungsmerkmale herausbilden (vgl. Gluchowski, 1988; Lüdtke, 1989; Gruner und Jahr, 1987; Wyss, 1986; Studienkreis für Tourismus, 1991). Sie artikulieren bzw. zeigen sich heute noch hauptsächlich in der Freizeit und im Urlaub, und zwar im Konsum eines jeweils typischen Sets von Gütern und Dienstleistungen (ADAC/Romeiß-Stracke, 1990, S. 22). Dazu gehört auch die Wahl des Aufenthalts an bestimmten Orten, man könnte sagen, in *Lebensstil-Räumen* – das sind heute hauptsächlich Freizeit- und Urlaubsorte. In ihnen besetzt eine Lebensstilgruppe sozusagen "ihr" Territorium, und das drückt sich im Idealfall auch in der Architektur aus (Lüdtke, 1989, S. 146).

"Tapetenwechsel" steht bei den Urlaubsmotiven hinter "Erholung" seit Jahren an zweiter Stelle. Das ist, oberflächlich interpretiert, die Suche von neuen Umweltreizen im Urlaub. Aber "Tapetenwechsel" kann auch mehr bedeuten, nämlich eine gebaute

Umwelt aufzusuchen, die der eigenen Identität, dem persönlichen Lebensgefühl entspricht. Die Gestaltungskriterien dafür sind in ihren baulich-räumlichen Komponenten ebenso vielfältig wie die "Lebensstile" derer, die diese Orte aufsuchen, und sie werden mit mehr Reiseerfahrung und allgemein steigendem Bildungsniveau anspruchsvoller hinsichtlich der Architektur, dem gebauten Ambiente.

Dessen Beurteilung unterliegt aber auch den Wandlungen von Lebensstilen, d.h. die "Tapeten" veralten schneller, ganze architektonische Ensembles kommen "außer Mode". Das ist heute bereits im relativ raschen Umschlag von Wohnungseinrichtungen oder an der in immer kürzeren Abständen wechselnden Dekoration von Cafés, Kneipen und Fitneß-Studios zu beobachten. Architektur ist hier nicht mehr das auf Dauer bleibende Kulturgut oder Kunstwerk, sie wird zur austauschbaren Freizeit- und Lebensstilkomponente. Sie wird tendenziell zum − durch Ortsveränderung − wählbaren Konsumgut, je nach Stimmung und Lebensabschnitt.

4.3 Freizeitarchitektur = Disneyland?

Ein zentraler Punkt in der bisherigen Diskussion um Freizeit- und Ferienarchitektur ist der Bau von im Prinzip austauschbaren, eigens gebauten "Scheinwelten" für Freizeit und Tourismus, die genau wie ein Konsumgut nach Lust und Laune angesteuert werden können und in denen man in irgendeiner Form Eintritt entrichtet.

An der Feriensiedlung Port Grimaud hatte sich diese Debatte in den 70er Jahren entzündet. Der Architekt, Francois Spoerry, hatte es ganz bewußt gewagt, eine künstliche Lagunenstadt als schöne Ferienwelt ins Mittelmeer zu bauen. Wer heute nach Port Grimaud kommt, vermutet hinter den bunten mediterran-historisierenden Fassaden nicht, daß sie vorgehängt sind vor standardisierte Reihenhäuser in Betonplattenbauweise. Das Urteil der Architekten: *"Gut, schön und unwahr"* (de Taranto, 1982). Und daran hat sich seitdem wenig geändert:

"Spätestens seit Spoerrys Port Grimaud weiß die Welt, daß man in der Ferienarchitektur mit einer Ansammlung von Vorspiegelungen Erfolg haben und seinen Markt machen kann. Sehen wir mit Walt Disney unsere Future World in rosa! Frisch, fromm, fröhlich, frei, glücklich, sportlich und gesund? Nein, alles Konsum!" (von Bredow, 1990, S. 337).

Während viele Architekten sich bis heute vor der "Verdisneylandisierung" (von Gerkan, 1982) fürchten, fordern Tourismus-Fachleute schon länger eine eigenständige Bau-Kultur für Ferien und Freizeit und haben sie zuerst in den Clubdörfern konsequent entwickelt. Sie kritisieren "den Rigorismus einer Architektur-Ästhetik, die radikal beiseite schiebt, daß die neue Aufgabe 'Ferienarchitektur' zur Lösung Einsichten in Urlaubsmotive und -mentalitäten voraussetzt und von daher ihre Maßstäbe und Methoden der Realisation herleiten muß, nicht aber von Dogmen und Thesen. Rechtes Bauen geschieht für Menschen, nicht gegen ihre Erwartungen" (Wagner, 1984, S. 116). Auch von Investoren in Freizeit-Objekte wird die mangelhafte Berücksichtigung der Freizeitverhaltensweisen in architektonischen Konzepten immer wieder beklagt, was sich z.B. in Freizeit-Bädern negativ auf Besucherzahlen auswirken kann (vgl. Flagge/ Romeiß-Stracke, 1988, S. 29).

Relativ selten ist hingegen noch eine Aussage wie die folgende: "Wir müssen erkennen, daß die neuen Freizeitansprüche neue bauliche Konzepte nachfragen und müssen kreativ, kritisch und gebietstypisch entsprechende architektonisch funktionale Antworten entwickeln.

Werden wir Planer verantwortungsvoll mit den Standorten, den Chancen und Gefahren umgehen? Wenn unsere Schaffenslust sich mit der Freizeitlust paart, sehe ich gute luststeigernde Resultate" (Keinemann, 1990, S. 339).

4.4 Bauhaus und Postmoderne

Während die Widerstände, zumal der deutschen Architekten, gegen die offensive Auseinandersetzung mit Freizeit und Tourismus anhielten, kam eine Architektur-Richtung auf, die die Kontroverse um den "röhrenden Hirsch" oder die "Erfahrung ohne Scheinhaftigkeit" gegenstandslos zu machen schien: die sogenannte postmoderne Architektur.

Sie nimmt bewußt sinnliche, ästhetische, narrative Elemente auf, geht weg vom reinen Funktionalismus der vorhergehenden, weitgehend vom Bauhaus inspirierten modernen Architektur. Ohne die Diskussion um die Wesenszüge der "Moderne" im Verhältnis zur "Postmoderne" in der Architektur nur annähernd nachvollziehen zu können, ist es wohl nicht falsch zu behaupten, daß Städtebau und Architektur der Moderne, insbesondere in ihrer verwässerten, epigonalen Ausprägung der 50er bis 70er Jahre, den Anforderungen an Freizeiträume, in denen der einzelne sich aufgehoben fühlen kann, nicht besonders gut entsprechen.

Die "Postmoderne" war zunächst nichts weiter als eine Reaktion auf die wesentlichen Architektur-Merkmale der "Moderne". Die postmodernen Architekten durchbrachen den rigiden und puristischen Formenkanon der Moderne und fingen an, mit Symbolen, spielerischen Elementen, vielfältigeren Farben und Formen zu arbeiten. Dabei ging es darum, die Architektur aus der "Stummheit von reinen Formen" und vom "Lärm ostentativer Konstruktionen" zu befreien, damit ein Bau wieder zu einem Gestaltungsanlaß werden kann, der nicht nur Fakten und Nutzungsprogramme berücksichtigt, sondern auch poetische Vorstellungen aufnimmt und dichterische Stoffe gestaltet. Das Resultat sind dann nicht länger nur Funktionsbehälter und Konstruktionswunder, sondern Darstellungen von symbolhaften Gestalten und bildnerischen Themen (vgl. Klotz, 1984, S. 134).

Mit dem Entstehen der ersten "postmodernen" Bauten entbrannte unter Architekten eine heftige Kontroverse um die Zulässigkeit von aus ihrem historischen Zusammenhang gelösten baulichen Zitaten (Säulen, Erker, Gesimse, Fensterformate etc.), letztlich um "Architektur als Kulisse" in der Nähe zum Kitsch, Argumente, die in der Freizeit-Architektur-Diskussion ebenfalls geläufig sind. Die gebaute Realität blieb davon relativ unbeeinflußt. (Nur ein Bruchteil der Bauten in der Bundesrepublik wird von eingetragenen Architekten gebaut.) Mehr spielerische Elemente auch in der Alltagsarchitektur eröffnen jedenfalls die Chance, daß hier "Freizeitarchitektur" im oben genannten erweiterten Sinne entsteht.

4.5 Entwicklung einer Baukultur für Freizeit und Tourismus

Wie sieht die Zukunft aus? Beschränkt man sich auf die uns heute im In- und Ausland zur Verfügung stehenden Freizeit- und Urlaubsräume, so kann man sagen, daß sie dem Anspruch, Orte für unterschiedliche Freizeit- und Lebensstile zu sein, größtenteils noch nicht entsprechen (von hervorragenden Ausnahmen abgesehen). Sie sind auch niemals unter solchen Gesichtspunkten gebaut worden. Unfähigkeiten von Architekten, mit der Bauaufgabe Tourismus umzugehen, Rendite-Notwendigkeiten und Mengenbewältigung des "Durchschnittsurlaubers" bestimmen das Erscheinungsbild noch in weiten Bereichen, auch wenn man nicht immer gleich Horrorvisionen zeichnen sollte, wie sie den Ferienzentren der 60er und 70er Jahre angehängt wurden. Hinzu kommt, daß selbst dort, wo neu gestaltet wird, die Räume gegenwärtig eher gleichförmiger als vielfältiger werden: überall die ähnliche Möblierung der Fußgängerzone, die fast gleiche Gestaltung von Hotelhallen, die normierte Wasserrutsche und Plastik-Palme im Freizeit-Bad.

Es ist zu erwarten, daß die "Abstimmung mit den Füßen" irgendwann all diese Orte erreicht. Der Rückgang von Besucherzahlen oder eine Veränderung der Besucherstrukturen wird immer häufiger seinen Grund auch darin finden, daß das räumliche Ambiente nicht mehr "stimmt". Die Methoden, dies eindeutig nachzuweisen, werden entwickelt werden.

Wenn man sich in der Vergangenheit überhaupt fragte, was an einem Ort baulich "nicht stimmte", hat das gewöhnlich ein Architekt oder Stadtplaner definiert. Der Touristiker glaubte ihm mehr oder weniger. In Zukunft wird aber wichtig sein, die Analyse und Gestaltung von architektonischem Ambiente, von Stil, transparent und damit erlernbar zu machen, auch für diejenigen, die das Geschäft dann letztlich betreiben. Und auch sie beeinflussen durch viele kleine Einzelmaßnahmen das Ambiente.

Das betriebswirtschaftliche Management muß also dringend ergänzt werden um eine ästhetische Schulung. Denn, das muß man wohl zugeben, in kaum einem anderen Wirtschaftsbereich, in dem die Qualität der (allerdings nicht nur gebauten) Umwelt so wichtig ist für den wirtschaftlichen Erfolg, ist gleichzeitig so viel schlechter Geschmack verbreitet (Romeiß-Stracke, 1991, S. 28).

Während noch um die Gestaltungskriterien für neue Freizeit- und Tourismusarchitektur gerungen wird, liegt bereits ein Folgeproblem auf dem Tisch: die Sanierung der Freizeit- und Tourismusanlagen der 60er und 70er Jahre. Dabei spielen ökologische und ästhetische Gesichtspunkte eng ineinander. Was an den verbauten spanischen Küsten bereits heute beginnt, wird Mitte der 90er Jahre zu einem Thema auch in Deutschland werden. Begriffe aus der allgemeinen Stadtplanung und -sanierung wie "Flächenrecycling" oder "Rückbau" werden dann auch auf Freizeit- und Tourismusanlagen angewendet werden, ob Feriendörfer, Großhotels oder sogar die heute noch so erfolgreichen Erlebnisbäder (Romeiß-Stracke, 1990, S. 333). Auch das sind Entwicklungen, über die sich Touristiker frühzeitig Gedanken machen müssen.

Und schließlich: Die Monate unmittelbar nach der Wiedervereinigung haben gezeigt, wie stark die Nachfrage nach Kapitalanlagemöglichkeiten in neuen Freizeit- und Tourismuseinrichtungen in den vermeintlich unberührten Landschaften Ostdeutschlands ist, z.T. in bisher völlig unbekannten Größenordnungen. Auch japanische oder amerikanische Großinvestoren betrachten Europa als Freizeit- und Tourismus-Anlage-Markt. Super-Mall-Oberhausen (World-Trade-Center) wird kein Einzelfall bleiben, Super-Dome (Großveranstaltungshalle Hannover) ebensowenig. Center Parks sorgte in der Lüneburger Heide mit seinen Bauabsichten für erhebliche Irritationen.

Diese Diskussionen haben sehr deutlich gemacht, wie wenig vorbereitet die deutsche touristische Fachdiskussion auf solche planerischen und baulichen Herausforderungen ist. Die fast ausschließlich ökologisch begründeten Gegenargumente haben verdeckt, wie gering das räumliche Vorstellungsvermögen und wie unausgebildet die architektonische Phantasie bei allen Beteiligten ist. Mit dem pauschalen Rückzug auf "klein, klein" wird es bei den Massenproblemen, die es in Freizeit und Tourismus in Zukunft zu managen gilt, nicht getan sein. Architektonisch und ökologisch akzeptable Großprojekte bleiben eine noch ungelöste Gestaltungsaufgabe.

Freizeit- und Tourismusfachleute können den Architekten ihre Arbeit nicht abnehmen, aber sie müssen als kompetente Bauherren auftreten können, die zu beurteilen gelernt haben, welche Art von Architektur ihren wirtschaftlichen Erfolg stützt und welche ihm schadet. Es geht weder um wertfreie Ästhetik noch um zynisches Anbiedern an den Durchschnittsgeschmack – es geht um die *Entwicklung einer Baukultur für einen wichtigen Wirtschaftszweig der Zukunft.*

Literatur

ADAC, F. Romeiß-Stracke (1990): Neues Denken im Tourismus. München.
Braun, O., M. Lohmann (1989): Die Reiseentscheidung. Starnberg.
Bredow, J. von (1990): Wie verkaufen die Ferienclubs ihre Architektur? In: Der Architekt, Nr. 7/8.
BSF – Büro für Sozial- und Freizeitforschung (1988): Umfrage unter Fremdenverkehrs- und Bau-/Planungsämtern in deutschen Fremdenverkehrsgemeinden. Unveröff. Mskr.
Dahinden, J. (1986): Freizeitarchitektur: Wirklichkeit und Traum. In: architektur wettbewerbe, Nr. 127. Stuttgart.

Flagge, I., F. Romeiß-Stracke (1988): Freizeitarchitektur. Reihe Architektur in der Demokratie. Ministerium für Stadtentwicklung, Wohnen und Verkehr des Landes Nordrhein-Westfalen (Hrsg.). Stuttgart.
Gerkan, M. von (1982): Die Verantwortung des Architekten. Stuttgart.
Gluchowski, P. (1988): Freizeit- und Lebensstile. Erkrath.
Gruner und Jahr (Hrsg.) (1987): Venth, O., M. Freyer: Lebensziele, Umweltbewußtsein, Urlaubsverhalten. Hamburg.
Keinemann, W. (1990): Räume für Lust und Lebensfreude. In: Der Architekt, Nr. 7/8.
Klotz, H. (1984): Die Revision der Moderne. München.
Lüdtke, H. (1989): Expressive Ungleichheit. Opladen.
Romeiß-Stracke, F., F. Stracke (1986): Freizeitwohnen – ein konstruktives Konzept. Braunschweig.
Romeiß-Straße, F. (1990): Freizeit und Architektur. In: Der Architekt, Nr. 7/8.
Romeiß-Stracke, F. (1991): Wertewandel und neue Lebensstile. In: Innen-Dekoration, Nr. 7.
Scharpf, H., W. Harfst, H. H. Wöbse (1988): Erlebnisqualität bauliche Strukturen in Fremdenverkehrsgemeinden. Hannover.
Studienkreis für Tourismus (1991): Reiseanalyse 1990. Starnberg.
Taranto, A. de (1982): Gut, schön und unwahr: Port Grimaud. In: Der Architekt, Nr. 7/8/.
Wagner, J. (1984): Freizeitarchitektur. Starnberg.
Wyss, W. (1986): New Marketing. Adligenswil.
Zimmerli, W. Chr. (1987): Die distanzierte Besichtigung der Moderne. In: Baukultur, Nr. 2/3.

5. Touristische Vernetzungsmatrix – Eine Methode für eine gesamtheitliche Schaden-Nutzen-Analyse

Hansruedi Müller

5.1 Die Notwendigkeit des vernetzten Denkens

"Was wir brauchen, ist mehr Einsicht und Verständnis für die Zusammenhänge, für Ursachen und Wirkungen." Diese oft gehörte Aussage legt den Finger auf eine wunde Stelle, die im Tourismus ganz speziell empfindlich ist: Im Tourismus als "Querschnittsdisziplin" verbindet sich alles mit allem. Alle tourismuspolitischen Entscheidungen sind Entscheidungen in einem komplexen System. Doch in unserer Zeit der Spezialisierung haben wir weitgehend verlernt, in Zusammenhängen zu denken. Schon die Art der heutigen Wissensvermittlung ist darauf ausgelegt, Detailerkenntnisse zu erlangen. Entschlüsse werden gefaßt, ohne die vielschichtigen Konsequenzen bedacht zu haben. Auch die Forschung zerlegt zusammenhängende Bereiche immer weiter. Überall scheint man davon auszugehen, daß das "Ganze" verstanden werden kann, wenn die Eigenschaften der einzelnen Teile gründlich genug bekannt sind.

Fritjof Capra (1984, S. 7) stellt dieser Sicht der Dinge ein neues Paradigma gegenüber: "Die Eigenschaften der Teile werden durch die Dynamik des Ganzen bestimmt und nicht umgekehrt." Dazu kommt ein zweiter Aspekt in der neuen Denkweise: Unser Blickpunkt hat sich von der Betrachtung starrer Strukturen zu lösen und muß sich vermehrt flexiblen Prozessen zuwenden. Vernetztes Denken einerseits und Prozeßdenken andererseits ist vonnöten, wenn wir übergeordnete Steuerungs- oder Regelungsprinzipien, also Zusammenhänge, erkennen wollen.

Die Forderung nach globalem Denken wird auch in Tourismuskreisen immer lauter. Doch diese neue Denkweise will geübt sein. Im Rahmen der tourismuspolitischen Problemsynthese des nationalen Forschungsprogramms "Man and Biosphere (MAB)" entwickelten wir eine Methode, die hilft, sich in die fluktuierenden Zusammenhänge komplexer Systeme einzufühlen: die *touristische Vernetzungsmatrix*. Das Übungsmodell führt zu einer umfassenden *Schaden-Nutzen-Analyse* und leitet zu *Steuerungsstrategien* über. In der Folge wird versucht, die Methode Schritt für Schritt vorzustellen. Zur Veranschaulichung werden die Ergebnisse der Synthese der MAB-Forschungsarbeiten verwendet (vgl. Müller, 1986).

5.2 Vom Papiercomputer zur touristischen Vernetzungsmatrix

Die Grundidee zur touristischen Vernetzungsmatrix stammt von Frederic Vester (1983, S. 130 ff.). In seinem "Papiercomputer" stehen die Beziehungen zwischen den

einzelnen Elementen eines Systems, also die Prozesse, im Vordergrund und nicht – wie meistens – die Elemente selbst. Mit Hilfe des Papiercomputers können insbesondere die folgenden Fragen beantwortet werden:
- Welche Elemente beeinflussen die anderen stark, werden aber von ihnen nur schwach beeinflußt? (aktive Elemente)
- Welche Elemente beeinflussen die übrigen nur schwach, werden aber selber stark beeinflußt? (passive Elemente)
- Welche Elemente beeinflussen die übrigen nur schwach, werden aber gleichzeitig von ihnen nur schwach beeinflußt? (stille Elemente)
- Welche Elemente beeinflussen die übrigen stark und werden auch von ihnen stark beeinflußt? (kritische Elemente)

Basierend auf der Idee Vesters haben wir den Papiercomputer unseren Bedürfnissen angepaßt, verfeinert und zur touristischen Vernetzungsmatrix ausgebaut.

Für den Aufbau und die Interpretation der Vernetzungsmatrix sind fünf Vorgehensschritte erforderlich.

5.2.1 Schritt 1: Auswahl und Beschreibung der Elemente

Vorerst sind die wichtigsten Elemente eines Systems auszuwählen und zu beschreiben. Die Elemente müssen nicht perfekt definiert und voneinander abgegrenzt sein; sie dürfen "schmierig" ineinander übergehen.

Für den konkreten Fall eines "durchschnittlichen" Tourismusortes im Berggebiet (lokales Berg-Sozio-Öko-System) können die folgenden zwölf Elemente aus allen möglichen Bereichen ausgewählt werden: 1. Landschaft, 2. Luft, 3. Wasser, 4. Infrastruktur (inkl. Verkehr), 5. Ortsansässige, 6. Touristen, 7. Gastgewerbe, 8. Parahotellerie (insbesondere Ferien- und Zweitwohnungen), 9. Seilbahnen (touristische Transportanlagen), 10. Landwirtschaft, 11. Gewerbe und 12. übrige Dienstleistungen.

5.2.2 Schritt 2: Beurteilung der Ein- und Auswirkungen

Im nächsten Schritt beurteilen wir die wechselseitigen Ein- und Auswirkungen, möglichst abgestützt auf zuverlässige Informationen. Dabei können persönliche Wertungen nicht ganz ausgeschlossen werden. Als Auswirkungen bezeichnen wir die aktiv verursachten, als Einwirkungen die passiv erduldeten Beeinflussungen. Eine grobe Bewertungsskala genügt: 0 = keine, 1 = schwache, 2 = mittlere, 3 = starke Beeinflussung. Die Beziehungen können positiv (Nutzen) oder negativ (Schaden) sein.

Aufgrund der intensiven Untersuchungen der rund 40 MAB-Forscher in den vier Testgebieten Davos, Grindelwald, Aletschgebiet und Pay-d'Enhaut konnten diese wechselseitigen Beziehungen zwischen den zwölf Elementen eingehend beschrieben und beurteilt werden (vgl. Müller, 1986; Messerli, 1989).

5.2.3 Schritt 3: Erstellen der Nutzen- und Schadenmatrizen

Nachdem die unterschiedlichsten positiven und negativen Ein- und Auswirkungen beurteilt wurden, stellen wir die Resultate in einer Nutzen- und einer Schadenmatrix zusammen (vgl. Abb. 1 und 2).

aktive Beziehung von ↓ / auf →		Landschaft (1)	Luft (2)	Wasser (3)	Infrastruktur (4)	Ortsansässige (5)	Touristen (6)	Gastgewerbe (7)	Parahotellerie (8)	Seilbahnen (9)	Landwirtschaft (10)	Gewerbe (11)	Dienstleist. (12)	AS	Q
Landschaft	(1)	×	3	3	2	3	3	2	2	3	3	2	1	27	1.8
Luft	(2)	3	×	2	1	3	3	2	3	3	3	1	0	24	6.0
Wasser	(3)	3	1	×	0	3	3	3	3	3	3	2	1	25	3.6
Infrastruktur	(4)	1	0	1	×	2	3	3	3	2	2	2	1	20	1.7
Ortsansässige	(5)	1	0	1	2	×	2	3	2	1	1	2	2	17	0.6
Touristen	(6)	1	0	0	1	3	×	3	3	3	2	3	3	22	0.8
Gastgewerbe	(7)	1	0	0	1	3	3	×	2	2	1	2	2	17	0.7
Parahotellerie	(8)	1	0	0	1	2	2	1	×	2	1	3	2	15	0.6
Seilbahnen	(9)	1	0	0	1	2	2	2	2	×	2	1	1	14	0.6
Landwirtschaft	(10)	2	0	0	1	2	3	2	2	3	×	1	1	17	0.8
Gewerbe	(11)	1	0	0	1	3	1	1	2	1	2	×	1	13	0.7
Dienstleist.	(12)	0	0	0	1	3	2	1	2	0	1	1	×	11	0.7
Kennziffern	PS	15	4	7	12	29	27	23	26	23	21	20	15		
	P	405	96	175	240	493	594	391	390	322	357	260	165		

Legende:
AS Aktivsumme
PS Passivsumme
P   Produkt = AS · PS
Q   Quotient = AS : PS

Bewertungsskala:
0   kein Nutzen/Schaden (unwichtig)
1   geringer Nutzen/Schaden (nicht so wichtig)
2   mittlerer Nutzen/Schaden (eher wichtig)
3   großer Nutzen/Schaden (sehr wichtig)

Abb. 1: Nutzenmatrix eines lokalen Berg-Sozio-Öko-Systems

Abb. 1 zeigt bereits, daß beispielweise
- im aktiven Bereich Landschaft den größten (Aktivsumme = 27) und Dienstleistungen den kleinsten Nutzen stiften (Aktivsumme = 11);
- im passiven Bereich Ortsansässige am meisten (Passivsumme = 29) und Luft am wenigsten vom Nutzen profitieren (Passivsumme = 4).

aktive Beziehung → von	auf	Landschaft (1)	Luft (2)	Wasser (3)	Infrastruktur (4)	Ortsansässige (5)	Touristen (6)	Gastgewerbe (7)	Parahotellerie (8)	Seilbahnen (9)	Landwirtschaft (10)	Gewerbe (11)	Dienstleist. (12)	AS	Q
Landschaft	(1)	✕	0	1	2	2	1	1	2	1	2	1	1	14	0.7
Luft	(2)	3	✕	1	0	1	2	1	1	0	2	0	0	11	0.8
Wasser	(3)	2	0	✕	3	2	2	2	2	1	2	1	1	18	1.3
Infrastruktur	(4)	2	3	1	✕	3	2	2	2	2	1	1	1	20	1.1
Ortsansässige	(5)	1	1	2	2	✕	1	1	1	1	1	1	1	13	0.7
Touristen	(6)	2	2	2	2	3	✕	2	1	1	2	1	1	19	1.4
Gastgewerbe	(7)	1	1	1	1	2	1	✕	0	0	1	1	1	10	0.8
Parahotellerie	(8)	3	2	1	3	3	1	2	✕	1	3	1	0	20	1.5
Seilbahnen	(9)	3	1	0	3	1	1	1	0	✕	2	0	0	12	1.5
Landwirtschaft	(10)	1	0	2	1	1	1	0	1	1	✕	0	1	9	0.5
Gewerbe	(11)	2	2	2	1	1	1	0	2	0	1	✕	1	13	1.6
Dienstleist.	(12)	1	1	1	1	0	1	1	1	0	1	1	✕	9	1.1
Kennziffern	PS	21	13	14	19	19	14	13	13	8	18	8	8		
	P	294	143	252	380	247	266	130	260	96	162	104	72		

Legende:

AS Aktivsumme
PS Passivsumme
P Produkt = AS · PS
Q Quotient = AS : PS

Bewertungsskala:

0 kein Nutzen/Schaden (unwichtig)
1 geringer Nutzen/Schaden (nicht so wichtig)
2 mittlerer Nutzen/Schaden (eher wichtig)
3 großer Nutzen/Schaden (sehr wichtig)

Abb. 2: Schadenmatrix eines lokalen Berg-Sozio-Öko-Systems

Aus Abb. 2 läßt sich ablesen, daß
- aktiv Parahotellerie zusammen mit Infrastruktur die höchsten (Aktivsumme = 20), Landwirtschaft und Dienstleistungen die geringsten Schäden verursachen (Aktivsumme = 9);
- passiv Landschaft von den höchsten (Passivsumme = 21), Seilbahnen, Gewerbe und Dienstleistungen von den geringsten Schäden betroffen werden (Passivsumme = 8).

So läßt sich jedes Element aufgrund seiner aktiven und passiven Schadenbeziehungen charakterisieren. Ein Koordinatenkreuz kann dies am besten veranschaulichen (vgl. Abb. 3 und 4).

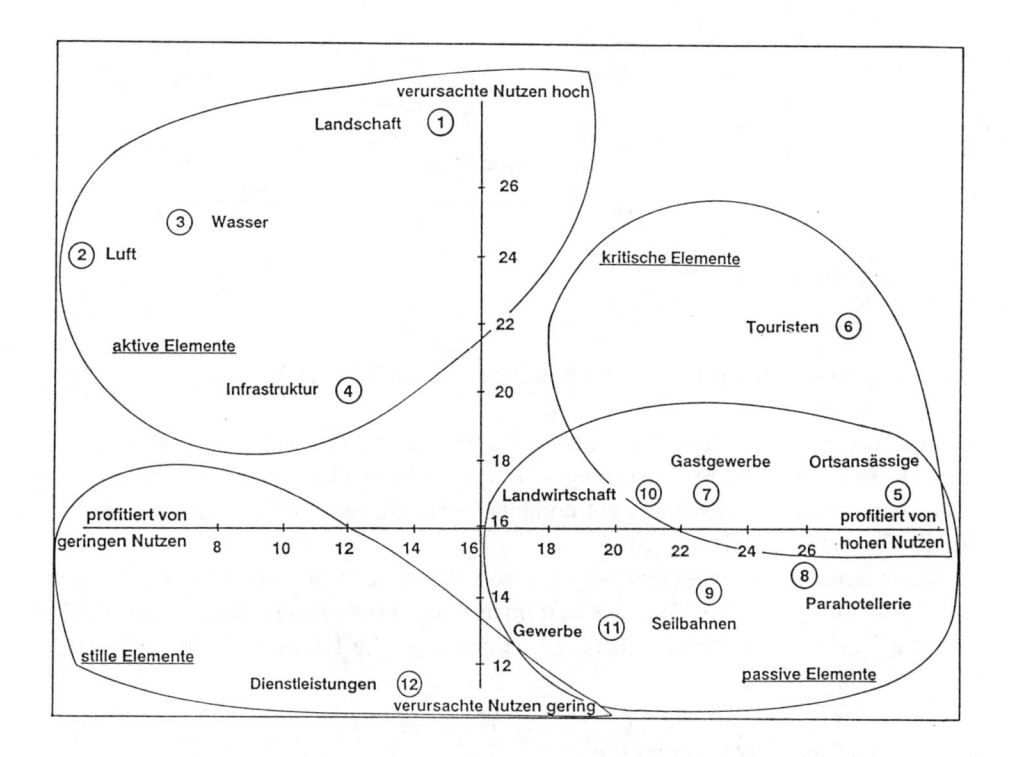

Abb. 3: Nutzen-Vergleich

Je nach Verhältnis der Summe von Ein- und Auswirkungen bezeichnen wir Elemente als kritisch, aktiv, passiv oder still, wobei ein Element im Nutzen-Vergleich eine völlig andere Position einnehmen kann als im Schaden-Vergleich. So ist beispielsweise Infrastruktur ein eher kritisches Element im Schaden-Vergleich, aber ein aktives Element im Nutzen-Vergleich. Oder bei Luft ergibt sich die Kombination "still/aktiv".

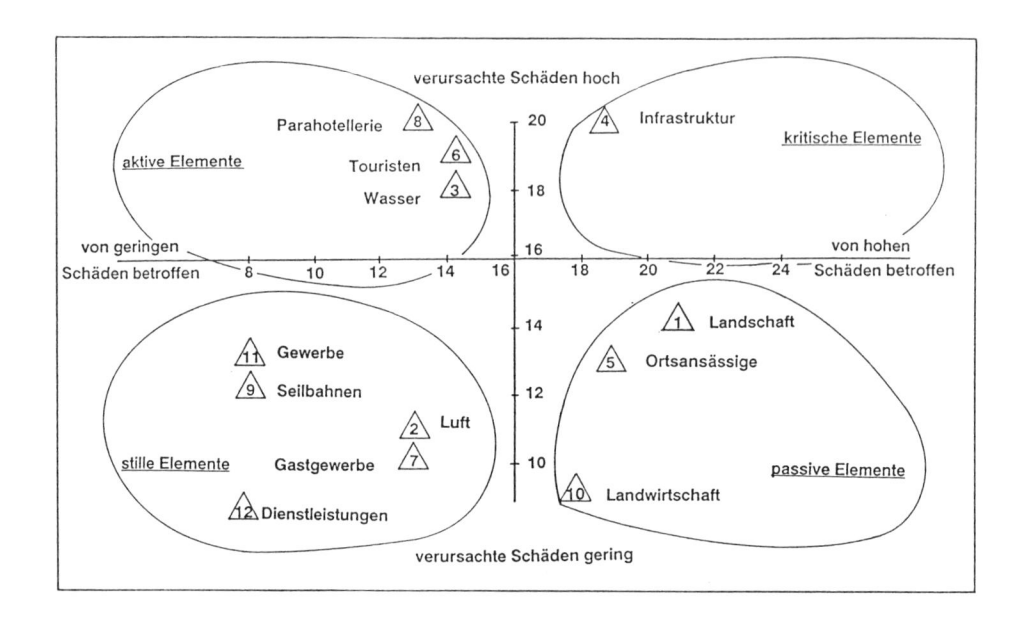

Abb. 4: Schaden-Vergleich

5.2.4 Schritt 4: Interpretieren des Schaden-Nutzen-Vergleichs

Die Standorte der einzelnen Elemente in den beiden Koordinatenkreuzen (vgl. Abb. 3 und 4), die aufgrund ihrer Beziehungen zu den anderen Elementen zustande gekommen sind, lassen sich besonders gut erklären, wenn Nutzen- und Schaden-Vergleiche kombiniert werden (vgl. Abb. 5).

Dieser Schaden-Nutzen-Vergleich der zwölf Elemente kann aufgrund verschiedener Merkmale interpretiert werden. Die vierdimensionale Darstellung erlaubt es, die Pfeile in bezug auf die allgemeine Richtung, die Steilheit, die Länge und die Position zu hinterfragen.

Zur allgemeinen Richtung eines Pfeils:
 Sie sagt aus, wie die aktiven und passiven Beziehungen im Schadenbereich zu denjenigen im Nutzenbereich stehen. Es können grundsätzlich vier Kategorien unterschieden werden, die wir – ähnlich der sogenannten Portfolio-Methode – mit "Star", "Cashcow", "Dog" und "Parasite" benennen wollen:
- "Star" = Pfeil nach rechts oben (z.B. [7] Gastgewerbe)
  • Die produzierten Nutzen sind größer als die verursachten Schäden – fortan *Nutzenproduzenten* genannt.
  • Wird von Nutzen mehr begünstigt als von Schäden betroffen – *Nutzenprofiteur*.

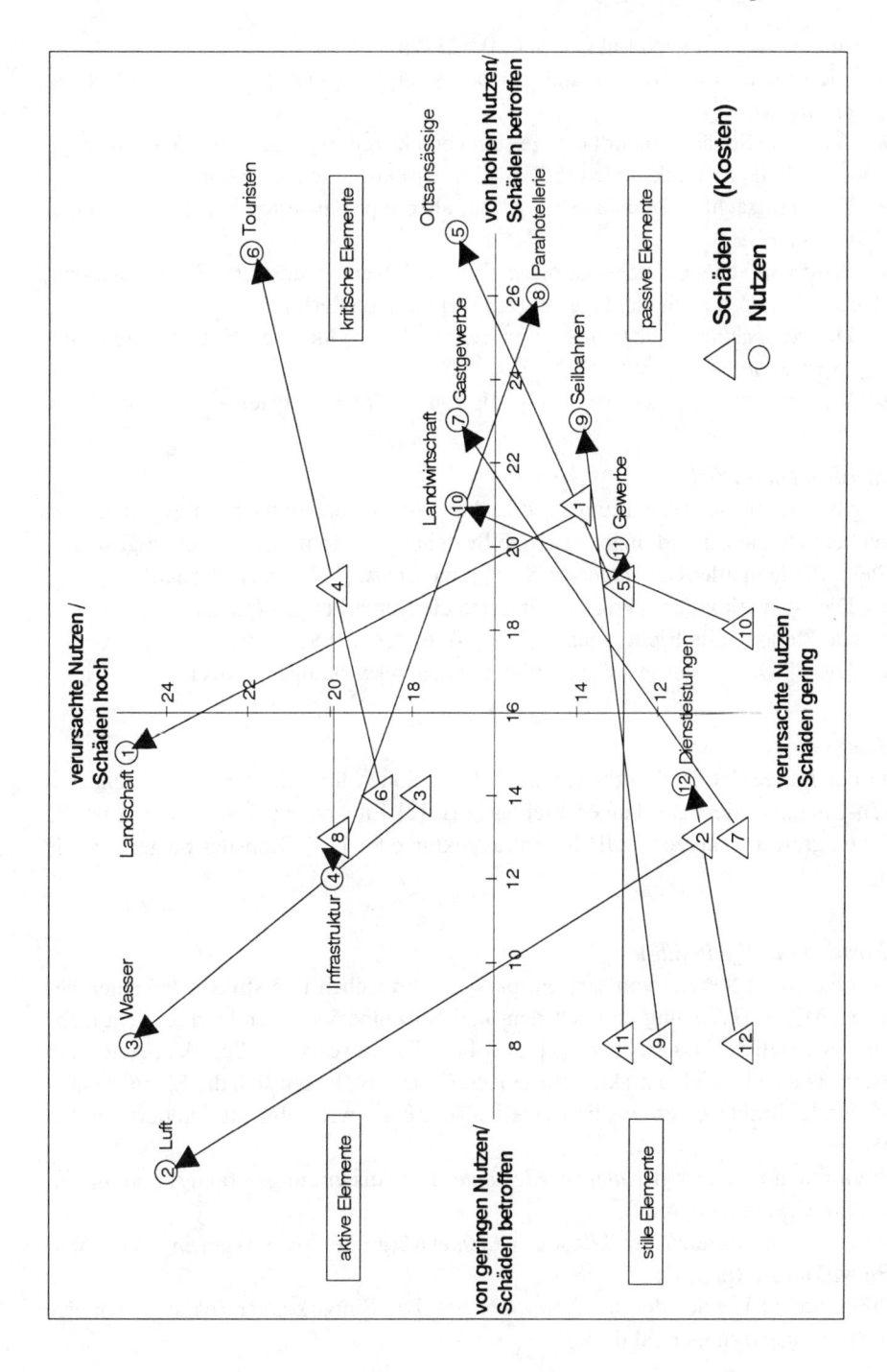

Abb. 5: Schaden-Nutzen-Vergleich der Elemente eines lokalen Berg-Sozio-Öko-Systems

- "Cash-cow" = Pfeil nach links oben (z.B. [2] Luft)
  • Die produzierten Nutzen sind größer als die verursachten Schäden – *Nutzenproduzent*.
  • Wird von Schäden mehr betroffen als von Nutzen begünstigt – *Schadenträger*.
- "Dog" = Pfeil nach links unten (z.B. [4] Infrastruktur, nicht eindeutig)
  • Die verursachten Schäden sind größer als die produzierten Nutzen – *Schadenverursacher*.
  • Wird von Schäden mehr betroffen als von Nutzen begünstigt – *Schadenträger*.
- "Parasite" = Pfeil nach rechts unten (z.B. [8] Parahotellerie)
  • Die verursachten Schäden sind größer als die produzierten Nutzen – *Schadenverursacher*.
  • Wird von Nutzen mehr begünstigt als von Schäden betroffen – *Nutzenprofiteur*.

Zur Steilheit eines Pfeils:
Sie gibt an, ob die Auswirkungen, d.h. die aktiven Beziehungen im Schaden- und Nutzenbereich, die Einwirkungen (passive Beziehungen) dominieren oder umgekehrt:
- Steile Pfeile in alle Richtungen (z.B. [1] Landschaft, [10] Landwirtschaft)
  • Die Auswirkungen (aktiv) dominierten die Einwirkungen (passiv).
- Flache Pfeile in alle Richtungen (z.B. [6] Touristen, [9] Seilbahnen)
  • Die Einwirkungen (passiv) dominieren die Auswirkungen (aktiv).

Zur Länge eines Pfeils:
Mit der Länge der Pfeile erhalten wir Informationen über die Größe des Schaden-Nutzen-Unterschiedes: Bei langen Pfeilen (z.B. [2] Luft oder [9] Seilbahnen) ist die Differenz groß, bei kurzen (z.B. [4] Infrastruktur oder [12] Dienstleistungen) ist sie klein.

Zur Position (der Pfeilmitte):
Oben haben wir bereits von aktiven, passiven, kritischen und stillen Elementen gesprochen. Mit der Trennung von Schaden- und Nutzenbeziehungen ist dies nicht mehr so einfach möglich: Das Element [2] Luft beispielsweise ist im Schadenbereich ein stilles, im Nutzenbereich ein aktives Element. Ganz grob lassen sich die Elemente aufgrund der Pfeilmitte einer Position zuteilen, die etwa wie folgt interpretiert werden kann:
- Pfeilmitte im Bereich der *aktiven Elemente*: Die Auswirkungen (aktiv) dominieren die Einwirkungen (passiv);
- Pfeilmitte im Bereich der *kritischen Elemente*: große Auswirkungen (aktiv) und Einwirkungen (passiv);
- Pfeilmitte im Bereich der *passiven Elemente*: Die Einwirkungen (passiv) dominieren die Auswirkungen (aktiv);

- Pfeilmitte im Bereich der *stillen Elemente:* kleine Auswirkungen (aktiv) und Einwirkungen (passiv).

Die vierdimensionale Darstellung der Wechselwirkungen in Abb. 5 erlaubt uns eine weitgehende Interpretation der Elemente. Dabei helfen uns vor allem die Pfeile zwischen den Schaden- und Nutzenbeziehungen, die durch ihre allgemeine Richtung, Steilheit, Länge und Position Informationen vermitteln.
- Die *Landschaft* [1], d.h. der Boden, der Wald, die Fauna, die Flora und die Topographie, gehört zu den "Cash-cows": Die Funktion als Nutzenproduzent ist sehr stark ausgeprägt. Die verursachten Schäden sind relativ gering. Gleichzeitig wird die Landschaft aber von vielen Schäden betroffen. Sie ist ein typischer Schadenträger.
- Ähnlich das Element *Luft* [2]: Es gehört ebenfalls zu den "Cash-cows", ist also Nutzenproduzent und gleichzeitiger Schadenträger. Die Differenz zwischen Nutzen und Schäden ist sowohl im Aus- wie im Einwirkungsbereich sehr groß. Im Vergleich zur Landschaft gehört es jedoch eher zu den stillen Elementen.
- Auch das Element *Wasser* [3], bei dem der Schnee nicht vergessen werden darf, ist eine "Cash-cow": Obwohl die verursachten Schäden viel größer sind als bei den beiden anderen natürlichen Elementen, überwiegt die Nutzenproduktionsfunktion. Im Bereich der Einwirkungen müssen mehr Schäden getragen werden als von Nutzen profitiert werden kann. Wasser gehört aber klar zu den aktiven Elementen.

  Mit allen *drei natürlichen Elementen* Landschaft, Luft und Wasser ist somit wegen der großen Bedeutung ihrer Nutzenfunktionen in einem Berg-Sozio-Öko-System vorsichtig umzugehen. Die Schäden, die sie zu tragen haben, könnten bald einmal so groß werden, daß sich auch die Nutzen stark vermindern. Eine solche Entwicklung würde unweigerlich zu schwerwiegenden Veränderungen im System führen (Ausbleiben von Touristen, Abwandern der Ortsansässigen, Naturkatastrophen, Zusammenbruch der Landwirtschaft etc.).
- Das Element *Infrastruktur* [4], zu dem wir auch den Verkehr zählen, nimmt eine Mittelstellung ein. Eindeutig ist nur, daß die passiven Schadeneinwirkungen weit größer sind als die Nutzeneinwirkungen. Die aktiven Schadenauswirkungen sind aber gleich groß wie die Nutzenauswirkungen. Es handelt sich also um einen Zwitter zwischen "Dog" und "Cash-cow".
- Demgegenüber sind *Ortsansässige* [5] wieder viel eindeutiger zu charakterisieren. Sie gehören zu den "Stars", die mehr Nutzen als Schäden bewirken, aber auch von mehr Nutzen als Schäden profitieren können. Insbesondere im Nutzenbereich dominieren die passiven Beziehungen, doch müssen die Ortsansässigen im Schadenbereich gleichzeitig mehr passiv erdulden als sie aktiv verursachen.
- Ähnlich die *Touristen* [6]: Sie verursachen zwar nur unwesentlich mehr Nutzen als sie für Schäden verantwortlich sind, doch profitieren sie im Nutzenbereich weit

mehr als sie Schäden zu tragen haben. Bezüglich der Intensität dieser Beziehungen gehören die Touristen zu den kritischen Elementen.

Beide *sozialen Elemente*, die Ortsansässigen und die Touristen, gehören zu den Profiteuren des Systems. Dies scheint plausibel zu sein, fällt es ihnen doch am leichtesten, auszuziehen oder auszubleiben, wenn sich die Verhältnisse gegen sie wenden.

- Das *Gastgewerbe* [7], also die Hotellerie und die Restauration, ist ein Element mit beinahe idealtypischem Charakter. Zwar könnten die produzierten Nutzen noch etwas höher sein (Arbeitsplatzqualität), doch sind sie immerhin weit größer als die verursachten Schäden. Die ertragenen und verursachten Schäden halten sich etwa die Waage. Gesamthaft gehört das Gastgewerbe eher zu den passiven Elementen.
- Ein in seiner Positionierung eindeutiges Element ist die *Parahotellerie* [8] mit den Ferien- und Zweitwohnungen: Es ist der einzige "Parasite" im System, der durch die beiden Merkmale Schadenverursacher und Nutzenprofiteur gekennzeichnet ist. Die Schäden, für die die Parahotellerie verantwortlich gemacht werden muß, sind also weit größer als die Nutzen, obwohl sie von viel mehr Nutzen profitiert als Schäden tragen muß. Bezüglich der Position wechselt sie von einem aktiven Schadenelement zu einem passiven Nutzenelement.
- Das Element *Seilbahnen* [9] kann gut mit dem Element Touristen [6] verglichen werden: Beide sind zwar "Stars", doch überwiegt der gestiftete Nutzen nur unwesentlich gegenüber den verursachten Schäden. Im passiven Einwirkungsbereich profitieren sie sehr viel mehr als sie Schäden zu tragen haben. Im Gegensatz zu den Touristen handelt es sich bei den Seilbahnen eher um ein stilles resp. passives Element.
- Die *Landwirtschaft* [10] ist ebenfalls ein "Star", bei dem aber die produzierten Nutzen eindeutig größer sind als die verursachten Schäden. Die zu tragenden Schäden sind jedoch beinahe so groß wie die Nutzen, von denen sie profitieren kann. Die Landwirtschaft gehört zur Elemente-Kategorie, bei denen die passiven Wirkungen überwiegen.
- Beim *Gewerbe* [11] heben sich die produzierten Nutzen und die verusachten Schäden auf. Gleichzeitig ist es ein eindeutiger Nutzenprofiteur. Somit kann es weder den "Stars" noch den "Parasites" eindeutig zugeordnet werden. Die Schaden-Nutzen-Vergleiche des Gewerbes und der Seilbahnen liegen im Endeffekt sehr nahe beieinander.
- Das stillste Element sind die *übrigen Dienstleistungen* [12], obwohl – oder vielleicht gerade weil – darin viele Bereiche zusammengefaßt sind. Als "Star" ist es für mehr Nutzen als Schäden verantwortlich. Auch profitiert es mehr von den Nutzeneinwirkungen als von den Schäden anderer Elemente. Dies alles ist jedoch nicht spektakulär.

Gesamthaft kann von den *wirtschaftlichen Elementen* [7] – [12] gesagt werden, daß sie durchweg zu den Nutzenprofiteuren gehören. Zwar sind sie meist auch Nutzenproduzenten, also "Stars", doch gibt es auch "Parasites" unter ihnen. Im Hinblick auf Korrekturstrategien ist das Augenmerk deshalb vor allem auf letztere zu legen, d.h. auf die Parahotellerie und das Gewerbe.

5.2.5 Schritt 5: Ableiten von Strategien

Die Vernetzungsmatrix liefert uns auch Anhaltspunkte für die zu wählenden Grundstrategien. Dabei sind die Elemente mittels geeigneter Steuerungsinstrumente dahingehend zu beeinflussen, daß jedes einzelne Element möglichst mehr Nutzen produziert, weniger Schäden verursacht, von mehr Nutzen begünstigt und von weniger Schäden betroffen wird als bisher. Um dies zu erreichen, sind – bezogen auf die Elemente – vier Grundstrategien denkbar:
– produzierte Nutzen fördern
  Auswirkungen (aktiv)
– verursachte Schäden verringern
  Auswirkungen (aktiv)
– Begünstigungen im Nutzenbereich fördern
  Einwirkungen (passiv)
– Belastungen im Schadenbereich verringern
  Einwirkungen (passiv)

Jede der vier Grundstrategien kann selbstverständlich auf jedes Element angewendet werden, wobei unterschiedliche Erfolge zu erwarten sind. Welche Grundstrategie am erfolgversprechendsten ist, hängt von der allgemeinen Richtung, der Steilheit und der Position des Pfeils ab.

Bei der *Landschaft* [1] hat beispielsweise der Abbau der Belastungen im Schadenbereich erste Priorität. Dabei geht es um den Schutz von Fauna und Flora und um die stärkere Gewichtung der Bodenerhaltungs- gegenüber den Bodenverwertungsinteressen. Nutzungsansprüche müssen sich in erster Linie an der Belastbarkeit des Naturhaushaltes orientieren.

Anders beim *Gastgewerbe* [7] mit seinem günstigen Schaden-Nutzen-Verhältnis: Um zu einem noch wertvolleren Element zu werden, sind vor allem die produzierten Nutzen zu fördern. Dazu einige Stichworte: Verbesserung der Arbeitsplatzqualität, der Auslastung, der Kinderfreundlichkeit, der Animation, der Qualitäts- und Preiskontrolle usw.

5.3 Der Nutzen der Vernetzungsmatrix

Die Vernetzungsmatrix hat viele Vorteile, die in der Tourismusdiskussion von Nutzen sein könnten:
– Sie zwingt zu einem vernetzten Denken.

- Sie stellt die Beziehungen zwischen den Elementen in den Vordergrund, die völlig unterschiedlich geartet sein können.
- Sie bildet ein geeignetes Grundraster, um die verschiedensten Forschungsresultate zu gliedern.
- Sie erfordert keinen wissenschaftlichen Perfektionismus.
- Sie zwingt, Bewertungen und Einschätzungen offenzulegen, die unumgänglicherweise durch persönliche Werturteile gefärbt sind.
- Sie ermöglicht eine eingehende Schaden-Nutzen-Analyse.
- Sie begründet die Prioritätenordnung der Grundstrategien.

Bei der abstrakten Modellierung darf nicht vergessen werden, wie die einzelnen Einschätzungen zustandekamen. Die Gefahr einer "pseudowissenschaftlichen Scheingenauigkeit" ist groß. Es wäre falsch, die Vernetzungsmatrix mit Rechenschieber, Maßstab oder Winkelmesser auf Kommastellen genau zu interpretieren. Wenn aber diese Methode mit den nötigen Vorbehalten und mit viel gesundem Menschenverstand gehandhabt wird, ist sie ein gutes Hilfsmittel, insbesondere, um Denken in Zusammenhängen einzuüben.

Literatur

Capra, F. (1984): Vorwort zu R. Lutz: Die sanfte Wende – Aufbruch ins ökologische Zeitalter. München.
Messerli, P. (1989): Mensch und Natur im alpinen Lebensraum – Risiken, Chancen, Perspektiven. Zentrale Erkenntnisse aus dem schweizerischen MAB-Programm. Bern.
Müller, HR. (1986): Tourismus in Berggemeinden: Nutzen und Schaden – Eine Synthese der MAB-Forschungsarbeiten aus tourismuspolitischer Sicht. In: Schlussberichte zum Schweizerischen MAB-Programm, Nr. 19. Bern.
Vester, F. (1983): Ballungsgebiete in der Krise – Vom Verstehen und Planen menschlicher Lebensräume. München.

Weitere Literatur

Krippendorf, J., HR. Müller (1986): Alpsegen Alptraum – Für eine Tourismus-Entwicklung im Einklang mit Mensch und Natur. Bern.

C. Reiseleitung und Reiseplanung

1. Planung von wissenschaftlichen Studienreisen

Walter Eder

1.1 Begriffsdefinition und Voraussetzungen für die Planung einer Studienreise

"Eine Studienreise ist eine Gruppenreise mit begrenzter Teilnehmerzahl, festgelegtem Reiseverlauf sowie deutschsprachiger, fachlich qualifizierter Reiseleitung." In dieser Definition der "Arbeitsgemeinschaft Studienreisen" von 1983 wird der Begriff "wissenschaftlich" bewußt vermieden, um sich nicht unnötig Regreßansprüchen von Reisenden auszusetzen, die mit den Leistungen des Reiseleiters unzufrieden sind.[1] Wenn hier dennoch von "wissenschaftlichen Studienreisen" gesprochen wird, so nicht wegen einer nostalgischen Sehnsucht nach der dürren Seminaratmosphäre antiquierten akademischen Frontalunterrichts, sondern mit Rücksicht auf ein gemeinsames Kriterium von Studium und Wissenschaft: den prozessualen Charakter des Lernens und Erkennens. Eine *wissenschaftliche Studienreise* ist demnach eine als Pauschalreise mit festem Programm angebotene Gruppenreise von ca. 20 Teilnehmern,[2] betreut von einem fachlich qualifizierten Reiseleiter. Er hat den störungsfreien organisatorischen Ablauf der Reise zu sichern und sachlich zutreffende Informationen zum Inhalt des Programms, vor allem aber Alternativen der Deutung und Interpretation der visuell erfaßbaren Objekte und Objektgruppen in den besuchten Regionen und Ländern zu bieten.

Obwohl eine Reiseleitung dieser Art in der Regel eine akademische Ausbildung voraussetzt, betont diese Definition nicht nur Kriterien des Inhalts und einer, nicht zwingend durch akademische Grade und Prüfungen, nachgewiesenen fachlichen Qualifikation des Reiseleiters, sondern in gleichem Maße auch ein bestimmtes Prinzip der kommunikativen Wissensvermittlung, nämlich den dynamischen Prozeß des "forschenden Lernens".[3] An die Stelle dogmatisch gebotener Lehrmeinungen tritt dabei die

---

[1] Zur Definition siehe Günter (1991b, S. 31).

[2] Kubsch (1991, S. 422) nennt die Zahl von 30 Teilnehmern "für den optimalen Einsatz eines Studienreiseleiters". Diese Zahl entspringt dem Wunschdenken eines Veranstalters, keineswegs den Grundsätzen einer verantwortungsvollen Planung einer Studienreise, die diesen Namen verdient.

[3] Apodiktische Äußerungen wie "Nicht mehr das Wissen eines Reiseleiters ist entscheidend ..." (Albrecht/Kunze, 1991, S. 198) verschieben das notwendige Gleichgewicht zwischen Fachwissen und den pädagogisch-psychologischen Fähigkeiten in unzulässiger Weise zugunsten der Didaktik

Diskussion verschiedener wissenschaftlicher Meinungen und Interpretationsmöglichkeiten durch den Reiseleiter, zwischen Reiseleiter und Gruppe und innerhalb der Gruppe.

Aus dieser Prämisse ergeben sich folgende organisatorische und inhaltliche *Voraussetzungen für die Planung* von Studienreisen:
– Die Entwicklung eines Konzepts einer pädagogisch und kommerziell erfolgversprechenden Studienreise durch den Veranstalter verlangt vom ersten Schritt an die enge Zusammenarbeit zwischen Fachleuten des technisch-organisatorischen Bereichs (Transport, Unterkunft, Marketing) und erfahrenen Kennern der Geschichte und Kultur des ins Auge gefaßten Zielgebiets, in der Regel also Reiseleitern.
– Die konkrete Planung einer Studienreise hat von einem inhaltlich-thematisch übergreifenden "roten Faden" auszugehen, der im Gesamttitel der Reise sichtbar wird und es auch erlaubt, die Vielzahl der Objekte in einzelne sinnvoll ausgewählte "Erlebnissequenzen" zu gruppieren, die als "Tagesthemen" formuliert werden können.
– Die Präsentation der Objekte darf nicht zum Akt der Selbstbestätigung des Reiseleiters werden, sondern muß einen Rahmen schaffen, der es dem Reisenden erlaubt, sich aufgrund ausreichender und fachgerechter Informationen durch den Reiseleiter ein begründetes Urteil über die Schlüssigkeit der Deutung oder über den Grad der Wahrscheinlichkeit unterschiedlicher Interpretationen zu bilden.

1.2 Zwischen Ideal und Realität: Der Entwurf einer Studienreise

Wie jede Planung ist auch die Planung einer Studienreise die Herstellung eines optimalen Kompromisses zwischen Wünschbarem und Machbarem. Dieser Kompromiß erfordert im Fall der wissenschaftlichen Studienreise eine besonders hohe Flexibilität der Beteiligten, da auf der einen Seite der Veranstalter die berechtigten Grundsätze der Rentabilität und Konkurrenzfähigkeit zu berücksichtigen hat, während auf der anderen Seite der Reiseleiter mit dem gleichen Recht auf inhaltlicher Vollständigkeit bzw. optimaler Aussagekraft der auszuwählenden Beispiele bestehen muß. In manchen Fällen werden sich beide Seiten mit zweitbesten Lösungen zufriedengeben müssen, um das gemeinsame Ziel zu erreichen, nämlich eine inhaltlich gediegene und zugleich marktfähige Studienreise zu entwerfen (vgl. Albrecht/Kunze, 1991, S. 185–199, bes. S. 188; Kubsch, 1991, S. 417–433). Dabei muß von Anfang an eine enge Verzahnung und die gegenseitige Respektierung von Veranstalter- und Reiseleiterinteressen sichergestellt werden. Die Rolle des Reiseleiters wird mit fortschreitender Konkretisierung der Planung immer bedeutender, bis sie schließlich faktisch in seine Alleinverantwortlichkeit bei der Feinplanung mündet.

---

und Methodik. Wissensvermittlung setzt Wissen voraus; wer nichts zu sagen hat, braucht auch nicht zu überlegen, wie er es sagt.

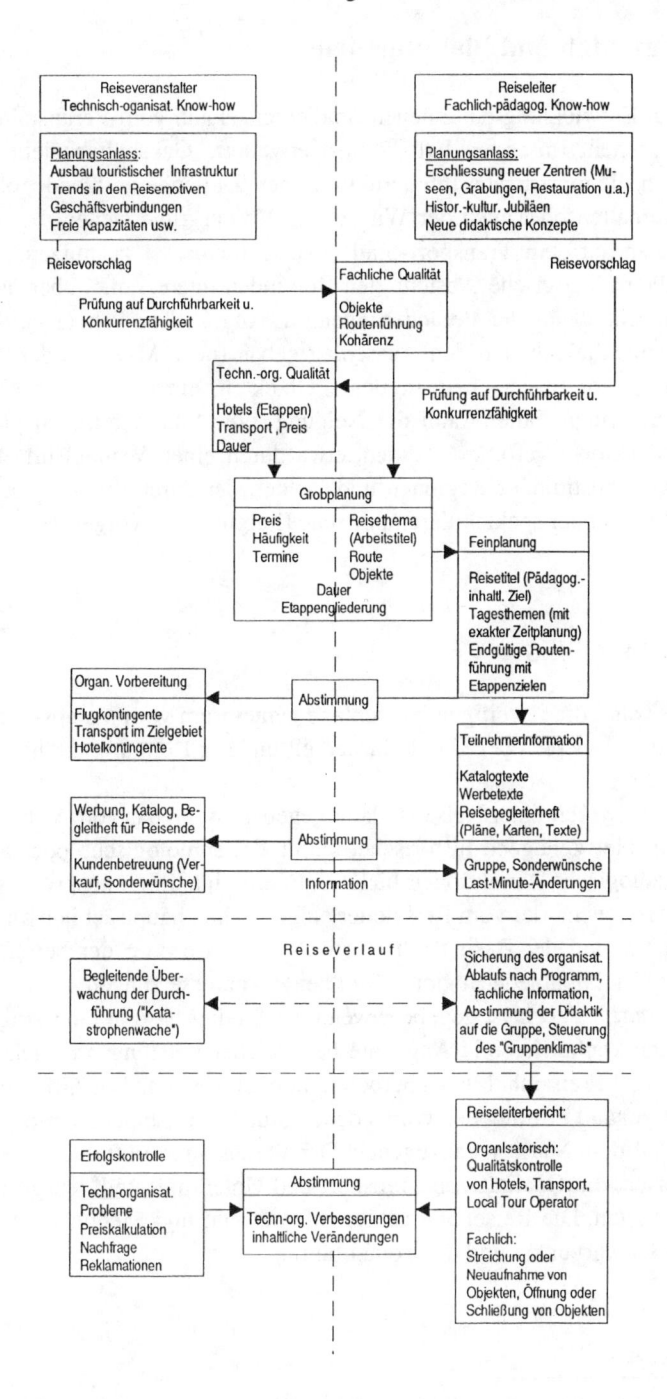

Planung von wissenschaftlichen Studienreisen 447

Abb. 1: Planungsschema

1.3 Planungsanlaß und Planungsziele

Der Anstoß zur Entwicklung einer neuen Studienreise kann vom Veranstalter wie vom Reiseleiter ausgehen. Im ersten Fall können erweiterte Geschäftsbeziehungen, neue Kenntnisse über die touristische Infrastruktur in den Zielländern, Trendbeobachtungen beim Käuferverhalten oder auch der Wunsch im Vordergrund stehen, bereits vorhandene Kapazitäten auf dem Transport- und Hotelsektor besser zu nutzen. Im zweiten Fall werden die pädagogische Absicht, den Reisenden interessante, aber noch fremde Regionen zu erschließen, oder Veränderungen im "Angebot" an Sehenswürdigkeiten in bereits bekannten Zielgebieten den Ausschlag geben (neue Museen oder Ausgrabungen, Restauration von bisher unzugänglichen Objekten, Einrichtung von Naturschutzparks usw.). In beiden Fällen kann die Neigung, eine Studienreise zu planen, auch durch externe Faktoren gefördert werden, etwa durch einen Wandel im allgemeinen Bekanntheitsgrad bestimmter Regionen und Völker, der durch die Reiseberichterstattung in den Medien oder spektakuläre politische Ereignisse hervorgerufen wird.

1.4 Die Grobplanung

In dieser Phase sind die jeweiligen Vorschläge gemeinsam vom Veranstalter und Reiseleiter unter den Aspekten der Durchführbarkeit und der Konkurrenzfähigkeit zu prüfen.

Die *Durchführbarkeit* einer Reise ist dann gegeben, wenn das vom Veranstalter vorgesehene Zielgebiet genügend historische, kulturelle, ethnologische oder auch zoologische oder geologische Attraktionen bietet,[4] um eine inhaltlich anspruchsvolle Reise zu gestalten, bzw. wenn der vom Reiseleiter eingebrachte, hauptsächlich am Inhalt orientierte Vorschlag auf der Basis der touristischen Infrastruktur der betreffenden Region umsetzbar ist. Nicht jede Region erfüllt beide Voraussetzungen.

Die *Konkurrenzfähigkeit* ist gegeben, wenn die Studienreise in eine Angebotslücke stößt oder wenn konkurrierende Angebote bei gleicher Leistung preislich unterboten oder bei gleichem Preis inhaltlich überboten werden können. Der Grobentscheidung hat daher eine genaue Prüfung des vorhandenen Studienreiseangebots möglichst vieler Mitbewerber auf dem Markt voranzugehen. Der Veranstalter prüft dabei die Preise, die Dauer der Reisen, die Qualität von Transport und Unterkunft und den gesamten Umfang der Leistungen. Die Reiseleiter achtet auf Auswahl und Menge der Objekte, die thematischen Schwerpunkte und die Routenführung.

---

[4] Über das breite Spektrum geeigneter Inhalte und Themen von Studienreisen informieren eindrucksvoll die in Günter (1991a, S. 225–399) zusammengestellten zwölf Aufsätze. Leider fehlen Konzepte für Reisen zu technischen Denkmälern ("Industriearchäologie") oder für Literaturreisen.

Nach einem positiven Ergebnis dieser Überprüfung steht am Ende dieser Planungsphase die Festlegung des thematischen Schwerpunkts, die Eingrenzung des Zielgebiets (Transportumfang für Anreise und Bewegung am Ort) und die Fixierung der Reisedauer und der Etappengliederung (Zahl und Ort der Übernachtungen).

1.5 Die Optimierung des Kompromisses: die Feinplanung

Die Feinplanung liegt überwiegend in den Händen des Reiseleiters. Da sich im Veranstalterbereich angesichts der zunehmenden weltweiten Standardisierung auf dem Sektor des Transport- und Hotelangebots kaum noch Verbesserungen erzielen lassen, liegt es hauptsächlich beim Sachverstand und der Findigkeit des Reiseleiters, die Qualität und den Erfolg einer Studienreise innerhalb eines festen zeitlichen und/oder finanziellen Rahmens zu optimieren.

Zweifellos lebt eine Studienreise von ihren fachlichen Inhalten. Ihnen ist deshalb bei der Planung die oberste Priorität einzuräumen. Andererseits bestimmt die Art und Weise der Präsentation dieser Inhalte, also der didaktische Prozeß der Vermittlung, den Lernerfolg und damit den Grad der Zufriedenheit der Teilnehmer, die eine Studienreise gebucht haben, um etwas klüger nach Hause zu kommen. Dies wiederum erhöht die Bereitschaft der Gruppe, physische Belastungen auf sich zu nehmen, und schafft ein Gruppenklima, das streßhemmend und konfliktmindernd wirkt. Im Grunde sind deshalb bei der Planung die drei Faktoren *Inhalt, Didaktik* und *Gruppensituation* stets nebeneinander und gleichwertig zu berücksichtigen. Wenn sie im folgenden getrennt behandelt werden – ohne freilich Überschneidungen ganz vermeiden zu können –, so geschieht dies aus Gründen der systematischen Darstellung.

Die der *Feinplanung zugrunde liegenden Hauptkomponenten* sind der fachliche Inhalt, die pädagogischen Anforderungen an Didaktik und Methodik und die psychische und physische Belastbarkeit der Teilnehmer in der spezifischen Situation einer Gruppenreise.

Auswahl und Anordnung der fachbezogenen Inhalte

Sie ist in groben Zügen bereits in der Phase der Grobplanung erfolgt und hat zur Festlegung eines Reisethemas geführt. Aufgabe der Feinplanung ist es, alle in Frage kommenden Objekte nach ihrer exemplarischen Bedeutung für das spezifische Lernziel der Reise zu gewichten und zu sortieren, mit einem zeitlichen Rahmen für die Präsentation zu versehen und so anzuordnen, daß eine entwickelnde Darstellung etwa der Eigenart eines Architektur- oder Kunststils, typischer Lebensformen, der historischen Kontinuitäten und Brüche in der jeweiligen Region oder Stadt möglich ist. Aus dieser am Inhalt orientierten Auswahl und didaktischen Erwägungen folgenden Anordnung entsteht das zeitliche und örtliche Grundgerüst.

Eine Studienreise kann sich jedoch in der Regel nicht nur auf Objekte beschränken, die in unmittelbarem Zusammenhang mit dem Reisethema stehen, da die Reise zwar meist in die Geschichte, aber immer auch in die Gegenwart eines Landes führt. Selbst wenn manche Studienreisende in der Tradition der alten "Bildungsreise" kaum Informationen über Land und Leute erwarten, werden Auskünfte über das politische System, das Schulwesen, die Wirtschaftsformen und Verhaltensweisen usw. als Bereicherung empfunden. Zudem erhöhen sie zusammen mit der Vertrautheit auch das Sicherheitsgefühl in der fremden Umgebung. Deshalb sind auch Objekte auszuwählen, die einen visuellen Anlaß zur Darstellung von landeskundlichem Hintergrundwissen bieten (Rathäuser, Kasernen, religiöse Bauten usw.) oder den direkten Kontakt ermöglichen (Besuch einer Dorfschule, eines Gottesdienstes, von Märkten oder Festen). Der Umfang dieser Gruppe von Objekten ist abhängig vom Reisethema und der damit verbundenen Erwartungshaltung des Reisenden: Ein etwas vager Reisetitel "Bezaubernde Südwesttürkei" muß dem Land und seinen Bewohnern größeren Anteil geben als ein Spezialtitel "Auf den Spuren Alexanders des Großen", obwohl beide Reisen in die gleiche Region führen. Im Zusammenhang mit der Landeskunde steht auch das spontane Aufgreifen von Straßenszenen, auffälligen Trachten, Wahlplakaten, Graffiti, Karikaturen in Zeitungen usw. Dies kann zwar nicht fest eingeplant werden, da sich die Anlässe zufällig ergeben, ist aber immer anzustreben.[5]

Eine dritte Gruppe von Objekten, die in die Planung einzubeziehen sind, bilden die sogenannten touristischen "Highlights", selbst wenn sie keinen Zusammenhang mit dem Thema aufweisen und wenig Aussagekraft für das moderne Leben haben. Diese Objekte sind entweder durch die Literatur, die Massenmedien und die Tourismuswerbung so bekannt geworden oder so fest mit der klischeehaften Vorstellung von einer Region verbunden, daß der Verzicht auf ihren Besuch Enttäuschungen hervorrufen würde. So wird man niemals die Kathedralen der Ile de France verlassen, ohne den Eiffelturm gesehen zu haben, oder dem antiken Rom ohne den Besuch der Spanischen Treppe den Rücken kehren.

Die Fülle der unter den drei Aspekten des fachlichen Inhalts, der Landeskunde und der Klischeebindung ausgewählten Objekte führt leicht zu einer Überlastung des Programms und zu einer zusammenhanglosen Aufzählung der Sehenswürdigkeiten in den Katalogen der Veranstalter. In der Praxis ist diese Überlastung vom Veranstalter meist gewünscht; denn viele Kunden geben bei gleichem Reisepreis dem umfangreicheren Angebot an Sehenswürdigkeiten den Vorrang, obgleich dadurch die Intensität des Studiums gesenkt und der Erfolg der Reise als Studienreise gefährdet wird. Auch wenn auf der Reise häufig klar wird, daß weniger mehr gewesen wäre, ist der Reiseleiter an das übervolle Programm gebunden. Er darf Kürzungen auch nicht auf Mehrheitsbeschlüsse der Gruppe stützen, da jeder einzelne Kunde Anspruch auf die vollständige Durchführung des im Katalog ausgedruckten Programms hat.

---

5   Isenberg (1991, S. 225–236) liefert eine sehr anregende und kompetente Zusammenfassung seiner langjährigen Forschungen zur "Spurensuche".

Um zu verhindern, daß die Konkurrenz der Veranstalter die Studienreise als solche vernichtet, ist bei der Planung darauf zu achten, daß bereits im Katalog neben der thematischen Eingrenzung der Reise auch den einzelnen Tagen oder Halbtagen Sachthemen zugeordnet werden. Sie zeigen inhaltliche, auf das Reisethema bezogene Schwerpunkte an, die es einerseits ermöglichen, die bunte Vielfalt mit einem festen Rahmen zu versehen und es andererseits erlauben, die übrigen Programmpunkte zeitlich weniger stark zu gewichten. Des weiteren sollte den Kunden ein Begleitheft zur Verfügung stehen, das auf die spezielle Reise abgestimmt ist und in der Reihenfolge der Reiseetappen visuelle Unterstützung und Orientierungshilfe bietet (Kartenausschnitte mit eingezeichneter Reiseroute und Besichtigungszielen, Grundrisse, Pläne, Schaubilder, Rekonstruktionen, Zeitleisten usw.). Die eng aufeinander abgestimmte optische und akustische Information durch Begleitheft und Reiseleiter erleichtert einen kooperativen Führungsstil, spart Zeit und trägt dennoch erheblich zur Vertiefung der erworbenen Kenntnisse bei.

Didaktik und Methodik

Bereits in die Definition der Studienreise und in die Grobplanung sind wichtige Elemente der Didaktik und Methodik eingeflossen: Mit der Festlegung des Reiseziels und der Formulierung des Reisethemas sind Inhalt und Lernziel der Wissensvermittlung bereits definiert worden.[6] Mit dem Prinzip des forschenden Lernens als wesentlichem Kriterium der wissenschaftlichen Studienreise ist auch der methodische Ansatz beschrieben.

Der didaktisch-methodischen Umsetzung von Lerninhalten auf Studienreisen stellen sich zwei Aufgaben: zum einen die sachkundige Präsentation von Objekten, die meist den Bereichen der Geschichte, Kunstgeschichte oder Archäologie angehören und durch ihre feiertägliche Aura die Annäherung erschweren; zum anderen die Verbindung konträrer Bedürfnisse des Reisenden, der mit der Buchung einer Studienreise als Urlaubsreise zwar einerseits seinen Willen zum "Studieren" erklärt, aber andererseits ein latentes oder offenes Bedürfnis nach Erholung und Urlaub hat.

Die Präsentation ist deshalb so zu gestalten, daß der Reisende sein Bedürfnis nach der Vermehrung seines Wissens befriedigen und zugleich diesen Erfolg seiner eigenen Aktivität und Mitwirkung zuschreiben kann. Der Erholungseffekt einer Studienreise fließt zwar auch aus der geschickten Anordnung und Nutzung von Freizeiten, Spaziergängen oder der Planung von Picknicks am Strand und an Aussichtspunkten, vor allem aber ergibt er sich aus dem "Belohnungswert" von Studienreisen, der in der tätigen Mehrung von Kenntnissen und damit der Bestätigung der eigenen gedanklichen Fähigkeiten liegt. "Die Kunst ist eine der Belohnungen, die uns zufallen, wenn wir denken, indem wir sehen" (Arnheim, 1985, S. 296).

---

6 Eine solide Einführung gibt Günter (1991c, S. 200–224). Ebenfalls zu empfehlen ist Schneider (1990), der am Beispiel Griechenlands und Zyperns verschiedene didaktische Modelle und methodische Vorgehensweisen diskutiert und ihre Anwendbarkeit auf die Praxis überprüft.

Die Haupttätigkeit des Reiseleiters besteht im Zeigen. Wenn aber Zeigen nicht nur ein Hinweisen und Benennen bleiben, sondern zum Begreifen und zum Erkennen führen soll, ist eine Methode des Zeigens notwendig, die von den Mechanismen der Wahrnehmung, also des Sehens, ausgeht.[7] Sehen ist so selbstverständlich, daß es häufig mit Erkennen verwechselt wird. Es ist jedoch ein Irrtum zu glauben, alle Menschen sähen das gleiche, nur weil sich ein Gegenstand bei allen in gleicher Form auf der Netzhaut spiegelt. Sehen hat jedoch insofern mit Erkennen zu tun, weil menschliche Wahrnehmung auf Bekanntes und Vertrautes zielt, Sehen also immer auch ein Wieder-Erkennen ist.

Daß der Umfang dessen, was man sieht, und die Präzision bei der Einordnung des Gesehenen in den Verstand von der Erfahrungsbreite und dem Wissen des jeweiligen Betrachters abhängt, macht der vielzitierte Satz "Man sieht nur, was man weiß" deutlich. Je größer demnach die Menge des aus Erfahrung, Studium und Forschung gewonnenen Wissens ist, desto mehr wird der Betrachter sehen, und desto besser wird er Neues verstehen können; denn die auf Reisen erforderliche kulturelle Assimilationsfähigkeit ist nichts anderes als das "Verstehen des Neuen durch Angleichung an den bekannten Kulturbestand" (Panofsky, zit. in Bätschmann, 1988, S. 16). Daraus folgt, daß Fachmann und Laie tatsächlich verschiedene Dinge sehen, was jeder bestätigen wird, der einmal zusammen mit einem Mechaniker unter die Motorhaube seines defekten Autos gesehen hat, daß aber auch Fachleute unter sich Verschiedenes sehen, wie der Streit um die Zuordnung zahlreicher "Rembrandts" zum Werk des Malers kürzlich bewiesen hat.

Für den Reiseleiter als dem "Fachmann" ergibt sich daraus die pädagogische Aufgabe, dem Reisenden als dem "Laien" ein Objekt zu zeigen, indem er es aus der Fülle seiner Erfahrung und Forschung heraus beschreibt – und damit das Sichtbare erst bewußt macht – und es aufgrund seines Wissens deutet, wobei er seine eigene Deutung nicht etwa zu beweisen hat, sondern sie plausibel und begreifbar machen muß, indem er die Gründe sowohl für seine als auch für weitere, abweichende Interpretationen zu erläutern hat.

---

[7] Es ist bedauerlich und hoffentlich nur ein Versehen, daß sich auch in der 2. Auflage des auf Vollständigkeit bedachten "Handbuch für Studienreiseleiter" (HfS) (Günter, 1991a) kein Artikel findet, der sich den grundsätzlichen Problemen der Mechanismen und Voraussetzungen von Wahrnehmung widmet. Lediglich Isenberg spricht in seinem Beitrag auf S. 231 kurz die Frage von Wirklichkeit und Wahrnehmung an. Selbst der Kunsthistoriker Kluckert widmet dieser Grundfrage weder in seinem Beitrag im HfS (S. 373–386) noch in seinem Buch (Kluckert, 1981) besondere Aufmerksamkeit. Als "Pflichtlektüre" für Reiseplaner und Reiseleiter seien deshalb ergänzend empfohlen: Baxandall (1977), Arnheim (1985) – unverzichtbar! –, Bätschmann (1988) und Belting et al. (1988) mit anregenden Beiträgen. Eine geradezu vorbildliche Umsetzung der Forschungen zur Wahrnehmungspsychologie in der Praxis des Reiseleiters ist Gerhard Winter, Universität Tübingen, in seinem Vortrag "Wirklichkeit und Erfahrung – Umweltwahrnehmung bei Studienreisen" bei der Akademie Tutzing 1978 gelungen. Meines Wissens ist dieser Vortrag leider nicht publiziert worden.

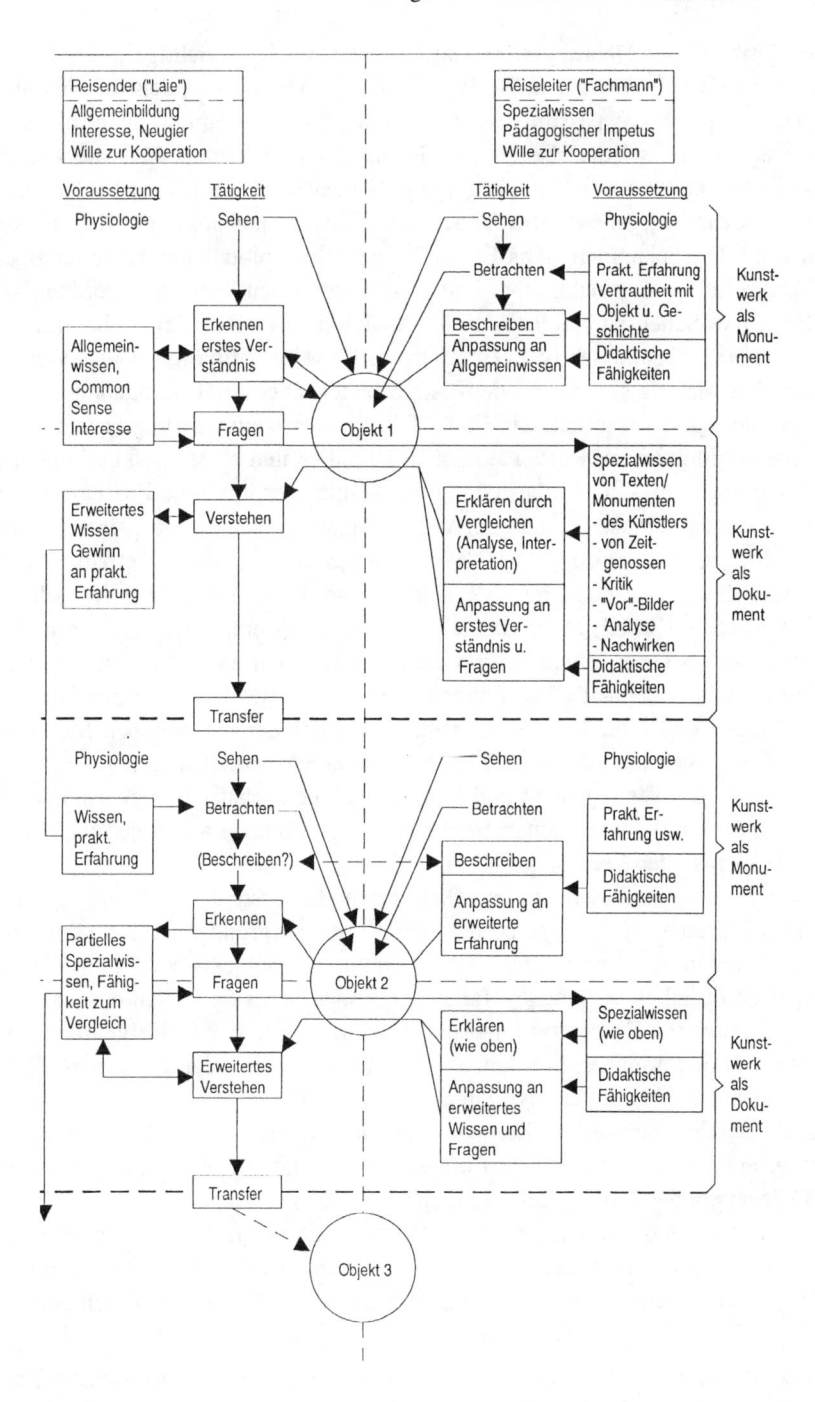

Planung von wissenschaftlichen Studienreisen 453

Abb. 2: Erklären und Verstehen

Beim Problem der Deutung wird klar, daß der durchaus richtige Satz "Man sieht nur, was man weiß" nur die halbe Wahrheit sagt. Denkt man den Satz nämlich zu Ende, so ergibt sich das pessimistische Ergebnis, daß man durch Sehen nichts lernen könne, weil sich im wiedererkennenden Sehen ja nur das bereits Gelernte wiederholt. Sehen ist aber mehr: Es ist "anschauliches Denken", ein Denken in Bildern und mit Bildern, das zum Erkennen bisher unbekannter Zusammenhänge und Konstellationen führen kann. Die bekannten "Aha-Effekte" sind solche plötzlichen Erweiterungen des "Gesichtskreises", wenn sich Altbekanntes zu einem neuen Verständnis ordnet.

Erkennendes Sehen ist bereits Aktion, nämlich die Tätigkeit der Wahrnehmungsorgane und des Gedächtnisses beim Empfangen, Bewahren, Einordnen und Verarbeiten des visuellen Materials, das sich dem Auge bietet. Die damit verbundenen Denkanstöße und der daraus resultierende Lerneffekt können weiter gesteigert werden durch die aktive Beteiligung der Reisenden am Beschreiben und in der Diskussion der möglichen Deutungen. Bei der Einbeziehung der Teilnehmer in diesen Prozeß sind jedoch zwei Faktoren zu berücksichtigen: der Wissensstand und die Gruppensituation. Zu allgemeine Fragen an die Gruppe wie "Was sehen Sie?" oder die lehrerhafte Aufforderung "Beschreiben Sie doch mal ...!" sind ebenso unangebracht wie Appelle an die Emotionen, etwa "Gefällt Ihnen das Bild?" oder "Was empfinden Sie beim Anblick dieser Fassade?"[8] Denn allgemein gestellte Fragen schaffen Verwirrung (Wo anfangen?) und Unzufriedenheit (Wozu haben wir einen Reiseleiter?), an die Emotion gerichtete Fragen wiederum bringen Konflikte zwischen der persönlichen Meinung und dem Konformitätsdruck, der von der angenommenen Mehrheitsmeinung der Gruppenmitglieder ausgeht. Verlegenheit und Erwartungsdruck schaffen Aggressionen, setzen Mechanismen der Wahrnehmungsabwehr in Gang (Rückzug aus Angst vor Blamage) und verhindern so den Lerneffekt.

Bei der Planung ist deshalb zu berücksichtigen, daß besonders am Anfang der Reise nur solche Fragen an die Gruppe gestellt werden, die aufgrund einer durchschnittlichen Erfahrung und der aufmerksamen Beobachtung des Objekts zu beantworten sind ("Worauf ist Ihr Blick als erstes gefallen?"; "Von welcher Seite fällt das Licht in das Bild?"; "Stimmt die Pespektive?"). Erst wenn im Laufe der Reise genügend Erfahrungsmaterial angesammelt worden ist, sind Fragen wie "Woran erinnert Sie das?" oder "Was fällt Ihnen auf?" sinnvoll und weiterführend.

Das Prinzip des forschenden Lernens zielt auf Kooperation und Kommunikation. Es wäre aber ein Mißverständnis, hinter diesem Prinzip das Agieren gleichgestellter Partner zu vermuten; denn forschendes Lernen ist auf Reisen hauptsächlich Erziehung zum Schauen. Dabei hat der Reiseleiter in der Rolle des Erziehers durch Sachinformationen ein annähernd gleiches Niveau der Fähigkeiten zum Schauen und zur Interpretation in der Gruppe zu schaffen. Erst auf dieser Grundlage ist die Gruppe zunehmend in der

---

8 Kluckert (1981, S. 124) hält es für eine brauchbare didaktische Methode, den ersten visuellen Eindruck zu nutzen, um "den Betrachter für oder gegen das Kunstwerk einzunehmen". Er übersieht dabei, daß der Gruppendruck kaum eine ehrliche Antwort erwarten läßt und die durchaus erwünschte Diskussion zu einem peinlichen Scheingefecht werden kann.

Lage, zum kompetenten Gesprächspartner zu werden und durch eigene Beobachtung und Kombination von Beobachtungen zu eigenständigen Deutungen unbekannter Objekte zu finden, die in manchen Fällen sogar Forschungsanreize bieten können. Nichts wäre verkehrter als die kreative Potenz zu unterschätzen, die eine Erziehung zu schöpferischem Schauen in einer Gruppe freisetzen kann.

Gelingt es dem Reiseleiter, die Reisenden zum eigenständigen Transfer des gemeinsam Gelernten auf neue Objekte und Situationen zu befähigen, so hat er sein didaktisches Idealziel erreicht, nämlich sich selbst überflüssig gemacht. Anders also als bei der organisatorischen und inhaltlichen Planung einer Studienreise, bei der die Rolle des Reiseleiters auf Kosten der Rolle des Veranstalters ständig zunimmt, ist bei der didaktisch-methodischen Planung davon auszugehen, daß die Rolle des Reiseleiters als "Lehrer" zugunsten der Rolle der mitreisenden "Schüler" ständig abnimmt. Didaktik und Methodik der Reiseleitung dürfen also nicht statisch geplant werden, sondern müssen während des Reiseverlaufs ständig dem veränderten Wissensstand der Teilnehmer angepaßt werden. Hierin liegt eine besondere Schwierigkeit, da dem Reiseleiter die in der Erwachsenenpädagogik (vgl. Günter, 1991c, S. 204–206) teilweise üblichen Instrumente der Wissensüberprüfung (Referate, schriftliche Arbeiten u.ä.) nicht zur Verfügung stehen und er allein auf die Erfolgskontrolle durch intensive, zeitraubende Kommunikation angewiesen ist.

In den bisherigen Ausführungen wurde das Objekt in erster Linie in seiner formalen Eigenart und künstlerischen Eigenständigkeit, eben das Kunstwerk als Kunstwerk gesehen. Grundsätzlich besitzt jedoch jedes Objekt neben seiner Form auch eine Funktion, über die eine Beschreibung nur unvollständig Auskunft geben kann, deren Kenntnis aber für die "Deutung der Bedeutung" des Objekts im historischen Rahmen unverzichtbar ist. Unter diesem Aspekt ist jedes sichtbare Objekt auch "Anlaß", um das nur Angedeutete oder gar nicht Sichtbare vor dem geistigen Auge der Betrachter sichtbar zu machen: die historischen Bedingungen, die zu seiner Entstehung geführt haben; die kunsthistorischen Entwicklungslinien, die auf das Objekt zu und von ihm wegführen; die materiellen und technischen Voraussetzungen, die es möglich machten; die ideologischen Absichten, die Form, Ausmaße, Material und symbolische Qualität bestimmten. Gerade dieser Aspekt der formprägenden Funktion ist es, der Kunst von ihrem unnahbaren Sockel hebt, sie zum "normalen" Ausdruck menschlichen Handelns und Leidens macht und damit Vergangenheit und Gegenwart verbindet.[9]

Die Gruppensituation

Obgleich Studienreisen regelmäßig Gruppenreisen und häufig Busreisen sind, legen die Teilnehmer relativ wenig Wert auf Geselligkeit. Der typische Studienreisende ist eher ein "verhinderter Individualreisender", der die Gruppe nicht sucht, sondern in

---

[9] "Im weitesten Sinne läßt sich behaupten, daß jede visuelle Form, sei es nun ein Gemälde, ein Bauwerk, ein Ornament oder ein Stuhl, etwas über die Natur des menschlichen Daseins aussagt" (Arnheim, 1985, S. 279).

Kauf nimmt, weil er aus den unterschiedlichsten Gründen anders nicht an das geographische und wissenschaftliche Ziel seiner Reisewünsche käme.[10] Für den Reiseleiter ergibt sich daher die widersprüchliche Aufgabe, die Gruppe als Gruppe zu homogenisieren, um eine Aufspaltung in konkurrierende Einzelgruppen zu verhindern und gleichzeitig der Individualität des einzelnen Gruppenmitglieds Rechnung zu tragen.[11]

Der Homogenisierung förderlich ist der in etwa vergleichbare Bildungsstand und der gehobene soziale Status von Studienreisenden, da der relativ hohe Preis von Studienreisen einen Auswahleffekt hervorruft. Ebenfalls günstig ist ein gemeinsames hohes Interesse an den Inhalten der Studienreise und eine überdurchschnittliche Lernmotivation, die häufig auch mit dem Wunsch verbunden ist, einen angemessenen Gegenwert für die Kosten der Studienreise zu erhalten (vgl. Günter, 1991b, S. 41–45). Keinesfalls homogen ist die sachliche Vorbereitung der Teilnehmer auf das Reisethema: Hier stehen neben belesenen und gut informierten Gruppenmitgliedern mit teilweise hohem Spezialwissen auch Teilnehmer, denen es nicht möglich war oder notwendig schien, sich vor der Reise eingehend zu informieren. Erfahrungsgemäß wenig vergleichbar ist auch die Art und Weise des Umgangs mit Geld: Hier reicht die Palette von extremer Sparsamkeit ("Die Reise war teuer genug") bis zu verschwenderischer Kaufwut ("Hier kommen wir nicht mehr her").

Es ist die Aufgabe des Reiseleiters, diese unterschiedlichen Voraussetzungen bereits bei der Planung, vor allem der Zeitplanung, zu berücksichtigen, um sie auf der Reise nicht zu offenbar werden zu lassen:

Um die Unterschiede im Wissensstand auszugleichen, sind in den ersten Tagen Erläuterungen besonders ausführlich zu geben, durch graphische Hilfen (z.B. Ritzzeichnungen auf dem Boden oder mit Hilfe mitgebrachter großformatiger Skizzen) zu vertiefen und gelegentlich zu wiederholen. Fachbegriffe sollten zwar verwendet, aber müssen ergänzend in einfachen Worten umschrieben werden. Zudem ist genügend Zeit für Fragen einzuplanen und ständig die Gelegenheit zu schaffen, abseits der Gruppe gefragt zu werden. Wichtige Fragen sind nach einem gewissen zeitlichen Abstand und unter Wahrung der Anonymität des Fragers aufzugreifen und mit der einleitenden Formel "Einige unter Ihnen haben sich sicher vorhin gefragt ..." auch vor der Gruppe zu beantworten. Grundsätzlich gilt für das Verhalten des Reiseleiters: Es gibt keine "dummen Fragen" der Reisenden, denn jede Frage verrät Interesse, es gibt nur unvoll-

---

10 Die Auswertung einer Befragung von Dr. Tigges-Reisenden 1986 läßt den Studienreisenden geradezu als einen "Sozialmuffel" erscheinen: "Kontakt zu Mitreisenden" scheint ihm gerade noch wichtig (an elfter Stelle von 16 Vorgaben), "Spaß, Unterhaltung" steht an vorletzter Stelle (vgl. Gayler, 1991, S. 125–126).

11 Schmidt (1991, S. 132–154) und Petersen (1991, S. 155–173) liefern scharfsichtige Analysen der Gruppenpsychologie und wertvolle Anregungen zur Konfliktvorbeugung und -steuerung. Teils amüsant, aber nichtsdestoweniger zutreffend sind die Beobachtungen "Zur Psychologie der Reisegruppe" (Weisbach, 1981, S. 233–241), der in seiner Typologie der Reisenden allerdings einen weitverbreiteten Typus vergessen hat: den befehlsgewohnten Ehepartner (meistens männlich), der seinem gehorsamen Gegenstück (meistens weiblich) stets beweisen muß, daß er doch besser ist als der Reiseleiter.

ständige Informationen des Reiseleiters. Außerdem sind anfangs längere Busfahrten vordringlich dazu zu nutzen, um überblicksartig sachbezogene Einführungen in das Reisethema zu bieten. Dem Problem der Unterforderung der "Wissenden", das bei dieser Form des Niveauausgleichs auftreten kann, begegnet man durch eingestreute Formeln, etwa "Wie Sie alle wissen ..." oder "Ich darf nur daran erinnern ...", die den Kenner auf die Stufe des Reiseleiters heben und ihm sein Wissen bestätigen.

Um auffällige Unterschiede im Ausgabenverhalten, die sich in erster Linie bei der Wahl der Restaurants und beim Einkaufen zeigen können, nicht zu deutlich werden zu lassen, sind für Mittagspausen Orte zu wählen, die auf engem Raum ein breites Angebot von Restaurants bieten und an denen sich Gelegenheiten zum Einkaufen mit der Planung von Freizeiten verbinden lassen. In beiden Fällen löst sich die Gruppe auf. Der Verzicht auf gemeinsame Mahlzeiten (außerhalb der im Reisepreis enthaltenen Leistungen!) und Einkaufstouren verlangsamt auch den Prozeß der "Entmündigung", der meist auftritt, wenn der Reisende niemals gezwungen ist, sich allein oder mit wenigen Mitreisenden ohne Reiseleiter zurechtfinden zu müssen. Das erhöhte Risiko des Reiseleiters, durch das "Freilaufen" der Gruppe den Zeitplan zu gefährden, wird mehr als aufgewogen durch das Erfolgserlebnis der Reisenden und eine bessere Landeskenntnis.

Der Respekt vor der Individualität des Gruppenreisenden beeinflußt das Gruppenklima entscheidend. Deshalb hat der Reiseleiter seine Kenntnisse und seine "Gunst" allen Reisenden gleichmäßig zukommen zu lassen, sie möglichst früh namentlich anzusprechen, regelmäßig den Tisch bei den Mahlzeiten zu wechseln und die Mitglieder der Gruppe immer vor dem Bus zu erwarten und zu begrüßen. Das sicherste Mittel, eine Reise zum Mißerfolg werden zu lassen, ist die Bevorzugung einzelner Mitglieder. Die Rücksicht auf die ausgeprägte Individualität der Studienreisenden läßt es auch geraten erscheinen, Informationen an die Gruppe außerhalb des Besichtigungsprogramms, etwa im Speisesaal des Hotels oder bei Pausen, nicht laut und pauschal hinauszuposaunen, sondern sie an den einzelnen Tischen bekanntzugeben.

In der Tagesplanung zu berücksichtigen ist eine Besonderheit von Gruppenreisen: die Freisetzung von Aggressionsstaus am vierten und elften Tag der Reise. Sobald nämlich in den ersten drei Tagen die Unsicherheit in der Gruppe überwunden ist, verlassen manche Teilnehmer am vierten Tag die "Deckung" und versuchen ihre Individualität durch Nörgelei und Herstellung einer "Hackordnung" innerhalb der Gruppe zu beweisen. Der Aggressionsstau am elften Tag scheint aus einer Kombination von Ermüdung und "Rückkehrangst" in den Arbeitsalltag am Ende der Reise zu entstehen. Diese Tage sind deshalb besonders sorgfältig so zu planen, daß sich möglichst wenig Gelegenheiten zu Konflikten in der Gruppe und möglichst viele Möglichkeiten zu Gesprächen zwischen Reiseleiter und den einzelnen Teilnehmern bieten, um das Selbstbewußtsein zu heben und gezielt Konfliktsteuerungsstrategien einsetzen zu können. Der Einschub eines freien Tages verschiebt hier das Problem nur auf den nächsten Tag, da die Gruppe diesen Prozeß des "reinigenden Gewitters" zur Herstellung ihrer Psychohygiene offensichtlich braucht.

Bis zu diesem Punkt der Planung, in dem sich Inhalt, Didaktik und Gruppensituation zu einem einheitlichen, aufeinander abgestimmten Konzept verdichtet haben, sind noch leichte Modifikationen des Reisethemas, der Auswahl, Gewichtung und Plazierung der Sehenswürdigkeiten und der Routenführung möglich. Nach einer letzten Abstimmung mit dem Veranstalter liefert der Reiseleiter dann den Katalogtext, soweit er die Formulierung der Inhalte betrifft, Vorschläge für Fotos und Layout und die Vorlage für das Begleitheft an den Veranstalter, der auf dieser Grundlage die technischen Vorbereitungen für Transport und Unterkunft, die Werbung und die Kundenbetreuung durchführt.

1.6 Planungsziel Sicherheit

Entscheidend für das Gelingen einer Reise ist ein weiterer Faktor, auf den die drei Komponenten der Feinplanung abgestimmt sein sollten: die innere und äußere Sicherheit der Reisenden. Die vordringlichste Aufgabe des Reiseleiters ist es daher, die stets vorhandene Unsicherheit der Reisenden in einer fremden Gruppe, mit einem fremden Reiseleiter und in einer fremden Umgebung zu vermindern und Sicherheit zu schaffen, d.h. die ablenkenden und bedrohlichen Faktoren der fremden Umgebung auf ein Minimum zu reduzieren (vgl. Schmidt, 1991, S. 141–143). Nur dann ist es möglich, die Aufmerksamkeit und Beteiligung der Reisenden bei der Erkundung von Land und Leuten und ihres kulturellen Erbes so zu erhöhen, daß sie zu "Komplizen im Schauen" werden und trotz eines gedrängten Programms die entspannte Atmosphäre eines Urlaubs genießen können.

Sicherheit entsteht durch Wissen, und zwar durch das Wissen des Reiseleiters, der wegen seiner Erfahrungen mit Reisenden und seiner Kenntnisse des Reiselandes zu einer Insel des Vertrauens in einem Meer des (noch) Fremden wird, vor allem aber durch das Wissen des Reisenden über die äußeren Bedingungen der Reise, von der er vorerst nur den Rahmen des Programms kennt. Es ist daher von besonderer Bedeutung, nicht nur den Programmablauf in all seinen Punkten genau einzuhalten, sondern auch den Reisenden ständig mit Informationen zu versehen, die ihm das Agieren und die räumliche und zeitliche Orientierung in einer ungewohnten Umgebung erleichtern. Bereits beim Transfer vom Flughafen zum Hotel vermindern triviale Angaben das Gefühl der Fremdheit und der Unsicherheit: Vorstellung des (einheimischen) Busfahrers, Informationen über die Ortszeit und die Währung, die Modalitäten und Kosten des Telefonierens nach Hause, über Postgebühren und Trinkgeldsitten, über Lage und Qualität des Hotels und die voraussichtliche Zeit der Ankunft am Hotel und des Abendessens. Selbst Hinweise auf Schwierigkeiten (Verspätungen, Streiks, Einzelzimmerprobleme, Wasserrationierung usw.) oder die Warnung vor Gefahren (Straßenraub, Betrug, aggressive Bettelei, Krankheiten) tragen zur Hebung des Sicherheitsgefühls bei und verstärken das Vertrauen in die organisatorische Kompetenz des Reiseleiters. Nichts schadet einer Reise mehr als ein Reiseleiter, der nur vor Monumenten gesprächig wird (vgl. Petersen, 1991, S. 164–166).

Der Reisende muß an jedem Punkt der Reise wissen, was wann auf ihn zukommt oder zukommen könnte, um sich auf mögliche Probleme einstellen zu können, vor allem aber – und dies ist für das Erlebnis einer Studienreise als Urlaubsreise äußerst wichtig – um eine gewisse persönliche Planungsfreiheit innerhalb des Programmzwangs zu gewinnen.[12] Dazu benötigt er rechtzeitig verläßliche und genaue Angaben über "Leerzeiten", die er nach eigenen Wünschen gestalten kann (Ort, Zeit und Dauer von Pausen; Zeitspannen zwischen dem Beginn des Frühstücksservice und der Abfahrt, der Ankunft und dem Abendessen, dem Ende einer Objektbesichtigung und der Weiterfahrt usw.) und "Brauchzeiten", die sich aus dem Programm ergeben (Reihenfolge, Zeit und Dauer von Besichtigungen; Fahrtstrecken und -dauer usw.).

"Ja mach' nur einen Plan ...": Plantreue durch Plankontrolle

Das Planungsziel Sicherheit kann nur erreicht werden, wenn der Tagesablauf bis ins Detail durchstrukturiert ist und sowohl zeitlich wie inhaltlich eingehalten wird.[13] Die bereits verschlossenen Tore eines Museums oder einer Grabung lassen Vorfreude in Enttäuschung umschlagen, eine verspätete Ankunft im Hotel macht geplante Spaziergänge, Einkäufe und Badefreuden zunichte. Es liegt in der Natur des (reisenden) Menschen, verpaßten Gelegenheiten besonders tief nachzutrauern, weil die Erwartungshaltung nicht an der Realität überprüft werden kann, und zwar auch dann, wenn der Gegenstand der Erwartung gar nicht so besonders hoch eingeschätzt wird ("Schon wieder ein Museum ... und dann auch noch geschlossen!?"). Neben einer umfassenden Information ist deshalb absolute Plantreue erforderlich, um das Gefühl der Sicherheit und Zufriedenheit zu gewährleisten.

Plantreue läßt sich nur durch *strikte und laufende Plankontrolle* erreichen und setzt eine schriftlich fixierte Ablaufsplanung voraus, aus der der Reiseleiter zu jedem Zeitpunkt erkennen kann, ob er "noch im Plan ist" oder ob, in welchem Umfang und an welcher Stelle er eventuell Korrekturen vornehmen kann und muß. Exakte Plankontrolle erlaubt es auch, schon sehr früh die konkreten Auswirkungen nicht vorhersehbarer Ereignisse (Streiks, Staus, Straßenbau, Pannen, Witterungsumschläge usw.) auf den Zeitplan zu überprüfen und den Teilnehmern so rechtzeitig Straffungen oder Strei-

---

12   Petersen (1991, S. 166) bezeichnet dies zutreffend als "Information zur Reduktion von Abhängigkeit (vom Programm und vom Reiseleiter)".

13   Damit ist jedoch keine Strukturierung gemeint wie sie Müllenmeister (1991, S. 434–444) vorschlägt. Er versucht mit einer Kosten-/Nutzen-Rechnung des Zeitaufwands und der Mathematisierung der Fahrt-Halt-Relationen objektiv scheinende Regeln für den Programmaufbau zu gewinnen und kommt zu dem Schluß: "Maßstab für die Qualität einer Rundfahrt ... ist lediglich das Urlaubserlebnis der Reiseteilnehmer" (S. 444). Das mag für "Rundreisen" gelten, was immer das auch inhaltlich sein mag, für Studienreisen gilt es nicht in dieser Ausschließlichkeit: In allen einschlägigen Umfragen stehen "etwas für Kultur und Bildung tun" erheblich höher in der Gunst der Studienreisenden als etwa "abschalten" oder "tun und lassen können, was man will".

chungen im Programm und drohende Verspätungen mitzuteilen, daß sie sich auf die neue Situation einstellen können. Eine minutiöse Zeitplanung und die laufende Information über die bevorstehenden Aktivitäten schaffen zudem eine maximale Kongruenz von Erwartungen und Erfüllung: Die Reise erscheint "wie aus einem Guß", läuft wie von selbst und wird trotz gedrängten Programms zur Urlaubsreise, weil ohne viel eigenes Zutun einfach "alles stimmt".

Als Grundlage effizienter Plankontrolle ist ein fünfspaltiges *Planungsschema* zu erstellen, das als Fahrtenbuch[14] dient und dessen einzelne Spalten Raum bieten für
– eine Zeitleiste (Abfahren, Ankünfte, Pausenzeiten),
– ein Ortsverzeichnis (Start – Zwischenziele – Tagesziel einschließlich wichtiger landeskundlicher Besonderheiten für die fahrtbegleitende Erläuterung),
– die Fahrtstrecken (in km) zwischen den Teilzielen, Straßenbeschaffenheit, voraussichtliche Fahrtdauer (möglichst exakt),
– Informationsinhalte technischer Art (Führungsablauf, mögliche Aktivitäten während der Pausen u.ä.) und inhaltlicher Art (Themen der Überblicksvorträge, Vorbereitung auf nächstes Zwischenziel, Führungsinhalte),
– Bemerkungen und Korrekturen, die in den abschließenden Reiseleiterbericht an den Veranstalter einfließen und die Grundlage für Veränderungen und Verbesserungen der Reiseplanung bilden.

Die Informationen fachlicher Art erscheinen in diesem Schema in der Regel nicht in voller Länge, sondern werden durch Hinweise auf numerierte Karteikarten oder ähnliches ersetzt, die die volle Information bieten. Grundsätzlich ist der freie Vortrag anzustreben, da er weniger ermüdend wirkt, doch ist immer anzuraten, sich die wichtigsten Inhalte vor einer Führung oder fahrtbegleitenden Erläuterung stichpunktartig zu vergegenwärtigen. Dies gilt vor allem für Reiseleiter, die in kurzen Abständen jeweils die gleiche Tour führen, da hier die Gefahr besteht, daß sie bei einer Gruppe irrtümlich Informationen voraussetzen, die sie der vorhergehenden Gruppe gegeben haben: Hohe Führungsdichte eines Reiseleiters im gleichen Zielgebiet führt ohne disziplinierte ständige Plankontrolle nicht zur Hebung, sondern wegen der unausbleiblichen negativen Folgen der Routine zur Senkung der Qualität von Studienreisen!

Bei der Erstellung des Zeitplans sind zwei Aspekte als grundlegend zu berücksichtigen: Erstens ist neben dem zeitlichen Fixpunkt für die Abfahrt am Morgen ein zweiter Fixpunkt für die Abfahrt nach dem Mittagessen einzuplanen. Zweitens sind für jede Fahrtstrecke und jede Führung zusätzliche "Pufferzeiten" von ca. 15–20% der vorgesehenen Fahrt- oder Führungszeit vorzusehen. Eine einstündige Führung erfordert demnach einen "Puffer" von etwa 10 Minuten. Der doppelte zeitliche Fixpunkt am Morgen und Mittag erleichtert es, die Feingliederung des Nachmittags von der des Vormittags vollständig abzukoppeln. Zeitdefizite des Vormittags können dann entwe-

---

14 Das hier vorgeschlagene Fahrtenbuch dient ausschließlich der "Plankontrolle auf einen Blick", entspricht also nicht dem "Vademecum" des Reiseleiters, das Kubsch (1991, S. 431 f.) beschreibt und das selbstverständlich unverzichtbar ist. Hier geht es aber um ein Instrument zur lückenlosen Information der Reisenden, nicht des Reiseleiters.

der durch Umplanungen der Mittagspause oder mit Hilfe angesammelter Pufferzeiten ausgeglichen werden und beeinträchtigen nicht den pünktlichen Neustart des Programms am Nachmittag. Die Anordnung von Pufferzeiten ermöglicht es, leichte Verspätungen aufzufangen, oder, falls sie dazu nicht benötigt werden, Führungen lockerer – urlaubsgerechter – zu gestalten, statt der direkten Anfahrt vor das Objekt "spontan" einen Umweg zu wählen oder sich ihm durch Gassen zu nähern, die für den Bus nicht zu befahren sind, oder auch ein brandneues Objekt vorzustellen, das den Reiseteilnehmern einen Wissensvorsprung vor den gedruckten Reiseführern und einen Prestigevorsprung vor den Bekannten zu Hause verschafft. Pufferzeiten und doppelter Fixpunkt sind das Geheimnis eines anspruchsvollen und zugleich urlaubsgerechten, locker und spontan scheinenden Führungsstils auf Studienreisen, setzen allerdings schärfste zeitliche Kalkulation und beste Kenntnis des Zielgebiets voraus.

Die einzelnen Abschnitte einer Tagesplanung wiederholen sich täglich und gleichen sich trotz starker inhaltlicher Unterschiede formal. Es ist deshalb zur Planungserleichterung möglich, sechs *"Regelblöcke"* als *"Checklisten"* unterschiedlichen Umfangs zu bilden.

- Der *"Regelblock Start"* umfaßt alle Tätigkeiten des Reiseleiters, bevor sich der Bus in Bewegung setzt oder die Gruppe zum Rundgang aufbricht. Er wird in seiner vollständigen Form nur benötigt, wenn die Gruppe das Hotel endgültig verläßt:
  - Gepäckcheck (Überwachen des Sammelns und Verladens der Koffer, Prüfung auf Vollständigkeit, Trinkgeld Gepäckträger);
  - Rezeptionscheck (Vollzähligkeit der Schlüssel, Frage nach offenen privaten Rechnungen – Telefon, Getränke usw. – der Reisenden, eventuell Abrechnung und "letzte Rate" Trinkgeld, Adresse für die Nachsendung vergessener und vom Personal gefundener Gegenstände der Teilnehmer; bei Rückkehr ins gleiche Hotel: Vereinbarung oder Sicherheitscheck für Zeitpunkt des Abendessens einschließlich Menüwünsche;
  - namentliche Einzelbegrüßung der Teilnehmer vor der Bustür (nicht sitzend im Bus), zugleich letzter Tourcheck mit Fahrer und/oder Stadtführer (falls vorgeschrieben) zur Information über voraussichtliche Schwierigkeiten, Prüfung des Busmikrophons;
  - zum festgesetzten Abfahrtszeitpunkt Abzählen der Gruppe im Bus mit Kontrollzählung; falls vollzählig, allgemeine Begrüßung über Busmikrophon und "Startcheck": Alle Schlüssel abgegeben? Alle Pässe zurückbekommen? Alle privaten Rechnungen bezahlt? Alle Jacken, Taschen, Brillen, Fotoapparate, Bücher aus dem Frühstücksraum mitgebracht? Abfahrt.
- Im *"Regelblock Abfahrt"* sind mehrere Teilinformationen und fahrtbegleitende Hinweise zusammengefaßt, die unmittelbar (!) mit dem Anfahren zu geben sind, aber je nach Lage des Hotels und der Fahrtroute unterschiedlich angeordnet und gewichtet werden können:
  - Information über Tagesplan mit kurzer Erläuterung des Tagesthemas und knapper inhaltlicher Skizze der Etappen und des Tagesziels (Ort, Lage und Ausstat-

ung des Zielhotels); exakte Planungszeiten für erste Pause und Mittagessen, voraussichtliche Ankunftszeit am Abend; Erwähnung von möglichen Schwierigkeiten, falls konkret bekannt; Hinweis auf landesspezifische Fest- oder Gedenktage, die auf den Reisetag fallen.
- Führt die Strecke durch die bereits besichtigte Stadt, so sind die bekannten Objekte noch einmal zu benennen (auch die nicht an der Strecke liegenden) und unbekannt gebliebene, aber relativ bedeutende und vom Bus aus sichtbare Objekte zu erläutern (Anreiz für eine weitere Reise!).
- Führt die Strecke an der Stadt vorbei, so ist zumindest eine zusammenfassende "Ausleitung" aus der Stadt oder Region zu geben.
- Wird für die Ausfahrt aus der Region eine andere Strecke benutzt als für die Einfahrt, so ist die Rolle und Bedeutung der Straße für die Region zu erläutern (spezielle Bezeichnung: "Salzstraße", "Camino Real", "Oregon Trail", "Pilgerweg"; Geschichte der Straße und Kontinuität der Straßenführung; Personalisierung: Zug Alexanders des Großen, Kreuzfahrerroute, Missionsreisen usw.); Einbindung in das überregionale kommunikative Netz; System der Straßennumerierung usw.
- Gelegenheit zum Fotostop nutzen (Rückblick).

— Der *"Regelblock Fahren"* wiederholt sich mehrmals täglich. Er setzt sich aus Teilblöcken, die der Vorbereitung auf das nächste Zwischenziel dienen, und fahrtbegleitenden Hinweisen zusammen. Hier sind auch Überblicksvorträge zur Geschichte, Kunstgeschichte und Landeskunde im weitesten Sinne einzuordnen. Im folgenden werden die Teilblöcke in der häufigsten chronologischen Anordnung genannt, wobei zu beachten ist, daß der Teilblock *"Fahrtbegleitende Hinweise"* sich je nach visuellem Anlaß in zahlreiche kleine Abschnitte gliedern kann:
- Fahrplan bis zum nächsten Zwischenziel: Zeit der Ankunft, allgemeine Angaben zur Streckenführung, landschaftlicher Eigenart, geographischen und geologischen Besonderheiten, historischer Bedeutung usw.
- Fahrtbegleitende Hinweise: Als Faustregel gilt, daß jedes durch Ausmaße (besonders groß oder besonders klein), Eigenartigkeit oder Fremdheit ins Auge fallende Objekt benannt und erklärt werden sollte, und zwar synchron zur Sichtbarkeit. Die Frage "Was ist das?" bedeutet, daß der Reiseleiter zu spät geschaltet hat. Wichtiger sind manchmal unauffällige, aber aussagekräftige Besonderheiten wie Gesteinsschichtungen, Vegetation oder Wüstungen, Wegweiser zu bekannten Orten, siedlungstypologische Ortsnamensformen oder auffällige Ortsnamen, die ethnische oder religiöse Enklaven ankündigen. Immer unsichtbar, aber mit höchster Bedeutung für die Sprach- und Dialektentwicklung sowie für die Siedlungsgeschichte sind geographische Eigennamen von Bergen, Flüssen, Landschaften. In all diesen Fällen sind die Hinweise rechtzeitig vorzubereiten und bei schlechter Sichtbarkeit der Objekte die Augen sorgfältig verbal von Orientierungspunkt zu Orientierungspunkt zu führen, bisweilen ist auch die Geschwindigkeit des Busses zu vermindern oder anzuhalten. Die Ent-

täuschung über etwas Sichtbares, aber nicht Gesehenes wirkt sich auf das Erfolgserlebnis negativer aus als die völlige Unkenntnis über die Existenz eines Objekts. Besonders wichtig ist es, visuelle Hinweise auf Wirtschafts- und Lebensformen, also etwa Reisfelder, Abbau von Bodenschätzen, Nomadenzelte, Slums, Bewässerung usw. zu nutzen.

- Überblicksvorträge sind wegen der im Tagesverlauf sinkenden Aufmerksamkeit prinzipiell am Vormittag einzuordnen. Sie sollen einen engen Bezug entweder zu den momentanen, kurz vorher oder kurz nachher gebotenen visuellen Reizen haben oder eine in der Gruppe geführte Diskussion systematisieren helfen. Erfahrungsgemäß sind Vorträge dieser Art zwischen der Mittagspause und dem nächsten nachmittäglichen Zwischenziel unangebracht und fast eine Zumutung ("Verdauungsflaute").
- Vorbereitung auf das nächste Ziel. Sie vertieft die bereits im "Fahrplan" skizzierte inhaltliche Einführung. Etwa zehn Minuten vor der Ankunft am Besichtigungsort ist der Inhalt der folgenden Präsentation anzukündigen und die logische Verbindung zum Tages- und Reisethema herzustellen oder zu begründen, weshalb die Besichtigung geplant ist, obwohl keine oder nur eine schwache Verbindung besteht. Ebenfalls ist darzustellen, wieweit das folgende Objekt eine Bestätigung und Vertiefung oder eine Relativierung und Modifizierung der bisher auf der Reise gewonnen Erkenntnisse erwarten läßt, um über den Vergleich etwa die Festigung einer formalen oder funktionalen Typologie zu erreichen oder die Existenz von Sonderformen zu erschließen.

Zu diesem Teilblock kann ein Fotostop mit guter Sicht auf das Objekt bei der Anfahrt gehören. Unverzichtbar sind präzise Informationen über den organisatorischen Ablauf der folgenden Führung: Dauer der gemeinsamen Besichtigung; vorgesehene Zeit für eigene Besichtigung oder Fotografieren, Kauf von Postkarten oder Literatur im Anschluß an die Führung (nicht während des Erwerbs der Eintrittskarten durch den Reiseleiter!); Hinweis auf eventuell vorhandene Cafeteria und WC (passende Münzen und Papiertaschentücher bereithalten); exakte und mehrfache Nennung des Treffpunkts und des Zeitpunkts der Weiterfahrt; am Beginn der Reise auch Hinweis auf besondere Kennzeichen des Busses, um das Wiederfinden zu erleichtern. Diese Angaben sind bereits im Bus zu geben, die Zeit- und Ortsangaben des Treffpunkts nach Beendigung der gemeinsamen Führung zu wiederholen.

– Der *"Regelblock Besichtigung"* bemißt sich zeitlich aus der Summe der Einstiegs- und Ausstiegszeiten, des Kartenkaufs, der Besichtigungszeit und der "Freizeit" der Teilnehmer. Der zeitliche Umfang der Besichtigungszeit und der "Freizeit" hängt ab von der Ausdehnung des Objekts oder der Objektgruppe, der Besucherdichte und (vor allem im Freien) von den klimatischen oder Witterungsbedingungen. Die "Freizeit" sollte nie mehr als ein Viertel der Besichtigungszeit betragen, um den Eindruck des "Trödelns" zu vermeiden, und braucht nicht en bloc angeboten zu werden. Bei ausgedehnten Führungen ist die "Freizeit" zu splitten, da der Teilneh-

mer nach dem Ende des Rundgangs nicht mehr an eine interessante Stelle zurückkehren kann. Allerdings führt dies häufig zum Verbrauch der Pufferzeit.
Die Routenführung in weitläufigen Komplexen ist vor Beginn der Führung mit Hilfe eines Plans zu beschreiben, um die Orientierung zu erleichtern. Während der Führung ist aus dem gleichen Grund der jeweilige Standort mehrfach auf dem Plan zu zeigen. Bei der Planung der Strecke ist entweder eine chronologische Anordnung der präsentierten Objekte, etwa in Museen,[15] oder eine Reihenfolge anzustreben, die den Weg der früheren Besucher und Nutzer nachzeichnet: Prozessionswege zu antiken Heiligtümern (etwa auf die Akropolis in Athen oder in Delphi) oder mittelalterlichen Pilgerzielen; die Wege von Klosterbewohnern in dem von der Ordensregel vorgeschriebenen Tagesablauf; die räumliche Folge der Stufen in geistlichen und weltlichen Zeremonien usw.[16]

---

15 Für die Planung von Museumsführungen bietet Kluckert (1981, S. 174–204) eine knappe, aber sehr nützliche Typologie der Museen und einfallsreiche Vorschläge zur Führung. Zu knapp erscheint mir das Museumsgebäude und die Geschichte der Sammlung(en) angesprochen zu sein: Mit den hehren "Kunsttempeln" verbinden sich häufig recht handfeste politische Absichten, vor allem mit den sog. "Nationalmuseen". Gebäude und Sammlung können national-imperiale (Louvre, British Museum) oder nationalistische bzw. politisch-identifaktorische (Archäologisches Museum Athen, Geschichte des Judentums Tel Aviv, Nationalmuseum Mexico City, Air and Space Museum Washington D.C.) Aspekte verdeutlichen, die für das Verständnis der Inhalte wichtig sind. Desgleichen spiegelt sich die Entwicklung der modernen Museumsdidaktik (z.B. in Köln, Stuttgart) in der Gebäudeform und/oder der Anordnung der Exponate ebenso wider, wie sich zuweilen das Selbstverständnis von Politikern in Ausstellungsgebäuden manifestiert (Centre Pompidou, Paris). Zur exemplarischen Lektüre empfohlen: Wescher (1978), und aufmerksam zu beobachten: der Streit um die Parthenonskulpturen in London.
Zur Museumsdidaktik anregend: Schuck-Wersig/Wersig (1986) und die Zeitschrift "Freizeitpädagogik" (12. Jg., Heft 1–2/1990) mit dem Schwerpunktthema "Freizeitpädagogik im Museum".

16 Zur Planung der Präsentation archäologischer Zonen finden sich zahlreiche Beispiele und anregende Hinweise bei Weis (1991, S. 342–372) und Schneider (1990); zum Problem Denkmalpflege und Tourismus vgl. Eder (1987, S. 644–655).
Zur Planung von Stadtführungen und -rundfahrten liegt nun eine zusammenfassende Darstellung durch Schmeer-Sturm (1991, S. 387–399) vor. Trotz zahlreicher Details und nützlicher didaktischer Hinweise wirkt der Aufsatz diffus, weil es der Autorin nicht gelingt, einen von der spezifischen Eigenart des Lebensraums Stadt ausgehenden systematischen Planungsansatz zu gewinnen. So zieht sie keinen Nutzen aus dem auf S. 390, Anm. 2, zitierten Standardwerk zur Geschichte und Funktion der Stadt von Lewis Mumford und scheint das wichtigste Werk zur Wahrnehmung von Städten nicht zu kennen: Lynch (1960). Deshalb seien hier einige Grundprobleme der Auswahl und Anordnung von Besichtigungszielen und der Routenführung zusammengefaßt:
Die Ausgangsfragen bei der Planung sind: Was erwartet der Reisende von einer Stadt im allgemeinen und von einer speziellen Stadt im besonderen? Wie findet er sich in der Stadt zurecht, lernt sie kennen und gewinnt Sicherheit?
Im allgemeinen erwartet der Reisende von einer Stadt die üblichen Zentrumsfunktionen, d.h. politische Repräsentation (Verwaltungsgebäude, Regierungsgebäude, Denkmäler, repräsentative Straßen und Plätze), ein erweitertes und anspruchsvolles Kulturangebot (Oper, Theater, Konzerte, Kinos, Museen, Ausstellungen), umfangreiche Einkaufsmöglichkeiten (Kaufhäuser, Basare, Märkte, Boutiquen, Fußgängerzonen) und erleichterte Kommunikation (Massenverkehrsmittel, Kneipen, Straßencafés). Daneben bestehen spezifische Erwartungen, die sich mit klischeehaften Vorstellungen von der "Atmosphäre" einer Stadt verbinden. So erwartet man etwa von London gelassene Ge-

- Der *"Regelblock Neustart"* berücksichtigt die organisatorischen und inhaltlichen Bedingungen des Aufbruchs nach einer Besichtigung:
  - Warten auf die Gruppe am Treffpunkt in gut sichtbarer Position ca. fünf Minuten vor vereinbarter Zeit;
  - Abzählen im Bus mit Kontrollzählung, "Startcheck": Nichts in Cafeteria liegenlassen? Gekauftes mitgebracht? (Spätestens zu diesem Zeitpunkt sollte der Reiseleiter Briefmarken für Postkarten bereithalten.)
  - Abfahrt;
  - Nachbereitung des Gesehenen: Beantwortung von Fragen einzelner für die gesamte Gruppe; Besonderheiten hervorheben (erstmals Gesehenes in typologischen Zusammenhang mit bereits Bekanntem bringen bzw. Kontrast oder Einmaligkeit betonen);
  - eventuell Fotostop (Rückblick).
- Der *"Regelblock Ankunft"* steht kurz vor dem Ende einer Tagesfahrt. Er bereitet auf das Hotel vor und leitet zum nächsten Tag über:
  - Informationen über das Hotel: Lage (im Ort, am Rande oder außerhalb; wenn nötig Angabe von Transportbedingungen in den Ort); Qualität und Ausstattung (Swimmingpool, Sauna etc.), architektonische und andere Besonderheiten;
  - Vorstellung des nächsten Tages: Tagesthema, Streckenführung, Zwischenziele und Endpunkt, Abfahrts- und Ankunftszeit;

---

schäftigkeit, von Paris Esprit und leicht verruchten Glanz, von New York ethnische Farbigkeit und hektische Betriebsamkeit, von Neapel Schmutz und in Palermo die Mafia. Obwohl es nicht die Aufgabe eines Reiseleiters ist, Vorurteile und Klischees zu festigen, dürfen bei einer Stadtrundfahrt die wie immer begründeten Erwartungen nicht außer acht gelassen werden, und sei es nur, um sie zu korrigieren. Gleichfalls sind die kommunikativen und politischen Zentren zu berücksichtigen, und zwar nicht nur als Beiwerk zu Kunst und Kultur, sondern als integrative Bestandteile der speziellen Eigenart einer Stadt.

Das Zurechtfindenkönnen in einer Stadt (auch ohne den Reiseleiter) muß gefördert werden durch die Berücksichtigung der Orientierungsgewohnheiten von Menschen in architektonisch verdichteten Ballungsräumen. Lynch (1960) hat mehrere Elemente herausgearbeitet, aus denen sich Stadtbewohner einen "inneren Stadtplan" (mental map) bilden, der ihnen die Orientierung ermöglicht, indem sie nach der üblichen Methode des Gehens einer Reihe von Merkzeichen folgen. Solche einprägsamen Merkzeichen sind z.B. Straßen (Fifth Avenue, Via del Corso, "Kudamm", Champs Elysees, Hohe Straße in Köln), die das "Rückgrat" eines Straßensystems bilden; Konzentrationspunkte jeder Art, wie Verkehrsknotenpunkte (Picadilly Circus, Piazza Venezia in Rom), Bahnhöfe, Bankenviertel, charakteristische Stadtteile (Montmartre, Chinatown, Trastevere, Kreuzberg) oder "Schauseiten", d.h. gut sichtbar am Fluß oder Meer, auf Terrassen oder Plateaus gelegene Parks oder Gebäudegruppen mit Ensemblecharakter; herausragende Gebäude (Wolkenkratzer, Kirchen, Türme, Brücken und Brückenpfeiler), aber auch auffällig kleine Gebäude in einer Zeile hoher Häuser. All diese Merkzeichen sind bei der Routenführung der Stadtrundfahrt in ihrer Bedeutung für die selbständige sichere Orientierung der Reisenden in der Stadt zu bedenken und bei der Rundfahrt, möglichst mit Hilfe ausgegebener Stadtpläne (mit eingezeichneter Route) in das kommunikative System der Stadt einzuordnen. Andernfalls bleibt die Stadt mit all ihren wertvollen Monumenten und Museen ein zusammenhangloses Kaleidoskop von Mosaiksteinchen ohne Rahmen, ein Asphaltdschungel, der eher bedrohlich wirkt, als er zur Erkundung einlädt.

- Hinweise auf besondere Bedingungen und spezielle Ausrüstung (Taschenlampen, festes Schuhwerk, Sonnenschutz, bei Wanderungen Wasservorrat usw.). Zusammen mit der Abfahrtszeit sind speziell diese Hinweise gegen Ende des Abendessens an den einzelnen Tischen zu wiederholen und, falls unverzichtbar, am nächsten Morgen beim Startcheck zu überprüfen. Führen unterlassene oder lückenhafte Hinweise zur Gefährdung der Gesundheit der Reisenden, sind Regreßansprüche an den Veranstalter möglich (vgl. Bartl, 1991, S. 441–481).
- Informationen über Hoteleinchecken: Modalitäten der Zimmerverteilung und des Koffertransports (eventuell gebräuchliches Trinkgeld für Träger); Termin des Abendessens; zum Abschluß Wiederholung der Abfahrtszeit oder des Führungsbeginns am nächsten Morgen;
- Ankunft und Rezeptionscheck: Zahl der Zimmer (Problem Einzelzimmer), Organisation des Gepäcktransports, Bestätigung des Abendessentermins und der Frühstückszeiten, Übertrag der Zimmernummern auf eigene Teilnehmerliste mit Einweisung der Reisenden; dabei Wiederholung des Abendessentermins und Angabe des Speisesaals.

Nach Einweisung der Teilnehmer bleibt der Reiseleiter noch 15–20 Minuten an der Rezeption, um bei eventuellen Beschwerden oder Sonderwünschen behilflich sein zu können. Dabei erfolgt der Tourcheck für den nächsten Tag mit dem Busfahrer (meist nicht unbedingt nötig, aber immer anzuraten, da auf diese Weise der Fahrer in den Ablauf der Reise und die Interessen der Gruppe integriert wird).

Die hohe Informationsdichte der Regelblöcke kann den Anschein erwecken, der Reiseleiter würde die Gruppe unablässig "berieseln". Das ist aber nicht der Fall, weil die meisten Informationen nur wenige Minuten oder sogar Sekunden in Anspruch nehmen und die organisatorischen Hinweise im Laufe der Fahrt zu freundlichen Kürzeln schrumpfen. Dennoch ist die ständige Variation der Formulierungen und des Sprachniveaus erforderlich, um den Eindruck der geist- und lieblosen Routine zu vermeiden. Grundsätzlich sind längere Vorträge vorher anzukündigen, und es ist darauf zu achten, daß den Reisenden genügend Zeit bleibt, um sich zu unterhalten, zu lesen oder auch nur zu dösen.

1.7 Epilog: Die wissenschaftliche Studienreise als Markenartikel

Obwohl der Studienreisemarkt überdurchschnittliche Zuwachsraten verzeichnen kann und wegen einer zahlungskräftigen Klientel wirtschaftlichen Konjunkturschwankungen weniger ausgeliefert ist, wird er ein relativ kleines Marktsegment bleiben. Hinderlich für eine Erweiterung sind das verbreitete Image der Studienreise als "rollendes Seminar" oder "Diavortrag auf Rädern" und der im Vergleich zu üblichen Busreisen sehr hohe Preis. Speziell dieser Preis bedarf einer Rechtfertigung, der nicht nur im Etikett "Studienreise" liegen darf. Vielmehr muß diese Form der Reise mit standardisierten Qualitätskriterien ausgestattet sein, die aus der Studienreise einen unverwechselbaren und "preiswerten" (d.h. seinen hohen Preis werten) Markenartikel von gleichbleibend hohem Niveau machen.

Diese Standardisierung kann nicht durch die Betonung der Inhalte, d.h. die Summe der Sehenswürdigkeiten, gefördert werden, da diese Ziele auch billiger erreicht werden können, sondern muß sich auf eine einheitliche Vermittlungsstrategie dieser Inhalte in der spezifischen Situation des Urlaubs stützen. Um dem Begriff "Studienreise" gerecht zu werden, hat diese Reiseform sowohl "Studien" als auch eine (Urlaubs-)"Reise" zu bieten. Sie muß also dem Reisenden einerseits den erwarteten substanziellen Zugewinn an Kenntnissen und Fähigkeiten sichern und ihn dabei nicht zum bloßen Wissenskonsumenten degradieren, sondern ihn "studierend" am Erwerb dieses Wissens beteiligen, und andererseits dem Studierenden das Gefühl der Sicherheit, Sorglosigkeit und Freiheit vermitteln, das der Reisende im Urlaub erwartet.

Die hier vorgeschlagene Methode des kommunikativen forschenden Lernens in Verbindung mit einer detaillierten Planung und strikten Plankontrolle ist geeignet, beide Ziele zu erreichen. Voraussetzung für eine derartige Standardisierung der Studienreise ist eine gleichmäßig hohe Fertigkeit der Reiseleiter in den Vermittlungstechniken und ein hohes Maß von Allgemeinbildung neben den fachlichen Spezialkenntnissen. Falsche Sparsamkeit, Rücksicht auf akademische Grade oder schlichte Unkenntnis der Anforderungen in der Praxis des Reiseleiters haben die Veranstalter, wie es scheint, bisher davon abgehalten, sowohl eine konsequente methodische Schulung als auch eine fachübergreifende Homogenisierung des Reiseleiterwissens in tourismusrelevanten Fächern durch wissenschaftliche Weiterbildungsseminare oder Literaturhinweise zu betreiben. Auf lange Sicht jedoch dürfte sich die Entwicklung der Studienreise zu einem Markenartikel von homogener Qualität als Chance der Marktbehauptung und -erweiterung erweisen. Als Fernziel könnte sogar ein "Gütesiegel Studienreise" entwickelt werden (vielleicht eine Eule im Bikini?), das strengen Kriterien unterworfen wird.

Gewinner bei dieser Standardisierung ist zweifellos der Reisende, der dem "Produkt Studienreise" vertrauen kann, und wahrscheinlich auch der Veranstalter. Verlierer ist ebenso zweifellos der Reiseleiter. Denn er muß sich jetzt schon klaglos damit abfinden, daß seine Tätigkeit und seine Bemühungen gerade bei einer gelungenen Reise weit unterschätzt werden. Obwohl er den Urlaubseffekt von Studienreisen nur mit höchster Konzentration von früh bis spät und dem ständigen (verstohlenen!) Blick auf die Uhr erkaufen muß, darf er den damit verbundenen Streß nicht sichtbar werden lassen, um die lockere Atmosphäre nicht zu stören. Je besser die Reise läuft, desto weniger erkennt man seine planende und ordnende Hand, und so soll es auch sein. Deshalb sei dem "technisch-organisatorischen Komplex", den Veranstaltern, als wichtige Planungsvorgabe abschließend noch die Lektüre eines Aufsatzes empfohlen: Kächele/Vogel (1991, S. 556–565).

Literatur

Albrecht, U., H. Kunze (1991): Konzepte der Studienreise. In: W. Günter (Hrsg.): Handbuch für Studienreiseleiter. 2. Aufl., Starnberg, S. 185–199.
Arnheim, R. (1985): Anschauliches Denken. 5. Aufl., Köln.
Bartl, H. (1991): Studienreiseleitung und Recht. In: W. Günter (Hrsg.): Handbuch für Studienreiseleiter. 2. Aufl., Starnberg, S. 445–481.
Baxandall, M. (1977): Die Wirklichkeit der Bilder: Malerei und Erfahrung im Italien des 15. Jahrhunderts. Frankfurt a.M.
Bätschmann, O. (1988): Einführung in die kunstgeschichtliche Hermeneutik. 3. Aufl., Darmstadt.
Belting, H. et al. (Hrsg.) (1988): Kunstgeschichte: Eine Einführung. 3. Aufl., Berlin.
Eder, W. (1987): Unsichtbares sichtbar machen: Überlegungen zum Wiederaufbau antiker Denkmäler. In: Universitas, 42. Jg., Nr. 495, S. 644–655.
Gayler, B. (1991): Erwartungen und Bedürfnisse des Studienreisenden. In: W. Günter (Hrsg.): Handbuch für Studienreiseleiter. 2. Aufl., Starnberg, S. 125–126.
Günter, W. (1991a) (Hrsg.): Handbuch für Studienreiseleiter. 2. Aufl., Starnberg.
Günter, W. (1991b): Der moderne Bildungstourismus: Formen, Merkmale und Beteiligte. In: W. Günter (Hrsg.): Handbuch für Studienreiseleiter. 2. Aufl., S. 31; 41–45.
Günter, W. (1991c): Allgemeine Didaktik und Methodik der Studienreise. In: W. Günter (Hrsg.): Handbuch für Studienreiseleiter. 2. Aufl., Starnberg, S. 200–224.
Isenberg, W. (1991): Spontane länderkundliche Forschungen auf Studienreisen. In: W. Günter (Hrsg.): Handbuch für Studienreiseleiter. 2. Aufl., Starnberg, S. 225–236.
Kächele, H., H. Vogel (1991): Was sind Studienreiseleiter/innen eigentlich wert? Markierungen für den Weg zu einem leistungsbezogenen Entgelt. In: W. Günter (Hrsg.): Handbuch für Studienreiseleiter. 2. Aufl., Starnberg, S. 556–565.
Kluckert, E. (1981): Kunstführung und Reiseleitung: Methodik und Didaktik. Oettingen, S. 174–204.
Kluckert, E. (1991): Kunst und Kunstgeschichte auf Studienreisen. In: W. Günter (Hrsg.): Handbuch für Studienreiseleiter. 2. Aufl., Starnberg, S. 124; 373–386.
Kubsch, W. (1991): Planung, Vorbereitung und Durchführung von Studienreisen. In: W. Günter (Hrsg.): Handbuch für Studienreiseleiter. 2. Aufl., Starnberg, S. 417–433.
Lynch, K. (1960): The Image of the City. Cambridge/Mass. (dt. Übersetzung: Das Bild der Stadt. Berlin/Frankfurt a.M./Wien, 1965).
Müllenmeister, H. M. (1991): Das Programmkonzept des Reiseleiters. In: W. Günter (Hrsg.): Handbuch für Studienreiseleiter. 2. Aufl., Starnberg, S. 434–444.
o.V. (1990): Freizeitpädagogik im Museum. In: Freizeitpädagogik, 12. Hg., Heft 1–2.
Petersen, D. (1991): Konfliktregelung in der Reisegruppe. In: W. Günter (Hrsg.): Handbuch für Studienreiseleiter. 2. Aufl., Starnberg, S. 155–173.
Schmeer-Sturm, M.-L. (1991): Stadtbesichtigungen. In: W. Günter (Hrsg.): Handbuch für Studienreiseleiter. 2. Aufl., Starnberg, S. 387–399.
Schmidt, B. (1991): Auf dem Weg zu einer Psychologie der Studienreisegruppe. In: W. Günter (Hrsg.): Handbuch für Studienreiseleiter. 2. Aufl., Starnberg, S. 132–154.
Schneider, A. (1990): Historische Reiseführung: Leitfaden für Reiseleiter (Berichte und Materialien des Instituts für Tourismus der Freien Universität Berlin, Nr. 7). Berlin.
Schuck-Wersig, P., G. Wersig (1986): Die Lust am Schauen oder Müssen Museen langweilig sein? Berlin.
Weis, B. K. (1991): Die archäologische Studienreise. In: W. Günter (Hrsg.): Handbuch für Studienreiseleiter. 2. Aufl., Starnberg, S. 342–372.
Weisbach, Ch. (1981): Zur Psychologie der Reisegruppe. In: E. Kluckert: Kunstführung und Reiseleitung. Oettingen, S. 233–241.
Wescher, P. (1978): Kunstraub unter Napoleon. Berlin.

2. Ziele und Aufgaben der Gästeführung und -betreuung

Marie-Louise Schmeer-Sturm

2.1 Was versteht man unter Gästeführern und -betreuern?

Neben dem Reiseleiter oder -begleiter (vgl. Schmeer, 1984; Schmeer-Sturm, 1989; 1990a, b) begegnet der Tourist dem einheimischen Ortsführer, der für ein Objekt bzw. einen Ort zuständig ist (vgl. Schmeer, 1985a–e; Schmeer-Sturm/Springer, 1991). Während man früher dafür den Begriff "Fremdenführer/in" verwendet hat, spricht man heute auch von "Gästeführern/innen". Eine Sonderform der "local guides" ist der Schloßführer. Es handelt sich hier in vielen Fällen um einen Hausmeister, der z.B. bei der Bayerischen Schlösser- und Seenverwaltung als Arbeiter beschäftigt ist und ein vorgefertigtes Manuskript referiert. Ebenfalls eine Sonderform stellen Museumsführer dar, soweit sie sich aus dem wissenschaftlichen Personal eines Museums rekrutieren und dort eine feste Anstellung haben. Angestellte Ortsführer finden sich bisweilen auch in Fremdenverkehrsämtern, wo sie kaufmännische und beratende Tätigkeit haben und z.T. Führungen übernehmen. Ansonsten arbeiten Gästeführer/innen im allgemeinen freiberuflich gegen ein Stunden- bzw. Tageshonorar, in über der Hälfte der Fälle sogar ehrenamtlich (Bartl/Schöpp/Wittpohl, 1986, S. 132). Neben den Gästeführern gibt es noch die Gästebetreuer, insbesondere in Kur- und Erholungsorten (vgl. Grümme et al., 1987). Diese werden z.B. bei der Vorbereitung und Gestaltung von Spielfesten, für die Animation in Pensionen und Hotels, für verschiedene Aktionen im Bereich der Kreativität, Bildung, Unterhaltung, Erholung, Therapie und Beherbergung (vgl. Nahrstedt, 1987, S. 9) eingesetzt. Ich werde mich im folgenden auf die Bereiche Bildung und Unterhaltung konzentrieren, die zumeist von den sogenannten Gästeführern, aber auch von zahlreichen Gästebetreuern abgedeckt werden, da die Übergänge von Information zu Unterhaltung und Animation oft fließend sind.

2.1.1 Inhalte von Gästeführungen

Gästeführungen vermitteln in erster Linie einen Überblick über die verschiedenen Angebote des Fremdenverkehrsortes (Monumente, Freizeit-, Verkehrs- und Erholungseinrichtungen). Darüber hinaus ist der Ortsführer in seiner Funktion als Sympathieträger nicht zu unterschätzen: Eine gelungene, freundliche Führung vermittelt ein positives Verhältnis zum Urlaubsort und ermöglicht dem Gast die Identifikation mit "seinem" Ferienziel.

Welche Führungsthemen werden im allgemeinen angeboten? Nach einer Untersuchung des Deutschen Seminars für Fremdenverkehr in Berlin (Bartl/Schöpp/Wittpohl, 1986, S. 43) sind Geschichte (86,7%) und Kultur (69,1%) sowie Landschaftskunde/ Geologie (43,4%) in den meisten der untersuchten Orte mit Gästeführungen die Schwerpunkte der Führungen. Aber auch das örtliche Handwerk und die Industrie (20,4%), ortsspezifische Veranstaltungen, Verkehrseinrichtungen (7,1%) und das Sportangebot des Ortes (6,3%) werden in die Führungen mit einbezogen.

2.1.2 Regionaltypische Sonderführungen

Orte, die nicht über herausragende Kulturdenkmäler verfügen, oder private Initiativen, wie z.B. der "Arbeitskreis neue Städtetouren", bieten gelegentlich Spezialführungen an, die aber auch in Orten mit konventionellen Führungsinhalten für besonders Interessierte verkauft werden können. Solche speziellen Führungsthemen können sein:
- Botanik (z.B. Moor-Exkursion),
- Geologie (z.B. Versteinerungen im Altmühltal),
- Ornithologie (z.B. Flußläufe, Vogelstimmenwanderung),
- Forst- und Weidewirtschaft (z.B. Vorgebirge),
- Stadt-Sanierungsprojekte,
- literarische Rundgänge (z.B. "Vom Blauen Reiter bis zur Weißen Rose" in München),
- "alternative" oder "antifaschistische" Stadtrundgänge (vgl. Schmeer-Sturm/Springer, 1991, S. 23–34).

Beispiele für den letzteren Bereich bietet der Nürnberger Verein "Geschichte für Alle e.V.", der in seinem Veranstaltungsprogramm Themen offeriert wie: "Das ehemalige Reichsparteitagsgelände"; "Rundfahrt zu den Stätten des Widerstands und der Verfolgung"; "Das Leben der Oberschichten in reichsstädtischer Zeit"; "Das Leben der Unterschichten in reichsstädtischer Zeit"; "Industrialisierung in Nürnberg"; "Frauen-Stadtrundgang"; "Jahrhundertelang eine Heimat – Rundgang zur Geschichte der Juden in Fürth"; "Von Festungsbaumeistern und Fließbandarbeitern – Rundgang zur Geschichte der Ausländer und Arbeitsemigranten in Nürnberg".

Gelegentlich bieten Fremdenverkehrsorte oder Museen auch explizit neben einer Standard-Überblicksführung Schwerpunktführungen zu verschiedenen Themen an. Ein positives Beispiel hierfür ist das Freilichtmuseum des Bezirks Oberbayern an der Glentleiten (Großweil), das damit auch zum Wiederkommen der Gäste motiviert:
(1) Wie war das Leben auf dem Dorf vor 100 oder 200 Jahren?
(2) Wie ist ein Bauernhaus gebaut?
(3) Arbeit in der Landwirtschaft
(4) Gärten von 800 bis 1930
(5) Hauswirtschaft und Kochtechniken

(6) Textilien herstellen, weben und färben
(7) Handwerk und vorindustrielle Technik im bäuerlichen Bereich
(8) Bäuerlicher Jahresablauf im Kirchenjahr, Feste und Bräuche
(9) Das Freilichtmuseum, wie Sie es nicht kennen (Blick hinter die "Kulissen")

2.1.3 Ausarbeitung origineller, zielgruppenorientierter Führungsangebote

Eine Möglichkeit für den Fremdenverkehrsort, sich im touristischen Wettbewerb zu profilieren, ist es, durch phantasievolle, originelle und aus dem üblichen Rahmen fallende Angebote bestimmte Besuchergruppen anzuziehen. Beispiele dafür sind:
- Fotoführungen,
- Radrundfahren,
- Stadterkundungsspiele,
- Fahrrad-Rallyes,
- Kinderführungen,
- Führungen für Familien mit Kindern,
- Erlebniswanderungen,
- Mundartführungen.

2.2 Besichtungsobjekte im Reisegebiet

Mit dem kunstgeschichtlich-vergangenheitsorientierten Aspekt wird nur ein kleiner Bereich der bereisten Region und ihrer heutigen Realität erfaßt. Im folgenden wird deshalb ein Kanon von "bildenden" Einrichtungen und Denkmälern (Schmeer-Sturm/ Springer, 1991, S. 18) vorgestellt, der Verkehrsämtern und Gästeführern Anregungen für eine abwechslungsreiche und zeitgemäße Programmgestaltung geben kann, wenn auch im allgemeinen bei konventionellen Gästeführungen Objekte aus dem Bereich "Kunst und Kultur in der Vergangenheit" dominieren.

Geschichte, Kunst und Kultur in der Vergangenheit

(a) Museen und Galerien (z.B. Alte Pinakothek in München)
(b) Häuser berühmter Menschen (z.B. Goethehaus in Frankfurt)
(c) Gedenkstätten (z.B. Plötzensee in Berlin)
(d) Historische Stadtbilder (z.B. Lübeck, Rothenburg)
(e) Homogene Straßenzüge und Plätze (z.B. Ludwigstraße in München)
(f) Kirchen und Klöster (z.B. Corvey, Vierzehnheiligen, Benediktbeuern)
(g) Rathäuser und schöne Bürgerhäuser (z.B. Augsburg)
(h) Stadtbefestigungen, Türme, Tore (z.B. Nürnberg, Rothenburg)
(i) Schlösser, Burgen, Pfalzen (z.B. Hohenzollern, Goslar)

(j) Ausgrabungen (z.B. Limesmuseum in Aalen)
(k) Nekropolen und Monumentalfriedhöfe (z.B. Jüdischer Friedhof in Worms)
(l) Technische Attraktionen wie Hafenanlagen und Brücken (z.B. Hamburg, Echelsbacher Brücke)
(m) Technische Betriebe der Vergangenheit (z.B. Salzbergwerke, Bad Reichenhall; alte, wiederaufgebaute Handwerksbetriebe im Freilichtmuseum, Glentleiten)
(n) Volkskunst (z.B. Bayerisches Nationalmuseum, München; Heimat- und Bauernhofmuseen)

Wohnen

(a) Arbeiterviertel
(b) Luxusviertel
(c) Bürgerhäuser
(d) Residenzen (z.B. Würzburg)
(e) Wohnmuseen (z.B. Münchener Stadtmuseum)
(f) Bauernhäuser (z.B. Besichtigung eines verlassenen Hofes, Freilichtmuseum)
(g) Besondere Techniken beim Bau von Wohnhäusern (z.B. Fachwerk)

Örtliches Brauchtum

(a) Weltliche Feste (z.B. Kölner Karneval, Oktoberfest in München, Jahrgangsfeste in Schwäbisch Gmünd)
(b) Umzüge und Prozessionen (Fronleichnamsprozession)
(c) Kirchliche Feste (Leonhardiritt in Bad Tölz)
(d) Traditionelle Märkte und Messen (Christkindlmarkt und Auerdult in München)

Bildung, Wissenschaft und Forschung

(a) Kindergärten und Schulen mit besonderen Schwerpunkten (z.B. Montessori-Kindergärten)
(b) Versuchsschulen (z.B. Laborschule in Bielefeld)
(c) Universitäten (z.B. Heidelberg)
(d) Akademien und Institute (z.B. Akademie der Wissenschaften, München; Gesellschaft für Strahlenschutz in Neuherberg bei München)

Theater- und Musikleben

(a) Freilichtbühnen (z.B. Schwäbisch Hall, Konstanz)
(b) Schloß- und Kirchenkonzerte (z.B. Schloß Nymphenburg, Ottobeuren)
(c) Theater (z.B. Wiener Burgtheater)
(d) Marionettentheater und Puppenspiel (z.B. Puppentheater und -museum in München)
(e) Oper und Operette (z.B. Bayreuth, Theater des Westens in Berlin)

(f) Ballett, Tanz und Volkslied (Ballettschulen, Gesangvereine, Trachtenvereine und ihre Vorführungen; Heimatbühnen)

Sportanlagen

(a) Stadien, Sportpaläste und Arenen (z.B. Olympiapark in München)
(b) Schanzen und andere Sporteinrichtungen (z.B. Skiflugschanze in Oberstdorf)

Politik

(a) Politische Institutionen und Gebäude (z.B. Bonn; Rathäuser)
(b) Politisch motivierte Versammlungen, Feste und Umzüge (z.B. Feiern am 1. Mai)
(c) Wahlkampf (z.B. Plakatwerbung)
(d) Unterschiedliche politische Interessengruppen (z.B. Plakate, Graffiti, besetzte Häuser, Demonstrationen, Bürgerversammlungen)
(e) Umweltpolitik (z.B. Verschmutzung von Flüssen, Verteilung und Akzeptanz von Glascontainern, Müllbeseitigung, Naturschutz, verkehrsberuhigte Zonen, Grad der Bepflanzung mit Bäumen, Ausbau der öffentlichen Verkehrsmittel)
(f) Familien- und Sozialpolitik (Verteilung und Gestaltung von Spielplätzen und Grünflächen, Erholungsflächen, besondere familien- und kindgerechte Einrichtungen)
(g) Sozialeinrichtungen (z.B. besondere Einrichtungen für Behinderte, Alte, Kranke, Randgruppen, Asylanten; Jugendzentren, Frauenhäuser; Kureinrichtungen und Sanatorien)
(h) Energiepolitik (Atomkraftwerke, Wasser- und Kohlekraftwerke, alternative Energiegewinnung)

Industrie, Handwerk und Handel

(a) Fabrikanlagen (z.B. Bayerische Motorenwerke, München)
(b) Märkte (z.B. Viktualienmarkt in München)
(c) Häfen (z.B. Kiel)
(d) Besondere Läden (z.B. kulinarische Spezialitäten des Fremdenverkehrsortes)
(e) Industriekultur (z.B. Jugendstilbrücken und -hallen)
(f) Messen (z.B. Internationale Tourismus-Börse in Berlin)

Land- und Forstwirtschaft

(a) Landwirtschaftliche Musterbetriebe und Versuchsanstalten (z.B. Weihenstephan bei Freising/Obb.)
(b) Bauernhäuser, die für die Region typisch sind (z.B. Vierseithof in Niederbayern)
(c) Waldlehrpfade

Gastronomie

(a) Typische Lokale (z.B. Hofbräuhaus in München)
(b) Weinkelterei und -probe (z.B. in Rüdesheim)

Landschaftliche Schönheiten und Besonderheiten

(a) Aussichtsberge und "Aussichten" als Synthese (z.B. Zugspitze)
(b) Bergtäler und -schluchten (z.B. Höllental-Klamm bei Garmisch)
(c) Seen und Wasserfälle (z.B. Bodensee, Rheinfall)
(d) Höhlen (z.B. Blaubeuren)
(e) Versteinerungen (z.B. Altmühltal)
(f) Merkwürdige Felsbildungen (z.B. "Pfahl", Oberpfalz)
(g) Vorkommen besonders seltener oder eigenartiger Tiere, Zoos (z.B. Tierpark Hellabrunn, München)
(h) Botanische Gärten, Flora, Haine (z.B. Lüneburger Heide)

Freizeiteinrichtungen und Amüsiergelegenheiten

(a) Schwimmbäder (z.B. Alpamare, Bad Tölz)
(b) Freizeitparks und -zentren (z.B. Märchenpark, Westernstadt, Wildpark)
(c) Erschließung der Natur für Freizeitaktivitäten (z.B. Bergbahnen, Loipen, beschilderte Naturpfade, Lehrpfade, Wanderwege, Trimm-dich-Wege, Baggerseen, Nationalparks)
(d) Nachtleben (z.B. Hamburg, St. Pauli)

Sprache

(a) Dialekte der Gegend (z.B. Mundartführungen)
(b) Typische Sprichwörter und Redensarten in Zusammenhang mit Besichtigungsobjekten (z.B. "Abwarten und Tee trinken" – abgewandelte Äußerung des Wunderdoktors "Schäfer Ast" in der Lüneburger Heide)
(c) Berühmte Literaten und ihre Werke in Zusammenhang mit Besichtigungen (z.B. Mörikes "Schöne Lau" am Blautopf)
(d) Berühmte Komiker und Auszüge aus ihren Werken (auf Kassette) im Zusammenhang mit Besichtigungen (z.B. Karl Valentin und Lisl Karlstadt in München)

2.3 Voraussetzungen für den Beruf des Gästeführers

Für den Beruf des Gästeführers bzw. der Gästeführerin gibt es in Deutschland bisher, im Gegensatz zu anderen Ländern der EG, wie z.B. Griechenland, Spanien oder Frankreich, weder eine verbindliche Ausbildung und eine damit verbundene Lizenz noch ein Berufsbild (vgl. dazu Schmeer-Sturm/Springer, 1991, S. 133 ff.; Kaechele, 1990,

S. 96 ff.). Nachdem die Tätigkeit des Gästeführers also bisher nicht durch eine Ausbildungsordnung eng umrissen ist, sollen im folgenden Tätigkeitsmerkmale, Voraussetzungen, Ziele und Aufgaben der Gästeführung beschrieben werden, um sich damit einem Berufsbild zu nähern (vgl. Schmeer-Sturm, 1989, S. 44).

Fundamentale Voraussetzungen für die Tätigkeit des Gästeführers, die entweder im Selbststudium oder durch Kurse der Fremdenverkehrsämter, der Volkshochschulen und anderer Institutionen der Erwachsenenbildung vermittelt werden könnten, sind:
– Sachkompetenz (Orts- und Objektkenntnis),
– methodisches Können,
– Fähigkeit zur Einfühlung, Hinwendung an den Reisenden und Kommunikation; sozial-integrativer Führungsstil; gruppendynamische Kenntnisse und Fähigkeiten,
– organisatorische und planerische Kompetenz,
– Führungskompetenz und Durchsetzungsfähigkeit,
– persönliche Einsatzbereitschaft und berufliches Engagement,
– überdurchschnittliche psychische und physische Belastbarkeit,
– sprachliches Geschick, Können und Einfühlungsvermögen (ggf. Fremdsprachenkenntnisse).

2.4 Ziele der Gästeführung

2.4.1 Ziele aus der Sicht des Fremdenverkehrsortes

Die Vorteile von Gästeführungen für den Fremdenverkehrsort werden von Bartel/Schöpp/Wittpohl (1986, S. 16) wie folgt benannt:
– Steigerung des Bekanntheitsgrades des Ortes,
– Verbesserung des örtlichen Images,
– Korrektur eventueller Vorurteile,
– Sicherung des neuen Gästepotentials,
– Gewinnung neuer Gäste,
– Gäste werden zu Stammgästen.
– Gäste, die mit einer Gästeführung zufrieden sind, sind anderen evtl. bestehenden Mängeln gegenüber toleranter.
– Gäste werden zu eigenen Unternehmungen motiviert.

2.4.2 Angebot strukturierter Information

Aus der Sicht des Gastes sieht die Zielsetzung so aus, daß er sich über das Angebot des Fremdenverkehrsortes informieren möchte, aber nicht in langweilig-belehrender Form, nicht in einem nicht enden wollenden Schwall von Namen, Daten und Fakten, sondern in unterhaltsamer Art. Leider dominiert bei Führungen noch häufig der alte, auf Vollständigkeit bedachte Vortragsstil, es fehlen – und wird auch in den Ausbildungen zu wenig behandelt – der Mut zur Lücke und das exemplarische Lernen. Die Qualität einer guten Gästeführung besteht u.a. darin, daß die Vielzahl der vorhandenen Informationen über das Führungsobjekt vom Gästeführer nach Art und Interesse der Gruppenteilnehmer, nach der zur Verfügung stehenden Zeit, nach äußeren Bedingungen (z.B. Regenwetter) in ihrer Bedeutsamkeit geordnet und eine sinnvolle Auswahl daraus getroffen wird. Wird nur ein einmal auswendiggelernter Text referiert, so ist der Ortsführer zumeist unflexibel in der Reaktion auf Gästewünsche und wenig bereit, seine Zeitstruktur und seine Inhalte den Bedürfnissen der Gruppe anzupassen. Auf Dauer ist er dann durch Medien wie Führungen auf Tonband oder Video ersetzbar.

Abgesehen von den o.g. äußeren Bedigungen einer Führung wird der Gästeführer durch Richtziele (vgl. Schmeer-Sturm/Springer, 1991, S. 18) geleitet, die ihn bei der Auswahl und in der Art der Erläuterungen im Rahmen der Besichtigungen beeinflussen. Der Gästeführer sollte sich im Laufe seiner Ausbildung klar werden, welche Richtziele ihm besonders wichtig sind, bzw. welche Ziele im Hinblick auf seine Führungsobjekte als besonders geeignet erscheinen. Dementsprechend wird es ihm leichter fallen, einen "roten Faden" durch die Vielzahl der Eindrücke und Erklärungen im Laufe einer Führung zu ziehen.

Nachdem es bisher noch keine pädagogische Theorie der Gästeführung, noch keine allgemeine Ausbildung und somit weder Lehrpläne noch Bestimmungen über Richtziele gibt, sollen folgende Ziele vorgeschlagen werden:

Der Besucher soll

(1) historische, politisch-gesellschaftlich-soziale, wirtschaftliche, religiöse, geographische Grundstrukturen der bereisten Region bzw. des besuchten Ortes kennenlernen;
(2) die kulturellen Hintergründe der Kunst kennenlernen;
(3) sich der geschichtlich bedingten Relativität der eigenen Wertvorstellungen und Verhaltensweisen bewußt werden;
(4) "Sehen lernen" und Kunstwerke und/oder geographische Erscheinungen beschreiben;
(5) sich in dem neuen Gebiet bzw. der fremden Stadt allein zurechtfinden können;
(6) Kommunikationsbarrieren überwinden;
(7) die Bereitschaft entwickeln, sich für eine gesunde Umwelt einzusetzen, die Bedeutung eines umwelt- und sozialverträglichen Tourismus erkennen sowie sich dementsprechend verhalten.

2.4.3 Sinnes- und Erlebnisorientierung

Der Frankfurter Professor Horst Rumpf kritisiert die in unserer westlichen Kultur allgegenwärtige "Gebärde der Besichtigung". Sie ist einerseits zwar durchaus als Fort-

schritt in der Folge der Aufklärung zu sehen (Aufhebung von Unterwürfigkeit, z.B. bei der Besichtigung eines Schlosses im Vergleich zu Besuchern des 17. Jahrhunderts). Andererseits leiten sich davon auch diverse Einschränkungen ab:
- Das "inoffiziell Gesehene" wird zumeist verdrängt gegenüber bestimmten Wahrnehmungs- und Einschätzungspflichten.
- Sprache in Form von Erklärungen und Beschriftungen organisiert die Aufmerksamkeit, z.T. beobachtet man eine Sprache ergriffener Ehrfurcht, die verdeutlicht, daß Museen und Besichtigungen heute einen fast kultisch-religiösen Stellenwert einnehmen. Die Sprache der Information bzw. der Belehrung erzeugt ein "Resultatwissen" und beschleunigt den Einordnungsblick.
- Der Betrachter wird losgelöst von anderen Sinnen, so daß "unser Restkörper zur Prothese der Augen, vielleicht auch noch der Ohren schrumpft" (Rumpf, 1988, S. 38). Diese körperlose Besichtigungsform sei "gefräßig" und "gehetzt".

Was die Arbeit mit Kindern betrifft, so gibt es hier von seiten der Museumspädagogik bereits viele konkrete und anschauliche Beispiele, wie der "Restkörper" wieder berücksichtigt und die Sinne in die Kunstbetrachtung miteinbezogen werden. Diese kommen oft von der Kunsterziehung her, wie z.B. Barbara Wolffhardt, die in ihrem Buch "Kinder entdecken das Museum" (1983) verschiedene Möglichkeiten erläutert: Tierbilder von Franz Marc werden in der Münchener Lenbachgalerie betrachtet, und anschließend drucken die Kinder ihr Lieblingstier mit einem Styropordruckstock auf ein T-Shirt (oder malen bzw. zeichnen es) (Wolffhardt, 1983, S. 20).

Das Bild Wassily Kandinskys "Farbklänge" setzt sie um in ein Spiel: Die weiße Bildfläche dient als Bühne, die abstrakten Formen auf ihr als Schauspieler. Der Hauptdarsteller ist der rote Fleck; weitere Darsteller sind das gelbe Viereck, Haken und Hörner, Dreiecke, Kreise, Wellenformen usw. Die Kinder stellen die Formen durch typische Laute und Bewegungen dar und übersetzen anschließend die schauspielerischen Erfahrungen ins Bildnerische durch ein Gemeinschaftsbild (Wolffhardt, 1983, S. 35 ff.).

Ein drittes Beispiel geht stärker ins plastische Arbeiten: Nach Betrachtung von Masken, z.B. im Fastnachtmuseum Langenstein, erstellen die Kinder Masken aus Abfallmaterial, Papiermaché oder Gips mit eingebauten Phantasieformen (Wolffhardt, 1983, S. 59 ff.).

Vielfältig sind die Methoden, die von der Museumspädagogik für Kinder entwickelt wurden, z.B. (nach Weschenfelder, 1981, S. 105 f.): Detektivspiele, Such- und Forscheraufgaben, die im Museum zu lösen sind, Befragungen anderer Kinder, von Erwachsenen, des Museumspersonals über das Museum, Sammeln und Zusammenstellen eigener Mini-Museen, Kinder führen Kinder im Museum und erzählen, was sie wissen oder sich ausdenken, Nachstellen von Bildern und Plastiken, von historischen Szenen, Museumszeitung, von Kindern geschrieben und gedruckt, Theaterspiele (Szenen aus der Stadtgeschichte, Talk-Show, Quiz, Kunst-Jury, Atelier, Museumsgründung usw.), Malatelier und kreative Eigentätigkeit der Kinder, Musik und Tanz zum Zuhören, Anschauen, Selbermachen, Werkstätten und Möglichkeit zur Bearbeitung von Materialien, die ähnlich auch im Museum zu sehen sind, Exkursionen zu historischen Bauten und Orten in der Stadt unter bestimmten Aufgabenstellungen, Diskussionen und Gespräche, Puppentheater, in dem historische Szenen gespielt werden usw.

Die von Weschenfelder in Zusammenhang mit den Angeboten der Pädagogischen Aktion (München) beschriebenen Möglichkeiten wurden z.T. auch in einem Hamburger Projekt umgesetzt: Das "Museum von Sinnen", das von Mitarbeitern aller museumspädagogischen Abteilungen der Hamburger Museen gemeinsam geplant und 1987 durchgeführt wurde, fand am Gerhard-Hauptmann-Platz in der Hamburger Innenstadt statt. "Es sollte von seiner Struktur her die Funktionen und den Betrieb eines herkömmlichen Museums darstellen, aber auch 'von Sinnen', das andere, unübliche, verrückte Museum sein, in dem das Erleben und Lernen über alle Sinne geht, in dem sinnliche und sinnbetonte Aspekte im Vordergrund stehen" (von Gehren et al., 1989, S. 201).

Einige Spielstationen verdeutlichen das Wesen dieses Hamburger Projekts: "Da gab es eine Speicherstadt, eine von außen einsehbare Fachwerkkonstruktion, die mit ihrem Angebot ein Stück Stadtgeschichte und Wirtschaftsgeschichte der Stadt Hamburg versinnlichte: Es ging um die nach Hamburg eingeführten und in der Speicherstadt gelagerten Waren. Hier konnten die verschiedensten Naturprodukte, wie Kaffee, Tee, Kakao, Gewürze betrachtet, befühlt, berochen, geschmeckt und auch weiterverarbeitet werden, z.B. in Trinkschokolade, Gewürzbonbons etc. Nicht nur Kinder, sondern auch viele Erwachsene wurden von diesem Angebot angezogen, zumal durch Hinzuziehung von Fachleuten (ein Tee-Experte, eine Botanikerin, echte Zöllner) so manche Bildungslücke geschlossen werden konnte" (von Gehren et al., 1989, S. 201).

In einer anderen Abteilung sollte die wissenschaftliche Arbeit eines Museums transparent gemacht werden, indem Kinder, in Anlehnung an die übliche Feldforschung der Völkerkundler, den Hamburger erforschten: "Tag für Tag unter jeweils einem anderen thematischen Schwerpunkt erforschten sie per Interviewbogen, Beobachtungsaufträgen und sinnlichen Tests den 'typischen' Hamburger. Die umfangreichen Ergebnisse mußten anschließend geordnet, ausgewertet und auf eine wissenschaftliche Verwertung hin aufgearbeitet werden. Am Ende stand eine Ausstellung, natürlich konzipiert unter neuesten museumspädagogischen Erkenntnissen, die Auskunft gab über den Hamburger: seine Eßgewohnheiten, sein Sprachvermögen, sein Lungenvolumen, seine Eitelkeiten, u.v.m." (von Gehren et al., 1989, S. 202).

Wenn sie solche spielerischen, animativen Formen der Stadterkundung und Gästebetreuung durchführen wollen, sind die Verkehrsämter zu einer stärkeren Zusammenarbeit mit entsprechenden pädagogischen Initiativen aufgerufen. Leider weiß man diesbezüglich noch viel zu wenig voneinander, könnte aber mit Sicherheit wechselseitig viel voneinander lernen und Angebote gemeinsam besser an den Mann, die Frau oder das Kind bringen.

Bei Wanderführungen ist es sicherlich leichter als in der Stadt, die Sinne stärker miteinzubeziehen. Die Motorik spielt allein durch das Gehen und Steigen schon eine ganz andere Rolle als beim Sitzen im Reisebus. Vorstellbar sind kleine Atemübungen mit den Teilnehmern vor einem anstrengenden Aufstieg, biorhythmische oder gymnastische Übungen zur Auflockerung, das bewußte Riechen von Pflanzen, Heilkräutern, von Bäumen (z.B. frischen Lärchen). Das Schmecken von Wildfrüchten und Pflanzen. Das Hören von Vogel- und Tierstimmen, das bewußte Aufnehmen der Stille im Wald. Das Fühlen der Gesteine, verschiedenartiger Baumstrukturen, haariger, stacheliger, klebriger, stechender, glatter, samtiger, rauher Blattoberflächen. Das Fühlen verschiedenen Untergrunds: des federnden Waldbodens, des harten Kiesweges, des rutschenden Geröllfeldes. Das Fühlen der Elemente: der kalte, zugige Gipfel, der warme, windgeschützte Rastplatz, die modrige, feuchtkalte Höhle, die stechende Hitze bei baumlosem Weg, das kühlende, erfrischende und belebende Element des Wassers, das man durchschreitet, an dessen Naß man sich labt (vgl. Wegener-Spöhring, 1991).

Der Zukunftstrend geht dahin, daß der Urlauber weniger eine Reise nach einem bestimmten Land buchen wird, sondern sich vielmehr nach Animationsangeboten (Urlaubsaktivitäten) zur Buchung einer Reise entscheiden wird. Reinhard Schober geht diesbezüglich noch einen Schritt weiter: "Nicht in erster Linie Land- oder Animationsangebot sollten buchungsfähig sein, sondern bereits der erlebnismäßige Zustand, um den es dem Urlauber ja letztlich geht" (Schober, 1975, S. 19).

2.4.3 Kommunikation zwischen Gästeführer und Reisegast

Der Reisegast, insbesondere wenn er sich längere Zeit in einem Urlaubsort aufhält, sucht neben der Orientierung und der Information auch Anschluß an andere Touristen. Dieses kommunikative Motiv wird allerdings nicht immer offen eingestanden.

Wie kann der Gästeführer diesem Bedürfnis nach Kommunikation gerecht werden?
– Negativbeispiel: "Der 'Führer' steht zwischen Betrachter und Kunstwerk und bestätigt sich durch diese Führung seine eigenen Anschauungen und Auffassungen. Der so Geführte hat keine Gelegenheit, weiterführende Fragen oder aber Probleme aufgrund eines Unbehagens am Kunstwerk zu äußern" (Thinesse-Demel, 1990b, S. 24). Der Führer sollte also von seinem "Podest" heruntersteigen und sich in gleicher Ebene mit den Gästen einreihen.
– Er sucht den Kontakt mit der Gruppe, versucht deren rein rezeptives Verhalten abzubauen. Die kommunikative Führung ist auf eine Auseinandersetzung des Betrachters mit dem Kunst- oder Führungsobjekt angelegt, wodurch auch Assoziationen, Vermutungen und Vorwissen der Betrachter zur Sprache kommen können.
– Durch eine kommunikative Führung verliert sich die Zentrierung auf die Person des Führers, der Gästeführer kommt mit den Gästen, aber auch die Gäste untereinander ins Gespräch. Der "Führer" wird somit zum "Gesprächsleiter", zum "Moderator", der im Hinblick auf die Struktur und das Programm die Gesprächsanteile wieder zusammenführt und zum nächsten Gesichts- und Besichtigungspunkt überleitet.

– Methoden, um von der "Einwegkommunikation" wegzukommen, sind Impulse und Fragen an das Publikum. Allerdings ist hierbei auf einen unterhaltsamen lockeren Stil der Präsentation zu achten, da die Fragen sonst streng und lehrhaft wirken und die erzielte Wirkung – mehr Kommunikation zwischen Gästeführer und Gästen – ausbleibt. Ungünstig sind reine Wissensfragen, günstig solche, die sich auf die Alltagskompetenz der Teilnehmer (z.B. Wie alt war Goethe wohl, als dieses Bild von ihm gemalt wurde?) bzw. auf schon besprochene Inhalte beziehen.

Neben zahlreichen inhaltlichen gibt es auch methodische Differenzierungsmöglichkeiten im Angebot von Gästeführungen durch Verkehrsämter, Museen oder Institutionen der Erwachsenenbildung. In München z.B. existiert seit über 10 Jahren in allen größeren Museen und Ausstellungshäusern ein System regelmäßiger, das ganze Jahr über stattfindender Führungen, die ohne Voranmeldung zu den jeweils festgesetzten Zeiten besucht werden können. Das sogenannte "vhs-führungsnetz" (vgl. Thinesse-Demel, 1990a) bietet Führungsgespräche an, die von auswärtigen Besuchern, aber auch von den Münchnern gerne besucht werden. Konzepte vergleichbarer Art könnten Kontakte zwischen Reisenden und "Bereisten" fördern und damit neue Dimensionen der Verständigung im Rahmen der Gästeführung eröffnen.

Literatur

Bartl, H., U. Schöpp, A. Wittpohl (1986): Gästeführung in der Fremdenverkehrspraxis. Leitfaden für die Ausbildung von Gästeführern in Fremdenverkehrsorten. München.

Gehren, F. von, G. Schirmann, T. Ullmann (1989): "Museum von Sinnen". Ein Ferienfestival des Museumspädagogischen Dienstes Hamburg. In: W. Zacharias (Hrsg.): Gelebter Raum. Beiträge zu einer Ökologie der Erfahrung. München.

Grümme, W., S. Hamann, W. Nahrstedt, W. Thevis (1987): Gästebetreuung in Kur- und Erholungsorten. Theoretische Grundlagen und Praxismodelle. Schriftenreihe IFKA, Bd. 3, Bielefeld.

Kaechele, H. (1990): Fremdenführung und Reiseleitung in der EG. In: U. Braun-Moser: Europäische Tourismuspolitik. Sindelfingen, S. 96–106.

Nahrstedt, W. (1987): Gästebetreuung als ein neues Aufgabengebiet der Freizeitpädagogik und Kulturarbeit. In: Grümme, W., S. Hamann, W. Nahrstedt, W. Thevis: Gästebetreuung in Kur- und Erholungsorten. Theoretische Grundlagen und Praxismodelle. Schriftenreihe IFKA, Bd. 3, Bielefeld, S. 9–26.

Rumpf, H. (1988): Die Gebärde der Besichtigung. In: erziehung heute, H. 4, S. 30–40.

Schmeer, M.-L. (1984): Handbuch der Reisepädagogik. Didaktik und Methodik der Bildungsreise am Beispiel Italien. München.

Schmeer, M.-L. (1985a): Gästeführungen: Plädoyer für mehr Ausbildung. In: Der Fremdenvekehr + Das Reisebüro, H. 7, S. 26–28.

Schmeer, M.-L. (1985b): Führer, Fremde, Frustrationen. Bisherige Angebote und pädagogische Überlegungen zu einer animativen Gästeführung. In: Animation, H. 4, S. 206–211.

Schmeer, M.-L. (1985c): Die Fremdenverkehrshochschule. Profi-Kurs für Gästeführer 1. Folge. In: Der Fremdenverkehr + Das Reisebüro, H. 9, S. 22–26.

Schmeer, M.-L. (1985d): Die Fremdenverkehrshochschule. Profi-Kurs für Gästeführer 2. Folge, Modell Augsburg. In: Der Fremdenverkehr + Das Reisebüro, H. 10, S. 20–22.

Schmeer, M.-L. (1985e): Die Fremdenverkehrshochschule. Profi-Kurs für Gästeführer 3. Folge, Variationen und Feinarbeit. In: Der Fremdenverkehr + Das Reisebüro, H. 11, S. 27–30.
Schmeer-Sturm, M.-L. (1989): Der Reiseleiter, Tätigkeitsmerkmale, Voraussetzungen und Aufgaben. In: Animation, H. 2, S. 44–45.
Schmeer-Sturm, M.-L. et al. (1990a): Theorie und Praxis der Reiseleitung. Darmstadt.
Schmeer-Sturm, M.-L. (1990b): Würstchen wärmen, Kaffee kochen? Berufsbild Reiseleitung und Gästeführung im europäischen Vergleich. In: Animation, H. 4, S. 105–109.
Schmeer-Sturm, M.-L., W. Springer (1991): Trainingsseminar für Gästeführer. Darmstadt.
Schober, R. (1975): Das Erlebnis: eigentliches Urlaubsziel. In: Beratung Freizeit, H. 1, S. 19.
Thinesse-Demel, J. (1990a): Die Münchner Volkshochschule im Museum: Das VHS-Führungsnetz – Methodischer Aufbau und Organisationsstruktur. In: M.-L. Schmeer-Sturm/J. Thinesse-Demel/ K. Ulbricht/H. Vieregg (Hrsg.): Museumspädagogik. Grundlagen und Praxisberichte. Baltmannsweiler, S. 88–105.
Thinesse-Demel, J. (1990b): Die kommunikative Führung im Museum. In: M.-L. Schmeer-Sturm (Hrsg.): Freizeitpädagogik, 12. Jg., H. 1–2: Freizeitpädagogik im Museum, S. 21–29.
Wegener-Spöhring, G. (1991): Massentourismus und Pädagogik. Essays, Theorien, Gedanken zu einer gestörten Beziehung. Hohengehren.
Weschenfelder, K. (1982): Animation im Museum. In: H. W. Opaschowski (Hrsg.): Methoden der Animation, Praxisbeispiele. Bad Heilbrunn.
Wolffhardt, B. (1983): Kinder entdecken das Museum. Betrachten und Selbermachen. München.

III. Ziele und Aufgaben touristischer Leistungsträger

1. Reisevermittler

Werner Sülberg

Im Unterschied zu den meisten anderen Ländern haben sich die kommerziellen Reisemarktstrukturen in der Bundesrepublik unter maßgeblichem Einfluß des Reisevermittler-Gewerbes entwickelt. Insbesondere das Entstehen der großen Reiseveranstalter ist auf vertriebsstrategische Interessen der deutschen Reisevermittler zurückzuführen. Die Reisemärkte anderer Länder werden zumeist von starken Direkt- und Eigenvertriebssystemen der Leistungsträger dominiert und überlassen dem sonstigen Reisevertrieb eine relativ einflußlose Position. Die Sonderstellung des Reisevermittler-Gewerbes in Deutschland hängt vor allem mit seiner historischen Entwicklung zusammen.

1.1 Entwicklung kommerzieller Reisemarktstrukturen in Deutschland

1.1.1 Entstehung des Reisevermittler-Gewerbes

Am Ursprung allen Reisens stand der Handel und damit der Transport von Gütern. Die ersten Reisegesellschaften waren die Karawanen des Altertums. Im Zuge der regelmäßigen Ausgestaltung derartiger Handelsströme wurden Reiseorganisationen geschaffen, die sich zu Lande als Speditionen und zu Wasser als Reedereien betätigten. Historisch überliefert ist die Existenz einer offiziellen, reisebüroähnlichen Organisation bereits bei den Römern, die Reiseinformationen erteilte, Platzreservierungen für Schiffe und Kutschen vornahm, Fahrausweise ausstellte und Unterkunftsleistungen vermittelte. Als Arbeitsunterlagen dienten dazu Reisebeschreibungen und Itinerarien, die Vorläufer der heutigen Kursbücher. Mit zunehmender Arbeitsteilung wuchs die Nachfrage nach Personenverkehrsleistungen, überwiegend zu geschäftlichen Zwecken neben dem bis dahin vorherrschenden Güterverkehr. Diese Zusatzfunktion wurde von Reedereien und Speditionen zunächst mit übernommen, zumal es noch keine reinen Personenverkehrsmittel gab. Ein nennenswerter Personenreiseverkehr entwickelte sich erst im Zuge von Pilgerreisen und Auswanderungsbewegungen im 18. und 19. Jahrhundert. In zunehmendem Maße etablierten namhafte Reedereien auch im Binnenland Vermittlungsbüros für den Fracht- und Personenverkehr. Durch die Ausbreitung des Schienenverkehrs vollzog sich eine parallele Entwicklung bei den Speditionen.

Mit der Veranstaltung von Gesellschaftsreisen per Eisenbahn ermöglichte der Engländer Thomas Cook Mitte des vergangenen Jahrhunderts erstmalig touristische Reisen für größere Personenkreise. Durch Ausdehnung seiner Reisen auf ganz Europa übertrug er seine Ideen auch auf andere Länder. 1865 eröffnete Thomas Cook in London ein Reisebüro und baute in den Folgejahren in ganz Europa und in Übersee ein Netz eigener Reiseagenturen aus, bei denen Bahnpauschalreisen, aber auch einzelne, internationale Bahnfahrausweise erhältlich waren (vgl. Fuss, 1960, S. 11–42).

Zu Beginn des 20. Jahrhunderts unterhielten in Deutschland die beiden Reedereien der Hamburg-Amerika-Linie und des Norddeutschen Lloyd ein umfangreiches Netz von Niederlassungen mit kleinen Reiseabteilungen, die in den Folgejahren weiter ausgebaut und verselbständigt wurden. Ähnlich wie Thomas Cook hatten auch in Deutschland einzelne Reiseunternehmen von den Eisenbahnen eine Erlaubnis zum Verkauf von amtlichen Fahrkarten erhalten, allerdings ohne Provisionszahlung. Zu Beginn dieses Jahrhunderts ergriffen die Deutschen Staatsbahnen die Initiative zur Schaffung eines Verbundes von Reisebüros. Die Königlich-Bayerische-Staats-Eisenbahn-Verwaltung erwarb 1910 das Reisebüro der Speditionsfirma Schenker & Co. und legte damit den Grundstein für die Bayerische Reisebüro GmbH, das spätere amtliche bayerische Reisebüro (abr). Weitere Gründungsgesellschafter waren der Norddeutsche Lloyd, die Firma Thomas Cook und die Bayerische Handelsbank.

Nach langen Verhandlungen wurde 1917 das bayerische Modell auf Reichsebene übertragen. Am 17. Oktober des Jahres gründeten die deutschen Regierungen mit Staatsbahnbesitz (die spätere Deutsche Reichsbahn) zusammen mit den großen deutschen Schiffahrtsgesellschaften Hamburg-Amerika-Linie und Norddeutscher Lloyd das Deutsche Reisebüro (DR). Dieses Unternehmen erhielt 1918 die Erlaubnis zum Verkauf von Eisenbahn-Fahrausweisen außerhalb von Bahnhöfen zu Originalpreisen auf Provisionsbasis und wurde nach Beitritt ungarischer und österreichischer Gesellschafter in Mitteleuropäisches Reisebüro (MER) umbenannt. Den Stamm der Reisebüros, die in den Folgejahren als MER-Vertreter zum Bahnfahrausweis-Verkauf berechtigt waren, bildeten neben zahlreichen Reederei-Niederlassungen vor allem selbständige Reisebüros, die zusätzlich aufgrund von Agenturverträgen u.a. mit Schiffahrts- und später Fluggesellschaften Fahrausweise bzw. Flugtickets verkauften sowie in kleinem Umfang Gruppen- und Einzelpauschal-Reisen veranstalteten. Bis zum Ausbruch des 2. Weltkriegs expandierte das Verkaufsnetz des MER auf 17 eigene Filialen, 336 Inlands- sowie 850 Auslandsvertretungen. Die Passage- und Reisebüros der Hamburg-Amerika-Linie und des Norddeutschen Lloyd, die jeweils Beteiligungen an abr und MER unterhielten, wurden 1941 zu einer gemeinsamen Reisebüro-Organisation zusammengefaßt und ab 1948 unter der Firmierung Hapag Lloyd-Reisebüro fortgeführt. Die Fusion der beiden Reedereien erfolgte 1970.

Von den Auswirkungen des 2. Weltkriegs wurde das MER besonders hart getroffen. Aufgrund eines Beschlusses des Alliierten Kontrollrates verlor das MER seine sämtlichen Auslandsniederlassungen und mußte seine Tätigkeiten auf das Inland beschränken. Zugleich wurde es umbenannt in Deutsches Reisebüro (DER). Bereits 1947 fanden sich die alten MER-Vertretungen zusammen, um über den mühevollen Wiederaufbau einer zentralen DER-Organisation zu beraten. Erst 1954 mit Inkrafttreten der Pariser Verträge erhielt das DER die Erlaubnis zur Wiederaufnahme von Auslandsbeziehungen. Die MER-Zentrale in Ost-Berlin und die auf dem Gebiet der damaligen DDR befindlichen Reisebüros wurden enteignet bzw. als Staatsbetriebe fortgeführt und 1964 in VEB Reisebüro der Deutschen Demokratischen Republik umbenannt (vgl. Fuss, 1960, S. 43–52; TID-Touristik Dokumentation, 1980a/1982; DER, 1987). Nach der Wiedervereinigung, seit Anfang 1990, firmiert das Unternehmen als Europäisches Reisebüro GmbH.

1.1.2 Entwicklung von Reiseveranstaltern aus den Reisebüros

Im Zuge des Neuaufbaus entschlossen sich die drei Reisebüroketten DER, abr und Hapag Lloyd neben ihrer breitgefächerten Vermittlungstätigkeit auch als Reiseveranstalter tätig zu werden. Sie gründeten 1948 gemeinsam mit dem österreichischen Reisebüro Dr. Karl Degener die Arbeitsgemeinschaft DER-Gesellschaftsreisen, aus der 1951 die Touropa hervorging. Durch regelmäßige Fahrten zu festen Reiseterminen mit großen Teilnehmerzahlen, die einen kompletten Sonderzug auslasteten, konnten Erholungsreisen wesentlich preiswerter angeboten werden, als es bis dahin für ein einzelnes Reisebüro im Rahmen kleiner Gruppen möglich war. 1953 entstanden durch den Zusammenschluß mehrerer Reisebüros zwei weitere Fahrgemeinschaften, die als selbständige Reiseveranstalter ausgegliedert wurden: die Reisebüros Scharnow, Kahn, Bangemann, Dr. Friedrich und das Essener Reisebüro gründeten das Unternehmen Scharnow; die Reisebüros Lührs, Strickrodt sowie die Verlagsreisebüros der Zeitungen Die Welt und Hamburger Abendblatt gründeten die Firma Hummel. Ab Mitte der 50er Jahre kooperierten diese drei Reiseveranstalter in verschiedenen Marktsegmenten, vor allem, um nach Aufnahme des Flugpauschalreiseverkehrs ihre Auslastungsrisiken zu vermindern. 1968 gründeten sie gemeinsam mit dem seit 1928 bestehenden Studienreisen-Veranstalter Dr. Tigges die Touristik Union International (TUI). Dieser Veranstalter-Verbund wurde 1970 ergänzt um das von Hummel 1969 gegründete, auf Jugendreisen spezialisierte Unternehmen Twen Tours. Im gleichen Jahr brachten DER, abr, Hapag Lloyd und Airtour-Flugreisen, ein Verbund selbständiger Reisebüros, den IT-Flugreiseveranstalter airtours international in die TUI ein.

Während die genannten sechs Veranstalter-Marken aus den traditionellen Reisebüros und Reisebüroketten hervorgingen, die bis heute ein wesentliches Standbein ihres Vertriebsnetzes sind, drangen mit Beginn der 60er Jahre zunächst Versand- und später auch Warenhäuser in den lukrativen, im Aufschwung befindlichen Reisemarkt ein. Quelle und Neckermann boten in ihren Versandkatalogen sowie in ihren eigenen Warenhäusern und Verkaufsstellen vor allem Flugpauschalreisen zu den Sonnenzielen des

Mittelmeeres an. Mit Beginn des Massentourismus, etwa ab 1964, erwies sich jedoch dieser Vertriebsweg als zu eng. Da ihnen das Verkaufsnetz der traditionellen Reisebüros aufgrund von deren enger Bindung an die heutigen Veranstaltermarken der TUI verschlossen blieb, gründete die Neckermann Versand AG 1965 den Reiseveranstalter Neckermann + Reisen (später: NUR Touristik GmbH), der neben der konzerneigenen Versandhandels-Organisation bis heute ein eigenes, exklusives Netz von selbständigen Touristik-Agenturen als bewußte Alternative zum traditionellen Allround-Reisebüro betreibt. 1975 erwarb NUR den in wirtschaftliche Schwierigkeiten geratenen gewerkschaftseigenen Reiseveranstalter g-u-t-Reisen.

Das Versandhaus Quelle war zurückhaltender bei seinen Aktivitäten im touristischen Sektor. 1968 übernahm das Unternehmen den Flugreiseveranstalter Transeuropa und veräußerte die nunmehr selbst produzierten Touristik-Programme über die eigene Verkaufsorganisation. 1971 übernahm die Karstadt AG 50% der Anteile von Transeuropa, die 1972 als siebente Veranstaltermarke vollständig in die TUI eingebracht wurde. Nachdem Karstadt die Aktienmehrheit an der Neckermann-Versand AG erworben und damit Einfluß auf das Reise-Tochterunternehmen NUR gewonnen hatte, erfolgte 1976 nach Einspruch des Bundeskartellamtes der Austausch der Karstadt-Kapitalanteile an der TUI gegen Anteile der Horten AG. Beide Kaufhaus-Konzerne betreiben darüber hinaus innerhalb ihrer Warenhäuser als Ergänzung ihrer Handelspalette je nach Standort Reisevermittlungsstellen oder Mehrlizenz-Reisebüros (vgl. TID-Touristik Dokumentation, 1980b; Tietz, 1980, S. 471 ff.; Hochreiter/Arndt, 1978, S. 95; Dörr/Raasch, 1989).

Neben NUR umging auch der 1970 von der Kaufhof AG gegründete, heute viertgrößte deutsche Reiseveranstalter, ITS (International Tourist Services), die traditionellen Reisebüros. Das Unternehmen bietet seine Produkte in den Warenhäusern Kaufhof und Hertie, in Verbrauchermärkten (u.a. Ratio, Coop, Massa, Metro), über die Versandhäuser Otto und Schwab sowie in zahlreichen Lotto- und Toto-Annahmestellen an. Auf diese Weise wurde einer großen Zahl von branchenfremden Nebenerwerbsbetrieben der Zugang zum Reiseveranstaltermarkt erschlossen.

1.1.3 Verflechtungen zwischen Reisevermittler- und Reiseveranstalterbereich

Die heutige Situation des Reisegewerbes hat sich aus einer kumulativen Ausweitung der Vertriebswege des Reisebürofachhandels sowie der Waren- und Versandhäuser ergeben. Dabei ist der größte Reiseveranstalter, die TUI, bis heute im Besitz der Gründer der fusionierten Veranstalterunternehmen und somit der Eigentümer eines großen Teils ihres eigenen Vertriebsnetzes. Aber auch die Entstehung des zweit-, viert- und fünftgrößten Veranstalters, NUR, ITS und DER, erklärt sich im wesentlichen aus vertriebsstrategischen Überlegungen und Aktivitäten im Handels- und Reisevermittlungsbereich. Eine Ausnahme bildet dabei lediglich der drittgrößte Veranstalter LTT mit den Marken Jahn-Reisen, Meier's Weltreisen, Transair, THR Jet und Bett sowie Tjaereborg, der aufgrund produktionsstrategischer Anforderungen der Charter-Fluggesellschaft LTU entstanden ist. Während die LTU-Gruppe im wesentlichen durch vertikale Konzentration expandierte, setzten die anderen Großveranstalter überwiegend auf horizontale Integration durch den Erwerb nationaler und internationaler Reiseveranstalter, u.a. TUI mit Wolters, Air Conti, Take Off, Seetours, Arke (Niederlande), SFTA (Frankreich), Touropa Austria (Österreich), Terra International (Österreich) und Ambassador (Spanien); NUR mit Neckermann Reisen (Niederland, Belgien und Luxemburg), Neckermann Österreich (gemeinsam mit Kuoni) und Sunsnacks (Belgien); ITS mit Jet-Reisen, ATT-Touristik, Holland International (Niederlande), Sun International (Belgien), Voyages Conseil (Frankreich), GTE Tours (Großbritannien) und DER mit eigenen Veranstalterfilialen in Großbritannien, Frankreich, Italien, den USA und Kanada.

Die komplexen Verflechtungen des Reisevermittler- und Reiseveranstalterbereichs veranschaulicht Abb. 1. Daraus geht vor allem der starke Einfluß der von den Staatsunternehmen Deutsche Bundesbahn und Deutsche Lufthansa dominierten großen Reisebüroketten sowie der weitgehend im Besitz der deutschen Großbanken befindlichen Handels- und Warenhauskonzerne hervor.

Während der Reiseboom bis Anfang der 80er Jahre für die neuen, zumeist branchenfremden Vertriebsformen noch ausreichend Expansionsmöglichkeiten bot, ohne dem klassischen Reisebürofachhandel spürbar Marktanteile zu entziehen, führte die fortwährende Ausweitung von Reisevertriebsstellen zunehmend zu einem Verdrängungswettbewerb, dem die selbständigen, nicht organisierten Reiseagenturen, ähnlich wie die Kleinbetriebe des Facheinzelhandels, auf Dauer kaum gewachsen sind. Unwillkürlich drängen sich Parallelen zwischen Reisevermittlungsgewerbe und Handelsgewerbe auf: Organisation und Kooperation erlangen mehr und mehr an Bedeutung, wenn der Facheinzelhandel bzw. das Reisebüro seine Marktposition halten und gegenüber Warenhäusern, Verbrauchermärkten, Filialunternehmen und Einkaufsgemeinschaften bestehen will (vgl. Gruner + Jahr, 1981, S. 7 f.; Jaspert, 1981; Handelsblatt, 1981). Dabei hilft es wenig, die Probleme der Branche im Rahmen einer eigenen (Tourismus-)Wissenschaft lösen zu wollen. Vielmehr empfiehlt es sich, den Blick auf die innovativen, zukunftsweisenden und bereits erprobten Entwicklungen im klassischen Handelsmarketing zu lenken. Aus diesem Grunde haben sich bereits in der zweiten Hälfte der 70er Jahre weitsichtige Reisebürounternehmen in den Kooperationsverbunden First GmbH GmbH & Co. KG und DERPART Reisevertrieb GmbH zusammengeschlossen. Die 19 Reisebürogesellschafter der First-Gruppe halten zusammen rund 80% der Anteile und erwirtschaften mit 160 Reisebüros 1,6 Mrd. DM Umsatz, die restlichen 20% hält die Deutsche Lufthansa. Die DERPART-Gruppe wurde mit Mehrheitsbeteiligung der Deutsches Reisebüro GmbH (50,1%) gegründet. Die restlichen Anteile werden von 237 Gesellschaftern mit 469 Reisebüros gehalten, die einen Umsatz von 2,9 Mrd. DM erwirtschaften. Die Aufgaben dieser Kooperationen bestehen vor allem darin, mittelständischen Unternehmen ähnliche Vorteile zu verschaffen, wie sie Großunternehmen oder Ketten besitzen. Darüber hinaus geben sie ihren Partnern Management-Hilfen,

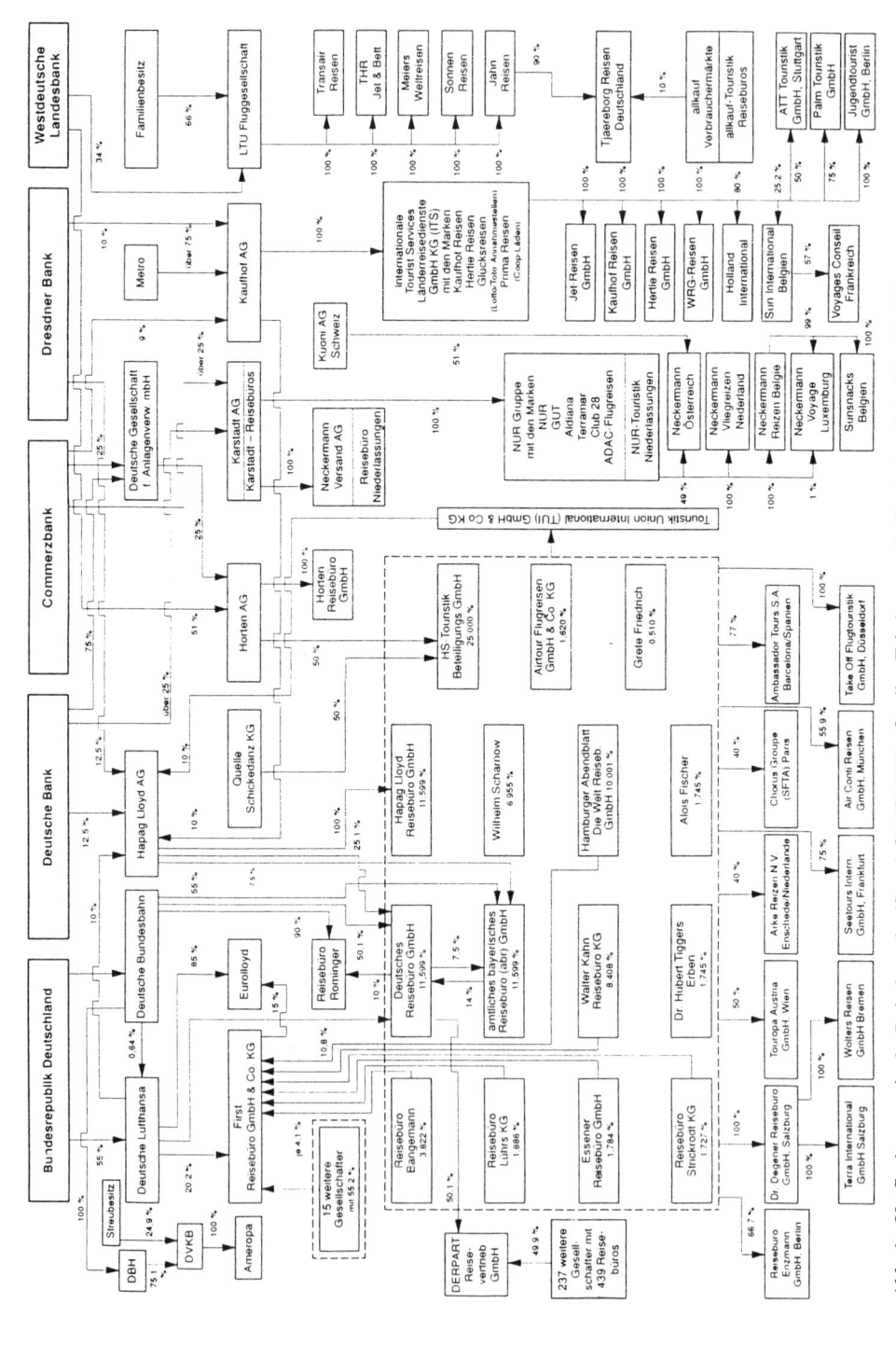

Abb. 1: Verflechtungen in der Reisebranche (Stand: 31.10.1991) *Quelle:* Erhebungen der Deutsches Reisebüro GmbH

führen gemeinsame Verkaufs- und Werbeaktionen durch und bilden im Rahmen ihrer Statuten Interessenvertretungen. Da die Mitgliedschaft bei First und DERPART an Betriebsgrößen, Lizenzen und andere Standards gebunden ist, haben sich inzwischen weitere, zumeist regionale Kooperationsgemeinschaften gebildet, deren Aktivitätsschwerpunkte teilweise variieren. Damit wird deutlich, daß sich im Reisevertrieb vergleichbare Entwicklungen zum Handel vollziehen.

1.2 Funktionale Arbeitsteilung im Reisemarkt

Abb. 2 veranschaulicht die Funktionen und Zusammenhänge zwischen den Teilnehmern und Funktionsträgern in den verschiedenen Segmenten des Reisemarktes.

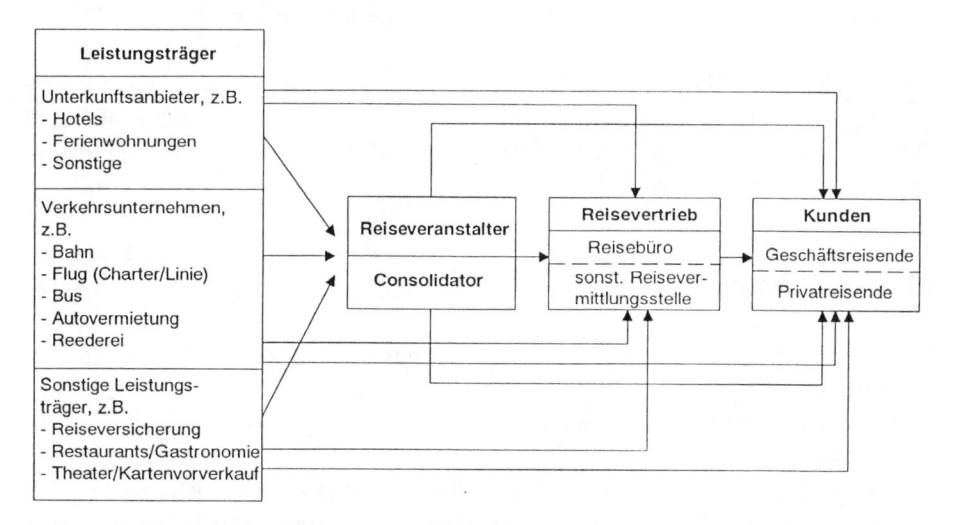

Abb. 2: Funktionale Arbeitsteilung im Reisemarkt

1.2.1 Nachfrageseite

Auf der Nachfrageseite wird grundlegend zwischen dem Incoming-Geschäft, bei dem ausländische Nachfrager inländische Reiseleistungen kaufen, und dem Outgoing-Geschäft, bei dem inländische Nachfrager Reiseleistungen des Auslandes erwerben, unterschieden. Je stärker ein Land von internationalen Reservierungssystemen erschlossen ist, desto geringer wird die Bedeutung des Incoming-Geschäftes, da sich die Agenturen im Ausland über das Reservierungssystem zumeist alle notwendigen Kapazitäten und Serviceleistungen direkt besorgen können. In Deutschland beträgt der Anteil des Incoming-Umsatzes an den gesamten kommerziellen Reisemarktaktivitäten weniger als 10%. Die folgenden Ausführungen beziehen sich daher im wesentlichen auf das Outgoing-Geschäft.

Die Nachfrage nach Reiseleistungen differenziert sich in den Geschäftsreise-Verkehr einerseits und den Privat- und Urlaubsreiseverkehr andererseits. Geschäftsreisende fragen überwiegend Flugscheine, Bahnfahrausweise, Hotelvermittlungen sowie Nebenleistungen wie Reiseversicherungen, Visa und Mietwagen nach, während Urlaubsreisende primär Voll- oder Teilpauschalreisen und ferner ebenso wie Privatreisende Beförderungsleistungen per Bahn, Flugzeug, Bus oder Schiff sowie Reiseversicherungen und Visa erwerben.

Kommerziell von Bedeutung ist ferner die Unterscheidung der Nachfrageseite nach Einzel- und Gruppenreisenden. Wird eine Reise nach den Wünschen einer bereits vorhandenen Gruppe zusammengestellt, so spricht man von einer Gesellschaftsreise. Wird hingegen eine Reise für Einzelpersonen angeboten, die zu einer Gruppe zusammengefügt werden, so spricht man von einer Gruppenpauschalreise (vgl. Klatt, 1976, S. 1; Tietz, 1980, S. 6).

Rund 55% aller Urlaubsreisenden benutzen zur Organisation ihrer Haupt-Ferienreise ein Reisebüro, davon buchen 39% dort eine Pauschalreise (vgl. Studienkreis für Tourismus, 1990). Dies unterstreicht die große Bedeutung des Reisevermittlungsgewerbes im Urlaubsverkehr.

1.2.2 Angebotsseite

Die Angebotsseite des Reisemarktes umfaßt im wesentlichen drei Funktionsträger:
– Leistungsträger,
– Reiseveranstalter/Consolidators und
– Reisevermittler.

Leistungsträger sind Unternehmen, die Grundleistungen für touristische Produkte anbieten. Dazu zählen vor allem Transportunternehmen wie Eisenbahnen, Fluggesellschaften, Busunternehmen, Reedereien und Autovermietungen, ferner Hotels, Ferienwohnungsvermieter, sonstige Unterkunftsanbieter sowie Reiseversicherungen, gastronomische Betriebe, Veranstalter kultureller und sonstiger Ereignisse etc. Im weitesten Sinne gelten sie als Produzenten von Reiseleistungen.

Als Reiseveranstalter bezeichnet man Unternehmen, die Einzelleistungen verschiedener Leistungsträger zusammenstellen und als einheitliches Leistungspaket zu einem Gesamtpreis anbieten. Besteht dieses Leistungspaket aus Transport- und Unterkunftsleistung, so spricht man von einer Vollpauschalreise. Hingegen bestehen Teilpauschalreisen entweder nur aus Transport- oder nur aus Unterkunftsleistungen, die von einem Reiseveranstalter in der Regel zur Auslastung von Restkapazitäten auch einzeln angeboten werden. Eine besondere Form von Veranstalter-Reisen sind Incentive-Reisen, die von Reisebüros oder Spezialveranstaltern im Auftrag von Großunternehmen für deren Mitarbeiter produziert werden, und zwar im Zusammenhang mit Verkaufs- oder Leistungswettbewerben.

Während die Reiseveranstalter als Zwischenhändler die Produkte der Leistungsträger zum größten Teil modifizieren und veredeln, sind Consolidators ausschließlich als Großhändler, vor allem für Airlines und zunehmend auch für Hotelgesellschaften, tätig. Consolidators bündeln die Umsätze z.B. für eine Fluggesellschaft, um als Großabnehmer höherer Provisionen oder günstigere Nettopreise zu erzielen, als es nach dem offiziellen IATA-Tarif-System möglich ist. Die Airlines nutzen diese Consolidators als Generalagenten, die legal oder illegal auf den Markt regulierend einwirken sollen, wenn der Verkauf von Flugtickets über den offiziellen IATA-Vertrieb nach ihrer Ansicht unbefriedigend ist. Preise und Provisionen werden zumeist direkt miteinander vereinbart und in der Regel nicht über die offiziellen Inkasso-Systeme abgerechnet. Durch Weitergabe der ihnen durch die Airlines eingeräumten Rabatte an die Reisebüros oder aber auch direkt an die Kunden haben sich die Consolidators einen sehr aktiven grauen Markt geschaffen.

Reisevermittler sind die Einzelhändler des Reisegewerbes. Sie vermitteln die von Unterkunftsanbietern, Verkehrsunternehmen oder sonstigen Leistungsträgern produzierten, von Reiseveranstaltern zusammengestellten und von Consolidators angebotenen Reiseleistungen an Urlauber, Privat- und Geschäftsreisende. Von der Vielzahl an Reisevermittlungsstellen werden nur jene als Reisebüro bezeichnet, die diese Tätigkeiten als Haupterwerb betreiben. Verfügen sie neben der touristischen Angebotspalette zusätzlich über mindestens eine Beförderungslizenz (IATA- und/oder DB-Lizenz), so werden sie als klassische Reisebüros bezeichnet; verfügen sie über beide Beförderungslizenzen, so spricht man von Vollreisebüros.

1.2.3 Bedeutung der Vertriebswege

Auf dem Weg zum Verbraucher durchläuft eine Reiseleistung maximal drei Produktions- bzw. Handelsstufen (Wertschöpfungsstufen), wobei jede durch Erwirtschaftung einer eigenen Verdienstmarge das Produkt verteuert. Große Leistungsträger und Veranstalter versuchen daher, den Zwischenhandel auszuschalten, um selbst höhere Margen zu erwirtschaften und den so entstandenen Eigenvertrieb gegenüber dem Fremdvertrieb besser steuern zu können.

Leistungsträger und Veranstalter/Consolidators können ihre Leistungen aber auch unter Umgehung der Reisevermittler direkt an die Kunden verkaufen. Den somit eingesparten Zwischenhandelsmargen stehen jedoch erhebliche Kosten für ein eigenes, flächendeckendes Vertriebsnetz, für die Vorhaltung preiswerter Kommunikationswege zu den Kunden (z.B. per 0130-Nummer zum Ortstarif, über Bildschirmtext oder per Brief) sowie für erhebliche Werbe- und Akquisitionskosten mit hohen Streuverlusten (z.B. per Katalog, per Funk- und Fernsehmedien, per Mailing) gegenüber. Hinzu kommt, daß Reisebüros in den meisten Fällen eine höhere Stammkundenbindung erzielen als Veranstalter und Leistungsträger. Ein ausschließlicher Direkt- oder Eigenvertrieb ist daher in der Regel nur in einem örtlich, regional oder zielgruppenspezifisch eng begrenzten Markt wirtschaftlich sinnvoll. Mit wenigen Ausnahmen (Unterkunftsanbieter) setzen überregional anbietende Leistungsträger und Reiseveranstalter/Consolidators ihre Leistungen überwiegend über das Reisevermittlergewerbe ab, weil es ihnen aufgrund der immensen Vertriebskosten nicht möglich ist, ausreichend große kundennahe Vertriebsnetze zu unterhalten:

- Reiseveranstalter veräußern im Durchschnitt rund 85% der Pauschal- und Teilpauschalreisen über Reisevermittler und 15% im Direktvertrieb. Dabei verkaufen u.a. die TUI und die LTT-Veranstalter ausschließlich über Fremdvertrieb, NUR zu rund 20%, ITS zu rund 55% und DER zu rund 15% über den konzerneigenen Vertrieb.
- Die in Deutschland tätigen Fluggesellschaften erwirtschaften rund 20% ihres Umsatzes im Eigenvertrieb, rund 70% über Reisebüros und ca. 10% über Consolidators, die ihrerseits wiederum rund drei Viertel über Reisevermittler absetzen.
- Die Deutsche Bundesbahn erzielt rund 75% ihres gesamten Personenverkehrsumsatzes über ihre eigenen Fahrkartenschalter und rund 25% über Reisebüros. Dabei liegt der Marktanteil des Reisebürovertriebs im Geschäftsreiseverkehr bei 78%, im Urlaubsreiseverkehr bei 32% und im Privatreiseverkehr bei 17%.

Die Verbindungslinien in Abb. 2 stellen die Vielfalt der Vertriebswege und Leistungsbeziehungen zwischen den verschiedenen Teilnehmern, Funktionsträgern und Segmenten des Reisemarktes dar.

1.2.4 Wirtschaftlicher und rechtlicher Status der Reisevermittler

Reisebüros sind Handelsunternehmen, die touristische Leistungen von Reiseveranstaltern, Beförderungsleistungen, Unterkunftsarrangements sowie Versicherungen, Eintrittskarten und ähnliche Leistungen vermitteln, die im Zusammenhang mit Reisen nachgefragt werden. In den Fällen, in denen sie selbst Reisen arrangieren und durchführen, werden sie zugleich als Veranstalter tätig.

Im juristischen Sinne sind Reisevermittler Handelsvertreter, deren Aufgaben, Rechte und Pflichten gegenüber den Handelsherren bzw. Auftraggebern (Leistungsträger, Reiseveranstalter) in Agenturverträgen festgelegt werden. In derartigen Handelsvertreter-Verträgen (§§ 84 ff. HGB) werden u.a. geregelt:
- Verkaufssortiment des jeweiligen Handelsherrn,
- nachzuweisende Mindestumsätze und Qualifikationen der Verkaufsmitarbeiter,
- Kommunikationswege zwischen den Vertragspartnern (Reservierungssystem, START, BTX, telefonisch, schriftlich),
- Vergütungsvereinbarung durch Provisions- und/oder Superprovisionszahlung,
- Zuschüsse, Erstattungen und Boni des Handelsherrn für die dem Handelsvertreter entstandenen, aber von ihm nicht zu vertretenden Kosten,

- Umfang der durchzuführenden Werbemaßnahmen und Werbeverpflichtungen sowie eventuelle Werbekostenzuschüsse,
- Zurverfügungstellung von Verkaufshilfen wie Prospekte, Tarifinformationen, Agenturmitteilungen, Schulungen, Informationsreisen und Außendienst-Betreuung,
- Abrechnungs- und Inkassomodalitäten,
- Sorgfalt und Vertraulichkeit bezüglich der Behandlung und Aufbewahrung der gegenseitig zur Verfügung gestellten Daten.

Die Ausgestaltung solcher Agenturverträge ist vor allem deshalb notwendig, weil Reisebüros große Summen von Fremdgeldern, die den Reiseveranstaltern und Leistungsträgern zustehen, verwalten müssen. Nur etwa 8–12% der von den Kunden vereinnahmten Gelder verbleiben in der Regel bei den Reisevermittlern, der große Rest ist an die Leistungsträger abzuführen. Da das Betreiben von Reisebüros in der Bundesrepublik Deutschland nicht lizenziert und somit nicht vom Staat beaufsichtigt wird, verschaffen sich die Ersteller von Reiseleistungen Aufsichts- und Informationsrechte auf vertraglichem Wege. Dabei wird der Ruf nach einem Reisebüro-Zulassungsgesetz, wie es beispielsweise in Skandinavien, Italien, Belgien, Luxemburg, Frankreich, Griechenland, Portugal, Irland und Österreich seit langem existiert, angesichts der notwendigen Harmonisierung der Wettbewerbsbedingungen innerhalb des EG-Marktes immer wieder laut.

Aufgrund der rechtlichen Konstruktion des Handelsvertreterrechts schließt das Reisebüro als Vermittler mit dem Kunden einen Geschäftsbesorgungsvertrag (§ 675 BGB) und ist dabei zuständig und verantwortlich für die sachlich richtige Beratung sowie die ordnungsmäßige Besorgung der vom Kunden gewünschten Leistungen. Die Durchführung der Reiseleistung fällt dabei in den Zuständigkeitsbereich der Leistungsträger bzw. der Reiseveranstalter. Bei der Vermittlung einer Pauschalreise kommt zwischen Kunden und Reiseveranstalter ein Reisevertrag gemäß den §§ 651a ff. BGB zustande. Beim Verkauf von Bahnfahrkarten, Flugtickets, Schiffsfahrscheinen sowie bei der Reservierung von Mietwagen und Hotelübernachtungen wird ein Beförderungs- bzw. Beherbergungsvertrag direkt zwischen Kunden und Leistungsträgern im Sinne des Werkvertragsrechts (§§ 631 ff. BGB) oder Dienstvertragsrechts (§§ 611 ff. BGB) geschlossen. Tritt das Reisebüro als Veranstalter auf, so schließt es selbst einen Reisevertrag mit dem Kunden; tritt es als Leistungsträger auf, so steht es im Verhältnis zum Kunden direkt in einem Dienst- oder Werkvertragsverhältnis.

Der jeweilige rechtliche Status von Reisevermittlern ist in Abb. 3 dargestellt (vgl. Tietz, 1980, S. 252 f.; Füth/Walter, 1975, S. 52; Bartl, 1991).

Handelsvertreter sind im allgemeinen nur für einen Handelsherrn tätig. Derartige Klauseln finden sich auch in den Agenturverträgen der großen Reiseveranstalter wieder. So untersagte die TUI Anfang der 70er Jahre ihren Agenturen die Vermittlung von Reiseleistungen für die Konkurrenten NUR und ITS. Als 1987 auch NUR den Konkurrenten ITS durch eine Änderung der Agenturverträge aus seinem Vertrieb verbannen wollte, untersagte das Bundeskartellamt, nicht zuletzt im Interesse von ITS, derartige Vertriebsbindungen. Gegen die Klage von TUI und NUR bestätigte das Bundeskam-

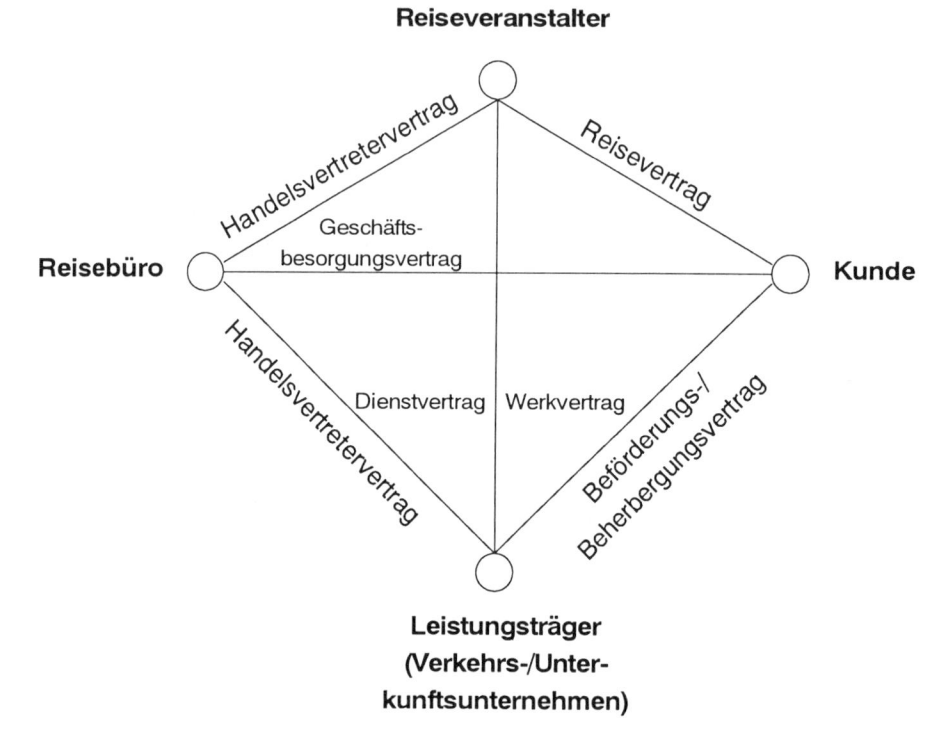

Abb. 3: Rechtsbeziehungen touristischer Funktionsträger

Reiseveranstalter — oben
- Handelsvertretervertrag (Reisebüro ↔ Reiseveranstalter)
- Reisevertrag (Reiseveranstalter ↔ Kunde)

Reisebüro — links
- Geschäftsbesorgungsvertrag (Reisebüro ↔ Kunde)
- Handelsvertretervertrag (Reisebüro ↔ Leistungsträger)

Kunde — rechts
- Beförderungs-/Beherbergungsvertrag (Kunde ↔ Leistungsträger)

Leistungsträger (Verkehrs-/Unterkunftsunternehmen) — unten
- Dienstvertrag | Werkvertrag

mergericht in Berlin erstinstanzlich die Untersagungsverfügung der Kartellbehörde. TUI und NUR beantragten daraufhin Revision beim Bundesgerichtshof, der das Urteil aufhob und zur erneuten rechtlichen Beurteilung wieder an das Bundeskammergericht zurückverwies, wo es Ende 1991 immer noch angehängig war.

Streitpunkt ist u.a. die Rechtmäßigkeit des Handelsvertreter-Status von Reisebüros bei der Vermittlung von Pauschalreisen. Das Bundeskartellamt ist der Auffassung, daß Reisevermittler, die aufgrund der Ausschlußklausel ihres Leitveranstalters zwar nicht die Produkte der wichtigsten Konkurrenten, gleichwohl aber Reisen zahlreicher anderer Reiseveranstalter vermitteln, keine Handelsvertreter, sondern vielmehr Reisehändler sind. In diesem Falle wären Vertriebsbindungen als unerlaubte Wettbewerbsbeschränkungen zu untersagen und die besonderen rechtlichen Bindungen zwischen Handelsvertreter und Handelsherrn unwirksam. Zu einer ähnlichen rechtlichen Beurteilung kamen bereits Anfang der 80er Jahre die Kartellbehörden für den belgischen Reisemarkt. Dort ging mit der Aberkennung des Handelsvertreter-Status auch die Preisbindung verloren. Die europäische Wettbewerbsbehörde beabsichtigt nach Übergang der Zuständigkeit ab 1993 angesichts des Unikats des deutschen Handelsvertreter-Rechts besonders strenge Maßstäbe an die Anwendung dieses Rechtsinstituts zu legen. Unabhängig vom Ausgang des anhängigen Verfahrens rechnen die meisten Reisevermittler und Reiseveranstalter mittelfristig sowohl mit der Aufhebung der Vertriebs- als auch der Preisbindung. Reisevermittler, die ihren Status als Handelsvertreter behalten wollen, werden sich zukünftig wohl exklusiv in den Vertrieb eines Großveranstalters integrieren müssen, die zu diesem Zweck verschiedene Franchise- und Partnerschaftsmodelle entwickeln. Der Vorteil derartiger Modelle besteht darin, daß sich Reisevermittler exklusiv über das spezifische Veranstaltersortiment profilieren können und vom jeweiligen Leitveranstalter Vorteile erhalten. Ihr Nachteil ist jedoch, daß dadurch zugleich wirtschaftliche Abhängigkeitsverhältnisse entstehen, die die Anpassungsfähigkeit eines selbständigen Unternehmens an die Veränderungen des Marktes erheblich behindern (vgl. Hochreiter/Arndt, 1978, S. 128 ff.).

1.3 Quantitative Strukturen des Reisevermittlungsgewerbes

1.3.1 Marktgröße

1.3.1.1 Anzahl und Struktur der Reisevermittlungsstellen

Da die Zulassung zum Reisevermittlergewerbe (wie im übrigen auch zum Reiseveranstaltergewerbe) in Deutschland weder begrenzt noch genehmigungspflichtig ist, gibt es keine offizielle Statistik über die Zahl der Reisevermittlerstellen. Die vermeintlich als sichere Quelle oftmals zitierte Arbeitsstättenzählung des Statistischen Bundesamtes (1987: ca. 8500 Reisevermittlungsstellen) ist u.a. deswegen nicht ausreichend aussagefähig, weil
- sie es den befragten Unternehmen selbst überläßt, sich zum Reisegewerbe zu bekennen, so daß u.a. auch nationale und internationale Fremdenverkehrsämter, touristische Beratungsfirmen und Holdings oder Time-Sharing-Unternehmen mitgezählt werden,
- touristische Vermittlungsstellen, die als Nebenerwerbsbetriebe anderer Gewerbezweige geführt werden, nicht erfaßt werden (z.B. Kaufhaus-, Versandhaus-, Verbrauchermarktbüros, Fahrkartenausgaben, Airline-Büros, Lotto-/Toto-Annahmestellen),
- kein Abgleich zwischen den Angaben von Filialbetrieben und denen der jeweiligen Muttergesellschaften erfolgt, so daß fünf der zehn größten Reiseunternehmen nicht oder zumindest nicht in der richtigen Größenordnung erfaßt werden.

Die nachfolgenden Ausführungen beziehen sich auf Erhebungen der Deutsches Reisebüro GmbH (DER). Sie wurden durch Abgleiche der Vertriebsnetze von IATA, DB, TUI, NUR, ITS und DER ermittelt (vgl. Tab. 1).

Die Gesamtzahl aller Reisevertriebsstellen in Westdeutschland hat sich von 3120 in 1970 über 9500 in 1980 auf 13 200 in 1990 erhöht. Von 1970 bis 1980 hat sich der touristische Vertrieb vor allem durch den starken Zuwachs an Nebenerwerbsvertriebs-

Tab. 1: Entwicklung der Reisevermittlungsstellen

	Reise-vermittlungs-stellen insgesamt	davon: Haupterwerb		davon: Nebenerwerb
		Klassische Reisebüros	Touristik-Reisebüros	Reisevermittlungs-stellen
1970	3 120	800	1 720	600
1975	7 350	920	2 230	4 200
1980	9 500	1 180	3 620	4 700
1985	10 150	1 550	3 700	4 900
1990	13 200*)	2 650	5 050	5 500

*) sowie rund 750 in Ostdeutschland

stellen (+ 4100) verdreifacht. Die Zahl der Touristik-Reisebüros verdoppelte sich (+ 1900), während die Zahl der klassischen Reisebüros angesichts der restriktiven Zulassungsbedingungen für DB- und IATA-Lizenzen unterproportional um lediglich 380 (+ 47,5%) stieg. Für diese Mehr-Lizenz-Reisebüros waren diese Jahre "Goldgräber-Zeiten", da der entsprechende Flug- und Bahn-Umsatz in diesem Zeitraum um mehr als das Doppelte zunahm, so daß diese Agenturen bei zugleich stark expansiver touristischer Nachfrage ohne nennenswerte Marktanteilskämpfe und abgeschirmt durch Lizenz-Schutzräume erhebliche Umsatzzuwächse verzeichnen konnten.

Das änderte sich jedoch Anfang der 80er Jahre. Nach der zweiten Ölkrise 1981/82 konnte sich die Nachfrage nach Veranstalterreisen erst ab 1985 wieder erholen. Die Zahl der touristischen Vertriebsstellen blieb nahezu konstant (Haupterwerb + 80 bzw. + 2,2%, Nebenerwerb + 200 bzw. + 4,3%). Lediglich der unvermindert wachsende Bahn- und Flugverkehr (Umsatzplus 13,5% bzw. 40,2%) führte über zusätzliche DB- und IATA-Lizenzen zu einer Zunahme um 370 klassische Reisebüros (+ 31,4%).

Der Zeitraum von 1985 bis 1990 stand im Zeichen von Liberalisierungsbestrebungen in allen Bereichen (Tab. 2). Angesichts der Vorbereitungen auf den EG-Markt wurden das starre IATA-Tarifgefüge aufgeweicht, die Zulassungsbedingungen für IATA-Agenturen erheblich vereinfacht und Consolidators im Markt etabliert, die schließlich durch die IATA-Resolution 814 als "other agents" legalisiert wurden. Insgesamt stieg die Zahl der IATA-Agenturen in diesem Fünf-Jahres-Zeitraum um 914 bzw. 71,2% von 1283 auf 2197. Es unterliegt reiner Spekulation, ob das Wachstum des Flug- und insbesondere des Geschäftsreiseverkehrs Folge oder Grundlage dieser Vertriebsexpansion ist. Namhafte Unternehmensberatungen empfehlen den Veranstaltern, aber auch Bundesbahn und Lufthansa, ihren Marktanteil über einen flächendeckend ausgeweiteten Vertrieb und neue Vertriebskonzepte (Franchise-, Partner- und Shop-in-Shop-Modelle) zu sichern. Zusätzlich sorgte die juristische Auseinandersetzung der Reiseveranstalter um die Vertriebsbindung für eine inflationäre Ausweitung um insgesamt 3050 Reisevermittlungsstellen (+30%), da alle Beteiligten bemüht sind, ihre Ausgangsposition bis zur eventuellen Aufhebung der Vertriebsbindung zu verbessern.

Tab. 2: Zahl und Umsatz der Reisevertriebsstellen 1985–1990

	1990	1989	1988	1987	1986	1985	Veränd. 1985–1990 (in %)
Klassische Reisebüros	2 650	2 320	2 050	1 850	1 590	1 550	71,0
Touristik-Reisebüros	5 050	4 480	4 180	3 970	3 880	3 700	36,5
Nebenerwerbs-Reisebüros	5 500	5 750	5 520	5 880	5 080	4 900	12,2
Reisevertriebsstellen insgesamt	13 200	12 550	11 750	11 700	10 550	10 150	30,0
davon:							
IATA-Agenturen	2 197	1 922	1 764	1 655	1 372	1 283	71,2
DB-Agenturen	1 487	1 317	1 147	991	977	965	54,1
Umsätze aller Reisevertriebsstellen in Mrd. DM	26,9	25,1	23,8	22,1	19,7	19,0	41,5
davon:							
Touristik	15,6	15,0	14,4	13,2	11,7	11,2	39,2
IATA-Flug	7,4	6,4	6,0	5,6	5,0	4,8	54,5
Bahn	1,2	1,1	1,1	1,0	1,0	1,0	16,5
Sonstiges	2,7	2,6	2,3	2,3	2,0	2,0	35,9

Dies schließt auch außergewöhnliche Experimente ein wie die Vermittlung von Pauschalreisen über den Tchibo-Kaffeehandel, Plus- und Rewe-Lebensmittelmärkte sowie Postschalter. Als letzter Leistungsträger lockerte die Deutsche Bundesbahn die Zulassungsbedingungen für die DB-Agenturen, die von 1985 bis 1990 um 522 bzw. 54,1% zunahmen. Der Umsatzzuwachs von 16,5% in diesem Zeitraum blieb jedoch deutlich hinter der Vertriebsexpansion zurück. Dennoch erzielte der Reisebürovertrieb seit 1980 Jahr für Jahr höhere Umsatzsteigerungen als der DB-Eigenvertrieb über die Fahrkartenschalter, so daß die DB-Agenturen ihren Marktanteil sukzessive von 21% auf 25% ausweiten konnten. Dies führt bei der DB zu Überlegungen, den Eigenvertrieb über eine Reisemarkt AG zu verselbständigen und teilweise in Reisebürostrukturen zu überführen.

Von den 13 200 Vertriebsstellen in Westdeutschland entfallen rund 5000 auf Handelsbetriebe: 270 Kaufhaus-Reisebüros, 360 Verbrauchermarkt-Reisebüros, 280 Versandhaus-Vertriebsstellen und rund 4100 Lotto-/Toto-Annahmestellen mit den verschiedensten Vertriebsformen (Zeitschriften- und Tabakwarenläden, Tankstellen, Kioske, Buchgeschäfte, Drogerien, Lebensmittelmärkte etc.). Weitere ca. 200 Reisevermittlungsstellen werden von Volks- und Raiffeisenbanken sowie Sparkassen betrieben. Der Drang dieser branchenfremden Unternehmen in den Reisemarkt ist neben der Profilierung mit einem attraktiven Produkt vor allem bedingt durch folgende Faktoren (vgl. Egler, 1980):

– Ergänzung der ohnehin reichhaltigen Produktpalette,
– Auslastung vorhandener Raum- und Personalkapazitäten, dadurch geringe Grenzkosten im Zuge der Mischkalkulation mit anderen Produkten,
– Möglichkeit zur Verbundwerbung mit anderen Produkten,
– hohe Werbekraft und Werbereichweiten bei hoher Kundenfrequenz an meist sehr attraktiven Standorten (die für Reisebüros fast unerschwinglich sind),
– rationellere Sortimentgestaltung durch Beschränkung auf ein schmales, beratungsarmes Reiseangebot,
– straff organisierte Verwaltungsabläufe auf vorhandenen EDV-Systemen,
– relative Unabhängigkeit von der Erwirtschaftung hoher Deckungsbeiträge, die für Reisefachgeschäfte wegen fehlender Alternativ-Geschäftsfelder lebensnotwendig sind.

Eine Langfrist-Analyse des Reisevertriebs wird zukünftig schwieriger, da 1990 mit der deutschen Einheit der Reisemarkt um ein neues Potential ausgedehnt wurde. Zwar halten die ostdeutschen Strukturen noch keinem Vergleich mit Westdeutschland stand, doch sollte nicht unerwähnt bleiben, daß dort im ersten Jahr der Marktwirtschaft bereits 750 (Outgoing-)Reisebüros mit 30 IATA- und 65 Reichsbahn-Lizenzen tätig waren.

1.3.1.2 Volumen und Struktur der Reisevermittlungsumsätze

Der Gesamtumsatz aller 13 200 Reisevermittlungsstellen in Westdeutschland betrug 1990 26,9 Mrd. DM. Er stieg seit 1985 um 7,9 Mrd. DM bzw. um 41,5%, d.h. um durchschnittlich 7,2% pro Jahr (Tab. 2). Die größten Zuwächse in diesem Zeitraum verzeichneten die Flugumsätze mit + 54,5% auf 7,4 Mrd. DM. Die Touristik-Umsätze (Veranstaltung und Vermittlung) erhöhten sich um 39,2% auf 15,6 Mrd. DM, während die Bahnverkäufe nur unterproportional um 16,5% zunahmen. Die "sonstigen Umsätze" betreffen mit insgesamt 2,7 Mrd. DM u.a. Schiffahrscheine, Hotel- und Mietwagen-Voucher, Versicherungen, Consolidator-Flugtickets, den Gastarbeiter- und Jugendreiseverkehr, Versicherungen, Eintrittskarten und sonstige Verkäufe.

Gliedert man die Umsätze des Reisevermittlungsmarktes nach den Nachfragesegmenten, so ergibt sich für 1990 etwa folgende Struktur:
– Urlaubsreiseverkehr   15,6 Mrd. DM
– Geschäftsreiseverkehr   6,3 Mrd. DM
– Privatreiseverkehr   5,0 Mrd. DM

Dabei weist der Geschäftsreiseverkehr seit 1985 die größte Wachstumsdynamik auf. Strukturiert man die Reisevermittlungsumsätze nach den verschiedenen Reisevertriebstypen, so wird deren unterschiedliche vertriebsstrategische Bedeutung für den Gesamtmarkt deutlich (Tab. 3).

Die 2650 klassischen Reisebüros (20,1% aller Vermittlungsstellen) erwirtschaften mit 16,5 Mrd. DM Umsatz 61,3% des Gesamtvolumens. Davon tätigen allein die 1490 Voll-Lizenz-Reisebüros (11,3% des Marktes) 42,4% aller Vermittlungsumsätze.

Völlig ohne Bedeutung sind die 5500 Nebenerwerbsvertriebsstellen mit rd. 400 Mio. DM Umsatz. Sie erzielen im Durchschnitt nur rund 70 000 DM Umsatz pro Vertriebsstelle, während die 5050 Touristik-Reisebüros (38,2% des Marktes) 37,2% des Marktvolumens erwirtschaften.

Nach Betriebstypen feiner differenziert tätigt ein Voll-Reisebüro durchschnittlich 7,7 Mio. DM, ein Kaufhaus-Reisebüro 2,7 Mio. DM, ein Touristik-Reisebüro 2,0 Mio. DM und ein Verbrauchermarkt-Reisebüro 1,1 Mio. DM Jahresumsatz.

Tab. 3: Umsätze einzelner Reisevertriebstypen (Angaben für 1990)

	Anzahl	Anteil (%)	Umsatz (Mrd. DM)	Anteil (%)	Umsatz pro Vertriebsstelle (Mio. DM)
klassische Reisebüros	2 650	20,1	16,5	61,3	6,2
davon: Voll-Reisebüros	1 490	11,3	11,4	42,4	7,7
Touristik-Reisebüros (einschl. Kaufhaus-, Versandhaus-, Verbrauchermarkt-Reisebüros)	5 050	38,2	10,0	37,2	2,0
Nebenerwerbs-Reisevertriebsstellen	5 500	41,7	0,4	1,5	0,1
Gesamt	13 200	100,0	26,9	100,0	2,1

1.3.2 Wettbewerbssituation

Der Reisevermittlungsmarkt in Deutschland ist durch einen hohen Konzentrationsgrad gekennzeichnet. Die 20 größten Reisebüroketten haben 1990 mit 1514 Reisebüros 7,4 Mrd. DM und somit mehr als ein Viertel des Gesamtmarktvolumens erwirtschaftet. Rechnet man die zwei Kooperationsverbunde First und DERPART mit weiteren 538 Reisebüros und 3,7 Mrd. DM Umsatz hinzu, so haben diese 2052 Ketten-Reisebüros (15,5% aller Vermittlungsstellen) 11,1 Mrd. DM Umsatz getätigt (41,3% des Marktes). Das Wachstum der 20 Ketten und damit die Marktkonzentration haben in den letzten fünf Jahren vor allem durch Zukauf weiterer Agenturen erheblich zugenommen. Die Gesamtzahl aller Kettenbüros ist seit 1985 um über 400 Reisebüros mit rd. 1,5 Mrd. DM Umsatz gestiegen (Tab. 4).

Tab. 4: Rangfolge der zehn größten Reisebüroketten 1985 und 1990
   Quelle: FVW, 1986 und 1991)

	Umsatz in Mio. DM		Anzahl Reisebüros	
	1990	1985	1990	1985
1. Hapag Lloyd	1 335	980	103	74
2. DER	842	657	89	68
3. abr	755	641	55	46
4. Karstadt	550	436	101	91
5. Eurolloyd	437	308	34	21
6. NUR-Touristic	334	284	111	68
7. Quelle	333	257	183	194
8. Kaufhof/Hertie	309	327	169	168
9. Thomas Cook	303	136	23	11
10. Rominger	282	215	36	25

Tab. 5: Rangfolge der zehn größten Reisebüroketten nach Mehrheitsanteilsbesitz 1990

	Umsatz in Mio. DM	Anzahl Reisebüros
1. Deutsche Bundesbahn: DER, abr, Rominger	1 879	180
2. Hapag-Lloyd	1 335	103
3. Karstadt: Karstadt Reisebüro, NUR-Touristic-Reisebüro, NVAG	1 041	290
4. Eurolloyd	437	34
5. Metro: Metro Reisebüro, Finass/Massa Reisebüro, Kaufhof Reisebüro	416	258
6. Quelle	333	203
7. Thomas Cook	303	23
8. American Express	227	21
9. Allkauf-Verbrauchermärkte	162	170
10. Wagons-lits	128	24

Die Konzentration des Marktes wird noch deutlicher, wenn man sich die Eigentumsverhältnisse der Reisebüro-Ketten ansieht (Tab. 5). So ist die DB Mehrheitseigner am DER (50,1%), abr (55,0%) und an Rominger (90,0%), wobei die drei Unternehmen untereinander weitere Kapitalanteile halten (vgl. Abb. 1). Eurolloyd gehört mehrheitlich der Lufthansa, einem weiteren Staatsunternehmen. Eine besondere Situation ergibt sich bei der Deutsches Reisebüro GmbH, an der Branchenführer Hapag Lloyd mit 25,1%, Branchendritter abr mit 14% und die Lufthansa (einschließlich Branchenfünftem Eurolloyd) mit 10,8% beteiligt sind und als Gesellschafter den Branchenzweiten sowie dessen Mehrheitstochtergesellschaft DERPART kontrollieren können. Auch der Karstadt-Konzern kann zu jeweils 100% über drei Ketten verfügen: die Karstadt-Reisebüros, die NUR-Touristic-Reisebüros und die Neckermann-Versand-Vertriebsstellen. Ferner besitzt der Kaufhof-Mehrheitsaktionär Metro neben den eigenen Reisebüros indirekt mehrheitlich jene des Kaufhofs und die von Massa/Finass.

1.3.3 Markt- und Angebotssegmente

1.3.3.1 Touristik

Der Gesamtmarkt für die Veranstalterreisen belief sich 1990 auf etwa 17 Mrd. DM Umsatz bei rund 16 Mio. Reisen. Davon wurden schätzungsweise 85%, entsprechend 14,5 Mrd. DM, über Reisevermittlerstellen verkauft. Weitere 6% des Marktes, entsprechend rund 1 Mrd. DM, entfielen auf Gruppenreisen, die überwiegend von großen Reisebüros auf eigenes Risiko veranstaltet wurden, wobei in der Regel eine Marge von ca. 20–25% für Kosten, Risiko und Gewinn einkalkuliert wird. Bei den Vermittlungsumsätzen beträgt die von den Veranstaltern gezahlte Basisprovision zwischen 8% und 12%. Bei entsprechenden Umsatzgrößen und Wachstumsraten können die Reisevermittler darüber hinaus bis zu 3% Superprovision erhalten. Die klassischen Reisebüros erzielten 1990 im Durchschnitt über die gesamte Veranstalter-Palette eine Provision von 10,7%. Einzelne Reisebüros oder Reisebüroketten können vor allem im Touristik-Geschäft mit gezielter Sortimentssteuerung, z.B. durch Beschränkung auf ein oder zwei Leitveranstalter sowie einige wenige Ergänzungs- und Nischenanbieter, angesichts dieser Provisionsstrukturen erhebliche Zusatzerträge erwirtschaften. Dies gilt um so mehr, je höher der Abhängigkeitsgrad des jeweiligen Unternehmens vom touristischen Geschäft ist. Er beträgt bei den 2650 klassischen Reisebüros durchschnittlich 40%, bei allen anderen Reisevermittlungsstellen in der Regel 100%.

Die eigentlich nicht mehr zeitgemäße vollständige Abhängigkeit der Provisionseinnahmen von den getätigten Umsätzen ist insbesondere deshalb gefährlich, weil der durchschnittliche Reisepreis pro Teilnehmer durch den fast ruinösen Preiswettbewerb zwischen den Reiseveranstaltern von 1986 bis 1990 lediglich von 1049 DM auf 1055 DM gestiegen ist, d.h. lediglich um 6 DM bzw. 0,6% in fünf Jahren. Eine Verschlechterung der Deckungsbeiträge in dieser Sparte kann demnach nur durch eine Verbesserung des Provisionsmix oder eine Steigerung der Produktivität verhindert werden. In den klassischen Reisebüros dürfte die Vermittlung von Veranstalterreisen im Vergleich zu den anderen Agenturgeschäften dennoch den relativ größten Deckungsbeitrag erbringen, weil 10% des Umsatzes als Anzahlung bereits bei der Buchung der Reisen zur Verbesserung der operativen Liquidität oder evtl. sogar zur Geldanlage zur Verfügung stehen, während im Geschäftsreiseverkehr fast ausschließlich kreditiver Umsatz mit längeren Zahlungszielen getätigt wird. Darüber hinaus sind den Ertrag mindernde Rabatte angesichts fehlender Großkunden in dieser Sparte nicht üblich. Vor diesem Hintergrund bedarf die im allgemeinen renditestärkste Sparte des Reisebürogeschäfts eines ganz besonders sorgfältigen betriebswirtschaftlichen Managements.

1.3.3.2 Flug

Der Gesamtumsatz für Linienflüge betrug 1990 11,0 Mrd. DM. Davon wurden 20%, entsprechend 2,2 Mrd. DM, von den in- und ausländischen Airlines in der Bundesrepublik direkt abgesetzt, 68%, entsprechend 7,4 Mrd. DM, nach den Regeln der IATA über Reisebüros verkauft und 12%, entsprechend 1,4 Mrd. DM, über Consolidators vertrieben, wovon 1 Mrd. DM über Reisebüros vermittelt wurden. Die Regelprovision für die IATA-Umsätze beträgt 9%. Einzelne Airlines gewähren in Abhängigkeit von der Umsatzgröße unter der Hand bis zu 15% Zusatzprovision. Consolidators bieten ihre nicht veröffentlichten Tarife in der Regel zu Nettopreisen an, auf die das Reisebüro eine individuell kalkulierte Verdientsmarge aufschlägt. Im Durchschnitt aller Linienflugangebote dürfte ein Reisebüro, je nach Angebotsmix, Umsatzgröße und Kettenzugehörigkeit eine Verdienstmarge von etwa 10–12% für die Vermittlung von Linienflügen erhalten. Der Deckungsbeitrag dieser Geschäftssparte unterliegt jedoch erheblichen Gefahren. Ähnlich wie auf dem Reiseveranstalter-Markt hat sich zwischen den verschiedenen Airlines ein ruinöser Preiswettbewerb entwickelt. Dieser hat dazu geführt, daß sich der Durchschnittspreis pro Flugticket von 987 DM in 1985 auf 967 DM in 1989 vermindert hat, d.h. um 20 DM bzw. 2,0% in fünf Jahren. Infolge der direkten Einkommensabhängigkeit von den Umsätzen muß somit ein Teil der Zusatzprovisionen als Ausgleich für den verringerten Durchschnittsertrag pro Ticket gesehen werden. Die Reisebüros konnten eine Verschlechterung des Deckungsbeitrags in dieser Sparte nur durch eine erhöhte Produktivität oder durch günstigere Einkaufskonditionen bei den Airlines verhindern.

Rabatte oder kostenintensive Dienstleistungen, hohe kreditive Umsätze oder lange Zahlungsziele bei besonders großen und wichtigen Geschäftsreisekunden müssen mit besonderer Sorgfalt kalkuliert werden. Immerhin beträgt der Umsatz der Flug-Sparte in den klassischen Reisebüros im Durchschnitt rund 43%, so daß ein durch falsche Kalkulation entstandener negativer Deckungsbeitrag sehr schnell auch zu einem Verlust für das Gesamtunternehmen führt. Es sollte in jedem Einzelfall geprüft werden (vgl. Lintl, 1991):
- ob beispielsweise die jeweilige Firma vorwiegend deutsche, europäische oder internationale Strecken fliegt,
- ob vorzugsweise First-Class, Business-Class oder Sondertarife gebucht werden,
- ob man zur Erlangung von Superprovisionen seitens der Airlines auf die Wahl der Fluggesellschaften Einfluß nehmen kann,
- ob jedes zweite Ticket umgebucht werden muß, oder ob dies nur in Ausnahmefällen vorkommt,

– ob als Besteller seitens der Firma verschiedene Sekretariate oder eine zentrale Reisestelle tätig sind, wo Ablauforganisation, Rechnungsstellung und Kommunikation kostengünstig zwischen Firma und Reisebüro aufeinander abgestimmt werden können.

Derartige Einflußfaktoren wirken sich unmittelbar auf den Durchschnittsertrag pro Arbeitsvorgang und auf die Produktivität der Mitarbeiter im Firmendienst aus. Erst nach genauer Analyse kann dann über Art und Umfang der zu erbringenden Serviceleistungen, das Zahlungsziel und ein entsprechendes Rabattmodell entschieden werden. Der Jahresumsatz des jeweiligen Firmenkunden spielt dabei nur eine untergeordnete Rolle. Schließlich sind die Zeiten, in denen Flugumsatz um jeden Preis gemacht werden mußte, um die IATA-Lizenz zu erlangen und zu behalten, seit der Liberalisierung der Zulassungsbedingungen Mitte der 80er Jahre längst vorbei. Auch rein umsatzbezogene Prämien für Akquisiteure sind aus den aufgezeigten Gründen betriebswirtschaftlich nicht vertretbar. Große Reisebüros, Reisebüroketten und Kooperationsverbände mit entsprechend günstigen Einkaufskonditionen bei den Airlines haben allerdings größere Kalkulationsspielräume im Wettbewerb um Firmenkunden. Sie werden vor allem durch die erwartete Expansion des Geschäftsreiseverkehrs im EG-Binnenmarkt profitieren, wenn sie abgesichert durch straffes betriebswirtschaftliches Management ihre Marktchancen suchen.

1.3.3.3 Bahn

Der Gesamtumsatz der Deutschen Bundesbahn im nationalen und internationalen Schienen-Personenverkehr betrug 1990 5,7 Mrd. DM. Rund 75%, entsprechend 4,3 Mrd. DM, entfielen davon auf die eigenen Fahrkarten-Ausgaben, die restlichen 25%, entsprechend 1,4 Mrd. DM, wurden über Reisebüros getätigt. Die Basisprovision beträgt 10%, darauf wird eine zuwachsabhängige Superprovision von bis zu 3% gezahlt. Dadurch ergibt sich im Durchschnitt pro Agentur eine Vergütung von 11,6% des Umsatzes. Obwohl die Deutsche Bundesbahn nur einen mittelbaren Wettbewerb zu den Verkehrsmitteln Flugzeug, Bus und PKW ausgesetzt ist und keinen direkten Konkurrenten im Schienenverkehr hat, versucht sie seit 1983 mit einer inflationären Tarifvielfalt, die auch von Experten kaum noch beherrschbar ist, ihre Marktposition zu verbessern. Der Umsatz im Reisebüro-Vertrieb stieg gegenüber dem Eigenvertrieb zwar überproportional, blieb aber mit einen Plus von 25,0% in acht Jahren bescheiden. Dies ist vor allem darauf zurückzuführen, daß ein hoher Anteil von früheren Normaltarif-Kunden auf die vielfältigen Sondertarife umgestiegen ist, die 1990 bereits 35% des Gesamtumsatzes ausmachten. Durch diese Entwicklung sank der Durchschnittspreis pro Fahrkarte von 54,51 DM in 1983 über 46,73 DM in 1986 auf DM 38,89 DM in 1990, d.h. um 15,62 DM bzw. 28,7% in acht Jahren oder um 7,84 DM bzw. 16,8% in den letzten fünf Jahren. Auch die neu eingeführte, sich durchschnittlich mit +1,5% auswirkende Superprovision konnte nicht verhindern, daß sich trotz jährlicher Tariferhöhungen der Durchschnittsertrag pro Fahrkarte seit 1986 durch den verschobenen

Nachfragemix um 8% verringerte. Der ohnehin geringe Deckungsbeitrag in dieser Sparte hat sich dadurch weiter veschlechtert, einige Agenturen behaupten sogar, er sei negativ.

Die Wirtschaftlichkeit des Verkaufs von Bahnfahrkarten hängt in Zukunft maßgeblich davon ab, daß die Deutsche Bundesbahn neben einer akzeptablen Durchschnittsprovision die Tarifvoraussetzungen vereinfacht und innerhalb des in den Reisebüros verfügbaren START-Systems umgehend EDV-technische Verbesserungen wie die Verknüpfung von Fahrplanauskunft, Reservierung, Tarifrechnung und Best-Choice-Funktion realisiert, um den Beratungsaufwand zu reduzieren. Für die meisten klassischen Reisebüros ist das Bahngeschäft unabhängig von seiner Wirtschaftlichkeit als Serviceleistung, als Ergänzung von Urlaubsangeboten, bei einem hohen Anteil des Firmengeschäfts und zur kontinuierlichen Stammkundenpflege unersetzlich. Angesichts des geringen Anteils von nur 11% am Gesamtgeschäftsvolumen dieser Reisebüros fällt allerdings das Bahngeschäft nicht gravierend ins Gewicht.

Es ist zu erwarten, daß die Nachfrage nach Bahnfahrausweisen angesichts der Überlastungen von Straßen und Flughäfen mit zunehmenden Hochgeschwindigkeitsverkehren im europäischen Binnenmarkt sowie durch die Öffnung nach Osteuropa zunehmen wird. Parallel dazu wird auch die Zahl der Vertriebsstellen, deren Zulassung trotz bereits vereinfachter Bedingungen voraussichtlich weiter liberalisiert werden wird, künftig steigen.

1.3.4 Betriebswirtschaftliche Struktur und Kennziffern von Reisebüros

DERDATA, das Rechenzentrum der Deutsches Reisebüro GmbH, bei dem 1990 rund 1700 Reisebüros ihre Bilanzen, Gewinn- und Verlust-Rechnungen, Umsatzstatistiken, Gehaltsabrechnungen, Marketing-Dateien oder sonstige Auswertungen erstellen ließen, ermittelt seit 1972 regelmäßig auf Basis des vorhandenen Datenmaterials Betriebsvergleiche und Umsatztrends (Reisebüro-Spiegel). Die nachfolgend analysierten Daten sind allerdings nur repräsentativ für klassische Reisebüros und nicht für reine Touristik-Vermittlungsstellen. Alle Angaben beziehen sich auf Durchschnittswerte für eine repräsentative Agentur.

1.3.4.1 Umsatz-, Erlös- und Kostenstruktur

Die drei Sparten Touristik, Bahn und DB/DER-Geschäft, das neben den Bahnverkäufen auch die vom DER als Generalagent für verschiedene Leistungsträger vertriebenen Schiffsfahrscheine, Hotelvoucher, Busfahrscheine, Gastarbeiter- und Jugendreiseverkehre sowie Reiseversicherungen umfaßt, entsprechen über 95% des gesamten Umsatzvolumens. Angesichts der sehr unterschiedlichen Entwicklung der einzelnen Sparten in den letzten 15–20 Jahren hat sich jedoch die Bedeutung der einzelnen Geschäftsbereiche deutlich verschoben.

Tab. 6: Indexentwicklung der wichtigsten Umsatzsparten (1976 = 100)
Quelle: DERDATA-Reisebürospiegel

	1976	1980	1985	1990
Touristik	100,0	155,1	192,1	248,7
Flug	100,0	159,0	205,6	271,7
DB/DER	100,0	126,8	142,8	166,5
Gesamt	100,0	149,8	185,0	236,0

Der Index der Gesamtumsatzentwicklung belief sich 1990 auf 236,0 Punkte, was seit 1976 einer durchschnittlichen Steigerungsrate von 6,3% pro Jahr entspricht (Tab. 6). Während sich die Touristik-Umsätze mit 248,7 Punkten (Jahresdurchschnitt 6,7%) in etwa im Gesamttrend bewegten, nahmen vor allem die Flugumsätze mit 271,7 Punkten (Jahresdurchschnitt + 7,4%) stark überproportional zu. Die DB/DER-Umsätze blieben mit 166,5 Punkten (Jahresdurchschnitt + 3,7%) deutlich hinter der allgemeinen Entwicklung zurück. Entsprechend nahm der Anteil des einst bedeutenden DB/DER-Geschäfts seit 1972 von 25,5% auf nur noch 12,9% ab (Tab. 7). Hingegen stieg der Anteil der Touristik-Umsätze am Gesamtvolumen im gleichen Zeitraum von 36,0% auf 40,4% und der Anteil der Flugumsätze sogar von 32,9% auf 43,1%.

Tab. 7: Umsatz- und Erlösstruktur in % nach Geschäftssparten
Quelle: DERDATA-Betriebsvergleich

	1972		1980		1990	
	Umsatz	Erlös	Umsatz	Erlös	Umsatz	Erlös
Touristik	36,0	38,2	39,6	40,7	40,4	42,3
Flug	32,9	28,6	37,6	34,0	43,1	37,5
DB/DER	25,5	23,4	18,8	18,3	12,9	14,1
Sonstiges	5,6	9,8	4,0	7,0	3,6	6,1
Gesamt	100,0	100,0	100,0	100,0	100,0	100,0

Die Höhe der Umsatzanteile sagt jedoch, wie im Abschnitt 1.3.3 erläutert, noch nichts über die wirtschaftliche Bedeutung der einzelnen Sparten aus. Dies verdeutlicht erst ein Blick auf die Struktur der Erlöse, die im Sinne einer Unternehmensergebnis-Rechnung als Deckungsbeitrag I angesehen werden können. Dabei wird deutlich, daß die Touristik angesichts hoher Provisionssätze bei relativ hohen Durchschnittsumsätzen pro Verkaufsvorgang die wirtschaftlich bedeutendste Sparte ist; der Erlösanteil dieser Sparte ist auch im langfristigen Vergleich stets größer als ihr Umsatzanteil. Er beträgt 1990 immerhin 42,3%. Im Flugbereich wurden im Betrachtungszeitraum durchgängig die niedrigsten Provisionen gezahlt. Dies führt dazu, daß sein Erlösanteil stets geringer ist als seine umsatzmäßige Bedeutung. Er liegt 1990 bei nur 37,5%, wobei jedoch zu beachten ist, daß sich dieser Wert lediglich auf Basis der offiziellen Airline-Vergütung ergibt. Die inoffiziellen Superprovisionen, "Kickbacks", Werbekostenzuschüsse und Boni werden offensichtlich zumeist kostenmindernd gebucht oder bei Zahlung zum Abschluß des Geschäftsjahres periodisch nicht sauber abgegrenzt. Bis Mitte der 80er Jahre war auch die wirtschaftliche Bedeutung des DB/DER-Geschäfts etwas geringer, als es der Umsatzanteil auswies. Erst nach Einführung des Superprovisionsmodells und der Bonuszahlungen für die Nutzung des START-Systems liegt der Erlösanteil (1990: 14,1%) höher als der Umsatzanteil (1990: 12,9%).

Der durchschnittliche Provisionssatz im Reisebürogeschäft stieg zwischen 1972 und 1980 von 8,5% auf 9,8% (Tab. 8). Angesichts inflationärer Preisentwicklung der touristischen Produkte und der zügigen Anpassung der Basisprovisionen konnten die Reisebüros auch ohne Produktivitätszuwachs attraktive Erlössteigerungen erzielen. Dies änderte sich jedoch in den 80er Jahren, als die Leistungsträger ihre Basisprovisionen weitgehend konstant hielten und nur noch leistungsbezogene Zusatzprovisionen zahlten. Dadurch stieg der durchschnittliche Provisionssatz von 1980 bis 1990 nur noch um 0,9 Prozentpunkte auf 10,7%. Angesichts des zunehmenden Preiswettbewerbs und einer relativ stabilen wirtschaftlichen Entwicklung nahmen auch die Preise der touristischen Leistungen nur noch moderat zu, so daß die Erlöszuwächse bescheiden blieben und die Reisebüros zur Deckung ihrer Kosten erhebliche Produktivitätszuwächse erzielen mußten. Erfolgreich blieb dabei nur derjenige, der in der Lage war, durch gestraffte Arbeitsabläufe, gezielten EDV-Einsatz und Nutzung der Möglichkeiten der internationalen Reservierungssysteme die Produktivität pro Mitarbeiter zu steigern.

Tab. 8: Provisionssätze in % nach Geschäftssparten
Quelle: DERDATA-Betriebsvergleich

	1972	1980	1990
Touristik	9,1	9,9	10,7
Flug	7,6	8,9	9,3
DB/DER	8,6	9,5	11,6
Durchschnitt	8,5	9,8	10,7

Mit über 60% stellen die Personalkosten den mit Abstand größten Kostenfaktor im Reisebürogewerbe dar (Tab. 9). Daran hat sich seit 1972 relativ wenig geändert. Der geringfügige Rückgang des Personalkostenanteils ist im wesentlichen auf den verstärkten EDV-Einsatz und die verbesserten Kommunikationsmittel zurückzuführen. Entsprechend nahm der Anteil der Kommunikationskosten als zweitwichtigste Kostenart auf 9,1% zu. Der anteilige Rückgang in 1980 kam nur deshalb zustande, weil die

Tab. 9: Kostenstruktur in %
Quelle: DERDATA-Betriebsvergleich

	1972	1980	1990
Personalkosten	62,1	61,1	60,9
Raumkosten	7,7	7,1	7,4
Kommunikationskosten	8,2	6,7	9,1
Werbekosten	3,5	4,7	4,8
Akquisitionskosten	4,8	5,1	7,2
Sonstige Kosten	13,7	15,3	10,6
Gesamt	100,0	100,0	100,0

EDV-Kosten im damals für die Reisebüros gültigen Kontenrahmen von DERDATA noch in den "sonstigen Kosten" enthalten waren. Der zunehmende Anteil der Werbe- und Akquisitionskosten seit 1972 wird angesichts des beständig zunehmenden Wettbewerbs zwischen den Reisebüros um Kunden und Marktanteile verständlich. Lediglich die Raumkosten blieben in diesem Zeitraum relativ konstant, weil die meisten Reisebüros infolge drastisch gestiegener Quadratmeterpreise für Ladenflächen in zentralen Innenstadtlagen immer mehr in Randlagen abgedrängt wurden. Zum Teil wurden auch die Verkaufsflächen gezielt auf das mindestnotwendige Maß verringert und Buchhaltungen, Gruppenreisen-Abteilungen und Firmendienste ohne Publikumsverkehr in preiswertere Etagenbüros verlagert. Lediglich Unternehmen mit eigenen Immobilien, Reisebüros in Warenhäusern (mit Grenzkostenmieten) und repräsentative Verkaufsbüros von Reisebüroketten (im Zuge der Mischkalkulation über das gesamte Filialnetz) können ihre Standorte in den besten Lauflagen erhalten.

1.3.4.2 Wirtschaftlichkeitskennziffern

Tatsächlich hat sich der Durchschnittsumsatz pro Verkaufsmitarbeiter von 540 000 DM in 1972 über 911 000 DM in 1980 auf 1 188 000 DM in 1990 verdoppelt (vgl. Tab. 10). Der Durchschnittserlös pro Mitarbeiter hat sich im gleichen Zeitraum angesichts der verbesserten Provisionsregelungen sogar verdreifacht (+ 205,9%). Da die Durchschnittskosten pro Mitarbeiter um 201,3% zunahmen, stiegen die Deckungsbeiträge pro Mitarbeiter in den "goldenen" 70er Jahren von 3300 DM auf 9000 DM in 1980 und dann weiter auf 11 500 DM in 1990.

Durch den EDV-Einsatz machte sich vor allem im Rechnungswesen und in Verwaltungsfunktionen ein Produktivitätszuwachs bemerkbar. Während 1972 für 5,9 Verkaufsmitarbeiter 1 Verwaltungsmitarbeiter erforderlich war, konnte dieser 1990 bereits die administrativen Aufgaben von 8,3 Verkäufern erledigen. Die durchschnittliche Nettoumsatzrendite der Reisebüros stieg von 0,79% in 1972 über den Spitzenwert von 1,48% in 1978 auf 1,29% in 1980, um anschließend nahezu kontinuierlich bis auf

Tab. 10: Wirtschaftlichkeitskennziffern
Quelle: DERDATA-Betriebsvergleich

	1972	1980	Veränd. in %	1990	Veränd. in %
Durchschnittsumsatz pro Verkaufsmitarbeiter (in 1000 DM)	540	911	+ 68,7	1 188	+ 30,4
Durchschnittserlös pro Mitarbeiter (in 1000 DM)	34,0	73,0	+ 114,7	104,0	+ 42,5
Durchschnittskosten pro Mitarbeiter (in 1000 DM)	30,7	64,0	+ 108,5	92,5	+ 44,5
Deckungsbeitrag pro Mitarbeiter (in 1000 DM)	3,3	9,0	+ 172,7	11,5	+ 27,7
Anzahl der Mitarbeiter im Verkauf pro Mitarbeiter im Ver-Verwaltungsbereich	5,9	6,9	+ 16,9	8,3	+ 20,3
Nettoumsatzrendite (in %)	0,79	1,29		1,17	
Nettoerlösrendite (in %)	8,13	9,83		11,05	

0,67% in 1983 zurückzufallen und unter Schwankungen auf 1,17% 1990 wieder zuzunehmen.

Eine Umsatzrendite von 1,17% besagt, daß der Jahresüberschuß vor Steuern dieses Unternehmens 1,17% des getätigten Umsatzes beträgt. Das durchschnittliche klassische Reisebüro tätigt einen Jahresumsatz von rund 7 Mio. DM (siehe Abschnitt 1.3.1), woraus demzufolge nach Berücksichtigung des kalkulatorischen Unternehmerlohns und der kalkulatorischen Kapitalverzinsung ein Jahresüberschuß von rund 82 000 DM vor Steuern erwirtschaftet wird. Die kleinste betriebswirtschaftliche Fehlentscheidung, z.B. eine selbst veranstaltete Gruppenreise, bei der die gecharterten Kontingente nicht ausgelastet werden können, eine personelle Überbesetzung oder geringere Superprovisionen durch eine fehlende Angebotssteuerung, bringt dieses Unternehmen sehr schnell in die roten Zahlen. Nur angesichts der fehlenden Qualifikations- und Marktzugangskontrollen sowie aufgrund der relativ niedrigen Eintrittsbarrieren wird es verständlich, warum sich trotz der im Vergleich zu anderen Branchen sehr geringen Renditeaussichten immer wieder zahlreiche Kleinunternehmer dazu entschließen, in das Reisevermittlungsgewerbe einzusteigen. Wachstum und dauerhaften Erfolg können allerdings nur wenige aufweisen. Dazu trägt u.a. die zunehmende Konzentration der Branche bei, die wohl nur Großunternehmen und Kooperationen dauerhaft ein wirtschaftliches Überleben sichert.

Aus dem betrieblichen Rechnungswesen von Reisevermittlern läßt sich im allgemeinen nur die Nettoerlösrendite ableiten, die sich als prozentualer Anteil des Jahresüberschusses vor Steuern an den Umsatzerlösen ergibt. Die Umsatzerlöse sind identisch mit den Provisionseinnahmen, während die den Leistungsträgern zustehenden Verkaufseinnahmen als Inkasso-Umsätze unberücksichtigt bleiben. Die Nettoerlösrendite hat sich von 8,13% in 1972 über 9,83% in 1980 auf 11,05% in 1990 erhöht. Im Vergleich mit anderen Branchen kann sie sich durchaus sehen lassen.

1.4 Die Bedeutung von Reservierungs-, Front-Office- und Back-Office-Systemen für das Reisevermittlergewerbe

Viele Leistungsträger, vor allem die Fluggesellschaften, haben sich bereits Ende der 60er, Anfang der 70er Jahre um die Schaffung von elektronischen Reservierungssystemen bemüht, die jedoch zunächst ausschließlich hausintern zur Kapazitätsverwaltung, Kalkulation und Abrechnung genutzt wurden. Die Reisevermittler bzw. die Kunden waren jedoch gezwungen, eine Buchung schriftlich oder telefonisch vorzunehmen. Rückbestätigung, Rechnungsstellung und Unterlagenversand erfolgten postalisch oder mit der Ticketausstellung über ein hierzu autorisiertes Reisebüro. Auch die Deutsche Bundesbahn besaß mit EPA (Elektronische Platz-Anweisung) bereits ein einfaches, zahlenkodiertes Reservierungssystem für viele nationale und internationale Fernzüge, das sie über ihr eigenes BASA-Diensttelefonnetz betrieb und auch bereits einigen bahnhofsnahen Reisebüros verfügbar machte.

Mit zunehmender Sicherheit und Schnelligkeit des Datenaustausches über entsprechende Fernübertragungsnetze Mitte der 70er Jahre zeichnete sich die Notwendigkeit ab, den Vertrieb mit Online-Reservierungsterminals auszustatten. Da die verschiedenen Endgeräte weder hardware- noch softwaremäßig miteinander kompatibel waren, hätte dies zu einer abenteuerlichen EDV-Terminal-Landschaft bei den Reisevermittlern geführt, wie sie auch heute noch in einigen ansonsten technologisch fortschrittlichen Ländern (u.a. USA, Großbritannien) vorzufinden ist.

Wieder machte sich der im internationalen Vergleich sehr große Einfluß der deutschen Reisevermittler bemerkbar, als sie die Initiative zur Gründung der START GmbH (Studiengesellschaft zur Automation im Reisegewerbe und Tourismus) ergriffen, deren Ziel die Entwicklung eines sogenannten Front-Office-Systems, d.h. eines Einheits-Reisebüro-Terminals für alle wichtigen Leistungsträger und Veranstalter in Deutschland war. Jeweils 25% der Anteile übernahmen die Bundesbahn und Lufthansa, die ihre mehr oder wenigen vorhandenen Systeme mit dem START-Kommunikationsrechner kompatibel machen mußte, weitere 25% die TUI, die zu diesem Zweck ein neues, eigenes Reservierungssystem (IRIS) entwickelte, und die restlichen 25% zu jeweils gleichen Teilen die drei Reisebüroketten DER, abr und Hapag Lloyd, die zugleich stellvertretend die Interessen des gesamten Reisevermittlergewerbes wahrnahmen. Das DER verfolgte zusätzlich das Ziel, die EDV-Dienstleistungen seines seit 1972 tätigen Service-Rechenzentrums DERDATA (mit den Tätigkeitsfeldern Leistungsträger-Abrechnungen, monatliche Finanz- und Lohnbuchhaltung, betriebswirtschaftliche Steuerungsinstrumente und Rechnungswesen für Reisebüros) als Back-Office-System in START zu integrieren. Damit wurde es möglich, die für die Erstellung von Rechnungen und Kassenzetteln in START gespeicherten Daten automatisch in die Buchhaltung sowie in die Abrechnung des jeweiligen Reisebüros gegenüber den Leistungsträgern zu übernehmen und somit erhebliche Rationalisierungspotentiale im administrativen Bereich zu schaffen. Vor allem die Kombination aus Reservierungs-, Front-Office- und Back-Office-System sorgte für den einzigartigen Erfolg von START, das in seiner Leistungsvielfalt, Kompatibilität und Akzeptanz bis heute weltweit keine vergleichbare Kopie gefunden hat.

Dies bekommen derzeit die Mega-Reservierungssysteme der großen Fluggesellschaften zu spüren (vgl. Abb. 4). International sind die Airlines am stärksten auf weltweit rund um die Uhr arbeitende, mit anderen Leistungsträgern umfassend verknüpfbare Kommunikations- und Reservierungssysteme angewiesen. Nur die größten von ihnen sind in der Lage, die immensen Milliarden-Dollar-Investitionen aufzubringen. So entwickelten American Airlines das bislang erfolgreichste System Sabre, United Airlines Apollo und die US-Gesellschaften Delta, TWA und Northwest Orient Worldspan. Nach dem anfänglichen Versuch der großen europäischen Airlines, ein gemeinsames System zu entwickeln, sind letztlich wegen unüberbrückbarer Interessenkonflikte aufgrund von Konkurrenz- und Abängigkeitsverhältnissen mit Amadeus (Lufthansa, Air France, Iberia, SAS) und Galileo (British Airways, KLM, Swissair, Alitalia) zwei Lager entstanden, die nach gescheiterten Eigenentwicklungsversuchen nunmehr lediglich die bestehenden Systeme System One (Amadeus) und Apollo (Galileo) modifizieren und adaptieren.

In Fernost wurde unter Federführung von Singapore Airlines und Cathay Pacific Airlines (Hongkong) das Abacus-System geschaffen, dem mittlerweile aber auch schon eine Anlehnung an Amadeus und Sabre nachgesagt wird. Darüber hinaus sind noch das Fantasia-System von Quantas (Australien), System One von Texas Air, Axess von Japan Airlines und Gemini von Air Canada zu nennen. Im übrigen sind alle Systeme miteinander vernetzt, jedoch im Direct-Access, d.h. in freier Kapazitätsverfügbarkeit, nur für die jeweilig assoziierten und gesellschaftsrechtlich verbundenen Airlines zugänglich.

Diese Mega-Reservierungssysteme, die u.a. auch Hotels, Mietwagen sowie zukünftig Bahnleistungen enthalten, finanzieren sich durch eine Buchungsgebühr von 2–3 US$ pro Flugstrecke oder Leistung. Dieser Preis gilt auch für die Verrechnung der zwischen den verschiedenen Systemen getätigten Reservierungen. Während Amadeus als Lufthansa-System in Deutschland durch den Anschluß an START auf einen Schlag eine hohe Vertriebspräsenz mit ausgefeiltem, servicefreundlichem Front- und Back-Office-System erzielen kann, tun sich die anderen Systeme im deutschen Markt sehr schwer, da sie ohne START ein eigenes Front-Office-System in den Reisebüros installieren müssen, ganz zu schweigen von fehlenden Back-Office-Leistungen. In Er-

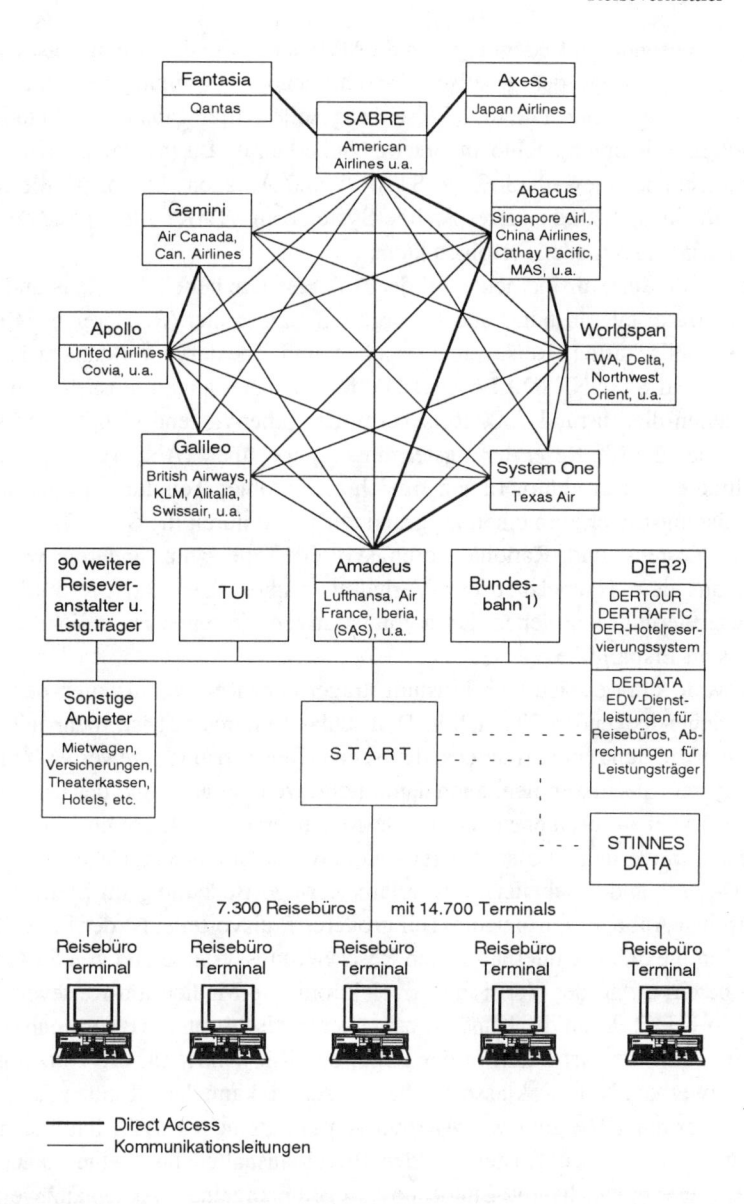

1) Das DB-Reservierungssystem in online verbunden mit den Systemen ausländischer Eisenbahnen
2) Das DER ist intern mit weiteren Leistungsträgern verbunden, u.a. mit Center Parcs, Utell (Hotelreservierungssystem), verschiedenen Reedereien, Europäische Reiseversicherung, Deutsche Touring.

Es existieren weitere Airline-Systeme: System One (Texas Air), Phantasia (Japan Airlines, Qantas)

Abb. 4: Verknüpfung von Reservierungs-, Front-Office- und Back-Office-Systemen im deutschen Reisemarkt

kenntnis der besonderen Bedeutung von START haben die deutschen Leistungsträger-Gesellschafter im Zuge der gesellschaftsrechtlichen Neuordnung des Unternehmens 1990 ihre Anteile erhöht. Die drei Reisebürogesellschafter gaben ihre Anteile zurück und erhielten Mitspracherechte in einem Nutzerbeirat. Lufthansa, Bundesbahn und TUI halten nunmehr jeweils 30% an START, und Amadeus übernahm die restlichen 10%, so daß ein Anschluß anderer Airline-Systeme an START nicht ohne den Einfluß von Lufthansa und Amadeus erfolgen kann.

Dem START-System sind heute auf der Anbieterseite neben Amadeus und Bundesbahn über 90 Reiseveranstalter und sonstige Leistungsträger (Reedereien, Mietwagen- und Hotelgesellschaften, Reiseversicherungen und Theatervorverkaufskassen) sowie DERDATA und STINNESDATA als EDV-Dienstleister angeschlossen. Auf der Nutzerseite stehen diesen rund 7300 Reisevermittler (überwiegend Haupterwerbsreisebüros) mit über 14 700 Reservierungsterminals gegenüber (Abb. 4). Die monatliche Terminalmiete der Reisebüros finanziert sich zum größten Teil durch Bonuszahlungen, die die Leistungsträger zum einen aufgrund der ihnen durch die START-Nutzung entstehenden Kosten- und Rationalisierungsvorteile und zum anderen wegen ihrer Pflichten aus dem Handelsvertreter-Verhältnis zahlen. Den Reisevermittlern bringt dieser Reservierungsweg neben den administrativen Vorteilen zusätzliche Kommunikationskosten-Ersparnisse.

Mittlerweile kann es sich kein Leistungsträger oder Reiseveranstalter, der an einem starken, flächendeckenden Vertrieb in Deutschland interessiert ist, mehr leisten, ohne das auf maßgebliche Initiative des deutschen Reisevermittlergewerbes entwickelte START-System auszukommen, auch dann nicht, wenn er aufgrund der Erfahrungen in anderen Märkten vom eigenen Vertriebserfolg überzeugt ist. Durch Unkenntnis der deutschen Marktverhältnisse sind bereits viele, vor allem ausländische Reiseunternehmen, in Deutschland gescheitert. Ihre relativ geringe Bedeutung im Markt gegenüber einheimischen Anbietern, trotz zum Teil größerer Preisvorteile, ist der beste Beleg dafür. Die Komplexität der internationalen Reservierungssysteme und von START haben zugleich bewirkt, daß der Vertrieb über elektronische Medien am Reisevermittlungsgewerbe vorbei direkt an die Kunden, z.B. über Bildschirmtext (BTX), nahezu bedeutungslos ist. Ein Laie ist kaum in der Lage, das Know-how für die Nutzung der Systeme zu erwerben. Nur das klassische Fachreisebüro kann dem Kunden das günstigste Angebot unter einer Vielzahl von Alternativen heraussuchen. BTX hat bislang wegen seiner unverändert hohen Kosten bei den Privathaushalten fast keine Akzeptanz gefunden. Darüber hinaus hat die Bundespost wegen mangelnder Akzeptanz weitere Verbesserungen und Investitionen zurückgestellt und für Teilfunktionen preiswertere Systeme geschaffen (u.a. Telefax, Videotext). Die Gefahr, daß Reisevermittler durch moderne Reservierungssysteme teilweise überflüssig werden, scheint zumindest vorerst gebannt zu sein.

1.5 Internationale Expansion und Kooperation des deutschen Reisevermittlungsgewerbes

Nachdem die vertikalen und horizontalen Konzentrationsbewegungen zwischen Leistungsträgern, Reiseveranstaltern und Reisevermittlern in den nationalen Märkten zunehmend an Grenzen stoßen, streben viele Unternehmen angesichts der Öffnung des EG-Marktes ab 1993 nunmehr auch internationale Verflechtungen an. Die größten Initiativen gehen dabei von den Fluggesellschaften und Reiseveranstaltern aus, die sich über Beteiligungen neue ausländische Märkte und Vertriebsnetze erschließen möchten. Außer den weltweit bedeutenden Hotel- und Mietwagenunternehmen sowie den Veranstaltern Club Méditerranée (Frankreich), Center Parcs (Niederlande), Yugotours (Jugoslawien) und Interhome (Schweiz) ist es allerdings bislang keinem Produzenten von Reiseleistungen gelungen, sich dauerhaft und in nennenswerter Größenordnung im nachfragestarken deutschen Reisemarkt anzusiedeln. Hingegen unterhalten deutsche Touristik-Unternehmen und Leistungsträger zahlreiche internationale Beteiligungen. Auch das ist ein Indiz für die große Bedeutung und Stärke des deutschen Reisevertriebs sowie seiner technischen Systeme und Verflechtungen.

Die internationale Expansion des Reisevermittlergewerbes selbst blieb bislang ebenfalls gering. Lediglich den historisch multinational gewachsenen Reisebüroketten Thomas Cook (Großbritannien) mit 23, Wagons-lits (Belgien/Frankreich) mit 24, American Express (USA) mit 21 und Kuoni (Schweiz) mit 13 Reisebüros ist es gelungen, ihre Vertriebsnetze in Deutschland auszubauen. Darüber hinaus unterhalten noch C.I.T. (Italien) drei und das Skandinavische Reisebüro (Schweden) fünf Filialen in der Bundesrepublik. Hingegen sind deutsche Reisebüros im Ausland kaum anzutreffen. Das DER betreibt insgesamt zwölf Auslandsfilialen: sechs in den USA, zwei in Spanien und je eine in Kanada, Großbritannien, Frankreich und Italien. Hapag Lloyd löste 1990 sein gesamtes Auslandsfilialnetz auf, wobei die elf Verkaufsbüros in den USA an die Lufthansa-Tochtergesellschaft Eurolloyd verkauft wurden. Die Reisebürokette Kühne & Nagel/Panopa/Dr. Tigges hat je eine Niederlassung in Großbritannien, Kanada, Südafrika und Malaysia. Ferner besitzt die TUI zu 100% das österreichische Reisebüro Dr. Degener (15 Verkaufsbüros), und ITS verfügt mit der 80%igen Beteiligung an dem Veranstalter Holland International über 95 Verkaufsbüros in den Niederlanden.

Die Vorhaltung von Auslandsfilialen ist offensichtlich primär für jene Unternehmen wirtschaftlich interessant, die diese Vertriebsbüros in starkem Umfang für eigene Produkte der Muttergesellschaft nutzen, wie American Express (Kreditkarten und Travellercheques), Thomas Cook (Travellercheques), Kuoni (Veranstalterreisen), Wagon-lits (internationale Bahn- und Hotelvermarktung), Eurolloyd (Consolidator und Akquisition für Lufthansa), DER (Vertrieb internationaler DERTOUR- und DERTRAFFIC-Produkte sowie Veranstaltung von Reisen nach Deutschland bzw. Mittel- und Südeuropa) und Kühne & Nagel (Spedition, Frachtgeschäft).

Mit der stärkeren Internationalisierung des Firmenreisegeschäftes und der zunehmenden Bündelung der Reiseaktivitäten international operierender Großkonzerne gewinnt die Sicherstellung eines weltweit 24 Stunden arbeitenden Servicenetzes zunehmende Bedeutung. Allein für diesen Zweck ein internationales Vertriebsnetz aufzubauen, ist weder finanzierbar noch wirtschaftlich sinnvoll. Daher haben große Reisebüroketten weltumspannende Kooperationen gegründet, wobei jedes Land nur durch eine möglichst flächendeckend arbeitende Reisebürokette repräsentiert wird. Auf Gegenseitigkeitsbasis besorgen die einzelnen Unternehmen Reiseleistungen für Firmenkunden eines Kooperationspartners und betreuen dessen Geschäftsreisende im Zielland mit weitgehend kostenlosen Serviceleistungen. Der jeweilig entstandene Aufwand wird zwischen den Partnern verrechnet, so daß ein Firmenkunde oder Konzern nur mit seinem Heimat-Reisebüro zusammenarbeitet. Die weltweite Online-Kommunikation wird vor allem mit Hilfe der internationalen Reservierungssysteme sichergestellt, deren Verfügbarkeit und einheitlicher Standard für alle Partnerunternehmen Grundvoraussetzung ist. Auf dem deutschen Markt sind seit 1990 die Kooperationen BTI-Business Travel International (Partner: Hapag Lloyd/Deutschland, IVI Travel/USA, Havas Voyages/Frankreich, Hogg Robinson/Großbritannien, Holland International/Niederlande, Bennett Travel/Skandinavien, National Australia Travel/Australien), Internet (Partner: DER-abr-Rominger/Deutschland, Maritz Travel Company/USA, Gastaldi Tours/Italien, Gray Dawes Travel/Großbritannien, Japan Travel Bureau/Japan, Ruefa Reisebüro/Österreich, Jetset Travel/Singapur, Protravel/Frankreich) und RIA-Rosenbluth International Alliance (Partner: Eurolloyd/Deutschland und 30 weitere Reisebüro-Unternehmen weltweit) tätig.

Angesichts dieser Entwicklungen scheint vorerst keine Dringlichkeit für Reisebüroketten zur weiteren internationalen Expansion eigener Filialnetze gegeben. Auch Leistungsträger und Veranstalter werden zukünftig anstelle eines kostenintensiven, risikoreichen Eigenvertriebs eher verstärkt auf einen flexiblen, durch internationale Vertriebssysteme unterstützten und durch ein variantenreiches Marketinginstrumentarium steuerbaren Fremdvertrieb setzen.

Literatur

Bartl, H. (1991): Vertragsbeziehungen der Reisebranche. In: Touristik aktuell, Nr. 10/91.
DERDATA (Hrsg.) (1976–1990): Betriebsvergleich. Frankfurt/M.
DERDATA (Hrsg.) (1976–1990): Reisebüro-Spiegel. Frankfurt/M.
Deutsches Reisebüro (DER) (Hrsg.) (1987): 70 Jahre Deutsches Reisebüro (Dokumentation). Frankfurt a.M.
Dörr, G., E. Raasch (1989): Das Reisegeschäft. Wie gründe und führe ich ein Reisebüro. Bonn.
Egler, J. (1980): Das Reisebüro der 80er Jahre. Vortragsmanuskript. Worms.
Füth, G., E. Walter (1975): Betriebs- und Volkswirtschaftslehre für Reiseverkehrsunternehmen. Melsungen.
Fuss, W. (1960): Geschichte der Reisebüros. Darmstadt.

Gruner und Jahr (Hrsg.): (1981): Verbrauchermärkte, SB-Warenhäuser, Discounter. In: G + J Branchenbild, Nr. 48/81.
Hochreiter, R., U. Arndt (1978): Die Tourismusindustrie. Frankfurt/M./Bern/Las Vegas.
Jaspert, W. (1981): Einzelhandel – Konflikte ungelöst. In: Handelsblatt vom 6./7.11.1981.
Klatt, H. (1976): Reisebürodienstleistungen. In: H. Klatt (Hrsg.): Recht der Touristik. Neuwied.
Lintl, W. (1991): Wirtschaftliche Unternehmensführung im Reisebüro – Kalkulationsmöglichkeiten erfolgreich nutzen. Vortragsmanuskript. 23. DER-Tagung. Berlin.
O.V. (1981): Conzen fordert mehr Hilfe zur Selbsthilfe. In: Handelsblatt vom 2.11.1981.
O.V. (1986, 1991): Deutsche Reisebüroketten in Zahlen. In: FVW-Fremdenverkehrswirtschaft International v. 12.8.1986 bzw. 18.6.1991.
Studienkreis für Tourismus (Hrsg.) (1990): Reiseanalyse. Starnberg.
TID-Touristik Dokumentation (1980a): Beilagen der Fachzeitschrift TID International vom 29.2., 28.3., 28.4. und 23.5.1980.
TID-Touristik Dokumentation (1980b): Beilagen der Fachzeitschrift TID International vom 28.3., 28.4. und 23.5.1980.
TID-Touristik Dokumentation (1982): Beilage der Fachzeitschrift TID International vom 29.1.1982.
Tietz, B. (1980): Handbuch der Tourismus-Wirtschaft. München.

Weitere Literatur

O.V. (1987, 1988, 1989, 1990): Deutsche Reisebüroketten in Zahlen. In: FVW-Fremdenverkehrswirtschaft International v. 11.8.1987, 16.8.1988, 20.6.1989 und 19.6.1990.

2. Reiseveranstalter – Ziele, Aufgaben und rechtliche Stellung

Ernst-Otto Thiesing und Paul Degott

2.1 Markt der Reiseveranstalter in der Bundesrepublik Deutschland

Als 1841 der Baptistenprediger Thomas Cook auf dem Weg zu einem Abstinenzlertreffen in Leicester auf die Idee kam, einen eigenen Zug zusammenzustellen, der die Abstinenzlerfreunde von Leicester nach Loughborough und zurück brachte, und er daraufhin 570 Kunden mit einer Preisofferte von 1 Schilling für die 22-Meilen-Rundreise, einschließlich Musikkapelle, Picknick mit Schinken und Nachmittagstee, für diese Reise gewann, war nicht abzusehen, welche Entwicklung er mit dieser Idee einleiten sollte (vgl. Gee et al., 1989, S. 32).

Heute ist der Tourismus mit einem Umsatz von über 230 Mrd. US$ im Jahre 1990 (nach Schätzung der WTO – World Tourism Organization) weltweit einer der größten Industriezweige. Allein in der Bundesrepublik Deutschland wurden 1990 ca. 59,4 Mio. Urlaubsreisen (fünf Tage und länger) angetreten. Davon waren ca. 41 Mio. Reisen selbstorganisiert, d.h. Individualreisen und ca. 18,3 Mio. nicht selbstorganisierte Reisen, d.h. Pauschal- oder Teilpauschalreisen, die bis auf kleine Abweichungen das Segment der Veranstalterreisen bilden.[1]

Von 1980 bis 1990 wuchs der gesamte Reisemarkt von 54,9 Mio. auf 59,4 Mio. Reisen (+ 8,2%), während der Markt der organisierten Reisen von 11,8 Mio. auf 18,3 Mio. (+ 55,7%) expandierte (vgl. Abb. 1).

Dies entspricht einer durchschnittlichen jährlichen Wachstumsrate von 0,8% für den Gesamtmarkt bzw. 4,5% für den Markt der organisierten Reisen; die organisierten Reisen wachsen also fast sechsmal schneller als der Gesamtmarkt.

Die Reiseintensität – definiert als Anteil der Bevölkerung über 14 Jahre, der mindestens einmal im Kalenderjahr eine Urlaubsreise von fünf oder mehr Tagen gemacht hat – nahm von 1980 bis 1990 in der Bundesrepublik Deutschland von 57,7% auf 68,2% zu (vgl. Reiseanalyse, 1990).

Der Anteil der organisierten Reisen bzw. Veranstalterreisen an den gesamten Urlaubsreisen (fünf Tage und länger) betrug 1980 21,5%. Bis 1990 war er auf 31% angewach-

---

[1] Abweichungen ergeben sich z.B. durch von Kirchen organisierte Reisen. Das Marktvolumen der Veranstalterreisen wird von der Fachzeitschrift Fremdenverkehrswirtschaft (FVW) auf 17,8 Mio. Reisen geschätzt (vgl. FVW, 1990, Beilage, Seite A).
Unter einem Reiseveranstalter soll im folgenden ein Unternehmen verstanden werden, das die Einzelkomponenten Unterkunft, Transport, Transfer und andere Dienstleistungen zu einer Gesamtleistung kombiniert, die dann als eigenständiges Leistungsbündel zu einem Komplettpreis verkauft wird, so daß die einzelnen Kosten der jeweiligen Komponenten nicht mehr identifizierbar sind (vgl. zur Definition Reiseveranstalter auch Hebestreit, 1977, S. 11 f. sowie Witt et al., 1991, S. 30).

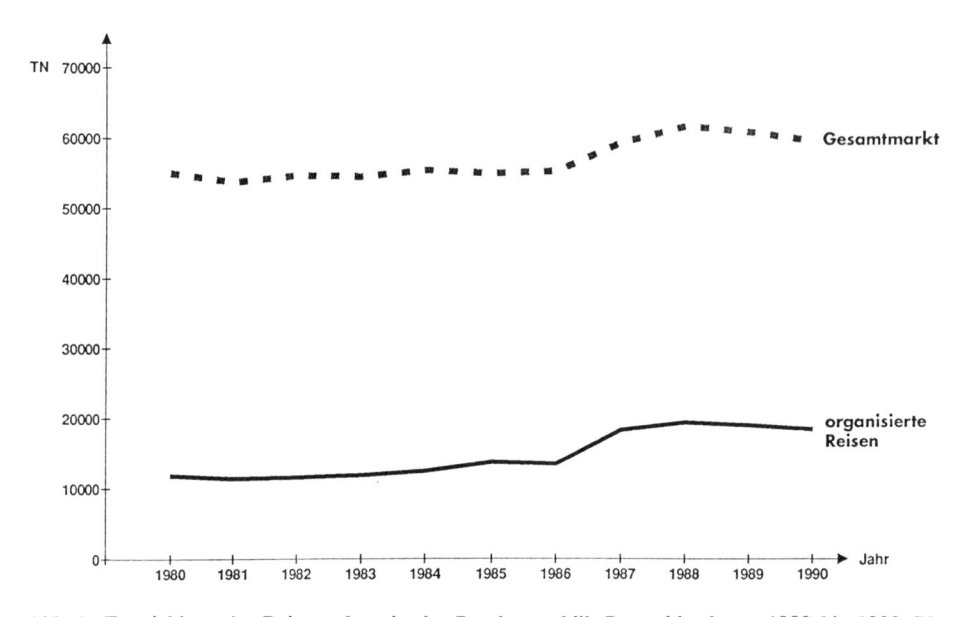

Abb. 1: Entwicklung des Reisemarktes in der Bundesrepublik Deutschland von 1980 bis 1990 (Urlaubsreisen von fünf Tagen und länger in Tausend)
Quelle: TUI-Marktforschung auf Basis TouristScope und Reiseanalyse

sen. Mit ca. 10,6 Mio. Reisen entfiel auf die Großveranstalter[2] ein Anteil von knapp 18%, auf die Kleinveranstalter ca. 13%.

Die Gruppe der Großveranstalter wird von den Unternehmen TUI, NUR, LTT und ITS angeführt, die 1990 zusammen einen Anteil von 34,7% am Markt der organisierten Urlaubsreisen hatten.

Im Zeitraum von 1980 bis 1990 stieg die Teilnehmerzahl aller Großveranstalter um 73,3%, die vier größten Marktteilnehmer TUI, NUR, LTT und ITS zusammen lagen dagegen bei einer Steigerung von 64,7% (vgl. Abb. 2).

Die höchste Steigerungsrate zwischen 1980 und 1990 weist ITS mit 52,8% aus; NUR erzielte einen Teilnehmerzuwachs von 40,1%. Dies entspricht einer durchschnittlichen Steigerungsrate pro Jahr von 4,3% (ITS) bzw. 3,4% (NUR). Die TUI als Marktführer konnte dagegen nur 23,3% mehr Teilnehmer zwischen 1980 und 1990 verbuchen (vgl. Abb. 3).

LTT legte von 1986 bis 1990 um 57,4% oder durchschnittlich 12,0% pro Jahr zu. Das starke Wachstum der LTT-Gruppe ist allerdings zu einem großen Teil durch externe Zukäufe bedingt.

---

2   Als Großveranstalter gelten nach einer allgemein anerkannten Definition der FVW Veranstalter, die 60 Mio. DM Umsatz und 120.000 Teilnehmer haben.

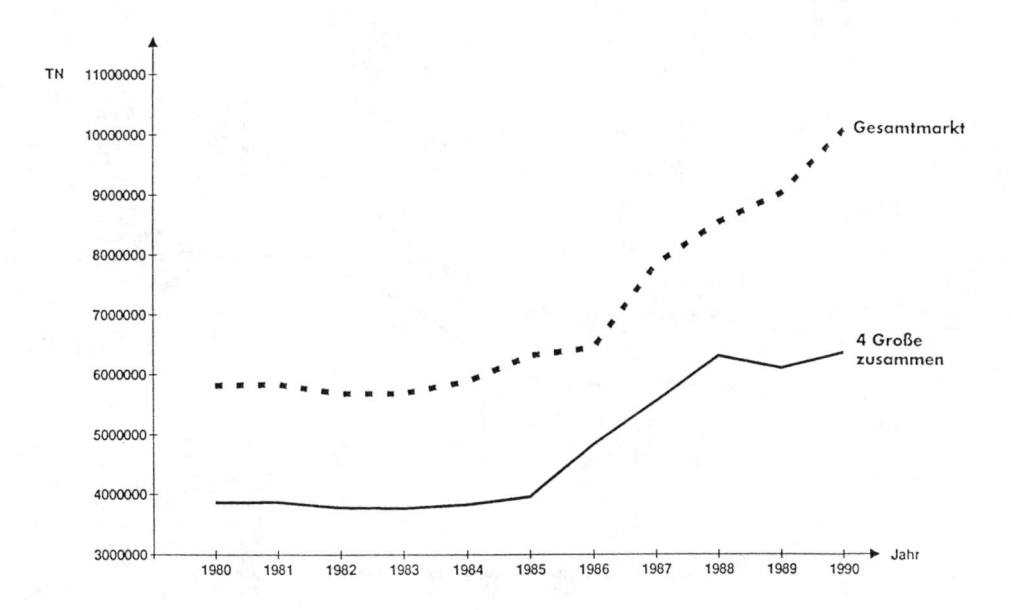

Abb. 2: Teilnehmerentwicklung im Großveranstaltermarkt von 1980 bis 1990 (Die LTT-Gruppe wurde erst ab 1986 berücksichtigt).
Quelle: FVW

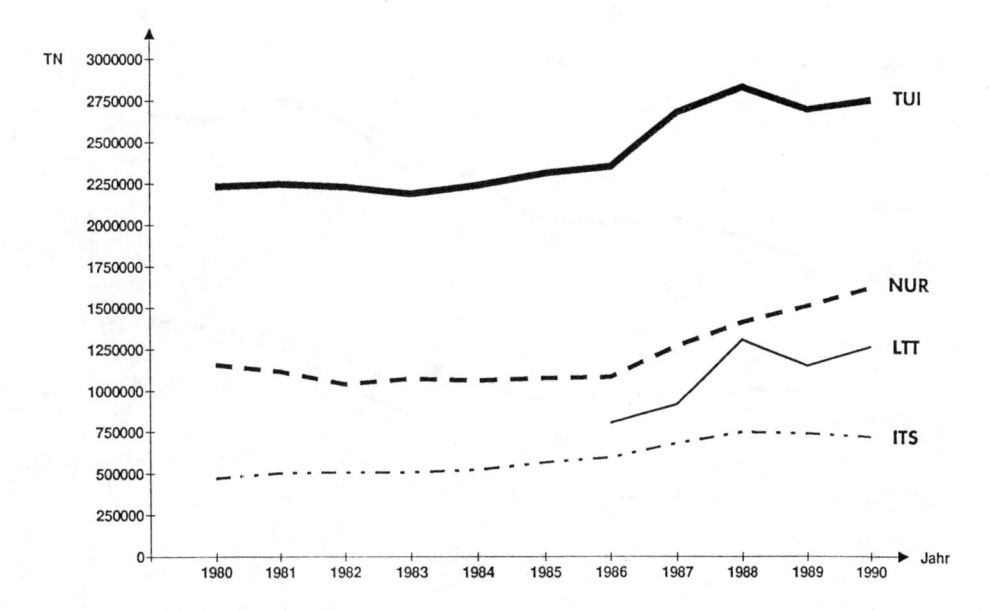

Abb. 3: Teilnehmerentwicklung der vier Großveranstalter TUI, NUR, LTT und ITS von 1980 bis 1990
Quelle: FVW

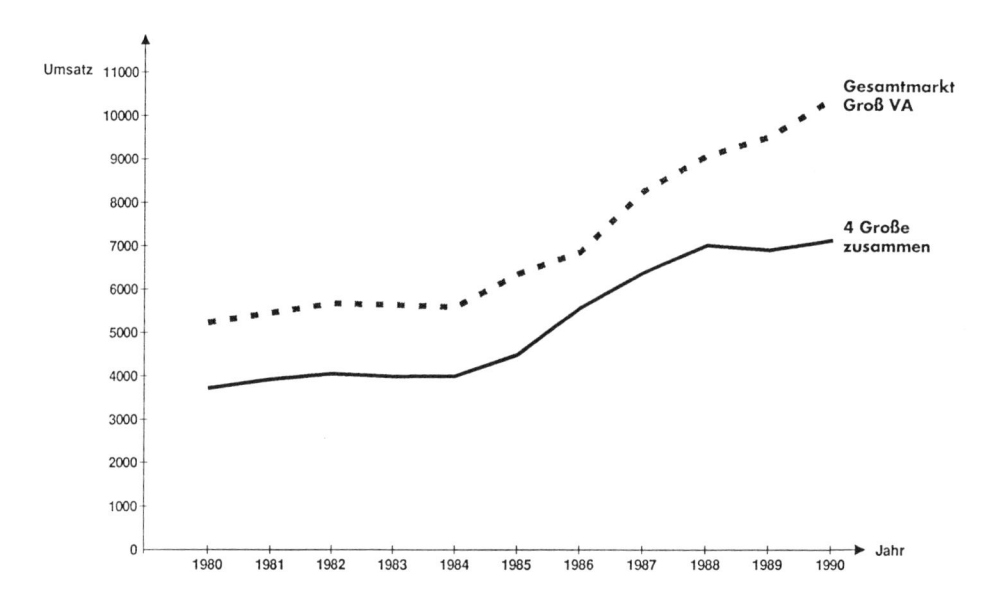

Abb. 4: Umsatzentwicklung im Großveranstaltermarkt (Umsatz in Tausend)
Quelle: FVW

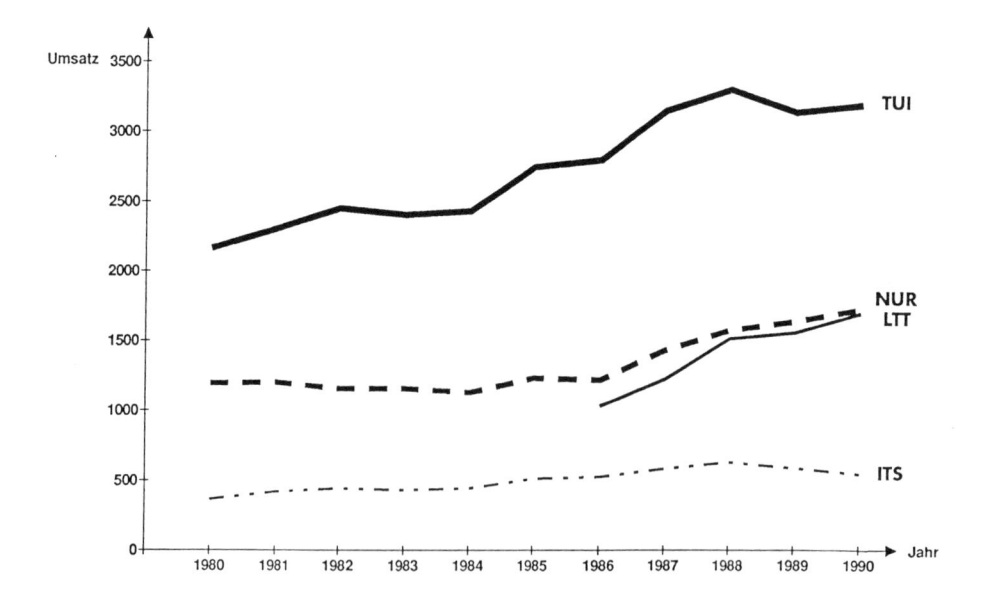

Abb. 5: Umsatzentwicklung der vier Großveranstalter TUI, NUR, LTT und ITS (Umsatz in Tausend)
Quelle: FVW

Insgesamt zeigt sich damit, daß drei von vier der größten Veranstalter ihre Marktposition nicht halten konnten und der vierte seine Marktposition durch externes Wachstum erzielte.

Die Umsatzbetrachtung – eine ökonomisch sicherlich sinnvollere Betrachtung als die Teilnehmerbetrachtung – zeigt ein etwas anderes Bild: Zwar konnten auch hier die vier großen Reiseveranstalter zusammen nicht so stark wachsen wie der Markt (vgl. Abb. 4), doch sind die Umsatzentwicklungen von TUI, NUR und ITS im Zeitraum zwischen 1980 und 1990 sehr ähnlich (TUI: + 47,5%; NUR: + 44,4%; ITS: + 48,2%); die LTT-Gruppe lag bei einem Umsatzwachstum von 69% (1986–1990) (vgl. Abb. 5).

Nach der kurzen Charakterisierung des Marktes der Reiseveranstalter werden im zweiten Teil Leitbild, Ziele und Aufgaben von Reiseveranstaltern erläutert. Im dritten Teil wird die Stellung des Reiseveranstalters in der touristischen Wertkette untersucht, bevor im vierten Teil die rechtliche Stellung des Veranstalters im Spannungsfeld zwischen Kunden, Reisebüro und Leistungsträger beleuchtet wird. Der fünfte Teil schließlich gibt einen Ausblick auf zukünftige Entwicklungen, denen sich Reiseveranstalter gegenübergestellt sehen können.

2.2 Unternehmensgrundsätze und -ziele als Ausgangspunkt für die Formulierung von Aufgaben des Reiseveranstalters

Die Ziele und Zielbeziehungen eines Reiseveranstalters können modellhaft anhand einer Pyramide dargestellt werden (vgl. Abb. 6).

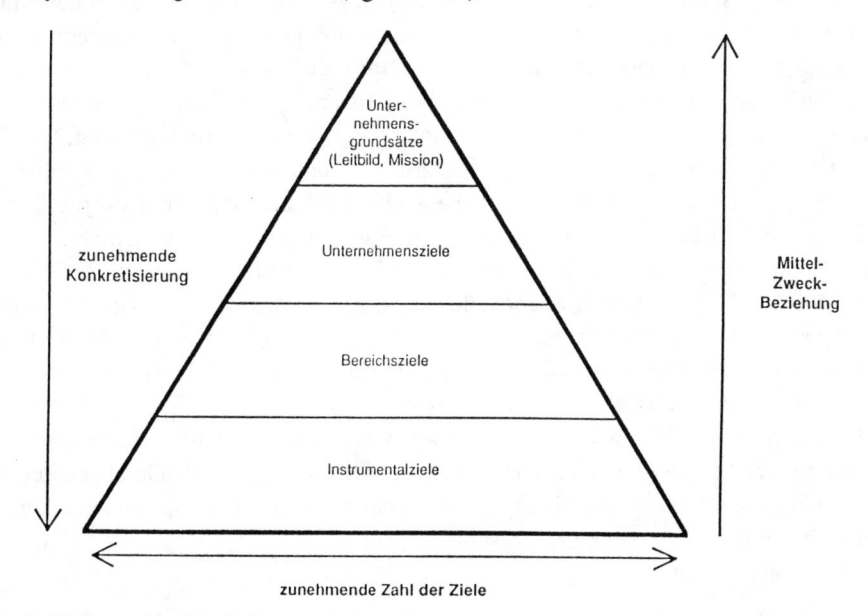

Abb. 6: Zielpyramide eines Reiseveranstalters

Ausgangspunkt für die weitere Konkretisierung der Ziele eines Reiseveranstalters und gleichzeitig die globalste Zielformulierung bilden die Unternehmensgrundsätze. Sie können als globaler Ausdruck der Zielansprüche der am Reiseveranstalter beteiligten Koalitionspartner interpretiert werden. Die Unternehmensgrundsätze haben z.T. meta-ökonomischen Charakter und spiegeln die allgemeinen Wertvorstellungen und Grundhaltungen des Reiseveranstalters wider.

Im Sinne der Formulierung wichtiger Dimensionen der Unternehmensidentität sollen sie beispielsweise folgende Kernfragen nach Sinn und Ziel der Organisation beantworten (vgl. Häusel, 1991, S. 27):
- Wer sind wir?
- Was wollen wir sein?
- Was macht uns einzigartig?
- Wo wollen wir hin?
- Was sind unsere Prioritäten?

Die Frage "Wo wollen wir hin?" wird bei der TUI (Touristik Union International), einem der größten Reiseveranstalter Europas, durch fünf Sätze, die das Handeln für die Zukunft bestimmen, verdeutlicht (vgl. Abb. 7):
1. Der Gast bestimmt unser Handeln.
2. Unsere Mitarbeiter sind die Seele des Geschäfts.
3. Ohne Partner geht es nicht.
4. Der Preis zeigt, was wir können.
5. Umweltschutz fängt bei uns selbst an.

Ebenfalls in den Unternehmensgrundsätzen wird die strategische Grundausrichtung des Reiseveranstalters, d.h. die Marktwahl festgelegt. Anhand der Dimensionen Märkte (Kunden), Produkte, Technologien/Distribution und geographische Ausdehnung der Betätigung wird der Markt, in dem der Reiseveranstalter tätig ist, festgelegt, d.h. es ist zu entscheiden, welche Zielgruppen mit welchen Produkten über welche Distributionskanäle in welchen geographischen Regionen angesprochen werden sollen. Die TUI beispielsweise versteht sich als Multi-Zielgruppen- und Multi-Produkt-Spezialist, der seine Reiseprodukte in ganz Deutschland ausschließlich über Reisebüros vertreibt.

Die unter der Ebene der Unternehmensgrundsätze angesiedelten Unternehmensziele beziehen sich hauptsächlich auf die monetären Ziele des Reiseveranstalters. Üblicherweise werden hier Gewinnziele, entweder in Form der Maximierung oder der Formulierung einer absoluten Größe, Rentabilitäts- und Umsatzziele festgelegt. In der Praxis spielen auf dieser Ebene bei Reiseveranstaltern auch Mengen- und Wachstumsziele bezogen auf Teilnehmer eine sehr große Rolle.

Im Rahmen der Mittel-Zweck-Beziehung werden aus den monetären Unternehmenszielen zuerst die Bereichs- und dann daraus die Instrumentalziele abgeleitet. Bereichsziele eines Reiseveranstalters können beispielsweise nach unterschiedlichen betrieblichen Funktionen aufgegliedert sein:
- Marketing,
- Vertrieb,

WO WIR HINWOLLEN.

Wir haben uns immer vorausschauender und engagierter als andere darum bemüht, die Wünsche der Gäste zu erfüllen. Das hat die TUI zur Nummer 1 im Reisemarkt gemacht. Uns ist aber bewußt, daß diese Position immer wieder neu erkämpft werden muß. Dabei ist dem Gast gleichgültig, was die TUI will, ihn interessiert nur, was die TUI ihm bietet! Daß wir uns dieser Herausforderung stellen, zeigen unsere fünf Kernsätze für die Zukunft:

1. Der Gast bestimmt unser Handeln.

Tourismus ist eine Dienstleistung. Daher müssen wir dem Kunden noch mehr dienen. Wir müssen ihm die ganze Welt des Tourismus öffnen. Seine individuellen Wünsche sind die Meßlatte.

2. Unsere Mitarbeiter sind die Seele des Geschäfts.

Wir bauen auf einen qualifizierten Mitarbeiterstamm, der entscheidend mitgeholfen hat, uns zur Nummer 1 zu machen. In Zukunft wollen wir noch mehr die Ideen unserer Mitarbeiter einbinden, sie stärker motivieren durch mehr Verantwortung für den Einzelnen, mehr Teamgeist, mehr Schulung.

3. Ohne Partner geht es nicht.

Es jedem Gast recht zu machen, ist eine ungeheuer schwere Aufgabe. Sie ist nur gemeinsam zu bewältigen. Darum tut die TUI alles, um die Zusammenarbeit mit allen Reisebüros und Geschäftspartnern vor Ort weiter zu verbessern.

4. Der Preis zeigt, was wir können.

Bei allem, was die TUI sich vorgenommen hat: Der Preis muß marktgerecht bleiben. Denn schöne Ferien sind nur schön, wenn man sie auch bezahlen kann. Darum müssen wir mit allen Ressourcen geschickt umgehen, Rationalisierung nutzen, wo es geht.

5. Umweltschutz fängt bei uns selbst an.

Bei der TUI wird der Schutz der Umwelt in Zukunft eine besondere Rolle spielen. Schulung des TUI-Service, Umweltgutachten für Hotelneubauten oder Rückzug aus gefährdeten Gebieten sind nur einige Beispiele der künftigen Strategie.

Wir wollen uns auch in Zukunft nicht auf dem ausruhen, was wir erreicht haben, sondern weiterhin versuchen, besser zu sein als die Wettbewerber. Nichts belohnt uns dafür mehr, als schöne Ferien für zufriedene Gäste. Sollte das dazu führen, daß wir die Nummer 1 bleiben, so haben wir keineswegs etwas dagegen.

Abb. 7: Unternehmensgrundsätze am Beispiel der TUI

Allgemeine Marketingziele (Marketing-Oberziele)

Ökonomische Marketingziele				Psychographische Marketingziele		
Umsatz	Marktanteil	Deckungsbeitrag	etc.	Bekanntheit	Image	Kundenbindung	etc.

Marketinginstrumente - Ziele (Marketing-Unterziele)

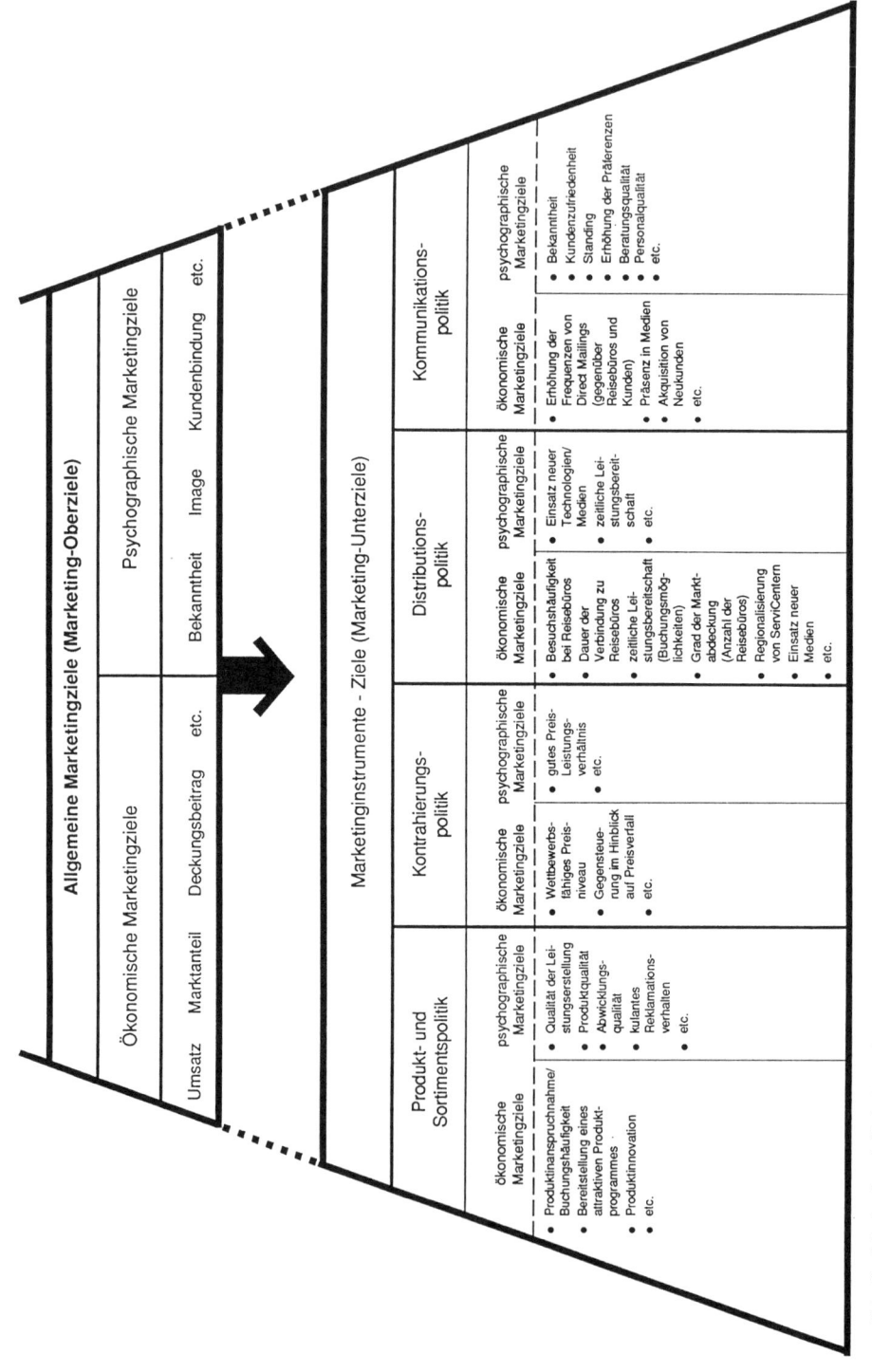

Produkt- und Sortimentspolitik		Kontrahierungspolitik		Distributionspolitik		Kommunikationspolitik	
ökonomische Marketingziele	psychographische Marketingziele	ökonomische Marketingziele	psychographische Marketingziele	ökonomische Marketingziele	psychographische Marketingziele	ökonomische Marketingziele	psychographische Marketingziele
• Produktinanspruchnahme/ Buchungshäufigkeit • Bereitstellung eines attraktiven Produktprogrammes • Produktinnovation • etc.	• Qualität der Leistungserstellung • Produktqualität • Abwicklungsqualität • kulantes Reklamationsverhalten • etc.	• Wettbewerbsfähiges Preisniveau • Gegensteuerung im Hinblick auf Preisverfall • etc.	• gutes Preis-Leistungsverhältnis • etc.	• Besuchshäufigkeit bei Reisebüros • Dauer der Verbindung zu Reisebüros • zeitliche Leistungsbereitschaft (Buchungsmöglichkeiten) • Grad der Marktabdeckung (Anzahl der Reisebüros) • Regionalisierung von ServiCentern • Einsatz neuer Medien • etc.	• Einsatz neuer Technologien/ Medien • zeitliche Leistungsbereitschaft • etc.	• Erhöhung der Frequenzen von Direct Mailings (gegenüber Reisebüros und Kunden) • Präsenz in Medien • Akquisition von Neukunden • etc.	• Bekanntheit • Kundenzufriedenheit • Standing • Erhöhung der Präferenzen • Beratungsqualität • Personalqualität • etc.

Abb. 8: Marketingzielinhalte bei Reiseveranstaltern

- Finanzen,
- Einkauf,
- EDV.

Für den Marketingbereich eines Reiseveranstalters kommen beispielweise folgende ökonomische und psychographische Marketingoberziele in Betracht (vgl. Abb. 8).

1. ökonomische Marketingziele:
   - Umsatz,
   - Teilnehmer,
   - Marktanteil,
   - Deckungsbeitrag.
2. psychographische Marketingziele:
   - Bekanntheit,
   - Image,
   - Reisebürobindung,
   - Kundenbindung,
   - Kundenzufriedenheit.

Die Instrumentalziele stellen die höchste Stufe der Konkretisierung dar. Sie beziehen sich für den Marketingbereich (hierbei umfaßt der Marketingbereich auch den Vertriebsbereich) auf die vier Elemente des Marketing-Mix. Beispiele für Marketinginstrumentalziele bei Reiseveranstaltern zeigt Abb. 8.

Die Aufgaben eines Reiseveranstalters lassen sich unmittelbar aus den Zielen ableiten: Formal umfassen die Aufgaben alle Aktionen, Handlungen, Mittel und Wege, die geeignet erscheinen, zur Zielerreichung beizutragen. Inhaltlich besteht die *generelle* Aufgabe eines Reiseveranstalters in der bereits in der Definition angesprochenen Bündelung von einzelnen (Teil-Reise-)Komponenten zu einem marktfähigen, eigenständigen Produkt, dem Pauschalarrangement.

Aus dieser generellen Aufgabenstellung lassen sich die einzelnen Teilaufgaben des Reiseveranstalters ableiten, die nach den gleichen Kriterien wie die Ziele gegliedert werden können. Die Aufgabenstellungen bei Finanzen, Controlling, EDV und allen übrigen "unterstützenden" Funktionen sollen im folgenden nicht näher betrachtet werden, vielmehr werden beispielhaft einige "markgerichtete" Teilaufgaben erläutert, die zur Erstellung und Vermarktung eines Pauschalarrangements notwendig sind. Hierbei geht es im einzelnen um
- das Identifizieren von Marktchancen,
- den Einkauf von Teilleistungen und die Produktion, d.h. das Zusammenfügen von Teilleistungen und damit die Leistungsbereitstellung,
- den Verkauf der Leistungen.

Die Identifikation von Marktchancen kann systematisch und zielgerichtet oder aber eher unsystematisch und zufällig erfolgen. Beispiele für eher unsystematisch erfolgte Identifikation finden sich häufiger in kleineren Unternehmen. Hier ersetzen das "Gefühl" für Märkte und Marktchancen oder der "Bauch" ein systematisches Aufspüren von Chancen. Daß diese Art der Vorgehensweise keineswegs zu schlechteren Ergebnissen führen muß, zeigt die in den letzten Jahren gewachsene Bedeutung kleinerer Reiseveranstalter (vgl. Kirstges, 1991, S. 16 f.). Durch die überschaubare Größe und die kurzen Entscheidungswege in Kombination mit einem guten Gespür für die Markt- und Nachfrageentwicklung haben kleine Reiseveranstalter im Vergleich zu großen Reiseveranstaltern oftmals Wettbewerbsvorteile, die nicht zuletzt durch hohe Flexibilität und hohe Reaktionsgeschwindigkeit erreicht werden.

Bei großen Reiseveranstaltern wird das "Gespür" für den Markt überwiegend durch systematische und zielgerichtete Markforschung flankiert oder ersetzt. Aufgabe der Marktforschung ist die Analyse von Markt- und Nachfrageveränderungen. Die Erkenntnisse der Marktforschung müssen dann von den verantwortlichen touristischen Managern in der Produkt- und Sortimentspolitik umgesetzt werden.

Die Aufgabe des Einkaufs liegt darin, Teilleistungen so einzukaufen, daß sie zu einem marktfähigen Produkt zusammengestellt werden können. Hierbei sind die drei Dimensionen Preis, Ort und Zeit entscheidend. Durch die "Demokratisierung des Reisens" und die damit einhergehende starke Konkurrenz auf dem Veranstaltermarkt ist der Preis zu einem Wettbewerbsinstrument erster Ordnung geworden. Es kommt daher entscheidend darauf an, daß der Einkauf bei den touristischen Leistungsträgern wettbewerbsfähige Preise erzielt, um die Wettbewerbsstellung des Reiseveranstalters in preislicher Hinsicht zu verbessern (vgl. hierzu die Ausführungen zur Wertkettenanalyse im nächsten Abschnitt). Die Ortsdimension ist ebenfalls sehr wichtig für die Wettbewerbsstellung eines Reiseveranstalters, da sich das touristische Geschäft ingesamt gesehen nur an relativ wenigen Orten der Welt abspielt, die bestimmte geographische und klimatische Voraussetzungen erfüllen müssen. Der Einkauf muß versuchen, an diesen Orten genau die Hotels zu bekommen, die die besten Marktchancen haben, d.h. die auf die Bedürfnisse der Kunden des Reiseveranstalters abgestellt sind. In der Zeitdimension kommt die starke Saisonabhängigkeit des Reiseveranstaltergeschäfts zum Ausdruck. Generell muß der Einkauf für die Synchronisation von Kapazitätsbereitstellung und Nachfrage im Saisonablauf sorgen, d.h. er muß beispielsweise dafür sorgen, daß in der Hauptsaison genügend Kapazitäten sowohl bei der Unterkunft als auch beim Transport zur Verfügung stehen. Basis für den Einkauf ist dabei insbesondere die Absatzplanung, die wiederum auf die Erkenntnisse der Marktforschung und nicht zuletzt auf Erfahrungen aus der Vergangenheit zurückgreift.

Der Verkauf von Pauschalreisen basiert derzeit noch primär auf Katalogen. Da es sich bei der Pauschalreise um eine Dienstleistung handelt, die vom Kunden gekauft wird, bevor sie der Reiseveranstalter mit seinen Leistungsträgern erbringt, kommt der Visualisierung dieser Dienstleistung eine wichtige Rolle zu: Bei weitgehend homogenem Produkt, wie sie beispielsweise eine 14tägige Flugpauschalreise nach Mallorca mit Unterkunft und Verpflegung in einem Mittelklassehotel darstellt, wird versucht, über die Darstellung der Reise im Katalog zu einer Differenzierung zu gelangen, d.h. der Katalog als Medium wird zum Produkt bzw. zum "Vorab"-Produkt. Die Bedeutung der Kataloggestaltung für den Verkauf wird daran unmittelbar deutlich.

Eine weitere wichtige Teilaufgabe beim Verkauf von Pauschalreisen ist bei großen Reiseveranstaltern die Feinsteuerung des Verkaufs. Wirtschaftlicher Erfolg oder Mißerfolg entscheidet sich nicht primär durch die Basisauslastung von Kapazitäten und Kontingenten, sondern vielmehr durch die optimale Auslastung von Spitzenkapazitäten und Grenzkontingenten. Aufgabe der Verkaufssteuerung ist es, für eine Optimierung der Auslastung von Beförderungs-/Flugkapazitäten und Übernachtungs- bzw. Hotelkontingenten zu sorgen. Hierzu werden angebots- und preispolitische Instrumente eingesetzt.

So dienen beispielsweise die preisgünstigen "Last-Minute"-Reisen häufig dazu, Flugsitze zu füllen, die der Reiseveranstalter fest bei einem Carrier eingekauft hat und bis zu einem bestimmten Zeitpunkt nicht zu den ursprünglich kalkulierten Preisen im Rahmen einer Pauschalreise absetzen konnte.

Die Feinsteuerung kann analog auch für die Optimierung der Auslastung von Hotelkontingenten eingesetzt werden. In diesem Fall werden durch Promotion-Aktionen mit Handzetteln, mit Angebotswerbung in Tageszeitungen oder durch besondere Hinweise für Reisebüros verkaufssteuernde Maßnahmen zur Optimierung der Auslastung bei bestimmten Hotels ergriffen.

Neben den bisher genannten Aspekten gewinnen computergestützte Reservierungs- und Buchungssysteme (CRS) für den Verkauf immer mehr an Bedeutung. Es ist zu erwarten, daß sie auf mittlere Sicht zu einem strategischen Erfolgsfaktor für Reiseveranstalter werden. CRS haben die Aufgaben, den Reisebüros on line
– Informationen über Buchungsstände und freie Kapazitäten zu geben,
– Buchungen von Reisen und Nebenleistungen, wie z.B. Reiserücktrittskostenversicherung oder Platzreservierung im Flugzeug, zu ermöglichen,
– extrem kurzfristige Buchungen zu ermöglichen und maschinell abzuwickeln (TUI-Telex-Meldesystem für Kurzfristbuchungen),
– Angebote nach bestimmten, vorgegebenen Kriterien abzurufen,
– Preisinformationen zur Verfügung zu stellen,
– Informationen im Zusammenhang mit angebotenen Pauschalreisen zu Verfügung zu stellen, z.B. Flugzeitänderungen, Zielgebietsinformationen.

Schon heute werden bei der TUI ca. 80% aller Reisen on line von den Reisebüros über das TUI-Reservierungssystem IRIS gebucht.

Aufgabe des Reiseveranstalters ist es nun, den Reisebüros ein Reservierungssystem zur Verfügung zu stellen, das
– komfortabel und einfach zu bedienen ist,
– die angesprochenen Funktionen erfüllt,
– weiter ausgebaut, gepflegt und verbessert wird,
so daß es insgesamt zu einem deutlichen Wettbewerbsvorsprung für den Reiseveranstalter führt. Für die nähere Zukunft sind gerade auf dem Gebiet der CRS gravierende Veränderungen zu erwarten, deren Auswirkungen auf den Veranstaltermarkt und die Wettbewerbsintensität auf keinen Fall unterschätzt werden sollten: Vor kurzem er-

folgte – nach einiger Verzögerung – die Inbetriebnahme von Amadeus, des größten europäischen Computer-Reservierungssystems. Amadeus ist ein Gemeinschaftsprojekt verschiedener europäischer Airlines, Netzbetreibern und anderer Dienstleister, wie z.B. Autovermieter, und soll die Buchungsmöglichkeiten für die angeschlossenen Anbieter erheblich verbessern. Weiterhin wird die ISDN-Datenübertragungstechnik der CRS völlig neue Anwendungsmöglichkeiten erlauben: Unter dem Projektnamen Eurotop wird ein System entwickelt, das es ermöglicht, von den dezentralen Terminals im Reisebüro Bild- und Textinformationen aus einem Zentralrechner abzurufen. Für hochwertige und erklärungsbedürftige Dienstleistungen, wie z.B. Schiffsreisen, kann hierdurch die Beratungsqualität deutlich erhöht werden.

Standen bisher Ziele und die daraus abgeleiteten Aufgaben des Reiseveranstalters im Mittelpunkt, so wird in den folgenden Abschnitten die Stellung des Reiseveranstalters zum einen unter wirtschaftlichen und zum anderen unter rechtlichen Aspekten untersucht. Hierbei ist unter wirtschaftlichen Aspekten die touristische Wertkette Gegenstand der Betrachtung, bevor die rechtliche Stellung des Veranstalters im Spannungsfeld zwischen Kunde, Reisemittler und Leistungsträger erörtert wird.

2.3 Stellung des Reiseveranstalters in der touristischen Wertkette

Die Analyse der vertikalen Verknüpfungen innerhalb der Wertkette des Reiseveranstalters gibt Aufschluß über Anzahl, Art, Höhe und Verknüpfungen von Vorleistungen, die in die Gesamtleistung des Reiseveranstalters eingehen (vgl. Porter, 1986, S. 59 ff.). Die Wertkettenanalyse spielt damit eine entscheidende Rolle bei der Bestimmung der relativen Kostenposition und bei der Ermittlung der Quellen von Wettbewerbsvor- und -nachteilen von Reiseveranstaltern: Wenn ein Reiseveranstalter ein Element der Kette billiger oder besser einkauft als seine Konkurrenten, kann er sich dadurch einen Wettbewerbsvorteil verschaffen.

Die Wertkette eines Reiseveranstalters besteht aus den fünf Hauptelementen Unterkunft, Zielgebietsleistungen, Transport, der Veranstalterleistung selbst sowie Vertrieb bzw. Reisebüro (Abb. 9).

> Unterkunft > Agenturen (Incoming) > Transport > Veranstalter > Reisebüros > (Kunde)

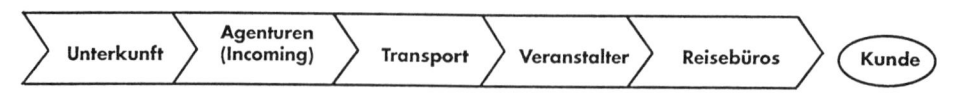

Abb. 9: Touristische Wertkette

Je nach Art und Umfang der Gesamtleistung sind einzelne Elemente, beispielsweise Transport, Unterkunft oder Zielgebietsleistungen nicht oder in unterschiedlichem Umfang in der Kette vertreten. Das Produkt "Ferienwohnung" eines Reiseveranstalters beispielsweise enthält im allgemeinen die Transportleistung nicht, wohingegen bei einer Fernreise der Transport als Vorleistung einen hohen Anteil an der Gesamtleistung hat.

Betrachtet man die Anteile der einzelnen Elemente bzw. Vorleistungen an der Gesamtleistung des Reiseveranstalters am Beispiel einer Flugpauschalreise (vgl. Abb. 10), so zeigt sich, daß Unterkunft und Zielgebietsleistung mit 42% sowie Transport mit 35% die höchsten Anteile haben.

Reisebüro und Veranstalter mit 11% bzw. 12% liegen deutlich dahinter zurück. Dies macht unmittelbar die hohe Bedeutung der beiden erstgenannten Vorleistungen bzw. die relativ schwache Position und damit die strategische Anfälligkeit der beiden Glieder Vertrieb und Veranstalter in der Gesamtkette deutlich. Andererseits zeigt es ebenfalls, daß bereits relativ kleine Veränderungen in den beiden Hauptelementen relativ große Wirkung beim Veranstalter erzielen können. Ein Rückgang des Anteils von Hotels/Agenturen um 1%-Punkt auf 41%, das sind 2,4% des Hotelanteils, der voll dem Veranstalter zugute käme, bewirkt dort zwar auch nur eine Steigerung von 12% auf 13% oder 1%-Punkt, jedoch ist dies eine Steigerung des Veranstalteranteils um 8,3%. Hieran wird unmittelbar deutlich, welchen Einfluß Änderungen von Vorleistungen auf die Wettbewerbsstellung von Reiseveranstaltern haben. Es ist allerdings anzumerken, daß die o.g. beispielhafte Betrachtung statisch ist. Der dynamische Wettbewerb im Markt der Reiseveranstalter ließe sicherlich nicht zu, daß die Reduzierung des Anteils eines Elements, d.h. der günstigere Leistungseinkauf, voll dem Reiseveranstalter zugu-

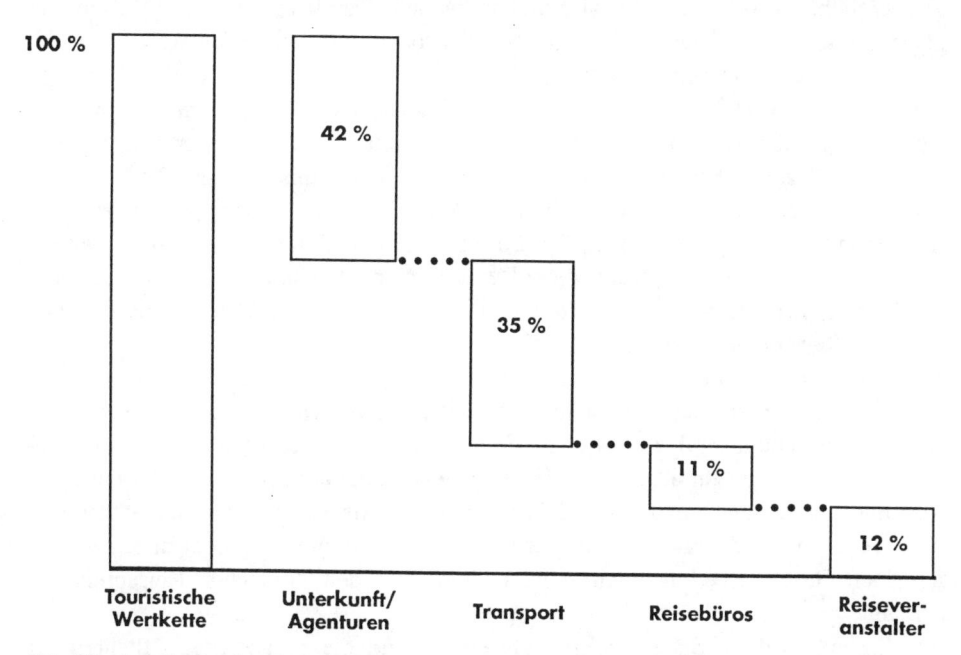

Abb. 10: Anteile einzelner Leistungen in der touristischen Wertkette am Beispiel einer Flugpauschalreise

te kommt. Vielmehr wird dieser Vorteil zum großen Teil an den Verbraucher weitergegeben, so daß der Preis in einem solchen Fall sinken würde.

Nach der Untersuchung der wirtschaftlichen Stellung des Reiseveranstalters in der touristischen Wertkette schließt sich im folgenden Abschnitt die Analyse der rechtlichen Position des Reiseveranstalters an.

2.4 Rechtliche Stellung des Reiseveranstalters im Verhältnis zu Kunden, Reisemittlern und Leistungsträgern

2.4.1 Rechtliche Definition des Reiseveranstalters

Das deutsche Recht kennt keine Legaldefinition des Reiseveranstalters. Allerdings definiert das in den §§ 651a bis 651k BGB enthaltene Reisevertragsgesetz vom 1.10. 1979 in § 651a Abs. 1 den Reisevertrag so, daß es die sich aus dem Vertrag ergebenden Verpflichtungen des Reiseveranstalters umschreibt.

Daraus leitet sich die Definition ab, daß jeder automatisch Reiseveranstalter im Sinne des Gesetzes wird, der eine Gesamtheit von mindestens zwei entgeltlichen touristischen Hauptleistungen, wie z.B. Beförderung und Hotelunterkunft, bündelt und zu einem Gesamtpreis verkauft. Dabei ist es gleichgültig, ob er gewerbsmäßig oder nur gelegentlich, mit oder ohne Gewinnstreben handelt. Damit können auch Reisebüros, gemeinnützige Sportvereine, Volkshochschulen oder Pfarrgemeinden Reiseveranstalter im Sinne des Reisevertragsgesetzes werden.

Der Reiseveranstalter schließt in der Regel seinerseits Verträge mit dritten Leistungsträgern ab, die dem Kunden die vertragsmäßigen Leistungen erbringen, ohne ihrerseits selbst zum Kunden in einem vertraglichen Verhältnis zu stehen.

Den Reiseveranstalter trifft die gesetzliche Verpflichtung, die angebotenen Reiseleistungen in eigener Verantwortung fehlerfrei zu erbringen. Dies hat zur Folge, daß der Reisende bei erheblichen Störungen der Reise durch mangelhafte Reiseleistungen oder in Fällen "höherer Gewalt" bei Reiseausfall oder -abbruch vom Reiseveranstalter den gesamten Reisepreis zurückfordern kann.

Den Reiseveranstalter trifft außerdem die Haftung, wenn auf der Reise infolge organisatorischen oder sonstigen Verschuldens ein Teilnehmer verletzt oder an seinem Hab und Gut beschädigt wird. Er hat sogar Schadensersatz wegen "entgangener Urlaubsfreude" zu zahlen, wenn die Reise aufgrund eigenen oder zurechenbaren Verschuldens erheblich gestört und vorzeitig abgebrochen wird. Als Ausgleich gestattet der Gesetzgeber dem Reiseveranstalter, daß er in der Reiseausschreibung oder in seinen Allgemeinen Geschäftsbedingungen seine Haftung auf den dreifachen Reisepreis beschränkt.

Insbesondere den "Gelegenheitsveranstaltern" sind die gesetzlichen Pflichten oft nicht bewußt. Sie verstehen sich gar nicht als "Reiseveranstalter" und verwenden keine

Allgemeine Reisebedingungen. Somit übersehen sie häufig die Möglichkeit zur Haftungsbegrenzung, so daß sie im Schadensfall mit ihrem gesamten Vermögen haften müssen. Ist dann der Gelegenheitsveranstalter vermögenslos, geht der geschädigte Kunde mit seinen Ansprüchen leer aus.

Den europäischen Akzent zu diesem Themenkomplex setzt die am 13.6.1990 vom Ministerrat der Europäischen Gemeinschaft erlassene und bis 31.12.1992 von den EG-Mitgliedsstaaten in innerstaatliches Recht umzusetzende EG-Pauschalreise-Richtlinie (90/314/EWG). Artikel 2 der Richtlinie gibt sehr detaillierte Definitionen: Eine Pauschalreise wird charakterisiert durch eine im voraus festgelegte Verbindung von mindestens zwei Dienstleistungen (Beförderung, Unterbringung und/oder andere Dienstleistungen, die keine reinen Nebenleistungen sind) und durch den zu bildenden Gesamtpreis; die Richtlinie bleibt aber auch anwendbar, wenn der Veranstalter die einzelnen Leistungen getrennt berechnet.

Allerdings soll keine "Pauschalreise" im Sinne der Richtlinie vorliegen, wenn die Reise nicht länger als 24 Stunden dauert oder keine Übernachtung einschließt. Somit stehen z.B. die Teilnehmer der zahlreichen Omnibus-Tagesfahrten nicht unter dem Schutz der Pauschalreise-Richtlinie, die ausweislich ihrer amtlichen Begründung vor allem den Verbraucherschutz in den Mitgliedstaaten verbessern möchte.

Der "Veranstalter" wird definiert als Person, die *nicht nur gelegentlich* Pauschalreisen organisiert und sie direkt oder über einen Vermittler zum Kauf anbietet. Die Gelegenheitsveranstalter werden also von der Richtlinie nicht erfaßt. Auch hier ist aus deutscher Sicht von dem mit der Richtlinie angestrebten Zeil abgewichen worden, den Verbraucherschutz zu verbessern.

Allerdings haben nach Art. 8 der Richtlinie die Mitgliedstaaten die Möglichkeit, auf dem Gebiet des Pauschalreiserechts strengere Vorschriften zum Schutze des Verbrauchers zu erlassen oder aufrechtzuerhalten.

Im Interesse des deutschen Verbrauchers ist also vom Gesetzgeber zu fordern, in § 651a BGB eindeutig festzulegen, daß auch Kurzreisen und Reisen von Gelegenheitsveranstaltern im rechtlichen Sinne als "Pauschalreisen" gelten.

2.4.2 Abgrenzung des "Reiseveranstalters" vom "Reisemittler"

Liegt die unternehmerische Leistung des *Reiseveranstalters* darin, ein Bündel von Reiseleistungen zusammenzustellen, dem Kunden zum Pauschalpreis zu verkaufen sowie Durchführung und Erfolg der Reise sicherzustellen und zu gewährleisten, so ist es Aufgabe des *Reisemittlers* (Reisebüro, Reiseagentur, Verkaufs- oder Buchungsstelle), die vom Veranstalter zusammengestellte Pauschalreise zu verkaufen oder zum Verkauf anzubieten (so die Definition des "Vermittlers" in Art. 2 der EG-Pauschalreise-Richtlinie).

Die Vermittlertätigkeit für einen bestimmten Reiseveranstalter kann dauerhaft oder auch nur gelegentlich geschehen. Für die deutsche Tourismusbranche ist typisch, daß die Mittler-Funktion von Reisebüros auf der Grundlage einer festen, auf Dauer angelegten Vertragsbeziehung zu diesem Reiseveranstalter ausgeübt wird. Es werden sogenannte Agenturverträge abgeschlossen.

Die Reisebüros erhalten so den Status eines Handelsvertreters im Sinne der §§ 84 ff. HGB. Der "klassische" Handelsvertreter wird in § 84 Abs. 1 HGB definiert als derjenige, der als selbständiger Gewerbetreibender/Kaufmann ständig damit betraut ist, für einen anderen Unternehmer – hier den Reiseveranstalter – Geschäfte zu vermitteln oder in dessen Namen und für dessen Rechnung abzuschließen, d.h. die Gewinne und Verluste aus den vom Handelsvertreter vermittelten oder getätigten Abschlüssen treffen grundsätzlich den Unternehmer.

Im Unterschied zum Eigenhändler trägt der Handelsvertreter auch kein Lagerhaltungs-, kein Vorausdispositions- und kein Preisrisiko. Aus dieser Risikoverteilung resultiert das sehr weitgehende Weisungsrecht des Unternehmens gegenüber den Handelsvertretern, das dem Unternehmer die Möglichkeit zur Risikosteuerung gibt.

Aus der Einbindung des Reisemittlers als Handelsvertreter in die Vertriebsorganisation der Reiseveranstalter ergeben sich eine Reihe von Einschränkungen der unternehmerischen Freiheit des Reisemittlers. Er unterliegt regelmäßig einer Vertriebsbindung, indem ihm der Reiseveranstalter vorgibt, welche konkurrierenden Reiseveranstalter der Reisemittler ebenfalls bzw. nicht vertreten darf. Es können konkrete Vorgaben bestehen, wie der Reisemittler Kunden für den Reiseveranstalter wirbt (Handels-, Marketingstrategie) oder welchen vertraglichen Inhalt die ausgehandelten oder abgeschlossenen Geschäfte haben sollen (insbesondere Einbeziehung der Allgemeinen Geschäftsbedingungen des Reiseveranstalters in den einzelnen Reisevertrag). Auch Klauseln, die dem Reisemittler eine Gebietsausschließlichkeit übertragen, sind möglich. Schließlich ist dem Reisemittler regelmäßig die Verpflichtung auferlegt, die Pauschalreisen nur zu allein vom Reiseveranstalter vorgegebenen Preisen zu verkaufen und keine Rabatte einzuräumen bzw. keine Anteile der dem Mittler zustehenden Provision an die Kunden weiterzugeben (Preisbindung).

Derartige Vorgaben haben wettbewerbsbeschränkenden Charakter und sind deshalb auf ihre Vereinbarkeit mit dem Kartellrecht zu überprüfen. Die bisher einhellige deutsche Rechtsprechung (Bundesgerichtshof, "Telefunken-Entscheidung", Beschluß vom 15.4.1986 – KVR 3/85; Kammergericht Berlin, "TUI/NUR/ITS-Ausschließlichkeitsbindung", Beschluß vom 7.2.1989, Kart. 12/88 – nicht rechtskräftig) faßt nach wie vor den Handelsvertreter/Reisemittler als Stellvertreter des Unternehmers auf, der nicht selbst Vertragspartner seiner Kunden ist, sondern im Namen und für Rechnung des Unternehmers dessen Geschäfte besorgt.

Diese deutsche Rechtsauffassung stand – bisher – im Einklang mit den von der EG bezogenen Positionen. So definiert die – zwischenzeitlich in deutsches Recht umgesetzte – EG-Richtlinie "zur Koordinierung der Rechtsvorschriften der Mitgliedstaaten betreffend die selbständigen Handelsvertreter" (vom 18.12.1986; 86/653/EWG) in Art. 1 den Handelsvertreter in gleicher Weise wie § 84 HGB.

Schon die Bekanntmachung der EG-Kommission vom 24.12.1962 über Alleinvertriebsverträge mit Handelsvertretern (ABL. EG 1962/2921) hatte festgestellt, daß Handelsvertreter nach ihrer Funktion "der verlängerte Arm" des Unternehmers sind. Solange es bei der typischen Risikoverteilung zwischen Unternehmer und Handelsvertreter bleibt und der Handelsvertreter die mit Einkauf, Absatz und Vertragsabwicklung verbundenen finanziellen Risiken nicht übernimmt, sind die ihm vom Unternehmen erteilten Vorgaben wie Vertriebs- und Preisbindung vom Verbot des Art. 85 Abs. 1 EWG-Vertrag, der maßgeblichen kartellrechtlichen Vorschrift des EG-Rechts, nicht erfaßt.

Allerdings hat sich der Europäische Gerichtshof (EuGH) in neuerer Zeit mit dieser rechtlichen Bewertung kritisch auseinandergesetzt. Der EuGH (Urteil vom 1.10.1987, "Flämische Reisebüros", Rechtssache 311/85) hatte sich mit der in Belgien zwischen Reiseveranstaltern und Reisebüros geltenden Preisbindung und dem Verbot der Provisionsweitergabe an Kunden zu befassen. Er stellte in Anbetracht der Rechtsverhältnisse in Belgien fest, daß der gesetzlich lizenzierte belgische Reisemittler eine *unabhängige* Zwischenperson sei, die selbständige Dienstleistungstätigkeit ausübe. Ein solcher Reisemittler könne nicht als "Hilfsorgan des Reiseveranstalters" angesehen werden. Die belgische Preisbindung wurde also als Verstoß gegen Art. 85 Abs. 1 EWG-Vertrag verboten.

Neuerdings gibt es im EG-Recht Anzeichen, daß künftig im Hinblick auf die kartellrechtliche Zulässigkeit wettbewerbsbeschränkender Vorgaben seitens der Reiseveranstalter danach differenziert werden soll, ob der Handelsvertreter/Reisemittler keiner anderen Wirtschaftstätigkeit als dem Abschluß/der Vermittlung von Geschäften für Rechnung eines *einzigen* Geschäftsherrn nachgeht oder ob der Handelsvertreter/Reisemittler auch konkurrierende Produktpaletten führt.

Im ersten Fall sollen Verpflichtungen wie Vertriebs- und Preisbindungen nach wie vor mit Art. 85 EWG-Vertrag vereinbar, also zulässig sein. Im zweiten Fall soll davon auszugehen sein, daß der Handelsvertreter/Reisemittler über ein erhebliches Maß an geschäftlicher Entscheidungsbefugnis bezüglich der von ihm zu führenden Produkte, der Kundenbeziehungen und der Geschäftskonditionen verfügt.

Die EG-Kommission hat zu diesem Fragenkomplex den Entwurf einer Bekanntmachung über die Vereinbarkeit von Handelsvertreterverträgen mit Art. 85 des EWG-Vertrages (IV/484/90-DE) vorbereitet, mit dem sie ihre schon zitierte Bekanntmachung vom 24.12.1962 ersetzen möchte. Der Entwurf wird z.Zt. in den zuständigen EG-Gremien diskutiert. Bleibt es bei den Vorstellungen der EG-Kommission, wird sie künftig Vereinbarungen mit nicht eingebundenen Handelsvertretern/Reisemittlern wie Vereinbarungen mit Eigenhändlern bewerten. Absprachen wie Vertriebs- oder Preisbindung würden – wie bei Eigenhändlern – unter das Verbot des Art. 85 Abs. 1 EWG-Vertrag fallen.

Sollten in der Folge Vertriebs- und Preisbindung im Verhältnis des Reiseveranstalters zu solchen Reisemittlern, die mehrere Reiseveranstalter vertreten, für kartellwidrig erachtet werden, könnten die Auswirkungen für die Struktur der Branche gravierend sein.

2.4.3 Funktion der touristischen Leistungsträger

Touristische Leistungsträger sind alle Beförderungsunternehmen, Hotels und Gastronomieunternehmen, Zielgebietsagenturen, Ausflugsveranstalter vor Ort usw., denen sich der Reiseveranstalter zur Erfüllung seiner dem Kunden gegenüber eingegangenen Verpflichtungen aus dem Pauschalreisevertrag bedient.

Die Leistungsträger sind damit Erfüllungsgehilfen des Reiseveranstalters bei der Erfüllung der Gesamtheit der Reiseleistungen, nicht aber Vertragspartner des Kunden. Dies bedeutet u.a., daß der Reisekunde keinen direkten Erfüllungsanspruch gegenüber den Leistungsträgern hat. Sein Ansprechpartner ist vielmehr immer der Reiseveranstalter, der ihm zur Erfüllung aller versprochenen touristischen Teilleistungen verpflichtet ist. Eine Ausnahme hiervon gilt für den Sonderfall, daß während einer Flugreise der Reiseveranstalter zahlungsunfähig wird, also auch die Charterraten an die Fluggesellschaft nicht mehr zahlt.

Der Bundesgerichtshof (BGHZ 93, 271; NJW 1985, 1457) hat hierzu den Standpunkt vertreten, daß ein zwischen Fluggesellschaft und Reiseveranstalter abgeschlossener Chartervertrag als Vertrag zugunsten Dritter, d.h. als Vertrag im Interesse des Reisenden, für den Reisenden einen Rückbeförderungsanspruch gegen die Fluggesellschaft begründen könne. Einwendungen der Fluggesellschaft wegen der nicht erbrachten vertraglichen Leistung des Veranstalters würden nur im Verhältnis zu diesem, nicht aber im Verhältnis zum Reisenden eine Rolle spielen. Daher darf in einem solchen Fall die Fluggesellschaft die Rückbeförderung des Reisenden nicht verweigern.

2.5 Zukünftige Entwicklungen im Veranstaltermarkt

War der Markt für Pauschalreisen bis Mitte der 80er Jahre noch ein stark wachsender Markt, so hat sich danach das Wachstumstempo deutlich verlangsamt. Auch zukünftig wird man sich auf Seiten der Reiseveranstalter auf ein langsameres Wachstumstempo oder gar auf Stagnationstendenzen in diesem Markt einstellen müssen. Wenn weiterhin Marktwachstum zu verzeichnen ist, so dürfte dies zu einem großen Teil aus den neuen Bundesländern kommen, deren Bevölkerung starken Nachholbedarf im Hinblick auf Reisen hat. Die Gründe für das angenommene geringere Wachstumstempo liegen zum einen in der bereits sehr hohen Reiseintensität in Deutschland, die sich wahrscheinlich nur noch begrenzt steigern läßt, sowie zum anderen vor allem in dem nicht mehr so stark wie in den Jahren bis 1985 wachsenden Zeitbudget, das für Urlaubsreisen zur Verfügung steht. Schließlich dürfte auch die Einkommensentwicklung, die für die nächsten Jahre durch höhere Inflationsraten und höhere Steuerbelastungen gebremst wird, mögliches Marktwachstum behindern. Hinzu kommt, daß im Kundenverhalten ein Trend zu stärkerer Individualisierung auszumachen ist und dieser Trend den traditionellen Pauschalreisemarkt ebenfalls nicht begünstigt.

Eine entscheidende Herausforderung, der sich die Reiseveranstalter bereits heute und noch erheblich stärker in näherer Zukunft stellen müssen, liegt in der ökologischen Problematik. Eine ökologisch intakte Umwelt ist Basis und Voraussetzung für den geschäftlichen Erfolg von Reiseveranstaltern, es ist der alles entscheidende "Rohstoff", der in die Produktion bei den Veranstaltern eingeht. Die Schwierigkeit für Reiseveranstalter liegt u.a. darin begründet, daß sie sich mit einem ökologischen "Bewußtseinsgefälle" zwischen Aufkommensmärkten wie z.B. Deutschland und Zielmärkten wie z.B. Spanien konfrontiert sehen. Das ökologische Bewußtsein in Deutschland ist erheblich stärker ausgeprägt als das in Spanien. Der Veranstalter befindet sich damit in dem Spannungsfeld zwischen Ökologie-Push in den Zielländern und Ökologie-Pull in den Aufkommensmärkten (vgl. Meffert, 1991, S. 93). Er muß daher eine zweiseitige, offensiv-innovative Strategie in bezug auf die Ökologie-Problematik verfolgen. Gegenüber den Zielländern muß er versuchen, durch seine Nachfrage(macht) Fortschritte bei der Umweltverträglichkeit von touristischen Einrichtungen zu erzielen. Er begibt sich damit in die Rolle von ökologischen Anspruchsgruppen. Auf der anderen Seite sieht sich der Reiseveranstalter zunehmend einem Nachfragesog bzw. einer Öko-Pull-Wirkung von seiten der Konsumenten ausgesetzt. Hierbei ist allerdings – gerade im Tourismus – noch eine deutliche Verhaltenslücke zwischen Umweltbewußtsein und -verhalten festzustellen. Diese Lücke zu schließen und damit gleichzeitig dauerhaft die Basis für ihr Geschäft zu sichern, ist eine der herausfordendsten Aufgaben der Reiseveranstalter für die nahe Zukunft. Daß diese Herausforderung erkannt und angenommen worden ist, zeigt sich darin, daß die TUI seit November 1990 einen hauptamtlichen Umweltbeauftragten hat. Dieser Manager ist ausschließlich damit betraut, ökologische Probleme im Zusammenhang mit dem Massentourismus zu lokalisieren und einer Lösung zuzuführen.

Einhergehend mit der Individualisierung und Sensibilisierung auf der Nachfrageseite findet eine stärkere Fragmentierung des Pauschalreisemarktes statt, die auf der Ebene der Reiseveranstalter insbesondere Spezialisten und kleinere Nischenanbieter begünstigt. Diese Nischenanbieter werden auch die Wettbewerber sein, die nach wie vor stärker wachsen werden als herkömmliche Massenveranstalter. Die Antwort der großen Reiseveranstalter auf die wachsende Marktbedeutung von kleinen Nischenanbietern kann unterschiedlich sein:
− Sie versuchen, die Nischenanbieter aufzukaufen und in ihre Organisation einzugliedern.
− Sie versuchen selbst, durch Neugründungen von Veranstalterunternehmen die identifizierten Nischen zu besetzen.
− Sie schaffen einen neuen Angebotstypus, der die Vorteile der Großveranstalter mit denen der Spezial- und Nischenanbieter verbindet.

Insbesondere die letzte Möglichkeit ist bereits heute als Antwort auf die Individualisierung der Nachfrage und ihre Folgen zu beobachten: "Baustein"-Reisen wie sie die TUI beispielsweise mit dem HIT-Programm oder die TUI-Marke airtours mit Selfmade-Tours anbietet, dürften in Zukunft weiter an Bedeutung gewinnen. Mit diesem Programm können individuelle Kundenwünsche flexibel erfüllt werden.

Auf der Ebene der Leistungsträger ist davon auszugehen, daß sich im Flugbereich die strenge Trennung von Charter und Linie immer mehr verwischt. War bisher schon charterähnliche Beförderung auf Linienflügen (IT) üblich, so nähert sich jetzt auch die Charter-Beförderung der Linie an: Die LTU bietet beispielsweise Linienflüge als Zubringerdienste zu ihren Langstrecken-Charterflügen an. In jüngster Zeit wurde auch die "Comfort-Class", eine Art erster Klasse für den Charter-Verkehr eingeführt. Sie bietet u.a. getrennte Unterbringung in der Kabine, einen besonderen Bordservice sowie separates Checking-in. Auch im Transportbereich kann das "Reisebaukastensystem" mit unterschiedlichen Transportleistungen eine mögliche Antwort auf die Individualisierung sein. Allerdings besteht durch das Baukastensystem für die Veranstalter auch die Gefahr, daß sie von den Leistungsträgern verdrängt werden: So kann man als Verbraucher bereits heute – wenn auch inoffiziell – bei den Charter-Gesellschaften direkt Flugplätze buchen.

Im Zuge der europäischen Marktintegration werden auch ausländische Fluggesellschaften als Wettbewerber im deutschen Markt auftreten. Hierdurch kann es zu Überkapazitäten und in deren Folge zu starken Preiskämpfen zwischen Bedarfscarriern kommen.

Im Hotel- und Unterkunftsbereich ist denkbar, daß die Bedeutung von Ferien-Hotelketten zunimmt. Diese Ketten werden durch einheitliche Qualitätsstandards eine eigene Markenpersönlichkeit aufzubauen versuchen. Insbesondere diese Ketten werden auch versuchen, sich vom Reiseveranstalter unabhängig zu machen, indem sie ihren Vertrieb über die Präsenz im CRS selbst gestalten.

Auf der Ebene der Reisemittler zeigen sich ebenfalls starke Tendenzen zur Konzentration und Kettenbildung. Hierdurch kann sich das Machtgefüge zwischen Reiseveranstalter und Reisemittler zugunsten der Reisemittler verschieben. Die Folge davon ist ein Druck auf die Provisionsregelungen der Veranstalter, dem nur noch marktstarke und kostengünstig operierende Reiseveranstalter standhalten können. Auch hiervon sind vor allem mittlere Veranstalter betroffen, die in einer nicht optimalen Betriebsgröße anbieten.

Eine entscheidende Auswirkung sowohl auf Reisemittler als auch auf Reiseveranstalter dürfte die mögliche Aufhebung der Preisbindung für Pauschalreisen haben. Die dadurch ausgelöste Wettbewerbsverschärfung bei den Reisemittlern wird dann auch auf die Veranstalter durchschlagen und den auf beiden Ebenen ohnehin schon großen Konzentrationstendenzen Vorschub leisten.

Computer-Reservierungssysteme werden in den nächsten Jahren zu einem strategischen Erfolgsfaktor. Je stärker ihre Stellung wird, desto mehr bedrohen sie die Marktstellung von Reisemittlern, insbesondere aber von Reiseveranstaltern. Daher muß eine der Hauptaufgaben der Reiseveranstalter für die Zukunft darin liegen, die Entwicklung der CRS aktiv zu gestalten.

Die aufgeführten Entwicklungstendenzen auf dem Veranstaltermarkt erscheinen aus heutiger Sicht plausibel und wahrscheinlich. Allerdings ist ebenso denkbar, daß dramatische Änderungen in den Rahmenbedingungen, wie sie z.B. durch den Golfkrieg im Frühjahr 1991 andeutungsweise auftraten oder durch ökologische Bedrohungen nicht auszuschließen sind, ganz andere Entwicklungen eintreten lassen. Daher müssen Reiseveranstalter, wollen sie diese wachsenden Diskontinuitäten meistern und im intensiveren Wettbewerb weiterbestehen, nicht nur die Instrumente des strategischen Managements nutzen, sondern vor allen Dingen ihre Flexibilität im Sinne der Anpassungsmöglichkeit an veränderte Rahmenbedingungen erhöhen.

Literatur

Gee, Ch. Y, J.C. Makens, D.J.L. Choy (1989): The Travel Industry. 2nd Edition, New York.
Häusel, H.-G. (1991): Unternehmen brauchen ein ikonisches Leitbild. In: Harvard Manager, 13. Jg., Heft 2, S. 27–32.
Hebestreit, D. (1977): Touristik Marketing: Ziele, Strategien, Instrumentarium, Organisation und Planung des Marketing von Reiseveranstaltern. 2., erweiterte und erneuerte Auflage, Berlin.
Kirstges, T. (1991): Kleinvieh macht auch Mist. In Touristik Management, Heft 7–8, S. 13–17.
Meffert, H. (1991): Umwelt als Markt – 12 Thesen. In: Absatzwirtschaft, Heft 7, S. 93–96.
O.V. (1990): Deutlich besser als erwartet. In: Fremdenverkehrswirtschaft (FVW), Nr. 28, Beilage Seiten A–P.
Porter, M.E. (1986): Wettbewerbsvorteile: Spitzenleistungen erreichen und behaupten. Frankfurt a.M./ New York.
Reiseanalyse des Studienkreises für Tourismus 1990. Starnberg.
Witt, St.F., M.Z. Brooke, P.J. Buckley (1991): The Management of International Tourism. London/ Boston/Sydney/Wellington.

3. Positionierung, Aufgaben und Organisation von Incomingagenturen

Thomas Winkelmann

3.1 Positionierung

3.1.1 Ziele von Incomingagenturen

Ziel einer Incomingagentur ist die reibungslose Durchführung touristischer Programme im Zielgebiet nach den Wünschen des touristischen Anbieters im Herkunftsland. Die hierbei erwirtschafteten Provisionen dienen zur Deckung der Kosten und zur Erwirtschaftung von Gewinnen. Reiseagenturen in Zielgebieten – oder besser: Incomingagenturen – sind Makler zwischen Leistungsträgern im Zielgebiet einerseits und Anbietern in den Herkunftsländern der Gäste andererseits. Die Präsenz im Zielgebiet ist wichtigstes Merkmal für die Funktionsfähigkeit einer Imcomingagentur. Die Agentur handelt entsprechend den Wünschen und Maßgaben ihrer Kunden. Hierbei tritt die Agentur allerdings nicht allein als Makler, sondern vielfach auch als Repräsentant des Veranstalters gegenüber den Anbietern und gegenüber den Gästen in Erscheinung.

Die Betreuung von Gästen im Zielgebiet durch verschiedene Serviceleistungen ist ein Hauptbeschäftigungsfeld der Incomingagentur. Hier stellt die Agentur Reiseleiter, Service-Büros, Beratungstelefone etc. zur Verfügung. Art und Umfang dieser Leistungen richten sich nach den Wünschen der Reiseveranstalter, können also im Einzelfall sehr variieren.

Zweites wichtiges Standbein ist der Ein- und Verkauf touristischer Dienstleistungen wie Hotelkapazitäten, Transportmittel aller Art, touristischer Programmpunkte etc. Darüber hinaus ist die Agentur verantwortlich für die Koordinierung und Durchführung aller Aktivitäten im Zielgebiet. Zusätzlich wickelt sie auf Wunsch und im Namen ihrer Kunden die gesamten Reservierungen eines Veranstalters sowie das Abrechnungswesen mit den Leistungsträgern vor Ort ab.

Diese beiden dargestellten Standbeine einer Incomingagentur sind die Basis zur Erwirtschaftung von Gewinnen: einmal der Verkauf kompletter Pakete an Reiseveranstalter, welche diese auf ihrem Markt anbieten, zum anderen der Verkauf von Einzelleistungen direkt an Gäste im Zielgebiet (Ausflüge, Mietwagen etc.) durch Reiseleiter oder Service-Büros. Letztere sind für den Gast sichtbare Aktivitäten der Agentur, während der Verkauf touristischer Leistungen an Reiseveranstalter dem Gast in der Regel nicht ersichtlich ist. Eine Incomingagentur ist in der Regel kein Reisebüro im Zielgebiet. Ihre Arbeit spielt sich "hinter den Kulissen" ab. Augenfälligste Mitarbeiter sind die Reiseleiter, welche die Gäste vor Ort betreuen und die auf Anhieb als Repräsentanten der Reiseveranstalter zu identifizieren sind. Eine gute Agentur hält den eigenen Namen im Hintergrund und unterstützt den Markenauftritt des Veranstalters beim Gast im Zielgebiet.

3.1.2 Definitionen

Nachdem zuvor die Ziele von Incomingagenturen definiert wurden, sollen im folgenden einige Begriffe erläutert werden, die im Zusammenhang dieser Darstellungen von Bedeutung sind:
- *Leistungsträger:* Hiermit sind alle Anbieter von touristischen Produkten und Dienstleistungen gemeint, die im Zielgebiet dem Gast offeriert und von ihm konsumiert werden. Dazu zählen Hotels, Busgesellschaften, Restaurants, Flug- und Schiffahrtsgesellschaften genauso wie Reiseleiter, Entertainer oder Souvenirhersteller.
- *Kunde:* Kunden einer Incomingagentur sind Anbieter von touristischen Produkten im Herkunftsland der Gäste. Dazu zählen Reiseveranstalter, Reisebüros, Flug- und Schiffahrtsgesellschaften, aber auch Unternehmen oder Einzelpersonen außerhalb der Tourismusbranche, die sich direkt an eine Incomingagentur zum Einkauf einer Dienstleistung wenden.
- *Gast:* Für eine Incomingagentur ist der Gast im Zielgebiet der Endverbraucher, der eine bereits im Herkunftsland gebuchte Leistung nun vor Ort in Anspruch nehmen will. Zusätzlich konsumiert der Gast während seines Aufenthalts im Zielgebiet weitere Produkte und Dienstleistungen, die ihm u.a. von der Incomingagentur angeboten werden.
- *Herkunftsland:* Hierunter versteht die Incomingagentur den Markt ihrer Kunden. Die Agentur tritt im Herkunftsland selbst nicht direkt als Anbieter auf. Sie beschränkt ihre Kommunikationsaktivitäten in der Hauptsache auf Werbung in touristischen Fachzeitschriften, Messepräsenz und gezielte Kontaktaufnahme bzw. -pflege zu touristischen Anbietern, um sich beim Fachpublikum bekanntzumachen.

3.1.3 Positionierung

Der Incomingmarkt ist wie fast alle Bereiche des Tourismus geprägt durch einen starken Wettbewerb und eine große Anzahl von Anbietern in allen Zielgebieten. In kaum einem Land gibt es gesetzliche Beschränkungen zur Betreibung von Incomingagenturen. Jede Incomingagentur versucht daher, sich auf ihrem Markt durch positive Alleinstellungen zu positionieren, die sie von den Mitbewerbern abheben.

Möglichkeiten einer darzustellenden Unique Selling Proposition (USP) sind:

a) Qualität

Hier kann sich die Agentur durch zuverlässige Arbeit, Schnelligkeit in der Bearbeitung, individuelle Betreuung unterschiedlichster Zielgruppen, außerordentliche Marktkenntnisse etc. von den Mitbewerbern abheben. Für den Veranstalter als Kunden der Agentur sind auch Merkmale wie die zügige und zuverlässige Abwicklung des Zahlungsverkehrs und die großzügige Bearbeitung von Kulanzen von Wichtigkeit.

Die immer stärker auf den Preis orientierte Vermarktungspolitik vieler Veranstalter hat den Incomingagenturen in den 80er Jahren immer weniger Spielraum gelassen, ihre eigenen Qualitätsansprüche im Herkunftsland auch mit angemessenen Preisen durchzusetzen (siehe auch b). Hier befinden sich Veranstalter und Agenturen in einer gefährlichen Zwickmühle: auf der einen Seite ein verbraucherfreundliches Reiserecht, das mittlerweile selbst Akte höherer Gewalt den Veranstaltern und Agenturen anlastet und entsprechend Kosten verursacht, auf der anderen Seite immer geringer kalkulierte Deckungsbeiträge, die geradezu zwangsweise zu Sparmaßnahmen in kostenträchtigen Bereichen (Personal!) führen. Mängel im touristischen Dienstleistungsprodukt sind für den Gast oftmals erst vor Ort prüfbar und spürbar. Außer im Personalbereich kann eine Agentur auch in anderen Bereichen "sparen", also: Qualität mindern. So können beispielsweise solche Busgesellschaften billiger anbieten, deren Fahrzeuge alt sind oder die an teuren Versicherungen sparen. Mit Hotels können derart niedrige Preise ausgehandelt werden, daß der Gast grundsätzlich die schlechtesten Zimmer im Haus erhält, oder daß eingeschlossene Mahlzeiten auf minimalen Qualitätsstandard heruntergeschraubt werden.

b) Preise

Großagenturen können aufgrund ihres Einkaufsvolumens bei Leistungsträgern Beschaffungsvorteile bei Preisen und Kapazitäten erzielen und diese an ihre Kunden weitergeben. In einem heiß umkämpften Markt spielt diese Art von USP die dominierende Rolle. Preisvorteile können in aller Regel nur aufgrund von Volumen erzielt werden. Kleinere Agenturen versuchen daher, ihren Wettbewerbsnachteil bei der Beschaffung dadurch wettzumachen, daß sie entweder eine Nischenpolitik betreiben (siehe d) oder aber Kosten senken. Dies kann durch kleinere Büros, fehlende Verwaltungskosten, wenig Werbung, vor allem aber – in einer personalintensiven Industrie – durch Sparmaßnahmen bei den Mitarbeitern erreicht werden.

c) Auswahl von Mitarbeitern

Eine seriöse Agentur beschäftigt Mitarbeiter, die sich als Repräsentanten des jeweiligen Kunden (Veranstalters) verstehen, kompetent und service-orientiert arbeiten. Diese Mitarbeiter sollen geschult und erfahren sein. Sie sollten sich legal im Zielgebiet aufhalten (Aufenthalts- und Arbeitsgenehmigung), die Sprachen sowohl des Gastlandes als auch des Herkunftslandes beherrschen und sämtliche Regeln des Gastlandes einhalten. Dazu gehören vor allem die Steuer- und Versicherungsgesetzgebung im Zielgebiet. Was so selbstverständlich klingt, ist in der Realität äußerst schwierig umzusetzen, aber eine erfolgversprechende Möglichkeit für die Agentur, sich positiv von den Mitbewerbern abzuheben. Immer noch gibt es in der Tourismusbranche sehr viele unseriöse Unternehmen, die keinerlei Sozialabgaben und Steuern abführen, minimale Löhne zahlen und ihre Schwarzarbeiter dadurch zwingen, mit unseriösen Nebengeschäften auf Kosten der Gäste ihre persönliche Ertragslage zu verbessern.

d) Nischenpolitik
Auch bei Incomingagenturen beherrschen – wie bei Reiseveranstaltern – in jedem Zielgebiet einige Großanbieter den Markt. Diese können vor allem durch günstige Beschaffungspreise und moderne Kommunikationstechniken sowie einen großen und geschulten Mitarbeiterstab überzeugen. Trotzdem gibt es auch für kleinere Agenturen Möglichkeiten, sich durch Spezialisierung von den Mitbewerbern abzugeheben. Viele Agenturen spezialisieren sich auf bestimmte Herkunftsländer, seltene Sprachen für ihre Reiseleiter, individuelle Betreuung von Special-Interest-Gruppen und ähnliches mehr. Durch diese Art von USP kann es kleineren Agenturen gelingen, daß auch Großveranstalter bestimmte Aufträge nicht an "ihre" Stammagentur, sondern an einen Spezialisten geben. Eine Spezialisierung kann auch in dem Fakt bestehen, keinen Großetat zu seinen Kunden zu zählen. Gerade mittlere und kleine Veranstalter bevorzugen z.T. Agenturen, die nicht mit einen Großveranstalter aus demselben Herkunftsland zusammenarbeiten. Hier wird ein Interessenkonflikt befürchtet, der sich zuungusten des touristischen Programms und der Marktchancen des kleineren Veranstalters auswirken könnte.

3.2 Aufgaben einer Incomingagentur

3.2.1 Traditionelle Aufgaben

Die traditionellen Tätigkeitsfelder einer Incomingagentur sind:

a) Beschaffung von Bettenkapazitäten
Jeder Reiseveranstalter benötigt für seine Programmgestaltung ausreichende Bettenkapazitäten im von ihm angebotenen Zielgebiet. Diese werden vom Veranstalter vertraglich abgesichert, wobei die Incomingagentur häufig die Rolle des Vertragspartners übernimmt. Die Verträge zwischen Hotels und Agenturen umfassen neben dem Preis des jeweiligen Zimmers viele weitere Details wie Zahlungsmodalitäten, Zimmerqualitäten, garantierte Anzahl von Zimmern pro Saison, Verbindung des Zimmerpreises mit anderen Leistungen (Mahlzeiten, Transfers etc.), Ausschluß von Mitbewerbern u.v.m.
Der Veranstalter kann der Agentur genaue Vorgaben über seine Einkaufswünsche geben, oder aber die Agentur unterbreitet ihrem Kunden eine Reihe von Vorschlägen, aus denen dieser auswählt. Optimal ist hierbei ein gegenseitiger Austausch, da beide Seiten jeweils im Zielgebiet bzw. im Herkunftsland die besseren Marktkenntnisse ha-

ben. Von entscheidender Bedeutung wird hier auch die Zusammenarbeit mit vom Veranstalter entsandten Produkteinkäufern.

Aufgabe der Agentur ist zudem die Beratung des Kunden über die sichtbaren Fakten hinaus. Nur die Agentur verfügt über "Insiderwissen" und kann darüber informieren, wie es z.B. um die finanzielle Situation in einem bestimmten Hotel bestellt ist, wie die Zimmervergabepolitik aussieht, ob Bauarbeiten in Zukunft geplant sind, ob der Hotelstrand in der Hochsaison auch wirklich gesäubert wird, ob angeschlossene Restaurants ihre Qualitätsstandards einhalten oder ob gar mit einer baldigen Schließung des Hotels zu rechnen ist.

b) Beschaffung von Transportleistungen
Nach Vorgaben des Kunden kauft eine Incomingagentur Transportkapazitäten (Busse, Mietwagen, Chauffeure etc.) ein und stellt diese zur Verfügung. Auch hier richtet sich das Angebot strikt nach den Vorstellungen des Kunden, der meist vorrangig an einem möglichst kostengünstigen Angebot interessiert ist. Neben dem Einkauf übernimmt die Agentur die Koordination und Abwicklung der gebuchten Leistungen. Wie in allen Dienstleistungsbereichen ist auch hier eine ständige Kontrolle von großer Wichtigkeit. jeder eingesetzte Bus muß verkehrstüchtig, versichert, sauber und für den Gast als Bus "seines" Veranstalters erkennbar sein. Auch sollte der Busfahrer nicht nur freundlich und kooperativ sein, sondern darüber hinaus auf eine entsprechende äußere Erscheinung achten, da auch er für die Gäste Repräsentant des Veranstalters ist. Ähnliches gilt für alle Transportmittel. Hier wird deutlich: Die Qualität der Agentur beweist sich nicht zuletzt anhand der Sorgfalt bei vielen kleinen Details, die für den Gesamterfolg einer Pauschalreise von entscheidender Bedeutung sind.

c) Betreuung der Gäste durch Reiseleiter
Jede Incomingagentur beschäftigt Reiseleiter, die sich im Außendienst um gebuchte Gäste kümmern. Dies beginnt bei einer typischen Pauschalreise mit der Begrüßung z.B. am Flughafen, setzt sich bei der Betreuung in den Vertragshotels fort und endet mit der begleiteten Heimfahrt. Man unterscheidet in der Regel zwischen drei Gruppen von Reiseleitern:
– *Festangestellte Mitarbeiter der Agentur:* Diese sind entweder ausschließlich für einen Großveranstalter tätig und sollen vom Gast auch nur als solche erkennbar sein. Oder sie übernehmen für mehrere, meist mittlere Veranstalter gleichzeitig die Gästebetreuung. Diese Mitarbeiter beziehen ein monatliches Gehalt und sind in der Regel ganzjährig für die Agentur tätig.
– *Von Reiseveranstaltern entsandte Kräfte:* Solche Reiseleiter werden von Großveranstaltern saisonweise in Zielgebiete entsandt, um sich dort ausschließlich um die Gäste des Veranstalters zu kümmern. Hierbei handelt es sich zum Großteil um Veranstalter, die auf eine einheitliche Schulung, einheitliches Auftreten und eine für den Gast erkennbare Corporate Identity Wert legen. Diese Reiseleiter beziehen in der Regel ein Gehalt in ihrem Heimatland sowie einen Zielgebietszuschuß. In den meisten Fällen handelt es sich um Kräfte mit Zeitverträgen. In Zielgebieten

außerhalb der EG ist es für ausländische Anbieter vielfach legal nicht möglich, eigene Mitarbeiter zu entsenden, da diese keine Aufenthalts- oder Arbeitsgenehmigung erhalten.
— *Freie Mitarbeiter:* Sie sind als Freelancer für verschiedene Agenturen und damit auch für verschiedene Veranstalter tätig. Hierbei handelt es sich um Kräfte, die oft kein Interesse an einer Festeinstellung haben und nur gelegentlich "jobben". In einigen Zielgebieten ohne Sozialgesetzgebung, z.B. in den USA, stellen diese Kräfte die Mehrheit der eingesetzten Reiseleiter.

d) Abwicklung des Buchungsaufkommens
Trotz weitgehender Automatisierung in den letzten Jahren ist Pauschaltourismus immer noch ein beratungsintensives Dienstleistungsprodukt. Großveranstalter sind zumeist on line mit ihrer Agentur verbunden, um die für eine Buchung erforderlichen Daten zu übermitteln. Aufgabe der Agentur ist die selektive Weitergabe dieser Daten an die Leistungsträger im Zielgebiet. Die reibungslose Abwicklung einer gebuchten Leistung ist auch heute noch eine personalintensive Dienstleistung, die persönliche Kontakte (und Kontaktpflege) zu Hotels, Busgesellschaften, Airlines etc. erfordert.

Pauschalprogramme sind zwar weitgehend standardisiert, ein service-orientierter Veranstalter wird aber immer mit einer Agentur zusammenarbeiten, die auch individuelle Wünsche der Gäste erfüllen kann. Täglich gehen bei Veranstaltern Buchungen ein, die Sonderwünsche beinhalten. Und dies gilt für VIPs genauso wie beispielsweise für behinderte Gäste: Die Incomingagentur sorgt für die vielen kleinen Schritte und Dinge, die notwendig sind, um auch innerhalb des Massentourismus individuelle Bedürfnisse und Wünsche der Gäste zu erfüllen. Touristische Dienstleistungen sind eben keine feststehenden Größen, sondern dynamische Vorgänge, auf die schnell, angemessen und zuverlässig reagiert werden muß. Wichtig ist hierbei der Hinweis, daß jedes touristische Produkt als Aneinanderreihung unterschiedlicher Dienstleistungen der ständigen, aufmerksamen Kontrolle durch die Agentur bedarf. Der enorme Preiswettbewerb im Pauschaltourismus setzt sowohl Veranstaltern als auch Agenturen hierbei aber Grenzen. Gerade im Billig- und Last-Minute-Marktsegment sind aufwendige Buchungsabwicklungen nicht mehr tragbar. Veranstalter im billigsten Marktbereich arbeiten häufig mit Agenturen zusammen, die sich zwar mit niedrigen Preisen positionieren, dann aber zur Deckung ihrer Kosten unseriöse Zusatzgeschäfte im Zielgebiet anbieten (überteuerte Ausflugsprogramme, Ausbleiben von vereinbarten Serviceleistungen etc.).

e) Umsetzung des Corporate Design des Veranstalters
Für die Gäste im Zielgebiet muß der Veranstalter, bei dem sie ihre Reise gebucht haben, immer erkennbar sein. Der Name der Incomingagentur ist nur von sekundärer Bedeutung. Für den Gast muß das Büro der Agentur Anlaufpunkt "seines" Veranstalters sein. Da vielen Gästen die Unterschiede zwischen Airline, Veranstalter, Reisebüro oder Agentur nicht klar sind, müssen deutliche optische Hilfsmittel dem Gast die Orientierung erleichtern. Die Agentur tritt dem Gast gegenüber als Repräsentant des Ver-

anstalters auf. Dies wird für den Gast sichtbar durch entsprechende Kleidung (z.B. Uniformen) der Reiseleiter, Aushänge in Hotels, deren Gestaltung eindeutig den Veranstalter (wieder-)erkennen läßt, deutlich sichtbare Veranstalterlogos im Service-Büro, auf Bussen etc. Auch können spezielle Service-Telefone eingerichtet werden, an denen sich Mitarbeiter der Agentur ausschließlich mit dem Namen des Veranstalters oder der Fluggesellschaft melden.

f) Informationsweitergabe an Veranstalter
Wichtiger Bestandteil der Zusammenarbeit zwischen Agentur und Kunden ist die laufende Information des Kunden über Geschehnisse im Zielgebiet. Da touristische Programme sehr lange im voraus geplant und eingekauft werden (meist ein Zeitraum von neun bis zwölf Monaten), müssen absehbare Veränderungen im Zielgebiet einkalkuliert werden. Hier kann nur die Agentur, da vor Ort präsent, Informationen ins Herkunftsland übermitteln. Dies betrifft u.a. etwaige bauliche Veränderungen, Veränderungen im Service und Preisänderungen bis hin zu politischen Informationen oder Hinweisen auf mögliche umweltbedingte Veränderungen. Eine verantwortungsbewußte Agentur informiert ihre Kunden immer rechtzeitig über sämtliche Vorgänge, die für das touristische Programm und für die Gäste von Wichtigkeit sein könnten. Die Agentur betätigt sich hier außerdem als tägliche Feuerwehr, da in einem Zielgebiet täglich Dinge passieren, die den reibungslosen Ablauf einer Reise gefährden können.

g) Organisation von Gruppen-Special-Interest-Reisen
Neben der Pauschalreise beschäftigt sich jede Incomingagentur mit dem weiten Bereich der Gruppenreisen. Hierbei handelt es sich in aller Regel um von Reiseveranstaltern, Reisebüros oder Firmen organisierte Reisen. Das Spektrum der Gruppenprogramme reicht von der Durchführung z.B. eines Transfers für wenige Personen vom Flughafen zum Hotel bis hin zu aufwendigen Incentive-Programmen für Hunderte von Gästen im Werte von vielen hunderttausend DM.

Gerade im Gruppenbereich ist das Einschalten einer ortskundigen Agentur für den Veranstalter unerläßlich. Zwar kann fast jede Leistung (Hotel, Transportmittel etc.) auch direkt vom Veranstalter beim Leistungsträger gebucht werden, aber besonders in diesem sensiblen Spezialbereich spielen die Präsenz vor Ort, die bessere Zielgebietskenntnis und das weitgehende Ausschließen des "Human Error"-Faktors durch die Agentur eine entscheidende Rolle zu ihren Gunsten. Es ist kein Problem, ein Hotel weltweit via elektronischer Reservierungssysteme direkt einzukaufen. Ob aber dann bei Ankunft einer Gruppe wirklich alle Zimmer in einwandfreiem Zustand sind, sämtliche Schlüssel tatsächlich bereitliegen, das Firmenlogo des Kunden über dem Eingang prangt und das Restaurant die korrekte Tischreservierung vorgenommen hat – die genaue Überwachung der vielen kleinen Details kann nur eine Incomingagentur zuverlässig leisten. Und gerade bei hochwertigen Reisen, die den Teilnehmern unvergeßliche Eindrücke vermitteln sollen und oft motivierenden Charakter haben, ist ein perfekter Ablauf unerläßlich. Zusätzlich schlüpft die Agentur hier in die Rolle eines kreativen Ideenentwicklers. Gäste sind heute reiseerfahren, haben "alles schon gesehen", und ihre Reizschwelle liegt sehr hoch. Nur eine kreative Agentur kann immer neue Erlebnis-Programme entwickeln, die kaum ein Gast auf eigene Faust organisieren kann. In großen Agenturen beschäftigen sich speziell ausgebildete Mitarbeiter ausschließlich mit der Ausarbeitung, Organisation und Durchführung derartiger Programme.

h) Erstellung touristischer Angebote vor Ort
Jeder Pauschalgast nimmt während seines Aufenthalts im Zielgebiet weitere Dienstleistungen in Anspruch. In jedem Zielgebiet werden Gästen zusätzlich zu den von ihnen bereits zu Hause gebuchten Leistungen weitere Produkte angeboten. Mietwagen, Animationsprogramme, Ausflüge und Hotelübernachtungen werden durch zahlreiche Anbieter offeriert. Die Incomingagentur bietet dem Gast ebenfalls entsprechende Leistungen an. Verkauft werden diese entweder durch Servicebüros oder durch Reiseleiter. Wichtig ist hier, daß das Verkaufen von provisionsträchtigen Zusatzleistungen nicht im Vordergrund der Aktivitäten der Reiseleitung stehen darf. An erster Stelle muß für die Reiseleitung immer die seriöse und hilfsbereite Betreuung und Beratung der Gäste stehen. Im Vergleich mit anderen Anbietern hat die Agentur allerdings einige entscheidende Vorteile, welche die Konsumbereitschaft der Gäste geradezu automatisch zu ihr lenken:
— *Schnelligkeit:* Der Gast lernt die Angebote zuerst bei der Agentur kennen, z.B. bereits bei der Begrüßung durch die Reiseleitung oder in der ersten Sprechstunde. Außerdem weiß der Gast, wo und wann die Reiseleitung erreichbar ist.
— *Vertrauen:* Der Gast hat bei "seinem" Veranstalter gebucht und assoziiert die Agentur und deren Mitarbeiter mit diesem. Bei gleichem Preis-Leistungs-Verhältnis kauft der Gast eher bei "seiner" Agentur/"seiner" Reiseleitung.
— *Zuverlässigkeit:* Der Gast weiß, daß er bei Buchung einer Zusatzdienstleistung bei der ihm bekannten Agentur bzw. Reiseleitung eine hohe Verläßlichkeit und guten Service erwarten kann.

3.2.2 Veränderungen

In den Jahren des sich entwickelnden Massentourismus lag die Hauptaufgabe von Incomingagenturen in der Abwicklung der Reisen großer Menschenmengen. Für Marketingansätze und kreative Ideen blieb kaum Zeit, da man genug damit zu tun hatte, sich mit viel Improvisationskunst von Saison zu Saison zu "retten". Typische Kennzeichen des Nachfragemarktes waren bald aber auch die unvermeidlichen Sünden, die den Ruf der Pauschalreise negativ beeinflußten. Überbuchte Hotels, unerfahrene und überlastete Reiseleiter, zu große und z.T. unrichtige Versprechungen in Reiseprospekten oder fehlende Organisation führten zu teilweise nicht erfüllten Dienstleistungsversprechen. Gleichzeitig war diese Anfangsperiode gekennzeichnet durch recht üppige Deckungsbeiträge, die der boomende Markt eine Zeitlang auch akzeptierte. Hinzu kam, daß die Wettbewerbssituation zwischen den Incomingagenturen nicht sehr ausgeprägt war – es gab genügend Geschäft für jeden.

Der Boom in der Reiseindustrie führte zum Markteintritt immer neuer Anbieter. Anfang der 80er Jahre war das Angebot schließlich z.T. erheblich größer als die Nachfrage. Die Reiseintensität stieg noch immer, noch schneller stiegen aber die Kapazitäten, was zu einem verschärften Preiswettbewerb führte. Der Auftritt neuer Anbieter im Incomingbereich, die auch am Boom teilhaben wollten, hatte auch in den Zielgebieten eine Verschärfung des Wettbewerbs zur Folge.

Die Agenturen sehen sich in den 90er Jahren nunmehr einem Markt gegenüber, der einen immer günstigeren Preis bei hoher Qualität fordert. Gleichzeitig muß die Agentur zusätzlich zu ihren traditionellen Aufgaben neue übernehmen, will sie im Verdrängungswettbewerb der Zukunft bestehen.

3.2.3 Neue Aufgaben

Eine moderne Agentur muß heute für ihre Kunden mitdenken – sie darf sich also nicht nur auf operationelle Tätigkeiten beschränken, sondern muß aktiv und kreativ mitgestalten. Zu den neuen Aufgaben einer Incomingagentur gehören unter anderem:

a) Entwicklung von Marketingstrategien zur Produktoptimierung
Viele Veranstalter laufen Gefahr, im Laufe der Jahre innovativen Ideen gegenüber unaufgeschlossen zu werden. Man hat bestimmte Dinge "immer so gemacht" und ist um so überraschter, wenn Marktanteile verloren gehen. Die Incomingagentur kann zwar nicht die Marketingpolitik ihres Kunden bestimmen, sie sollte aber Informationen über Entwicklungen im Zielgebiet weitergeben, die für die Erstellung einer Marketingstrategie von Bedeutung sind. Dazu zählen Informationen über die Aktionen von anderen Veranstaltern im Zielgebiet, Preisentwicklungen bei Leistungsträgern während einer laufenden Saison, Qualitätsveränderungen innerhalb des vorhandenen Angebots oder auch die Beratung über Möglichkeiten zur Angebotserweiterung.

Die von den Veranstaltern beschäftigten Einkäufer, die die Leistungen für ihren Auftraggeber im Zielgebiet zusammenstellen, sind wichtige Kommunikationspartner der Agentur. Nur durch einen beiderseitigen, kreativen Austausch von Know-how und Ideen kann das für den Kunden richtige Produkt geformt werden. Diese Kommunikation ist heute mit Sicherheit ein Schwachpunkt innerhalb der Entwicklung des touristischen Produkts. Die Praxiserfahrung lehrt, daß Einkäufer durch eine starke Agentur latent um ihre Legitimation fürchten. Der Einkäufer sollte die Agentur mit einem präzisen Briefing über die Wünsche des Veranstalters ausstatten, ohne aber dabei die Kompetenz und Kenntnisse der Agentur im Zielgebiet in Frage zu stellen. Hier gilt: Je genauer die Agentur weiß, was der Kunde von ihr will, um so erfolgreicher kann sie reagieren.

b) Mithilfe der Agentur bei der Verringerung des Charterrisikos des Veranstalters
Größter Risikofaktor im Flugpauschalreisegeschäft sind für den Veranstalter die eingekauften Flugplätze. Während einer Charterkette gibt es immer buchungsschwache Termine, bei denen die vorhandenen Plätze nicht mit dem angebotenen Programm gefüllt werden können. Eine mitdenkende Agentur gibt ihren Kunden dazu Hinweise über Preisentwicklungen im Zielgebiet, die beispielsweise in bestimmten Zeiträumen besonders attraktive Angebote möglich machen. Ziel ist es hierbei, einen nicht ausgelasteten Flug mit einem nicht ausgelasteten Hotel zu kombinieren. Diese rechtzeitige Angebotssteuerung ist Verkaufspolitik, bei der die Agentur aktiv mitarbeitet. Statt Last-Minute-Angebote zur Verlustminimierung zu "verramschen", ist hier häufig eine Angebotsentwicklung möglich, bei der sowohl für den Veranstalter wie für die Agentur noch mit Deckungsbeiträgen kalkuliert werden kann, die zu Gewinnen führen.

c) Diversifizierung der eigenen Programmangebote
Eine moderne Agentur muß sich den unterschiedlichsten Anforderungsprofilen einer Vielzahl von Zielgruppen anpassen können und auf entsprechende Wünsche der Veranstalter reagieren. Was wie eine Binsenweisheit klingt, hat bei vielen Agenturen erst in den letzten Jahren eingesetzt: marketingorientierte Produktpolitik und zielgruppengerechte Angebote. Hierfür sind vor allem Kenntnisse des Marktes in den entsprechenden Herkunftsländern nötig. Die Agentur sollte z.B. über Lifestyle-Entwicklungen und entsprechend verändertes Verbraucherverhalten informiert sein. Insbesondere hochpreisige Angebote für Gruppen- und Incentivereisen erfordern kreative und flexible Köpfe in der Agentur, die angemessene Programme entwickeln können, beispielsweise als Veranstaltungsexperten für Kongreßreisen usw.

d) Marktbeobachtung im Zielgebiet
Auch in der Vergangenheit haben Agenturen Kundenreaktionen auf Angebote registriert und verarbeitet. Heute sollte es zur Routine einer Agentur gehören, gezielte Marktforschung vor Ort durchzuführen. Hierzu gehören das Konzipieren und Austeilen von Fragebögen, die Befragung der Gäste durch Reiseleiter anhand zuvor festgelegter Fragen oder auch die Auswertung von Verkaufszahlen, beispielsweise bei Ausflugsprogrammen. Die Verbraucherreaktionen sind direkt im Anschluß an den Konsum einer gebuchten Leistung meist spontan und ehrlich – die Ergebnisse entsprechend wertvoll für Agentur und Veranstalter. Zusammen mit ihren Kunden sollte die Agentur die Ergebnisse einer Saison in die Produktplanung des nächsten Programms einfließen lassen.

3.3 Organisation von Incomingagenturen

Incomingagenturen sind von unterschiedlichster Größe und Organisationsstruktur. Großagenturen mit Hunderten von Mitarbeitern existieren neben Ein-Personen-Betrieben, High-Tech-Betriebe finden sich ebenso wie Organisationen, in denen selbst einfache Kommunikationstechniken fehlen.

3.3.1 Großagenturen

Großagenturen sind in der Regel in allen Teilen eines Zielgebietes präsent, haben also eine funktionierende Organisation z.B. auf allen spanischen Inseln oder in allen Teilen Nordamerikas. Die direkte Präsenz einer Agentur ist von entscheidender Wichtigkeit, um die oben dargestellten Aufgaben erfüllen zu können. Auch einer Großagentur ist es z.B. kaum möglich, mit einem Büro in Palma das Zielgebiet Lanzarote zufriedenstellend abzudecken – das gleiche gilt für alle anderen Zielgebiete.

Großagenturen sind in der Regel wie folgt strukturiert: Am Hauptsitz der Agentur befinden sich das Management und der administrative Bereich der Agentur. Der Hauptsitz liegt immer in Flughafennähe und hat in der Regel keinen Kundenkontakt. Über das Zielgebiet verstreut liegen Serviceagenturen. Diese sind die für den Gast sichtbaren Schaufenster der Agentur, in denen die Reiseleiter ihr Büro haben, Sprechstunden stattfinden und Informationen für alle Gäste der Agentur ausliegen. Dem aufmerksamen Gast wird nicht entgehen, daß dieselbe Agentur oft mehrere Veranstalter aus demselben Herkunftsland vertritt.

Hier ist es Aufgabe der Agentur, auf eine positive Alleinstellung möglichst jedes einzelnen Veranstalters im Zielgebiet, also im Erlebnisbereich des Gastes, hinzuwirken. Wichtigstes Instrumentarium ist dabei die Bereitstellung von Personal (Reiseleitern), das sich ausschließlich um die Gäste eines Veranstalters kümmert. Kommen dazu noch Merkmale eines Corporate Design wie Uniformen, Aushänge, Busschilder etc., kann gewährleistet werden, daß der Gast in den Mitarbeitern der Agentur seinen Veranstalter wiederfindet.

3.3.2 Großveranstalter als Agentureigner

In den 80er Jahren sind immer mehr Großveranstalter dazu übergegangen, in den für sie wichtigsten Zielgebieten eigene Agenturen zu gründen bzw. vorhandene Agenturen aufzukaufen. Dies hat folgende Gründe:

a) Kosten minimieren
Die Beschaffungskosten des Landarrangements sind z.B. bei einer Flugpauschalreise nach dem Flugkostenanteil der entscheidende Kostenfaktor bei der Kalkulation eines Pauschalpreises. Es ist daher logisch, daß jeder Veranstalter alles versuchen wird, hier Kostenvorteile gegenüber den Mitbewerbern zu erzielen.

b) Qualität kontrollieren

Bei einem Dienstleistungsprodukt, dessen Qualität der Verbraucher erst nach dem Kauf prüfen kann, ist es enorm wichtig, Qualitätsstandards des Veranstalters vor Ort zu etablieren und zu kontrollieren. Viele Veranstalter haben die Erfahrung gemacht, daß vielfach der umsatzstärkste Veranstalter bei einer Agentur die größten Möglichkeiten der Einflußnahme hat. Die eigene Agentur scheint deshalb für den qualitätsbewußten Großveranstalter die beste Garantie zu bieten, mit seinem Produkt und seinem Namen im Zentrum der Bemühungen der Agentur zu stehen. Aber auch hier bleibt eine ständige Qualitätskontrolle notwendig, da sich sonst zu leicht Mängel und vermeidbare Pannen in das Produkt einschleichen.

c) Konsumbereitschaft lenken

Pauschalreisen sind aufgrund des aggressiven Preiswettbewerbs mit immer kleineren Deckungsbeiträgen kalkuliert. Am Reisebürocounter fällt die Veranstalterentscheidung nicht selten wegen einer geringfügigen Preisdifferenz. Touristiker wissen aber, daß sich dieses sehr preisbewußte Verbraucherverhalten vielfach ändert, wenn der Gast im Zielgebiet eingetroffen ist: Die Konsumbereitschaft der Gäste ist vorhanden – Ziel der Agentur muß es sein, diese zu sich zu lenken. Hier hat die hauseigene Agentur als erster und wichtigster Ansprechpartner des Gastes einen entscheidenden Wettbewerbsvorteil gegenüber allen anderen Anbietern im Zielgebiet. Bietet die Agentur vor Ort qualitativ gute Zusatzleistungen zu marktgerechten Preisen an, kann sie den Vertrauens- und Kompetenzvorsprung, den sie bei den Gästen genießt, zur Erwirtschaftung von Gewinnen im Bereich Zusatzgeschäft nutzen. Im Mietwagen- und Ausflugsgeschäft herrscht zwar auch ein Preiswettbewerb, die Deckungsbeiträge sind aber vielfach höher als bei der Kalkulation einer Pauschalreise, da die Agentur als Händler ohne Abnahmerisiko auftritt.

d) Synergieeffekte nutzen

Großveranstalter sind heute Großkonzerne mit internationalen Verflechtungen. Ihnen gehören oftmals Veranstalter in verschiedenen Herkunftsländern (das trifft auf alle deutschen Großveranstalter im Warmwassersegment zu), und sie bieten Zielgebiete in ganz Europa bzw. weltweit an. Hierbei liegt es im Interesse des Veranstalters, seine Einkaufsmacht im Zielgebiet bei Hotelketten, Mietwagenfirmen etc. zu bündeln. Bei der Nutzung einer eigenen Agentur kann der Veranstalter auf deren Einkaufsverhalten Einfluß nehmen und somit Preisvorteile erzielen.

e) Corporate Design visualisieren

Viele Veranstalter leiden darunter, daß sie ein austauschbares Produkt verkaufen, dessen einziger erkennbarer USP der Preis ist. Einige skandinavische Veranstalter sind dazu übergegangen, durch massive Präsenz eigener, entsprechend geschulter Reiseleiter in jedem von ihnen angebotenen Zielgebiet Flagge zu zeigen. Der Gast erkennt seinen Veranstalter in den Zielgebieten bereits an den Uniformen und dem Auftreten der Reiseleiter und an den immer wiederkehrenden Markenzeichen (z.B. als Buslackierung etc.). In einer eigenen Agentur sind selbst die Büroräume noch in den Farben des Veranstalters gehalten.

Die aufgeführten Punkte sollten verdeutlichen, daß ein Großveranstalter gut beraten ist, in wichtigen Zielgebieten eigene Agenturen zu betreiben. Grundvoraussetzung für den Erfolg eines solchen Projekts ist, daß ein kenntnisreiches und motiviertes Management diese Agenturen betreibt. Nur durch den gekoppelten Einsatz einheimischer Kräfte und Mitarbeiter aus den Herkunftsländern kann gewährleistet werden, daß sich profunde Ortskenntnisse im Zielgebiet mit Marktkenntnissen aus den Herkunftsländern erfolgreich bündeln lassen. Betreibt ein Großveranstalter Agenturen in vielen Zielgebieten, so werden die Koordination aller Agenturaktivitäten, Einkaufsbündelung, Qualitätskontrolle etc. zu einer wichtigen Managementaufgabe in der Zentrale des Veranstalters. Dazu muß das zentrale Management über exzellente Führungs- und Kontrollmechanismen verfügen, da kaum ein Bereich im Tourismus so heikel und sensibel ist wie die Organisation und Abwicklung der Reise im Zielgebiet. Hinzu kommt die enorm wichtige Kontrolle des Zahlungsverkehrs mit großen Leistungsträgern. Die sorgfältige Auswahl des Agenturmanagements ist also für den Erfolg eigener Agenturen eine wesentliche Grundbedingung.

3.3.3 Unabhängige Agenturen

Neben den veranstaltereigenen Großagenturen gibt es in allen Zielgebieten unabhängige Agenturen von zum Teil beachtlicher Größe, die als ihre Kunden die zahlreichen mittleren und regionalen Veranstalter betreuen, für die der Aufbau einer eigenen Agentur nicht lohnt. Hier kann die Agentur durch gebündelten Einkauf Synergieeffekte im Preis- und Angebotsbereich erzielen, die ein mittlerer Veranstalter nicht erreichen könnte. Die Agentur sollte im Idealfall eine Anzahl ähnlich strukturierter Veranstalter betreuen, die allerdings auf ihrem Heimatmarkt nicht direkt konkurrieren, da sonst Interessenkonflikte entstehen könnten.

Unabhängige Agenturen werden vielfach von Privatpersonen betrieben, die aus ihren Familienbetrieben zum Teil regelrechte Großbetriebe entwickelt haben, welche an vielen Orten eines Zielgebiets tätig sind und für den Wettbewerb zwischen den Incomingagenturen eine enorm belebende Bedeutung haben.

4. Tourismus-Marketing im Linienluftverkehr

Ursula Schörcher und Thomas Richters

4.1 Einführung

Seit Beginn der 80er Jahre wächst die Zahl der touristischen Linienflugreisen mit zunehmender Geschwindigkeit. Sofern die weltwirtschaftlichen und weltpolitischen Rahmenbedingungen günstig bleiben, wird sich dieser Trend in den 90er Jahren mit noch stärkerer Dynamik fortsetzen. Hauptmotor dieser Entwicklung sind neue Reiseformen: Immer mehr Menschen planen ihre privaten Reisen individuell und spontan; immer mehr Menschen entscheiden sich für mehrere Kurzurlaube im Jahr. Diese Ansprüche sind mit den klassischen Pauschal- und Charterangeboten nicht mehr zu befriedigen. Allein daraus ergeben sich neue Marktchancen für die Linienfluggesellschaften.

Um diese Chancen offensiv zu nutzen, sind die bedeutendsten Linienfluggesellschaften gegenwärtig dabei, ihre Positionen in der Touristik zu überdenken und ihre Marketingaktivitäten zu intensivieren. Vor diesem Hintergrund werden im nachfolgenden Beitrag die wichtigsten Grundlagen für das Tourismus-Marketing im Luftverkehr vorgestellt und einige praktische Umsetzungen aufgezeigt.

Der Beitrag beginnt mit einem Überblick über die allgemeine Entwicklung des Linienluftverkehrs und mit einem kurzen Exkurs über die Besonderheiten der Luftverkehrsunternehmung. In einem Hauptteil werden dann Struktur und Entwicklung des deutschen Marktes für touristische Flugreisen dargestellt. Dabei werden auch Linien- und Charterflugverkehr verglichen. Im dritten Teil wird in knapper Form auf das Engagement der Deutschen Lufthansa in der Linientouristik eingegangen.

4.2 Allgemeine Entwicklung des Linienluftverkehrs

4.2.1 Wachstum, Liberalisierung, globale Neuordnung

Weltweit befindet sich der Luftverkehrsmarkt im Umbruch. Die Anfang der 80er Jahre noch für unmöglich gehaltenen Wachstumsperspektiven und die schrittweise Liberalisierung der Märkte führen zu einer globalen Neuordnung des Luftverkehrs.

Durchschnittliche jährliche Wachstumsraten von ca. 6% führen bis zum Jahr 2000 zu einer Verdoppelung des Passagieraufkommens. Dabei wird der Privatflugreiseverkehr dynamischer und stärker wachsen als der Geschäftsflugreiseverkehr. Primäre

Wachstumsmärkte sind Europa sowie der asiatisch-pazifische Raum. Wachstumsfördernd wirken sich in Europa vor allem die deutsche Vereinigung und die Öffnung Osteuropas aus.

Der Wettbewerb der Fluggesellschaften wird in den Wachstumsmärkten zunehmend schärfer. Seit Ende der 80er Jahre drängen asiatische und US-amerikanische Fluggesellschaften aggressiv in internationale und besonders in europäische Märkte ein. Aufgrund der geographischen Lage und seiner wirtschaftlichen Stärke wird in Deutschland eine besonders hohe Wettbewerbsintensität erwartet.

In Europa wird ab 1993 der dritte Schritt der EG-Luftverkehrsliberalisierung zusätzlich erhebliche Wettbewerbskräfte freisetzen: Die Flugtarife werden marktgerecht, Kapazitätsbeschränkungen im bilateralen Linienverkehr entfallen, der Markteintritt in andere EG-Staaten wird erleichtert, die Beförderung zwischen Drittländern und innerhalb eines Drittlandes wird möglich werden.

Die steigende Zahl von Privatisierungen ehemals staatlicher Fluggesellschaften, Kooperationen und transnationale Fusionen sind deutliche Zeichen dafür, daß nach der Restrukturierung des amerikanischen Luftverkehrsmarktes in den 80er Jahren nunmehr die Neuordnung des globalen Luftverkehrsmarktes eingesetzt hat. Im Zuge dieser Neuordnung werden sich auch in Europa und Asien oligopolistische Marktstrukturen herausbilden. Am Ende der 90er Jahre werden nur noch wenige, große und profitable Fluggesellschaften über ein weltumspannendes Streckennetz verfügen und regelmäßig Nonstop-Flüge zu allen wichtigen Städten der Welt anbieten.

Neben Wachstumchancen gibt es aber auch Risiken im Linienluftverkehr. Einschlägige Studien zeigen, daß besonders in Europa zwei wesentliche Engpässe existieren: die Flughäfen und die Flugsicherung. Diese Mängel in der Infrastruktur führen zu Flugverspätungen und bedrohen die Qualität von Flugreisen. Darüber hinaus werden die Fluggesellschaften beim Fliegen von Warteschleifen durch steigende Kosten für Treibstoff und durch Ertragsausfälle belastet.

Die Flughafenkapazitäten und die jeweiligen zu- und abbringenden Verkehrsinfrastrukturen müssen der kontinuierlich steigenden Nachfrage nach Flugleistungen angepaßt werden. Insbesondere in Deutschland ist die zügige Umsetzung von Flughafenentwicklungsplänen erforderlich. Die Flugsicherung muß zunächst privatisiert und dann europaweit integriert und gelenkt werden.

Die Lösung dieser Infrastrukturprobleme ist zwar eine wichtige Voraussetzung für Wachstum und Profitabilität der Luftverkehrsgesellschaften. Einen dauerhaften wirtschaftlichen Erfolg werden aber nur diejenigen Fluggesellschaften verbuchen können, denen es neben dem Gewinn einer ausreichenden Marktgröße gelingt, schneller als andere neue Kundennutzen-Potentiale zu erkennen und ihr eigene Kundenmarketing konsequent daraufhin aufzurichten.

4.2.2 Individuelle Reisewünsche

Die Kunden der 90er Jahre bewegen sich auf zwei völlig unterschiedlichen Anspruchsebenen. In einzelnen Produktbereichen erscheinen sie als sogenannte *Preiskäufer*, d.h. lediglich ein günstiger Preis determiniert ihre Markenwahl. In anderen Produktbereichen treten dieselben Verbraucher als *Qualitätskäufer* mit äußerst differenzierten Nutzenerwartungen auf, die Ausdruck ihrer individuellen Ansprüche an die Produkte sind.

Hinter diesen Veränderungen steht ein Prozeß, der in der Literatur häufig als Wertewandel bezeichnet wird. In der Bundesrepublik Deutschland - und tendenziell auch in allen anderen führenden Industrienationen - avanciert die Freizeit zum Lebensmittelpunkt. Sie erweist sich als der eigentliche Motor des Wertewandels und seiner typischen Ausdrucksformen (vgl. Tab. 1).

Tab. 1: Wertewandel und seine typischen Ausdrucksformen

Wertetendenzen	Ausdrucksformen
Stärkere Ich-Orientierung	Individualität, Genuß, Freizeitbetonung
Mehr Gefühl	Atmosphäre, Menschlichkeit, Emotion, Gemütlichkeit
Neues Freiheitsdenken	Ungezwungenheit, Lässigkeit, Kreativität, Spontaneität
Neues Prestige	Verwendung statt Besitz, Identifikation statt Status, "Durchblick haben"
Neues Technikverständnis	Dienende Technik, versteckte Technik, spielerische Technik

Auf der Basis dieser neuen Wertekultur haben sich bereits in den 80er Jahren neue Lebensstile entwickelt. Sie finden u.a. ihren Ausdruck in entsprechenden Ansprüchen an Produkte und Dienstleistungen. Im hochwertigen Konsumbereich, zu dem der Linienflug immer noch zählt, hat besonders die Verbrauchergruppe der 30- bis 40jährigen eine stilprägende Rolle gespielt. In den 90er Jahren wird unter Berücksichtigung der hohen Flughäufigkeit die Gruppe der 30–50jährigen Flugreisenden mit ihren hohen Anforderungen an Qualität und Service eine Leitzielgruppe für das Produktmarketing der Luftverkehrsgesellschaften sein und deren Wettbewerb maßgeblich bestimmen.

4.2.3 Zukünftiger Wettbewerb

Die skizzierten Entwicklungen auf der Nachfrageseite zeigen, daß der Wettbewerb zwischen den weltweit führenden Linienfluggesellschaften ein Wettlauf um die Erfüllung der höchst individuellen Nutzenerwartungen der Flugreisenden ist. Dies kann nur ein *Qualitätswettbewerb* sein. Gleichzeitig wird die Neuordnung des Weltmarktes für Flugreisen durch einen aggressiven Preis- und Verdrängungswettbewerb herbeigeführt. Diejenigen Fluggesellschaften, die am Ende der 90er Jahre zu den wenigen

Großen im Markt zählen wollen, müssen also den Kunden höchste Qualität zu konkurrenzfähigen Preisen anbieten. Dieses wird einer Fluggesellschaft nur gelingen, wenn sie auf folgenden Feldern dauerhafte strategische Erfolgspositionen aufbaut und besetzt:
- Absolute Kundenorientierung
  (leistungsfähige Marktforschung, permanente Produktinnovationen in einer geschlossenen Leistungskette, Qualitätsmanagement)
- Stärkung von Vertrieb und Marke
  (Aufbau einer starken Dachmarke und Corporate Identity, Kontrolle von Reisevertriebssystemen, Vertriebsbindung, Aufbau neuer Absatzkanäle, aktiver Verkauf)
- Kostensenkungs- und Ertragssteigerungsprogramme
  (neue Organisationsstrukturen, Divisionalisierung, Aufbau von Yield-Managementsystemen)

4.3 Exkurs: Besonderheiten der Luftverkehrsunternehmung

Es gibt einige Aspekte, die Luftverkehrsunternehmen charakterisieren und die sie von Unternehmen anderer Wirtschaftssektoren unterscheiden.

Das Kernprodukt einer Fluggesellschaft ist die immaterielle Transportdienstleistung. Produktion und Konsum dieser Dienstleistung erfolgen zum gleichen Zeitpunkt, eine Vorratsproduktion bzw. Speicherung ist nicht möglich. Damit sind nicht verkaufte Sitzplätze eine nicht mehr nutzbare Produktionseinheit. Deshalb ist für eine Fluggesellschaft der Sitzladefaktor entscheidend für die Wirtschaftlichkeit einer Strecke.

Eine optimale Kapazitätsplanung ist also von höchster Bedeutung. Das betriebswirtschaftliche Ziel einer größtmöglichen Auslastung der Produktionskapazitäten wird durch zeitliche Schwankungen in der Nachfrage nach Luftverkehrsleistungen massiv beeinflußt. Sowohl im Linien- als auch im Charterverkehr verteilt sich die Nachfrage unterschiedlich auf die Kalendermonate, wobei insbesondere in den Urlaubsperioden Nachfragespitzen auftreten. Schwankungen treten aber auch innerhalb der Wochentage auf, speziell im Geschäftsreisesegment, wobei hier der Montag und Freitag die nachfrageintensivsten Tage darstellen. Dabei gilt es wiederum zu beachten, daß die Tagesrandverbindungen von den Kunden präferiert werden. Darüber hinaus bestehen Abhängigkeiten in den Zeitenlagen von Anschluß- bzw. Zubringerflügen für Intercontinental-Flüge.

Eine angebotsseitige Anpassung an diese Schwankungen ist nur in begrenztem Umfang möglich. Die hohe Anlagenintensität und die aufgrund der starken Spezialisierung nur bedingt flexiblen Personalkapazitäten haben eine geringe Angebotselastizität von Fluggesellschaften zur Folge.

Allerdings gelingt es Fluggesellschaften heute zunehmend, ihr Angebot nicht nur in Abhängigkeit von sprungfixen Kosten zu variieren, sondern generell eine höhere Flexibilität in der Planung zu realisieren. Dies wird nicht zuletzt deshalb überlebenswichtig, weil zukünftig häufiger als bisher regionale Krisen weltweit wirksame Nachfrageeinbrüche verursachen können. Eine höhere Flexibilität im Angebot ist auch u.a. Resultat neuester Flugzeugentwicklungen. So lassen sich beispielsweise im neuen Airbus A 340 Sitzordnungen in nur wenigen Stunden grundlegend verändern, selbst Bordküchen und Sanitäranlagen sind flexibel, und die Klassenkonfiguration (z.B. First/Business/Tourist) ist je nach Buchungslage für jeden einzelnen Flug variierbar.

Nicht unerwähnt sollen die gesetzlichen Auflagen bleiben, die den Einsatz der Flugzeugbesatzungen regeln. Einerseits existieren seitens der Luftaufsichtsbehörde strenge Vorschriften über die Ausbildung von Flugzeugführern (ein Pilot muß z.B. eine bestimmte Anzahl von Flugstunden pro Jahr leisten, damit seine Musterberechtigung für einen bestimmten Flugzeugtyp nicht verfällt), andererseits begrenzen zwischen den Fluggesellschaften und den Mitarbeitervertretungen vereinbarte tarifvertragliche Regelungen die Einsatzzeiten, die Anzahl der Landungen pro Tag, die Gesamtzahl der Flugstunden pro Monat usw.

Im Zuge der Liberalisierung des Luftverkehrsmarktes werden jedoch die Zahl der gesetzlichen Auflagen und die protektionistische Regulierungsdichte insgesamt abnehmen.

4.4 Der deutsche Markt für touristische Flugreisen

Wer in den 90er Jahren im Tourismus-Marketing erfolgreich sein will, muß auf eine leistungsfähige, systematisch betriebene Marktforschung zurückgreifen können. Nur so können die dynamischen Entwicklungen in der Touristikbranche zu Beginn der 90er Jahre realistisch abgebildet und die notwendige Transparenz für strategische Entscheidungen geschaffen werden. Nachfolgend kann nur eine Auswahl an Ergebnissen und Methoden aus der Lufthansa Marktforschung vorgestellt werden, die jedoch für detaillierte Analysen des deutschen touristischen Flugreisemarktes grundlegend sind.

4.4.1 Marktgröße und Segmentierung

4.4.1.1 Touristische Flugreisen 1990

Im Jahre 1990 umfaßte der Absatzmarkt Bundesrepublik Deutschland rd. 19 Mio. Flugreisen (eine Flugreise = Hin- und Rückflug). Davon entfallen etwa 5 Mio. Reisen auf den innerdeutschen Flugverkehr; 14 Mio. Flugreisen wurden von Deutschland aus in das Ausland unternommen.

Bei der Marktsegmentierung wird grundsätzlich unterschieden nach Reisen mit *geschäftlichen Anlässen* und solchen, die aus nicht geschäftlichen, also *privaten Anlässen* durchgeführt werden. Innerhalb der Privatreisen wird nochmals untergliedert nach Reisen aus touristischem Anlaß sowie nach Verwandten- und Bekanntenbesuchen (traditionelle Auswanderer-Bindungen oder Heimatbesuche ausländischer Mitbürger). In Grenzbereichen sind die Übergänge zwischen touristischen Reisen, Besuchs- und Geschäftsreisen fließend.

Der innerdeutsche Verkehr ist zu 85% Geschäftsreiseverkehr, die private, insbesondere die touristische Nachfrage spielt nur bei Auslandsreisen eine mengenmäßig wichtige Rolle. Von den 14 Mio. Flugreisen ins Ausland wurden 1990 knapp 11 Mio. Reisen (78%) aus privaten Anlässen gestartet. Der überwiegende Teil davon ist rein touristische Flugreisenachfrage (83%). Damit sind das Potential für touristische Reisen bzw. der deutsche Absatzmarkt für grenzüberschreitende Urlaubsflugreisen mit ca. 9 Mio. Reisen quantitativ im weitesten Sinne definiert (vgl. Abb. 1).

G = 22%
B = 13%
T = 65%

G = Geschäftsreisen   rd. 3,1 Mio
T = touristische Reisen rd. 9,1 Mio
B = Besuchsreisen   rd. 1,8 Mio

Gesamt: ca. 14 Mio Flugreisen

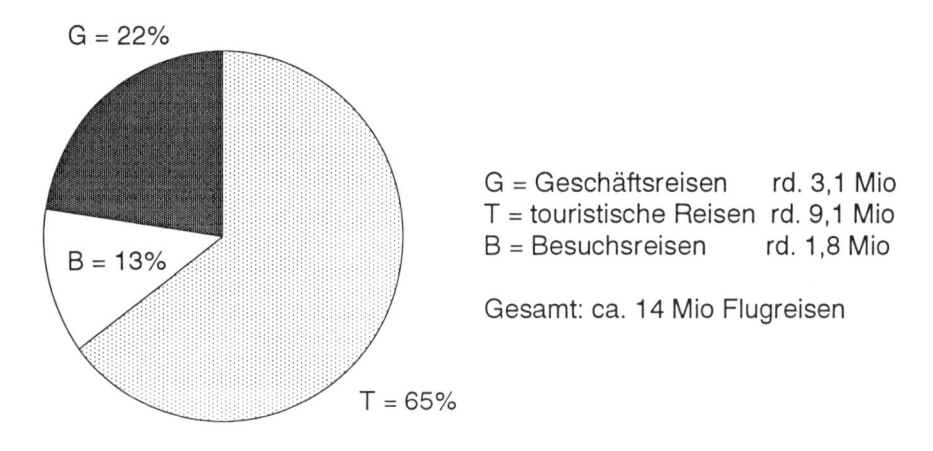

Abb. 1: Struktur der grenzüberschreitenden Flugreisenachfrage der Bundesrepublik (Definition: 1 Flugreise = Hin- und Rückflug)
Quelle: Lufthansa, Infratest, 1990)

4.4.1.2 Pauschalreisen

Unter Pauschalreisen versteht man ein Paket von zusammen angebotenen und verkauften Dienstleistungen, d.h. Transport, Zubringer vom Flughafen zum Hotel, Unterkunft (evtl. mit Verpflegung) und sonstige Dienstleistungen, z.B. Betreuung durch Reiseleitung, Mietwagen, Rundfahrten, Besichtigungen, Sportkurse.

Damit ergibt sich für Fluggesellschaften als Hauptzielgruppe für den Einsatz des absatzpolitischen Instrumentariums nicht der Verbraucher, sondern der Hersteller von Pauschalreisen, der Veranstalter. Das bedeutet für die Marktforschung einer Luftverkehrsgesellschaft im Bereich des Tourismus, nicht nur die Entwicklung der Passagierströme, das Verhalten der Passagiere und ihre Bedürfnisse zu erkennen, sondern im gleichen Maße die Entwicklung und das marktstrategische Verhalten von Veranstaltern transparent zu machen und für die Zukunft einzuschätzen.

4.4.1.3 Individualreisen

Unter Individualreisen wird eine touristische Reise oder allgemein eine Privatreise verstanden, die
- alle Dienstleistungen einer Pauschalreise enthält, d.h. Transport, Transfer vom Flughafen zum Hotel, Unterkunft und sonstige Dienstleistungen, wobei diese Leistungen vom Anbieter individuell nach den Wünschen des Reisenden zusammengestellt werden;
- mehrere Dienstleistungen einer Pauschalreise enthält, wobei der Reisende diese Dienstleistungen zwar gleichzeitig, aber einzeln vom gleichen Anbieter oder nacheinander von verschiedenen Anbietern kaufen kann;
- nur den Transport zum Zielort beinhaltet, wobei der Reisende den Aufenthalt am Zielort individuell gestaltet.

Diese Zielgruppe umfaßt ein sehr vielschichtiges Potential. Sie reicht vom Reisenden mit außergewöhnlichen Wünschen (z.B. Bergsteigen im Himalaya) über Reisende mit eigenem oder privat gemietetem Ferienhaus am Zielort bis zu Besuchern von Verwandten oder Freunden und Heimurlauben ausländischer Mitbürger. Dieser Zielgruppe gemeinsam ist das Bedürfnis, die Transportleistung direkt nachzufragen, so daß absatzpolitische Maßnahmen von Fluggesellschaften direkt auf den Verbraucher ausgerichtet sind.

4.4.1.4 Neue Marktsegmentierungsansätze

Bezieht man den oben genannten Struktur- und Wertewandel in marktstrategische Überlegungen ein, so muß die Marktforschung bei der Beschreibung und Eingrenzung der potentiellen Zielgruppen zukünftig viel breiter und vielschichtiger vorgehen als bisher. Wer seine Zielgruppe kennen und verstehen will, muß heute schon mehr über sie wissen als Alter, Beruf, Einkommen, Reiseanlaß oder Tarifart. Die Marktsegmentierung muß zukünftig Cluster bilden, die sich bezüglich ihrer Lebensauffassung, ihrem Life-Style und damit ihren Ansprüchen an Produkte und Dienstleistungen differenzieren und entsprechend gezielt bearbeiten lassen.

Vereinzelt werden aber auch bestimmte formale Kriterien wichtiger. So nimmt z.B. auch im deutschen Markt die Zahl der Kurzurlaube rapide zu, und auch derartige Informationen können für die Bestimmung von Marktsegmenten wichtig sein.

4.4.2 Entwicklung der Flugtouristik

Unterschiedliche Reiseanlässe und Reisearten der Nachfrager nach Flugtransport haben in der Vergangenheit zu einer Zweiteilung des Angebots der Fluggesellschaften geführt, der Trennung nach Linien- und Charterflugangeboten. In den 90er Jahren wird diese Trennung sukzessive aufgehoben werden.

4.4.2.1 Charterflugtouristik

Die Anfänge der Flugtouristik in Deutschland liegen etwas mehr als 50 Jahre zurück. Bereits 1937 konnte man in den Reisebüros Flugpauschalreisen mit der Lufthansa zu Zielen innerhalb Deutschlands sowie im angrenzenden Europa buchen. Nach dem 2. Weltkrieg waren es in Europa zuerst britische Bedarfsfluggesellschaften, die bereits 1951 rund 200 000 Charterfluggäste zu den Mittelmeerküsten Spaniens, Frankreichs und Italiens sowie auf die Balearen und die Kanarischen Inseln beförderten.

Seit Beginn der 60er Jahre wurde ein breites, speziell auf die touristische Nachfrage zugeschnittenes Angebot durch die Zusammenarbeit von Reiseveranstaltern und Charterfluggesellschaften geschaffen. Aus bescheidenen Anfängen wuchs der deutsche Charterflugtourismus bis 1973 auf immerhin 1,5 Mio. Flugreisen. Doch der größte Wachstumsschub sollte erst bevorstehen: In nur sechs Jahren, also von 1973 bis 1979, erhöhte sich das Volumen an Charterflugreisen aus der Bundesrepublik Deutschland auf rund 5 Mio. Reisen. Trotz dieses hohen Niveaus ist das Aufkommen seither weiter gestiegen. Im Jahr 1990 hat der deutsche Markt für Charterflüge ein Volumen von 7,3 Mio. Reisen erreicht.

4.4.2.2 Linienflugtouristik

Mit der Liberalisierung der Luftverkehrsmärkte, mit der gezielten Angebotsausweitung auf touristischen Strecken und natürlich auch als Folge zunehmender preislicher Attraktivität erlebt der Linienflugtourismus gegenwärtig einen Boom. Schon von 1979 bis 1990 stieg die Zahl der mit Linienflugzeugen von Deutschland aus unternommenen internationalen Touristikreisen von 1,2 Mio. auf mehr als 2,3 Mio. Reisen an; damit erhöhte sich der Anteil des Linienflugtourismus am gesamten touristischen Flugreiseaufkommen in der Bundesrepublik Deutschland von 22% im Jahr 1979 auf 35% im Jahr 1990.

Auch am gesamten grenzüberschreitenden Linienflugverkehr mit der Bundesrepublik hält die touristische Nachfrage 1990 einen Anteil von 35%. Ein geschäftliches Motiv für ihren Flug geben 45% an, 20% sind Besuchsreisende. Wenn auch die Bedeutung der Geschäftsreisenden für den Linienflugverkehr unbestritten bleibt – die Zahl der mit Linienflugzeugen reisenden Touristen wächst kontinuierlich weiter.

Für die stärkere Attraktivität des Linienangebots sprechen aus der Sicht des Reisenden eine Reihe von Gründen: Da ist zunächst einmal das im Hinblick auf attraktive

Zielangebote und Abflugzeiten differenziertere Angebot, das es dem Reisenden erleichtert, die Ziel- und Flugplanung mit seinen persönlichen Terminvorstellungen zu verbinden oder in den verfügbaren zeitlichen Rahmen einzupassen. Erfahrene Flugreisende wissen auch das Angebot der Linienfluggesellschaften im Hinblick auf Kabinenkomfort, Sitzabstand und Service zu schätzen. Hinzu kommen die höhere internationale Erfahrung und Weltgewandtheit vieler Reisenden und das Angebot der Linienfluggesellschaften an individuell wählbaren Reisebausteinen. Schließlich werden auch die preislichen Unterschiede zwischen Charterangeboten und den attraktiven Sondertarifen der Fluggesellschaften zunehmend geringer.

4.4.2.3 Reisedauer/-organisation/-ziele

Seit Mitte der 80er Jahre wachsen die kurzen Reisen deutlich schneller als die langen Reisen. Heute sind etwa 10% aller Urlaubsflugreisen sogenannte kurze Reisen (Reisedauer: 2–4 Tage). Von den langen Urlaubsreisen sind etwa zwei Drittel Charterreisen, dagegen entfallen bei den kurzen Urlaubsreisen lediglich knapp 20% auf den Charterverkehr – hier dominiert die Linie. Werden von den kurzen Flugreisen etwa die Hälfte individuell organisiert, so sind es von den langen Urlaubsreisen nur etwa 20%. Seit Mitte der 80er Jahre hat sich der Anteil der Vollpauschalreisen am deutschen Privatflugreisemarkt kontinuierlich verringert. Die individuell organisierten Reisen haben entsprechend zugenommen.

In den größten ausländischen touristischen Zielländern dominiert der Charterflugverkehr (Spanien 86%, Griechenland 84%, Türkei 87%). Dagegen hat in den touristischen Interkont-Zielmärkten eindeutig der Linienflugverkehr die größte Bedeutung (z.B. USA 76%). Der nach wie vor starken Konzentration des Charterflugverkehrs auf wenige Zielregionen (nach Spanien führen etwa die Hälfte aller Charterflüge) steht eine differenziertere, breitgefächerte Zielverteilung in der Linientouristik gegenüber.

4.4.3 Marktpartner und Strukturwandel

Der Vertrieb von Linienflugreisen erfolgt überwiegend über den Handel. Während damit für Linienfluggesellschaften neben dem Endverbraucher vor allem Reisebüros die Marketing-Zielgruppe darstellen, sieht sich die Charterfluggesellschaft bei ihrem Hauptprodukt, der Pauschalreise, dem Produzenten dieser Reiseform, also im wesentlichen den Veranstaltern, gegenüber. Die oligopolistische Struktur der Produzenten von Pauschalreisen erspart einer Charterfluggesellschaft zwar einen großen Verkaufsapparat, wie ihn große Linienfluggesellschaften für Endverbraucher, Firmen und Reisebüros (Reservierungen, Auskünfte, Flugscheinänderungen usw.) benötigen, sie erhöht für Charterfluggesellschaften jedoch das mit einer solchen Marktstruktur implizierte Beschäftigungsrisiko.

4.4.3.1 Veranstalter

Die Struktur der Veranstalter stellt sich in der Bundesrepublik Deutschland für Fluggesellschaften als eine kleine Zahl mit großen Marktanteilen und eine größere Anzahl mit sehr kleinen Marktanteilen dar. Der Markt ist transparent, trotzdem gibt es für Fluggesellschaften zwei Probleme zu lösen:
- zum frühestmöglichen Zeitpunkt Kenntnis der Produktgestaltung der Veranstalter in Menge und Qualität zu erhalten,
- basierend auf Sachkenntnissen eine möglichst genaue Einschätzung des Veranstalterverhaltens von der Unternehmenspolitik bis zur Marktstrategie vorzunehmen.

Ein Sonderfall innerhalb der Veranstalter sind die Consolidators. Ihre Notwendigkeit im Markt sowie ihre Bedeutung für die Fluggesellschaften ergibt sich aus der geringen Größe der Nachfrage nach bestimmten Zielorten, die zur "Ercharterung" der gesamten Sitzkapazität eines Flugzeugs für einen Veranstalter nicht ausreichend ist. Der Consolidator verringert das Auslastungsrisiko, indem er als Eigenveranstalter Teilkapazitäten der von ihm gecharterten Flugzeuge anderen Veranstalter anbietet oder indem er einfach die Gesamtkapazität auf mehrere Veranstalter verteilt.

4.4.3.2 Reisebüros

Reisebüros sind die Vertriebsorgane oder der Einzelhandel der Linienfluggesellschaften und der Veranstalter. Ihre Bedeutung für die Fluggesellschaften im touristischen Bereich kann in zweierlei Hinsicht charakterisiert werden:
- Einerseits treten Reisebüros häufig selbst als Veranstalter, z.B. als Produzenten von Spezialreisen und damit als Reisenachfrager gegenüber Fluggesellschaften mit kleinen Abnahmemengen, auf. Für Charterfluggesellschaften entsteht dadurch das Problem der Kapazitätsoptimierung zwischen dem hohen Bedarf der Großveranstalter und dem geringen Bedarf der Vielzahl nachfragender Reisebüros. Linienfluggesellschaften haben diese Optimierungsprobleme mit ihrer Basisauslastung, den Geschäftsreisenden, zu bewältigen, wobei erschwerend die kurzfristige Buchung der Geschäftsreisenden gegenüber der langfristigen Disposition von Veranstaltern in Einklang zu bringen ist.
- Andererseits sind Reisebüros als Verkäufer von sowohl Pauschal- wie Individualreisen indirekt bzw. direkt die Verkäufer der Sitzplätze und damit Zielgruppe akquisitorischer und verkaufsfördernder Maßnahmen der Fluggesellschaften. Durch Marktforschungsstudien ist bekannt, daß für einen nicht unerheblichen Teil von Käufern von Pauschalreisen das Image der einbezogenen Fluggesellschaft eine wichtige Rolle für den Kauf eines bestimmten "Packages" spielen kann.

Deshalb ist es für jede Fluggesellschaft in ihrer Marketingstrategie wichtig, die eigene Markenidentität und das Image nicht nur beim Endverbraucher, sondern auch beim und über das Reisebüro bekannt zu machen und so die eigene Position im Markt und damit die Nachfrage zu stärken.

4.4.3.3 Strukturwandel

In den 90er Jahren vollziehen sich in der gesamten Touristikbranche einschneidende strukturelle Veränderungen. Der heute noch überwiegend fragmentierten Veranstalterbranche steht ein durchgreifender Restrukturierungsprozeß bevor. Antriebskräfte sind die weitere Liberalisierung (u.a. Aufhebung der Preis- und Vertriebsbindung, volle EG-weite Gewerbefreiheit), der schärfer werdende internationale Preisdruck und Wettbewerb, die weltweite Verbreitung von computergestützten Reservierungssystemen, neue individuelle Reisebedürfnisse und Veränderungen im Vertrieb (u.a. neue Absatzkanäle wie Post, Banken). Als Ergebnis dieses Strukturwandels werden im internationalen Veranstaltermarkt ähnlich der Linientouristik oligopolistische Strukturen erwartet. In diesem Marktszenario setzen die fortschrittlichsten Veranstalter schon heute auf Strategien der Produktdifferenzierung (Baukastenprinzip), bündeln ihre Vertriebsaktivitäten, verstärken ihre vertikale Integration und verbessern schrittweise ihren Markenauftritt.

Die Liberalisierung erfaßt mit ähnlichen Wirkungen auch die gesamte Reisebürobranche. Eingefahrene, bis heute bewährte politische Regulierungsmodelle können dabei ihre Gültigkeit verlieren (z.B. IATA-Resolutionen). In einem offenen Markt werden diejenigen Einzel-Reisebüros erfolgreich bleiben, die Kooperationen eingehen oder Einkaufsgenossenschaften beitreten. Weitere Erfolgsfaktoren für das Reisebüro der 90er Jahre sind der Anschluß an ein weltweites Reservierungssystem, das Angebot eigener "Reisebaukästen" und die Verbesserung der Service- und Beratungskompetenz.

In den 90er Jahren wird das Verhältnis aller touristischen Leistungsträger zueinander und gegenüber den Reisekunden völlig neu definiert werden. Neue Kooperationsformen auf der einen Seite (z.B. im Handelsmarketing) und der Trend zu vertikal integrierten Reisekonzernen auf der anderen Seite sind die erfolgversprechenden Konsolidierungsstrategien. Der intensivere internationale Wettbewerb zwingt alle Leistungsträger, ihr Tourimus-Marketing qualitativ und methodisch zu verbessern.

4.5 Lufthansa-Angebote im deutschen Markt für touristische Linienflugreisen

4.5.1 Lufthansa-Strategie

Lufthansa verfolgt bereits seit den 80er Jahren eine gezielte Wachstumsstrategie. Entsprechend ist Lufthansa heute für das Marktumfeld der 90er Jahre gerüstet und zielt darauf, eine globale, marktstrategische Größe zu erreichen. Die Planungen sind darauf ausgerichtet, die Zahl der Flugzeuge in der Lufthansa-Flotte bis zum Jahr 2000 mindestens zu verdoppeln – von heute ca. 200 Flugzeugen bis auf eine Zahl von etwa 400 Flugzeugen.

Parallel zum Wachstum der Kapazitäten wird der Schritt vom rein transportfokussierten Unternehmen hin zu einem umfassenden Problemlöser für das "Gesamtprodukt Reise" vollzogen, der neben der eigentlichen Transportleistung eine Vielzahl vor- und nachgelagerter, zielgruppenspezifischer Dienstleistungen beinhaltet. Das Lufthansa-Leistungsangebot wird durch neue Angebotsmarken differenziert und ausgeweitet werden.

Dabei wird Lufthansa nicht nur ihre qualitativ hochwertigen Leistungen für die Geschäftsreisenden weiter verbessern, sondern auch ihre Angebote an die qualitätsbewußten Privatreisenden gezielt ausweiten – u.a. durch streckenbegleitende Touristik-Programme.

Lufthansa räumt dem deutschen Markt Priorität ein und zielt darauf, einen größeren Anteil im Privatreisesegment für sich zu gewinnen. Nach der Vereinigung Deutschlands und durch die steigende Nachfrage nach touristischen Flugreisen aus den neuen Bundesländern, die lange Jahre nicht im geringsten gesättigt wurde, wird die Bedeutung des deutschen Verkaufsmarktes unverändert hoch bleiben.

4.5.2 Kundenansprache

Den Bedürfnissen des Marktes entsprechend, hat Lufthansa ihr touristisches Angebot in den vergangenen Jahren bereits kontinuierlich und konsequent ausgeweitet. Lufthansa wendet sich dabei insbesondere an die Kunden, die ihre Reisen nach eigenen, individuellen Vorstellungen planen und durchführen möchten. Kunden, die auf Qualität, Zuverlässigkeit sowie ein attraktives Preis-Leistungs-Verhältnis Wert legen.

In der Lufthansa-Zielgruppe der Privatflugreisenden findet man überdurchschnittlich oft Menschen mit hoher Ausbildung und hohem Einkommen, leitende Angestellte und Beamte, Selbständige und Freiberufler. Die starke Identifikation dieser Gruppe mit ihrer Arbeit und das hohe Engagement im Beruf gehen einher mit dem ausgeprägten Bedürfnis, in der Freizeit – und ganz besonders im Urlaub – Distanz zum Alltag zu suchen, abzuschalten sowie körperlichen Ausgleich und individuelle Freiheit zu finden. Man will dabei Neues erfahren, andere Menschen, Länder und Kulturen kennenlernen, unbekannte Regionen erschließen und neue Impulse aufnehmen. Um dies zu erreichen, erscheint der Massentourismus mit seinen konfektionierten Pauschalangeboten wenig geeignet. Bevorzugt werden hingegen individuelle Arrangements und Ziele abseits der touristischen Zentren.

4.5.3 Flugangebot

Die Basis des touristischen Leistungsangebots der Lufthansa ist ihr Streckennetz, das im Sommer 1991 188 Ziele in 82 Ländern umfaßte. Dabei gestatten die Vielfalt des Flugplans und die angebotenen Frequenzen eine sehr individuelle Reiseplanung. Lufthansa bietet von Deutschland aus das umfassendste touristische Flugangebot. Die ganze Palette der klassischen Urlaubsorte wie z.B. Teneriffa wird ebenso angeboten wie eine weltumspannende Palette von höchst attraktiven, individuelleren Reisezielorten wie etwa St. Maarten in der Karibik.

4.5.4 Sondertarifangebote

Grundsätzlich bietet Lufthansa ganzjährige und zeitlich beschränkte Sondertarife und Sonderkonditionen an. Zeitlich beschränkt sind die sogenannten Lufthansa Special-Tarife, die in allen Märkten auf Lufthansa-Nonstop-Verbindungen angeboten werden und einen Preisnachlaß von 65–70% auf den Normaltarif gewähren.

Die ganzjährig gültigen Sondertarife werden markt- oder zielgruppenspezifisch eingesetzt. Auf allen Interkont-Strecken haben die Holiday-Tarife Gültigkeit. Auf allen kontinentalen Strecken haben die Flieg & Spar- und die Super Flieg & Spar-Tarife Gültigkeit. Schließlich gibt es für alle innerdeutschen Strecken die Junioren- und Senioren-Sondertarife. Diese drei Sondertarif-Arten ermäßigen den Normaltarif jeweils um etwa 60%.

Darüber hinaus werden auf allen Nordatlantik- und Europa-Strecken Jugend-Tarife angeboten, die die Holiday- bzw. Flieg & Spar-Tarife zusätzlich ermäßigen. Der Nordatlantik-Jugend-Tarif ermäßigt den Normaltarif um 70–85%, und der Euro-Twen-Tarif bietet eine Ermäßigung um etwa 70%.

Um dem Privatreisenden einen schnellen und klaren Überblick über das touristische Tarifangebot zu verschaffen, wurde das Lufthansa-Sparbuch eingeführt. Nach Zielregionen geordnet sind hier die unterschiedlichen Sondertarife und die damit verbundenen Konditionen dargestellt. Die Lufthansa-Reiseangebote werden darüber hinaus in speziellen Holiday-Broschüren zusammengefaßt. Hierin finden sich Angaben zu Flugplan und Klima sowie Wissenswertes über Reiseziel und Reiseland.

Für alle, die Informationen über das anvisierte Zielland suchen, bietet Lufthansa zusätzlich eine Reihe von "Traumziel-Videos", die nicht nur die Ferienstimmung bereits bei der Reiseplanung aufkommen lassen, sondern auch wertvolle Hinweise für den Urlaub enthalten.

4.5.5 Flugergänzende Angebote

Für einzelne, besonders interessante Zielorte in Asien offeriert Lufthansa seit 1988 sogenannte Stopover-Programme für Kurzaufenthalte. Hier werden auf Wunsch des Kunden Buchungen für Hotels, Transfer, Mietwagen sowie Stadtrundfahrten vorgenommen, so daß der Reisende auch bei einem kürzeren Aufenthalt ohne viel organisatorischen Aufwand die betreffende Stadt kennenlernen und erleben kann.

Die Lufthansa-Präsenz in der touristischen Leistungskette beschränkt sich aber nicht allein auf den Transport und die damit unmittelbar in Zusammenhang stehenden Aspekte. Durch ein weltweites Hotel-Engagment bietet Lufthansa sowohl dem Geschäftsreisenden als auch dem privaten Fluggast ein differenziertes und zielgruppenspezifisches Angebot, das von den Kempinski-Hotels über die internationalen Penta Hotels bis hin zu den Serena Lodges und Hotels in Kenia reicht.

Als integriertes Vertriebsmedium für alle Reisebausteine steht ab 1992 Europas größtes Computer-Reservierungssystem, AMADEUS Global Travel Distribution, den Fluggesellschaften und den Reisemittlern zur Verfügung. Als AMADEUS-Gründergesellschaft hat Lufthansa wesentlichen Anteil daran, daß den Reisebüros und den Kunden dieser "elektronische Reisebasar" für alle reisebezogenen Leistungen zur Verfügung gestellt wird. Von Informationen über Einreisebestimmungen für fremde Länder, von aktuellen Wetterinformationen bis zur Buchung eines Limousinenservice oder der Bestellung von Theaterkarten sind die Leistungen jederzeit abrufbar und immer auf dem aktuellsten Stand. Damit wird AMADEUS zum unverzichtbaren Beratungs- und Verkaufsinstrument für die Reisemittler. AMADEUS erweitert ganz wesentlich die Möglichkeiten der Privatreisenden, ihre Reiseplanung individueller und flexibler vorzunehmen.

4.5.6 Qualitätspartnerschaft im Vertrieb

1991 wurde mit dem "Lufthansa Partner Konzept" ein wichtiger Schritt zur verstärkten Zusammenarbeit mit dem deutschen Reisebürogewerbe unternommen. Das Angebot wurde speziell für den Mittelstand konzipiert. Ziele dieses Vertriebskonzepts sind erstens, die Lufthansa-Partner im Vertrieb zu stärken; zweitens, die eigene Marktposition im Privatreisesegment auszubauen und drittens, eine erhöhte Präsenz im Markt sicherzustellen.

Die Zusammenarbeit zwischen Lufthansa und dem Reisebürogewerbe sieht verschiedene Formen vor. Im Mittelpunkt stehen Maßnahmen, die Vermarktung und Infrastruktur der Vertriebspartner stärken. Dabei bleiben unternehmerische Freiheit und wirtschaftliche Selbständigkeit der Reisebüros gewahrt. Je nach Standort, Zielgruppe, Sortiment sowie Laden- und Betriebsgröße werden den Partnern abgestufte Varianten der Kooperation sowie der Büroausstattung angeboten. Diese Angebote reichen von Schaufensterdekoration über Innenausgestaltung (Mobiliar, EDV-Ausstattung) bis zu einem breiten Sortiment an Präsentations- und Werbeangeboten. Ergänzt werden diese Maßnahmen durch intensive Betreuung, Beratung und Schulung durch Lufthansa.

4.6 Zukunftsperspektiven im Flugtourismus

Die zukünftige Entwicklung des Tourismus wird von sehr spezifischen Vorstellungen der einzelnen Reisenden geprägt sein. In diesem Zusammenhang kann man von folgenden Annahmen ausgehen:
- Die Reisedauer wird kürzer, der Anteil der Mehrfachurlauber steigt weiter. Man wird es bevorzugen, lieber zweimal je sieben Tage als einmal für zwei Wochen zu verreisen. Die Reisezeiten werden flexibler, die Reiseentscheidungen spontaner getroffen.
- Der Trend geht von der klassischen Pauschalreise zum zielgruppenorientierten Tourismus, die Reiseangebote werden damit differenzierter. Die Urlaubsgestaltung erfolgt immer individueller. An die Stelle eines festgeschnürten Pakets rückt die individuelle Zusammenstellung einer Reise aus einer Reihe von Einzelbausteinen.
- Die vielzitierten "sanfteren" Reiseformen werden an Bedeutung gewinnen. Das Urlaubserleben in einer intakten Umwelt bedeutet zugleich die verstärkte Abkehr von den Megazentren der Tourismusindustrie.

Diese Trends zeigen klare Chancen für die Linienflugtouristik in den 90er Jahren auf, und sie skizzieren Angebotskonzepte, mit denen die Linientouristik einen wachsenden Marktanteil behaupten wird.

5. Bahntourismus

Peter Schnell

Durch die bevorstehende Realisierung des EG-Binnenmarktes sowie die politischen Veränderungen in Osteuropa werden sich wesentliche Rahmenbedingungen des Bahn-Marketing verändern müssen: Das Eindringen preisaggresiver ausländischer Verkehrsträger auf den deutschen Markt wird zu einem verstärkten Wettbewerb führen. Die zu erwartende Zunahme des Incoming- und Binnentourismus bringt jedoch auf der anderen Seite auch für die Deutsche Bundesbahn (DB) zahlreiche Chancen.

5.1 Der Tourismusmarkt der 90er Jahre

5.1.1 Quantitative Dimensionen der Tourismusnachfrage

Die Prognosen für den Touristikmarkt Bundesrepublik Deutschland sind optimistisch. So wird bis zur Jahrtausendwende mit einer Zunahme der Personenkilometer im Urlaubsverkehr von rd. 20% gerechnet. Die Öffnung der innerdeutschen Grenze ist dabei noch gar nicht berücksichtigt. Das reale Wachstum der Urlaubsreisen wird daher noch höher ausfallen.

1990 wurden in Deutschland ca. 66 Mio. innerdeutsche Reisen und rd. 30 Mio. Incoming-Reisen mit Urlaubscharakter abgewickelt. Beliebtestes Verkehrsmittel des Urlaubsreisenden ist nach wie vor der Pkw mit 80% auf nationaler und 58% auf internationaler Ebene. Während Flugzeug und Bus im innerdeutschen Reisemarkt eher einen geringen Stellenwert einnehmen, weisen sie im Incoming-Verkehr Marktanteile von 17% beim Flugzeug und 16% beim Bus auf. Die Bahn hingegen hat auf beiden Märkten einen Marktanteil von nur 12%, wobei sich im Nachlauf der Flugreisen im sogenannten Abbringerverkehr noch ein recht beachtlicher Anteil für den Bahnverkehr ergibt. Beispielsweise ab Flughafen Frankfurt sind dies 30% der Flugreisenden (vgl. Abb. 1 und 2).

Die Chancen der Bahn scheinen aber doch nicht so schlecht zu sein. Denn gerade in den beiden zukunftsträchtigen Marktsegmenten Städte- und Rundreisen verzeichnet die Bahn einen kontinuierlich steigenden Marktanteil bis auf derzeit 32%, der sich angesichts der weiter ansteigenden Zielgruppe der Einzelreisenden noch steigern läßt. Auch der Incoming-Tourismus gewinnt für die Deutsche Bundesbahn zunehmend an Bedeutung. Allein aus den europäischen Ländern kamen im letzten Jahr fast eine Million Urlauber mit der Bahn in die Bundesrepublik. Für die Zukunft ist angesichts eines vereinigten Deutschlands mit einem weiteren Anstieg des Incoming-Tourismus zu

November 1989 - Oktober 1990
65,9 Mio. innerdeutsche Urlaubsreisen mit Übernachtung

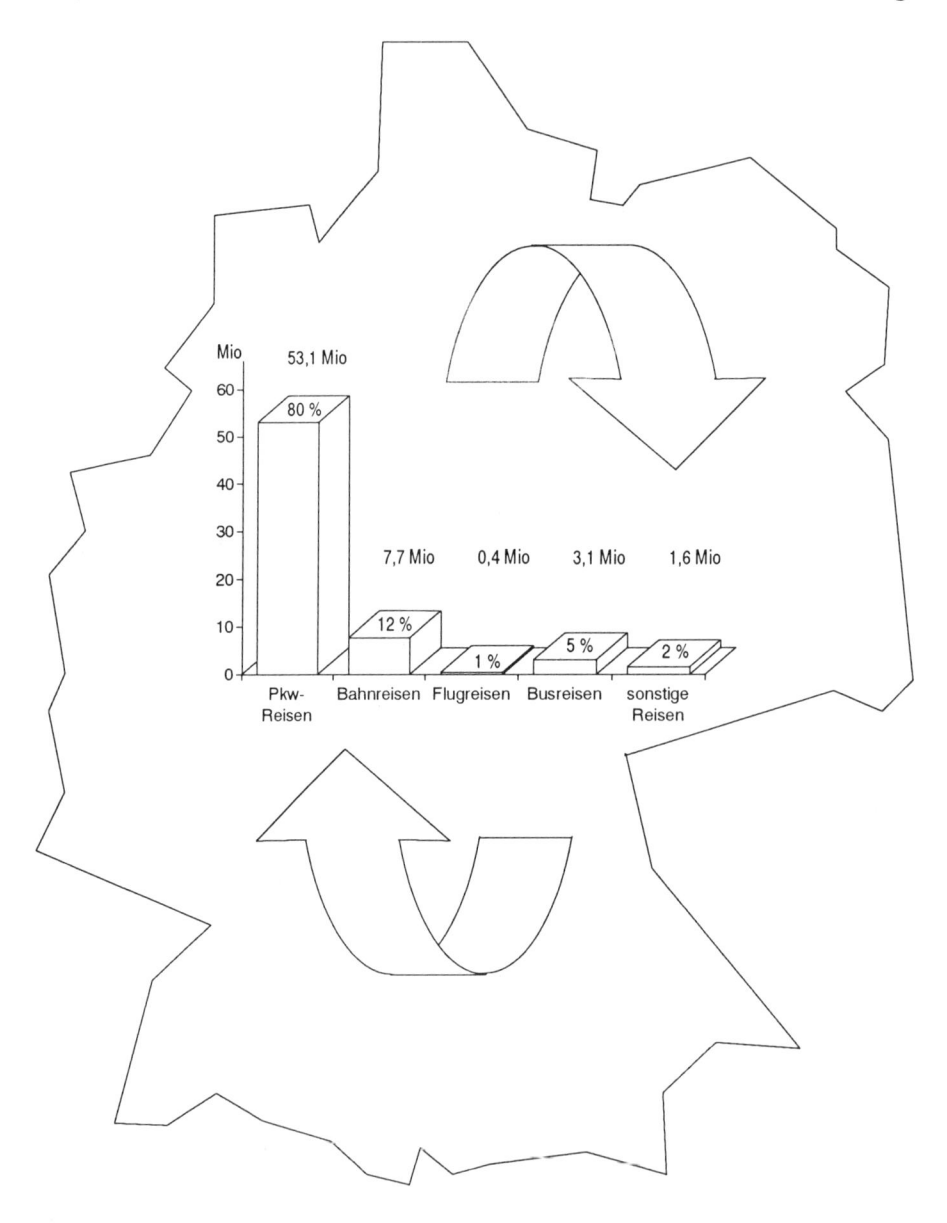

Abb. 1: Innerdeutsche Reisen 1990
  Quelle: TouristScope, 11/1989–10/1990

Incoming-Reisen insgesamt: rd. 30 Mio.
davon (zwei Antworten möglich):

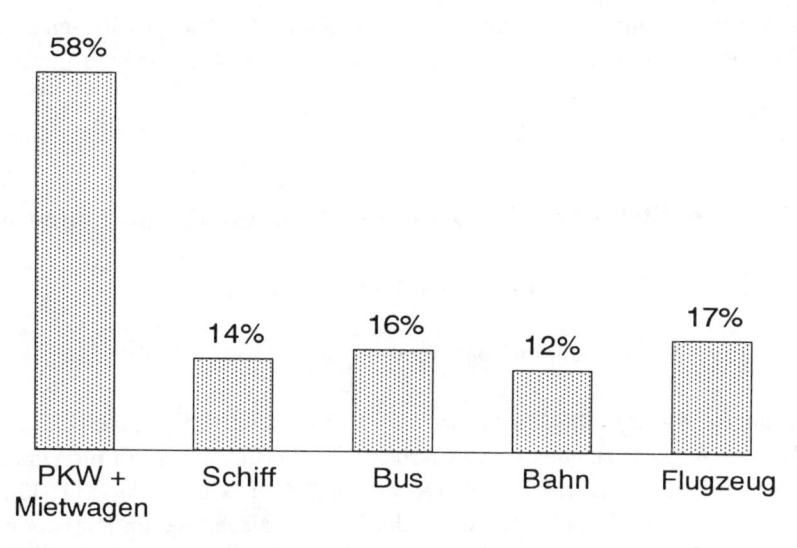

```
58%        14%    16%    12%    17%
PKW +    Schiff   Bus    Bahn   Flugzeug
Mietwagen
```

Abb. 2: Reisen aus Europa nach Deutschland
Quelle: European Travel Monitor, 1990

rechnen. Insbesondere Urlauber aus den Nachbarländern Österreich, Frankreich, Italien und Schweiz bereisen die Bundesrepublik sehr stark per Bahn. Auch das Aufkommen aus Übersee stellt ein interessantes Bahn-Potential dar.

Zudem scheint der größte Konkurrent der Bahn, das Auto, durch die enorme Zunahme des Individualverkehrs u.a. auf den Autobahnen immer mehr an seine Grenzen zu stoßen. Dagegen könnte die Bahnfahrt zum Ferienort dem streßgeplagten Urlauber "verkehrssichere Entspannung vom ersten Moment an" bieten.

5.1.2 Qualitative Aspekte der Tourismusnachfrage

Mehr denn je spielt auch der gesellschaftliche Wertewandel eine Rolle bei den Reiseentscheidungen der Kunden. Der Reisende der 90er Jahre achtet stärker auf die Qualität des Angebots, aber auch auf den Preis. Gleichzeitig verändern sich seine Wertevorstellungen. Wachsende Freizeit-, Erlebnis-, Genuß- und Natur- bzw. Umweltorientierung prägen seinen Reisewunsch. Damit verschieben sich aber auch seine Präferenzen bezüglich der verschiedenen Urlaubsformen. Der klassische Ausruhurlaub wird weiter an Gewicht verlieren. Aktivurlaub sowie Bildungsreisen wie beispielsweise Städtetouren erfahren hohen Zuwachs. Besonders Kurzurlaubsreisen entsprechen dem neuen Freizeitgefühl.

Fazit: Der Markt verlangt nach individuellen und flexiblen Reiseangeboten. "Pauschalreisen für Jedermann" werden keine großen Wachstumschancen mehr haben. Die Ansprache der Zielgruppen muß also optimiert werden.

Marktwachstum und Wertewandel als strategische Größen des Reisemarktes der 90er Jahre stellen somit alle Verkehrsträger und Tourismusfachleute vor große Aufgaben.

5.2 Ziele und Strategien der Deutschen Bundesbahn im Tourismus

5.2.1 Strategische Ziele der Deutschen Bundesbahn

5.2.1.1 Aktives Engagement im Tourismus

Das strategische Ziel für die 90er Jahre lautet: "Entwicklung des Unternehmensbereiches Personenverkehr zu einem europäischen Dienstleistungskonzern für Verkehr und Touristik mit Bedienungsschwerpunkt Deutschland" (vgl. Klein, 1989, S. 1030).

Dies bedeutet jedoch nicht, daß die Bahn jegliche Nachfrage im touristischen Bereich bedient. Die Bahn sieht sich vielmehr als Problemlöser in einem Teilbereich der gesamten touristischen Kette (vgl. Raffée, 1990, S. 35).

5.2.1.2 Kundenorientierung und Qualität

Da für die Zufriedenheit des Touristen nicht nur die Teilfunktion Bahnreise, sondern vielmehr die gesamte Urlaubsreise ausschlaggebend ist, genügt eine isolierte, d.h. sich auf den Transport von Bahnhof zu Bahnhof beschränkende Leistung nicht. Langfristig kann die Deutsche Bundesbahn im Touristikmarkt nur erfolgreich sein, wenn sie der Zielgruppe "Reisende" umfassende und maßgeschneiderte Problemlösungen bietet. Dies gelingt nur, wenn die Bahn den Kunden und den Kundennutzen in den Mittelpunkt ihrer Überlegungen stellt und das Produkt "Bahnbeförderung" kundenorientiert ergänzt.

Die Konsequenz ist die Schaffung einer Problemlösung für Urlaubsreisende von A bis Z. Grundvoraussetzung für ein solches Angebot sind die Sicherheit, Streßfreiheit und die Pünktlichkeit des Verkehrsmittels Bahn. Neben der Beförderung von Haus zu Haus – hierzu gehört auch der Gepäcktransport – muß auch der Zusatznutzen in Form von Komfort und Service stimmen. Die drei Stufen der Kundennutzenpyramide (vgl. Abb. 3) sind in ihrem Realisierungsgrad nicht gegeneinander austauschbar. Pünktlichkeit ist nicht durch Service, mangelnde Geschwindigkeit nicht durch Komfort zu ersetzen. Die Bahn erhält ihre volle Wettbewerbsfähigkeit erst dann, wenn sie die drei Stufen durchgängig realisiert, da die Wertschöpfungsstufen miteinander vernetzt sind. Der

KUNDENNUTZEN

```
                    Umwelt-
                    freundlichkeit

                 Erlebniskomponente

            Informationen    Unter-
                             haltung        Zusatz-
            Strecke Zielgebiet  im Zug      nutzen

             Information und Beratung

         Service            Komfort
         - Speisen- und     - Standard-Produkt-
           Getränkeangebot    Qualität
         - Betreuung

              Haus-Haus-Beförderung
                                             Basis-
                                             nutzen
   Gepäcktransport  Reisezeit         Transfer
   - zeitgleich     - Geschwindigkeit - zum Bahnhof
                    - Bedienungshäufigkeit - vom Bahnhof
                    - Direktverbindungen

   Sicherheit      Streßfreiheit      Pünktlichkeit
```

Voraussetzungen

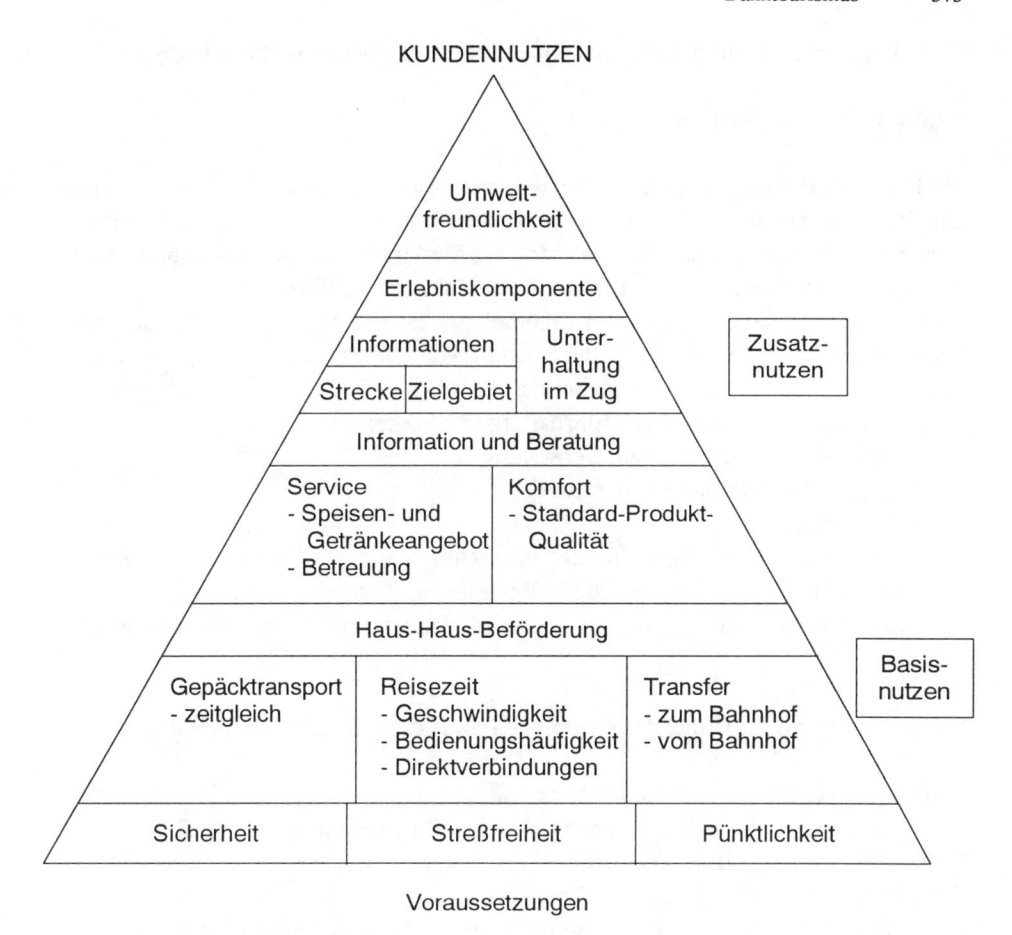

Abb. 3: Kundennutzen-Pyramide

Kunde erlebt die Bahn als Ganzes und trifft aufgrund dieses umfassenden Eindrucks seine künftige Verkehrsmittelwahl (vgl. Klein, 1991, S. 497).

Die Bahn kann Pkw und Bus nicht über den Preis konkurrenzieren. Ihre Chance liegt daher in der *Qualitätsstrategie*. Dies erfordert ein eigenständiges, unverwechselbares Profil des Urlaubsreiseverkehrs der Bahn und ein stimmiges Preis-Leistungs-Verhältnis. Die Bahn hat
- mehr Raum und – mit der Inbetriebnahme des Hochgeschwindigkeitsverkehrs – bis zu einer Reiseentfernung von 400–500 km kürzere Reisezeiten als das Flugzeug,
- mehr Komfort und Kommunikation als der Pkw und
- mehr ökologische Vernunft als alle anderen Verkehrsträger zusammen. Die immer stärker werdende Forderung nach "sanftem Tourismus" stellt somit für die Deutsche Bundesbahn eine Chance dar, die sie konsequent nutzen wird.

5.2.2 Verstärkte Kooperation mit touristischen Partnern als Basisstrategie

5.2.2.1 Grundgedanken der Kooperation

Die Dynamik der Entwicklung auf dem Tourismusmarkt legt vielfach eine systematische Zusammenarbeit mit in- und ausländischen Unternehmen unter Beibehaltung der eigenen Selbständigkeit nahe, um vorhandene Marktpotentiale auszuschöpfen und bestehende Marktpositionen zu sichern (vgl. Nieschlag et al., 1988, S. 84).

Das Motiv der Bahn, mit anderen Unternehmen zu kooperieren, besteht dabei in erster Linie in der Erwartung, durch die Nutzung von Synergien wirtschaftliche Vorteile zu erlangen. Diese Vorteile liegen vor allem in folgenden Bereichen:
– flexible Kostenstruktur durch Einsparung von Fixkosten,
– Zugang zu marktspezifischem Know-how,
– Zugang zu touristischen Märkten und
– geringeres Risiko.

Insbesondere für die Bahn, die als staatliches Unternehmen vielen Restriktionen unterliegt (z.B. beschränkte finanzielle Ressourcen, Tarifpflicht), stellt die Kooperation eine Basisstrategie dar, die ein flexibles Handeln auf dem Tourismusmarkt ermöglicht.

5.2.2.2 Kooperationspartner der Deutschen Bundesbahn im touristischen Bereich

Zu den Markt- und Kooperationspartnern sind in erster Linie die *Reiseveranstalter* zu zählen. Sie bieten ein vielfältiges Spektrum von Bahnpauschalreisen (z.B. RIT – Rail Inclusiv Tours, BIJ – Billet International de Jeuness). Erwähnt seien hier nur die Touristik Union International (TUI) und der Reiseveranstalter der Bahn, Ameropa. Ameropa z.B. bietet neben den Pauschalprogrammen "DB-Städtetouren" die "DB-Reisepalette", ein Pauschalprogramm für Kurzurlaube in geselliger Runde, an. Die erfreuliche Umsatzentwicklung bei Ameropa, insbesondere im Bereich Städte- und Kurzreisen, zeigt, daß dies der richtige Weg ist.

Um dem Bahntourismus künftig wieder einen höheren Stellenwert zukommen zu lassen, wurde für den Sommer 1991 eine umfassende Kooperation vorbereitet. Die bisher eigenständigen Zugsysteme TUI-FerienExpress und Alpen-See-Express wurden vereinigt zum "Urlaubs-Express". Sechs DB-Autoreisezüge wurden in dieses neue internationale Zugsystem integriert. Im Rahmen dieser Kooperation wurde zwischen DB, TUI und der französischen Eisenbahn SNCF für das Frankreich betreffende Teilprogramm ein "joint venture" vereinbart.

Das *Konzept der Ferienzielbahnhöfe* geht in die gleiche Stoßrichtung. Es sieht vor, von zentralen Punkten in den Ferienregionen die Verteilung in die Fläche mit Bussen vorzunehmen. Je nach örtlicher Interessenlage ist die Frage zu klären, wer diese Anschlußdienste übernimmt – die Fremdenverkehrsorte oder die Deutsche Bundesbahn, kommerziell arbeitende Busunternehmen oder die Beherbergungsunternehmen. Auf alle Fälle wird durch das verstärkte Anreisen der Urlauber mit der Bahn eine Entlastung des Straßenverkehrs und somit eine höhere Attraktivität der Zielorte erreicht.

Im Rahmen der Kooperationsbeziehungen wurde auch die Zusammenarbeit zwischen der Deutschen Bundesbahn und *Lufthansa* ausgeweitet. Neben dem AirportExpreß, der nunmehr ab Frankfurt Flughafen mittels zweier Linien die Regionen Köln-Düsseldorf sowie Stuttgart anbindet, wurde umfassend das Rail & Fly-Angebot auf den Markt gebracht. Diese Kooperation mit der Deutschen Lufthansa und mit allen Fluggesellschaften, die Deutschland anfliegen bzw. ab Deutschland fliegen, ist ein Beispiel für erfolgreichen Wettbewerb. Seit IC-Züge die Flughäfen bedienen – dies ist seit 1985 der Fall –, wurde in Frankfurt/M. ein Zuwachs der Reisenden um 60% festgestellt. Die Angst vor der Konkurrenz des Flugzeugs war folglich unbegründet. Im Gegenteil: Durch die Bedienung der Flughäfen ergaben sich für die Deutsche Bundesbahn deutliche Vorteile. Aus diesem Grunde ist auch bei dem System IC 2000, das derzeit geplant wird, die IC-Anbindung aller Flughäfen vorgesehen.

Ziel der Deutschen Bundesbahn bei diesen Kooperationsbemühungen ist es, anstelle von Notfall-Lösungen normale Formen der Zusammenarbeit zu erreichen, wobei der Kunde darüber entscheidet, wann und in welcher Form die verschiedenen Kooperationspartner zusammenarbeiten. Die Kundenorientierung steht damit im Vordergrund bei der Ausarbeitung kooperativer Produkte, d.h. die Kooperationsprodukte müssen
- transparent und einfach handhabbar,
- preislich für den Touristen attraktiv und
- umsetzbar sein (vgl. Raffée, 1990, S. C/18).

Nicht zu vergessen ist die Kooperation mit den Partnern auf der Schiene – nämlich den *ausländischen Bahnen*. Die Dynamik des europäischen Binnenmarktes – stark geprägt durch Umwälzungen im Osten – wird im grenzüberschreitenden Personenverkehr und insbesondere im Touristikmarkt zu einer deutlichen Nachfrageerhöhung führen. In diesem Wachstumsmarkt sind die europäischen Bahnen gefordert, in europäischen Dimensionen zu denken. In Anbetracht der zentralen geographischen Lage Deutschlands gilt dies für die Deutsche Bundesbahn in verstärktem Maße.

Im Incoming- und Outgoing-Tourismus hat die Deutsche Bundesbahn als Verkehrsträger nur wenig Chancen ohne ein internationales Zusammenrücken der nationalen Bahnen. Vor dem Hintergrund der zunehmenden Beliebtheit von ausländischen Reisezielen muß nicht nur die Deutsche Bundesbahn ihr Marketing verändern. Sie muß vielmehr verstärkt versuchen, auch andere ausländische Bahnen für ihr Konzept zu gewinnen, da die Bahnreise beim grenzüberschreitenden Verkehr nicht allein ein Produkt der Deutschen Bundesbahn darstellt.

Erste Maßnahmen wurden bereits ergriffen, die touristischen Gebiete und Ballungszentren Europas enger zusammenrücken zu lassen. Die EG-Bahnen sowie die Bahnen Österreichs und der Schweiz planen ein europäisches Hochgeschwindigkeitsnetz. Die Verbindung der Zentren Paris–Brüssel–Köln–Frankfurt–Amsterdam–London soll bis 1998 realisiert sein. Weitere Strecken werden folgen. Bis zum Jahr 2000 sollen die nationalen Hochgeschwindigkeitsnetze der europäischen Bahnen zu einem Gesamtnetz von 30 000 km verknüpft werden; dahinter verbergen sich Kosten von etwa 200 Mrd. DM (vgl. Schnell, 1990, S. 1026).

Der InterCityExpreß (ICE) spielt bei diesen Zukunftsplänen eine entscheidende Rolle. Derzeit wird bereits eine zweite Generation dieses Zuges entwickelt: der ICE-M. Ausgelegt als Mehrsystemzug, ist dieser in der Lage, in den anderen Strom- und Signalsystemen der Nachbarbahnen zu fahren. Dabei benötigt er auf den leistungsfähigsten Strecken nur noch die Hälfte der heutigen Fahrzeit. Somit wird die Bahn als Urlaubsverkehrsmittel auch im internationalen Reisemarkt immer attraktiver.

Bei Kooperationen im Bereich internationaler Urlaubsangebote sind die europäischen Bahnen im Verzug. Viel bereiste Urlaubsrelationen sind vom Preis-Leistungs-Verhältnis her nicht attraktiv genug für die Kunden. Die europäischen Bahnen müssen gemeinsam ein qualitativ besseres und preisgünstigeres Angebot schaffen, um gegenüber Flugzeug und Bus auf solchen Relationen konkurrenzfähig zu sein.

5.3 Aktuelle Marketing-Mix-Ansätze der Deutschen Bundesbahn zur Umsetzung des touristischen Marketing-Konzepts

Die Herausforderung des europäischen Binnenmarktes und des verschärften Wettbewerbs zwingt die Marktteilnehmer zu einem veränderten Verhalten. Das Marketinginstrumentarium muß sich ändern. Produkt, Preis und Vertriebssysteme erhalten ein neues Gewicht für Leistungsträger und Mittler.

Gefordert ist damit nicht ein großer strategischer Ruck, sondern die Verbesserung von vielen *Einzelelementen des Marketing-Mix*. Nur so ist die Deutsche Bundesbahn in der Lage, Marktanteile im Touristikmarkt zu stabilisieren und neue Märkte zu gewinnen.

5.3.1 Produktpolitische Neuorientierung

Im Bereich der Produktpolitik können die Produktveränderungen vielfältiger Art sein:
− Anpassung an neue Märkte und neue Bedürfnisse,
− Verbesserung der Nutzbarkeit für den touristischen Bereich,
− Verbesserung von Ausstattung, Service und Qualität des Angebots.

Für die Deutsche Bundesbahn stehen zur Zeit zwei produktpolitische Neuerungen im Vordergrund, die eine enorme Verbesserung des Bahnangebots bewirken: zum einen die Aufnahme des Hochgeschwindigkeitsverkehrs, zum anderen die damit verbundene grundlegende Reform der Fahrplanstruktur.

Der Hochgeschwindigkeitszug *InterCityExpreß* (ICE) stellt das heutige Spitzenprodukt des Personenverkehrs der Deutschen Bundesbahn dar. Neben kürzeren Reisezeiten eröffnet er den Reisenden eine neue Komfort- und Servicedimension. So zeichnet sich das Reiseerlebnis ICE u.a. durch ein großzügiges Raumangebot, hohen Sitzkomfort und gute Fahreigenschaften aus. Die Serviceangebote im ICE stellen den zunehmenden Kommunikationsbedarf der Reisenden in den Mittelpunkt. Neben vielfältigen Kommunikationsmöglichkeiten (z.B. Telefax, schnurloses Telefon, Kopiergerät) gibt es auch zahlreiche Unterhaltungsmöglichkeiten wie Hörfunk-Programme und Bord-TV.

Mit dem *Fahrplan '91* hat die Deutsche Bundesbahn den wohl größten Fahrplanwechsel in ihrer Geschichte vorgenommen. Die Aufnahme des Hochgeschwindigkeitsverkehr und die Anbindung der neuen Bundesländer erforderte eine radikale Umstellung der bisherigen Fahrplanstruktur. Das gesamte Fernverkehrsnetz wurde neu geknüpft und qualitativ verbessert. Wo immer es möglich ist, d.h. auch im Bezirks- und Nahverkehr, bietet die Bahn nunmehr Züge im Takt, also zu festen, wiederkehrenden Zeiten an. Und diese Züge sind so gelegt, daß sie in Umsteigebahnhöfen ideale Anschlüsse haben (vgl. Abb. 4).

Im *InterCity-Verkehr* wurde das Netz völlig umstrukturiert. Die ICE-Linie 6 ist voll in das System der InterCity-Linien eingebunden. So wirken sich die Reisezeitverkürzungen für das gesamte DB-Netz aus. Zum Beispiel benötigt der Reisende mit dem ICE für die Strecke Hamburg–Frankfurt nur dreieinhalb statt bisher viereinhalb Stunden, von Stuttgart nach Mannheim nur noch 40 statt bisher 80 Minuten. Der Urlaubsort rückt somit immer näher.

Zu den herausragenden Leistungen des Fahrplans '91 gehört auch, daß das InterCity-Netz auf die neuen Bundesländer ausgedehnt wurde. Erweitert wurde auch das Angebot der IC-Züge, die über ihren eigentlichen Linienweg hinaus direkt in die Urlaubsgebiete fahren. Der berechtigten Forderung nach qualitativ hochwertigen und schnellen Direktverbindungen wird damit entsprochen. Stark ausgebaut wurde ebenfalls das *InterRegio-Angebot* mit zahlreichen neuen Linien im 2-Stunden-Takt und einzelnen Verlängerungen in Urlaubsgebiete (vgl. Garre, 1990, S. 1028 f.).

Der Bahn ist bewußt, daß sich ein Großteil des Fremdenverkehrs in der Fläche abspielt. Mit der Einrichtung weiterer *RegionalSchnellBahnen*, wie z.B. auf der Strecke Husum–Kiel, fördert der Fahrplan '91 direkt die touristische Region.

Auch der internationale Reisezugverkehr bietet für die Incoming- und Outgoing-Reisenden zahlreiche Verbesserungen. Nunmehr gibt es auf Strecken zwischen der Bundesrepublik und dem Ausland 102 statt bisher 72 *EuroCity-Tageszüge*. Diese Erweiterungen im Fahrplan '91 sind eine ideale Bereicherung zu den bisherigen Urlaubszügen der Bahn: *FernExpreß, Autoreisezug, Schlaf- und Liegewagen*.

5.3.2 Preispolitische Maßnahmen

Das seit 156 Jahren bestehende Tarifsystem der Bahn beruht auf einem konstanten Preis pro Kilometer, unabhängig von Ausstattung und Service für alle Zugprodukte – wenn man von den Zuschlägen absieht – und auf allen Relationen. Dieses Tarifsystem erlaubt somit keine marktorientierten Preisdifferenzierungen. Diese sind aber in der heutigen Zeit wegen der unterschiedlichen relationsbezogenen Wettbewerbsverhältnisse unverzichtbar.

Spätestens die Einführung des ICE hat zu einem enormen Qualitätssprung im Produkt-Portfolio geführt. Der ICE schließt im System Bahn die Lücke im oberen Marktsegment. Das Ziel der Bahn ist es, als marktorientiertes Dienstleistungsunternehmen für die unterschiedlichen Bedürfnisse der Kunden das jeweils richtige Angebot zu einem angemessenen Preis anzubieten.

Es gilt, flexibel auf die Markt- und Wettbewerbssituation zu reagieren. Der Preis muß sich aus dem Spannungsfeld "Nachfrage – Konkurrenzangebot – eigene Leistung" ergeben. Als adäquate Lösung für den ICE wurde daher ein System relationsspezifischer Wettbewerbspreise entwickelt. Auf Relationen, auf denen die Bahn besser ist als die Wettbewerber, wird der Preis erhöht, dort, wo die Bahn weniger zu bieten hat, gesenkt (vgl. Klein, 1991, S. 501 f.).

Die Vorteile des neuen Preissystems sind leicht ersichtlich:
- Möglichkeit der Nachfragesteuerung,
- Flexibilität am Markt,
- leichte Kommunizierbarkeit.

Mit Aufnahme des ICE-Verkehrs wurden diese wettbewerbsorientierten Preise für alle ICE-Relationen eingeführt. Ab 1992 wird eine schrittweise Systemausweitung in allen Relationen vorgenommen.

Daneben eröffnen eine Fülle von Preisangeboten und Fahrpreisermäßigungen dem Bahnurlauber ebenfalls attraktive Perspektiven. Zu den großen Attraktionen gehören dabei der *Sparpreis* und der *Supersparpreis*. Beiden bieten Bahnreisen über lange Strecken zu günstigen Pauschalpreisen, ganz gleich, wieviele Kilometer auf dem DB-Netz gefahren werden. Wenn mehrere Personen gemeinsam reisen, wird es noch günstiger: Dann gilt nämlich der *Mitfahrerpreis*, d.h. die erste Person zahlt den vollen Fahrpreis, jede weitere die Hälfte.

Zu den schon klassischen Möglichkeiten, besonders sparsam Bahn zu fahren, gehören die *Pässe* der Deutschen Bundesbahn für Familien, Jugendliche, Junioren und Se-

---

Das Liniennetz 1991/92 auf einen Blick:

Linie 1:   Hamburg – Dortmund – Ruhr/Wupper – Köln – Frankfurt – Würzburg – Passau/München
Linie 1A: Zweistundentakt Wiesbaden – Frankfurt
Linie 2:   Dortmund/Münster – Essen – Köln – Mannheim – Stuttgart – München
Linie 2A: Wiesbaden – Mainz
Linie 3:   Berlin – Braunschweig – Kassel – Frankfurt – Karlsruhe
Linie 4:   Hamburg – Hannover – Kassel – Würzburg – München
Linie 5:   Berlin – Braunschweig – Hannover – Dortmund – Wupper/Ruhr – Köln – Mannheim – Basel
Linie 6:   Hamburg – Hannover – Kassel – Frankfurt – Mannheim – Stuttgart – München
Linie 6A: ICE-Anschluß Bremen – Hannover; Zweistundentakt bis Oldenburg bzw. Bremerhaven

Abb. 4: Das EC/IC-Liniennetz

Bahntourismus

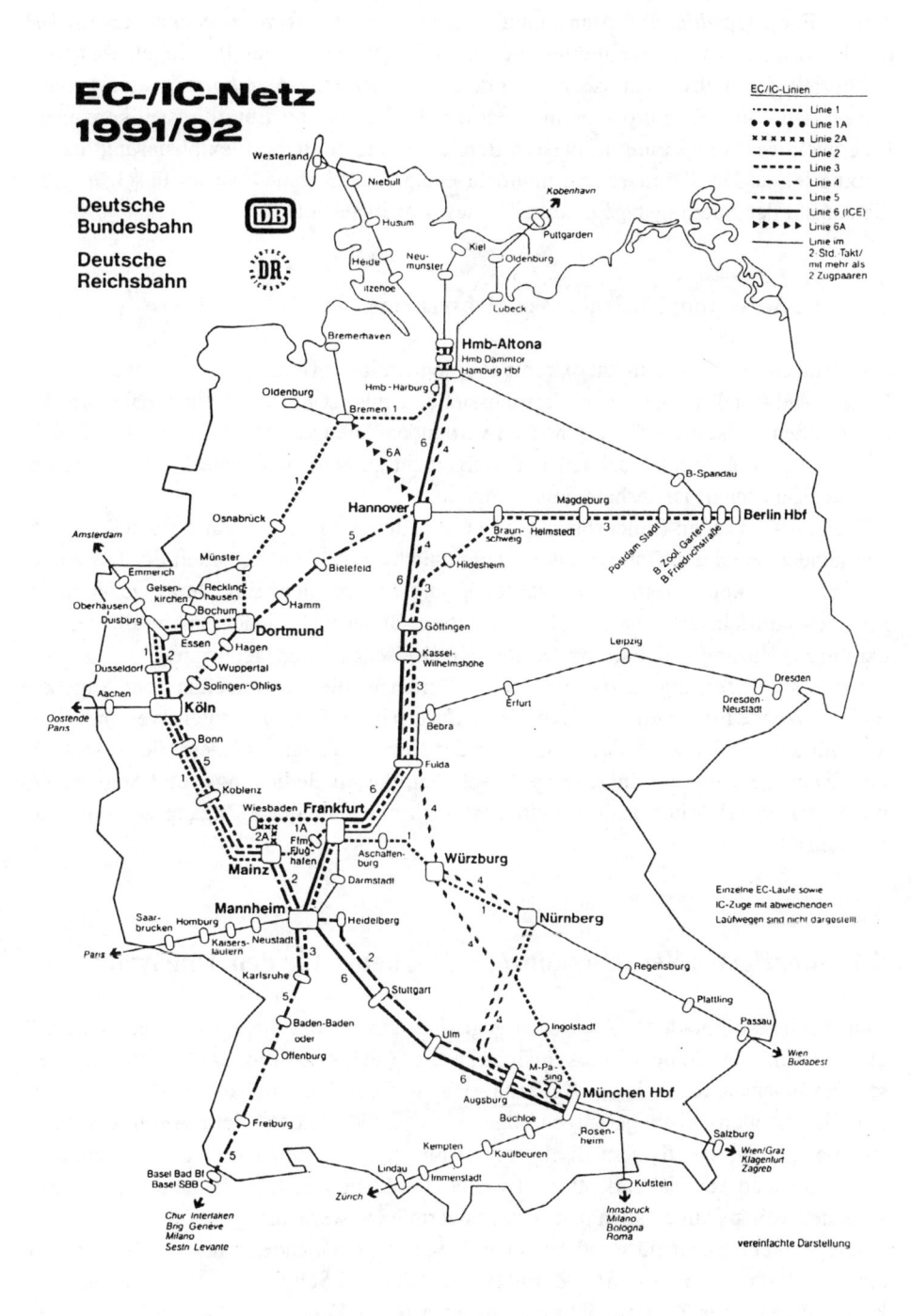

EC-/IC-Netz 1991/92

Deutsche Bundesbahn 〔DB〕

Deutsche Reichsbahn 〔DR〕

nioren. Für *Jugendliche* werden Schufahrtenprogramme, Tramper-Monatstickets, BIJ und InterRail zu knapp kalkulierten Preisen als Ergänzung zu den Pässen angeboten.

Speziell für Individualreisende wurden u.a. *Incoming-Angebote* für touristische Rundreisen, wie z.B. Euro Domino, German Rail Pass und Eurail-Pässe, konzipiert. Eine wichtige Verbeserung in diesem Bereich ist die zeitliche Flexiblisierung der Incoming-Pässe. Der Tourist kann nunmehr entsprechend seinen Reisewünschen selbst die Anzahl der Nutzungstage innerhalb eines Monats festlegen.

5.3.3 Die Bedeutung effizienter Vertriebssysteme

Die Deutsche Bundesbahn hat extreme Probleme mit der Bedienung der Kunden in der Fläche. Aufgrund der geringen Vertriebsstellendichte ist der Kauf einer Fahrkarte für den Kunden meist mit größeren Mühen verbunden. Die Deutsche Bundesbahn ist nicht in der Lage, die Kunden schnell und zielgerecht zu bedienen. Eine Veränderung der Vertriebslandschaft ist deshalb unumgänglich.

Ziel der Deutschen Bundesbahn muß es sein, durch eine hohe Vertriebsstellendichte und kundengerechte Öffnungszeiten eine möglichst hohe Verfügbarkeit der DB-Angebote und damit eine bessere Marktabschöpfung zu erreichen. Eine derartige Veränderung der Vertriebslandschaft wird die Deutsche Bundesbahn jedoch nicht alleine, sondern nur in Zusammenarbeit mit Dritten (z.B. Reiseagenturen) realisieren.

Grundvoraussetzung für die Einbindung Dritter ist die Vereinfachung der Angebote und die Wende hin zu effizienteren Verkaufsverfahren. Beratungsintensiver und damit kostenintensiver Verkauf darf nicht mehr der Normalfall sein, sondern die Ausnahme. Der Trend geht hin zu einfacheren Angeboten, die im Bedienungs- und Selbstbedienungsverkauf erhältlich sind. Dadurch ist auch ein schnellerer Zugang zur Bahn gewährleistet.

5.4 Integriertes Verkehrskonzept als Chance für den Tourismus

Zum Schluß soll noch ein Aspekt aufgegriffen werden, der die ganze Tourismusbranche betrifft: der tägliche Verkehrsinfarkt. Angesichts übervoller Autobahnen, verstopfter Innenstädte sowie der Kapazitätsengpässe auf den Flughäfen und im Luftraum kommt schnellen, leistungsfähigen Zügen eine geradezu existentielle Aufgabe zu: Nur wenn es gelingt, das System Eisenbahn leistungsfähiger zu machen (dies gilt auch für den Güter- und den Nahverkehr) und weitere flankierende Maßnahmen durchzusetzen, kann der Kollaps auf Straßen und Airports vermieden werden.

Die Verkehrsträger dürfen daher nicht länger gegeneinander arbeiten. Kooperation, d.h. die Verknüpfung von Straße, Flugzeug, Bahn und Schiff, ist die Lösung der Verkehrsprobleme der Zukunft. Es muß ein *integriertes Verkehrskonzept* aufgebaut werden, in das jeder Verkehrsträger seine spezifischen Stärken einbringt. Eine leistungsfähige Bahn bietet somit die Chance, der Gesellschaft die Mobilität zu erhalten.

Literatur

ETM European Travel Monitor, 1990.
Garre, K.-H. (1990): Produktinnovationen 1991. In: Die Bundesbahn, 11/1990, S. 1027–1032.
Klein, H. (1989): Dem Kunden dienen. In: Die Bundesbahn, 12/1989, S. 1029–1030.
Klein, H. (1991): ICE – mehr als nur ein neuer Zug. In: Die Bundesbahn, 5/1991, S. 497–504.
Nieschlag, R., E. Dichtl, H. Hörschgen (1988): Marketing, 15. Auflage. Berlin.
Raffée, H. (Hrsg.) (1990): Die Zukunftschancen der Bahn im Tourismus nach Einführung des Europäischen Binnenmarktes. Mannheim.
Schnell, P. (1990): Hochgeschwindigkeitsverkehr: Die Herausforderung der 90er Jahre. In: Die Bundesbahn, 11/1990, S. 1023–1026.
TouristScope, 11/1989 bis 10/1990.

Weitere Literatur

BAT Freizeit-Forschungsinstitut (Hrsg.) (1990): Urlaub 1989/1990 – Trendwende im Urlaubsverhalten. Hamburg.
Schnell, P. (1989): Kooperation als Marketinginstrument. In: Die Bundesbahn, 11/1989, S. 941–942.

6. Busunternehmen – Ursachen und Entstehen von ausgewählten Eigenarten und Besonderheiten des deutschen Bustouristikmarktes

Dieter Gauf

6.1 Einleitung

Das Funktionieren von Märkten in hochentwickelten Staaten wird im allgemeinen von einem rechtlichen Regelwerk flankiert. Während sich die rechtliche Regelung des Linienverkehrs mit Kraftfahrzeugen in Deutschland bis 1917 zurückverfolgen läßt, dauerte es bis 1934, bis auch der Gelegenheitsverkehr, also im Sinne des Gesetzes "der Verkehr, der nicht Linienverkehr ist", durch das "Gesetz über die Beförderung von Personen zu Lande" vom 2. Dezember 1934 geregelt wurde. Diese Regelung bildete auch die Grundlage des Personenbeförderungsgesetzes (PBefG) der Bundesrepublik Deutschland von 1952, das, von einigen Neufassungen und Ergänzungen abgesehen, noch heute einen wichtigen Rahmen der Bustouristik darstellt. Es handelt sich dabei zwar um einen rechtlichen Rahmen, der allerdings erhebliche Auswirkungen hatte auf das Angebot sowie die Markt- und Unternehmensentwicklung. Wesentlicher Faktor ist dabei die Regelung des Marktzuganges durch ein Genehmigungsverfahren, das die Vergabe von Linienverkehrskonzessionen sehr restriktiv handhabt, während der Zugang zum Gelegenheitsverkehrsmarkt relativ einfach ist. Kritiker des Personenbeförderungsgesetzes bezeichnen es als Gesetz zum Schutz der Interessen von Linienverkehrsunternehmen, die sich häufig im öffentlichen Besitz befinden. Das PBefG beinhaltet Vorschriften über die Art der Leistungserstellung (Ferienzielreiseverkehr/ Pendelverkehr, Ausflugsverkehr/Rundfahrt mit geschlossenen Türen und den sogenannten Mietomnibusverkehr; §§ 48 und 49 PBefG) sowie Zusteigeregelungen und Unterwegsbedienungsverbote. Eine eingehendere Untersuchung der Auswirkungen des Personenbeförderungsgesetzes vorwegnehmend kann hier bereits festgestellt werden, daß es das Entstehen von regionalen bzw. lokalen Teilmärkten sowie von Überkapazitäten begünstigt hat.

Als Zwischenergebnis ist festzuhalten, daß die rechtlichen Rahmenbedingungen den Markt auf der Angebotsseite nachhaltig beeinflußt haben. Dabei sind Angebots- und Unternehmensstrukturen entstanden, die dem heutigen Wettbewerb angepaßt sind. Inwieweit sie allerdings dem künftigen Wettbewerb im EG-Binnenmarkt entsprechen, ist die Frage.

6.2 Entwicklung der Bustouristik in Deutschland

Die Entwicklung der Busreisen in Deutschland läßt sich bis in die Zeit vor dem 1. Weltkrieg zurückverfolgen, wobei Ausflüge in die nähere und weitere Umgebung mit dem Reisebus durch Verkehrsunternehmen durchgeführt wurden. Allerdings hatte die Veranstaltung dieser Reisen in den ersten Jahrzehnten des 20. Jahrhunderts eine geringe quantitative und wirtschaftliche Bedeutung (vgl. Huss/Schenk, 1986, S. 82 ff.).

Nach dem 2. Weltkrieg kam es in den 50er Jahren zu einem regelrechten Nachfrageschub für Busreisen, begründet durch den enormen Nachholbedarf und begünstigt durch das sich abzeichnende Wirtschaftswunder. Immerhin verzeichnete der Reisebus 1954 einen Marktanteil von 17%[1] (vgl. Lohmann, 1990, S. 2). Ende der 50er und Anfang der 60er Jahre schrieben viele Busreiseveranstalter Ferienzielreisen an die Costa Brava sowie die italienische Riviera und Adria aus. Bei der Hin- und Rückreise mußte dabei jeweils eine Zwischenübernachtung eingelegt werden. Ferner führte nahezu jeder Busreiseveranstalter wöchentliche Pendelverkehre nach Österreich und zu deutschen Destinationen beispielsweise nach Bayern oder ins Allgäu durch. Mitte der 60er Jahre mußten die Busreiseveranstalter für beide Reisearten erhebliche Rückgänge hinnehmen:

- Das Aufkommen preisgünstiger Charterflüge in die Mittelmeerländer führte dazu, daß die Busferienzielreisen in diese Regionen innerhalb von 2–3 Jahren fast völlig zum Erliegen kamen.
- Bei den deutschsprachigen Destinationen kam es zu einem langsameren, aber ebenso nachhaltigen Rückgang. Begründet wurde dieser durch die zunehmende Reiseerfahrung und PKW-Dichte, aber auch durch die offensichtlichen Möglichkeiten der Gäste, direkt beim Vermieter zu buchen. Damit wurde die Ferienreise mit dem Bus zu diesen Zielen einfach substituierbar durch die Individualreise.

Busunternehmer, die eine frühzeitige Diversifikation in den Bereichen Rund- und Städtereisen versäumt hatten, wurden in der damaligen Zeit gravierend in ihrer Existenz bedroht.

In den 70er Jahren kam es zu einer Renaissance der Ferienzielreisen ans Mittelmeer. Begünstigt wurde dies durch die Einführung von Tempo 100 km/h, die Ausstattung von Reisebussen mit WC und Bordküche (heute bei 90% bzw. 80% der Reisebusse), die durchgängige Autobahnverbindung der Warmwasserziele mit Deutschland und den Anstieg der Kerosinpreise als Auswirkung der damaligen Nahostkriege und -krisen. Heute stellen Ferienzielreisen mit dem Bus an die Costa Brava/Costa Dorada, die italienische und jugoslawische Adria, die Riviera, sogar nach Grichenland und in die Türkei wieder ein wichtiges Standbein der Bustouristik dar. Die meisten dieser Ziele können heute nonstop mit einer Zweifahrerbesatzung in 13–20 Stunden erreicht werden. Parallel dazu konnte die Busreise ihre Anteile im Bereich der Rund- und Studien-

---

[1] Bei allen Statistiken wird von Werten für die alten Bundesländer ausgegangen, sofern kein besonderer Hinweis erfolgt.

reisen halten bzw. ausbauen. Insgesamt hat sich der Marktanteil der Urlaubsreisen mit dem Bus bei ± 10% einpendeln können. Darüber hinaus verzeichnet der Reisebus beachtliche Marktanteile bei Kurz- und Städtereisen.

Bemerkenswert ist der geringe Marktanteil der großen deutschen Reiseveranstalter in der Bustouristik. Die großen Veranstalter (TUI, NUR, ITS), die insgesamt auf dem Pauschalreisemarkt Marktanteile von ca. 30% halten (vgl. FVW, 1990, S. C), verzeichnen in der Bustouristik zusammen lediglich einen Marktanteil von weniger als 0,5%. Gerade für die großen Reiseveranstalter stellen die einschränkenden Vorschriften des PBefG neben den betrieblichen Eigenarten der Bustouristik offensichtlich erhebliche Probleme dar.

6.3 Die Nachfrageseite

Laut den Reiseanalysen des Studienkreises für Tourismus, Starnberg, verzeichnete der Reisebus in den letzten Jahren folgende Anteile an den Reiseverkehrsmitteln bei der Haupturlaubsreise und der zweiten Urlaubsreise (Tab. 1):

Tab. 1: Anteil des Reisebusses an den Reiseverkehrsmitteln bei der Haupturlaubsreise sowie der zweiten Urlaubsreise
Quelle: Studienkreis für Tourismus, Starnberg

	1988	1989	1990
Haupturlaubsreise	9,6%	9,4%	8,0%
Zweite Urlaubsreise:	12,5%	13,4%	9,6%

Bei den Kurzreisen (Kontinuierliche Reiseanalyse, 1989) erreichte der Bus einen Anteil von 9,8%.

Die Urlaubsreise mit dem Bus ist eine typische Veranstalterreise, d.h. 88,7% der durch die Reiseanalyse 1990 Befragten gaben an, daß es sich um eine ganz oder teilweise organisierte Reiseform handelte. Damit nimmt bei Busreisen im Vergleich zu anderen Reiseverkehrsmitteln die Pauschalreise den Spitzenplatz ein (bei PKW-Reisen betrug der Pauschalreiseanteil 10,3%, bei Bahnreisen 24,5% und bei Linienflügen 66,5%; lediglich im Teilbereich Charterflug liegt der Wert mit 99,9% aus verständlichen Gründen noch höher).

Die wichtigsten *Busreiseziele* befinden sich überwiegend im relativ nahegelegenen europäischen Ausland (vgl. Tab. 2 sowie Lohmann, 1990, S. 2). Hierbei stellen insbesondere *Städtereisen* ein wichtiges Marktsegment der Bustouristik dar (vgl. Tab. 3).

Tab. 2: Die wichtigsten Zielländer der Busreisenden 1990
Quelle: Studienkreis für Tourismus, Starnberg

	Haupt-urlaubsreise (%)		Zweite Urlaubsreise (%)	
Deutschland	29,9		38,0	
– Alte Bundesländer		28,1		30,9
– Neue Bundesländer		1,8		7,2
Italien	18,8		9,0	
Spanien	12,6		7,2	
– Nordspanien/Küste		9,0		(x)
Frankreich	9,0		6,5	
Österreich	7,5		11,2	
Osteuropäische Länder	5,7		(x)	
Jugoslawien	4,9		4,0	
Großbritannien	4,5		2,1	
Skandinavien/Dänemark	2,5		(x)	
Schweiz	1,4		8,4	

(x) = Weniger als 0,5%

Tab. 3: Anteil des Reisebusses an den Reiseverkehrsmitteln bei Städtereisen in ausgewählte Länder 1989
Quelle: Studienkreis für Tourismus, Starnberg

Zielland der Städtereisen	Anteil des Reisebusses (in %)
Frankreich	44,6
Italien	43,6
Österreich	28,2
Schweiz	22,2
ehemalige DDR	14,8
Niederlande	13,0
Bundesrepublik Deutschland	8,8

Bei den *Reisemotiven* wird eine heterogene Struktur sichtbar (vgl. Tab. 4). Im Vordergrund steht zwar der Geselligkeitsaspekt der Busreise als "Gesellschaftsreise". Danach kann allerdings eine Unterscheidung getroffen werden zwischen dem Urlaubertyp, der eine Bade-/Erholungsreise bucht, und dem, der Studien-/Besichtigungsreisen bevorzugt. Daraus läßt sich auch der relativ hohe Anteil bestimmter Zielländer ableiten, z.B. von Italien, das sich sowohl bei Bade- und Erholungsreisen (Südtirol, Gardasee) wie

Tab. 4: Reisemotive der Busreisenden im Jahr 1990
Quelle: Reiseanalyse 1990, Studienkreis für Tourismus, Starnberg

Reisemotiv	Anteil der Reisenden (in %)
Vergnügungsreise	29,7
Verwandten-/Bekanntenbesuche	0,7
Sportreise	2,4
Strand-/Badeurlaub	13,1
Studien-/Besichtigungsreise	19,4
Gesundheitsurlaub	5,4
Ausruhurlaub	18,9
Bildungsreise	8,2
Abenteuerreise	2,2

auch bei Rund- und Studienreisen einer großen Attraktivität erfreut. Gleiches trifft zu auf Frankreich, das insgesamt als Destination von längeren Rundreisen nachgefragt wird bzw. dessen profilierte Regionen (Côte d'Azur, Elsaß, Normandie) für kürzere Rundreisen sowie für Städtereisen (Ziel Nr. 1: Paris) geeignet sind. In diesem Zusammenhang zu erwähnen sind ferner Großbritannien als Rund- und Studienreisezielgebiet bzw. London als Städtereiseziel, ferner Österreich, das seinen früheren hohen Anteil bei den Haupturlaubsreisen mit dem Bus durch eine stärkere Nachfrage bei Bus-Kurz- und -Städtereisen ausgleichen konnte.

Auch bezüglich der *sozio-demographischen Daten* der Busreisenden ist von einer heterogenen Struktur auszugehen. Überproportional zur Gesamtbevölkerung vertreten sind im Reisebus Jugendliche sowie Reisende im Alter von über 50 Jahren (vgl. Tab. 5). Ebenfalls überdurchschnittlich vertreten sind Bezieher niedriger Einkommen, wobei anzumerken ist, daß auch die relativ hohe Einkommensklasse (Haushaltsnettoeinkommen 4000–5000 DM) eine verhältnismäßig starke Gruppe bildet. Das ist ein Beleg für die Annahme, daß die Kunden der höherwertigen Rund- und Studienreisen aus kaufkräftigen Schichten stammen.

Tab. 5: Altersstruktur der Busreisenden
Quelle: Reiseanalyse 1990, Studienkreis für Tourismus, Starnberg

Altersgruppe	Anteil der Reisenden (in %)
14–19 Jahre	12,8
20–29 Jahre	
30–39 Jahre	26,2
40–49 Jahre	
50–59 Jahre	20,2
60–69 Jahre	19,3
70–79 Jahre	18,5
80 Jahre und älter	3,0

6.4 Die Angebotsseite

Eine Besonderheit des Bustouristikmarktes ist, daß häufig Reiseveranstalter und Verkehrsträger identisch sind, d.h. es handelt sich um das gleiche Unternehmen bzw. eine Unternehmensgruppe, wobei z.b. der ursprüngliche Mischbetrieb in einen Reiseveranstalter- und einen Verkehrsbetrieb aufgespalten wird. Letzteres wird praktiziert, um das in die Busse investierte Kapital vor den kaufmännischen Risiken der Reiseveranstaltung abzusichern. Die Verfügungsgewalt über beide Betriebe bleibt de facto bei einer Leitung. Reine Busreiseveranstalter ohne angeschlossenen Verkehrsbetrieb stellen nach wie vor die Ausnahme dar, obwohl sich inzwischen mehrere Unternehmen ganz von ihrem Verkehrsbetrieb getrennt haben. Ferner sind Unternehmen entstanden, die unmittelbar in die Touristik eingestiegen sind, im Gegensatz zu der üblichen Entwicklung, daß die Reiseveranstaltung im Grunde genommen aus auslastungsfördernden Maßnahmen des Verkehrsbetriebs hervorgegangen ist. Beigetragen zu dieser Besonderheit hat das PBefG, indem der Veranstalter von Busreisen über eine Genehmigung zur Personenbeförderung verfügen muß, auch wenn er ausschließlich fremde Fahrzeuge einsetzt bzw. mit Verkehrsunternehmen kooperiert, die selbst über die notwendigen Genehmigungen verfügen. Die Auswirkungen der Kopplung von Reiseveranstaltung und Verkehrsbetrieb auf die Unternehmensführung sowie auf Organisation, Planung, Leistungserstellung, Personalwesen, Marketing und Finanzwesen sind gravierend (vgl. dazu Gauf, 1982, S. 87 ff.).

Das touristische Angebot der deutschen Busreiseveranstalter umfaßt schwerpunktmäßig folgende Leistungen:
- Ferienzielreisen,
- Rund- und Studienreisen,
- Städtereisen,
- Kurzreisen,
- Tagesfahrten,
- veranstaltungsbezogene Reisen,
- Mietomnibusverkehre (inkl. Incoming),
- Erbringung der üblichen Dienstleistungen eines Reiseunternehmens.

Angesichts von gravierenden Defiziten im statistischen Berichtswesen[2] muß bei der Aufstellung von Kennzahlen auf verschiedene Teiluntersuchungen zurückgegriffen werden. Es gibt ca. 5200 Busunternehmen (Statistisches Bundesamt, 1990, S. 27 ff.), von denen allerdings nur ca. 1200 Unternehmen eine nennenswerte Bustouristik betreiben (vgl. Gauf, 1987, S. 15 ff.). Für Nordrhein-Westfalen (vgl. NWO, 1990, S. 23 ff.) wird beispielsweise von einer Betriebsgröße von durchschnittlich 5,7 Bussen und 7,7 Mitarbeitern ausgegangen. Der Ring Deutscher Autobusunternehmungen (RDA), in dem die führenden deutschen Busreiseveranstalter organisiert sind, berichtet

---

[2] Beispielsweise werden vom Statistischen Bundesamt viele Busunternehmen statistisch nicht erfaßt, da die Abschneidegrenze bei 6 Bussen liegt.

von durchschnittlich 16 Bussen und 25 Mitarbeitern pro Betrieb (vgl. Bittner, 1985, S. 99 ff.). Insgesamt kann von kleinen, mittelständischen Unternehmen gesprochen werden, von denen viele als Familienbetriebe geführt werden.

Die einschlägigen Vorschriften des Personenbeförderungsrechts betreffend das Unterwegsbedienungsverbot bzw. die Zusteigeregelungen (vgl. dazu weiter unten) sowie bestimmte betriebliche Eigenarten haben zum Entstehen von regionalen Teilmärkten beigetragen. Die Busunternehmen operieren vorwiegend auf lokaler, allenfalls regionaler Ebene, wobei sich die Teilmärkte überlappen. Hafermann (1979, S. 93) spricht in diesem Zusammenhang von atomistischer Konkurrenz. Trotz der rechtlichen Marktzugangshürden ist es auf dem Gelegenheitsverkehrsmarkt zu einem Überangebot von Reisebussen gekommen. Bezüglich der *Busreiseveranstaltung* spricht Zuck (1980, S. 8) von geographisch abgegrenzten Märkten, die oligopolistische Tendenzen fördern. Der Verfasser geht von ca. 100 lokalen Märkten aus, in denen jeweils einige Marktführer sowie mehrere weniger profilierte Wettbewerber Busreisen anbieten. Auch diese Marktführer verfügen selten über mehr als 20 Reisebusse.

Die Kostenstruktur weist einen sehr hohen Anteil an Fixkosten aus. Ca. 80% der Betriebskosten eines Busses (einschließlich anteiliger Unternehmensgemeinkosten) sind fix. Die variablen Kosten entfallen im wesentlichen auf Kraft- und Betriebsstoffe, Abnutzung und fahrtabhängige Kosten (Spesen, Gebühren etc.).

Wie bereits angeführt, stellen die Marktzugangsbestimmungen des Personenbeförderungsgesetzes keine unüberwindlichen Hürden für den Marktzutritt dar. Die fachliche Qualifikation kann entweder durch eine entsprechende Ausbildung (Studium, abgeschlossene Berufsausbildung zum Reiseverkehrskaufmann bzw. Straßenpersonenverkehrskaufmann) oder durch eine Fachkundeprüfung nachgewiesen werden. Die nachzuweisenden finanziellen Mittel entsprechen den üblichen Sicherheiten, die ohnehin für den Kauf eines Reisebusses notwendig sind. Als Ergebnis kann also von einem relativ freien Marktzugang ausgegangen werden.

Die bisher beschriebenen Faktoren "relativ freier Marktzutritt", "hohe Fixkosten" und "niedrige variable Kosten" sowie saisonale Komponenten bewirken einen scharfen Wettbewerb insbesondere in den Nebensaisonzeiten. Die Situation ist vergleichbar mit der Hotellerie, in der zu bestimmten Terminen Kapazitäten erheblich unter Vollkosten-Niveau angeboten werden. Die teilweise sehr niedrigen Preise für Busreisen erklären sich aus einer Deckungsbeitragskalkulation zwecks Kapazitätsauslastung.

6.5 Rechtliche Rahmenbedingungen

Neben den einschlägigen Vorschriften des sogenannten Reiserechts (u.a. § 651 A–K BGB) stellt das Personenbeförderungsrecht die zweite Säule des rechtlichen Rahmens dar. Kern sind das deutsche Personenbeförderungsgesetz (PBefG) sowie im grenzüberschreitenden Verkehr die EG-Abkommen und Richtlinien sowie die Vereinbarungen der EG mit Nicht-EG-Ländern (vgl. Bidinger, 1991, S. N 010 ff. und P 100 ff.). In der hier gebotenen Kürze werden im folgenden die Ursachen, Sachzwänge und Auswirkungen dieser Bestimmungen auf die Bustouristik skizziert.

Wie auch in anderen Verkehrsbereichen lassen sich Busverkehre in *Linienverkehre* und *Gelegenheitsverkehre* unterteilen (vgl. Bidinger, 1991, B § 42 und B § 46). Linienverkehre spielen derzeit in der Bustouristik keine quantitativ bedeutende Rolle. Bei den meisten Busreisen handelt es sich um Pauschalangebote der mittelständischen Busreiseveranstalter. Im Hinblick auf die weitgehend an den Erfordernissen des Linienverkehrs ausgerichteten gesetzlichen Regelungen, die auch auf den Gelegenheitsverkehr ausstrahlen, ist es hier angebracht, die Berührungspunkte beider Verkehrsarten zu betrachten.

Bekanntlich sind *Linienverkehre* regelmäßige Beförderungen zwischen zwei und mehr Punkten. Kriterien des Linienverkehrs sind u.a.
- Regelmäßigkeit,
- feste (veröffentlichte) Fahrpläne,
- feste Preise/Tarife,
- Beförderungspflicht,

d.h. der Linienverkehrsbetrieb hält laufend Kapazitäten bereit. Die Amortisation der Investitionen dafür hängt von der Auslastung der Linienverkehre ab. Das Verkehrsaufkommen verläuft selten gleichmäßig. Vielmehr tritt die Verkehrsnachfrage zu bestimmten zeitlichen Nachfragespitzen bzw. in bestimmten Nachfrageräumen konzentriert auf. Weiterhin ist die Unpaarigkeit der Verkehrsströme zu berücksichtigen.

Ein *Bedarfsverkehrsträger*, der sich auf bestimmte Nachfragespitzen konzentrieren würde, ohne laufend einen kostenträchtigen Linienverkehr zu betreiben, würde einerseits erhebliche Gewinnchancen realisieren können, während er andererseits die Auslastung der regelmäßigen Linienverkehrsdienste negativ beeinflussen würde. Unter anderem daher sind seit jeher Linienverkehrsunternehmen bestrebt, den Wettbewerb durch Bedarfsverkehrsträger möglichst weitgehend auszuschließen. In diesem Zusammenhang sind die Vergabe von Linienverkehrskonzessionen sowie einschränkende Wettbewerbsgesetze mit entsprechenden Kontrollmaßnahmen zu erwähnen, die auch die reinen Gelegenheitsverkehre und damit das Bustouristikgeschäft beeinflussen.

Der Marktzugang im Busverkehr ist nach dem Personenbeförderungsgesetz von einer vorherigen behördlichen Genehmigung abhängig (vgl. Bidinger, 1991, B § 2 ff.). Im *Linienverkehr* erfolgt dabei eine objektive und subjektive Prüfung. Während es sich bei der objektiven Prüfung um eine Bedarfsprüfung (§ 13 II PBefG) handelt, bezieht sich die subjektive Prüfung auf die fachliche, persönliche und finanzielle Qualifikation des Antragstellers (§ 13 I PBefG). Beim *Gelegenheitsverkehr* geht der Gesetzgeber von einem grundsätzlichen Bedarf aus und erteilt die Genehmigung, soweit die subjektive, also bewerberbezogene Prüfung positiv verläuft. Dabei werden die fachliche und persönliche Eignung, also die Unbescholtenheit und Integrität des Antragstellers sowie die finanzielle Leistungsfähigkeit untersucht. Auch aus diesem Grund sind Linienverkehrsunternehmen an gesetzlichen Regelungen interessiert, um den Wettbewerb durch Gelegenheitsverkehrsunternehmen in kontrollierbaren Grenzen zu halten.

Im folgenden werden einige wesentliche Regelungen des Gelegenheitsverkehrs dargestellt, die für die Bustouristik Gültigkeit haben:
- Bei der Reiseveranstaltung im Rahmen des Gelegenheitsverkehrs handelt es sich um Rundfahrten mit geschlossenen Türen (international verwenderter Begriff analog zur deutschen Ausflugfahrt nach § 48.1 PBefG) oder um Ferienzielreisen. Bei den erstgenannten Rundfahrten mit geschlossenen Türen wird prinzipiell davon ausgegangen, daß es sich dabei um eine Gesellschaftsreise einer geschlossenen Reisegruppe handelt, wobei keine Passagiere unterwegs aufgenommen oder abgesetzt werden sollen (§ 48.3 PBefG).
- Bei Ferienzielreiseverkehren/Pendelverkehren müssen die Passagiere im Besitz eines vorher gekauften Hin- und Rückfahrscheins sein. Es muß sich um eine Kombination von Beförderung und gleichzeitig gebuchter Unterkunft handeln. Eine Beförderung lediglich zum Zwecke der Hin- oder Rückfahrt oder ohne Unterkunft ist nicht zulässig. Das Abhol- und das Zielgebiet sind auf einige wenige Orte begrenzt.
- Generell liegen restriktive Zustiegsbestimmungen vor, d.h. Zubringerdienste und Zusteigemöglichkeiten in Reisebusse sind nur innerhalb eines engen Raumes zulässig und unterliegen der behördlichen Genehmigung (vgl. Bidinger, 1991, B 48 Anm. 19 ff.).
- Generell sind Konstruktionen, mit denen das Personenbeförderungsgesetz formal umgangen werden soll, die praktisch auf einen linienähnlichen Verkehr bzw. eine Konkurrenz der Linienverkehrsunternehmen hinauslaufen, nicht zulässig (vgl. Bidinger, 1991, B 6 ff.).

Offensichtlich haben diese Vorschriften des Personenbeförderungsgesetzes erheblichen Einfluß auf die Entwicklung des Bustouristikmarktes, speziell auf der Angebotsseite, gehabt. Beispielsweise haben das sogenannte Unterwegsbedienungsverbot sowie einschränkende Zustiegsregelungen eine überregionale Veranstaltertätigkeit beeinträchtigt. Zwar ist es einem Busveranstalter erlaubt, überall in Deutschland Reisen auszuschreiben; durch die o.g. Regelungen werden allerdings Maßnahmen zur optimalen Kapazitätsauslastung, wie Bündelung der Teilnehmer bzw. Bedienung verschiedener Teilmärkte, verhindert. Auch Kooperationen von mittelständischen Busreiseveranstaltern finden gewisse Grenzen. Mithin haben die Vorschriften das Entstehen von großen marktbeherrschenden Bustouristikunternehmen – wie sie z.B. in den Niederlanden vorzufinden sind – behindert.

Zu erwartende Gesetze und Vorschriften im Zusammenhang mit der beabsichtigten Dienstleistungsfreiheit im gemeinsamen Binnenmarkt der Europäischen Gemeinschaft werden freilich wesentliche Veränderungen mit sich bringen, die gerade jene Bestimmungen betreffen, die maßgeblich am Entstehen dieses von Eigenarten und Besonderheiten geprägten Marktes verantwortlich sind, z.B. durch die geplante künftig zulässige Beförderung im Ferienzielreiseverkehr/Pendelverkehr von bis zu 20% Passagieren, die keine Unterkunft gebucht haben.

Literatur

Bidinger, H. (1991): Kommentar zum Personenbeförderungsrecht. Loseblattsammlung, Berlin.
Bittner, A. (1985): Erste Grundlagenuntersuchung: Struktur der Kraftomnibus-Unternehmen (A 1) des Bundesverbandes Reise-Ring Deutscher Autobusunternehmungen e.V. Internationaler Bustouristik Verband. Unveröffentlichte Studie.
FVW Fremdenverkehrswirtschaft (1990): Der deusche Veranstaltermarkt in Zahlen. Beilage in Ausgabe 28/90.
Gauf, D. (1982): Touristikmarketing für Busunternehmer. München.
Gauf, D. (1987): Partner in der Bustouristik. München.
Hafermann, M. (1979): Marktstrukturuntersuchung im Omnibusgewerbe. Unveröffentlichte Studie.
Huss, W., W. Schenk (1986): Omnibusgeschichte. München.
Lohmann, M. (1990): Kurzreisen sind ein wichtiges Marktsegment. In: FVW Fremdenverkehrswirtschaft, Beilage in Ausgabe 20/90.
NWO Verband Nordrhein-Westfälischer Omnibusunternehmer (1980): Bericht zur Jahrestagung.
Statistisches Bundesamt (1990): Unternehmen- und Arbeitsstättenzählung vom 25. Mai 1987. Fachserie/ Heft 2, Arbeitsstätten und Beschäftigte. Stuttgart.
Studienkreis für Tourismus, Starnberg (1989–1991): Reiseanalysen 1988–1990. Starnberg.
Studienkreis für Tourismus, Starnberg (1990): Kontinuierliche Reiseanalyse 1989. Starnberg.
Zuck, R. (1980): Die Omnibusreise – Theorie und Praxis. München.

7. Beherbergungs- und Gaststättengewerbe

Eberhard Gugg

7.1 Das Gastgewerbe

7.1.1 Vorbemerkung

Die nachfolgenden Zahlen beziehen sich ausschließlich auf die alten Bundesländer. Verläßliche und vor allem vergleichbare Angaben aus den neuen Bundesländern liegen zur Zeit noch nicht vor. Da dort der "freie" Fremdenverkehr weder als Geschäftsreiseverkehr noch als Urlaubsreiseverkehr eine Rolle spielte, wird selbst bei Vorliegen exakten Datenmaterials die Vergleichbarkeit noch mindestens fünf Jahre (kalkuliert auf der Basis von Neubauten) auf sich warten lassen.

7.1.2 Die wirtschaftliche Bedeutung des Gastgewerbes

Im Jahre 1990 betrug der Umsatz in allen 220 000 Betrieben des Gastgewerbes (Beherbergungsgewerbe, Gaststättengewerbe und Kantinen) der Bundesrepublik Deutschland rund 76 Mrd. DM; etwa 60% davon entfielen auf die Gaststätten, ca. 39% auf die Beherbergungsbetriebe und ca. 1% auf die Kantinen (vgl. Statistisches Bundesamt, 1990/91; auch zu den nachfolgenden Zahlenangaben).

Die Umsatzentwicklung zeigte in den vergangenen Jahren Steigerungsraten, die, bezogen auf 1986, zwischen 3% und 4% lagen. Berücksichtigt man die Entwicklung der Lebenshaltungskosten, so zeigt der bereinigte Umsatz eine nur geringfügige Netto-Zunahme.

Von den 220 000 Betrieben sind 180 000 oder 80% dem Gaststättengewerbe zuzuordnen. Der Vergleich mit der Umsatzaufteilung zeigt deutlich die Unterschiede bei der Betriebsgröße.

1990 waren im Gastgewerbe ca. 964 700 Personen beschäftigt. Ca. 600 000 Mitarbeiter arbeiteten im Gaststättengewerbe, 360 000 in den Beherbergungsbetrieben. Die Zahl der Teilzeitbeschäftigten ist ganz erheblich. Sie beträgt bei den Gaststättenbetrieben beinahe 45%, im Beherbergungsgewerbe immerhin noch 18%.

Diese Zahlen belegen, daß das Gastgewerbe hervorragend geeignet ist, auf individuell gestaltbare Arbeitsplanung einzugehen. Die Anforderungen im Beherbergungsgewerbe nach kontinuierlichen Dienstleistungen und – damit verbunden – nach höherer Qualifikation lassen eine stärkere Inanspruchnahme des Teilzeitmarktes allerdings nicht zu. Der in allen Bereichen beklagte Arbeitskräftemangel wird deshalb unterschiedliche Lösungsansätze verlangen. Hier gibt es eine Reihe von Anregungen, angefangen von je einem Wochentags- und einem Wochenendteam bis hin zu Veränderungen der Betriebsgrößen, d.h. auch zu einer Verkleinerung der Hotels.

Tatsächlich ist die Produktivität im Gastgewerbe, gemessen am Umsatz je Beschäftigtem, mit ca. 80 000,- DM im Jahr relativ gering. Dabei schneiden die Beherbergungsbetriebe mit ca. 120 000,- DM je Beschäftigtem erheblich besser ab als das Gaststättengewerbe mit nur je 60 000,- DM. Interessant dabei ist aber, daß auch im Beherbergungsgewerbe zumindest auf den ersten Blick keine eindeutige Rangordnung bei der Mitarbeiterproduktivität festzustellen ist. So gibt es traditionelle Betriebe, die einen Mitarbeiterumsatz von je 170 000,- DM ausweisen, während andere nur auf 110 000,- DM kommen. Eine nähere Analyse läßt jedoch vermuten, daß nicht nur die Höhe der Auslastung eine Rolle spielt, sondern auch die Qualitätsklasse. In den Hotels der hohen und höchsten Qualitätskategorie muß besonderer Wert auf den Service gelegt werden. Die dort niedrigeren Umsatzzahlen je Mitarbeiter belegen aber, daß dieser Standard von der Nachfrage nicht ausreichend honoriert wird. Die Problematik der Arbeitskräftesituation wird also in Zukunft auch hinsichtlich der angestrebten Qualität zu überprüfen sein.

7.2 Das Beherbergungsgewerbe

7.2.1 Die aktuelle Situation

Im Jahre 1991 (Stichtag 1. Mai) wurden in der Bundesrepublik Deutschland 47 300 Betriebe des Beherbergungsgewerbes gezählt. Die Struktur war folgendermaßen:

Hotels	10 110
Gasthöfe	11 180
Hotels garnis	9 607
sonstige Beherbergungsstätten	<u>16 403</u>
	47 300

In diesen Betrieben wurden rund 1,8 Mio. Betten angeboten. Die Zahl der Übernachtungen lag bei 255,7 Mio., die der Ankünfte bei 74,3 Mio. Die durchschnittliche Aufenthaltsdauer betrug 3,4 Übernachtungen. Aus den Zahlen ist zu entnehmen, daß die Stadthotels mit den im allgemeinen nur kurz verweilenden Geschäftsreisenden dominieren.

Ca. 12% aller Übernachtungen entfielen auf Ausländer. Der Ausländerreiseverkehr konzentriert sich fast ausschließlich auf die Großstädte; dort wurden beinahe zwei Drittel aller Ausländer gezählt. Dagegen kommt dem Ausländerrciseverkehr in den Kur- und Ferienorten – von wenigen Ausnahmen abgesehen – nur eine sehr geringe Bedeutung zu. Die starke Konzentration auf die Großstädte zeigt weiter, daß die Ausländer überwiegend als Geschäftsreisende oder als Kongreß- und Tagungsteilnehmer kommen.

Das gesamte Beherbergungsgewerbe ist überwiegend klein- und mittelbetrieblich und wird einzeln bewirtschaftet; in der Hotellerie gibt es jedoch starke Tendenzen zur Kettenhotellerie. Unter den zehn umsatzstärksten Hotels in Deutschland findet man lediglich einen Betrieb, der nicht einer nationalen oder internationalen Hotelgesellschaft angehört.

Die zehn umsatzmäßig größten Hotels in der Bundesrepublik Deutschland sind in Tab. 1 zusammengestellt.

Tab. 1: Die zehn größten (Umsatz) Hotels in der Bundesrepublik Deutschland 1990 (1989)
Quelle: NGZ, 1991

Unternehmen	Anzahl Zimmer/Betten	Brutto-umsatz (Mio. DM)	Veränderung gegenüber Vorjahr (%)
1 (1) Frankfurt Sheraton Hotel Frankfurt am Main	1 050/2 100	111,6	+ 8,7
2 (2) Hotel Bayerischer Hof München	431/ 753	81,4	− 1,7
3 (4) Hotel Inter-Continental Berlin	575/1 150	79,0	+ 24,6
4 (3) Hotel Frankfurt Intercontinental Frankfurt am Main	800/1 600	69,4	− 2,5
5 (5) München Sheraton Hotel & Towers München	636/1 272	56,7	− 4,3
6 (7) Steigenberger Hotel Frankfurter Hof Frankfurt am Main	360/ 422	54,8	+ 0,8
7 (6) Hotel Park Hilton München	477/ 950	54,4	− 7,0
8 (8) Hotel Vier Jahreszeiten Kempinski München	340/ 580	52,7	+ 0,1
9 (19) Hotel Maritim Köln	454/ 820	52,8	+ 34,8
10 (14) Bristol Hotel Kempinski Berlin	315/ 603	51,8	+ 34,8

Das größte Hotel Deutschlands, das Sheraton Hotel am Flughafen Frankfurt am Main, nimmt auch im internationalen Vergleich eine Spitzenposition ein: Es ist zur Zeit das größte Hotel in Westeuropa.

Die Gründe für die Konzentrationstendenz liegen im liegen im gemeinsamen Einkauf und in der gemeinsamen Produktion, insbesondere aber im Marketing.

Die Jahresauslastung der Zimmer der zehn Spitzenhotels lag 1990 in fast allen Fällen bei über 70%, wobei die Spitzenwerte vom Bristol Hotel Kempinski, Berlin, (87,2%), vom Sheraton Frankfurt (86,8%) und vom Kempinski-Hotel Vier Jahreszeiten in München (76,2%) erreicht wurden. Daß eine hohe Belegung nicht in jedem Fall mit einem hohen Umsatz gleichzusetzen ist, zeigen die teilweise recht niedrigen durchschnittlichen Zimmererlöse (in der Hotellerie wird unterschieden zwischen dem offiziellen Zimmerpreis, dem "Schrankpreis" – der im Kleiderschrank aushängt – und dem durchschnittlich erlösten Zimmerpreis, also nach Abzug aller Nachlässe und Rabatte). Hier führt das Steigenberger Hotel Frankfurter Hof mit ca. 330,– DM je verkauftem Zimmer.

Mit ca. 37 Hotelgesellschaften, davon ca. 25 internationalen Unternehmen, ist der Hotelmarkt Deutschlands eindeutig geprägt. Da in zunehmendem Maße die Hotelketten auch in den Markt der einfacheren und mittleren Hotels drängen, ist für die dort noch selbständigen Hoteliers die betriebswirtschaftliche Erfordernis, eine freiwillige Kooperation mit anderen Hotels einzugehen, sehr stark geworden. Ca. 18 Kooperationen bieten hier beinahe jede wünschenswerte Möglichkeit. Die Ringhotels stehen mit 130 Betrieben an erster Stelle, gefolgt von den Top International Hotels mit ca. 91 Betrieben.

7.2.2 Die zukünftige Entwicklung

In vielen Branchen der Wirtschaft wird die zukünftige Entwicklung im Hinblick auf den Europäischen Binnenmarkt 1993 bestimmt. Bis vor einigen Monaten machte das Beherbergungsgewerbe hiervon jedoch eine Ausnahme. Da die Hotellerie von jeher international ist und internationale Hotelketten und Hotelkooperationen den Markt bestimmen, war zunächst davon auszugehen, daß 1993 in diesem Zusammenhang keine neuen Impulse bringen würde.

Dies hat sich allerdings mit der Vereinigung Deutschlands geändert. Durch den erheblichen Nachholbedarf in allen wirtschaftlichen Bereichen Ostdeutschlands kann von einer ganz erheblichen Zunahme des internationalen Geschäftsreiseverkehrs ausgegangen werden. Dadurch wird die Nachfrage steigen. Allerdings werden die bestehenden Probleme der westdeutschen Hotels, allen voran das Personalproblem, ebenfalls zunehmen. Geht man davon aus, daß aus betriebswirtschaftlichen Gründen die Personalkosten nicht mehr als 40% des Umsatzes ausmachen dürfen, dann sind, wie die Umsätze je Mitarbeiter zeigen, den Möglichkeiten, in der Entlohnung etwa mit der Industrie gleichzuziehen, enge Grenzen gesetzt.

Eine Lösung des Personalproblems kann die Beschleunigung der Konzentration zur Kettenhotellerie oder zur Kooperation sein, um noch mehr Abteilungen (z.B. Einkauf, Ausbildung, Marketing) zu zentralisieren. Eine andere Tendenz liegt in der – bisher aus betriebswirtschaftlicher Sicht abgelehnten – Verkleinerung der Hotelgröße, um möglichst nur mit einem Fachehepaar und deren Angehörigen als Pächter auszukommen. Dies wird z.B. von der französischen Accor-Gruppe mit dem neuen Hotel "Formel I" propagiert.

Europa 1993 wird das deutsche Hotelgewerbe in der Hauptsache nur indirekt betreffen. An direkten Eingriffen werden zur Zeit folgende vier Themen diskutiert:
- *Thema Nr. 1: Hotelklassifizierung*
  Die EG-Kommission schlägt ähnlich wie bei anderen Produkten auch für das Beherbergungsgewerbe eine europaeinheitliche Klassifizierung vor. Eine derartige Einteilung gibt es bisher in Deutschland noch nicht. Die Notwendigkeit der Klassifizierung ist in der Branche auch höchst umstritten. Hinzu kommt, daß die bisher in Europa praktizierten Bewertungsschemata stark voneinander abweichen. Auf alle Fälle würde in Deutschland mit ca. 10 000 Hotels allein in den alten Bundesländern durch die Einführung der Klassifizierung ein Kostenblock entstehen, der in keinem Verhältnis zu einem eventuellen Nutzervorteil steht.
- *Thema Nr. 2: Brandschutzempfehlungen*
  Hier sind Deutschland und England allen anderen europäischen Ländern weit voraus. Wenn Portugal oder Griechenland nur halb so strenge Brandschutzanforderungen hätten wie Deutschland, dann müßten dort sicherlich einige Hotels sofort geschlossen werden. Dieses Thema wird die deutschen Hoteliers also in absehbarer Zeit nicht betreffen.
- *Thema Nr. 3: Reservierungssysteme*
  Das Projekt, ein gesamteuropäisches Reservierungssystem zu schaffen, ist in Frage gestellt, nicht zuletzt wegen der wirtschaftlichen Schwierigkeiten einiger existierender Reservierungssysteme.
- *Thema Nr. 4: Angleichung der Mehrwertsteuer im europäischen Beherbergungsgewerbe*
  Hier fühlt sich das deutsche Hotelgewerbe über die Maßen benachteiligt. In den meisten anderen Ländern Europas liegt die Mehrwertsteuer im Hotel- und Gaststättengewerbe bei 5–6%. Da in diesen Ländern die Mehrwertsteuersätze aus Gründen der Kostenbelastung aber nicht angehoben werden können (daran wird auch der jünst ergangene Beschluß der europaweiten Festlegung der Mehrwertsteuer auf 15% oder 16% nichts ändern), rechnet sich das deutsche Hotel- und Gaststättengewerbe in diesem Punkt einen erheblichen Argumentationsvorteil zugunsten einer reduzierten Mehrwertsteuer auch in der deutschen Hotellerie aus.

Eine andere Frage ist jedoch, wie sich die Veränderungen in der deutschen Touristikbranche auf die Hotellerie auswirken werden. Tatsache ist, daß sich zur Zeit zwei Trends abzeichnen:

(1) Die durch die Computertechnik anscheinend mögliche Internationalisierung der Reservierungen, die auch für Einzelhotels und kleinere Hotelgesellschaften den Weg in die weite Welt öffnet, ohne daß diese ihre wirtschaftliche oder rechtliche Selbständigkeit aufgeben.
(2) Die Konzentration auf horizontaler und vertikaler Ebene. Dies bedeutet, daß sich z.B. Fluggesellschaften im Reise- und Hotelmarkt etablieren, aber auch, daß Reiseveranstalter sich zum Hotelmarkt Zugang verschaffen und sich an Fluggesellschaften beteiligen. Die einstmals anzutreffende Meinung, daß die Probleme der Reiseveranstalter durch die Probleme der Hotellerie potenziert würden, haben sich als nicht haltbar erwiesen; vielmehr waren die Vorteile dieser Diversifizierung durch die damit verbundene Risikoverteilung erheblich größer.

Die Öffnung der Märkte wird die Konkurrenz verschärfen, was sich vorwiegend in einem intensiveren Preis- und Qualitätswettbewerb niederschlagen wird.

7.3 Das Gaststättengewerbe

7.3.1 Die aktuelle Situation

Das Gaststättengewerbe verfügte 1989 über 118 120 Betriebe (Statistisches Bundesamt, 1990), nämlich

Speisewirtschaften	45 056
Imbißhallen	9 862
Schankwirtschaften	49 744
Bars, Tanzlokale	4 999
Cafés	3 891
Eisdielen	3 404
Trinkhallen	1 165
Gaststätten	118 120
Kantinen	3 330

Der Arbeitskräftemangel wirkt sich im Gaststättengewerbe voll aus. Bei nur rund 60 000,- DM Umsatz je Mitarbeiter sind einer Abhilfe extrem enge Grenzen gesetzt, da auch hier die betriebswirtschaftliche Forderung lautet, die Personalkosten unter 40% des Umsatzes zu halten. Gaststätten bieten zwar einerseits die schnelle Möglichkeit zur Selbständigkeit, andererseits zeigt der hohe Eigentümer- und Pächterwechsel die Schwierigkeiten der Branche.

Auch im Gaststättengewerbe ist eine sehr hohe Konzentrationstendenz erkennbar. Die Umsatzzahlen der zehn umsatzgrößten Gastronomieunternehmen in Deutschland sind beeindruckend (vgl. Tab. 2).

Tab. 2: Die zehn umsatzstärksten Gastronomieunternehmen in Deutschland
Quelle: NGZ, 1991

Unternehmen	Vertriebslinien	Netto-Umsatz (in Mio. DM)		Betriebe (31.12.)	
		1990	1989	1990	1989
McDonald's Deutschland Inc., München	McDonald's	1 283,0	1 081,0	350	321
Lufthansa Service GmbH, Neu Isenburg	LSG-Airline Catering, Partyservice, Airport Gastronomie	838,0	710,0	16	12
BAB-Raststätten und Erfrischungsdienste, GfN, Bonn	mit Bedienung, mit B + BS, mit SB, Erfrischungsdienst	776,5	652,6	280	281
Deutsche Service-Gesellschaft der Bahn, Frankfurt a.M.	DSG-Fahrbetriebe, DSG-Stationäre Betriebe	370,3	345,0	366	360
Burger King GmbH, München	Burger King	306,3	245,0	80	76
Mövenpick-Gesellschaften Deutschland, Hannover/Stuttgart	Mövenpick Restaurants, Mövenpick Hotelrestaurants, Marché, Silberkugel	289,1	278,8	37	36
Nordsee, Deutsche Hochseefischerei GmbH, Bremerhaven	Nordsee-Restaurants, Meeresbuffet/La Mer, Hamburger Farm	281,0	247,0	277	277
Karstadt AG, Essen	Karstadt-Gastromonie	265,7	253,8	134	136
Wienerwald GmbH, München	Wienerwald	249,3	259,6	196	212
Kaufhof Gastronomie Service GmbH (KGSG), Köln	Kaufhof-Gastronomie, Kaufhalle-Gastronomie, externe (Beerola)	221,5	231,5	122	145

Die fortschreitende Aufteilung in Versorgungsgastronomie einerseits und Erlebnisgastronomie andererseits ist beachtlich. Der überlagernde Trend der Systemgastronomie, der grundsätzlich beide Gastronomiearten betrifft, zeigt ebenfalls eine zunehmende Tendenz.

7.3.2 Die zukünftige Entwicklung

Im zunehmenden Maße wird das Gaststättengewerbe durch die "Schwarzgastronomie" (Vereinsgastronomie) beeinträchtigt. Der Grund zur Beschwerde wird in der steuerlichen Ungleichbehandlung gesehen, die dazu beiträgt, daß dieser Umsatz am Gaststättengewerbe vorbeigeht. In vermehrtem Maße wird auch über von Getränkefirmen gesponserte Künstlerauftritte geklagt. Dieser für die Gaststätten negativen Tendenz steht jedoch gegenüber, daß in der Hotellerie ähnlich wie in Amerika die Gastronomie erheblich verkleinert wird und dadurch zusätzliche Nachfrage auf das Gaststättengewerbe zukommt. Galt in der Hotellerie bisher die Regel: 1 Gast = 1 Stuhl im Restaurant, so wird wohl in Zukunft die Kennziffer auf 3 Gäste = 1 Stuhl im Restaurant verschoben werden. Dies wird zum Vorteil jener Gastronomiebetriebe sein, die in der Nähe von Hotels angesiedelt sind.

Da die Gastronomie aber auch einen "point of sales" für Getränkefirmen darstellt, sind bereits erste Versuche von Brauereien feststellbar, auf diesem Gebiet von sich aus tätig zu werden und die bisher geübte Zurückhaltung im Hinblick auf Beteiligungen in der Gastronomie aufzugeben. Dies könnte auch bedeuten, daß künftig Gastronomiebetriebe häufiger auf ihre Marktposition überprüft werden und – wenn der Getränkeumsatz zurückgeht – derartigen Beteiligungen offen gegenüberstehen. Da Gaststätten aber auch ganz erheblich zur Belebung der Innenstädte beitragen, wird in zunehmendem Maße die Stadtplanung branchenfördernd eingreifen müssen und in den Bebauungsplänen Nutzflächen für Gaststätten ausweisen.

7.4 Ausblick

Das Hotel- und Gaststättengewerbe beschäftigt heute so viele Mitarbeiter wie nie zuvor, und das Branchenwachstum ist weiter steigend. Der Aufschwung wird beflügelt durch die zunehmende Freizeit und das ansteigende disponible Einkommen der Bürger. Auch die Verschiebung der Altersstruktur nach oben bringt weitere Nachfrage. Da das Gastgewerbe jedoch überwiegend aus klein- und mittelgroßen Betrieben besteht, erhält es auf politischer Ebene bisher noch nicht die Beachtung, die es verdient. Es bleibt die Forderung, daß sich dies ändert, damit berechtigte Ansprüche durchgesetzt werden können.

Erfreulich ist der Sachverhalt, daß das Gastgewerbe immer mehr Interesse bei jungen Menschen findet. Die Ausbildungsmöglichkeiten werden erheblich ausgeweitet. Bereits heute wird Managementqualifikation auf Hochschulebene angeboten und – wie die stringenten Zugangsbeschränkungen zeigen – lebhaft nachgefragt. Eine verbesserte Qualifikation ist u.a. deshalb erforderlich, um die ganz erheblich angestiegenen Investitionen in der Hotellerie rentabel zu gestalten und die in alle Bereiche des Gastgewerbes Einzug haltende Elektronik mit ihren Möglichkeiten betriebswirtschaftlich voll ausschöpfen zu können.

Literatur

NGZ – Neue Gastronomische Zeitschrift für Führungskräfte in Restaurant und Hotel. Frankfurt a.M., April/Mai 1991.
Statistisches Bundesamt (1990/91): Fachserie 6, Handel, Gastgewerbe, Reiseverkehr, Reihe 4, Gastgewerbe. Wiesbaden.

8. Freizeitparks und Freizeitzentren - Ziele und Aufgaben als touristischer Leistungsträger

Heinz Rico Scherrieb

8.1 Was sind Freizeitparks und Freizeitzentren?

8.1.1 Der Begriff

Die Touristikwissenschaft kennt nur wenige Begriffe, die so inhaltsarm und nebulös sind wie die Bezeichnungen "Freizeitpark" und "Freizeitzentren". Der erste dieser Begriffe umschreibt nichts anderes, als daß in einem Park die "Freizeit" verbracht werden kann. Der zweite dieser Begriffe deutet darauf hin, daß eine Vielzahl von Einrichtungen für Freizeitzwecke "zentral" zusammengefaßt sind.

Viele Einrichtungen der Freizeitindustrie bedienen sich heute dieser Begriffe. Auch in der Bevölkerung gibt es kein klares Vorstellungsbild über Freizeitzentren. Freizeitparks werden weitgehend mit Erlebnisparks, vereinzelt auch mit Bungalow-Siedlungen (Center Parcs) assoziiert.

Um zu einer praktikablen Begriffsbestimmung zu kommen, wäre folgende Definition ein gemeinsamer Nenner:

"Freizeit- und Erlebnisparks sind Anlagen, in denen Freizeitzwecken dienende Einrichtungen verschiedener oder derselben Art vorhanden sind, wobei diese Einrichtungen untereinander in einem engen räumlichen und funktionellen Zusammenhang stehen."

8.1.2 Die Betriebsarten

Die verschiedenen Betriebsarten von Freizeitzentren und Freizeitparks kann man wie in Abb. 1 dargestellt untergliedern.

Dabei werden diese verschiedenen Betriebsarten in den zur Verfügung stehenden Freizeitblöcken (Tagesfreizeit, Wochenendfreizeit und Urlaub) unterschiedlich stark genutzt. Der Schwerpunkt bei der Werktagsfreizeit liegt bei den Lunaparks, Tivoli-Parks, Diskoparks und Kinoparks. Die übrigen Freizeitzentren und Freizeitparks sind weit stärker wochenendorientiert. Nachdem sich die durchschnittliche Reisedauer beim Haupturlaub bei ca. 17 Tagen eingependelt hat, verlagert sich die Nutzung all dieser Einrichtungen auch zunehmend in die Zeit der Hauptferien.

```
                    FREIZEITPARKS/FREIZEITZENTREN
         ┌──────────────┬──────────────┬──────────────┐
         ▼              ▼              ▼              ▼
   ┌───────────┐  ┌───────────┐  ┌───────────┐  ┌───────────┐
   │Erlebnispark│  │Erholungs- │  │ Badepark  │  │ Spiel- und│
   │           │  │   park    │  │           │  │ Sportpark │
   └───────────┘  └───────────┘  └───────────┘  └───────────┘
```

Erlebnispark	Erholungspark	Badepark	Spiel- und Sportpark
Lunapark	städt. Parkanlagen	Spaßbad	Kinderspielpark
Tivoli-Park	Revierpark	Wasserpark	Fitnesszentrum
Safaripark	Gartenschau	Thermal-	Golf Driving Range
Themenpark	Botanischer Garten	Erlebnisbad	Tenniscenter
Tierpark	Freizeit-Resort	Gesundheits-	Squashcenter
Diskopark		zentrum	
Kinopark			

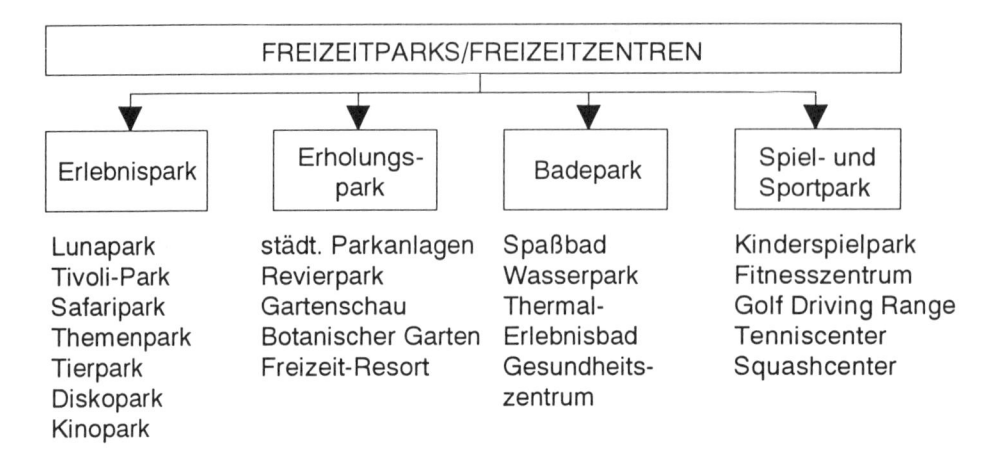

Abb. 1: Betriebsarten von Freizeitzentren und Freizeitparks

8.1.3 Die Standorte

Die verschiedenen Freizeitparks und Freizeitzentren können nach ihren unterschiedlichen Standorten eingeordnet werden (vgl. Abb. 2 und 3).

Vergnügungs- und Unterhaltungsparks
- Lunaparks
- Tivoli-Parks
- Disko-, Gastro- und Kinoparks

Badeparks
- Outdoor-Wasserparks
- Spaß- und Tropenbäder (Indoor-Wasserparks)
- Thermal-Spaßbäder
- Thermal-Erlebnisbäder
- Sportkomplexanlagen mit integriertem erlebnisorientiertem Bad
- Gesundheitszentren/Fitneßparks

Gartenparks und Tierparks
- Städtische Parkanlagen
- Regionalparks (Revierparks)
- Gartenschauen
- Tiergärten

Spiel- und Sportparks
- Kinder-Spielparks
- Golf Driving Range
- Tennis- und Squashcenter

Abb. 2: Freizeitparks und Freizeitzentren als Freizeitinfrastruktur in den Städten und in ihrem unmittelbaren Umfeld

All diese Anlagen sind aufgrund ihres engen räumlichen Zusammenhangs mit der Stadt auch in deren touristisches Angebot integriert und daher selten eine eigenständige touristische Destination. Sie verbessern oder prägen das touristische Angebot ihres Standortes.

Freizeitparks und Freizeitzentren im Ausflugsbereich der Städte hingegen sind aufgrund ihrer Solitärstellung darauf angewiesen, eine hohe Eigenattraktivität zu entwickeln, wenn sie als touristische Leistungsträger "autonom" auf dem Markt auftreten wollen. Zwar können sie bisweilen von der touristischen Gesamtinfrastruktur einer Region und dem dortigen Gästeaufkommen partizipieren und auf beide Faktoren auch positive Einflüsse ausüben, doch hängt es letztendlich von der Anziehungskraft der Anlage selbst ab, welche Rolle sie auf dem touristischen Markt spielt.

Erlebnisparks
- Märchenparks und Märchengärten
- Safariparks
- Themen-Erlebnisparks

Outdoor-Wasserparks an Seen oder am Meer

Freizeit-Resorts
- Bungalow-Resorts (Center Parcs, Gran Dorado Parks, Sun Parcs, Fun Parks)
- Erlebnispark-Resorts
- Resorts der verschiedenen Hotelgruppen (Hyatt-Resorts, Hilton-Resorts, Sheraton-Resorts, Marriott-Resorts)

Abb. 3: Freizeitparks und Freizeitzentren im Ausflugsbereich der Städte

In der jüngsten Vergangenheit haben sich auch Tagesausflugsziele durch die Angliederung von Beherbergungseinheiten zu eigenständigen Touristikdestinationen entwickelt, weil diese Tagesausflugsziele eine Betriebsgröße und Attraktivität erreicht haben, welche einen Mehrtagesaufenthalt ratsam oder erforderlich machen (z.B. Disney World in Orlando, Florida, und das Euro Disney Resort in Villiers sur Marne bei Paris).

8.2 Freizeitparks und Freizeitzentren als Freizeitinfrastruktur in den Städten und in ihrem unmittelbaren Umfeld

8.2.1 Vergnügungsparks und Unterhaltungsparks

8.2.1.1 Lunaparks

Als in den städtischen und industriellen Verdichtungsräumen im letzten Jahrhundert der Zuzug in die Metropolen und Industrieareale begann, war bei den Arbeitern, die oft unter menschenunwürdigen Verhältnissen hausten, ein Drang zur Unterhaltung, zur Zerstreuung und zum Vergnügen vorhanden. Viele Schaustellerbetriebe, die damals noch von Stadt zu Stadt zogen, merkten sehr bald, daß sich in bestimmten städtischen Ballungszentren immer genügend Publikum für den Besuch eines Kirmesplatzes begeistern ließ. So entschlossen sie sich kurzerhand, aus ihren mobilen Anlagen festmontierte Anlagen zu machen und diese im Laufe der Zeit so auszubauen, daß sie sich gegenüber den Schaustellerbetrieben abhoben. Dazu wurden Spielcasinos, kleinere Theater, Schaubuden etc. in aufwendigerer Form installiert. Fast jede europäische Hauptstadt konnte dadurch bald über einen Lunapark verfügen.

Diese "stationären Rummelplätze" waren natürlich auch von der beginnenden räumlichen Enge der Städte betroffen. In Großbritannien waren die Lunaparks bald gezwungen, sich in den Seebädern oder Küstenorten auf lange Holzstege (sog. Piers) zurückzuziehen, um dort ihr volles Programm zu offerieren. In Berlin wurde der Lunapark einer Prachtstraße, die unter Kaiser Wilhelm II geplant wurde, geopfert. Auch in den meisten anderen deutschen Städten, in denen solche Lunaparks existierten, sind diese mittlerweile wieder verschwunden.

Einer der wenigen noch bestehenden Lunaparks ist der Prater in Wien, der hauptsächlich wegen seines Riesenrades und seiner Rolle in einem weltbekannten Spielfilm zur städtischen Sehenswürdigkeit geworden ist.

8.2.1.2 Tivoli-Parks

Tivoli-Parks bieten zwar auch zahlreiche Fahrgelegenheiten, Schaubuden etc. wie Lunaparks, doch kann man sie als die "Komfortklasse der Lunaparks" bezeichnen. Sie sind meistens in Stadtparks mit aufwendiger gärtnerischer Anlage integriert, offerieren dem Publikum auch Anspruchsvolleres (Theater, Kabarett, Tanzveranstaltungen), beherbergen in der Regel gute Restaurants, so daß auch die sozial bessergestellten Schichten dort ihre Abendfreizeit verbringen, und sind wie die Beispiele des Tivoli Kopenhagen oder des Gröna Lund Tivoli sowie des Lisebergparks in Göteborg zeigen, bald durch ihre qualitativen Einrichtungen wesentliche Bestandteile des touristischen Gesamtangebotes ihrer Stadt und bisweilen ihres Landes geworden, ohne daß diese Tivoli-Parks touristische Beherbergungseinrichtungen anbieten.

Tivoli-Parks existieren bisher in der Bundesrepublik Deutschland nicht. Durch die Schaustellertradition sowie die zur Zeit noch intakten Innenstädte mit "aktivem Nachtleben" und vielen Festen in den verschiedenen Stadtteilen war für diese Anlagen bisher kein Bedarf vorhanden. Nachdem nunmehr aber Klagen von Nachbarn zunehmend Volksfeste, Gastronomiebetriebe, Kinos etc. in ihrer Tätigkeit einengen, andererseits aber in der Bevölkerung der Bedarf nach "Ausgehmeilen" und "Ausgehvierteln" wächst, sind viele Planungsbehörden bereit, solche Tivoli-Parks als Ziele für die städtische oder regionale Feierabendfreizeit fernab von Wohngebieten neu zu schaffen.

Durch ihre Angebotsdichte und Angebotsvielfalt sind Tivoli-Parks auch in Zukunft wahrscheinlich wesentliche Leistungsträger und Anziehungspunkte nicht nur der innerstädtischen Freizeit, sondern dienen, wie das Tivoli Kopenhagen, auch als Bestandteil der touristischen Gesamtqualität einer Stadt oder Region.

8.2.1.3 Disko-, Gastro- und Kinoparks

Disko-, Gastro- und Kinoparks sind entweder die Kombination von gastronomischen Einrichtungen, Diskotheken und Kinoparks oder treten in nur einer Betriebsart auf. Meist wird die Kombination aller drei Gewerbearten deswegen gesucht, da sie sich untereinander gut ergänzen und sich letztlich als "Ausgehmeile" für Jugendliche profiliert haben. Derartige Parks können auch als Nachfolge oder moderne Version des traditionellen Tivoli-Parks betrachtet werden. Der derzeitig erfolgreichste Prototyp dieser innerstädtischen Parkgeneration existiert in Brüssel. Am Rande des Atomiums bietet der Bruparck neben einem Multiplexkino (16 Mio. Besucher pro Jahr) mehr als 20 verschiedene gastronomische Einrichtungen, meist mit großem Außenbereich verbunden, Diskotheken, aber auch die Kombination mit einem Miniatur-Freizeitpark und einem Indoor-Wasserpark.

Insbesondere durch die verschärften Lärmvorschriften in vielen Gemeinden werden künftig Großdiskotheken und viele Gastronomien sowie auch größere Kinopaläste innerhalb der städtischen Bebauungszonen kaum noch betreibbar sein. Dies führt dazu, daß sich diese Anlagen in größeren Komplexen "auf der grünen Wiese" etablieren müssen. Gelingt es, diese Anlagen in den Betriebstyp der Tivoli-Parks zu integrieren, können Disko-, Gastro- und Kinoparks zwar weniger zielgruppenorientiert, jedoch mit besseren Gestaltungselementen als touristische Nebenziele dienen.

8.2.2 Badeparks

Sowohl Outdoor-Wasserparks als auch alle anderen Wasserparkarten sind heute bedeutende touristische Leistungsträger insofern, als sie aufgrund ihrer Größe oft eine Eigenanziehungskraft entwickelt haben und damit zu Touristenattraktionen wurden. Nicht selten erfolgt die Einrichtung von Wasserparks auch als Reaktion auf Umweltprobleme (z.B. Algenverschmutzung an der italienischen Küste). In vielen Regionen am Mittelmeer werden durch die Wasserparks ansonsten kinderunfreundliche Strände aufgewertet (z.B. in Portugal).

8.2.2.1 Outdoor-Wasserparks

Wasserparks sind eine Fortentwicklung der bisherigen Strand- und Freibäder. Ihre Attraktivität wurde durch großdimensionierte Rutschen erzeugt. Selbst in der Bundesrepublik Deutschland, wo vor ca. zehn Jahren die ersten Rutschen in oft sehr kleindimensionierter Form eingebaut wurden, haben diese Steigerungen im Besucheraufkommen von bis zu 160% gebracht. Mittlerweile zeigen sich in der Bundesrepublik

Deutschland dieselben Gesetzmäßigkeiten wie auch in den Wasserparks in den USA, in Japan und an den Mittelmeerküstenorten: Der Einbau von nur einer oder zwei Rutschen genügt nicht. Der Erfolg eines Wasserparks hängt davon ab, daß für die diversen Altersschichten die verschiedensten Wasserattraktionen geboten werden, um einen gewissen Wechsel zu erzeugen, da Rutschen meist nur von einem Zielgruppensegment und auch nicht allzu häufig genutzt werden. In der letzten Zeit haben sich Strömungsbahnen, in denen geschwommen oder mit Reifen gepaddelt werden kann, Reifen-Schnellrutschen und Surf-Wellenbecken als die Renner derartiger Wasserparks erwiesen.

Das Publikum in derartigen Wasserparks ist familienorientiert. Der Anteil von Jugendlichen beträgt weit über 50%. In Europa bestehen solche Wasserparks in Italien, an der französischen, spanischen und portugiesischen Mittelmeerküste. Als der schönste Wasserpark gilt Typhoon Lagoon im Disney-World-Komplex in Florida.

Als Mindestausstattungskriterien müssen nach den Normen des Europäischen Wasserpark- und Freizeitbäderverbandes vorhanden sein:
- mindestens drei Wasserrutschen,
- Wasserspielplätze,
- mindestens fünf verschiedenartige Wasserattraktionen (Lazy River, Wild River, Hot-Whirl-Pools etc.) und
- mindestens zwei bis drei Pools mit einer Fläche von 1000 qm.

8.2.2.2 Spaßbäder und Tropenbäder

Die Spaßbäder haben den Aufschwung der freizeitorientierten Bäder in der Bundesrepublik Deutschland mitbegründet. Der gesundheitliche oder sportliche Aspekt ist bei den Spaßbädern nebensächlich. Das Vergnügen mit dem Wasser in jeder Form steht im Vordergrund. Aus diesem Grund sind Rutschen aller Art, Wasserspielplätze, Sprungtürme, Hot-Whirl-Pools, Bootfahren etc. Hauptangebotsbestandteile. Spaßbäder sind in ihrer Konzeption typische Familienbäder und werden wiederum auch von Jugendlichen und schulpflichtigen Kindern, Vereinen und größeren Gruppen aufgesucht. Der hohe Lärmpegel wirkt in der Regel abschreckend auf die ältere Generation, obwohl es bestimmte Zeiten (Vormittagsstunden) gibt, in denen sich ältere Personen aufgrund der geringen Nutzung durch Familien oder Kinder wohler fühlen.

Typische Spaßbäder in der Bundesrepublik Deutschland sind das "blub" in Berlin, das Miramar in Weinheim und das Alpamare in Bad Tölz, das Aqualand in Köln und das Aquatoll in Neckarsulm.

Die Fortentwicklung der Spaßbäder sind die sogenannten Tropenbäder. Hier werden Spaßbad-Elemente vor allem durch aufwendige Dekorationen unter Verwendung von Naturpflanzen und natürlichen oder an Natur erinnernde Materialien (z.B. Sandsteinfelsen) ergänzt. Die Tropenbäder liegen dem Betriebskonzept der Bäder in den Center Parcs oder Gran Dorado Bungalowparks, aber auch dem Tropicana in Rotterdam und einigen Aquadromen zugrunde.

Als Mindestausstattungskriterien müssen nach den Normen des europäischen Wasserpark- und Freizeitbäderverbandes vorhanden sein:
- mindestens eine Rutsche von mindestens 50 m Länge,
- mindestens fünf verschiedene Wasserattraktionen,
- Saunaanlagen,
- mehrere Becken mit einer Gesamtfläche von 700 qm,
- eine architektonische Konzeption, die sich sowohl in der Ausführung, den verwendeten Materialien als auch in den verwendeten Dekorationselementen von den herkömmlichen Sportbädern wesentlich unterscheidet,
- groß dimensionierte Aufenthalts- und Liegeflächen,
- Gastronomieanlagen im Badebereich,
- Wellenbad oder Wild River,
- Außenschwimmbecken,
- Solarien und
- eine Wassertemperatur von mindestens 27 °C

8.2.2.3 Thermal-Spaßbäder

Thermal-Spaßbäder zeichnen sich vor allem dadurch aus, daß zu dem "Wasserspaß" Thermalwasser verwendet wird. Im Gegensatz zu den Spaßbädern, die fast ausschließlich Wasserattraktionen und streng separiert Saunen mit speziellen Clubkonzeptionen aufweisen, findet bei den Thermal-Spaßbädern eine stärkere Vermischung beider Angebotsformen statt. Dies führt teilweise zu erheblichen Schwierigkeiten zwischen den einzelnen Nutzerzielgruppen. Ältere Besucher separieren sich von den jüngeren, meist ist aber der Anteil der älteren Besucher in diesen Anlagen nur am späten Abend nennenswert.

Es bedarf daher einer ausgefeilten Konzeption für diese Bädermischform, die letztlich darauf abzielt, zwei Badekomplexe getrennt zu betreiben. Werden zuviele Kompromisse geschlossen, werden sehr bald vor allem die älteren (konsumkräftigeren) Gästegruppen durch den Lärm von Kindern und Jugendlichen vertrieben. Diese Mischformen hatten bisher auch nur in Gegenden Erfolg, in denen die einzelnen Zielgruppen letztendlich nicht auf andere, ihren Bedürfnissen entsprechendere und spezialisiertere Bäder ausweichen konnten. Angesichts der Entwicklung auf dem Bädersektor ist daher diese Konzeption am schwierigsten zu realisieren und bedarf auch einer sehr sorgfältigen Ausbauplanung. Allen alles bieten zu wollen, funktioniert auch auf dem Bädersektor nicht.

8.2.2.4 Thermal-Erlebnisbäder

Während Wasserparks eine Fortentwicklungsstufe der traditionellen Freibäder, Spaßbäder die Evolution der Hallenbäder sind, stellen Thermal-Erlebnisbäder die qualitative Steigerungsform der herkömmlichen Thermal-Bäder in traditionellen Kurorten dar. So nimmt es auch nicht Wunder, daß das erste Thermal-Erlebnisbad in einer Kurstadt entstanden ist. Die Taunus-Therme in Bad Homburg v.d.H. zeichnet sich vor allem dadurch aus, daß neben dem "Thermalbaden" und allen gesundheitstherapeutischen Einrichtungen eine Betriebsphilosophie dazukam, die sich konsequent in der Gestaltung des Gesamtgebäudes fortgesetzt und sich auch in Detaillösungen widerspiegelt.

Eines der wesentlichen Kennzeichen der Thermal-Erlebnisbäder ist die hohe Wassertemperatur zwischen 32 °C und 38 °C und die Ausgestaltung mit Wasserattraktionen, die zwar eine spielerische Beschäftigung des Besuchers möglich machen, aber im Gegensatz zu den Spaßbädern und Wasserparks kein "Austoben" ermöglichen. Statt Ruhebänke sind Sprudelliegen und Whirl-Pools installiert, von denen aus die Nutzer das Geschehen um sich herum beobachten können. Wildbach und Wasserfälle, Sprudelliegen, ja selbst die Therapiebecken sind in eine künstliche Landschaft integriert, im Gegensatz zu den herkömmlichen Thermalbädern, die solche Einrichtungen in abgeschlossenen Bereichen ansiedeln.

Die neue Thermal-Erlebnisbadkonzeption entspricht in höherem Maße dem Grundsatz "Nihil agere delectat" als dem aktiven Fitneßgedanken. So nimmt es auch nicht Wunder, daß die angegliederten Bodybuilding-Studios in der Regel "verstauben". Hauptanziehungspunkt dieser Bäder sind nicht nur die Wasserbereiche, sondern ebenso die großdimensioniert angelegten Saunabereiche mit verschiedenen Saunaarten, Dampfbädern und auch die Vielzahl verschiedener Solarien. So nimmt der Saunabereich in der Taunus-Therme Bad Homburg dieselbe Fläche in Anspruch wie die übrigen Bereiche zusammen.

Die Branche hat es verwundert, daß Thermal-Erlebnisbäder im Gegensatz zu den herkömmlichen Thermalbädern keine Seniorenbäder wurden. Im Gegenteil: der Altersdurchschnitt beträgt nur in den Morgenstunden etwas über 50 Jahre. Nachmittags sinkt er bereits auf 35 Jahre und am Abend auf ca. 25 Jahre. Aufgrund des groß ausgebauten Saunabereiches sind diese Bäder hauptsächlich Treffpunkte von Freunden, befreundeten Familien oder Gleichgesinnten. Ein Schlüssel zum Erfolg und zur Realisierungsmöglichkeit der Betriebsphilosophie, des entspannenden Erlebens, war vor allem auch, daß Lärm durch herumtollende Kinder durch die Preisgestaltung (Kinder zahlen so viel wie Erwachsene) konsequent vermieden werden konnte.

Beispielhafte Thermal-Erlebnisbäder sind neben der Taunus-Therme in Bad Homburg v.d.H. die Kurhessen-Therme in Kassel, die Thermae 2000 in Valkenburg (Niederlande), die Caracalla-Therme in Baden-Baden und die Limes-Therme in Aalen.

Als Mindestausstattungskriterien müssen nach den Normen des Europäischen Wasserpark- und Freizeitbäderverbandes vorhanden sein:
– mehrere Becken mit Thermalwasser und einer Gesamtbeckenfläche von mindestens 700 qm,
– Beckenformen, die nicht an Sportbäder erinnern,
– ein vielfältiges Sauna-Angebot mit mindestens vier verschiedenen Saunen,

- Hot-Whirl-Pools,
- integrierte Gastronomie im Badebereich,
- aufwendige Dekorationen und eine architektonische Konzeption, welche sich von gesundheitstherapeutisch ausgerichteten Bädern im herkömmlichen Sinn maßgeblich unterscheidet,
- mindestens fünf verschiedene Wasserattraktionen,
- Solarien.

8.2.2.5 Sportkomplexanlagen mit integriertem erlebnisorientiertem Bad

Hauptsächlich im Rahmen von Sanierungsprogrammen wurden bisher innerhalb von Sportkomplexanlagen Bäder neu gebaut. Diese Konzeption zielt darauf ab, die gewonnene Abwärme von angrenzenden Eislaufstadien und Eislaufflächen gezielt zur Beheizung von Schwimmbecken zu nutzen. Mit den Eislaufarenen werden auch weitere Sporteinrichtungen verbunden (Leichtathletikhallen, Indoor-Tennis etc.). Die Akzeptanz der Schwimmeinrichtung innerhalb dieser Sportkomplexanlagen ist besser als in herkömmlichen Hallenbädern, da der Besucher die Möglichkeit hat, auch andere Einrichtungen zu benutzen, obwohl in letzter Zeit zunehmend ein starker Rückgang der wechselnden Ausübung einzelner Sportarten beobachtet wird. Bedingt durch die meist vordergründig sportliche Einrichtung der Schwimmanlagen, bei denen der Einbau einer Rutsche und Solarien etc. eher eine "Alibifunktion" übernimmt, ist das Erlebnis bisher nicht ganz zufriedenstellend, grundsätzlich aber entwicklungsfähig.

Ein Beispiel eines derartigen Sportkomplexes mit integriertem Großhallenbad und Freibad ist das Sportparadies Gelsenkirchen.

8.2.2.6 Gesundheits- und Fitneßzentren

Die Gesundheitszentren als therapeutische Einrichtungen sind heute meist in Kurbädern installiert, gewinnen aber auch im innerstädtischen Bereich zunehmend an Bedeutung. Ihnen sind neben großen Saunabereichen meist Massagepraxen, Bewegungsbadeeinrichtungen und medizinische Badeabteilungen angegliedert. Als touristische Leistungsträger spielen sie nur dann eine Rolle, wenn sie über einen Hotelkomplex direkt erreichbar sind. Ihre Bedeutung innerhalb der Kurbäder ist nach wie vor unabdingbarer Leistungsbestandteil.

Fitneßzentren sind eine Fortentwicklung der früheren Bodybuilding-Studios. Mit einer Vielzahl von Einrichtungen (inkl. Sauna, Solarium etc.) werden in den Fitneßzentren neben Gymnastik bisweilen auch Meditation, fernöstliche Kampfsportarten, vor allem aber ein breites Geräteprogramm zum Bodystyling unter fachkundiger Anleitung offeriert.

8.2.3 Gartenparks und Tierparks

8.2.3.1 Städtische Parkanlagen

Die fast überall in städtischen Agglomerationen vorhandenen städtischen Parkanlagen können, wie der Luisenpark in Mannheim oder die Kurparks in Baden-Baden bzw. Wiesbaden, eine eigene touristische Anziehungskraft entwickeln. Meist werden diese Parks auch als Veranstaltungsareale genutzt, bzw. es werden dort größere Gastronomieeinrichtungen für Ausflugsgäste eingerichtet.

8.2.3.2 Regionalparks

Im Rahmen der Rekultivierung größerer Bergwerksanlagen ist vor mehr als einem Jahrzehnt zur Verbesserung der Freizeitinfrastruktur an Rhein und Ruhr der Anlagetyp eines "Revierparks" entwickelt worden. Diese Freizeitanlagen sind meist eine Kombination verschiedener Angebotsbestandteile (große Bäder, Freilufttheater, große Spielplätze etc.). Mit ihrem hauptsächlich kulturell-sportlich-pädagogischem Charakter unterscheiden sie sich von den traditionellen Bade- und Freizeitparks wesentlich. Durch ihre räumliche Lage sind sie Erholungsareal für die umliegenden Städte des dichtbesiedelten Ruhrgebietes.

Als besonders fremdenverkehrswirksame Einrichtungen haben sie sich jedoch bisher nicht profilieren können.

8.2.3.3 Gartenschauen

Der ausgeprägte Hang des Deutschen zu Blumen und Parkanlagen hat dazu geführt, daß neben der Bundesgartenschau, die in zweijährigem Turnus stattfindet, mittlerweile in fast allen Bundesländern Landesgartenschauen stattfinden. Mit ihren Besucherzahlen, die oft die Millionengrenze überschreiten, sind diese Gartenschauen inzwischen ein bedeutender touristischer Faktor geworden, der sich in den Übernachtungszahlen der betreffenden Ausrichtungsorte niederschlägt.

Die Gartenschauen sind in ihrer Bedeutung mit temporär stattfindenden Ausstellungen gleichzusetzen. Ihre Anziehungskraft ist nicht permanent, sondern zeitlich begrenzt; im Gegensatz zu Ausstellungen verbessern sie allerdings die Freizeitinfrastruktur auch nach der Gartenschauveranstaltung maßgeblich.

Das Beispiel der Insel Mainau im Bodensee zeigt aber, daß eine permanente Gartenschau in einem günstigen Mikroklima bedeutende Besuchermengen aktivieren kann.

8.2.3.4 Tiergärten

Bis Mitte des Jahrhunderts gehörten Tiergärten zur Standardfreizeitinfrastruktur mittlerer und großer Städte. Sie dienten vor allem der Befriedigung der Schaulust und dem

Unterhaltungsbedürfnis der Bevölkerung. Seither hat sich die Zielsetzung der Tiergärten mehr auf die Forschungsebene verlagert, durch die Reisemöglichkeiten und filmisch dokumentierten Verhaltensstudien ist das Tier als Schauobjekt in seiner Bedeutung in den Hintergrund gerückt. Tiergärten von Weltruf mit besonders guter Gestaltung der Tiergehege konnten sich allerdings im touristischen Angebot der Städte wie architektonische oder museale Sehenswürdigkeiten etablieren.

Beispiele für solche touristisch wirksamen Anlagen sind der Tierpark Hagenbeck in Hamburg, der Londoner Zoo, der Frankfurter Zoo, die Wilhelma in Stuttgart und der Zoo in San Diego.

8.2.4 Spiel- und Sportparks

8.2.4.1 Kinderspielparks

Die Eintönigkeit der kommunalen Spielplätze hat dazu geführt, daß vor allem in den USA spezielle Kinderspielplätze mit außergewöhnlichem Spielangebot gebaut wurden. Diese Kinderspielparks sind eigenständige Einrichtungen, die unter den Bezeichnungen Kids Place und Sesame Place ein großer Erfolg wurden. Aber dieses Angebot wurde mittlerweile meist von den bestehenden Freizeit- und Erlebnisparks und vor allem von gastronomischen Einrichtungen (McDonald's) oder großen Einkaufszentren mehr und mehr als Bestandteil des Gesamtangebots integriert, um damit für den Hauptzweck des jeweiligen Gewerbes zusätzliche Zielgruppen zu erschließen.

8.2.4.2 Golf Driving Ranges

Die innerstädtische Golf Driving Range ist derzeitig noch hauptsächlich eine "japanische Spezialität". Aufgrund der räumlichen Enge der ostasiatischen Inselgruppe bei gleichzeitig hoher Popularität des Golfsports ist die Mitgliedschaft in einem Golfclub für viele Bevölkerungsschichten (wie auch in der Bundesrepublik Deutschland) aufgrund der hohen Aufnahme- und Mitgliedsgebühren unerschwinglich. Die Golfsportaktivität vieler Bevölkerungsgruppen hat sich daher auf die innerstädtischen Golf Driving Ranges verlagert. Dort wird auf einem etwa fußballfeldgroßen Areal, das komplett mit einem Maschendrahtnetz von der Umgebung abgeschirmt ist, von oft in mehreren Stockwerken angelegten Plätzen der "Abschlag" geübt. Diese Betätigung ist eine der beliebtesten Mittags- und Abendbeschäftigungen der in der Stadt lebenden Japaner und könnte auch bei einer entsprechenden Popularität des Golfsports in Deutschland Bestandteil des Freizeitangebotes der Städte werden.

8.2.4.3 Tennis- und Squashcenter

Das Tennisangebot mit Frei- und Hallenplätzen, oft verbunden mit einer Vielzahl von Squashboxen, ist meist in Tennis- oder Squashcenter zusammengefaßt. Diese Einrichtungen werden nicht selten mit Fachgeschäften, Saunaanlagen und Hot-Whirl-Pools bzw. Schwimmbädern kombiniert. Auf dem touristischen Sektor spielen diese Anlagen meist nur eine angebotsoptimierende Rolle, insbesondere, wenn sie mit Beherbergungseinrichtungen verbunden sind.

8.3 Freizeitparks und Freizeitzentren im Ausflugsbereich der Städte

8.3.1 Erlebnisparks

8.3.1.1 Märchenparks und Märchengärten

In den Zeiten des wirtschaftlichen Wiederaufbaus nach dem 2. Weltkrieg entstanden im "Wander- und Fahrradbereich" der Städte viele Ausflugsgastronomien, die sich bemühten, Familien mit Kindern durch allerlei zusätzliche Attraktionen anzulocken. Als "Renner" entwickelten sich damals Märchendarstellungen mit beweglichen und sprechenden Figuren, die zuerst von Bastlern und später in Zusammenarbeit mit Spezialfirmen aufgebaut wurden. Mehr als 300 solcher Anlagen bestanden zu Beginn der 60er Jahre in der Bundesrepublik Deutschland, verloren ihre Popularität aber bald durch die neu entstehenden Freizeit-Themenparks und vor allem durch das Fernsehen, welches die Aufmerksamkeit der Kinder mehr auf "Fury" und "Lassie" lenkte.

Nur wenige Märchenparks haben sich als touristische Einrichtungen bis heute behaupten und bisweilen sogar als touristische Sehenswürdigkeiten etablieren können. Der Märchengarten im Blühenden Barock Ludwigsburg ist hierfür ein Beispiel. Eine nationale Sehenswürdigkeit ist in den Niederlanden der Märchenpark im Freizeit-Großpark Efteling bei Tilburg/Kaatsheuvel, in dem sogar neu verfaßte Märchen in großdimensionierten "Märchenstädten" als Attraktion dienen. Dieses Eperiment ist in Norwegen im Fritidspark Dyrepark Kristiansand in erweiterter Konzeption fortgeschrieben worden. Das von Thorbjorn Egner in seinem Märchen "Die Räuber von Kardemomme" beschriebene Dorf "Kardemommeby" wurde dort originalgetreu erbaut, wobei die Kinder mit ihren Familien jeweils in der ebenfalls detailgetreu ausgestalteten Wohnung ihrer Lieblingsmärchenfigur eine oder mehrere Nächte verbringen können.

8.3.1.2 Safariparks

Zu Beginn der 60er Jahre wurden Safariparks populär. Diese Anlagen konnten durch ihren "autonahen" Tierkontakt vom Start weg viele Millionen Besucher mobilisieren. Ihr Betriebskonzept beruht darauf, daß mit dem eigenen PKW Savannen- und Raubtierareale durchquert werden und dadurch die Atmosphäre einer Afrika-Tiersafari auf einheimischem Terrain simuliert wird.

Die geringe Attraktivität der Safariparks für einen Wiederholungsbesuch hat dazu geführt, daß diese Safariparks heute meist nur noch in Kombination mit Erlebnisparks betrieben werden oder ganz verschwunden sind. Die bedeutendsten Safariparks sind der Windsor Safari Park bei London, der Serengeti Park Hodenhagen, der Safaripark Gänserndorf bei Wien und der Hollywood-Park bei Paderborn.

8.3.1.3 Themen-Erlebnisparks

Die Einteilung in abgeschlossene Themenbereiche ("dreidimensionale Theater") in diesen Erlebnisparks verdankt die Freizeitindustrie Walt Disney. Als Walt Disney auf dem Höhepunkt seiner Karriere Amusement-Parks besuchte, bemängelte er neben dem dort auftretenden Schmutz das unfreundliche Personal und vor allem die Rummelplatzatmosphäre, die nicht zuletzt durch die einfallslose Aneinanderreihung von Attraktionen und den konzeptionslosen Aufbau entstand und von ihm als "Potpourri von visuellem in ein Labyrinth von kreuz und quer laufenden Straßen und Gehwegen verwickeltem Widersinn" empfunden wurde.

Außerdem fand er es für Erwachsene deprimierend, daß sie in dem traditionellen Vergnügungspark gezwungen waren, die Kinder zu beobachten, aber wenig Gelegenheit hatten, sich selbst zu betätigen. So beschloß er, eine neue Welt, eben den ersten "Disney-Themenpark" zu bauen. Die Betriebsphilosophie dieses Parks lehnte er an das Erfolgsrezept seiner Filme an: nämlich alles zu vermeiden, was als familienfeindlich oder unmoralisch gelten könnte, und natürlich für die gesamte Familie Unterhaltung zu bieten. Für ihn bedeutete diese Betriebsphilosophie das strikte Verbot von Alkoholika, das Verbot von Großflächenwerbung, von Picknickwiesen und Anspielungen auf Sex.

Wesentliches Element der Disney-Philosophie ist aber nicht nur der äußere Rahmen, sondern auch die Gestaltung, die sich wiederum an seinen Erfahrungen im Filmkulissenbau und der Filmgestaltung orientierte. So wählte er mehrere räumlich kombinierte Themenbereiche, die aber in sich abgeschlossen und möglichst nicht gegenseitig einsehbar sind. Alle Attraktionen sind in einem bestimmten historischen, kulturellen oder geographischen Rahmen eingegliedert: *"Theming puts people in a receptive mood and keeps them from feeling embarrassed or silly. All the elements of a movie must be made to complement each other – and this criterion was adapted in designing the parks. It's a concept of relating things in a non-competitive way."*

Auch das Prinzip der fortlaufenden Erneuerungs- und Ausdehnungsinvestition wurde von Disney geprägt. Disney vertrat die Ansicht, daß in einem Park immer wieder Neues errichtet werden müsse, solange es in der Welt Erfindungsgeist gäbe. Diese Betriebsphilosophie in allen ihren detaillierten Ausgestaltungen stellte eine revolutionäre Innovation auf dem Gebiet der Freizeitanlagen dar. Obwohl am Anfang nicht einstimmig begrüßt, setzte sich diese Idee durch ihren Erfolg gemessen an atemberaubenden Besucherzahlen durch. Sie hat in der Welt überall Nachahmung gefunden, auch wenn oft Disneys Betriebsphilosophie nicht vollständig kopiert und zu einfallslos der Grundriß von Disney Land oder Disney World nachgeahmt wurde.

Die Themen-Erlebnisparks haben aber in ganz Mitteleuropa einen außergewöhnlichen Erfolg. So konnte allein in der Bundesrepublik Deutschland in den letzten fünf Jahren die jährliche Besucherzahl von 15 Mio. auf 21 Mio. Besucher im Jahr 1991 gesteigert werden. Ihre Beliebtheit verdanken sie insbesondere dem Einheitspreissystem (alles nutzen, soviel man möchte), das sich vor allem als familienfreundlich erwiesen hat. Außerdem haben sie die Disney-Philosophie des konsequenten und steten Ausbaus übernommen. Aufwendige landschaftsgärtnerische Gestaltungsformen, detaillierte Kulissenbauten, aufwendige Shows und besonders die vielfältigen Fahrattraktionen für alle Altersschichten sind das Geheimnis ihres Erfolges.

In der Bundesrepublik Deutschland bestehen 45 derartige Anlagen, im gesamten Europa etwa 180 Parks, wobei sich diese Einrichtungen derzeitig vor allem in Spanien, Italien und in der GUS im Ausbau befinden. Alle Themen-Erlebnisparks sind mittlerweile bedeutende überregionale Ausflugsziele und als solche inzwischen in das Gesamttouristikangebot einer Region integriert. Eine Reihe von Themen-Erlebnisparks in Europa bieten bereits eigene Hotels an.

8.3.2 Freizeit-Resorts

8.3.2.1 Bungalow-Resorts

Die Bungalow-Resorts beruhen vor allem auf dem sogenannten Center-Parcs-Konzept. Die Kombination zwischen unabhängigen Wohnformen und einer Vielzahl von Freizeitaktivitäten und Unterhaltungsmöglichkeiten sowie die Ausschaltung des Wetterrisikos durch eine großzügige Überdachung des Zentralbereichs ist die Betriebsphilosophie der derzeitig erfolgreichsten Ferienpark-Betreibergruppe, der Center Parcs AG, mit Sitz in den Niederlanden. Durch Beobachtung der Verhaltensweisen der Bewohner von Dauercampingplätzen erkannte der heute 78jährige Piet Derksen, daß der Trend auf mehr Komfort gerichtet ist und der Wunsch nach Freizeitgestaltungsmöglichkeiten nahe der Beherbergungsstätte immer größer wird. Dabei sollte auch eine zunehmende Absicherung gegen das Wetterrisiko gegeben sein.

Sein Konzept, riesige Bungalowdörfer mit ganzjährig geöffneten Schwimmparadiesen, die Südseeflair vermitteln, und mit einer Vielzahl von Restaurants, Einkaufsmöglichkeiten und Unterhaltungsattraktionen zu offerieren, entwickelte sich in den Niederlanden und in Belgien zum "Renner". Untersützt wurde der Erfolg dieses touristischen Produkts dadurch, daß Bungalowanlagen von den Niederländern seit langem favorisiert werden und die Zahl der öffentlichen Hallenbäder in den Niederlanden relativ gering ist.

Piet Derksen versuchte nicht, die Feriendörfer in landschaftlich besonders attraktiven Zonen anzusiedeln, in denen voraussichtlich auch nicht die Fläche für diese Großanlagen zur Verfügung gestellt worden wäre, sondern holte sich die "attraktive Landschaft" in den Glaskuppelbau. Sein Gespür sagte ihm, daß der mitteleuropäische Urlauber angesichts der jährlichen Frustration über das Sommerwetter "Waikiki" mehr bevorzugt als bewaldete Bergrücken in Mittelgebirgslandschaften.

Zug um Zug wurde der ursprünglich nur ein Tropenbad beherbergende Glaskuppelbau vom Architekten der Center Parcs, John Fähmel, zu einem wirklichen "Center" ausgebaut. Im tropischen Flair entstanden Einkaufspassagen, Restaurants mit davorliegenden Wasserläufen, exotischen Vögeln, Theaterbühnen und Sporteinrichtungen. Die Beleuchtung durch Glas und Elektrizität wurde exakt so aufeinander abgestimmt, daß stets das Flair südlicher Sonne gesichert war. Auch im Winter konnte damit "Sommer" simuliert werden.

Außerdem wurde erst gar nicht der vergebliche Versuch unternommen, in großem Maße Langzeiturlaubsreisende in die Center Parcs umzuleiten, sondern das Marketingkonzept wurde konsequent auf Kurzurlauber ausgerichtet. Die früher übliche "Wochenbuchung" als Standardbuchung entfiel. Das meistverkaufte Arrangement der Center Parcs sind die Wochenenden, die oft schon mehr als sechs Monate im voraus ausgebucht sind. Das ergibt eine Belegungsquote von 98,2% bei den Wochenendarrangements. Die zwölf Center Parcs in den Niederlanden, in Belgien, Frankreich, Großbritannien sowie in den USA haben jährlich 2,9 Mio. Gäste und im Jahresmittel eine Belegungsquote von 95%.

Bedingt durch die Freizeitblöcke an den Wochenende sind auch in den Center Parks die Wochenmitten außerhalb der Schulferien weit schwieriger "an den Mann" zu bringen. Bisher konnte zwar ein zufriedenstellender Absatz an Rentner und Alleinreisende erzielt werden, doch wird künftig versucht, zunehmend auch Seminare und Großveranstaltungen in den Center Parks abzuhalten.

Das Expansionstempo der Center Parcs ist ungebrochen, doch ist derzeitig erkennbar, daß der Markt vor allem in den Niederlanden und in Belgien weitgehend erschöpft ist. Die langfristigen Pläne der Center Parcs sind daher darauf gerichtet, Parks im benachbarten Ausland zu errichten und in Deutschland Anlagen zu planen, die außerhalb des traditionellen Einzugsgebietes von Rhein und Ruhr, das nach wie vor von den Parks in den Niederlanden beworben wird, liegen. Beim Projekt Bispingen in der Lüneburger Heide südlich von Hamburg machte Center Parcs allerdings erstmals die Erfahrung, daß das Wohlwollen der Behörden und alle mündlichen Zusagen durch Bürgerproteste und die "Green People" wieder zunichte gemacht werden können. So stehen Projekte in der Bundesrepublik derzeit "auf wackeligem Fuß". Allerdings hat man sich bereits in den neuen Bundesländern, in der Nähe von Köslitz, einen strategischen Standort par excellence gesichert. Dieser in der Nähe der Autobahn Leipzig – Berlin gelegene Standort befindet sich unweit der Ballungszentren und hat die Großstädte Magdeburg, Dessau, Leipzig und Berlin fast unmittelbar vor der Haustür. Die Planung nach strategischen Gesichtspunkten ist bei Center Parcs noch wichtiger geworden: Nicht die Landschaft entscheidet, sondern die Erreichbarkeit, denn der Kurzurlauber in Mitteleuropa akzeptiert in der Regel nur eine Anfahrtszeit von 1–2 Stunden.

Das Service- und Leistungskonzept der Center Parcs gilt nach wie vor als vorbildlich. So hat man bei Center Parcs nicht versäumt, nicht nur die Vertriebskapazitäten

(Eigenvertrieb und Vertrieb über leistungsfähige Touristikveranstalter) auszubauen, sondern auch das Produkt Center Parcs fortlaufend weiterzuentwickeln. Bereits nach den ersten Betriebsjahren hat John Fähmel nicht nur den Komfort der Häuser (Flächenausdehnung) ständig verbessert, sondern vor allem viel gestalterische Energie in die Tropenbäder – die nach wie vor beliebteste Zentraleinrichtung – investiert. Um den Zielgruppenkonflikt Erwachsene–Kinder zu vermeiden, wurden in den Tropenbädern teilweise Kinderspielbäder eingerichtet. Sukzessive ist auch vorgesehen, in allen Tropenbädern Wildwasserbahnen einzusetzen, bei denen die Schwimmer sich in einem reißenden, aber dennoch ungefährlichen Bachlauf "hinunterspülen" lassen können. Diese Wildwasserbahnen sind durch die üppige Bepflanzung, aber auch durch den unterschiedlichen Fahrverlauf nicht mit den üblichen Waterslides vergleichbar.

Ebenfalls stehen bei einigen Anlagen Investitionen in 18-Loch-Golfanlagen, die Errichtung von Reitställen, in die Besucher sogar ihr eigenes Pony oder Pferd mitbringen können, topmoderne Sporthallen etc. an. Sogar vom einheitlichen "Tropenflair" will man sich sukzessive lösen. Um dem Gast beim Besuch der verschiedenen Center Parcs eine Alternative zu bieten, werden jetzt die ersten Parc-Plazas (ebenso wie früher überdacht) im mexikanischen Stil errichtet. Als weitere Attraktionen kommen künstli-

Tab. 1: Ergebnisrechnung der Firma Center Parcs AG

	1990 (US$)	1989 (US$)	1988 US$
Results			
Net turnover	382 344 715,83	332 119 677,11	261 064 464,43
Operating profit	84 060 854,28	69 892 106,52	54 824 594,90
Profit on ordinary activities after taxation	31 245 260,93	23 685 070,89	26 064 151,67
Cash Flow (including changes in provisions)	78 932 613,49	76 689 577,62	51 070 934,11
Key ratios			
Operating profit as a % of net turnover	11 631 061,60	11 155 245,44	11 102 376,98
Profit on ordinary activities after taxation			
– as a % of average capital and reserves	4 863 898,49	4 388 082,33	5 868 399,26
– as a % of total assets	18 451 093,17	15 701 933,16	13 269 983,92
Capital base as a % of total assets	27 597 337,07	25 006 782,44	23 453 325,87

che Kletterwände, in einigen Parcs fernöstliche Plazas und Restaurants, Höhlen zum Schwimmen und Verweilen und die Integration von Hotelanlagen hinzu. Auch wurden einige Center Parcs mit gesundheitsfördernden Einrichtungen (Saunas, Kurbädern) ergänzt. Möglich werden die fortlaufenden Erneuerungs- und Erweiterungsinvestitionen durch hervorragende wirtschaftliche Ergebnisse (vgl. Tab. 1).

Diese guten wirtschaftlichen Ergebnisse haben natürlich dazu geführt, daß das Center-Parcs-Konzept mittlerweile auch von anderen Gesellschaften kopiert wird. Dazu zählen vor allem Sun Parcs in Belgien und Gran Dorado mit Sitz in den Niederlanden. Während Sun Parcs in Belgien bisher noch keine überregionale Bedeutung erlangt hat, ist es Gran Dorado gelungen, sein Produkt ohne Buchungseinbrüche bei Center Parcs und ohne große Preisdifferenzen zu Center Parcs von Anfang an zu plazieren. Im Gegensatz zu Center Parcs werden bei Gran Dorado die einzelnen Wohneinheiten nicht weit verstreut errichtet, sondern im südeuropäischen Stil, meist dicht gedrängt, gebaut. Dabei stört es die Urlauber offensichtlich wenig, wenn mittel- und nordeuropäische Temperaturen mit den entsprechenden Regenfällen diese südeuropäische Ferienidylle trüben. Dem Urlauber bleibt immer noch die Flucht in das stets wettersichere Urlaubszentrum, das mit dem Tropenbad, den Einkaufspassagen und den Freizeiteinrichtungen dem Center-Parcs-Konzept verblüffend ähnelt.

Allerdings hat vor allem Gran Dorado einige Standorte ausgewählt, die im Gegensatz zu den Center-Parcs-Anlagen in touristischen Hochburgen liegen. Damit ist die Gefahr vorprogrammiert, daß Teile des Umsatzes in die Umgebung verlagert werden. Der Standortvorteil der Gran-Dorado-Dörfer hat sich bei den Kunden von Center Parcs bisher nicht negativ ausgewirkt: Die hochstehende Qualität der Center Parcs mit einem lückenlosen Attraktivitäts- und Serviceprogramm läßt die Urlauber in Center Parcs Ausflugsmöglichkeiten in die Umgebung und die fußläufige Entfernung zu Urlaubszentren nicht vermissen. Die Anspruchsspirale der Urlauber könnte allerdings eines Tages dazu führen, daß auch Center Parcs sich in bezug auf die Standortgegebenheiten neu orientierten muß. Die Konkurrenzsituation unter den Anbietern der Center-Parcs-Konzepte führt auch dazu, daß verstärkt über themenbezogene Ferienparks (Seeräuberdörfer, Westerndörfer etc.) nachgedacht wird.

8.3.2.2 Erlebnispark-Resorts

Als das Angebot des Disney-Parks in Anaheim so umfangreich wurde und eine so hohe Attraktivität erlangte, daß Besucher von weit her anreisten oder zur Nutzung des Angebots mehrere Tage im Erlebnispark verbringen wollten, gliederte Disney einige Hotels an das Disneyland an. Diese Hotels waren so erfolgreich, daß bei der Neuerrichtung des Magic Kingdoms bei Orlando, Florida, von Anfang an mehrere Hotelbauten geplant wurden, die auch mittlerweile zu den bestausgelasteten der Welt gehören.

Neben diesen Hotels haben die Attraktivität und die Angebotsvielfalt der Disney-Parks in Orlando zu einem regelrechten Boom der Hotelbranche geführt. In der Region Orlando in Zentralflorida ist derzeitig mit 70 000 Betten die höchste Konzentration von Hotels in der Welt vorhanden, die wiederum die rasche Expansion und Neugründung von Freizeitparks in dieser Region ausgelöst haben.

Vor den Toren von Paris soll im Rahmen des Euro-Disney-Projekts diese Konzeption "europäisiert" werden. Aufgrund der räumlichen Distanz zur Bundesrepublik Deutschland werden derzeit vor allem Mehrtagesaufenthalte als Package (inkl. Eintritt in die Disney-Anlagen) angeboten. Am Beispiel der Disney-Resorts wird eindrucksvoll demonstriert, daß es mittlerweile möglich ist, unabhängig von ihrem Standort und der dort vorhandenen Landschaft künstlich geschaffene Erlebniswelten mit hoher eigenständiger touristischer Attraktivität zu schaffen und erfolgreich zu betreiben. Damit sind diese Resorts geeignet, empfindliche Landschaften zu entlasten und auch geringwertige Nutzflächen aufzuwerten.

Die Zukunftsperspektiven der Erlebnispark-Resorts werden positiv eingeschätzt, weil sich die Popularität dieser Einrichtungen ständig verbessert und sich vor allem im erlebnisorientierten Kurzreisesektor die besten Zuwachsraten zeigen. Aus diesem Grund überlegt auch die Anhäuser-Bush-Gruppe, in Spanien ein derartiges Resort zu errichten. Aber auch Efteling in den Niederlanden wird in den kommenden Jahren den bestehenden Erlebnispark mit Hotels, Bungalows, Sport- und weiteren Freizeitanlagen zum Kurzurlaubsresort ausbauen.

Literaturhinweise

Beard, R. R. (1982): Walt Disney's EPCOT Center. New York.
Brathwaite, D. (1968): Fairground Architecture: The World of Amusement Parks. New York.
Demarest, M. (1982): Disney's last dream. In: Time, 4.10.1992. New York.
Fichtner, U., R. Michna (1987): Freizeitparks. Freiburg.
Fromme, J., W. Nahrstedt (Hrsg.) (1989): Baden gehen. Freizeitorientierte Bäderkonzepte – Antworten auf veränderte Lebens-, Reise- und Badestile (IFKA-Dokumentation der 6. Bielefelder Winterakademie). Bielefeld.
Hammer, G. (1984): Möglichkeiten und Chancen der Preispolitik in Freizeit- und Erlebnisparks. In: Schriftenreihe des Instituts für Fremdenverkehrs- und Freizeitforschung. Würzburg.
Heinritz, G., H. Popp (1978): Reichweiten von Freizeiteinrichtungen und aktionsräumliche Aspekte des Besucherverhaltens. In: Mitteilungen der Geographischen Gesellschaft München, Nr. 63, S. 79–115.
Nahrstedt, W. (1982): Freizeitparks pro und contra. In: Animation, Nr. 8, S. 276 ff.
Scherrieb, H. R. (1988): Das Baden ist des Deutschen Lust. Erlebnisbäder der neuen Generation bestimmen den Trend. In: Animation, Heft Juli/August, S. 112–115.
Scherrieb, H. R. (1988): Fässer ohne Boden. Bäder und ihre Wirtschaftlichkeit. In: Animation, Heft Mai/Juni, S. 80–83.
Scherrieb, H. R. (1988): Freizeit- und Erlebnisparks in der Bundesrepublik Deutschland und in den Nachbarländern. In: Tagesausflugsverkehr und seine Auswirkungen. Schriftenreihe der AIEST, Band 29. St. Gallen, S. 85–107.
Scherrieb, H. R. (1988): Planungsprinzipien der Freizeitparks. In: Amusement Industrie. Sonderheft zur Interschau 88.
Scherrieb, H. R. (1988): Systematischer Illusionsaufbau und Besuchersteuerung in Freizeit- und Erlebnisparks. In: Tagesausflugsverkehr und seine Auswirkungen. Schriftenreihe der AIEST, Band 29. St. Gallen, S. 109–131.

9. Internationale Computer-Reservierungssysteme

Klaus Gärtner

Die Zahl der nationalen und internationalen Reservierungssysteme veränderte sich in den letzten Jahren laufend, so daß eine umfassende Darstellung und Beschreibung der verschiedenen Systeme kaum möglich ist. Dennoch wird nachfolgend versucht, einen Überblick über die wichtigsten Systeme und ihre gegenseitige Verflechtung zu geben.

9.1 Die Entwicklung von Computer-Reservierungssystemen

Ohne elektronische Reservierungssysteme läßt sich die Flut an Informationen in der Reisebranche nicht mehr beherrschen. Die ersten Überlegungen zur Schaffung solcher Systeme lassen sich zurückverfolgen bis in den Anfang der 50er Jahre, als American Airlines zusammen mit IBM überlegten, Fluggastinformationen zentral in einen Computer zu speichern. Das bis dahin praktizierte manuelle Buchungssystem wurde durch die nach dem 2. Weltkrieg ständig steigenden Passagierzahlen zu aufwendig, zu unflexibel und vor allem zu fehleranfällig.

Aber auch die Entwicklung der für Reservierungen notwendigen On-line-Systeme befand sich noch in den Anfängen, so daß es nahezu noch zehn Jahre dauerte, bis die ersten Computer-Reservierungssysteme (CRS) – zunächst vorwiegend bei Fluggesellschaften – in Betrieb gingen. Die hierfür aufgebrachten Investitionen waren enorm. Die Zentralcomputer und die Bildschirmterminals kosteten ein Vielfaches von heute, so daß nur strategisch wichtigen Stellen eines Unternehmens der Zugriff auf das elektronische Reservierungssystem durch Installation eines Bildschirm-Terminals erlaubt wurde.

Ende der 60er, Anfang der 70er Jahre tauchten die ersten Reservierungsterminals in den Reisebüros auf. Es handelte sich dabei um individuelle Terminals von Flug- und Bahngesellschaften zur Buchung von Sitzplätzen in Flugzeugen und Zügen.

In Deutschland gaben die Deutsche Bundesbahn, die Deutsche Lufthansa, die Touristik Union International (TUI) und führende Reisebüroketten in einer konzertierten Aktion dieser Entwicklung eine entscheidende Wende in Richtung "Universal-Terminal" und weg von unterschiedlichen "Individual-Terminals" verschiedener Leistungsträger. Sie gründeten das deutsche Reservierungs- und Informationssystem START, das 1979 den Betrieb aufnahm und heute über 14 000 Bildschirm-Terminals in Reisebüros betreibt. Das Leistungsangebot dieses Systems umfaßt die gesamte Palette der in den Reisebüros vermittelten Produkten aus den Sparten Bahn, Flug und Touristik und hat sich nicht – wie die meisten anderen Systeme – vorwiegend auf den Dienstreisenden konzentriert, der primär Flug-, Mietwagen- und Hotelreservierungen nachfragt.

In den 80er Jahren nahm die Zahl der Reisen und die Reiseintensität weiter zu, der Wettbewerb unter den Airlines und Tour-Operators wurde härter. Welche Bedeutung in einer solchen Zeit die CRS haben, begriffen zuerst die Amerikaner, die ihre Systeme verstärkt auch außerhalb der USA in Europa und Asien in den Markt zu bringen versuchten.

Angesichts dieser Entwicklung besannen sich die Airlines in Europa, Asien und Australien auf ihre Stärke und begannen in den letzten Jahren, zum Teil in Kooperationen, ihre nationalen Airline-Reservierungssysteme mit internationalen CRS zusammenzuschließen. So entstanden zusätzlich zu den großen amerikanischen Systemen wie SABRE, APOLLO, WORLDSPAN und SYSTEM ONE in Europa die Systeme AMADEUS und GALILEO, in Asien und Australien u.a. ABACUS und FANTASIA.

Die Entwicklung dieser Systeme verschlingt mehrstellige Millionenbeträge, die durch Buchungsgebühren zwischen 1,80 US$ und 3,00 US$ im Laufe der Jahre wieder eingespielt werden sollen.

Dies wiederum wird nur möglich sein, wenn das System in seinem Leistungsumfang so attraktiv ist, daß möglichst viele Reisebüros und sonstige Reservierungsstellen das System anmieten und ihre Buchungen darüber abwickeln.

Auf der Vermittlerseite wird eine Konzentration hin zu starken internationalen und interkontinentalen Reisebüroketten beobachtet, die zur optimalen Steuerung und für einen umfassenden Kundendienst ein leistungsfähiges CRS in allen Filialen anstreben. Die 90er Jahre werden deshalb den Aufbau von globalen Netzen und eine engere interkontinentale Zusammenarbeit einzelner CRS bringen. Experten vermuten, daß zu Beginn des neuen Jahrtausends lediglich drei bis vier global arbeitende Computer-Reservierungssysteme existieren werden.

9.2 Computer-Reservierungssysteme in Amerika

SABRE

Das größte amerikanische und auch weltweit größte CRS ist SABRE. SABRE (Semi Automated Business Research Environment) wurde 1959 von American Airlines und IBM aufgebaut. Es war zunächst dazu gedacht, die internen Abläufe einer Fluggesellschaft und insbesondere die Bewältigung des ständig steigenden Buchungsaufkommens in den Griff zu bekommen. Mit diesem System war es erstmals möglich, die Flugkapazitäten zentral für alle American-Airlines-Flugzeuge zu steuern. Jede Außenstelle von American Airlines konnte über ein Bildschirm-Terminal den aktuellen Buchungsstand eines Flugzeugs in der Zentrale abrufen und Fluggäste einbuchen. Die Buchungszentrale wiederum hatte den vollen Überblick über die Auslastung der verschiedenen Flüge und konnte somit verkaufssteuernd eingreifen. 1976 wurden die Buchungsterminals auch bei amerikanischen Reisebüros aufgestellt, und 1986 erschienen die ersten SABRE-Terminals in europäischen Reisebüros.

Als SABRE-Travel-Information-Network (STIN) ist SABRE in die Gesamtorganisation von American Airlines eingebunden, also keine selbständige Gesellschaft und gehört somit American Airlines.

Inzwischen findet man SABRE-Terminals in 48 Ländern rund um den Erdball in Nordamerika, Europa, Südamerika, der Karibik, in Australien, Afrika und Asien. Insgesamt sind mehr als 18 200 Reisebüros mit über 85 500 Bildschirm-Terminals mit SABRE verbunden. Zusammen mit den American-Airlines-eigenen Terminals sind es mehr als 122.900.

Sieben zentrale Großanlagen vom Typ IBM 3090 bewältigen über 106 Mio. Nachrichten pro Tag oder 2682 Nachrichten pro Sekunde. Das System hat mehr als 45 Mio. Tarife gespeichert und kann sekundenschnell Auskünfte über die Flugpläne von über 661 verschiedenen Fluggesellschaften geben. Mehr als 160 internationale Hotelketten mit mehr als 20 000 Hotels weltweit sind buchbar. Außerdem sind 52 Autovermietungen in mehr als 100 Ländern weltweit in SABRE vertreten. Dieses größte kommerzielle Computersystem der Welt steht atombombensicher in einem unterirdischen Gebäude in Tulsa, Oklahoma, USA.

SABRE ist mit einem Marktanteil von ca. 35% Marktführer in den USA. Seit Juli 1989 besteht zwischen SABRE und AXESS, einem japanischen Reservierungssystem, eine Vereinbarung zur Zusammenarbeit. Am 16. November 1990 wurde mit dem europäischen Reisevertriebssystem AMADEUS ein Vertrag unterschrieben, der eine enge Zusammenarbeit dieser beiden Systeme vorsah, der jedoch nicht wirksam wurde.

WORLDSPAN

Durch die Fusion von DATAS II, dem Reservierungssystem von Delta Airlines, und PARS, dem Reservierungssystem von TWA, wurde WORLDSPAN mit ca. 29% Marktanteil auf dem amerikanischen Reisemarkt zweitgrößtes CRS. Gesellschafter von WORLDSPAN sind Delta Airlines (38%), North West Airlines (32%), TWA (25%) und das asiatische Reservierungssystem ABACUS (5%). Insgesamt können mehr als 13 500 Reisebüros mit 50 000 Terminals in über 30 Ländern weltweit auf den Zentralrechner von WORLDSPAN zurückgreifen. Der Rechner verarbeitet zur Zeit ca. 1000 Transaktionen pro Sekunde. Zur Bewältigung des ständig anwachsenden Informationsvolumens ist ein neues Rechenzentrum in Hopeville, Georgia, geplant, das Ende 1992 in Betrieb gehen soll.

APOLLO

Drittgrößtes System in den USA ist das Reservierungssystem von United Airlines mit dem Namen APOLLO. Systembetreiber ist die Covia Cooperation, eine Gesellschaft, an der United Airlines mit 50% beteiligt ist. Das Reservierungssystem APOLLO befindet sich in Denver, Colorado, wo acht IBM-Großrechner zur Zeit mehr als

1400 Transaktionen in der Sekunde verarbeiten. Die APOLLO-Datenbank verfügt über Informationen von mehr als 650 Fluggesellschaften, 14 000 Hotels sowie 17 Autovermietungsgesellschaften, deren Produkte über das System gebucht werden können. Ca. 8500 Reisebüros in 40 Ländern weltweit haben Zugriff auf dieses System. Inzwischen bestehen Kooperationsverträge mit dem kanadischen Reservierungssystem GEMINI und dem europäischen CRS GALILEO.

Anfang 1992 kündigte COVIA die Fusion zwischen COVIA und GALILEO zum System GALILEO INTERNATIONAL (siehe Abschnitt 9.3: GALILEO) an, die bis Ende 1992 vollzogen sein soll. Hauptrechenzentrum soll APOLLO in Denver sein. Der Hauptsitz der neuen Gesellschaft ist Chicago.

SYSTEM ONE

Das viertgrößte CRS wurde von Texas Air, Continental and Eastern Airlines mit dem Namen SYSTEM ONE gegründet. Es besitzt in den USA einen Marktanteil von ca. 19% und ist von über 8000 Reisebüros erreichbar. Der Zentralrechner steht in Miami und verfügt über Buchungsinformationen von mehr als 600 Fluggesellschaften, 12 200 Hotels und 20 Autovermietungsgesellschaften.

Die Software von SYSTEM ONE dient als Basis für die Entwicklung des europäischen Reisevertriebssystems AMADEUS. Bis zur endgültigen Betriebsaufnahme des AMADEUS-Rechenzentrums können seit 1989 alle Reisebüros, die dem AMADEUS-Verbund angehören, wie ESTEREL (Frankreich), SAVIA (Spanien), SMART (Skandinavien) und START (Deutschland) mit Hilfe einer modifizierten Software unter dem Begriff AMADEUS ONE auf den Rechner in Miami zugreifen. Somit versorgt SYSTEM ONE derzeit ca. 16 000 Reisebüros, hauptsächlich in Amerika und Europa.

ULTRA SWITCH

The Hotel Industry Switch Company (THISCO) mit Sitz in Dallas, Texas, entwickelt mit ULTRA SWITCH ein auf die Hotelbranche spezialisiertes Reservierungssystem. An ULTRA SWITCH sollen alle größeren Hotelketten mit ihren eigenen Reservierungssystemen angeschlossen werden, so daß größere Reservierungssysteme (z.B. AMADEUS, GALILEO u.a.) durch den Anschluß an ULTRA SWITCH Zugriff auf diese Hotelsysteme bekommen.

9.3 Computer-Reservierungssysteme in Europa

Etwas später als in den USA entwickelten auch die größeren europäischen Fluggesellschaften ihre eigenen Reservierungssysteme, an die sie später Reisebüros anschlossen. Mitte der 80er Jahre bestand jedoch die Gefahr, daß die großen amerikanischen Reservierungssysteme in die europäischen Märkte eindringen. Um ihre Märkte zu schützen, beschlossen die europäischen Fluggesellschaften, die Möglichkeit der Schaffung eines europäischen Computer-Reservierungssystems zu untersuchen. Das Ergebnis war die Gründung zweier Systeme, AMADEUS und GALILEO.

AMADEUS

AMADEUS wurde 1987 von den vier europäischen Fluggesellschaften Air France, Iberia, Lufthansa und SAS gegründet. AMADEUS Global Travel Distribution SA, mit Sitz in Madrid, unterhält drei Tochtergesellschaften: eine Marketing-Gesellschaft mit dem Namen AMADEUS Marketing SA in Madrid, eine Entwicklungsgesellschaft mit dem Namen AMADEUS Development SA in Sophia Antipolis nahe Nizza und ein Rechenzentrum mit dem Namen AMADEUS Data Processing GmbH & Co. KG in Erding bei München.

Um die besonderen Bedürfnisse der verschiedenen nationalen Märkte erkennen und erfüllen zu können, wurden sog. National Marketing Companies (NMC) eingerichtet. Dort, wo bereits nationale Reservierungssysteme bestanden, übernahmen in der Regel diese Systeme die Funktionen einer NMC. Auf diese Weise ist AMADEUS zur Zeit in zwölf europäischen Ländern wie auch in Thailand, Argentinien und Marokko vertreten. Aufgrund der über die nationalen Reservierungssysteme ESTEREL, SAVIA, SMART und START angeschlossenen Reisebüros beträgt der Marktanteil von AMADEUS ca. 65% und macht dieses System zum größten europäischen CRS.

Mitte 1991 wurden die ersten Funktionen auf dem AMADEUS-Rechner in Erding freigeschaltet. Der Cutover des Gesamtsystems begann Anfang 1992. Ziel von AMADEUS ist es, allen Anbietern von Reiseprodukten ein großes und effizientes Vertriebssystem anzubieten.

Außerdem sollen die Vermittler von diesen Reiseprodukten ein zuverlässiges Informations- und Reservierungssystem bekommen, das mit zusätzlichen Front-and-Back-Office-Funktionen versehen wird, um den Ablauf in den Reisebüros zu optimieren. Über die nationalen Reservierungssysteme sind derzeit bereits mehr als 10 000 Reisebüros mit über 25 000 Bildschirmgeräten angeschlossen.

Das AMADEUS-Rechenzentrum in Erding zählt zu den größten kommerziell genutzten Rechenzentren der Welt. Auf 50 000 qm Nutzfläche wurden zehn IBM- und drei Unisys-Großrechenanlagen installiert. In der ersten Stufe ist ein Durchsatz von 1000 Transaktionen pro Sekunde geplant, der später bis auf 1750 Transaktionen pro Sekunde gesteigert werden kann.

GALILEO

Von Alitalia, British Airways, KLM, Swissair und Covia wurde ebenfalls im Jahre 1987 das zweite europäische Computer-Reservierungssystem mit dem Namen GALILEO gegründet. Hauptsitz des Unternehmens ist Swindon, 120 km westlich von London gelegen. Analog zu AMADEUS besteht auch GALILEO aus den Unternehmenseinheiten Hauptverwaltung, Marketing-Bereich, Computerzentrum und Entwicklungsgesellschaft. Dazu kommen nationale Vertriebsfirmen zur Betreuung der lokalen Märkte.

Den Gründungsgesellschaften haben sich inzwischen weitere Fluggesellschaften angeschlossen, wie z.B. Air Lingus, Austrian Airlines, Olympic Airways, Sabena und TAP Air Portugal.

Das GALILEO-Rechenzentrum in Swindon nahm 1990 den Betrieb mit einer neutralen Flugplan-Datenbank auf. Sukzessive wurden die Reisebüros der nationalen Vertriebssysteme, wie z.B. Traviaustria (Österreich) und Traviswiss (Schweiz), zugeschaltet. Geplant ist der Anschluß von ca. 30 000 Terminals. Durch die Verbindung von GALILEO mit APOLLO in den USA und GEMINI in Kanada besteht Zugriff auch auf deren Produkte.

Insgesamt sind derzeit 367 Fluggesellschaften, 19 000 Hotels und 37 Mietwagenfirmen verfügbar. Der Zentralrechner ist so ausgelegt, daß er pro Sekunde ca. 1000 Anfragen bearbeiten kann.

Aus Kostengründen wurde auf Betreiben des Hauptgesellschafters Covia Cooperation (United Airlines) Anfang 1992 beschlossen, die Gesellschaften GALILEO und COVIA zu GALILEO INTERNATIONAL mit Sitz in Chicago zu fusionieren. Das Rechenzentrum in Swindon soll aufgegeben werden. Die europäische Marketing-Organisation mit einer Entwicklungsabteilung in Swindon bleibt bestehen. Die Gesellschaftsanteile von GALILEO INTERNATIONAL werden je zur Hälfte auf europäische und nordamerikanische Airlines aufgeteilt. United Airlines hält 38%, US-Air 11% und Air Canada 1% der Anteile. Die 50 auf europäische Fluggesellschaften entfallenden Prozente teilen sich in unterschiedlicher Höhe auf Britisch Airways (14,7%), Swissair (13,2%), KLM (12,1%), Alitalia (8,7%), Olympic Airways (1%) sowie auf Air Lingus, Austrian Airlines und Air Portugal mit je 0,1% auf. Die Fusion soll bis zum Jahresende 1992 vollzogen sein.

9.4 Computer-Reservierungssysteme in Asien und Australien

ABACUS

Ähnliche Überlegungen wie in Europa führten 1987 zur Gründung von ABACUS. Zu den Gründer-Airlines zählen Cathay Pacific, Singapore Airlines und Thai Airways International. Inzwischen haben sich Malaysien Airlines, Royal Brunei Airlines, Philippine Airlines und China Airlines angeschlossen.

Zunächst war geplant, das Rechenzentrum in Singapur zu errichten. WORLDSPAN sollte die Basis-Software liefern. Politische Rangeleien über den endgültigen Standort des Rechenzentrums führten inzwischen zum Rückzug von Thai Airways International.

Bis Ende 1992 hofft man, das Rechenzentrum in Singapur in Betrieb nehmen zu können. Zur Zeit läuft das ABACUS-System mit der PARS-Software im PARS-Rechenzentrum in Kansas, USA. ABACUS hält 5% Anteile an PARS und ist seit der Fusion von PARS und DATAS II auf dem amerikanischen Markt präsent. Kooperationsabkommen bzw. Marketingabkommen bestehen mit dem kanadischen CRS GEMINI und dem europäischen Reisevertriebssystem AMADEUS. Vorgesehen ist auch eine Beteiligung von ca. 40% an dem von der All Nippon Airways geplanten internationalen CRS mit dem Namen INFINI. Dieses für den japanischen Markt vorgesehene System arbeitet mit japanischen Schriftzeichen und wird deshalb schwerpunktmäßig in Japan eingesetzt werden.

AXESS

Japan Airlines kündigte die Weiterentwicklung seines Jalcom-Systems mit dem Namen AXESS an, an das in Japan bereits über 6000 Terminals angeschlossen sind. Intention von Japan Airlines ist es, dieses System mit Gesamtinvestitionen von über 1 Mrd. US$ so auszubauen, daß es sich im gesamten südostasiatischen und südwestpazifischen Raum etablieren kann.

FANTASIA

Dort versucht Quantas mit ihrer Tochtergesellschaft Asia Pacific Distribution (APD), das System FANTASIA einzuführen. Die Suche nach potenten Airline-Partnern führt bisher offensichtlich zu wenig Erfolg. Im Oktober 1989 kündigte FANTASIA an, daß es die Vertriebsrechte für SABRE im asiatisch-pazifischen Raum übernommen hat.

SOUTHERN CROSS

Als Konkurrenz zu FANTASIA gründete die private Ansett-Airline 1988 die SOUTHERN CROSS Distribution Company, die einen Kooperationsvertrag mit GALILEO schloß. Es bleibt abzuwarten, welches der beiden australischen Systeme sich im Markt durchsetzen wird.

Tab. 1 zeigt eine Übersicht der wichtigsten, nach alphabetischer Reihenfolge aufgeführten nationalen und internationalen Computer-Reservierungssysteme, ihre Haupteigentümer, ihre wichtigsten Verbreitungsgebiete und ihre geschäftspolitische Verknüpfung untereinander.

Tab. 1: Übersicht über die wichtigsten nationalen und internationalen Computer-Reservierungssysteme

Reservierungs-system	Eigentümer/Betreiber	Verbreitung	Zusammenarbeit mit
ABACUS	Cathay Pacific Singapore Airlines Malaysien Airlines Philippine Airlines China Airlines Royal Brunei Airlines WORLDSPAN	Fernost	AMADEUS GEMINI WORLDSPAN
ABLE	All Nippon Airways	Japan	INFINI
AMADEUS	Air France Iberia Lufthansa	Europa	ABACUS FINNRES ESTEREL SAVIA SMART START SYSTEM ONE
AXESS	Japan Airlines	Japan	SABRE
COVIA (APOLLO)	United Airlines British Airways Swissair US-Air Alitalia KLM Air Canada	USA	GEMINI GALILEO
ESTEREL	Air France	Frankreich	AMADEUS
DATAS II	Delta Airlines	USA	WORLDSPAN
FANTASIA	Asia Pacific Distributen (Quantas)	asiatisch-pazifischer Raum	SABRE
FINNRES	Finnair	Finnland	AMADEUS
GABRIEL	SITA	Europa	
GALILEO	Alitalia Austrian Airlines British Airways KLM Olympic Airways Sabena Swissair TAP COVIA (United Airlines)	Europa	APOLLO GEMINI SOUTHERN CROSS

Fortsetzung Tab. 1

Reservierungs-system	Eigentümer/Betreiber	Verbreitung	Zusammenarbeit mit
GALILEO INTER-NATIONAL	United Airlines US Air Air Canada British Airways Swissair KLM Alitalia Olympic Airways Air Lingus Austrian Airlines TAP	Nordamerika Europa	GEMINI SOUTHERN CROSS
GEMINI	Air Canada Canadian Airlines COVIA	Kanada	APOLLO GALILEO
INFINI	All Nippon Airways ABACUS	Japan und Fernost	ABACUS
JALCOM	Japan Airlines	Japan	
PARS	TWA Northwest Airlines	USA	WORLDSPAN
SAAFARI	South African Airlines	Südafrika	ABACUS
SABRE	American Airlines	USA	AXESS FANTASIA
SAVIA	Iberia	Spanien	AMADEUS
SMART	SAS	Skandinavien	AMADEUS
SOUTHERN CROSS	Ansett Airlines	Australien	GALILEO
START	Deutsche Bundesbahn Lufthansa TUI	Deutschland	AMADEUS
SYSTEM ONE	Continental Airlines Eastern Airlines	USA	AMADEUS
TRAVELNET	Singapore Telecom	Fernost	ABACUS
TRAVIAUSTRIA	Austrian Airlines	Österreich	GALILEO
TRAVICOM	British Airways	Großbritannien	GALILEO
TRAVISWISS	Swissair	Schweiz	GALILEO
WORLDSPAN	Delta Airlines North West Airlines TWA ABACUS (Fusion von DATAS II und PARS)	USA	ABACUS

Teil 3
Fallbeispiele
aus dem Tourismus-Management und
der Fremdenverkehrsplanung

1. Regionenmarketing Münsterland – Fallbeispiel zur Segmentierung und Positionierung

Heribert Meffert und Simone Frömbling

1.1 Stellenwert des Regionenmarketing im Zeichen sich verändernder Wettbewerbsbedingungen

1.1.1 Aktuelle Herausforderungen an das Marketing für Regionen

Städte und Regionen sehen sich angesichts weitreichender wirtschaftlicher und gesellschaftlicher Veränderungen einem immer stärker werdenden Handlungsdruck ausgesetzt. So ist auf der einen Seite ein ständig wachsendes Anspruchsniveau der Bürger an die kommunale Dienstleistungs- und Lebensqualität zu beobachten, während sich andererseits die regionalen Institutionen einem stark intensivierten Verteilungskampf um Infrastrukturmittel und Arbeitsplätze gegenübersehen.

Zur Begegnung dieser Herausforderungen sind in der kommunalen Praxis eine Reihe von Einzelkonzepten aus dem politischen, geographischen und betriebswirtschaftlichen Spektrum entwickelt worden. Die aktuellen gesellschaftlichen und wirtschaftlichen Strukturbrüche (Europäischer Binnenmarkt 1992, "Neue Bundesländer", etc.) führten aber Ende der 80er Jahre bei den Kommunen zu einer verstärkten Forderung nach ganzheitlichen Problemlösungen. Hier lag es nahe, das urprünglich auf kommerzielle Unternehmensbereiche bezogene Konzept des Marketing auch auf Regionen zu übertragen.

Unter Regionenmarketing wird im folgenden die Planung, Koordination und Kontrolle aller auf die aktuellen und potentiellen Zielgruppen ausgerichteten Aktivitäten von Regionen verstanden. Das vorrangige Ziel ist es dabei, die entsprechende Region bei den unterschiedlichsten Zielgruppen zu profilieren. In diesem Zusammenhang können zwei unterschiedliche Gestaltungsfelder des Regionenmarketing unterschieden werden:
(1) Profilierung der Region als Wirtschaftsstandort,
(2) Profilierung der Region als Fremdenverkehrsort.

Unter Zugrundelegung dieser beiden Gestaltungsfelder lassen sich verschiedene Zielgruppen unterscheiden. Im Bereich "Wirtschaft" sind ansässige und ansiedlungswillige Unternehmen sowie aktuelle und potentielle Arbeitnehmer zu nennen. Im Sektor "Tourismus" sind in einer ersten Grobsegmentierung aktuelle und potentielle Touristen sowie Reisebüros zu unterscheiden. Da eine glaubhafte Profilierung einer Region eine entsprechende Eigenwahrnehmung der Region durch ihre Bewohner voraussetzt, ist als weitere wesentliche Zielgruppe des Regionenmarketing die ansässige Bevölkerung hervorzuheben.

1.1.2 Bezugsrahmen der Untersuchung

Auch das Münsterland muß sich im Wettbewerb um Unternehmensakquisitionen und touristische Nachfrage gegenüber anderen Regionen behaupten. Daher kam es auch hier zu der Forderung nach der Entwicklung und Durchsetzung eines auf die Besonderheiten des Münsterlandes abgestimmten Regionenmarketing-Konzepts.

Ziel der Untersuchung war es, die informatorischen Grundlagen für eine solche Marketing-Konzeption zu schaffen. Ausgehend von den Stärken und Schwächen des Münsterlandes – Stadt Münster und die Kreise Borken, Coesfeld, Steinfurt und Warendorf – als Reise- und Besuchsziel sowie als Wirtschaftsstandort für Unternehmen sollten Ansatzpunkte für eine Marketing-Konzeption der Region und insbesondere für die Entwicklung einer Kommunikationsstrategie aufgezeigt werden.

Als erster Untersuchungsschritt der vom Institut für Marketing durchgeführten Studie wurde ein Bezugsrahmen (Abb. 1) erarbeitet. In diesem Zusammenhang konnte im Rahmen mehrerer Expertenworkshops sowie konzeptioneller Vorstudien festgestellt werden, daß die Bewohner des Münsterlandes, Bundesbürger (außerhalb des Münsterlandes), Reisebüros und ansässige sowie regionenfremde Unternehmen die zentralen Zielgruppen eines Marketing-Konzepts für das Münsterland darstellen.

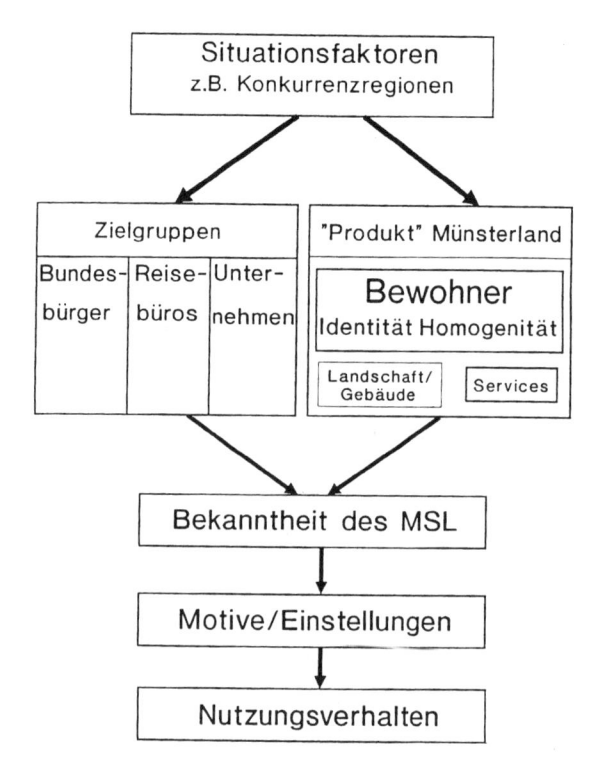

Abb. 1: Bezugsrahmen der empirischen Untersuchung

Den Ausgangspunkt der Untersuchung bildete die Analyse der Selbstwahrnehmung und der zentralen Identitätsmerkmale der Bewohner des Münsterlandes. Es konnte festgestellt werden, daß in allen Kreisen der Region und in der Stadt Münster der Begriff "Münsterland" ein hohes Identifikationspotential besitzt. Wenngleich der Begriff Münsterland ein höheres Identifikationspotential besitzt als "Westfalen", wird er dennoch meist erst an dritter oder vierter Stelle genannt. Ferner zeigte sich, daß die Bewohner des Münsterlandes bei der Einschätzung der Eigenschaften des Münsterlandes und bei der Einschätzung der Stadt-Umlandbeziehung deutliche Unterschiede aufweisen. Insgesamt ist daher eine weitere Stärkung des gemeinsamen Selbstverständnisses sowie der Identifikation mit dem Münsterland erforderlich.

Der Aufbau der Teilbefragungen bei den Zielgruppen "Bundesbürger", "Reisebüros" und "Unternehmen" orientierte sich an den Phasen des Entscheidungsprozesses der Konsumenten. Daher wurden bei den Zielgruppen der Bekanntheitsgrad, Imagekomponenten sowie Verhaltensdimensionen untersucht.

Im Rahmen der Auswertung der Bundesbürger-Befragung konnte zunächst ein relativ geringer Bekanntheitsgrad des Münsterlandes festgestellt werden. Die Image-Analyse zeigte, daß dem Faktor "Land und Leute" die mit Abstand höchste Bedeutung für ein Wohlbefinden im Urlaub zugesprochen wurde. Darüber hinaus erwies sich dieser Faktor als wesentlichstes Defizit des Münsterlandes. Die Analyse des Besuchsverhaltens verdeutlichte, daß das Münsterland von den Touristen hauptsächlich aus Anlaß eines Tagesausfluges oder Kurzurlaubes aufgesucht wird.

Die Auswertung der Reisebürobefragung machte deutlich, daß das Münsterland von den Reisebüros insbesondere mit guten Rad- und Wandermöglichkeiten assoziiert wird. Demgegenüber konnten neben dem "Wetter" die "Qualität der Beherbergungsstätten", die "abwechslungsreiche Landschaft", die "Freundlichkeit der Menschen" und die "Gastronomie" als zentrale Schwächen ermittelt werden. Des weiteren zeigte die Analyse, daß Münsterlandreisen vor allem im Angebotssortiment der Reisebüros aus Norddeutschland und Südwestdeutschland unterrepräsentiert sind.

Im Untersuchungsabschnitt "Münsterland als Wirtschaftsstandort" wurden sowohl Münsterland-Unternehmen als auch regionenfremde Unternehmen untersucht. Unabhängig vom gegenwärtigen Standort zeigte die Imageanalyse, daß den Faktoren "Arbeitskräfte" und "Marktnähe" die höchste Bedeutung zugesprochen wurde. Wesentliche Defizite des Münsterlandes offenbarten sich bezüglich der Kriterien "Verfügbarkeit qualifizierter Arbeitskräfte", "Nähe zum Lieferanten und Kunden", "Energie-, Gewerbe- und Wohnraumkosten" und "Kooperationsbereitschaft der Behörden". Hinsichtlich des Informationsverhaltens der befragten Unternehmen konnte festgestellt werden, daß die Nutzung von Informationen über den Wirtschaftsstandort Münsterland insgesamt als gering zu bezeichnen ist.

Eine effiziente Marktbearbeitung erfordert neben den in Ansätzen dargestellten Einzelergebnissen eine möglichst umfassende Kenntnis relevanter Zielgruppen. Demzufolge wurde für Touristen und regionenfremde Unternehmen jeweils eine Zielgruppenanalyse durchgeführt, deren wesentliche Ergebnisse im folgenden dargestellt werden.

Abschließend sollen unter Berücksichtigung sämtlicher Ergebnisse der vier Teilbefragungen die wesentlichen Marketing-Implikationen aufgezeigt werden.

1.2 Identifikation von Touristik-Zielgruppen

Im Rahmen der Untersuchung des Münsterlandes als Reise- und Besuchsziel von Touristen wurden auf Basis der erhobenen Real-Einstellungen der Bundesbürger spezifische Zielgruppen für das Münsterland identifiziert. Mit Hilfe der zur Zielgruppenbestimmung eingesetzten Clusteranalyse konnten fünf Gruppen bestimmt werden, die sich deutlich in ihren Einstellungen und ihrem Verhalten gegenüber dem Münsterland unterscheiden (vgl. Tab. 1):
- "Münsterland-Fans",
- "Münsterland-Ablehner",
- "Kultur- und landorientierte Münsterland-Freunde",
- "Unentschiedene" und
- "Selektive Geschichts- und Radwanderfreunde".

Im folgenden werden die Zielgruppen zunächst hinsichtlich ihrer Einstellungen und ihres Verhaltens ("Ist-Image") voneinander abgegrenzt und anschließend anhand ihrer sozio-demographischen Merkmale beschrieben (vgl. Tab. 2 und 3). Da das tatsächliche Kauf- bzw. Nutzungsverhalten potentieller Urlauber auch vom Ideal-Image eines Urlaubsaufenthaltes abhängt, wird zudem die zielgruppenspezifische Wichtigkeit der erhobenen Eigenschaften eines Urlaubsgebietes zur Segmentbeschreibung herangezogen.

1.2.1 Kennzeichnung der "Münsterland-Fans"

Die "Münsterland-Fans" (25,8% der Stichprobe) bilden aufgrund ihrer außerordentlich positiven Einstellungen gegenüber dem Münsterland die attraktivste Zielgruppe (Tab. 1). Die 13 auf einer Skala von 1 bis 5 erfaßten Einstellungen zum Münsterland weisen mit Ausnahme der Beurteilung des Wetters stets Werte zwischen 1,2 und 1,6 auf. Betrachtet man bei dieser Gruppe die Wichtigkeit bestimmter Kriterien für das Wohlbefinden im Urlaub (Anforderungsprofil), so zeigt sich, daß lediglich die verfügbaren Sport- und Radwandermöglichkeiten von geringerer Bedeutung sind.

Wenn es gelingt, die Mitglieder dieser Zielgruppe möglichst genau zu identifizieren, sollte eine gezielte Ansprache und Bearbeitung dieses Marktsegments kurz- bis mittelfristig zu einer Erhöhung der Besucherzahlen im Münsterland führen. Daher ist diese Zielgruppe anhand von sozio-demographischen Eigenschaften und Verhaltensmerkmalen zu charakterisieren.

Tab. 1: Clusteranalyse zur Zielgruppenbildung auf Basis der Real-Einstellungen zum Münsterland

	Cluster				
	1	2	3	4	5
	"Münster-land-Fans"	"Münster-land-Ab-lehner"	"Kultur- u. landorien-tierte Mün-sterland-Freunde"	"Unent-schiedene"	"Selektive Geschichts-u. Radwander-freunde"
Einstellungsmerkmal	(n = 223)	(n = 159)	(n = 89)	(n = 184)	(n = 209)
Freundlichkeit der Menschen	+++	---	++	+	--
Ökologisch intakte Landschaft	+++	---	+++	+	---
Abwechslungsreiche Landschaft	+++	---	+++	0	-
Gutes Wetter	+++	--	+++	+	---
Historische Sehenswür-digkeiten	+++	---	+	-	++
Gutes kulturelles Ange-bot	+++	---	++	-	+
Erholungs- und Frei-zeitparks	+++	---	++	-	0
Gute Wandermöglich-keiten	++	---	-	0	+
Vielfältige Gastronomie	+++	---	++	-	0
Gute Einkaufsmöglich-keiten	+++	---	+	0	0
Gute Qualität der Beher-bergungsstätten	+++	---	+	-	0
Gute Sportmöglichkeiten	+++	--	---	+	0
Gute Radwandermöglich-keiten	+++	--	---	+	++
	25,8%	18,4%	10,3%	21,3%	24,2%
			100%		

Legende:
- 0   durchschnittlich
- +++ erheblich besser als 0
- ++   besser als 0
- +   leicht besser als 0
- -   leicht schlechter als 0
- --   schlechter als 0
- --- erheblich schlechter als 0

Die Analyse der Alters- und Bildungsstruktur zeigt, daß die "Münsterland-Fans" im Vergleich der verschiedenen Zielgruppen durch den größten Anteil (56,5%) an Personen in der Altersklasse der 30- bis 59jährigen (vgl. Tab. 2) und durch einen überdurchschnittlichen Anteil (57,7%) an Personen mit/ohne Volksschulausbildung gekennzeichnet sind. Diese Aussage korreliert deutlich mit der Analyse des Berufsstandes der Befragten. Die "Münsterland-Fans" sind weitaus eher in den Reihen der Arbeiter zu finden als bei den übrigen Zielgruppen. Lediglich 11,9% sind der Berufsgruppe der Selbständigen oder Beamten zuzuordnen.

Hinsichtlich der Verteilung über die Bundesländer bzw. Nielsen-Gebiete sind die "Münsterland-Fans" durch den mit 7,6% von allen Zielgruppen geringsten Anteil Berliner Bürger (Gesamtstichprobe 21,0%) gekennzeichnet (vgl. Tab. 3). Deutlich über dem Durchschnitt liegen Nordrhein-Westfalen (Nielsen II) und vor allem Niedersachsen, Hamburg, Bremen und Schleswig-Holstein (Nielsen I).

Das Reiseverhalten dieser Zielgruppe zeigt eine recht hohe Übereinstimmung zwischen den sehr positiven Einstellungen zum Münsterland und der Besuchshäufigkeit. Immerhin 55,6% der "Münsterland-Fans" beabsichtigen, innerhalb der kommenden sechs Monate das Münsterland zu besuchen. Knapp zwei von zehn haben in den vergangenen zwei Jahren bereits mehrere Besuche in dieser Region absolviert.

1.2.2 Kennzeichnung der "Münsterland-Ablehner"

Den "Münsterland-Fans" steht auf der anderen Seite eine Gruppe von "Münsterland-Ablehnern" gegenüber (18,4% der Stichprobe), die durch ihre negativen Einstellungen hinsichtlich aller 13 erhobenen Münsterland-Eigenschaften gekennzeichnet ist. Überdurchschnittlich negativ fällt dabei insbesondere das Urteil über die "historischen Sehenswürdigkeiten", das "kulturelle Angebot", die "wenig abwechslungsreiche Landschaft" und die "Vielfalt der Gastronomie" aus.

Auffallend ist hierbei, daß die Negativurteile überwiegend Merkmale betreffen, hinsichtlich derer das Münsterland bei objektiver Analyse durchaus positiv abschneidet. Es erscheint daher naheliegend, daß die Negativeinstellungen dieses Segments auf weitgehender Unkenntnis des Münsterlandes (Vorurteile) basieren. Diese Vermutung wird durch den mit 28,9% in dieser Zielgruppe außerordentlich niedrigen Bekanntheitsgrad des Münsterlandes bestätigt. Auch das Informationsverhalten in dieser Gruppe ist durch einen sehr geringen Anteil an Befragten gekennzeichnet, die gezielt nach Informationen über das Münsterland suchen.

Das segmentspezifische Anforderungsprofil an einen Urlaub bzw. Kurzurlaub zeigt, daß diese Zielgruppe durch sehr einseitig ausgeprägte Urlaubswünsche gekennzeichnet ist. Entscheidendes Urlaubskriterium ist ein möglichst gutes Wetter, mit Abstand gefolgt von der Freundlichkeit der Menschen. Alle übrigen Angebote und Merkmale eines Urlaubsgebietes sind für diese Zielgruppe weitestgehend irrelevant. Dieses auf

Tab. 2: Sozio-demographische Merkmale der identifizierten Zielgruppen (Angaben in %)

	Cluster				
	1	2	3	4	5
	"Münster-land-Fans"	"Münster-land-Ab-lehner"	"Kultur- u. landorien-tierte Mün-sterland-Freunde"	"Unent-schiedene"	"Selektive Geschichts-u. Radwander-freunde"
Merkmal	(n = 223)	(n = 159)	(n = 89)	(n = 184)	(n = 209)
Geschlecht:					
− männlich	48,9	56,0	43,8	41,8	45,5
− weiblich	51,1	44,0	56,2	58,2	54,5
Alter:					
− 14–29 Jahre	23,3	37,1	19,1	29,1	26,7
− 30–59 Jahre	56,5	43,4	47,2	46,2	56,0
− über 60 Jahre	20,2	19,5	33,7	24,7	17,3
Schulbildung:					
− mit/ohne Volksschule	57,7	52,5	58,0	65,0	49,5
− weiterbild. Schulen	25,9	22,2	27,3	20,0	28,3
− Abitur/Studium	16,4	25,4	14,8	15,0	22,4
Beruf:					
− Schüler/Studenten/Aus-zubildende	8,2	12,6	7,9	9,4	14,2
− Arbeiter	20,5	16,4	17,0	11,6	12,2
− Angestellte	30,1	32,1	20,5	27,6	30,7
− Beamte/Selbständige	11,9	15,7	12,5	14,9	16,6
− Hausfrauen/Rentner	25,6	15,1	34,1	28,7	21,9
Informationsverhalten/ge-zielte Informationssuche	42,5	10,4	48,9	29,9	28,8

Strand- und Badeurlaub in südlichen Ländern ausgerichtete Segment stellt für das Münsterland eine zu vernachlässigende Zielgruppe dar.

Die sozio-demographische Analyse zeigt, daß die "Münsterland-Ablehner" mit 56,0% eine überdurchschnittlich hohe Männer-Quote aufweisen. Ferner weist dieses Segment aufgrund der mit Abstand größten Zahl an Personen in der Altersklasse 14–29 Jahre und des geringen Anteils der über 60jährigen Befragten das niedrigste Durchschnittsalter aller Zielgruppen (40,5 Jahre) auf.

Bei der Analyse der Bildungs- und Berufsstruktur stellt sich als ein wesentliches Merkmal der "Münsterland-Ablehner" der mit 25,4% sehr hohe Anteil von Personen mit Abitur oder Studium heraus. Dies äußert sich auch in einem überdurchschnittlich hohen Anteil von Schülern, Studenten und Auszubildenden.

Geographisch sind die "Münsterland-Ablehner" wesentlich weniger in Norddeutschland (Nielsen I) anzutreffen als die "Münsterland-Fans". Auffällig ist ferner der mit einem Drittel aller "Münsterland-Ablehner" sehr hohe Anteil von Berlinern. In den übrigen Bundesländern ergeben sich dagegen nur relativ geringfügige Unterschiede.

Die Analyse des tatsächlichen Reiseverhaltens macht erneut eine weitgehende Übereinstimmung zwischen Einstellungen zum Münsterland und dem realen Verhalten deutlich. 74,8% dieser Zielgruppe haben das Münsterland innerhalb der vergangenen zwei Jahre nicht besucht.

1.2.3 Kennzeichnung der "kultur- und landorientierten Münsterland-Freunde"

Die "kultur- und landorientierten Münsterland-Freunde" (10,3% der Stichprobe) setzen sich aus Personen zusammen, deren insgesamt positive Einstellungen zum Münsterland durch eine überdurchschnittlich gute Beurteilung des Faktors "Land und Leute" geprägt wird. Das "gute Wetter", die "ökologisch intakte und abwechslungsreiche Landschaft" und die "freundlichen Menschen" prägen bei dieser Zielgruppe primär das sehr gute Meinungsbild vom Münsterland. Diese Merkmale in Verbindung mit einem entsprechenden "gastronomischen Angebot" sind gleichzeitig die für ein Wohlbefinden im Urlaub wichtigsten Entscheidungskriterien dieser Zielgruppe.

Allerdings werden in diesem Segment die Sport-, Radwander- und Wandermöglichkeiten ausgesprochen negativ beurteilt. Jedoch betreffen diese Negativeinstellungen mit deutlichem Abstand die unwichtigsten Entscheidungskriterien bei der Auswahl von Urlaubsgebieten. Diese Zielgruppe ist sportlichen Aktivitäten gegenüber abgeneigt. Sie schätzt im Urlaub vor allem Land und Kultur. Der Bekanntheitsgrad in dieser Zielgruppe liegt bei weit über 40%. Die Mitglieder dieser Zielgruppe weisen ein überdurchschnittlich aktives Informationsverhalten auf, denn knapp die Hälfte der Zielgruppe sucht bei Reiseabsichten ins Münsterland gezielt nach Informationen.

Sozio-demographisch läßt sich dieses Segment zunächst durch einen über dem Durchschnitt liegenden Frauen-Anteil (56,2%) kennzeichnen. Ferner ist diese Zielgruppe durch eine sehr hohe Zahl von Personen über 60 Jahren geprägt und weist demzufolge mit 48,7 Jahren das höchste Durchschnittsalter aller Zielgruppen auf. Das Ausbildungsniveau fällt als Folge des von allen fünf Segmenten niedrigsten Anteils an Personen mit Abitur/Studium tendenziell schlechter aus. Der Anteil der Rentner und Hausfrauen ist mit einem Drittel außerordentlich hoch, wohingegen die prozentuale Quote der Schüler, Studenten und Auszubildenden stark unterdurchschnittlich ausfällt.

Eine regional differenzierte Untersuchung zeigt, daß diese Zielgruppe überdurchschnittlich in Norddeutschland, stark unterdurchschnittlich in Berlin und relativ zu den übrigen Zielgruppen nur schwach in Nordrhein-Westfalen (Nielsen II) und vergleichsweise stark in Hessen, Saarland und Rheinland-Pfalz (Nielsen IIIa) vertreten ist.

Tab. 3: Zielgruppenanalyse in Abhängigkeit von Nielsen-Gebieten und Verkehrsmittelbenutzung (Angaben in %)

Merkmal	Cluster				
	1 "Münsterland-Fans"	2 "Münsterland-Ablehner"	3 "Kultur- u. landorientierte Münsterland-Freunde"	4 "Unentschiedene"	5 "Selektive Geschichts- u. Radwanderfreunde"
Nielsen-Gebiet I	31,4	13,2	30,3	24,5	14,8
Nielsen-Gebiet II	45,7	40,9	37,1	32,1	51,2
Nielsen-Gebiet IIIa	5,4	5,0	13,5	4,3	4,3
Nielsen-Gebiet IIIb	7,6	4,4	6,7	5,4	1,4
Nielsen-Gebiet IV	2,2	3,8	3,4	4,3	7,7
Nielsen-Gebiet V	7,6	32,7	9,0	29,3	20,6
Verkehrsmittelbenutzung:					
– PKW	75,4	79,5	81,0	81,2	78,5
– Bus	13,1	4,5	5,7	7,3	12,9
– Bahn	9,2	9,1	11,4	9,4	7,5
– Flugzeug	–	–	1,9	1,0	–
– Sonstiges	2,3	6,9	–	1,1	1,1

Das tatsächliche Reiseverhalten kann erneut als Spiegelbild der insgesamt positiven Einstellungen interpretiert werden. Knapp die Hälfte dieser Zielgruppe beabsichtigt, in den kommenden sechs Monaten einen Besuch im Münsterland durchzuführen.

1.2.4 Kennzeichnung der "Unentschiedenen"

Als viertes Segment (21,3% der Stichprobe) konnten die "Unentschiedenen" identifiziert werden, die durch ihr undifferenziertes Bild sowohl gegenüber dem Münsterland als auch hinsichtlich der eigenen Wünsche und Bedürfnisse im Urlaub gekennzeichnet sind. Besondere Wünsche, die man sich im Urlaub/Tagesausflug gern erfüllen möchte, sind in dieser Zielgruppe kaum vorhanden.

Die Mitglieder dieser Zielgruppe besitzen gegenüber dem Münsterland lediglich in einigen Punkten negative Einstellungen ("kulturelles Angebot", "historische Sehenswürdigkeiten", "unzureichende Beherbergung/Gastronomie/Freizeitparks"). Diese sind jedoch nicht stark ausgeprägt und betreffen zudem die für einen Urlaub relativ unwichtigen Kriterien. Im Gesamturteil erscheint auch dieses Segment als Zielgruppe der Fremdenverkehrsaktivitäten des Münsterlandes besonders geeignet zu sein, da die vorherrschende Unentschlossenheit sowie das bislang eher diffuse Bild vom Münsterland durchaus in ein positives Urteil überführt werden könnte. Das diffuse Bild von Münsterland ist vermutlich zum Teil auch eine Folge des noch verbesserungsfähigen Bekanntheitsgrades in dieser Zielgruppe (43,4%).

Beschreibt man diese Zielgruppe, so läßt sich feststellen, daß hier der geringste Anteil männlicher Befragter zu finden ist (41,8%). Hinsichtlich der Altersstruktur ergibt sich hingegen kein klares Bild. Charakteristisches Merkmal der Bildungsstruktur in dieser Zielgruppe ist der mit 65,0% sehr hohe Wert für Personen mit/ohne Volksschulbildung. Hinsichtlich des Berufsstandes fällt sowohl der geringfügig überdurchschnittliche Anteil der Hausfrauen und Rentner als auch die insgesamt schwache Vertretung der Arbeiter auf.

Die geographische Analyse macht deutlich, daß dieses Segment mit 30% einen überdurchschnittlichen Anteil an Berlinern aufweist. Darüber hinaus ist diese Zielgruppe durch den gegenüber allen anderen Segmenten geringsten Anteil an Befragten aus Nordrhein-Westfalen (Nielsen II) gekennzeichnet.

Das undifferenzierte Meinungsbild vom Münsterland dürfte in dieser Zielgruppe auch ein Resultat der bei vielen Befragten fehlenden eigenen Münsterland-Erfahrungen sein. Immerhin 55,7% der "Unentschiedenen" haben innerhalb der letzten zwei Jahre das Münsterland nicht besucht.

1.2.5 Kennzeichnung der "Selektiven Geschichts- und Radwanderfreunde"

Die fünfte identifizierte Zielgruppe (24,2% der Stichprobe), die "selektiven Geschichts- und Radwanderfreunde", weisen ein selektiv positives Bild vom Münsterland auf. Positive Einstellungen sind hinsichtlich der Kriterien "historische Sehenswürdigkeiten", "Radwander- und Wandermöglichkeiten" sowie gegenüber dem kulturellen Angebot vorhanden. Offenbar handelt es sich bei diesem Segment um diejenigen Personen, welche im Urlaub und bei Ausflügen gerne die Gelegenheit zu Wanderungen oder Fahrradtouren zu historischen Sehenswürdigkeiten und kulturellen Veranstaltungen nutzen.

Das Münsterland-Urteil in dieser Gruppe wird geprägt von negativen Einstellungen hinsichtlich des Faktors "Land und Leute" und insbesondere des Wetters im Münsterland. Daher besteht hier die Gefahr, daß das als schlecht empfundene Wetter als Ausschlußkriterium für einen Urlaub bzw. Ausflüge ins Münsterland wirksam wird. Diese Vermutung wird letztlich auch dadurch gestützt, daß für die "selektiven Geschichts- und Radwanderfreunde" die beim Münsterland sehr schlecht bewerteten Merkmale gerade die für ein Wohlbefinden im Urlaub außerordentlich wichtigen Kriterien sind (Wetter, Freundlichkeit der Menschen).

Der Bekanntheitsgrad des Münsterlandes weist mit lediglich 40,2% in dieser Zielgruppe den niedrigsten Wert auf. Die in dieser Zielgruppe zum Teil existierenden negativen Einstellungen zum Münsterland sind daher unter Umständen auf eine unzureichende Kenntnis des Münsterlandes zurückzuführen. Insgesamt erscheint es, wenn auch unter höherem Aufwand, möglich, die Mitglieder dieses Segments durch gezielte Fremdenverkehrsaktivitäten zu einer durchgängig positiven Einstellung zum Münsterland bzw. einem Urlaub/Kurzurlaub/Tagesausflug zu bewegen.

Die sozio-demographische Analyse zeigt einen mit 56,0% hohen Anteil der 30–59jährigen Befragten und die von allen Zielgruppen geringste Zahl der Personen über 60 Jahre. Dies äußert sich in einem relativ geringen Durchschnittsalter von 42,1 Jahren. Die Bildungsstruktur dieser Zielgruppe ist durch den niedrigsten Wert der Befragten mit/ohne Volksschulbildung (49,5%) gekennzeichnet. Des weiteren weist diese Zielgruppe von allen Segmenten den jeweils höchsten Anteil von einerseits Schülern, Studenten und Auszubildenden und andererseits Selbständigen und Beamten auf.

Die geographische Verteilung dieser Zielgruppe zeigt den mit Abstand höchsten Anteil an Befragten aus Nordrhein-Westfalen (51,2%). Die räumliche Nähe bzw. die Zugehörigkeit zum Bundesland Nordrhein-Westfalen scheint daher nicht zwangsläufig mit positiven Einstellungen zum Münsterland zu korrelieren.

Das Reiseverhalten dieser Zielgruppe weist nur wenige charakteristische Merkmale auf. 54,1% sind in den letzten zwei Jahren nicht im Münsterland gewesen. Daher kann das selektiv negative Urteil über das Münsterland also auch in diesem Segment auf eine nur unzureichende Kenntnis des Münsterlandes zurückgeführt werden.

1.3 Identifikation von Zielgruppen im Unternehmensbereich

Im Rahmen der differenzierten Analyse des Münsterlandes als Wirtschaftsstandort wurden mit Hilfe der Clusteranalyse vier Unternehmens-Zielgruppen außerhalb des Münsterlandes auf der Basis von idealen Vorstellungen der Unternehmen bezüglich der Standortfaktoren identifiziert (vgl. Tab. 4):
– "Unternehmen mit durchgängig niedrigem Anspruchsniveau",
– "Infrastruktur- und lebensqualitätsorientierte Unternehmen",
– "Unternehmen mit durchgängig hohem Anspruchsniveau",
– "Infrastrukturunabhängige, regional gebundene Unternehmen".

Die Orientierung an den Idealvorstellungen der Unternehmen ist – im Gegensatz zur Zielgruppenbildung bei den Touristen – erforderlich, da eine Analyse auf Basis von Real-Einstellungen aufgrund des geringen Bekanntheitsgrades des Münsterlandes als Wirtschaftsstandort auf einer zu geringen Zahl von Unternehmen aufbauen würde. Zur Abgrenzung der Segmente werden nachfolgend zunächst die jeweiligen Anspruchshaltungen gegenüber den untersuchten Standortfaktoren herangezogen, um anschließend auf Basis demographischer Merkmale (vgl. Tab. 5) sowie der Real-Einstellungen zum Münsterland eine Segmentbeschreibung durchzuführen.

Tab. 4: Ideal-Anforderungsprofile der ermittelten Unternehmenszielgruppen (Legende siehe Tab. 1)

Standortfaktor	Cluster 1 "Unternehmen mit durchgängig niedrigem Anspruchsniveau" (n = 16)	Cluster 2 "Infrastruktur/lebensqualitätsorientierte Unternehmen" (n = 19)	Cluster 3 "Unternehmen mit durchgängig hohem Anspruchsniveau" (n = 35)	Cluster 4 "Infrastrukturunabhängige, regional gebundene Unternehmen" (n = 41)
Gute soziale Infrastruktur	– – –	+	+	0
Verfügbarkeit preisgünstigen Wohnraums	– – –	+	+	0
Nähe zu einer Universität u. ihren Forschungseinrichtungen	– –	0	+ +	–
Verfügbarkeit von qualifizierten Arbeitskräften	–	–	0	0
Niedrige Gewerbesteuer-Hebesätze	0	0	+	0
Ausreichend Gewerbeflächen in guten Lagen	–	– – –	+	+
Geringe Kosten für Gewerbeflächen	–	0	+ +	–
Niedrige Kosten der Energieversorgung	– –	0	+	–
Nähe zu einem Autobahnanschluß	+	+ +	+ +	– –
Nähe zu einem überregionalen Flughafen	–	+ + +	+ +	– – –
Gute Verkehrsanbindung mit Bahn und Schiff	–	+ +	+ +	– – –
Gesicherte Abfallentsorgungsmöglichkeiten	– – –	– –	+ +	+
Kooperationsbereitschaft von Behörden	– – –	–	+ +	0
Hohe Leistungsfähigkeit der örtl. Wirtschaftsförderung	–	– –	+ +	0
Positive Grundeinstellung der Bevölkerung zur Wirtschaft	– – –	0	+ +	0
Hoher Freizeitwert	– – –	+ +	+	0
Reichhaltiges Kulturangebot	– – –	+ +	+ +	–
Nähe zu Lieferanten und Kunden	+	–	–	0
Nähe zum Ruhrgebiet	0	– –	+ + +	– –

Tab. 5: Sozio-demographische Merkmale zur Beschreibung der Unternehmenszielgruppen (Angaben in %)

	Cluster			
	1	2	3	4
	"Unternehmen mit durchgängig niedrigem Anspruchsniveau"	"Infrastruktur/lebensqualitätsorientierte Unternehmen"	"Unternehmen mit durchgängig hohem Anspruchsniveau"	"Infrastrukturunabhängige, regional gebundene Unternehmen"
Standortfaktor	(n = 16)	(n = 19)	(n = 35)	(n = 41)
Beschäftigte:				
– unter 10	43,0	31,0	37,0	40,0
– 10–15	24,0	53,0	42,0	45,0
– über 50	31,0	16,0	20,0	15,0
Umsatz:				
– unter 1 Mio. DM	7,0	16,7	34,0	26,3
– 1– 5 Mio. DM	38,0	50,0	28,0	47,4
– 5–50 Mio. DM	30,0	27,0	31,0	21,0
– über 50 Mio. DM	23,0	5,0	6,0	5,0
Branche:				
– Verarbeitendes Gewerbe	55,0	21,1	63,0	72,0
– Handel	25,0	16,0	6,0	12,0
– Dienstleistungen	18,0	63,0	31,0	15,0
Regionale Verteilung:				
– Norddeutschland	43,8	42,0	28,6	56,1
– Nordrhein-Westfalen	43,8	10,5	51,4	31,7
– Süddeutschland	12,5	47,4	20,0	12,2
Ansiedlungsbereitschaft im Münsterland:				
– hoch	15,0	11,0	33,0	18,0
– vielleicht	23,0	32,0	26,0	18,0
– gering	62,0	57,0	41,0	64,0
Verfügbarkeit von Informationen über den Standort Münsterland:				
– gut	10,0	12,0	23,0	4,0
– befriedigend	20,0	25,0	41,0	53,0
– schlecht	50,0	33,0	28,0	36,0
Durchschnitt:	4,1	3,75	3,31	3,6
Qualität der Informationen über den Standort Münsterland:				
– gut	16,0	33,0	50,0	23,0
– befriedigend	34,0	33,0	22,0	41,0
– schlecht	70,0	63,0	36,0	43,0
Durchschnitt:	3,3	3,0	2,7	3,2
	14,4	17,1	31,5	37,0
		100,0		

1.3.1 Kennzeichnung der "Unternehmen mit durchgängig niedrigem Anspruchsniveau"

Die Zielgruppe "Unternehmen mit durchgängig niedrigem Anspruchsniveau" (14,4% der Stichprobe) läßt sich kennzeichnen durch eine insgesamt wenig anspruchsvolle Haltung gegenüber den Standortfaktoren. Insbesondere den Faktoren "Kultur und Wohnen" sowie "Kooperationsbereitschaft von Behörden", "Leistungsfähigkeit der Wirtschaftsförderung", "Energiekosten" und "Abfallentsorgungsmöglichkeiten" wird ein vergleichsweise geringer Stellenwert zugewiesen (vgl. Tab. 4). Lediglich die Marktnähe und die Nähe zu einem Autobahnanschluß sind für die Mitglieder dieses Segments von größerer Bedeutung.

Die bekundete Ansiedlungsbereitschaft, ermittelt aus der Bereitschaft der Unternehmen, eine Standortverlagerung in die Region Münsterland in Betracht zu ziehen, ist bei den "Anspruchslosen" mit einer Quote von 15% nur sehr schwach ausgeprägt. Dem Münsterland als Wirtschaftsstandort kommt hier nur eine untergeordnete Präferenz zu.

Wird zur näheren Beschreibung dieser Zielgruppe die Differenz zwischen den Ideal- und Realeinstellungen in bezug auf das Münsterland analysiert, so sind für die Gewerbesteuerhebesätze, die Nähe zum Autobahnanschluß und die Kooperationsbereitschaft der Behörden die Idealanforderungen dieser Gruppe von Unternehmen erreicht. Der Faktor "Wohnen und Kultur", die positive Einstellung der Bevölkerung zur Wirtschaft und die Nähe zum Ruhrgebiet werden von der Region Münsterland sogar deutlich übererfüllt. Die Verfügbarkeit qualifizierter Arbeitskräfte und die Nähe zu Lieferanten und Kunden entspricht hingegen nicht den Anforderungen dieser Gruppe.

70% der Unternehmen dieses Segments beurteilen die Verfügbarkeit von Informationen über den Standort Münsterland als schlecht. Die Hälfte der Unternehmen ist mit der Qualität der Informationen nicht zufrieden. Das insgesamt nur sehr vage Vorstellungsbild vom Münsterland, letztlich Folge unzureichender Informationen über den Wirtschaftsstandort Münsterland, verhindert trotz einiger positiv bewerteter Standortfaktoren eine höhere Ansiedlungsbereitschaft.

Eine Ansprache und Bearbeitung dieses Segments setzt die eindeutige Identifikation der Mitglieder dieser Gruppe voraus. Die in Tab. 5 zusammengestellten Merkmale lassen erkennen, daß über 60% der Unternehmen dieses Segments einen Jahresumsatz zwischen einer und 50 Mio. DM realisieren. Bei der Branchenbetrachtung zeigt sich, daß gut die Hälfte der Unternehmen dem verarbeitenden Gewerbe zuzuordnen ist. Die übrigen Unternehmen teilen sich nahezu gleichmäßig in Handels- bzw. Dienstleistungsunternehmen auf. Geographisch sind die Unternehmen dieser Gruppe jeweils zu mehr als 40% in Norddeutschland bzw. Nordrhein-Westfalen zu lokalisieren.

Insbesondere aufgrund der geringen Ansiedlungsbereitschaft und des intensiven Interesses an Konkurrenzregionen ist diese Gruppe für ein Münsterland-Marketing von sekundärer Bedeutung. Dabei sollte jedoch beachtet werden, daß die identifizierten Informationsdefizite durch eine gezielte Bearbeitung dieser Gruppe durchaus zu beheben sind. Hierdurch kann sicherlich auch die Ansiedlungsbereitschaft im Münsterland deutlich erhöht werden.

1.3.2 Kennzeichnung der "Infrastruktur- und lebensqualitätsorientierten Unternehmen"

Für die Zielgruppe "Infrastruktur- und lebensqualitätsorientierte Unternehmen" (17,1% der Stichprobe) sind die verkehrstechnische Anbindung sowie Freizeit- und Kulturangebote von besonderer Bedeutung bei ihrer Standortentscheidung. Demgegenüber stellen verfügbare Gewerbeflächen, Abfallentsorgungsmöglichkeiten, die Nähe zum Ruhrgebiet sowie die Leistungsfähigkeit der Wirtschaftsförderung in ihrer Bedeutung lediglich sekundäre Standortfaktoren dar.

Für die "Infrastruktur- und lebensqualitätsorientierten Unternehmen" konnte mit 11% eine wiederum vergleichsweise geringe Ansiedlungsbereitschaft in das Münsterland ermittelt werden. Allerdings ist fast ein Drittel der Unternehmen bezüglich der Berücksichtigung des Münsterlandes als Standortalternative unentschlossen.

Die Ideal-/Realdifferenzen zeigen, daß diese Unternehmen insbesondere Defizite des Münsterlandes in bezug auf die verkehrstechnische Anbindung (Flughafen), die Verfügbarkeit preisgünstigen Wohnraums, das Potential qualifizierter Arbeitskräfte sowie die relativ hohen Gewerbe- und Energiekosten erkennen. Die Stärken des Münsterlandes liegen in der Nähe zur Universität und in der Leistungsfähigkeit der Wirtschaftsförderung. Dies bedeutet, daß gerade bei den für diese Zielgruppe außerordentlich wichtigen Standortfaktoren die wahrgenommenen Schwächen liegen. Hingegen werden bei den relativ unbedeutenden Standortfaktoren die Stärken des Münsterlandes gesehen. Diese – an objektiven Maßstäben gemessen – verzerrte Wahrnehmung erklärt die bislang geringe Ansiedlungsbereitschaft im Münsterland.

Die Verfügbarkeit von Informationen über den Standort "Münsterland" wird lediglich von einem Drittel der Unternehmen als zufriedenstellend bezeichnet. Allerdings bewerten zwei Drittel der Unternehmen dieser Zielgruppe die Qualität der Informationen als gut bzw. befriedigend.

Über die Hälfte der Unternehmen dieses Segments verfügt über 10 bis 50 Mitarbeiter und verzeichnet einen Umsatz zwischen einer und fünf Millionen DM pro Jahr. Die zumeist mittelgroßen Unternehmen dieses Segments setzen sich zu 63% aus Dienstleistungsunternehmen zusammen, wobei Transportdienstleister und Computerfirmen dominieren. Regional stammt fast die Hälfte der Unternehmen aus dem süddeutschen Raum, 42% kommen aus Norddeutschland.

Das Segment der "Infrastruktur- und lebensqualitätsorientierten Unternehmen" stellt für das Münsterland ein besonders interessantes Potential dar, da das Anforderungsprofil dieser Unternehmen mit wichtigen Standortausprägungen des Münsterlandes übereinstimmt. Den besonders hohen Anforderungen dieser Gruppe an die Infrastruktur und Lebensqualität werden die tatsächlichen Gegebenheiten im Münsterland fast in jedem Punkt gerecht. Aufgrund des sehr geringen Umfangs verfügbarer Informationen über den Standort Münsterland bieten sich insbesondere kommunikative Maßnahmen zum Abbau der fast ausschließlich wahrnehmungsbedingten Defizite an.

1.3.3 Kennzeichnung der "Unternehmen mit durchgängig hohem Anspruchsniveau"

Die "Unternehmen mit durchgängig hohem Anspruchsniveau" (31,5% der Stichprobe) ordnen insbesondere der verkehrstechnischen Anbindung, den Gewerbe- und Energiekosten, aber auch dem Faktor "Behörden und Gesellschaft" eine hohe Bedeutung zu. Lediglich die Nähe zu Lieferanten und Kunden stellt für die Unternehmen dieses Segments einen vergleichsweise wenig bedeutsamen Faktor dar.

Für die Gruppe der "Anspruchsvollen" konnte die insgesamt höchste Ansiedlungsbereitschaft für das Münsterland ermittelt werden. Ein Drittel der Unternehmen ist an einer Standortverlagerung in die Region sehr interessiert.

Obwohl die für diese Gruppe zentralen Kriterien "Nähe zur Universität", "Nähe zum Ruhrgebiet", "hoher Freizeitwert" sowie die Faktoren "Verkehrsanbindung" und "Marktnähe" vom Münsterland gut erfüllt werden, sind diese Unternehmen mit dem Münsterland nur durchschnittlich zufrieden. Die wesentlichsten Schwächen werden bei dem Faktor "Behörden und Gesellschaft", aber auch in der Verfügbarkeit qualifizierter Arbeitskräfte gesehen.

Die Informationsversorgung über den Standort "Münsterland" wird in dieser Gruppe sowohl in bezug auf die Verfügbarkeit als auch die Qualität am besten beurteilt. Dennoch sollte die Verfügbarkeit der Informationen bei einer Durchschnittsnote von lediglich 3,31 auch in dieser Zielgruppe noch deutlich verbessert werden.

Bei den "anspruchsvollen" Unternehmen dominieren die kleinen und mittleren Unternehmen mit weniger als 50 Mitarbeitern und Jahresumsätzen unter 50 Mio. DM. Unternehmen des verarbeitenden Gewerbes, insbesondere der Metallverarbeitung bilden den Schwerpunkt dieser Zielgruppe, gefolgt von Dienstleistungsunternehmen (31%). Mehr als die Hälfte der Unternehmen hat seinen Firmensitz in Nordrhein-Westfalen.

Aufgrund der hohen Ansiedlungsbereitschaft und dem spezifischen Anforderungsprofil der Unternehmen ist diese Zielgruppe für ein Münsterland-Marketing von hoher Bedeutung. Die in der Ansiedlungsbereitschaft sowie der guten Bewertung einer Reihe von Standortfaktoren des Münsterlandes zum Ausdruck kommende positive Prädisposition gegenüber dem Münsterland sollte bei der Marktbearbeitung in einer hohen Priorität dieser Zielgruppe berücksichtigt werden. In dieser Gruppe sollten kurz- bis mittelfristig am leichtesten Akquisitionserfolge zu erreichen sein.

1.3.4 Kennzeichnung der "Infrastrukturunabhängigen, regional gebundenen Unternehmen"

Für die "Infrastrukturunabhängigen, regional gebundenen Unternehmen" (37% der Stichprobe) sind die verkehrstechnische Anbindung, die Nähe zum Ruhrgebiet, die Rolle der Universität und das jeweilige Kulturangebot für eine Standortentscheidung von untergeordneter Bedeutung. Hingegen kommt den verfügbaren Gewerbeflächen und Abfallentsorgungsmöglichkeiten im Vergleich zu den übrigen Segmenten ein gesteigerter Stellenwert zu.

Bezüglich der Ansiedlungsbereitschaft bekunden mehr als zwei Drittel der Unternehmen dieses Segments kein Interesse an einer Standortverlagerung in die Region Münsterland. Dieses Ergebnis wird plausibel bestätigt durch eine Analyse der Ideal-/Realdifferenzen, die eine Übererfüllung der Standortfaktoren insbesondere bei jenen Kriterien aufweist, die für die Unternehmen dieses Segments ohne Bedeutung sind (Infrastruktur, Nähe zur Universität und zum Ruhrgebiet). Die Unternehmen bewerten das Münsterland insgesamt zwar positiv, werden jedoch aufgrund der wenig Übereinstimmungen aufweisenden Profile der Ideal-/Realanforderungen das Münsterland als Standort kaum in Betracht ziehen. Die regionale Verankerung der Unternehmen ist in dieser Gruppe besonders stark ausgeprägt. Die Verfügbarkeit und Qualität der Informationen über das Münsterland werden als wenig zufriedenstellend beurteilt.

Diese Zielgruppe setzt sich hauptsächlich aus kleineren Unternehmen mit einem Umsatz von 1–5 Mio. DM pro Jahr und bis zu 50 Mitarbeitern zusammen. Verarbeitende Unternehmen, insbesondere aus den Bereichen Maschinenbau, Druckerei und Bauindustrie sind mit 72% überdurchschnittlich vertreten. Mehr als 56% der Unternehmen stammen aus Norddeutschland und knapp ein Drittel aus Nordrhein-Westfalen.

Zusammenfassend zeigt sich, daß die Stärken der Region Münsterland hier kaum erkannt werden. Daher sollte der Bearbeitung dieser Unternehmenszielgruppe im Rahmen eines Münsterland-Marketing eine untergeordnete Priorität eingeräumt werden.

1.4 Empfehlungen für eine Marketing-Konzeption des Münsterlandes

Die im Rahmen der Untersuchung herausgearbeiteten Ergebnisse bilden die Informationsgrundlage zur Ableitung eines integrierten Marketing-Konzepts für das Münsterland. Das Marketing für das Münsterland bewegt sich dabei in einem Spannungsfeld aus Anforderungen touristischer Zielgruppen, Anforderungen von ansässigen und ansiedlungswilligen Unternehmen sowie den Anforderungen und der Selbstwahrnehmung der Bewohner des Münsterlandes.

Ein erster Schritt zur Auflösung des Spannungsfeldes muß demzufolge ein Marketing nach innen zur Sicherstellung einer starken, gemeinsamen Identität der Bewohner des Münsterlandes sein.

1.4.1 Ziele für ein Marketing-Konzept des Münsterlandes

Ein gemeinsam getragenes Selbstverständnis der Münsterland-Bewohner bildet die Basis für einen glaubwürdigen Auftritt nach außen. Für die Entwicklung des notwendigen "Wir-Gefühls" der Bewohner des Münsterlandes sind folgende Basisziele anzustreben:
(1) Schaffung einer gemeinsamen Selbstwahrnehmung und Stärkung der Identifikation mit der Region,
(2) Verdeutlichung des gemeinsamen Beitrags einzelner Städte bzw. Gemeinden zum Charakter des Münsterlandes,
(3) Sensibilisierung der Bevölkerung für die Bedeutung der Profilierung im Regionenwettbewerb,
(4) einheitliche Besetzung und Penetration des Begriffes "Münsterland".

Die außengerichteten Marketing-Ziele sind für die Bereiche Tourismus und Unternehmensbereich getrennt abzuleiten und hinsichtlich der identifizierten Zielgruppen zu differenzieren.

1.4.2 Positionierung des Münsterlandes

Auf der Basis des abgeleiteten Zielsystems muß das Münsterland im Verhältnis zu seinen Hauptwettbewerbsregionen in den Bereichen Tourismus und Wirtschaft positioniert werden, d.h. ihm muß in der Wahrnehmung relevanter Zielgruppen ein klares Eigenschaftsprofil zugeordnet werden. Ein solches Profil muß die Bedürfnisse und Erwartungen der Zielgruppe widerspiegeln, sich an den tatsächlich vorhandenen, positiven Eigenschaften der zu positionierenden Leistung ausrichten und zu einer prägnanten Differenzierung gegenüber Wettbewerbsregionen führen.

Eine differenziert auf die drei Zielgruppen Bewohner, Touristen/Reisebüros und Unternehmen ausgerichtete Positionierung des Münsterlandes muß dementsprechend auf einem für alle drei Gruppen einheitlichen Positionierungskern aufgebaut werden. Dieser Positionierungskern des Münsterlandes als gemeinsame Grundlage der zielgruppenspezifischen Positionierungen kann wie folgt definiert werden:
− Region mit regenerativem Potential,
− Region mit wirtschaftlichem Potential,
− Region mit Lebensqualität.

Dabei bilden die wirtschaftlichen und regenerativen Potentiale der Region das Fundament der hohen Lebensqualität des Münsterlandes, gekennzeichnet durch genügend

Freiraum und hinreichende Möglichkeiten für die individuell-persönliche und wirtschaftliche Entfaltung.

Dieser Positionierungskern muß für die beiden Bereiche Tourismus und Wirtschaft umgesetzt und dabei inhaltlich konkreter gefaßt werden. Auf der Grundlage der Ergebnisse der vorliegenden Studie lassen sich für den Bereich Tourismus drei Eigenschaftsdimensionen zur Positionierung des Münsterlandes ableiten, die in dem Statement "Das Münsterland als vielseitiger Erholungsraum" zum Ausdruck kommen:
(1) "Kulturelles Erlebnis",
(2) "Gastlichkeit und Lebensart",
(3) "Landschaft und Erholung".

Für den Bereich Wirtschaft lassen sich folgende drei Positionierungsdimensionen nennen, die in dem Statement "Das Münsterland als aktiver Wirtschaftsraum" zum Ausdruck kommen:
(1) "Ressourcenqualität",
(2) "Infrastruktur- und Dienstleistungsqualität",
(3) "Freizeit- und Sozialqualität".

Für die glaubwürdige Positionierung einer Region ist es ein elementarer Bestandteil, daß ihre Bewohner die Außendarstellung mittragen und sich hiermit identifizieren können. Die "Positionierung" gegenüber den Münsterland-Bewohnern sollte in einem ersten Schritt auf den Ist-Merkmalen Tradition und Kultur aufbauen. Auf der nächsten Stufe sollten dann die Eigenschaftsdimensionen "Tatkraft und Zielstrebigkeit" sowie "Aufgeschlossenheit, Gastlichkeit und Kooperationsbereitschaft" im Rahmen der Positionierung bei den Münsterland-Bewohnern herausgestellt werden. Die angestrebte Positionierung bei den Münsterland-Bewohnern kommt zusammenfassend in dem Statement "Das Münsterland, Lebensraum mit Atmosphäre" zum Ausdruck.

Das in Abb. 2 im Überblick wiedergegebene Positionierungsmodell für das Münsterland stellt den zugrundeliegenden Handlungsrahmen für die noch abzuleitenden strategischen Stoßrichtungen und Marketing-Maßnahmen dar.

1.4.3 Strategische Stoßrichtungen

Die strategischen Stoßrichtungen sollten grundsätzlich im Sinne einer abgestuften Vorgehensweise (Stufenplan) verstanden werden. Der folgende Stufenplan sollte bei allen Marketingaktivitäten des Münsterlandes als Handlungsrahmen dienen:
1. Stufe: Undifferenzierte Penetration des Münsterlandes in den Bereichen Tourismus und Wirtschaft,
2. Stufe: Zielgruppenorientiert differenziertes Vorgehen in jedem der beiden Bereiche.

Zur Sicherstellung einer effizienten Marktbearbeitung sind weitere Schwerpunktsetzungen empfehlenswert. Bezüglich der geographischen Schwerpunktsetzung in der Marktbearbeitung sollte beispielsweise die Stärkung/Sicherung der Basis in Nord-

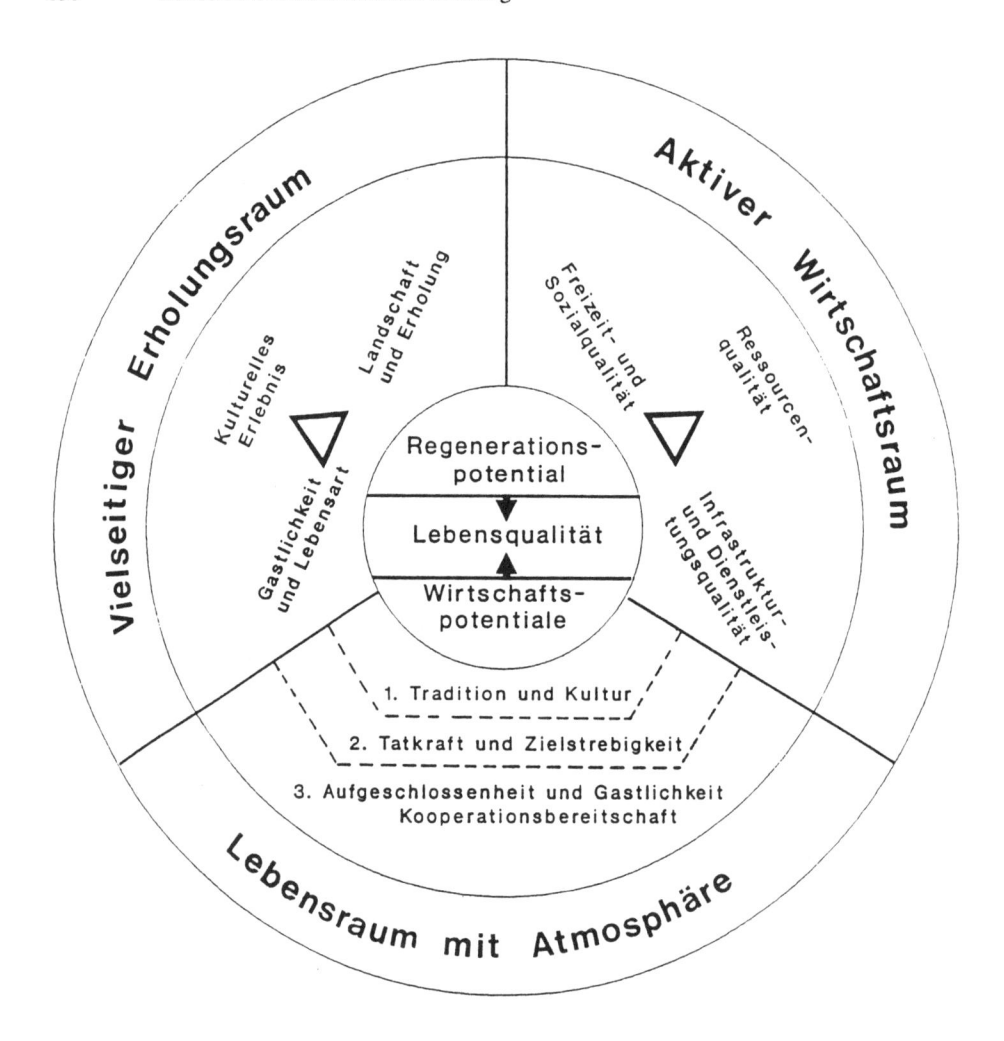

Abb. 2: Integriertes Modell zur Positionierung des Münsterlandes

rhein-Westfalen sowie anschließend der Ausbau der in Teilbereichen bereits guten Stellung in Norddeutschland und Berlin zunächst im Vordergrund stehen. Der Erschließung des Bundeslandes Bayern ist die geringste Priorität einzuräumen.

Unter Berücksichtigung der aufgezeigten räumlichen Akzentuierung sollte sich die Marktbearbeitung im Bereich Tourismus auf der ersten Stufe an folgenden Prioritäten orientieren:
(1) Profilierung des Münsterlandes als "vielseitiger Erholungsraum" für Tagesausflüge und Kurzurlaube,
(2) Profilierung des Münsterlandes als "vielseitiger Erholungsraum" für einen Urlaub.

Im Bereich der Wirtschaft sollte im Rahmen der Marktbearbeitung der allgemeine Stufenplan in der nachfolgend dargestellten Art und Weise konkretisiert werden:
(1) undifferenzierte Profilierung des Münsterlandes als "aktiver Wirtschaftsraum",
(2) zielgruppenspezifische, innengerichtete Profilierung des Münsterlandes als "aktiver Wirtschaftsraum" durch Intensivierung der Betreuungsfunktion der Wirtschaftsförderung,
(3) außengerichtete Profilierung des Münsterlandes als "aktiver Wirtschaftsraum" durch zielgruppenspezifische Akquisitionskonzepte.

Aufbauend auf dieser grundlegenden Akzentsetzung im Sinne einer generellen strategischen Stoßrichtung sind für die Bereiche Tourismus und Wirtschaft differenzierte strategische Stoßrichtungen abzuleiten.

Zur Erreichung der Zielposition "Münsterland, Lebensraum mit Atmosphäre" bei den Bewohnern des Münsterlandes sind insbesondere folgende Schwerpunkte zu setzen:
– Erhöhung der Identität der Bewohner der Stadt Münster mit dem Münsterland,
– Abbau des Wahrnehmungsgefälles zwischen der Stadt Münster und dem Kreis Coesfeld,
– gezielte Bearbeitung der bisherigen Identifikationsdefizite insbesondere bei höheren sozialen Schichten, männlichen Bewohnern, jüngeren bis mittleren Altersgruppen.

Im Bereich Touristik entspricht das Münsterland hinsichtlich zahlreicher Merkmale weitestgehend den Erwartungen der Zielgruppen. Die strategischen Schwerpunkte beziehen sich aus diesem Grunde hauptsächlich auf die Kommunikationspolitik. Folgende strategische Prioritäten sollten verfolgt werden:
(1) Profilierung des Münsterlandes als "vielseitiger Erholungsraum" insbesondere durch eine Stärkung des Faktors "Land und Leute" sowie durch die Penetration der o.g. Positionierungsmerkmale;
(2) Korrektur der bislang einseitigen Profilierung durch Verzicht auf die Überbetonung der Sport- und Radwandermöglichkeiten im Münsterland.
(3) Höchste Priorität bei der Zielgruppenbearbeitung sollte auf die "Münsterland-Fans", die "land- und kulturorientierten Münsterland-Freunde" sowie die "Unentschiedenen" gelegt werden. Mit zweiter Priorität sollten die "Geschichts- und Radwanderfreunde" bearbeitet werden. Nur von untergeordneter Bedeutung ist die Zielgruppe der "Münsterland-Ablehner".

Die strategische Schwerpunktsetzung im Bereich Wirtschaft betrifft hauptsächlich den Bereich der Leistungs- und Kommunikationspolitik:
(1) Korrektur der Fehlwahrnehmung hinsichtlich der Qualität zahlreicher Standortfaktoren des Münsterlandes durch eine klare Imageprofilierung des Münsterlandes als "aktiver Wirtschaftsraum". Hierbei muß insbesondere der Bekanntheitsgrad des Münsterlandes verbessert werden.

(2) Die Schlüsselfaktoren der Standortqualität des Münsterlandes müssen gefestigt ("Lebensqualität") und weiter verbessert werden (Verfügbarkeit qualifizierter Arbeitskräfte, Energiekosten).
(3) Intensivierte Betreuung ansässiger Unternehmen im Rahmen eines "proaktiven" Informationsmanagements der Wirtschaftsförderung.

Die abgeleiteten strategischen Stoßrichtungen sind in konkrete Maßnahmen umzusetzen. Hierbei liegt der Schwerpunkt vor allem auf der Produkt- und Kommunikationspolitik. Abschließend ist anzumerken, daß die spezifischen Merkmale des Marketing für Regionen im allgemeinen sowie die Gegebenheiten des Münsterlandes im speziellen die Umsetzung des vorgeschlagenen Marketing-Konzepts vor besondere Herausforderungen stellen. Zur Bewältigung dieser Herausforderungen erweisen sich die Sicherstellung eines zu jedem Zeitpunkt koordinierten Vorgehens in Verbindung mit einer klaren Festschreibung von Verantwortlichkeiten sowie der Gewährleistung eines integrierten Gesamtauftritts als wesentliche Erfolgsvoraussetzungen.

Literaturhinweis

Meffert, H., H. Ostmeier, S. Frömbling, E. Werthmöller (1991): Regionenmarketing Münsterland - Ansatzpunkte auf der Grundlage einer empirischen Untersuchung. Münster.

2. Fremdenverkehrskonzeption für den Spreewald

Robert Datzer

2.1 Einleitung

Der Spreewald war bereits um die Jahrhundertwende ein bekanntes und viel besuchtes Ausflugsziel. Besonders für den Großraum Berlin war er ein schnell erreichbares Naherholungsgebiet, in das man früher im wesentlichen mit der Eisenbahn anreiste. Beliebt war der Spreewald auch nach dem 2. Weltkrieg, zumal die in unmittelbarer Nähe vorbeiführende Autobahn Berlin–Dresden für eine gute Anbindung an Ost-Berlin und die übrigen Gebiete der ehemaligen DDR sorgte. Tagesbesucher und Kurzurlauber, aber auch längerverweilende Gäste bestimmten das touristische Geschehen in der gesamten Spreewaldregion.

Während sich im Oberspreewald, besonders in Lübbenau, das Tagesausflugsgeschehen konzentrierte, entstanden im Unterspreewald und im Gebiet der angrenzenden Seen – Schwielochsee, Neuendorfer See und Briesensee – zahlreiche zumeist betriebliche Ferienheime, Campingplätze und Bungalow-Siedlungen, deren Vergabe geregelt wurde und die nicht – wie im Westen üblich – in einem freien Wettbewerb untereinander standen, was Qualität, Preis, Komfort usw. betraf.

Nach dem Zusammenbruch des Sozialismus kam für zahlreiche dieser Einrichtungen das "Aus". Die bestehenden Trägerschaften durch Kombinate, Betriebe, FDGB oder Parteien wurden aufgelöst. Das sozialistische Vergabesystem der Urlaubsplätze, das für eine reibungslose Belegung der Unterkünfte und somit für reichlich Feriengäste gesorgt hatte, erledigte sich von selbst. Die Bürger aus den neuen Bundesländern steuerten in großer Zahl Reiseziele im Westen an, und die Gäste aus den alten Bundesländern – abgesehen von Tagesausflüglern aus West-Berlin – ließen auf sich warten. Da zuvor in Ermangelung einer amtlichen Statistik nur sehr begrenztes Material über Anzahl der Gäste, Übernachtungszahlen, Aufenthaltsdauer usw. zur Verfügung stand, läßt sich dieser Einbruch des Jahres 1990 prozentual nur sehr schlecht errechnen. Es wurde jedoch allgemein für das Gebiet Spreewald mit einem Rückgang der Gästezahlen von 1989 auf 1990 von 50–60% ausgegangen.

Vorbereitet war man auf diesen Einbruch nicht. Eine Fremdenverkehrsstelle, die für eine Organisation der bisherigen Besucherströme sorgte und die Gegenmaßnahmen hätte ergreifen können, existierte nicht. Hinzu kamen andere Schwierigkeiten, die noch gravierender waren. Die Landwirtschaft, die zu Zeiten des Sozialismus mit großen Anstrengungen und enormen Subventionen aufgebaut wurde, entwickelte sich zum Problemkind Nummer eins, zumal eine Menge von Arbeitsplätzen daran hingen. Die Braunkohleförderung, die in Spitzenzeiten bei 300 Mio. Tonnen pro Jahr lag, mußte rapide heruntergefahren werden, was die wirtschaftlichen Probleme der Region verschärfte.

Im Landkreis Lübben erkannte man schnell, daß es aufgrund der spezifischen Bedingungen im Spreewald nur wenig Alternativen zu einer konsequenten Entwicklung des Fremdenverkehrs gab. Im Herbst 1990 beauftragte man daher das Institut für Freizeit- und Tourismusberatung aus West-Deutschland mit der Erstellung einer umfassenden Fremdenverkehrskonzeption, die dafür sorgen sollte, so rasch wie möglich die Voraussetzungen für die Erreichung des westlichen Standards im Fremdenverkehr zu schaffen. Die Konzeption sollte ganzheitlich vorgehen und die Bereiche Fremdenverkehr, Natur- und Umweltschutz sowie die gewerbliche Wirtschaft unter der Philosophie eines umwelt- und sozialverträglichen Tourismus vereinen.

Der vorliegende Beitrag gibt exemplarisch die wesentlichen Inhalte dieser Fremdenverkehrskonzeption wieder, die zum Zeitpunkt, als diese Zeilen geschrieben wurden, noch nicht abgeschlossen war. Der Auftrag wurde im Oktober 1990 erteilt, der Endbericht sollte im Februar 1992 vorgelegt werden. Der Zwischenbericht mit den Ergebnissen der Ist-Analyse einschließlich Gästebefragungen wurde im Oktober 1991 vorgelegt. Nachfolgend werden folgende Punkte behandelt:
- Der Spreewald – eine einmalige Kulturlandschaft,
- Ausgangsbedingungen für den Fremdenverkehr im Spreewald,
- Bestandsaufnahme,
- Gästebefragung,
- Potentiale und Zielgruppen,
- Ziele und Maßnahmen,
- Fazit.

2.2 Der Spreewald – eine einmalige Kulturlandschaft

Der Spreewald ist Bestandteil einer einzigartigen Fluß- und Niederungslandschaft mit einer ganz speziellen Flora und Fauna und zählt in Mitteleuropa zu den eigenwilligsten und ursprünglichsten Naturgebieten. Die Schmelzwasser der letzten Eiszeit prägten hier den Hauptstrom im Spreewald, die Spree mit ihren zahlreichen Nebenarmen, den sogenannten Fließen, die dieser Region ihr unverwechselbares Erscheinungsbild geben.

Ca. 80 km südöstlich von Berlin gelegen, erstreckt sich der Spreewald in einer Ausdehnung von etwa 75 km Länge und 15 km Breite. Er wird in der Höhe von Lübben noch einmal in Ober- und Unterspreewald unterteilt. Die Städte Lübben und Lübbenau sowie die Gemeinden Burg, Schlepzig und das Museumsdorf Lehde gehören wohl zu den bekanntesten Orten dieser Region.

Während im Unterspreewald insbesondere die Waldvegetation mit Erlen-, Eschen- und Mischwaldbestand beinahe den Eindruck einer Dschungellandschaft vermittelt, sind besonders im Oberspreewald deutlich die Spuren der Besiedler zu finden: Getreide, Gurken- und Meerrettichfelder und die typischen Heuschober.

Weite Teile des Spreewaldes, nämlich ca. 30 000 Hektar, sind seit dem vergangenen Jahr nach den Richtlinien der UNESCO als sogenanntes Biosphärenreservat ausgewiesen.

Neben der deutschen Sprache wird in vielen Teilen des Spreewaldes noch die Sprache der sorbischen Minderheit gesprochen. Das wird besonders auf den zweisprachigen Straßen- und Hinweisschildern, die sich allerorts finden, deutlich. Die heimatliche Kultur und das überlieferte Brauchtum werden von den Deutschen und den Sorben gleichermaßen gepflegt und finden – neben diesen "Sprachinseln" – auch Ausdruck in den zahlreichen Festen, in der Spreewaldtracht und dergleichen mehr.

Bereits Theodor Fontane hat bei seinen Wanderungen durch die Mark Brandenburg vor mehr als 130 Jahren den Spreewald bereist, das heißt: Er hat sich mit dem Kahn, wie sich auch heute noch für einen Spreewald-Besuch gehört, über die Fließe staken lassen und war begeistert von dem einmaligen Zauber der Landschaft, den Menschen und Ausflugslokalen, die es auch damals bereits gab.

Dabei schrieb er diese Zeilen:
"Und daß dem Netze dieser Spree-Kanäle
nichts von dem Zauber von Venedig fehle,
durchfurcht das endlose wirre Flußrevier
in seinem Boot der Spreewald-Gondolier."

2.3 Bestandsaufnahme

Schon bei den ersten konzeptionellen Vorüberlegungen zur Bestandsaufnahme im Spreewald wurde klar, daß man nicht – wie in den alten Bundesländern gewohnt – auf umfangreiches statistisches Material, Verbandsberichte, bereits durchgeführte Strukturanalysen etc. würde zurückgreifen können.

Besonderes Gewicht mußte deshalb auf eigene Grundlagenrecherchen gelegt werden, die von einer Gästebefragung begleitet wurden. Umfangreiche Analysen vor Ort und zahllose Gespräche mit Vermietern und sonstigen touristischen Anbietern ergaben schließlich ein komplettes Bild der Ausgangssituation im Spreewald und mündeten in ein "Stärken-/Schwächenprofil" zu den folgenden Punkten:
- Nachfragestruktur;
- Allgemeine Infrastruktur;
- Touristische Angebotselemente;
  - Naturraum/Umwelt,
  - Beherbergung,
  - Gastronomie,

- Sport-/Freizeiteinrichtungen,
- Sonstige Aktivitätsfelder.

Ziel der Bestandsaufnahme war es darüber hinaus, gegenseitige Abhängigkeiten und das mögliche Zusammenwirken von Wirtschaftsförderung, Landwirtschaft, Umweltschutz und Fremdenverkehr aufzuzeigen. Daß der Fremdenverkehr als Wirtschaftsfaktor schon jetzt eine nicht unerhebliche Rolle spielt, belegt die Schätzung des Fremdenverkehrsumsatzes[1], den wir auf über 90 Mio. DM veranschlagen. Der Beschäftigungseffekt[2] in der Region dürfte bei 2000–2500 Arbeitsplätzen liegen, der Einkommensbeitrag aus dem Fremdenverkehr[3] bei 3,2%. Im Landkreis Lübben ist er mit 6,5% am höchsten.

2.3.1 Die Nachfragestruktur

Die Angaben zu den Besucherzahlen im Spreewald zu Zeiten der ehemaligen DDR sind widersprüchlich. Man kann jedoch von einer Gesamtzahl von 2,5–3,0 Mio. Gästen pro Jahr im Spreewald ausgehen. Der weitaus größte Teil ist dem Tagesausflugsbereich zuzuordnen. Aufgrund der noch fehlenden statistischen Erfassung der Übernachtungszahlen gibt es derzeit noch keine zuverlässigen Zahlen.

Aus der Beherbergungskapazität im gesamten Spreewald von ca. 2550 Betten sowie weiteren 3000 Parzellen auf Campingplätzen läßt sich – in Verbindung mit der Einschätzung des Saisonverlaufs aufgrund der geführten Vermietergespräche – ein Nachfragevolumen von 800 000 Übernachtungen für 1991 ableiten. Dominierende Nachfragegruppe in der Region sind jedoch die Tagesbesucher. Im gesamten Spreewald wird ihre Zahl für das Jahr 1991 auf 2,0–3,5 Mio. geschätzt. Damit werden in diesem Bereich – nach einem Nachfragerückgang im Jahr 1990 (ca. 50–60% gegenüber dem Vorjahr) – die früheren Besucherzahlen bald erreicht sein. Das Minus gegenüber den Spitzenjahren 1987 und 1988 dürfte 1991 bei 15–20% gelegen haben.

Die Nachfrage wird von einer starken Saisonalität bestimmt. Die touristische Saison beginnt im April und endet im Oktober. Spitzen treten im Juli und August auf. Speziell die Wochenenden sind durch Tagesbesucher frequentiert.

---

1 Fremdenverkehrsumsatz:
(Übernachtungen × durchschnittliche Ausgaben pro Person/Übernachtung) + (Tagesbesucher × durchschnittliche Ausgaben pro Person/Tag)

2 Beschäftigungseffekt:
Bettenzahl × Beschäftigungseffekt (0,2–0,5 Arbeitsplätze/Bett). Hinzu kommen die Beschäftigten, die auf den Tagesausflugsverkehr zurückzuführen sind.

3 Einkommensbeitrag aus dem Fremdenverkehr:

$$\frac{([\text{ÜN pro Kopf d. Bevölk.} \times \text{Ausg. pro ÜN}] + [\text{TB pro Kopf} \times \text{Ausg. pro TB}]) \times \text{WQ} \times 100}{\text{Pro-Kopf-Einkommen der Bevölkerung im Jahr}}$$

Abkürzungen: ÜN = Übernachtungen   Ausg. = Ausgaben
              TB = Tagesbesucher   WQ = Wertschöpfungsquote

Die Urlaubsgäste rekrutieren sich bereits zu über 50% aus den alten Bundesländern. Dagegen kommen 80% der Tagesbesucher aus einem Umkreis von 100 km.

2.3.2 Allgemeine Infrastruktur

Die Analyse und Bewertung der allgemeinen Infrastruktur erstreckte sich vorrangig auf die drei Bereiche
- Verkehrssituation,
- Gewässergüte und
- touristische Rahmenbedingungen.

Im Verkehrsbereich wurden, was die Verbesserung der Straßenverhältnisse betrifft, bereits umfangreiche Maßnahmen durchgeführt. Probleme ergeben sich durch den starken Durchgangsverkehr in den Stadtzentren, beispielsweise in Lübben. Darüber hinaus zeigt sich, daß der öffentliche Personennahverkehr aufgrund seines Streckennetzes und aufgrund der Frequenz der Fahrten für die Bedürfnisse von Urlaubern völlig unzureichend ist.

Die Gewässergüte stellt speziell bei den Seen, die im nördlichen Teil des Landkreises Lübben liegen, ein ernsthaftes Problem dar. Mitverantwortlich ist die fehlende Abwasserreinigung zahlreicher Unterkünfte, die an diesen Seen liegen.

Die touristischen Rahmenbedingungen sind unbefriedigend. Neben den obligatorischen Kahnfahrten existiert in weiten Teilen des Spreewaldes kein zusätzliches Betätigungsfeld für die Gäste (Shopping, Souvenirs, Cafés etc.). Lebensmittelläden, Bäckereien, Metzgereien, Apotheken etc. sind nur vereinzelt vorhanden und meist nur mit geringer Angebotstiefe ausgestattet.

Durch fehlende Betätigungsmöglichkeiten – speziell für das hohe Aufkommen an Tagesbesuchern – geht der Region ein beträchtlicher Fremdenverkehrsumsatz verloren.

2.3.3 Touristische Angebotselemente

2.3.3.1 Naturraum, Umwelt

Der Spreewald ist seit dem 12.9.1990 als "Biosphärenreservat" durch die UNESCO unter Schutz gestellt. Das Gebiet wird danach in vier Flächenkategorien aufgeteilt, die touristische Nutzungsmöglichkeiten und -einschränkungen vorgeben:
- *Totalreservat (Schutzzone I)*
  Hier ist die ungestörte natürliche Entwicklung zu sichern und zu fördern, indem direkte menschliche Einwirkungen vermieden und indirekte Beeinflussungen minimiert werden. Das Betreten dieser Bereiche ist untersagt, eine Erholungsnutzung damit ausgeschlossen.

- *Naturschutzgebiet (Schutzzone II)*
  Das Betreten der Zone II ist nur auf den gekennzeichneten Wegen und Wasserwegen erlaubt, das Baden an gekennzeichneten Stellen. Die Neuanlage und der Ausbau von Straßen sind untersagt. Weitere Erschließungsmaßnahmen für die touristische Infrastruktur können nicht erfolgen.
  Eine zusätzliche Lenkung von Touristen in diese Gebiete (Zone I und II) sollte vermieden werden.
- *Harmonische Kulturlandschaft (Schutzzone III)* und
- *Regenerierungszone (Schutzzone IV)*
  In den Schutzzonen III und IV sind motorgetriebene Wasserfahrzeuge verboten. Segeln, Bootfahren und Surfen ist nur auf den dafür ausgewiesenen Seen erlaubt, Reiten nur auf gekennzeichneten Wegen. Diese Schutzzonen stehen für eine ruhige Erholungsnutzung im Sinne des Bundesnaturschutzgesetzes offen. Infrastrukturelle Ausbaumaßnahmen für die touristische Nutzung müssen allerdings immer einer eingehenden Prüfung unterzogen werden, inwieweit der Charakter des Gebietes beeinträchtigt wird.

"Biosphärenreservat" ist ein Begriff der UNESCO und stellt keine Schutzgebietskategorie des Bundesnaturschutzgesetzes dar. Die Umsetzung des Schutzanspruches erfolgt im Falle des Spreewaldes dadurch, daß die Schutzzonen I und II als Naturschutzgebiete und die Zonen III und IV als Landschaftsschutzgebiete im Sinne des Bundesnaturschutzgesetzes anerkannt werden.

Für die zahlreichen als Naturschutzgebiet ausgewiesenen Flächen (Zonen I und II) müssen folgende Freizeitaktivitäten als unvertretbar gelten:
- Massensport/-tourismus (z.B. Volkswandern),
- alle Aktivitäten abseits der Wege (z.B. Querfeldeinlaufen),
- Motorsport/Motorcross,
- (Modell-)Flugsport,
- alle wassergebundenen Freizeitaktivitäten wie Segeln, Surfen, Schwimmen und Angeln,
- Reiten,
- Errichtung und Betrieb von Sportanlagen wie Trimm-Dich-Pfade und Golfplätze.

Toleriert werden kann im Einzelfall "ruhige Erholung" wie:
- Wandern,
- Joggen,
- Radfahren,
- Naturtourismus (z.B. geleitete Führungen).

Probleme in bezug auf weiterführende Planungen ergeben sich dadurch, daß bislang weder in den Landkreisen Landschaftsrahmenpläne noch in den einzelnen Gemeinden Landschaftspläne vorliegen. Mit dem Erstellen der Biotoptypenkartierung wurde begonnen. Eine abgeschlossene Bewertung der für die Erholung und für den Naturschutz bedeutsamen Bereiche liegt Ende 1991 noch nicht vor.

Solange nicht aufgrund einer detaillierten Bestandsaufnahme (Biotoptypenkartierung) für die gesamte Region Vorranggebiete für die Erholung ausgewiesen und Prioritäten für die Entwicklung im Landschaftsrahmenplan festgelegt werden, sind einzelne touristische Infrastrukturmaßnahmen wenig zweckmäßig. Die Aufstellung eines Raumnutzungskonzepts ist dringend erforderlich.

Im Hinblick auf die Bedeutung von Landschaftsrahmenplan und Landschaftsplänen für die Erholungsplanung ist die Verstärkung der "Unteren Naturschutzbehörde" mit Fachpersonal für die Bestandserfassung, Bewertung und Koordination dringend erforderlich.

Hoher Nachholbedarf besteht darüber hinaus bei Lenkungsmaßnahmen in bezug auf die touristischen Nachfrageströme.

2.3.3.2 Beherbergung

Die im Vergleich zum Tagesausflugsverkehr geringere Bedeutung des übernachtenden Fremdenverkehrs ist auf unzureichende Beherbergungskapazitäten und auf in vielen Bereichen mangelhafte Qualitätsstandards zurückzuführen.

Zusätzlich ist der Beherbergungssektor stark "campinglastig". 2550 Betten in Beherbergungsbetrieben stehen 3000 Parzellen (= ca. 10 000 "Campingbetten") auf Campingplätzen gegenüber. Die noch am ehesten zur notwendigen Saisonverlängerung geeigneten Hotels und Gasthöfe sind am schwächsten repäsentiert. Darüber hinaus ist das Gewerbe kleinstrukturiert, was die Aufnahme größerer Reisegruppen nur in sehr wenigen Betrieben gestattet.

Der Qualitätsstandard der Häuser entspricht fast durchweg nicht den Anforderungen der Gäste. Die Campingplätze werden teilweise renoviert – d.h. in erster Linie die Sanitäranlagen. Die Nutzungsmöglichkeit zahlreicher Ferienheime, die früher von Partei und Betrieben genutzt wurden, ist noch ungeklärt.

Eine umfangreiche Angebotserweiterung und gleichzeitige Qualitätsanhebung bestehender Beherbergungseinrichtungen ist daher dringend erforderlich. Festzustellen ist ein großes Engagement der Bevölkerung, das schon 1991 zu einer kräftigen Aufstockung der angebotenen Zimmerkapazitäten geführt hat.

2.3.3.3 Gastronomie

Bei der Analyse des Gaststättenangebots läßt sich wiederholen, was schon bei der Analyse des Beherbergungssektors gesagt wurde: in Quantität und Qualität nicht ausreichend für die weitere touristische Entwicklung.

Anfang 1990 befanden sich beispielsweise im Landkreis Lübben weniger als 40 Betriebe. Davon konzentriert sich die Hälfte in der Stadt Lübben selbst, so daß für den weitgestreckten Landkreis lediglich 20 Gaststätten verbleiben. Hiervon kann ein Teil der Betriebe in Ausstattung, Ambiente sowie Speisenvielfalt und -zubereitung nur eingeschränkt den gestiegenen Anforderungen der Gäste gerecht werden.

Regionalspezifische Produktangebote – beispielsweise Fischgerichte – werden viel zu selten offeriert. Hinzu kommen als weiteres Hemmnis die meist eingeschränkten Öffnungszeiten.

2.3.3.4 Sport-/Freizeiteinrichtungen

Die Aktivitätsfelder in diesem Bereich erstrecken sich auf den Wassersport, das Wandern und Radfahren.

Ein in dieser Form konkurrenzloses Erlebnis stellt die Möglichkeit dar, mit Kanu/ Kajak Fahrten auf den dafür vorgesehenen Fließen zu unternehmen. Darüber hinaus bieten die Seen im Landkreis Lübben die Möglichkeit zum Segeln, Surfen und Baden – ein Angebot, das vorrangig von Naherholern und Urlaubern auf den Campingplätzen genutzt wird. Der Region kann somit eine gewisse Kompetenz im Bereich Wassersport zugesprochen werden.

Gute und kurzfristig realisierbare Ausbaumöglichkeiten werden in den Bereichen Radfahren und Wandern gesehen. Hier mangelt es vor allem an attraktiver Routenführung und durchgehender Ausschilderung.

Ein Defizit ist im Bereich von Schlechtwetterangeboten festzustellen. Es existieren weder attraktive Hallenbäder noch sonstige Sporthallen. In Verbindung mit der unzureichenden Qualität der Beherbergungseinrichtungen stellt dies ein gravierendes Problem im Hinblick auf eine anzustrebende Saisonverlängerung dar. Da der Spreewald jedoch primär von seinem Naturimage lebt, genießt der Aufbau wetterunabhängiger Einrichtungen nicht oberste Präferenz.

2.3.3.5 Sonstige Aktivitätsfelder

Besuchsanlaß fast jeden Gastes ist eine Kahnfahrt, bei der die Besucher durch die "Fließe" gestakt werden und so die einmalige Landschaft in aller Ruhe genießen können. Die Zufriedenheit bei den Gästen mit diesen Fahrten ist hoch. Negativ anzumerken ist jedoch, daß die Mehrzahl der Kahnfahrten bei den beiden Ablegestellen Lübbenau und Lübben erfolgt und diese Konzentration entsprechende Verkehrsprobleme nach sich zieht. Der Ausbau weiterer Kahnablegestellen ist deshalb dringend erforderlich.

Zwei weitere touristische Anlaufpunkte stellen das Spreewaldmuseum in Lehde und das Agrarhistorische Museum in Schlepzig dar. Speziell in Lehde versucht man bereits durch handwerkliche Vorführungen und traditionelle Tänze dem Gedanken des "lebendigen Museums" Rechnung zu tragen.

Ein weiteres, kurzfristig ausbaubares Element ist der Veranstaltungsbereich. Speziell die im Spreewald beheimateten sorbischen Bräuche wie das Kranz- oder das Stollenreiten sowie die Fastnacht bieten hier Ansatzpunkte.

2.3.4 Stärken-/Schwächenprofil

Als Ergebnis der Bestandsaufnahme wurde ein Stärken-/Schwächenprofil erstellt, das in Abb. 1 zusammengefaßt wird.

Merkmal	Ausprägung				
	negativ				positiv
	−2	−1	0	+1	+2
Bekanntheitsgrad Spreewald					
− in den neuen Bundesländern	○	○	○	○	●
− in den alten Bundesländern	○	○	●→	○	○
Image/Anmutung	○	○	○	●→	○
Verkehrsanbindung/Erreichbarkeit	○	○	○	●	○
Straßenzustand/Verkehrssituation	○	●	○	○	○
Angebotselemente					
− Beherbergung					
− Hotels/Gasthöfe	○	●→	○	○	○
− Campingplätze	○	○	●→	○	○
− Ferienwohnungen/-zentren	○	●→	○	○	○
− Privatzimmer	○	●→	○	○	○
− Gastronomie	○	●→	○	○	○
− Naturraum/Umwelt	○	○	○	○	●
− Umweltschutz	○	●→	○	○	○
− Sport- und Freizeiteinrichtungen	○	●→	○	○	○
− Rad-/Wanderwege	○	●→	○	○	○
− Wassersportmöglichkeiten	○	○	○	●→	○
− Kultur/Sehenswürdigkeiten	○	○	●→	○	○
Sonstiges Infrastruktur (Nahverkehr, Einkaufsmöglichkeiten, Dienstleistungen etc.)	○	●	○	○	○
Ausschilderung, Hinweise, Informationen	○	●→	○	○	○

Abb. 1: Stärken-Schwächen-Profil Spreewald
    (→ = Entwicklungspotentiale durch Fremdenverkehrsverein/-mitglieder)

Die Graphik verdeutlich folgende Aussagen:
− Hoher Bekanntheitsgrad, der in den alten Bundesländern zwangsläufig niedriger ist, sich aber schnell erhöhen wird;
− Positives Image;
− Gute Erreichbarkeit;

- Mangelhafte Straßenverhältnisse und unzureichende Verkehrssituation, allerdings mit deutlicher Tendenz zur Verbesserung;
- Mängel im Unterkunftsbereich, die aber relativ rasch (d.h. in 4–5 Jahren) behoben sein werden. Am weitesten entwickelt ist der Campingsektor.
- Die Natur des Spreewaldes ist das herausragende Angebotselement. Deutliche Probleme gibt es jedoch im Bereich des Umweltschutzes.
- Der Wassersport dominiert als Aktivitätsmöglichkeit. Rad- und Wanderwege bieten sich als zentrales Angebotselement für die Zukunft an, haben derzeit aber noch erhebliche Mängel.
- Ausschilderung und generelle Information sind unzureichend und müssen dringend verbessert werden.

2.4 Gästebefragung

Die umfangreiche Gästebefragung, die zwischen Mai und Oktober 1991 die gesamte Saison abdeckte, diente dem Zweck, Erkenntnisse über die Herkunft der Gäste, ihre Struktur, Motive, Aktivitäten, Erwartungen und Erfahrungen zu gewinnen.

Befragt wurden mit Hilfe mündlicher und schriftlicher Interviews ca. 750 Personen. Die Struktur der Befragten ist wie folgt (vgl. Abb. 2):

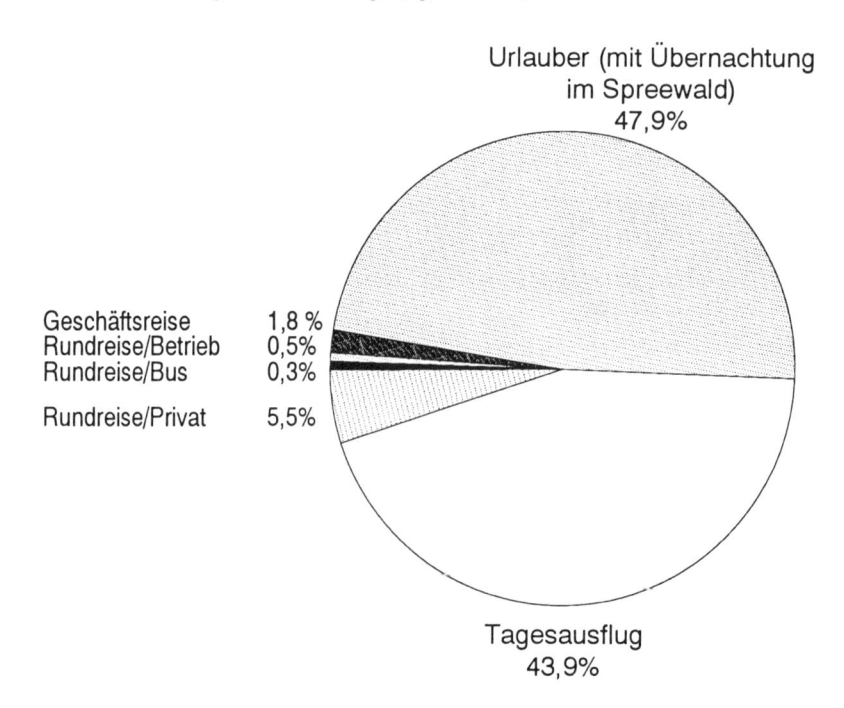

Abb. 2: Struktur der Befragten: Reiseart

Rund zwei Drittel der Spreewald-Urlauber (47,9% aller Befragten) kamen aus den alten Bundesländern. Ein Viertel davon waren Familienurlauber mit Kindern. Meistgenutzte Unterkünfte waren Pensionen/Privatzimmer (37%), Camping (22%) und Hotels/Gasthöfe (20%). 70% der Urlauber blieben maximal eine Woche.

Hauptmotive für einen Aufenthalt im Spreewald waren: "Erkunden/Kennenlernen der Region" (46%), "Alte Erinnerungen" (17%) und Ruhe/Erholung" (15%). Hauptaktivitäten sind "Kahnfahren" (48%), "Land und Leute kennenlernen" (29%), "Ruhe/Natur/Erholen" (28%), "Wassersport" (24%) und "Wandern" (24%).

Bei der Bewertung der Unterkünfte werden die "netten Vermieter" (27%), die "Sauberkeit" (15%) und "Ruhe" (14%) gelobt. Kritisiert werden die "Sanitäranlagen" (27%), der "Komfort" (11%) und das "Preis-Leistungsverhältnis" (6%). Insgesamt gut gefallen haben die "Landschaft/Natur" (61%), die "Unberührtheit" (23%) und "Ruhe" (17%). Negativ beurteilt werden vor allem die "schlechte Ausschilderung" (16%), die "Gastronomie" (13%), die "Straßen" (9%) und "wenig private Unterkünfte" (8%).

Anhand einer vorgegebenen Liste sollten bestimmte Angebote bewertet werden, wobei die Skalierung von 1 (= sehr gut) bis 5 (= mangelhaft) reichte. Am besten schnitten die naturbezogenen Kriterien "Landschaft" sowie die "Wander-" und "Radfahrmöglichkeiten" ab. Am unteren Ende der Bewertungsskala liegen das "Abendangebot" und die "Hinweise/Beschilderung" (siehe Abb. 3).

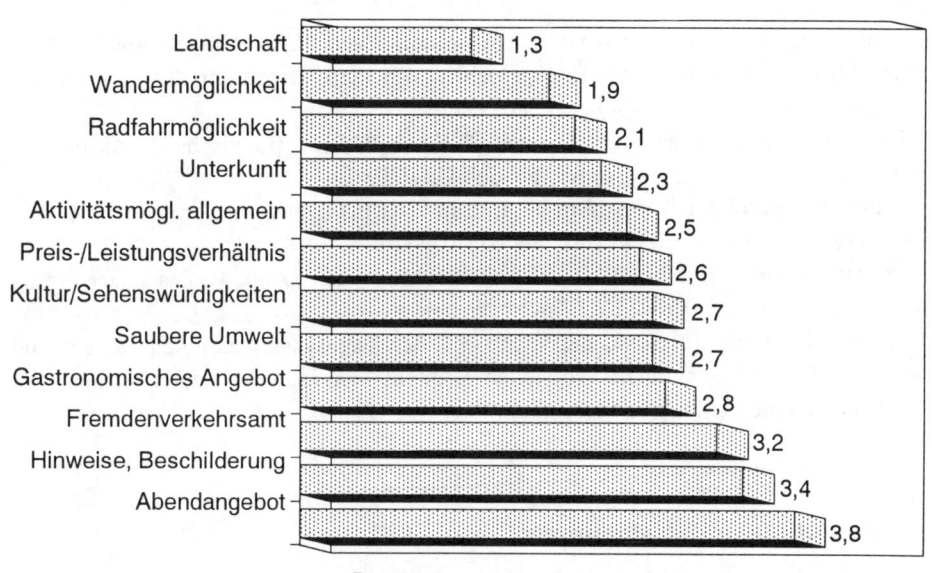

Kriterium	Bewertung
Landschaft	1,3
Wandermöglichkeit	1,9
Radfahrmöglichkeit	2,1
Unterkunft	2,3
Aktivitätsmögl. allgemein	2,5
Preis-/Leistungsverhältnis	2,6
Kultur/Sehenswürdigkeiten	2,7
Saubere Umwelt	2,7
Gastronomisches Angebot	2,8
Fremdenverkehrsamt	3,2
Hinweise, Beschilderung	3,4
Abendangebot	3,8

Bewertung von 1 = "sehr gut" bis 5 = "mangelhaft"

Abb. 3: Angebotsbewertung

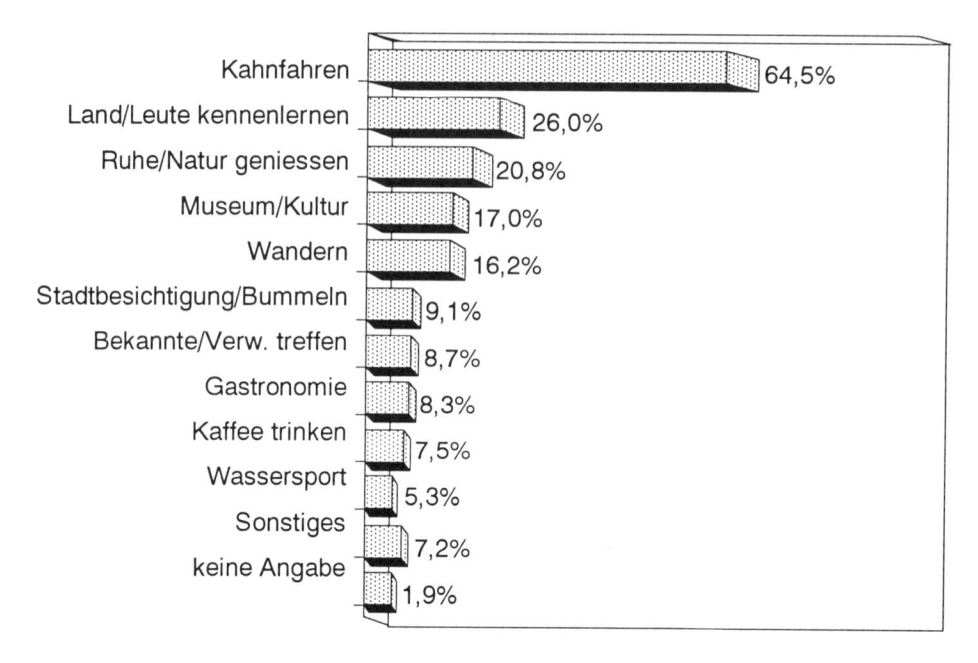

```
Kahnfahren            64,5%
Land/Leute kennenlernen  26,0%
Ruhe/Natur geniessen  20,8%
Museum/Kultur         17,0%
Wandern               16,2%
Stadtbesichtigung/Bummeln  9,1%
Bekannte/Verw. treffen  8,7%
Gastronomie           8,3%
Kaffee trinken        7,5%
Wassersport           5,3%
Sonstiges             7,2%
keine Angabe          1,9%
```

Abb. 4: Tagesausflugsaktivitäten

Verbesserungswünsche werden vor allem mit Blick auf "mehr Gastronomie" (17%), "mehr Informationen vor Ort" (15%), "mehr und bessere Unterkünfte" (12%) und einen "sanften Tourismus" (11%) geäußert.

Bei den Tagesbesuchern zeigen sich ähnliche Motive (Landschaft), Aktivitäten (Kahnfahren) und Einstellungen wie bei den Urlaubern.

Rund ein Drittel der Tagesgäste kommt aus Berlin. Insgesamt kommen rund 80% der Tagesausflügler aus einem Umkreis von 100 km.

Weitaus beliebteste Aktivität ist das Kahnfahren (siehe Abb. 4), das überwiegend positiv bewertet wird (75%).

Erfreulich ist die Tatsache, daß sich 33% der Tagesgäste "ziemlich sicher" und weitere 29% "wahrscheinlich" vorstellen können, hier innerhalb der nächsten drei Jahre einmal einen Urlaub zu verbringen.

2.5 Potentiale und Zielgruppen

Voraussetzung für die Entwicklung wirkungsvoller Marketingmaßnahmen ist die Kenntnis der aktuellen und potentiellen Zielgruppen für den Spreewald. Zur Bestimmung der Zielgruppen sind vor allem folgende Informationen nötig:

- Zielgruppenvolumen (aktuelles Volumen und in Frage kommendes Potential),
- Zielgruppenmerkmale (Reiseanlaß, Verhaltensweisen, Erwartungen/Motive etc.).

Die Zielgruppen können dabei unter verschiedenen Gesichtspunkten analysiert und definiert werden. Je nach Einteilungskriterium kommt es zwangsläufig zu Überschneidungen. Zielgruppen können u.a. nach Aufenthaltsdauer, Unterkunft oder nach Aktivitäten und Reisearten etc. definiert werden. Einen Spreewaldbesucher kann man beispielsweise der Zielgruppe der Kurzurlauber ebenso zuordnen wie der der Radurlauber oder Naturliebhaber, wenn er für 3–4 Tage in den Spreewald kommt, um dort Radtouren zu unternehmen oder um primär die Natur zu erleben.

Übergeordnete Kriterien zur Zielgruppen-Bestimmung:
- Aufenthaltsdauer (Tagesausflügler, Kurzurlauber, länger verweilende Urlauber),
- Reiseanlaß (Geschäfts-/Tagungstourismus, Urlaub, Verwandten-/Bekanntenbesuche),
- Urlaubsformen/-aktivitäten (Camping/Caravaning, Ferienhäuser/-wohnungen, Wassersport, Radfahren, Wandern, Naturerlebnis/"Naturorientierter Tourismus", "Land und Leute kennenlernen"/Rundreisen.

Da derzeit zuverlässige Statistiken für die Spreewaldregion ebenso wie für die übrigen Ferienregionen der neuen Bundesländer fehlen, können die aktuellen Potentiale nur geschätzt werden. Dies gilt auch für das Ausländerpotential, das trotz der eindeutig dominierenden Inlandsurlauber zweifelsohne vorhanden ist (vor allem bei Tagesbesuchern und Kurzurlaubern bzw. bei Ausländern, die den Spreewald im Rahmen einer Besichtigungstour besuchen). Eine genauere Potentialschätzung wird diesbezüglich erst möglich sein, wenn mehr Erfahrungen vorliegen über die Nationalitäten, die in den Spreewald kommen.

Die wesentlichen Zielgruppen für den Spreewald sind:
- *Tagesausflügler*
  Hierzu gehören Personen, die Ausflüge vom Wohnort oder vom Urlaubsort aus unternehmen sowie Passanten auf der Durchreise. Der größte Teil der Tagesbesucher kommt aus einem Einzugsgebiet von bis zu 100 km Entfernung.
  Geschätztes Potential: 4,5–5,0 Mio.
- *Kurzurlauber*
  Neben den Tagesausflüglern sind die Kurzurlauber die dominierende Zielgruppe für den Spreewald. Die Mehrzahl der Kurzurlauber wohnt in einem Einzugsgebiet von bis zu 400 km. Hierzu gehören auch die Urlauber, die sich auf einer Rundreise befinden und ein bis zwei Tage Station im Spreewald machen.
  Geschätztes Potenial: 2,5–3,0 Mio.
- *Länger verweilende Urlauber*
  Die länger verweilenden Urlauber, zu denen überwiegend Familien mit Kindern gehören, konzentrieren sich auf die Hauptsaisonmonate Juli und August. Am stärksten gefragt sind die Campinganlagen, die Ferienhäuser und -wohnungen rund um die Seen.
  Geschätztes Potential: 2,5–3,0 Mio.

– *Geschäftstourismus*
Der geschäftlich bedingte Tourismus (einschließlich Tagungen, Seminare etc.) spielt derzeit für den Spreewald eine untergeordnete Rolle und wird auch in Zukunft keine herausragende Bedeutung haben. Er wird sich auf die Städte Lübben, Lübbenau, Calau, Cottbus konzentrieren und den Hotels zugute kommen. Was Seminare etc. betrifft, wird es von der Initiative einzelner Betriebe abhängen, inwieweit sich dieser Geschäftszweig weiterentwickelt. Vernachlässigen sollte man ihn nicht, da er in den schwächeren Saisonzeiten für Auslastung sorgt.
Geschätzter Übernachtungsanteil für die kommenden Jahre: 200 000–300 000
– *Zielgruppeneinteilung nach dem Kriterium "Urlaubsformen/-aktivitäten"*
Im Hinblick auf künftige Marketingmaßnahmen ist eine differenzierte Zielgruppeneinteilung notwendig. Unter dem Kriterium "Urlaubsformen/Urlaubsaktivitäten" sind folgende Zielgruppen besonders wichtig:
- Camping, Caravaning,
- Ferienhäuser/-wohnungen (inklusive Feriendorfanlagen),
- Naturerlebnis/"naturorientierter Tourismus",
- Radfahren,
- Wandern,
- "Land und Leute kennenlernen", Besichtigungen,
- Wassersport.

2.6 Ziele und Maßnahmen

Die Basis für eine erfolgreiche Fremdenverkehrsarbeit ist eine klare und schlüssige *Fremdenverkehrsphilosophie*, die langfristig anzulegen ist und möglichst nicht innerhalb der nächsten 10–15 Jahre verändert werden sollte. Voraussetzung für den Erfolg einer solchen Philosophie ist, daß sie auf breitester Ebene (Bürger, Politiker, Verwaltung, Leistungsträger) in den wesentlichen Grundaussagen mitgetragen wird.
Die *Fremdenverkehrsphilosophie*
– orientiert sich an den vorhandenen Strukturen (Landschaft, Infrastruktur, Angebot etc.) und den künftigen Zielen,
– beinhaltet Marketing-Strategien und Produktaussagen.

Die *Fremdenverkehrsziele* ergeben sich aus den Konsequenzen, die als Ergebnis der Ist-Analyse bzw. den zuvor durchgeführten Primärerhebungen formuliert wurden. Dabei wird zwischen übergeordneten und speziellen Zielen unterschieden.
Allgemeine Zielsetzungen sind:
– Der Fremdenverkehr soll zur Stärkung der allgemeinen Wirtschaftsstruktur beitragen (insbesondere Schaffung/Erhaltung von Arbeitsplätzen in strukturschwachen Gebieten).
– Der Fremdenverkehr soll zur Landschaftserhaltung beitragen.

- Der Fremdenverkehr muß ein vielfältiges Erholungsangebot für Bürger und Gäste schaffen.
- Der Fremdenverkehr muß zur Existenzsicherung der touristischen Anbieter sowie des örtlichen Gewerbes und Handels beitragen.

Der Weg zur Erreichung der vorgegebenen Fremdenverkehrsziele erfolgt über die *Marketing-Strategie*. Sie ist flexibel angelegt und legt u.a. fest,
- welche Zielgruppen
- mit welchen Angeboten und
- welchen Mitteln (d.h. mit welchem Marketinginstrumentarium)

umworben werden.

Bezogen auf die künftig einzuleitenden Maßnahmen wurden folgende übergeordnete Ziele formuliert:
- Schaffung eines einheitlichen Erscheinungsbildes des Spreewaldes,
- Schaffung eines "Fremdenverkehrsbewußtseins",
- Erhöhung des Einkommensbeitrages aus dem Fremdenverkehr, Schaffung neuer Arbeitsplätze,
- Verlagerung vom Tages- und Ausflugstourismus auf den Übernachtungstourismus,
- Verminderung von Umweltbelastungen, konsequente Durchsetzung von Umweltschutzmaßnahmen.

Im Rahmen der Fremdenverkehrskonzeption wurde ein umfangreicher *Maßnahmenkatalog* mit detaillierten Angaben zur weiteren Vorgehensweise erarbeitet. Eine Auswahl kurzfristig einzuleitender Maßnahmen wird nachfolgend stichpunktartig wiedergegeben:
- Ausbau und Sanierung der Kahnabfahrtstellen,
- Ausbau des Radwege- und Wanderwegenetzes,
- Ausbau der Fremdenverkehrsorganisationen (Regionalverband, Organisationen auf Kreis- und Gemeindeebene),
- Verbesserung des Bettenangebots (quantitativ und qualitativ) mit Schwerpunkt auf Privatvermieter-Angeboten zur Erhaltung einer mittelständischen Struktur,
- Verbesserung der Ausschilderung bzw. Aufbau eines gästefreundlichen Informationssystems mit Hinweisen zu Sehenswürdigkeiten etc.,
- Ausstattung der Informationsstellen mit zeitgemäßem Werbe- und Informationsmaterial,
- Entwicklung einer übergreifenden Marketingstrategie. Dazu gehören u.a.:
  - Abstimmung der Marketingsmaßnahmen auf den einzelnen Organisationsebenen,
  - Ansprache der diversen Zielgruppen mit entsprechenden Angeboten,
  - Entwicklung einer Werbe- und PR-Strategie,
  - Etablierung eines Informations- und Reservierungssystems (mittel- bis langfristig),
- Schaffung eines weitgefächerten Veranstaltungsangebotes (Feste, Abendunterhaltung, kulturelle Veranstaltungen, Brauchtum etc.),

- Verbesserung der Qualifikation der im Fremdenverkehr tätigen Personen,
- Schaffung einer Ausbildungseinrichtung für den Fremdenverkehr, um rechtzeitig für ein qualifiziertes Personal in den verschiedenen Bereichen zu sorgen.

2.7 Fazit

Der Landkreis Lübben hatte im Oktober 1990 das Institut für Freizeit- und Tourismusberatung GmbH mit der Erstellung einer umfangreichen Fremdenverkehrskonzeption beauftragt, deren Inhalt im vorliegenden Beitrag zusammenfassend skizziert wird. Die Zukunftsaussichten für die weitere Entwicklung des Fremdenverkehrs im Spreewald werden als ausgesprochen positiv beurteilt, zumal sich wenige andere Alternativen für diese strukturschwache Region anbieten. Für den Spreewald sprechen vor allem:
- der hohe Bekanntheitsgrad und das positive Image,
- die günstige Lage in der Nähe des Ballungsraumes Berlin,
- die Einmaligkeit der Landschaft, die zu den eigenwilligsten und ursprünglichsten Naturgebieten in Mitteleuropa zählt,
- die Ernennung zum Biosphärenreservat durch die UNESCO,
- die günstigen Perspektiven in bezug auf Angebotsbereiche, die im Nachfragetrend liegen (Wandern, Radfahren, Naturerlebnis, Camping etc.).

Oberstes Ziel für alle Maßnahmen, die in den kommenden Jahren realisiert werden, sollte sein, daß der Spreewald in seiner Ursprünglichkeit erhalten bleibt und die Belange des Umweltschutzes konsequent respektiert werden. Der erforderliche Ausbau der Infrastruktur und des Unterkunftssektors sollte so erfolgen, daß dieses Ziel gewahrt bleibt. Konkret bedeutet dies u.a.:
- Ausbau des Wander- und Radwanderwegenetzes,
- Ausbau und Sanierung der Kahnabfahrtstellen,
- Ausbau des Zimmerangebots im Bereich privater Vermieter und mittelständischer Hotels bzw. Gasthöfe; keine Großhotels der Luxuskategorie,
- behutsamer Ausbau von Unterkünften in Feriendorfanlagen; keine Großanlagen vom Typ Center Parcs mit aufwendiger Badelandschaft und mehr als 500 Wohneinheiten,
- qualitative Verbesserung des Unterkunfts- und Gastronomieangebots,
- Erweiterung des kulturellen Angebots und Einbezug des vorhandenen Brauchtums in den Fremdenverkehr,
- Aufbau einer gästegerechten Fremdenverkehrsorganisation mit einem zielgruppengerechten Marketing,
- Abstimmung der Maßnahmen im Fremdenverkehr mit den Belangen der Landwirtschaft und den übrigen Wirtschaftszweigen.

Eine rasche und konsequente Einleitung der erforderlichen Maßnahmen wird dafür sorgen, daß der Fremdenverkehr zum zentralen Wirtschaftsfaktor der Spreewaldregion wird, der die notwendigen Arbeitsplätze und das entsprechende Einkommen schafft.

3. Städtetourismus am Beispiel der Hansestadt Lübeck

Hanns P. Nerger

3.1 Historischer Abriß

In den Gründungsjahren der Stadt Lübeck (1143–1159) verlief die Reichsgrenze im Norden praktisch an der Elbe, wenn es auch einen darüber hinausgehenden Bereich auf der Linie der heutigen Städte Schleswig, Kiel, Oldesloe, Lauenburg gab, teilweise sogar durch den Limes Saxoniae, den Sachsenwall, befestigt. Der Einfluß der kriegerischen Obotritenstämme (Wenden) ließ sich nur schwer durchbrechen. So war Bardowiek bei Lüneburg der Grenzort und Handelsplatz unter dem besonderen Schutz des Landesherrn, Heinrich des Löwen, Herzog in Sachsen und Bayern.

Frühere Umschlagplätze an der Ostsee, bei Schleswig (Haithabu) und Rerik (Mecklenburg), auch das an der Trave gelegene Ljubeke, waren untergegangen. 1142 ließ der holsteinische Graf Adolf II. von Schauenburg, ein Lehnsmann des "Löwen", nach einem siegreichen Waffengang das Gebiet des heutigen Ostholstein besiedeln, indem er Kaufleute und Handwerker aus Flandern und West- und Ostfalen ins Land rief. Er wählte den Hügel Buku an der Mündung der Wakenitz in die Trave als Zentrum aus. Damit war wieder ein Weg zur Ostsee frei, und sofort blühte der Handel mit den Anrainern der baltischen See auf. Basis war der Tausch von Pelzen, Wachs und Bernstein gegen Tuche, Eisen, Tonwaren, Wein und Gewürze, ganz besonders aber der Tausch von Salz aus Oldesloe und Lüneburg gegen Fisch von der Südküste Schwedens. Das "weiße Gold" war ein gefragtes Produkt im salzlosen Norden.

Binnen kürzester Zeit entstand eine gut funktionierende Achse von Flandern und Westfalen über das junge Lübeck in den Ostseeraum und zurück. Es entwickelten sich Kaufmannsgenossenschaften, erste Hansen (Reisegemeinschaften) wurden gegründet.

Bardowiek verlor seine Bedeutung, und Lübeck war, nicht zuletzt durch die Weitsicht Heinrichs des Löwen, alsbald die Drehscheibe des Handels mit dem Norden. Eine fulminante Entwicklung führte zur wirtschaftlichen Blüte der Städtegenossenschaften, die unter dem Namen "Hanse" noch heute ein Begriff sind, und die 1370 auf dem Höhepunkt ihrer Macht standen, Lübeck war ihre unbestrittene "Königin". Mit der Verleihung der Reichsfreiheit (1226) durch den Staufer Friedrich II. war Lübecks Rolle als führende Macht im Ostseeraum bekräftigt.

In dieser Zeit war auch das Stadtbild mit seinen fünf markanten Kirchen, dem Rathaus, dem Heiligen-Geist-Hospital und den prägnanten und "typischen" giebelständigen Backsteinhäusern so weit geformt, daß einschneidende Änderungen bis heute nicht nötig wurden. Zwischen dem ausgehenden 12. Jahrhundert und dem ausgehenden

16. Jahrhundert wurde, so kann man es wohl sagen, das Kapital eingesetzt, das heute der Tourismus als scheinbar endlos fließende Zinsen verbraucht.

Die veränderte politische, räumliche und wirtschaftliche Lage in Europa nach den großen Entdeckungsreisen Ende des 15. Jahrhunderts brachte letztlich den Einbruch und die Verschiebung der handelspolitischen Gewichte. Die eigentliche Blütezeit Lübecks währte nur wenige Jahrhunderte, seine Position war geschwächt und blieb es.

1937 verlor Lübeck seine Eigenstaatlichkeit und wurde in die preußische Provinz Schleswig-Holstein integriert. Am 28./29. März 1942 wurde ein Fünftel der historischen Altstadt eingeäschert. Die bald darauf sich auswirkende Nachkriegsordnung schnitt Lübeck von seinem Hinterland ab, die neue Randlage an der Grenze zur damaligen DDR brachte schmerzhafte wirtschaftliche Folgen mit sich. Die politische und wirtschaftliche Korrektur seit dem 9.11.1989 ist zur Zeit noch nicht abzusehen. Dem sich wieder bietenden Rückraum steht die nicht zu unterschätzende Konkurrenz z.B. des Überseehafens Rostock gegenüber, der schon eine Fährlinie nach Dänemark an sich gezogen hat, und der als Transithafen von Schweden und Finnland günstiger liegt, denkt man in Richtung Ost- und Südosteuropa. Die nächsten Jahre werden hier die Positionen verdeutlichen.

3.2 Wirtschaftliche Situation

Traditionell hatte der Schiffbau in Lübeck vom frühen Mittelalter an einen großen Anteil am Wirtschaftsleben. Zweimal in diesem Jahrhundert, jeweils als Folge des Schiffsraummangels nach den Weltkriegen, blühte die Werftindustrie Lübecks auf. Sie wurde aber auch zweimal durch Wirtschaftskrisen zurückgeworfen, wenn nicht sogar fast ausgelöscht. Heute spielt der Schiffbau nur noch eine untergeordnete Rolle.

Die Ansiedlung neuer großer Industriezweige mußte spätestens durch die grenzpolitische Situation nach dem Zweiten Weltkrieg abgeschrieben werden. Eine verschwindend kleine Anzahl größerer Unternehmen hielt dem Standort Lübeck vermutlich nur die Treue, weil sie am Ort vor langer Zeit gegründet wurden und sich strukturpolitischer Präferenzen erfreuen durften. Immer wieder mußten Versuche, neue, zukunftsorientierte Unternehmen für den Standort Lübeck zu gewinnen, an seiner extremen Randlage (40 km direkte Grenze zur ehemaligen DDR) scheitern. Inwieweit auch lokalpolitische Unzulänglichkeiten eine Rolle gespielt haben, sei dahingestellt.

Eine Substitution zum Schiffbau entwickelte sich seit Mitte der 50er Jahre durch den Fährschiffbetrieb in Lübeck und Lübeck-Travemünde. Aus bescheidenen Anfängen entstand ein Wirtschaftszweig, der bis vor kurzem imponierende Zuwachsraten aufwies. Fast 5000 Abfahrten, 2 Mio. Passagiere und 17 Mio. Tonnen Umschlag sind Zahlen, die Lübeck zum größten Fährschiffhafen Europas gemacht haben.

3.3 Tourismusentwicklung und Infrastruktur

Mit den Fährschiffen setzte auch verständlicherweise eine direkte Verbindung zum Tourismus ein, denn der "klassische" Gast in der Stadt ist der nordische Einkaufstourist mit eher beiläufigem Interesse am "Gesamtkunstwerk Historische Altstadt" gewesen, und er ist es in gewisser Weise auch heute noch.

Dazu kamen und kommen historisch und kulturell Interessierte, für die Lübeck sozusagen ein "Geheimtip" ist. Die Aufnahme großer Teile der Lübecker Altstadt in die "Liste des Welterbes" der UNESCO hat diese Gruppe naturgemäß in relevanter Weise sich vergrößern lassen.

Mit dem Anwachsen der Zahl an Kongreßreisen und des Incentive-Tourismus ist eine weitere wichtige Nachfragegruppe entstanden. Daneben finden sich üblicherweise die Geschäftsreisenden und die allgemein Durchreisenden.

Diesem wachsenden Potential stand eine wenig überzeugende Infrastruktur gegenüber. Das qualitative Angebot reichte nicht aus, das quantitative sank sogar im Verlauf der 80er Jahre, und die strukturelle Verteilung der Anbieter war kopflastig im Bereich der kleinen und mittleren Betriebe gegenüber den wenigen großen.

Im Jahr 1981 verfügten 41 Betriebe über 1821 Gästebetten, im Jahr 1985 hatten die Vergleichswerte mit 34 Betrieben und 1507 Betten einen Tiefststand erreicht. Selbst nach einer Aufstockung und drei Neueröffnungen hatte die Beherbergungswirtschaft der Stadt mit 37 Betrieben und 1764 Gästebetten noch nicht den Stand von 1981 erreicht. Entscheidend dafür ist die strukturelle Verteilung, nach der nur zwei Häuser über mehr als 200 Betten verfügen, nur sechs über mehr als 100.

Da auch die Gästeankünfte und Übernachtungen stagnierten oder gar sanken (1970: 160 230 Gäste und 280 442 Übernachtungen – 1984: 160 967 Gäste und 252 709 Übernachtungen), entschloß sich das zuständige Amt für Lübeck-Werbung und Tourismus, eine Hotelbedarfsanalyse durch das Deutsche Wirtschaftswissenschaftliche Institut für Fremdenverkehr an der Universität München (DWIF), durchführen zu lassen.

Aus der entstandenen Marktanalyse seien hier Schlußfolgerungen zitiert: "Quantitative Engpässe bewirken, daß absatzpolitische Initiativen überbetrieblicher Art erheblich erschwert oder sogar unmöglich gemacht werden." Und: "Die Zahl der Hotels mit uneingeschränkter Leistungsfähigkeit und -bereitschaft ist relativ klein." Und weiter: "Schließlich ist auch ein struktureller Engpaß zu konstatieren, der aus der Dominanz der Klein- und Mittelbetriebe und dem zahlenmäßig sehr geringen Angebot an großen oder zumindest größeren Hotels mit mehr als 100 Betten resultiert und der die akquisitorischen Möglichkeiten und Spielräume von Absatzmittlern und Verkäufern aller Art ebenfalls einschränkt." Der Kapazitätsauslastungsgrad von 1983 (37%) und 1987 (38%) belegt weiter die Inaktivität einer Branche und ihre kontraproduktive Entwicklung zu den Bemühungen des Tourismus-Amtes und der Incoming-Anbieter.

3.4 Einschneidende Verbesserung der Infrastruktur

Zielsetzung des Amtes für Lübeck-Werbung und Tourismus für die Umsetzung der Bedarfsanalyse war es, gemeinsam mit dem Stadtplanungsamt und dem Amt für Liegenschaften interessierte Investoren im In- und Ausland zu finden. Durch konkrete Einzelgespräche und eine intensive Medienarbeit mit der Herausstellung der sich abzeichnenden positiven Entwicklung des Übernachtungstourismus erfolgte eine erste richtungweisende Korrektur.

In der nahen Zukunft wird sich in der Folge dieser Aktivitäten die Angebotssituation entscheidend verbessern. Zwei neue Großhotels (Scandic-Crown und Penta-Hotel) werden in attraktiver Altstadtrandlage eröffnet, das Mövenpick hat einen Aus- und Umbau hinter sich, und bestehende Betriebe befinden sich in Beratungsgesprächen mit dem Amt für Lübeck-Werbung und Tourismus, mit der Zielsetzung einer qualitativen Produktverbesserung. Damit tritt eine spürbare Aufwertung aller Kriterien im qualitativen, quantitativen und strukturellen Bereich ein, welche die Bedeutung des Fremdenverkehrs für die Wirtschaft der Hansestadt weiter anwachsen lassen.

3.5 Zahlen zur wirtschaftlichen Bedeutung des Fremdenverkehrs

Im Rahmen eines Konzeptionsentwurfs für den Lübecker Stadtteil Travemünde hat das DWIF im Jahr 1987 Zahlen ermittelt bzw. hochgerechnet aufgrund von heranziehbaren Vergleichsuntersuchungen. Daraus sei hier in aller Kürze zitiert:
- Der *Gesamtumsatz* des Beherbergungs- und Verpflegungssektors in Lübeck, der aus der touristischen Nachfrage resultiert, belief sich 1986 auf 123 Mio. DM (verständlicherweise ohne den Umsatz aus dem Konsum Einheimischer und Pendler).
In Lübeck kann der Einzelhandel 17,3% und in Travemünde 21,2% der touristischen Ausgaben für sich buchen; das sind rund 35 Mio. DM (ohne Mehrwertsteuer), wovon etwa 11,6 Mio. DM auf Einkäufe der Tagesbesucher zurückgehen (auch hier ohne Einheimische und Pendler).
Der touristisch bedingte Umsatz, der auf die Unterhaltungsbranche entfällt, beträgt rund 22,8 Mio. DM (ohne Mehrwertsteuer).
- Der mit den touristischen Umsätzen verbundene *Einkommenseffekt* in Lübeck ergibt eine Nettowertschöpfung (Einkommen aus unselbständiger Arbeit und Einkommen aus Unternehmertätigkeit und Vermögen) im Jahr 1986 in Höhe von 65 850 000 DM. Dies entspricht einem Einkommensbeitrag pro Einwohner Gesamt-Lübecks von ca. 317 DM. Setzt man diesen Beitrag in Beziehung zum durchschnittlichen Pro-Kopf-Einkommen, erhält man den prozentualen Beitrag des Tourismus. Für Lübeck insgesamt ergibt sich ein Volkseinkommen pro Kopf von 22 000 DM. Der Beitrag des Fremdenverkehrs zum Gesamteinkommen Lübecks kann auf etwa 1,5% veranschlagt werden.

- Der *Beschäftigungseffekt* des Fremdenverkehrs in Lübeck/Travemünde läßt sich am ehesten aus den Betriebsvergleichen des Hotel- und Gaststättengewerbes unter der Rubrik "Umsatz je Beschäftigter" ermitteln. Danach würde sich eine Zahl von rund 3000 "Vollzeitbeschäftigten" ergeben. Wenn zusätzlich noch die Zahl der Teilzeitbeschäftigten Berücksichtigung findet, dann kann man wohl von insgesamt etwa 4000 Personen ausgehen, die ihr Einkommen aus dem Fremdenverkehr beziehen. Eine andere Sehweise auf den Dienstleistungsbereich bezogen ergibt die Aussage, daß 20% aller in dieser Sparte angebotenen Arbeitsplätze dem Tourismus zuzuordnen sind.
- Die gesamten aus dem Tourismus resultierenden *Steuereinnahmen* in Lübeck/Travemünde aus touristischer Nachfrage können für das Jahr 1986 auf ca. 4 Mio. DM veranschlagt werden. Eine getrennte Berechnung für Übernachtungen ergab im Durchschnitt je Übernachtung eine Steuereinnahme von 2,20 DM und je Tagesbesucher von rund 0,45 DM.

3.6 Tourismus-Marketing seit 1987

Erstmalig wurde ab 1986 ein umfassendes Tourismus-Marketing durch das Amt für Lübeck-Werbung und Tourismus erarbeitet und den politischen Entscheidungsträgern vorgelegt. Schon nach kurzer Zeit hat sich dieses Instrument der Darstellung von Planungen und Entwicklungen, von Reports und Eigencontrolling bewährt. Es verbesserte die ämterübergreifende Kommunikation und bildete einen funktionstüchtigen Rahmen für die operative Arbeit bis hin zu mittelfristigen Überlegungen.

Da dieses Tourismus-Marketing im Hinblick auf Umfang und detaillierte Planung beispielhaft für die am Fremdenverkehr partizipierenden Kommunen ist, beschäftigte sich bald die Fachpresse positiv kommentierend mit dieser in der Branche neuen Form einer Planungsunterlage.

Im ersten Vorwort heißt es u.a.: "Die Tourismus-Marketingplanung [...] ist Arbeitsgrundlage für alle Aktivitäten des Amtes für Lübeck-Werbung und Tourismus. Sie dient zugleich der Unterrichtung von Bürgerschaft, Senat, Fremdenverkehrswirtschaft und allen am Tourismus interessierten und partizipierenden Personen und Organisatoren. Die angestrebte Transparenz soll zur ideellen und materiellen Zusammenarbeit motivieren."

Als *Marketing-Ziele* definiert das Planungsinstrument drei Postulate:
- die Steigerung der Zahl der Übernachtungen in der Hansestadt und dem Ostseeheilbad,
- die Steigerung der Umsätze der am Tourismus partizipierenden Betriebe,
- die Erweiterung des Marktanteils der Hansestadt und des Ostseeheilbades am nationalen und internationalen Tourismus.

Diese Ziele sollen mit den bereitgestellten finanziellen Mitteln erreicht werden durch
- ein konsequentes Umsetzen der geplanten Marketing-Aktivitäten sowie
- eine enge und intensive Zusammenarbeit mit allen qualifizierten und kooperationswilligen Partnern, in deren Interesse es liegt, das touristische Angebot der Hansestadt zu vermarkten.

Zur Realisierung dieser Marketing-Ziele sind folgende *Marketing-Strategien* unverzichtbare Voraussetzung:
- die fortlaufende Erfassung der marketingrelevanten Situation auf den wichtigen In- und Auslandsmärkten mit den Mitteln der finanzierbaren Marktforschung unter umfassender Nutzung sekundärstatistischen Materials,
- die Definition und kontinuierliche Ansprache der für einen Besuch der Hansestadt Lübeck und des Ostseeheilbades Travemünde in Frage kommenden Zielgruppen,
- die verständliche und glaubwürdige Darstellung des gesamttouristischen Angebots gegenüber den Zielgruppen im In- und Ausland,
- die Zuweisung unterschiedlicher Schwerpunkte, je nach Marktsituation der einzelnen Länder, auf Maßnahmen der Werbung, Absatzförderung und Öffentlichkeitsarbeit,
- die Suche nach kooperationswilligen Partnern, um das zur Verfügung stehende operative Budget zu erhöhen,
- die Überprüfung abgeschlossener Marketing-Maßnahmen auf ihre Ergebnisse (Wirkungskontrolle).

Bei dem hohen Aufkommen von ausländischen Gästen gilt der Beobachtung von *Zielmärkten* besondere Aufmerksamkeit.

Grundlage für die Bestimmung der Zielmärkte sind zum einen das realisierte Übernachtungspotential, zum anderen die Marktbeobachtung aufgrund von Primärerhebungen Dritter bzw. der Auwertung sekundärstatischen Materials.

Da eine Änderung der Erhebungskriterien seitens des Gesetzgebers noch nicht abzusehen ist, fällt eine vollständige Erhebung aller Übernachtungen aus, wodurch natürlich eine exakte Analyse schwerfällt.

Im Hinblick auf die nur begrenzt zur Verfügung stehenden Haushaltsmittel ist die Setzung von Prioritäten bei den Marketing-Zielen und -Strategien unumgänglich. Hieraus resultiert auch die Einschränkung des Mitteleinsatzes auf ausgesuchte Märkte. Die in der Fortschreibung der Marketing-Konzeption bestimmten Länderbetreuungen können gegebenenfalls aufgrund von veränderten Marktdaten eingeschränkt oder erweitert werden.

Da eigene umfassende regionalspezifische Absatzanalysen nicht zu finanzieren sind, werden folgende Kriterien für die Bestimmung der Zielmärkte (Marktbewertungsschlüssel) herangezogen:
- Realisiertes Aufkommen. Unter dem Aspekt der eingeschränkten Erhebungsmöglichkeiten dennoch ein Mittel zur Trenderkennung und zur Beobachtung quantitativer Veränderungen.

- Wirtschaftliche Entwicklung der Zielmärkte. Die gesamtwirtschaftlichen Indizes eines nationalen Wirtschaftsraums werden entsprechenden Publikationen entnommen und durch Beobachtungen der Auslandsvertretungen der nationalen Tourismusorganisation (DZT) vor Ort ergänzt.
- Tourismusrelevante Martkerhebungen. Auch hier werden die Erhebungen der DZT als Grundlage eingesetzt. Darüber hinaus stehen Interpretationen seitens der DZT mit ergänzendem selektiven Material im Hinblick auf regionale Bezüge zur Verfügung.
- Letztlich werden allgemeine Informationen aus den Medien herangezogen, wobei die tourismusrelevanten Aspekte herausgefiltert werden.

Die zu betreuenden Märkte werden in Ländergruppen zusammengefaßt mit entsprechenden Konsequenzen für den Arbeits- und Finanzmitteleinsatz. Für den aktuellen Planungszeitraum 1990–1993 liegt folgende Eingruppierung vor:

Ländergruppe 1: Deutschland
Ländergruppe 2: Schweden, Dänemark, Finnland, Italien, Norwegen
Ländergruppe 3: Großbritannien, Schweiz, Österreich, Frankreich

Das eingesetzte Marketing-Instrumentarium umfaßt mit wechselnder Gewichtung das gesamte Marketing-Mix. So werden Anzeigen vorrangig in Kooperation mit einem Partner geschaltet (z.B. DZT oder Fährlinie), um den Etat nicht zu belasten. Ähnlich wird mit den regelmäßig besuchten Messen und Ausstellungen verfahren, wo von Fall zu Fall mit einer Werbegemeinschaft präsentiert wird, wie überhaupt die Mitgliedschaft in Werbe- und Arbeitsgemeinschaften angestrebt wird, wobei darauf geachtet wird, in den entsprechenden Organen vertreten zu sein.

Die Einzelmaßnahmen der Marktplanung lassen sich gruppiert so aufführen:
- Marktforschung,
- Angebotsgestaltung,
- Werbung (Medien, direkt),
- Absatzförderung (Akquisition, Messen, Ausstellungen, Seminare, workshops),
- Studienreisen für die Reiseindustrie,
- Pressearbeit,
- Public Relations,
- Werbegemeinschaften, Verbände.

3.7 Die Werbelinie

Das Amt für Lübeck-Werbung und Tourismus hat gemeinsam mit der ortsansässigen Werbeagentur MIKADO ein durchgängig genutztes Corporate Design entwickelt. Angestrebt wird eine hohe Zuordnungsfähigkeit bei gleichzeitiger Wettbewerbsabgrenzung in der werblichen Darstellung.

Die einheitliche Gestaltung findet Anwendung bei
- allen tourismusrelevanten Druckerzeugnissen,
- Anzeigen in den Printmedien,
- PR-Artikeln,
- der Geschäftsausstattung.

Es ist beabsichtigt, unter Fortentwicklung des derzeit eingesetzten Corporate Designs eine einheitliche Gestaltung aller Druckerzeugnisse der öffentlichen Verwaltung der Hansestadt Lübeck zu realisieren.

Unter Berücksichtigung des Marktbewertungsschlüssels werden die einzelnen Medien in verschiedener Verteilung in nachfolgende Fremdsprachen adaptiert: Englisch, Französisch, Schwedisch, Dänisch, Finnisch, Italienisch.

Die Werbebroschüren sind zielgruppenspezifisch ausgelegt. Ein besonderer Folder "Werbemittel" faßt alle Produkte übersichtlich zusammen.

Neben je einem Grundprospekt für Lübeck und Lübeck-Travemünde werden folgende "specials" angeboten:

UNESCO Weltkulturgut
Lübeck für Kinder
Rundgänge

Travemünde Wandern
            Mit dem Rad
            Fährschiffe

Lübeck – Schwerin – Wismar & Rostock

Lübeck Pauschal (Angebote)
Lübeck für Busse (Planungshilfe)
Lübeck Hotelliste

Dazu kommen:

4 Motive einer Plakatserie
3 Motive einer Mehrzweckkarte
Stadtpläne im DIN A 3-Format
Shell-Folder

Der Einsatz der Werbemittel erfolgt über die zur Verfügung stehenden Vertriebswege
- im täglichen Auskunftsdienst (Counter, postalische Anfrage oder telefonische Anfrage),
- durch Verteilung auf Messen und Ausstellungen,
- im Rahmen von direct-mailings,
- als follow up auf Anzeigenserien etc.

Der Auslandsvertrieb erfolgt aus Kostengründen ausschließlich über die DZT und ihre Vertretungen bzw. über Verkehrsträger.

Die Ausgabe erfolgt außerhalb Lübecks grundsätzlich kostenfrei. Ergänzende Regelungen hierzu sind in einer von der Bürgerschaft (Lokalparlament) verabschiedeten Entgeltordnung für die Abgabe von Werbematerial festgelegt.

Die Werbemittelproduktion soll auch weiterhin flexibel gehandhabt werden. Abhängig von veränderten Nachfragestrukturen werden Broschüren in neuen Sprachfassungen aufgelegt oder aber bei mangelndem Interesse – was derzeit noch nicht feststellbar ist – eingestellt. Ebenso können aus aktuellem Anlaß ergänzende Unterlagen erarbeitet und aufgelegt werden.

3.8 Zusammenfassung

Die personelle und materielle Ausstattung des Amtes war 1985 völlig ungenügend. Schwerpunktmäßig konnten daher zunächst lediglich Aktivitäten der Imagewerbung entwickelt werden. Bewußt wurde die Werbelinie an die zur damaligen Zeit übliche Konsumgüterwerbung angelehnt (Motiv: Fröhliche Besucherfamilie mit Hund). Ein positiver Nebeneffekt war die analoge Entwicklung in der Werbung der Fährschiffsreedereien.

Es gab von Anfang an das Bestreben, neben der Imagewerbung besondere Akzente in der Absatzförderung zu setzen. Eine zuständige Abteilung wurde zunächst über ABM-Maßnahmen aufgebaut. Erste Verkaufskataloge wurden entwickelt und den Akquisiteuren als Arbeitsunterlage zur Verfügung gestellt.

Die akquisitorischen Bemühungen beschränkten sich zunächst auf den Binnenmarkt und auf die skandinavischen Nachbarländer. Die besonders enge Zusammenarbeit mit den Verkehrsträgern (Reedereien) war von Anfang an die Voraussetzung für den Erfolg. Es wurde jeweils vermieden, als Mitbewerber zu einem Veranstalter in den Märkten aufzutreten, beispielsweise durch das Angebot eigener "packages". Das Amt verstand sich jeweils als Partner, der *gemeinsam* mit dem Veranstalter die Marktbetreuung vornahm.

Die Lübecker Direktanbieter wurden, dort wo es sinnvoll war, in die absatzfördernden Bemühungen eingebunden. Dies hatte zunächst ein Umdenken bei den Betroffenen zur Folge, denn es bedeutete ja, daß nicht mehr der Markt nach Lübeck kam, sondern die Lübecker Leistungsträger gingen in die Märkte.

Die Aufnahme Lübecks in die Liste des Welterbes der UNESCO Ende 1987 brachte in der touristischen Entwicklung eine quantitative Zäsur. Diese außergewöhnliche Auszeichnung wurde intensiv und umfassend als neuer Werbeinhalt in die Vermarktung eingeführt.

Wie aus der Abb. 1 zu ersehen ist, hatte Lübeck seit Beginn der Marketing-Planung eine unglaublich positive Entwicklung bei den Übernachtungszahlen zu verzeichnen.

Auch im Tagesreise-Tourismus ist die Entwicklung sehr günstig verlaufen. Dieser positive Trend hält auch heute noch an.

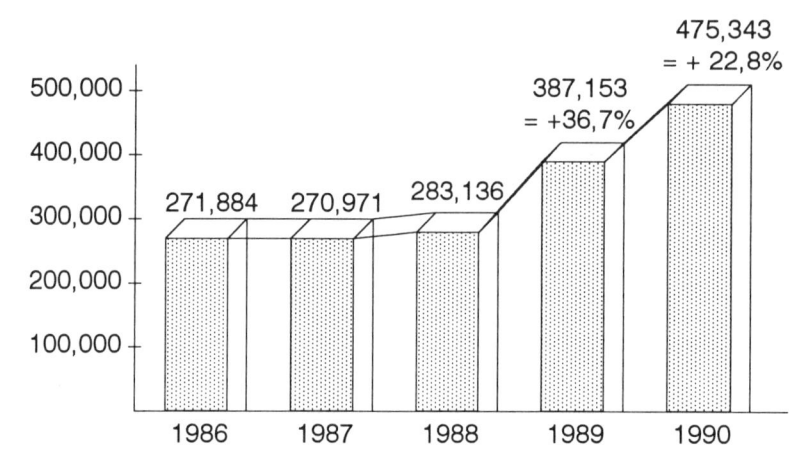

Abb. 1: Übernachtungsstatistik für das Stadtgebiet von Lübeck

4. Sozial- und umweltverträglicher Tourismus – ein Konzept für das Land Sachsen?

Armin Godau

Das Konzept für den sozial- und umweltverträglichen Tourismus in einem der neuen Bundesländer vorzulegen, kann und darf weder Aufgabe eines Individuums noch erklärtes Ziel eines Wissenschaftlers sein. Hier geht es vielmehr um ein Gemeinschaftswerk von höchster Priorität, in das die Beteiligten vor Ort bis hin zum Parlament zu involvieren sind. Der Wissenschafler und Forscher ist jedoch angesprochen, das äußerst vernetzte Problem zu befördern, indem es sich klar – auch mit dem erforderlichen Pragmatismus – äußert und damit Standpunkte bezieht, die Praxis antizipiert sowie Folgehandlungen initiiert. Ihm stehen dafür vor allem sein eigenes und das gespeicherte Fachwissen anderer Forschungsleistungen sowie seine ganz persönlichen Erfahrungen zur Verfügung. In diesem Sinne möchte der Verfasser die nachstehenden Ausführungen und das Fragezeichen hinter der Überschrift am Beispiel des Freistaates Sachsen verstanden wissen.

4.1 Aus der Geschichte des Freistaates Sachsen und die neue europäische Herausforderung

Seit 923 besteht die Mark Meißen. Ab 968 wird in Meißen ein Bischofssitz zur Missionierung der Sorben und zum Bewahren der deutschen Feudalherrschaft gegründet. Als Kernland kommt dieses Gebiet 1089 an die Herrschaft Wettin. Die Wettiner vergrößern ihre Ländereien ständig und erhalten 1423 die Kurwürde.

1485 wird das Land Sachsen in die ernestinische und die albertinische Linie geteilt. Während die ernestinische durch Erbteilungen weiter zerfällt, erfährt der albertinische Besitz mit der Lausitz eine weitere Vergrößerung.

Glanz und Höhepunkt erreicht Sachsen in der Zeit Augusts des Starken (1670–1733).

Sachsen steht im 18. Jahrhundert auf österreichischer Seite beim Gerangel um Schlesien zwischen Österreich und Preußen. 1806 erhält der sächsische Kurfürst von Napoléon die Königskrone, wird aber vom Wiener Kongreß nach der Völkerschlacht bei Leipzig zur Abgabe der Hälfte des Territoriums an Preußen genötigt. Der verbleibende Rest besteht als Königreich Sachsen weiter und erreicht schon im 19. Jahrhundert durch die zunehmende Industrialisierung eine der dichtesten europäischen Besiedelungen mit entsprechenden Verkehrswegestrukturen. Nachdem der König 1918 abdanken muß, wird Sachsen zum Freistaat erklärt und kann diesen Status bis 1933 erhalten.

Mit Beendigung des 2. Weltkriegs verkünden am 5.6.1945 die vier alliierten Mächte, daß sie "die oberste Regierungsgewalt in Deutschland, einschließlich aller Befugnisse der deutschen Regierungen, Verwaltungen oder Behörden der Länder, Städte und Gemeinden" übernehmen. In der Zeit vom 1.–3.7.1945 ziehen sich die alliierten Truppen auf die vereinbarten Besatzungszonen zurück. Damit räumen auch amerikanische Truppen Teile von Sachsen, die von ihnen zeitweilig besetzt waren. Am 4.7.1945 nimmt die Selbstverwaltung im Land Sachsen für kurze Zeit ihre Tätigkeit auf. Laut Befehl Nr. 5 vom 9.7.1945 wird die sowjetische Militärverwaltung eingerichtet und gleichzeitig das Verwaltungsterritorium des Landes Sachsen festgelegt. Das Land Sachsen besteht in dieser Form bis zum Mai 1952. Nach dem DDR-Beschluß über die Bildung der Bezirke und Kreise zerfällt Sachsen in die Bezirke Dresden, Leipzig und Karl-Marx-Stadt. Im Ergebnis der Landtagswahlen am 14.10.1990 konstituiert sich Sachsen wieder als Freistaat im vereinten Deutschland.

Sachsen steht somit synonym für Geschichte, Unternehmergeist, Phantasie sowie für Kunst- und Industrietradition. Sachsen steht aber auch für politische Kultur, die Erfahrungen der Unfreiheit und die Chance der Erneuerung.

Auf einer Fläche von 18 300 qkm leben fast fünf Millionen Menschen. Die Landeshauptstadt ist Dresden.

Die Chance der Erneuerung in europäischer Dimension ist stets als Synthese zu betrachten aus der Rückbesinnung auf die großen historischen Traditionen und dem tiefen Ausloten der Möglichkeiten im Ergebnis von veränderten politischen Bedingungen.

Seit dem 16. Jahrhundert gab Sachsen die wesentlichen Impulse für das Flechten des Kulturbands Hamburg – Berlin – Dresden – Prag – Wien. Sachsen war eine weltweit bekannte Destination für Millionen Touristen im Jahr, die sich erfreuen, erholen und bilden wollten oder deren Geschäftsabschlüsse bzw. Kur- und Bädereinrichtungen hier lagen. Mit dem Zerstören des Kulturbands bekam die "Rheinschiene" als neue Nord-Süd-Achse Auftrieb und nutzte ihre Chance, da der einst erfolgreichere Wettbewerber aus dem Osten nicht mehr antreten konnte. Der ehemals starke Ost-West-Korridor, in dem Sachsen als Drehscheibe lag, rückte verkümmert z.T. nach Norden bzw. nach Süden.

Die veränderten politischen Bedingungen gestatten, nunmehr real konzeptionell, grenzübergreifend zu denken und zu handeln. Sachsen hat als einziges neues deutsches Bundesland zwei osteuropäische Staaten als Nachbarn. Grenzüberschreitende Wirtschaftsräume, -regionen oder sogar -gebiete empfehlen sich auch für eine tourismusrelevante neue Raumordnung.

Die Bedingungen für das europäische "Comeback" Sachsens sind denkbar gut. Hieraus resultiert ein enormes Wettbewerbspotential für den Tourismus sowohl in Sachsen als auch für den gesamten deutschen Fremdenverkehr. Ein sächsisches Tourismuskonzept hat sich deshalb nicht provinziell zu verlieren. Hier werden sich wieder die großen europäischen Waren-, Menschen- und Kulturströme kreuzen. Bereits an dieser Stelle sei darauf verwiesen, die in den Wettbewerb eintretenden neuen Bundesländer sind vielmehr eine Chance für den deutschen Tourismus als ein Risiko. Aus den genannten Gründen ist die Meßlatte für ein sächsisches Tourismuskonzept mit Sicherheit höher anzulegen als es die aktuelle Wirtschaftskraft 1991 und die Möglichkeit der Angebotsgestaltung erlauben. Aber gerade hierin liegt der Reiz. So müssen verschiedene Aussagen in den nachfolgenden Punkten auch vom visionären Denken geprägt sein.

4.2 Ohne eine blühende, effiziente Wirtschaft kein wettbewerbsfähiger Tourismus in Sachsen

Der Tourismus in Sachsen kann sich national und international nur zurückmelden, wenn das Umfeld wieder stimmt. Dazu zählen neben leistungsfähiger Infrastruktur und flächig intakter Mitwelt vor allem das sozio-ökonomische Gleichgewicht, um das einstmals hervorragend ausgeprägte Gastgeberbewußtsein wieder auszubilden.

Alle genannten Faktoren setzen eine kräftige Wertschöpfung voraus, die zunehmend aus sächsischen Quellen kommen und die Außenkreditierung ablösen muß. Die deutsche Einheit brachte auch dem Freistaat Sachsen wieder eine international geschäftsfähige Rechtsordnung und mit der D-Mark eine der stabilsten Währungen. Zu den Directissima aus der Talsohle zählen vor allem Investitionen. Nur über Investitionen – darunter auch in die touristische Infrastruktur – werden neue Arbeitsplätze geschaffen und alte modernisiert.

Unternehmer investieren erst, wenn die Gewinnaussichten gut sind. Verläßlichkeit und Stetigkeit in der Finanzpolitik sichern unternehmerische Erwartungen.

Aus der Sicht der Realisierung der touristischen Konzeptentwicklung für Sachsen steht die Forderung: zügiger Abbau der Investitionshemmnisse bei gleichzeitig gezielter Wirtschaftsförderung.

Die Signale der Wirtschaftsförderung für Sachsen stehen seit etwa Mitte 1990 besonders durch folgende Maßnahmen der Bundesregierung prinzipiell auf Grün (vgl. Bundesminister für Wirtschaft, 1991):
- Investitionszulage zur Anschaffung und Herstellung von beweglichen Wirtschaftsgütern in den neuen Bundesländern, die mit den Sonderabschreibungen kumuliert werden kann; Zulage vom 1.7.1990 bis 31.12.1991: 12%, vom 1.1.1992 bis 31.12.1992: 8%;
- Einbeziehung der neuen Bundesländer in die Gemeinschaftsaufgabe "Verbesserung der regionalen Wirtschaftsstruktur"; Höchstfördersatz für private Investoren: 23% (mögliche Überschreitung um maximal 10%-Punkte); Förderung wirtschaftsnaher Infrastruktur: Zuschüsse bis zu 90% der Kosten
  - im Rahmen der Gemeinschaftsaufgabe insgesamt jährlich 3 Mrd. DM Haushaltsmittel (50% Bund, 50% Länder) für die neuen Bundesländer und

- zusätzliche Hilfen aus europäischen Strukturfonds 1991–1993, insgesamt 3 Mrd. ECU bzw. 6 Mrd. DM;
- Zuschüsse für Regionen in den neuen Bundesländern für Beratung durch qualifizierte in- oder ausländische Unternehmen beim Aufbau wirtschaftsnaher Infrastrukturen und bei der Erstellung von regionalen Entwicklungskonzepten; Haushaltsmittel 1991: 40 Mio. DM;
- Förderung wirtschaftsnaher Infrastrukturvorhaben im Grenzgebiet der neuen Bundesländer; Haushaltsmittel 1990/91: 400 Mio. DM;
- zinsbegünstigtes Kreditprogramm zur Förderung kommunaler (wirtschaftsnaher Infrastruktur-)Investitionen in den neuen Bundesländern; Programmvolumen: 15 Mrd. DM, 1990–1993;
- zinsbegünstigtes Wohnungsmodernisierungs- und Instandsetzungsprogramm der Kreditanstalt für Wiederaufbau (KfW); Programmvolumen 10 Mrd. DM bis 1993;
- zinsbegünstigte ERP-Kredite für Existenzgründungen und Investitionen in den neuen Bundesländern; Kreditvolumen 6 Mrd. DM 1991;
- Eigenkapitalhilfeprogramm zur Förderung selbständiger Existenzen in den neuen Bundesländern; Haushaltsmittel für Zinszuschüsse: 167 Mio. DM 1991 sowie 1,5 Mrd. DM für zukünftige Haushaltsjahre;
- Maßnahmen zur Steigerung der Leistungs- und Wettbewerbsfähigkeit des Mittelstands und der Freien Berufe, insbesondere Förderung der Beratung von kleinen und mittleren Unternehmen sowie von Existenzgründern; Aus- und Weiterbildung von Fach- und Führungskräften; Förderung überbetrieblicher Fort- und Weiterbildungseinrichtungen sowie von Technologietransferstellen; Haushaltsmittel 1991: insgesamt rd. 280 Mio. DM;
- Maßnahmen für kleine und mittlere Unternehmen zur Stützung von Forschungs- und Entwicklungspotentialen, zur Förderung des Zuwachses an Forschungs- und Entwicklungspersonal, zur Förderung von jungen Technologieunternehmen, zur Förderung der Auftragsforschung und -entwicklung, zur Förderung des Technologietransfers und zur Förderung der sogenannten Aufholforschung im Rahmen der industriellen Gemeinschaftsforschung; Haushaltsmittel 1991: rd. 214 Mio. DM;
- zinsgünstige Investitionskredite für den Mittelstand von der Kreditanstalt für Wiederaufbau, der Deutschen Ausgleichsbank und der Berliner Industriebank.

Der notwendige kräftige Anschub für die Wirtschaftsförderung dürfte damit auch in Sachsen gegeben sein. Zu den Investitionshemmnissen zählen sicher die 1991 noch weitgehend ungeklärten Eigentumsfragen, für die jedoch in den kommenden Jahren akzeptable Lösungen gefunden werden. Problematischer erscheint dem Verfasser eine mögliche längerfristige Bremswirkung durch das deutsche Planungsrecht.

Bei immer noch sinkendem Brutto-Inlandsprodukt fällt es Mitte 1991 dem Verfasser schwer, für Sachsen schon das Licht am Ende des Tunnels zu sehen. Ein Silberstreif und mögliche Initialzündung für marktwirtschaftlichen Aufschwung könnten die in den neuen Bundesländern registrierten Existenzgründungen sein. Bei anhaltendem Trend dürfte sich die Zahl der Anmeldungen bis Ende 1991 auf etwa 600 000 erhöhen.

Besonders rührige Geschäftsleute gibt es in Sachsen. Anfang 1991 entfielen mit 8785 Gewerbeanzeigen im Monatsdurchschnitt Januar/Februar allein 29% aller Gewerbeanzeigen auf dieses Bundesland (vgl. Informationsdienst des Instituts der deutschen Wirtschaft, 1991, S. 415). Aufgrund der natürlichen Gegebenheiten, der genannten Wirtschaftsförderung und der besonderen Mentalität der Sachsen bedarf es keiner ausgesprochen visionären Begabung, den Freistaat 1995 mit soliden ökonomischen Eckdaten auf dem Weg ins Vorderfeld aller Bundesländer zu sehen.

Ein wettbewerbsfähiger Tourismus in Sachsen braucht aber auch außerökonomische "Pfunde" für die dynamische Balance. Da zu der bereits erwähnten flächig intakten Mitwelt im weiteren Ausführungen vor allem in den Punkten 4.3.1 und 4.3.3.2 folgen, hier die Erläuterungen zum sozio-ökonomischen Gleichgewicht. Gemeint ist die Lebensbefindlichkeit der Menschen in Sachsen, die das Tourismuskonzept auf den Weg bringen und mit Leben erfüllen, die den Gast ebenso wie den Umgang mit ihm nicht respektieren, sondern akzeptieren, und die letztlich den Erfolg des Konzepts selbst kontrollieren und es den veränderten Bedingungen stets anpassen sollen. Diese Lebensbefindlichkeit stellte sich Mitte 1991 im Ergebnis des schnell gestarteten gewaltigen West-Ost-Transformationsprozesses noch als gestört dar. Wie es sich zeigte, lösen D-Mark-Einführung und der "Sprung" in die Marktwirtschaft die Probleme nicht im Selbstlauf. Die eingetretenen sozio-ökonomischen Brüche müssen schrittweise nun im Nachgang beseitigt und nicht durch ein schnelles ehrgeiziges Tourismuskonzept weiter aufgeworfen werden. Die Verfremdung der Räume im Ergebnis züggellosen Überbauens ist nicht mehr Theorie, sondern wie die Planung des größten Feriendorfs Deutschlands beim kleinen Nentmansdorf (rd. 400 Einwohner) im Umland des Nationalparks Sächsische Schweiz zeigt, schreckliche Gegenwart.

Der Tourismus steht aber nicht neben der Wirtschaft – er ist ein Teil von ihr. So wie eine blühende, effiziente Wirtschaft die Entwicklung des Tourismus initiiert, so muß er andererseits auch seinen Beitrag zum Aufschwung Ost leisten. Aus diesem Grund kann ein sächsisches Tourismuskonzept letztlich nur auf dem Fundament seiner hohen ökonomischen Ergiebigkeit Erfolg haben.

4.3 Die Grundphilosophie für die sächsische Konzeptentwicklung – Erschließen und Schützen auf dem Fundament hoher ökonomischer Ergiebigkeit

4.3.1 Von erhaltenswerten Großgebieten, einmaligen Kleinodien und gewaltigen Altlasten in Sachsen

Die nachstehenden Ausführungen sollen die wesentlichsten Angebotspotentiale für ein künftiges Tourismuskonzept umreißen. Diese sind auch in Sachsen vor allem durch zahlreiche schützenswerte Großgebiete gekennzeichnet. In den deutschen Einigungsprozeß hat Sachsen mit seinen Landschaften einen guten Erbteil eingebracht, der – durch intelligente Lösungen touristisch sensibel genutzt – zum Wohle aller Beteiligten, d.h. der Gäste, Leistungsträger und Kommunen nicht nur erhalten, sondern vermehrt werden muß. Da Gäste und Veranstalter aus allen Bundesländern und darüber hinaus in internationaler Vielfalt erwartet werden, gehen Anspruch und Verantwortung weit über die deutschen Länder hinaus.

Die im folgenden vorgenommene Einschränkung auf Nationalparks und Naturparks möchte auf besonders schöne, einmalige und gefährdete Landschafts- bzw. Erbteile hinweisen. Vier Gebiete, die naturräumliche Besonderheiten aufweisen, sich durch starke Naturnähe auszeichnen oder als einzigartige, z.T. jahrhundertealte, durch Menschen geprägte Kulturlandschaften bekannt sind, wurden 1990 durch die erste und einzig frei gewählte Regierung der ehemaligen DDR endgültig unter Schutz gestellt (Nationalpark Sächsische Schweiz mit 93 qkm) bzw. einstweilig gesichert (Oberlausitzer Heide- und Teichlandschaft mit 150 qkm, Vogtland-Erzgebirge mit 1700 qkm und Niederlausitzer Heidelandschaft mit 100 qkm). Damit beträgt der Erbteil an erhaltenswerten Großgebieten fast ein Viertel der Fläche des Freistaats.

Die Wurzeln des unter der Regierung de Maizière letztlich beschlossenen Nationalparkprogramms reichen jedoch weit vor die Wende. Zu danken ist an dieser Stelle all jenen ungezählten Naturschützern bzw. Touristikern (darunter auch der Sächsische Bergsteigerbund), die im Kampf gegen die Windmühlenflügel das Schlimmste verhinderten, die dafür sorgten, daß die fünf neuen Bundesländer auch etwas unverwechselbar Schönes in den deutschen und europäischen Einigungsprozeß einzubringen hatten bzw. haben. Andere wiederum sorgten dafür, daß die Bäume nicht in den Himmel wuchsen.

Die einmaligen Kleinodien aufzuzählen, muß anderen Veröffentlichungen vorbehalten bleiben. Wenn Preußens Gloria schon viel geschaffen hat, dann war es erst recht der Glanz Sachsens, der die europäische Kultur bereicherte. Die traditionsreiche sächsische Montangeschichte schuf eine komplette "Silberstraße". Weltbekannte Orchester, Chöre, Trainings- und Wissenschaftseinrichtungen fanden ihr Stammpublikum ebenso wie die traditionsreichen Kur- und Bädereinrichtungen, Baumschulen, Gestüte und der Weinanbau. Selbst wenn verschiedene Inhalte sich 1991 als verblaßt darstellen, der Rahmen stimmt noch, und in absehbarer Zeit wird es von den Fassaden sowie aus den Museen und Galerien wieder strahlen.

Das Angebotspotential ehrlich zu vermarkten bedeutet, die gewaltigen Altlasten nicht zu verschweigen und deren Aufarbeitung viel Raum in einem Tourismuskonzept zu geben. Vor hundert Millionen Jahren wurde in der Sächsischen Schweiz der Sand zu Stein verfestigt. Seit zweihundert Jahren zerfällt dieser wieder zu Sand unter den Füßen der Touristen. Im Jahre 1990 waren das etwa fünf Millionen im rd. 370 qkm umfassenden Minigebirge. Zentralisierte Fehlentscheidungen, verordnete Gesetzesbrüche (vor allem Verstöße gegen das Bauverbot), kommunale Armut und Schlamperei haben besonders in den Jahren vor 1990 für den ersten Schritt vom Erhabenen ins Abstoßende gesorgt.

Bereits 1953 kippte die Wasserqualität der Elbe um. Bis zu diesem Zeitpunkt konnte man in der Oberelbe noch baden. Das Ende der 70er Jahre durch den DDR-Ministerrat beschlossene Sanierungskonzept für die Oberelbe blieb leider auf dem Papier, so daß dieser 1140 km lange Fluß jährlich Tausende Tonnen von Schwermetallen, Hunderttausende Tonnen Wasch- und Düngemittel und Millionen Tonnen Salz in die Nordsee spült. Im Einzugsgebiet der Elbe werden gegenwärtig noch rd. 1,4 Millionen Menschen mit hygienisch nicht einwandfreiem Trinkwasser versorgt.

Sachsen ist das am meisten umweltbelastete unter den neuen Bundesländern. Der erste Umweltbericht für den Freistaat sagt z.B. aus, daß noch im Jahre 1989 über 1,6 Mio. Tonnen an Schwefeldioxyd emittiert wurden, rd. 520 000 Tonnen Staub niedergingen, nur 56,6% der Einwohner an Kläranlagen angeschlossen sind und knapp 60% der sächsischen Fließgewässer in ihrer Nutzung stark eingeschränkt oder gar nicht mehr nutzbar sind (vgl. Umweltbericht des Freistaates Sachsen, 1991).

Weitere Hypotheken lasten auf dem Erbteil durch die Folgen des Braunkohle- und Uranerzbergbaus, zahlloser Truppenübungsplätze, extremen Düngemitteleinsatzes, überdimensionierter Viehbestände mit massenhafter Gülleverkippung, großflächiger Kahlschläge, Fischintensivhaltungen, zügellosen Überbauens sowie ständigen Zersiedelns.

Zu den "Scheuerstellen" im Angebot zählen auch, daß die touristische und die Verkehrsinfrastruktur insgesamt den internationalen Standard nicht erfüllen.

Die vorstehende, sehr lückenhafte Aufzählung des Angebotspotentials will zur Verantwortung mahnen. Licht und Schatten liegen dicht beieinander. So wechseln sich z.B. denaturierte mit Landschaften höchsten Erlebniswerts ab. Umfassender Umweltschutz ist unverzichtbarer Teil eines zeitgemäßen Heimatschutzes im besten Sinne und damit Sicherung des Rohstoffs, mit dem der Tourismus produziert. Umgekehrt ausgedrückt: Entwicklung des sächsischen Tourismus im Einklang mit Heimat, Natur und Umwelt – ein Auftrag an Politiker, Veranstalter, Gastgeber und Gäste sowie Wissenschafter gleichermaßen.

4.3.2 Die sächsischen Nachfragepotentiale

Ein sächsisches Tourismuskonzept wird sich gleichermaßen an die historischen Nachfragepotentiale und die neuen Lebenstilgruppen wenden müssen.

Der rekreationsbedingte Tourismus wird annähernd die gleiche Bedeutung wie der berufsbedingte Tourismus besitzen.

Innerhalb des rekreationsbedingten Tourismus nimmt der Städte- und Besichtigungstourismus den höchsten Stellenwert ein. Kulturtourismus ist dieser Gruppe zuzuordnen. In Sachsen finden u.a. folgende Interessen reiche Nahrung: Architektur, Musik, funktionsfähige technische Denkmäler (Schaubergwerke, Hammerwerke, Schmalspurbahnen, Mühlen etc.), Schlösser, Burgen, Schmuck, Porzellan, Uhren usw. Er wird, wie auch in der Vergangenheit, Massencharakter haben und ist durch Tagesfahrten bzw. Kurzreisen gekennzeichnet. Einzelne Formen des Hobbytourismus können äußerst ergiebig sein. An zweiter Stelle wird der "grüne" Erlebnisurlaub stehen, dem die unterschiedlichen Sport- und Wanderfreunde zuzurechnen sind. Diese Gruppe fällt quantitativ merklich gegenüber dem Städtetourismus ab, gewinnt aber qualitativ für das Land an Bedeutung. Für Sachsen könnte last, not least wieder ein interessantes Bäderpublikum in Frage kommen.

Beim berufsbedingten Tourismus teilen sich Tagungen und Kongresse sowie der Geschäftstourismus die Plätze. Auch hier ist von einer massenhaften Erscheinung auszugehen, da mit der Landeshauptstadt Dresden und den Städten Leipzig und Chemnitz beachtenswerte deutsche Zentren Impulse geben werden. Alle drei Städte beherbergen gleichzeitig Universitäten. Dieser Gruppe ist der parlamentarische bzw. Polittourismus zuzuordnen.

Damit dürfte die typische Klientel, die maßgebend für die touristische Produktplanung ist, grob umrissen sein. Neben den anspruchsvollen Europäern werden vor allem die Japaner als starke Gästegruppe zu beachten sein. Derzeit ist die Nachfrage jedoch größer als das vorhandene qualitativ hochwertige Angebot. Die Nachfrage wird in bestimmten Segmenten (z.B. Geschäftstourismus) in Sachsen dem Angebot noch für eine gewisse Zeit (5–10 Jahre) vorauseilen. Hier sind wiederum Parallelen zur gesamten Wirtschaftssituation 1991 festzustellen. Ein sächsisches Tourismuskonzept wird diese Differenz in der gebotenen Raschheit, jedoch ohne Überstürzung, zu verringern und im europäischen Wettbewerb unter Nutzung der Vorteile um die potentielle Kundschaft zu kämpfen haben. Das massenhafte und mobile touristische Nachfragepotential wird außerdem bei der Landesverkehrswegeplanung mit hoher Priorität zu beachten sein.

4.3.3 Im Kern ökonomisch erfolgreich sowie sozial- und umweltverträglich

4.3.3.1 Die wirtschaftliche Zielfunktion

Die in den Punkten 4.3.1 und 4.3.2 gegenübergestellten Angebots- und Nachfragepotentiale auf dem Weg der schrittweisen Realisierung in Übereinstimmung zu bringen, wird eine Führungsaufgabe der ökonomischen Aussage des sächsischen Tourismuskonzepts sein. Führungsaufgabe deshalb, weil die wirtschaftliche Zielfunktion mit den beiden anderen wichtigen Postulaten des Tourismuskonzepts – Sozial- und Umweltverträglichkeit – kompatibel sein muß.

Mitte 1991 stellten sich die marktwirtschaftlichen Rahmenbedingungen im sächsischen Tourismus so dar, daß einer vielversprechenden Nachfrage kein national und international wettbewerbsfähiges Angebot gegenüberstand. Ausnahmen waren vorhanden, sie veränderten aber nicht die Gesamtsituation. Schwerpunkt der ersten Realisierungsetappen der Konzeption wird deshalb nicht das Werben um Gäste, sondern vielmehr das zügige Verbessern der Angebotsstrukturen sei. Historische Gunst, Neugier und Geschäft halten die Nachfrage zeitlich nur begrenzt hoch, wenn das Angebot auf Dauer nicht stimmt.

Die ökonomische Aussage des Tourismuskonzepts hat den eigenständigen Beitrag des Tourismus zum Erfolg Sachsens und zum Wohlstand seiner Bürger zu definieren. Hierin unterscheidet sich die Situation qualitativ generell gegenüber der ehemaligen DDR, da seinerzeit der Wertschöpfungsbeitrag des Tourismus keine Rolle spielte und somit die Motivation für die Leistungsträger prinzipiell nicht gegeben war. Der sächsische Tourismus wird historisch besonders in die Pflicht genommen, da die Primärproduktion im Freistaat nur langsam in Gang kommt und der Handel sich bereits fest im gut organisierten Griff der großen Unternehmen der Altbundesländer befindet. Als Bestandteil des Dienstleistungsbereichs lastet auf dem Tourismus eine hohe Erwartung bei der sofortigen Beteiligung an der Wertschöpfung. Der vergleichsweise geringe Kapitalbedarf je Arbeitsplatz und die relativ geringen Ausbildungsdefizite in dieser Branche gehören zu den guten Voraussetzungen, schnell zu unternehmerischem Erfolg zu gelangen. Nutzung der vorhandenen Kapazität, erste Ausbaumaßnahmen und Arbeit am Tourismuskonzept des Landes werden ein parallel verlaufender und fließender Prozeß sein, in dem notwendigerweise Kompromisse geschlossen und sogar Fehler gemacht werden.

Nur über einen deutlichen Wohlstandsbeitrag, d.h. über nachgewiesene ökonomische Ergiebigkeit, sind die hohen finanziellen und materiellen Forderungen akzeptierbar, die der Tourismus in Sachsen für seine gleichermaßen sozial- und umweltverträgliche Entwicklung für längere Zeit benötigt. Zu einer positiven Gesamtbilanz des sächsischen Tourismus (Ertrag zu Aufwand) wird es vor allem wegen der Tilgung der Hypotheken erst zu einem Zeitpunkt nach dem Jahr 2000 kommen. Kein verantwortlich Handelnder in Sachsen darf hier das schnelle Geld auf Kosten der Zukunft erwarten. Die Konzeption muß jedoch in der Gegenwart die Pfade zum zukünftigen Ziel abstecken.

Die wirtschaftliche Zielfunktion der Konzeption sollte davon ausgehen, den Tourismus schrittweise auf ein qualitatives Angebot zu heben, das es ihm ermöglicht, einen Beitrag von rund fünf Prozent zum Brutto-Inlandsprodukt Sachsens in dynamischer Anpassung zu erbringen. Dieser makroökonomische Ausblick beugt übertriebenen Erwartungen an die Wertschöpfungspotentiale des Tourismus vor. Andererseits stellt diese Größenordnung, gemessen am gegenwärtigen Niveau und der künftigen industriellen Leistungskraft des Freistaats, eine einmalige Herausforderung für die Kommunen, Regionen und das Land dar. Es geht um rd. 20 Mio. Gäste pro Jahr, die sich in Sachsen unabhängig vom Reisemotiv wohlfühlen und vor allem wiederkommen sollen. Das schließt im großen Maße außerökonomische Wirkungen mit ein, die Sachsen schrittweise wieder in seine alten, bewährten Traditionen überführen sollen, ergänzt um seine neue europäische Dimension als Knotenpunkt großer Tourismusströme und -märkte.

An diesem aggregierten quantitativen Ausblick wird deutlich, daß die Touristiker Sachsens auch in anderen Fachbereichen aktiv werden müssen. So dürfte es z.B. keine Landesentwicklungs- und Landesverkehrswegeplanung ohne ihre Mitwirkung geben.

4.3.3.2 Die Einheit von Erschließen und Schützen

Die Aussagen der Punkte 4.3.1, 4.3.2 und 4.3.3.1 verlangen gezielte Aktionen, bevor Reaktionen nötig werden. Auch wenn vor allem aus den alten Bundesländern der Ruf nach Erhalt der "verträumten" und "musealen" Strukturen in den fünf neuen Ländern kommt: Eine Fixierung des Status quo darf es in Zukunft nicht mehr geben. Die neuen Bundesländer wollen und werden nicht Ausgleichszonen von Umwelt und Naturschutz für die "Opfergebiete" in den alten Bundesländern sein. Das sollte im vollen Umfang auch auf den Freistaat Sachsen zutreffen. Es wird ihm aber hoffentlich gelingen, zumindest seine einzigartigen Großgebiete (vgl. Punkt 4.3.1) vor der zügellosen Überbauung zu bewahren.

Die Grundphilosophie für die sächsische touristische Konzeptentwicklung kann nur heißen: Erschließen und Schützen auf dem Fundament hoher ökonomischer Ergiebigkeit sind als Einheit zu betrachten.

Unter dieser Flagge eine sozial- und umweltverträgliche Entwicklung zu vollziehen, setzt eine flächendeckende integrierte Landschaftsplanung der Kommunen unter strikter Nutzung ihrer Hoheitsrechte voraus. Kommunale Selbstverwaltung darf hierbei nicht die notwendige Arbeit auf Landesebene ersetzen. Ein sächsisches Landesplanungsgesetz und der sächsische Landesentwicklungsplan waren Mitte 1991 erst im Ansatz erkennbar. Zu dieser Zeit wurden von den Kommunen aber bereits Entscheidungen erwartet zur Flächennutzung auch durch künftige touristische Leistungsträger. Ein sächsisches Tourismuskonzept sollte nicht nur den Erhalt, sondern das Festigen der dezentralen Siedlungsstruktur im Freistaat unterstützen. Es hat zum Schutz der Freiräume im Netz von dezentralen Orten und Achsen beizutragen. Der Binnenmarkt wird ohnehin die Konkurrenz der europäischen Verdichtungsräume – für Sachsen werden das die Oberzentren Dresden, Leipzig und Chemnitz sein – weiter verschärfen. Das Tourismuskonzept könnte dem Sog aus dem und der Verödung im ländlichen Raum durch "intelligentes" Erschließen geschickt entgegenwirken.

Der gemeinsame "Entwicklungs- bzw. Fördertopf" für Erschließungsmaßnahmen ist mindestens durch Tourismus, Landwirtschaft und Umweltschutz zu füllen. Die Landwirtschaft sollte in dieser Beziehung nie überschätzt, sie kann höchstens unterschätzt werden.

Erschließungsrichtungen könnten sein:
- Für das Nutzen und Weiterentwickeln vorhandener Substanzen, d.h. den Wiederaufbau und die Modernisierung erhaltenswerter Einrichtungen auf internationalem Niveau, sollte die höchste Priorität gelten. Das trifft nicht nur gebäude-, sondern auch landschaftsbezogen zu. In Sachsen ist der Tourismus bekanntermaßen nicht neu zu erfinden. Es gibt mehr als tausend hervorragende Standorte, die komplex zu

rekonstruieren und für die in der Regel keine zeitaufwendigen Verfahren des Bauplanungs- sowie des Bauordnungsrechts erforderlich sind.
- Parallel zum Nutzen und Weiterentwickeln vorhandener Substanzen sind neue Strukturen – entsprechend der im Punkt 4.3.2 dargestellten sächsischen Nachfragepotentiale – in Übereinstimmung mit der Produktplanung zu schaffen. Das betrifft Feriendörfer ebenso wie City-, Kur- und Transithotels bzw. Motels. Hierzu zählen aber auch Freizeit- und Sportanlagen. Der Nutzung von endogenen Potentialen bei der Planung, dem Bau und Betrieb dieser Objekte sollte genauso Rechnung getragen werden wie der konsequenten Beachtung der Umweltverträglichkeitsprüfung und des Grundsatzes: statt isolierte besser integrierte Bearbeitung von Großprojekten.

Die Schutzstrategien haben zu berücksichtigen, daß in Sachsen denaturierte und intakte Landschaften auf engstem Raum dicht beieinander liegen. In keinem der neuen Bundesländer wurde die Mitwelt zu DDR-Zeiten so geschändet wie in Sachsen. Auch das ist ein Grund dafür, warum in diesem Beitrag immer wieder die Landschaften im Vordergrund stehen.

Zu den Schutzstrategien zählen
- die planmäßige Umweltentlastung von Regionen und deren Rückgabe im Rahmen des Flächenrecyclings zur touristischen Nutzung,
- der konsequente Schutz der mit Status versehenen Großgebiete sowie
- das Bewahren der sächsischen Identität.

Zum Flächenrecycling hat ein künftiges sächsisches Tourismuskonzept konsequent Stellung zu beziehen, denn daran wird die Einheit von Erschließen und Schützen besonders deutlich. Zur Disposition werden in Sachsen vor allem Tausende Hektar zu rekultivierender Flächen des Braunkohlentagebaus stehen und die Liegenschaften der sowjetischen Streitkräfte. Da mit umfangreicher Bundeshilfe bei den Altlastensanierungen dieser Flächen zu rechnen ist, könnten sich hier schon bald Planungsfelder für landübergreifende Pilotprojekte nicht nur in bezug auf Gewerbeansiedlung und Wohnungsbau, sondern auch auf touristische Nutzung ergeben.

Den Schutzstatus von Großgebieten in Sachsen durchzusetzen, darf nicht heißen, sie Gastgebern und Gästen der touristischen Nutzung zu entziehen. Zu den umstrittenen und immer wieder diskutierten Themen gehört die Rolle des Menschen und dessen Perspektive in den großflächigen Schutzgebieten. Fakt ist und bleibt, daß der Mensch eine zentrale Rolle einnimmt. Er muß hier die naturpolitischen Zielsetzungen umsetzen: Erhalt der landschaftstypischen Biotop- und Formenvielfalt der Fauna und Flora, Überlebenssicherung gefährdeter Arten, Regenerierung intakter Kulturlandschaft, Renaturierung gestörter Gebiete. Dabei geht es vor allem auch um die Strukturveränderungen in der Landwirtschaft, wo neben Stillegung von Flächen ein Übergang von der intensiven Agrarwirtschaft zur extensiven erforderlich ist. Das heißt z.B. Reduzierung des Tierbestands, drastische Denkung des Düngemitteleinsatzes. Es geht weiterhin um die Ökologisierung der Forstwirtschaft (keine großflächigen Kahlschläge) und der Fischwirtschaft (Beendigung der Fischintensivhaltung). Dafür sollen historische Siedlungs- und Landnutzungsformen, der ökologische Landbau, umweltverträglicher Tourismus, traditionelles Handwerk und Gewerbe umfassend gefördert werden. Somit ist allen unmittelbar Betroffenen eine langfristige soziale Perspektive zu geben. Zur touristischen Nutzung der geschützten Großgebiete vgl. Punkt 4.4.1.

Die Bewahrung bzw. Revitalisierung der sächsischen Identität gehört zur außerordentlich wichtigen "Software" eines lebendigen Tourismuskonzepts und entscheidet somit wesentlich über seine Sozialverträglichkeit (vgl. hierzu auch Punkt 4.2). Diese Identität scheint im Ergebnis des West-Ost-Transformationsprozesses allgemein in Gefahr, da massenweise u.a. Fremdbeamte als Entscheidungsträger in die Kommunen Sachsens "eingeschwemmt" werden, gleichzeitig hunderttausende Hoffnungsträger den Freistaat verlassen und besorgniserregende Geburtenrückgänge zu beachten sind. Die verbleibende Bevölkerung der Landschaften Sachsens ist durch sensible touristische Erschließungsstrategien und Gewerbeförderung vor weiteren sozialen Verwerfungen und Überfremdungen zu schützen. Typisch sächsisch dürfte auch sein, daß noch alle reizvollen Regionen mit der Eisenbahn – darunter bemerkenswerte Museumsbahnen – erreichbar sind. Inwieweit Sozialverträglichkeit für das Tourismuskonzept Sachsens wirklich typisch ist, werden die konkrete Nutzungsstrategie und das praktische Konfliktmanagement zu beweisen haben.

4.4 Zu ausgewählten Problemen der Realisierung eines sächsischen Tourismuskonzepts

4.4.1 Zur Nutzungsstrategie

Die nachstehenden Ausführungen beziehen sich wiederum auf die schönsten Landschaften Sachsens, da sie zum wertvollsten Teil des Erbes gehören, das in den deutschen Einigungsprozeß eingebracht wurde. Folgende Nutzungsstrategien für die umweltverträgliche und sozialverantwortliche Tourismusentwicklung werden einer breiten Diskussion empfohlen:
- konsequentes Ausrichten des Marketing – von der Produktplanung bis zur ständigen Erfolgskontrolle – auf Natur und Umwelt,
- Übergang auf gebietsbezogene Entwicklung mit entsprechender Zoneneinteilung,
- Konzentration der raumüberschreitenden Durchgangsverkehre auf Korridore,
- extensives Erschließen der Stadtrandlagen für die Erholung,
- breite Ferienstaffelung und
- ständige Information.

Auch an dieser Stelle soll auf die grenzüberschreitende, die europäische Dimension von Umwelt- und Heimatschutz verwiesen werden. Nicht nur ein Teil der genannten großräumigen Schutzgebiete liegt im grenznahen Raum, z.T. eröffnet sich deren ganze

Vielfalt überhaupt erst, wenn sie als Ganzes betrachtet werden. Ebenso droht ihnen natürlich auch die Gefahr von dies- und jenseits der Grenzen.

Dem Verfasser ist bekannt, daß viele Kommunen in den heutigen Schutzgebieten bereits lange vor der Wende gute konzeptionelle Vorstellungen über die Entwicklung hatten, die aus den bekannten Gründen nicht umgesetzt werden konnten. In nicht wenigen Fällen waren und sind Studenten der Friedrich-List-Hochschule Dresden (Studienschwerpunkt Tourismus) an diesen Arbeiten beteiligt. Begonnen wird demnach nicht beim Stand Null, wenn auch sicher die einer Konzeption vorausgehenden Bestandsaufnahmen unter marktwirtschaftlichen Bedingungen zu evaluieren sind.

Eine völlig neue Qualität muß sich dagegen aus der Beantwortung der Frage ergeben, woher – außer den erhofften Fördermitteln – die Gelder für die Entwicklung der Region kommen sollen. Wenn die Strategie den wirtschaftlichen Erfolg für die Leistungsträger nicht in dem Maße sichert, wie sich die Gewerbetreibenden selbst an der Entwicklung eines umwelt- und sozialverträglichen Tourismus im Schutzgebiet beteiligen, dürften die Gesetze der Marktwirtschaft noch nicht ausreichend ergründet sein.

In dem Zusammenhang sei aber auch daran erinnert, daß es nicht nur moralisch verboten werden sollte, die Gewinne aus der Landschaft zu privatisieren und die Verluste zu sozialisieren. Die Beschlußfassung zur Einführung eines "Notopfers Natur- und Umweltschutz-Ost" in Form eines postalischen Wertzeichens über 0,05 DM könnte und sollte weitere Ideen der Rückführung von Leistungen an die Landschaft freisetzen (vgl. 36. Umweltministerkonferenz in Aachen, 1991).

Ein dem Schutzgebiet adäquates Öko-Marketing, das die natürlichen Gegebenheiten als Systemgröße für die Entwicklung des Tourismus nutzt, ist nicht nur unerläßlich, es hat sogar gute allgemeine Erfolgschancen, da aufgrund der modernen Lebensstilentwicklung und gewandelter Wertevorstellungen "grüne Produkte" zunehmend besser gegenüber einem allerdings sensibleren, etablierten und geistig anspruchsvollen Touristen abgesetzt werden können (vgl. hierzu auch Punkt 4.3.2). Umweltbewußtsein entwickelt sich nur auf der Basis von Wertebewußtsein. So wie der Tourismus leider Landschaften zerstört hat, verfügt er aber gleichermaßen über Potenzen, diese zu erhalten. Es ist davon auszugehen, daß es zunehmend sogar zu einem ökologischen Druck der Verbraucher auf die Leistungsträger kommt. Selbst wenn die Ökologie des Schutzgebiets auf eine Langzeitökonomie zu zielen hat, muß diese jedoch seriös untersetzt sein. U.U. ist der qualitative Umbau des Tourismus im Schutzgebiet über die Methoden der Deckungsbeitragsrechnung wirtschaftlich transparenter zu gestalten. Schützen, so wird die Rechnung ergeben, ist meist teurer als Erschließen. Der notwendige Ausgleich von Ökologie und Ökonomie darf deshalb aber aus "grünen Produkten" nicht "grün verschleierte Aggressoren" machen.

4.4.2 Zu Konfliktpotentialen

Zwei eng miteinander verknüpfte Konfliktpotentiale sind deutlich erkennbar. Zuerst der Konflikt zwischen der Absicht der Vergabe des Schutzstatus und einer möglichen tatsächlichen Wirkung. A priori besteht die Gefahr, mit der Vergabe des Schutzstatus geht die Dynamisierung der Besucherintensität einher. Das kann still und vorerst unbemerkt geschehen; es sind aber nicht wenige Fälle bekannt, wo mit dem Schutzstatus als Marketinginstrument gearbeitet wird. Sollen bzw. müssen die bereits im Gebiet erfolgten negativen Beeinträchtigungen zum Stehen gebracht werden (Absicht der Vergabe des Schutzstatus), gibt es wohl keine Alternative zum Reservat. Dann sind jedoch alle Beteiligten darauf vorzubereiten, um gemeinsam erarbeitete Nutzungsstrategien zu verwirklichen.

Ein weiteres Konfliktpotential ergibt sich aus dem bereits genannten Umstand, daß im Schutzgebiet Menschen leben, deren Erwerbsgrundlage der Tourismus ist. Die Verantwortlichen der Tourismus-Branche müssen die Sorgen der Bürger und Gäste um die Umwelt genauso ernst nehmen wie die Suche nach neuen Wegen, um Fehlentwicklungen zu verhindern, zu korrigieren oder zu reduzieren. Die Bereiche des gemeinsamen Handelns sollten sich aus dem konkreten touristischen Leitbild für die betreffende Region ergeben. Interne Konflikte, die auch gemeinsames Handeln erfordern, werden sich bei der Lösung des Problems abzeichnen, den Nationalpark aus der klassischen forstwirtschaftlichen Nutzung zu entlassen.

Trotz vieler kritischer Stimmen passierte 1935 das erste deutsche Naturschutzgesetz den Reichstag, ohne der Entwicklung des Tourismus Schäden zuzufügen. Ein sehr gutes Beispiel der Koexistenz von Tourismus, Natur und Landwirtschaft bietet das "Öko-Modell Allgäu" und hier die Gemeinde Hindelang. Über 80% des gesamten Gemeindegebiets sind Landschaftsschutz- bzw. Naturschutzgebiete. Trotzdem wird gutes Geld im Tourismus verdient.

Die hier erwähnten Zielgebiets- und Flächennutzungskonflikte können durch kleinräumige allokative Konflikte (z.B. durch die Verteilung der Investitionen für verkehrsinfrastrukturelle Anlagen) ergänzt und in mehreren Ebenen überlagert werden. In jedem Fall handelt es sich um lokalisierbare Konflikte, die natürlich auch ortsbezogene Lösungen verlangen. Selten sind globale Lösungsversuche erfolgreich.

4.4.3 Zum Konfliktmanagement

Welche Möglichkeiten des Konfliktmanagements bieten Bund, Länder, Kreise und Kommunen bereits heute, und welche Entwicklungen sind absehbar?

Bekanntermaßen gibt es bewährte Instrumente auf planungs- und fachrechtlichem Gebiet. Die Arbeit mit dem Raumordnungsgesetz des Bundes (zum Bestimmen der Funktion der einzelnen Räume), dem Landesentwicklungsplan, dem Regionalplan des Kreisgebiets (mit den Schwerpunkten der Tourismusentwicklung) sowie der Bauleitplanung der Kommune (als Träger der Planungshoheit) setzt jedoch funktionsfähige Verwaltungen in allen Ebenen voraus, die sich in Sachsen aber ebenso im Aufbau befinden wie das Erarbeiten und Bestätigen der Gesetze und Pläne (vgl. Punkt 4.3.3.2). So werden auch die Instrumentarien auf fachrechtlichem Gebiet, z.B. die Möglichkeiten aus dem Baugesetz, vorerst eingeschränkt wirken. Im besonderen Maße setzt sich der Verfasser für ein Gesetz zur Förderung des Tourismus in Sachsen als notwendige Ergänzung des fachrechtlichen Handlungsrahmens ein. Sicher wird das 1991 in der Presse erwähnte künftige Umweltgesetzbuch des Bundes direkte Steuerungen (ordnungsrechtliche Gebote, Verbote und Genehmigungen) und indirekte Steuerungen (Umweltabgaben, Umweltsubventionen und Benutzungsvorteile) enthalten. Das Gesetzbuch wäre der richtige Ort, in dem auch die Umweltpflichten und -rechte der Bürger zusammenfassend dargestellt werden könnten. Diese Aufstellung kann nur Beispiele nennen. Sie soll vor allem zu der Erkenntnis führen: Der Staat hat umfangreiche, seinem föderalistischen Grundaufbau entsprechende Normen geschaffen, auch wenn er in den neuen Bundesländern vorerst noch dabei ist, den Schulterschluß zwischen den Fachbereichen und mit seinen Bürgern herzustellen.

Besondere Beachtung verdient deshalb das Konfliktmanagement – das Erarbeiten der Nutzungsstrategie – von unten auf der Basis der innovativen Kreativität aller am Tourismus Beteiligten. Dabei sind die zu schützenden Gebiete nicht losgelöst von anderen Fachbereichen bzw. allen dem Allgemeinwohl dienenden Interessen (z.B. Integration des Verkehrskonzepts) und die Städte nicht losgelöst vom Umland unter Nutzung des staatlichen Instrumentariums zu planen. Einzubeziehen sind auch die bereits genannten Pufferzonen, damit sich die Kulturlandschaften wirklich harmonisch entwickeln können.

Das Konfliktmanagement von unten hat durch breite Öffentlichkeitsarbeit zur Akzeptanz im Raum beizutragen. Für den Gast bedeutet das, die Wahrheit des Angebots zu akzeptieren. "Paradies" in Verbindung mit Urlaub kann in diesem Fall auch heißen, Zeit zu haben für die Region. Zur Öffentlichkeitsarbeit gehört, daß über Anliegen und Aufgabe der großräumigen Schutzgebiete – darunter auch ihr Erlebnisspektrum – informiert wird.

Ein möglicher "Verhaltenskodex" für die Reservate sollte den Reiseveranstaltern ebenso bekannt sein wie das Angebot z.B. von geführten Wanderungen mit gänzlich neuen Eindrücken. Der Reisebus ist neben der Bahn viel eher als Partner denn als Gegner im Ringen um die Natur zu betrachten. Er kompensiert mehr als 20 Pkw und einen Teil der damit zusammenhängenden Belastungen vielfältiger Art. Schutz und geführte Wanderungen erfordern allerdings mehr Personal in der Landschaft. Die Reservate benötigen Umwelt-Ranger mit hoher fachlicher und sozialer Kompetenz. Der geführte Erlebnis-Aufenthalt im Schutzgebiet ist Weiterbildung im besten Sinne – auch und gerade für junge Menschen. Denn, wenn 1991 die Förster in der Sächsischen Schweiz sagen, daß noch nie eine junge Generation so sorglos mit der Natur umgegangen ist wie die jetzige – und sicher können sie das im einzelnen beweisen – dann wird Handlungsbedarf sichtbar.

Sächsischer Tourismus verlangt vom Management in Planung und Realisierung auf allen Ebenen hohe Handlungsfähigkeit. Selbst wenn die Ausbildungsdefizite im Vergleich zu anderen Branchen in diesem Beitrag als relativ gering bezeichnet wurden, sollte das Tourismuskonzept den Anspruch und die notwendigen Maßnahmen einer wettbewerbsorientierten Aus- und Weiterbildung deutlich formulieren. Es hat sich darüber hinaus gleichzeitig an der permanenten zukunftsweisenden Forschung zu orientieren, die dem erforderlichen Ganzheitsgedanken der sächsischen Tourismusentwicklung folgt.

Neben den geforderten funktionsfähigen Verwaltungen, der entsprechenden Aus- und Weiterbildung sowie der Einbeziehung der Wissenschaft gehören zum Erarbeiten der konkreten Nutzungsstrategien und einem erfolgreichen Konfliktmanagement von unten auch funktionsfähige Verbandsstrukturen mit ausgeprägtem Kooperationsgewissen. Durch die Gründung des Landesfremdenverkehrsverbandes Sachsen e.V. am 5. April 1991 erreichte ein langer Gründungsprozeß von der Basis vorerst seinen Höhepunkt. Er vereinigt die davor geschaffenen Fremdenverkehrsverbände Vogtland, Westerzgebirge, Erzgebirge, Sächsische Schweiz, Oberlausitz/Niederschlesien (von West nach Ost) sowie Sächsisches Elbland und Mittelsachsen. In diesen sieben Regionalverbänden sind wiederum fundierte kommunalorientierte Vereine organisiert.

Eine gewaltige, breite Kraft strebt hier nach oben, aus der ständig neue Impulse kommen für ein typisch sächsisches Tourismuskonzept und dessen lebendige Fortentwicklung. Diese Kraft wird sich noch verstärken durch die Verbände des Natur- und Heimatschutzes, der Landwirtschaft und vieler anderer tangierter Fachbereiche und Berufsgruppen. Hieraus erwächst der Optimismus des Verfassers, daß sich die vorstehend umrissenen Pfade zu dem erklärten Ziel – im Kern ökonomisch ergiebig sowie gleichermaßen sozial- und umweltverträglich – letztlich erfolgreich beschreiten und die ebenfalls skizzierten Gefahrenstellen im wesentlichen umgehen lassen.

Literatur

Bundesminister für Wirtschaft (Hrsg.) (1991): Wirtschaftsförderungsmaßnahmen für die neuen Bundesländer. Bonn.
Informationsdienst der deutschen Wirtschaft (1991): Existenzgründung Ost – Die Kleinen kommen. Nr. 19. Köln.
Umweltbericht des Freistaates Sachsen, 1991. Dresden.
36. Umweltministerkonferenz in Aachen, 1991. Bonn.

Weitere Literatur

Eidg. Verkehrs- und Energiewirtschaftsdepartement (Hrsg.) (1979): Das schweizerische Tourismuskonzept. Bern.
Godau, A. (1991a): Wieviel Tour verträgt Natur? In: Omnibusrevue, Nr. 6. München, S. 10–18.

Godau, A. (1991b): Wirtschaftsentwicklung und Tourismus. In: Omnibusrevue, Nr. 12. München, S. 12–18.
Godau, A. (1991c): Szenarien des Tourismus und Folgen für den Fremdenverkehr. In: Verkehrsentwicklung im Freistaat Sachsen, Dokumentation der Hochschule für Verkehrswesen Friedrich List. Dresden, S. 46–48.
Kanton. Amt für Fremdenverkehr (Hrsg.) (1989): Touristisches Leitbild des Kantons Bern. Bern.
Klemm, K. (1984): Fremdenverkehrsentwicklung – gemeinsame Ziele, Aufgaben und Methoden von Tourismus-Marketing und regionaler Fremdenverkehrsplanung. In: Zeitschrift für Wirtschaftsgeographie, Jg. 28, Nr. 3/4, S. 137–144.

5. Entwicklung eines Fremdenverkehrs- und Marketingkonzeptes am Beispiel der Insel Hiddensee in der Ostsee

Edgar Kreilkamp, Günther Haedrich und Kristiane Klemm

5.1 Überblick über die einzelnen Phasen der Konzeptentwicklung

Voraussetzung für die Entwicklung einer Fremdenverkehrs- und Marketingkonzeption ist eine möglichst differenzierte Erfassung und Bestimmung der Zielsetzung. Hieran schließt sich eine Situationsanalyse an, in deren Rahmen, angefangen von der landschaftlichen Eignung bis hin zur Analyse des Wettbewerbs, die derzeitige Ist-Situation, d.h. im Kern die Stärken und Schwächen der Region, erfaßt werden. Da jedes Konzept auch in der Zukunft Bestand haben soll und muß, sind im Anschluß an die Ist-Situation in der sogenannten Prognose- und Frühaufklärungsphase zukünftige Entwicklungen zu erfassen. Erst auf der Basis all dieser Informationen kann die Strategie für eine Region entwickelt werden, d.h., erst dann können die wesentlichen Schritte zur Erreichung der Ziele bestimmt werden. Bei der Festlegung der Strategie sind Gemeinde-/Fremdenverkehrsverwaltung, Bevölkerung und Experten zu beteiligen. Nur wenn es gelingt, eine gemeinsame strategische Basis zu finden, kann erreicht werden, daß die hieraus abzuleitenden Maßnahmen erfolgreich umgesetzt werden. Nach Verabschiedung der Strategie erfolgt die Detail- und Maßnahmenplanung, d.h., das gesamte marketingpolitische Instrumentarium ist zu planen. Hierbei ist es wesentlich, jeweils die positiven und negativen Auswirkungen der Fremdenverkehrs- und Marketingkonzeption auf die Gemeinde zu beachten. Nach Verabschiedung der Gesamtkonzeption erfolgen die Realisierung und die permanente Kontrolle der einzelnen Umsetzungsmaßnahmen.

5.2 Bestimmung der Ziele der Fremdenverkehrs- und Marketingkonzeption

Während es in der Vergangenheit vielfach üblich war, alle verfügbaren Informationen zu sammeln und als Basis für die Entwicklung eines Fremdenverkehrs- und Marketingkonzeptes aufzubereiten, ist es heute und in Zukunft immer wichtiger, aus der Vielzahl der Daten Schlüsselinformationen herauszufiltern, die es der Region gestatten, die aktuellen Probleme zu lösen. Um Informationen solchermaßen zielgerichtet auszuwählen und in ihrer Relevanz beurteilen zu können, ist es erforderlich, daß vor der eigentlichen Informationssammlung und -analyse zumindest die globale Zielsetzung bzw. strategische Zielleitlinien formuliert werden (vgl. Kreilkamp, 1987, S. 69). Bei der Definition für eine Region sind insbesondere folgende Einzelaspekte zu berücksichtigen: politische Rahmenbedingungen, ökologische und ökonomische Rahmenbedingungen, Ziele der Landesregierung, des Kreises, der Region und Interesse und Bereitschaft der Bevölkerung (vgl. Abb. 1).

Die Erarbeitung tourismuspolitischer Ziele einer Region muß in enger Abstimmung mit übergeordneten politischen Zielsetzungen erfolgen. Hierbei ist nicht nur die allgemeine wirtschaftspolitische Bedeutung der Region zu beachten, sondern es sind ebenso Aspekte der überregionalen Landschafts- oder Fremdenverkehrsplanung des Landes, des Kreises usw. zu berücksichtigen. Nicht zuletzt haben viele Aspekte, die heute unter dem Begriff "sanfter Tourismus" diskutiert werden, eine entscheidende Bedeutung. Unter "sanftem Tourismus" ist heute ein Tourismus zu verstehen,

– der umweltverträglich ist, d.h. nicht die natürlichen und kulturellen Grundlagen sowohl seiner selbst als auch des menschlichen Lebens überhaupt ernsthaft gefährdet;

– der sozialverträglich ist, d.h. den Menschen in den bereisten Zielregionen Lebensbedingungen in menschlicher Würde dauerhaft sichert und humane Arbeitsbedingungen für die im Tourismus Beschäftigten schafft;

– der besser als der zerstörerische "harte Tourismus" in der Lage ist, für alle Menschen bereichernde Erlebnisse, Erfahrungen und Erholung guten Gewissens zu ermöglichen (vgl. Kramer, 1990, S. 183).

Unter diesem Aspekt ist es bei der Entwicklung eines Fremdenverkehrskonzeptes wesentlich, sowohl die ökologischen und ökonomischen Rahmenbedingungen als auch das Interesse und die Bereitschaft der Bevölkerung für eine Tourismusentwicklung zu erfassen. Im Rahmen der Fremdenverkehrsentwicklung "Hiddensee" wurde daher diesem Aspekt eine besondere Bedeutung beigemessen. Um den Einwohnern die Möglichkeit zu geben, aktiv an der Verwirklichung der zukünftigen Entwicklung auf ihrer Insel teilzunehmen, wurden (mit Hilfe eines strukturierten Fragebogens) in allen Haushalten Gespräche geführt. Hierbei wurden sowohl die Beschäftigtenstrukturen erfaßt als auch die Einstellung der Bevölkerung zu Natur, Umwelt und Tourismus. Weitere Fragenkomplexe beschäftigten sich mit den Lebensbedingungen der Bevölkerung und dem Zusammenwirken von Bevölkerung und Gemeindeverwaltung. Über die Erfassung der Probleme, Einstellungen und Erwartungen der Bevölkerung sollte so sichergestellt werden, daß ein sozialverträgliches Konzept entwickelt wird. Darüber hinaus erfolgte eine Analyse der natürlichen Gegebenheiten der Insel, um zu gewährleisten, daß diese erhalten bleiben, bzw. daß Maßnahmen zur Verminderung der Umweltbelastung und zur Bewahrung der landestypischen Natur und Kultur ergriffen werden. Wesentlich hierbei war die Diskussion um den Nationalpark "Vorpommersche Boddenlandschaft", die von der Landesregierung gemeinsam mit den betroffenen Gemeinden weitergeführt werden muß.

Aus der Analyse all dieser Einzelaspekte ergab sich folgende Zielsetzung für die Entwicklung eines Fremdenverkehrs- und Marketingkonzeptes für die Insel Hiddensee: "Ziel ist es, ein sozial- und umweltschonendes Konzept zu erarbeiten, das die im Nationalpark 'Vorpommersche Boddenlandschaft' gelegene Insel in ihrer landschaftstypischen Eigenart erhält, gleichzeitig aber auch gewährleistet, daß den Einheimischen durch den Tourismus ihre Haupteinnahmequelle erhalten bleibt." Eines ist sicher: Ein solches umwelt- und sozialverträgliches Konzept läßt sich nur durchsetzen, wenn alle "an einem Strang" ziehen. Nicht nur die Gemeindevertreter, sondern die gesamte Bevölkerung der Insel Hiddensee wurden an der Erarbeitung des Konzeptes beteiligt, damit sichergestellt war, daß die erarbeiteten Strategien und Maßnahmen von allen umgesetzt und vertreten werden.

5.3 Analyse der strategischen Ausgangssituation

Das besondere Kennzeichen einer jeden Planung ist ihre Zukunftsorientierung, was allerdings noch nicht bedeutet, daß sie losgelöst von der Gegenwart und der Vergangenheit in einer Art Vakuum stattfindet. Sie kann im Gegenteil nicht ohne Bezug zur bereits erfolgten Entwicklung begonnen werden, denn schließlich ist sie – auch im Falle der innovativen, strategischen Planung – mehr oder weniger stark durch Gegebenheiten und Entscheidungsprozesse der Vergangenheit konditioniert. Es ist daher wesentlich, zunächst die strategische Ausgangssituation zu erfassen. Hierbei ist eine Vielzahl von Einzelaspekten zu berücksichtigen (vgl. Abb. 1).

5.3.1 Analyse der landschaftlichen Eignung

Wichtigstes Kapital einer jeden touristischen Region ist ihre Landschaft. Wichtig im Rahmen der Situationsanalyse ist die Erfassung der Art der Landschaft, ihre Schönheit, Ruhemöglichkeiten, Abwechslung, Klima, Flora und Fauna, Siedlungs- und Ortsbild, Sehenswürdigkeiten usw. Hier liegen auch die Besonderheiten Hiddensees. Hiddensee bietet nicht nur eine Insellage, sondern auch eine vielfältige Landschaft, im Norden Hügelland mit Steilküste, im Süden Heideland und einen Strand von 17 km Länge. Die Orte bieten die regionaltypischen Besonderheiten des Ostseegebietes, wobei jeder Ort ein anderes bauliches Erscheinungsbild und eine andere Ortsgestaltung hat. In jedem Ort sind reetgedeckte Fischer- und Bauernhäuser, aber auch Häuser im großbürgerlichen Landhausstil sowie Gehöfte mit Scheunen und Gemüsegärten. All diese Gebäude verleihen den jeweiligen Standorten einen eher dörflichen Charakter. Hinzu kommen Besonderheiten in der Flora und Fauna.

5.3.2 Analyse der allgemeinen Infrastruktur

Die allgemeine Infrastruktur beinhaltet die Grundausrüstung der gemeinschaftlich von Einwohnern und Touristen benutzbaren Einrichtungen, welche die Entfaltung umfassender wirtschaftlicher und gesellschaftlicher Aktivitäten ermöglicht. Sie umfaßt den Umwelt- und Naturschutz, die Verkehrserschließung, das Dienstleistungsangebot, die Wasserver- und -entsorgung, die Energieversorgung sowie die Müllentsorgung. Im Rahmen der Ist-Analyse muß hier festgestellt werden, welche Veränderungen der Infrastruktur auch im Sinne eines Fremdenverkehrskonzeptes vorgenommen werden müssen.

Im Rahmen der Konzeptentwicklung für die Insel Hiddensee mußten hier besonders intensive Recherchen und Analysen vorgenommen werden, denn in diesem Bereich waren in der Vergangenheit nur wenige Aspekte zufriedenstellend gelöst.

5.3.3 Analyse der touristischen Infrastruktur

Die Attraktivität der touristischen Infrastruktur stellt die Grundlage für jede touristische Entwicklung dar. Langfristig muß sie auf diejenigen Zielgruppen zugeschnitten werden, die aufgrund des Konzeptes in Zukunft angesprochen werden sollen. Daher ist im Rahmen der Situationsanalyse der touristischen Infrastruktur zunächst der Ist-Zustand zu erfassen. Notwendige Änderungen können dann auf der Basis der abzuleitenden Strategie geplant werden. Zur touristischen Infrastruktur gehören insbesondere das gastronomische Angebot, die Beherbergungsbetriebe, die Freizeit-, Sport- und Gesundheitsangebote, Unterhaltungs- und Kulturangebote sowie die Information und Betreuung der Gäste.

Um nicht nur die Ist-Situation zu erfassen, wurden auf Hiddensee mit allen touristischen Leistungsträgern Gespräche geführt, in denen neben einer Bestandsaufnahme auch von den einzelnen Leistungsträgern geplante Investitionen und Aktivitäten erfaßt wurden.

5.3.4 Gästeanalyse

Die Gäste eines Urlaubsgebietes können wertvolle Informationen in bezug auf die Verbesserung des touristischen Angebots liefern. Weiterhin sind aus der Gästeanalyse wichtige Hinweise im Hinblick auf die Bestimmung der touristischen Zielgruppen abzuleiten. Daher wurden im Rahmen von Gästebefragungen sowohl die sozio-demographische Struktur der Gäste erfaßt, die Verteilung der Tagesgäste, Übernachtungsgäste, ihr Informations- und Entscheidungsverhalten, ihre Motive, Erwartungen, Zufriedenheit, Wünsche, Kritik, Aktivitäten und das Ausgabeverhalten.

5.3.5 Gästepotentialanalyse

Während die Gästeanalyse wichtige Hinweise über Wünsche und Bedürfnisse der derzeitigen Tagestouristen und Urlauber gibt, ist es Aufgabe der Gästepotentialanalyse, sich Klarheit über in Frage kommende neue Zielgruppen zu verschaffen. Auf der Basis sich wandelnder Urlauberbedürfnisse ist es wichtig, sich mit allgemeinen Tendenzen des Urlaubs- und Freizeitverhaltens auseinanderzusetzen. Typologien wie beispielweise die Urlaubertypologie der Reiseanalyse (vgl. Reiseanalyse 1989 und 1990 des Studienkreises für Tourismus, Starnberg) geben wichtige Hinweise im Hinblick auf die Definition neuer Zielgruppen. In bezug auf das Projekt Hiddensee mußten wir davon ausgehen, daß sich die Urlauberstruktur im Vergleich zu den Vorjahren deutlich ändern wird. FDGB-Feriengäste und Urlauber der Betriebe dominierten in den vergangenen Jahren auf Hiddensee. Beide Urlaubergruppen werden in Zukunft nicht mehr kommen. Insofern ging es im Rahmen des Projekts darum, vollkommen neue Zielgruppen zu bestimmen, die im Einklang mit der Zielsetzung des Projekts stehen und denen das touristische Angebot der Insel entspricht.

5.3.6 Wettbewerbsanalyse

Im Rahmen der Wettbewerbsanalyse sind die relevanten Wettbewerber zu bestimmen und die Stärken und Schächen der Region im Vergleich zum Wettbewerb zu ermitteln. Hierbei ist es wesentlich, nicht nur eine Status-quo-Analyse durchzuführen, sondern ebenso die Strategien und zukünftigen Maßnahmen der Wettbewerber in die Analyse einzubeziehen. Letztlich liefert die Wettbewerbsanalyse einen wichtigen Baustein im Rahmen der Positionierung der Region, da es gelingen muß, eine positiv vom Wettbewerb abgrenzende Positionierung zu finden, d.h., es soll erreicht werden, daß das Profil einer Region sich auf ein Angebot stützt, das in dieser Form kein Wettbewerber bietet. Im Rahmen der Wettbewerbsanalyse wurden sowohl die ostdeutsche Küste untersucht als auch in ihrem Angebot ähnlich gelagerte Inseln in der westlichen Bundesrepublik.

5.3.7 Imageanalyse

Die Entwicklung eines Marketingkonzepts für eine Region hat bei den Wünschen und Bedürfnissen der Besucher anzusetzen. Entscheidungsbestimmend sind dabei die subjektiven Vorstellungen und Erwartungen, die eine bestimmte Person von einem Urlaubsgebiet im Vergleich zu Wettbewerbsgebieten hat. Dabei kommt es nicht so sehr darauf an, ob das Image den objektiven Gegebenheiten und Tatsachen entspricht, sondern vielmehr darauf, welche Vorstellungen, Meinungen und Erwartungen der einzelne mit dem Zielgebiet verbindet. Einerseits ist es das Wissen über diese Region, über seine Landschaft, seine Orte und Attraktionen, das die Imagebildung beeinflußt, andererseits wird dieses Vorstellungsbild ergänzt durch subjektive Vorstellungen, die teilweise auf der Basis nur unzureichender Informationen gebildet wurden. Insofern sind aus der Imageanalyse sowohl wichtige Hinweise über die Gestaltung des Angebots als auch für die Ermittlung der Stärken und Schächen im Vergleich zum Wettbewerb abzuleiten.

5.3.8 Portfolio-Analyse

Die Portfolio-Analyse dient der Betrachtung der Ausgewogenheit der Geschäftsfelder (in der Regel Zielgruppen) einer Region in bezug auf Zukunftschancen und Risiken. Es wird geprüft, welche Geschäftsfelder zukünftiges Wachstum sicherstellen können, wie hoch das Risiko ist und welche Geschäftsfelder zur Zeit zur Finanzierung der Zukunftsstrategien herangezogen werden können. Es muß ein Ausgleich im Hinblick auf Mittelentstehung und -verwendung sowie auf Chancen und Risiken geschaffen werden.

5.4 Prognose und strategische Frühaufklärung

Das besondere Kennzeichen der Erarbeitung einer Fremdenverkehrs- und Marketingkonzeption ist ihre Zukunftsorientierung, d.h., sie muß mit Hinblick auf die Zukunft betrieben werden. Dazu bedarf die Situationsanalyse einer Ergänzung um die Prognose. Prognosen sind Zukunftsaussagen mit einem gewissen Objektivitätsgrad. Sie beinhalten Vorhersagen wahrscheinlicher oder möglicher Ereignisse bzw. Entwicklungen. Auf der Basis der Analyse der gegenwärtigen Situation und der zukünftigen Möglichkeiten und Gefahren können realistischere Angaben für die Entwicklung und Ableitung von Strategien getroffen werden (vgl. Abb. 1 und Kreilkamp, 1987, S. 245–313).

Während die Prognose einer möglichst realistischen Abschätzung von Zukunftstendenzen dient, hat die strategische Frühaufklärung die Aufgabe, Veränderungen im Umsystem möglichst frühzeitig sichtbar zu machen. Versucht man, "in die Zukunft hineinzudenken", so nimmt mit dem Planungshorizont das Spektrum möglicher Entwicklungen zu. Mit Hilfe der Szenariotechnik wird versucht, alternative Entwicklungen aufzuzeigen, um sich so frühzeitig wie möglich auf Veränderungen einstellen zu können.

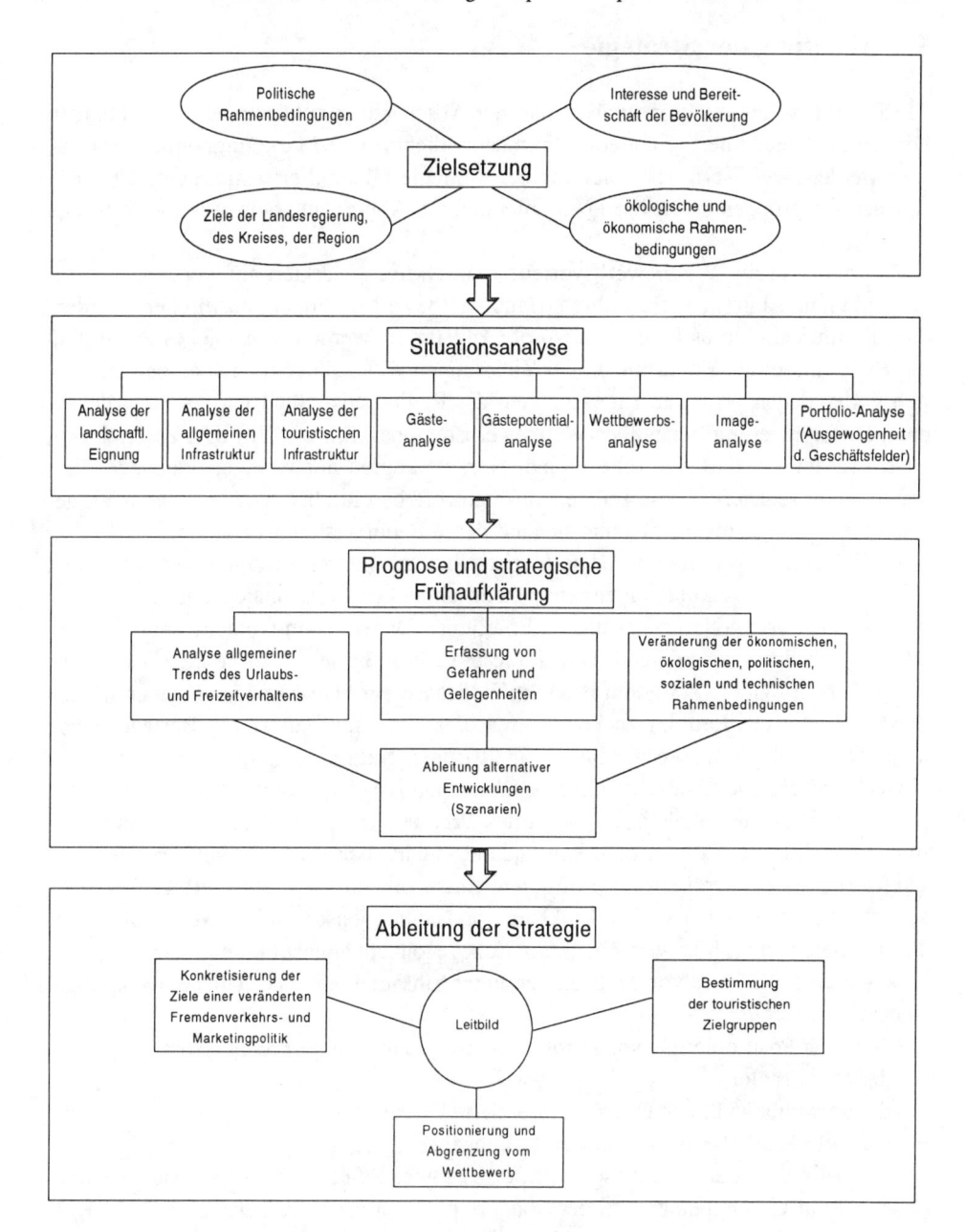

Abb. 1: Entwicklung einer Fremdenverkehrs- und Marketingkonzeption

5.5 Ableitung der Strategie

Auf der Basis der Situationsanalyse und der Abschätzung zukünftiger Entwicklungen können die Ziele einer veränderten Fremdenverkehrs- und Marketingpolitik konkretisiert werden. Den Kern der Ableitung der Strategie bilden die Bestimmung der touristischen Zielgruppen sowie die Positionierung und Abgrenzung vom Wettbewerb (vgl. Abb. 1).

Ziel muß es sein, Wettbewerbsvorteile in attraktiven Märkten aufzubauen. Die Region muß in Abgrenzung zu ihren Hauptwettbewerbsregionen positioniert werden, d.h., ihr muß ein klares Eigenschaftsprofil zugeordnet werden. Ein solches Profil muß die Bedürfnisse und Erwartungen der Zielgruppen widerspiegeln, sich an den tatsächlich vorhandenen positiven Eigenschaften der Region ausrichten und zu einer deutlichen Differenzierung gegenüber Wettbewerbsregionen führen. Um dies zu erreichen, ist es wesentlich, daß sich eine Fremdenverkehrsregion auf wenige, prägnante Zielgruppen konzentriert. Diese müssen differenziert beschrieben werden, damit es gelingt, sie gezielt anzusprechen und sich auf deren Bedürfnisse einzustellen.

Für Hiddensee bedeutet das: Die touristisch interessanten Produkte der Nord- und Ostsee werden in Zukunft einen weitgehend ähnlichen funktionalen und qualitativen Nutzen aufweisen (Natur – Ruhe – Erholung). Daher ist mit einem enorm hohen Wettbewerbsdruck zu rechnen. Um in diesem Markt bestehen zu können, ist es also von äußerster Wichtigkeit, dem Produkt Hiddensee ein klares Image zu geben und zu diesem Zweck ein Leitbild zu konzipieren, das kurz- und langfristig Bestand haben kann. Die Insel Hiddensee mit ihrem einzigartigen Naturpotential (gesundes Klima – abwechslungsreiche Landschaftsform – Überschaubarkeit – Autofreiheit) bietet ein regionaltypisches und ökologisch wertvolles Produkt. In Abgrenzung zur Konkurrenz muß sich Hiddensee durch eine konsequente, nicht rückwärtsgewandte, sondern zukunftsorientierte Vorreiterrolle profilieren. Entsprechend trägt das Leitbild die Überschrift "Hiddensee – der völlige Einklang von Natur, Mensch und umweltverträglicher Technologie!", d.h., hier wird ein ökologisches Konzept angestrebt, das seine Entsprechung in einer Vielzahl von Maßnahmen unter Einsatz modernster Umwelttechnologie findet.

Mit dieser Positionierung sollen folgende Zielgruppen angesprochen werden:
– der Nur-Erholer,
– der umweltbewußte und familienorientierte Urlauber,
– der fortschrittliche, genießende Naturliebhaber.

Das Leitbild, in dem alle diese Aspekte zusammengefaßt werden, muß sicherstellen, daß nicht nur die Gemeindevertreter, sondern die gesamte Bevölkerung der Insel Hiddensee sich mit dem Konzept identifizieren können, denn nur so kann sichergestellt werden, daß die erarbeiteten Strategien und Maßnahmen von allen umgesetzt und vertreten werden.

5.6 Detail- und Maßnahmenplanung

Die konsequente Umsetzung der Strategie muß in allen Bereichen erfolgen, d.h., sie umfaßt das gesamte marketingpolitische Instrumentarium.

```
                    Detail- und Maßnahmenplanung
    ┌───────────────────┬──────────────┬──────────────────┐
Produktpolitik      Preispolitik   Vertriebspolitik   Kommunikationspolitik
┌────┬────┬────┐    ┌────┬────┐    ┌────┬────┐        ┌────┬────┬────┬────┐
Land- tour. Produkt- preispol. Preisdiffe-  Vertriebs- Zimmer-     Werbung VKF PR Messen
schaft Infra- darstellung/ Empfeh- renzierung; kanäle  vermittlung,
und allg. struktur -vermarktung lungen Kurtaxe          Systeme
Infrastr.
```

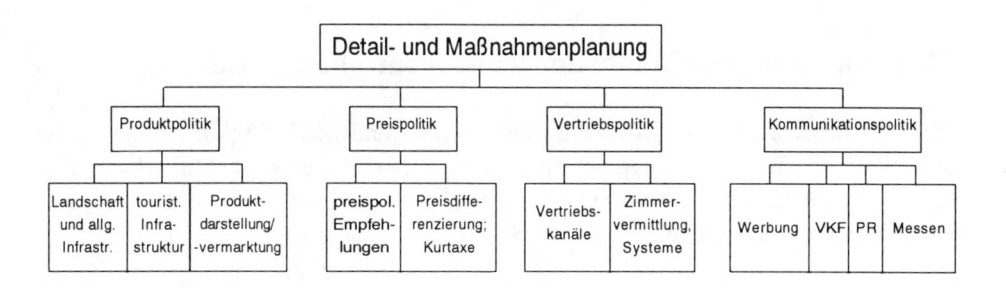

Abb. 2: Umsetzung der Strategie

Im Rahmen der Produktpolitik sind entsprechende Maßnahmen zum Schutz der Landschaft, zur allgemeinen und touristischen Infrastruktur sowie zur Produktdarstellung und -vermarktung zu ergreifen. In bezug auf Hiddensee wurden folgende Konzepte erarbeitet, bzw. es wurde unter dem Dach der Strategie zu bestehenden Konzepten Stellung bezogen: Wasserver- und -entsorgung, Energieversorgung, Müllkonzept, Flächennutzungs-/Bebauungsplan, Dienstleistungs- und Verkehrskonzept, Maßnahmen im Bereich der Gastronomie, der Unterkunftsbetriebe und zum Freizeit-/Kulturangebot.

Um die Vermarktung des Angebots sicherzustellen, wurde ein entsprechender Ortsprospekt entwickelt.

Eine differenzierte Preispolitik dient der optimalen Einkommenssicherung der Bevölkerung. Aufgabe im Rahmen eines Fremdenverkehrs- und Marketingkonzepts ist es, hier den einzelnen Leistungsträgern preispolitische Empfehlungen zu geben. Hinzu kommt eine Differenzierung nach Saisonzeiten und die Festsetzung einer Kurtaxe oder – wie auf Hiddensee geschehen – einer "Naturtaxe".

Durch die Vertriebspolitik muß gewährleistet werden, daß das Angebot problemlos gebucht werden kann. Hier sind insbesondere die Vertriebskanäle festzulegen und ein entsprechendes Zimmerreservierungssystem zu installieren.

Aufgabe der Kommunikationspolitik ist die Steigerung des Bekanntheitsgrades und der Aufbau eines eigenständigen Images auf der Basis der abgeleiteten Strategie. Entsprechende Maßnahmen der Werbung, der Verkaufsförderung, Public Relations und der Messebeteiligung sind festzulegen. An dieser Stelle kann (aufgrund der Vielzahl der Einzelmaßnahmen) nicht auf das Fremdenverkehrs- und Marketingkonzept von Hiddensee eingegangen werden, wesentlich ist jedoch, daß auch die kleinste Detailmaßnahme unter Orientierung an der Gesamtkonzeption und dem festgeschriebenen Leitbild erfolgt.

Vor Verabschiedung der Gesamtkonzeption erfolgt eine Beurteilung der positiven und negativen Auswirkungen der Fremdenverkehrs- und Marketingkonzeption mit allen ihren Einzelmaßnahmen, um sicherzustellen, daß die angestrebte Zielsetzung erreicht wird.

5.7 Realisierung der Maßnahmen und Kontrolle der Aktivitäten

Zentraler Bestandteil einer jeden Fremdenverkehrs- und Marketingkonzeption ist die Sicherstellung einer Umsetzung auf allen Ebenen. Durch die aktive Mitwirkung aller Beteiligten bereits bei der Konzeptentwicklung kann ein hohes Maß an Leistungsbereitschaft aufgebaut werden.

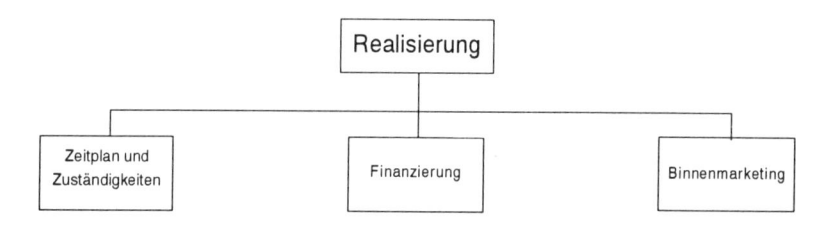

```
                    Realisierung
          ┌──────────────┼──────────────┐
   Zeitplan und      Finanzierung    Binnenmarketing
   Zuständigkeiten
```

Abb. 3: Realisierung des Fremdenverkehrs- und Marketingkonzepts

In der Realisierungsphase sind die erarbeiteten Ergebnisse allen Beteiligten zu präsentieren und die konkrete Umsetzung festzulegen. Hierbei werden sowohl die einzelnen Aufgaben fixiert als auch die jeweils beteiligten Stellen bestimmt. Ensprechend ist ein wichtiger Bestandteil auch ein Konzept zum Binnenmarketing. Bereits bei der Erarbeitung des Konzepts wurde sichergestellt, daß alle Leistungsträger, Personen und Personengruppen, die am Fremdenverkehr interessiert sind oder in irgendeiner Form daran teilnehmen, dieses Konzept auch vertreten können. Dem Binnenmarketing fällt die Steuerungsfunktion aller Marktanstrengungen zwischen den Beteiligten zu.

Literatur

Kramer, D. (1990): Tourismus-Politik: Aufsätze aus 12 Jahren Tourismus-Diskussion. Münster.
Kreilkamp, E. (1987): Strategisches Management und Marketing. Berlin/New/York.
Reiseanalyse 1989 und 1990 des Studienkreises für Tourismus e.V., Starnberg.

6. Die Deutsche Zentrale für Tourismus (DZT)

Peter Roth

6.1 Auftrag und Rechtsform

Die Deutsche Zentrale für Tourismus (DZT) e.V. ist die von der Bundesregierung mit der Förderung des Ausländerreiseverkehrs nach Deutschland beauftragte offizielle Fremdenverkehrsorganisation.

Die DZT als nationale Tourismusorganisation wirbt im Ausland für den Reiseverkehr in die Bundesrepublik Deutschland, pflegt dabei die Zusammenarbeit mit den maßgeblichen nationalen und internationalen Stellen und stellt der Bundesregierung und anderen für Tourismusfragen zuständigen Stellen ihre Erfahrungen und Sachkenntnis zur Verfügung. Durch ihre Tätigkeit soll die DZT zur Pflege des gegenseitigen Verständnisses der Völker beitragen.

Die DZT wurde 1948 gegründet. Vorgängerin war die 1920 eingerichtete Reichszentrale für Deutsche Verkehrswerbung, aus der 1928 die Reichsbahnzentrale für den Deutschen Reiseverkehr (RDV) mit 1939 rund 40 Auskunftsbüros in aller Welt hervorging.

Seit dem 3.10.1990 ist die DZT auch für das touristische Auslandsmarketing der neuen Bundesländer zuständig. Der Jahresetat der DZT 1990 wird zu 86% aus einer Zuwendung des Bundes und zu 14% aus Eigeneinnahmen finanziert.

Die DZT hat die Rechtsform eines eingetragenen Vereins mit Sitz in Frankfurt am Main. Mitglieder der DZT sind Körperschaften, Verbände, Vereinigungen und Unternehmen, deren Tätigkeiten von überregionaler Bedeutung sind und den Aufgaben und Zielsetzungen der DZT entsprechen.

Die DZT hat zur Zeit 16 Mitglieder, die sich aus den Spitzenverbänden des Fremdenverkehrspräsidiums und touristischen Großunternehmen wie Deutsche Lufthansa, Deutsche Bundesbahn etc. zusammensetzen.

Beschließende Organe sind der Verwaltungsrat und der Vorstand der DZT. Dem Verwaltungsrat gehören Vertreter der Mitglieder der DZT und kraft Amtes die Vertreter des Bundesministers für Wirtschaft und der Finanzen an.

Beratende Organe sind der Beirat und der DZT-Marketingausschuß mit seinen Arbeitskreisen. In beiden Gremien ist die Mitwirkung der Bundesländer gewährleistet. Die Hauptverwaltung der DZT in Frankfurt ist organisatorisch in den Vorstand und zwei Abteilungen gegliedert.

Die DZT unterhält Vertretungen und Repräsentanzen in den wichtigsten Herkunftsländern des Tourismus nach Deutschland. Eigene DZT-Vertretungen sind in 14 Ländern (15 Städte) eingerichtet; in weiteren 10 Ländern (11 Städte) finden sich Repräsentanzen in Zusammenarbeit mit der Deutschen Lufthansa oder den Auslandshandelskammern des Deutschen Industrie- und Handelstags.

6.2 DZT-Marketing

Die DZT stützt sich bei ihrer Tätigkeit auf einen Marketingplan, der mit ihren Mitgliedern sowie der Fremdenverkehrswirtschaft abgestimmt und vom Verwaltungsrat verabschiedet ist. Der neue DZT-Marketingplan umfaßt den Zeitraum 1992–1994 und wurde auf die neuen Bundesländer ausgedehnt. Er ist das Steuerungsinstrument für die Planung und Durchführung aller operativen Aufgaben. Für die Kooperationspartner der DZT ist er eine Orientierungshilfe für gemeinsame Maßnahmen.

Im Marketingplan sind – basierend auf den Ergebnissen der Marktforschung – die Ziele und Zielgruppen der DZT-Marketingarbeit beschrieben, die Strategien und Instrumente genannt, mit denen diese Zielgruppen erfolgreich angesprochen werden können und der Mittelbedarf für die jeweiligen Planungsphasen beziffert und spezifiziert. Es hängt von der finanziellen Ausstattung der DZT ab, in welcher Breite und mit welcher Intensität die touristischen Potentiale erschlossen werden können.

6.2.1 Marketingforschung der DZT

Die touristische Marketingforschung ist seit vielen Jahren fester Bestandteil der DZT-Marketingmaßnahmen, denn sie schafft die Basis für die weltweiten Aktivitäten. Gerade weil in der DZT Marketing als nachfrageorientiertes Handeln am Markt verstanden wird, müssen Wünsche, Interessen, Motive und Verhaltensweisen der Nachfrage erfaßt werden, um das deutsche Angebot auf die Erwartungen der Nachfrage einstellen zu können. Das Hauptziel der DZT-Marktforschung ist das systematische Sammeln, Ermitteln und Erfragen von Informationen über das Reiseverhalten und seine Rahmenbedingungen in den ausländischen Märkten.

Die DZT unterscheidet in ihrer Marketingforschung sechs Hauptfragestellungen:
– Wieviel ausländische Gäste reisen in die Bundesrepublik? (Volumen der Nachfrage)
– Welche Strukturen hat dieser Reiseverkehr? (Strukturen der Nachfrage)
– Wieviel Personen haben Interesse und können auch deshalb motiviert werden, in Zukunft in die Bundesrepublik zu reisen? (Interessentenpotential)
– Welche Strukturen hat das Interessentenpotential? (Struktur des Interessentenpotentials)
– Was macht die Konkurrenz? (Konkurrenzbeobachtung)
– Wie wirken die spezifischen Aktivitäten? (Wirkungskontrolle)

Um diese Informationen zu beschaffen, stehen drei Wege der Informationsbeschaffung zur Verfügung.
(1) Die Auswertung von zur Verfügung stehenden Informationen, sogenannten Sekundärstatistiken und Studien aller Art, z.B.: Daten der amtlichen Beherbergungsstatistik des Statistischen Bundesamtes und der Bundesländer, Verbandsstatistiken und spezifische Marktstudien, z.B. der Schweizer Reisemarkt, die österreichische Reiseanalyse, die italienische Reiseanalyse usw.
(2) Die dort nicht vorhandenen Daten muß die DZT in Form von eigenen Primärstudien selbst erheben.
(3) Die Marktbeobachtung der DZT Auslandsorganisation.

Die DZT-Marketingforschung hat in den letzten Jahren sehr interessante Ergebnisse gebracht:

– *Nachfragevolumen nach Deutschlandreisen*
  Bei insgesamt etwa 28 Mio. ausländischen Übernachtungsgästen pro Jahr in der Bundesrepublik Deutschland kommen rund 85% aller Besucher aus europäischen Märkten. 1990 haben 26,3 Mio. ausländische Übernachtungsgäste die alten Bundesländer und 1,7 Mio. die neuen Bundesländer besucht.

– *Potential von Deutschlandreisen*
  Große, noch ausschöpfbare Potentiale liegen in den USA, Großbritannien und Japan. Insgesamt haben weltweit etwa 60 Mio. Menschen ein Interesse, nach Deutschland zu reisen.

– *Struktur der Deutschlandreisen*
  - Rund die Hälfte aller Reisen nach Deutschland sind Urlaubsreisen, weitere 25% sind Geschäftsreisen (einschließlich Reisen zu Messen, Kongressen, Tagungen), 25% sind private Besuchsreisen zu Freunden, Verwandten, Bekannten sowie sonstige Reisen.
  - Die ausländischen Deutschlandbesucher sind zu 70% Wiederholungsreisende (Stammgäste).
  - Sie kommen überwiegend als Individualreisende (bzw. als Käufer von Teilleistungen) in die Bundesrepublik; der Anteil der reinen Vollpauschalreisen ist mit 10% relativ gering.
  - Das wichtigste Verkehrsmittel für Reisen aus Europa nach und innerhalb Deutschlands ist der private Pkw. Gäste aus Übersee reisen fast ausschließlich mit dem Flugzeug an und benutzen während ihres Aufenthalts Mietwagen, Bahn oder Bus als Transportmittel.
  - Europäische Deutschlandbesucher sind durchschnittlich 40 Jahre alt und gehören überwiegend der gehobenen Mittelschicht an. Deutschlandbesucher aus Übersee haben etwa das gleiche Durchschnittsalter und sind mehrheitlich der oberen Mittelschicht und der Oberschicht zuzuordnen.
  - Die meisten ausländischen Deutschlandbesucher übernachten während ihres Deutschlandaufenthalts in Hotels bzw. anderen beherbergungsgewerblichen

Betrieben. Sehr beliebt sind auch unentgeltliche Unterkünfte bei Freunden, Verwandten und Bekannten.
- Gäste aus Europa bleiben im Durchschnitt 5,6 Nächte in Deutschland, Gäste aus Übersee etwa 12,5 Nächte.

Auf der Basis dieser und vieler anderer Ergebnisse können auch kurz- bis mittelfristige Prognosen des Ausländerreiseverkehrs in die Bundesrepublik formuliert werden. Für den Zeitraum 1992-1994 wird eine 1-3%ige Steigerung der Reisen von Ausländern pro Jahr in die Bundesrepublik erwartet, die weitgehend auf Zuwächse aus den europäischen Nachbarländern zurückzuführen ist. Die Zuwachsraten aus den USA werden bei günstigen Bedingungen bei 1% pro Jahr liegen, während die Reisen aus Japan überdurchschnittlich zunehmen werden. Europa wird auch in den nächsten Jahren Hauptquellregion für den Reiseverkehr nach Deutschland bleiben.

6.2.2 Marketingziele und Marketingstrategien

Die Tätigkeit der DZT wird von drei Marketingzielen bestimmt:
- Steigerung der Zahl der Reisen nach Deutschland,
- Steigerung der Umsätze aus dem Ausländerreiseverkehr,
- Erhöhung des Marktanteils am internationalen Tourismus.

Im Rahmen ihres strategischen Marketing verfolgt die DZT eine Doppelstrategie:
(1) Marktsicherung: Erhaltung bestehenden Reisevolumens aus bestehenden Märkten;
(2) Gewinnung neuer Zielgruppen aus bestehenden und neuen Märkten sowie Einnahmesteigerungen bei Wiederholungsreisenden.

Im einzelnen wird diese Strategie umgesetzt durch:
- eindeutige Positionierung des deutschen touristischen Angebots,
- Marktsegmentierung basierend auf Marktkenntnis durch Marktforschung über die wichtigsten Auslandsmärkte, deren Zielgruppen, Reiseinhalte, Potentiale und Nachfragewünsche,
- Potentialorientierte Regionalisierung der Marketingmaßnahmen mit Schwerpunktbildung, unter Berücksichtigung der europäischen Regionenbildung und Verflechtung der Weltwirtschaft.

Zur Durchsetzung ihrer Ziele kooperiert die DZT mit den öffentlich-rechtlichen und privatrechtlichen Organisationen und Betrieben auf allen Ebenen des Tourismus sowohl auf der Angebotsseite in Deutschland wie auch auf der Nachfrageseite im Ausland. Die DZT versteht sich hierbei als transparente Dienstleistungsorganisation. Sie berät ihre Partner im Marketing und sichert Absatzerfolge durch Beteiligung der Partner an Maßnahmen der DZT in Fortsetzung des bewährten Anschließerprinzips.

Die DZT bedient sich zur Gleichstellung des touristischen Angebots der neuen Bundesländer an das der alten Bundesländer der folgenden Strategie:
- Fortführung der Bestandsaufnahme,

- Reaktion auf die ausländische Nachfrage,
- Sofortige Vermarktung vorhandenen wettbewerbsfähigen Angebots in ausgewählten Absatzmärkten,
- Einflußnahme auf die Schaffung und Verbesserung der touristischen Infrastruktur vor Ort,
- Kommunikation des entstehenden positiven touristischen Images.

Die Angleichung des Fremdenverkehrsangebots der neuen Bundesländer an den vorhandenen Standard der alten Bundesländer wird Zug um Zug erfolgen. Insbesondere wird die Schaffung des derzeit nicht vorhandenen mittelständischen Beherbergungsangebots Fortschritte machen. In gleicher Weise erfolgt eine marktspezifische Integration dieses Angebots in die Absatzbemühungen der DZT. Ein umfassendes offensives Marketing erfolgt sukzessive.

6.2.3 Das touristische Image der Bundesrepublik als Basis einer weltweiten Positionierung

Obwohl das touristische Image der Bundesrepublik in jedem Markt unterschiedlich ist, sind es immer wieder die gleichen Imagekomponenten, die mit verschiedenen Wertigkeiten in den einzelnen Märkten genannt werden und die sich damit durchaus zu einem touristischen Gesamtimage verdichten lassen.

Das touristische Deutschlandbild setzt sich aus einer Vielzahl von Einzelaspekten zusammen, die sich in drei Imagekomponenten zusammenfassen lassen:
- Romantik und Kultur,
- Landschaft,
- Modernes Deutschland.

Mit Urlaub in Deutschland assoziieren die ausländischen Besucher in erster Linie Vorstellungen, die im weitesten Sinne dem Bereich "Romantik und Kultur" zuzuordnen sind. Dabei muß angemerkt werden, daß nicht die verbalen Begriffe "Romantik und Kultur" das Deutschlandimage bestimmen, sondern vor allem deren visualisierte Darstellung. Das heißt, unter diesen Begriffen werden Inhalte bzw. Imageaspekte wie "Schlösser, Burgen und Kathedralen", "Mittelalterliche Städte" mit Fachwerkhäusern, historischen Denkmälern, kleinen gemütlichen Gasthäusern und insbesondere das Leben in diesem historisch-kulturellen Umfeld gesehen.

Diese Komponenten sind zur Zeit der Hauptimageträger des Reiselandes Bundesrepublik Deutschland. Daneben ist es vor allem die vielfältige, abwechslungsreiche Landschaft, die das touristische Image der Bundesrepublik Deutschland im Ausland bestimmt.

Zu diesen zentralen Imagekomponenten, die das touristische Deutschlandimage maßgeblich beeinflussen, tritt als weiterer Imageaspekt das "Moderne Deutschland", das zwar in allen ausländischen Märkten als Imagekomponente vorhanden ist, aber nicht die Wertigkeit der Komponenten "Romantik und Kultur" und "Landschaft" erreicht.

Die Imagekomponente "Modernes Deutschland" setzt sich hauptsächlich aus den Einzelaspekten "Günstige Einkaufsmöglichkeiten", "Persönliche Sicherheit", "Sauberkeit und Ordnung" und "Günstige Verkehrsverbindungen" zusammen. Weiterhin sehr wichtig ist in diesem Zusammenhang, daß ausländische Gäste das "Moderne Deutschland" bzw. das "heutige Deutschland" kennenlernen wollen. Hier geht es nicht so sehr um moderne Großstädte oder um moderne Architektur, denn diese Imageaspekte haben einen nur sehr geringen Stellenwert. Vielmehr geht es um die gesellschaftliche Realität in der Bundesrepublik, die der Besucher selbst erleben möchte.

Die historischen bzw. romantisch-kulturellen Imageaspekte stehen besonders in den Überseemärkten USA, Kanada, Südostasien, Japan sowie in Skandinavien, Österreich, Italien und den Niederlanden im Vordergrund.

Landschaftsbezogene touristische Imageaspekte werden vor allem von den Gästen aus den Ländern des Nahen Ostens, aus Belgien und aus Großbritannien genannt.

Imageaspekte, die das heutige, moderne Deutschland als touristisches Reiseziel beschreiben, bestehen lediglich im Nahen Osten, reduzieren sich jedoch dort auf Einkaufsmöglichkeiten in modernen Großstädten und stehen hinter dem Landschaftsimage zurück.

Vor diesem Hintergrund ist die zentrale Werbeaussage der "aktiv erlebten Romantik" zu sehen, in der sich die kulturhistorischen Sehenswürdigkeiten Deutschlands mit dem aktiven Leben in einem historisch-kulturellen Umfeld verbinden.

6.2.4 Zielgruppen

Die wichtigsten Zielgruppen sind nach wie vor:
Privatreisende
- auf Erlebnis-, Durch- oder Rundreise in Deutschland,
- auf Zielortreise in Deutschland,
- zu Besuch bei Verwandten, Freunden und Bekannten mit anschließender Urlaubsreise in Deutschland;

Geschäftsreisende
- mit anschließender Urlaubsreise in Deutschland,
- als Messe- und Kongreßgäste,
- als Incentive-Reisende.

Diese Zielgruppen werden angesprochen:
- durch direkte Konsumentenwerbung, mit Anzeigen in Tageszeitungen und Magazinen, Angebotskatalogen und Filmen auf Messen und Ausstellungen, durch persönliche Reiseberatung (persönlich, schriftlich, telefonisch) usw.,
- über den Handel (Reiseveranstalter, Reisemittler), durch Fachanzeigen, das Angebotshandbuch "Sales Guide to Germany", Fachmessen und Kongresse, Seminare,

Deutschland-Reisebörse/German Travel Mart, durch persönliche Verkaufsgespräche im Rahmen von Akquisitionsbesuchen, Informationsreisen usw.,
- über sonstige Verteiler (Luftverkehrsgesellschaften, Fährlinien, Incentive-Häuser, Firmenreisestellen u.ä.), durch zielgruppenspezifische Angebotsverzeichnisse, Beteiligung an Fachmessen und -kongressen, Informationsreisen.

6.2.5 Kooperation

Die DZT arbeitet mit über 4000 Partnern im In- und Ausland zusammen, um durch Konzentration und Koordination von Mitteln thematisch geschlossene und damit in ihrer Wirkung überzeugende Werbeaktionen zu erreichen bzw. kleineren Partnern, die nur über bescheidene Mittel für die Auslandswerbung verfügen, erfolgreiche Auslandswerbung zu ermöglichen. Sie bietet deshalb ihre Kooperation – die weiter ausgebaut werden soll – den deutschen Fremdenverkehrsverbänden, den Städten und Gemeinden ebenso wie den Betrieben der Fremdenverkehrswirtschaft an.

Mit diesen Kooperationen sind folgende Vorteile verbunden:
- Durch die Konzentration und Koordination von Mitteln mehrerer Partner werden thematisch geschlossene und damit in ihrer Wirkung überzeugende Werbeaktionen möglich.
- Auch kleineren Partnern, die nur über bescheidene Mittel für die Auslandswerbung verfügen, wird es ermöglicht, erfolgreiche Auslandswerbung zu betreiben.

Das Kooperationsangebot der DZT betrifft alle Marketingbereiche, richtet sich an alle interessierten Partner und wird als Anschließerprinzip bezeichnet. Insbesondere im Bereich der DZT-Anzeigenwerbung und der Auftritte bei Messen, Workshops usw. werden diese Kooperationen praktiziert und in zunehmendem Maße auch genutzt. So entstehen unter einem Dach der DZT werbewirksame Gemeinschaftsanzeigen bzw. deutsche Gemeinschaftsstände auf Messen zu erschwinglichen Konditionen für den einzelnen Anbieter. Die Finanzierung dieser Maßnahmen wird von den Anschließern anteilig mitgetragen; sie wird grundsätzlich über den DZT-Wirtschaftsplan abgewickelt.

Neben dem breitgefächerten Kooperationsangebot der Anschließerwerbung betreibt die DZT Verbundwerbung gemeinsam mit ausgewählten Partnern, wenn die gesteckten Ziele entweder ausschließlich oder besser auf dem Weg der Kooperation erreicht werden können. Hierbei beteiligt sich die DZT mit von ihr festgelegten Finanzierungsanteilen an den geplanten Maßnahmen der jeweiligen Partner:
- Kooperation DZT/AUMA (Gemeinsame Werbung von der DZT und dem Ausstellungs- und Messeausschuß der Deutschen Wirtschaft. Ziel der Kooperation ist es, den Messegast in hohem Maße zu einem touristischen Anschlußaufenthalt zu motivieren).

In ähnlicher Form vollziehen sich Verbundkooperationen mit:

- dem GCB (Deutsches Kongreßbüro) mit den Partnern Deutsche Bundesbahn und Deutsche Lufthansa. Gegenstand: Kongreßwerbung und in Verbindung damit Werbung für touristische Anschlußprogramme;
- der Städtegemeinschaft "Magic-Eight" bzw. "Magic-Ten". Seit dem 1.1.1991 nennt sich die Werbegemeinschaft offiziell "Magic-Ten – The German Cities" aufgrund der neuen Mitgliedschaft der Städte Leipzig und Dresden (acht bzw. zehn deutsche Großstädte und die Verbundpartner Deutsche Bundesbahn, Deutsche Touring, Deutsche Lufthansa, DZT). Gegenstand: Städte- und Umlandwerbung im Ausland;
- den "Historischen Zehn" (zehn historische Städte mit den Partnern Deutsche Bundesbahn, Deutsche Touring, Deutsche Lufthansa und DZT). Gegenstand: Städte- und Umlandwerbung im Ausland;
- Individual Travel (vier Hotelgruppierungen und die Partner Deutsche Bundesbahn und Deutsche Lufthansa). Gegenstand: Verbreitung attraktiver und kostengünstiger Unterkunftsangebote und Rundreisevorschläge auf den Auslandsmärkten;
- Deutsches Küstenland/Top of Germany (Partner sind die norddeutschen Regionen und Städte, die auf besonders erfolgversprechenden Märkten zusammen mit der DZT ihre Angebote plazieren).

Die DZT kooperiert auf internationaler Ebene mit Frendenverkehrszentralen des Auslands im Rahmen internationaler Werbegemeinschaften mit dem Ziel, durch gemeinsame Werbung eine positive Ausgangslage für die eigene nationale Werbung zu schaffen.

Zu den internationalen Werbegemeinschaften zählen:
- die European Travel Commission (ETC), der 24 europäische Fremdenverkehrszentralen angehören. Ziel: gemeinsame Europawerbung in Nordamerika und Japan;
- die Touristische Gemeinschaft der Alpenländer (TGA) oder Alpine Tourist Commission (ATC). Ziel: alpenländische Gemeinschaftswerbung in Nordamerika;
- die Internationale Touristische Werbegemeinschaft "Die Donau". Ziel: Gemeinschaftswerbung für die gesamte Donauregion in Europa und Übersee;
- die internationale Rheinwerbegemeinschaft (Rhine River Countries Promotion). Ziel: Gemeinschaftswerbung in Nordamerika für die Rheineinzugsgebiete Schweiz, Bundesrepublik Deutschland und Niederlande;
- die Internationale Eifel-Ardennen-Werbung: Gemeinsame Werbung der nationalen bzw. regionalen Tourismusorganisationen Belgiens, Luxemburgs, Frankreichs und der Bundesrepublik Deutschland für die Region Eifel-Ardennen;
- der Internationale Bodenseeverkehrsverein: Zusammenschluß öffentlicher und privater touristischer Institutionen aus der Bundesrepublik Deutschland, Liechtenstein, Österreich und der Schweiz. Ziel: Gemeinsame Marketingaktivitäten besonders in Nordamerika und Japan.

7. Dritte-Welt-Tourismus

Peter Agel

7.1 Einleitung

Zu Beginn des Jahres 1991 hat der World Travel & Tourism Council (WTTC), ein weltweiter Zusammenschluß von Top-Führungskräften der Reiseindustrie, deutlich machen können, daß die Reise- und Tourismusindustrie weltweit zu den wichtigsten Branchen zählt, deren Bedeutung wegen ihrer starken Zersplitterung und Verflechtung mit anderen Wirtschaftssektoren oftmals nicht erkannt wird. Eine Studie des WTTC konnte feststellen, daß die Reise- und Tourismusindustrie
- den größten Industriezweig schlechthin darstellt,
- 1989 mehr als 2,5 Billionen US$ an Wertschöpfung erzielt (5,5% des Welt-Bruttosozialproduktes),
- mehr als 112 Millionen Menschen weltweit beschäftigt (7% aller Erwerbstätigen),
- jährlich mehr als 350 Milliarden US$ in neue Einrichtungen und Kapitalausstattungen investiert (7,3% des weltweiten Investitionsvolumens),
- jährlich mehr als 300 Milliarden US$ an direkten und indirekten Steuern entrichtet (mehr als 6% des globalen Steueraufkommens) und
- schneller als die Weltwirtschaft hinsichtlich des Ertrages, des Wertzuwachses, des investierten Kapitals und der Beschäftigtenzahlen wächst (WTTC, 1991, S. 3 ff.).

Allerdings ist der Tourismus äußerst ungleich verteilt. Rund 80% der weltweiten Reisetätigkeit geht von Reisenden aus nur 20 Ländern der Erde aus (The Economist, 1991, S. 10 ff.). Mehr als 50% der internationalen Reiseausgaben werden von Reisenden aus lediglich fünf Ländern getätigt: Deutschland, USA, Großbritannien, Japan und Frankreich.

Diese Situation spiegelt sich auch in der weltweiten Verteilung der Hotelzimmerkapazitäten wider: Mehr als 80% aller Hotelzimmer weltweit (von insgesamt etwa 11 Mio. Zimmern) liegen in Europa und Nordamerika. Afrika und Mittelamerika stellen lediglich jeweils 3% der weltweiten Beherbergungskapazität, Südamerika etwa 4%, die Karibik 1% und Ozeanien knapp 2% (Economic Intelligence Unit, 1991, S. 14). Der asiatisch-pazifische Raum hat zwar in den letzten Jahren mit großen Zuwachsraten aufwarten können, und es ist zu erwarten, daß sich diese Entwicklung weiter fortsetzt; das allgemeine Bild von der Vorherrschaft Europas und Nordamerikas wird aber dadurch kaum verändert.

Damit gilt auch für den Tourismus wie für andere ökonomische und sozio-kulturelle Bereiche, daß in der globalen Betrachtung der sogenannte Dritte-Welt-Tourismus eine sehr untergeordnete Rolle spielt.

Angesichts der Bedeutung und der weiterhin positiven Zukunftsaussicht dieses wichtigsten Wirtschaftssektors ist es dennoch verständlich, daß immer mehr Länder daran partizipieren wollen. Spätestens seit den 60er Jahren wird der Fremdenverkehr in vielen Dritte-Welt-Ländern als wichtiges Vehikel zur Entwicklung betrachtet. Dies gilt um so mehr, als sich vielen solcher Länder kaum alternative Entwicklungsmöglichkeiten bieten, etwa Deviseneinnahmen zu erzielen.

Demgegenüber stehen in den meisten Dritte-Welt-Ländern Verelendung großer Bevölkerungsteile, rapides Bevölkerungswachstum, hohe Arbeitslosigkeit, Verschärfung sozialer und räumlicher Disparitäten, hohe Außenhandelsdefizite, monokulturell ausgerichtete Agrarstrukturen und große Abhängigkeiten von den "reichen" Ländern. Diese Situation läßt ihnen kaum Wahlmöglichkeiten für ihre wirtschaftliche und soziale Entwicklung.

In vielen Ländern zählt man deshalb auf touristisch nutzbare Ressourcen, zumal diese scheinbar reichhaltig vorhanden sind: tropische Klimate, Meer und Sandstrand, exotische Kulturen, Landschaften und Völker unterschiedlicher Ausprägung. Da diese Ressourcen nicht transportierbar oder gar substituierbar sind, können zahlreiche Dritte-Welt-Länder eine "unique selling proposition (USP)" vorweisen, durch die sie auf den Weltmärkten im Vergleich zu anderen von ihnen angebotenen Gütern häufig konkurrenzlos sind oder zumindest mit den traditionellen Ferienprodukten in den Wettbewerb treten können. Dies ist ein unschätzbarer Vorteil im Vergleich etwa zu zahlreichen Exportprodukten, die trotz guter Qualität und wettbewerbsfähigem Preis aufgrund zahlreicher Restriktionen nicht am allgemeinen Welthandel plaziert werden können bzw. regelrecht boykottiert werden.

Das "Exportgut" Tourismus hat zudem die weiteren Vorteile, nur in beschränktem Umfang austauschbar zu sein und nicht einem radikalen Preisverfall wie etwa bei Rohstoffen und Agrarprodukten zu unterliegen; bei Tourismusprodukten sind durchaus in beschränktem Umfang Anpassungen möglich. Überdies kommt hinzu, daß der Fremdenverkehr nach wie vor als Wachstumsindustrie gilt und auf mittel- und langfristige Sicht hinaus keine Marktsättigungserscheinungen zu erwarten hat (anders als etwa bei Kaffee, Tee oder Bananen).

In Ermangelung von alternativen Entwicklungsmöglichkeiten und angesichts eines wachsenden Fernreisepotentials in den nördlichen Industrieländern haben sich viele "arme" Länder für eine Partizipation am internationalen Fremdenverkehr entschieden. Länder unterschiedlichster Ressourcenausstattung, Kultur und Gesellschaftsordnung sehen im Aufbau einer Fremdenverkehrswirtschaft und ihrer strukturellen Festigung einen wichtigen Weg zur Entwicklung ihrer Gesellschaften. Dabei wird nach wie vor "Entwicklung" und wirtschaftliches Wachstum synonym betrachtet: Schaffung von Arbeitsplätzen und Einkommen, Verhinderung von Landflucht, Erhöhung der Deviseneinnahmen und Steuern sowie Verringerung defizitärer Außenhandelsbilanzen sind meist die mit dem Tourismus verbundenen vorrangigen Entwicklungsziele.

Zu diesen Ländern zählen vor allem Kleinstaaten und Inseln mit oft nur wenigen Einwohnern, einer subsistenz- und binnenmarktorientierten Agrar- und Fischereistruktur und nahezu völlig fehlenden Entwicklungsalternativen wie eine Reihe von karibischen und pazifischen Inseln, die Malediven, die Seychellen oder erst jüngst die Kapverdischen Inseln, aber auch Kleinstaaten wie etwa Gambia oder Togo. Es sind hier aber auch dicht bevölkerte Flächenstaaten mit diversifizierten und mit der Weltwirtschaft verflochtenen Ökonomien zu nennen, wie z.B. Indonesien, Mexiko oder Brasilien.

Auch viele jahrzehntelang für Ausländer kaum zugängliche Regionen und Staaten wie Tibet und Bhutan, aber auch Vietnam und Kambodscha versuchen vermehrt an einer touristischen Entwicklung zu partizipieren. Selbst jene Ländern, die eine bereits begonnene Förderung des Fremdenverkehrs einschränkten oder nicht weiterführten, wie z.B. Indien oder Tansania, unternehmen erneut Anstrengungen, sich wieder in das internationale Geschäft zu integrieren.

Speziell im pazifischen Raum kommt hinzu, daß in Japan ein rasant wachsender Ferienreisemarkt nach entsprechenden Angeboten sucht. Selbst jene bislang durch diverse Reisehindernisse noch wenig zur Entfaltung gelangten Märkte wie Taiwan und Korea, aber auch die VR China lassen ein weiter wachsendes Nachfragepotential vor allem für die Pazifik-Anrainerstaaten erwarten, ein Potential, das nicht ausschließlich von den "reichen" industrialisierten Staaten der Erde ausgeht, aber doch dezidiert nach regional vorhandenen touristischen Angeboten nachfragt, wie etwa nach Thailand, Indonesien, Malaysia, den pazifischen Inselstaaten, aber auch Australien und Neuseeland.

7.2 Den Dritte-Welt-Tourismus gibt es nicht

International ist anerkannt, daß der Begriff Tourismus all jene Erscheinungen umfaßt, die mit dem Verlassen des gewöhnlichen Aufenthaltsortes und dem zeitweiligen Aufenthalt an einem anderen Ort verbunden sind. Das Reisemotiv ist dabei unerheblich; es kann sich um Geschäftsreisen, Urlaub, Besuche von Freunden und Bekannten usw. handeln. Neben dieser relativ weiten Tourismusdefinition steht der deutsche Begriff Fremdenverkehr, über dessen exakte Abgrenzung und Beziehung zum Tourismusbegriff nach wie vor diskutiert wird. Unabhängig von den Inhalten dieser Diskussion hat der Gebrauch beider Begriffe deutliche Auswirkungen insbesondere auf die wissenschaftliche Aufarbeitung des sogenannten Dritte-Welt-Tourismus im deutschsprachigen Raum: Verkehren doch die Fremden aus den reichen Ländern in ärmeren Gebieten dieser Erde, um dort ihren Urlaub zu verbringen. Aus dieser Reduzierung des Tourismusbegriffs heraus hat die deutschsprachige Dritte-Welt-Diskussion einseitige und verkürzende Positionen eingenommen, die in vielen Fällen nicht der touristischen Vielfalt in den einzelnen Ländern entspricht.

Pauschale und monokausale Betrachtungsweisen des sogenannten Dritte-Welt-Tourismus können den tatsächlichen Gegebenheiten nicht gerecht werden. Koreaner oder Nationalchinesen, Hongkongchinesen und wohlhabendere Schichten der indonesischen, thailändischen, vor allem aber der indischen Bevölkerung treten heute als Nachfrager nach touristischen Leistungen auf und suchen auch in den jeweiligen Regionen selbst (Pazifik, indischer Subkontinent) nach entsprechenden Angeboten für ihren Urlaubsreiseverkehr.

So treten ehemalige Dritte-Welt-Länder, sogenannte Schwellenländer, aber auch große Teile von nach wie vor mit riesigen Entwicklungsproblemen behafteten Staaten wie etwa Indien in die Fußstapfen der "reichen Europäer und Nordamerikaner". Thomas Cook läßt grüßen: Die Beurteilung von Struktur und Entwicklung des Reiseverkehrs in Dritte-Welt-Ländern, wie sie in den meisten kritischen Abhandlungen zu diesem Thema vorzufinden ist, unterscheidet sich kaum von den ersten Reisebeschreibungen einiger Nordeuropäer über Italien oder Südfrankreich im ausgehenden 19. Jahrhundert.

In der seit mindestens drei Jahrzehnten andauernden Diskussion über den Dritte-Welt-Tourismus werden zumeist Fernurlaubsreisen von den "Ländern der Reichen in die Länder der Armen" (vgl. Vorlaufer, 1990, S. 4) analysiert und bewertet. Immer mehr Dritte-Welt-Länder haben seit den 60er Jahren versucht, an diesem Reiseverkehr teilzuhaben und vor allem wirtschaftlichen Nutzen erwartet. Dabei ist in der entwicklungspolitischen und wissenschaftlichen Diskussion nach wie vor umstritten, ob diese Erwartungen erfüllt worden oder überhaupt erfüllbar sind.

Weniger umstritten ist allerdings, daß in den 60er und 70er Jahren die Betrachtung der ökonomischen Nutzenaspekte bei weitem im Vordergrund stand. Nicht zuletzt die Rezessionsphasen in den Industrieländern zu Beginn der 80er Jahre haben Zweifel an dieser einseitigen Beurteilungsweise aufkommen lassen. Die Tourismuskritik hat deutlich auf die vom Dritte-Welt-Tourismus ausgehenden Negativwirkungen in sozio-kultureller und ökologischer Hinsicht aufmerksam machen können.

Die Diskussion der Auswirkungen von Fern(urlaubs)reisen in Dritte-Welt-Länder wird nach wie vor sehr kontrovers geführt. Vergleichende Betrachtungen haben allerdings auch zeigen können, daß universelle Gültigkeit beanspruchende Pauschalwertungen über den Segen und die Nachteile des Dritte-Welt-Tourismus nicht vertretbar sind.

7.3 Entwicklungsphasen der Tourismuskritik

Die Fremdenverkehrsentwicklung vieler Dritte-Welt-Länder ist nachhaltig von den "reichen Ländern" vorgelebt und beeinflußt worden. Die entwicklungspolitische Diskussion ist sich darin einig, daß zumindest drei zeitliche Phasen unterschieden werden können.

Die erste Entwicklungsphase war eher von Euphorie geprägt und korrespondiert mit dem verstärkten Einsatz von Großraumflugzeugen (erster Jumbo 1969) und der damit verbundenen starken Ausweitung des Fernreiseverkehrs. Diese Phase vollzog sich zwischen 1960 und 1970 und war gekennzeichnet von optimistischen Hoffnungen, die fast ausschließlich nur ökonomischen Segnungen des Dritte-Welt-Tourismus betrafen (z.B. Meinke, 1968; Frentrup, 1969). Der Tourismus wurde hierbei als ein Instrument gesehen, den wirtschaftlichen und gesellschaftlichen Anschluß an die Industrieländer in kurzer Zeit erreichen zu können.

Der Tourismus reflektierte damit lediglich die positive Meinung über die Entwicklungshilfe, die darin ein vorwiegend monetär-technokratisches Mittel zur schnellen Überwindung des Wohlstandsgefälles sah. Es war die Zeit der umfassenden touristischen Masterpläne, z.B. für Marokko, Kamerun, Ägypten, Nepal oder Indien. Selbst in Westeuropa galt der Tourismus als ein effektives Mittel, um regionale Unterschiede auszugleichen, wie beispielsweise die zahlreichen Fremdenverkehrsförderungsprogramme der westdeutschen Bundesländer zu jener Zeit zeigen.

Zwischen 1970 und 1985, einer Phase der Ernüchterung, konnten sich eine Reihe von Fernreisedestinationen der Dritten Welt auf dem weltweiten Reisemarkt etablieren. Erste Kritik wurde laut, nachdem die hochgesteckten wirtschaftlichen Ziele oftmals nicht erfüllt werden konnten und gleichzeitig Negativwirkungen des Tourismus offenkundig wurden, so z.B. in Kenia, Sri Lanka, Thailand oder Mexiko. In dieser Zeit wurden erstmals auch die wirtschaftlichen Aspekte des Fremdenverkehrs in Frage gestellt (z.B. Bryden, 1973; Wirth, 1976). Insbesondere aber wurden jetzt die sozialen, kulturellen, politischen und nach und nach auch die ökologischen Auswirkungen diskutiert (z.B. Bundesministerium für wirtschaftliche Zusammenarbeit, 1973; 1976, 1981; de Kadt, 1979; Gormsen, 1983; Studienkreis für Tourismus, 1974, 1979; ganz umfassend: Vorlaufer, 1984a).

Für Änderungen in der Einschätzung des "Tourismus als Entwicklungshelfer" gab es vielfältige Gründe. So verfügen etwa nur eine begrenzte Anzahl der Länder über ausreichend natürliche Attraktionen. Die Annahme, daß im Tourismus ein hoher Bedarf an ungelernten Beschäftigten bestehe, ignorierte den auch in dieser Branche erforderlichen Qualitätsanspruch, und der vermeintlich niedrige Kapitalbedarf in einem dienstleistungsorientierten Wirtschaftszweig erwies sich als irrig, da die notwendigen Infrastrukturmaßnahmen für die Erschließung von Tourismusregionen wie Straßen, Ver- und Entsorgung, Telekommunikation etc. sich bei Kosten-Nutzen-Überlegungen als unrentabel erwiesen. Die erhofften gesamtwirtschaftlichen Effekte konnten sich in den vielfach subsistenzwirtschaftlichen und kleinhandwerklichen Strukturen ebenfalls nicht einstellen.

Die Diskussion über den Dritte-Welt-Tourismus wurde in dieser Phase auch mit Polemik in den Medien geführt, wies vor allem auf negative Akkulturationsprozesse hin, die durch Touristen aus den westlichen Ländern ausgelöst wurden. Die genannten Beispiele reichten von der relativ harmlosen Übernahme westlicher Moden über die wachsende Bettelei bis zu Kriminalität und Prostitution. Vor allem letzteres wurde als eine mit dem Tourismus verbundene negative Erscheinungsform postuliert.

Hinzu kamen aber auch Landnutzungskonflikte, wie etwa die lokal und international vorgebrachte Kritik an der touristischen Entwicklung der Küstenbereiche des indischen Bundesstaates Goa gezeigt hat.

In manchen Entwicklungsländern sind die von "westlichen" Tourismuskritikern und damit aus der Sicht der "Reichen" vorgebrachten kritischen Argumente gegen die Segnungen des Fremdenverkehrs von großen Teilen der lokalen Eliten als neokolonialistische Versuche gewertet worden, sie von den modernen Entwicklungen der westlichen Zivilisation fernzuhalten und die sozio-ökonomische Rückständigkeit der Dritten Welt zu konservieren (Zooeffekt) (vgl. Vorlaufer, 1990, S. 6).

Es darf auch nicht verkannt werden, daß selbst im vieldiskutierten indischen Goa die großen touristischen Investitionsvorhaben keineswegs, wie fälschlich oder gar bewußt proklamiert, von den ausländischen Konzernen getätigt werden ("Ramada" oder "Kempinski" investieren in Luxushotels), sondern fast ausschließlich von wohlhabenden Indern aus den großen Metropolen (hier Bombay) selbst durchgeführt werden. Selbst die weltweit übliche Führung von (einheimischen) Hotels durch international erfahrene und bekannte Gesellschaften in Form von sogenannten Managementverträgen ist in Indien bis heute nicht möglich; lediglich Namenslizens- oder Franchiseverträge für einheimische Gesellschaften sind zugelassen. Diese Beispiele sind nicht untypisch für die Diskussion, in der oftmals einzelne, konkret erkennbare Negativerscheinungen für die Untermauerung allgemeiner Beurteilungen herangezogen wurden.

Dependenztheoretische Ansätze zur Erklärung von Entwicklung und Unterentwicklung sowie Modernisierungstheoretiker halten sich die Waage und bildeten in dieser Zeit zwei Lager bei der Diskussion um Vor- und Nachteile des Fernreisetourismus. Letztgenannte balancieren Negativ- und Positivwirkungen zugunsten der zumeist wirtschaftlichen Vorteile aus. Radikale Kritiker allerdings sehen im Dritte-Welt-Tourismus eine Entwicklung zur Unterentwicklung hin zur politischen, sozio-kulturellen und ökonomischen Marginalität (etwa May, 1985; Scherrer, 1986).

Erst ab etwa 1985 zeichnet sich eine dritte Phase (Differenzierungsphase) durch eine eher pragmatische Betrachtungsweise ab, die durch partielle Synthesen von extremen Positionen geprägt ist. Sie zeichnet sich vor allem durch Ausrichtung auf konkrete Einzelfälle aus und versucht, Verallgemeinerungen zu vermeiden. Neue sozial- und umweltverträgliche Reiseformen können durchaus zu geplanten und kontrollierbaren Entwicklungen des Fremdenverkehrs führen.

Dennoch wird die Erfassung und Bewertung z.B. der sozio-kulturellen Wirkungen des Tourismus immer dadurch erschwert sein, daß fast alle Länder der Dritten Welt losgelöst vom Tourismus in einen von außen induzierten Prozeß des sozialen Wandels einbezogen werden. Damit können die vom Fremdenverkehr ausgelösten Veränderungen kaum mehr isoliert betrachtet werden. Allein neue Kommunikationsmedien prägen lokale Strukturen nachhaltig mit positiven und negativen westlichen Kulturmustern und Werten. "Dallas" oder "Der Alte" im afrikanischen Busch oder im Hindukusch sind keine Seltenheit, sondern die Regel und tragen zu nachhaltigen Veränderungen bei, die vielfach von kurzsichtigen Betrachtern einseitig und allein dem Fremdenverkehr zugeschrieben werden.

Zweifellos wird aber durch den unmittelbaren persönlichen Kontakt von Menschen aus unterschiedlichen Kulturen und sozialen Schichten zwischen der Ersten und Dritten Welt sozio-kulturelles Konfliktpotential provoziert. Diese Eigenheit ist nur dem Fremdenverkehr eigen, wo Güter nur "exportiert" werden können, wenn die Konsumenten (Touristen) selbst an die Produktionsstandorte reisen.

7.4 Binnentourismus und regionale Nachfrage

Die differenzierte Auseinandersetzung mit dieser Thematik zeigt schließlich, daß in zahlreichen Dritte-Welt-Ländern binnentouristische Komponenten, regionale Nachfragestrukturen, der internationale Geschäftsreisetourismus sowie spezielle Formen des Fremdenverkehrs (z.B. Pilgerreisen) eine weitaus größere Bedeutung im Vergleich zum "reichen" Fern(urlaubs)reiseverkehr besitzen. Ohnehin wird weltweit das Volumen des Binnentourismus als zehnmal größer als dasjenige des internationalen Fremdenverkehrs geschätzt (The Economist, 1991, S. 9).

Insbesondere der religiös motivierte Tourismus, der mit zu den ältesten Formen des Fremdenverkehrs überhaupt zählt, stellt in vielen Entwicklungsländern heute eine wichtige, häufig gar die dominierende Rolle dar (Rinschede, 1990, S. 14 ff.). Hier sind insbesondere der Vordere Orient (vor allem Mekka), der indische Subkontinent sowie andere asiatische Staaten zu nennen.

Im Entwicklungsland Indien etwa wird das Volumen des erfaßbaren Binnentourismus auf über 30 Millionen Reiseankünfte geschätzt, während die Zahl der ausländischen Grenzankünfte bei nur wenig mehr als einer Million pro Jahr liegt (ohne Ankünfte aus den Nachbarstaaten Pakistan und Bangladesh), die sich zudem auf relativ wenige Orte konzentrieren.

Die Quellräume des indischen Binnentourismus liegen hauptsächlich in den großen Agglomerationsgebieten um Bombay, Kalkutta, Delhi und Madras. Dabei werden Entfernungen (mit Bussen, Bahnen o.ä.) überwunden, die Europäer bereits außerhalb ihres Kontinents führen würden. Ebenso kommt es zum Aufeinandertreffen divergierender Wohlstandsniveaus, verschiedener kultureller Ausprägungen aus völlig unterschiedlichen Sprachgruppen, die teilweise die Dimension des sogenannten Dritte-Welt-Tourismus aus den westlichen Ländern weit übertreffen. So kann etwa die kulturelle Distanz zwischen einem in New Delhi lebenden Inder zu einem aus Tamil Nadu kommenden Landsmann weitaus größer sein als zu einem deutschen Rundreisetouristen, der sich das Golden Triangle ansehen will.

Die historische Perspektive zeigt überdies, daß speziell Pilgerreisen zu den zahlreichen über das gesamte Land verstreuten heiligen Zentren eine jahrhundertealte Tradition genießen. Sie sind auch heute noch von großer Bedeutung. Allein die als Dharamsalas und Sarais bekannten Pilgerunterkünfte stellen mit ihrer Beherbergungskapazität weit mehr Betten zur Verfügung als die sogenannten registrierten Hotels (vgl. Kaur, 1985). Auch die durch die britische Kolonialmacht errichteten Circuit Houses, Dak

Bungalows und Forest Houses sowie die zahlreichen Hill Stations werden heute noch fast ausschließlich von Indern frequentiert.

Selbst in für den Ausländerreiseverkehr wichtigen Bundesstaaten wie etwa Jammu und Kashmir liegt der Anteil der nichtindischen Ankünfte selten über 10%. Insbesondere das Kashmirtal mit Srinagar und den Seen stellt für wohlhabende Inder eine äußerst attraktive Feriendestination im eigenen Land dar, wobei der Bundesstaat mit großem Aufwand mehr am Binnentourismus als am Ausländerreiseverkehr profitiert. In noch größerem Maße gilt dies für den benachbarten Bundesstaat Himachal Pradesh, dessen Fremdenverkehrsbereiche wie Simla, Dalhousie oder das Kullu-Tal fast ausschließlich von Binnentouristen leben.

Auch im weithin bekannten Himalaya-Staat Nepal sind die Erträge aus der regionalen Nachfrage (vorwiegend aus Indien) mindestens ebenbürtig mit den wirtschaftlichen Auswirkungen aus dem internationalen Fremdenverkehr.

In südamerikanischen Staaten hat die binnen- und regionaltouristische Komponente ebenfalls die größere Bedeutung vor jener des internationalen Fremdenverkehrs. So dienen etwa zahlreiche Seebäder Südamerikas fast ausschließlich der eigenen Bevölkerung, und selbst in Mexiko, einem der bedeutendsten Reiseziele des Dritte-Welt-Tourismus, dominieren mexikanische Gäste in allen Badeorten (Gormsen, 1983, S. 606 ff.).

In den Badeorten der ägyptischen Mittelmeerküste sowie auf der Halbinsel Sinai verbringen während der Sommermonate Bewohner Kairos und des Niltals ihren Urlaub, deren Zahl auf mehr als drei Millionen geschätzt wird. Dabei handelt es sich nicht ausschließlich um einheimische Oberschichten. Vielmehr wird wie in verschiedenen asiatischen Staaten deutlich, daß "westlich orientiertes, industrielles Urlaubsverhalten" als eine wichtige Funktion des allgemeinen wirtschaftlich-gesellschaftlichen Entwicklungsstandes von immer breiteren Bevölkerungsschichten gesehen und erlebt wird.

Auch am Beispiel der erst seit Beginn der 80er Jahre sich touristisch entwickelnden Türkei zeigt sich eine räumliche Verlagerung bereits lange bestehender Strukturen verbunden mit einer "westernization" des traditionellen Urlaubsverhaltens: vom gebirgsorientierten Sommeraufenthalt breiter Bevölkerungsschichten (Yayla) hin zum "modernen" Küstenaufenthalt, wie ihn vor allem die mitteleuropäischen Touristen vorleben.

7.5 Wirtschaftsfaktor Ferntourismus

Das Fernreisepotential Europas ist nach Meinung vieler Experten bei weitem noch nicht ausgeschöpft, und es ist zu erwarten, daß ungeachtet einiger Rückschläge angesichts des Golfkrieges und anderer Faktoren mit weiteren Zunahmen gerechnet wird. Allein in der (alten) Bundesrepublik Deutschland liegt das Fernreisepotential ausschließlich für Urlaubsreisen bei 3,6 Mio. Reisenden pro Jahr (Studienkreis für Tourismus, 1991), und es wird mit weiteren Zunahmen gerechnet. Bei dieser Zahl ist allerdings zu berücksichtigen, daß etwa jeweils eine Million Urlaubsreisen davon allein auf die Türkei bzw. USA/Kanada entfallen.

Es ist deshalb nicht verwunderlich, wenn sich die deutsche Reiseindustrie konkreter denn je mit den Fernreisen beschäftigt und versucht, ihre Marktpositionen international auszubauen. So hat eine im Auftrag des Deutschen Reisebüroverbandes (DRV, 1990) vom Wirtschaftswissenschaftlichen Institut für Fremdenverkehr an der Universität München (DWIF) vorgelegte Studie versucht, einmal mehr die ökonomischen Wirkungsfaktoren des Ausländer-Einreiseverkehrs (Ferntourismus) in ausgewählten Ländern der Dritten Welt zu untersuchen. Speziell wurde Antwort auf die Frage gesucht, "welchen Anteil die Empfängerländer an den gesamten Ausgaben der Touristen für sich buchen können" (DRV, 1990, S. 12). So betrugen etwa die Deviseneinnahmen aus dem Tourismus, gemessen als Anteile an den gesamten Exporterlösen, zwischen 5,2% in Sri Lanka und 52,2% auf den Seychellen.

Der Beitrag des Ausländer-Einreiseverkehrs am Bruttosozialprodukt liegt auf den Seychellen mit 20,3% am höchsten. Jamaika verbuchte einen Beitrag von 13,4% und Singapur von 10,3%. Der Anteil der durch den Ausländer-Einreiseverkehr direkt Beschäftigten war ebenfalls auf den Seychellen mit 22,2% von allen Beschäftigten am höchsten. Die meisten Arbeitsplätze durch Ausländer-Einreiseverkehr wurden allerdings in Mexiko mit 340 000 (Äquivalent in Vollarbeitsplätzen) erzielt. Schließlich wird in dieser Studie geschätzt, daß die durch Vorleistungen anderer Wirtschaftzweige induzierten Arbeitsplätze durch den Ausländer-Tourismus die Zahl der direkt Beschäftigten um 30% bis 40% erhöhen (DRV, 1990, S. 11).

Den Entwicklungsländern fließt zwar nach wie vor nur ein sehr geringer Anteil der weltweit umgesetzten Reisedevisen zu, jedoch weist in den Leistungsbilanzen vieler Dritte-Welt-Länder nur der Reiseverkehr einen positiven Saldo auf − ein willkommener Segen, um damit Defizite etwa aus dem Warenhandel kompensieren zu können.

Ein genereller Nachteil ist allerdings, daß in zahlreichen, vor allem in kleineren Ländern zur Herstellung des touristischen Angebots hohe Importvorleistungen an Waren, Dienstleistungen und Kapital erforderlich sind und die Nettodevisenbilanz teilweise erheblich relativiert wird.

Dieser im übrigen auch für andere Wirtschaftssektoren geltende Nachteil ist äußerst schwer zu quantifizieren, da hierbei nicht nur die Erstellung des touristischen Angebots, sondern auch die laufende operative Rechnung vieler Betriebe bewertet werden muß (vgl. z.B. Steigenberger Consulting, 1975, 1976). Überdies werden Devisenabflüsse nicht nur durch direkte Importe des Tourismusgewerbes verursacht, sondern auch durch bereits im jeweiligen Land erzeugte Güter, die von Touristen nachgefragt werden, aber unterschiedlich hohe Importgehalte aufweisen.

Die sogenannte Sickerrate variiert von Land zu Land beträchtlich. Vorlaufer (1990, S. 10) vertritt die Auffassung, daß "in großen, volkreichen Ländern mit einer relativ hochentwickelten, diversifizierten agrarischen und industriellen Produktionsstruktur und einem nicht zu kleinen Binnenmarkt die Rate in der Regel unter 30%, in leistungsschwachen Ökonomien etwa winziger Inselstaaten zwischen 40–70% liegt". Die Sikkerrate wird aber auch beeinflußt durch die jeweiligen Fremdenverkehrsarten sowie durch die Bedürfnisse, Einkommen und Urlaubsverhalten der Besucher. Ein auf Rundreisen basierender Fremdenverkehr mit großem Bedarf an Fahrzeugen und Treibstoffen weist möglicherweise einen höheren Einfuhrbedarf auf als z.B. ein küstenorientierter, stationärer Badetourismus. Auch werden Rucksackreisende eher auf landesspezifische Angebote zurückgreifen als Luxustouristen mit höheren (importierten) Ansprüchen an Unterkunft und Verpflegung.

Da in vielen Ländern allerdings überhaupt keine Alternative zum Tourismus als Devisenbringer entwickelt werden kann, würde ein aus nicht-ökonomischen Motiven heraus begründeter Verzicht auf diesen Sektor zu einem nicht kompensierbaren Einnahmeausfall für das Land führen.

7.6 Umweltwirkungen

Ebenso wie die unzureichende Betrachtung sozio-kultureller Aspekte haben auch ökologische Zusammenhänge bei der ursprünglichen Betrachtung des Fremdenverkehrs in der Dritten Welt eine untergeordnete bzw. überhaupt keine Rolle gespielt. Dies gilt im übrigen auch für die klassischen Feriendestinationen weltweit und ist kein singuläres Phänomen der Dritten Welt.

In vielen Fällen hat der Zugriff auf die natürlichen Ressourcen gravierende Eingriffe in den Naturhaushalt zur Folge (z.B. Abholzungen, Grundwasserabsenkungen, Gefährdung von Korallenriffen). Dies gilt in Abhängigkeit von Größe und Umfang des Projekts vor allem für den Boden- und Wasserhaushalt, die Tier- und Pflanzenwelt, das Klima sowie das Landschaftsbild. Erst in allerjüngster Zeit sind hierzu von verschiedenen Organisationen Kriterienkataloge vorgelegt worden, um die ökologischen Aspekte zumindest bei Neuplanungen gebührend zu berücksichtigen.

Hierbei gilt, daß neben der Minimierung der möglichen Umweltbelastungen auch die direkten und indirekten sozio-ökonomischen und sozio-kulturellen Folgen einbezogen werden müssen. Dabei ist es wichtig, die von den Vorhaben betroffene Bevölkerung in die Planung mit einzubeziehen. Hierdurch wird nicht nur eine höhere Akzeptanz gegenüber den Projekten erreicht, sondern es werden auch notwendige Maßnahmen (z.B. Errichten sanitärer Anlagen, umweltgerechte Entsorgung von Abfall und Abwasser etc.) und ökonomische Umweltstrukturierungen induziert. Eine Partizipation der Bevölkerung kann bei der Prüfung von Alternativen ebenfalls hilfreich und wertvoll sein. Entsprechende Projekte, die solche Verfahrensweisen bereits angewendet haben, zeigen, daß ein umwelt- und sozialverträglicher Tourismus in Dritte-Welt-Ländern in gewissen Grenzen durchaus positiv gesehen werden kann.

Als unabdingbare Voraussetzung zur Bewertung von neuen Projekten (vor allem von Ferienprojekten in Küstenbereichen) sollte in allen Fällen eine Umweltverträglichkeitsprüfung durchgeführt werden (vgl. Gormsen/Karst, 1991). Eine solche in Ab-

hängigkeit von Größe und Umfang mehr oder weniger intensive Prüfung umfaßt in der Regel folgende Arbeitsschritte:
- Charakterisierung des Untersuchungsraums einschließlich eventueller Vorbelastungen (Bestandsaufnahme des ökologischen Zustands, der infrastrukturellen Ausstattung, der sozio-ökonomischen und kulturellen Konfliktbereiche etc.);
- Beschreibung des geplanten Projekts hinsichtlich seiner Bedeutung für die einzelnen Umweltmedien sowie für die sozio-ökonomischen und kulturellen Faktoren, die für Planung und Standortentscheidung zu berücksichtigen sind;
- Darstellung und Bewertung der direkten und indirekten ökologischen, sozio-ökonomischen und kulturellen Wirkungen (vor allem auch der langfristigen) des Vorhabens;
- Maßnahmen zur ökologischen Verträglichkeit des Projekts (Vermeidung und Minderung von Eingriffen, Schutzausweisungen, Ausgleichs-/Ersatzmaßnahmen);
- Erarbeitung und Prüfung von Alternativen;
- zusammenfassende Beurteilung der Umweltverträglichkeit.

Leider werden derartigen Untersuchungen auch heute noch in den hochentwickelten Industrieländern nur vereinzelt Investitionsentscheidungen für touristische Vorhaben zugrunde gelegt. Es ist deshalb kaum zu erwarten, daß dies bei neuen Maßnahmen in weniger entwickelten Ländern der Fall sein wird. Hier wäre ein Mehr an lokaler Partizipation in diese Richtung zu wünschen. Auch sollten jegliche Beteiligungen internationaler und nationaler Institutionen an neuen Tourismusprojekten von der Vorlage und positiven Aussage einer Umweltverträglichkeitsprüfung abhängig gemacht werden.

7.7 Schlußfolgerungen

Heute stellt sich nicht mehr die Frage für oder gegen den Dritte-Welt-Tourismus, haben doch mittlerweile fast alle Länder der Erde entsprechende Tourismusprodukte anzubieten. Die Frage des "ob" ist längst durch die des "wie" abgelöst worden. Die heutigen Newcomer sind ohnehin nicht mehr in der Dritten Welt zu suchen, sondern etwa in den Staaten des früheren Ostblocks oder gar in den sogenannten "theme parks", die versuchen, die touristischen Angebote in konzentrierter Weise zu den Nachfragern zu bringen. Um eine "Weltreise" zu machen, genügt es dann, im Disneyland von Attraktion zu Attraktion zu gehen, wie es etwa im EPCOT-Center in Florida erfolgreich vorexerziert wird.

In jenen Dritte-Welt-Ländern, die bereits über ein touristisches Angebot verfügen, geht es heute darum, die vorhandenen Strukturen zu pflegen, mäßig auszubauen oder in einigen Fällen etwa nach spanischen Vorbildern zurückzuentwickeln. Nicht die Neuentwicklung, sondern die bessere Darstellung (Qualitätsanspruch) und Ausnutzung bereits vorhandener Strukturen steht im Vordergrund.

Gleichzeitig gilt es, jene zu den negativen Begleiterscheinungen zählenden soziokulturellen und ökologischen Aspekte stärker ins Bewußtsein der lokalen Entscheidungsträger zu bringen und nach Ansätzen zu suchen, diese Entwicklungen einzudämmen oder zu minimieren. Sollten klare alternative Entwicklungskonzepte in anderen Wirtschaftsbereichen realisierbar sein, ist von der Weiterverfolgung touristischer Projekte – vor allem jener ausschließlich für den "reichen" Fernurlaubsreisenden konzipierten strandorientierten Luxusprodukte – abzusehen.

Die klaren politischen Bekenntnisse zum Tourismus, wie sie von den allermeisten Dritte-Welt-Ländern auf den verschiedensten Ebenen vorliegen, sollten von Tourismuskritikern und internationalen Institutionen respektiert werden. Dies bedeutet auch, daß die unklare bzw. negative Haltung von Förderungsorganisationen (ganz deutlich: das Bundesministerium für Wirtschaftliche Zusammenarbeit in Bonn) zugunsten einer positiven und aktiven Tourismusförderungspolitik geändert werden sollte.

Wichtige Föderungsbereiche liegen dabei in der Aus- und Weiterbildung, in technischen Planungshilfen für qualitätsfördernde Maßnahmen, in Finanzierungshilfen und in Marketing-Programmen. Insbesondere letztgenannter Bereich zählt seit einigen Jahren zu den erfolgreichen Seiten etwa der länderspezifischen oder regional ausgerichteten Förderungspolitik der Kommission der Europäischen Gemeinschaften, wobei vor allem zielgerichtete Marketing-Programme für die Karibik, den pazifischen Raum und für die Inseln im Indischen Ozean beispielhaft zum nachhaltigen und quantifizierbaren Vorteil der jeweiligen Destinationen finanziert werden konnten.

Literatur

Bryden, J. M. (1973): Tourism and Development. A Case Study of the Commonwealth Caribbean. Cambridge.

Bundesministerium für Wirtschaftliche Zusammenarbeit, BMZ (Hrsg.) (1973): Urlaub in der Dritten Welt. Bonn (Materialien, 40).

Bundesministerium für Wirtschaftliche Zusammenarbeit, BMZ (Hrsg.) (1976): Tourismus und Entwicklungspolitik. Bonn (Materialien, 54).

Bundesministerium für Wirtschaftliche Zusammenarbeit, BMZ (Hrsg.) (1981): Tourismus in Entwicklungsländern. Bonn (Materialien, 67).

Deutscher Reisebüro Verband e.V. (Hrsg.) (1990): Wirtschaftsfaktor Ferntourismus. Die ökonomische Bedeutung des Ausländerreiseverkehrs, dargestellt am Beispiel von 10 Ländern in Afrika, Asien, Mittelamerika und der Karibik. Frankfurt a.M.

Economic Intelligence Unit (Hrsg.) (1989): Tourism and Developing Countries. In: Travel & Tourism Analyst, No. 6, London, S. 76–87.

Economic Intelligence Unit (Hrsg.) (1991): Competitive Strategies for the International Hotel Industry. London (Special Report, No. 1180).

Frentrup, K. (1969): Die ökonomische Bedeutung des internationalen Tourismus für die Entwicklungsländer. Hamburg.

Gormsen, E. (1983): Tourismus in der Dritten Welt; historische Entwicklung, Diskussionsstand, sozialgeographische Differenzierung. In: Geographische Rundschau, Nr. 12, S. 608–617.

Gormsen, E., P. Karst (1991): Sektorkatalog Tourismus. Materialien zur Erfassung und Bewertung von Umweltwirkungen in Vorhaben der wirtschaftlichen Zusammenarbeit (Bericht für die Deutsche Gesellschaft für Technische Zusammenarbeit). Mainz/Eschborn.
Kadt, E. de (Hrsg.) (1979): Tourism- Passport to Development? Perspectives on the Social and Cultural Effects of tourism in Developing Countries. New York u.a.
Kaur, J. (1985): Himalayan Pilgrimages and the New Tourism. New Delhi.
May, S. (1985): Tourismus in der Dritten Welt. Von der Kritik zur Strategie: das Beispiel Kapverde. Frankfurt a.M./New York.
Meinke, H. (1968): Tourismus und wirtschaftliche Entwicklung. Göttingen (Weltwirtschaftliche Studien, 13).
Rinschede, G. (1990): Religionstourismus. In: Geographische Rundschau, Nr. 42, S. 14–20.
Scherrer, Chr. (1986): Dritte-Welt-Tourismus. Entwicklungsstrategische und kulturelle Zusammenhänge. Berlin.
Steigenberger Consulting (1975): Devisenrentabilität von Tourismusinvestitionen unter Berücksichtigung verschiedener Tourismusformen, dargestellt am Beispiel Marokko. Frankfurt a.M.
Steigenberger Consulting (1976): Devisenrentabilität von Tourismusinvestitionen in Kamerun. Frankfurt a.M.
Studienkreis für Tourismus (Hrsg.) (1974): Ferntourismus - ein Mittel der Entwicklungshilfe und Völkerverständigung. Starnberg.
Studienkreis für Tourismus (Hrsg.) (1979): Tourismus in Entwicklungsländern. Starnberg.
Studienkreis für Tourismus (Hrsg.) (1991): Reiseanalyse 1990. Starnberg.
The Economist (1991): Travel and tourism. The pleasure principle. March 23, S. 8–22.
Vorlaufer, K. (1984a): Ferntourismus und Dritte Welt. Frankfurt a.M.
Vorlaufer, K. (1990): Dritte-Welt-Tourismus – Vehikel der Entwicklung oder Weg in die Unterentwicklung? In: Geographische Rundschau, 42, S. 4–13.
Wirth, A. (1976): Massentourismus und abhängige Entwicklung. Kritik der herschenden Theoreme zum Tourismus in der Dritten Welt. Diss. Marburg.
WTTC (World Travel & Tourism Council) (1991): Travel & Tourism in the World Economy. Bruxelles.

Weitere Literatur

Agel, P. (1990): Aspekte der Fremdenverkehrsplanung in Gambia. In: Berichte und Materialien Nr. 8 des Instituts für Tourismus der Freien Universität Berlin, S. 93–101.
Arbeitskreis für Tourismus und Entwicklung (1978): Reisen in die dritte Welt. Basel.
Archer, B. (1981): The Tourism Dollar, its Impact on Incomes and Employment in the Bahamas. Nassau.
Archer, B. (1985): Emerging environmental problems in a tourist zone: The case of Barbados. In: Caribbean Geography, Nr. 2 (1), S. 45–55.
Baumgartner, F. (1978): Le tourisme dans le Tiers Monde – contribution au development. In: Zeitschrift für Fremdenverkehr, Nr. 33, S. 14–18.
Blume, H. (1963): Westindien als Fremdenverkehrsgebiet. In: Die Erde, 94, S. 48–94.
Domrös, M. (1989): Attraktivitätspotential und Organisationsphänomene des Fremdenverkehrs auf den Malediven. In: Die Erde, 120, S. 35–49.
Dress, G. (1979): Wirtschafts- und sozialgeographische Aspekte des Tourismus in Entwicklungsländern, dargestellt am Beispiel der Insel Bali in Indonesien. In: Schriftenreihe wirtschaftswissenschaftlicher Forschung und Entwicklung, Nr. 36, München.
Erisman, M. (1983): Tourism and Cultural Dependency in the West Indies. In: Annals of Tourism Research, Nr. 10 (3), S. 337–361.

Forschungsinstitut für Fremdenverkehr (1981): Von den Kosten und Nutzen des Fremdenverkehrs nach Entwicklungsländern. In: Dokumentationen zum Fremdenverkehrsstudium, H. 3.

Gormsen, E. (1979): Cancun. Entwicklung, Funktion und Probleme neuer Entwicklungszentren in Mexico. In: Der Tourismus als Entwicklungsfaktor in Tropenländern. Frankfurt a.M., S. 299–324 (Frankfurter Wirtschafts- und Sozialgeographische Schriften, Nr. 30).

Gormsen, E. (1985): The Impact of Tourism on Regional Development and Cultural Change. In: Mainzer Geographische Studien, Nr. 26, Mainz.

Gormsen, E. (1987): Der Fremdenverkehr in Lateinamerika und seine Folgen für Regionalstruktur und kulturellen Wandel. In: Lateinamerika im Brennpunkt, S. 183–207 (Symposium der Gesellschaft für Erdkunde zu Berlin zum 125. Todestag Alexander von Humboldts).

Jurczek, P. (1985): Groß- und kleinräumige Auswirkungen des Ferntourismus auf Peru. In: Die Erde, 116, S. 27–47.

Koch, A. (1966): Fremdenverkehr als Entwicklungshilfe. In: Jahrbuch für Fremdenverkehr. München.

Krippendorf, J. (1979): Tourismus der nächsten 25 Jahre – einige Hypothesen zur quantiativen und qualitativen Entwicklung. In: Gottlieb-Duttweiler-Institut (Hrsg.): Ferntourismus und Entwicklung. Vorträge der Internationalen Tagung. Rüschlikon/Zürich.

Mäder, U. (1982): Fluchthelfer Tourismus: Wärme in der Ferne? Zürich.

Sell, A. (1989): Investitionen in Entwicklungsländern. Einzel- und gesamtwirtschaftliche Analysen. Hamburg.

Vorlaufer, K. (1976): Die Fremdenverkehrswirtschaft Kenyas. In: Afrika Spektrum, 1, S. 28–50.

Vorlaufer, K. (1977): Die Fremdenverkehrswirtschaft der Küstenzone Kenyas. Räumliche Ordnung, siedlungsstrukturelle Auswirkungen, Raumordnungsprobleme. In: Studien zur allgemeinen und regionalen Geographie. Frankfurt a.M., S. 505–539 (Frankfurter Wirtschafts- und Sozialgeographische Schriften, 28).

Vorlaufer, K. (1979a): Der Fremdenverkehr als Faktor der nationalen und regionalen Entwicklung in Sri Lanka. In: Der Tourismus als Entwicklungsfaktor in Tropenländern. Frankfurt a.M., S. 105–162 (Frankfurer Wirtschafts- und Sozialgeographische Schriften, 30).

Vorlaufer, K. (1979b): Fremdenverkehrswirtschaftliche Entwicklung und Arbeiterwanderungen in Kenya. Das Beispiel der Küstenzone. In: Erdkunde, 33, S. 129–144.

Vorlaufer, K. (1979c): Fremdenverkehrswirtschaftliche Entwicklungen und Beschäftigung in der Dritten Welt. Eine Studie zur regionalen und sozialen Mobilität der Hotelbeschäftigten der Küstenzone Kenyas. In: Zeitschrift für Wirtschaftsgeographie, 23, S. 161–171.

Vorlaufer, K. (1983a): Die Fremdenverkehrswirtschaft Sri Lankas. In: Geographische Rundschau, 35, S. 627–636.

Vorlaufer, K. (1983b): Der Tourismus in Kenya. Wirtschaftliche Bedeutung, räumliche Ordnung, Landnutzungsprobleme. In: Zeitschrift für Wirtschaftsgeographie, 27, S. 33–58.

Vorlaufer, K. (1984b): Die Fremdenverkehrsstandorte Sri Lankas als Zentrum regionaler und sozialer Mobilitätsprozesse. In: Tagungsberichte und wissenschaftliche Abhandlungen des 44. deutschen Geographentages in Münster. Stuttgart, S. 204–214.

Vorlaufer, K. (1988): Tourismus und Entwicklung in der Dritten Welt. In: Moderner Tourismus. Trier, S. 603–636 (Materialien zur Fremdenverkehrsgeographie, 17).

8. Pressearbeit im Tourismus

Horst Schwartz und Sabine Neumann

8.1 Stellung der Pressearbeit

"Bei ihrem Auftreten in der Öffentlichkeit hat die bundesdeutsche Reiseindustrie bisher nur wenig unternommen, um im äußeren Erscheinungsbild ihrer außerordentlichen Bedeutung als Wirtschaftsfaktor gerecht zu werden" (Ganser, 1991, S. 7). Und nicht selten wird Öffentlichkeitsarbeit (Public Relations bzw. PR) mit Werbung verwechselt, zumal bei Unternehmen oder Organisationen mit kleinerem Etat und geringer Personalausstattung beide Marketing-Aufgaben auf demselben Schreibtisch abgewickelt werden. Dabei will Werbung einen unmittelbaren Kaufentschluß auslösen, während Public Relations das nachhaltige Bemühen um Wohlwollen, Sympathie und Vertrauen in der Öffentlichkeit für ein Unternehmen, seine Mitabeiter und seine Produkte darstellt (vgl. Lang/Eberle/Bartl, 1989, S. 147, 149).

Widmete Tietz vor zehn Jahren dem Thema Public Relations in seinem Handbuch der Tourismuswirtschaft (1980, S. 78) nur zehn knappe Zeilen, sagt Knöbl (1991, S. 80) heute dem gesamten Bereich der Öffentlichkeitsarbeit eine zunehmend wachsende Bedeutung voraus. Sie erschöpft sich nicht in Pressearbeit. Pressearbeit ist lediglich ein Teilbereich der übergeordneten PR-Arbeit, dem aber als Multiplikator ein nicht zu unterschätzender Stellenwert eingeräumt werden muß (vgl. Bürger, 1991a, S. 4). Käufer – in diesem Fall Urlauber – "glauben" einerseits redaktionellen Beiträgen mehr als Anzeigen und vertrauen andererseits Zeitungsberichten eher als bloßen PR-Gags. Umfragen belegen die Langzeitwirkung der Reiseberichterstattung (vgl. Junge, 1982, S. 20).

Doch die Reisebranche – dies gilt vor allem für Fremdenverkehrsstellen und Reiseunternehmen – hat längst noch nicht den Wert der Massenmedien erkannt; selbst wer der Pressearbeit aufgeschlossen gegenübersteht, unterschätzt oft deren Stellenwert und auch den damit verbundenen Arbeitsaufwand. Einerseits ist die Zahl der Printmedien und Rundfunksender in den letzten Jahren rasant gestiegen, und andererseits müssen die Massenmedien bei ständig wachsender Freizeit ihren Lesern, Hörern und Zuschauern mehr Informationen und Tips zur Ferien- und Freizeitgestaltung bieten. Obwohl beide Seiten aufeinander angewiesen sind und die Bereitschaft zur Zusammenarbeit groß ist, ist der Umgang miteinander oft von Unsicherheit und Unwissen bestimmt: Den Medienvertretern fehlen Einsichten in die Fremdenverkehrsarbeit, und die Touristikbranche liefert eher Werbeaussagen als die von den Journalisten benötigten sachlichen Informationen.

8.2 Vom Umgang mit Journalisten

8.2.1 Allgemeine Grundsätze

Das "kleine Einmaleins" der Pressearbeit ist weder besonders schwierig, noch kostet es viel Geld (vgl. Schwartz, 1989, S. 5). Beim alltäglichen Umgang mit Journalisten ist zu bedenken, daß die Ware "Nachricht" verderblich ist. Schriftliche und vor allem telefonische Anfragen müssen kurzfristig beantwortet werden. Häufig ist das Gegenteil in der Praxis der Fall. Die Vereinigung Deutscher Reisejournalisten (VDRJ) beklagt unzuverlässigen Service bei vielen Fremdenverkehrsämtern, mangelnde telefonische Erreichbarkeit und "Schweigen statt Reagieren" in den (meist negativen) Fällen, in denen Ereignisse "der Kommentierung oder auch der Korrektur bedürfen" (vgl. VDRJ, 1987, S. 6). Natürlich sind den Medienvertretern die Gründe für solches Verhalten bekannt – nur schwer zu überwindende hierarchische Strukturen im öffentlichen Dienst, Unterbesetzung von Stellen auch in der freien Wirtschaft, gleitende Arbeitszeit –, doch bringen sie für derart unprofessionelle Pressearbeit kein Verständnis auf und verlagern ihre Recherchen auf den kleinen Kreis der verläßlicheren Quellen.

8.2.2 Leserbriefe

Selten werden Touristiker von sich aus aktiv, regen z.B. eine Berichterstattung an oder bringen sich durch einen Leserbrief zu einem aktuellen, branchenbezogenen Thema ins Gespräch. Auch als preiswerte und effektive Alternative zu offiziellen Gegendarstellungen (vgl. Bürger, 1991b, S. 6) werden Leserbriefe unterschätzt.

8.2.3 Direkte Pressekontakte

8.2.3.1 Personenbezogene Kontaktpflege

Zu wenig Bedeutung wird auch Pressekontakten zugemessen, die Eigeninitiative voraussetzen und auf Dienstreisen, Messebesuchen oder am Rande von Kongressen eingeleitet werden könnten. Dabei ist "personenbezogene Kontaktpflege ein wichtiges Instrument der Öffentlichkeitsarbeit" (Bürger, 1991c, S. 1). Derartige Kontakte sollten mit Hilfe einer Journalistenkartei erfaßt werden, in die nicht nur die einzelnen Begegnungen, sondern auch Arbeitsgebiete, Interessenschwerpunkte und persönliche Daten aufgenommen werden.

8.2.3.2 Grundsatz der Gleichbehandlung

Journalisten-Kontaktpflege darf nicht als Aufbau eines besonderen Vertrauensverhältnisses zu einigen wenigen Medienvertretern mißverstanden werden! Das verärgert nicht nur ausgegrenzte Journalisten, sondern verstößt auch gegen den Grundsatz der Gleichbehandlung, dem vor allem der öffentliche Dienst verpflichtet ist. Einer vernünftigen Zusammenarbeit ebenso abträglich sind sowohl Lob als auch Tadel als ständige Reaktion auf die Berichterstattung. In beiden Fällen werden unnötige Abhängigkeiten geschaffen, da sich Journalisten unter Druck gesetzt fühlen, was einem unverkrampften Umgang miteinander – und einer objektiven Berichterstattung – im Wege steht.

8.2.4 Verbotene Kopplungsgeschäfte

Nicht nur moralisch verwerflich, sondern auch juristisch anfechtbar sind die heute oft praktizierten Kopplungsgeschäfte, bei denen redaktionelle Berichterstattung durch die Schaltung von Anzeigen erkauft wird. Dies verstößt gegen die Zugabeverordnung, das Rabattgesetz und gegen das Gesetz gegen den unlauteren Wettbewerb. Und obwohl die Akquisition für Kopplungsgeschäfte häufig an Nötigung grenzt, werten nicht nur unerfahrene Touristiker die auf diese Weise erzielten Abdrucke als Beleg einer erfolgreichen Pressearbeit. Direkter ist der Weg, die Veröffentlichung von Berichten im redaktionellen Teil einer Publikation zu erkaufen; eine derartige Werbung ist sittenwidrig, wenn der Text nicht als "Anzeige" oder "Werbung" deklariert wird. Noch schwieriger als bei Printmedien sind solche Verstöße im Hörfunk auszumachen; vor allem bei Privatsendern werden die Grenzen von Werbung und redaktioneller Veröffentlichung gern verwischt, obwohl der Gesetzgeber auch hier eine klare Trennung vorschreibt.

8.3 Pressedienste

8.3.1 Brücke zwischen Branche und Medien

Nur zweimal im Jahr verschicken viele Reiseveranstalter eine Pressemeldung: "Neuer Katalog erschienen" und "... noch Plätze frei". Die Gefahr, daß sich hier Redakteure als billige Werbeträger mißbraucht fühlen, liegt auf der Hand. Schriftliche Pressearbeit wird erst glaubwürdig, wenn sie mit einer gewissen Kontinuität erfolgt. Ein regelmäßig herausgegebener Pressedienst kann zur ständigen Brücke zwischen touristischen Anbietern und den Medien heranreifen (vgl. VDRJ, 1983, S. 14). Damit reicht seine Aufgabe über das bloße Vermitteln von Nachrichten und Informationen hinaus. Pressedienste können persönliche Kontakte nicht ersetzen, bieten aber "die Chance, die

Journalisten immer wieder an das Fremdenverkehrsamt und sein Land zu erinnern" (VDRJ, 1983, S. 12). Der Herausgeber des Pressedienstes rückt als wichtige Recherchen-Quelle in das Bewußtsein der Medienvertreter, denn durch den kontinuierlich veröffentlichten Pressedienst werden Journalisten "sensibilisiert gegenüber Problemen und Situationen dieses Landes und wenden sich somit eher von sich aus bei Recherchierarbeiten an das betreffende Fremdenverkehrsamt" (VDRJ, 1983, S. 12). Gleiches gilt natürlich für jeden anderen touristischen Leistungsträger. Ob die erstrebte Kontinuität im monatlichen, zweimonatigen oder vierteljährlichen Versand eines Pressedienstes besteht, hängt vom Informationspotential ab.

8.3.2 Die Themen

Die Themenskala, die genutzt werden kann, ist in der Regel vielfältiger als die Branche annimmt. Nicht nur Sensationen oder bewegende Neuigkeiten sind gefragt. Neben aktuellen Ereignissen (Veranstaltungen, Jubiläen, Einweihungen), personellen Veränderungen (neuer Kurdirektor) und der Herausgabe von Informationshilfen (Radwanderkarte, Unterkunftsverzeichnis) ist auch berichtenswert, was sich im touristischen Umfeld befindet: die Sehenswürdigkeiten im Nachbarkreis, Tagesausflugsziele, Veränderungen im Branchenzweig, dem man angehört. Das gleiche gilt für Meldungen von ständiger Aktualität: Berichte zu Themen über Fitneß und Gesundheit, Umweltschutz, Angebote für Frauen, Alleinreisende, Kinder und Familien, behindertengerechtes Reisen. Die Informationsbereitschaft darf auch in Krisensituationen – bei Streiks, Unglücken oder drastischen Preiserhöhungen – nicht nachlassen oder ganz verschwinden, denn Redaktionen registrieren ein solches Verhalten peinlich genau (vgl. VDRJ, 1983, S. 1 f.).

8.3.3 Die Gestaltung

Der Erfolg eines Pressedienstes hängt aber nicht allein von seiner kontinuierlichen Veröffentlichung und den gewählten Themen, sondern auch – und das entscheidend – von seiner formalen Gestaltung ab. Die meisten Reiseredaktionen sind personell chronisch unterbesetzt, so daß häufig keine Zeit zu einer aufwendigen Bearbeitung des Pressematerials bleibt. Wer also formale Fehler vermeidet, hat Wettbewerbsvorteile gegenüber seinen Branchenkollegen, denn wenn "Ihre Presseinformationen regelmäßig von einer Güte sind, die dem Journalisten zusagt, dann wird er bei den Stapeln, die er täglich durchzuarbeiten hat, schon von der Optik Ihrer Pressemitteilung eine positive Erinnerung an die letzte Berichterstattung haben" (Bürger, 1991a, S. 107).

Empfehlenswert ist ein eigens für Pressemeldungen gestaltetes Pressepapier mit dem unverwechselbaren Signet (Logo) des Herausgebers. Auf jeden Fall sollte das Blatt als "Presseinformation" (Pressemitteilung, Pressedienst) gekennzeichnet sein. Zu den formalen Kriterien gehören außerdem: Absenderangabe (möglichst mit Nennung des für Presseanfragen zuständigen Ansprechpartners), breiter Rand für Korrekturen und Satzanweisungen an beiden Seiten, großzügiger Zeilenabstand (eineinhalb oder zwei Zeilen), Platz für eine doppelzeilige Überschrift. Der Text sollte linksbündig getippt und nicht gedruckt sein, um möglichst aktuell zu wirken. Auf eine plakative, einer Anzeige entsprechenden Schreibweise mit häufigen Absätzen ist zu verzichten. Sämtliche Textpassagen, auch Absenderangaben, innerhalb eines Absatzes müssen im Fließtext geschrieben werden.

Eine Längenangabe ("15 Zeilen/50 Anschläge") erleichtert den bearbeitenden Redakteuren die Umrechnung des Textes auf die jeweilige Spaltenbreite ihrer Zeitung bzw. in Sendeminuten beim Hörfunk. Das Pressepapier darf nur einseitig beschriftet sein. Wer pro Meldung oder Bericht ein neues Blatt anfängt, erhöht seine Abdruckchancen, da die nicht sofort verwendeten Meldungen auf diese Weise besser archiviert werden können. Aus gleichem Grund sollten die einzelnen Blätter eines aus mehreren Meldungen oder Berichten bestehenden Pressedienstes höchstens einmal gefaltet werden. Nur mehrseitige Meldungen, nicht aber alle Blätter eines Pressedienstes, können geheftet werden. Der Vermerk "Abdruck honorarfrei" erübrigt sich, da Pressedienste in der Regel kostenlos zur Verfügung gestellt werden. Auf die "Bitte um Beleg" kann ebenso verzichtet werden wie auf ein Anschreiben zum Pressedienst, nicht aber auf ein Inhaltsverzeichnis.

8.3.4 Der Stil

Auch an die Schreibweise der Texte werden bestimmte Anforderungen gestellt, um die Bearbeitung möglichst zu vereinfachen. Zu vermeiden sind Wörter in Versalien, Unterstreichungen, Fettung und Sperrung einzelner Wörter, Abkürzungen (Kilometer statt km, Prozent statt % usw.). Dies gilt vor allem für Angebotsbeschreibungen: "Die Pauschale kostet 350 DM" statt "... DM 350,–", "Doppelzimmer mit Fließwasser" statt "DZ mit fl. w. + k. W.".

Häufigster Fehler bei der sprachlichen Gestaltung von Pressetexten ist die Verwendung eines Sprachstils, den die Verfasser aus ihren Werbetexten übernehmen. Andererseits sind umgangssprachliche Ausdrücke ebenso unangebracht. Beide Stilarten verwässern die Aussage der zu übermittelnden Nachricht. Auch für Pressedienste gilt die Forderung von Schneider (1991, S. 11): "Nicht nur verständlich, sondern auch korrekt und elegant zu schreiben, besteht heute mehr Anlaß als noch vor zwanzig Jahren: Das pausenlose Wortgeriesel aus immer mehr und immer aggressiveren Massenmedien stumpft uns ab; die Politiker stopfen uns geblähte Floskeln, die Bürokraten einen Salat von Substantiven in die Ohren; der Teenager-Jargon macht sich in der Gemeinsprache mausig wie noch nie; und der Duden hat kapituliert vor der öden Mode der nur noch deskriptiven Linguistik."

Zu den stilistischen Unsauberkeiten zählen auch Mundart-Ausdrücke ("heuer", "Schmankerl", "Zuckerl"), Übertreibungen und nicht belegbare Wertungen ("Highlights", "absoluter Höhepunkt", "Mega-Events", "einzigartig"). Werden Personen namentlich genannt oder zitiert, ist die Titulierung mit "Herr/Frau/Fräulein" zu vermeiden. Eine direkte Ansprache des Lesers ("Buchen Sie ...") ist bei Printmedien im allgemeinen unüblich und sollte aus diesem Grund unterbleiben.

Nicht selten fehlen in Meldungen wichtige Informationen. Die von Jefkins entwikkelte "Sieben-Schritt-Formel" (zit. nach Köppel, 1983, S. 28 f.) gewährleistet nicht nur die Vollständigkeit einer Meldung, sondern erleichtert auch ihre Strukturierung.

8.3.5 Pressefotos

Gute Fotos erhöhen die Abdruckchancen einer Pressemeldung. Fotos werden immer für objektiver gehalten als das geschriebene Wort. Ein (gutes) Foto mit einer (guten) Bildunterschrift macht manchmal sogar einen längeren Bericht überflüssig. Tageszeitungen benötigen Schwarzweiß-Fotos, Publikumszeitschriften Farbdias. Um Kosten zu sparen, sollte man Pressediensten keine Originalfotos, sondern Kopien in Originalgröße mit einem Bestellformular beilegen. Der Verlust unersetzlicher Dias läßt sich durch Einsendung von Diakopien vermeiden, die heute in technisch hervorragender Qualität und preiswert gezogen werden. Bei Schwarzweiß-Fotos ist eine Rücksendung durch die Redaktionen nicht üblich, wohl aber bei Dias oder Diakopien.

Das Mindestformat bei Schwarzweiß-Fotos beträgt 13 cm × 18 cm, im Idealfall wählt man 18 cm × 24 cm. Die weißglänzend vergrößerten Motive erhalten eine doppelte Bildunterschrift, wobei eine beim Betrachten des Bildes zu lesen sein muß.

Obwohl aus technischer Sicht Kleinbild-Dias ausreichen, bevorzugen Bildredakteure das Mittelformat 6 cm × 6 cm. Zum Versand sind Glasrahmen ungeeignet, mit einer Schutzhülle versehene Passepartouts hingegen sichern das Dia, heben es bei der Auswahl von den anderen ab, bieten Raum genug für eine Bildunterschrift, erlauben das Einzeichnen von Ausschnitten etc.

Redaktionen beklagen häufig den technisch schlechten Zustand der Pressefotos und eine einfallslose Motiv-Wahl. Dazu gehören Gruppenfotos, händeschüttelnde und dabei unnatürlich in die Kamera lächelnde Personen und Gratulanten oder Spender, die überdimensional große Schecks, Urkunden oder ähnliches überreichen. Auch Motive mit Werbecharakter gehören nicht in die Rubrik Pressefoto.

Wer Pressefotos verschickt, muß sich auch mit der rechtlichen Seite auseinandersetzen (vgl. VDRJ, o.J.). Das Recht am eigenen Bild läßt nur in wenigen Fällen (bei Prominenten in ihrem öffentlichen Wirkungskreis, bei Besuchern von Massenveranstaltungen, sofern sie auch in der Masse fotografiert werden) eine gewerbliche Verwertung von Fotos ohne die Einwilligung der abgebildeten Personen zu. Redaktionen können bei der Zusendung von Pressefotos davon ausgehen, daß die Urheberrechte des Fotografen durch den Herausgeber des Pressedienstes nicht verletzt werden. Das bedeutet, daß z.B. Verkehrsämter vor dem Ankauf eines Fotos mit dem Fotografen klären müssen, ob sie die Aufnahme mit allen Rechten (zu jedem beliebigen Zweck) oder mit eingeschränktem Nutzungsrecht (nur zum vereinbarten Zweck) erwerben.

8.3.6 Verteiler

Bei der Aufstellung eines Presseverteilers unterläuft den meisten Fremdenverkehrsstellen oder touristischen Anbietern ein Standardfehler: Der Empfängerkreis wird zu breit gestreut. Dabei läßt sich mit einer Anschriftenliste von rund 250 bis 300 Adressen effektiv arbeiten.

8.3.6.1 Zeitungen/Zeitschriften/Agenturen

Zahlreiche Tageszeitungen verfügen über keine eigene Reiseredaktion, da sie nur sogenannte "Kopfblätter" (Regionalausgaben mit eigenem Titel und Lokalteil) sind und – neben dem Nachrichten-, Wirtschafts- und Feuilleton-Teil – auch die Reisebeilage von der Zentralredaktion übernehmen. Andere Zeitungen arbeiten eng zusammen und beziehen ihren Reiseteil von einer Hauptredaktion. Daneben gibt es Reise-Supplements, die verschiedenen Tageszeitungen beigelegt werden. In jedem Fall genügt die Zusendung des Pressematerials an die entsprechende Reiseredaktion. Neben Fachzeitschriften und Publikumszeitschriften (mit eigenem Reiseteil) werden in den Verteiler häufig auch Zeitschriften für spezielle Zielgruppen (z.B. Angler, Eisenbahnfreunde, Anhänger bestimmter Sportarten) aufgenommen. Solche Special-Interest-Magazine sollten jeweils nur dann in den Versand einbezogen werden, wenn das Pressematerial Informationen für den entsprechenden Leserkreis enthält.

Wichtige Meldungen sollten auch an die zuständige Presse-Agentur geschickt werden. Beim Aufbau des Verteilers sind ferner touristische Fachagenturen und Informationsdienste zu berücksichtigen.

8.3.6.2 Rundfunk und Fernsehen

Neben den Reiseredaktionen der ARD-Rundfunk- und Fernsehanstalten sollten auch die kommerziellen Sender nicht vernachlässigt werden. Allerdings besitzen zahlreiche von ihnen keine eigene Reiseredaktion. Nach einer von den Verfassern im Herbst 1991 durchgeführten Untersuchung aus Anlaß eines Rundfunk-Workshops für das Deutsche Seminar für Fremdenverkehr verfügten nur 45 von 150 seinerzeit existierenden privaten Rundfunksendern über einen eigenen Sendeplatz oder eine ganze Sendung für die Reiseberichterstattung, aber 65 bekundeten Interesse an Reisethemen und entsprechenden Presseinformationen.

8.3.6.3 Freie Journalisten

Da der Journalistenberuf ungeschützt ist, lassen sich viele nicht hauptberuflich arbeitende Journalisten als "freie Reisejournalisten" registrieren und in Adressenverzeichnisse aufnehmen. Sie sind für einen sparsam konzipierten Verteiler nicht relevant. Dennoch lohnt es sich, eine begrenzte Anzahl freier Journalisten in den Empfängerkreis einzubeziehen, um diese über das Angebot zu informieren und ihnen Anregungen für die eigene Berichterstattung zu liefern.

Ein namentlicher Versand der Presseaussendungen wirkt persönlicher, ist aber mit einem Risiko verbunden: Die Daten müssen ständig aktualisiert werden. Keines der branchenüblichen Nachschlagewerke erfüllt alle Auswahlkriterien zur Aufstellung eines begrenzten, aber ausreichenden und aktuellen Verteilers. Am ehesten wird die dreibändige Lose-Blatt-Sammlung von Zimpel (vgl. Zimpel, o.J.) den Anforderungen gerecht. Natürlich kann man auch nach bestimmten Auswahlkriterien zusammengestellte Adressen von Adreß-Verlagen kaufen, doch sind diese nur zum einmaligen Gebrauch bestimmt und deshalb in der Anschaffung sehr teuer. Außerdem ist eine Qualitätsprüfung schwierig.

8.3.6.4 Erfolgskontrolle

Zur Erfolgskontrolle empfiehlt sich der Bezug eines Ausschnittdienstes; jedoch müssen dem Ausschnitt-Büro als Lesehilfe eindeutige Such-Stichworte und eine begrenzte Liste der auszuwertenden Zeitungen und Zeitschriften an die Hand gegeben werden. Erfahrungsgemäß kann kein Ausschnittdienst eine hundertprozentige Erfolgskontrolle gewährleisten.

Zum geschickten Binnenmarketing gehört eine regelmäßige Zusammenstellung der veröffentlichten Zeitungsberichte für Aufsichtsgremien, Geldgeber und Leistungsträger.

8.4 Pressekonferenzen

Die Erfolge eines monatelangen Bemühens um gute Pressearbeit können durch eine nicht sorgfältig vorbereitete und unprofessionell durchgeführte Pressekonferenz mit einem Schlag zunichte gemacht werden: "Je professioneller eine Pressekonferenz abläuft, um so besser ist dies für eine vertrauensvolle Zusammenarbeit des Fremdenverkehrsamtes mit den Journalisten" (vgl. VDRJ, 1987, S. 14). Mit anderen Worten: Allein der Informationswert einer Pressekonferenz zählt (vgl. Bürger, 1991a, S. 119). Natürlich gibt es auch Einladungen zu Pressegesprächen, die eine gewisse Tradition haben – z.B. aus Anlaß einer touristischen Messe – und vorrangig der Kontaktpflege dienen. Will man auf diese Weise "Flagge zeigen", sollte man zum "Pressegespräch" einladen und seine Veranstaltung nicht "Pressekonferenz" nennen. Obwohl sich die Zielrichtung beider Veranstaltungen unterscheidet, bedürfen beide der gleichen Sorgfalt in Vorbereitung und Programmablauf.

8.4.1 Vorbereitung

Einladungen – mit vollständiger Angabe des Anlasses und der Gesprächspartner – sollten im Normalfall drei Wochen vor dem Ereignis verschickt werden; für lokale Ereignisse und Pressekonferenzen mit der ortsansässigen Presse gelten natürlich kürzere Einladungsfristen. Um Terminüberschneidungen zu vermeiden, kann man sich bei Redaktionen nach bereits vorliegenden Konferenz-Terminen erkundigen.

Bei der Wahl des Veranstaltungsortes wird häufig der Fehler begangen, ein besonders exquisites Hotel oder Restaurant auszusuchen, in der Hoffnung, damit möglichst viele Journalisten zur Zusage zu bewegen. Dabei entscheiden ein vorhandener Parkplatz und der Informationsgehalt der Einladung über die Teilnahme. Um die Zusage-Quote zu erhöhen, sollten die Gastgeber alle Redaktionen, die ihr Kommen angekündigt haben, am Tag vor dem Ereignis noch einmal telefonisch an ihre Absicht erinnern.

8.4.2 Ausstattung

Filme, Dias und Videostreifen finden nur in Ausnahmefällen – z.B. wenn sie preisgekrönt worden sind – auf einer Pressekonferenz ihre Berechtigung. In solchen Fällen sollten die technische Ausstattung und der Raum (Beleuchtung, Verdunkelungsmöglichkeiten) zeitig vor Beginn geprüft werden.

Um Nachfaß-Aktionen zu gewährleisten (siehe Abschnitt 8.4.4), muß eine Anwesenheitsliste ausliegen, in die sich die Gäste eintragen. Diesen wiederum sollte eine Auflistung der Gesprächspartner vorgelegt werden. Ungünstig ist es, wenn Pressemappen den vollständigen Redetext enthalten, weil dann die Aufmerksamkeit der Journalisten sehr gering ist. Es empfiehlt sich, die Pressemappe lediglich mit ergänzenden Materialien zum gesprochenen Wort auszustatten (Statistiken, Hintergrundinformationen, Bilanzen etc.). Journalisten, die an der Teilnahme verhindert sind, erhalten nach der Konferenz das komplette Material, also auch Kurzaufzeichnungen der Redebeiträge. Fotos und Prospektmaterial werden gesondert ausgelegt.

8.4.3 Ablauf

Die Person, die das ganze Jahr über den Kontakt zur Presse hält, sollte die Begrüßung und Moderation der Pressekonferenz übernehmen. Die einzelnen Referate dürfen eine Länge von fünf Minuten nicht überschreiten. Um zu vermeiden, daß die Redebeiträge mit Informationen überfrachtet werden, kann immer wieder auf die ergänzenden Texte in der Pressemappe hingewiesen werden. Für den Erfolg einer Pressekonferenz ist es unerheblich, ob sich zwei Redner die Wortbeiträge im Fünf-Minuten-Rhythmus teilen oder mehrere Gastgeber die Kurzreferate halten.

Einer häufig verbreiteten Unsitte, die Pressekonferenz für aktuelle Rundfunkinterviews zu unterbrechen, sollte man nicht nachgeben. Rundfunk- und auch ausführlichere Zeitungsinterviews gehören an das Ende der Pressekonferenz; für sie sollte ein separater, ruhiger Raum zur Verfügung gestellt werden. Die Interviews sind bei der Zeitkalkulation mit zu berücksichtigen.

Das gilt vor allem für den Fall, daß nach der Pressekonferenz ein Essen gegeben wird. Ein solches Essen läßt sich gut zum weiteren Gedankenaustausch nutzen. Jedoch ist ein Essen für den Erfolg der Pressekonferenz – mit Ausnahme von Abendeinladungen – unerheblich; aus Terminnot begrüßen viele Journalisten sogar, wenn sich die Bewirtung auf einen kleinen Imbiß während der Pressekonferenz beschränkt. Aus demselben Grund werden Journalisten auch ungehalten, wenn der Beginn der Veranstaltung über das akademische Viertel hinausgezögert wird. Insgesamt sollte die Dauer der Pressekonferenz einschließlich der Diskussion eine Stunde nicht überschreiten.

Die Verlosung von Reisen, die Beilage von Geschenk-Gutscheinen zur Einladung und teure Werbegeschenke sind mit dem Prinzip journalistischer Unabhängigkeit nicht zu vereinbaren. Hier ist äußerste Zurückhaltung angebracht; falls ein Pressegeschenk überreicht wird, sollte es einen Bezug zum Thema der Pressekonferenz haben (vgl. Schwartz, 1989, S. 48). Für Give-aways, wie Aufkleber und Schlüsselanhänger, sind Journalisten nicht die richtige Zielgruppe.

8.4.4 Nachbereitung

Nur in seltenen Fällen werden die auf Pressekonferenzen geknüpften persönlichen Kontakte im Zuge einer Nachbereitung vertieft. Dazu reicht ein freundlicher Brief ("Dank für die Teilnahme ...") nicht aus. Auf der Pressekonferenz angekündigte Termine und Ereignisse (z.B. Fertigstellung bestimmter Einrichtungen, wichtige Veranstaltungen) bilden ideale Themen für Nachfaß-Aktionen mit Brief, Presseinformation und ergänzenden Unterlagen.

8.5 Pressereisen – Selbstdarstellung vor Ort

Touristische Dienstleistungen und der Freizeitwert einer Urlaubsregion sind nicht meßbar, verpackbar und – z.B. auf Ausstellungen – vorzeigbar. Pressearbeit kann noch so perfekt sein, ohne das PR-Instrument der Informationsreisen fehlt ihr der unmittelbare Beleg für den Wahrheitsgehalt. Auch Knöbl (1991, S. 82 f.) rechnet damit, daß selbst bei Ausnutzung der modernsten Informationstechniken auch in Zukunft die lebensgerechte Präsentation eines Urlaubsgebietes von Bedeutung ist. Eine Pressereise bietet nicht nur die Möglichkeit zur Selbstdarstellung vor Ort, sondern darüber hinaus die Chance, zu kritischen Fragen der recherchierenden Gäste sofort Stellung nehmen zu können (vgl. Ganser, 1991, S. 128).

8.5.1 Vorbereitung

8.5.1.1 Einladungen

Einladungen an Journalisten erfordern eine ebenso gründliche Vorbereitung wie die Organisation von Gruppenreisen, wobei sich der Trend hin zu kleineren, überschaubaren Gruppengrößen entwickelt hat.

Einladungen, die unter einem bestimmten Thema stehen (z.B. durch Schleswig-Holstein "auf Störtebekers Spuren"), finden eher Zuspruch als solche, die nur in eine Region oder einen Ort laden. Viele Veranstalter von Pressereisen sind dazu übergegangen, schon Monate vor dem Reisetermin unverbindliche Voreinladungen zu verschikken bzw. mehrere Reisen zur Auswahl vorzuschlagen. Dieses Verfahren erleichtert Gastgebern und Journalisten die Planung. Die konkrete Einladung sollte in jedem Fall sechs bis acht Wochen vorher versandt werden. Sie wird an den Leiter der Reiseredaktion adressiert, der natürlich nicht immer selbst an der Reise teilnehmen kann. Häufig gibt er die Einladung an Kollegen anderer Ressorts weiter. Diese sollten den Gastgebern ebenso willkommen sein wie Volontäre, die mit auf Reisen geschickt werden. Auf die Qualität der Berichterstattung hat die hierarchische Stellung der Journalisten nur selten Einfluß.

8.5.1.2 Reisedauer

Handelt es sich nicht um eine Pauschalreise, die an wöchentliche Flugtermine gebunden ist, reichen zur Information drei Tage – zuzüglich Zeit für An- und Abreise – im Zielgebiet aus. Häufig wird ein zu früher Reisetermin gewählt, an dem die touristische Infrastruktur noch nicht den Stand der Hochsaison erreicht hat. Geschickter ausgesucht sind Termine kurz vor oder unmittelbar nach der Hochsaison.

8.5.1.3 Kosten

Die eigentliche Saison fällt für Informationsreisen meist aus, da die Gastgeber auf Sponsorleistungen ihrer örtlichen Leistungsträger angewiesen sind. Bei Einladungen werden An- und Abreise (im Normalfall Bahnfahrt 1. Klasse), Übernachtung, Verpflegung, Transfers und Extraleistungen gezahlt, die unmittelbar mit dem Programm zusammenhängen (Eintrittsgelder etc.). Unüblich ist die Übernahme der Kosten für eventuell mitreisende Partner, private Telefonate und privaten Verzehr in der Bar oder Minibar.

8.5.1.4 Programm

Das endgültige Programm muß Raum für Ruhephasen, eigene Recherchen und intensive Gespräche mit Gastgebern und Leistungsträgern lassen. Durchaus nützlich ist es, sich als Gastgeber in einem Schlußgespräch der Kritik zu stellen. Da nur selten eine homogene Gruppe reist und neben schreibenden Journalisten auch Fotografen und Rundfunkmitarbeiter geladen sind, ist es unumgänglich, auch deren Bedürfnisse bei der Programmplanung zu berücksichtigen und im Programm entsprechend darauf hinzuweisen.

Listen von Kontaktadressen, Quartieren, mitreisenden Journalisten und Reiseveranstaltern, die das entsprechende Gebiet anbieten, sollten dem endgültigen Programm ebenso beigefügt werden wie erstes Informationsmaterial.

8.5.2 Ablauf

Eine Karte mit farblich unterschiedlich markierten Tagesrouten erleichtert den Teilnehmern die Orientierung. Die Gäste dürfen nicht von Ort zu Ort oder von Programmpunkt zu Programmpunkt "weitergereicht", sondern müssen durchgängig von einer Person betreut werden. Das gilt auch für Abendveranstaltungen. Die Begleitperson kann Programmfehler auch während der Reise korrigieren. Bei Journalisten sind durchweg Begrüßungsreden – vor allem von Bürgermeistern und Funktionären –, die Besichtigung von Schwimmhallen und Spaßbädern und täglich wiederkehrende Spezialitäten der Region auf der Speisekarte verpönt.

Für Geschenke gilt die gleiche Zurückhaltung wie bei Pressekonferenzen.

8.5.3 Nachbereitung

Bei allen Beteiligten findet eine Liste der Gesprächspartner, die während der Reise – geplant oder spontan – getroffen wurden, Anklang. Die Anknüpfungspunkte für Nachfaß-Aktionen decken sich mit denen der Pressekonferenzen. Eine Zusammenfassung aller im Zusammenhang mit der Reise veröffentlichten Berichte sollte nicht nur an Aufsichtsgremien, Leistungsträger und Sponsoren, sondern auch an alle Reiseteilnehmer verschickt werden.

8.6 Schlußbemerkung

Die Finessen der Pressearbeit zu erlernen, ist ein lebenslanger Prozeß. Das Grundwissen läßt sich zwar durch Fachliteratur erwerben, aber die Anwendung in der Praxis steht und fällt mit der Bereitschaft, sich auf Menschen einzustellen.

Leider wird Pressearbeit in den Ausbildungsplänen für Touristiker an Hoch- und Fachhochschulen und in berufspraktischen Ausbildungsgängen vernachlässigt. In Betrieben und touristischen Organisationen setzt sich die stiefmütterliche Behandlung des Bereichs der Pressearbeit fort. Einige Fremdenverkehrsverbände haben diesen Mangel erkannt und bieten im Rahmen ihrer Fortbildung Kurse zum Thema Pressearbeit im Tourismus an. Die zentrale Weiterbildungseinrichtung für die deutsche Tourismuswirtschaft, das Deutsche Seminar für Fremdenverkehr (DSF), Berlin, veranstaltet seit Jahren solche Kurse in verschiedenen Stufen für Anfänger, Fortgeschrittene und langjährige Profis. Die stets hohen Auslastungsquoten dieser Seminare beweisen den großen Nachholbedarf der Branche.

Literatur

Bürger, J. H. (1991a): PR: Gebrauchsanleitung für praxisorientierte Öffentlichkeitsarbeit, Rubrik: Berufspraxis/Öffentlichkeitsarbeit 1. Landsberg/Lech.
Bürger, J. H. (1991b): PR: Gebrauchsanleitung für praxisorientierte Öffentlichkeitsarbeit, Rubrik: Recht 3. Landsberg/Lech.
Bürger, J. H. (1991c): PR: Gebrauchsanleitung für praxisorientierte Öffentlichkeitsarbeit, Rubrik: Journalismus 5. Landsberg/Lech.
Ganser, A. (1991): Öffentlichkeitsarbeit in der Touristik. München.
Junge, G. (1982): Die Presse und ihre Bedeutung für den Fremdenverkehr. München.
Knöbl, Chr. (1991): Öffentlichkeitsarbeit. In: Österreich Werbung (Hrsg.): Marketing 2000. Wien.
Köppel, H. J. (1983): Die gleiche Reise ist nicht dieselbe Reise. In: Touristikmanagement, Nr. 3, S. 28 f.
Lang, H.-R., G. Eberle, H. Bartl (Hrsg.) (1989): TourLex. Darmstadt.
Schneider, W. (o.J.): Deutsch für Profis. Hamburg.
Schwartz, H. (1989): Pressearbeit im Tourismus. Deutsches Seminar für Fremdenverkehr (Hrsg.). Berlin.
Tietz, B. (1980): Handbuch der Tourismuswirtschaft. München.
Vereinigung Deutscher Reisejournalisten (VDRJ) (Hrsg.) (1983): Hinweise für Herausgeber touristischer Pressedienste. München.
Vereinigung Deutscher Reisejournalisten (VDRJ) (Hrsg.) (1987): Fremdenverkehrsämter und Medien. München.
Vereinigung Deutscher Reisejournalisten (VDRJ) (Hrsg.) (o.J.): Urheberschutz und Recht am eigenen Bild. München.
Zimpel, D. (Hrsg.) (o.J.): Loseblatt-Sammlung Zimpel 1 (Zeitungen), Zimpel 2 (Zeitschriften), Zimpel 3 (Funk und Fernsehen). München.

9. "Intelligenter Tourismus"

Peter Haimayer

9.1 Die Theorie

9.1.1 Hintergründe

Die touristische Entwicklung des Alpenraumes war seit der zweiten Hälfte der 50er Jahre durch ein rasches und massenhaftes Wachstum gekennzeichnet. Lag das Schwergewicht zunächst auf dem Sommertourismus, so übernahm in der Folge immer mehr der Wintertourismus die Rolle des Wachstumsmotors. In vielen Tälern und Gemeinden war der Tourismus die einzige wirtschaftliche Alternative, die neben der kargen Berglandwirtschaft Fuß fassen konnte. So ist es verständlich, daß die Bevölkerung auf diese Karte gesetzt hat. Auf die mit dem Tourismus verbundenen Anforderungen war sie allerdings nicht oder nur unzureichend vorbereitet. Daher konnten viele Aufgaben nicht in befriedigender Weise gelöst und Chancen nicht im gewünschten Umfang wahrgenommen werden.

Die Existenz der vom Tourismus verursachten Probleme ist seit vielen Jahren bekannt, lange Zeit hindurch ist aber wenig zu ihrer Bewältigung unternommen worden. In Konzepten sind zwar brauchbare Lösungsvorschläge enthalten, doch besteht ein beträchtliches Vollzugsdefizit.

9.1.2 "Harter" versus "Sanfter Tourismus"

9.1.2.1 Fakten

Ablauf und Ergebnis des rund drei Jahrzehnte dauernden Booms werden von Kritikern gerne als "Harter Tourismus" bezeichnet. Der "Harte Tourismus" ist gekennzeichnet durch Mißachtung oder unzureichende Berücksichtigung der ökologischen und sozialen Gegebenheiten in den touristischen Zielgebieten, aber auch durch die Art der Vermarktung des touristischen Produktes in den Herkunftsgebieten der Gäste. Ausdrucksformen des "harten Tourismus" sind überzogene oder unsachgemäße Skigebietserschließungen, Zersiedelung, überdimensionierter Straßenbau, undemokratische Entscheidungsfindung, kritiklose Unterordnung anderer Lebensbereiche unter die Interessen des Tourismus etc.

9.1.2.2 Kritik

Diese Vorgehensweise und ihre Resultate blieben nicht ohne Widerspruch. Kritik am Tourismus hat es zwar schon lange vor seinem massenhaften Auftreten gegeben, in den 70er Jahren ist sie aber zunehmend lauter geworden, und am Beginn der 80er Jahre haben die Gegenströmungen klarere und festere Konturen angenommen: Robert Jungk hat die Begriffe "Hartes" und "Sanftes Reisen" einander gegenübergestellt, und Peter Haßlacher hat im Auftrag des Österreichischen Alpenvereins die Idee des "Sanften Tourismus" in alpinen Gemeinden umzusetzen versucht.

In seinen Anfangsphasen war der "Sanfte Tourismus" fast ausschließlich ökologisch orientiert. Inzwischen wurde die Konzeption weiterentwickelt, doch dominieren auch heute noch häufig ökologische Argumente. Zur Fortentwicklung haben Jost Krippendorf und seine Mitarbeiter (1986) maßgeblich beigetragen und den Forderungskatalog unter besonderer Bedachtnahme auf die Schweizer Verhältnisse ausgebaut.

Kennzeichen des "Sanften Tourismus" in der ursprünglichen engeren Form sind der Verzicht auf Technik, die Beschränkung auf naturorientierte Freizeitaktivitäten, der ausschließliche Rückgriff auf endogene Ressourcen etc. In dieser Form kann er jedoch als Konzeption für die touristische Entwicklung alpiner Gemeinden nicht befriedigen. Er enthält zu viele passive Elemente. Zudem wurde bei seiner Umsetzung – zumindest in Österreich – zu viel von außen her bestimmt: Das widerspricht der Grundidee des "Sanften Tourismus", der ja voll auf die Inwertsetzung des endogenen Potentials abzielt – und dazu zählen auch die geistigen Ressourcen.

9.1.2.3 Eine vermittelnde Position

Die Idee des "Sanften Tourismus" ist in den Städten entstanden; die Diskussion hat dann aber auf die touristischen Zielgebiete übergegriffen. Das gilt auch für Tirol, wo in der zweiten Hälfte der 80er Jahre die Fronten zwischen den Vertretern des herkömmlichen Tourismus und den Verfechtern des "Sanften Tourismus" allerdings so verhärtet waren, daß ein konstruktives Gespräch kaum mehr möglich war. Damit drohten aber auch die positiven Denkansätze des "Sanften Tourismus" verlorenzugehen. Dies galt es zu verhindern. Denn auch traditionelle Touristiker teilten inzwischen die Ansicht, daß der Tourismus unerwünschte Spuren hinterläßt, und daß vieles nicht so läuft, wie es wünschenswert wäre. Die Notwendigkeit einer Kurskorrektur war unbestritten, und es galt, den Boden für eine langfristig positive Entwicklung aufzubereiten, die die günstigen Wirkungen des Tourismus voll zum Tragen bringt und seine negativen Effekte ausschaltet oder wenigstens zurückdrängt.

Die Vertreter des "Sanften Tourismus" haben bei der Erarbeitung ihrer Vorschläge und der Formulierung ihrer Kritik zu wenig Bezug auf die historischen Gegebenheiten und die damit verbundene spezifische Entwicklung des Tourismus in Tirol genommen. Technisch geprägter Tourismus ist nun einmal vorhanden. Er ist vielfach das Ergebnis großer persönlicher, organisatorischer und wirtschaftlicher Leistungen, und er trägt maßgeblich zur Sicherung der touristischen Einahmen und zur Wirtschaftskraft des Landes bei. Es ist daher eine Vorgehensweise angesagt, die Altes mit Neuem verbindet, Bewährtes beibehält und Unerwünschtes beseitigt. Zum Bewährten zählt beispielsweise das funktionierende Nebeneinander von Natur und Technik. Die Konzeption des "Intelligenten Tourismus" ist ein Ergebnis der Bemühungen um einen solchen Weg.

9.1.3 "Intelligenter Tourismus"

Der "Intelligente Tourismus" geht von der realen Situation des alpinen Tourismus aus und ist um eine ganzheitliche Betrachtung des touristischen Geschehens bemüht. Er bezieht ökologische, soziale und ökonomische Aspekte gleicherweise mit ein, macht sie in ihren Vernetzungen transparent und für die praktische Bearbeitung zugänglich. Dabei findet auch die Einbettung des Tourismus in die übrige Lebenswelt gebührende Beachtung.

9.1.3.1 Ziele

Vordringliches Anliegen dieser Bemühungen ist ein Tourismus, der den Einheimischen eine hohe Lebensqualität und den Gästen optimale Bedingungen zur Erholung bietet. Nach den bisherigen Erfahrungen erlaubt und verlangt dieses Ziel ein Miteinander von Natur und Technik und damit ein breites Spektrum von Ausprägungsformen des Tourismus. Es erfordert von den in den touristischen Zielgebieten lebenden Menschen aber auch eine intensive Auseinandersetzung mit dem Phänomen Tourismus: Denn nur dann finden sie Antworten auf Fragen über die sinnvolle Anwendung oder über die Wachstumsgrenzen des Tourismus, und nur dann sind sie auch bereit, zu den Ergebnissen ihrer Suche zu stehen.

Diese kritische Auseinandersetzung mit dem Tourismus stellt an alle Beteiligten hohe Anforderungen: So setzen beispielsweise tragfähige Antworten zur Bewältigung der Gegenwart und für Wege in die Zukunft die intensive Beschäftigung mit der Vergangenheit voraus. Eine weitere wichtige Aufgabe besteht in der Analyse übergeordneter gesellschaftlicher und wirtschaftlicher Strömungen, die den Blick über die kommunalen und regionalen Grenzen hinaus öffnet und das Verständnis für die Einbindung des eigenen Lebens- und Wirtschaftsraumes in ein größeres Umfeld weckt. Die Rückschau in die Vergangenheit und das Studium aktueller Trends fördern das Gespür für lokale und regionale Besonderheiten und somit für einen Tourismus, der die örtlichen Gegebenheiten respektiert, aber dennoch nicht blind in Traditionen verharrt, sondern für angemessene Weiterentwicklungen offen ist.

9.1.3.2 Konsequenzen

Die Inhalte des "Intelligenten Tourismus" sollen anhand einiger beispielhaft herausgegriffener Punkte skizziert werden, die sich in das dreiteilige Gliederungsschema Umwelt – Gesellschaft – Wirtschaft einfügen:
- *Umwelt*
"Intelligenter Tourismus" zeichnet sich durch einen schonungsvollen Umgang mit den natürlichen Ressourcen aus. Dort, wo technische Entwicklungen erwünscht und erforderlich sind, sollen ökologische Beeinträchtigungen verhindert oder soweit wie möglich reduziert werden. Eine behutsame, umweltbezogene Vorgehensweise und der Einsatz moderner Umwelttechnologien bei Sport- und Freizeiteinrichtungen, in Beherbergung und Gastronomie sowie in den übrigen Betrieben und touristischen Organisationen sind eine Selbstverständlichkeit. Im Sinne dieser Bestrebungen nützt der "Intelligente Tourismus" konsequent jene Nachfragetrends, die auf eine intakte Natur und eine gesunde Umwelt abzielen, und er entwickelt und verfeinert Angebote, die keine oder nur wenig Landschaft beanspruchen.
- *Gesellschaft*
Zentrale gesellschaftliche Ansatzpunkte des "Intelligenten Tourismus" sind Familie, Dorfgemeinschaft und Arbeitswelt. Stimmigkeit in diesen Bereichen ermöglicht die persönliche Entfaltung aller am Tourismus Beteiligten, und sie ist eine Grundlage für wirtschaftlichen Erfolg und für ökologisches Verständnis.
Eine der notwendigen Rahmenbedingungen dafür ist die möglichst gute Übereinstimmung der Interessen der Gastgeber mit denen der Gäste. Das erfordert eine Konzentration auf jene Gäste, die den Neigungen und den Interessen der Anbieter entsprechen und die Partner in einem beiderseitigen Lernprozeß sein können. Ein Ergebnis dieses Zusammenwirkens kann für alle Beteiligten die Erkenntnis über ihre Einbettung in die vielfältigen Zusammenhänge und Wechselwirkungen des alpinen Lebensraumes sein sowie das Verständnis für ein Handeln, das zur langfristigen Absicherung des Tourismus beiträgt.
- *Wirtschaft*
Ziel des "Intelligenten Tourismus" ist ein wirtschaftlicher Erfolg, der auf einem angemessenen Preis-Leistungsverhältnis beruht, in das auch die Landschaft als Kostenfaktor Eingang findet. Ein Tourismus, der auf einer solche Grundlage aufbaut, trägt maßgeblich zur Verwirklichung anerkannter gesellschaftspolitischer Ziele bei, wie die Erhaltung des Dauersiedlungsraumes oder die Pflege der traditionellen Kulturlandschaft, und er leistet den erforderlichen Beitrag zur laufenden substantiellen Erneuerung des touristischen Angebotes. Die Akzeptanz des Nebeneinanders von Natur und Technik erleichtert auch den Weg zu einem Ganzjahrestourismus, der dank der besseren Auslastung der Infra- und Suprastruktur nicht nur ökonomisch interessant ist, sondern wegen der Bereitstellung ganzjähriger Arbeitsplätze auch eine Reihe positiver gesellschaftlicher Aspekte aufweist.

Diese wenigen Hinweise mögen genügen, um zu zeigen, daß "Intelligenter Tourismus" keine spezifische Form des Tourismus ist, sondern eine Denkweise, eine Philosophie zur sinnvollen Gestaltung des Tourismus. Sie genügen auch, um zu unterstreichen, daß der "Intelligente Tourismus" Menschen braucht, die in Zusammenhängen denken und handeln. Das bringt Tiefgang in den Tourismus und führt bei der Problembewältigung über die Symptombehandlung hinaus zur Bekämpfung der Ursachen: Es bleibt nicht bei kosmetischen Korrekturen, vielmehr gelingt der Schritt zu echten und ehrlichen Maßnahmen.

9.1.3.3 Begriff

Der hier beschriebene Zugang zur Gestaltung des Tourismus stellt an alle Beteiligten hohe Ansprüche. Er verlangt von ihnen Problemlösungen sowie die Bewältigung neuer Anforderungen und Situationen und damit jenes Bündel von Fähigkeiten, das mit Intelligenz umschrieben wird. Zentrales Anliegen bei der Umsetzung der Konzeption des "Intelligenten Tourismus" ist es, die am touristischen Geschehen Beteiligten bei der Entwicklung dieser Fähigkeiten zu unterstützen und sie zu vernetztem Denken und Handeln hinzuführen.

9.2 Die Praxis

9.2.1 Arbeitsansatz

Die Umsetzung des "Intelligenten Tourismus" in die Praxis besitzt einen hohen Stellenwert, wurde die Konzeption doch in der Absicht entwickelt, einen konkreten Beitrag zur qualitativen Verbesserung des Tourismus in Tirol und in anderen Regionen des Alpenraumes zu leisten.

Kern der Umsetzungsarbeiten ist die Erstellung touristischer Leitbilder und Konzepte. Dazu wurde ein Arbeitsansatz entworfen, der schon mehrfach Anwendung fand und laufend weiterentwickelt wird. Er basiert auf der ganzheitlichen Sicht des touristischen Geschehens und berücksichtigt die Vernetzung des Tourismus mit den übrigen Lebensbereichen. Die mit der Umsetzung des "Intelligenten Tourismus" verbundenen Aktivitäten sind auf einen längeren Zeitraum hin ausgerichtet, was gewährleisten soll, daß die angestrebten Veränderungen auch tatsächlich eintreten und greifen.

Die konkrete Arbeit geschieht vor Ort, also draußen in den Gemeinden, und sie folgt dem Modell der Prozeßberatung. Externe Fachleute sorgen für die neutrale Prozeßbegleitung und für fachliche Informationen. Wegen der Kombination von neutraler Begleitung und Fachberatung kommt ein differenziertes methodisches Instrumentarium zur Anwendung wie Moderation, Fachvortrag, Einzelgespräch, teilnehmende Beobachtung, systematische Befragung etc.

Vorrangiges Anliegen ist die Anwendung einer basisdemokratischen Vorgehensweise, also die möglichst breite Einbindung der betroffenen Bevölkerung. Dieser Grundsatz beruht auf der Erkenntnis, daß z.B. in Bürgerinitiativen viel fachliches Know-how vorhanden ist, und daß die Möglichkeit, bei Planungsprozessen mitarbeiten zu können, Menschen vom Desinteresse zur Übernahme von Mitverantwortung bei der Gestaltung und Entwicklung ihres Lebensraumes hinbewegt. Dabei geht es um die Einbindung aller vorhandenen Interessensbereiche, einschließlich der entsprechenden Verantwortungsträger. Besonders wichtig ist die Berücksichtigung von Kritikern und Querdenkern, weil sie häufig als Frühwarnsysteme und als Kristallisationspunkte für neue Entwicklungen agieren.

Solche Arbeitsgruppen tragen maßgeblich zur Verbesserung der Kommunikation in den Gemeinden bei und sind eine wesentliche Voraussetzung für die Einleitung von Veränderungsprozessen. Diese Vorgehensweise braucht Zeit: Denn zum einen ist eine gemeinsame Arbeitsbasis zu schaffen, und zum zweiten ist eine nicht zu unterschätzende Bildungsarbeit zu leisten, die den Betroffenen die Probleme nicht nur bewußt macht, sondern sie auch in die Lage versetzt, Problemlösungen zu erarbeiten und zu verwirklichen.

Für die Erstellung eines touristischen Leitbildes und Konzeptes nach diesem Ansatz sind ein bis eineinhalb Jahre erforderlich. Die Ausarbeitung der üblichen Inhalte wie Problemanalyse, Zielformulierung, Konkurrenzanalyse, Maßnahmenkatalog etc. übernimmt die Arbeitsgruppe. Sie wird dabei von den externen Beratern unterstützt. Wichtiges Qualitätskriterium für Leitbilder und Konzepte im Sinne des "Intelligenten Tourismus" ist das Eingehen auf die individuellen Gegebenheiten der jeweiligen Gemeinde bzw. Region.

Mit der Formulierung des Leitbildes ist die Arbeit aber keinesfalls getan, auch nicht die der externen Begleiter. Nach der Vorlage der schriftlichen Fassung beginnt die Umsetzung jener Maßnahmen, die zum Erreichen der Ziele notwendig sind. Die externen Begleiter haben die Aufgaben, den Umsetzungsprozeß – wenn auch mit deutlich geringerer Intensität als bei der Ausarbeitung des Leitbildes – über mehrere Jahre hinweg zu begleiten. In dieser Zeit ist das für einen Planungszeitraum von fünf bis sieben Jahren angelegte Leitbild auch den jeweils neuesten Entwicklungen anzupassen.

9.2.2 Ergebnisse

Nach der hier in groben Umrissen beschriebenen Vorgehensweise wurden bereits mehrere und unterschiedlich strukturierte Gemeinden bearbeitet. Strukturelle Unterschiede zwischen den Projektgemeinden betreffen u.a. die absolute und die relative Bedeutung des Tourismus, die Formen des Tourismus, die Zahl der Einwohner, die räumliche Verteilung der Siedlungen, die regionale und politische Zugehörigkeit, die Art und die Gewichtung der anstehenden Probleme. Sie werden bewußt gesucht, um möglichst vielfältige Anregungen zur Vertiefung der Konzeption und zur Weiterentwicklung der Arbeitsmethodik für die Umsetzung zu erhalten.

Zu den bisher ausgewählten Gemeinden und Regionen zählen: Pettneu am Arlberg, das Stubaital, Kirchberg, Schwoich (alle Tirol); Prettau im Ahrntal (Südtirol), Ramsau am Dachstein (Steiermark), Weissensee (Kärnten). Die Spannweite ihrer Strukturmerkmale reicht von 40 000 bis zu einer Mio. Nächtigungen, von 700 bis 4000 Einwohnern, von der Dominanz der Wintersaison bis zum Ganzjahrestourismus, von der Großerschließung bis zum fast völligen Fehlen von Technik.

Trotz der unterschiedlichen Struktur der Orte bestehen hinsichtlich der anstehenden Probleme viele Gemeinsamkeiten: Umwelt, Verkehr, Ortsbild, Tourismusbewußtsein, Preisniveau, Mitarbeiter etc. sind Fragen, die immer wieder zur Bearbeitung anstehen. Eine Bewertung der Resultate hat zu beachten, daß die Gemeinden in bezug auf Entwicklungsgrad, gesellschaftliche Konstellationen, Machtverhältnisse etc. unterschiedliche Ausgangspositionen aufweisen, und daß die Problemlösungsfähigkeit der örtlichen Arbeitsgruppen recht verschieden ist. Aus der breiten Palette der Ergebnisse werden im folgenden einige Beispiele herausgegriffen. Sie stehen hier für sich allein, im jeweiligen Ortsleitbild sind sie jedoch mit den übrigen touristischen Sektoren verwoben und auf diese abgestimmt.

Verkehrsfreier Talschluß in Prettau im Ahrntal

In alpinen Tourismusorten zählt der Verkehr zu den größten Problemen. Die objektive Zunahme des Verkehrsaufkommens sowie das erhöhte Umweltbewußtsein der Einheimischen und der Gäste sind dafür verantwortlich. Die Situation von Prettau wird geprägt durch die Lage im innersten Abschnitt des Südtiroler Ahrntales mit dem landschaftlich reizvollen Talabschluß. Das Dorf besitzt zwar nur wenige Gaststätten, es ist aber Ziel eines intensiven Ausflugsverkehrs, der nur geringen ökonomischen Nutzen, aber erhebliche Belastungen bringt. Im Zuge der von einem intensiven Diskussionsprozeß geprägten Leitbildarbeiten konnten jahrelange Meinungsverschiedenheiten über die zweckmäßigste Vorgehensweise bei der Bewältigung des Verkehrsproblems beigelegt und eine konkrete, vom Gemeinderat einstimmig akzeptierte Lösung erzielt werden. Diese sieht einen autofreien Talschluß und einen Auffangparkplatz vor der letzten Ortschaft vor. Damit wird auch die etwa ein Dutzend Häuser umfassende letzte Siedlung des Tales verkehrsfrei.

Dorfgestaltung in Pettneu am Arlberg

Pettneu ist ein eng verbautes Dorf, dessen Lebensrhythmus vom Wintertourismus bestimmt wird und das in hohem Maße von der touristischen Infrastruktur der Nachbargemeinde St. Anton abhängig ist. Das Ortsbild, dem in der Vergangenheit nur wenig Aufmerksamkeit gewidmet wurde, weist eine Fülle von Schwachpunkten auf, verfügt aber auch über ein erfreuliches Potential an kleinen Schönheiten baulicher und raumgestalterischer Art, die in Wert gesetzt werden können.

Die Bemühungen der Arbeitsgruppe galten zunächst der Restaurierung des Friedhofbereiches, mündeten aber bald in der Gründung eines Vereins zur Ortsverschönerung, der neben der Erledigung vieler kleiner Schritte die Aufnahme der Gemeinde in das Dorferneuerungsprogramm des Landes Tirol anstrebt. In Zusammenarbeit mit der Universität Innsbruck wurde eine erste grobe Bestandsaufnahme der bemerkens- und erhaltenswerten Elemente im Ortsbereich vorgenommen. Parallel dazu werden im Sinne einer prozeßorientierten Umsetzung in regelmäßigen Arbeitssitzungen und öffentlichen Veranstaltungen die im Leitbild vorgegebenen Maßnahmenschwerpunkte vorangetrieben und aufgearbeitet.

Klasse statt Masse in Kirchberg

Kirchberg, eine Nachbargemeinde von Kitzbühel, hat 8000 Betten, zahlreiche Zweitwohnsitze und ist Nächtigungsmillionär. Wie viele andere Tourismusgemeinden leidet auch Kirchberg darunter, daß zu viele Orte über zu viele Gästebetten und zu viele gleichartige Angebote verfügen. Die Folgen sind Preiskämpfe mit negativen Konsequenzen für die Gästestruktur und die Qualität des touristischen Angebotes. In der Aktion "Top Kirchberg" haben sich nun zahlreiche Beherbergungsbetriebe mit dem Ziel zusammengetan, einen den Leistungen entsprechenden Preis zu erzielen, um die finanzielle Situation ihrer Betriebe zu verbessern und einen schrittweisen Wandel der Gästestruktur einzuleiten. Ebenfalls aus dem Leitbild heraus ist das Programm "Top Job Kirchberg" entstanden, das auf die Verbesserung der touristischen Arbeitswelt abzielt und durch entsprechende Maßnahmen (z.B. auf dem Gebiet der Weiterbildung) die Aktion "Top Kirchberg" stützt.

Tourismusbewußtsein im Stubaital

Das Stubaital zählt zu den touristisch am intensivsten genutzten Tälern Tirols. Neben dem Tourismus existieren im Tal auch zahlreiche mehr oder weniger tourismusunabhängige Arbeitsplätze, und es besteht eine starke Orientierung auf das Arbeitsplatzangebot in der nahen Landeshauptstadt Innsbruck. Im äußeren Talbereich wohnen viele Zugezogene, die mit dem Tourismus kaum in engere Berührung kommen.

So ist es nicht verwunderlich, daß immer mehr Talbewohner den Tourismus in Frage stellen. Einerseits geschieht dies aus Unkenntnis über das weitverzweigte wirtschaftliche und gesellschaftliche Beziehungsgeflecht, andererseits ist diese Einstellung aber auch auf Fehlentwicklungen im Tourismus und die daraus resultierenden physischen und psychischen Überlastungen der Menschen zurückzuführen. Die Verantwortlichen sind nun insbesondere im Zusammenwirken mit den Schulen bemüht, über den Tourismus zu informieren, kritische Fragen zu beantworten, Anregungen aufzunehmen und im Zuge von Projektarbeiten (z.B. über das Gletscherskigebiet) die Schüler hinter die Kulissen des touristischen Geschehens blicken zu lassen.

Corporate Identity in Ramsau am Dachstein

Die Kenntnis des touristischen Geschehens, das Wissen um die Notwendigkeit des Tourismus und die Bereitschaft, den Tourismus zu hinterfragen, sind wichtige Voraussetzungen für eine positive, aber keinesfalls unkritische Einstellung zum Tourismus. Ein auf diese Weise geprägtes Tourismusbewußtsein fördert die Bereitschaft zur Identifikation mit dem in der Region vorhandenen bzw. angestrebten Tourismus.

In der Ramsau wurden bei der Entwicklung des touristischen Leitbildes jene Besonderheiten und Alleinstellungsmerkmale auf internationaler, nationaler und regionaler Ebene herausgearbeitet, die als wesentliche Eckpfeiler des Lebens- und Erholungsraumes gelten und von der Bevölkerung als solche anerkannt werden. Im landschaftlichen Bereich sind dies der Dachstein mit seiner Südwand, die Lage auf dem nebelfreien und nach Süden offenen Plateau, die Wandermöglichkeiten in mehreren Höhenstockwerken (1000 m, 2000 m, 3000 m) oder die Voraussetzungen für den nordischen Skilauf. In kultureller Hinsicht gelten die evangelische Glaubensgeschichte, die intensive Verbindung von Tourismus und Landwirtschaft oder die vielfältigen kulturellen Aktivitäten als prägende Elemente. Diese Identitätsmerkmale bilden den Ansatzpunkt für die Entwicklung eines Corporate Design, das durchgängig zur Anwendung kommt – im Ort und bei allen Botschaften, die aus dem Ort hinausgehen. Es dient als optisches Signal für eine gemeinsame Idee, die der künftigen Gestaltung des Tourismus zugrunde liegt. Was ihre Tragfähigkeit anbelangt, so ist Optimismus angebracht, wurde sie doch von der Ortsbevölkerung in intensiven Diskussionen erarbeitet.

Natur in Weissensee

Weissensee hat es im Gegensatz zu vielen anderen österreichischen Seengemeinden verstanden, die touristische Entwicklung schon frühzeitig in geordnete und vergleichsweise restriktive Bahnen zu lenken. Als "Spielplatz der Natur" sind die Weissenseer bestrebt, der Natur den absoluten Vorrang einzuräumen, das touristische Angebot darauf abzustimmen und ausschließlich jene Gäste anzusprechen, die dieses Angebot zu nutzen wissen und zur Weiterentwicklung der Natur-Idee beitragen. Das beginnt mit der Ablehnung einer zusätzlichen Zufahrtsstraße und reicht über die Rückzonung von Bauland in Grünland bis zu den Bemühungen um die Aussperrung des KFZ-Verkehrs.

9.3 Ausblick

Die zuletzt geschilderten Ergebnisse der Umsetzung des "Intelligenten Tourismus" und die weit umfangreicheren Darstellungen in den einzelnen Leitbildern stellen lediglich die sichtbare Spitze des Eisbergs dar. Viele Dinge benötigen noch Zeit zu ihrer Entwicklung und vieles ist schwer beschreibbar und nicht mit Zahlen zu belegen: z.B. der Wandel der Gesprächskultur in den Gemeinden, die Bildung neuer Netze zur Zusammenarbeit, die Veränderungen in der Einstellung zum Tourismus, die zunehmende Anerkennung anderer Interessen usw.

Die Konzeption des "Intelligenten Tourismus" wurde 1988 entworfen, und im selben Jahr begannen die ersten Versuche zu ihrer Umsetzung. Manches, was sich seither im touristischen Geschehen Tirols verändert hat, ist, wenn auch nur punkthaft, auf die Bemühungen um die Verbreitung und Umsetzung des "Intelligenten Tourismus" zurückzuführen. Glücklicherweise wurden diese Bestrebungen durch ein allgemein festzustellendes Umdenken in ökologischen, sozialen und ökonomischen Fragen unterstützt.

Es ist anzunehmen, daß bei konsequenter Weiterarbeit der angestrebte Veränderungsprozeß räumlich weiter ausgreift und die Denkweise des "Intelligenten Tourismus" tiefer in die Köpfe der Betroffenen eindringt. Dann gewinnt eine Tourismusphilosophie an Gewicht,
– die den Menschen in den Mittelpunkt rückt,
– eine ganzheitliche Betrachtung des Tourismus anstrebt,
– das Neben- und Miteinander von Natur und Technik akzeptiert,
– bei der Entscheidungsfindung eine demokratische Vorgehensweise pflegt,
– bei der Ideenfindung und Umsetzung im Sinne der Prozeßberatung vorgeht,
– die Individualität der Gemeinden respektiert und
– die nicht allein auf den Tourismus im Alpenraum abzielt, sondern für Tourismusorte generell anwendbar ist.

Literaturhinweise

Haimayer, P. (1988): Intelligenter Tourismus – Grundzüge eines Konzeptes zur Bewältigung der touristischen Zukunft Tirols. In: Intelligenter Tourismus – Chance für die Zukunft. Innsbruck, S. 58–63.
Haimayer, P., H.R. Huber (1990): Pettneu am Arlberg – Leitbild und Konzept zur touristischen Zukunft. Materialien für Freizeit und Tourismus, Nr. 5. Innsbruck.
Haßlacher, P. (Hrsg.) (1989): Sanfter Tourismus – Theorie und Praxis. Markierungen für die weitere Diskussion. Alpine Raumordnung, Nr. 3. Innsbruck.
Hudman, L. E. (1991): Tourism's Role and Response to Environmental Issues and Potential Future Effects. In: Zeitschrift für Fremdenverkehr, Jg. 46, H. 4, S. 17–21.
Jungk, R. (1980): Wieviel Touristen pro Hektar Strand? Plädoyer für "Sanftes Reisen". In: GEO, H. 10, S. 154–156.
Kienast, G. (1988): Mit den Betroffenen – Impulse zur praktischen Zusammenarbeit mit Bürgerinitiativen. Wien.
Klingenberg, K.H., M. Trensky, G. Winter (Hrsg.) (1991): Wende im Tourismus – Vom Umweltbewußtsein zu einer neuen Reisekultur. Stuttgart.
Krippendorf, J., HR. Müller (1986): Alpsegen, Alptraum – für eine Tourismus-Entwicklung im Einklang mit Mensch und Natur. Bern.
Müri, P. (1989): Chaos-Management. Die kreative Führungsphilosophie. München.
Tschurtschenthaler, P. (1992): Der Versuch einer problemorientierten Analyse des Tiroler Fremdenverkehrs zwischen 1919 und 1991. Im Druck.

10. Messen, Ausstellungen und Kongresse – am Beispiel der AMK Ausstellungs-Messe-Kongress-GmbH Berlin

Manfred Busche

10.1 Überblick

Messen, Ausstellungen und Kongresse haben starke Auswirkungen auf die Infrastruktur einer Stadt sowie auf die Tourismusentwicklung einer Region. Insofern kann man Messen, Ausstellungen und Kongresse auch als touristische Leistungsträger betrachten.

Man kann sie aber auch als Instrument der Wirtschaftsförderung allgemein sehen und als Mittel zur Imagestärkung einer Stadt, sowohl im nationalen als auch im internationalen Rahmen.

Im engeren Sinne sind Messen und Ausstellungen ein Marketinginstrument der Wirtschaft mit einer Reihe von Nebenfunktionen wie Information, Marktbeobachtung, Testmarkt, Öffentlichkeitsarbeit etc.

Kongresse und ihre kleineren Geschwister wie Seminare, Konferenzen, Sitzungen, Tagungen dienen der Wissensvermittlung, dem Erfahrungsaustausch, dem Treffen von Verbandsmitgliedern etc. Workshops und Verkaufsseminare sowie Produktpräsentationen sind häufig eine Zwischenform zwischen Messen und Ausstellungen einerseits und Kongressen andererseits.

Die Begriffsvielfalt ist teilweise verwirrend, die Abgrenzungen sind nicht eindeutig festgelegt. Dazu kommt, daß auch mit Begriffen wie "Börse" für eine Sonderform der Messe oder "Round Table" für eine spezielle Form von Kongressen und Tagungen gearbeitet wird.

Große Kongresse gliedern sich nach der Generalversammlung meist in Einzelteile auf, wie z.B. Seminare, Fachvorträge, Diskussionsrunden, Round Tables. Kongresse haben häufig parallele Poster-Shows und begleitende Ausstellungen. Messen umfassen oft ein umfangreiches fachliches Rahmenprogramm: Kongresse, Tagungen, Seminare, Mitgliederversammlungen, Produktpräsentationen, Pressekonferenzen und Workshops.

Sowohl Messen und Ausstellungen als auch Kongresse kann man nach ihrer Ausstrahlung und der Herkunft ihrer Teilnehmer sortieren: regional, national, international oder weltweit. Kongresse sind entweder wissenschaftlich orientiert oder dienen hauptsächlich zur Abwicklung von Verbandsregularien (Jahresmitgliederversammlungen), oder sie dienen großen Unternehmen zum Kontakt mit ihren Außenstellen, Filialen und Auslandsvertretungen.

Bei Messen und Ausstellungen gibt es neben der regionalen bis weltweiten Bedeutung sehr unterschiedliche Zielsetzungen und Aufgaben: Arbeitsmesse, Kontaktforum, Fachmesse oder Ausstellung für das Publikum (den Endverbraucher).

Unter Messen versteht man überwiegend die Veranstaltungen für Fachleute, unter Ausstellung mehr die Veranstaltungen für den Endverbraucher. Gerade hier ist die Unterscheidung schwierig und sind die Übergänge fließend.

10.2 Ziele und Aufgaben von Messen, Ausstellungen und Kongressen

10.2.1 Messen und Ausstellungen

Aussteller und Fachbesucher verfolgen auf Messen und Ausstellungen folgende Ziele:
- Marketing,
- Absatzförderung,
- Marktausweitung,
- Erweiterung des Händlernetzes,
- Produktpräsentation,
- Marktbeobachtung,
- Informationsaustausch,
- Testmarkt,
- Imageförderung für das Unternehmen,
- Öffentlichkeitsarbeit, Medienkontakte,
- Werbung beim Endverbraucher.

Für die gastgebende Stadt sind Messen und Ausstellungen ein Instrument der allgemeinen Wirtschaftsförderung; dazu gehört auch die Tourismusförderung.

10.2.2 Kongresse

Heute spricht man wie selbstverständlich von einem Kongreßmarkt, zuweilen auch von einer Kongreßindustrie. Dies macht deutlich, daß das Kongreßwesen längst ein kommerzielles Stadium erreicht hat. Doch das gilt eigentlich erst seit den 60er und verstärkt seit den 70er Jahren. Sicherlich gab es auch vorher Kongresse und Tagungen, nur wurden diese nicht als Wirtschaftsfaktoren und Einnahmequellen erkannt. Dies hat sich nun radikal geändert. Insbesondere in den 70er Jahren setzten viele Gemeinden auf einen wachsenden Kongreßmarkt, von dem sie sich positive wirtschaftliche Effekte für die Kommunen erhofften.

Ein Markt besteht in aller Regel aus Produzenten/Anbietern sowie Kunden/Nachfragern für ein oder mehrere Produkte. Je nach der Sichtweise kann man den Kongreß/die Veranstaltung selbst als Produkt betrachten, denn man kann auch mit Kongressen Geld verdienen. Normalerweise stehen jedoch die Dienstleistungen der Anbieter, die das Zustandekommen eines Kongresses ermöglichen, im Mittelpunkt der Marktbetrachtung. Hier sind z.B. zu nennen: Tagungsräumlichkeiten und -technik, Hotels, Transportmöglichkeiten, Gastronomie, Dolmetscher sowie andere Dienstleister wie Kongreßorganisationen (PCOs), Werbeagenturen etc.

Veranstalter können sein: Firmen, Verbände, wissenschaftliche Organisatoren, politische Parteien, kulturelle oder religiöse Organisationen sowie staatliche/kommunale Institutionen.

Veranstaltungen können sein: Betriebsversammlungen, Händlertagungen, Produktpräsentationen, Aktionärsversammlungen, Vorstandstagungen u.ä., wenn es sich um Firmenveranstaltungen handelt. Bei anderen Veranstaltern spricht man eher von Kongressen, Tagungen, Symposien, Versammlungen, Seminaren, Workshops etc.

Es bleibt festzuhalten, daß es keine einheitliche Terminologie in diesem Markt gibt. Jedoch werden vor allem die großen, bedeutenden Veranstaltungen Kongresse genannt, so daß sich hieraus die Namensgebung für den gesamten Markt erklärt.

Die Veranstaltungen haben je nach Veranstalter und erwarteten Teilnehmern lokale, regionale, nationale, internationale (europäische) oder interkontinentale Bedeutung bzw. Reichweiten.

Um den Markt zu verstehen, muß man die Veranstalter kennen. Wichtiges Marktsegment sind Verbandsveranstaltungen. Verbände sind Interessengruppen von Firmen derselben Branche oder von Einzelpersonen mit demselben Beruf bzw. gleichem Interesse. Kongresse und Tagungen sind für sie, ebenso wie für Firmen, nicht Ziel, sondern Zweck, da sie eines der wichtigsten Kommunikationsmittel innerhalb des Verbandes sind, aber auch starke Außenwirkung haben können. Kongresse fokussieren die Aktivitäten eines Verbandes auf wenige Tage und Stunden und haben nicht selten Konsequenzen für Erfolg und Karrieren der Beteiligten.

Verläßliche Zahlen zum Kongreßmarkt sind rar: Auf internationaler Ebene berichtet die UIA (Union International D'Associations) jährlich über internationale Verbandskongresse. Die führenden Tagungsländer waren 1989: 1. USA, 2. Frankreich, 3. Großbritannien, 4. Bundesrepublik Deutschland, 5. Schweiz. Die führenden Kongreßstädte waren 1989: 1. Paris, 2. London, 3. Genf, 4. Brüssel, 5. Berlin (vgl. Union International D'Associations, 1990, S. 11 f.). Diese Statistik gibt weder Auskunft über das Firmengeschäft noch über das jeweilige nationale Geschäft und ist insofern mit einiger Reserve zu betrachten; andere Statistiken existieren jedoch nicht.

Für die Bundesrepublik Deutschland ist 1988 erstmals eine Untersuchung zum Tagungsmarkt durchgeführt worden. Demnach wurden an den 3130 Tagungsstätten (davon 320 Kongreßzentren/Mehrzweckhallen) 142 750 Tagungen mit mehr als 50 Teilnehmern durchgeführt. Die 16,8 Mio. Teilnehmer gaben im Laufe ihres Kongreßaufenthaltes rund 3,4 Mrd. DM in den jeweiligen Kongreßstädten aus, und zwar für Übernachtungen, Verpflegung, Unterhaltung, Transport und Einkäufe (vgl. IPK – Institut für Planungskybernetik, 1988, S. 8 f.). Diese Zahlen rechtfertigen auch die Tatsache, daß man heute von einem Markt spricht – einem Markt übrigens, der wie viele Dienstleistungsmärkte starke Wachstumsraten aufweist und insofern ein Zukunftsmarkt ist.

10.3 Kongresse, Messen und Ausstellungen und ihre Auswirkungen auf den Tourismus

Reisen zu Messen, Ausstellungen und Kongressen sind ein wesentlicher Bestandteil des Geschäftsreiseverkehrs, soweit es Aussteller und Fachbesucher betrifft. Nach einer Marktstudie des EMNID-Instituts aus dem Jahre 1987 betrug die Teilnahme an Tagungen 22% und an Messen und Ausstellungen 11% des gesamten Geschäftsreisevolumens. Es wird also ein Drittel aller Geschäftsreisen von Messen, Ausstellungen und Kongressen verursacht.

Abhängig von der Konzeption der Messen und Ausstellungen reisen auch Privatbesucher an, die nicht dem Geschäftsreiseverkehr zugeordnet werden können, sondern der allgemeinen Tourismussparte "Städtereisen".

In den Jahren 1985/86 hat die AMK Berlin bei der Forschungsstelle für den Handel Berlin (FfH) e.V. zum wiederholten Male eine Studie in Auftrag gegeben über "Die Auswirkungen von Messen, Ausstellungen und Kongressen auf die Wirtschaftsregion Berlin". Durch die Öffnung der Mauer und die Wiedervereinigung Deutschlands haben sich inzwischen gerade in Berlin eine Reihe von Voraussetzungen geändert. Dennoch haben die folgenden Zahlen auch heute noch ihre Gültigkeit.

Die ausländischen Besucher von *Ausstellungen und Messen* gaben durchschnittlich 270,– DM je Tag aus, die deutschen 147,– DM; die Privatbesucher im Mittel 144,– DM je Tag und Fachbesucher 222,– DM je Tag (vgl. FfH, 1986, S. XI). Die Verteilung der Ausgaben ist aus Tab. 1 zu entnehmen. Tab. 2 gibt eine Übersicht über die Verkehrsmittelnutzung.

Tab. 1: Verteilung der Ausgaben von auswärtigen Messe- und Ausstellungsbesuchern in Berlin (West) 1985
Quelle: FfH, 1986, S. 17

Ausgabe	Anteil in %
Verpflegung	33
Unterkunft	23
Einkäufe	22
Bildung und Unterhaltung	10
Transport innerhalb der Stadt	6
Telefon, Telex usw.	2
Sonstiges	4

Tab. 2: Benutzte Verkehrsmittel von auswärtigen Messe- und Ausstellungsbesuchern in Berlin (West) 1985
Quelle: FfH, 1986, S. 10

Benutztes Verkehrsmittel	Anteil in %
PKW	46
Bus	15
Bahn	12
Flugzeug	26
Sonstige Verkehrsmittel	1

Fast die Hälfte der Messe- und Ausstellungsbesucher brachte eine oder mehrere Begleitpersonen mit. Der Kaufkraftzufluß durch die auswärtigen Messe- und Ausstellungsbesucher betrug in Berlin (West) im Jahre 1985 rund 242 Mio. DM. Die Berechnung des Kaufkraftzuflusses erfolgt jährlich auf der Grundlage des Ausgabeverhaltens im Jahr 1985 und der aktuellen Zahl auswärtiger Besucher. Im Jahr 1989 konnte somit ein Kaufkraftzufluß, der durch Messen und Ausstellungen induziert wurde, von rund 428 Mio. DM ermittelt werden.

Wie die angeführte prozentuale Ausgabenaufteilung zeigt (vgl. Tab. 1), kann der größte Teil dieses Kaufkraftzuflusses der Tourismusbranche zugerechnet werden. Die Transportkosten für die An- und Rückreise, die in der Regel im Kaufkraftzufluß nicht enthalten sind, müssen noch hinzugerechnet werden.

Bei *Kongressen* ist die Auswirkung auf das Tourismusgeschäft noch stärker als bei Messen und Ausstellungen. Bei größeren Kongressen ist es üblich, einen halben oder ganzen Tag (meist in der Mitte der Kongreßzeit) für Ausflüge zu nutzen. Zusätzlich werden die Kongreßteilnehmer zu jeweiligen mehrtägigen "Pre- and Post-Convention-Tours" eingeladen, die in Nachbarregionen oder Nachbarländer führen.

Die ausländischen Kongreßteilnehmer gaben 1984 durchschnittlich 258,- DM je Tag aus, die deutschen 214,- DM (vgl. FfH, 1985, S. 3).

Tab. 3 zeigt die Ausgabenverteilung und Tab. 4 die Verkehrsmittelnutzung der auswärtigen Kongreßteilnehmer.

Tab. 3: Verteilung der Ausgaben von auswärtigen Kongreßteilnehmern in Berlin (West) 1984
Quelle: FfH, 1985, S. 4

Ausgabe	Anteil in %
Unterkunft	44
Verpflegung	25
Einkäufe	12
Bildung und Unterhaltung	8
Transport innerhalb der Stadt	6
Telefon, Telex usw.	2
Sonstiges	3

Tab. 4: Benutzte Verkehrsmittel von auswärtigen Kongreßteilnehmern in Berlin (West) 1984
Quelle: FfH, 1985, S. 22

Benutztes Verkehrsmittel	Anteil in %
Flugzeug	75
PKW	18
Bahn	6
Bus	1

Die auswärtigen Kongreßteilnehmer brachten der Wirtschaftsregion Berlin (West) 1984 einen Kaufkraftzufluß von rund 35 Mio. DM. 1989 erhöhte sich der Kaufkraftzufluß auf rund 53 Mio. DM.

10.4 Die Bedeutung touristischer Messen und Kongresse

Messen, Ausstellungen und Kongresse haben einen gewichtigen Anteil am Tourismusgeschäft einer Region sowie am Umsatz von Transportunternehmen.

Noch gravierender sind die Auswirkungen auf den Tourismus bei Messen, Ausstellungen und Kongressen, die den Tourismus zum Inhalt haben. Das beste Beispiel hierfür ist die Internationale Tourismus-Börse ITB Berlin, die Weltmesse des Tourismus. An ihr nehmen, allein auf der Ausstellerseite, rund 4000 touristische Unternehmen – z.B. Reiseveranstalter, Transportunternehmen und Hotelunternehmen – aus über 150 Ländern teil. Rund 30 000 Fachbesucher aus über 160 Ländern reisen zur ITB Berlin an.

Die Teilnehmer sind einerseits selbst Bestandteil des Tourismusgeschäfts – wie bei allen Messen, Ausstellungen und Kongressen. Andererseits beeinflussen die Teilnehmer von touristischen Messen und Kongressen durch ihre Arbeit, durch ihre Geschäftsabschlüsse und ihre Promotion-Tätigkeit wesentlich die Tourismusströme weltweit.

Literatur

FfH – Forschungsstelle für den Handel e.V. (1985): Das Ausgabeverhalten auswärtiger Kongreßteilnehmer und Kongreßveranstalter. Berlin.
FfH – Forschungsstelle für den Handel e.V. (1986): Die Auswirkungen von Messen und Ausstellungen auf die Wirtschaftsregion Berlin. Berlin.
IPK – Institut für Planungskybernetik (1988): Volumen und Struktur des deutschen Tagungsmarktes 1988. Unveröffentlichte Studie im Auftrag von DZT, GCB, Dehoga und VDSM. München.
UIA – Union International D'Associations (1990): International Meetings – Some Figures. Unveröffentlichte Studie. Brüssel.

Anhang

Die akademische Tourismusausbildung in der Bundesrepublik Deutschland

Günther Haedrich, Kristiane Klemm und Edgar Kreilkamp

1. Einführung

Tourismus als Studienfach ist bei uns eine relativ junge Disziplin. Vor dem 2. Weltkrieg gab es nur wenige Hochschulen bzw. Hochschullehrer, die sich mit dem Tourismus in Lehre und Forschung befaßten. Als Beispiel sei hier vor allem das Forschungsinstitut für Fremdenverkehr der Handelshochschule Berlin unter Leitung von Professor Robert Glücksmann genannt, das allerdings nur vier Jahre von 1929–1933 existierte, aus dem aber die ersten grundlegenden Lehrbücher hervorgegangen sind.

Erst nach dem 2. Weltkrieg, als in den 60er Jahren der Reiseboom in der Bundesrepublik begann, wurde auch an den Universitäten und Fachhochschulen der Tourismus als Studienrichtung innerhalb einzelner Disziplinen entwickelt, hier vor allem in den Fächern Betriebs- und Volkswirtschaftslehre sowie in der Geographie. Als erste Fachhochschule begann München 1971, innerhalb des Fachbereichs Betriebswirtschaft die Studienrichtung Tourismus zu etablieren, 1973 folgte die Fachhochschule Heilbronn, 1978 die Fachhochschulen Worms und Kempten. In den Jahren 1978–1981 wurde das Ergänzungsstudium "Tourismus mit den Schwerpunkten Management und regionale Fremdenverkehrsplanung" an der Freien Universität Berlin als Modellversuch erprobt und 1985 als reguläres Studienangebot eingerichtet.

Die traditionelle Tourismusausbildung erfolgte also zunächst an den Fachhochschulen, die aus Fachschulen oder Wirtschaftsfachschulen hervorgegangen waren und die sich einen hohen Praxisbezug zum Ziel gesetzt hatten, vor allem für den sogenannten Zweiten Bildungsweg, also für Studenten mit Berufsausbildung ohne Abitur.

Ebenfalls in den 70er und Anfang 80er Jahre wurden an Universitäten und Fachhochschulen sogenannte "Integrierte Studienangebote Tourismus/Freizeit" in Verbindung mit den Studienfächern Geographie, Pädagogik und Sozialwissenschaften entwickelt.

Generell kann man in der Bundesrepublik von einer Dreiteilung des akademischen Aus- und Weiterbildungssystems im Tourismus ausgehen:
- Tourismusausbildung an Fachhochschulen, Hochschulen und Universitäten mit betriebswirtschaftlichen Schwerpunkten,
- Studiengänge mit nicht betriebswirtschaftlichen Schwerpunkten an Fachhochschulen und Universitäten,
- postgraduierte Studienangebote an Fachhochschulen und Universitäten.

Im folgenden werden die einzelnen Ausbildungssysteme beispielhaft dargestellt.

2. Tourismusausbildung mit Schwerpunkt Betriebswirtschaftslehre an Fachhochschulen, Hochschulen und Universitäten

2.1 Tourismusausbildung mit Schwerpunkt Betriebswirtschaftslehre an Fachhochschulen

An den Fachhochschulen Harz (Wernigerode), Heilbronn, München, Kempten, Wilhelmshaven und Worms wird eine Tourismusausbildung im Studienfach Betriebswirtschaftslehre angeboten. Eine Spezialisierung auf das Fach Tourismus bzw. auf einzelne touristische Studienschwerpunkte ist erst im Hauptstudium möglich.

Allgemeiner Bildungsauftrag der Fachhochschulen ist es, die Studierenden zur selbständigen Anwendung wissenschaftlicher Methoden zu befähigen und ihnen gesicherte praktische Erfahrungswerte für die Berufstätigkeit als Diplom-Betriebswirt (FH) zu vermitteln. Der Schwerpunkt liegt also in der anwendungs- bzw. praxisbezogenen Lehre auf wissenschaftlicher Grundlage.

Grundsätzlich haben alle fünf Fachhochschulen ein ähnliches Studienangebot, das sich vor allem im Grundstudium auf die Fächer Allgemeine Betriebswirtschaftslehre, Volkswirtschaftslehre, Propädeutik und Fremdsprachen konzentriert.

Eine Spezialisierung auf einzelne tourismusbezogene Fachgebiete erfolgt erst im jeweiligen Hauptstudium. Die angebotenen Studienschwerpunkte beziehen sich beispielsweise auf die Bereiche Hotel-/Restaurant-Management, Touristik, Reiseveranstalter, Reisemittler oder kommunaler Fremdenverkehr. Das Lehrangebot innerhalb der touristischen Studienschwerpunkte, das im Durchschnitt zwei bis drei Semester umfaßt, konzentriert sich vor allem auf die Gebiete Management, Marketing, Reiserecht, EDV und spezielle betriebswirtschaftliche Probleme einzelner Leistungsträger. Worms und Heilbronn bieten eine zusätzliche Spezialisierungsmöglichkeit im Bereich Verkehrsbetriebslehre bzw. Verkehrswirtschaft an.

Abgrenzungen im Hinblick auf die Angebote der Fachhochschulen lassen sich bei der Anzahl der Semesterwochenstunden für die einzelnen Studienschwerpunkte ausmachen, die auf eine unterschiedliche Intensität und Auffächerung der Spezialgebiete schließen lassen. Weitere erkennbare Unterschiede sind bei den erforderlichen Praktika festzustellen: Während die Fachhochschule Worms bereits vor Beginn des Studiums die Ableistung eines achtmonatigen Praktikums bzw. den Nachweis einer abgeschlossenen Berufsausbildung fordert, sind bei den übrigen Fachhochschulen die Praktika in das Studium integriert. Praxiserfahrungen und -kenntnisse machen etwa ein Viertel des Gesamtstudiums aus; damit wird einerseits versucht, den Anforderungen der Branche zu entsprechen, die ein besonderes Augenmerk auf eine praxisnahe Ausbildung legt. Andererseits soll dem Studierenden die Chance gegeben werden, Einblicke in ihr zukünftiges Tätigkeitsfeld zu erhalten und Kontakte für den späteren beruflichen Einstieg zu knüpfen.

Betrachtet man diese Fachhochschulstudiengänge im Hinblick auf ihre Positionierung innerhalb des Gesamt-Ausbildungssystems, so läßt sich feststellen, daß die Ausbildung vor allem auf die Vermittlung allgemeiner betriebswirtschaftlicher Kenntnisse abhebt, und daß die tourismusbezogenen Lehrinhalte erst an zweiter Stelle stehen. Entsprechend treten viele Studierende nach Abschluß ihres Studiums eine Tätigkeit bei nicht touristischen Institutionen und Organisationen an. Nach Auskunft der Fachhochschulen beenden jährlich jeweils ca. 40 Absolventen als Diplom-Betriebswirte (FH) das Studium, wobei der berufliche Einstieg meistens auf Sachbearbeiterebene erfolgt.

2.2 Tourismusausbildung mit Schwerpunkt Betriebswirtschaftslehre an Hochschulen und Universitäten

An der Universität Lüneburg, der Universität Trier, der Hochschule für Verkehrswesen "Friedrich List" in Dresden, der Handelshochschule in Leipzig und der Universität Rostock kann im Rahmen des betriebswirtschaftlichen Studiums Fremdenverkehrsbetriebslehre (Lüneburg), Tourismus-Management (Trier), Tourismuswirtschaft (Dresden), Betriebswirtschaftslehre des Tourismus (Leipzig) bzw. Tourismusbetriebslehre (Rostock) als Wahl- bzw. Wahlpflichtfach im betriebswirtschaftlichen Hauptstudium studiert werden. An der Technischen Universität Berlin ist das Fach Touristik Bestandteil der Betriebswirtschaftslehre des Verkehrs, kann jedoch nicht als eigenes Prüfungsfach belegt werden.

Die genannten Studienangebote in den neuen Bundesländern liegen zur Zeit als Entwürfe vor und müssen noch von den Kultusministerien verabschiedet werden (Stand 1991).

Der Gesamtumfang der spezifisch touristischen Lehrangebote an den einzelnen Hochschulen und Universitäten variiert zwischen 12 und 20 Semesterwochenstunden. Im Vergleich zu den Tourismusstudiengängen an den Fachhochschulen (tourismusspezifische Lehrinhalte 60–80 Semesterwochenstunden) ist das Lehrangebot also sehr viel geringer. Die Vermittlung von betriebswirtschaftlichen Kenntnissen steht hier noch mehr als bei den Fachhochschulen im Vordergrund. Eine Spezialisierung bzw. weitere Schwerpunktbildung innerhalb des touristischen Lehrangebotes an den genannten Universitäten und Hochschulen läßt sich zur Zeit noch nicht feststellen, da keine differenzierten Studienpläne vorliegen.

3. Studiengänge mit nicht betriebswirtschaftlichem Schwerpunkt an Fachhochschulen und Universitäten

In den letzten Jahren haben eine Reihe von Universitäten und Fachhochschulen innerhalb ihrer traditionellen Studiengänge wie Geographie, Pädagogik oder Sozialwissenschaften ein Nebenfachstudium Tourismus/Fremdenverkehr/Freizeit eingerichtet. Dabei ist unter dem Begriff "Fremdenverkehr" meist der regionale bzw. kommunale Fremdenverkehr zu verstehen.

Während sich die touristischen Studienangebote im Fach Geographie vor allem mit Standortfragen sowie ökonomischen, ökologischen und sozialen Auswirkungen des Tourismus befassen, behandeln die Studienfächer Pädagogik und Sozialwissenschaften häufig den Bereich der Freizeit und hier insbesondere berufliche Tätigkeitsfelder im Bereich Betreuungsmaßnahmen/Animation.

3.1 Tourismusausbildung im Studienfach Geographie

Zur Zeit bestehen an der Technischen Hochschule Aachen, der Katholischen Universität Eichstätt, der Universität Greifswald, der Universität/Gesamthochschule Paderborn und der Universität Trier Geographiestudiengänge mit Studienschwerpunkten Fremdenverkehr/Tourismus. Die Studiengänge in Trier und Paderborn zeichnen sich dadurch aus, daß sie neben den rein geographischen und damit verbunden auch tourismusspezifischen Studieninhalten Betriebswirtschaftslehre als Nebenfach vorschreiben. Weiterhin gibt es an den Universitäten Bayreuth, München, Münster und Frankfurt Geographiestudiengänge, die diese Fächerkombination ebenfalls anbieten, jedoch kein spezielles Curriculum erarbeitet haben.

Der Vorteil der Tourismusausbildung im Studienfach Geographie liegt in seinem interdisziplinären Ansatz, da zu den Pflichtfächern der Naturwissenschaften (Physische Geographie und Ökologie) beispielweise die Fächer Wirtschafts- und Sozialwissenschaften sowie Raumwissenschaft hinzutreten. Geht man von dem komplexen System Frendenverkehr aus, so könnten diese Studienangebote den interdisiplinären Erfordernissen eines touristischen Ausbildungsganges am ehesten entsprechen. Es stellt sich jedoch die Frage, ob die Lehrinhalte spezifische touristische Fragestellungen in ausreichendem Maße berücksichtigen, zumal sie für Studierende mehrerer Studienrichtungen angeboten werden.

Nach Auskunft der Hochschulen haben die Absolventen gute Chance, Stellen in den Bereichen des kommunalen Fremdenverkehrs, bei Verkehrsämtern, Regionalverbänden und in geringerem Umfang auch bei Reiseveranstaltern zu finden.

3.2 Tourismusausbildung in den Studiengängen Pädagogik, Sozial- und Kulturwissenschaften

Von den zahlreichen Studienangeboten im Bereich Freizeit- und Sozialpädagogik sowie Sozial- und Kulturwissenschaften, die es an Universitäten und Fachhochschulen der Bundesrepublik gibt, seien hier nur diejenigen erwähnt, die einen Bezug zum Tourismus haben.

An der Universität Bielefeld werden seit 1973 im Studiengang Erziehungswissenschaften die Studienrichtungen Freizeitpädagogik und Kulturarbeit sowie Tourismus/ Reisepädagogik angeboten. In diesem Studiengang werden sowohl theoretische Konzepte und Forschungsmethoden vermittelt als auch zahlreiche berufspraktische Veranstaltungen der Freizeitpädagogik und Kulturarbeit durchgeführt. Ziel ist es, Handlungskompetenz für die Mitarbeit in Freizeit- und Kultureinrichtungen zu entwickeln sowie die Professionalisierung zur Unterstützung von Bürgerinitiativen im Bereich von Freizeitpädagogik und Kulturarbeit voranzutreiben. Das Studium einschließlich eines Praxissemesters umfaßt neun Semester und schließt mit dem Titel Diplom-Pädagoge ab. Die Absolventen arbeiten bei Freizeiteinrichtungen, in der Jugendarbeit, bei kleineren "alternativen" Reiseveranstaltern und zum Teil auch bei Verkehrsämtern.

Ebenfalls im Fachbereich Erziehungswissenschaften kann an der Universität Göttingen seit 1985 ein neunsemestriger Diplomstudiengang Freizeitpädagogik abgeschlossen werden. Neben den pädagogischen Studieninhalten, die vor allem im Grundstudium vermittelt werden, können z.B. als Wahlpflichtfächer Biologie, Geographie, Geschichte/Politik sowie Medienpädagogik gewählt werden. Weiterhin muß ein sechswöchiges Praktikum absolviert werden. Die speziellen touristischen Tätigkeitsfelder liegen im Kur- und Bäderwesen, bei touristischen Institutionen, in der Freizeitbetreuung sowie bei Verlagen und Medien.

An der Fachhochschule Fulda gibt es seit 1984 die Studienrichtung Sozialpädagogik mit den Schwerpunkten Freizeitwissenschaften/Tourismus und Freizeitbetriebswirtschaftslehre. Hier sollen vor allem Fähigkeiten und Kompetenzen für den Betrieb und die Verwaltung von Freizeiteinrichtungen vermittelt sowie administrativ-organisatorische Kompetenzen erworben und pädagogische Handlungs- und Reflexionsmöglichkeiten erschlossen werden. Das Studium dauert sieben Semester und schließt mit dem Diplom-Sozialpädagogen ab. Im Anschluß an das Studium muß ein sogenanntes Anerkennungsjahr absolviert werden. Die Absolventen arbeiten bei Jugendämtern, in Jugendfreizeitheimen, bei Kirchen und Verbänden und zu einem kleineren Teil auch bei Verkehrsämtern.

An der Universität Lüneburg wird seit 1987 "Fremdenverkehrsbetriebslehre" als Nebenfach im Studiengang Angewandte Kulturwissenschaften angeboten. Der Studienschwerpunkt liegt im Marketing und kann mit allgemeiner Betriebswirtschaftslehre, Sozialgeographie oder Spiel- und Bewegungserziehung sowie Ökologie und Umweltbildung kombiniert werden. Das achtsemestrige Magisterstudium soll für alle touristische Berufsfelder qualifizieren. Da der Studiengang erst vor wenigen Jahren etabliert wurde, fehlen zur Zeit Erfahrungen über den Verbleib der Absolventen.

An der Universität Westsachsen/Zwickau (ehemals Pädagogische Hochschule Zwickau) wird seit 1992 die Studienrichtung Freizeitpädagogik im Fachbereich Erziehungswissenschaften angeboten. Das Studium dauert zehn Semester einschließlich zweier Berufspraktika und der Prüfungszeiten. Im viersemestrigen Grundstudium werden vor allem die Grundlagen der Erziehungswissenschaften, Pädagogik, Psychologie, Soziologie und Freizeitpädagogik vermittelt und im viersemestrigen Hauptstudium vorrangig freizeitpädagogische Lehrinhalte wie z.B. Medien- und Spielpädagogik, Freizeitgestaltung, Natur und Umwelt, Freizeitmanagement, Sport und Tourismus etc. Ziel dieses Studienagebotes ist es, für eine freizeitpädagogische Tätigkeit als Berater, Animateur und Organisator bei unterschiedlichen Freizeiteinrichtungen und -organisationen auszubilden.

Neben diesen genannten Studiengängen kann man auch an den Fachhochschulen Augsburg, den Fachhochschulen Duisburg, Düsseldorf, Hamburg und Vechta Freizeitpädagogik studieren, hier jedoch mit keinem ausdrücklich touristischen Schwerpunkt.

Fragt man nach der Positionierung dieser freizeitpädagogischen Studienfächer im Rahmen des gesamten Ausbildungssystems, so kann man feststellen, daß ihr eindeutiger Schwerpunkt in der Betreuung/Animation sowie in der Administration von Freizeiteinrichtungen liegt.

4. Postgraduierte Studiengänge mit Schwerpunkt Tourismus

Bisher existieren im europäischen Raum zwei postgraduierte Studienangebote: zum einen das zweisemestrige "European Tourism Management", das von vier europäischen Hochschulen, u.a. von der Fachhochschule Heilbronn, angeboten wird, sowie das "Ergänzungsstudium Tourismus mit den Schwerpunkten Management und regionale Fremdenververkehrsplanung" an der Freien Universität Berlin.

4.1 Postgraduate Diploma "European Tourism Management" an der Fachhochschule Heilbronn

Das einjährige postgraduierte Aufbaustudium wird von der Fachhochschule Heilbronn (Fachbereich Touristik-Betriebswirtschaft), den Hochschulen Dorset Institute in Bournemouth/England, dem Netherlands Institute of Tourism and Transport in Breda/Niederlande und der Université de Savoie in Chambéry/Frankreich angeboten.

Ziel dieses postgraduierten Studiengangs ist es, Führungskräfte für die europäische Tourismuswirtschaft auszubilden, die auch auf internationaler Ebene Erfahrungen gewonnen und Kenntnisse des touristischen Managements erworben haben. Für die Zulassung werden ein abgeschlossenes Hochschulstudium sowie Kenntnisse und Erfahrungen im Tourismus aus Studium und/oder Berufspraxis sowie Sprachkenntnisse vorausgesetzt.

Insgesamt besteht der Studiengang aus zwei Auslandssemestern, die in sechs Fachkurse untergliedert sind. Die Lehrinhalte beziehen sich auf europäisches Recht, Finanzwirtschaft, internationales Marketing, Tourismusplanung und -entwicklung, Personalführung sowie Sprachunterricht. Der Praxisbezug wird durch realitätsnahe Fallstudien unter Einbeziehung konkreter Aufgaben und unter Beteiligung von Praktikern hergestellt. Nach erfolgreichem Abschluß erhalten die Studenten das "Diploma in European Tourism Management", für Absolventen mit guten Prüfungsleistungen besteht die Möglichkeit, mit einer zusätzlichen Magisterarbeit in England den "Masters Degree" (MA) zu erwerben.

Dieses Studienangebot profiliert sich vor allem durch seine Internationalität, die auf eine spätere Tätigkeit in der Tourismusbranche innerhalb des europäischen Marktes vorbereitet.

4.2 Das Ergänzungsstudium "Tourismus mit den Schwerpunkten Management und regionale Fremdenverkehrsplanung" an der Freien Universität Berlin

Mit dem Ergänzungsstudium Tourismus sollen die beruflichen Einsatzchancen von Hochschul- und Fachhochschulabsolventen unterschiedlicher Fachrichtungen vergrößert werden. Die im Erststudium erworbenen Kenntnisse sollen dabei sinnvoll in das spätere Tätigkeitsfeld eingebracht werden. Vorausgesetzt werden fortgeschrittene Kenntnisse der englischen oder einer anderen modernen Sprache.

Bei dem Ergänzungsstudium handelt es sich um einen interdisziplinären Studiengang mit je einem einsemestrigen Grund- und Hauptkurs. Enstprechend den vielschichtigen Problemen des Tourismus sind verschiedene an der Freien Universität Berlin vertretene Fachbereiche beteiligt. Die Wirtschaftswissenschaft konzentriert sich auf die ökonomischen Aspekte des Tourismus, hier speziell auf betriebswirtschaftliche Fragestellungen unter besonderer Berücksichtigung der marketingorientierten Unternehmensführung. Die Geographie befaßt sich mit den positiven und negativen räumlichen sowie sozio-ökonomischen Auswirkungen und Abhängigkeiten des Tourismus, außerdem mit der Überprüfung der Eignung und der Planung von Fremdenverkehrsgebieten. Die Geschichts- und Kulturwissenschaften leisten einen Beitrag für die wissenschaftliche Reiseleitung und -planung.

Im Rahmen sogenannter integrativer Veranstaltungen werden Studieninhalte vermittelt, die sich keinem der oben genannten Studienschwerpunkte direkt zuordnen lassen bzw. die fachübergreifende Inhalte besitzen, so z.B. "Methoden der empirischen Markt- und Sozialforschung", "Angebotsformen des Tourismus" und "ausgewählte Probleme von Tourismusorganisationen". Wichtigster Bestandteil der integrativen Lehrveranstaltungen ist ein empirisches Studienprojekt zum Tourismus-Management und zur regionalen Fremdenverkehrsplanung, das mit einer 15-tägigen Feldarbeit verbunden ist und den gesamten zweisemestrigen Ausbildungsgang begleitet.

Einblicke in die Berufspraxis werden außerdem durch Gastvorträge von Praktikern vermittelt, die über ihre Tätigkeit in den Bereichen Tourismus-Management, regionale Fremdenverkehrsplanung sowie wissenschaftliche Reiseleitung und -planung berichten. In der vorlesungsfreien Zeit zwischen Grund- und Hauptkurs wird ein vier- bis achtwöchiges Praktikum bei touristischen Organisationen absolviert.

Den Abschluß des Studiums bilden mündliche und schriftliche Prüfungen sowie eine sechswöchige schriftliche Hausarbeit. Der Absolvent bzw. die Absolventin erhält ein nach den drei Ausbildungsbereichen differenziertes Abschlußzeugnis sowie ein

Zertifikat, das über die Gesamtnote Auskunft gibt. Ein Diplom bzw. ein Titel wird nicht vergeben.

Die beruflichen Tätigkeitsfelder der Absolventen des Ergänzungsstudiums (pro Jahr ca. 25) liegen vor allem bei Reiseveranstaltern und kommunalen Organisationen bzw. Verbänden, teilweise erfolgt auch die Gründung eigener kleiner Reiseunternehmen. Ist der Einstieg der Absolventen in die Praxis erst einmal geschafft, haben sie meist eine sehr gute berufliche Karriere vor sich.

Das Ergänzungsstudium Tourismus an der Freien Universität Berlin hat eine eigenständige Position im gesamten Ausbildungssystem, und zwar
- durch die Einbeziehung von Praktikern bei der Entwicklung des Curriculums und in Form eines ständigen Beirats,
- durch die Erprobung des Curriculums im Rahmen einer dreijährigen Modellversuchsphase,
- durch das interdisziplinäre Fächerangebot,
- durch das praxisbezogene empirische Studienprojekt.

Vergleicht man das Ergänzungsstudium mit Angeboten anderer Ausbildungsinstitutionen, so zeigt sich, daß – zählt man alle Semesterwochenstunden in den tourismusspezifischen Fächern zusammen – quantitativ wesentlich mehr tourismusspezifische Lehrinhalte vermittelt werden, als dies beispielsweise die Fachhochschulen tun können.

5. Zukünftige Anforderungen an eine akademische Ausbildung im Tourismus

Der zukünftige Tourismusmarkt wird durch folgende Anforderungen geprägt sein:
- Der Tourismusmarkt ist schon seit langem kein Massenmarkt mehr, sondern ein Markt mit vielen unterschiedlichen Nachfragesegmenten. Die differenzierten Ansprüche einzelner Nachfrager erfordern eine zunehmend differenziertere Marktbearbeitung. Dies bedeutet z.B., daß die Anforderungen an das Marketing-Know-how der Anbieter weiter ansteigen werden und daß entsprechende Kenntnisse und Fähigkeiten zukünftig bei den Mitarbeitern sowohl von Reiseveranstaltern als auch bei kommunalen Fremdenverkehrsorganisationen vorhanden sein müssen. In Zukunft wird daher eine Vertiefung der Marketingkenntnisse erforderlich sein.
- Die negativen sozialen, ökonomischen und ökologischen Auswirkungen des Tourismus haben zu einer starken Umweltsensibilisierung der Urlauber und zu Abwehrreaktionen der Bereisten geführt. Diese Tatsache muß einerseits zu einem verantwortungsbewußteren Verhalten der Tourismusindustrie führen, andererseits müssen Kenntnisse über sozio-ökonomische und ökologische Wirkungsverläufe sowie Methoden der sogenannten Umweltverträglichkeitsprüfung Eingang in das touristische Ausbildungssystem finden.

- Durch den zunehmenden Einsatz neuer Technologien und Medien, wie z.B. die Computer-Reservierungs- und -Buchungssysteme, wird in Zukunft der Umgang mit dem Computer am Arbeitsplatz noch mehr zu einer Selbstverständlichkeit werden. Nicht nur die Anwendungskenntnisse solcher Systeme müssen – mehr noch als bisher – vermittelt werden, auch deren Auswirkungen sind differenzierter zu analysieren.
- Auch der politische Umschwung in der ehemaligen DDR und in Osteuropa stellt neue Anforderungen an die Ausbildung. Während z.B. bei der Tourismusplanung in den letzten Jahren in Westeuropa weniger Fragen der Tourismusentwicklung als vielmehr solche der Gestaltung von Tourismusgebieten im Vordergrund standen, werden in Zukunft vor allem Kenntnisse hinsichtlich Erschließungs- bzw. Reaktivierungsmaßnahmen ehemaliger Tourismusgebiete erforderlich werden.
- Durch den europäischen Binnenmarkt werden nicht nur Fremdsprachenkenntnisse in verstärktem Maße erforderlich werden, sondern darüber hinaus werden auch Fragen des europäischen Reise-, Steuer- und Handelsrechts sowie des Verbraucherschutzes verstärkt Eingang in das Lehrangebot finden müssen.
- Die Komplexität des touristischen Systems erfordert in Zukunft eine verstärkte Verzahnung mehrerer Wissenschaftsbereiche nicht nur in der Lehre, sondern auch auf den Gebieten der Grundlagenforschung und der angewandten Forschung. Beide Arten von Forschung sind wichtig, um den theoretischen Bestand der Disziplin zu sichern und weiterzuentwickeln und um die Lehre auf ein solides Fundament zu stellen.
- Internationale Kooperationen von Universitäten und Fachhochschulen scheinen eine gute Grundlage zu bilden, um diese Anforderungen zu erfüllen. Sie sollten auf jede mögliche Art und Weise intensiviert werden.

Literaturhinweise

Haedrich, G., K. Klemm, E. Kreilkamp (1990): Die akademische Tourismusausbildung in der Bundesrepublik Deutschland. In: Erfordernisse akademischer Ausbildung im Tourismus. AIEST-Publikation, Vol. 31, St. Gallen.

Klemm, K., A. Steinecke (1991): Berufe im Tourismus. In: Bundesanstalt für Arbeit (Hrsg.), Blätter zur Berufskunde, Band O. Bielefeld.

Anhang

Anschriften von Fachhochschulen, Hochschulen und Universitäten mit Studiengängen bzw. Studienschwerpunkten "Tourismus"

RWTH Aachen
Geographisches Institut
Templergraben 55
W-5100 Aachen

Freie Universität Berlin
Institut für Tourismus
Weddigenweg 32
W-1000 Berlin 45

Institut für Tourismuswirtschaft
Fakultät für Wirtschaft und Verkehr
Hochschule für Verkehrswesen
"Friedrich List"
Friedrich-List-Platz 1
O-8010 Dresden

Katholische Universität
Eichstätt
Ostenstraße 26–28
W-8078 Eichstätt

Ernst-Moritz-Arndt-Universität
Greifswald
Geographisches Institut
Ludwig-Jahn-Straße 16
O-2200 Greifswald

Fachhochschule Harz (Wernigerode)
Fachbereich Betriebswirtschaft
Friedrichstraße 54
O-3700 Wernigerode

Fachhochschule Heilbronn
Fachbereich Touristikbetriebswirtschaft
Max-Planck-Straße 39
W-7100 Heilbronn

Fachhochschule
Kempten
Immenstädter Straße 69
W-8960 Kempten/Allgäu

Handelshochschule Leipzig
Fachbereich Betriebswirtschaftslehre
Markgrafenstraße 2
O-7010 Leipzig

Universität Lüneburg
Fachbereich Kulturwissenschaften
Postfach 24 40
W-2120 Lüneburg

Fachhochschule München
Fachbereich Betriebswirtschaft
Schachenmeierstraße 35
W-8000 München

Universität-Gesamthochschule
Paderborn
Fachbereich 1,
Fach Geographie
Warburger Straße 100
W-4790 Paderborn

Universität Rostock
Fachbereich Wirtschaftswissenschaften
Parkstraße 6
O-2500 Rostock

Universität Trier
Abteilung Angewandte Geographie/
Fremdenverkehrsgeographie
Postfach 38 25
W-5500 Trier

Universität Trier
Fachbereich IV
Postfach 38 25
W-5500 Trier

Fachhochschule
Wilhelmshaven
Friedrich-Paffrath-Straße 101
W-2940 Wilhelmshaven

Fachhochschule Rheinland-Pfalz
Abteilung Worms
Erenburger Straße 19
W-6520 Worms

Universität Westsachsen/Zwickau
Direktorat für Studienangelegenheiten
Scheffelstraße 39
O-9560 Zwickau/Sachsen

Die Autoren – Biographische Notizen

Peter Agel, Diplom-Geograph, Dr. phil., geb. 1954 in Ettlingen. Nach dem Studium der Geographie, Kartographie, Volkswirtschaft und Soziologie in Heidelberg, Berlin und Frankfurt/M. für die Gesellschaft für Technische Zusammenarbeit (GTZ) in Westafrika tätig. Ab 1982 bei der Steigenberger Consulting als Berater für Fragen der Tourismus- und Hotelentwicklung zuständig; seit 1987 Geschäftsführer der Steigenberger Consulting.

Jürgen Armbrecht, Dipl.-Handelslehrer, geb. 1946 in Petershagen/Weser. 1967–1970 Studium der Betriebswirtschaftslehre an der Fachhochschule für Wirtschaft in Bielefeld, Abschluß Betriebswirt (grad.). 1970–1973 Marketing-Assistent und Produktmanager in der Getränke-Industrie. 1973–1975 Studium der Wirtschaftspädagogik mit Schwerpunkt Handels- und Marktwirtschaft an der Freien Universität Berlin. Seit 1975 Projektleiter für Reise- und Freizeituntersuchungen in der Abteilung "DL I – Allgemeine Dienstleistungen" bei der Stiftung Warentest in Berlin.

Christoph Becker, Prof. Dr. rer. nat., geb. 1938 in Frankfurt/M. Studium der Geographie von 1961–1966 in Frankfurt und vor allem an der Freien Universität Berlin, Abschluß Diplom-Geograph. 1967–1977 Wissenschaftlicher Assistent und Assistenz-Professor an der Freien Universität Berlin, Promotion 1969, Habilitation 1975. Seit 1977 Professor für Angewandte Geographie mit dem Schwerpunkt Fremdenverkehrsgeographie an der Universität Trier; seit 1991 zugleich Geschäftsführer der Europäischen Tourismus Institut GmbH an der Universität Trier.

Manfred D. Busche, Dipl.-Volkswirt, Dr. rer. pol., 1933 geb. in Aschersleben. Ab 1953 Studium der Wirtschafts- und Sozialwissenschaften, Philosophie und Recht; 1958 Abschluß Diplom-Volkswirt und 1962 Promotion an der Freien Universität Berlin; 1962–1965 Dozent des Goethe-Instituts zur Pflege der deutschen Sprache und Kultur im Ausland e.V., in Cairo/Ägypten; zuletzt stellvertretender Leiter des Deutschen Kulturinstituts Cairo. 1965–1971 Tätigkeit beim ADB Austellungs-Dienst Berlin GmbH; 1966 Prokurist und 1969 Geschäftsführer; seit 1971 Geschäftsführer der AMK Berlin Austellungs-Messe-Kongreß-GmbH und seit Juni 1987 Vorsitzender der Geschäftsführung der AMK Berlin Austellungs-Messe-Kongreß-GmbH.

Robert Datzer, Dr. rer. pol., geb. 1949 in Troisdorf bei Köln. Nach dem Studium der Sozialwissenschaften in Frankfurt/M. (1970–1975) zunächst ein Jahr lang in einem Entwicklungshilfeprojekt in Mexiko tätig; danach Promotion im Fachbereich Betriebswirtschaft der Universität Frankurt/M. Von 1980–1984 Forschungsreferent beim Studienkreis für Tourismus, Starnberg; seit Anfang 1985 Geschäftsführer und Mehrheitsgesellschafter des Instituts für Freizeit- und Tourismusberatung GmbH mit Sitz in

Waldbronn bei Karlsruhe. Schwerpunkte: Erarbeitung von Fremdenverkehrskonzeptionen im In- und Ausland, PR-Beratung sowie Repräsentanz ausländischer Fremdenverkehrsämter.

Paul Degott, geb. 1951. Studium der Rechtswissenschaft an der Universität Saarbrükken und an der Justus-Liebig-Universität in Gießen; mit der Ersten Juristischen Staatsprüfung Ende 1977 Übernahme in den Referendardienst des Landes Hessen beim Landgericht Gießen; im Frühjahr 1980 Abschluß der Zweiten Juristischen Staatsprüfung. Nach kurzer Übergangstätigkeit an der Justus-Liebig-Universität erfolgte 1980 der Wechsel zur Touristik Union International GmbH & Co KG, deren Referat Recht er nunmehr leitet. Tätigkeitsschwerpunkte sind insbesondere Fragen des Kartell- und Wettbewerbsrechts, des in- und ausländischen Handels- und Gesellschaftsrechts, der Bereich der touristischen Verträge, das Recht der Allgemeinen Geschäftsbedingungen und das Arbeitsrecht.

Franz Dundler, Dipl.-Betriebswirt (FH), geb. 1956. Studium am Fachbereich Betriebswirtschaft/Touristik an der Fachhochschule München. Nach Studienabschluß drei Jahre Tätigkeit bei einem Reiseveranstalter im Bereich Flugorganisation, Operations und Fluggastbetreuung. Seit 1982 beim Studienkreis für Tourismus e.V., Starnberg, als Projektreferent Forschung tätig.

Walter Eder, Prof. Dr. phil., geb. 1941 in Winterberg (CSFR). Studium der Klassischen Philologie und Geschichte. Seit 1971 Prof. für Alte Geschichte an der Freien Universität Berlin. Mitbegründer und Wissenschaftlicher Leiter des Ausbildungsbereichs Wissenschaftliche Reiseleitung und -planung am Institut für Tourismus der Freien Universität Berlin. Publikationen zur Rechts- und Sozialgeschichte der Antike und zur Aufgabe des Reiseleiters im Kulturtourismus.

Simone Frömbling, Dipl.-Kfm., geb. 1962 in Osnabrück. 1982–1988 Studium der Betriebswirtschaftslehre an der Philipps-Universität Marburg und an der Westfälischen Wilhelms-Universität Münster, 1988 Diplom. Seit 1989 Assistentin am Institut für Marketing an der Westfälischen Wilhelms-Universität in Münster mit den Forschungsschwerpunkten Stadt-/Regionenmarketing und Fremdenverkehrsmarketing.

Klaus Gärtner, Dr. rer. pol., geb. 1938 in Karlsruhe. Studium der Volkswirtschaft; nach dem Studium Tätigkeit in der Organisationsabteilung der Lufthansa; 1971 Einstieg bei der Studiengesellschaft zur Automatisierung von Reise und Touristik (START); 1987 Geschäftsführer der START Austria in Salzburg; seit 1990 Geschäftsführer der START AMADEUS Vertrieb GmbH in Frankfurt/M.

Dieter Gauf, Diplom-Betriebswirt, geb. 1952. Studium in Frankfurt/Main und Worms. Seit 1983 Lehrbeauftragter an der Fachhochschule München. Seit 1985 Geschäftsführer des Internationalen Bustouristik Verbandes RDA.

Hans-Jürgen Geßner, Dipl.-Kfm., Dr. rer. pol., geb. 1936 in Erfurt. 1957–1964 Studium der Betriebswirtschaftslehre an der Freien Universität Berlin; 1965 Diplomprüfung; 1971 Promotion; 1982 Habilitation (Betriebswirtschaftslehre); 1965–1973 Wissenschaftlicher Tutor bzw. Wissenschaftlicher Assistent am Institut für Markt- und Verbrauchsforschung der Freien Universität Berlin; 1973–1979 Assistenz-Professor für Distributionswirtschaft an der Freien Universität Berlin; 1979–1981 Lehrbeauftragter und freier wissenschaftlicher Mitarbeiter am Institut für Markt- und Verbrauchsforschung der Freien Universität Berlin; seit 1981 Akademischer Oberrat bzw. Privatdozent am Institut für Marketing und Handel der Georg-August-Universität Göttingen.

Armin Godau, Prof. Dr. sc. oec., geb. 1941 in Königsberg (Preußen); 1967 Diplom auf dem Gebiet der Verkehrsbetriebswirtschaft; 1974 Promotion. Tätigkeit im Führungsbereich der Deutschen Reichsbahn, u.a. in der Verkehrsforschung. 1984 Habilitation. 1988 Berufung zum ordentlichen Professor an die Hochschule für Verkehrswesen "Friedrich List" in Dresden. Leiter des Instituts für Tourismuswirtschaft der Hochschule für Verkehrswesen und geschäftsführendes Vorstandsmitglied des Instituts zur Förderung und Integration des Tourismus in Europa e.V. Dresden.

Margita Großmann, Dr. oec., geb. 1946 in Dresden. 1965–1970 Studium der Verkehrs- und Betriebswirtschaft (Spezialisierung Fremdenverkehr) an der Hochschule für Verkehrswesen in Dresden, Abschluß Dipl.-Ing.-Ökonom. Nach der Promotion (1973) Wissenschaftliche Mitarbeiterin am Institut für Fremdenverkehrsökonomie. 1979–1982 Stellvertreterin des Leiters des FDGB-Feriendienstes in Dresden. 1985 Habilitation. Seit 1989 Hochschuldozentin für Ökonomie des Tourismus am Institut für Tourismuswirtschaft an der Hochschule für Verkehrswesen "Friedrich List" Dresden.

Eberhard Gugg, Prof. Dr. rer. pol., geb. 1936. 1957–1964 Studium der Betriebswirtschaft in New York und München; 1964 Dipl.-Examen und 1968 Promotion an der Universität München. 1965–1972 Wissenschaftlicher Assistent am Deutschen Wirtschaftswissenschaftlichen Institut für Fremdenverkehr an der Universität München. 1972–1986 Geschäftsführer der Steigenberger Consulting, Frankfurt/M. 1987 Ernennung zum Professor für Internationale Hotellerie und Betriebswirtschaftslehre an der Fachhochschule Rheinland-Pfalz, Abt. Ludwigshafen/Worms sowie Gründung der Planungs- und Beratungsgesellschaft Dr. Eberhard Gugg & Partner.

Frank Gussek, Dipl.-Kfm., Dr. rer. pol., geb. 1960 in Nordhorn, Kreis Grafschaft Bentheim. 1982–1987 Studium der Betriebswirtschaftslehre an der Freien Universität Berlin mit den Schwerpunkten Marketing, Marktforschung sowie Organisation und Personalwesen (Management). Nach Abschluß zum Dipl.-Kaufmann von 1988 bis 1991 Wissenschaftlicher Mitarbeiter bei Prof. Dr. Haedrich am Institut für Marketing der Freien Universität Berlin. Nach Abschluß der Promotion seit 1991 Leiter Marketing der KM-kabelmetal AG in Osnabrück.

Günther Haedrich, Prof. Dr. rer. pol., geb. 1934 in Berlin. 1955–1960 Studium der Betriebswirtschaftslehre an der Freien Universität Berlin. Von 1961 bis 1963 Leiter der Abteilung Marktforschung in einem Unternehmen der Konsumgüterindustrie; von 1963 bis 1970 Geschäftsführer bzw. Mitglied der Geschäftsleitung in Werbeagenturen. 1970–1972 Projektleiter und Mitglied der Geschäftsleitung bei Roland Berger & Partner GmbH, München. Seit 1972 Professor für Marketing und Allgemeine Betriebswirtschaftslehre an der Freien Universität Berlin. Wissenschaftlicher Leiter des Ergänzungsstudiums "Tourismus mit den Schwerpunkten Management und regionale Fremdenverkehrsplanung" an der Freien Universität Berlin.

Peter Haimayer, Dr. rer. nat., geb. 1944 in Feldkirch. Studium in Geographie, Sport und Psychologie. Wissenschaftlicher Mitarbeiter am Institut für Geographie der Universität Innsbruck. 1986 Mitbegründer und seither Leiter des interdisziplinär ausgerichteten Arbeitskreises für Freizeit und Tourismus an der Universität Innsbruck. Anwendungsorientierte wissenschaftliche Arbeiten zu verschiedenen Themen, aktive Mitarbeit in mehreren Arbeitsgruppen zur konzeptionellen Gestaltung des Tourismus in Tirol.

Henning Hillmann, Dr. rer. pol., Ministerialrat, geb. 1939 in Wuppertal. Studium der Betriebswirtschaftslehre an der Universität zu Köln; 1964 Abschluß Diplom-Kaufmann, anschließend wissenschaftliche Assistenten- und Lehrtätigkeit an der Universität zu Köln. 1971–1974 Referent für wirtschaftspolitische und internationale Fragen der Steuerpolitik in der Abt. Grundsatzfragen der Wirtschaftspolitik im Bundesministerium für Wirtschaft. 1974–1978 persönlicher Referent des Parlamentarischen Staatssekretärs beim Bundesminister für Wirtschaft. Anschließend bis 1987 Aufbau und Leitung des Referats "Freie Berufe" in der Abt. Mittelstandspolitik des BMWi; danach Leiter des Referats "Tourismuspolitik" (nationale fremdenverkehrspolitische und internationale tourismuspolitische Fragen); seit 1991 Leiter des Referats "Freie Berufe/Spezielle Fragen" in der Mittelstandsabteilung des Bundesministeriums für Wirtschaft.

Claude Kaspar, Prof. Dr. rer. pol., geb. 1931 in St. Gallen (Schweiz). Nach dem Studium an den Universitäten von Köln und Bern Promotion an der Universität Bern. 1957–1966 Tätigkeit als Direktionssekretär und Geschäftsführer in der Verkehrswirtschaft. Ab 1967 Vizedirektor und ab 1969 Direktor des Instituts für Tourismus und Verkehrswirtschaft an der Hochschule St. Gallen; 1964 Privatdozent, 1969 a.o. Professor und 1973 Ordinarius für Fremdenverkehr und Verkehrswirtschaftslehre an der Hochschule St. Gallen für Wirtschafts-, Rechts- und Sozialwissenschaften. Mitglied zahlreicher nationaler und internationaler Gremien der Verkehrswirtschaft und des Tourismus. Seit 1974 Präsident der Internationalen Vereinigung wissenschaftlicher Fremdenverkehrsexperten AIEST. Lehrbeauftragter an der Universität Innsbruck.

Kristiane Klemm, Dipl.-Geographin, Dr. rer. nat., geb. 1945 in Augustusburg/Erzgeb. 1966–1971 Studium der Geographie, Volkswirtschaftslehre, Stadt- und Regionalplanung in Freiburg und Berlin. 1972–1973 wissenschaftliche Mitarbeiterin an einem Forschungsinstitut in Hamburg. 1973–1978 Wissenschaftliche Assistentin am Geographischen Institut der Freien Universität Berlin. 1978–1982 wissenschaftliche Mitarbeiterin im Modellversuch Tourismus an der Freien Universität Berlin; 1982–1983 Gastprofessorin an der Technischen Universität Berlin, Fachbereich Landschaftsentwicklung. Seit 1984 wissenschaftliche Mitarbeiterin am Institut für Tourismus der Freien Universität Berlin und dort zuständig für den Ausbildungsbereich "regionale Fremdenverkehrsplanung" im Ergänzungsstudium Tourismus.

Edgar Kreilkamp, Dipl.-Kfm., Dr. rer. pol., geb. 1949 in Lommersum bei Köln. 1970–1973 Studium der Betriebswirtschaftslehre an der FH für Wirtschaft in Köln. 1973 – 1976 Studium an der Freien Universität Berlin. 1977-1979 Marketing-Controller der Henkel Kosmetik GmbH bei der Firma "Henkel KGaA" in Düsseldorf. 1979–1984 wissenschaftlicher Mitarbeiter im Institut für Markt- und Verbrauchsforschung des Fachbereichs Wirtschaftswissenschaft der Freien Universität Berlin. Seit 1986 Akademischer Rat am Institut für Tourismus der Freien Universität Berlin und zuständig für den Bereich Tourismus-Management. 1992 Ruf als Univ.-Professor für Betriebswirtschaftslehre, insbesondere Tourismus, an die Universität Lüneburg.

Cornelia Kuchlbauer, Dipl.-Betriebswirt (FH), geb. 1967. Studium der Betriebswirtschaftslehre an der Fachhochschule München mit dem Schwerpunkt Tourismus. Nach Abschluß des Studiums 1990 Mitarbeit an verschiedenen Tourismusprojekten des Instituts für Planungskybernetik (IPK), München, als Assistant Researcher.

Martin Lohmann, Dipl.-Psych., Dr. phil., geb. 1956. Studium der Psychologie in Düsseldorf, Kiel und Würzburg; während des Studiums Tätigkeit als Reiseleiter von Studienreisen nach Frankreich und Spanien. 1986 Promotion. 1981–1984 Wissenschaftlicher Assistent am Institut für Psychologie der Universität Würzburg. 1984–1991 Forschungsreferent beim Studienkreis für Tourismus e.V., Starnberg; Arbeitsgebiete: Betreuung der Reiseanalyse und zahlreiche Forschungs- und Beratungsprojekte für Urlaubsregionen. Lehraufträge an den Universitäten Innsbruck, Berlin und Kiel, an der

Fachhochschule Würzburg/Schweinfurt und verschiedenen Verwaltungsschulen. Seit 1991 wissenschaftlicher Leiter und Geschäftsführer des N.I.T., Institut für Tourismus- und Bäderforschung in Nordeuropa, Kiel.

Heribert Meffert, Prof. Dr. rer. pol., geb. 1937 in Oberlahnstein. 1956–1961 Studium der Betriebswirtschaftlehre in München; 1962–1968 Wissenschaftlicher Assistent in München; 1964 Promotion, 1968 Habilitation. 1968 Berufung an den Lehrstuhl für Betriebswirtschaftslehre an der Universität Münster; Aufbau und Direktor des ersten Instituts für Marketing an einer deutschen Hochschule. Gründungs- und Vorstandsmitglied der Wissenschaftlichen Gesellschaft für Marketing und Unternehmensführung e.V., Münster; Mitgliedschaft in verschiedenen Vereinigungen, u.a. Verein für Socialpolitik, Deutsche und Amerikanische Marketing-Vereinigung, Deutscher Hochschullehrerverband, Vorsitzender der Kommission "Absatzwirtschaft" beim Wissenschaftsminister des Landes Nordrhein-Westfalen. Forschungsschwerpunkte: Marketing und Unternehmensführung, Internationales Marketing, Umweltmanagement.

Carl-Heinz Moritz, Prof. Dr. rer. pol., geb. 1945 in Stolberg. 1967–1972 Studium des Wirtschafts-Ingenieurwesens an der Technischen Universität Berlin; Abschluß Dipl.-Ing. 1974–1977 Wissenschaftlicher Assistent und 1976 Promotion an der Technischen Universität Berlin. Seit 1972 Lehrbeauftragter an der Fachhochschule für Wirtschaft Berlin; 1990 Ernennung zum Honorarprofessor. Seit 1977 Abteilungsleiter "Planung und Analyse" bei der Stiftung Warentest in Berlin.

Hansruedi Müller, Dr. rer. pol., geb. 1947 in Buchs/St. Gallen (Schweiz). 1976–1981 Verantwortlicher bei der Generaldirektion der Schweizerischen Bundesbahnen (SBB) für die Güterverkehrswerbung. 1977–1981 Studium der Wirtschaftswissenschaften an der Universität Bern als Werkstudent; seit 1982 Assistent/Oberassistent am Forschungsinstitut für Freizeit und Tourismus an der Universität Bern; 1985 Promotion. Seit 1989 Direktor am Forschungsinstitut für Freizeit und Tourismus an der Universität Bern; Arbeitsschwerpunkte: Erforschung der vernetzten Zusammenhänge in den Bereichen Freizeit und Tourismus sowie die Beratung bezüglich ökologischer Anpassungsprozesse im touristischen Management.

Hanns P. Nerger, geb. 1947. 1977–1980 Leiter des Vorstandsbüros der Deutschen Zentrale für Tourismus; 1981–1984 Leiter der Generalvertretung Nordeuropa der Deutschen Zentrale für Tourismus mit Büros in Kopenhagen, Stockholm und Oslo; seit 1984 Direktor des Amtes für Lübeck-Werbung und Tourismus und seit 1990 in Personalunion Direktor der Kurverwaltung Travemünde. Vorsitzender der Werbegemeinschaft "Die historischen Zehn Städte" und der Werbegemeinschaft "Deutsches Küstenland".

Sabine Neumann, geb. 1965 in Berlin. Ausbildung zur Hotelfachfrau; Arbeit in einer Werbeagentur; Sekretärin beim Deutschen Seminar für Fremdenverkehr; Redaktionsvolontariat; unterhält mit Horst Schwartz ein auf Tourismus spezialisiertes Redaktionsbüro.

Thomas Richters, Dipl.-Verwaltungswissenschaftler, geb. 1957 in Bielefeld. Studium der Verwaltungswissenschaft in Konstanz mit den Schwerpunkten Internationale Beziehungen und Instrumentarien der Politikdurchsetzung. 1986–1988 Tätigkeit bei einem Unternehmensberater. Seit 1988 Tätigkeit im Zentralen Marketing der Deutschen Lufthansa AG in Frankfurt/M.; Arbeitsschwerpunkte: Marktforschung, übergreifende Strategie- und Kommunikationskonzepte sowie Marketingplanung.

Felizitas Romeiß-Stracke, Prof. Dr. rer. pol., geb. 1945. Studium der Soziologie, Psychologie, Volkswirtschaftslehre und Publizistik in München; Aufbaustudium Civic Design in Liverpool. 1970–1977 Tätigkeit bei der Stadtverwaltung der Landeshauptstadt München (Stadtentwicklungsreferat: Freizeitplanung; Sozialreferat: Stadtsanierung). 1977 Gründung des Büros für Sozial- und Freizeitforschung, München (Forschung, Planung und Beratung für Ministerien, Regionen, Kommunen, Verbände in den Sektoren Stadt- und Regionalplanung, Freizeit und Tourismus). Seit 1990 Professorin für Tourismus- und Freizeitmanagement im Studiengang Tourismus an der Fachhochschule München.

Peter Roth, Dipl.-Geograph, Dr. phil., geb. 1951 in Erfelden/Hessen. 1970–1975 Studium der Geographie, Wirtschaftswissenschaften, Geologie und Bodenkunde in Frankfurt/M.; 1975–1976 wissenschaftlicher Mitarbeiter am Geographischen Institut der Universität Frankfurt/M.; 1976–1978 Assistent des Vorstands der Deutschen Zentrale für Tourismus (DZT); 1978–1980 Mitarbeiter der Gruppe Marketingforschung bei der DZT; seit 1980 Leiter der Gruppe Marketingforschung bei der DZT. Seit 1982 außerdem Lehrbeauftragter für Tourismusmarketing an der Universität Trier.

Hans-Joachim Schemel, Dr. Ing., geb. 1945 in Haynau/Schlesien. Studium der Landschaftsplanung/Landschaftsökologie mit Aufbaustudium Städtebau/Raumplanung an der Technischen Universität München. Seit 1973 Gutachter in Umweltfragen; seit 1983 Leiter des Büros für Umweltforschung und Umweltplanung München.

Heinz Rico Scherrieb, Dr. jur., geb. 1948 in Aulendorf, Kreis Ravensburg. 1968–1969 Studium der Rechtswissenschaft an der Universität Tübingen; 1969–1973 Studium der Rechtswissenschaft und Betriebswirtschaft an der Universität Würzburg. Seit 1973 Leiter des Instituts für Fremdenverkehrs- und Freizeitforschung in Würzburg; seit 1976 Lehrbeauftragter und später Honorarprofessor für Fremdenverkehrspolitik, Fremdenverkehrsmarketing und Freizeitbetriebswirtschaftslehre an verschiedenen Fachhochschulen und Hochschulen des In- und Auslandes.

Frank Schirmer, Dipl.-Ökonom, Dr. rer. pol., geb. 1958 in Wuppertal. 1978–1984 Studium Betriebswirtschaftslehre und Volkswirtschaftslehre in Wuppertal. 1984–1989 wissenschaftlicher Mitarbeiter am Institut für Management der Freien Universität, Fachrichtung Organisation und Führung. Erfahrungen in der Unternehmensberatung und berufsbegleitenden Weiterbildung von Führungs- und Führungsnachwuchskräften.

Marie-Louise Schmeer-Sturm, Dr. phil., geb. 1954 in München. Studium der Pädagogik und Kunstgeschichte; 1977 Erste Lehramtsprüfung und – nach einem Jahr Studienreiseleitertätigkeit in Italien – Referendariat für das Lehramt an Volksschulen. Nach der Zweiten Lehramtsprüfung von 1981 bis 1984 Tätigkeit als Studienreiseleiterin; 1984 Promotion. 1984–1991 Akademische Rätin mit den Schwerpunkten Reise- und Museumspädagogik an der Ludwig-Maximilians-Universität München. Seit 1991 bei der Firma Reisen und Bildung GmbH in München tätig.

Peter Schnell, Dr. Ing., geb. 1942. 1968–1975 wissenschaftlicher Assistent am Verkehrswissenschaftlichen Institut der Universität Stuttgart. Danach verschiedene Tätigkeiten bei der Deutschen Bundesbahn in der Produktion, beim Vorstand und im Personenverkehr; seit 1987 Leiter des Bereichs Personenfernverkehr der Deutschen Bundesbahn, zuständig für Marketing.

Karlheinz Schnorbach, Dr. jur., geb. 1932 in Dormagen/Niederrhein. Studium der Jurisprudenz an den Universitäten Bonn und Köln; nach der Promotion dreijährige Tätigkeit in der Kommunalverwaltung von Landkreisen. Ab 1969 Tätigkeit im Ministerium für Wirtschaft und Verkehr des Landes Rheinland-Pfalz; seit 1971 Leiter des Referats Fremdenverkehr. Lehrbeauftragter für Fremdenverkehrspolitik an der Fachhochschule Rheinland-Pfalz, Abt. Ludwigshafen/Worms, im Fachbereich Verkehrswesen/Touristik. Mitglied zahlreicher nationaler und internationaler Gremien der Fremdenverkehrswirtschaft.

Ursula Schörcher, geb. 1939 in Hamburg. 1958–1963 Studium der Betriebswirtschaftslehre in München und Hamburg. 1963–1967 Tätigkeit zunächst im Marketing-Bereich, später Leiterin der Marktforschung in einer großen Werbeagentur. Von 1967 bis 1970 bei der Deutschen Lufthansa AG Leiterin der Marketingforschung für den deutschen Markt und ab 1970 weltweit. Ab 1980 Aufbau des Ressorts Marketing bei der Condor Flugdienst GmbH und ab 1984 Leitung des Ressorts für den deutschen Markt mit den Aufgaben Marketing-Planung, Werbung, Verkaufsförderung, Direktmarketing und fachliche Führung der Akquisition. Seit 1988 Leitung des Ressorts Marketing-Grundlagen und Marketing-Kommunikation (Zentrales Marketing) bei der Deutschen Lufthansa AG mit den Aufgaben Marktforschung weltweit, Erarbeitung von Marketingstrategien, Wettbewerbsanalysen und weltweite Kommunikation.

Horst Schwartz, geb. 1941 in Malmedy/Belgien. Studium der Philosophie und Kunstgeschichte (ohne Abschluß); Zeitungsvolontariat, Redakteur bei einer Tageszeitung; neun Jahre Leiter der Reiseredaktion der Zeitschrift "test"; seit 11 Jahren Freier Reisejournalist und Autor von zahlreichen Reiseführern; Arbeit für Zeitungen und den Rundfunk, Seminare zur Pressearbeit im Tourismus (Deutsches Seminar für Fremdenverkehr, Institut für Tourismus).

Beat Seiler, Dr. rer. pol., geb. 1949 in Bern. Lehramtsstudium sowie wirtschaftswissenschaftliches Studium an der Universität Bern, 1989 Promotion. Berufliche Tätigkeiten: Sekundarlehrer, Assistent am Forschungsinstitut für Freizeit und Tourismus der Universität Bern, wissenschaftlicher Mitarbeiter der Baudirektion des Kantons Bern.

Ulrich Spörel, Dipl.-Volkswirt, geb. 1948 in Hameln. Studium der Volkswirtschaftslehre mit Nebenfach Soziologie an den Universitäten Freiburg/Breisgau und Münster; Tätigkeiten als Wissenschaftlicher Mitarbeiter bzw. Wissenschaftlicher Angestellter an den Universitäten Münster und Bielefeld. Seit 1987 beim Statistischen Bundesamt, z.Zt. als Referatsleiter in der Gruppe Verkehr/Tourismus zuständig für Tourismusstatistik.

Rochus P. Strangfeld, geb. 1931 in Breslau. 1950–1954 Jura-Studium an der Freien Universität Berlin sowie an den Universitäten Köln und Bonn; Referendar-Ausbildung in Berlin, Nordrhein-Westfalen und Rheinland-Pfalz. Seit 1961 Rechtsanwalt und Notar in Berlin (zivilrechtliche Praxis). Mitglied des Vorstandes der Deutschen Gesellschaft für Reiserecht.

Werner Sülberg, geb. 1953 in Iserlohn. 1972–1977 Studium der Volkswirtschaftslehre, Rechtswissenschaft, Verkehrswissenschaft und Regionalplanung an der westfälischen Wilhelms-Universität in Münster. Seit 1978 Tätigkeit bei der Deutschen Reisebüro GmbH in Frankfurt/M., bis 1980 in der Verkaufsleitung und zentralen Koordinierung der Reisebüro-Niederlassungen, 1981–1983 als Assistent der Geschäftsführung, 1984–1987 als Leiter der Abteilung Zentrales Informations- und Berichtswesen, 1988–1990 als Hauptabteilungsleiter Unternehmensplanung. Seit 1991 Bereichsleiter für Unternehmensplanung sowie strategische und operative Marktforschung.

Joachim S. Tanski, Dipl.-Kfm., Dr. rer. pol., geb. 1950 in Berlin. Leitender Angestellter in einem Beratungs- und Dienstleistungsunternehmen. Lehrbeauftragter u.a. für das Fach "Finanz- und Rechnungswesen" am Institut für Tourismus der Freien Universität Berlin seit Gründung des Aufbaustudienganges 1979.

Ernst-Otto Thiesing, Dipl.-Kfm., Dr. rer. pol., geb. 1955. 1976–1981 Studium der Betriebswirtschaftlehre in Münster; 1982–1986 Wissenschaftlicher Mitarbeiter von Prof. Dr. Heribert Meffert am Institut für Marketing der Wilhelms-Universität Münster.

1986–1988 Vorstandsassistent bei der Nürnberger Bund Großeinkauf e.G., Essen; 1988–1990 Referent für Gruppenentwicklung bei der BATIG Gesellschaft für Beteiligungen mbH, Hamburg, zuständig für den Bereich Dienstleistungen/Handel; seit 1990 Referent für Unternehmensentwicklung bei der TUI Touristik Union International GmbH & Co KG, Hannover. Arbeits- und Interessenschwerpunkte: Marketing, Marketing-Strategie, Marketing-Controlling, strategisches Management.

Torsten Tomczak, Dipl.-Kfm., Dr. rer. pol., geb. 1959 in Berlin. Studium der Betriebswirtschaftslehre an der Freien Universität Berlin; 1984 Abschluß Dipl.-Kfm., 1989 Promotion an der Freien Universität Berlin. 1984–1986 Assistent der Geschäftsleitung in einer Handelsunternehmung; 1986–1989 Wissenschaftlicher Mitarbeiter bei Prof. Dr. Günther Haedrich am Institut für Marketing der Freien Universität Berlin. 1989–1990 Management Supervisor in einer internationalen Werbeagentur; seit August 1990 vollamtlicher Dozent für Betriebswirtschaftslehre und Marketing an der Hochschule St. Gallen.

Barbara Troger, geb. 1958 in München. 1983–1987 Studium der Kommunikationswissenschaft, Psychologie und Statistik in München. Von 1979–1989 Beschäftigung bei der Deutschen Lufthansa AG. Seit 1989 Studienleiterin bei der Infratest Sozialforschung.

Paul Tschurtschenthaler, Dipl.-Volkswirt, Dr. rer. pol., geb. 1948 in Innsbruck. Studium der Volkswirtschaft an der Universität Innsbruck. Seit 1974 Mitarbeiter am Institut für Wirtschaftstheorie und Wirtschaftspolitik der Universität Innsbruck. 1985 Habilitation; 1980 Studienaufenthalt an der University of Surrey; 1991 Gastprofessur an der University of New Orleans. Seit 1988 wissenschaftlicher Leiter des Universitätslehrgangs für Fremdenverkehr an der Sozial- und Wirtschaftswissenschaftlichen Fakultät der Universität Innsbruck.

Reinhold Weissbarth, Dipl.-Volkswirt, geb. 1942. Studium der Volkswirtschaft und Soziologie in München und London. Seit 1968 bei Infratest, zunächst als Studienleiter im Bereich Wirtschaftsforschung, seit 1972 Studienbereichsleiter der Verkehrs-, Tourismus-, Stadt- und Regionalforschung. Seit 1984 Geschäftsführer der Infratest Sozialforschung.

Thomas Winkelmann, geb. 1960 in Hagen. 1980–1986 Studium der Germanistik und Geschichte in Münster und Berlin; 1986–1987 Ergänzungsstudium Tourismus an der Freien Universität Berlin; 1987–1989 Verkaufsleiter bei einem Berliner Reiseveranstalter; 1989–1992 Geschäftsführer einer Reiseagentur in Miami/Florida; seit 1992 Leiter der Profit Center Agenturen bei ITS.

Rainer Wohlmann, Dipl.-Soziologe, geb. 1934 in Schneeberg/Odenwald. Studium der Soziologie und Politik in Frankfurt und Köln. Seit 1961 in der Marktforschung tätig; 1961–1969 im DIVO-Institut Frankfurt Leiter der Abteilung Sozialforschung und Mitglied der Geschäftsleitung; 1969-1984 bei MARPLAN Frankfurt/Offenbach, Leitung der Abteilung Wirtschafts- und Sozialforschung; Mitglied der Geschäftsleitung. Seit 1984 geschäftsführender Gesellschafter bei M + E Deutsche Gesellschaft für Markt- und Engpaßforschung mbH, Frankfurt. Verantwortlich für den Bereich Wirtschafts- und Sozialforschung mit den Schwerpunkten Tourismus, Verkehr und Kommunikation.

Stichwortverzeichnis

Abacus 624 f.
Ablauforganisation 33
Absatzmethode 329
Absatzpotential 343 f.
Activity-based-accounting 204
Agentur 539
Agenturvertrag 347
A-I-O-Konzept 312
Akademisches Aus- und Weiterbildungssystem im Tourismus 761
Akkulturation 22
Aktionsplan der Gemeinschaft zur Förderung des Fremdenverkehrs 47
Allgemeine Geschäftsbedingungen (AGBG) 113
Allgemeine Reisebedingungen 113
Allgemeine Systemtheorie 14
Allgemeine Umwelt 259
Amadeus 528, 566, 623
AMK Ausstellungs-Messe-Kongress-GmbH Berlin 753 ff.
Analytic Hierarchy Process 374 f.
Angebot
–, abgeleitetes 27
–, touristisches 26 ff.
–, ursprüngliches 26 f.
Angebotspolitik 287
Apollo 621 f.
Arbeitsgemeinschaft der Verbraucherverbände (AgV) 80
Aufbauorganisation 33
Aufgabenumwelt 259
Ausgeglichene Funktionsräume 71
Ausländerreiseverkehr 707
–, Zielgruppen 712 f.
Auslandstourismus 144
– nach Herkunftsländern 144
Ausstellungen 753 ff.
Axess 625

Bahn-Marketing 569
Bank-Berichts-Methode 235
Bauleitplanung 73
Bedarfsverkehrsträger 590
Befragungen 179 ff.
–, Auswertung, Darstellung, Interpretation 186 f.
–, Konzeption und Durchführung 179 ff.

Beherbergungsgewerbe 594 ff.
–, Struktur 594
–, zukünftige Entwicklung 596 ff.
Beherbergungskapazität 144 ff.
Beherbergungsstatistik 137 ff.
Beherbergungsstätten 142
–, Betriebsarten 142
BERI-Informationsdienst 275
Beschaffungsmarketing 289, 292
Beschwerdemanagement 286
Bindungsstrategie 346
Binnenmarketing 706, 736
Binnentourismus 721 f.
Biosphärenreservat 657
Biotoptypen 416 f.
Break-even-Analyse 204 ff.
– mit sprungfixen Kosten 208
Break-even-Preis 206 f.
Break-even-Punkt 205, 210
Break-even-Simulation 207
Bruttoinlandsprodukt 217
Bruttoproduktionswert 216
Bruttowertschöpfung 217
Bundesrepublik Deutschland
– –, Ausländerreiseverkehr 709
– –, touristisches Image der 711 f.
Bungalow-Resorts 614
Busreisende
–, Altersstruktur 587
–, Reisemotive 587
Busreiseveranstaltung 589
Busreiseziele 585
Bustouristik 583 ff.
–, Angebotsseite 588 f.
–, Entwicklung 584 f.
–, Kostenstruktur 589
–, Nachfrageseite 585 ff.

CATI-Technik 172 f.
Center-Parcs, Konzept 614 ff.
Chancen-/Gefahrenanalyse 272
Charterflugtourismus 560
Clusteranalyse 634, 641 ff.
Company-Marken 292
Computergestützte Reservierungs- und Buchungssysteme (CRS) 527, 536, 566, 619 ff.
– –, Geschäftspolitische Verknüpfungen 625 ff.

– –, Haupteigentümer 625 ff.
– –, Verbreitungsgebiete 625 ff.
Consolidator 491, 562
Consumer Benefit 313
Consumer Promotions 321
Corporate Communications 327 f.
Corporate Design 544 f., 550 f., 676
Corporate Identity 41, 751
Corporate-Identity-Mix 327
Corporate-Identity-Strategie 327

Dach-Marken 292, 556
Dealer Promotions 321
Deckungsbeitragsrechnung 202, 343
Deckungsbeitragsrechnung Reiseveranstalter 296
Defining the business 32, 253, 367
Defining des mission of the business 254, 367
Delphi-Methode 274
Detail- und Maßnahmenplanung 279 f., 705
Deutsche Bundesbahn 569 ff.
Deutsches Reisebüro (DER) 485
Deutsche Zentrale für Tourismus (DZT) 707 ff.
– –, Marketingziele und Marketingstrategien 710 f.
– –, Marketingforschung der 708 ff.
Dezentrale Konzentration 67
Dienstleistungen 283 ff.
–, Qualität von 284
Differenzierte Marktbearbeitung 371
Differenziertes Marketing 301
Differenzierung 371
Direktvertrieb 492
Diskoparks 605
Distribution 329 ff.
–, exklusive 345
–, generelle (intensive) 345
–, gewichtete 343
–, numerische 342
–, selektive 345
Distributionsindex 342
Distributions-Mix 333
Distributionsorgan 338
Distributor 344
Dritte-Welt-Tourismus 715 ff.
– –, Umweltwirkungen 724 f.
DZT 407

Effizienzstrategie 38
EG-Binnenmarkt 43 ff.
EG-Pauschalreise-Richtlinie 531
Eigenvertrieb 492
Einkommensmultiplikator nach KEYNES 232 f.

Elektronische Reservierungssysteme 332, 339
Erfolgskategorie, vertriebspolitisch relevante 342
Erlebnisgastronomie 599
Erlebnispark-Resorts 717 f.
Erlebnisparks 612
Etatplanung 315
Europäischer Fond für regionale Entwicklung (EFRE) 406
EUROPEAN TRAVEL MONITOR 161 ff.
–, Auswahl der Befragten/Art der Befragung 165, 168
–, Daten- und Ergebnis-Analyse 165 f.
–, Erhebungsgebiete 164
–, Erhebungsmethode 164 f.
–, Erhebungsobjekt 162
–, Erhebungsziele 161 f.
–, Incoming-Report 166
–, Kostenbeispiele 166 f.
–, Outgoing-Report 166
–, Segment-Report 166
–, Special Publications 166
–, Topline Telegrams 166
–, Untersuchungsprogramm 162 ff.
Eurotop 528
Experience Qualities 286
Expertenumfragen 323
Ex-post-Kontrolle 34

Fachplanung
–, der Länder 389 ff.
–, des Bundes 388
Fantasia 625
Ferienarchitektur 423 ff.
Ferntourismus als Wirtschaftsfaktor 722 ff.
Fernurlaubsreisen 718
Filialisierung 345 f.
Flächennutzungsplanung 73
Forschungsinstitut für Fremdenverkehr der Handelshochschule Berlin 761
Franchise-Konzept 347
Freizeitarchitektur 423 ff.
Freizeitparks 601 ff.
Freizeiträume 424
–, Planungsfelder 424
Freizeit-Resorts 614
Freizeitzentren 601 ff.
Fremdenverkehr 136 f.
Fremdenverkehrsentwicklungskonzepte 396
Fremdenverkehrsentwicklungsprogramme 389 ff.
Fremdenverkehrsförderung 399 ff.
–, Betriebsberatungen 405 f.
–, EG 406 f.

–, Gastgewerbe 401, 404 f.
–, Infrastruktur 400, 402
Fremdenverkehrsgebiete 392, 395
Fremdenverkehrsgemeinden 142 f.
–, Prädikatisierung 142 f.
Fremdenverkehrsinfrastruktur 402 ff.
–, Förderung 402
Fremdenverkehrskonzeption 396, 653 ff., 697
Fremdenverkehrsplanung, regionale 387 ff.
Friedrich-List-Hochschule Dresden 691
Führung
– durch Delegation 90
– durch Zielvereinbarung 90
–, Einflußformen der 89
Führungserfolg 91
Führungsstil 89 ff.
–, autoritärer 89
–, kooperativer 90
–, leistungswirksamer 90 f.
–, partizipativer 91
Führungsverhalten 88

Gastgewerbestatistik 148
Gästeanalyse 700
Gästebefragung 177 ff.
Gästebetreuung 469 ff.
Gästeführer/in 469, 474 f., 479
Gästeführung
–, Inhalte 469 ff.
–, Ziele 475 ff.
Gästepotentialanalyse 701
Galileo 623 f.
Galileo International 624
Gastgewerbe
–, Bedeutung 593 f.
–, Finanzierungshilfen 404
–, Produktivität 594
Gastroparks 605
Gaststättengewerbe
–, Struktur 598
–, zukünftige Entwicklung 599 f.
Gelegenheitsverkehr 590, 591
Gemeinschaftsaufgabe zur Verbesserung der regionalen Wirtschaftsstruktur 68, 401 f., 681
Gemeinschaftswerk Aufschwung Ost 403
Geschäftsreisende 490
Geschäftssystemanalyse 267 f.
Gesundheits- und Fitneßzentren 609
Globale Umwelt 259
Golf Driving Ranges 611
Großveranstalter 518 ff.
Grundsatzstrategie 275 f.

Gruppenreisen 455 ff.
Gruppenreisende 457, 490

Habituationsfaktor 314
Händler-Promotions 321
Handelsmarketing 563
Handelsvertreter 532
Hochgeschwindigkeitsnetz, europäisches 575
Hotelklassifizierung 597
Hotel- und Gaststättengewerbe 401

Ideal-Image 634
IDM (Information-Display-Matrix) 264
Image 189, 311 f.
Image-Analysen 190 ff., 633, 701 f.
–, Methoden 190 ff.
Impact-Test 317
Incentive-Programme 545
Incoming-Agentur 539 ff.
– –, Aufgaben 542 ff.
– –, Organisation 548 ff.
– –, Positionierung 540 ff.
Incoming-Reise 569
Incoming-Tourismus 575
Individualreise, Definition 559
Individual-Terminal 619
Infrastruktur 27 ff.
–, allgemeine 27, 700
–, touristische 27, 400 f., 700
Infrastrukturförderung 68 f., 400
Inlandstourismus
– in osteuropäischen Ländern 58 f.
Input-Output-Ansatz 225
Input-Output-Tabelle 226 ff.
Instrumentalziele 525
Instrumentelle Strategiemodelle 372 f., 380
– –, Ableitung 382
– –, Markterfolg im Pauschaltourismus 383
Integriertes Verkehrskonzept 580 f.
Investitionsrechnung 337
Investitionszuschüsse 402, 404
ISDN-Datenübertragungstechnik 528
Ist-Image 634
IT-Reise 109
ITS (International Tourist Services) 486

Kapazitätsplanung 556
Kennziffern der touristischen Entwicklung 243 ff.
Kettenhotellerie 595, 597

KEYNESscher Einkommensmultiplikator 220
Kinderspielparks 611
Kinoparks 605
Klassische Werbung 309
Kommunikation, Basisinstrumente der 308
Kommunikationsinstrumente, Abrenzung der 307 ff.
Kommunikationskonflikte 344
Kommunikationspolitik 280, 705
Konflikthandhabung im Absatzkanal 346
Konfliktmanagement 692 ff.
Konfrontationsstrategie 346
Kongresse 753 ff.
Konkurrenzorientierte Preisfestsetzung 295 ff.
Kontaktqualität 315
Kontrollphase 323
Konzept der räumlichen Aufgabenteilung 70
Kooperationspolitik 341
Koppelungsgeschäfte 731
Kostenauflösung
–, analytisch-mathematische 205
–, buchtechnische 205
Kosten-Nutzen-Ansatz des Fremdenverkehrs 215
Kostenorientierte Preisfestsetzung 295 ff.
Kostenrechnung, entscheidungsorientierte Formen der 202
Kostenstrukturen
– bei Reiseveranstaltern 203
– bei Transportunternehmen 203
– im Beherbergungsgewerbe 202
– in Tourismusunternehmen 202 ff.
Kreditanstalt für Wiederaufbau (KfW) 682
Kundenanalyse 262
Kundenkontakt 337
Kundennutzen 35
Kundennutzenpyramide 572 f.
Kundenorientierung 572
Kundenpotentialanalyse 262

Länder-Portfolio-Analyse 275
Landesplanung, Instrumente der 392 ff.
Landschaftliche Eignung, Analyse der 699
Landschaftszonierung 70
Last-Minute-Reisen 527
Leerkosten 203
Legitimationsstrategie 38
Leistungsträger 331, 490
Leitbild 35
Leontief-Inverse 229
Lernhierarchie 317
Liberalisierung
–, der Touristikbranche 563

–, des Luftverkehrs 553
Lieferantenanalyse 268 f.
Life-Style 312, 559
– –, Positionierung 320
– –, Segmentierung 312, 319 f.
Linienflugtourismus 560 f.
Linienverkehr 590
Liquiditätsorientierter Break-even-Punkt 210
Logistik 330
Low Involvement 40 f., 318 ff.
Low-Involvement-Hierarchie 317 ff.
Lufthansa Partner Konzept 566
Lufthansa-Strategie 563 f.
Luftverkehrsunternehmen 553 ff.
Lunaparks 603 f.

Märchenparks und Märchengärten 612
Management 31 ff., 94
–, operatives 34 f.
–, strategisches 32 ff., 254
Managememt by Objectives 90
Management Development 34
Managementfunktionen 95 f.
Managementkompetenzen
–, konzeptionelle 101
–, soziale 100
–, technische 101 f.
Manager 93 ff.
Markentypen 292
Marketing
–, Vertiefung und Erweiterung des 252
– als Führungskonzeption 251, 253
– für Regionen 631 ff.
Marketingführerschaft 344
Marketing-Grundsatzstrategien 370 ff.
Marketing-Instrumentalbereiche, Wirkungsweise der 287
Marketing-Instrumentarium, reisemittlerspezifisches 339
Marketingkonzeption 697
Marketing-Kultur 35
Marketing-Management 39
Marketing-Mix 279 f.
–, Deutsche Bundesbahn 576
–, Interdependenzen im 372
Marketingplanung, Prozeß der strategischen 39, 369
Marketingpolitisches Instrumentarium 705 f.
Marketingstrategie 33, 368
Marketingziele 525, 648
–, psychographische 525
–, ökonomische 525

Marktabdeckung, Strategien der 300 ff.
Marktanalyse 260 ff.
Marktanteils-Marktwachstums-Portfolio 270 ff.
Marktanteils-Werbe-Ratio (MWR) 316
Marktarealstrategien 303 f.
Marktbearbeitung 650 f.
Marktbearbeitungsstrategie
–, differenzierte 378 f.
–, undifferenzierte 378
Markterfolg, Messung des 376 f.
Marktführer 302
Markt-Mitläufer 302
Marktnischenbearbeiter 302
Marktplanung, strategische 367 f.
Marktsegmentierung 301, 559
Marktsegmentierungsstrategie 277 f.
Marktstimulierungsstrategie 299 f.
Markt- und Wettbewerbsbedingungen 263
Marktzugangsbestimmungen 589
Massenmarketing 301
Massenmarktstrategie 277 f., 379
Massentouristische Produkte 371
Mediaplanung 314 ff.
Messen 753 ff.
Mitteleuropäisches Reisebüro (MER) 484
Monitoring-System 169
Mono-Marken 292
Multiplikator 231 ff.
–, Begriff des 231 f.
–, Konzept von KEYNES 232

Nachfrageorientierte Preisfestsetzung 295
Nachfrage-Reaktionsfunktion 295
Nationalpark 698 f.
Nettowertschöpfung 217
Neupositionierung 303, 370
Nischenpolitik 542
NUR Touristik GmbH 486
Nutzwertanalyse 337

Objektbezogenes Nachfrageverhalten 335
OECD (Organisation for Economic Cooperation and Development) 150
Öffentlichkeitsarbeit (Public Relations) 324 ff., 729
Ökologie-Pull 535
Ökologie-Push 535
Ökonomische Ziele 32, 256
Opinion Leader Promotions 322
Osteuropa
–, Beherbergungsmarkt 61

–, motivationsbestimmte Teilmärkte 59 f.
–, Reiseveranstalter-/Reisemittlermarkt 62
–, Verkehrsmittel 61
Osteuropäischer Auslandstourismus 58
Outgoing-Tourismus 575

Pauschalreise 105 ff., 517, 531, 534 ff.
–, Definition 531, 558
–, Entwicklung 534 ff.
–, Recht der 105 ff.
–, Richtlinie der 46
Pauschalreisebestandteile 290, 329
Pauschalreisevertrag 107 ff.
Personalpolitik, Ziel der 87
Personenbeförderungsgesetz (PBefG) 583, 589
Physische Distribution 330
Portfolio 344
Portofolio-Analyse 269, 337, 701
Portfolio-Modell der Boston Consulting Group 271
Positionierung 287, 648, 650
–, erlebnismäßige 319
– durch Aktualität 320
Präferenzstrategie 277, 299 f.
Preis als Qualitätsindikator 294
Preisbindung 533
Preis- bzw. Kostenführerschaft 371
Preisdifferenzierung 577
–, Methoden der 298
Preiselastizität der Nachfrage 297
Preisführerschaftsstrategie 371
Preiskäufer 555
Preiskalkulation 295
Preis-Leistungs-Verhältnis 573, 746 f.
Preis-Mengen-Strategie 277, 299 f.
Preispolitik 280, 283 ff., 577, 705
Pressearbeit 729
Pressefotos 734 f.
Pressegespräch 736 f.
Pressekonferenz 736 f.
Pressereisen 738 f.
Presseverteiler 735
Produktdarstellung 292 f.
Produktgestaltung 289 ff.
Produktionskonto 216
Produktionsmengenmodell 229
Produktionsmultiplikator 234
Produkt-Marken 292
Product Placement 320
Produktpolitik 280, 576, 705
Produktpositionierung, emotionale 319
Programm-Marken 292

Programmpolitik 293
Prospektwahrheit 112, 119
Prozeß der strategischen Marketingplanung 39
Prozeßkostenrechnung 204
Psychischer Zusatznutzen 40
Public Marketing 38
Public Relations
– –, Aufgaben 324 f.
– –, Strategien 325
– –, Ziele 325
Pull-Effekt der Kommunikation 321
Punktbewertungsverfahren 337
Push-Effekt der Kommunikation 321

Qualitätskäufer 555
Qualitätsmanagement 291, 556
Qualitätsrisiko 294
Qualitätsstrategie im Tourismus 291 f., 573
Qualitätswettbewerb 555
Quotenansatz 223

Rail & Fly-Angebot 575
Range-Marke 292
Raumordnung 387 f., 391
Raumordnungsberichte 395
Raumordnungsverfahren 394
Recognition-Test 317
Regionalisierbares Nachfrageverhalten 335
Regionalparks 610
Regionalplanung 395 f.
–, Instrumente der 395 f.
Regionenmarketing 631 ff.
–, Gestaltungsfelder des 631
–, Zielgruppe des 631
Regulative Gruppen 259
Reiseanalyse 155
–, Themen 156 f.
–, Untersuchungsmethode 156
Reisebüros 209, 338, 483 ff., 491, 495 ff., 504 ff.
–, Anzahl und Struktur 495 ff.
–, Betriebswirtschaftliche Struktur und Kennziffern 504 ff.
–, Entstehung 483 ff.
–, Fixkosten 209
–, Rechtlicher Status 492 ff.
–, Umsatz 497
–, Verflechtungen 486 ff.
–, Variable Kosten 209
Reisebüroketten 500
Reisegestaltungsbetriebe 331
Reisehäufigkeit 158

Reiseintensität 52, 157 f., 517
Reisekataloge 83, 292 f.
–, Informationsniveau 112, 119
Reiseleiter 452, 454, 539, 543 f.
Reiseleitung 445 ff.
Reisemarktstrukturen 483 ff., 489 ff.
–, Entwicklung 483 ff.
Reisemotive 25
Reiseplanung 445 ff.
Reiserecht 105
Reisereklamation 84 f.
Reiseveranstalter 109, 336, 485 ff., 490 f., 517, 521 ff., 525, 530 ff.
–, Aufgaben 525
–, Begriff 517, 531
–, Entwicklung 485 f.
–, Informationspflicht 119
–, Leistungsstörungen 121 ff.
–, Produktpolitisches Instrumentarium 288 ff.
–, Rechtliche Definition 530 f.
–, Sorgfaltspflicht 119
–, Verfahren der Kostenanalyse 201 f.
–, Verflechtungen 486 ff.
–, Zielpyramide 521
Reisevermittler als Handelsvertreter 532
Reisevermittler(gewerbe) 338, 483 ff., 491, 495 ff., 499 ff., 509 ff.
–, Anzahl und Struktur 495 ff.
–, Aufgaben 531
–, Entstehung 483 ff.
–, Internationale Expansion und Kooperation 513 f.
–, Rechtlicher Status 492 ff.
–, Reservierungs-, Front-Office- und Back-Office-Systeme 509 ff.
–, Verflechtungen 486 ff.
–, Wettbewerbssituation 499 ff.
Reisevermittlungsmarkt, Wettbewerbssituation 499 ff.
Reisevermittlungsumsätze, Volumen und Struktur 489 f.
Reisevertrag 107 ff.
–, Änderung 114 ff.
–, Gewährleistungsansprüche 123 ff.
–, Inhalt des 111 ff.
–, Kündigung des 127 ff.
–, Mängelrüge 126 f.
–, Reisepreisminderung 124
–, Schadenminderungspflicht 118
–, Schadensersatz 124 f.
–, Stornokosten 116
Reisevertragsgesetz 105, 530
Reisevertriebstypen, Umsätze 499

Reiseziele 158 f.
Reisezielentscheidung 288
Reisezieltreue 288
Richtlinie über Pauschalreisen 46 f.
Rollenverteilung und Konflikthandhabung im Absatzkanal 334, 346
Rückbeförderungsanspruch 534
Rückintegration 341

SABRE (Semi Automated Business Research Environment) 620 f.
Safariparks 612 f.
Sales Promotion 321 ff.
Sanfter Tourismus 24, 65 ff., 698
– –, Erste Generation 65
– –, Raumordnerische Konzepte 67 ff.
– –, Zweite Generation 66
Schaden-Nutzen-Analyse 433 ff.
Schweizerisches Tourismuskonzept 243
Scoring-Modell 337
Search Qualities 286
Service Encounter 285, 289 f.
Service-Orientierung 291
Share of Voice 316
Sitzladefaktor 556
Sortimentsbreite 293
Sortimentspolitik 293
Sortimentstiefe 293
Spaßbäder 606
Special-Interest-Reisen 545 f.
Sprungfixe Kosten 208, 556
Städtetourismus 669 ff.
Stärken-/Schwächen-Profil 266, 661
START GmbH (Studiengesellschaft zur Automation im Reisegewerbe und Tourismus) 509 ff., 619
Statistik, amtliche 137 f.
–, internationale 150 f.
Statistisches Amt der Europäischen Gemeinschaften 150
Statistisches Bundesamt 137
Stiftung Verbraucherinstitut 81
Stiftung Warentest 81
Store-Test 323
Strategie-Absicherung 370, 372
Strategie-Position 370
Strategieprofile 277
Strategiestil 303, 370 f.
Strategie-Substanz 370 f.
Strategische Ausgangssituation, Analyse der 259 ff., 699 ff.

Strategische Erfolgsfaktoren 33, 40, 325, 536
Strategische Erfolgspositionen 556
Strategische Frühaufklärung 255, 702
Strategische Frühaufklärungssysteme 274
Strategische Geschäftsfelder, Kriterien bei der Bildung 270
Strategische Planung 254 ff.
– –, Phasen 254
Strategische Schlüsselbilder 319
Strategisches Management 254
Studienreisen 445 ff.
Studienreisende 455 f.
Suprastruktur, touristische 28
Systemgastronomie 599
System One 622
Szenario-Technik 274, 702

Tedium-Faktor 314
Teilpauschalreise 517
Tennis- und Squashcenter 611 f.
Themen-Erlebnisparks 613 f.
Thermal-Erlebnisbäder 607 ff.
Thermal-Spaßbäder 607
Thomas Cook 484
Tiergärten 610 f.
Tivoli-Parks 604 f.
Tourismus
–, Begriffssystem 15
–, Effizienz des 215
–, Entwicklung des 19
–, Harter 743 ff.
–, Institutionen des 28 f.
–, sanfter 24, 65 ff., 744 f.
–, sozial- und umweltverträglicher 65, 253, 679 ff.
–, System des 14, 31
–, Umwelt des 19 ff.
Tourismusarchitektur 423 ff.
Tourismusarten 16 f., 25
Tourismusformen 17 f.
Tourismusforschung, Forschungsgegenstände der 213
Tourismusindustrie, wirtschaftliche Bedeutung 715
Tourismuskonzept 683 ff.
Tourismuskritik 718 ff.
Tourismus-Management 31
Tourismus-Marketing 35
Tourismusnachfrage
–, Qualitative Aspekte 571 f.
–, Quantitative Dimensionen 569 ff.

Tourismusorganisation 29
Tourismusphilosophie 752
Tourismuspolitisches Programm der Bundesregierung 388 f.
Tourismusstatistik 135 ff.
Tourismussubjekt 24
Tourismusunternehmungen 28
Touristik Union International (TUI) 485
Touristische Flugreisen, Struktur der 557 f.
Touristische Leistungsträger 534
Touristischer Warenkorb 236 f.
Touristische Multiplikatoren 231 ff.
Touristisches Leitbild 748
Touristisches Reiseprodukt 329
TouristScope 169 ff.
–, Einsatzmöglichkeiten 169 ff.
–, Feldzeiten und Berichtszeiträume 174
–, Forschungsprogramm 171 f.
–, Frühwarnsystem 170
–, Stichproben und Fallzahlen 173 f.
–, Standardfragenprogramm 171 f.
–, Untersuchungsanlage 172 ff.
–, Zielsetzung 169
Trade Promotions 321
Tropenbäder 606 f.

Ultra Switch 622
Umgehungsstrategie 346 f.
Umpositionierung 303, 370
Umweltbeauftragter 348, 535
Umweltgesetzbuch 693
Umweltverträglichkeitsprüfung (UVP) 409 ff.
–, Inhalt und Zweck der 410 ff.
–, kommunale 409
–, Methode der 412 ff.
Umweltverträglichkeitsstudie (UVS) 410
Undifferenzierte Marktbearbeitung 371
Undifferenziertes Marketing 301
Unique Selling Proposition (USP) 370, 540 ff., 716
Universal-Terminal 619
Unterhaltungsparks 603 ff.
Unternehmensanalyse 260, 269 ff.
Unternehmensgrundsätze 522
Unternehmenskultur 158 f.
Unternehmensleitbild 275 f.
Unternehmensphilosophie 258 f., 275 f.
Unternehmensziele 522
Unterwegsbedienungsverbot 589
Urlaubertypologie 701
Urlaubsbücher 236

Veranstalterkataloge 293
Verbraucherinformationspolitik 77 ff.
Verbraucherinstitutionen 79 ff.
Verbraucherschutzverein 81
Verbraucher-Promotions 321
Verbraucherzentralen 80
Vergnügungsparks 603 ff.
Verkaufsförderung 321 ff.
–, Kontrollphase der 323
Verkaufsförderungsaktivitäten 322
Verkehrsmittel der Urlaubsreisenden 569
Verkehrsstatistik 147 f.
Vernetztes Denken 747
Vernetzungsmatrix 433 ff.
Versorgungsgastronomie 599
Vertikale Kooperation 349
Vertriebsautorität 334
Vertriebsbindung 533, 556
Vertriebserfolgskontrolle 343
Vertriebserfolgsrechnung 343
Vertriebsmanagement 337
Vertriebsorgane 334
Vertriebspolitik 280, 329 ff., 580, 705
–, konzeptionsgebundene 342 ff.
Vertriebspolitische Gestaltungsaufgabe 335 f.
Vertriebsstrategien 346 f.
Vertriebswege 334, 342, 491 f.
Volkseinkommen 217
Vollreisebüro 491

Wasserparks 605 ff.
Werbeaufwendungen im Tourismus 309
Werbeerfolgskontrolle 317
Werbekonzeption 313 ff.
Werbeplanung, Stufen der 310
Werbewirkung, Kontrolle der 317
Werbewirkungskurve 314 ff.
Werbeziele
–, außerökonomische 317
–, Bestimmung der 311 ff.
Werbezielgruppe 312 f.
Wertewandel 555, 571
Wertkette 528 ff.
–, Reiseveranstalter 528
–, touristische 528
Wertkettenanalyse 267 f.
Wertschöpfungsmultiplikator 234
Wertschöpfungsstufen 572
Wertschöpfung, touristische 215, 221
–, direkte 218
–, indirekte 218

–, induzierte 220
–, Methoden der Ermittlung 223
Wettbewerbsanalyse 36, 260, 265 ff., 701
Wettbewerbsstrategie 252
Wettbewerbsvorteile 36 f.
Wirksame Reichweite 314
Wirtschaftliche Bedeutung des Fremdenverkehrs 672 f.
Wirtschaftsfaktor Tourismus 45
Worldspan 621
World Travel & Tourism Council (WTTC) 715
WTO (World Tourism Organization) 150

Yield-Management 556

Zentrale Kommunikationsidee 313
Ziele, tourismuspolitische 698
Zielgebietswahl 288 f.
Zielgruppen, Bestimmung der 664 ff.
Zielgruppen-Tourismus 371
Zielkonflikte 344
Zielleitlinien, strategische 698
Ziel-Operationalität 312
Zielplanung 256 ff.
Zusteigeregelung 589

Walter de Gruyter
Berlin • New York

Koschnik, Wolfgang J.

Standard Dictionary of Advertising, Mass Media and Marketing

Standard Wörterbuch für Werbung, Massenmedien und Marketing

English-German / Englisch-Deutsch
1991. X, 466 Seiten. Gebunden. DM 118,-
ISBN 3-11-008782-0

German-English / Deutsch-Englisch
1987. X, 590 Seiten. Gebunden. DM 148,-
ISBN 3-11-008985-8

Bei gleichzeitigem Bezug beider Bände Sonderpreis DM 236,-
ISBN 3-11-011489-5

Mit diesem nahezu 25 000 Fachbegriffe umfassenden Standardwerk hat der Verfasser ein grundlegendes Fachwörterlexikon für das gesamte Werbewesen, für Presse, Radio, Fernsehen, Neue Medien, Marketing und ihre Nachbarbereiche geschaffen - ein für Praktiker und Theoretiker gleichermaßen wichtiges Nachschlage- und Arbeitsmittel. Es vereint in sich die Eigenschaften eines reinen Sprachwörterbuches mit denen eines Fachlexikons, indem es nicht allein die Übersetzungen, sondern für alle zentralen Begriffe auch Definitionen und Erläuterungen bietet. Ein ausgefeilter Apparat von Kreuzverweisen auf synonyme oder verwandte Begriffe ebenso wie auf Gegenbegriffe macht es den Benutzern möglich, sich Schritt für Schritt ganze Konzeptionen zu erschließen. Skizzen, Graphiken, Tabellen und Übersichtsdarstellungen erhöhen den Nutzwert des Buches.

Preisänderung vorbehalten